VOIR
L'HISTOIRE
COMPRENDRE LE MONDE

GEO HISTOIRE

VOIR L'HISTOIRE

COMPRENDRE LE MONDE

DES ORIGINES À NOS JOURS

LONDRES, NEW YORK, MELBOURNE, MUNICH ET DELHI

ÉDITION ORIGINALE

80 Strand, Londres WC2R 0RL

DORLING KINDERSLEY
Responsables artistiques : Ina Stradins, Maxine Lea
Directeur éditorial : Angeles Gavira Guerrero
Graphistes en chef : Alison Gardner, Mark Lloyd, Francis Wong
Éditeurs en chef : Nicola Hodgson, Rob Houston, Constance Novis, Ruth O'Rourke, Rebecca Warren, Ed Wilson
Éditeurs : Sam Atkinson, Tom Broder, Kim Bryan, Mary Lindsay, Ferdie McDonald, Sue Nicholson, Paula Regan, Nigel Ritchie, Carey Scott, Giles Sparrow, Steve Setford, Alison Sturgeon, Claire Tennant-Scull, Miezan Van Zyl, Jo Weeks
Éditeurs assistants : Tamlyn Calitz, Manisha Thakkar
Graphistes : Brian Flynn, Kenny Grant, Peter Laws, Matt Schofield, Rebecca Wright
Maquettistes PAO : John Goldsmid, Robert Strachan
Graphistes de couverture : Lee Ellwood, Duncan Turner
Cartographes : Ed Merritt, John Plumer, David Roberts, Advanced Illustration Ltd : Paul Antonio, Russel Ikin
Iconographe : Louise Thomas
Suivi artistique en chef : Philip Ormerod
Directeur artistique : Bryn Walls
Index : Indexing Specialists (R.-U.) Ltd
Fabrication : Elizabeth Warman
Responsable éditoriale : Liz Wheeler
Suivi éditorial en chef : Sarah Larter
Éditeur référence : Jonathan Metcalf

TALL TREE
Directeur artistique : Ed Simkins
Directeur éditorial : David John
Éditeur : Rob Colson
Maquettiste : Ben Ruocco

GEO HISTOIRE

ÉDITION FRANÇAISE

ÉDITIONS PRISMA
Direction : Pierre-Olivier Bonfillon
Directrice éditoriale : Françoise Kerlo
Responsable d'édition : Marilyn Chauvel
Responsable de production : Alexandre Zimmowitch

Réalisation éditoriale : ML Éditions, Paris
Traduction-adaptation : Sylvie Deraime (p. 12-45, 218-360, 450-479), Christine Chareyre (p. 46-83), Michel Hourst (p. 84-151), Valentine Palfrey (p. 152-217), Françoise Fauchet (p. 362-449)
Édition : Anne Papazoglou-Obermeister
PAO : Annabelle Morand
Correction : Christiane Keukens-Poirier et Marie-Pierre Le Faucheur

Chronologie
Édition : Bénédicte Robbe
Traduction : Hélène Werner (p. 482-561) et Elyane Racapé (p. 562-591)
PAO : Caroline Renouf

Couverture
Véronique Zonca

ISBN : 978-2-8104-0083-6
Dépôt légal : octobre 2010
Imprimé par Star Standard à Singapour

Conseiller éditorial **Adam Hart-Davis**

Principaux conseillers

Professeur Brian Fagan
Les origines

Professeur émérite d'anthropologie, université de Californie, Santa Barbara, États-Unis

Dr Karen Radner
Souverains et hiérarchies

Conférencière spécialiste du Proche-Orient antique, université de Londres, Royaume-Uni

Professeur Richard Lim
Philosophies et religions

Spécialiste de l'histoire du bassin méditerranéen sous l'Antiquité, la Grèce, Rome et l'Antiquité tardive, Smith College, Massachusetts, États-Unis

Dr Roger Collins
Guerriers, voyageurs et inventeurs

Professeur honoraire spécialiste d'histoire médiévale, université d'Édimbourg, Écosse

Dr David Parrott
Renaissance et Réforme

Conférencier en histoire moderne, spécialiste des XVIe et XVIIe siècles, université d'Oxford, Royaume-Uni

James Freeman
Industrie et révolution

Chercheur diplômé spécialiste des XVIIIe et XIXe siècles, université de Cambridge, Royaume-Uni

Professeur Richard Overy
Population et pouvoir

Professeur d'histoire spécialiste du XXe siècle, université d'Exeter, Royaume-Uni

Contributeurs et conseillers spéciaux

Contributeurs : Simon Adams, Lindsay Allen, Robin Archer, Debbie Brunton, Jack Challoner, Nick McCarty, Thomas Cussans, Erich DeWald, Brian Fagan, Emma Flatt, Abbie Gometz, Reg Grant, Alwyn Harrison, Ian Harrison, James Harrison, Michael Jordan, Ann Kay, Paul Kriwaczek, Keith Laidler, Siobhan Lambert-Hurley, Sarah Lynch, Margaret Mulvihill, Liz Mylod, Owen Miller, Sally Regan, Nigel Ritchie, J.A.G Roberts, Natalie Sirett, Giles Sparrow, Paul Sturtevant, Jenny Vaughan, Philip Wilkinson.

Conseillers : Amérique précolombienne Dr Jim Aimers, Institut d'Archéologie UCL, R.-U. ; **Inde** Professeur David Arnold, université de Warwick, R.-U. ; **Alimentation et maladies** Professeur Kenneth Kiple ; **Amérique latine** Professeur Alan Knight, département d'histoire, université d'Oxford, R.-U. ; **Japon et Corée** Dr Angus Lockyer, département d'histoire SOAS, R.-U. ; **Comment savons-nous ?** Dr Iain Morley et Dr Laura Preston, Institut McDonald de recherches archéologiques, université de Cambridge, R.-U. ; **Éditeur conseil** Philip Parker ; **Chine** Dr J.A.G Roberts, université d'Huddersfield, R.-U.

SOMMAIRE

4

GUERRIERS, VOYAGEURS ET INVENTEURS

5

RENAISSANCE ET RÉFORME

6

INDUSTRIE ET RÉVOLUTION

7

POPULATION ET POUVOIR

Avant-propos

L'Histoire que j'ai apprise à l'école consistait en un empilement de listes de dates et de noms de rois et de reines, apparemment sans fin. Du coup, je détestai cette matière et ne vis jamais les liens entre les différents fils de cette tapisserie. Je mesure maintenant combien l'Histoire est importante et combien nous pouvons tous apprendre des triomphes – et des erreurs – de nos ancêtres. Tout à la fois fascinant et incroyablement riche en informations, *Voir l'Histoire* est un ouvrage de référence qui met en évidence les causes des guerres et des révolutions et révèle les racines des grandes civilisations. Ce livre donne vie au sujet, déroulant, en larges tableaux, le puissant mouvement de l'Histoire, se focalisant sur les figures, les événements et les idées les plus intéressants, les plus excitants, les plus dynamiques du passé, pour mieux passionner le lecteur.

Les spectaculaires photographies, cartes et graphiques proposés au fil de *Voir l'Histoire* nous invitent à nous plonger dans ce que chaque page dévoile. L'image ci-contre est celle du grand cercle de pierres levées de Callanish, en Écosse. Il semble que ces vingt menhirs, érodés au fil de quatre mille ans d'histoire, furent érigés pour marquer un événement lunaire ne survenant qu'une fois tous les 18,61 ans – les premiers astronomes devaient être patients.

Un des plaisirs offerts par cet ouvrage tient à la présentation par double page des sujets, quelle que soit l'échelle sur laquelle ils sont considérés. Ainsi se déroulent en un coup d'œil plusieurs siècles de civilisation antique égyptienne, des temps de bouleversements comme la Réforme dans l'Europe du XVIIe siècle ou la révolution industrielle du XIXe siècle. D'autres doubles pages sont consacrées à des périodes plus courtes de l'Histoire, à l'exemple de la Révolution française ou de la révolution russe. Certaines, encore, s'arrêtent sur un « moment clé » : un moment décisif qui se révéla être un tournant, tel l'assassinat de l'archiduc François-Ferdinand d'Autriche, qui déclencha la Première Guerre mondiale, ou le séisme de Lisbonne qui, en 1755, ébranla l'Europe jusque dans ses fondations.

Mais *Voir l'Histoire* ne traite pas que des événements qui ont modelé la société humaine. Une perspective essentielle de cet ouvrage consiste à mettre en lumière les idées qui ont transformé le monde, à explorer des concepts comme la démocratie, l'évolution des espèces et la mondialisation. Il comprend également les biographies de quelques-uns des individus dont l'influence fut la plus marquante, d'Alexandre le Grand à Adolf Hitler. Et, en tant que passionné de science et de technologie, je suis ravi qu'il couvre aussi les inventions, les découvertes et les théories scientifiques cruciales qui, du travail des métaux à Internet, de l'ADN au réchauffement climatique, ont eu un impact sur l'histoire de l'humanité.

ADAM HART-DAVIS

1

LES ORIGINES

4,5 MA-3000 av. J.-C.

Les fossiles des tout premiers homininés, les ancêtres des humains, mis au jour en Afrique centrale et en Afrique de l'Est, datent de plusieurs millions d'années. Les restes des premiers humains révèlent une remarquable capacité à s'adapter aux changements environnementaux, essentielle dans l'évolution de notre espèce.

LES ORIGINES

4,5 MA-3000 AV. J.-C.

4,5 MA

Gorges d'Olduvai ▶

v. 4,5 MA
Émergence d'*Ardipithecus ramidus*, un homininé, en Éthiopie

◀ Squelette de « Lucy »

v. 3 MA
Australopithecus afarensis (« Lucy ») est présent en Afrique de l'Est.

v. 2,5 MA
Première espèce humaine, *Homo habilis*, dans les gorges d'Olduvai, en Afrique de l'Est

v. 2,75-1 MA
Plus anciens outils en pierre connus, en Éthiopie. Part croissante de la viande dans l'alimentation des homininés.

v. 1,8 MA-500 000 ans
Preuves d'un usage délibéré du feu

▲ Feu

v. 4,2 MA
Tout premier australopithèque (« homme-singe du Sud »), en Afrique de l'Est. Marche bipède, cerveau mesurant un tiers de celui des humains modernes

1 MA

v. 1 MA
Homo erectus bien établi en Afrique du Nord et au Moyen-Orient.

v. 600 000 ans
Homo heidelbergensis prospère en Europe centrale ; introduit les outils acheuléens (bifaces symétriques).

v. 150 000 ans
Émergence d'*Homo sapiens*, en Afrique ; coexistera avec *Homo erectus* en Asie et *Homo neandertalensis* en Europe et au Moyen-Orient.

▼ Crâne de néandertalien

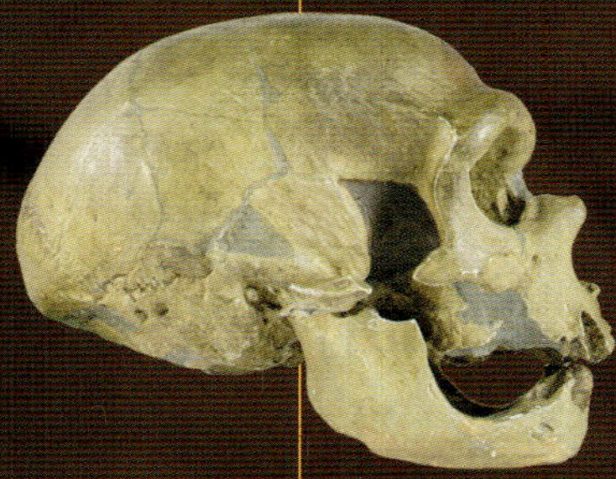

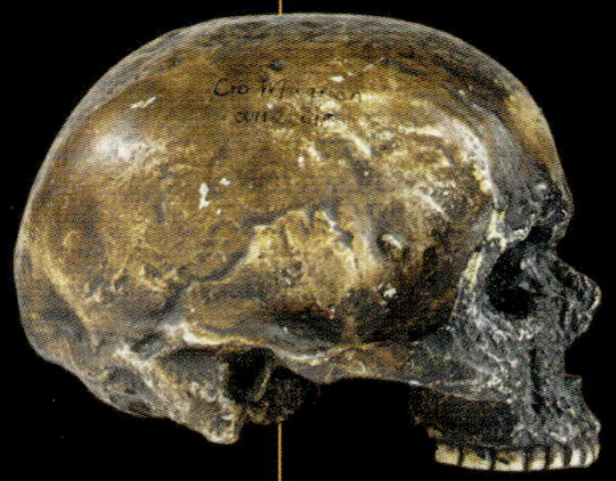

▲ Crâne d'*Homo sapiens*

v. 70 000 ans
Expansion démographique stoppée, peut-être suite à l'éruption du Toba, à Sumatra ; températures planétaires plus basses durant un millénaire.

v. 350 000 ans
Homo neandertalensis émerge en Europe.

Biface acheuléen ▶

30 000 ANS

▲ Paysage glaciaire

v. 30 000 ans
Grottes et artefacts ornés de Cro-Magnon en Europe occidentale et centrale

v. 24 000 ans
Disparition d'*Homo neandertalensis*

▼ Hutte en os et défenses de mammouth

v. 20 000 ans
Les populations de l'âge de glace vivent de chasse et de cueillette, bâtissant des abris à partir des ressources disponibles.

▼ Chasseur-cueilleur

10000 AV. J.-C.

v. 10000 av. J.-C.
Hausse des températures ; retrait des inlandsis ; montée du niveau des mers. Sibérie et Amérique du Nord séparées ; plates-formes continentales noyées

▼ Chèvres domestiques

◀ Village

v. 10000 av. J.-C.
Agriculture sédentaire en Anatolie (Turquie), au Moyen-Orient et en Mésopotamie. Domestication des moutons et des chèvres dans le nord de la Mésopotamie.

v. 10000 av. J.-C.
L'apparition de la poterie Jomon, au Japon, annonce une mutation majeure dans le transport et le stockage de la nourriture.

Poterie Jomon ▶

Au regard de l'âge estimé de la Terre – 4,5 milliards d'années –, les humains, et en particulier les humains anatomiquement modernes, ont émergé très récemment. L'humain moderne – *Homo sapiens* – est apparu il y a seulement 150 000 ans environ, migrant rapidement de sa terre natale africaine pour rejoindre les autres espèces humaines : *Homo erectus* en Asie et *Homo neandertalensis* en Europe et au Moyen-Orient. Il y a quelque 24 000 ans, *Homo sapiens,* plus évolué socialement, était le seul représentant de l'humanité. Puis, il y a environ 12 000 ans, au Moyen-Orient, des sociétés sédentaires émergèrent. Elles allaient donner le jour aux premières cités-États. C'était la naissance de la civilisation.

8000 AV. J.-C. | **6000** AV. J.-C. | **5000** AV. J.-C. | **4000** AV. J.-C.

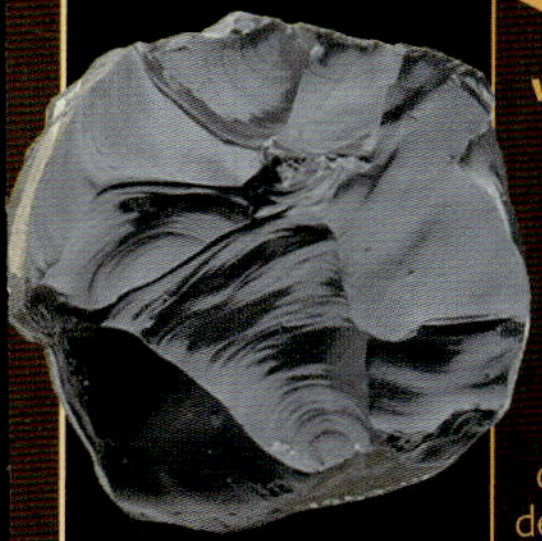

◀ Obsidienne

v. 7000 av. J.-C. Premières communautés agricoles en Chine, dans la vallée du Yangzi. Diffusion de l'agriculture dans le sud-est de l'Europe à partir de l'actuelle Turquie

▲ Statuette de Çatal Hüyük

v. 6500 av. J.-C. Fonte du cuivre et commerce de l'obsidienne à Çatal Hüyük, dans l'actuelle Turquie

v. 8000 av. J.-C. Fondation de Jéricho, en Palestine, la plus ancienne ville habitée de manière continue

v. 6500 av. J.-C. Domestication réussie des bovins en Afrique du Nord, dans la vallée de l'Indus et en Asie

▼ Bovins domestiques

v. 6000 av. J.-C. Épanouissement des premières cultures urbaines, dont la culture halafienne, en Mésopotamie

Céramique linéaire, ou rubanée ▼

v. 5500 av. J.-C. Premier système d'irrigation au monde, en Mésopotamie

v. 5500-4500 av. J.-C. Floraison de la culture agricole rubanée en Europe centrale

Statuette halafienne ▶

▲ Maïs

v. 5000 av. J.-C. Maïs cultivé en Équateur et plusieurs régions d'Amérique du Nord. Début de cette culture dans la vallée de Tehuacán, en Amérique centrale.

Or de Varna ▲

v. 5000 av. J.-C. Usage du cuivre en Mésopotamie ; objets en or et en cuivre produits dans le sud-est de l'Europe

v. 4500 av. J.-C. Introduction de techniques d'irrigation dans la vallée de l'Indus. Domestication du cheval en Asie centrale

v. 4000 av. J.-C. Première utilisation de l'araire en Mésopotamie

▼ Stonehenge

v. 3100 av. J.-C. Le roi Narmer achève l'unification de la Haute- et de la Basse-Égypte et devient le premier pharaon. Nekhen est une ville commerçante majeure.

◀ Vase de Warka, Ourouk

v. 3500 av. J.-C. Émergence des cités-États en Mésopotamie ; Ourouk est peut-être la première grande ville du monde.
v. 3350 av. J.-C. Ötzi meurt dans les Alpes.

Ivoire de Nekhen ▶

v. 3200 av. J.-C. Première écriture hiéroglyphique en Égypte. Usage de la roue pour le transport à Sumer. Cercles et rangs de pierres levées dans le nord et l'ouest de l'Europe

AVANT

Nous ne disposons que d'indices – des fossiles fragmentaires – sur l'émergence de la lignée humaine. L'aventure commença il y a environ 6 millions d'années (MA) en Afrique.

LA FAMILLE HUMAINE
Les humains sont des primates, comme les singes et les grands singes. **Nos plus proches parents actuels sont les chimpanzés**, avec lesquels nous avons près de 99 % de gènes en commun. Mais l'infime différence génétique est ce qui nous éloigne tant des grands singes.

CHIMPANZÉ

NOS RACINES
Sahelanthropus tchadensis **18 »**, mis au jour en bordure méridionale du Sahara, au Tchad, et daté de 6 à 7 MA, pourrait être le tout premier homininé. Ce crâne semble bien plus évolué par certains aspects que des espèces plus récentes. Sa place dans l'**histoire évolutive demeure peu claire.** ***Orrorin tugenensis*** et ***Ardipithecus ramidus*** sont d'autres ancêtres très anciens dont nous ne savons pas grand-chose. Certaines de ces espèces représentent une **impasse dans l'arbre généalogique de l'humanité**. D'autres pourraient mener à nos ancêtres directs.

L'HORLOGE MOLÉCULAIRE
Les biologistes de l'évolution ont mis au point une méthode qui a permis de dater l'évolution de plus de 60 espèces de primates. L'horloge moléculaire démarre avec le dernier ancêtre commun à tous les primates, il y a environ 63 MA, et date la **séparation entre chimpanzés et humains à environ 6,2 MA**. Alors commence vraiment l'aventure humaine.

Le « berceau de l'humanité »
Plus important site préhistorique du monde, les gorges d'Olduvai, en Tanzanie, ont livré de nombreux témoignages qui ont fait avancer notre connaissance de l'évolution des homininés. Les plus anciens artefacts mis au jour dans les gorges – outils en pierre et éclats – ont 2 MA.

« **La conscience humaine** émerge **une minute seulement avant minuit** à l'horloge géologique. »

STEPHEN JAY GOULD, BIOLOGISTE DE L'ÉVOLUTION, 1992

Nos **lointains ancêtres**

L'évolution des humains modernes remonte à des millions d'années. Elle n'est pas facile à retracer, car nous ne disposons que de preuves fossiles dispersées, ce qui rend difficile de construire une image cohérente. La domination d'*Homo sapiens* est un développement assez récent.

Au XIXe siècle, Charles Darwin, père de la théorie de l'évolution par la sélection naturelle (voir p. 340-341), désignait l'Afrique tropicale comme le berceau de l'humanité. Les paléontologues Louis et Mary Leakey en découvrirent la preuve dans les années 1950, dans les gorges d'Olduvai, qui entaillent les plaines orientales du Serengeti, en Tanzanie (page de gauche). C'est en Afrique de l'Est, donc, que nos ancêtres homininés évoluèrent il y a 4,5 millions d'années (MA). Une belle collection de fossiles révèle la diversité des premiers représentants de la lignée humaine dans cette région.

HOMININÉ Terme utilisé pour tous les représentants de la lignée humaine. Sont inclus les genres *Ardipithecus, Australopithecus, Paranthropus boisei* et toutes les espèces du genre *Homo*.

Premiers ancêtres

Un des plus anciens homininés connus est un petit primate forestier : *Ardipithecus anamensis* vivait dans l'Afar éthiopien il y a quelque 4,5 MA. C'est probablement l'ancêtre des australopithèques, qui émergèrent un million d'années plus tard. Le plus ancien, *Australopithecus afarensis*, fut surnommé « Lucy » par les paléontologues qui découvrirent ses restes en 1974. Bien qu'il semble que cet homininé pourvu de longs membres passait beaucoup de temps dans les arbres, des empreintes bien conservées révèlent que l'espèce était bipède (voir p. 18). Ainsi, « Lucy » est un maillon important entre nous et nos ancêtres arboricoles.

La génération suivante

Il y a 3 MA, les australopithèques s'étaient beaucoup diversifiés. Ils étaient présents dans la plus grande partie de l'Afrique subsaharienne, notamment dans les savanes ouvertes. Pleinement bipèdes, ces espèces agiles, dont *Australopithecus africanus*, démontraient un talent certain pour le charognage. Elles avaient un cerveau plus gros que leurs prédécesseurs.

Premiers humains

Les ancêtres des humains modernes apparurent il y a environ 2 MA dans l'est de l'Afrique et se répandirent rapidement vers l'ouest. Des outils datés de 1,8 MA ont été exhumés du lit asséché d'un cours d'eau, à Koobi Fora, au bord du lac Turkana, au Kenya. La pierre provient de plusieurs kilomètres. On ignore qui étaient les utilisateurs de ces outils. Ce pourrait être un groupe des tout premiers humains, ayant fait halte pour débiter une antilope.

Homme habile

Les outils découverts par les Leakey dans les gorges d'Olduvai, de datation similaire, sont associés plus clairement à *Homo habilis*, « l'homme habile », qui a laissé ce qui pourrait être les vestiges d'un camp en bordure de lac. Les outils en pierre et les os d'animaux dispersés suggèrent qu'*Homo habilis* brisait certaines parties des carcasses animales qu'il avait récupérées. Il dormait probablement encore dans les arbres, à l'abri relatif des lions et autres prédateurs.

À peu près à la même époque, la présence de ce qui pourrait être le premier humain véritable est avérée. Doté d'un cerveau volumineux, d'un front en retrait et d'arcades sourcilières proéminentes, *Homo ergaster* avait des membres puissants, comparables à ceux des humains modernes. Il était plus chasseur que charognard. L'espèce est étroitement apparentée à *Homo erectus*, le premier humain à avoir quitté l'Afrique pour se répandre en Europe et en Asie, à la faveur d'une dispersion plus générale »

PALÉOLITHIQUE Période s'étendant de 2,5 MA jusque 10 000 ans environ avant notre ère. Caractérisée par l'industrie de la pierre, elle s'achève avec les débuts de l'agriculture.

INVENTION

OUTILS EN PIERRE

Homo habilis produisait de simples galets aménagés. *Homo erectus* raffina la technique de taille pour obtenir des bifaces et des outils adaptés à des tâches particulières, comme le débitage des carcasses. Néandertal fut le premier à emmancher grattoirs, pointes de sagaies et couteaux. *Homo sapiens* développa une technologie plus sophistiquée, tirant des lames symétriques de noyaux de silex soigneusement préparés. Ces lames étaient ensuite transformées en grattoirs, burins et perçoirs pour le travail des bois de cervidés, des os et des peaux.

BIFACE EN SILEX

DÉCOUVERTE

LE FEU

Le feu est l'une des plus importantes découvertes jamais faites. Les premiers humains l'apprivoisèrent peut-être dès 1,8 million d'années, et certainement il y a 500 000 ans. Il se peut qu'ils aient d'abord prélevé des branches d'un arbre embrasé par la foudre. Créer le feu à volonté fut une autre avancée. La maîtrise du feu permit aux humains de vivre dans des milieux froids et dans des grottes profondes, protégés des prédateurs. L'usage du feu pour cuisiner favorisa aussi une diversification alimentaire.

» des mammifères, il y a quelque 1,8 MA. *Homo erectus* était un chasseur doué et un formidable opportuniste, prompt à tirer parti des différents milieux – un gage de réussite.

Il y a 1,7 million d'années, les premiers colonisateurs avaient atteint Dmanisi, en Géorgie (voir p. 24-25), et étaient présents dans le sud et le sud-est de l'Asie. Il y a 800 000 ans au moins, ils étaient bien établis en Europe occidentale. Un climat plus chaud qu'aujourd'hui pourrait avoir attiré *Homo heidelbergensis* jusque dans le nord de l'Europe, il y a 400 000 ans. À cette époque, de petites bandes de chasseurs équipés de longues lances en bois aérodynamiques traquaient chevaux sauvages et gros gibier à Schöningen, en Allemagne, et à Boxgrove, dans le sud de l'Angleterre. Le site de Schöningen a livré les plus anciens outils en bois connus. Un même groupe revenait sans doute chasser et cueillir aux mêmes endroits à différentes périodes de l'année. La capacité de communication et de raisonnement de ces humains restait toutefois limitée (voir p. 20-21), ce qui affectait leur aptitude à s'adapter et pourrait expliquer, au moins en partie, qu'ils n'aient pas colonisé l'ensemble de la planète.

Adaptation à différents milieux

Il y a 500 000 ans, les humains s'étaient adaptés à une grande variété de milieux tropicaux et tempérés, migrant au nord jusqu'en Chine, où de nombreux fragments d'un *Homo erectus* en évolution ont été découverts dans la grotte de Zhoukoudian, près de Pékin. L'aptitude à utiliser le feu (voir p. 16) fut un facteur crucial dans l'établissement de ces humains dans des endroits qui étaient froids lors des inversions climatiques de l'âge glaciaire. Toutefois, les populations demeuraient réduites.

COMMENT SAVONS-NOUS ?

ILS MARCHAIENT SUR DEUX PIEDS

Il y a 3,75 MA, une éruption volcanique déposa une couche de cendres à Laetoli, en Tanzanie, dans laquelle ont été préservées les empreintes de pieds d'*Australopithecus afarensis*. Celles-ci ont été identifiées comme celles d'un jeune adulte qui marchait debout, en se dandinant. La bipédie – un trait anatomique majeur apparu avant 4 MA – permit à nos ancêtres de quitter les forêts pour s'aventurer en terrain ouvert.

L'arbre de la lignée humaine

De nouvelles découvertes viennent sans cesse compléter nos connaissances sur l'évolution humaine. Le volume et la forme des crânes nous aident à appréhender les capacités de nos ancêtres. Le premier est mesuré en centimètres cubes. Un cerveau d'homme moderne mesure en moyenne 1 400 cm³.

6,2-5,8 MA
Sites Afrique
Volume cérébral Inconnu

Orrorin tugenensis nous est connu par de grosses canines. On sait peu de choses sur l'espèce hormis qu'elle pourrait avoir été bipède.

5,8-5,2 MA
Sites Afrique
Volume cérébral Inconnu

Ardipithecus kadabba fut l'une des premières espèces anciennes placées sur l'arbre de la lignée humaine. Les canines sont primitives.

3-2,4 MA
Site Afrique
Volume cérébral 375 à 500 cm³

Australopithecus afarensis
Connu à travers « Lucy », cet homininé était assez trapu. Il mesurait 1 m, avait des membres plus courts que les espèces plus tardives et, ce qui est notable, était bipède.

2,5-1,8 MA
Sites Afrique
Volume cérébral 750 cm³

Homo rudolfensis, contemporain d'*Homo habilis*, a alimenté les débats, son âge et ses relations avec les homininés étant controversés. Il avait un assez gros cerveau et était bipède.

Homo rudolfensis

Ardipithecus kadabba

Australopithecus afarensis

Orrorin tugenensis

7 MA — 6 MA — 5 MA — 4 MA — 3 MA — 2,5 MA — 2 MA

Sahelanthropus tchadensis

Ardipithecus ramidus

Australopithecus africanus

Australopithecus anamensis

Homo habilis

6,7 MA
Sites Afrique
Volume cérébral 320-380 cm³

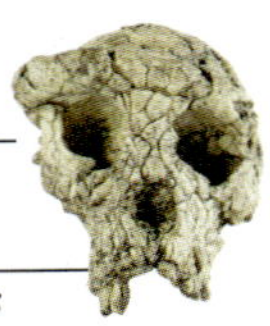

Sahelanthropus tchadensis pourrait tout aussi bien être un des premiers homininés qu'être rattaché aux grands singes tant les fragments de crâne dont on dispose mêlent des traits propres aux uns ou aux autres.

4,5-4,3 MA
Sites Afrique
Volume cérébral Inconnu

Ardipithecus ramidus est un très ancien homininé. Parmi les fragments mis au jour figurent de grosses canines, découvertes en Éthiopie, très semblables à celles des australopithèques.

4,3-4 MA
Sites Afrique
Volume cérébral Inconnu

Australopithecus anamensis n'est connu que par de rares fossiles. Un maxillaire provenant du Kenya ressemble à celui d'un chimpanzé ; les dents sont plus proches de l'humain.

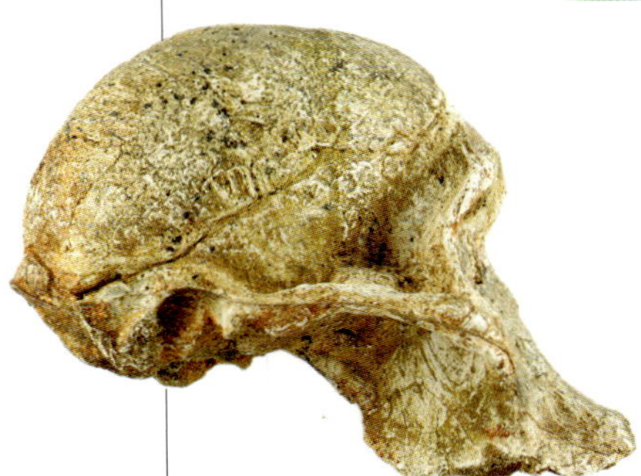

3,3-2,4 MA
Sites Afrique
Volume cérébral 400-500 cm³

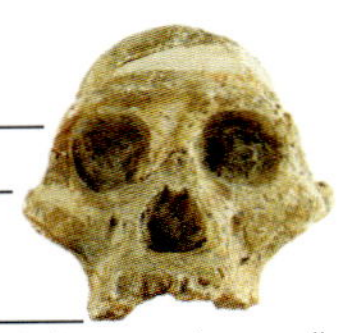

Australopithecus africanus était une espèce gracile. Les traits faciaux paraissent plus humains que chez les espèces antérieures ; les jambes sont plus longues et les bras plus courts que chez *Homo sapiens*.

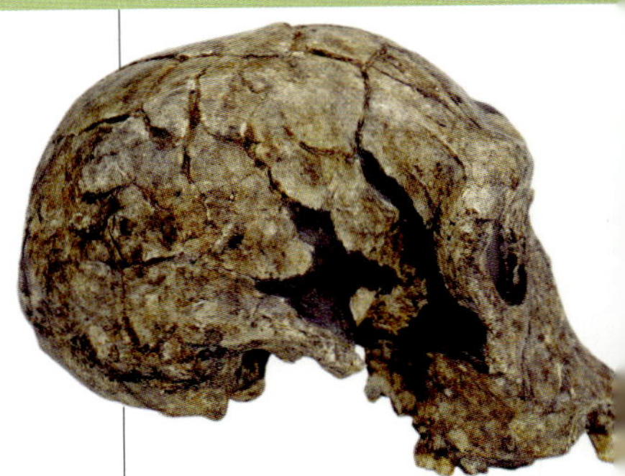

2,5-1,8 MA
Sites Afrique
Volume cérébral 590-650 cm³

Homo habilis avait des bras assez longs par rapport aux humains plus récents. L'espèce pourrait descendre des australopithèques.

Les néandertaliens

Ayant évolué en Eurasie, *Homo neandertalensis* présentait, il y a 200 000 ans, des traits bien distinctifs : un cerveau volumineux, une tête plus ronde et une silhouette plus « humaine » que ses prédécesseurs. Mais les chercheurs pensent que sa capacité de raisonnement et de langage n'était pas aussi développée que celle d'*Homo sapiens* et la plupart s'accordent sur le fait qu'il n'y a pas de lien de parenté directe entre les deux espèces. Les néandertaliens n'en taillaient pas moins des outils sophistiqués, excellaient à la chasse, poursuivant bisons et autres gros herbivores avec des sagaies à hampe en bois et pointe en silex. Vivant dans des grottes, des abris-sous-roches ou des campements en milieu ouvert, ils menaient une vie rude et leur espérance de vie ne dépassait probablement pas 30 à 40 ans.

L'homme moderne

Une controverse entoure les origines d'*Homo sapiens*. La plupart des généticiens arguent des preuves fournies par l'ADN (voir p. 26-27) pour affirmer que notre espèce est apparue en Afrique tropicale il y a environ 180 000 ans. Les premiers fossiles pleinement modernes proviennent de Huerto, en Éthiopie, et datent d'environ 160 000 ans. D'Afrique, *Homo sapiens* se répandit au Proche-Orient vers 100 000 ans. On ignore quand l'espèce développa les capacités qui allaient la distinguer de ses ancêtres mais ces caractères étaient pleinement développés quand les premiers humains modernes s'établirent en Europe, aux côtés des néandertaliens.

APRÈS

L'arrivée d'*Homo sapiens* pourrait avoir provoqué la fin des néandertaliens.

EXTINCTION ET RÉUSSITE

Bien que *Homo neandertalensis* et *Homo sapiens* se côtoyaient, les études de l'ADN suggèrent que les espèces **n'étaient pas interféconds**. Les néandertaliens disparurent, peut-être éliminés par les humains modernes, qui s'adaptèrent partout avec succès. *Homo sapiens* a tiré avantage de ses talents mieux que tout autre espèce.

2,75-1 MA

Sites Afrique

Volume cérébral 500 à 550 cm³

Paranthropus boisei est la version la plus extrême des anciens homininés « robustes » qui peuplaient l'est de l'Afrique. L'espèce prospérait dans les savanes sèches et pourrait s'être éteinte suite à un changement climatique.

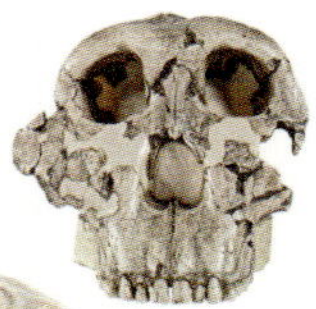

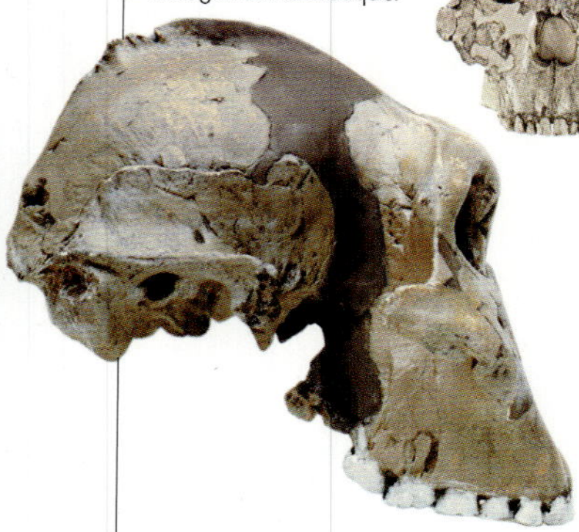

2-0,5 MA

Site Afrique, Asie, Europe

Volume cérébral 810 à 1 250 cm³

Homo erectus était puissamment bâti. Son crâne bas et allongé, aux arcades sourcilières massives, pouvait accueillir un cerveau plus volumineux.

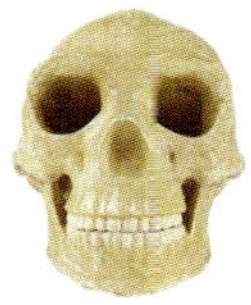

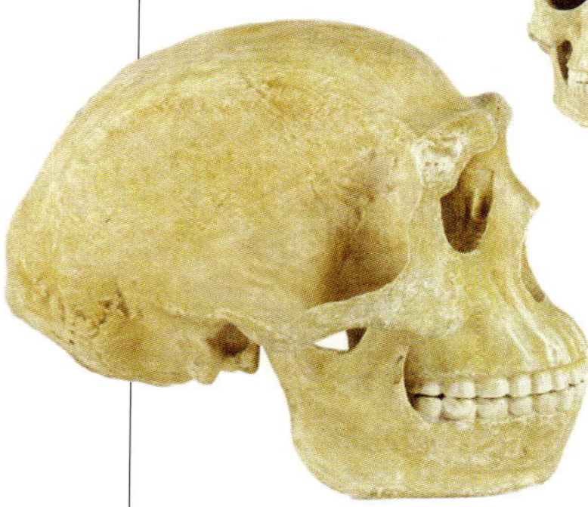

350 000-24 000 ans

Site Afrique et Eurasie

Volume cérébral 1 125 à 1 550 cm³

Homo neandertalensis vécut en Europe aux côtés d'*Homo sapiens*. L'espèce avait un cerveau volumineux, un squelette trapu et robuste, avec des membres puissants.

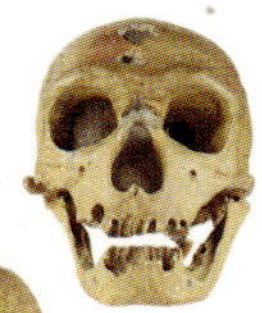

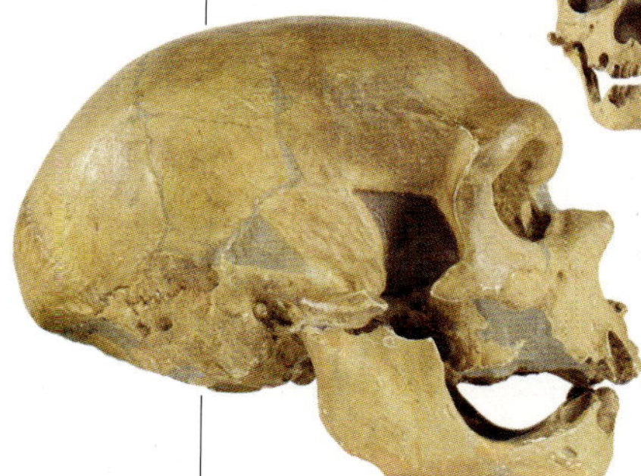

Paranthropus boisei

Homo erectus

Homo neandertalensis

1,5 MA — **1 MA** — **0,5 MA** — **AUJOURD'HUI**

Homo ergaster

Homo heidelbergensis

Homo sapiens

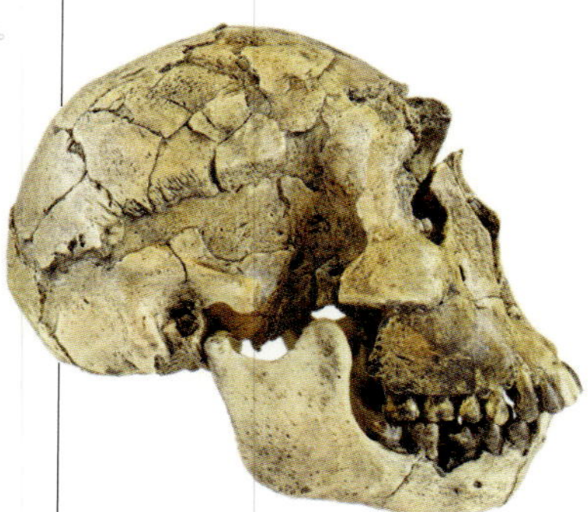

1,9-1,4 MA

Sites Afrique

Volume cérébral 600 à 910 cm³

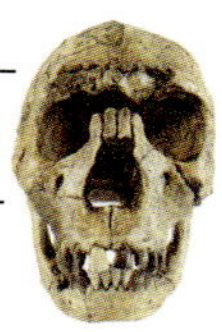

Homo ergaster était assez grand mais doté d'un cerveau assez petit. Le crâne est épais, la face allongée avec un nez « moderne » projeté vers l'avant, des mâchoires et une denture massives.

600 000-250 000 ans

Sites Afrique et Europe

Volume cérébral 1 225-1 300 cm³

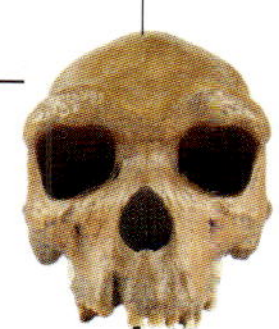

Homo heidelbergensis pourrait être un ancêtre d'*Homo neandertalensis*. Le crâne présente d'imposantes arcades sourcilières comme chez *Homo ergaster* et *Homo erectus* ; le volume cérébral est plus important.

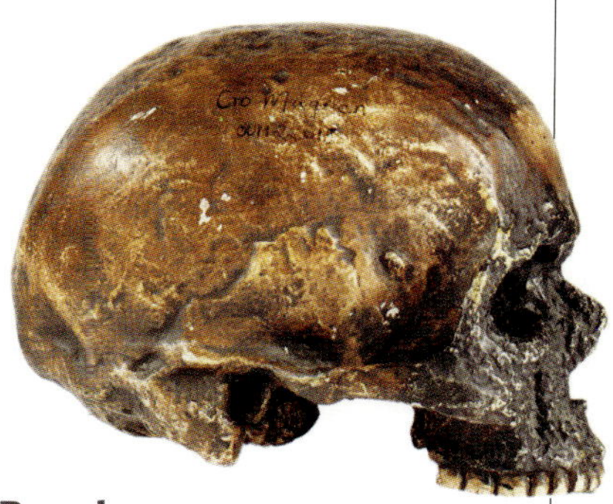

Depuis 150 000 ans

Sites Monde entier

Volume cérébral 900 à 2 000 cm³

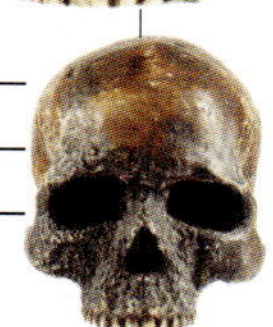

Homo sapiens (l'« homme sage ») a un cerveau plus volumineux que les humains antérieurs. C'est peut-être ce qui a permis à notre espèce de prospérer dans des milieux divers, partout dans le monde.

<< AVANT

On sait peu de choses sur le développement du langage et de la pensée consciente dans la lignée humaine.

EN QUÊTE DE PREUVES
Les moulages endocrâniens indiquent que les cerveaux du genre *Australopithecus* **<< 16-19** sont proches de ceux des grands singes et ne permettent pas un langage articulé.

UN CERVEAU ADAPTÉ
Le **volume cérébral** a augmenté **progressivement sur des millions d'années**, autorisant une sophistication croissante de la communication et de la culture. Le cerveau d'*Homo sapiens* mesure 1 400 cm^3 en moyenne, soit 2,5 fois le volume de celui d'*Homo habilis*.

SANS PAROLE
Homo habilis **<< 16-19**, apparu il y a environ 2,5 millions d'années, n'aurait possédé que des capacités de communication très limitées. Il est possible que les membres d'un groupe utilisaient une gamme de **signes et de grognements** pour faciliter la coopération.

L'art de la communication

L'émergence d'un langage articulé a constitué, dans l'histoire de la lignée humaine, un développement essentiel, peut-être même plus crucial que la fabrication d'outils. L'archéologie et l'étude anatomique fournissent quelques clés concernant les étapes de cette évolution.

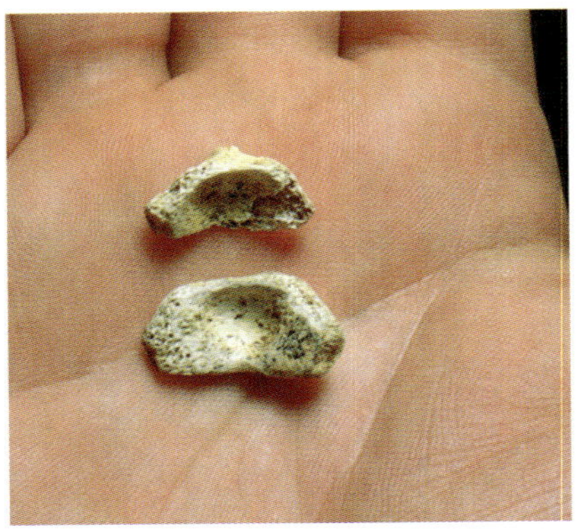

Découverte du langage
L'os hyoïde conditionne le langage articulé. Les fossiles, comme ces fragments d'os hyoïde d'*Homo heidelbergensis* datés de 400 000 ans, mis au jour à Atapuerca, en Espagne, aident à dater l'émergence du langage humain.

Quand et comment la parole vint-elle à la lignée humaine ? Ce sont là des questions qui demeurent controversées. L'émergence d'un langage articulé constitue un seuil dans l'évolution humaine, car elle facilite la coopération et enrichit l'existence même de l'humanité. Si l'on s'en tient aux indices fossiles, il est difficile de la dater. Chez *Homo habilis,* le lobe frontal (contrôlant le langage) est un peu plus « humain » que chez les australopithèques. La position du larynx, organe phonatoire, est une autre clé : elle est basse chez *Homo sapiens,* contrairement à ce que l'on observe chez les autres mammifères, ce qui permet une grande variété de vocalises. *Homo erectus,* à partir de 1,8 million d'années environ, est le premier homininé à posséder un larynx situé plus bas dans le cou. Des découvertes faites à Sima de los Huesos, à Atapuerca, en Espagne, montrent que vers 400 000 ans *Homo heidelbergensis* avait développé un os hyoïde – petit os en U situé à la base de la langue, entre larynx et pharynx. Ce n'est toutefois que vers 300 000 ans que la base du cerveau évolua, autorisant physiquement un langage pleinement articulé.

La question néandertalienne

Doués, semble-t-il, d'une remarquable faculté de raisonnement, les néandertaliens pourraient avoir possédé

Talents artistiques
Datées de 17 000 ans, les peintures de la grotte de Lascaux, en France, révèlent un haut degré de sophistication. Elles nous « parlent » encore aujourd'hui.

la capacité de parler : la découverte d'un os hyoïde daté de 60 000 ans dans la grotte de Kebara, en Israël, a intensifié le débat sur les aptitudes linguistiques d'*Homo neandertalensis.* L'os de Kebara est presque identique à celui d'*Homo sapiens,* ce qui, pour certains paléoanthropologues, signifie que les néandertaliens étaient pleinement capables d'articuler leur parole. D'autres, à l'opposé, pointent la position encore haute du larynx, qui aurait limité la gamme de sons émis. Pour certains, les néandertaliens avaient des capacités de communication comparables à celle d'un enfant actuel. La controverse n'est pas tranchée, mais la majorité des scientifiques s'accordent à dire que les néandertaliens n'avaient pas les dons de communication d'*Homo sapiens.*

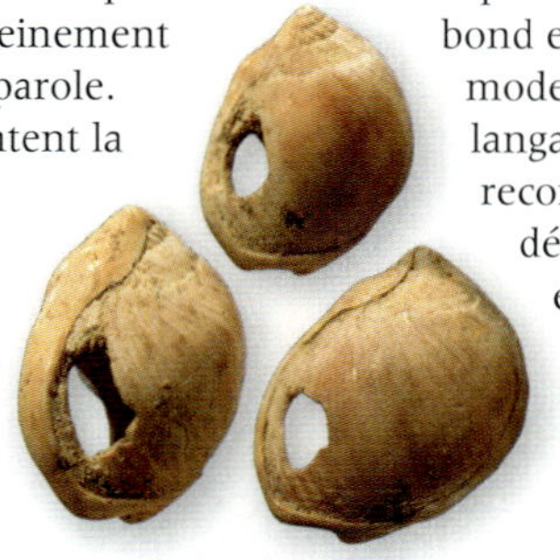

Perles de Blombos
Ces coquillages percés vieux de 75 000 ans, mis au jour en Afrique du Sud, sont peut-être les ornements connus les plus anciens.

Le grand bond

Le langage humain pourrait avoir évolué pour répondre au besoin de gérer une information sociale de plus en plus complexe, il y a peut-être 250 000 ans. L'aptitude à acquérir un langage socialement utile aurait grandi en même temps que les groupes. Ce n'est toutefois que bien plus tard – vers 40 000 ans peut-être –, pendant une période baptisée « le grand bond en avant », que les humains modernes développèrent un langage que nous pourrions reconnaître comme tel. Au développement de la parole est associée l'apparition de la pensée cognitive. La notion recouvre des qualités comme la perception de notre place dans le monde, l'intelligence et l'élaboration de codes moraux. Nous ignorons quand *Homo sapiens* acquit la pensée consciente et les aptitudes mentales que nous possédons mais ce développement aurait eu lieu il y a au moins 40 000 ans, en Afrique tropicale ou au Moyen-Orient. L'évolution de l'anatomie humaine précéda l'émergence de la pensée consciente, puisque *Homo sapiens* prospérait en Afrique tropicale il y a au moins 160 000 ans, bien avant l'apparition des traditions artistiques élaborées de la fin de la dernière glaciation.

Premiers artistes

La création artistique exige des capacités de raisonnement, de projection dans le temps et d'expression de sentiments intangibles. Des objets ornementaux vieux de 75 000 ans ont été mis au jour dans la grotte de Blombos, en Afrique du Sud : ils sont encore très basiques. Les talents artistiques de l'humanité s'exprimèrent plus complètement à la fin de la dernière période glaciaire à travers l'art pariétal, les ornements et la sculpture des Cro-Magnons en Europe occidentale (voir p. 26-27). Les imposants taureaux de la grotte de Lascaux, en France, ou le bison polychrome de la grotte d'Altamira, en Espagne, évoquent des sociétés entretenant des relations complexes avec le monde spirituel. Si nous en ignorons la signification exacte, il est clair que ces peintures étaient dotées d'une grande puissance symbolique pour ceux qui les réalisèrent. Ce savoir aurait été transmis de génération en génération par la parole et le chant. Dans toutes les sociétés ultérieures, l'art est demeuré une façon privilégiée d'exprimer les croyances et la vision du monde.

HIÉROGLYPHES

APRÈS

Le langage articulé se sophistiqua à mesure que la société se complexifiait. Les documents écrits prirent aussi une part croissante dans la communication humaine.

LE POUVOIR DE LA PAROLE
Le langage articulé renforça la coopération entre chasseurs, donc la réussite des sociétés humaines. **Les groupes** pouvaient planifier les chasses, négocier l'échange de pierres pour la taille d'outils, et **partager leur connaissance** de l'environnement.

ENREGISTRER
L'écriture cunéiforme **62-63 ››** se développa au Proche-Orient vers 3000 av. J.-C. pour consigner transactions et inventaires, à peu près en même temps que les **hiéroglyphes égyptiens**.

ÉCRIRE L'HISTOIRE
À la fin du IIIe millénaire avant notre ère, **l'histoire et le savoir étaient en partie fixés par écrit** **102-103 ››**.

TRANSMETTRE LE SAVOIR
La parole et l'écrit permirent la transmission du savoir et de l'expérience accumulée de génération en génération.

PENSER L'ABSTRAIT
Les symboles tels que les **panneaux routiers** font partie du **langage universel** que nous utilisons quotidiennement.

PANNEAU ROUTIER

COMMENT SAVONS-NOUS ?

DÉVELOPPEMENT CÉRÉBRAL

Les tissus cérébraux mous ne fossilisent certes pas mais l'empreinte en est préservée sur les parois internes de la boîte crânienne. Les signes les plus anciens d'un développement de l'aire de Broca, partie du cerveau qui contrôle la parole, s'observent chez *Homo habilis,* il y a environ 2 millions d'années. *Homo erectus* montre aussi des signes d'un tel développement, ce qui indique peut-être une lente évolution du langage articulé. Toutefois, les moulages endocrâniens ne permettent pas d'étudier les aptitudes linguistiques. Les connaissances que nous pouvons tirer de l'aire de Broca demeurent limitées et nous avons toujours besoin des preuves concrètes que peuvent fournir les os hyoïdes pour établir l'évolution d'une parole fluide. Notre savoir concernant le développement du langage articulé demeure en grande partie spéculatif.

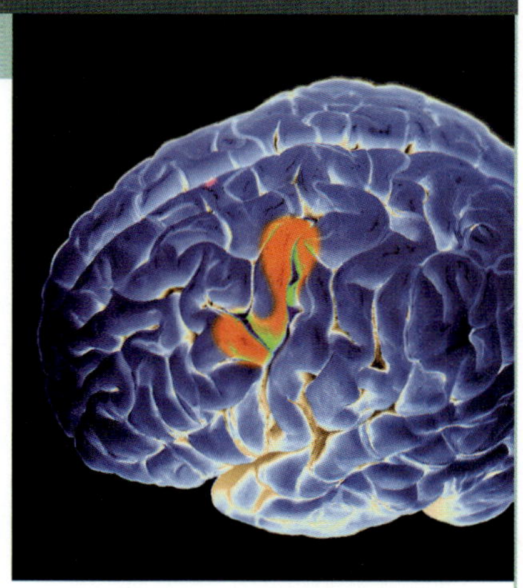

Comprendre la production de la parole
L'aire de Broca – en rouge sur ce scanner cérébral – se situe dans le lobe frontal gauche. L'approfondissement des connaissances sur le cerveau humain aide à mieux cerner l'évolution du langage articulé.

AVANT

Au cours de son histoire, la Terre a connu des fluctuations thermiques et des alternances climatiques qui jouèrent un rôle dans l'extinction ou la survie de groupes entiers d'espèces, et modifièrent le visage de la planète.

GLACIATIONS

Les données géologiques (surface et texture des roches) montrent que la Terre a connu **quatre grands âges glaciaires**. Le premier serait survenu il y a 2,7 à 2,3 milliards d'années, pendant le protérozoïque.

CHAUDE PLANÈTE

Les températures des interglaciaires étaient **globalement bien plus élevées** qu'aujourd'hui. Après l'extinction des dinosaures, il y a quelque 65 millions d'années, les températures moyennes augmentèrent jusqu'à 28 °C environ. Les forêts pluviales tropicales proliférèrent.

GRAND FROID

Le **refroidissement brutal du pléistocène**, il y a environ 1,5 million d'années, résulta probablement d'une variation de l'inclinaison de la Terre par rapport au Soleil.

L'âge glaciaire

La lignée humaine a évolué en grande partie pendant les spectaculaires fluctuations climatiques du dernier âge glaciaire, commencé il y a environ 1,5 million d'années. Notre capacité d'adaptation à ces changements fut cruciale ; elle pourrait être à l'origine d'un nouveau bouleversement climatique.

Contrairement à l'image que nous en avons le plus souvent, un âge glaciaire ne se résume pas à un grand gel permanent. Il s'agit plutôt d'une série de fluctuations climatiques, ponctuée par des épisodes de froid intense. Le premier millénaire du dernier âge glaciaire – durant lequel nos ancêtres colonisèrent pour la première fois la plus grande partie de l'Afrique – est mal connu. Les informations livrées par les carottages effectués dans le plancher océanique et les calottes glaciaires offrent une vue beaucoup plus claire du climat qui prévalut après que le champ magnétique terrestre se fut brutalement inversé, il y a quelque 780 000 ans. Les carottes provenant du Pacifique indiquent la succession d'au moins neuf grandes glaciations depuis

COMMENT SAVONS-NOUS ?

CAROTTAGES PROFONDS

La composition des sédiments accumulés au fond des océans et de la glace entassée dans les calottes polaires permet de construire une image du changement climatique. Les hausses de dioxyde de carbone et de méthane atmosphériques – des gaz à effet de serre –, qui indiquent un réchauffement, peuvent être repérées dans la glace. De même, les variations de la composition isotopique de l'oxygène dans les coquilles composant les sédiments océaniques reflètent celles de la température de l'eau. La carotte de glace prélevée à Vostok, dans l'Antarctique, révèle des fluctuations thermiques majeures tous les 100 000 ans environ, sur les derniers 420 000 ans.

cette date, la plus récente s'achevant par un réchauffement soudain mais irrégulier il y a 15 000 à 10 000 ans. Ces prélèvements marins ne donnent qu'un schéma général : un refroidissement assez lent, un réchauffement rapide, avec des périodes glaciaires toujours plus longues que les interglaciaires – intervalles, irréguliers, pendant lesquels les températures étaient aussi élevées ou plus qu'actuellement. Ces hausses de température résultent de variations de l'orbite terrestre et de l'inclinaison de son axe de rotation. Des augmentations de la teneur atmosphérique en gaz à effet de serre, naturelles jusqu'à la la révolution industrielle, renforcent le réchauffement. Nous sommes dans l'interglaciaire qui a commencé il y a environ 10 000 ans.

Changement environnemental

Le dernier âge glaciaire fut marqué par des basculements climatiques et des transformations des milieux naturels spectaculaires. Pendant les périodes glaciaires, d'immenses inlandsis recouvraient la Scandinavie ainsi que l'Amérique du Nord jusqu'à la latitude de l'actuel Seattle et des Grands Lacs. D'énormes glaciers se dressaient dans les Alpes, les Pyrénées, les Andes et les hautes terres d'Asie centrale. Au sud de la calotte scandinave, un paysage désolé se déroulait de l'Atlantique à la Sibérie. L'hiver régnait durant neuf mois de l'année dans ces régions, inhabitables pour les prédécesseurs d'*Homo sapiens*. Ce n'est pas une coïncidence si *Homo erectus*, avec sa technologie simple et des capacités cognitives limitées, s'établit dans des milieux plus tempérés ou tropicaux.

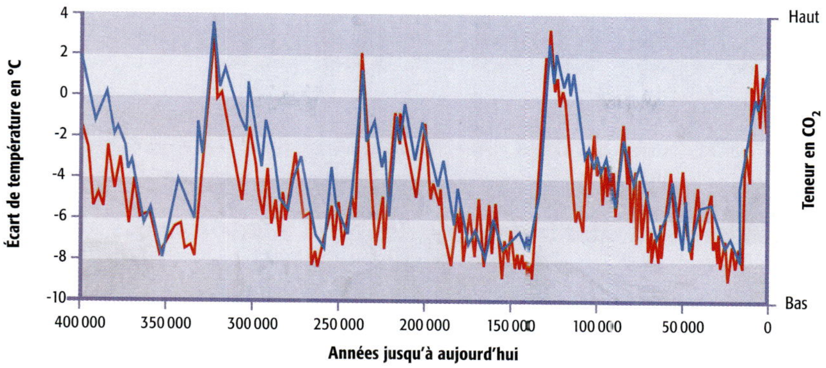

LÉGENDE
- Teneur en CO_2
- Écart de température

Variations de température durant l'âge glaciaire
La carotte de glace prélevée à Vostok, dans l'Antarctique, a permis aux scientifiques de retracer les fluctuations thermiques sur les 420 000 dernières années. Les teneurs atmosphériques en CO_2, également enregistrées, sont clairement corrélées aux hausses de température.

90 **Nombre de mètres sur lequel le niveau de la mer baissa au début du dernier âge glaciaire, l'eau étant piégée dans les inlandsis de l'Antarctique et de l'Arctique actuels.**

Une quantité colossale d'eau étant piégée sous forme de glace, le niveau de la mer baissait considérablement, découvrant de vastes étendues des plates-formes continentales (bordures des continents). Les îles Britanniques étaient ainsi réunies au continent européen, la Sibérie à l'Alaska. Seules d'étroites mers séparaient l'Asie du Sud-Est continentale de l'Australie et de la Nouvelle-Guinée.

Pendant les interglaciaires, à l'inverse, le niveau de la mer remontait, les glaces reculaient et les forêts prenaient le pas sur la steppe et la toundra. Les humains progressaient avec elles vers le nord, suivant les animaux qu'ils chassaient et les plantes qu'ils cueillaient, s'adaptant à une vaste palette de milieux forestiers et de prairies aussi bien qu'à des biomes arides et semi-arides.

L'Homme et les éléments

Le climat de l'âge glaciaire était volatil, les milieux naturels changeants : l'opportunisme et les capacités d'adaptation des homininés étaient mis au défi d'un millénaire à l'autre. Ce fut là sans doute un facteur de l'évolution humaine. Nos tout premiers ancêtres, Africains, étaient fondamentalement des animaux tropicaux. Durant les périodes glaciaires, le Sahara était un peu plus humide qu'aujourd'hui. Il attirait les animaux et les homininés, les repoussant aux marges quand le climat s'asséchait. Cet effet écologique autorisa *Homo erectus* et les proies qu'il chassait à franchir le désert et à se répandre dans des environnements plus tempérés il y a quelque 1,8 million d'années.

Un interglaciaire majeur fit remonter les températures, avec un pic il y a environ 400 000 ans. *Homo erectus* put prospérer dans le nord de l'Europe, mais il ne put s'adapter à l'extrême froid de la glaciation qui suivit vers 350 000 ans. Les bandes établies à ces latitudes migrèrent sans doute vers des régions plus méridionales et tempérées. Vers 250 000 ans, les établissements humains dont on trouve trace sont situés dans le sud de l'Europe et l'est de l'Asie. Au pic de l interglaciaire suivant, il y a environ 128 000 ans, les néandertaliens (voir p. 19) peuplaient l'Europe. Ils s'adaptèrent au froid extrême de la dernière glaciation. Il y a 50 000 ans avant notre ère, notre espèce avait pour sa part investi tous les types de milieux, jusqu'aux plus extrêmes et aux plus froids.

Un monde rude
Les variations de température survenues jusqu'il y a 10 000 ans signifient que les humains ne pouvaient survivre qu'en s'adaptant aux changements climatiques et écologiques.

10 000 **Nombre d'années écoulées depuis le début de l'actuel interglaciaire. En se fondant sur le passé, cette phase plus chaude pourrait durer 100 000 ans, si l'influence humaine n'affecte pas ce schéma.**

APRÈS

La Terre connaît actuellement une phase plus chaude mais demeure sujette à des fluctuations de température et à des phénomènes climatiques comme El Niño.

SITE ABANDONNÉ DE CHACO CANYON

VULNÉRABILITÉ ACCRUE

Pendant la plus grande partie de leur histoire, les homininés vécurent en bandes très mobiles **30-31 »**. L'agriculture **36-37 »** rendit l'humanité plus **vulnérable aux perturbations climatiques majeures**, les populations étant incapables de fuir rapidement. De tels événements contribuèrent à l'essor et à l'**effondrement des civilisations**. Les sites de Chaco Canyon, au Nouveau-Mexique, furent ainsi occupés entre 900 et 1150 avant notre ère avant d'être désertés suite à une sécheresse dramatique.

LE PHÉNOMÈNE EL NIÑO

El Niño est une inversion du flux d'eau dans le Pacifique survenant tous les deux à sept ans. El Niño exerce, après les saisons, l'influence la plus puissante sur le climat. Le phénomène voit le jour dans le Pacifique Sud-Ouest et résulte d'interactions entre l'océan et l'atmosphère. Il affecte l'histoire de l'humanité depuis au moins 10 000 ans. Les grands El Niño ont des **effets planétaires majeurs** : ils interrompent la mousson, provoquent ailleurs sécheresses ou inondations. Cette image en infrarouge met en évidence les courants El Niño, en blanc et rouge.

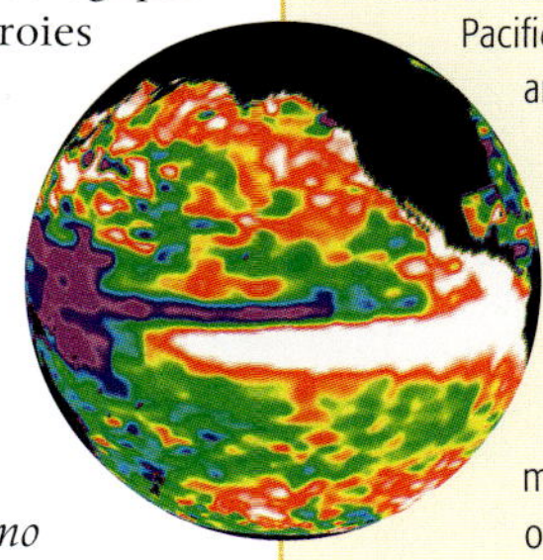

EL NIÑO

PÉRIODE DE STABILITÉ

Après la dernière période glaciaire, les humains durent s'adapter à un **monde changeant rapidement**. Après 5 000 ans de fluctuations irrégulières, la Terre entrait dans une période de réchauffement. La carotte de glace de Vostok indique que celle-ci compte parmi les plus chaudes et les plus stables des 420 000 dernières années.

LA MOUSSON EN INDE

L'AVENIR

La surexploitation des combustibles fossiles renforce le **réchauffement planétaire**. Les effets futurs de ce phénomène créé par l'Homme sont encore mal cernés.

AVANT

Les ancêtres de l'homme moderne *(Homo sapiens)* colonisèrent l'Afrique, l'Europe et le Moyen-Orient.

VIVRE DANS UN CONGÉLATEUR
La dernière glaciation s'étendit de 100 000 ans à 50 000 ans avant notre ère. Le niveau des mers était alors bien plus bas qu'aujourd'hui et la **Sibérie et l'Alaska étaient reliés par un pont terrestre**. Le climat planétaire était aussi **plus sec** et les régions tropicales étaient légèrement plus fraîches **« 22-23**. Cet épisode fut suivi par une période un peu plus chaude avant le retour du froid extrême il y a environ 18 000 ans.

PAYSAGE GLACIAIRE

ORIGINES DES HUMAINS MODERNES
Les ancêtres directs des humains modernes évoluèrent au sud du Sahara, en Afrique tropicale. Cette **population était très peu nombreuse** et dispersée, et les différents groupes se développèrent isolément.

PREMIER MIGRANT
Des fossiles d'*Homo erectus* **« 19** indiquent que l'espèce avait colonisé l'ouest de l'Europe il y a 800 000 ans. Les néandertaliens **« 19** se répandirent en Europe et au Moyen-Orient il y a 200 000 ans.

BIFACE
Cet **outil**, développé en Afrique il y a 2,5 millions d'années, fut utilisé pendant des millions d'années **« 17**.

BIFACE EN SILEX

100 000 **Nombre d'années écoulées depuis que des groupes d'*Homo sapiens* quittèrent l'Afrique. Il y a 60 000 ans, des *Homo sapiens* génétiquement modernes colonisaient la Terre.**

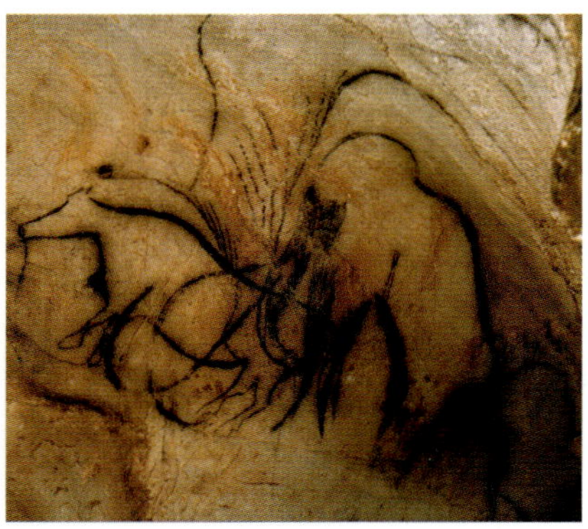

Art pariétal
Les parois de la grotte de Lascaux, en France, sont peuplées de bisons, de mammouths, d'aurochs et de bouquetins. Ces images puissantes et intemporelles furent peintes il y a 17 000 ans par des Cro-Magnons.

Hors d'Afrique

Chaque être humain actuel est le descendant d'un petit groupe d'humains modernes qui quittèrent l'Afrique il y a environ 60 000 ans pour explorer la planète. Nous pouvons observer l'héritage de ces migrations dans la diversité des types humains et des cultures à travers le monde.

Il y a 60 000 ans, les humains modernes *(Homo sapiens)* étaient encore confinés à l'Afrique tropicale et au Proche-Orient. Ces chasseurs-cueilleurs, dotés des mêmes capacités physiques et mentales que nous, étaient aptes à s'adapter à tous les milieux, à des steppes glaciales pendant neuf mois comme à des forêts pluviales surchauffées. Ainsi, pendant le tout dernier épisode glaciaire commença la plus significative des migrations hors d'Afrique. Vers la fin du dernier âge glaciaire, il y a 15 000 ans, cet ample mouvement de population était achevé. Des bandes de chasseurs nomades occupaient l'ensemble des continents africain et eurasiatique et étaient passées, ou passeraient bientôt, en Amérique. D'autres avaient triomphé des eaux tropicales, avaient dérivé ou pagayé à bord de radeaux ou de pirogues jusqu'en Nouvelle-Guinée et en Australie, et même en Tasmanie.

La survie des mieux adaptés

Coloniser la planète ne fut pas un projet délibéré, entrepris par des hommes et des femmes déterminés à occuper de nouvelles terres ou à explorer le monde situé au-delà de leurs territoires de chasse. Les mouvements de population complexes qui entraînèrent les humains modernes aux limites du monde rude de la dernière période glaciaire furent plutôt motivés par les nécessités de la chasse et de la cueillette dans les divers milieux naturels. Sous les climats les plus septentrionaux, le régime alimentaire était à base de viande tandis que les groupes peuplant les régions tempérées et tropicales faisaient une consommation considérable de plantes sauvages. Le secret de la survie résidait dans l'adaptabilité – la capacité à s'ajuster aux soudaines fluctuations climatiques par l'innovation technologique –, l'ingéniosité pure, la mobilité et l'opportunisme. Ces chasseurs-cueilleurs réagissaient aux pénuries alimentaires, à la sécheresse ou au froid extrême en se déplaçant, dans un monde où la population globale n'excédait peut-être pas cinq millions de personnes, dispersées en petits groupes sur des territoires de chasse réduits ou étendus. Bien des individus ne rencontrèrent sans doute pas plus de quelques dizaines de semblables durant leur vie. Cela n'est toutefois que spéculation, les chiffres avancés n'étant que des hypothèses d'école.

Preuves de la migration

Des dizaines de sites préhistoriques – grottes, abris-sous-roche, campements, monticules de déchets, « décharges » de coquillages marins et d'eau douce – documentent le peuplement de la Terre. Parmi ceux-ci, les grottes de Klasies River Mouth, en Afrique du Sud, occupées par des humains modernes il y a environ 120 000 ans, témoignent du chemin parcouru à cette date par notre espèce depuis son berceau dans le nord-est de l'Afrique (voir p. 18-19).

Les techniques de la biologie moléculaire nous en disent plus sur les déplacements des premiers humains modernes. En comparant certains brins d'ADN (substance présente dans chaque cellule vivante, qui détermine les caractéristiques dont un individu hérite), les chercheurs peuvent établir comment la Terre fut colonisée par

1 **MILLION Population humaine totale estimée il y a 50 000 ans**

Homo sapiens, et quand eurent lieu les séparations au sein d'une population. Ce fut, de fait, un processus complexe impliquant de petits nombres d'individus, que nous commençons seulement à cerner. Une chose paraît certaine : tous les non-Africains descendent de ce que le biologiste américain Stephen J. Gould a appelé « une unique brindille africaine » sur l'arbre généalogique de la lignée humaine.

Les racines ultimes de tous les humains peuplant aujourd'hui la planète remontent à une « Ève africaine » datée de 150 000 ans environ. Ce terme renvoie au fait que l'ADN mitochondrial est transmis de mère en fille, de génération en génération, depuis les premiers *Homo sapiens*. Nous avons tous de l'information génétique en commun avec cette Ève, comme avec chacun des humains actuels (voir p. 27).

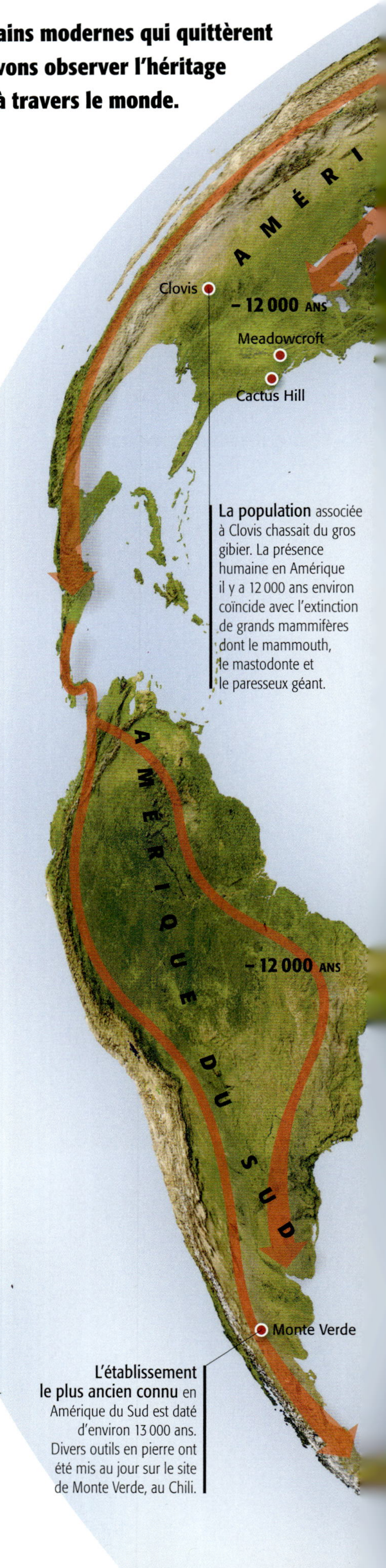

Peuplement de la Terre
Sur cette carte figurent, outre les principaux sites occupés par la lignée humaine, les itinéraires que notre espèce aurait suivis pour coloniser la planète.

Cet os de mammouth sculpté mis au jour à Dolní Věstonice fut réalisé il y a 28 000 à 22 000 ans.

Cet archéologue présente des fossiles d'*Homo erectus*, datés d'environ 1 million d'années, découverts sur le site de Zhoukoudian. Les premiers humains modernes présents en Chine occupèrent le site il y a environ 40 000 ans.

Les peintures de la grotte d'Altamira, datées d'environ 15 000 ans, forment un des plus beaux ensembles de l'art pariétal. Bisons, sangliers et cervidés furent peints au charbon de bois et à l'ocre par des Magdaléniens (culture de l'Europe méridionale).

« Lucy » fut découverte en Éthiopie en 1974. Ce squelette, daté d'environ 3 millions d'années, est un précieux spécimen d'*Australopithecus afarensis* (voir p. 16-17). Cette région du nord-est de l'Afrique, riche en restes d'hominidés anciens, continue de livrer des fossiles alimentant de nouvelles théories sur l'évolution de la lignée humaine.

Les grottes de Klasies River Mouth en Afrique du Sud, occupées il y a environ 120 000 ans, ont livré des restes d'*Homo sapiens* parmi les plus anciens ainsi que des indices sur le mode de vie de ces chasseurs-cueilleurs.

Les plus anciens fossiles mis au jour en Australie proviennent du lac Mungo. Les touristes viennent aujourd'hui y admirer d'étranges formations géologiques. Les outils en pierre et les os d'animaux mis au jour dans la zone nous ont appris beaucoup sur les premiers Australiens.

Hutte en os
Cette reconstitution d'un abri en os de mammouth se fonde sur les vestiges d'une habitation mis au jour dans l'actuelle Ukraine. Elle témoigne de l'ingéniosité et de l'adaptabilité des premiers humains aux conditions et aux ressources locales.

» Un peu après 50 000 ans avant notre ère, alors que le climat, dans les régions septentrionales, était devenu plus tempéré, quelques centaines d'humains modernes pénétrèrent en Europe et en Asie. Dès 45 000 ans, ces populations étaient bien établies dans les plaines orientales de l'Europe et dans la vallée du Don, dans l'actuelle Ukraine, et se répandaient rapidement en Europe centrale et occidentale.

La question Néandertal

Les *Homo sapiens* s'étaient installés aux côtés des néandertaliens présents en Europe depuis environ 200 000 ans. L'étude d'ADN prélevé sur des ossements néandertaliens indique qu'il n'y a pas eu interfécondation entre les deux espèces. Une théorie explique la disparition des premiers autochtones européens par le fait qu'ils ne possédaient ni les capacités mentales ni la technologie de leurs successeurs. Des néandertaliens survécurent dans le sud-ouest de l'Europe jusqu'à il y a 26 000 ans environ.

L'essor de la culture européenne

D'environ 40 000 ans à 10 000 ans avant notre ère, une remarquable série de sociétés de chasseurs-cueilleurs adaptées au froid s'épanouit en Europe centrale et occidentale. Ces populations de Cro-Magnon – du nom d'un abri-sous-roche proche des Eyzies, dans le sud-ouest de la France – étaient opportunistes par excellence. Elles se nourrissaient d'une gamme assez diversifiée de végétaux et de poissons, tirant parti, par exemple, des remontées annuelles de saumons dans les cours d'eau. Leur outillage témoigne d'une réelle ingéniosité : les Cro-Magnons préparaient des noyaux de silex de manière à produire des lames symétriques standardisées, dont ils faisaient ensuite des pointes, des grattoirs ou tout autre outil répondant à leurs besoins. La mise au point du burin permit de creuser des rainures dans les bois de cervidés. Alors, sur les harpons et les sagaies vinrent s'insérer des dents, ou barbelures, s'accrochant dans les chairs des proies. Autre outil révolutionnaire, le propulseur – un bâton de jet à crochet ou à trou – augmentait considérablement la distance de projection et la puissance de perforation d'une sagaie, un atout pour chasser le bison, voire le mammouth. L'aiguille à chas compte aussi parmi les inventions remarquables de l'époque (voir ci-dessous). Ces artisans habiles étaient aussi des artistes talentueux qui développèrent un art graphique caractéristique, venant renforcer leurs rituels et croyances élaborés. Les peintures de la grotte de Lascaux, en France, se déployant sur de vastes surfaces, offrent un des plus beaux exemples de leur génie (p. 20-21). Pour la première fois, des humains avaient les aptitudes nécessaires pour vivre dans des environnements difficiles

INVENTION

L'AIGUILLE À CHAS

Dès 30 000 ans avant notre ère, les habitants d'Europe et d'Asie fabriquaient des aiguilles à partir d'os et d'éclats d'ivoire polis, qu'ils perforaient au moyen de lames de silex appointés. Ils cousaient ainsi des vêtements ajustés, leur permettant de s'activer à l'extérieur par des températures négatives. Il est probable que, comme les Inuits contemporains, ils assemblaient des peaux nettoyées et assouplies avec des fils en fibres animales ou végétales. Sans de tels vêtements, *Homo sapiens* n'aurait jamais pu coloniser les steppes eurasiatiques ni les Amériques.

Le voyage le plus long
Les premiers *Homo sapiens* quittèrent l'Afrique il y a environ 60 000 ans. À la fin de la dernière glaciation, il y a 10 000 ans, ils avaient atteint tous les continents, excepté l'Antarctique, s'adaptant aux différentes conditions rencontrées.

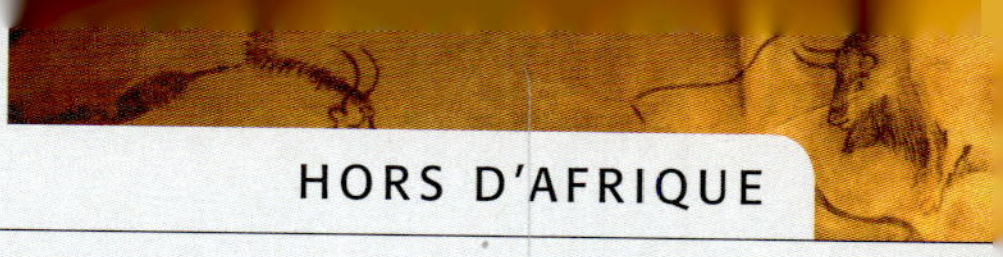

comme les steppes eurasiatiques, marquées par une faible pluviosité et une amplitude thermique extrême entre étés et hivers. Néanmoins, il apparaît que les Cro-Magnons migraient vers le sud et des sites abrités aux périodes les plus froides, ne revenant vers le nord que lorsque les températures remontaient. Certains construisaient des habitations élaborées, à l'image des huttes en os et défenses de mammouth de Mezhirich, dans l'actuelle Ukraine (voir page de gauche), semi-enterrées et recouvertes de peaux et de mottes de terre. Vers la fin de l'âge glaciaire, il y a environ 12 000 ans, les sociétés gagnèrent en complexité tandis que les populations augmentaient et que de nouvelles régions étaient colonisées.

En Sibérie

Depuis le sud-ouest de l'Asie, *Homo sapiens* migra vers le nord pour coloniser les vallées fluviales d'Asie centrale vers 45 000 ans. De petites bandes peuplaient de manière permanente la steppe et la toundra – où les vents violents et le froid intense n'autorisaient qu'une végétation basse – s'étendant du centre de l'Europe jusqu'aux confins nord-est de la Sibérie. Chaque bande, endurant les longs hivers, avait pour base une vallée peu profonde, comme celles du Don et du Dniepr en Russie, et y subsistait pour l'essentiel d'animaux comme l'antilope saïga ou, parmi les plus grosses prises, le mammouth. Entre 35 000 et 18 000 ans, certains de ces groupes migrèrent à travers la steppe jusqu'à la région du lac Baïkal, en Sibérie, et plus avant en direction du nord-est. Des individus allaient rejoindre d'autres bandes ou en formaient de nouvelles, d'autres groupes se déplaçaient en quête de nouveaux territoires de chasse ou d'autres ressources naturelles. Ces mouvements naturels de population débouchèrent sur le peuplement de vastes superficies du globe.

Plus tôt encore, vers 60 000 ans, d'autres groupes avaient migré depuis le nord-est de l'Afrique et le sud-ouest de l'Asie vers l'est pénétrant en Asie du Sud et dans les forêts tropicales de l'Asie du Sud-Est. Nous savons peu de choses sur ces déplacements : ces groupes contournèrent probablement les déserts eurasiatiques ; ils s'établirent dans le nord-est »

COMMENT SAVONS-NOUS ?

ADAPTATION AU CHANGEMENT

L'étude des gènes des populations modernes nous aide à reconstituer le peuplement de la planète par les *Homo sapiens* préhistoriques. On peut retracer la transmission de l'ADN mitochondrial, hérité par filiation maternelle depuis une population ancestrale d'Afrique tropicale jusqu'à aujourd'hui (voir p. 24).
Le chromosome Y, mâle, permet aussi de suivre les générations. Chose incroyable, la population mondiale vivant hors d'Afrique descend d'un millier d'individus ayant migré originellement. Nous savons aussi que les humains actuels ont en commun 99,9 % de leur code génétique. Les différences de traits faciaux et de pigmentation sont liées à des mutations mineures survenues ces 150 000 dernières années. Les mutations chromosomiques permettent de dater l'arrivée des groupes dans les différentes parties du monde et de construire un arbre génétique remontant jusqu'à l'âge glaciaire.

Panoplie de chasseur
Les humains ont adapté leurs armes et leurs outils afin de survivre dans les différents milieux qu'ils rencontraient au cours de leurs migrations. Ces outils en os, mis au jour en France et datés de 18 000 à 10 000 ans avant notre ère, étaient ceux des chasseurs madgaléniens de l'Europe méridionale.

COMMENT SAVONS-NOUS ?

L'HOMME DE FLORÈS

En 2003, des fouilles effectuées dans la grotte de Liang Bua (ci-contre), sur l'île de Florès, en Indonésie, ont livré des fragments d'un squelette d'environ 1 mètre. Les os, datés d'environ 18 000 ans, révèlent un mélange unique de caractères primitifs et plus avancés. Doté d'un petit crâne (en bas), de fortes arcades sourcilières et d'une face délicate, *Homo floriensis* avait des jambes frêles, comme certains des premiers homininés, mais une denture moderne. Diverses hypothèses ont été faites : il pourrait s'agir d'une espèce séparée, du représentant d'une population résiduelle d'*Homo erectus* ou encore d'une population d'*Homo sapiens* qui aurait évolué dans l'isolement de l'île. Sauf à découvrir d'autres restes, *Homo floriensis* pourrait demeurer une intrigante énigme.

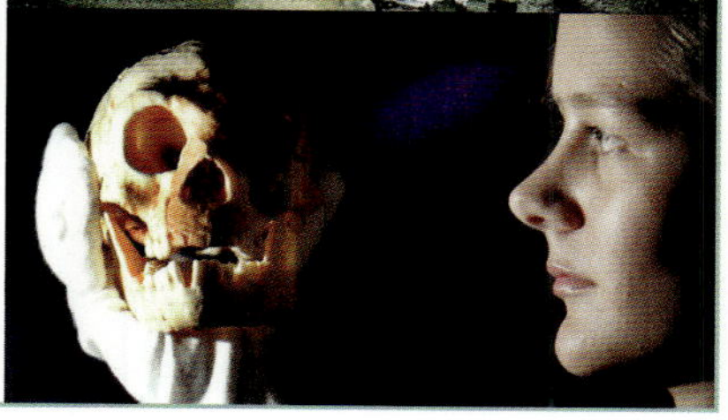

» de la Chine il y a environ 25 000 ans, après que la partie sud du continent, plus chaude, eut été explorée.

Sunda, Sahul et Asie

Durant la dernière glaciation, une vaste plate-forme continentale appelée Sunda s'étendait de ce qui est aujourd'hui l'Asie du Sud-Est continentale jusque très avant dans le Pacifique. Seules des mers assez étroites séparaient ces terres maintenant submergées de la Nouvelle-Guinée et de l'Australie, elles-mêmes réunies par une autre masse terrestre, Sahul. *Homo sapiens* parvint en Asie du Sud-Est avant 50 000 ans. Il y a 40 000 ans, quelques bandes avaient fait la traversée jusqu'à Sahul, à bord de radeaux ou de pirogues, et s'étaient établies en Nouvelle-Guinée – d'où d'autres humains pionniers gagneraient les îles Salomon quelque 5 000 ans plus tard – ainsi qu'en Australie (pour laquelle les dates sont plus discutées). Les fossiles attestant une présence humaine au bord du lac Mungo ont livré des détails sur la vie de ces chasseurs-cueilleurs. Ils éclairent un mode de vie demeuré largement inchangé pendant des milliers d'années. L'ensemble de l'Australie, y compris la Tasmanie, était colonisé il y a 30 000 ans.

Cette frontière pacifique ne serait repoussée qu'après que la pirogue à balancier et la maîtrise de techniques de navigation océanique eurent autorisé les humains à se lancer, avec leurs animaux domestiques, dans des voyages maritimes plus ambitieux, au Ier millénaire avant notre ère.

La colonisation des Amériques

La plupart des spécialistes s'accordent aujourd'hui sur l'origine sibérienne des Amérindiens. Des éléments génétiques, anatomiques (dentures) et linguistiques étayent cette théorie. Mais on ne peut toujours pas précisément dater ni situer le premier établissement humain sur le sol américain.

Les premiers Américains, pensent la plupart des scientifiques, auraient été des chasseurs de Sibérie qui franchirent, il y a au moins 15 000 ans, le pont terrestre de Béringie, qui reliait la Sibérie et l'Alaska jusqu'il y a environ 10 000 ans (voir p. 24-25).

L'itinéraire suivi pour pénétrer au cœur de l'Amérique du Nord – ce qui aurait eu lieu il y a au moins 13 000 ans – est un autre sujet de débat. D'immenses calottes glaciaires couvraient alors la plus grande partie de l'actuel Canada. Une théorie avance l'idée d'une progression le long des côtes du sud-est de l'Alaska et de la Colombie-Britannique, où prévalait la steppe ou la toundra. Une autre hypothèse répandue est celle d'un déplacement rapide vers le sud, par un étroit couloir entre deux inlandsis, l'un recouvrant les montagnes Rocheuses, l'autre s'étendant vers l'est jusqu'à l'Atlantique. Le débat demeure irrésolu, mais nous savons que de petits groupes de chasseurs-cueilleurs étaient présents au sud de ces calottes, jusqu'au Chili, il y a au moins 13 000 ans.

Ce qu'on connaît le mieux des premiers Américains, ce sont les restes attestant de grandes chasses au bison, au mammouth et au mastodonte, en Amérique du Nord. L'étiquette de « chasseurs de gros gibier » qui leur est souvent accolée est toutefois trompeuse, car ces populations se nourrissaient surtout de végétaux et s'adaptèrent aux régions tempérées et tropicales, aussi bien qu'aux marges désolées des calottes en régression. Et dès 10 500 ans avant notre ère, cette « mégafaune » était pour l'essentiel éteinte, du fait d'un assèchement du climat, dont les effets pourraient avoir été renforcés par une surexploitation.

Premiers fossiles

Les preuves archéologiques du peuplement des Amériques sont rares et insuffisantes. Parmi les sites majeurs figurent un abri-sous-roche occupé il y a 12 000 ans, à Meadowcroft, en Pennsylvanie, un ensemble dispersé d'outils en pierre, à Cactus Hill, en Virginie, et un campement nomade bien documenté, à Monte Verde, au Chili, daté de 13 000 ans.

La première culture bien définie est celle de Clovis, caractérisée par des outils en silex raffinés, qui s'épanouit entre 11 200 et 10 900 ans avant notre ère environ. Un crâne vieux de 9 500 ans a été mis au jour à Kennewick, dans l'État de Washington : les traits caucasiens que des chercheurs y ont décelés pourraient indiquer que certains des premiers occupants des Amériques venaient d'Europe. Mais ces conclusions sont très contestées.

Plus vieilles empreintes
Des centaines d'empreintes humaines, préservées depuis plus de 20 000 ans, ont été découvertes sur le site du lac Mungo, en Australie. À l'époque, le lac aurait abrité poissons, moules et écrevisses.

Pointes Clovis
Des chasseurs nord-américains façonnèrent ces pointes de sagaies en silex, propres à tuer un mammouth, il y a plus de 11 000 ans. Elles comptent parmi les rares outils d'une telle ancienneté mis au jour en Amérique.

APRÈS »

Il y a 10 000 ans, les humains s'étaient répandus et adaptés sur tous les continents – excepté l'Antarctique. Les explorateurs des Temps modernes découvrirent que leur « Nouveau Monde » était déjà habité par les descendants de ces tout premiers colons.

ADAPTATION AU CHANGEMENT
Les sociétés amérindiennes s'adaptèrent à des conditions plus chaudes, et souvent plus arides, en intensifiant leur quête de nourriture – poissons, gibier ou plantes. En 4000 av. J.-C., certains groupes expérimentaient la **plantation de végétaux endémiques 36-37 »**, telle l'amarante.

COLONS EUROPÉENS EN AMÉRIQUE

EXPLORATIONS ULTÉRIEURES
Les Européens entrèrent **en contact avec les Amérindiens** il y a 500 ans, à la faveur des Grandes Explorations **230 »**. Des Néerlandais débarquèrent sur l'île de Manhattan au XVIIe siècle, commerçant avec la population autochtone avant d'y fonder une colonie permanente.

UNE CULTURE ISOLÉE
La culture des Aborigènes d'Australie s'est développée dans un isolement quasi total. Elle se caractérise par une **spiritualité étroitement reliée à l'environnement**, propre aux sociétés de chasseurs-cueilleurs.

CHASSEUR ABORIGÈNE

INVENTION

ATLATL

L'*atlal* (terme d'origine aztèque) est un bâton de jet ou un propulseur de sagaie, développé initialement par les Cro-Magnons, il y a plus de 20 000 ans. Cet instrument démultipliait la distance de jet et la vélocité de la sagaie – ce qui était utile pour des chasseurs pratiquant l'approche furtive. L'ajout d'un poids contribuait à la stabilité et la rapidité du jet. On trouve souvent de tels poids sur les sites préhistoriques américains. Les Aztèques utilisèrent plus tard des *atlatl* contre les conquistadors espagnols (voir p. 230-231).

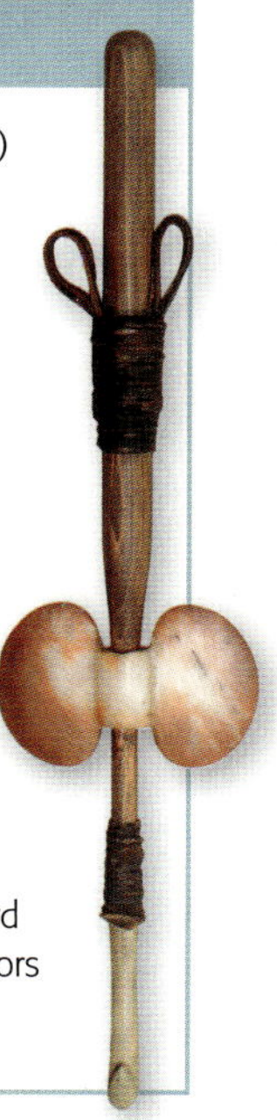

Chasseurs et cueilleurs

Chercher sa subsistance dans la nature fut le seul mode de vie de l'humanité jusqu'à il y a 12 000 ans. Par certains aspects, ce mode de vie présentait des avantages par rapport à l'agriculture. Il ne subsiste pourtant plus que de rares sociétés de chasseurs-cueilleurs, dans le bassin amazonien et en Afrique.

Les outils en pierre et en os, les ornements (voir p. 34-35) et les scènes de chasse peintes sur les parois des grottes nous ont beaucoup appris sur le régime alimentaire des chasseurs-cueilleurs préhistoriques. Les bâtons à fouir et les lames de faucille en silex plus rarement mis au jour attestent que ces derniers déterraient des tubercules et récoltaient les graminées sauvages. Les os brisés d'animaux, les arêtes de poissons et les pollens fossilisés révèlent d'autres détails, de même que les amas de coquilles de mollusques.

Les quelques sociétés de chasseurs-cueilleurs existant encore dans le monde nous livrent d'autres informations de première main sur la dynamique de l'existence humaine avant l'agriculture.

« AVANT

L'existence des humains et de leurs ancêtres hominiens fut longtemps fondée sur la chasse et la cueillette. La réussite des espèces dépendait de leur capacité à tirer parti des ressources naturelles.

CHAROGNARDS
Les traces observées sur les os et les outils en silex suggèrent que les premiers homininés, y compris du genre *Homo*, se nourrissaient plus souvent des restes d'animaux tués par d'autres prédateurs.

NOISETTES

RÉGIME VARIÉ
Le régime alimentaire des premiers humains changea en fonction des **ressources localement disponibles**, à mesure de leur dispersion **« 24-29**. Il leur fallut apprendre à distinguer ce qui était comestible de ce qui ne l'était pas.

CHANGER POUR SURVIVRE
Les sociétés humaines durent s'**adapter à des milieux radicalement différents**. La prédictibilité, la saisonnalité, l'abondance et la **répartition des ressources alimentaires** affectèrent le choix entre existence nomade et vie plus sédentaire.

Chasseurs de mammouths

Les bandes de chasseurs-cueilleurs se déplaçaient sans cesse, campant en des lieux stratégiques aux périodes de l'année où le gibier approchait, où telle plante parvenait à maturité. À Dolní Věstonice, dans l'actuelle République tchèque, les chasseurs de mammouths édifiaient avec les os et défenses de leurs proies des huttes ovales (voir p. 26), surplombant la vallée et les marécages environnants. Parmi les outils trouvés sur ce site figure la plus ancienne céramique connue au monde : une « Vénus » (figurine féminine) datée de 29 000 à 25 000 avant notre ère. D'autres sculptures, d'ours, de lions et de mammouths, indiquent un certain degré de sophistication culturelle. Une datation proche a été donnée pour la Vénus de Willendorf (voir p. 34), mise au jour en Autriche. Il a été suggéré que ces figurines symbolisaient la fécondité et le succès du groupe auquel elles étaient associées.

Cueillette
Les plantes sauvages – graminées, noix ou tubercules –, récoltées en général par les femmes, formaient l'alimentation de base pour la plupart des chasseurs-cueilleurs.

Transition

Le passage entre chasse et cueillette nomades et agriculture sédentaire n'est pas toujours très net. Il semble que de nombreuses communautés pouvaient être sédentarisées et continuer de chasser ou, à l'inverse, nomadiser et cultiver la terre. Il y a 10 000 ans, des groupes de pêcheurs et de chasseurs mésolithiques vivaient au bord de la mer Baltique, à peine libérée par le retrait des glaces. Ils se nourrissaient principalement de poissons, complétant ce régime de végétaux, d'oiseaux et de gibier. Les animaux étaient tués au moyen de flèches et de sagaies à pointe en pierre et de harpons en bois de cervidés. Dans cette zone, de nombreux groupes occupaient les mêmes sites sur plusieurs générations, le long de côtes se déplaçant constamment

Le site de Starr Carr, dans le nord de l'Angleterre, a livré des informations sur une communauté nomadisant au long des saisons. En 9 000 avant notre ère, un petit groupe de chasseurs-cueilleurs y était établi au bord d'un lac. Les sédiments gorgés d'eau ont préservé des outils en silex, des sagaies barbelées et des restes d'élans et de cerfs élaphes. Des dents et des graines indiquent que le site était occupé de

Armes du chasseur
Les toutes premières armes étaient de simples silex aménagés. La spécialisation des armes accompagna le perfectionnement des chasseurs. La tête de harpon ci-dessous a été taillée dans l'os. Les flèches se répandirent il y a environ 12 000 ans.

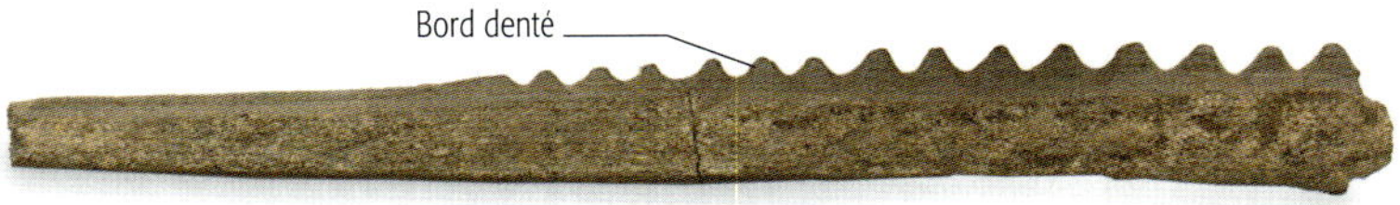

TÊTE DE HARPON

SAGAIE DE PÊCHE

FLÈCHE À POINTE DE SILEX

FLÈCHE DU MÉSOLITHIQUE

mars à juin. Ces humains avaient réussi à s'adapter aux mutations rapides du monde postglaciaire, grâce à un mode de vie flexible.

Lepenski Vir, dans l'actuelle Serbie, fut occupé pendant plusieurs milliers d'années, à partir de 6 000 avant notre ère. Les occupants de ce site des bords du Danube subsistaient principalement de la pêche. Son importance dans la culture locale conduit à suggérer que les sculptures de poissons mises au jour (voir p. 34-35), indubitablement des œuvres d'art, étaient associées à un culte religieux. Les habitations étaient tournées vers le fleuve. Lepenski Vir brosse le portrait d'une transition progressive d'un mode de vie nomade à une existence plus sédentaire. Ses occupants y vivaient semble-t-il une partie de l'année, se déplaçant le reste du temps dans d'autres zones. Ce mode semi-nomade est confirmé par des découvertes sur un site non loin.

Un mode de vie perdurant

Il y a 5 000 ans, l'est et le sud de l'Afrique étaient encore pour l'essentiel peuplés de chasseurs-cueilleurs nomades, dont l'alimentation était assez diversifiée. Certains sites, comme celui de Gwasho, en Afrique centrale, ont livré des pointes de flèche en bois et des bâtons à fouir bien conservés, ainsi que des traces d'abris en branchages. Des abris-sous-roche comme ceux de Nachikufu, dans l'actuelle Zambie, de Pomongwe, au Zimbabwe, et d'Oakhurst en Afrique du Sud étaient régulièrement visités.

Chasse traditionnelle
Un chasseur san cible sa proie. Sa réussite dépend d'une approche patiente et discrète. Les hommes préhistoriques trempaient souvent leurs pointes dans du poison végétal, poursuivant longuement les animaux blessés pour les achever avant l'irruption d'autres prédateurs.

Ces chasseurs-cueilleurs, connus pour leur art rupestre (voir p. 32-33), étaient les ancêtres éloignés des San (ou Bochimans) dont un petit nombre vit encore dans le désert du Kalahari, au Botswana, et a préservé une culture dont les origines remontent à la préhistoire, malgré des contacts anciens avec les agriculteurs. Comme dans d'autres sociétés similaires, les femmes s'occupent de la cueillette et piègent de petits animaux, assurant l'ordinaire ; la chasse au gros gibier est l'affaire des hommes.

INVENTION

L'ARC ET LA FLÈCHE

L'arc et la flèche étaient largement répandus vers 10 000 ans avant notre ère. Les premiers arcs étaient simples, en bois, les pointes de flèches étaient en pierre ou en os. L'arc composite, fait de lamelles d'os ou de bois collées et ligaturées, était connu en Asie il y a au moins 3 500 ans. Il parvint en Amérique du Nord au Ier millénaire de notre ère.

ARC INUIT

APRÈS

Vers 10 000 avant notre ère, certains groupes de chasseurs-cueilleurs s'étaient convertis à l'agriculture.

MAISON HAÏDA

CULTIVER OU PAS ?
Malgré une transition générale vers l'agriculture, certains groupes continuèrent de chercher leur nourriture, en partie peut-être parce que les conditions climatiques locales ne favorisaient pas la culture ou la sédentarisation. Une autre raison pourrait être que l'agriculture exige de consacrer **plus de temps à la production de nourriture et comporte des risques accrus de famine** en cas de mauvaises récoltes. Des peuples comme les Aborigènes d'Australie conservèrent leur mode de vie de chasseurs-cueilleurs.

COMPLEXITÉ CULTURELLE
Au Ier millénaire avant notre ère émergèrent des sociétés de **chasseurs-cueilleurs plus complexes**, là où les ressources naturelles étaient abondantes. En Amérique du Nord, les Haïdas de la côte nord-ouest, qui exploitaient les pêcheries côtières, les rivières à saumons et les forêts, offrent l'exemple d'une société sédentarisée, hiérarchisée, et d'une culture élaborée.

INNOVATION
Datée d'il y a 2 000 ans, la culture Norton d'Amérique du Nord est caractérisée par l'utilisation d'**innovants harpons à flotteurs** pour la chasse au phoque. Vers l'an 1000, les **ancêtres des Inuits** étaient établis au Canada.

LOCALITÉ INUIT MODERNE

AVANT

Il ne semble pas que les homininés aient enterré leurs défunts ou cru en une puissance supérieure avant les néandertaliens.

CROYANCES NÉANDERTALIENNES
Les **premières sépultures** d'*Homo neandertalensis* **« 19** datent d'au moins 60000 ans.

PENSÉE CONSCIENTE
Homo sapiens paraît posséder seul l'aptitude à se **projeter dans le futur, à planifier et conceptualiser**. Ces capacités cognitives apparurent il y a au moins 50000 ans **« 21**.

Le monde spirituel

Dès lors que les humains devinrent conscients de leur vulnérabilité et de leur condition mortelle, ils cherchèrent les réponses aux mystères éternels de la vie. Réfléchir au sens de notre existence, s'interroger sur ce qu'il advient après la mort, fait et fera toujours partie de l'expérience humaine.

Il est difficile d'appréhender les croyances humaines avant l'apparition de l'écriture. Toutefois, nous pouvons, à partir de certains objets préhistoriques, reconstituer en partie les idées propres à la culture qui leur est associée. Nos connaissances sur les religions préhistoriques proviennent surtout de l'art pariétal et des objets funéraires. La mort, au fil du temps, est souvent pensée comme reliant à un autre monde, et les pratiques entourant l'inhumation sont toujours signifiantes.

Il y a environ 40000 ans, les Cro-Magnons, en Europe occidentale, développèrent une tradition artistique flamboyante qui survit sur les parois des grottes et à travers des bois de cervidés magnifiquement travaillés (voir p. 20-21). Les sculptures et les peintures pariétales représentent une grande variété d'animaux, dont certains éteints de longue date, à l'exemple du mammouth et du rhinocéros laineux ; d'autres, comme les chevaux sauvages, le bison d'Europe et le renne nous sont plus familiers. Ce bestiaire renvoie à l'environnement rude de la fin de l'âge glaciaire, à une alimentation essentiellement carnée la plus grande partie de l'année. Cette dépendance

Une abondance d'objets funéraires
Deux chasseurs furent enterrés il y a 25000 ans à Sungir, en Russie, avec des sagaies, des bracelets, des broches et des milliers de perles d'ivoire.

à la chasse pourrait avoir inspiré des rituels devenus le sujet de l'art pariétal. Les figures humaines sont rares et quand elles existent, sont très stylisées ou masquées. Des mains peintes en négatif et des signes qui nous échappent apparaissent sur certaines parois, par exemple dans les grottes Chauvet, de Niaux et de Lascaux en France ou d'Altamira, en Espagne.

Magie et cérémonies

Des générations d'archéologues ont débattu de la signification de l'art pariétal de Cro-Magnon, qui fleurit jusqu'à il y a environ 14 000 ans. Une théorie avance que les peintures étaient exécutées par des chamans (voir encadré), intermédiaires traditionnels entre le monde des humains et celui des esprits dans les sociétés de chasseurs-cueilleurs. Les chamans transmettent aussi, traditionnellement, les récits cosmogoniques et les légendes, de même que le savoir spirituel et les rites. Ceux de la fin de l'âge glaciaire pourraient avoir dirigé des cérémonies dans les grottes, souvent ornées de fresques, là où l'acoustique se prête au chant, ainsi que dans d'autres cavernes moins accessibles, plus obscures, où ils auraient pu se sentir plus proches de puissances ne se manifestant pas directement dans l'environnement ordinaire.

Rêve aborigène
Les Aborigènes d'Australie vivent dans un monde ordinaire communiquant intimement avec le monde spirituel. Leur art, dont cette fresque rupestre offre un exemple, représente des êtres mythiques, humains et animaux, et participe de leurs croyances en un Temps du Rêve.

L'écho du passé

D'autres formes d'art nous renseignent sur ces croyances passées. Les figurines féminines que l'on retrouve dans plusieurs sociétés de la dernière période glaciaire (voir p. 30-31) pourraient avoir été associées à un culte de la fécondité. De même, bois de cervidés et os sculptés seraient susceptibles d'être reliés à des croyances religieuses.

Des cultures ayant survécu jusqu'à une époque plus récente fournissent des pistes complémentaires. Les Amérindiens et les Aborigènes, par exemple, vivent traditionnellement dans des univers où les mondes ordinaire et spirituel ne sont pas séparés. Leur vie s'articule autour de cérémonies honorant les esprits des ancêtres et de rites initiatiques et saisonniers. Les sociétés actuelles de chasseurs-cueilleurs se caractérisent par des croyances et une vision du monde intimement connectées à l'environnement naturel. Si nous ne pouvons affirmer que les peuples préhistoriques avaient en commun les mêmes croyances et rituels, objets et autres indices en suggèrent la possibilité.

Objets funéraires

À Sungir, en Russie, ont été mis au jour des tombes comptant parmi les plus anciennes et les plus prodigues. La richesse et la diversité des objets qui accompagnaient les corps indiquent une société fortement hiérarchisée et préoccupée de ce qu'il advenait des défunts. Sur les restes d'une fillette de huit ans ont été préservées plus de 5 000 perles d'ivoire dont on estime que le façonnage requérait une heure pour chacune. Une telle abondance suggère une religion concevant un voyage dans l'au-delà, nécessitant la présence de ce type d'objets auprès des morts. Dans d'autres cultures, de la nourriture était déposée auprès des morts, ce qui renvoie, là encore, à la croyance dans une autre vie.

Le site de Çatal Hüyük, en Turquie, a livré ce qui pourrait être certaines des plus anciennes constructions à usage religieux, datées de 7000 avant notre ère. Des fresques murales témoignent que ces espaces étaient utilisés à des fins rituelles. Il n'en demeure pas moins que nos connaissances de la spiritualité humaine avant l'écriture restent de l'ordre de l'hypothèse.

COMMENT SAVONS-NOUS ?

LE CHAMANISME

Dans cette tribu de la région du fleuve Sépik, en Papouasie-Nouvelle-Guinée (à droite), le chaman, à la fois prêtre et guérisseur, est considéré comme doté de pouvoirs supranaturels. L'observation des pratiques et des rituels d'une telle population nous permet de tracer d'utiles parallèles avec les premières sociétés.

Pour l'archéologue Davis Lewis-Williams, l'art rupestre des San d'Afrique australe serait ainsi en grande partie dû à des chamanes en transe. Ce type d'expérience induite par une technique psychophysique ou l'absorption d'hallucinogènes est encore observé dans certaines sociétés.

APRÈS

La croyance en une vie dans l'au-delà et en une puissance supérieure apparaît.

LIVRE DES MORTS

L'AU-DELÀ ÉGYPTIEN
Le *Livre des morts* des Égyptiens de l'Antiquité était une collection de **formules funéraires** inscrites sur des papyrus, datée de 1600 av. J.-C., interprétées comme étant des **instructions pour la vie dans l'au-delà** **68-69 »**. Le mobilier funéraire placé dans les pyramides des pharaons atteste également une croyance très forte en une existence après la mort.

RELIGIONS ACTUELLES
La croyance dans un au-delà après la mort joue un rôle essentiel dans des religions actuelles telles que l'**hindouisme ou le christianisme** **144-147 »**.

CROYANCES CELTES
Sur le chaudron de Gundestrup, daté du IIe siècle et mis au jour au Danemark, figurent des divinités associées à la mort, la fécondité et la naissance.

CHAUDRON DE GUNDESTRUP

1 BIFACE EN SILEX

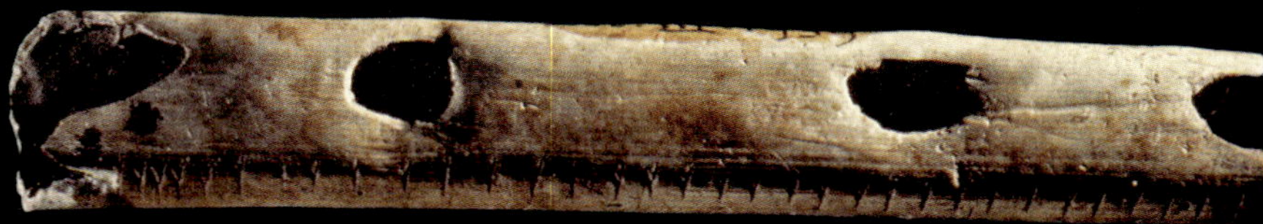

6 FLÛTE DE CRO-MAGNON

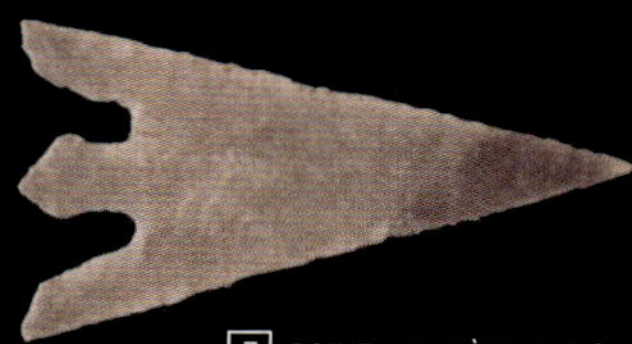

7 POINTE DE FLÈCHE EN SILEX

2 OS DE CERVIDÉ SCULPTÉ

8 OS SCULPTÉS

10 SCULPTURE EN PIERRE

3 HACHE EMMANCHÉE EN SILEX

11 MEULE EN PIERRE

4 « VÉNUS » SCULPTÉE

5 ROCHE GRAVÉE

9 PILIER SCULPTÉ

12 SILEX DENTÉ, HARPON BARBELÉ, DAGUE EN SILEX

Premières sociétés

Ces objets reflètent les changements à l'œuvre dans les sociétés humaines jusqu'à 3000 av. J.-C. L'abandon du mode de vie des chasseurs-cueilleurs est révélé par le nombre d'outils agricoles et de céramiques produits à cette époque.

[1] **Biface en silex** taillé par *Homo heidelbergensis,* en Europe, il y a 500 000 à 300 000 ans. [2] **Tête de cervidé sculptée** en os, 8000 à 6000 av. J.-C., Riparo Gaban, Italie. [3] **Hache en silex** utilisée pour la récolte des céréales, v. 4000-2300 av. J.-C. Manche reconstitué. [4] **« Vénus »** en calcaire, v. 25000-15000 av. J.-C., Willendorf, Autriche. Des figurines féminines semblables, dépourvues de visage mais aux formes épanouies, ont été mises au jour dans toute l'Europe. [5] **Roche gravée** datant d'il y a environ 75 000 ans, grotte de Blombos, Afrique du Sud. Ce morceau d'ocre rouge, délibérément gravé, est considéré comme l'un des premiers exemples d'art. [6] **Flûte de Cro-Magnon,** vieille d'environ 45 000 ans, découverte dans une grotte, à Divje Babe, dans la vallée d'Idrijca, dans l'ouest de l'actuelle Slovénie. Considérée comme l'un des plus anciens instruments de musique, elle provient du fémur d'un jeune ours des cavernes. [7] **Pointe de flèche** en silex de 10 000 ans av. J.-C. environ. De telles pointes, aux arêtes vives, étaient obtenues par retouche à la pression des bords, au moyen d'une baguette en os ou en bois de cervidé. [8] **Os sculptés,** v. 8700 av. J.-C. Dolní Věstonice, République tchèque. L'un serait une amulette (à gauche), l'autre une figure féminine stylisée (à droite). [9] **Pilier sculpté,** v. 9000 av. J.-C, Göbekli Tepe, sud-est de la Turquie. Il pourrait avoir soutenu un temple. Sur d'autres piliers étaient sculptés divers animaux sauvages, dont des oiseaux. [10] **Sculpture en pierre,** v. 6000 av. J.-C., Lepenski Vir, Serbie. De telles représentations, mi-humaines, mi-poissons, sont typiques de cette culture de pêcheurs. [11] **Meule et molette.** Reconstitution d'un ensemble utilisé par les premiers agriculteurs, vers 10 000 avant notre ère, pour moudre le grain. [12] **Silex denté, harpon en bois de cervidé et lame de silex** sur un manche en bois, fabriqués par des *Homo sapiens,* entre 20 000 et 12 000 ans av. J.-C. [13] **Cône en terre cuite,** Jordanie, IIIe millénaire av. J.-C. [14] **Dague égyptienne,** v. 3500-3100 av. J.-C., Gebel el Arak, Égypte. Des scènes de bataille et de chasse sont sculptées sur le manche, en ivoire d'hippopotame. La taille de la lame est de la meilleure qualité. [15] **Figurine en os de Nagada I,** 4000-3600 av. J.-C. Une des plus anciennes représentations humaines en trois dimensions produites par les anciens Égyptiens, provenant de tombes de la période prédynastique. [16] **« Déesse »,** en céramique peinte, El'Ma'mariya, Égypte, v. 3600-3500 av. J.-C. [17] **Tesson de poterie,** v. 4000 av. J.-C., Roumanie. Outre qu'elle était utile, la céramique était souvent peinte et gravée dans un souci esthétique. [18] **Propulseur sculpté** en forme de mammouth, dans un bois de renne, v. 14500 av. J.-C., abri-sous-roche de Montastruc, Tarn-et-Garonne, France. [19] **Clou de fondation en pierre** portant des inscriptions cunéiformes. Provenant de la célèbre cité sumérienne d'Our, cette pièce, vieille de 4 000 ans avait été intégrée dans un mur en brique crue afin de conserver la mémoire de la fondation du bâtiment. [20] **Peigne égyptien** de la période prédynastique, v. 3200 av. J.-C. Parmi les animaux sculptés dans l'ivoire, figurent des éléphants, des serpents, des échassiers et une girafe, des hyènes et des bovins. Sur la bordure inférieure subsiste une partie des dents. [21] **Cruche d'Ourouk** en calcaire, ornée d'animaux sculptés, Sumer, 3500-3200 av. J.-C.

[13] CÔNE EN TERRE CUITE

[14] DAGUE ÉGYPTIENNE

[15] FIGURINE EN OS DE NAGADA

[16] « DÉESSE »

[17] TESSON DE POTERIE

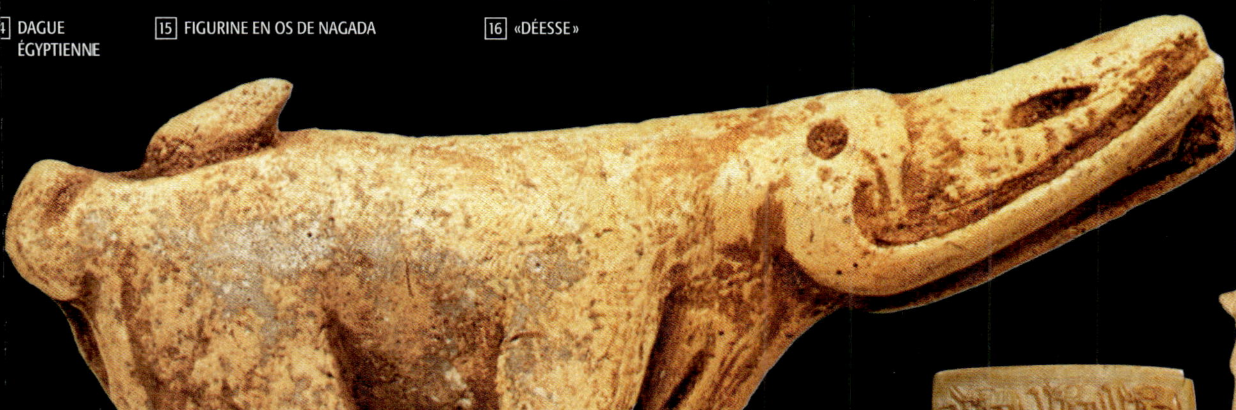

[18] PROPULSEUR SCULPTÉ

[19] CLOU DE FONDATION

[20] PEIGNE ÉGYPTIEN

[21] CRUCHE D'OUROUK

AVANT

Avec la fin de la dernière glaciation **« 22-23****, les conditions de vie s'améliorèrent sur toute la Terre ; le mode de vie des chasseurs-cueilleurs commença à disparaître.**

SORTIE DE L'ÂGE GLACIAIRE
Le **réchauffement planétaire** ouvrit de nouvelles opportunités à l'humanité, stimulant de nombreuses avancées de la civilisation.

EXPANSION
La population augmenta et se dispersa dans des zones jadis englacées, devenues tempérées.

ÉPOQUE DE TRANSITION
Avec le réchauffement, les **grands animaux disparurent** de nombreuses régions ; les populations se tournèrent vers le petit gibier. Suite à une sécheresse, il y a environ 13 000 ans, des chasseurs-cueilleurs du Proche-Orient commencèrent à planter des graminées sauvages pour compléter leur apport végétal.

PRODUCTION ALIMENTAIRE
Bien que le mode de vie des chasseurs-cueilleurs nomades continuât de prévaloir, il y a environ 12 000 ans, certains groupes avaient entrepris de contrôler leur approvisionnement alimentaire.

Premières récoltes

Il y a 12 000 ans, l'humanité vivait encore de chasse et de cueillette ; six mille ans plus tard, presque toutes les sociétés en capacité de cultiver et d'élever des animaux produisaient leur nourriture.

L'agriculture ne fut pas inventée par une personne, traversée d'un soudain éclair de génie. Les chasseurs-cueilleurs savaient d'expérience que les graines tombant au sol germaient. Le passage à l'agriculture et à la domestication animale survint de manière indépendante dans différentes régions. Ce tournant amorcé il y a environ 12 000 ans fut en partie stimulé par le changement climatique.

Dans la région dite du Croissant fertile, qui englobe la Turquie, la Syrie et l'Iraq, les populations commencèrent à domestiquer les chèvres, les moutons et les porcs en contrôlant les déplacements des troupeaux sauvages. Les plantes sauvages furent peu à peu sélectionnées et adaptées pour donner des variétés cultivées plus fortes. L'engrain et le blé amidonnier furent parmi les premières céréales domestiquées. Les modifications génétiques résultant de l'intervention humaine, pour les céréales comme pour les animaux, survinrent dans un temps assez court. Çatal Hüyük et Ain Ghazal sont quelques sites clés des débuts de l'agriculture. À Abu Hureyra, dans la vallée de l'Euphrate (actuelle Syrie), un établissement modeste de chasseurs-cueilleurs se transforma à cette époque en village agricole, densément bâti de maisons en brique crue séparées par des cours et d'étroites allées. Les plantes qu'ils cueillaient traditionnellement se raréfiant du fait de l'assèchement du climat, les occupants du lieu commencèrent à cultiver du seigle. Ils continuaient à chasser la gazelle, tout en maintenant des moutons en enclos. L'analyse d'ossements (voir encadré) révèle que le nombre de moutons domestiqués dépassa peu à peu celui des animaux sauvages dans l'alimentation.

NÉOLITHIQUE Dernière partie de la préhistoire, caractérisée par les débuts de l'agriculture. Elle commence vers – 10000 au Moyen-Orient, – 5000 en Europe centrale et – 4500 dans le nord-ouest de l'Europe.

À Göbekli Tepe, en Turquie, ont été découverts des vestiges de ce qui pourrait être les plus anciens temples en pierre, datés de 9000 av. J.-C, qui témoignent d'une sédentarisation et d'une structuration de la communauté comme de ses croyances.

Asie du Sud et de l'Est

L'agriculture se développa indépendamment en Asie du Sud. Il est probable qu'elle ait émergé dans la vallée de l'Indus, dans l'actuel Pakistan, où des villages paysans comme Megharh étaient bien établis en 6000 avant notre ère. Le riz avait été domestiqué, il y a au moins 10 000 ans, dans la vallée du Yiangzi Jiang, dans le sud de la Chine, et probablement à la même époque, sur les bords du Gange, en Inde. En Chine toujours, la vallée du Huang He fut un des premiers foyers de la culture du millet, peut-être dès 7000 av. J.-C. L'agriculture chinoise devint dans les siècles ultérieurs intensive et hautement organisée, surtout dans le Sud. Les cultivateurs du Nord devaient affronter des sécheresses et des inondations fréquentes. Malgré

Le maïs, domestiqué en Amérique centrale vers 5000 av. J.-C., est issu de la téosinte, une graminée sauvage encore présente au Mexique. Des variétés adaptées aux conditions locales furent développées à mesure de sa diffusion dans la plus grande partie des Amériques.

La pomme de terre est une culture des hauts plateaux andins. Elle fut domestiquée avant 5000 av. J.-C. Les paysans des Andes cultivaient de nombreuses variétés, adaptées aux microclimats montagnards. La pomme de terre fut introduite en Europe au XVIe siècle.

Le lama est le seul animal de bât originaire des Amériques. Il était utilisé pour le transport des textiles, du poisson et autres produits échangés entre basses et hautes terres.

COMMENT SAVONS-NOUS ?

DENTS ET OS

Les restes d'animaux nous apprennent beaucoup sur l'alimentation et le mode de vie de nos ancêtres. On peut déduire de l'examen des mâchoires et des lignes de croissance des dents, l'âge et le sexe d'un animal et s'il était domestique ou sauvage. L'étude des dents humaines est aussi instructive : celles des habitants d'Abu Hureyra révèlent une usure associée à la consommation de céréales broyées.

L'engrain et le blé amidonnier furent domestiqués dans le sud-est de la Turquie vers 10000 av. J.-C. Ces céréales pourraient avoir été plantées dans le but initial de préserver le mode de vie ancestral.

Le mouton fut domestiqué dès 10000 av. J.-C., sans doute du fait de la proximité entre chasseurs et troupeaux sauvages. Les moutons domestiqués présentaient l'avantage de fournir une laine plus épaisse que les animaux sauvages.

Les chèvres furent parmi les premiers animaux domestiqués, au Moyen-Orient, vers 10000 av. J.-C. Bien que voraces, elles fournissaient viande, peau et lait à leurs éleveurs. Du fait de leur nature grégaire, il était facile de pousser dans des enclos de jeunes animaux sauvages et même des troupeaux entiers.

Les bovins domestiques sont issus de l'aurochs, *Bos primogenius*, et furent domestiqués avant 6000 av. J.-C., en plusieurs endroits, dont le Sahara et le sud-ouest de l'Asie.

Le riz aurait été domestiqué dans plusieurs foyers, dont l'Inde et la vallée chinoise du Yangzi Jiang, où il était cultivé dès 8500 av. J.-C. Sa culture se répandit ensuite largement.

Diffusion de l'agriculture
Les premières preuves de la transition vers une agriculture de subsistance proviennent du Proche-Orient, vers 10000 av. J.-C. Il semble que l'agriculture ait émergé ensuite, indépendamment, dans d'autres régions.

ces défis climatiques, la culture de Yangshao (voir p. 60), pratiquant une forme précoce d'irrigation, prospérait en 5000 av. J.-C.

Premiers agriculteurs européens

L'agriculture se diffusa en Europe vers 6000 av. J.-C. À partir du Proche-Orient, elle se répandit dans le bassin méditerranéen avant de gagner le nord, son expansion s'accompagnant de variations culturelles significatives.

Agriculture américaine

En 4000 av. J.-C., de nombreux groupes de chasseurs-cueilleurs des Amériques faisaient pousser des tournesols et d'autres plantes endémiques pour compléter leur alimentation. Dans les Andes, des populations expérimentaient la culture des pommes de terre et autres tubercules locaux.

En 3500 av. J.-C., le maïs et les haricots, formant la base de l'agriculture amérindienne, avaient été domestiqués en Amérique centrale. Le maïs fut domestiqué à partir de la téosinte, une graminée endémique et de nombreuses variétés furent développées. Depuis les tropiques, cette culture gagna les Andes et le sud-ouest de l'Amérique du Nord en 2500 av. J.-C., avant de conquérir plus tardivement l'est de l'Amérique du Nord.

APRÈS

Le passage à l'agriculture eut des effets sociétaux de grande ampleur.

ESSOR DES VILLAGES ET DES VILLES
L'agriculture, attachant les paysans à leurs terres, favorisa l'essor d'**etablissements permanents** **38-39 »**.

DU TEMPS POUR INNOVER
Il n'était pas nécessaire de mobiliser toute la population pour produire de quoi nourrir la communauté. Des individus commencèrent à se spécialiser dans la production de céramique ou la métallurgie **42-43 »**.

La production de surplus alimentaires créa par ailleurs de nouvelles possibilités de commerce. Elle pouvait nourrir plus de personnes dans une zone assez réduite, ce qui favorisa la croissance démographique.

TOUJOURS PLUS
La pression sur la terre augmenta en même temps que la population. Là où il n'y avait pas de nouvelles terres disponibles, il fallut développer d'autres techniques, tels les systèmes d'irrigation mis en œuvre en Égypte. La pression sur la terre et le désir de produire toujours plus n'ont plus cessé **290-291, 462-463 »**.

AVANT

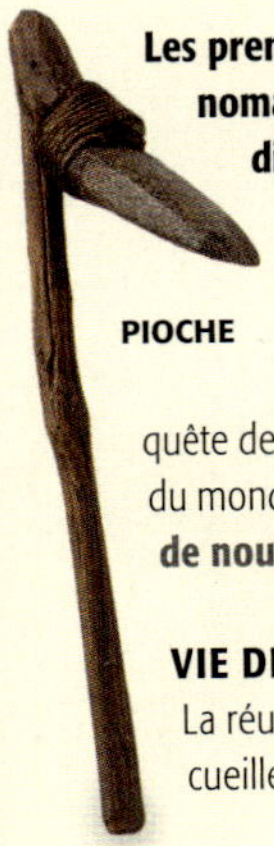
PIOCHE

Les premières populations humaines nomadisaient en fonction des disponibilités alimentaires.

VIE NOMADE
Jusqu'à il y a 10000 ans, la vie des humains était régie par la quête de nourriture. Le peuplement du monde fut motivé par l'**exploitation de nouvelles sources alimentaires**.

VIE DE CHASSEUR
La réussite du mode de vie des chasseurs-cueilleurs tenait à son adaptabilité.

ÉTABLISSEMENTS TEMPORAIRES
Les campements et autres établissements de chasseurs-cueilleurs étaient saisonniers. Les sites de Starr Carr, en Grande-Bretagne, et de Dolní Věstonice, en Europe centrale, en offrent des exemples « 30-31. **La mobilité exigeait de ne pas posséder grand-chose**, d'où la rareté des outils permettant de documenter le mode de vie nomade.

NAISSANCE DE L'AGRICULTURE
Le passage à l'agriculture « 36-37 s'amorça à partir de 10000 environ av. J.-C. Des outils, comme la **pioche** présentée à gauche, et l'**araire**, furent développés au cours de cette transition.

Vie de village

La culture et l'élevage entraînèrent de nouveaux modes de vie. Avec l'agriculture se développèrent les premières communautés villageoises et les cultes religieux.

Les tout premiers villages d'agriculteurs étaient de petites agglomérations de maisons en brique crue, parcourues d'allées étroites. À Abu Hureyra, en Syrie (voir p. 36-37), plusieurs centaines de paysans vivaient dans un voisinage étroit, à proximité des champs. À Ain Ghazal, dans l'actuelle Jordanie, où les habitants maintenaient des chèvres en enclos tout en continuant de chasser, l'augmentation de la population s'accompagna d'une surexploitation des terres. Il fallut partir en quête de terres plus fertiles.

Des villages aux villes

Jéricho, dans la vallée du Jourdain, fut l'un des premiers villages à se développer avec succès, entre 9600 et 7000 av. J.-C. En 8000 av. J.-C., c'était devenu une petite ville dont les murailles abritaient des maisons évoquant des ruches, aux fondations en pierre et aux murs en argile, possédant pour beaucoup leur four et leur cour. Autre établissement durable, Çatal Hüyük, en Turquie (voir p. 36-37), prospéra durant plus d'un millénaire, à partir de 7000 av. J.-C. Les maisons y étaient de plan rectangulaire, mitoyennes, blanchies à la chaux et peintes de motifs rouges symétriques. On y entrait par le toit. La réussite de cette communauté pourrait avoir été liée au commerce de l'obsidienne, un verre volcanique noir très prisé pour la fabrication d'outils coupants.

D'une récolte à l'autre

Les céréales formaient l'alimentation de base de toutes les premières communautés agricoles du Proche-Orient. Aux galettes et aux bouillies (de la farine additionnée d'eau ou de lait bouilli) s'ajoutaient la viande et les produits obtenus des troupeaux domestiqués, ainsi que du gibier et des plantes sauvages.

Un des traits distinctifs de ces villages était l'existence de lieux de stockage de la nourriture, qui indique que les communautés s'organisaient en prévision des saisons difficiles et conservaient des céréales pour l'hiver.

Le risque d'une mauvaise récolte entraînant la famine n'en était pas moins omniprésent. Par certains aspects, la vie des chasseurs-cueilleurs était plus facile, la collecte de nourriture exigeant un travail moins intensif que sa production et libérant en conséquence davantage de temps pour le loisir. La surpopulation des villages (voir p. 52-53) était par ailleurs cause de maladies. Mais l'agriculture présentait d'autres avantages : elle permettait de nourrir plus de personnes sur une surface plus réduite, autorisant la croissance démographique et l'épanouissement de la civilisation.

Spécialisation

Les hommes avaient sans doute la charge des troupeaux, assumaient peut-être une partie du travail aux champs et chassaient, tandis que les femmes s'occupaient des cultures, de la cueillette des plantes sauvages et du stockage de la nourriture, et préparaient les repas. Au-delà de cette répartition traditionnelle des rôles, une spécialisation des fonctions se fit jour, la production alimentaire n'exigeant pas la mobilisation de tous. Certaines devinrent plus spécifiquement constructeurs de pirogues ou potiers. Le réseau familial s'entraidait en période de mauvaises récoltes.

Rites funéraires

Avec une sédentarisation plus marquée émergèrent des croyances accordant une place centrale à la fertilité de la Terre. À cette dernière étaient associés les ancêtres, que l'on vénérait. À Jéricho, certains défunts étaient ensevelis sous les maisons, la tête ayant été détachée du corps. Leur crâne, recouvert d'argile modelée à leur effigie, était placé dans une fosse distincte. À Ain Ghazal, des collections de figurines en argile apparaissent avoir été enterrées de façon délibérée. Bien que la signification de ces objets rituels demeure incertaine, leur existence suggère la pratique d'une religion archaïque (voir p. 40-41).

INVENTION

LA POTERIE

Des récipients en terre cuite sont associés à toutes les premières cultures paysannes du monde. Bols pour cuire et servir les repas ; grands pots à fond arrondi pour contenir les liquides ou stocker le grain, étaient le plus souvent faits de boudins d'argile superposés.

Les premières poteries apparurent avant 10000 av. J.-C., dans la culture Jomon, au Japon (ci-contre, un exemplaire très élaboré), et à peu près à la même date, au Mali, en Afrique de l'Ouest. Si les productions étaient pour l'essentiel de type utilitaire, des récipients plus fins et ornementés étaient destinés à un usage cérémoniel ou aux rites funéraires.

L'essor de la vie communautaire
Ce village malien, établi sur une île du fleuve Niger, donne une idée de ce que pouvait être l'organisation des premières communautés villageoises. Chèvres et moutons étaient probablement gardés dans des enclos aménagés entre les maisons, proches les unes des autres.

Figure sacrée
Cette statuette provenant d'Ain Ghazal et datée d'environ 7250 av. J.-C. honorait sans doute un ancêtre. Elle était placée à l'intérieur de ce qui pourrait avoir été un sanctuaire familial, dans une partie surélevée de l'habitation.

APRÈS

L'établissement de communautés villageoises entraîna un essor démographique, confrontant les habitants à de nouveaux défis.

NAISSANCE DES VILLES

Les villages se transformèrent en villes **44-45 ››**.

RISQUES SANITAIRES

La **densification de la population** déboucha sur l'**insalubrité**. La proximité des humains et des animaux favorisa la propagation de **nouvelles maladies** **52-53 ››**. L'essor démographique put entraîner aussi malnutrition et famine.

INTENSIFICATION

L'irrigation permit d'intensifier la production agricole et de répondre à l'essor démographique.

REPRÉSENTATION ÉGYPTIENNE DE L'IRRIGATION

AVANT

Le développement des croyances en un monde au-delà de la mort accompagna celui des facultés mentales humaines.

ART CHAMANIQUE
L'art préhistorique des **grottes ornées et des os gravés « 20-21** reflète des tentatives anciennes pour interpréter le monde et essayer de l'influencer par des rituels.

MOBILIER FUNÉRAIRE
Dès 40 000 ans avant notre ère, certains défunts étaient inhumés avec des objets et ornements **« 32-33**.

RITES FUNÉRAIRES
Certaines des premières communautés paysannes, dont celle de Çatal Hüyük, en Turquie, aménageaient des pièces dédiées aux rites funéraires **« 38-39**.

OS DE BISON GRAVÉ

West Kennet
Le couloir du long tumulus de West Kennet, dans le sud de l'Angleterre, mène d'une petite cour à des chambres funéraires latérales. Cette sépulture collective fut construite vers 3650 av. J.-C.

Rites et rituels

Les mégalithes du néolithique inspirent aujourd'hui encore un sentiment de crainte et de fascination, auquel ajoute leur mystère. Souvent associés à des sépultures, semblant ordonnés selon des alignements astronomiques, ils sont fortement liés à des rites connectant les humains à leur univers immédiat.

Avec la diffusion de l'agriculture à travers le monde (voir p. 36-37), un désir de vénérer les anciens, de célébrer les saisons, les mouvements cycliques des astres émergea, qui donna le jour à une religion archaïque. Les croyances néolithiques se manifestent à nous de la façon la plus évidente à travers les spectaculaires structures mégalithiques édifiées après 4500 av. J.-C. dans une grande partie du monde méditerranéen et de l'Europe occidentale, de l'Espagne à la Scandinavie.

Sites monumentaux

On distingue plusieurs types parmi les mégalithes (littéralement « grosses pierres ») érigés à cette époque et utilisés jusqu'au milieu du IIe millénaire avant notre ère. On trouve ainsi des dolmens (chambres funéraires), des menhirs (simples pierres dressées), des alignements et des cercles de pierres.

En Grande-Bretagne, les enclos *(henges)* apparurent vers 3200 av. J.-C. Une levée de terre, dans laquelle étaient dégagées des entrées, délimitait une aire circulaire ou ovale et précédait un fossé. À l'intérieur de ces enclos se dressaient parfois des cercles en pierres ou en bois : à Woodhenge, dans le Wiltshire anglais, peut-être l'un des plus célèbres cercles en bois, seuls subsistent les trous dans lesquels les poteaux de bois étaient enfoncés.

La fondation de Stonehenge
Dans sa première phase, Stonehenge consistait en une levée de terre basse bordée sur sa face interne par un fossé et enfermant un rang de poteaux en bois.

Les cercles de pierres se dressent surtout dans le sud-ouest de l'Angleterre, l'ouest de l'Écosse et le nord-ouest de la France, ce qui pourrait s'expliquer simplement par l'accès aux matériaux nécessaires. Le cercle d'Avebury, en Grande-Bretagne, compte parmi les plus grands encore debout. Ses pierres dressées pourraient avoir servi à indiquer des alignements astronomiques tout en ayant aussi une signification religieuse. Les mêmes hypothèses ont été avancées pour les alignements de menhirs qu'on trouve par exemple à Carnac, en Bretagne.

Les dolmens étaient des sépultures collectives. Il est possible que les corps étaient préalablement décharnés à l'air libre avant d'y être inhumés. Initialement, un cairn (entassement de pierres) ou un tumulus (tertre de terre) recouvrait ces chambres funéraires. Il était parfois utilisé sur plusieurs générations, à l'exemple de celui de West Kennet, en Angleterre. À Newgrange, en Irlande (voir ci-dessous) et Gavrinis, en Bretagne, certaines dalles sont gravées de motifs abstraits tels que spirales, cercles et losanges, typiques de « l'art mégalithique ». Des enclos étaient souvent associés aux tumulus.

Au centre d'un paysage sacré

Le plus célèbre des sites mégalithiques est sans aucun doute Stonehenge, en Angleterre, qui fut développé, remanié et utilisé pendant plusieurs siècles.

Newgrange
L'entrée du tumulus de Boyne Valley, en Irlande, est bouchée par cette dalle ornée de motifs concentriques, communs dans l'art mégalithique du nord-ouest de la France et de l'Irlande.

Comme d'autres monuments néolithiques édifiés dans le nord de l'Europe au IIIe millénaire avant notre ère, il s'inscrivait au centre d'un paysage sacré englobant des éminences naturelles, des cours d'eau ou des lacs, et des arbres, qui définissait l'existence humaine et incluait plusieurs lieux de célébration et de vénération, aménagés de manière à être visibles de loin. Stonehenge est ainsi proche de l'enclos de Durrington Walls, de Woodhenge et de plusieurs tumulus, dont ceux d'Amesbury.

La région de Stonehenge fut cultivée à partir de 4000 environ av. J.-C. Vers 2950 av. J.-C. fut aménagée une simple levée de terre, renfermant un cercle de poteaux en bois. Au cours des mille ans suivants, le site se développa en plusieurs étapes. Le cercle extérieur de pierres visible aujourd'hui fut dressé vers 2550 av. J.-C. Autour de Stonehenge ont été mis au jour des tombes ainsi que des objets, notamment des perles en os et de l'ambre.

Une des motivations possibles pour l'aménagement de tels sites pourrait avoir été le désir d'assurer la présence des ancêtres, considérée comme

bénéfique, au cœur de la vie villageoise et de permettre aux vivants de rester en relation avec le monde spirituel (voir p. 32-33). On peut imaginer que ceux qui conduisaient les rituels dans cet endroit avaient le pouvoir de communiquer avec les morts et occupaient une place importante au sein de la communauté.

Ces structures ne reflètent pas seulement des croyances élaborées, elles indiquent également une conscience du monde naturel. Certaines, comme Stonehenge, pourraient avoir été construites pour marquer les solstices d'été et d'hiver – des événements cruciaux pour les sociétés agricoles. Elles témoignent aussi des capacités et des talents de bâtisseurs des hommes du néolithique.

APRÈS

Les structures mégalithiques d'Europe ont des équivalents dans des cultures plus tardives partout dans le monde, par exemple au Japon et aux États-Unis.

TERTRES NORD-AMÉRICAINS

Des cultes funéraires élaborés se développèrent en Amérique du Nord au Ier millénaire avant notre ère. En 400 av. J.-C., la culture Hopewell, dans l'Ohio, échangeait des objets tels que celui-ci, dans le cadre d'un culte qui comprenait l'inhumation des morts dans des tumulus.

GRIFFE HOPEWELL

CULTURE DU MISSISSIPPI

Cette culture s'épanouit en Amérique du Nord entre 1000 et 1400 apr. J.-C. **212-213 ››**. Des cérémonies publiques marquaient les solstices, et la première récolte était célébrée sur les places bordées de temples, aménagées au sommet de tertres.

COUTUMES FUNÉRAIRES

Au Japon, la culture **Kofun**, à partir du IIIe siècle apr. J.-C., se distingue par ses **tumulus funéraires en forme de trou de serrure**. À l'autre bout du monde, en Angleterre, un roi anglo-saxon, identifié comme **Redwald**, fut inhumé en 620 dans un somptueux bateau, placé sous un énorme **tertre, à Sutton Hoo**, dans le Suffolk.

TUMULUS FUNÉRAIRE KOFUN

UNE LONGUE TRADITION

De nombreuses cultures perpétuent la tradition de bâtir des sites sacrés élaborés. Ceux-ci prennent aujourd'hui la forme de cathédrales chrétiennes, de mosquées musulmanes, de temples bouddhistes… voire de monuments aux présidents américains.

AVANT

Tandis que les établissements humains se complexifiaient, les échanges et la culture matérielle se développèrent.

AVANT LE MÉTAL
Le **silex** fut utilisé pendant des millénaires pour fabriquer les **outils les plus solides et les plus tranchants**. Du rudimentaire galet aménagé, on passa au biface puis à des outils spécialisés « 17.

ÉTABLISSEMENTS PERMANENTS
À mesure que l'agriculture se diffusait au Moyen-Orient, après 8000 avant notre ère, les établissements humains devinrent plus permanents. La sédentarisation s'accompagna d'un lien plus fort au territoire et à ses ressources.

OBSIDIENNE

COMMERCE ANCIEN
La plupart des premières communautés villageoises échangeaient des produits tels que céréales, matériaux de construction et silex. Les réseaux commerciaux se développèrent en conséquence. Le village de Çatal Hüyük, en Turquie, était par exemple spécialisé dans le commerce de l'obsidienne.

RITUELS RELIGIEUX
La vie sociale comme les rituels devinrent plus élaborés. À Çatal Hüyük ont été mis au jour ce qui semble être des sanctuaires familiaux, où les habitants rendaient le culte aux ancêtres « 32 et à une **déesse de la Fécondité**, représentée par des figurines en argile.

FIGURINE DE DÉESSE

Précieux métal

Les humains taillèrent leurs outils dans la pierre, l'os et le bois pendant des milliers d'années. De la maîtrise du travail du cuivre, il y a environ 8 000 ans, découla une longue série d'innovations. L'histoire de l'humanité devenait aussi celle de la métallurgie.

Il semble que les humains aient toujours éprouvé de la fascination pour les matériaux rares et beaux, des coquillages dont ils faisaient des ornements aux métaux brillants qu'ils apprirent à travailler. Le cuivre se trouve dans la nature à l'état natif (sous forme pure) ou sous la forme de minerai. Le cuivre natif, reconnaissable à sa couleur rouge et très malléable, fut le premier à être travaillé. On en tirait par simple martelage des objets ornementaux tels que des haches grossières et des perles. De tels objets, datés du VIe millénaire avant notre ère, ont été mis au jour en Turquie et dans les montagnes iraniennes. Plus communs, les minerais de cuivre sont assez abondants dans le bassin méditerranéen. Ceux qui affleurent sont faciles à identifier à leur couleur verdâtre. La découverte de la fonte du cuivre (le chauffage du minerai au charbon de bois à environ 1 200 °C pour en extraire le métal) permit le développement d'objets plus résistants et plus pratiques. Cette invention cruciale aurait été faite avant 5000 av. J.-C. Elle pourrait avoir résulté – c'est du moins une théorie – de l'introduction accidentelle d'un minerai de cuivre dans un foyer, et de sa réaction au contact de braises incandescentes. L'or et l'argent commencèrent à être utilisés à peu près à la même époque. L'or provenait de gisements alluvionnaires formés dans les cours d'eau ou sur leurs berges ; il était apprécié comme ornement, y compris funéraire (voir à droite).

MINERAI **Roche contenant naturellement des minéraux exploitables.**

Les premiers forgerons fondaient le cuivre dans des foyers ouverts. Pour améliorer l'extraction, ils creusèrent ensuite des cavités qu'ils tapissaient de cuivre, puis utilisèrent des creusets – des récipients en matériau réfractaire.

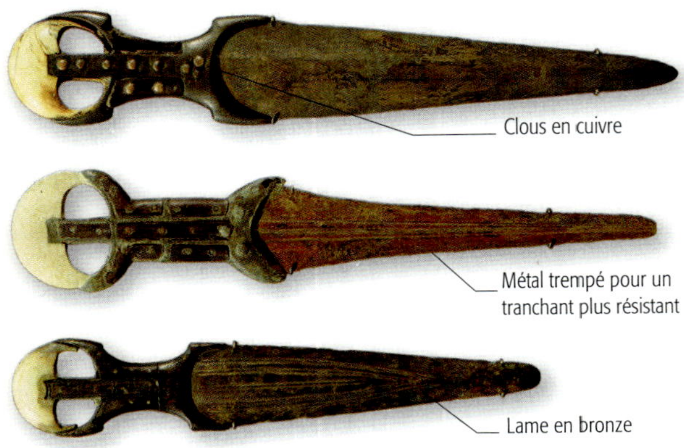

Dagues égyptiennes
Ces dagues égyptiennes datent d'environ 3000 av. J.-C, soit la fin de la période prédynastique. Elles sont en bronze, cloutées de cuivre et le pommeau est orné d'ivoire. Avec les progrès de la technologie, des outils et des armes taillés auparavant dans le silex furent désormais fabriqués en métal, plus léger et plus souple.

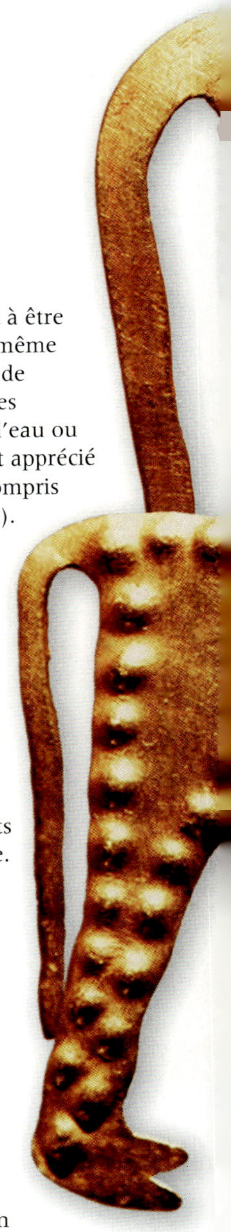

Commercialisation

La fonte du cuivre non seulement stimula les progrès technologiques, mais aussi favorisa des développements culturels significatifs. Les affleurements de minerai de cuivre étant inégalement distribués, les objets en cuivre et les lingots de forme et de taille standardisées devinrent de précieux produits d'échange. Culturellement avancée sous bien d'autres aspects, la basse Mésopotamie ne possédait ni métaux natifs ni minerais et devait donc importer d'Anatolie (l'actuelle Turquie) et du plateau iranien le cuivre et l'or, les deux plus prestigieux métaux. Bientôt, les villes de basse Mésopotamie, en plein essor, commencèrent à échanger céréales et autres produits contre des ornements importés. Ainsi se développa le transport sur le Tigre et l'Euphrate, où des bateaux en bois équipés de flotteurs en peau de chèvre naviguaient probablement à partir de 3000 av. J.-C.

Diffusion du métal vers l'ouest
La métallurgie vit le jour en Anatolie et en Mésopotamie (actuels Turquie et Iraq) vers 5000 av. J.-C., puis se diffusa vers l'ouest et le nord, atteignant le nord de l'Europe en 2000 av. J.-C. Sa diffusion fut favorisée par l'essor du commerce distant.

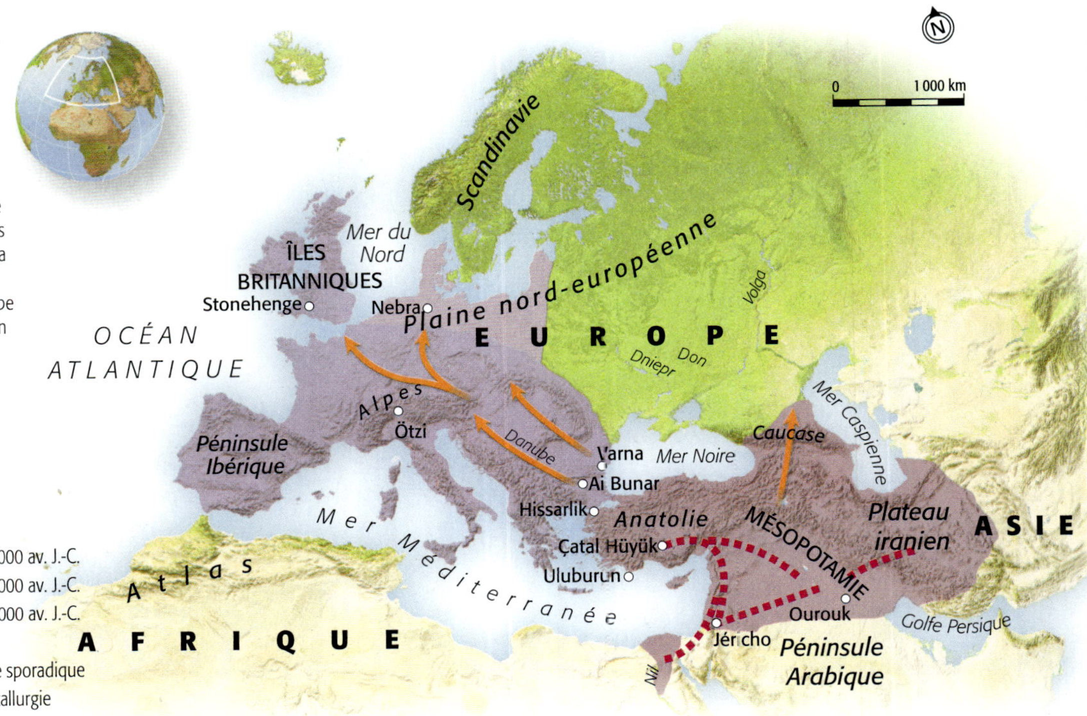

LÉGENDE
- Métallurgie 5000-4000 av. J.-C.
- Métallurgie 4000-3000 av. J.-C.
- Métallurgie 3000-2000 av. J.-C.
- ○ Site archéologique
- Route commerciale sporadique
- Diffusion de la métallurgie

Forgerons européens

Les plus anciennes mines de cuivre en Europe, situées à Ai Bunar, dans le sud de la Bulgarie, sont datées de 5100 environ av. J.-C. À cette date, des

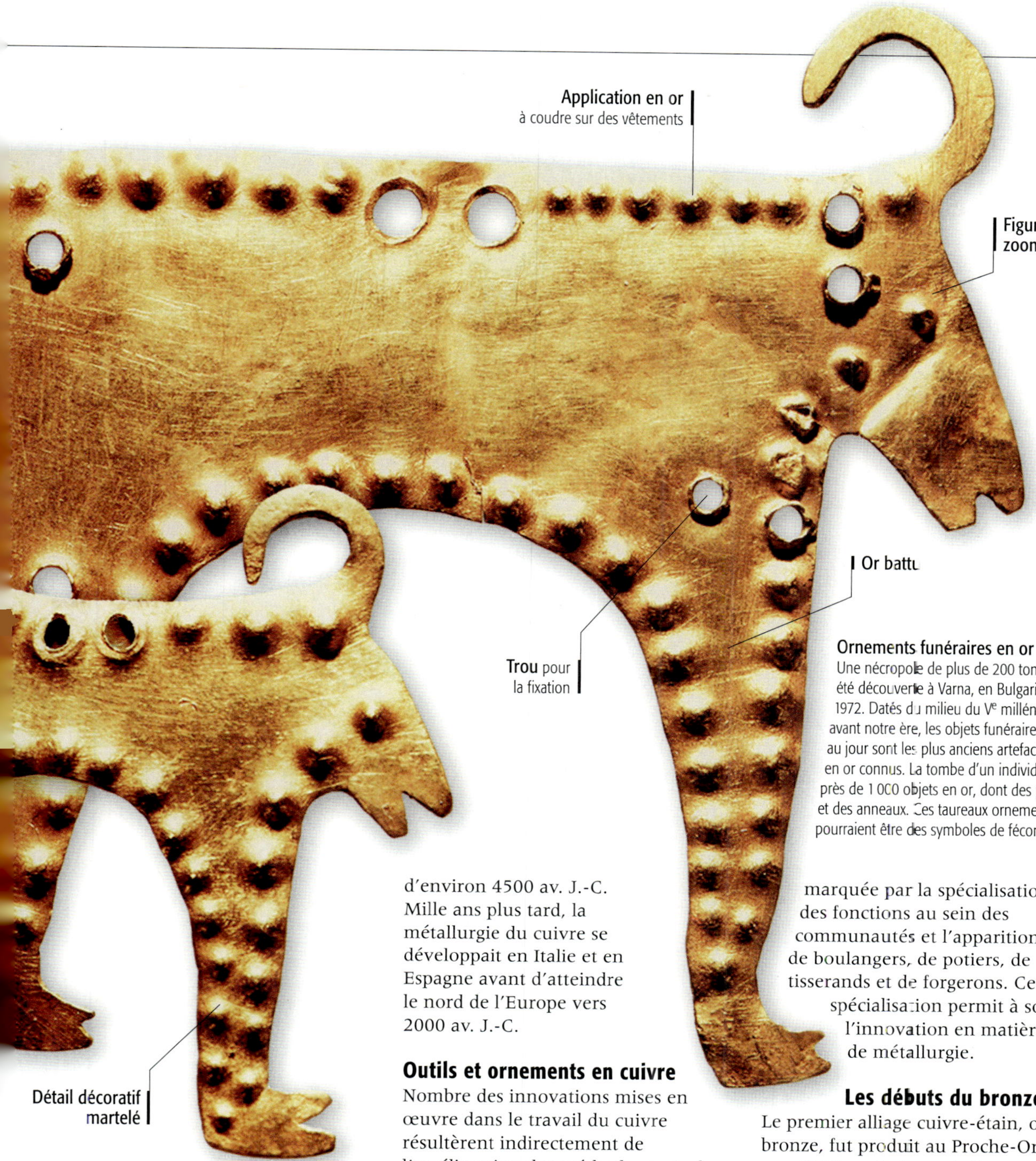

Ornements funéraires en or
Une nécropole de plus de 200 tombes a été découverte à Varna, en Bulgarie, en 1972. Datés du milieu du Ve millénaire avant notre ère, les objets funéraires mis au jour sont les plus anciens artefacts en or connus. La tombe d'un individu recelait près de 1 000 objets en or, dont des perles et des anneaux. Ces taureaux ornementaux pourraient être des symboles de fécondité.

objets en cuivre circulaient dans tout le sud-est de l'Europe. À Varna, sur la côte bulgare de la mer Noire, des sépultures ont ainsi livré de nombreux objets en or fin et en cuivre, datés d'environ 4500 av. J.-C. Mille ans plus tard, la métallurgie du cuivre se développait en Italie et en Espagne avant d'atteindre le nord de l'Europe vers 2000 av. J.-C.

Outils et ornements en cuivre

Nombre des innovations mises en œuvre dans le travail du cuivre résultèrent indirectement de l'amélioration des méthodes agricoles. La production de surplus alimentaires permit aux villages de se développer et de prospérer. Des méthodes culturales plus efficaces encore libérèrent des bras, ce qui donna naissance à une organisation sociale plus complexe, marquée par la spécialisation des fonctions au sein des communautés et l'apparition de boulangers, de potiers, de tisserands et de forgerons. Cette spécialisation permit à son tour l'innovation en matière de métallurgie.

Les débuts du bronze

Le premier alliage cuivre-étain, ou bronze, fut produit au Proche-Orient vers 2500 av. J.-C., mais l'usage ne s'en répandit que bien plus tard. Beaucoup plus dur que le cuivre, le nouveau métal se prêtait mieux à des applications pratiques, telles que les armes et les outils.

COMMENT SAVONS-NOUS ?

ÖTZI, L'HOMME DE GLACE

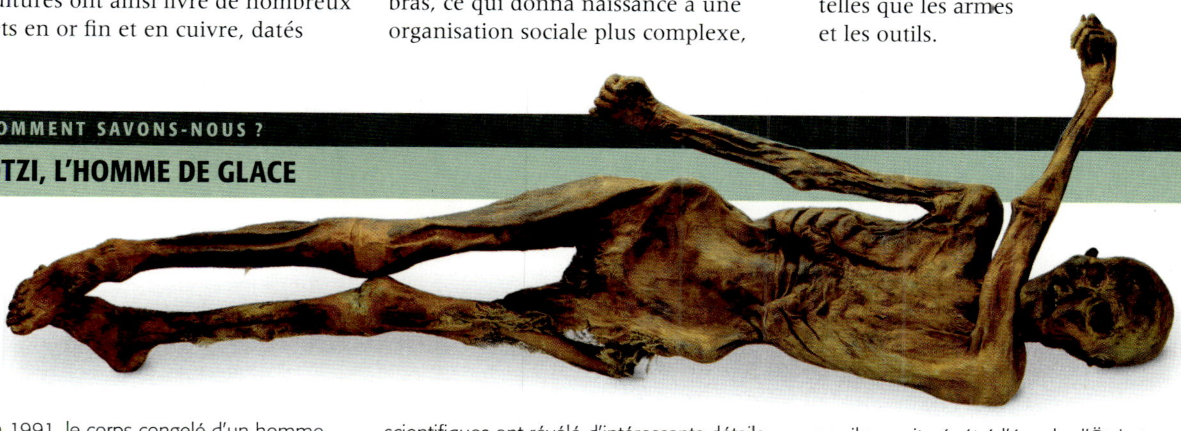

En 1991, le corps congelé d'un homme, datant d'environ 3350 av. J.-C., était découvert dans un glacier de la vallée alpine de l'Ötzal. À ses côtés gisaient une hache en cuivre, un arc inachevé et des flèches, ainsi qu'un couteau en silex. Les analyses scientifiques ont révélé d'intéressants détails sur la vie et la mort de celui qui a été baptisé Ötzi. L'arsenic découvert dans ses cheveux indique qu'il travaillait le cuivre. Ses intestins contenaient les restes de son dernier repas, incluant de l'engrain. Une pointe de flèche en silex avait pénétré l'épaule d'Ötzi et au moment de sa mort, il tentait de parer avec les mains l'assaut d'une dague. Ses os ont révélé que l'homme souffrait d'arthrite ; les tatouages ornant son corps pourraient avoir eu un but thérapeutique.

APRÈS

L'utilisation des métaux, du bronze au fer et à l'acier, transforma la civilisation.

CULTURE CAMPANIFORME
Entre 2800 et 1900 av. J.-C., au début de l'âge du bronze, les représentants de la culture campaniforme (qui doit son nom à ses gobelets en forme de cloche) peuplaient une grande partie du nord de l'Europe. Sont associés à cette culture des **outils en silex comme en bronze.**

DAGUES DE LA CULTURE CAMPANIFORME

LINGOT DE CUIVRE

COMMERCE DU CUIVRE
Dès lors qu'il fut utilisé pour la fonte du bronze, le cuivre circula en quantités croissantes. Les lingots de taille uniforme, pourvus de « poignets » à chaque extrémité, se prêtaient mieux au contrôle et au transport. Celui-ci faisait partie d'une réserve de Chypre ; il est daté d'environ 1200 av. J.-C.

ÂGE DU BRONZE Période définie par des outils et des armes principalement en bronze. Au Moyen-Orient, elle s'étend approximativement de 3000 à 1200 avant notre ère.

ÂGE DU FER
Introduit vers 1200 av. J.-C. au Proche-Orient, le fer finit par supplanter le bronze, car il est plus résistant et **mieux adapté pour la production d'outils et d'armes**.

DÉBUTS DE L'ACIER
Bien qu'il puisse être travaillé à des températures plus basses, le fer ne peut être fondu qu'à environ 1 600 °C. L'acier, alliage de fer et de carbone, fut produit et utilisé dès 500 av. J.-C. en Chine **178 ››**.

RUÉE VERS L'OR
En janvier 1848, un employé d'une scierie installée près de Coloma, en Californie, découvrit de petites pépites d'or dans l'American River. La découverte provoqua l'afflux en Californie d'un demi-million de personnes, venues du monde entier dans l'espoir de s'enrichir rapidement.

PÉPITE D'OR

RÉVOLUTION INDUSTRIELLE
L'**acier** ne fut **produit massivement** qu'avec la diffusion du convertisseur Bessemer, mis au point en 1855 pendant la révolution industrielle **295 ››**.

AVANT

Le passage des villages aux villes eut lieu d'abord dans l'actuel Iraq. La transformation se produisit sur une longue période.

LES HALAFIENS
La **culture halafienne** s'épanouit dans le nord de l'actuel Iraq, à partir de 6000 av. J.-C. Le **commerce à longue distance** de l'obsidienne et de poteries colorées contribua à l'**essor de gros villages puis de villes**. Les statuettes féminines comme celle présentée ici sont typiques de cette société.

MÉSOPOTAMIE
Des paysans étaient sédentarisés en Mésopotamie, dans le sud de l'Iraq, dès 6000 av. J.-C. Ces communautés dépendaient du commerce à longue distance pour de nombreux produits et pratiquaient une **agriculture en zone humide et irriguée**. En 3500 av. J.-C., les villes en expansion préfiguraient les cités de la Mésopotamie antique 54-55 ››.

DES SOCIÉTÉS PLUS COMPLEXES
En 4000 av. J.-C., la vie villageoise était fermement établie dans le sud-ouest et l'est de l'Asie. **Les communautés paysannes grossissaient et se hiérarchisaient toujours plus**. Le fossé entre dirigeants et peuple se creusa.

STATUETTE HALAFIENNE

Trésor de l'Iraq
Des hommes nus portant des offrandes de fruits et de légumes s'avancent vers le sanctuaire d'Inanna sur ce vase en pierre sculpté de 3000 av. J.-C. provenant du temple de la déesse de la Terre, à Ourouk. En 2003, des pillards volèrent le vase au Musée national de Bagdad ; il a été retrouvé depuis.

Marché égyptien
À une époque où l'information se transmettait de bouche à oreille, les marchés villageois occupaient une place importante dans la vie des communautés. Les marchands de passage apportaient les nouvelles du monde extérieur. Ce village égyptien d'aujourd'hui ne diffère guère des tout premiers villages.

L'urbanisme

Quatre mille ans après les débuts de l'agriculture, de nombreux villages du Moyen-Orient dépassaient le millier d'habitants. En Mésopotamie ou en Égypte, des communautés stratégiquement situées se muèrent en villes comportant des quartiers définis, des bâtiments publics et des enceintes religieuses.

Les premières cités du monde se développèrent en Mésopotamie, peut-être en raison de la nécessité d'organiser la construction des canaux d'irrigation alimentés par le Tigre et l'Euphrate. D'abord guère plus que des agglomérations de villages, ces cités devinrent des carrefours majeurs aussi bien du commerce que des réseaux d'irrigation qui transformèrent les campagnes et permirent plusieurs récoltes par an. Chacune s'organisait autour de temples et d'enceintes sacrées édifiés au sommet de pyramides de brique crue appelées ziggourats.

Ourouk et Éridou

Ourouk fut la toute première grande ville de Mésopotamie ; la phase initiale de son développement s'étendit de 4800 à 3800 av. J.-C. En 2800 av. J.-C., le cœur de la cité occupait une superficie estimée à 250 hectares et abritait 5 000 personnes. Un plus grand nombre d'habitants vivait dans les villages de la périphérie immédiate, faisant partie d'Ourouk, plutôt que dans les villages du deuxième cercle, s'étendant jusqu'à au moins 10 kilomètres du temple. Ils y étaient mieux protégés et plus proches du pouvoir. Ourouk était au carrefour de réseaux majeurs de commerce qui fournissaient métaux, bois et autres produits provenant des hautes terres très en amont, échangés contre les céréales des terres fertiles s'étendant au sud. La cité pourrait avoir possédé des colonies jusque dans les monts Zagros, à plusieurs centaines de kilomètres au nord, pour s'assurer le contrôle des grandes routes commerciales.

À son apogée, il y a 5 000 ans, Éridou se dressait sur des terres fertiles proches de la côte, non loin d'Ourouk. La mythologie mésopotamienne en faisait la cité d'Enki, qui créa l'ordre à partir du chaos des eaux primordiales. Les archéologues

Statuette votive
Cette statuette en ivoire provenant de Nekhen, en Haute-Égypte, figure un roi portant une coiffe cérémonielle.

INVENTION
LA ROUE

L'apparition de la roue est située vers 3500 av. J.-C., en Mésopotamie. Cette invention, qui révolutionna le transport, dériverait du tour de potier. Son usage se répandit vers l'est. Des chars et chariots tirés par des chevaux domestiqués furent utilisés dans les régions européennes bordant la mer Noire et dans le nord de la Mésopotamie après 3000 av. J.-C. et devinrent un atout des armées en campagne. Au tournant du IIe millénaire av. J.-C., on inhumait les défunts avec des chars dans l'actuelle Russie. La scène ci-dessous montre des chars à roue pleine. Elle figure sur l'étendard royal d'Our, un coffre en bois daté de 2600 av. J.-C.

APRÈS

L'essor des villes rendit nécessaire le développement de nouveaux moyens de communication.

COMMUNICATION ÉCRITE

ÉCRITURE CUNÉIFORME

En 3100 av. J.-C., on trouvait des écrits comme celui-ci, en Mésopotamie et en Égypte. Ils ont pour origine des jetons d'argile utilisés pour l'**enregistrement de transactions commerciales**. Une toute petite minorité était lettrée : celle des scribes, au service de l'État **62-63 ››**.

CENTRES COMMERCIAUX

En Égypte et en Mésopotamie, les villes majeures, centres du commerce et du pouvoir, **devinrent le cœur** de royaumes et d'empires plus vastes. Dans le même temps, le volume du **commerce à longue distance** de produits tels que le minerai de fer et le bois augmentait rapidement, de même que la **demande en or, en argent et autres matériaux précieux**.

CROISSANCE PÉRENNE

À partir de 3000 av. J.-C., l'irrigation, qui détournait d'abord l'eau des crues vers les champs riverains, se complexifia pour alimenter des **réseaux étendus de canaux**. Les surplus alimentaires produits par ces zones agricoles élargies permirent de libérer plus de main-d'œuvre pour les grands travaux publics, tels l'**édification des pyramides** **56-57, 72-73 ››**.

sont parvenus à démêler l'histoire de son sanctuaire, à l'origine une modeste construction en brique crue, devenue, après au moins six reconstructions, une imposante ziggourat ornée de briques de couleurs vives, élevée dans une enceinte de 180 m^2.

Premières villes égyptiennes

En 4000 av. J.-C., l'Égypte se résumait à de petites communautés paysannes dispersées le long du Nil. On sait peu de choses sur les premières villes égyptiennes, qui se développèrent vers la fin du IVe millénaire avant notre ère, mais elles naquirent probablement de l'agglomération de villages en expansion. Différentes communautés se rassemblèrent, peut-être à des fins défensives, sous la tutelle de dirigeants charismatiques, en rivalité permanente avec leurs voisins. Parmi les premières villes figuraient Abydos, lieu sacré – l'ancienne porte du monde souterrain – et Nekhen, aussi en Haute-Égypte. Cette dernière devint un grand centre du commerce de la céramique et un important port fluvial. Ses chefs pourraient avoir été les précurseurs des pharaons égyptiens (voir p. 56-57) : ils supervisaient l'agriculture et pourraient avoir été considérés comme des dieux vivants.

PREMIER PHARAON ÉGYPTIEN

HORUS AHA

Horus Aha, souvent appelé Ménès, est une figure mystérieuse de l'histoire égyptienne. Il devint vers 3000 av. J.-C. le premier pharaon de l'Égypte unifiée, incarnation du dieu Horus. L'unification serait le fait de son prédécesseur, Narmer, un chef de Haute-Égypte. Pour certains spécialistes, Ménès et Narmer ne font toutefois qu'un. Horus Aha fut inhumé à Abydos, en Haute-Égypte (voir p. 64-65). Il tirait son pouvoir de prouesses guerrières et du contrôle des routes commerciales reliant la Haute- à la Basse-Égypte, et même à la Mésopotamie

Hiérarchie urbaine

À mesure de leur essor, les sociétés urbaines devinrent plus hiérarchisées. Au sommet de la pyramide sociale se trouvait le dirigeant suprême, souverain temporel autant, peut-être, que dieu vivant. En dessous venaient sa famille et une classe privilégiée de hauts dignitaires et de prêtres. Artisans, fonctionnaires de moindre rang, soldats et paysans, formant la main-d'œuvre dont dépendait l'ensemble de la société, occupaient le bas de l'échelle. Les premiers dirigeants de Sumer et les pharaons d'Égypte gouvernaient selon la règle coutumière (fondant leurs décisions sur l'exemple donné par leurs prédécesseurs plutôt que sur des lois écrites) et vivaient isolés. Le fait même qu'ils paraissaient rarement en public contribua peut-être à ce qu'ils fussent perçus comme dotés de pouvoirs supranaturels.

La palette de Narmer
Datée d'environ 3000 av. J.-C., cette palette en ardoise, provenant d'un temple de Nekhen, relate l'unification de la Haute- et de la Basse-Égypte (voir encadré).

Le pouvoir du dieu-roi découlait surtout de sa capacité à contrôler le travail de milliers de personnes. Il ne tirait pas son autorité du seul monopole de la force ; celle-ci devait beaucoup aussi à une idéologie imprégnant toute la société, alimentée par les fresques et écritures ornant les murs des temples et renforcée par des rituels élaborés, dont l'inhumation dans d'imposantes sépultures.

Pour des raisons encore mal élucidées, à la fin du IVe millénaire av. J.-C., presque toute la population mésopotamienne était citadine. Si la richesse matérielle y prenait une importance croissante, ces premières villes n'en étaient pas moins insalubres et chaotiques, la promiscuité y étant la règle. En Égypte, les liens entre villes et campagnes demeuraient plus étroits. Les citadins – même les hauts dignitaires – entretenaient des relations régulières avec leurs parents vivant en périphérie des cités. Notre civilisation urbaine a ses racines dans cette période.

2

SOUVERAINS ET HIÉRARCHIES

3000-700 AV. J.-C.

Les communautés organisées engendrèrent bientôt des sociétés plus structurées. Les hommes élaborèrent des moyens de communication et des systèmes de croyance sophistiqués. Les premières civilisations urbaines virent le jour, notamment au Moyen-Orient, en Inde, en Europe, en Chine, en Amérique centrale et du Sud.

SOUVERAINS ET HIÉRARCHIES

3000-700 AV. J.-C.

3000 AV. J.-C.

v. 3000
Début du dynastique archaïque des cités-États de Mésopotamie, dont Ourouk et Our, de langue sumérienne. Début de l'âge du bronze dans la Crète minoenne et les Cyclades grecques

▼ Tablette administrative, Ourouk, Mésopotamie

v. 2900
Premières figurines en marbre par la culture cycladique de Grèce
v. 2800
Fin de la phase pré-harappéenne de la civilisation de l'Indus, commencée v. 3300 av. J.-C.

Figurine cycladique ▶

Ruines de Caral ▶

v. 3000-2750
Premières cités en Amérique du Sud. Apparition de complexes de temples, tel celui de Caral, sur le littoral péruvien

2750 AV. J.-C.

v. 2750
Premiers objets chinois en bronze
v. 2700
Le roi mythique Gilgamesh aurait gouverné Ourouk, en Mésopotamie. Tissage de la soie en Chine

▲ Étendard d'Our

v. 2600
Des objets exhumés des tombes royales d'Our, en Mésopotamie, attestent d'échanges commerciaux avec l'Indus.
2613
Début de la Ve dynastie en Égypte et des pyramides

v. 2550
Premier cercle de mégalithes à Stonehenge, en Angleterre.
v. 2540
Fin de la Grande Pyramide de Kheops à Gizeh, près de Memphis, Égypte

2686
En Égypte, la IIIe dynastie inaugure l'Ancien Empire.

v. 2650
Pyramide à degrés de Djoser à Saqqarah. Début de la période des pyramides en Égypte
v. 2600
Preuves d'emploi de la charrue dans la vallée de l'Indus

Grande Pyramide de Kheops, Gizeh ▶

2500 AV. J.-C.

▲ Sceau de Mohenjo-Daro, vallée de l'Indus

v. 2340
Sargon fonde et gouverne la cité d'Akkad. Il crée le premier empire mésopotamien en unifiant les cités-États.

Sargon d'Akkad ▼

v. 2500
Apogée de la civilisation de l'Indus. Les objets en cuivre sont acheminés jusqu'en Europe.

v. 2500-2350
Premier conflit international : partage des frontières entre Oumma et Lagash, en Mésopotamie.
v. 2500-2350
Destruction de la cité syrienne d'Ebla, mais archives du palais préservées

▲ Chantier naval, tombeau de la Ve dynastie égyptienne

v. 2300
Début de l'âge du bronze dans le reste de l'Europe

2250 AV. J.-C.

▲ Pepi II, pharaon égyptien de la VIe dynastie

v. 2100
La IIIe dynastie d'Our crée la renaissance sumérienne dans le sud de la Mésopotamie. À Our, le roi Our-Nammou élève une ziggourat, symbole de l'architecture mésopotamienne, et rénove le temple.

Gudéa de Lagash ▲

v. 2200
Premières poteries en Amérique du Sud
2181
Fin de la VIe dynastie égyptienne avec la chute de l'Ancien Empire. Première Période intermédiaire

v. 2100
En Mésopotamie, déclin de l'empire d'Akkad fondé par Sargon. Montée des gouverneurs des cités-États, notamment Gudéa de Lagash

2040
Montouhotep II, souverain de Thèbes, unifie la Haute- et la Basse-Égypte et inaugure le Moyen Empire égyptien.

▼ Ziggourat d'Our

Des civilisations complexes apparurent le long des fleuves : Tigre et Euphrate au Moyen-Orient, Nil en Égypte, Indus en Inde, fleuve Jaune en Chine. Le commerce, la prospérité et les progrès technologiques forgèrent des États centralisés et de puissants empires. Ils engendrèrent aussi des conflits entre les nouvelles sociétés, notamment dans la région très peuplée du Moyen-Orient, où les Égyptiens, les Hittites, les Assyriens et les Babyloniens affirmèrent leur volonté de conquêtes. La Chine de l'âge du bronze, qui s'épanouit à partir de 1800 av. J.-C., connut davantage de stabilité. En Europe, la culture la plus sophistiquée fut celle de la Crète, à partir de 2000 av. J.-C.

2000 AV. J.-C.

v. 2000
La cité marchande d'Assour s'impose dans le nord de la Mésopotamie. Le Moyen Empire égyptien est gouverné par de puissants officiels, tels les vizirs.

▼ Vizir du Moyen Empire, Égypte

1965
Sésostris Ier d'Égypte conquiert la Nubie et étend la frontière sud du pays jusqu'à la 2e cataracte du Nil.
v. 1900
Naissance de la cité d'Erlitou sur le fleuve Jaune, en Chine

v. 1900-1700
Déclin de la civilisation de l'Indus
v. 1894
Début de la Ire dynastie de Babylone en Mésopotamie.
v. 1890
Le bref empire de Shamshi-Adad unifie le nord de la Mésopotamie.

v. 2000-1800
Les Lapita migrent d'Indonésie en Mélanésie. En Crète, apogée de la civilisation minoenne ; construction du palais de Cnossos ; naissance d'une écriture, le linéaire A

Palais de Cnossos, Crète minoenne ▶

1800 AV. J.-C.

◀ Vaisseau de bronze shang

v. 1755
Le code du Babylonien Hammourabi est gravé sur des stèles monumentales dans les temples de Mésopotamie.

v. 1800
Débuts de l'État shang en Chine. Culte solaire présumé en Scandinavie, d'après des objets en bronze. Naissance d'un réseau commercial en Amérique du Nord. Au Pérou, construction du centre cérémoniel de La Florida

Disque de Phaistos, Crète ▲

v. 1763
Hammourabi, roi de Babylone, écrase l'Élam voisin, conquiert et intègre le royaume de Larsa.
v. 1757
Babylone contrôle toute la Mésopotamie.

v. 1750
Architecture cérémonielle à Sechin Alto, Pérou. Date présumée du disque de Phaistos, Crète
v. 1730
Démantèlement du Moyen Empire égyptien. Début de la Deuxième Période intermédiaire

1700 AV. J.-C.

▲ Hattousa, capitale hittite

v. 1650-1550
Deuxième Période intermédiaire : la Basse-Égypte est gouvernée par les Hyksos, guerriers asiatiques ; la Haute-Égypte par les princes de Thèbes.

v. 1700
La plupart des cités de la civilisation de l'Indus sont abandonnées.
v. 1680
Apparition du pain au levain en Égypte

v. 1627
Début d'un refroidissement climatique attesté par les anneaux de croissance des arbres, à l'origine d'éruptions volcaniques : Vésuve (Italie), Santorin (Grèce minoenne-mycénienne).

v. 1650
Les cités-États anatoliennes s'unissent au sein de l'Ancien Empire hittite, avec pour capitale Hattousa. Arrivée des Aryens d'Inde

1600 AV. J.-C.

v. 1600
En Grèce, Mycènes émerge comme centre de la civilisation égéenne. Élaboration du linéaire B par les Mycéniens

Statuette hittite ▶

1595
Le roi hittite Moursili II saccage Babylone. Fin de la Ire dynastie de Babylone
v. 1500
Les Kassites, guerriers de l'État déchu de Babylone, contrôlent le sud de la Mésopotamie.

v. 1570
Les souverains égyptiens se font inhumer dans les tombeaux rupestres de la Vallée des Rois.

▼ Ruines d'Akrotiri

v. 1550
Les Aryens s'établissent dans le nord de l'Inde. Émergence du Nouvel Empire d'Égypte, avec pour capitale Thèbes. L'éruption volcanique de Santorin ensevelit la cité minoenne d'Akrotiri. La Crète est sous contrôle mycénien.

1500 AV. J.-C.

◄ Vase minoen de style mycénien, Crète

Milieu des années 1400
Les Lapita quittent la Mélanésie pour coloniser le reste du Pacifique. Apogée de la Grèce mycénienne, avec un réseau commercial s'étendant du Levant à la Sicile

▲ Masque mycénien en or

v. 1500
Déclin de l'Ancien Empire hittite en Anatolie. Émergence du royaume de Mitanni, au nord de la Mésopotamie
v. 1500-900
Expansion des Aryens dans le nord de l'Inde ; composition du *Rigveda*

Fin des années 1400
L'Égypte du Nouvel Empire, le Nouvel Empire hittite et le Mitanni se disputent le contrôle du Levant.
1417
Apogée du Nouvel Empire égyptien sous Aménophis III

▲ Temple d'Hatshepsout, Nouvel Empire

Début des années 1400
Travail du bronze en Thaïlande et au Viêt Nam, du cuivre au Sahara. Début du travail du métal au Pérou. Premières poteries en Amérique centrale

1400 AV. J.-C.

Koudourrou, ou borne kassite (Babylone) ►

v. 1400
En Chine, la capitale des Shang se déplace de Zhengzhou à Anyang. Premières inscriptions chinoises sur les os divinatoires. Élevage nomade dans les steppes

◄ Pharaon Akhenaton

v. 1350
Période d'Amarna en Égypte. Aménophis IV se baptise Akhenaton, fonde la capitale Amarna, prône le culte solaire d'Aton et initie une révolution artistique.

Années 1300
Premiers alphabets sur la péninsule du Sinaï et dans la cité d'Ougarit, au Levant. La Babylonie kassite, les Hittites, le Mitanni et l'Égypte sont liés par des relations diplomatiques.

▼ Os divinatoire shang, Chine

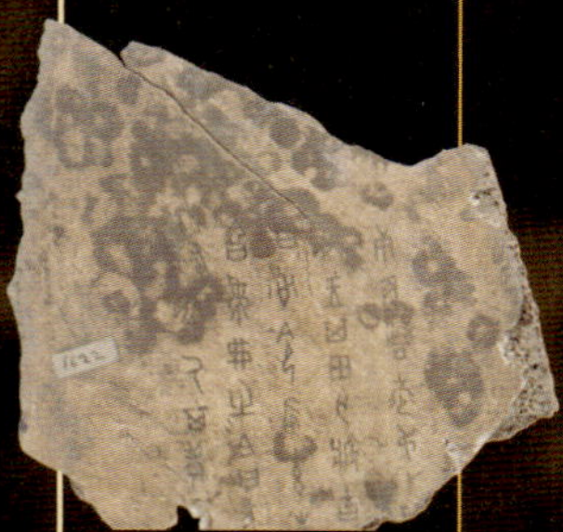

Milieu des années 1300
Assour s'affranchit du Mitanni. Ses souverains se proclament rois d'Assyrie.
v. 1336
Les prêtres d'Amon rétablissent l'orthodoxie religieuse et artistique en Égypte sous Toutankhamon.

1300 AV. J.-C.

Années 1200
Période médio-assyrienne : des rois comme Téglath-Phalasar III bâtissent un Empire assyrien au nord de la Mésopotamie, en Syrie et Anatolie. Le culte d'Osiris est populaire en Égypte.

v. 1250
Les palais mycéniens renforcent leurs défenses pour se protéger des menaces grandissantes.
1213
Mort de Ramsès II

v. 1275
Les Égyptiens, sous la conduite de Ramsès II, affrontent les Hittites à la bataille de Qadesh.

▼ *Livre des morts* égyptien

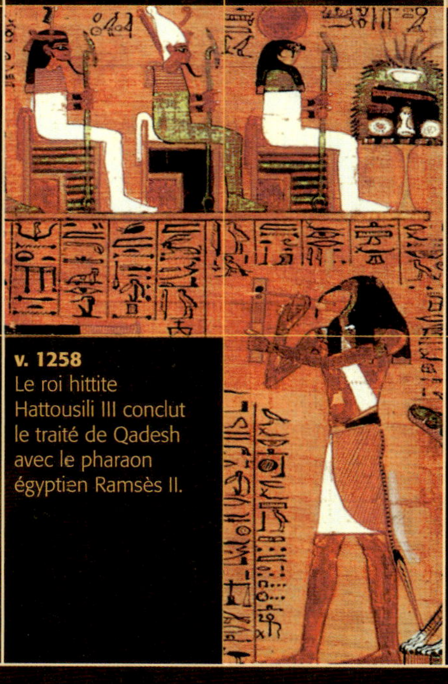

v. 1258
Le roi hittite Hattousili III conclut le traité de Qadesh avec le pharaon égyptien Ramsès II.

1200 AV. J.-C.

v. 1200
La culture des champs d'urnes émerge autour du Danube en Europe. La civilisation olmèque se développe au Mexique, celle de Chavín naît au Pérou. Exode juif d'Égypte vers le Levant

Lettre d'Ougarit ►

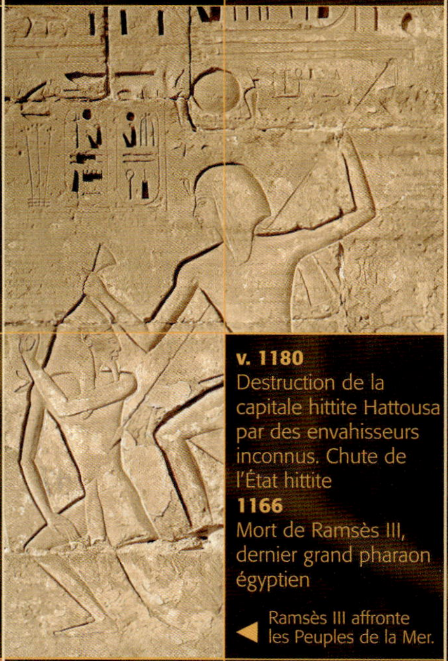

v. 1180
Destruction de la capitale hittite Hattousa par des envahisseurs inconnus. Chute de l'État hittite
1166
Mort de Ramsès III, dernier grand pharaon égyptien

◄ Ramsès III affronte les Peuples de la Mer.

1154
Sac de Babylone par son voisin l'Élam, mettant fin à la dynastie kassite
v. 1150
Fin de la Grèce mycénienne ; début d'une période obscure en Grèce

▼ Masque philistin

Années 1100
Destruction des cités mycéniennes. Les lettres d'Ougarit font état de raids maritimes sur les côtes du Levant. L'Égypte affronte les Peuples de la Mer. Le char se propage de Chine en Asie centrale.

«**Je leur restituai** leurs villes et maisons abandonnées. Je leur imposai **davantage de tributs et de taxes que jamais** : chevaux, mules, bœufs, moutons, vin, travail.»

ASSOURBANIPAL, ROI D'ASSYRIE, 883-859 AV. J.-C.

1100 AV. J.-C.

Sculpture olmèque ▲

v. 1100
Premiers sites fortifiés en Europe occidentale. Une communauté s'établit à Poverty Point, dans l'actuelle Louisiane.

Années 1000
Des migrants, dont des Philistins, s'établissent en Syrie et au Levant. Les Phéniciens se répandent dans la Méditerranée.
1069
Le Nouvel Empire égyptien se morcelle en petits royaumes.

▲ Char funéraire de la dynastie Shang, Chine

1027
La dynastie des Zhou de l'Ouest supplante celle des Shang en Chine.
1006
Selon la tradition biblique, le royaume des Hébreux est unifié sous David.

v. 1050
L'Assyrie cède des territoires aux Araméens, mais elle survit comme État. Période obscure au Moyen-Orient
v. 1030
Les Aryens se répandent dans la vallée du Gange en Inde.

1000 AV. J.-C.

◀ Écriture phénicienne

Années 900
Principale puissance maritime en Méditerranée, la Phénicie propage son écriture alphabétique. États agricoles aryens en Inde. Essor de la culture d'Adena dans la vallée de l'Ohio, de la culture polynésienne dans le Pacifique

v. 965
Salomon, roi d'Israël.
v. 950
Megiddo, importante forteresse royale en Israël
945
Guerre civile dans l'Égypte morcelée

Fin des années 900
L'Assyrie reconquiert des territoires perdus. Début de la période néo-assyrienne
v. 926
Mort de Salomon. Israël se partage en deux royaumes, Israël et Juda.

▲ Vaisseau de bronze zhou

v. 1000
Culture en rizières inondées et technologie du bronze exportées de Chine en Corée. Travail des métaux atteint l'Europe centrale. Grecs migrent en Asie Mineure. Étrusques arrivent en Italie.

900 AV. J.-C.

v. 900
Création du royaume d'Ourartou en Anatolie. Derniers Veda en Inde. Fondation de l'État nubien de Koush au sud de l'Égypte. Destruction du site olmèque de San Lorenzo ; celui de La Venta reprend le flambeau.

▲ Le roi Jéhu d'Israël paie tribut à Salmanasar III d'Assyrie.

v. 850
Création d'un village sur le Palatin à Rome. Chavín domine la vie politique et culturelle au Pérou ; apogée du culte du bébé-jaguar

v. 900-700
Les Scythes adoptent le nomadisme pastoral et construisent des kurgans (tertres funéraires).
883
Assourbanipal II hérite du trône assyrien et déplace la capitale d'Assour à Nimroud.

817
Date de naissance présumée du «sauveur» jain Parsvanatha
814
Fondation présumée de Carthage, colonie phénicienne en Afrique du Nord

▼ Kurgans scythes

800 AV. J.-C.

v. 800
Culture urbaine dans la vallée du Gange. Travail du métal au sud du Sahara. Début de l'âge du fer celte. Cités-États au centre de l'Italie. Adoption de l'écriture phénicienne par les Grecs. Témoignages d'écriture en Amérique centrale

Carthage ▶

▲ Stèle de Kawa, Koush

727-722
Salmanasar V fait d'Israël une province assyrienne et déporte les «tribus perdues».
722
Sargon II devient roi d'Assyrie et déplace la capitale à Khursabad.
701
L'Assyrie conquiert Jérusalem (Juda).

776
Jeux Panhelléniques à Olympie, en Grèce
771
Fin des Zhou de l'Ouest en Chine. Les Zhou de l'Est établissent la capitale à Luoyang. Début de la période «Printemps et Automnes»

753
Date présumée de la fondation de Rome par Romulus.
v. 750
Amos, premier grand prophète d'Israël. Transcription des œuvres d'Homère et d'Hésiode. Koush conquiert l'Égypte.

Sargon II d'Assyrie ▶

AVANT

Selon les témoignages archéologiques, les chasseurs-cueilleurs de la préhistoire étaient en bonne condition physique. Leur régime alimentaire, à base de fruits et de légumes crus, de viande maigre et de poisson, semblait adapté aux besoins du corps humain.

VIE NOMADE

Se déplaçant en permanence et vivant en petits groupes, les chasseurs-cueilleurs étaient **épargnés par les maladies contagieuses**. La faible espérance de vie était davantage due aux risques physiques qu'à la maladie ou aux carences.

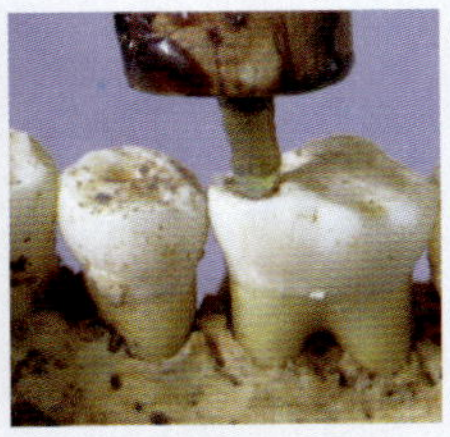

FRAISE DENTAIRE EN SILEX

SOINS DENTAIRES

Pendant le néolithique, les hommes commencèrent à fabriquer des outils et des armes en pierre. Certains outils avaient une **vocation chirurgicale**. Des fraises dentaires en silex datant de 7000 av. J.-C. ont été découvertes au Pakistan. Des dents exhumées à proximité portaient des perforations correspondant à des caries.

VIE COMMUNAUTAIRE

Le développement de l'élevage et de la culture eut pour corollaire l'élargissement des communautés. Les hommes vivant plus proches les uns des autres **« 38-39** mais aussi du bétail, les **maladies se mirent à proliférer**. Le problème des déchets se posa bientôt, avec celui de la contamination des sources d'eau.

CHANGEMENT D'ALIMENTATION

L'agriculture sédentaire apparut vers 10000 av. J.-C. dans le **Croissant fertile** **« 36** dans l'actuel Moyen-Orient, entraînant une modification de l'alimentation. Moins variée que chez les chasseurs-cueilleurs, elle était dominée par une seule céréale, généralement le blé. Les tâches répétitives, comme le broyage du grain pour la farine, sollicitaient les articulations, provoquant de l'arthrite. Davantage d'aliments étaient **consommés cuits**, processus qui détruit les vitamines et favorise l'apparition des toxines, et les bébés nourris moins longtemps au lait maternel. La stature des hommes diminua, leurs os se fragilisèrent, et ils souffrirent d'**anémie** et du **scorbut**.

BROYAGE DU GRAIN

PRÉMICES DE LA MÉDECINE

En dehors des dents (voir ci-dessus), les hommes savaient soigner les fractures, comme l'attestent certaines preuves archéologiques. Les archéologues ont également découvert dans les grottes de Lascaux des préparations à base d'**herbes médicinales** datant de 13000 av. J.-C.

Maladies et santé

L'instinct de survie et le souci de la préservation de la santé sont humains. Comme nous, les hommes des premières civilisations s'efforçaient de trouver l'origine des maladies et des traitements pour y remédier. Certaines de ces approches traditionnelles de la médecine sont toujours en usage aujourd'hui.

Au début de l'âge du bronze, vers 3000 av. J.-C., les civilisations de la Mésopotamie (voir p. 54-55), de l'Égypte ancienne (voir p. 64-73) et de l'Indus (voir p. 58-59) étaient déjà bien établies. Des cités prospéraient au milieu de terres fertiles, propices à l'agriculture. Les pratiques agricoles étaient si efficaces qu'une faible proportion de la population suffisait à produire la nourriture nécessaire à tous. Ce qui explique que le commerce, les mathématiques, l'astronomie, l'écriture et nombre d'activités culturelles se soient développés parallèlement.

Le prix du progrès

Mais les premières civilisations n'apportèrent pas que des bienfaits aux populations concernées. L'alimentation, plus pauvre en fibres, plus riche en sel et en matières grasses que celle des chasseurs-cueilleurs qui les avaient précédés, entraîna le développement d'affections comme l'hypertension artérielle, les maladies cardio-vasculaires et les cancers. Cette tendance, qui continue à se confirmer de nos jours, toucha de nombreuses régions du monde. Ainsi, en Amérique centrale, les premiers Mayas se nourrissaient presque exclusivement de maïs vers 1000 av. J.-C. Mais l'explosion démographique consécutive à cette pratique se fit au prix d'un régime alimentaire dangereusement restreint.

Vers 1000 av. J.-C., le passage de l'âge du bronze à celui du fer en Europe et en Asie s'accompagna de l'apparition de nombreuses maladies fatales, tels la variole et l'anthrax. La propagation des agents pathogènes des animaux à l'Homme était en effet favorisée par les conditions de logement insalubres. Rats, puces et poux transportaient des maladies comme la peste et la typhoïde, les épidémies étant aggravées par les inondations, les sécheresses et les guerres.

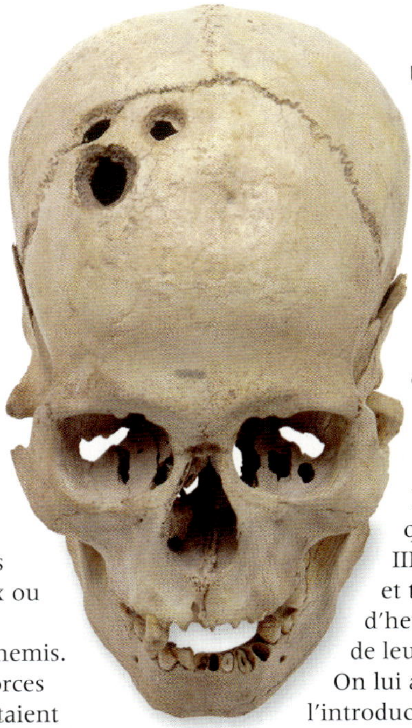

Un trou dans la tête
L'intervention chirurgicale la plus ancienne, la trépanation, remonte à 40000 av. J.-C. Elle consiste à percer une ouverture dans la boîte crânienne. Probablement destinée à chasser les démons à l'origine des maladies, elle se pratiquait en Amérique centrale, en Europe et en Asie.

Expliquer la maladie

Les hommes des civilisations anciennes appréhendaient la maladie sous un autre angle que nous. Ils attribuaient ses causes à des forces surnaturelles. Ils pensaient que les malades étaient soit possédées par des esprits malveillants, ou démons, soit victimes de la colère des dieux ou d'actes de sorcellerie émanant de leurs ennemis.

De même que les forces surnaturelles permettaient d'expliquer l'origine des maladies, elles étaient invoquées pour apporter la guérison. Dans la plupart des cultures, prêtres et sorciers jouaient un rôle aussi important que les médecins. Les rituels chamaniques, l'exorcisme et les sacrifices se pratiquaient couramment. Le papyrus d'Ebers, rédigé en Égypte au IIe millénaire av. J.-C. et découvert au XIXe siècle, contient une longue liste d'incantations « médicales » destinées à chasser les mauvais esprits.

Les soins par les plantes

L'invocation des forces surnaturelles fait partie intégrante de la médecine populaire, au même titre que les remèdes à base de plantes. Nombre de ces derniers, éprouvés au fil des millénaires, sont encore utilisés de nos jours pour leur action analgésique (soulagement de la douleur), antibiotique ou antifongique. À titre d'exemple, en Mésopotamie (voir p. 54-55), un extrait d'écorce de saule servait à apaiser les migraines et la fièvre. Il est connu aujourd'hui sous le nom d'acide acétylsalicylique, la base de l'aspirine.

C'est la Chine qui revendique la plus forte tradition en matière d'emploi des herbes et des racines en médecine. L'un de ses initiateurs serait l'empereur Shen Nong, qui aurait vécu au IIIe millénaire av. J.-C. et testé des centaines d'herbes à la recherche de leurs vertus médicinales. On lui attribue également l'introduction des tisanes comme remèdes.

Instruments chirurgicaux
Les Égyptiens anciens utilisaient des instruments tranchants en bronze et en cuivre pour embaumer les défunts et opérer les vivants.

Les vertus thérapeutiques des plantes sont reconnues de longue date dans presque toutes les régions du monde. En Amérique centrale, les Olmèques (voir p. 74-75) réservaient une partie de leur jardin à la culture des herbes médicinales. Des papyrus égyptiens recensent des remèdes à base de plantes comme le thym, le genièvre, l'encens et l'ail, voisinant avec d'autres fabriqués avec de la bière ou des entrailles d'animaux. Les plantes médicinales figurent également au cœur de la médecine ayurvédique, apparue pendant la période védique de l'Inde (voir p. 144), peu avant 1000 av. J.-C. L'ayurvéda (littéralement « connaissance de la vie ») associe la religion et la science pour favoriser le bien-être physique, mental et spirituel.

Approche organisée

La tradition ayurvédique s'inscrit dans l'approche scientifique et technologique qui émergea au Ier millénaire av. J.-C., notamment en Chine et en Inde. Les hommes commencèrent à penser en termes rationnels, à organiser leurs idées, à en débattre et à élaborer des théories. Cette approche déboucha sur un savoir encyclopédique relatif à l'anatomie humaine et aux maladies, mais aussi sur l'élaboration de diagnostics et de traitements, base de la médecine moderne.

Le dieu Pazuzu couronne l'amulette en tant que «souverain des esprits malveillants», capable de chasser la maladie.

Le «domaine céleste» rassemble les symboles des divinités suprêmes, telle l'étoile de la déesse Ishtar.

Des prêtres vêtus de peaux de poisson pratiquent l'exorcisme au chevet d'une patiente, sans doute une mère qui a enfanté. La lampe à gauche indique que la scène se passe la nuit.

Pazuzu pourchasse Lamashtu jusqu'aux enfers avec sa tête de chien, sa queue de scorpion et ses serres de rapace.

Lamashtu, déesse démoniaque qui se nourrit de femmes enceintes et de bébés, a le torse nu d'une femme âgée. Elle allaite un porc et un chien, et tient un serpent venimeux dans chaque main.

Chasse aux démons
Les Mésopotamiens avaient un système de croyances élaboré relatif aux forces et aux êtres surnaturels. Cette amulette assyrienne en bronze illustre son importance pour comprendre et traiter les maladies.

BAIE DE GATTILIER (RÈGLES DOULOUREUSES)

GINSENG (STIMULANT)

CYNORRHODON (FORTIFIANT)

Plantes médicinales
Les propriétés médicinales de nombreuses racines, graines et feuilles, connues de longue date, sont confirmées par la science médicale moderne.

COMMENT SAVONS-NOUS ?

ANALYSE DE SQUELETTES

Nos connaissances sur la santé et les maladies des populations anciennes proviennent de l'art, de l'écriture et des objets de l'époque, mais également des vestiges humains comme les os ou les dents. Les restes de squelettes, qui se désintègrent très lentement, sont particulièrement précieux à cet égard. Ils montrent souvent des déformations et des signes de malnutrition ou d'interventions chirurgicales. Les examens au microscope et certains tests permettent d'affiner les recherches. L'analyse des isotopes et de l'ADN livre des indices sur l'alimentation des personnes concernées, leur âge, leur mode de vie et la manière dont elles sont décédées.

FRACTURE GUÉRIE, ÉGYPTE ANCIENNE

APRÈS

Durant le Ier millénaire av. J.-C., la médecine gagna en rationalisme, mais les explications surnaturelles et les remèdes populaires perdurèrent bien après la révolution scientifique du XVIIe siècle.

ACUPUNCTURE

L'acupuncture vise à restaurer la santé et le bien-être, et à **soulager la douleur**. L'un des piliers de la médecine chinoise actuelle, elle s'imposa dans la **Chine han 128-129 »** vers 200 apr. J.-C., mais était probablement en usage auparavant. L'emplacement de tatouages sur un corps gelé, baptisé Ötzi après sa découverte, correspond à d'importants points d'acupuncture. Ce corps, daté de 3350 av. J.-C., fut exhumé en 1991 dans les Alpes entre l'Italie et l'Autriche **« 43**.

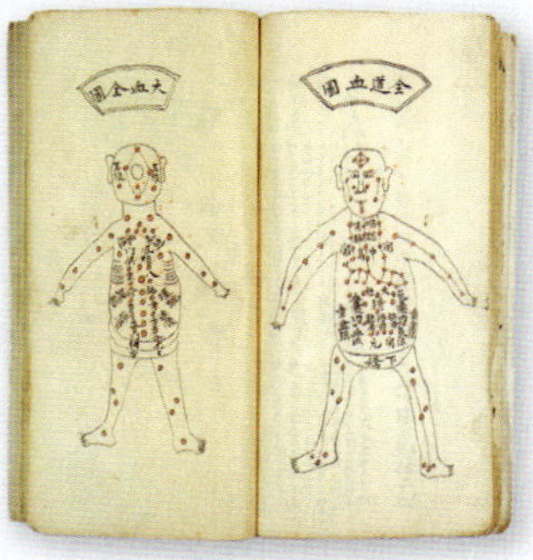

POINTS D'ACUPUNCTURE

CHIRURGIE INDIENNE

La tradition ayurvédique s'épanouit en Inde. Son principal avocat, **Sushruta**, décrivit au VIe siècle av. J.-C. plus de 100 instruments chirurgicaux et 300 interventions dans son ouvrage *Sushruta Samhita*. Les historiens de la médecine l'ont surnommé «**le père de la chirurgie**».

MÉDECINE GRECQUE

Les **penseurs de la Grèce antique 104-105, 130-131 »** furent parmi les premiers à appliquer l'observation et la **pensée rationnelle** aux questions philosophiques et à la médecine. La pratique médicale était dominée par la théorie des «humeurs». Le corps humain se composait de **quatre humeurs** : sang, flegme, bile noire, bile jaune, la maladie étant due à la **prédominance de l'une d'elles**. La médecine grecque se développa en partie dans l'isolement, mais elle fut influencée par les pratiques égyptiennes, souvent à base de plantes.

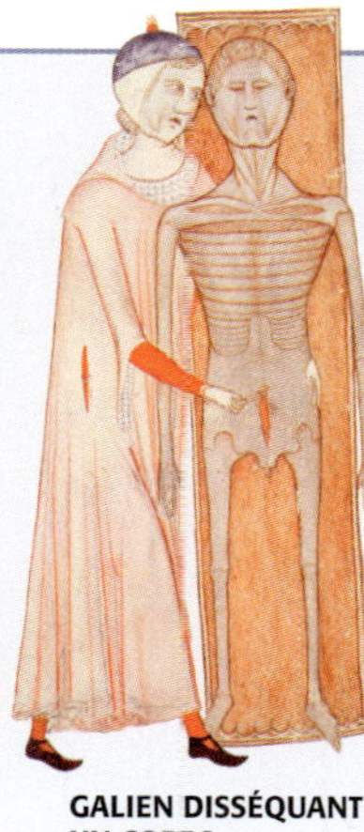

GALIEN DISSÉQUANT UN CORPS

MÉDECINE ROMAINE

Les médecins de la Rome antique suivirent les traditions médicales grecques. Mais les Grecs expliquaient la maladie en termes philosophiques, et les Romains l'attribuaient aux caprices des dieux. Le principal médecin et anatomiste romain, **Claudius Galenus (Galien)**, vécut au IIe siècle apr. J.-C. Bien qu'en partie erronées, ses théories sur l'**anatomie**, fondées sur l'**observation**, dominèrent la médecine occidentale jusqu'au XVIe siècle. Les Romains furent des précurseurs en matière de **santé publique**. À leur actif figurent les canalisations, les égouts, le chauffage, les thermes et les toilettes publiques.

Le **berceau** de la **civilisation**

La Mésopotamie, région fertile enserrée entre deux fleuves, enfanta les premières sociétés complexes. Vers 3000 av. J.-C., des cités-États évoluées tiraient leur prospérité de l'agriculture, de l'irrigation et du commerce. Elles inventèrent la première écriture, érigèrent des palais et des temples grandioses.

La civilisation mésopotamienne s'épanouit dans la région couvrant aujourd'hui l'Iraq, le sud-ouest de l'Iran, l'est de la Syrie et le sud-est de la Turquie. Elle doit son existence à sa situation entre le Tigre et l'Euphrate, Mésopotamie signifiant en grec « entre les fleuves ». Deux autres civilisations naquirent le long de fleuves à la même époque, celles de l'Égypte (voir p. 56-57) et de l'Indus (voir p. 58-59) ; une troisième un peu plus tard, de la Chine (voir p. 60-61).

Comme en Égypte, les cultures mésopotamiennes prospéraient sur les limons fertiles déposés par les fleuves. Les marais fournissaient le poisson et le gibier d'eau pour la nourriture, les roseaux les matériaux pour les toits et les paniers. Les plans d'irrigation et d'assèchement des terres mobilisaient une main-d'œuvre importante. Cette organisation jeta les bases de la première société stratifiée, qui atteignit son apogée un peu avant celle de l'Égypte.

Trésor funéraire
Les métaux et pierres semi-précieuses des bijoux de la reine Puabi (Our, v. 2500 av. J.-C.) provenaient des partenaires commerciaux d'Our.

Cités-États et empires

Vers 3000 av. J.-C., la Mésopotamie aborda la période du dynastique archaïque, qui dura sept cents ans. La civilisation se développa au départ dans les cités-États du Sud, région appelée Sumer, d'après la langue qui y était parlée. L'histoire de la Mésopotamie commença à se dessiner : des cités et des cités-États (voir p. 94), souvent unies par des liens commerciaux et diplomatiques, coopéraient et rivalisaient, prospéraient et déclinaient. Certaines, comme Ourouk, Kish, Akkad et Our, en contrôlaient d'autres avant d'être dominées à leur tour. Ce schéma se différencie du gouvernement centralisé de l'Égypte, mais il évoque le fonctionnement des cités-États grecques, un peu plus tard (voir p. 94-95). Parmi les grandes cités du IIIe millénaire figuraient Our,

Le personnage plus grand que les autres est probablement le roi, tenant un verre à la main, la rangée supérieure figurant une scène de banquet à la cour.

« AVANT

La vie sédentaire en Mésopotamie remonte à 10 000 ans. La région vit naître l'irrigation et l'agriculture, le commerce, l'écriture, des villes et des sociétés complexes.

POTERIE DE LA CULTURE D'HALAF

PREMIERS VILLAGES
L'**agriculture** apparut vers 8000 av. J.-C. dans la **culture d'Halaf « 44-45**, au nord, vers 6000 av. J.-C. dans celle d'**Obeïd**, au sud.

IRRIGATION ET ORGANISATION
L'**irrigation** favorisa le développement de villages. Le surplus des récoltes était **vendu**. L'organisation nécessaire au commerce entraîna la formation de **sociétés stratifiées**.

CRÉATION DE CENTRES URBAINS
Les premiers **centres urbains** virent le jour vers 3000 av. J.-C. **« 44-45**. Au sud, la civilisation de **Sumer** s'épanouit vers 3500 av. J.-C.

DU COMMERCE À L'ÉCRITURE
Des sceaux figurant des symboles et des images servaient aux registres commerciaux avant l'invention de l'écriture **62-63 »**.

SCEAU FIGURANT UNE CHARRUE À BŒUF

EMPEREUR MORT V. 2284 AV. J.-C.

SARGON D'AKKAD

Sargon, assimilé à un roi-guerrier, établit la dynastie d'Akkad et gouverna de 2340 à 2284 av. J.-C. Il fonda la capitale Akkad et créa un État centralisé qui supervisa le premier Empire mésopotamien. Peu de légendes relatives à Akkad ont été confirmées. Il se serait imposé comme souverain indépendant avant de se lancer dans une politique expansionniste. Ses exploits militaires peuvent s'expliquer par la supériorité des techniques akkadiennes sur celles des armées rivales. Nos connaissances sur le règne de Sargon proviennent d'un document ancien, la Liste royale sumérienne.

TÊTE EN BRONZE D'UN SOUVERAIN D'AKKAD, PROBABLEMENT SARGON, 2334-2154 AV. J.-C.

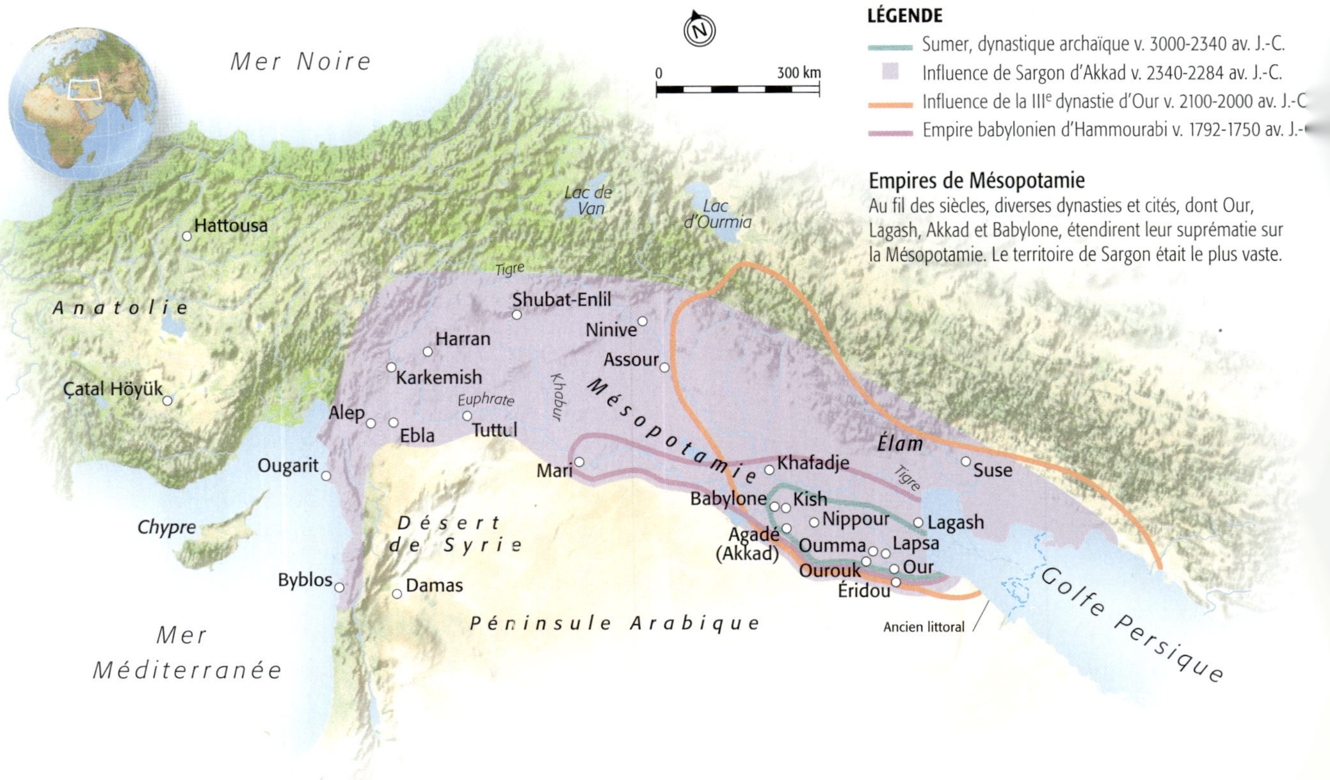

Empires de Mésopotamie
Au fil des siècles, diverses dynasties et cités, dont Our, Lagash, Akkad et Babylone, étendirent leur suprématie sur la Mésopotamie. Le territoire de Sargon était le plus vaste.

Un courtisan assis sur un tabouret en bois célèbre l'événement avec le souverain et ses pairs.

Un musicien de la cour et sa lyre décorée d'une tête de taureau, symbole récurrent sur cet instrument apparemment populaire en Mésopotamie.

L'étendard d'Our
La fonction de cet objet exhumé dans les tombes royales d'Our demeure un mystère. Les panneaux en bois de 50 cm de large, incrustés de coquillages, calcaire rouge et lapis-lazuli, dévoilent le mode de vie en Mésopotamie. Celui-ci figure l'arrivée d'un butin de guerre à la cour.

Des bœufs, des moutons et des ânes, faisant probablement partie du butin, sont acheminés vers la cour où se tient le banquet.

Personnage courbé sous le poids de son fardeau, un sac rempli de produits alimentaires et autres marchandises précieuses.

Des détails livrent des indices sur l'habillement de l'époque. Cette femme porte une jupe à frange ; d'autres personnages, des vêtements de laine.

Lagash, Kish, Éridou et Ourouk (55) (voir p. 44-45), Ebla et Mari. Au XXIVe siècle av. J.-C., le roi Lougal-Zagesi d'Oumma unifia de vastes superficies au sud. À l'ouest, Akkad devint le centre d'une dynastie fondée par Sargon (voir ci-contre), dont l'influence s'étendit jusqu'à la Méditerranée et l'Anatolie. La langue akkadienne s'imposa pour les documents officiels et la diplomatie pendant les siècles qui suivirent (voir p. 62-63, 66-67, 78-79).

Une place pour chacun

La société mésopotamienne fonctionnait selon une structure hiérarchisée et centralisée sous l'autorité de souverains tout-puissants qui n'étaient pas assimilés à des dieux, comme les pharaons égyptiens. De somptueux palais furent érigés pendant le dynastique archaïque. Leur richesse et leur raffinement nous sont connus à travers les luxueux objets exhumés des tombes d'Our, où étaient ensevelis les rois et les prêtres. Comme en Égypte, des spécialistes, bureaucrates, scribes ou négociants, participaient au fonctionnement de la société. Nombre de citadins habitaient des demeures en brique de boue assez impressionnantes. La culture des terres et la réalisation des projets d'irrigation et de construction mobilisaient une importante main-d'œuvre, qui bénéficiait d'une certaine mobilité sociale. Les ouvriers accédaient parfois à la propriété ou recevaient des rations en échange de leur travail pour le gouvernement.

Jeu royal
Jeu de 2500 av. J.-C., incrusté de coquillages et de lapis-lazuli, trouvé dans une tombe royale d'Our. Ce jeu était très prisé au Moyen-Orient, en Égypte et en Inde.

Loi et religion

En Mésopotamie comme ailleurs, à la même époque, politique et religion étaient liées. Les souverains dirigeaient les affaires religieuses ; les prêtres et prêtresses occupaient des fonctions officielles, certains gouvernant même des cités. Chacune possédait un temple en brique de boue (telle la célèbre ziggourat d'Our, voir p. 73), demeure terrestre de la divinité locale, où les prêtres se livraient à des rituels pour se concilier ses faveurs. Le maintien de l'ordre était assuré par le respect des injonctions divines, à telle enseigne que lorsqu'un roi mourait, son personnel était enseveli avec lui. Soixante-quatorze corps furent découverts dans une tombe à Our.

Précieuse lyre
Jouer de la lyre faisait partie de la vie à la cour et dans les temples. Une tête de taureau ou de vache ornait souvent l'instrument.

Un rayonnement international

Pauvres en ressources naturelles, tels le métal et la pierre, les Mésopotamiens, comme les Égyptiens, durent tisser des liens commerciaux et diplomatiques avec les peuples de l'Iran et de l'Afghanistan actuels, du golfe Persique et de la vallée de l'Indus. Ces échanges stimulèrent le progrès et l'expansion de leur culture, les imposant comme leaders mondiaux dans de nombreux domaines. Ils s'illustrèrent avec leurs bijoux, instruments de musique et superbes sculptures en pierre d'Ourouk, datant du IVe millénaire. Le système numérique fondé sur le nombre 60 remonte aux Sumériens du IIIe millénaire av. J.-C. Il perdure aujourd'hui dans la division du cercle en 360 degrés, de l'heure et de la minute en 60 unités.

APRÈS »

Durant le millénaire qui suivit, diverses cultures se partagèrent les terres entre les fleuves.

DÉCLIN D'AKKAD

Suite au déclin d'Akkad, des chefs locaux prirent le pouvoir à Kish, Ourouk et Lagash. Cette cité connut ses dernières heures de gloire avec **Gudéa**, qui fit aménager un système d'irrigation, rebâtir des temples, sculpter des statues.

GUDÉA DE LAGASH

IIIe DYNASTIE D'OUR

Après l'ère d'Akkad, la IIIe dynastie d'Our (v. 2100-2000 av. J.-C.) soumit les cités-États et fonda un empire de courte durée. Les **souverains** tentèrent de créer une **renaissance sumérienne**.

PÉRIODE PALÉO-ASSYRIENNE

Suite au déclin de la dynastie d'Our et à la mainmise des cités-États sur le Sud, la cité assyrienne d'Assour (v. 2000-1800 av. J.-C.) **80-81 »** devint le centre d'un vaste réseau commercial dans le Nord.

Ire DYNASTIE DE BABYLONE

À partir de 1900 av. J.-C., la cité de **Babylone**, au nord de Sumer, imposa son hégémonie. La Ire dynastie de Babylone (v. 1894-1595 av. J.-C.) fut marquée par le **code d'Hammourabi** (v. 1792-1750 av. J.-C.) et sa **loi**, riche source d'information sur la vie à Babylone.

MITANNI ET APRÈS

Le peuple hourrite de **Mittani 78-79 »** contrôla le Nord (v. 1600-1350 av. J.-C.) avant d'être soumis par les **Hittites 78-79 »** et les Assyriens de la **période médio-assyrienne 80-81 »**. Au sud, les **Kassites 78-79 »** dominèrent la période médio-**babylonienne** (v. 1400-1100 av. J.-C.) Vers 1100 av. J.-C., l'État de Babylone s'effondra avec d'autres puissances de l'âge du bronze **78–79 »**.

AVANT

La prestigieuse civilisation égyptienne de l'Ancien Empire, avec ses pharaons semi-divins, fut l'héritière de dynasties antérieures.

ÉGYPTE PRÉDYNASTIQUE

Pendant la période prédynastique, entre les premiers villages néolithiques et 3100 av. J.-C., l'Égypte était **partagée en deux : le Nord (Basse-Égypte) et le Sud (Haute-Égypte)**. Selon des preuves trouvées dans les tombes, la société était prospère, et les gens croyaient en l'au-delà.

NARMER

DÉBUTS DE LA PÉRIODE DYNASTIQUE

Cette période couvre les Ire et IIe dynasties (v. 3100-2686 av. J.-C.). **Ménès « 45**, qui unifia les royaumes de Haute- et de Basse-Égypte, devint le premier pharaon. Certains pensent que **Narmer** l'aurait précédé, à moins qu'il ne s'agisse de l'autre nom de Ménès.

UNE FORTE IDENTITÉ

L'identité de l'Égypte s'affirma aux débuts de la période dynastique avec la conception de **plans d'irrigation**, de grandioses **tombes royales**, d'une **écriture** et d'un État centralisé, gouverné par un **roi semi-divin**.

ARCHITECTE ET MÉDECIN

IMHOTEP

C'est à Imhotep que l'on attribue la construction de la pyramide à degrés de Djoser, deuxième pharaon de la IIIe dynastie (v. 2686-2613 av. J.-C.) ; Imhotep fut son conseiller et médecin, ainsi que le plus brillant génie de l'époque. Sa pyramide à degrés contribua sans conteste à la grandeur de l'Ancien Empire. Édifice le plus ancien bâti avec des blocs de pierre taillés, ce fut la première véritable pyramide égyptienne. Les tombes à parois lisses de Gizeh, inspirées du monument d'Imhotep, sont devenues l'archétype de la pyramide. Imhotep était un médecin si talentueux qu'il fut hissé au rang de dieu à la Basse Époque et en Grèce.

IMHOTEP

Les pharaons divins

L'Ancien Empire égyptien (v. 2686-2181 av. J.-C.) s'épanouit sur les rives du Nil, fertilisées par les crues. Cette ère de prospérité et de relative stabilité due à un gouvernement centralisé vit l'édification des grandes pyramides. Les Égyptiens vénéraient leurs souverains, ou pharaons, comme des dieux.

La société de l'Ancien Empire était rigoureusement contrôlée par un gouvernement centralisé, placé sous la tutelle d'un souverain tout-puissant, le pharaon. Cette figure semi-divine agissait comme intermédiaire entre les dieux et le peuple, présidant à tous les aspects de la vie quotidienne, dont la politique et la religion.

Chef religieux et politique, le pharaon supervisait les rituels qui entretenaient ses liens avec les dieux et dirigeait une bureaucratie politique et administrative hautement organisée. Elle comprenait des conseillers et des fonctionnaires sous l'autorité d'un vizir, des gouverneurs locaux responsables de régions appelées *nomes* (anciennes régions indépendantes). Souvent apparentés à des despotes, les pharaons déléguèrent néanmoins de plus en plus leurs fonctions aux gouverneurs pendant l'Ancien Empire (voir APRÈS).

Le royaume du Soleil

Les premiers pharaons étaient assimilés à des représentations terrestres de la figure mythique d'Horus, fils du dieu Osiris et d'Isis (voir p. 68-69). Horus était étroitement lié à Rê (ou Râ), créateur de la vie et dieu solaire à tête de faucon.

À mesure que le culte du Soleil s'imposa pendant l'Ancien Empire, Rê se différencia de Horus et son nom fut intégré à celui des pharaons. À travers ces associations, le pharaon présidait à un système judiciaire qui se voulait le reflet de l'ordre cosmique. Il œuvrait avec les dieux pour que les crues annuelles du Nil fertilisent les terres avoisinantes et pourvoient aux besoins du puissant État égyptien.

Ce personnage tout-puissant était souvent représenté vêtu d'une sorte de kilt, pourvu d'une fausse barbe, d'une crosse, d'un fléau et d'un sceptre. Il portait sur sa tête la double couronne de la Basse- et de la Haute-Égypte, et son front était rehaussé d'un cobra, « œil » de Rê. Le pharaon se déplaçait avec un serviteur portant un éventail, et ses sujets se prosternaient devant lui. Cette figure éminemment humaine, mais au pouvoir sacré, leur inspirait un respect mêlé de crainte.

Le pharaon Khephren
Khephren, ou Chéphren, était le quatrième souverain de la IVe dynastie. Cette statue le représentant avec une fausse barbe et le *nemes*, coiffure rayée, provient de sa pyramide à Gizeh.

Le don du Nil

L'historien grec Hérodote décrivit les bienfaits du Nil comme un « don ». Le puissant fleuve creusa une gigantesque vallée au nord-est de l'Afrique (voir p. 64-65).

Au nord, en Basse-Égypte, ses affluents formèrent un vaste delta fertile en forme d'éventail, où se concentra la population. La capitale de l'Ancien Empire, Memphis, vit le jour au sud du delta. En Haute-Égypte, au sud du pays, la vallée se rétrécissait, jalonnée de villes, le long des méandres du fleuve.

Les crues annuelles du Nil déposaient un riche limon noir sur lequel les Égyptiens cultivaient les céréales. Ils conçurent de vastes plans d'irrigation pour acheminer l'eau jusqu'aux terres agricoles. Sur les rives, les marais fournissaient le gibier destiné à la nourriture des riches et les papyrus servant à l'écriture. Source de nourriture, le fleuve était également navigable. Les Égyptiens dépendaient entièrement de cette longue plaine fertile, enserrée entre de vastes superficies de désert aride et inhospitalier. Ils installèrent dans le sud du pays des postes d'observation pour surveiller les mouvements de l'eau et anticiper les récoltes.

Population de bâtisseurs
Ce bas-relief figurant un chantier naval provient de la tombe d'un fonctionnaire de la Ve dynastie (v. 2494-2345 av. J.-C.) à Saqqarah. Les navires étaient essentiels aux déplacements sur le Nil et aux échanges avec les pays voisins.

Une société hiérarchisée

Au sommet de la hiérarchie sociale, la famille royale supervisait la cour, les fonctionnaires, comme les scribes, ainsi que les prêtres, selon un protocole régi par le sens du devoir et de la loyauté.

Si l'on en croit la tradition, les citoyens ordinaires de l'Ancien Empire menaient une vie misérable au service du pharaon. Ils participaient aux grands projets de construction ou cultivaient les terres pour nourrir la population des villes, en échange de quoi ils recevaient juste de quoi survivre. Il existait néanmoins une vie

La Grande Pyramide de Kheops
La plus grande et la plus ancienne des trois pyramides de Gizeh est considérée comme la plus représentative de toutes. Sa construction, qui dura environ vingt ans, mobilisa des milliers d'ouvriers.

La nécropole de Gizeh
Les dimensions imposantes de ces sépultures royales témoignent du statut divin des souverains de la IVe dynastie. À l'arrière-plan se dresse la Grande Pyramide de Kheops ; au centre, celle de Khephren ; la plus petite, au premier plan, est celle du pharaon Mykérinos.

Le travail de la terre
Cette fresque illustre la récolte du blé. Les Égyptiens aménagèrent de vastes zones cultivables à l'aide de canaux d'irrigation alimentés par le Nil.

à l'échelle locale, comme en témoignent les marchés, où les villageois vendaient les produits de leurs cultures et de leurs activités artisanales. Des chances d'ascension sociale étaient également offertes – en théorie – aux citoyens.

L'âge des pyramides

L'Ancien Empire est surtout connu pour ses réalisations architecturales, de la célèbre pyramide à degrés de Saqqarah (voir Imhotep, page ci-contre), aux grandioses pyramides de la IVe dynastie (v. 2613-2494 av. J.-C.). Édifiées aux marges du désert à Gizeh, près de Memphis, ces tombes royales comptent parmi les chefs-d'œuvre architecturaux de l'Histoire. La Grande Pyramide du pharaon Kheops, l'une des Sept Merveilles du monde antique, est la seule pyramide parvenue intacte jusqu'à nous. À l'est, la colossale figure mi-humaine, mi-animale du Grand Sphinx serait une représentation de Kheops.

Les pyramides de Gizeh figureraient parmi les monuments les plus anciens construits en pierre. D'énormes blocs de calcaire étaient taillés avec une précision extraordinaire, avant d'être acheminés sur le site du chantier où ils étaient assemblés pour élever les pyramides. Chacune était probablement entourée d'une rampe sur laquelle les ouvriers faisaient glisser les blocs de pierre avant de les hisser à l'aide de leviers.

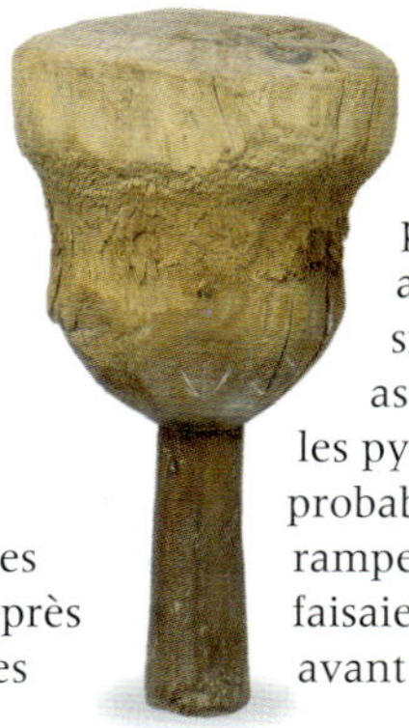

Maillet
Les Égyptiens utilisaient de petits maillets en bois et des burins pour tailler la pierre avec précision et sculpter des motifs délicats.

Une grande puissance du Moyen-Orient

L'Égypte s'affirma comme une puissance majeure dans l'échiquier politique du Moyen-Orient à l'époque de l'Ancien Empire. Elle entretenait des relations avec de nombreuses contrées lointaines, correspondant à des parties de la Syrie, de la Libye, du Liban et du Soudan actuels. Ces échanges visaient à garantir la sécurité de ses frontières et l'approvisionnement en matériaux comme le bois. Les frontières ne pouvant être préservées ni franchies sans négociations, l'Égypte dut élaborer progressivement tout un savoir-faire diplomatique qui a fait sa renommée depuis.

2 MILLIONS

C'est le nombre de blocs de calcaire d'environ 15 000 kg chacun utilisés pour élever la Grande Pyramide de Kheops à Gizeh.

APRÈS »

La chute de l'Ancien Empire a fait l'objet de nombreuses théories, aucune n'ayant été étayée à ce jour.

PEPI II

NOBLES ET *NOMES*

Sous la VIe dynastie (v. 2345-2181 av. J.-C.), les pharaons accordèrent des **pouvoirs aux nobles et aux gouverneurs** des *nomes* (régions), qui sapèrent leur autorité. Mais la perte du contrôle par les pharaons favorisa probablement la prise du pouvoir par d'autres.

LA CHUTE DE L'ANCIEN EMPIRE

À la fin de la VIe dynastie, surtout après le règne de **Pepi II**, l'Ancien Empire amorça son déclin et l'Égypte aborda une ère d'instabilité, la Première Période intermédiaire **64-65 »**. **L'autorité du pharaon** s'affaiblit, et Memphis perdit son importance au profit d'autres cités.

QUELLES FURENT LES CAUSES DU DÉCLIN ?

Ce déclin fut attribué à la dépendance de l'Égypte par rapport au Nil. Des **inondations** et des **sécheresses** auraient entraîné des **pertes** ou des **famines** auxquelles le gouvernement, affaibli, n'aurait pas su faire face. Des menaces sur les frontières égyptiennes ont pu aussi contribuer à la chute de l'Ancien Empire.

Les **mystères** de l'**Indus**

Une région de terres fertiles, situées à cheval sur l'Inde, le Pakistan et l'Afghanistan actuels, vit éclore la civilisation de l'Indus. Sa population menait une vie raffinée dans des cités à l'aménagement élaboré. Mais son écriture n'ayant pas été déchiffrée à ce jour, elle demeure assez énigmatique.

AVANT

La civilisation de l'Indus eut pour origine les cultures agricoles établies à l'ouest de la vallée.

PREMIÈRES CULTURES AGRICOLES
La principale, celle de **Mehrgarh**, apparut vers 7000 av. J.-C. dans le Pakistan actuel.

PHASES HARAPPÉENNES
La phase pré-harappéenne de la civilisation de l'Indus (v. 3300-2800 av. J.-C.) vit le développement d'une **écriture**, d'une **agriculture sophistiquée** et d'**échanges commerciaux**.

Écriture de l'Indus
Sur les sceaux de la civilisation de l'Indus, des figures animales, humaines et mythiques voisinent avec des pictogrammes non déchiffrés à ce jour.

La civilisation de l'Indus atteignit son âge d'or entre 2600 et 1900 av. J.-C., pendant la phase dite harappéenne. Elle s'épanouit dans une partie du Pakistan, de l'Afghanistan et du nord-ouest de l'Inde actuels, le long de l'Indus et de la Ghaggar.

À son apogée, l'Indus comptait parmi les premières grandes civilisations, aux côtés de la Mésopotamie et de l'Égypte (voir p. 54-57). Comme celles-ci, elle dépendait étroitement de terres irriguées par de puissants fleuves, et elle élabora un savoir-faire pour utiliser et contrôler judicieusement leurs crues annuelles.

De brillants artisans

Les objets raffinés fabriqués dans la vallée de l'Indus témoignent du degré d'avancement de cette civilisation. Parmi ceux-ci figurent notamment les bijoux ouvragés en or et en stéatite ; les figurines en bronze, en terre cuite et en faïence ; les poteries ; les ornements en or et en argent ; sans oublier les sceaux figurant souvent des animaux indigènes, tels que les éléphants et les zébus, des bovidés.

Ces objets attestent certes le talent des artisans, mais aussi la prospérité et l'existence d'une élite induisant une société hiérarchisée. Par ailleurs, les différents styles artistiques suggèrent un brassage ethnique à l'intérieur de la population.

La découverte d'objets de la civilisation de l'Indus, surtout de bijoux, dans d'autres régions du monde laisse conclure à des échanges commerciaux intenses. Les peuples de l'Indus dépendaient largement de ces relations, notamment avec la Mésopotamie (voir ci-contre), l'Iran et l'Afghanistan. Le commerce était favorisé par les moyens de transport en usage à l'époque, plus particulièrement les bateaux conçus pour les longs voyages en mer. Des poids ont également été découverts parmi les objets exhumés. Les peuples de l'Indus ont probablement été parmi les premiers à mettre au point un système de poids et de mesures précis. Cette expertise va de pair avec celle qui présida à l'aménagement de leurs cités.

Souverains de l'Indus
Cette statue de Mohenjo-Daro a été baptisée « le roi-prêtre », mais l'on ignore s'il existait des prêtres et des rois.

Les premiers urbanistes du monde ?

Parmi les nombreux sites associés à la civilisation de l'Indus, les plus spectaculaires, Mohenjo-Daro et Harappa (dans le Pakistan actuel), furent probablement les premières cités planifiées. De larges artères et des rues latérales bordées de spacieuses demeures s'ordonnaient selon des plans quadrillés. La conception identique de cités situées à des milliers de kilomètres laisse supposer l'existence d'un État centralisé et de structures au niveau local.
Ces hypothèses n'ont toutefois pu être vérifiées, les pictogrammes figurant sur les objets de l'Indus n'ayant pas été déchiffrés à ce jour. Cette brillante civilisation n'a pas encore dévoilé tous ses mystères.

Aménagements sanitaires
Des canalisations (ci-dessus) et des latrines figuraient parmi les installations sanitaires. Les puits offrant l'accès à l'eau potable étaient protégés de hauts murs pour éviter la contamination de l'eau.

Mohenjo-Daro
Le plan quadrillé de la cité apparaît sur cette photo. Les archéologues ont attribué à certaines parties des noms comme « citadelle », « ville basse » et « thermes ». Mais ces hypothèses demeurent controversées.

COMMENT SAVONS-NOUS ?

COMMERCE LOINTAIN

La civilisation de l'Indus entretenait des relations commerciales intenses avec la Mésopotamie par voie de mer, comme en témoignent des objets de l'Indus ou inspirés de cette culture, exhumés dans cette région. Des colliers de cornaline ont été découverts dans la tombe de la reine Puabi (v. 2550-2400 av. J.-C.), à Our.

COLLIERS DE CORNALINE

LÉGENDE
- Aire de la culture harappéenne
- Site de Harappa
- Site de la culture de Mehrgahr

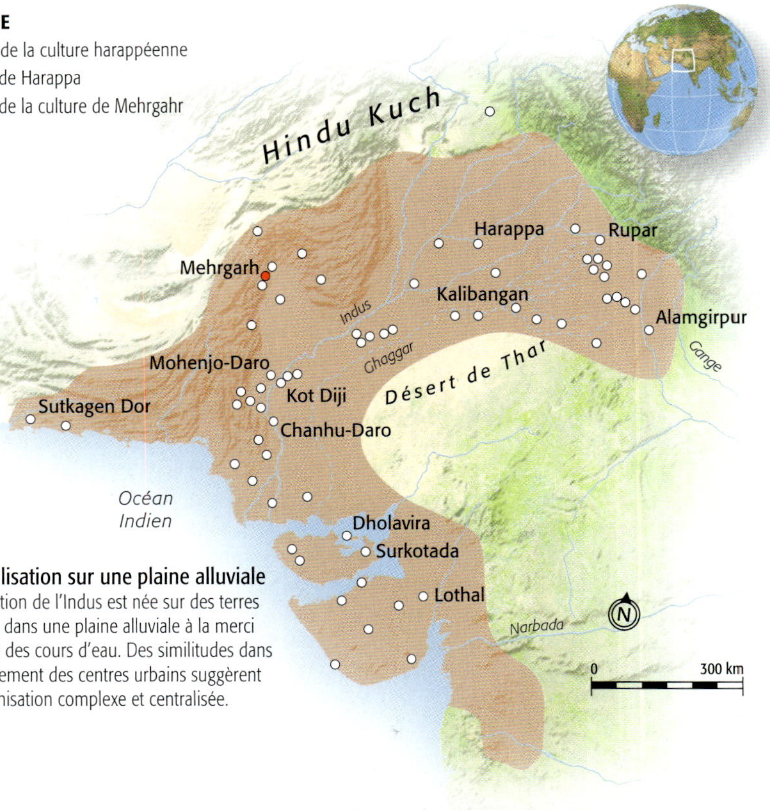

Une civilisation sur une plaine alluviale
La civilisation de l'Indus est née sur des terres agricoles, dans une plaine alluviale à la merci des crues des cours d'eau. Des similitudes dans l'aménagement des centres urbains suggèrent une organisation complexe et centralisée.

APRÈS

La civilisation de l'Indus disparut pour des raisons inconnues. Vers 1700 av. J.-C., toutes les cités étaient abandonnées.

MOHENJO-DARO
Vers 1700 av. J.-C., la cité fut victime de graves inondations et saccagée par des envahisseurs.

LA VIE DANS LA VALLÉE
Le système fluvial se serait en partie asséché, ruinant les cités, à l'exception de quelques-unes au sud. Les cultures asiatiques **védique** **124 »** et **hindoue** du Ier millénaire av. J.-C. partagèrent des points communs avec la civilisation de l'Indus.

La Chine de l'âge du bronze

La dynastie Shang, qui s'épanouit de 1600 à 1100 av. J.-C., inaugura la production du bronze à grande échelle. Les souverains Shang, figures semi-divines, célébraient les ancêtres et les dieux par des rituels. La richesse de leurs objets témoigne d'une société très sophistiquée.

Un taotie, tête d'animal féroce dotée de cornes et d'yeux proéminents, se cache dans le décor aux motifs de labyrinthe.

AVANT

Au néolithique (8000-1500 av. J.-C.), les Chinois commencèrent à cultiver le riz et le millet, et à domestiquer les animaux. Ce mode de vie sédentaire entraîna la formation de villages.

HEMUDU

En 1973, un village néolithique datant de 5000 av. J.-C. fut découvert à Hemudu, au sud-est de la Chine. Les trouvailles comprenaient des poteries, des objets en bois et en os, les restes de porcs et de buffles. Des sifflets en os d'oiseaux servaient probablement à attirer les oiseaux vers des pièges. Des **témoignages montrèrent que le peuple de Hemudu cultivait le riz en rizières inondées**.

POTERIE DE YANGSHAO

CULTURE DE YANGSHAO

Dans les années 1920, les fouilles de la région de Yangshao, dans la province orientale du Henan, livrèrent de précieuses trouvailles. Dans le **village de Banpo**, occupé de 4500 à 3750 av. J.-C., les habitants cultivaient le millet, utilisaient des houes et des couteaux en pierre polie, s'habillaient de **chanvre et peut-être de soie**. Une partie résidentielle regroupait 100 maisons et d'autres bâtiments. Des pots en argile rouge étaient incisés de motifs en spirale ou peints de figures humaines et animales.

CULTURE DE LONGSHAN

Peu après les trouvailles de Yangshao, des poteries néolithiques très différentes furent exhumées à Longshan, dans la province de Shandong. Plus raffinées que celles de Yangshao, elles étaient noires, souvent ornées d'un décor incisé, et posées sur une base circulaire. Certaines ont pu être **montées au tour**. La culture de Longshan, également connue pour ses haches en pierre polie, essaima le long du Yangzi Jiang moyen et inférieur. Elle supplanta finalement la culture en déclin de Yangshao.

ERLITOU, ÂGE DU BRONZE

La dynastie Xia fut longtemps considérée comme mythique. Mais en 1959, des **palais**, des **tombes** et des **objets en bronze** datant de 1900 à 1350 av. J.-C. furent mis au jour à Erlitou, dans le Henan. Les objets en bronze, **les plus anciens de Chine** connus à ce jour, seraient inspirés des poteries de Longshan.

La Chine de l'âge du bronze (voir p. 43) s'illustra par deux réalisations majeures : un système d'écriture élaboré et la découverte du bronze. Ce métal très prisé servait à la fabrication d'armes, d'outils et de vaisseaux utilisés à des fins rituelles par les nobles. La société chinoise du début de l'âge du bronze, très hiérarchisée, était dirigée par un souverain tout-puissant et ses nobles. Sous les Shang, deuxième des anciennes dynasties chinoises, les gens pensaient que le roi était investi d'un pouvoir divin par ses ancêtres et que leurs esprits pouvaient influer sur leur vie s'ils les apaisaient avec des offrandes. Ils leur présentaient de la nourriture et du vin dans des vaisseaux en bronze durant des rituels qui préfiguraient les cérémonies orchestrées plus tard par les empereurs chinois (voir p. 126-127). Nos connaissances sur la société Shang proviennent en partie de l'étude des écrits trouvés sur les os divinatoires (voir page ci-contre).

L'État Shang

Outre le soutien des clans aristocratiques, avec lesquels ils entretenaient des liens de parenté, les rois Shang gouvernaient leur État avec l'aide de fonctionnaires. Confronté aux menaces des tribus nomades venues des steppes, vastes étendues de pâturages s'étirant de l'Europe à la Chine, l'État était toujours sur le pied de guerre. Les nobles accomplissaient des devoirs militaires en échange de terres. Les souverains Shang rapportaient des esclaves et du butin des guerres qu'ils menaient contre leurs voisins. Ils créaient des villages sur les terres conquises, qu'ils cultivaient. Cette société guerrière vivait principalement de l'agriculture et de la chasse. Elle se sédentarisa avec la production du bronze, qui exigeait une population fixe pour extraire les minerais de cuivre et d'étain nécessaires à la fabrication du métal.

Les capitales Shang

Les Shang régnèrent sur le centre et une partie du nord de la Chine. Les principales capitales furent Zhengzhou, au début de la dynastie, puis Anyang, de 1300 à 1050 av. J.-C. La ville de Zhengzhou était protégée par un mur défensif de 6,5 km de long, construit en terre battue, comme les bâtiments. Les maisons, les ateliers et les nombreux objets découverts sur le site montrent à quel point la société Shang était organisée et hiérarchisée. À proximité d'Anyang, dans le village de Xiaotun, ont été exhumés les restes

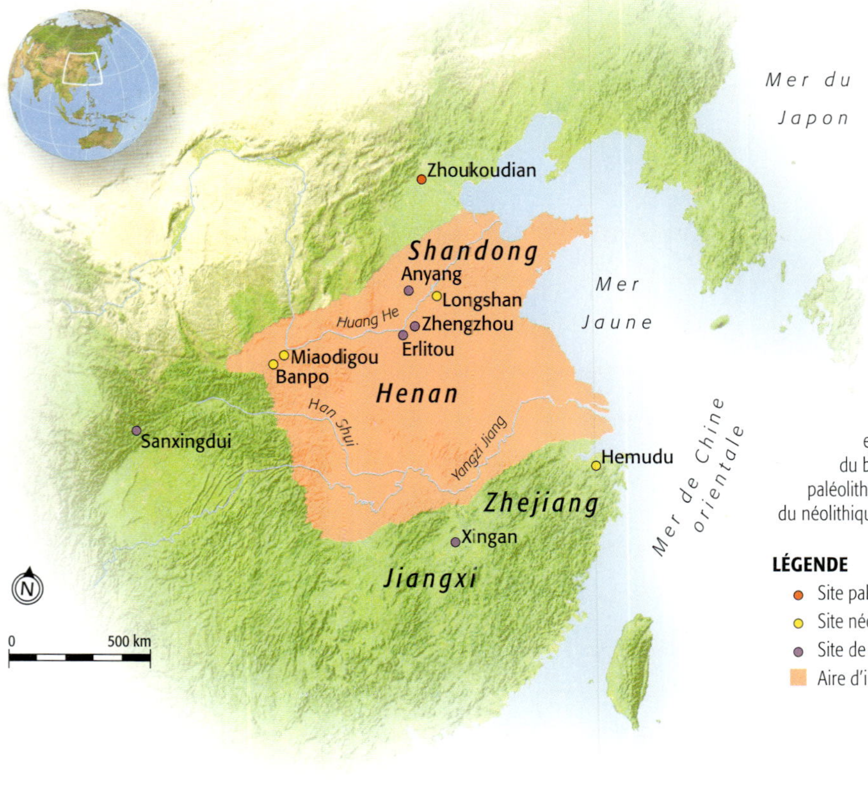

La Chine de la dynastie Shang
Parmi les principaux sites de l'âge du bronze figurent la première capitale Zhengzhou, déplacée ensuite à Anyang. Des objets antérieurs à l'âge du bronze ont été découverts à Zhoukoudian, site paléolithique (100000-10000 av. J.-C.), et des poteries du néolithique (8000-1500 av. J.-C.) à Banpo et Hemudu.

LÉGENDE
- Site paléolithique
- Site néolithique
- Site de l'âge du bronze
- Aire d'influence Shang

Les anses devaient être robustes pour retirer le lourd récipient du feu.

La forme en tripode évoque les poteries néolithiques de Longshan (voir AVANT).

Vaisseau cérémoniel en bronze
Ce vaisseau richement décoré de la dynastie Shang servait probablement à préparer les offrandes de viande.

Chars funéraires
Lorsqu'un personnage important mourait, il était enterré avec son char, les conducteurs et les chevaux, comme le montre cet exemple exhumé près d'Anyang.

du centre cérémoniel et administratif en usage à la fin de l'État Shang.

Coutumes funéraires

À Xibeigang, au nord de Xiaotun, onze gigantesques tombes ont été mises au jour, probablement celles des onze monarques Shang qui régnèrent à Anyang. À leur mort, les souverains Shang étaient ensevelis dans des sépultures en forme de croix. Leur corps était placé dans un cercueil en bois, avec certains de leurs biens. Des cadavres de chevaux et d'êtres humains, probablement des prisonniers de guerre, se succédaient le long des rampes qui descendaient vers la chambre funéraire.

L'industrie du bronze

Les trouvailles archéologiques les plus précieuses de la période Shang sont les objets de bronze, souvent à vocation cérémonielle. Leur quantité indique que l'industrie florissante du bronze, contrôlée par le roi, employait de nombreux artisans. Alors qu'en Occident les objets du début de l'âge du bronze étaient fabriqués dans un seul moule, les premiers vaisseaux Shang étaient réalisés avec plusieurs moules, et les différentes parties assemblées ultérieurement. Les vaisseaux de bronze mis au jour à Zhengzhou et à Anyang remplissaient des fonctions rituelles; certains servaient à préparer la viande pour les sacrifices, d'autres à chauffer le vin. Le bronze était également utilisé pour les instruments de musique et les armes, notamment les épées et les hallebardes, ainsi que pour les pièces de chars (voir ci-dessus).

Le système d'écriture

Outre le travail du bronze, les Shang sont connus pour l'invention d'une écriture. Des symboles apparaissent sur des pots du néolithique et les bronzes Shang les plus anciens, mais les premières phrases complètes furent identifiées sur les os divinatoires (voir ci-dessous). Plus de la moitié des 2 500 symboles gravés sur ces os furent déchiffrés, beaucoup ressemblant aux caractères chinois apparus ultérieurement (voir APRÈS).

Poignard en bronze
Le manche richement ouvragé de ce poignard figure probablement une tête de bélier stylisée. Ce type d'arme devait avoir une fonction rituelle et sacrificielle.

COMMENT SAVONS-NOUS ?

OS DIVINATOIRES

Vendus au XIXe siècle sous le nom d'« os de dragon », ingrédient de la médecine chinoise, les os divinatoires correspondent en réalité aux omoplates des bovidés. On y gravait des questions portant sur l'avenir et on appliquait dessus un outil chaud en bronze, après quoi les motifs obtenus étaient interprétés pour rendre l'oracle. Ces os fournissent de précieux témoignages sur la vie sous les Shang, ainsi que sur les débuts de l'écriture chinoise.

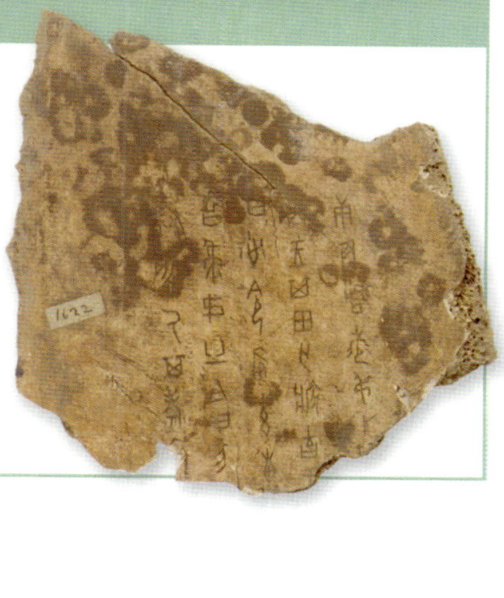

APRÈS

Considéré comme un tyran, le dernier souverain Shang, Di Xin, fut renversé par l'État de Zhou au XIe siècle av. J.-C. Mais les réalisations de la période Shang ont marqué durablement la culture chinoise.

CARACTÈRES CHINOIS

L'écriture inventée par les Shang évolua au fil du temps jusqu'aux caractères en usage aujourd'hui. Ils furent fixés dans leur forme actuelle sous la dynastie Qin (221-206 av. J.-C.) **126-127 ››**. Le dictionnaire de Kangxi, publié en 1716, contenait plus de 47 000 caractères. Des études ont montré que les érudits maîtrisent de 3 000 à 4 000 caractères.

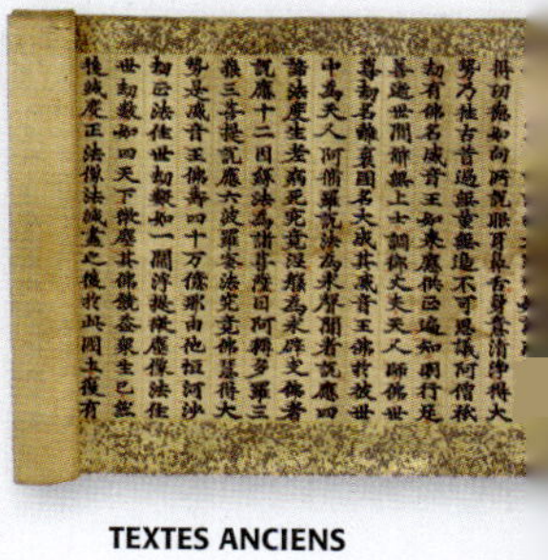

TEXTES ANCIENS

CALENDRIER

Les Shang créèrent un calendrier lunaire/solaire fondé sur le zodiaque, avec 10 « tiges célestes » et 12 « branches terrestres ». Les tiges et branches assemblées formaient des cycles de 60 jours ou années. Le **calendrier chinois traditionnel** est inspiré du modèle Shang.

LE CULTE DES ANCÊTRES

Le peuple Shang vénérait de nombreuses divinités, souvent des ancêtres royaux, et communiquait avec elles par la divination. Le **culte des ancêtres** fait toujours partie intégrante des pratiques religieuses dans la Chine d'aujourd'hui.

BAGUETTES DIVINATOIRES

Les premières écritures

L'invention de l'écriture, représentation symbolique de la langue parlée, et son évolution représentèrent une avancée majeure dans le développement intellectuel de l'Homme. L'écriture vit le jour indépendamment dans cinq régions : Mésopotamie, Égypte, Inde, Chine et Méso-Amérique.

Dans les traditions anciennes, l'écriture était inventée par un homme ou transmise à l'humanité par les dieux. Dans le poème sumérien *Enmerkar et le seigneur d'Aratta,* le roi Enmerkar inventa l'écriture instantanément pour transcrire un message trop difficile à mémoriser par ses messagers. Mais nous savons aujourd'hui que l'écriture fut élaborée progressivement au fil des siècles, nos connaissances provenant d'exemples anciens parvenus jusqu'à nous. Les matériaux dégradables, tels le papyrus, le bambou et le parchemin, n'ayant pas survécu, les inscriptions les plus anciennes sont celles des monuments, comme les hiéroglyphes des tombes égyptiennes. Mais elles sont trop sophistiquées pour avoir été les premiers exemples d'écriture. En revanche, les tablettes en argile gravées par les Mésopotamiens (voir p. 54-55) permettent de retracer l'évolution de leur écriture. Elle se composait à

CUNÉIFORME **Système d'écriture très répandu au Moyen-Orient entre 2500 et 330 av. J.-C. Les scribes gravaient des symboles en forme de coins dans l'argile ou la pierre. De nombreuses civilisations, des Sumériens aux Perses, utilisèrent le cunéiforme.**

« AVANT

Avant l'invention de l'écriture, des symboles servaient à transcrire les informations.

LES OS DE COMPTAGE

La forme **la plus ancienne** de comptage connue au Moyen-Orient, l'**os**, remonte à 30 000 ans. Les os recensaient les **mois lunaires**, qui gouvernaient les cycles rituels chez les **chasseurs-cueilleurs** **« 30-31**.

JETONS ET BULLE EN ARGILE

LES JETONS EN ARGILE

De 9000 à 3000 av. J.-C., les peuples du Moyen-Orient enregistraient les **transactions commerciales** avec des **jetons en argile** qu'ils enfermaient dans des bulles en argile. Les **jetons** symbolisaient des **biens** (animaux, céréales) ou **des nombres**. Cet exemple provenant d'**Ourouk** **« 44-45** date de 3700-3200 av. J.-C.

LES SCEAUX

Image gravée **identifiant l'expéditeur** d'un message, le **sceau** **« 54-55** était appliqué sur de l'argile humide, ou roulé, dans le cas d'un sceau-cylindre. Ces sceaux apparurent des millénaires avant le développement de l'écriture.

Message d'un temple
Cette tablette en argile fut réalisée en 3100-2900 av. J.-C. dans un temple de Mésopotamie avec une sorte de proto-cunéiforme, premier stade, figuratif, de l'écriture mésopotamienne. La tablette recense probablement des céréales distribuées par ou offertes à un temple. Des milliers de tablettes de ce genre furent exhumées à Ourouk, en Mésopotamie (voir p. 54-55). Des transactions et des contrats effectués par les temples y étaient enregistrés.

Le symbole de l'orge est très courant dans l'écriture mésopotamienne. Cette céréale servait à la fabrication du pain et de la bière, les deux produits alimentaires de base.

Le proto-cunéiforme utilisait des symboles gravés, procédure fastidieuse comparée à l'impression des signes standard en coins, pratiquée ensuite par les scribes du cunéiforme.

Un rectangle de symboles représentait une transaction ou une phrase. Les scribes du proto-cunéiforme regroupaient les signes en rectangles, pas en lignes ni en colonnes.

Un sceau avait valeur de signature. Les personnes liées par le contrat l'authentifiaient en imprimant leur sceau dans l'argile, plutôt qu'en écrivant leur nom. Ce sceau figure un chien de chasse.

Le symbole de la marche induit le déplacement des articles mentionnés ailleurs sur la tablette. L'absence de verbes ne permet pas de savoir si le transport eut lieu du ou vers le temple où fut trouvée la tablette.

Une tablette tenait généralement dans la paume de la main du scribe, mais celles du cunéiforme étaient souvent plus grandes.

COMMENT SAVONS-NOUS ?

LA PIERRE DE ROSETTE

Les hiéroglyphes furent déchiffrés en 1822-1824 par l'égyptologue français Jean-François Champollion grâce à la pierre de Rosette, stèle de Ptolémée V portant la même inscription en trois écritures : hiéroglyphes égyptiens (en haut), démotique égyptien (au milieu) et grec (en bas). Il déchiffra les écritures égyptiennes en comparant les mots identifiables, comme les noms, dans les trois écritures, et en déduisant du grec le son des signes égyptiens.

PIERRE DE ROSETTE

Hiéroglyphes égyptiens
L'écriture égyptienne utilisa les hiéroglyphes, symboles figuratifs, pendant plus de 3 000 ans. Cet exemple provenant d'un sarcophage du IVe siècle av. J.-C. ne diffère guère des plus anciennes inscriptions connues, datant de 3200 av. J.-C. Les hiéroglyphes se lisent à partir du haut, du côté vers lequel les signes sont dirigés (ici, à droite).

DES PICTOGRAMMES AU CUNÉIFORME

Le cunéiforme le plus ancien, ou proto-cunéiforme, était figuratif et gravé dans l'argile. Les signes subirent ensuite une rotation de 90°, sans que l'on sache pourquoi. Le véritable cunéiforme apparut avec les signes en forme de coins.

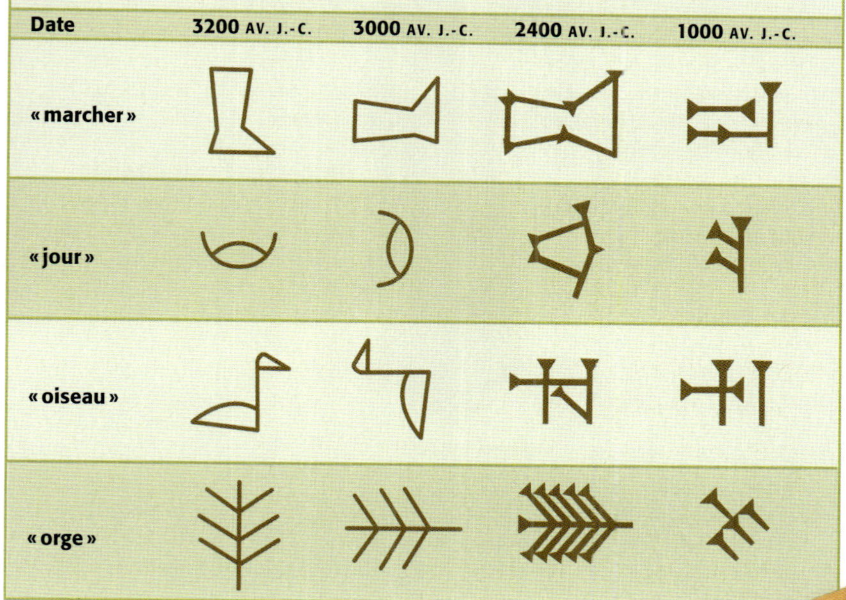

Style du cunéiforme
Les signes du cunéiforme étaient gravés dans l'argile humide à l'aide d'un style. Cunéiforme signifie « en forme de coin » en latin.

Ces creux circulaires représentant des nombres, évoquent les jetons en argile utilisés antérieurement (voir AVANT). Ils apparaissent à côté du produit, l'orge. Avant l'invention des nombres, les scribes devaient tracer un signe pour chaque article.

l'origine de pictogrammes figurant des objets, qui évoluèrent sous une forme simplifiée et abstraite pour faciliter l'écriture. Le cunéiforme mésopotamien était constitué de signes en forme de coins (voir ci-dessus). De nombreuses écritures anciennes, à base de milliers de signes, étaient logographiques, chaque symbole représentant un mot ou une idée. L'écriture chinoise moderne l'est aussi, ses 12 000 caractères permettant la communication écrite entre les nombreux dialectes existants. Le cunéiforme et les hiéroglyphes associaient des logogrammes et des symboles correspondant à des sons. Ceux-ci furent assemblés pour former des mots, réduisant le nombre de signes à une centaine dans le cunéiforme akkadien.

À des fins décoratives, les hiéroglyphes égyptiens et les pictogrammes mayas restèrent figuratifs sur les écrits religieux et les inscriptions des monuments. Pour l'usage quotidien, les Égyptiens élaborèrent un système abstrait, plus efficace, le hiératique. L'emploi de tiges de roseau, fragiles, limitait le choix des formes pour les scribes. Mais la peinture des hiéroglyphes sur le papyrus, avec des pinceaux, autorisait des gestes plus amples.

L'écriture chinoise évolua elle aussi, engendrant divers styles calligraphiques destinés à différents usages. La signification des signes gagna en simplicité.

L'écriture la plus ancienne n'enregistrait que des objets (des marchandises) et des nombres (des quantités de produits et des mesures de temps). Dépourvue de grammaire, elle ne pouvait être lue comme une langue, mais elle fournissait des informations à ceux qui la connaissaient. Elle était probablement compréhensible de tous, avec un peu d'entraînement. Les dirigeants anciens maîtrisèrent rapidement l'écriture, qui fut adaptée pour reproduire le langage parlé, et rédiger ces textes littéraires, religieux et savants.

Scribe égyptien
La formation des scribes, qui durait dix ans, commençait dès l'enfance, et comprenait des mathématiques et de la comptabilité. Cette profession se transmettait de père en fils.

La diffusion de l'écriture

Aux IIIe et IIe millénaires av. J.-C., les personnes qui savaient lire et écrire étaient peu nombreuses. Lorsque l'écriture évolua du stade figuratif vers l'abstraction, seuls quelques marchands, fonctionnaires et membres de l'élite étaient capables de lire et d'écrire. Un pour cent des Égyptiens était dans ce cas.

Les souverains anciens utilisaient l'écriture pour gérer leurs États, sans chercher à la diffuser. Les inscriptions administratives étaient souvent rehaussées d'images destinées au peuple, l'écriture proprement dite étant réservée à l'élite et à la postérité. Ainsi, les rois assyriens ensevelissaient dans les fondations des temples des inscriptions relatant leurs exploits, à l'intention des souverains qui les reconstruiraient

APRÈS

L'écriture gagna en sophistication, mais les écrits ne se diffusèrent que lentement jusqu'à l'invention de l'imprimerie pendant la Renaissance en Europe.

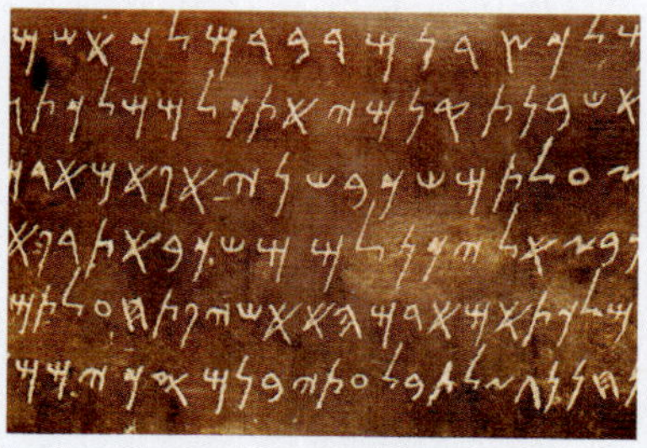

ÉCRITURE ALPHABÉTIQUE PHÉNICIENNE

SYSTÈMES ALPHABÉTIQUES

Au départ, les symboles écrits représentaient des mots, des syllabes, des idées ou des sons. Le concept de symboles figurant des sons, né au Moyen-Orient, conduisit à l'alphabet. La première écriture alphabétique, composée de consonnes, sans voyelles, et issue des hiéroglyphes égyptiens, apparut au IIe millénaire. Le peuple d'Ougarit, en Syrie, élabora un alphabet cunéiforme, mais le manque d'argile empêcha sa diffusion. Les alphabets s'imposèrent entre 1000 et 700 av. J.-C. dans les écritures hébraïque, araméenne et phénicienne. Les Phéniciens **82-83 »** créèrent des signes pour les voyelles, dont s'inspirèrent les Grecs et les Romains.

SYSTÈMES AMÉRICAINS

L'écriture américaine la plus ancienne connue, figurant sur des monuments zapotèques de 600 av. J.-C. au Mexique, recense des prisonniers sacrifiés. Des inscriptions mayas, plus anciennes, retracent des conflits entre cités-États **140-141 »**. Dans les Andes, le système du *quipu* **212 »** enregistrait des informations numériques avec des cordelettes de couleur à nœuds.

CALENDRIER ZAPOTÈQUE

L'IMPRIMERIE

La diffusion des écrits était freinée par la nécessité de les copier à la main. En Europe, à partir de 1454, les caractères mobiles de Gutenberg **253 »** permirent d'imprimer des livres rapidement, à grande échelle et à moindre coût.

CARACTÈRES MOBILES PRÊTS POUR L'IMPRESSION

« AVANT

Le démantèlement du pouvoir central provoqua la chute de l'Ancien Empire égyptien « 56-57 auquel fit suite la Première Période intermédiaire (v. 2180-2040 av. J.-C.).

PREMIÈRE PÉRIODE INTERMÉDIAIRE

L'Égypte fut confrontée à la **guerre civile**, la **sécheresse**, la **famine**, et aux potentats locaux. Mais à la fin de l'Ancien Empire, une oligarchie non royale inaugura une ère d'ouverture ; elle améliora le **système judiciaire** pour tous.

HÉRACLÉOPOLIS CONTRE THÈBES

La dynastie établie à Héracléopolis, au centre de l'Égypte, avait pour principaux rivaux les **princes de Thèbes**, plus au sud.

LA RÉUNIFICATION

Sous la XIe dynastie, Thèbes scella sa montée en puissance avec la victoire du **prince Montouhotep II** (v. 2060-2010 av. J.-C. ; ci-contre) sur ses ennemis d'Héracléopolis. Il **réunifia l'Égypte** et inaugura le Moyen Empire.

MONTOUHOTEP II

L'Égypte entre **ordre** et **chaos**

Le siècle qui suivit la chute de l'Ancien Empire égyptien fut marqué par l'absence de gouvernement centralisé et l'instabilité. Mais l'ordre et la gloire furent restaurés sous le Moyen Empire et le Nouvel Empire, eux-mêmes séparés par un nouvel intermède de désordre.

Traditionnellement, l'histoire de l'Égypte ancienne apparaît comme une succession de périodes d'ordre et de prospérité séparées par des périodes « intermédiaires » de chaos. Si cette vision semble désormais exagérée aux historiens, des ères de stabilité alternèrent avec des ères de désordre. La culture et le mode de vie de l'Égypte ancienne perdurèrent néanmoins pendant des millénaires, beaucoup plus longtemps que ceux des autres civilisations anciennes.

Moyen Empire

Le Moyen Empire, qui s'étendit de la XIe à la XIIIe dynastie (v. 2040-1730 av. J.-C.), vit l'avènement de Thèbes comme centre royal, même si le siège du gouvernement se trouvait près de Memphis (voir p. 56-57). Malgré sa spécificité, l'Égypte du Moyen Empire n'était pas si différente de celle de l'Ancien Empire. Sous la XIIe dynastie, les souverains réaffirmèrent leur puissance, peut-être autant que sous l'Ancien Empire. Le pharaon reprit le pouvoir aux nobles, sans que la société renoue pour autant avec un fonctionnement de type féodal ; elle se démocratisa.

L'émergence de la bureaucratie

À cette démocratisation participa le transfert à de hauts fonctionnaires de fonctions réservées jusqu'alors aux proches du pharaon. Le gouvernement de l'Égypte n'était plus le prolongement de la famille royale. Parmi les droits accordés aux citoyens ordinaires figurait l'accès à la momification (voir p. 68-69). Les pauvres et les nécessiteux étaient davantage pris en compte. L'argent n'était pas investi seulement dans les tombes royales, mais aussi dans des plans d'irrigation d'intérêt général (par exemple dans le Fayoum, près de Memphis). Le pays renforça sa politique de défense et ouvrit des routes commerciales. La Nubie, désormais sous contrôle égyptien, fournissait de l'or et du cuivre, de la main-d'œuvre pour les extraire et des soldats pour l'armée.

Premiers ministres
De puissants vizirs, tel celui figuré sur cette statue de la XIIe dynastie, dirigeaient le gouvernement du Moyen Empire. Sous le Nouvel Empire, un vizir supervisait la Basse-Égypte, un autre la Haute-Égypte.

Désordre et restauration

La stabilité du Moyen Empire s'affaiblit lorsque les gouverneurs locaux s'arrogèrent certains pouvoirs, et la guerre civile conduisit à une nouvelle période d'instabilité, la Deuxième Période intermédiaire (v. 1730-1550 av. J.-C. ; fin de la XIIIe à la XVIIe dynastie). Le peuple des Hyksos établit sa domination sur la Basse-Égypte, tandis que les dynasties égyptiennes continuaient à gouverner la Haute-Égypte à partir de Thèbes. Les princes thébains l'emportèrent finalement suite à l'expulsion des Hyksos par le pharaon Ahmosis. Le Nouvel Empire (v. 1550-1069 av. J.-C. ; XVIIIe à XXe dynastie) vit le jour. Cette ère de grandeur fut marquée par la prospérité et le réveil nationaliste, le pharaon réaffirmant son rôle de conquérant.

La puissance du Nouvel Empire

Sous le Nouvel Empire, l'Égypte étendit son réseau commercial et intensifia ses relations diplomatiques, comme en témoignent les célèbres lettres d'Amarna et le traité de Qadesh (voir p. 66-67, 78-79). Elle repoussa les envahisseurs avec des techniques de guerre empruntées aux Hyksos, notamment l'emploi de chars rapides et légers à deux roues.

Le Nouvel Empire fut aussi une ère d'essor architectural et artistique, comme en témoignent le luxueux tombeau du pharaon Toutankhamon (v. 1336-1327 av. J.-C.) ou les grandioses statues et édifices érigés sous Ramsès II (v. 1279-1213 av. J.-C. ; voir p. 66-67). La culture thébaine s'affirma avec la reconstruction de Thèbes et l'édification de temples dédiés au dieu solaire Amon-Rê. La famille royale se fit enterrer dans les superbes hypogées de la Vallée des Rois. Amenophis IV (1352-1336 av. J.-C.) instaura le culte du disque solaire Aton, se rebaptisant Akhenaton (voir p. 68-69).

379 **C'est le nombre de lettres diplomatiques d'Amarna, capitale d'Akhenaton, témoignant du rôle de l'Égypte comme première puissance mondiale.**

Mais le Nouvel Empire s'effondra comme l'Ancien et le Moyen. Probablement affaibli par la corruption et les rébellions, il fut incapable de repousser les envahisseurs (voir APRÈS).

LÉGENDE
Régions sous la loi de Thoutmosis III
Terres fertiles de la vallée du Nil

Apogée de la puissance égyptienne
L'Égypte atteignit son expansion maximale sous le Nouvel Empire, avec le pharaon Thoutmosis III (v. 1479-1425 av. J.-C.). Cette carte indique les centres du pouvoir royal, religieux et administratif sous l'Ancien, le Moyen et le Nouvel Empire.

Luttes intestines
Les armées se multiplièrent durant les périodes intermédiaires, levées par les chefs des factions qui se disputaient le pouvoir. Ces archers nubiens miniatures proviennent de la tombe d'un gouverneur d'Assiout.

L'opulence du Nouvel Empire
La reine Ankhesanamon frictionne son jeune époux Toutankhamon dans une scène figurant sur un trône en or, provenant du tombeau du pharaon. Le court règne de Toutankhamon prolongea l'ère de grandeur du Nouvel Empire et renoua avec les pratiques religieuses traditionnelles après le culte d'Aton, sous son prédécesseur Akhenaton.

UNE REINE ACTIVE v. 1300 AV. J.-C.

NÉFERTITI

Néfertiti, épouse du pharaon Akhenaton (voir p. 64), semble avoir joué un rôle majeur dans la vie de son mari. Les œuvres artistiques la figurent souvent aux côtés du souverain, partageant avec lui le culte du disque solaire ; ou dans une attitude guerrière, suggérant son pouvoir. Elle est probablement morte en 1338 av. J.-C., date à laquelle on perd sa trace. Elle se confond parfois avec Semenkharé, mystérieuse figure qui aurait gouverné quelque temps avec Akhenaton.

APRÈS

La vaste Égypte du Nouvel Empire était difficile à gérer. À la fin de la XXe dynastie, le pouvoir central s'effondra de nouveau, ouvrant la Troisième Période intermédiaire (v. 1069-664 av. J.-C.).

TROISIÈME PÉRIODE INTERMÉDIAIRE

Cette période, qui s'étendit de la **XXIe à la XXVe dynastie**, fut marquée par un mélange de **loi étrangère** et d'**indépendance égyptienne**. Les **pharaons de Haute-Égypte** cédèrent la place aux souverains **libyens**. La Basse-Égypte **se morcela en régions**.

LA LOI KOUSHITE

Sous la XXVe dynastie, à la fin de la Troisième Période intermédiaire, les souverains koushites de **Nubie**, notamment Piankhi (v. 747-716 av. J.-C.), **réunifièrent la Basse- et la Haute-Égypte**.

LE PHARAON KOUSHITE TAHARKA HONORANT LE DIEU À TÊTE DE FAUCON HEMEN

OCCUPATION ASSYRIENNE

La **souveraineté koushite** s'acheva avec les règnes de Taharka et Tanoutamon (v. 690-656 av. J.-C.). Ils cédèrent la place aux **Assyriens** **80-81 »** à la fin de la Troisième Période intermédiaire. Suivit une brève période de renaissance égyptienne sous la **dynastie saïte** **118 »**.

PHARAON ÉGYPTIEN Né v. 1302 av. J.-C. Mort v. 1213 av. J.-C.

Ramsès II

«Tous les pays… **se sont prosternés à ses pieds** pour l'éternité.»

TRAITÉ D'ALLIANCE AVEC LES HITTITES, V. 1258 AV. J.-C.

Ramsès II, le plus grand pharaon du Nouvel Empire (v. 1550-1069 av. J.-C.), régna en maître pendant près de soixante-dix ans, prodiguant stabilité et prospérité à l'Égypte. Comme les hommes d'État actuels d'envergure internationale, il eut recours à la diplomatie, aux stratégies militaires et à la propagande pour promouvoir l'Égypte et sauvegarder son empire, s'imposant comme une figure majeure sur l'échiquier politique au Moyen-Orient.

Né juste avant la XIXe dynastie (v. 1295-1187 av. J.-C.), Ramsès II fut son troisième pharaon. De son père, Séti Ier, il hérita un empire qui s'étendait de l'actuelle Syrie au nord, au Soudan (Nubie, à l'époque) au sud. Comme lui, il avait des ambitions territoriales en Syrie, mais il fut confronté aux menaces de l'Empire hittite (voir p. 78-79), en Anatolie, au nord. Sa principale confrontation avec les Hittites eut lieu lors de la bataille de Qadesh (ou Kadesh), en Syrie, vers 1275 av. J.-C. Ramsès revendiqua la victoire, même si, selon certains, elle revenait aux Hittites de manière décisive. La vérité se situe probablement à mi-chemin.

Portrait et cartouche
Cette statue impressionnante de Ramsès II (à gauche) provient du temple de Louqsor, en Égypte. Sur ce cartouche ovale (à droite), le pharaon Ramsès II porte la double couronne de la Haute- et de la Basse-Égypte.

Ramsès le diplomate

Vers 1258 av. J.-C., après maintes escarmouches, les Hittites et les Égyptiens conclurent un traité d'alliance qui mit fin aux hostilités (voir ci-contre). Soucieux de son rôle de diplomate au service des intérêts de l'Égypte, Ramsès confirma cet accord par son mariage avec au moins une princesse hittite.

Le climat de détente qui régnait alors entre les deux puissances apparaît dans les lettres des archives de Hattousa, la capitale hittite. Comme les célèbres lettres d'Amarna des règnes d'Aménophis III et d'Akhenaton (voir p. 64-65), cette correspondance est rédigée sur des tablettes d'argile en cunéiforme akkadien (langue de la diplomatie, voir p. 62-63), et elle atteste les échanges entre les États et

Ramsès II enfant
Sur ce morceau de stèle en calcaire, Ramsès est assis à côté des hiéroglyphes indiquant qu'il est destiné à la fonction de roi d'Égypte. Il porte les emblèmes typiques des jeunes princes égyptiens, la tresse latérale et le lourd pendentif à l'oreille.

peuples du Moyen-Orient. Ces lettres, qui constituent les témoignages les plus anciens de relations diplomatiques, livrent des informations sur les échanges commerciaux, les accords politiques, les affaires diplomatiques et quotidiennes. La correspondance entre l'Égypte et les Hittites, plus spécifiquement entre Ramsès II et le roi Hattousili III, avec lequel fut conclu le traité de 1258, aborde des questions variées, des relations internationales aux problèmes de santé en passant par les projets de mariage.

Un foisonnement artistique

Le règne de Ramsès II s'est illustré par ses grandioses constructions. D'un bout à l'autre du pays, des monuments surgirent. De géantes statues étaient dédiées au pharaon, et les artisans gravaient un peu partout des inscriptions en son honneur.

Ramsès II créa une nouvelle capitale, Pi (ou Per)-Ramsès, dans le delta du Nil (actuelle Qantir), situation idéale pour les incursions en Asie. À Abou-Simbel, près de la frontière actuelle avec le Soudan, il fit élever les célèbres temples consacrés à lui-même et à son épouse Nefertari. Les quatre statues colossales de Ramsès à Abou-Simbel comptent parmi les plus grandes réalisations de l'art égyptien. Malgré leur manque de raffinement, elles contribuèrent à l'essor artistique qui marqua son règne, comme celui de son père.

Autre site majeur, le Ramesseum, temple funéraire de Ramsès, fut érigé sur la rive ouest du Nil à Thèbes, capitale du Sud qui accueillit de nombreux projets architecturaux sous Ramsès. Centre palatial, religieux et politique, le Ramesseum inspira au poète romantique anglais Shelley son célèbre sonnet *Ozymandias*, en 1817.

Bataille de Qadesh
Ce bas-relief provenant d'Abou-Simbel représente Ramsès II livrant bataille seul face aux Hittites. Monté sur un char et portant la « couronne de guerre », il brandit un arc et une flèche.

Le Ramesseum
Symbole de la puissance et de la richesse de Ramsès II, ce temple funéraire faisait partie d'un ensemble comprenant un palais, un petit temple dédié à ses parents, des cours jalonnées de statues colossales du pharaon et d'impressionnantes avenues de sphinx.

> « Que diront les gens lorsqu'ils sauront que vous [ses soldats] m'**avez abandonné** ? »
>
> DÉCLARATION DE RAMSÈS PRÉTENDANT AVOIR COMBATTU LES HITTITES SEUL 1275 AV. J.-C.

MOMENT CLÉ

LE PREMIER TRAITÉ DE PAIX

Le traité d'alliance conclu en 1258 av. J.-C. entre Ramsès II et Hattousili III fut rédigé sur une tablette en argent (ci-dessous, une copie contemporaine en argile). Ce document, considéré comme le premier véritable traité de paix international, contenait des clauses élaborées, portant par exemple sur l'amnistie des réfugiés ou l'extradition des fugitifs. Une copie de ce traité, qui marqua l'histoire des relations internationales, est exposée au siège des Nations unies.

Un brillant chef d'État

Ramsès II sut garder la mainmise sur son pays et son peuple. Les documents administratifs parvenus jusqu'à nous brossent le portrait d'un chef très organisé, soucieux de la justice et de l'ordre. De ses deux capitales, Pi-Ramsès et Thèbes, il contrôlait la Basse- et la Haute-Égypte. Il constitua un réseau de fonctionnaires habiles, parmi lesquels figuraient ses amis et certains de ses nombreux enfants (plus de cent).

Ramsès II marqua sans conteste l'histoire du Moyen-Orient. Son règne représenta la dernière ère de gloire de l'ancien Empire égyptien, dont l'influence s'étendait jusqu'à la Turquie actuelle. Il nous a légué des trésors artistiques qui en font l'emblème de la grandeur et de la puissance pharaoniques.

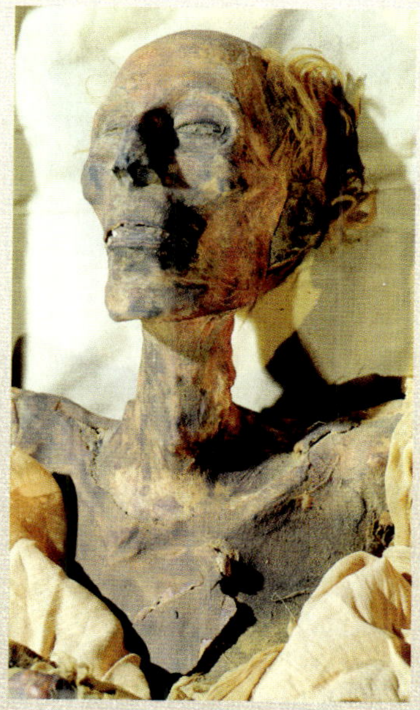

Momie de Ramsès
La momie de Ramsès II, découverte au XIXe siècle, fut ouverte ultérieurement pour dévoiler son corps. Grand, il avait un visage émacié, un nez proéminent, de grandes mâchoires et des cheveux roux. Il était âgé de 90 ans à sa mort.

CHRONOLOGIE

- **v. 1302 AV. J.-C.** Naissance du futur Ramsès II, fils de Séti Ier, d'ascendance non royale, et de sa femme Tuyu. Le jeune prince Ramsès est fait régent pour succéder ensuite à son père.
- **v. 1292 AV. J.-C.** Le jeune Ramsès reçoit le titre (honorifique) de capitaine des armées à l'âge de 10 ans seulement ; il s'initie à la fonction en accompagnant son père dans les campagnes militaires.
- **v. 1287 AV. J.-C.** Ramsès reçoit pour épouse Néfertari, âgée de 13 ans et plus jeune que lui. Considérée comme sa favorite, elle fut certainement l'une de ses principales femmes pendant vingt ans. Outre ses huit épouses, il avait un harem.
- **v. 1279 AV. J.-C.** Ramsès accède au trône vers l'âge de 20-25 ans. Il inaugure son règne par les funérailles de son père à Thèbes.
- **v. 1277 AV. J.-C.** Ramsès aurait défait des pirates, probablement les Sherden, liés aux mystérieux Peuples de la Mer. Les pirates semblent avoir intégré ensuite l'armée du pharaon.
- **v. 1276 AV. J.-C.** Première campagne de Syrie.
- **v. 1275 AV. J.-C.** La deuxième campagne de Syrie se solde par la bataille de Qadesh contre les Hittites, qui menacent l'Égypte depuis de longues années. Ramsès se mesure avec le roi Mouwatalli. La construction des temples d'Abou-Simbel est probablement en cours.
- **v. 1260 AV. J.-C.** Selon la tradition, de nombreux Hébreux vivent en Égypte, travaillant au service du pharaon. Un important exode de ce peuple vers le Sinaï a lieu dans les années 1260.
- **v. 1258 AV. J.-C.** Après des années de conflits avec les Hittites, comme du temps de son père, Ramsès conclut avec le roi hittite Hattousili III un traité d'alliance devenu célèbre.
- **v. 1259-1255 AV. J.-C.** Date présumée de l'achèvement des temples d'Abou-Simbel.
- **v. 1256 ou 1255 AV. J.-C.** Date présumée de la mort de Néfertari. Une autre femme, Isetnofret, l'aurait remplacée comme favorite de Ramsès.
- **v. 1245 AV. J.-C.** Ramsès épouse la fille aînée d'Hattousili III, appelée Maathorneferure.

NÉFERTARI (FRESQUE DE SON TOMBEAU)

- **v. 1230 AV. J.-C.** Ramsès épouse probablement une autre princesse hittite.
- **v. 1224 AV. J.-C.** L'un des nombreux fils de Ramsès, Mineptah, est nommé héritier du trône.
- **v. 1213 AV. J.-C.** Les soixante-six ans de règne de Ramsès s'achèvent avec sa mort, probablement due à une infection (un abcès dentaire).

Le royaume d'Osiris

Le culte d'Osiris occupait une place de choix dans la vie religieuse des Égyptiens anciens. Il supplanta progressivement une pléiade de dieux détenteurs d'une morale stricte et animés par l'esprit de vengeance. Seule une vie placée sous le signe de la vertu autorisait l'accès à l'éternité.

AVANT

Les Égyptiens de l'Antiquité honoraient de nombreux dieux et croyaient en l'au-delà. Certains dieux prirent une grande importance avant de tomber dans l'oubli.

OBJETS FUNÉRAIRES PRÉDYNASTIQUES

LA VIE APRÈS LA MORT

Des objets exhumés dans des tombes de l'Égypte prédynastique (avant 3100 av. J.-C.) suggèrent que les Égyptiens accomplissaient déjà des **rituels funéraires**.

LES ORIGINES D'OSIRIS

Le culte d'Osiris, né dans le delta du Nil, serait issu de celui du dieu local de Busiris. À l'origine **dieu de l'Agriculture** lié à la fertilité et à l'au-delà, Osiris devint sous l'Ancien Empire **« 56-57**, vers 2400 av. J.-C., une divinité majeure, associée à la mort et à la **résurrection du souverain**.

RÊ, DIEU SOLAIRE

RIVALITÉ AVEC RÊ

Avant Osiris, le culte de Rê (ou Râ), dieu solaire et pourvoyeur de vie, dominait. Il est figuré portant le Soleil sur sa tête de faucon.

Chez les Égyptiens anciens, le désir et la nécessité de se concilier les dieux dominaient tous les aspects de la vie. Ils adhéraient à la croyance selon laquelle le dieu Osiris les jugeait après leur mort, et ceux qui avaient accompli de bonnes actions de leur vivant partageaient une heureuse éternité avec les dieux. Osiris présidait à leurs rituels funéraires, souvent élaborés, tels l'embaumement et la momification (voir ci-contre), étapes incontournables pour accéder à l'au-delà.

Le culte d'Osiris ne cessa de se développer pendant l'Ancien Empire (v. 2686-2181 av. J.-C.), les Égyptiens pensant que les pharaons renaissaient après la mort sous les traits d'Osiris. La croyance en la nature divine des rois se reflétait dans les éléments des rites funéraires liés à la résurrection.

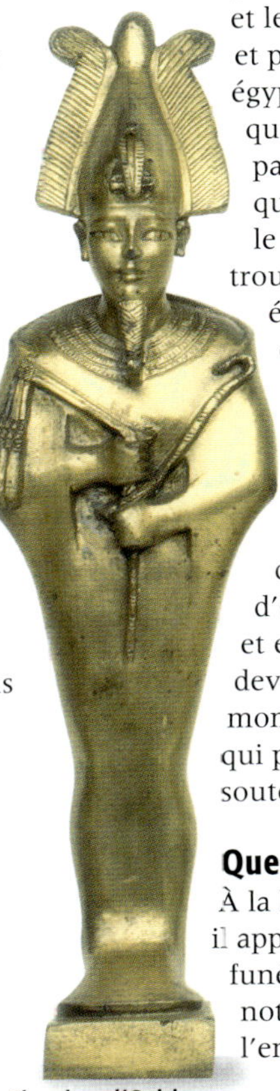

Figurine d'Osiris Le dieu était souvent figuré enveloppé de bandelettes, comme une momie.

La démocratisation

Après la chute de l'Ancien Empire (voir p. 56-57), la popularité du culte d'Osiris grandit encore suite à l'affaiblissement du pouvoir central. La montée en puissance des potentats locaux inaugura une ère plus démocratique. Certains rites funéraires et le droit de ressusciter, réservés jadis aux pharaons, furent étendus aux citoyens ordinaires. À l'apogée du culte d'Osiris, les simples mortels pouvaient entrer en communication avec le dieu à leur mort (cette identification à Osiris était essentielle pour accéder à l'éternité), prérogative exclusive des rois auparavant.

Drame familial

Malgré son importance croissante, Osiris faisait partie d'un large panthéon de dieux, qui avaient chacun leur place dans le système de croyances égyptien. Selon la tradition, Osiris était le fils de Geb, dieu de la Terre, et de Nout, déesse du Ciel, et il avait régné jadis sur la Haute-Égypte. Il avait pour grand-père Rê (voir AVANT) et pour frère Seth, dieu du Chaos. Osiris était l'époux (et le frère) d'Isis, déesse protectrice et magicienne, et le père d'Horus, dieu du Ciel et protecteur du souverain égyptien. La légende raconte que son frère Seth l'enferma par jalousie dans un coffre qu'il jeta dans le Nil, avant de le remplacer sur le trône. Isis trouva et cacha le corps de son époux, mais Seth le découvrit et le découpa en plusieurs morceaux qu'il éparpilla dans le pays. Isis partit en quête des morceaux et les ensevelit où elle les trouvait, favorisant la diffusion du culte. Le corps d'Osiris fut ensuite reconstitué et enveloppé de bandages, devenant ainsi la première momie. Isis rendit la vie à Osiris qui partit gouverner le monde souterrain des défunts.

Question de vie et de mort

À la lumière de ce mythe, il apparaît que les pratiques funéraires des Égyptiens, notamment la momification et l'embaumement, reflétaient les souffrances d'Osiris et le voyage de son âme dans l'au-delà. Le devenir de l'âme et de l'esprit figurait au cœur des rites funéraires et des croyances. Pour les Égyptiens, chaque être humain était constitué d'un corps physique et de trois composantes spirituelles. La première, le *ka*, appartenait à l'âme et représentait l'énergie vitale de la personne, ou son « double ». Autre partie de l'âme, le *ba* représentait sa force psychique. Enfin, le *akh* était la forme que revêtait le défunt dans l'au-delà, lorsque le *ka* et le *ba* étaient réunifiés.

Les Égyptiens croyaient que le *ka* et le *ba* quittaient le corps au moment de la mort et qu'ils devaient se retrouver dans l'au-delà pour créer un *akh* éternel et heureux. Le *ka* nourrissait la dépouille pour la maintenir en vie. Si le corps était décomposé ou non identifiable, le *ka* n'était pas toujours en mesure de le nourrir et de le faire

Un jury de douze dieux participe au jugement du défunt. Ils prononcent leur verdict dans la « salle de Maât ».

Le défunt, Any, entre dans le tribunal, suivi de sa femme, pour assister à la pesée de son cœur et au jugement rendu par les dieux.

COMMENT SAVONS-NOUS ?

ÉTUDE DE MOMIES

Du ve au i^er siècle av. J.-C., des historiens, tels que les Grecs Hérodote et Diodore de Sicile, fournirent les premières informations sur les momies. Elles font maintenant l'objet d'examens scientifiques sophistiqués, comme l'analyse de l'ADN (voir p. 465), qui permettent de les identifier et de retracer le mode de vie égyptien. Les techniques d'imagerie, tels les rayons X et le scanner (ci-dessous), livrent de précieux indices sur les momies, sans les endommager.

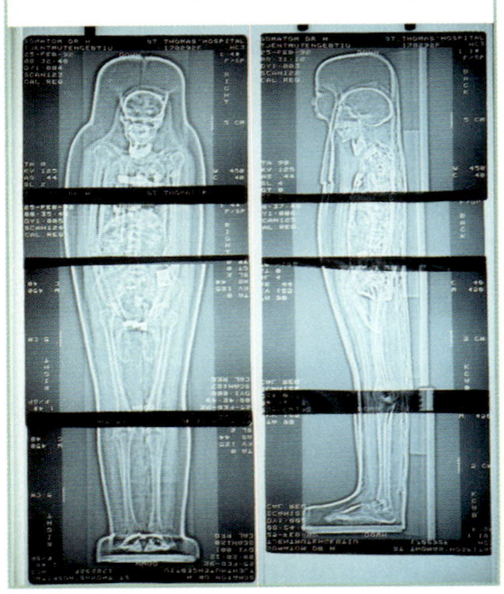

> « **Gloire à toi, Osiris**, seigneur de l'éternité, roi des dieux, **dont les noms sont multiples.** »
>
> *LIVRE DES MORTS*, 1240 AV. J.-C.

La déesse-oiseau Maât, déesse de la Vérité et de l'Harmonie, fille de Rê et apparentée à Thot, est perchée sur la balance de la justice.

Osiris, juge suprême de la cérémonie, est assis parmi les jurés. Il porte la couronne de la Haute-Égypte.

Amon-Rê, synthèse du dieu du Soleil Rê et du dieu de l'Air Amon, porte un masque de faucon et le disque solaire sur sa tête.

Le cœur d'Any, figuré par le hiéroglyphe signifiant « cœur », repose dans un plateau de la balance.

Anubis surveille la balance avec sa tête de chacal. Fils d'Osiris, il servait de guide dans l'au-delà.

La plume de Maât repose sur l'autre plateau. Si le cœur pèse le même poids que la plume, la vie éternelle est assurée.

Thoth, scribe des cieux, note les résultats de la pesée du cœur d'Any.

Ammout, créature hybride, en partie lion, crocodile et hippopotame, s'apprête à bondir sur le cœur pour le dévorer.

Le tribunal d'Osiris
Dans cette scène du *Livre des morts* d'Any (Nouvel Empire, v. 1550-1069 av. J.-C.), réalisé sur papyrus, Osiris décide de la destinée d'Any lors d'une cérémonie se déroulant après la mort. Le cœur d'Any est pesé avec la plume de Maât, déesse de la Vérité et de la Justice. Les défunts recevaient à leur mort un livre contenant des formules pour les aider à surmonter les épreuves dans l'au-delà, et un jugement, toujours favorable.

APRÈS

MOMIE DE L'ÉPOQUE ROMAINE

Le culte d'Osiris survécut à l'Égypte ancienne et influença les nouveaux systèmes de croyances.

UN CHANGEMENT DE CULTE
Dans l'Égypte ptolémaïque (323-30 av. J.-C.) **118-119 ››** le culte d'Osiris déclina en faveur de celui de **Sérapis**, qui associait le culte d'Osiris et celui du taureau sacré Apis. Après avoir été assimilé à Osiris, Sérapis s'en différencia. Les cultes d'Osiris et d'Isis perdurèrent dans certaines provinces de l'Empire romain **110-113 ››**, avec des **temples dédiés à Isis** à Pompéi et Londinium (Londres).

L'INFLUENCE D'OSIRIS
Nombre d'érudits pensent que le culte d'Osiris et son royaume des morts influencèrent le développement des principales religions du monde **144-147 ››**. La croyance en la renaissance d'un dieu et l'idée selon laquelle le bonheur dans l'au-delà est accessible par le bien dans la vie terrestre équivalent aux concepts de **résurrection** et de **salut**. L'accomplissement de rites pour relier les hommes aux dieux s'apparente au **sacrement**. Ces notions imprègnent de nombreuses religions, dont le **christianisme**.

DANS LA FRANC-MAÇONNERIE
Osiris continue à vivre de nos jours dans la société secrète des **francs-maçons**. Certains de leurs symboles et de leurs croyances sont liés à la figure d'Osiris, restituant la part d'ordre et de mystère **enracinée dans la sagesse antique**.

accéder à l'au-delà. La conservation du corps était donc importante pour préserver l'âme en vie après la mort.

Conserver le corps

Les embaumeurs lavaient le corps, de préférence dans les eaux du Nil. Ils enlevaient les intestins, l'estomac, le foie et les poumons, qu'ils déposaient dans quatre vases appelés canopes. Ils retiraient le cerveau par les narines, mais laissaient le cœur, considéré comme la source de l'intelligence. Le corps était ensuite bourré de morceaux de lin pour préserver sa forme et son apparence. Il était plongé dans un bain de sels, de résines, d'huiles, et décoré d'objets protecteurs, ou amulettes. Les scarabées étaient très prisés, le cycle de vie de l'insecte reflétant la « renaissance » quotidienne du Soleil. Le corps était enfin enveloppé de bandelettes de lin, placé dans un cercueil et enseveli avec d'autres amulettes ou objets quotidiens pour accompagner le défunt dans l'au-delà.

Urnes funéraires
Les viscères des défunts étaient conservés dans des canopes. Le deuxième à partir de la droite figure Anubis, dieu de l'embaumement.

DISSIDENCE

LE CULTE D'ATON

Pendant la période du Nouvel Empire (v. 1550-1069 av. J.-C.), lorsque le culte d'Osiris était à son apogée, le pharaon Akhenaton, de la XVIIIe dynastie, décida de créer son propre culte, celui du disque solaire, sous la forme du dieu Aton. Ce culte, que certains savants considèrent comme le premier exemple de monothéisme, s'acheva à la fin du règne d'Akhenaton, cédant la place aux anciennes croyances. La scène ci-contre figure Akhenaton avec sa favorite, Néfertiti (voir p. 65), et l'une de leurs filles (ils en auraient eu au moins six), rendant hommage aux rayons du Soleil.

1 COUPE À VIN

2 ÉVENTAIL DORÉ

3 PLUMIER

4 BALLE

5 BAGUES

6 ANKH EN BRONZE

7 ŒIL D'HORUS

8 STATUETTE D'AMON

9 POIGNARD ET FOURREAU

10 CHASSE-MOUCHES

11 ISIS ET HORUS

12 CUILLÈRE À FARD

13 FLASQUE À PARFUM

14 STATUE DE CHAT

15 CERCUEIL DE HENETTAWAY

16 PECTORAL

17 CEINTURE

Objets égyptiens

L'Égypte ancienne nous a légué une profusion d'objets témoignant de la splendeur de cette civilisation. Certains ont livré de précieux indices sur la vie quotidienne, tandis que les fouilles des tombes des pharaons ont révélé des trésors extraordinaires.

1 **Coupe à vin** décorée d'une fleur de lotus. 2 **Éventail doré** muni d'une poignée décorée de fleurs de lotus, l'un des nombreux objets exhumés par Howard Carter du tombeau de Toutankhamon en 1922. Il est incisé de cartouches portant le nom du pharaon. 3 **Plumier en bois** pour ranger le matériel d'écriture, avec calames. 4 **Balle peinte** en argile, remplie de graines. 5 **Bagues en or et argent** avec sceau rehaussé d'images d'animaux tels que scarabées et faucons. 6 **Ankh en bronze,** symbole de vie éternelle, réservé exclusivement aux rois, aux reines et aux dieux. 7 **Amulette figurant l'œil d'Horus,** placée dans les tombes pour protéger les défunts dans l'au-delà. 8 **Statue du dieu Amon,** datant de 945-715 av. J.-C. 9 **Poignard et fourreau en or** découverts dans le tombeau de Toutankhamon, datant de 1337 av. J.-C. 10 **Chasse-mouches** en ébène et ivoire originaire de Nubie (Soudan actuel). 11 **Statue de la déesse Isis et du dieu Horus** datant de 330 av. J.-C. ; Isis allaitant son fils Horus était un puissant symbole de renaissance. 12 **Cuillère à fard en ivoire** ornée de la tête de la déesse Hathor. 13 **Flasque à parfum** en forme de poisson. 14 **Statue de chat en bronze** datant de 600 av. J.-C., découverte à Saqqarah. Le chat domestique était associé au culte de la déesse Bast. 15 **Couvercle du cercueil de Henettaway,** femme noble morte v. 992 av. J.-C. La riche décoration juxtapose des symboles religieux et des hiéroglyphes. 16 **Pectoral** (pendentif) en or, cornaline, feldspath, grenat et turquoise, portant le nom de Sésostris II (v. 1897-1878 av. J.-C.). 17 **Ceinture** composée de cauris (coquillages) en électrum (alliage d'or et d'argent), assemblés avec des perles de cornaline, d'améthyste, de lapis-lazuli et de turquoise. 18 **Figurine de Douamoutef,** fils d'Horus à tête de chacal. 19 **Kebehsenouf,** fils d'Horus à tête de faucon. 20 **Amset,** fils d'Horus à tête humaine. 21 **Sceau en forme de scarabée** gravé de hiéroglyphes révélant que Amenhotep III tua 102 lions durant son règne. 22 **Bracelet en or** du prince Nemareth figurant Horus enfant, assis sur une feuille de lotus et protégé par des cobras.

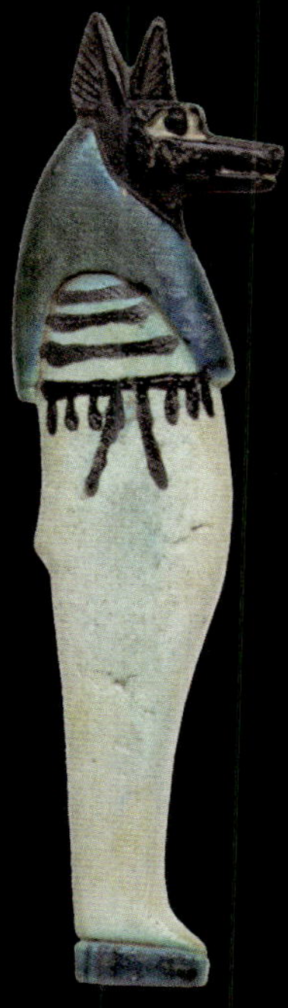

18 DOUAMOUTEF

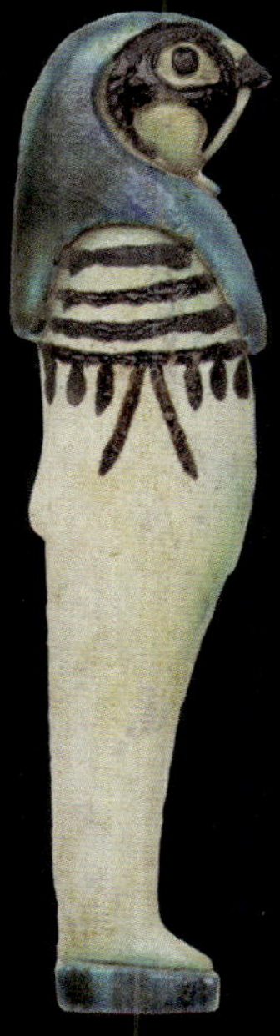

19 KEBEHSENOUF

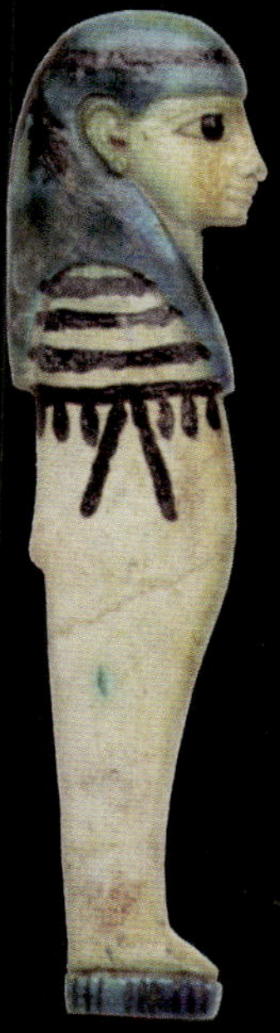

20 AMSET

21 SCEAU-SCARABÉE

22 BRACELET

AVANT

Les civilisations anciennes sont connues pour leurs constructions monumentales.

CONSTRUCTIONS EN PIERRE, GÖBEKLI TEPE, TURQUIE

MONUMENTS NÉOLITHIQUES
Parmi les **structures en pierre « 36** du début du néolithique figurent les murs de Jéricho (Palestine actuelle, v. 8500 av. J.-C.) et le temple de Göbekli Tepe (Anatolie, v. 9000 av. J.-C.).

TEMPLES MÉSOPOTAMIENS
Les structures mésopotamiennes les plus anciennes sont les temples de la **culture d'Obeïd** (5900-3200 av. J.-C.).

FOSSES ET TUMULUS ÉGYPTIENS
Dans **l'Égypte prédynastique** (avant 3100 av. J.-C.), les sépultures étaient de simples fosses recouvertes de sable. Les premières tombes royales, qui s'en inspiraient, étaient des chambres rupestres fermées par des **tumulus de sable**.

PREMIERS MONUMENTS AMÉRICAINS
Les ***huacas***, plates-formes en brique de boue servant aux **rituels**, apparurent sur les côtes péruviennes **« 74** en 4000 av. J.-C.

Des **monuments éternels**

Les civilisations anciennes se sont illustrées par l'édification de monuments tels que temples, palais et tombeaux. La plupart de ces édifices, à vocation religieuse, visaient à asseoir le prestige des souverains à l'origine de leur construction en les reliant aux dieux.

Dans l'Égypte ancienne, presque toutes les structures monumentales faisaient partie de temples. Les pyramides s'intégraient dans des ensembles de temples funéraires. Les Égyptiens croyaient que leurs rois, en mourant, accédaient au rang de dieux, et ils dédiaient leurs tombeaux à leur culte.

La première pyramide, la pyramide à degrés, fut érigée v. 2667-2648 av. J.-C. (voir Imhotep, p. 56) pour Djoser, sous la IIIe dynastie. Sa conception était inspirée des tumulus de sable qui recouvraient auparavant les sépultures (voir AVANT). Les véritables pyramides apparurent sous la IVe dynastie. La première, élevée v. 2580 av. J.-C. pour le pharaon Snefrou, imitait une rampe de soleil solidifié que le pharaon gravissait dans une barque solaire pour rejoindre le dieu Rê (voir p. 68). Cette description provient des *Textes des pyramides*, inscriptions religieuses gravées sur les pyramides ultérieures.

Les temples égyptiens se voulaient des représentations de l'Univers. Le sanctuaire intérieur symbolisait le centre de la Création ; les murs extérieurs, les falaises qui enserraient la vallée du Nil, repoussant le chaos qui s'étendait derrière. Les colonnades et les salles hypostyles représentaient les rives, les colonnes symbolisant les roseaux et les plafonds, le ciel ; ils étaient ornés d'étoiles et d'images du Soleil. Les pharaons étant identifiés à des dieux, leurs palais étaient bâtis comme des temples. Ils tiraient un tel prestige de leurs constructions que certains s'approprièrent les projets de leurs prédécesseurs, supprimant leurs noms.

Les ziggourats de Mésopotamie

En Mésopotamie (région couvrant l'Iraq et des parties de la Syrie, de la Turquie et de l'Iran actuels, voir p. 54-55), l'architecture avait aussi une

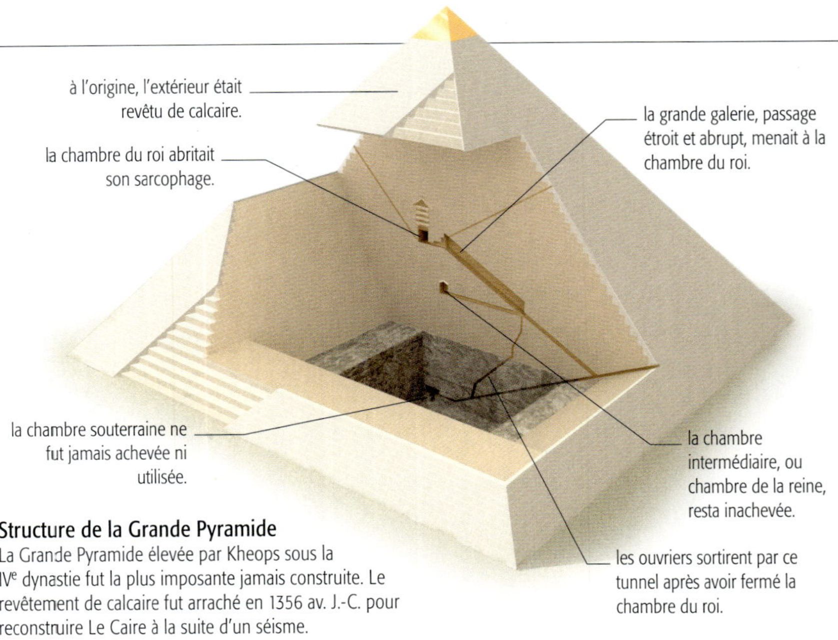

Structure de la Grande Pyramide
La Grande Pyramide élevée par Kheops sous la IVe dynastie fut la plus imposante jamais construite. Le revêtement de calcaire fut arraché en 1356 av. J.-C. pour reconstruire Le Caire à la suite d'un séisme.

Temple funéraire de la reine Hatshepsout
Après la chute de l'Ancien Empire, la construction des pyramides diminua au profit des temples funéraires. Ils étaient souvent élevés au pied de falaises, probablement assimilées à des pyramides naturelles.

fonction religieuse et elle partageait certaines similitudes avec celle des Égyptiens. Les temples étaient assimilés à la demeure des dieux protecteurs des cités. Les pratiques divinatoires, destinées à prévoir l'avenir, faisaient partie intégrante de la religion. Les gens pensant que les dieux contrôlaient leur destin, ils utilisaient la divination pour connaître leurs intentions et accomplissaient des rituels pour tenter de négocier avec eux. L'astrologie s'inscrivait dans cette tradition, et les ziggourats, superpositions de plates-formes attachées à des temples, servaient d'observatoires.

En Mésopotamie, la construction des temples était le privilège et le devoir des rois. Les briques de boue ayant une durée de vie limitée, les temples étaient régulièrement rénovés ou reconstruits. Les palais royaux y fleurirent également, notamment sous le puissant Empire assyrien (voir p. 80-81). Mis à part quelques exceptions, les rois mésopotamiens étaient considérés comme des gouverneurs terrestres élus pour diriger au nom des dieux, plutôt que comme des dieux à part entière.

Des symboles de richesse

Lieux de culte, les temples étaient aussi des centres administratifs. Ils étaient entourés de vastes superficies de terres qui rapportaient de considérables revenus. Avant sa destruction à la fin du VIIe siècle av. J.-C., le temple d'Assour, capitale de l'Empire assyrien, était le plus riche du monde.

Ziggourat d'Our
Les astrologues travaillaient toutes les nuits dans les ziggourats (ci-dessus, une reconstruction). Elles dégageaient de vastes panoramas sur les plaines de Mésopotamie.

Tchoga Zanbil
Les constructions en brique de boue se conservant mal, on ignore à quoi ressemblait jadis cette ziggourat de l'Élam (sud-ouest de l'Iran).

Symboles de pouvoir

La construction de tous ces monuments exigeait d'énormes ressources, de l'organisation et de la main-d'œuvre. Ils attestaient la puissance du souverain, les périodes de prospérité étant marquées par de nombreux chantiers. Lorsque le pouvoir central s'affaiblissait ou que les ressources manquaient, les projets étaient suspendus.

> **CORVÉE Les sociétés anciennes avaient recours à la corvée pour réquisitionner de la main-d'œuvre. Ces ouvriers non qualifiés participaient chaque année à des chantiers pendant une période déterminée au lieu de payer des impôts en argent ou en marchandises.**

Les pyramides égyptiennes fournissent également des témoignages sur les techniques de construction anciennes. Contrairement à ce que l'on pensait jusqu'alors, elles ne mobilisaient pas des centaines de milliers d'esclaves ou de conscrits saisonniers, mais de 20 000 à 25 000 artisans et ouvriers corvéables employés en permanence.

La pyramide de Snefrou ayant été achevée en quelques années, le pharaon fit aussi construire un palais et deux autres pyramides. La taille décroissante des pyramides après la IVe dynastie est probablement due à l'augmentation du nombre des projets, plutôt qu'à la banqueroute engendrée par les chantiers grandioses de cette dynastie.

APRÈS

Depuis, les hommes ont bâti des œuvres monumentales partout dans le monde.

L'ARCHITECTURE MÉSO-AMÉRICAINE
En 1000-500 av. J.-C., les **Olmèques** **74-75 »**. érigèrent des monticules en forme de pyramides en Méso-Amérique. Après eux, d'autres cultures édifièrent des **temples pyramides** à l'image des montagnes, supposées animées d'esprits et investies de pouvoirs. La construction des pyramides se poursuivit jusqu'à la **Conquête espagnole** **230-231 »**.

TEMPLE PYRAMIDE DE CHICHÉN ITZÁ

LES SEPT MERVEILLES DU MONDE
Au IIe siècle av. J.-C., les Grecs publièrent la liste de **Sept Merveilles du monde**, recensant les plus prestigieuses réalisations architecturales. Elle comprenait le **phare d'Alexandrie** **97, 118 »** les **pyramides de Gizeh**, seules merveilles parvenues jusqu'à nous, et les **jardins suspendus de Babylone**, en Mésopotamie. Aucune preuve n'atteste que ces derniers aient été construits en gradins, comme une ziggourat.

MONUMENTS ULTÉRIEURS
Les Grecs **94-95 »** et les Romains **110-113 »** poursuivirent cette tradition architecturale. En Europe, l'Église chrétienne renoua avec la construction d'édifices en pierre au Moyen Âge **196-197 »**.

UN PROJET AVORTÉ

LA TOUR DE BABEL

Le récit biblique de Babel a probablement été inspiré par la manière dont les juifs déportés à Babylone au VIe siècle av. J.-C. réagirent aux ziggourats. Les Babyloniens envisageaient les ziggourats, tours à étages, comme des voies menant au ciel et des postes d'observation astrologique. Horrifié par le projet d'une tour permettant aux hommes d'accéder au ciel, Dieu y mit un terme en multipliant les langues pour qu'ils ne se comprissent plus.

AVANT

En Amérique, les premières civilisations virent le jour dans les Andes, puis en Méso-Amérique, plus au nord.

PREMIÈRES CITÉS

L'une des **premières cités** fut **Caral**, à 200 km au nord de l'actuelle Lima, au Pérou. Bien établie v. 2500 av. J.-C., elle possédait des **pyramides** datant à peu près de la même période que celles de Gizeh, en Égypte.

FOUILLES DE CARAL, MAI 2001

LA CULTURE MÉSO-AMÉRICAINE

Vers 1500 av. J.-C., des **communautés agricoles** cultivaient le maïs, les haricots, les courges, les piments et le coton dans l'aire culturelle de la Méso-Amérique (du Costa Rica au nord du Mexique). **Aucune culture urbaine** ne rivalisait encore avec celle de Caral.

Les peuples du jaguar

Les premières grandes civilisations de Méso-Amérique et d'Amérique du Sud rivalisaient avec celles de la Mésopotamie, de l'Égypte ancienne et de la Chine. En Méso-Amérique, les Olmèques ouvrirent la voie à d'autres cultures. Ils partageaient le culte du jaguar avec leurs voisins d'Amérique du Sud.

Les années 1500 à 900 av. J.-C. virent les prémices de civilisations avancées en Méso-Amérique. Les pratiques agricoles et la productivité se développèrent, la poterie gagna en raffinement, probablement sous l'impulsion d'échanges avec les cultures andines d'Amérique du Sud, et des temples pyramides furent élevés. C'est à cette période qu'émergea la première grande civilisation méso-américaine, celle des Olmèques.

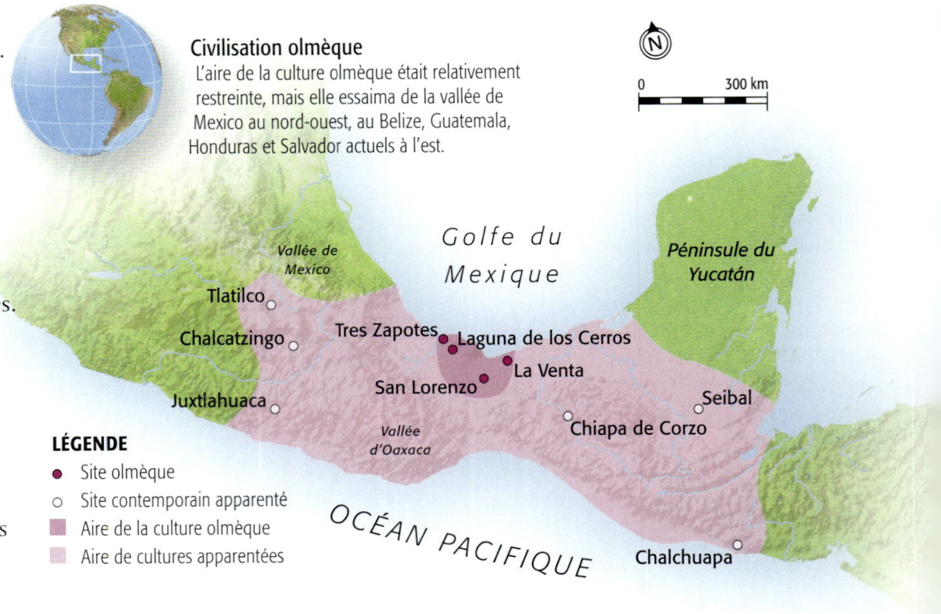

La vie dans les plaines

Les Olmèques s'établirent dans les plaines humides et fertiles du sud du Mexique. Leur culture s'épanouit vers 1200 av. J.-C., et vers 800 av. J.-C., leur influence s'étendait sur une vaste superficie de la Méso-Amérique. Le symbolisme olmèque semble avoir été assimilé par diverses cultures méso-américaines à la suite d'échanges commerciaux.

Les pratiques agricoles olmèques n'étaient pas très avancées, peut-être parce que le maïs, qui poussait en abondance, constituait la céréale de base. Les Olmèques vivaient de la chasse plutôt que de l'élevage, du fait de l'absence de troupeaux à domestiquer. Ils n'utilisaient pas d'animaux pour les transports et, contrairement aux Eurasiens, ils ne possédaient pas de véhicules à roues ; ceux-ci auraient été de toute façon peu pratiques dans les marais qui occupaient en partie leur territoire.

L'émergence de San Lorenzo

San Lorenzo, premier foyer olmèque important, se situait sur un plateau surplombant la rivière Coatzacoalcos, dans l'État de Veracruz, au sud du Mexique. Ce centre, qui culmina entre 1200 et 900 av. J.-C., était davantage une chefferie d'environ mille habitants qu'une cité-État, avec une hiérarchie composée d'une élite, d'ouvriers qualifiés et de travailleurs agricoles.

Les constructions étaient élevées sur des monticules en terre, autour de places. Des temples voisinaient avec des habitations à toit de chaume, et la cité était dotée d'un système d'égouts. Les monuments en pierre comprenaient des têtes géantes sculptées, des structures en forme d'autels, de colossales sculptures de personnages assis et des figures zoomorphes, comme le jaguar (voir à gauche). On suppose que le sacrifice et l'autosacrifice faisaient partie des pratiques cultuelles.

Une stèle datant de 900 av. J.-C., gravée de symboles, a été découverte à Cascajal, à 1,6 km de San Lorenzo. Il pourrait peut-être s'agir du premier système d'écriture méso-américain (voir p. 62-63).

San Lorenzo semble avoir disparu vers 900 av. J.-C. Des témoignages de destruction massive de monuments certains experts ont conclu à une insurrection ou à une invasion. D'autres pensent que des facteurs environnementaux auraient provoqué le déclin de San Lorenzo.

Têtes géantes sculptées
Les Olmèques sont connus pour leurs énormes têtes sculptées en pierre, de 20 tonnes et plusieurs mètres de haut. Caractérisées par des traits écrasés, elles étaient probablement liées aux dieux olmèques.

La Venta

Autre cité olmèque majeure, La Venta, près de la frontière avec les États actuels de Tabasco et de Veracruz, était davantage peuplée que San Lorenzo. Elle s'épanouit vers 900-400 av. J.-C., prenant le relais de San Lorenzo comme principal centre méso-américain. De colossales têtes en pierre et des figures de jaguar ont été également découvertes à La Venta, ainsi que des complexes de temples, avec une pyramide géante. L'alignement précis des principaux édifices était sans doute en liaison avec l'astronomie.

La maîtrise de l'art olmèque est attestée par la statuaire en pierre, comprenant de petites figurines en jade. De superbes bas-reliefs ont été trouvés à La Venta, avec des objets olmèques, dont des miroirs polis en minerai de fer que les dirigeants portaient autour du cou, probablement pour témoigner de leurs pouvoirs « spéciaux ».

OBJET VOTIF **Objet présenté à une divinité pour se concilier ses faveurs ou renforcer l'effet des prières. Les petites haches votives sculptées dans le jade étaient très répandues dans la culture olmèque.**

UN MYSTÉRIEUX SYMBOLISME

LE MYTHE DU BÉBÉ-JAGUAR

Considéré avec un respect mêlé de crainte par les premiers peuples de Méso-Amérique et d'Amérique du Sud, le jaguar était souvent associé à l'homme dans l'iconographie, notamment au bébé. Cette figure, très répandue chez les Olmèques, présentait des lèvres épaisses, tirées vers le bas, un nez épaté et des yeux en amande. Elle apparaissait sous la forme de figurines de jade ou d'imposantes statues, fréquemment sur les autels et dans les bras d'un homme assis (ci-contre). Malgré la part de mystère qui plane toujours autour du bébé-jaguar, il pourrait s'agir d'une figure de transformation utilisée par les chamans pour communiquer avec les dieux ou s'approprier le pouvoir de l'animal.

FIGURINE D'UN HOMME ASSIS TENANT UN BÉBÉ-JAGUAR

La culture de Chavín

En Amérique du Sud, la culture péruvienne de Chavín commença à prendre son essor dans les Andes vers 1000 av. J.-C., avant d'essaimer le long du littoral péruvien. Le principal site associé à cette culture est celui de Chavín de Huántar, dans les Andes, à près de 300 km au nord de Lima.

On ignore si le site de Chavín de Huántar fut le centre ou le lieu de naissance de cette culture, mais il joua sans conteste un rôle majeur. Au cœur de cette cité qui accueillait probablement 3 000 personnes, figurait un complexe cérémoniel monumental, constitué de monolithes et décoré d'impressionnants bas-reliefs.

Comme celui des Olmèques, l'art Chavín est connu pour ses figures hybrides, mi-humaines, mi-animales. Au centre de l'ancien temple de Chavín de Huántar, une sculpture représente une divinité connue sous le nom de Lanzon avec un corps d'homme, une tête de chat et des cheveux en forme de serpents. Ces images de « transformation » étaient sans doute associées à des rituels religieux visant à hisser les prêtres au rang de divinités.

Les constructions et le site de Chavín de Huántar témoignent de la maîtrise architecturale des peuples de cette région du monde, au relief très accidenté. Des terrasses furent construites pour édifier l'ancien temple, de même que les Olmèques avaient aménagé le plateau de San Lorenzo, et que les Zapotèques relèveraient plus tard le défi de niveler une montagne pour bâtir Monte Albán (voir p. 140).

Le jaguar dans la culture de Chavín
Plusieurs panneaux bien préservés figurant des jaguars, importants autant dans les cultures andines que méso-américaines, ont été trouvés à Chavín de Huántar. Ils ornaient probablement la principale place du site.

Rituel olmèque
Ces figurines de jade et objets dressés proviennent de La Venta. Les figurines ont les traits mi-humains, mi-félins du bébé-jaguar. Elles devaient participer à un rituel sacré avec les objets votifs.

APRÈS

Des cultures différentes, mais souvent apparentées, tissèrent un réseau complexe, prospérant et déclinant, coexistant ou perdurant davantage dans certaines régions que d'autres.

DES OLMÈQUES AUX ZAPOTÈQUES

La **culture olmèque**, qui culmina vers 600-400 av. J.-C., marqua de son **influence** les **cultures méso-américaines** qui la suivirent, notamment celle des **Zapotèques** à **Monte Albán 142-143 »**, dans la vallée d'Oaxaca, au sud-est du Mexique.

LA NAISSANCE DE LA CULTURE MAYA

La culture **maya 140-141 »** eut pour origine des **communautés amérindiennes** de la péninsule du Yucatán, au Mexique, et d'Amérique centrale. Elle se développa vers 600-500 av. J.-C. et **atteignit son apogée** vers 200 av. J.-C.

CULTURES SUD-AMÉRICAINES

Tandis que la culture de Chavín déclinait vers 200 av. J.-C., d'autres cultures (telles celles de **Paracas** et de **Nazca** au Pérou) prospéraient. Bien que locales, elles partageaient certains points communs.

L'IMAGERIE DU JAGUAR

Le **jaguar** figurait au centre de la culture **maya**, mais aussi **aztèque**, beaucoup plus tardive.

Culture de Chavín
S'étendant des Andes aux plaines côtières de l'actuel Pérou, la culture de Chavín élabora le premier style cohérent et identifiable de l'art andin. Elle développa la production du maïs et les techniques de tissage.

« AVANT

Les communautés minoennes remplacèrent les petits villages néolithiques crétois, acheminant l'Europe vers le bronze ancien.

UNE SOCIÉTÉ NÉOLITHIQUE
Une population s'établit en Crète au néolithique, vers 6500 av. J.-C., en provenance d'**Asie Mineure**. Elle élevait du bétail, cultivait des céréales et fabriquait des poteries rudimentaires.

FIGURINE CYCLADIQUE

BRONZE ANCIEN
Les témoignages les plus anciens de la civilisation minoenne datent de 3000 av. J.-C. Durant le IIIe millénaire, les **centres de négoce** du littoral crétois **se développèrent**. Parmi leurs premiers partenaires commerciaux figuraient les peuples de l'archipel des **Cyclades**, dont la culture émergea à la même époque. **L'Europe continentale entrait aussi dans l'âge du bronze**. Vers 2000 av. J.-C., les haches de bronze, fabriquées à des fins religieuses autant que pratiques, étaient très répandues.

HACHE BULGARE, ÂGE DU BRONZE

INVENTION

VERS L'IMPRIMERIE ?

Le disque de Phaistos demeure une énigme pour les archéologues. Les deux côtés du disque en argile portent des symboles disposés en spirale, imprimés avec des poinçons. L'écriture, unique, n'a pas encore été déchiffrée. Découvert au début du XXe siècle lors des fouilles du palais de Phaistos, en Crète, le disque a été daté de 1850-1350 av. J.-C. Sa signification et sa fonction n'ont pas été élucidées, mais l'emploi de poinçons réutilisables suggère qu'il pourrait s'agir des premiers caractères d'imprimerie mobiles, préfigurant de deux mille ans des signes similaires.

DISQUE DE PHAISTOS

Les **Minoens**

En Europe occidentale, la première grande civilisation, celle des Minoens, fleurit à l'âge du bronze sur l'île méditerranéenne de Crète. Les fresques de palais grandioses témoignent d'un mode de vie sophistiqué et d'une société dans laquelle les femmes jouaient un rôle majeur, fait inhabituel à l'époque.

Les archéologues ont baptisé la civilisation de la Crète ancienne « minoenne » d'après Minos, roi mythique de Crète (voir p. 102-103). Cette civilisation s'épanouit de 3000 à 1400 av. J.-C., culminant vers 1600 av. J.-C., pendant l'âge du bronze récent (voir p. 43). Elle est célèbre pour ses échanges commerciaux par voie maritime, ses cités planifiées, ses superbes palais et objets, son culte des déesses et ses jeux tauromachiques (voir page de droite). Toutefois, nos connaissances sur la culture minoenne, provenant de l'archéologie, sont restreintes, les experts n'ayant pas encore déchiffré leur écriture, connue sous le nom de linéaire A.

Les Mycéniens (voir APRÈS) adaptèrent le linéaire A pour transcrire leur langue, le grec archaïque. Mais si l'écriture mycénienne a pu être déchiffrée à partir du grec, la langue des Minoens, antérieure, demeure un mystère.

Une grande puissance maritime

Le manque de ressources disponibles sur l'île stimula le commerce et la construction navale. Marins expérimentés, les Minoens formèrent la première « marine », mais à des fins commerciales plutôt que guerrières. À travers leur large réseau commercial, ils étendirent leur influence dans la mer Égée, dans la Méditerranée orientale, et bien au-delà. Des objets minoens ont été trouvés en Égypte, au Liban, en Syrie, en Israël et à Chypre. Les Minoens transportaient des marchandises, mais ils fondèrent aussi des comptoirs. Des fresques exhumées à Tell el-Daba (ancienne Avaris), en Égypte, mettent en scène des symboles minoens comme des taureaux.

Inspiration naturaliste
Ce pot datant du minoen récent (v. 1450-1400 av. J.-C.) témoigne de l'influence mycénienne. Le poulpe comptait parmi les motifs de l'imagerie naturaliste, très populaire.

Des peintures de style minoen ont été mises au jour à Tel Kabri, en Israël.

Une culture palatiale

La vie minoenne se concentrait dans des cités très urbanisées, dominées par de splendides palais. Cnossos surpassait par sa splendeur les autres grandes cités : Phaistos, Malia et Zakros. À l'instar des cités de Mésopotamie (voir p. 54-55) et d'autres civilisations contemporaines, elles étaient des centres politiques, religieux, administratifs, culturels et commerciaux, les rois jouant un rôle à la fois politique et religieux.

Selon certains experts, ces cités s'apparentaient à de petites cités-États (voir p. 94-95) rayonnant chacune sur une partie de l'île. Les somptueux

Femmes minoennes
Ce détail provenant d'une superbe fresque de Cnossos met en scène trois femmes minoennes sophistiquées, à la chevelure apprêtée, portant des vêtements qui découvraient le corps jusqu'à la taille. Des témoignages montrent que les femmes dominaient de nombreux aspects de la vie à l'époque minoenne.

complexes palatiaux s'ordonnaient autour de cours internes. Ils disposaient de systèmes d'égouts élaborés, comparables à ceux de la civilisation de l'Indus (voir p. 58-59), de canalisations en argile et de toilettes équipées de chasses d'eau.

1 000 **C'est le nombre de pièces qu'aurait compté le célèbre palais de Cnossos, « capitale » de la civilisation minoenne.**

Une société d'artisans

Les courtisans et les familles aisées vivant à proximité des palais possédaient des objets raffinés et des bijoux en or qui ont fait la renommée de la culture minoenne. Elle est notamment connue pour sa céramique de Camarès aux motifs stylisés, souvent peints en noir, blanc et rouge : coupes, cruches, vases et jarres *(pithoi)* servant à la conservation des aliments.

Des témoignages suggèrent que nombre de citoyens ordinaires fabriquaient des objets pour l'usage domestique et pour l'exportation. Avec les gains qu'ils tiraient de leur activité, ces artisans se faisaient construire de superbes demeures. Une autre partie de la population travaillait dans l'agriculture, pour nourrir les habitants des cités, les principales activités étant l'entretien des vignobles et des oliveraies pour la production du vin et de l'huile.

Mythologie et religion

Les objets exhumés livrent des indices sur les croyances et les pratiques religieuses des Minoens. La croyance en l'au-delà est attestée par la présence de biens ou d'offrandes dans les sépultures. L'iconographie des fresques et des vases crétois foisonne de taureaux, haches, serpents et déesses. Toutes les divinités minoennes étaient féminines, l'une des principales étant la déesse aux serpents, dont des représentations ont été trouvées dans les ruines des habitations et les sanctuaires des palais.

Très répandu, le motif du taureau se rattache au roi Minos. Selon la légende, ayant échoué à sacrifier un taureau envoyé par le dieu de la Mer Poséidon, la femme de Minos aurait enfanté le minotaure, monstre à corps d'homme et tête de taureau. Minos enferma le minotaure dans un labyrinthe et sacrifia pour lui chaque année de jeunes garçons et filles.

Les fresques crétoises figurent également de jeunes hommes et femmes sautant par-dessus des taureaux, activité pratiquée à des fins sportives ou religieuses.

Les femmes dans la société minoenne

Les femmes étaient à égalité avec les hommes, participant au commerce et aux autres activités, y compris la prêtrise. Certains témoignages suggèrent que la société minoenne était matrilinéaire, mode de filiation prenant en compte l'ascendance par les femmes.

Jeux tauromachiques
Une fresque du palais de Cnossos représente le périlleux art de la corrida chez les Minoens : de jeunes hommes et femmes sautaient à tour de rôle par-dessus un taureau.

Le palais de Cnossos
Le complexe palatial de Cnossos fut détruit vers 1700 av. J.-C. par un séisme ou une invasion. Une fois reconstruit, il déployait encore plus de splendeur, ses escaliers de pierre reliant les différents bâtiments élevés sur le site escarpé.

Fresque de dauphin
Le style décoratif qui marqua les débuts de l'art minoen évolua vers le naturalisme, comme en témoigne cette fresque découverte dans la salle du trône d'un palais.

COMMENT SAVONS-NOUS ?

LA CITÉ ENGLOUTIE

Vers 1600 av. J.-C., l'archipel de Santorin, au large de la Crète, fut victime d'une éruption volcanique. Près de la ville moderne d'Akrotiri, sur l'île de Thíra, les archéologues ont mis au jour une cité de style minoen, avec des fresques et de délicates céramiques, ensevelies sous 60 m de cendres et de pierre ponce. L'éruption a été rattachée à la légende de l'Atlantide, de Platon, au récit biblique des dix plaies d'Égypte et au déclin de la civilisation minoenne.

APRÈS »

La florissante civilisation minoenne amorça son déclin vers 1500 av. J.-C., mais elle ne s'effondra que plusieurs siècles plus tard.

ÉRUPTION VOLCANIQUE
Suite à l'**éruption sur Santorin** en 1600 av. J.-C. (voir ci-dessus), la Crète perdit sa flotte et elle fut soumise aux puissances et influences extérieures. La suspension des échanges commerciaux pesa lourdement sur l'économie de l'île.

L'ARRIVÉE DES MYCÉNIENS
Vers 1500 av. J.-C., les **Mycéniens**, peuple du bronze récent, arrivèrent en Crète en provenance de la Grèce continentale. Le commerce avait déjà favorisé les échanges entre les cultures minoenne et mycénienne. Vers 1400 av. J.-C., les Mycéniens **dominaient la Crète et la mer Égée**. Ils auraient probablement atteint la Crète suite à un **séisme** qui détruisit partiellement des cités minoennes.

LA FIN DE LA CIVILISATION MINOENNE
Les Mycéniens assimilèrent en partie la culture minoenne, aboutissant à une remarquable synthèse des styles minoens et mycéniens. Mais vers 1200 av. J.-C., le déclin des cités crétoises **78-79 »** entraîna l'arrivée des **Doriens**. Le développement des outils et des armes en fer a pu également porter ombrage à la culture de l'âge du bronze et précipiter la chute de la civilisation.

AVANT

Le bronze récent « 43 vit l'avènement de nouvelles puissances.

LES HITTITES

ANCIENNE DÉESSE HITTITE

L'Ancien Empire hittite apparut en **Anatolie** (actuelle Turquie) au XVIIe siècle av. J.-C., mais il s'effondra suite à des luttes intestines. Le Nouvel Empire émergea au XVe siècle, menaçant bientôt le **Mitanni** (voir ci-dessous), puis l'**Égypte**. L'État était partagé en de nombreux royaumes sous l'autorité de gouverneurs nommés par le souverain suprême depuis la capitale Hattousa.

***KOUDOURROU* KASSITE**

BABYLONIE KASSITE

En 1595 av. J.-C., le **roi hittite Moursili II** saccaga Babylone, mettant fin à la Ire dynastie **« 55**. La **Babylonie** monta lentement en puissance sous les Kassites. Ce peuple indo-iranien, arrivé plusieurs siècles auparavant, était connu pour ses *koudourrous,* bornes sculptées qui délimitaient les propriétés.

MYCÈNES

La civilisation de Mycènes **« 77** domina la Grèce à l'âge du bronze récent (1600-1100 av. J.-C.). Elle contrôlait en partie la **mer Égée** et assimila la **civilisation minoenne « 76-77**.

MITANNI

Le royaume de Mitanni, peuplé par les **Hourrites**, émergea au XVIe siècle av. J.-C. au **nord-ouest de la Mésopotamie**. Il soumit l'Assyrie **80-81 »**, jusqu'au XIVe siècle et disputa à l'Égypte le contrôle du sud de la Syrie. La **capitale**, **Washouganni**, n'a pas encore été mise au jour ni localisée avec précision.

NOUVEL EMPIRE ÉGYPTIEN

Pendant le **Nouvel Empire « 64-65** (1550-1069 av. J.-C.), l'Égypte devint la première **puissance mondiale** et la principale force au Moyen-Orient. Sa politique expansionniste créa un empire qui, au XVe siècle, s'étendait de l'**actuel Liban au Soudan (ancienne Nubie)**.

CHAR DE GUERRE ÉGYPTIEN DE L'ÂGE DU BRONZE

Ramsès III affronte les Peuples de la Mer
Le pharaon Ramsès III livre bataille aux Peuples de la Mer au XIIe siècle av. J.-C. Les Peuples de la Mer attaquaient les États affaiblis, et ils furent longtemps tenus responsables de la fin de l'âge du bronze.

Les grandes puissances du bronze récent – Babylonie, Mitanni, Élam, Égypte, Mycènes, Alashiya et Empire hittite – limitaient les combats aux frontières, chacune respectant le territoire de l'autre. La période de 1600 à 1200 av. J.-C. fut donc marquée par une relative stabilité.

Le commerce du bronze

La clé de cette stabilité était l'approvisionnement en cuivre et en étain pour le bronze destiné à la fabrication des armes et des outils. Si le cuivre abondait, l'étain n'était disponible qu'en Afghanistan. Le commerce des métaux exigeant de longs déplacements, les États formèrent une communauté diplomatique reposant sur une correspondance intense,

Le « club des grandes puissances »
Cette carte indique les frontières approximatives des grandes puissances du Moyen-Orient v. 1350 av. J.-C. Elles étaient soumises à des fluctuations incessantes suite aux conflits.

La fin de l'âge du bronze

Dans le Moyen-Orient du bronze récent, une communauté d'empires tissa un réseau d'échanges prospère fondé sur le bronze. Mais les archives de ces puissances datées de 1200-1050 av. J.-C. témoignent de troubles et de révoltes qui conduisirent à leur chute, ouvrant une période obscure de l'Histoire.

des mariages entre dynasties et des échanges de présents. Quelle que fût la situation politique, le bronze parvenait à destination.

La diplomatie permettait aussi aux empires de faire la paix pour des raisons stratégiques. Ainsi, l'Égypte et le Mitanni se disputèrent le sud de la Syrie, mais les deux puissances signèrent un traité pour contrer la menace hittite en provenance du nord. Les Hittites entrèrent en conflit avec les Égyptiens, mais ils formèrent une alliance avec eux pour repousser les Assyriens. Ces derniers, anciens vassaux du Mitanni, rejoignirent finalement le « club des grandes puissances ».

Le démantèlement des empires

Le premier signe du déclin, vers 1200 av. J.-C., fut la destruction de citadelles mycéniennes en Grèce (voir p. 77), probablement par des envahisseurs venus du nord. Les Mycéniens, dépossédés, seraient alors partis à la recherche de nouvelles terres, épisode sans doute à l'origine du récit de Troie (voir p. 102-103).

Selon les rares archives disponibles, il s'ensuivit des mouvements migratoires massifs, de nombreux troubles et conflits. Vers 1180 av. J.-C., l'Empire hittite fut soudain rayé de la carte. Des Mycéniens en maraude chassèrent vraisemblablement les Hittites de Hattousa, la capitale, qui fut ensuite détruite par des tribus du nord de l'Anatolie, entraînant le morcellement du reste de l'empire.

Les Égyptiens repoussèrent des envahisseurs, les Peuples de la Mer, auxquels ils imputèrent la chute de l'Empire hittite. Pourtant, ces peuples semblent avoir eu des liens avec

La capitale hittite
Les ruines d'Hattousa, détruite vers 1180 av. J.-C., furent mises au jour à Bogazköy, au centre de la Turquie. Le palais fut incendié et la cité abandonnée.

d'anciens territoires hittites, ce qui induirait qu'ils furent déportés suite à la chute de l'empire, plutôt que de l'avoir provoquée. Le Nouvel Empire égyptien déclina avant de se morceler en 1069 av. J.-C.

Pendant ce temps, les guerres menées par la Babylonie contre l'Assyrie et l'Élam se soldèrent par la fin de la dynastie kassite en 1154 av. J.-C. et l'effondrement de l'Élam quelques décennies plus tard, après le sac de Suse, sa capitale. Vers 1050 av. J.-C., l'Assyrie disparut de la scène pendant plus d'un siècle. Les dernières archives existantes évoquent d'interminables conflits frontaliers, tandis que les rois tentaient de contenir des immigrations massives d'Araméens et de Moushki.

Une période obscure

Cette période de l'Histoire ancienne reste l'une des plus controversées, nos connaissances provenant de quelques rares sources, telles les lettres d'Ougarit (voir ci-contre) et les tablettes égyptiennes sur les Peuples de la Mer. Après 1050, les archives sont totalement inexistantes, et les années 1050-934 av. J.-C. sont désignées sous le nom de période obscure. Toutefois, le déclin ne concernait que la culture de l'élite. La carte politique fut redessinée, mais la vie des citoyens ordinaires demeura inchangée.

Malgré la chute de nombreux empires, seules quelques cités furent complètement détruites. L'Assyrie et l'Élam furent les uniques puissances de l'âge du bronze à se relever, mais de nouveaux empires ne tarderaient pas à émerger. La nouvelle technologie du fer permettrait bientôt à des États comme l'Assyrie (voir p. 80-81) de s'affranchir de l'ancien système de diplomatie pour imposer sa domination.

APRÈS

De nouveaux royaumes, dont les États hébreux d'Israël et de Juda, virent le jour sur les anciens territoires des puissances de l'âge du bronze.

ROYAUMES ARAMÉENS
Parmi les migrations qui marquèrent la fin de l'âge du bronze, la principale fut celle des Araméens. Au Xe siècle av. J.-C., une mosaïque de **petits royaumes araméens** composait le Levant et le nord de la Mésopotamie. La **langue araméenne**, en usage dans les empires assyrien **80-81 »** et perse **92-93 »** était en passe de remplacer l'akkadien **« 54-55** en tant que langue véhiculaire au Moyen-Orient.

LES PHILISTINS
Ce peuple s'établit sur le littoral du Levant à la fin du IIe millénaire av. J.-C. Il se confond avec les **Peleset**, l'un des **Peuples de la Mer** mentionnés par les Égyptiens, et il est à l'**origine du nom Palestine**. Son architecture et sa culture, d'inspiration grecque, laissent penser qu'il s'agirait de Mycéniens exilés **« 77**.

MASQUE FUNÉRAIRE PHILISTIN

L'ÉCONOMIE DU FER
Le minerai de fer était plus accessible que les ingrédients du bronze, mais les grandes puissances restèrent fidèles au bronze. Après leur chute, l'**emploi du fer se répandit**. Au Xe siècle, l'Assyrie franchit le pas, et les nouveaux États utilisaient déjà le fer.

COMMENT SAVONS-NOUS ?

LES LETTRES D'OUGARIT

Une correspondance entre le souverain d'Ougarit, royaume de l'Empire hittite, et le roi d'Alashiya (Chypre), est parvenue jusqu'à nous. Les lettres évoquent des maraudeurs sévissant dans la région d'Ougarit, qui durent cesser leur activité suite à la destruction de la ville peu après 1200 av. J.-C. Elles précisent qu'Ougarit était sans défense, les forces étant occupées ailleurs. Les maraudeurs ne sont pas nommés, mais de nombreuses cités des environs d'Ougarit ayant été épargnées, il pourrait s'agir de Mycéniens expulsés de chez eux, à la recherche d'un port prospère à piller.

LETTRE ET ENVELOPPE

AVANT

L'Assyrie prit son essor dans le nord de la Mésopotamie « 54-55 au xivᵉ siècle av. J.-C., mais ses fondations avaient été posées 600 ans auparavant.

LA PÉRIODE PALÉO-ASSYRIENNE
Les origines de l'Empire assyrien remontent à 2000-1800 av. J.-C. **Shamshi-Adad Iᵉʳ** créa un royaume qui comprenait l'important **centre commercial** d'**Assour**.

LA PÉRIODE MÉDIO-ASSYRIENNE
En 1400 av. J.-C., les Assyriens étaient les vassaux du **royaume voisin de Mitanni « 78-79** Lorsque celui-ci s'effondra, le souverain d'Assour, **Assour-Ouballit Iᵉʳ** (1365-1330 av. J.-C.), se proclama **roi d'Assyrie**. Il étendit sa domination sur le nord de l'Iraq actuel et entra en conflit avec la Babylonie et les Hittites. Comme d'autres puissances de l'âge du bronze **« 78-79** l'Assyrie déclina au xiᵉ siècle av. J.-C., mais l'État survécut.

SOLDATS ASSYRIENS

L'Empire assyrien

Au ixᵉ siècle av. J.-C., l'Empire assyrien dominait le Moyen-Orient, position qu'il garda pendant deux siècles. Un système politique stable et une habile exploitation des techniques guerrières du nouvel âge de fer contribuèrent largement à la puissance du premier véritable « empire mondial ».

Les Assyriens, peuple sémitique du nord de la Mésopotamie (actuel Iraq), virent l'apogée de leur empire pendant la période néo-assyrienne (800-700 av. J.-C.). L'Empire néo-assyrien se développa sur les fondations de la période médio-assyrienne (1350-1000 av. J.-C., voir AVANT), durant laquelle l'Assyrie accumula des richesses et des ressources. Elle améliora l'agriculture et l'irrigation, érigea de grandioses monuments et fonda des centres administratifs importants.

Des guerriers légendaires

Les Néo-Assyriens, féroces guerriers, étendirent leur territoire grâce à leurs prouesses militaires. Le char de guerre était déjà en usage pendant la période médio-assyrienne, lorsque le Moyen-Orient en était encore à l'âge du bronze (voir p. 78-79). Mais les succès militaires de la période néo-assyrienne furent favorisés par l'assimilation des nouvelles techniques guerrières de l'âge du fer. L'armée, très disciplinée, rassemblait des chars, des fantassins et des cavaliers. Elle inaugura l'utilisation des unités de cavalerie qui, associées à l'emploi d'armes en fer, donnaient l'avantage aux Assyriens sur des ennemis moins bien équipés.

Les forces de combat se composaient d'une armée permanente de soldats professionnels, comprenant des mercenaires étrangers, et de contingents régionaux enrôlés dans le cadre du système de taxes.

La création de l'empire

Les Assyriens étaient renommés pour leurs pratiques barbares : empalement, exécution et déportation de tous ceux qui s'opposaient à leur loi.

Certaines de ces méthodes étaient également utilisées par d'autres puissances moyen-orientales. Ils inaugurèrent les déplacements massifs des populations conquises vers d'autres régions de l'empire, en les remplaçant par d'autres peuples de l'empire. Toutefois, ces déplacements n'avaient rien à voir avec des déportations, car les populations recevaient des terres et des aides de l'État. Le récit biblique des Dix Tribus perdues du royaume conquis d'Israël illustre cette pratique. Elles furent déplacées dans la région du haut Khabur, au nord de la Mésopotamie, et des monts Zagros, au sud-ouest de l'Iran.

Ces déplacements visaient à former une population homogène, même s'ils créèrent des foyers de mécontentement. Ils engendrèrent aussi un brassage culturel au sein de l'Assyrie. Au viiᵉ siècle av. J.-C., l'entourage du roi comprenait des érudits, des artisans et des chanteurs venus de Babylonie, d'Anatolie, d'Égypte et d'Iran.

Des fondations stables

L'efficacité de l'armée se doublait d'un système politique stable, auquel contribuèrent divers facteurs. Le premier était la primauté de la lignée royale, qui empêchait à toute personne extérieure d'accéder au trône. Dès qu'un nouveau roi montait sur le trône, un héritier présomptif était nommé. Le successeur désigné jouait un rôle important dans le gouvernement de l'empire. Et si le roi mourait subitement, la succession était assurée.

Le deuxième facteur était la manière selon laquelle le roi déléguait le pouvoir aux gouverneurs régionaux.

SÉMITES **Ensemble de peuples du Moyen-Orient, comprenant les Hébreux et les Arabes, qui revendiquait pour ascendance Noé et son fils Sem, personnages bibliques. Sémitique (nom) Groupe de langues comprenant l'hébreu et l'arabe ; (adjectif) relatif aux Sémites.**

La vie dans un camp militaire assyrien
Sur ce bas-relief provenant du palais d'Assourbanipal à Nimroud, un prêtre, en bas à gauche, examine les entrailles d'un mouton pour prédire l'avenir. Cette activité faisait partie intégrante de la vie assyrienne.

Un plat, probablement un ragoût de viande de mouton, est en préparation sur le fourneau.

Aidé d'un assistant, un prêtre assyrien, identifiable à sa coiffure, tue un mouton pour « lire » ses entrailles.

Des signes codés écrits par les dieux étaient supposés se cacher dans les entrailles du mouton.

ROI ASSYRIEN DE 721-705 AV. J.-C.

SARGON II

Sargon II arriva sur le trône dans des circonstances douteuses ; il participa probablement à la déposition de son frère et prédécesseur Salmanasar V. Il consolida les conquêtes de son père Téglath-Phalasar III en Babylonie et dans la Méditerranée, et il étendit l'Empire assyrien jusqu'à l'Iran et l'Anatolie. Avec l'importante main-d'œuvre qu'il réquisitionnait dans tout le Moyen-Orient, les tributs et les taxes qu'il recevait, Sargon fit bâtir une prestigieuse cité, l'actuelle Khursabad, où furent découvertes de superbes sculptures.

Des gouverneurs aisés
Détail d'une fresque provenant de la résidence d'un gouverneur assyrien à Til Barsip, pendant le règne de Téglath-Phalasar III (744-727 av. J.-C.).

Un serviteur dispose un bol de soupe, des côtes rôties et du pain plat.

Le serviteur protège la viande des mouches avec un éventail.

Un Assyrien enfourne des aliments ou les sort du four.

Le fourneau a probablement servi à cuire le pain ou à rôtir la viande.

L'Empire assyrien
L'empire est représenté ici à son apogée en 705 av. J.-C., mais avant ses incursions en Égypte. L'Assyrie domina le Moyen-Orient pendant deux cents ans, avant d'être écrasée par les Mèdes et les Babyloniens.

L'Assyrie était organisée en provinces, les territoires conquis étant intégrés à l'empire en tant que tels. Les gouverneurs des provinces étaient nommés par le roi. Mais plutôt que de les recruter dans la dynastie locale en place avant la conquête assyrienne, ou dans la famille au pouvoir, le roi assyrien faisait appel à des eunuques. Ces derniers ne pouvant avoir de descendance, le risque qu'ils créent leur propre dynastie était donc exclu.

L'administration centrale gardait un contrôle strict sur les provinces, qui devaient lever des impôts et dépêcher leurs troupes à la demande. En haut de la hiérarchie, le roi était assisté d'une aristocratie puissante qui fournissait les hauts fonctionnaires et les chefs de l'armée. En bas, la population se composait en majorité de paysans placés sous la protection de seigneurs locaux en échange de biens ou de services. La vie villageoise évolua peu sous les différents souverains.

Le gouvernement de l'empire

Tous les ingrédients étaient réunis pour assurer la puissance de l'empire : habiles stratégies de contrôle, bon réseau de communications, relations commerciales diversifiées. Les Assyriens s'employèrent à assujettir des régions qu'ils avaient déjà conquises pendant la période médio-assyrienne, réaffirmant ainsi leurs droits naturels sur ces territoires.

Certaines parties de l'empire étaient reliées par un réseau routier. Les « routes royales » disposaient de relais pour la livraison express des documents administratifs par des messagers. Ce réseau routier inspirerait plus tard le système perse (voir p. 90-91, 92-93). Les routes servaient aussi au commerce par voie terrestre. L'Assyrie établit de solides relations avec la cité-État phénicienne de Tyr (voir p. 82-83, 132). Elle créa un vaste réseau commercial à travers la Méditerranée, initia des échanges avec les Arabes et un peuple de l'Iran ancien, les Mèdes.

Tribut d'Israël
Le roi d'Israël Jéhu se prosterne devant le roi assyrien du IXe siècle, Salmanasar III. La scène provient de bas-reliefs sculptés sur un monument érigé en 825 av. J.-C. à Nimroud.

« L'Assyrien fondit comme **le loup sur la bergerie**. Ses cohortes resplendissaient **d'or et de pourpre**. »

BYRON, EXTRAIT DU POÈME *LA DESTRUCTION DE SENNACHÉRIB*, 1815

APRÈS

L'Empire assyrien, édifié par la violence, fut victime de dissensions internes.

LE ROI SENNACHÉRIB

Le roi assyrien **Sennachérib** (704-681 av. J.-C.) **défendit vaillamment les frontières** de l'empire depuis sa capitale, Ninive. Il s'illustra par le sac de la **cité de Lakish**, dans le royaume de **Juda**, et par la **conquête** de la **Babylonie** suite **à la destruction de sa capitale Babylone**. Elle fut reconstruite par le fils de Sennachérib, **Assarhaddon**. L'un des principaux royaumes de Mésopotamie au IIe millénaire av. J.-C. **« 55, 78-79** la Babylonie émergea de nouveau à la fin du VIIe siècle av. J.-C. **90, 92 »**.

PRISE DE LAKISH PAR SENNACHÉRIB

CONQUÊTE DE L'ÉGYPTE

L'Assyrie conquit l'**Égypte « 65** au VIIe siècle av. J.-C., sonnant le glas de la **dynastie nubienne**. Elle mit sur le trône la **dynastie** égyptienne **saïte**, puis l'Égypte regagna son indépendance **118-119 »** avec le pharaon **Psammétique Ier** (664-610 av. J.-C.).

GUERRE FRATRICIDE

L'empire fut affaibli en 652-648 av. J.-C. par une guerre entre les **fils d'Assarhaddon** : **Shamash-Shouma-Oukin**, qu'il avait placé sur le trône de Babylone, et **Assourbanipal**, le vainqueur.

BABYLONIENS ET MÈDES

À la mort d'Assourbanipal, l'empire connut une succession de crises. Après la prise d'**Assour** en 614 av. J.-C. par les **Babyloniens** et les **Mèdes**, l'empire se désintégra.

« AVANT

Vers 3000 av. J.-C., des centres commerciaux virent le jour dans la Méditerranée orientale, la péninsule Arabique et la Nubie.

LES PORTS MÉDITERRANÉENS

En 3000 av. J.-C., les ports qui seraient bientôt le foyer de la civilisation phénicienne (appellation grecque), dans la Méditerranée orientale, étaient en développement ou déjà bien établis. Les principaux étaient Tyr, Byblos et Sidon (tous dans l'actuel Liban).

L'ARABIE

Durant le IIIe millénaire av. J.-C., des États prospérèrent dans les parties de la péninsule Arabique ouvertes sur la mer. La région de Magan (actuel Oman) commerçait avec la Mésopotamie « 54-55. Elle échangeait du **cuivre** et de la **diorite** contre des textiles et de la laine.

PEIGNE EN IVOIRE, ANCIEN EMPIRE ÉGYPTIEN

LA NUBIE

À la même époque, la Nubie (actuel Soudan) établit des relations commerciales avec l'Égypte, ouvrant l'accès à l'Afrique, où l'Égypte se procurait de l'**ébène**, de l'**ivoire**, de l'**or**, de l'**encens** et des **animaux exotiques**.

La **conquête** de la **mer** et du **désert**

Durant le IIe millénaire av. J.-C., les habitants de régions côtières et désertiques aux confins de zones plus peuplées créèrent des réseaux commerciaux impliquant une diversité de cultures.

Tyr, Byblos et Sidon constituaient le cœur d'un important réseau commercial maritime. Ces cités-États de la Méditerranée orientale, région baptisée Canaan au IIe millénaire av. J.-C. et Phénicie par les Grecs, prospérèrent entre 1200 et 600 av. J.-C.

C'est grâce au commerce maritime que les Phéniciens parvinrent à élargir leur territoire, restreint au départ, et à tenir à distance les puissances qui tentaient de les dominer, notamment l'Égypte et les Hittites, dont la Phénicie s'affranchit vers 1200 av. J.-C., ainsi que la Grèce.

Excellents navigateurs, les Phéniciens contrôlaient les routes à travers la Méditerranée. Leur réseau commercial s'étendait jusqu'à la Mésopotamie et, à travers la mer Rouge, jusqu'à l'Arabie et l'Afrique. Ces marchands et fabricants avisés distribuaient une large gamme de produits, des tissus exotiques et de la verrerie au bois de cèdre.

Leur vaste réseau de comptoirs comprenait Carthage, en Afrique du Nord, et Cadix (Gades), en Espagne (Ibérie), près des centres de production de l'étain. À travers le commerce, la Phénicie s'imposa dans les échanges culturels internationaux, propageant son système d'écriture (voir p. 62-63).

Les Phéniciens étaient des Cananéens, comme précisé ci-dessus. Le port d'Ougarit (voir p. 79) s'éteignit à la fin de l'âge du bronze, mais la plupart des autres cités cananéennes survécurent, et elles tissèrent des relations commerciales avec les Philistins et d'autres nouveaux arrivants.

Le commerce arabe

À la même époque, d'importants réseaux commerciaux virent également le jour dans le monde arabe. À la fin du IXe siècle, des centres prospéraient au sud de l'Arabie (Yémen actuel), tels Main et Saba, ainsi qu'au nord. Vers le XIIe siècle, la vie des Arabes semi-nomades fut transformée par la domestication du chameau. Elle favorisa la création de communautés autour des oasis, ainsi que les voyages dans le désert à la recherche de nouvelles ressources.

Les secrets du désert

Les pistes caravanières formaient un réseau d'itinéraires, la route de l'Encens, servant au transport de l'encens et des épices. Les Arabes avaient leurs secrets pour échapper aux dangers liés à ce commerce. Ils assurèrent leur puissance et leur richesse, et inspirèrent des mythes fabuleux.

Le royaume de Koush

Plus à l'ouest, autour du royaume de Koush, au sud de la Nubie, un autre réseau commercial tirait sa prospérité du commerce des matériaux précieux comme l'or et l'ivoire. Au VIIIe siècle av. J.-C., Koush – et sa capitale Napata – vécut son âge d'or, affranchi de la tutelle égyptienne. C'était en partie pour ses richesses que l'Égypte s'était efforcée d'établir sa domination dans la région à partir de 2000 av. J.-C., et les deux cultures finirent par s'influencer réciproquement.

Les témoignages archéologiques les plus anciens de la colonie phénicienne de Carthage remontent à la seconde moitié du VIIIe siècle av. J.-C. Ce comptoir aurait été fondé en 814 av. J.-C.

Cette stèle provenant du temple d'Amon, à Kawa, figure le roi nubien Ary, fondateur présumé du royaume de Koush (en Égypte et au Soudan) au VIIIe siècle, adorant les dieux Amon, Mout et Khonsou.

Kawa

Le commerce à travers le désert et la mer Toutes sortes de marchandises étaient transportées sur de longues distances le long de réseaux tissés par les itinéraires des Phéniciens et les routes des peuples de la Méditerranée, du Moyen-Orient, d'Afrique et d'Arabie. Le navire du XIVe siècle trouvé à Uluburun (actuelle Turquie) transportait des produits provenant de Mycènes, de Canaan, d'Égypte et d'Assyrie. Sa « nationalité » demeure incertaine.

LÉGENDE
- Phénicie
- Cités
- Centres commerciaux phéniciens et routes marchandes
- Centres de négoce de l'encens et routes marchandes
- Centres de négoce de l'or et de l'ivoire et routes marchandes

COMMENT SAVONS-NOUS ?

LE COMMERCE DE L'ENCENS

Des récits ont longtemps circulé sur l'existence d'une cité perdue dans la péninsule Arabique. Dans les années 1980 et 1990, les archéologues l'ont localisée à l'aide d'images satellite et identifiée sous le nom d'Ubar ou Iram, dans l'Oman actuel. Les brûle-encens exhumés sur le site suggèrent qu'il s'agissait d'un comptoir arabe, situé sur la route de l'encens, et qu'il prospéra vers 900 av. J.-C.

L'encens était très prisé parce qu'il masquait les odeurs nauséabondes et qu'il servait à des fins liturgiques. Les arbres dont sont extraites les résines aromatiques ne poussent qu'en Oman, ce qui rend compte de la valeur des présents offerts à Jésus par les rois mages : la myrrhe, l'or et l'encens.

BRÛLE-ENCENS

Les Phéniciens introduisirent la céramique « noir sur rouge » à Chypre. Cette flasque en forme de bœuf remonte à 700 av. J.-C. ; les Chypriotes avaient alors élaboré leur propre version de ce style.

Cet ornement en or découvert à Enkomi, sur l'île de Chypre (Alashiya), décorait un vêtement de luxe. Il remonte au XIIIe siècle av. J.-C., lorsque Enkomi était un centre important sur les routes commerciales ; en témoigne le mélange de motifs mycéniens et moyen-orientaux.

Des navigateurs expérimentés, les Phéniciens conçurent des galères sophistiquées (comme sur cette pièce de Sidon) pour les longues distances, contribuant à l'évolution de la construction navale. On leur attribue l'invention de la birème à deux rangs de rames, principal navire de guerre vers 700 av. J.-C.

Ce bas-relief du palais du roi assyrien Sargon II (721-704 av. J.-C.), à Khursabad (nord de l'Iraq), figure le déchargement d'une cargaison de bois. L'Assyrie importait du cèdre du Liban pour construire ses palais.

Le royaume de Saba (d'après la reine légendaire) dominait la péninsule Arabique au VIIIe siècle av. J.-C. Il avait pour capitale la cité de Marib, principal centre sur la route de l'Encens en Arabie.

APRÈS »

La multiplication des échanges maritimes favorisa l'essor économique des empires phénicien et arabe.

UNE TECHNOLOGIE GUERRIÈRE

Vers 600 av. J.-C., les navires de guerre fonctionnaient à la voile et à la rame. Lorsque les Phéniciens fournirent des vaisseaux aux Perses pour se battre contre les Grecs **93 »**, les trirèmes (bateaux à trois rangs de rameurs) remplacèrent les birèmes (bateaux à deux rangs).

DE GRANDES EXPLORATIONS

Les récits abondent sur les voyages des Phéniciens. Selon l'historien grec Hérodote **102-103 »**, une expédition phénicienne partie de la mer Rouge vers 600 av. J.-C., sous les ordres du pharaon égyptien Néchao II, contourna l'Afrique et revint trois ans plus tard par le détroit de Gibraltar.

DES ROYAUMES ARABES

BAS-RELIEF HIMYARITE

Au sud-ouest de la péninsule Arabique, le **royaume des Himyarites** supplanta celui de Saba au IIIe siècle apr. J.-C. et domina la péninsule jusqu'au VIe siècle. Ses navires de commerce sillonnaient les routes au large de l'Afrique orientale, établissant des liens entre l'Afrique et la Méditerranée. Il fournissait l'Empire romain en ivoire africain et participait au commerce de résines précieuses comme l'encens et la myrrhe.

LES ROUTES MARITIMES DES ÉPICES

À partir du Ier millénaire av. J.-C., les Arabes **privilégièrent les voies maritimes** au détriment des routes du désert pour le transport des épices et de l'encens.

3

PHILOSOPHIES ET RELIGIONS

700 AV. J.-C.-600 APR. J.-C.

L'ère des grandes civilisations classiques, avec notamment la Grèce, Rome, la Chine et la Perse, fut un temps d'innovations remarquables pour la science, la philosophie, l'art et la politique. Elle vit la création et la disparition de vastes empires, la naissance de modes de gouvernement qui subsistent encore, l'émergence des grandes religions – et la naissance de l'Histoire.

PHILOSOPHIES ET RELIGIONS

700 AV. J.-C. -600 APR. J.-C.

700 AV. J.-C.

▲ Chariot aux oiseaux, Hallstatt, bronze celtique, Europe

v. 700
Des Scythes d'Asie centrale s'établissent en Europe orientale. Naissance des cités-États grecques. Culture celte de Hallstatt. Villages agricoles en Amérique du Nord.

◀ Hésiode

v. 650
Premières monnaies frappées en Lydie. Des «tyrans» régissent les cités grecques. Débuts de la sidérurgie en Chine.
616
L'Étrusque Tarquin devient roi de Rome.

689
Babylone détruite par l'Assyrien Sennachérib
663
Thèbes, en Égypte, est dévastée par l'Empire assyrien alors à son apogée.
660
Naissance de Jinmu, premier empereur mythique du Japon

612
Sac de Ninive et Nimroud par les Mèdes et les Babyloniens ; fin de l'Empire assyrien
605
Naissance de Lao-tseu, fondateur du taoïsme

▼ *L'Odyssée* d'Homère

600 AV. J.-C.

v. 600
Sidérurgie à Nok, Nigeria. La Grèce continue à coloniser la Méditerranée : elle fonde Massalia (Marseille). Premières monnaies grecques. Début de la culture paracas au Pérou

587
Sous Nabuchodonosor II, l'Empire néobabylonien détruit le Temple de Jérusalem et exile les juifs.

▲ Porte de Babylone

v. 563
Date possible de la naissance de Siddharta Gautama, Bouddha
v. 551
Le zoroastrisme devient religion officielle de la Perse. Naissance de Confucius

◀ Confucius

Début des années 500
L'Empire mède contrôle une bonne partie du Proche-Orient.
La Mésopotamie est incorporée dans l'Empire néobabylonien.

Tissu paracas, Pérou ▶

550 AV. J.-C.

▲ Cylindre de Cyrus affirmant la souveraineté perse à Babylone

v. 550
Cyrus le Grand défait les Mèdes et fonde l'Empire perse (achéménide). Naissance du Royaume de Saba sur la mer Rouge. Fabrication de fonte en Chine.
539
L'Empire babylonien absorbé par la Perse

◀ Frise de brique, palais de Darius, Suse

510
Les Romains chassent les rois étrusques et fondent la république.
505
Clisthène introduit un gouvernement démocratique à Athènes.

530
Apogée de l'influence étrusque en Italie.
525
Le Perse Cambyse II annexe l'Égypte.
521
L'Empire perse à son apogée sous Darius Ier

v. 520-460
Le savant indien Panini compose la grammaire du sanskrit.
v. 515
Darius construit une résidence royale à Suse, ancienne capitale de l'Élam.

Péricde archaïque Figurine grecque ▶

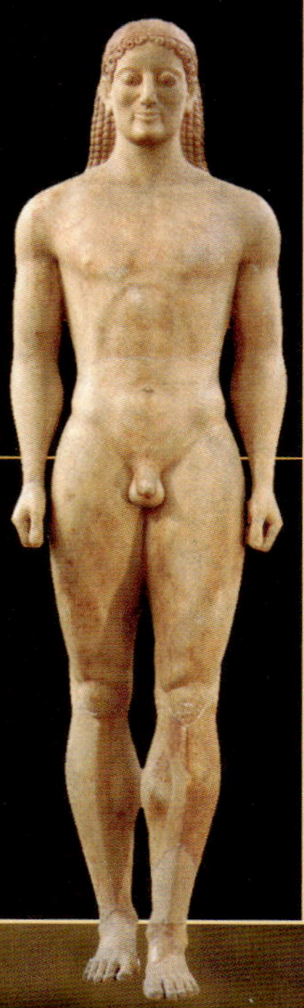

500 AV. J.-C.

v. 500
Venue de Chine, la culture du riz pénètre au Japon. La sidérurgie se répand en Asie et en Afrique. Chine : monnaies de bronze. En Amérique, les Zapotèques écrivent en pictogrammes. Système des castes, en Inde

▲ Relief de Persépolis

496
Rome vainc les Latins au lac Regillus.
490
Les Grecs d'Athènes défont les Perses à la bataille de Marathon.

Vase grec classique ▶

481
Fin des *Annales des Printemps et Automnes*, première chronologie historique de la Chine.
480-479
Les Perses de Xerxès sont vaincus par les Grecs à Salamine, Platée et Mycale.

480
Art grec : fin de la période archaïque ; début de la période classique
478
Ligue de Délos, puis fondation de l'Empire athénien
v. 460
L'administration perse adopte le parchemin.

On estime que, en l'an 1 apr. J.-C., la moitié des 250 millions de personnes qui constituaient la population mondiale appartenait aux grandes civilisations de l'Eurasie : Grèce, Rome, Perse, Inde et Chine, États formidablement organisés ayant des ambitions militaires et économiques. Foyers de connaissances scientifiques et artistiques, ils créèrent des grands systèmes politiques – la démocratie en Grèce et le confucianisme en Chine – qui ont survécu aux siècles. Y naquirent également plusieurs religions mondiales : le bouddhisme, le judaïsme et le christianisme. De nouvelles civilisations commencèrent alors à apparaître en Amérique centrale et australe, en Afrique et au Japon.

450 AV. J.-C.

▲ Frise du Parthénon, détail

v. 450
Athènes au faîte de sa puissance. Civilisation celtique de La Tène. Les Celtes migrent vers l'est, le sud et les îles Britanniques. Nomades enterrés à Pazyryk et Noin Ula en Sibérie.

431
En Grèce : guerres du Péloponnèse entre Athènes et Sparte
v. 410
Xénophon accompagne la retraite des Dix Mille, armée de Grecs qui a soutenu une rébellion en Perse.

▲ Tapis tissé, tombe de Pazyryk, Sibérie

448
À Athènes, construction du second Parthénon pour remplacer celui détruit par les Perses.
443
«Âge d'or» d'Athènes sous Périclès

403-221
Période des «Royaumes combattants» en Chine

400 AV. J.-C.

v. 400
Sidérurgie en Corée. Carthage domine la Méditerranée occidentale. Celtes dans le nord de l'Italie. Pérou : culture mochica. Amérique centrale : fin de la civilisation olmèque ; civilisation zapotèque à Monte Albán

▲ École d'Athènes (telle que vue à la Renaissance par Raphaël)

◀ Cavalier scythe

390
Sac de Rome par les Celtes
384
Platon écrit le *Banquet*.
370
Eudoxe de Cnide calcule la durée de l'année, qu'il évalue à 365 jours 1/4.

v. 360
Les Chinois emploient l'arbalète.
359-338
Philippe II accroît la puissance macédonienne.
v. 350
Début de la culture nazca au Pérou
336
Alexandre succède à Philippe II.

▼ Alexandre le Grand

331
Bataille de Gaugamèles : Alexandre vainc les Perses ; il fonde Alexandrie en Égypte.
323
Mort d'Alexandre
321
Chandragupta Maurya fonde l'Empire maurya en Inde.

300 AV. J.-C.

◀ Bronze séleucide

v. 290
Éléments d'Euclide : principes de la géométrie
v. 287
Chine : début de la Grande Muraille
v. 286
La dynastie des Qin s'impose en Chine.

v. 300
La culture Hopewell se développe dans le nord-est de l'Amérique. Premiers États celtes en Europe. L'empire d'Alexandre divisé : Séleucides, Antigonides et Lagides.

▼ Stupa d'Ashoka à Sanchi, Inde

273
Devenu roi de l'Inde, Ashoka se lance dans des conquêtes.
272
Rome s'empare de Tarente, principale ville grecque d'Italie.
264-241
Première guerre punique entre Rome et Carthage

262
Ashoka se convertit au bouddhisme.
250
Rome contrôle la péninsule Italienne.
v. 246
Au Sri Lanka, le roi Tissa se convertit au bouddhisme.
236
Les Carthaginois en Ibérie (Espagne)

221
Qin Shi Huangdi premier empereur
218-201
Deuxième guerre punique
206
En Chine, avec Liu Bang, la dynastie des Han succède à celle des Qin.

◀ Guerrier de terre cuite de Qin Shi Huangdi

200 AV. J.-C.

v. 200
Alexandrie capitale culturelle. En Chine, Liu Bang fonde la capitale des Han à Chang'an. Civilisation maya en Amérique centrale. Lignes de Nazca au Pérou. Les Lapita atteignent les Marquises.

▼ Monte Albán, site zapotèque, Mexique

142
Les juifs établissent leur capitale à Jérusalem.
123
L'Empire parthe est à son apogée.
101
Les Han contrôlent l'Asie centrale, la Corée et le nord du Viêt Nam.

v. 181
Fin de la dynastie des Maurya, en Inde
168
Rome progresse en Méditerranée orientale.
165
Examens pour les fonctionnaires chinois
v. 150
Le Mont du Serpent est construit dans l'Ohio.

▲ Monnaie carthaginoise

▲ Sacrifice au dieu Mars, relief romain

149-146
Troisième guerre punique : Rome écrase Carthage, crée la province d'Afrique ; elle absorbe la Grèce. Mithridate fonde l'Empire parthe. Des nomades indo-scythes envahissent la Bactriane.

100 AV. J.-C.

v. 100
Développement du commerce maritime. Influence indienne en Asie du Sud-Est. *Bhagavad Gita* en Inde. Montée en puissance d'Axoum (Éthiopie). Europe : villages fortifiés celtes. Civilisation adena dans l'Ohio

30
Suicide d'Antoine et de Cléopâtre
27
Octave, premier empereur romain, prend le titre d'Auguste.
4
Date probable de la naissance du Christ

▼ Sanctuaire d'Antiochos Commagène, Anatolie

▼ Jules César

90
En Inde, des nomades prennent Gandhara.
89
Tous les Italiens sont citoyens romains.
63
Pompée prend Jérusalem, annexe la Judée et s'allie à Antiochos Ier Commagène.

▼ Cléopâtre

58-50
Jules César conquiert la Gaule.
55
En Mongolie, l'empire des Xiongnu est dissous. En Chine, les Han vassalisent le Sud.
46
Jules César proclamé dictateur de Rome

1 APR. J.-C.

▲ Jésus-Christ

43
Les Romains envahissent la (Grande-)Bretagne.
47-57
Voyages de saint Paul

▼ Poterie mochica, Pérou

v. 1
Invasion des Kouchans en Inde. Le bouddhisme gagne l'Asie du Sud-Est. Au Pérou, apogée de la culture mochica. Alliés à Rome, les Nabatéens contrôlent la mer Rouge.

2
Premier recensement en Chine
9
Les Romains sont repoussés jusqu'au Rhin.
14
Mort d'Auguste ; Tibère lui succède.

Petra, capitale de la Nabatée (Jordanie) ▶

v. 25
Première représentation de Bouddha à Gandhara, dans le nord-ouest de l'Inde
v. 30
Crucifixion du Christ
v. 40
Par l'Orénoque, les Arawaks émigrent dans les Antilles.

50 APR. J.-C.

▲ Chaudron celtique de Gundestrup, Danemark

v. 50
Axoum important carrefour commercial.
60
L'Empire kushana est établi en Inde et en Asie centrale.
65
Arrivée du bouddhisme en Chine

▲ Fresque, Pompéi

73
Succès militaires de la dynastie des Han
79
L'éruption du Vésuve enfouit Pompéi et Herculanum.

66-70
Première révolte des juifs contre Rome
67
Néron ordonne la construction d'un canal traversant l'isthme de Corinthe.

80
À Rome, l'amphithéâtre de Flavien est terminé.
87
Ambassade kouchane à Luoyang, capitale des Han de l'Est, en Chine
99
Ambassade kouchane à Rome

▼ Amphithéâtre de Flavien (Colisée), Rome

100 APR. J.-C.

v. 100
À Teotihuacán, construction des temples du Soleil et de la Lune. Alexandrie, centre de la culture chrétienne. Kanishka Ier, empereur kushana, propage le bouddhisme.

Teotihuacán, Mexique ▶

117
L'Empire romain à son apogée
122-128
Construction du Mur d'Hadrien en (Grande-) Bretagne
132-135
La seconde révolte des juifs provoque leur dispersion (diaspora).

v. 150
La Chine des Han reprend le contrôle de l'Asie centrale. Le christianisme gagne l'Afrique du Nord. La *Géographie* de Ptolémée d'Alexandrie, premier atlas. Au Nigeria, civilisation Nok de l'âge de fer

Avenue romaine à colonnades, Apamée, Syrie ▶

166
Une ambassade de marchands syriens en Chine. Des Germains envahissent le nord de l'Italie.
180
Des Goths (Scandinaves germaniques) s'établissent sur la mer Noire.

« Je suis **un citoyen du monde.** » DIOGÈNE, PHILOSOPHE GREC, v. 400-325 AV. J.-C.

200 APR. J.-C.

v. 200
Commerce intense entre l'Inde, la Chine et Rome. Corée : royaumes de Koguryo, Silla et Paekche. Teotihuacán, plus grande ville des Amériques ; expansion de la ville maya de Tikal. Culture Hopewell en Amérique du Nord

Plat perse sassanide

224
Ardashir Ier vainc l'Empire parthe et fonde la dynastie perse sassanide.
235
Raids des Alamans sur les frontières romaines de la Forêt-Noire et du Rhin

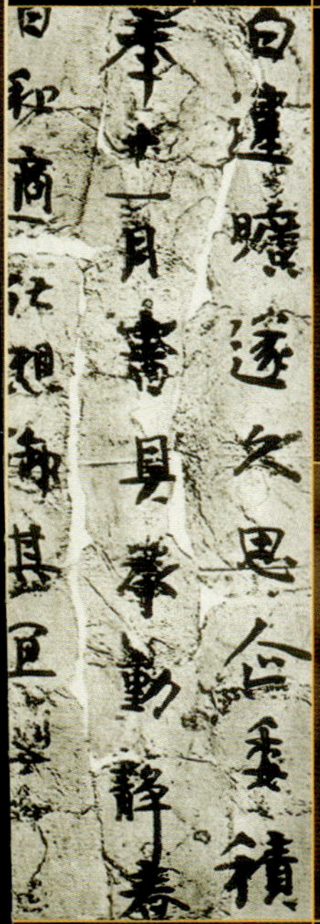

Papier chinois

v. 250
Invention de la boussole en Chine. Début de la période classique de la civilisation maya
269-272
La reine Zénobie de Palmyre arrache à Rome l'Égypte et la Syrie, mais est vaincue par l'empereur Aurélien.

280
La Chine est réunie sous la dynastie Jin.
292
Calendrier maya en usage à Tikal. Dioclétien divise l'Empire romain entre Empires d'Orient et d'Occident.

219
Publication en hébreu de la *Michna* : dits et enseignements de la Torah
v. 220
La dynastie des Han disparaît, remplacée par trois royaumes : Shu, Wu et Wei.

Sculpture kouchane

300 APR. J.-C.

Poterie de Samos, époque romaine

320
Dynastie des Gupta et « Âge d'or » en Inde
330
Byzance capitale de l'Empire romain d'Orient
v. 350
Les Huns envahissent l'Inde. L'éperon est inventé en Chine.

v. 300
L'Arménie devient chrétienne. Émergence de l'État de Yamato, au Japon. Les Bantous élèvent du bétail en Afrique australe. Axoum frappe de la monnaie. Les Polynésiens atteignent l'île de Pâques.

Bataille du pont Milvius aux portes de Rome

304
Les Xiongnu envahissent la Chine. Dioclétien persécute les chrétiens.
312-313
Constantin est victorieux au pont Milvius. L'édit de Milan confirme la liberté religieuse des chrétiens.

370
Les Huns d'Asie centrale écrasent les Ostrogoths en Ukraine.
370-415
Règne de Chandragupta : apogée de la dynastie des Gupta
378
Victoire des Wisigoths sur les Romains

400 APR. J.-C.

v. 400
Teotihuacán compte 250 000 habitants.
404
La traduction en latin de la Bible (*Vulgate*) est terminée.
410
Menés par Alaric, les Wisigoths pillent Rome.

Monnaies hunniques

Attila, roi des Huns

475
L'Espagne et le sud de la Gaule soumis aux Wisigoths. Tombe géante de l'empereur Nintoku, au Japon
477
Le bouddhisme est religion d'État en Chine. Fin de la dynastie des Song de Liu

420
Liu Yu, premier empereur Song en Chine
439
Les Vandales prennent Carthage et créent un État en Afrique du Nord.
452
Attila et les Huns en Italie

478
Premier sanctuaire shintoïste au Japon
479
Chine du Sud : début de la dynastie Qi
480
Les Huns chassent les Gupta en Inde.
481
Clovis Ier roi des Francs

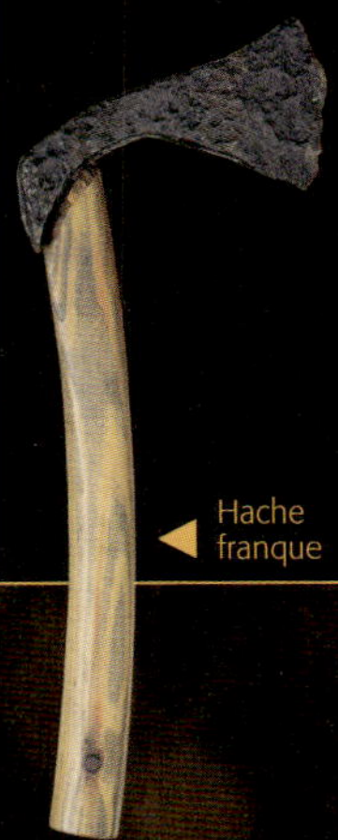

Hache franque

Bouddha gupta

492
Théodoric et les Ostrogoths conquièrent l'Italie.

500 APR. J.-C.

Fresque de grotte, Chine

v. 500
Clovis devient chrétien. Angles, Saxons et Jutes en (Grande-)Bretagne ; les Celtes au pays de Galles et en Irlande. Des caravanes traversent le Sahara depuis le Ghana.

Broche irlandaise

595
Invention du système décimal, en Inde
597
Le pape envoie saint Augustin en Angleterre.
598
Byzance cède aux Lombards la plus grande partie de l'Italie.

Années 500
Apogée de la civilisation maya classique
527
Justinien empereur byzantin (Empire romain d'Orient)
534
Le *Codex Justinianus* codifie le droit romain.

538
Bouddhisme au Japon
v. 570
Naissance de Mahomet à La Mecque
590
Grégoire le Grand renforce les pouvoirs du pape. Les Avars s'établissent en Hongrie.

Relief maya

Le Perse Xerxès en campagne contre la Grèce, en 480 av. J.-C, franchit l'Hellespont. À la charnière entre l'Europe et l'Asie, cet étroit bras de mer marquait la frontière entre l'Orient et l'Occident et était un point de passage pour les marchandises et les communications.

Hatra était une riche ville commerçante sur un territoire que se disputèrent Rome et la Parthie (voir p. 122-123) entre 150 av. J.-C. et 224 apr. J.-C. Elle fut parfois un État semi-indépendant ou État client entre les grands empires romain et parthe. Sa disposition circulaire est typiquement parthe alors que l'influence romaine transparaît dans l'architecture.

Cette représentation grecque de Scythes, des nomades du Nord (voir p. 138-139), montre qu'il existait des contacts entre sédentaires et nomades. Les Scythes étaient des tribus qui avaient une culture commune et des langues apparentées ; elles vivaient dans les steppes allant de la Sibérie au sud-est de l'Europe.

« AVANT

Les zones géographiques naturelles de l'Eurasie ont déterminé la croissance des nations, leurs conflits et leurs contacts. À maints égards, la Mésopotamie fut le cœur du monde civilisé antique.

VALLÉES ET SÉDENTARISATION

La vie urbaine sédentaire a débuté dans les vallées fertiles et les plaines de l'**Égypte « 56-57**, de **Mésopotamie « 44-45**, et de l'**Indus « 58-59** qui, entre 3000 et 1000 av. J.-C., ont joué un rôle crucial dans la formation des États.

PUISSANCES EN EXPANSION

Entre 1550 et 700 av. J.-C., quittant leurs vallées, les monarchies riches et ambitieuses **d'Égypte « 64-65** et d'Assyrie **« 80-81** ont progressé vers le Levant, en Méditerranée orientale, en gros depuis la Turquie moderne jusqu'à la péninsule du Sinaï : c'était à la fois une **région fertile** et une zone d'**échanges commerciaux** ouverte sur la Méditerranée.

UNE DOMINATION MONDIALE

Le cœur du pays des Assyriens se trouvait dans la partie nord de la Mésopotamie ; vers 800 av. J.-C., ils **dominaient plus que jamais leurs voisins**. Ils combattaient les tribus montagnardes au nord et à l'est mais nouaient aussi avec elles des relations diplomatiques. Vers 612 av. J.-C., les Babyloniens renversèrent l'Empire assyrien ; **Babylone était à nouveau au centre du monde**.

PORTE D'ISHTAR, BABYLONE

DÉSERTS ET FRONTIÈRES

Dans la seconde moitié du Ier millénaire av. J.-C., les grandes puissances devinrent plus mobiles et ambitieuses. Certains peuples autrefois cavaliers des steppes, comme les **Perses 92-93 »**, associèrent gouvernement de la Mésopotamie et expansion, du **plateau iranien** jusqu'en **Asie centrale**. En **Chine**, ce même passé de cavaliers détermina la tactique militaire des Royaumes Combattants entre 1000 et 500 av. J.-C. puis les aida à s'unir **126-127 »**.

Doura Europos fut fondée vers 303 av. J.-C. au bord de l'Euphrate lorsque la Grèce régnait sur la Mésopotamie. Elle fut ensuite occupée par les Parthes, les Romains et les Perses. Sa diversité culturelle se reflète dans ses édifices religieux, dont la plus ancienne synagogue conservée et cette église.

Behistun était une montagne sacrée à proximité d'un site qui servit successivement de relais, de jardin et de résidence royale. Elle surplombait la route entre Babylone, sur la basse plaine de la Mésopotamie, et le plateau iranien. En 515 av. J.-C., l'empereur perse Darius Ier y fit graver une inscription monumentale (ci-dessous) proclamant sa souveraineté sur le plateau et la plaine.

L'Indus était un chaînon essentiel de la route entre le golfe Persique, l'Inde et l'Asie centrale. Cette vallée servit de frontière entre les puissances rivales telles que la Perse des Achéménides (voir p. 92-93), la Grèce des Séleucides (voir p. 98-99) et l'Inde des Maurya (voir p. 124-125).

Ces statues kushanas nous ont é laissées par une puissance tribale qui, ent 1 et 250 apr. J.-C., créa un vaste empi entre l'Hindu Kush et le Gange. Entretena des contacts avec les Romains et les Chino l'Empire kushana (voir p. 138-139) fut carrefour cultur

Entre 700 av. J.-C. et 600 apr. J.-C., une série d'empires se constituèrent, du sud de l'Europe à l'Inde et la Chine, autour d'une ville centrale, leurs limites correspondant à des frontières naturelles. Plus au nord, les steppes étaient occupées par des populations non sédentaires qui échappaient au contrôle de ces États urbains (voir p. 138-139). Mais le centre de gravité de ces peuples bascula : à partir du IIe siècle av. J.-C., la Mésopotamie, qui avait constitué le cœur de plusieurs empires (voir AVANT), devint une région frontalière. D'importants mouvements démographiques semblent avoir déplacé les frontières de la steppe européenne, de l'Asie centrale et de la Chine du Nord-Ouest. En même temps, pour consolider leur pouvoir, les dirigeants des empires assyrien, babylonien, perse, romain et chinois (Han) procédèrent à des transferts de population.

Une ambition démesurée

La vaste taille de ces empires était difficile à concevoir pour leurs habitants, mais les dirigeants recouraient à des symboles pour en exprimer la diversité : les empereurs d'Assyrie et de Perse évoquaient dans des inscriptions la richesse des ressources de leur territoire. De même en Chine, ayant réuni les royaumes dispersés, le fondateur de la dynastie des Qin fit construire une vaste tombe qui était un microcosme de son empire.

Une certaine conception de la frontière

Chaque dynastie ou empire avait ses propres conceptions de la structure du monde. Dans les basses plaines de la Mésopotamie, les montagnes étaient, pour les Assyriens et les Babyloniens, des lieux de chaos d'où pouvaient surgir des dangers. Par contre, pour les Macédoniens et les Perses, les montagnes d'où ils étaient originaires leur avaient forgé le caractère. Bien souvent, la frontière était marquée par un fleuve, par exemple le Danube ou l'Indus.

Des **bornes** à la **puissance**

À partir de 700 av. J.-C., plusieurs puissances commencent à s'affronter pour assurer leur suprématie sur le monde connu. De l'Assyrie à Rome, chacune se heurte à des obstacles, notamment le terrain et le climat du continent de l'Eurasie mais aussi l'ambition et la résistance des puissances voisines.

La forme des empires
Cette présentation synthétique du monde en l'an 1 apr. J.-C. illustre les obstacles aux communications et à l'unification ainsi que les territoires que se disputaient les grandes puissances de l'époque.

La Grande Muraille de Chine fut au départ une chaîne de fortins. Durant l'unification réalisée par le premier empereur Qin, ils furent reliés entre eux pour former une frontière contre les raids des nomades des steppes tels que les Xiongnu.

APRÈS

Dans toute l'Eurasie, la naissance et la disparition de dynasties et d'empires démontrèrent que toute puissance était caduque. Par la suite, d'autres États aux ambitions expansionnistes se présentèrent comme les héritiers de ces civilisations.

« BABYLONE EST TOMBÉE »
Vu l'importance de Babylone dans la Bible, sa chute devint l'archétype du destin d'un grand

LA CHUTE DE BABYLONE, JOHN MARTIN, 1831

empire. L'art du XIXe siècle a souvent évoqué sa **destruction apocalyptique**, et des écrivains ont comparé son sort à celui qui attendait les grandes puissances de leur temps : la **Grande-Bretagne et les États-Unis**.

LES FORCES DU CHAOS
Pour les civilisations urbaines impériales, les nomades représentaient les forces du chaos. Dans les traditions biblique et islamique, ils étaient personnifiés par les légendaires « **Gog et Magog** ». Pour les peuples sédentaires, les vagues de peuplades venues du Nord – notamment les Huns et les Scythes **138-139, 150-151 »**, étaient les peuples de Gog et de Magog, hordes menaçantes aux frontières du monde civilisé.

REPRÉSENTATION ISLAMIQUE DE GOG ET MAGOG

AVANT

Au Proche-Orient, la conquête de la région par les Perses fut précédée par d'autres.

L'EMPIRE ASSYRIEN

Le pouvoir des rois d'Assyrie **« 80-81** s'étendait des monts Zagros, en Iran, à la Méditerranée. Ils avaient poussé jusqu'en **Égypte** et en **Arménie**. Quand leur **empire s'effondra** en 612 av. J.-C., ils laissèrent à leurs successeurs des villes riches et de profitables relations commerciales.

DÉTAIL DE LA PORTE D'ISHTAR, BABYLONE, V. 580 AV. J.-C.

LA NOUVELLE BABYLONE

La plus grande partie de l'Assyrie passa sous la domination d'une dynastie installée à **Babylone** **« 55, 79, 90**. Ces rois néo-babyloniens en firent leur capitale, mais celle-ci fut prise par l'armée perse moins d'un siècle plus tard. Pourtant, les modes babyloniens de gouvernement subsistaient encore deux cents ans plus tard, inspirant un texte à Cyrus (voir à droite) et la reconstruction de Suse (voir à droite).

L'Empire perse

À l'origine modeste élite locale, la dynastie des Achéménides finit par régner sur une bonne partie de l'Asie, de la Méditerranée au nord-ouest de l'Inde. Les rois de Perse fondèrent un empire tel qu'on n'en avait jamais vu.

Aux frontières des grandes puissances mésopotamiennes – l'Assyrie et Babylone (voir p. 80-81 et AVANT) – étaient établis plusieurs petits États et tribus, notamment les Mèdes et les Perses. Influencés par les idées perses, les historiens grecs racontent que les Mèdes créèrent un empire dont le luxe devait rivaliser avec celui de leurs voisins mésopotamiens. L'un des Perses qui fréquentaient leur cour, Cyrus, aurait conquis cet empire de l'intérieur ; mais les fouilles archéologiques ne le confirment pas. Selon des chroniques de ce temps, Cyrus aurait conquis les territoires voisins de la Mésopotamie vers le milieu du VIe siècle av. J.-C. avant de s'emparer des capitales de cette région. Le royaume de Lydie, à l'ouest de la Turquie moderne, fut le premier à tomber, ce qui amena Cyrus aux portes de la Grèce. Puis ce fut le tour du roi Nabonide de Babylone. Des chroniques détaillées de Babylone et de la Méditerranée évoquent aussi les victoires de Cambyse, fils de Darius, qui envahit l'Égypte en 524. On a moins de détails sur les conquêtes de Cyrus en Asie centrale. Après que Cambyse eut annexé l'Égypte, les Perses, à l'origine petite élite tribale du plateau iranien, avaient créé un immense empire en une seule génération. À la mort de Cambyse, son frère Bardiya semble avoir été reconnu comme roi. Mais, dans les années suivantes, le personnage principal fut Darius Ier qui prétendit, dans une inscription monumentale gravée dans la montagne de

> « Un Perse a livré bataille **très loin de la Perse.** »
>
> INSCRIPTION SUR LA TOMBE DE DARIUS Ier, 549-486 AV. J.-C.

Persépolis
Au sommet d'une colonne, une tête de griffon veillait sur Persépolis, la ville bâtie par Darius Ier et ses successeurs à partir de 519 av. J.-C. On y trouvait une vaste salle d'audience à colonnades (à droite) et (à l'arrière-plan) des petits palais en pierre et brique.

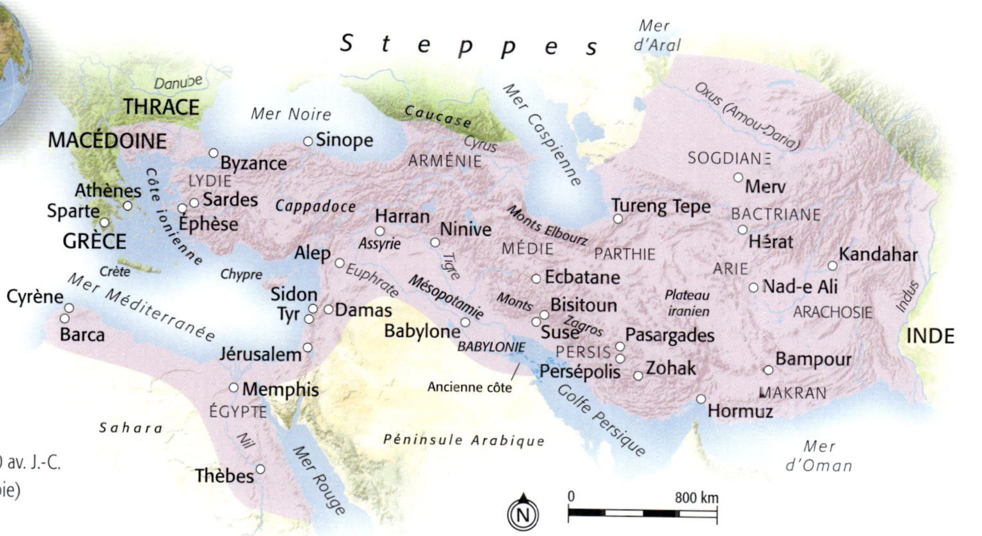

L'Empire perse sous Xerxès Ier (485-465 av. J.-C.)
À l'époque de Xerxès, les rois de Perse avaient annexé l'Égypte, plusieurs cités et royaumes grecs de l'Égée et de vastes portions de l'Asie centrale, jusqu'à l'Indus et au-delà de l'Oxus. Quoique refoulée de Grèce, la Perse ne perdit aucun territoire avant l'arrivée d'Alexandre le Grand vers 330 av. J.-C.

LÉGENDE
L'Empire perse à son apogée, 480 av. J.-C.
LYDIE District administratif perse (satrapie)

Un héritier royal
Sous Darius, son fils Xerxès et leurs successeurs, l'image du monarque telle que gravée sur les murs des palais ne changea pas, soulignant la continuité de la lignée royale. Ici, dans sa robe de cérémonie, un héritier est la copie conforme du roi.

Bisitoun que Bardiya était un imposteur éliminé par Darius. Celui-ci voulut donner une image harmonieuse de l'empire qu'il gouvernait désormais : dans ses capitales de Persépolis et de Suse, l'architecture présentait une image pacifique de tous les peuples de l'empire. Dans une charte de fondation à Suse, il affirmait que les matériaux provenaient de régions très éloignées – de l'Inde à la côte ionienne – et que ces splendides structures avaient été construites par une multitude de ses sujets.

Des frictions avec la Grèce

Darius et ses successeurs insistaient sur l'harmonie et l'efficacité qui régnaient dans leur empire, mais les auteurs grecs vivant dans les petits royaumes limitrophes parlent surtout de conflits. Les relations avec la superpuissance voisine étaient complexes : lorsque, dans les années 490 av. J.-C., les cités grecques de la côte d'Ionie, soumises aux Perses, se révoltèrent, Athènes et l'Érétrie leur envoyèrent des renforts. Pour les dirigeants perses, c'était une rébellion : ils lancèrent une première expédition punitive en 490, puis une seconde, dirigée par Xerxès, le fils de Darius, en 480. Si certaines de ces cités se soumirent, d'autres opposèrent une farouche résistance. Une telle attitude contribua à affirmer, dans la conscience des Grecs, leur esprit d'indépendance vis-à-vis de l'Orient (voir p. 132-133).

Un empire mondial

Bien que refoulée de Grèce, la Perse continua à exercer son influence politique et culturelle dans toute l'aire méditerranéenne. Le trône de Perse ne fut menacé que par Alexandre le Grand (voir p. 96-97), en 334 av. J.-C. Quant aux peuples qui payaient tribut aux rois de Perse, ils allaient des Scythes, dans les steppes du nord, aux forteresses de la Haute-Égypte dans le sud. La diversité culturelle n'était pas moins grande : depuis les cités historiques de la Babylonie, où résidait une élite de plus en plus mélangée, jusqu'aux royaumes de naissance récente sur la frontière du Caucase, qui fournissaient des détachements à l'armée perse et copiaient l'architecture et le luxe de leur suzerain. Administrer un empire aussi vaste et varié n'allait pas sans difficultés : même le déplacement entre deux capitales pouvait prendre jusqu'à trois semaines. Jalonnées de relais, avec des rations soigneusement gérées, les routes officielles permettaient la transmission rapide des ordres, du courrier, des approvisionnements et des émissaires. Le cas échéant, on pouvait recruter une armée sur place. Les dirigeants perses parlaient leur propre langue (le vieux persan), qui n'était employée que dans les inscriptions royales portées sur les monuments publics. Les communications officielles se faisaient en araméen, une *lingua franca* (langue commune) héritée de l'administration assyrienne, mais très peu de documents ont survécu. Des missives envoyées d'Égypte et des chroniques d'Afghanistan illustrent comment des administrateurs locaux contrôlaient les mouvements des fonctionnaires et des approvisionnements sous l'autorité de « satrapes » – gouverneurs en général perses nommés par le roi et responsables devant lui. Ces interconnexions permirent, à un degré sans précédent, la transmission d'idées, de marchandises et de personnes sur de grandes distances.

Le cylindre de Cyrus
Sur ce document fondateur en argile, Cyrus fait, en akkadien (voir p. 62-63) – la langue littéraire traditionnelle de Babylone –, le récit de sa conquête de la ville dans les années 540 av. J.-C., racontant l'accueil chaleureux de la population, qui l'avait préféré à son prédécesseur, le roi babylonien Nabonide.

COMMENT SAVONS-NOUS ?

LE PALAIS DE SUSE

Malgré leurs succès, les Perses n'ont laissé aucune chronique de leur histoire. Par contre, les rois ont fait graver, sur les murs de leurs palais, le souvenir qu'ils voulaient qu'on garde d'eux. Sur des inscriptions de son palais de Suse, Darius Ier se vante des excavations massives qu'il a fait faire pour les fondations de ses salles à colonnades. À l'extérieur, des reliefs s'inspiraient des palais de Babylone (voir AVANT). On voit ici des gardes en habit d'apparat.

APRÈS

Pour beaucoup d'historiens, c'est à l'occasion des guerres médiques, opposant les cités grecques aux Perses, que se définit l'opposition entre « Orient » et « Occident », les deux devenant étrangers l'un à l'autre. Mais l'héritage de l'Empire perse eut des aspects plus positifs.

LA CHUTE D'UN EMPIRE
Le dernier roi de la dynastie achéménide inaugurée par Cyrus fut **Darius III**, dont **Alexandre 96-97 ››** conquit la moitié de l'empire. Il aurait été emprisonné et tué par son entourage en 330 av. J.-C. Si Alexandre fit des coupes claires dans l'élite au pouvoir et incendia la moitié de Persépolis, la structure et les traditions de l'Empire perse influencèrent fortement les dirigeants et les empires ultérieurs **98-99 ››**.

UN LEGS IMPÉRIAL
Outre une administration efficace, les deux siècles de gouvernement des Achéménides laissèrent d'autres idées : dans les **communautés grecques** et **juives**, la **notion d'unité** est née de leur expérience en Perse. Ce fut aussi, dans tout le Proche-Orient, un catalyseur pour la naissance des États et des identités. Les **empereurs sassanides 122-123 ››** qui gouvernèrent la Perse plusieurs siècles plus tard se voulurent les **héritiers des Achéménides**.

EMPEREUR PERSE (580-529 AV. J.-C)

CYRUS

Transmises par des auteurs grecs, les légendes abondent à propos de la jeunesse de Cyrus, fondateur de l'Empire perse. Il prétendait lui-même être « roi d'Ashan », ancienne cité du plateau iranien. Dans les jardins de Pasargades, sa capitale, se mélangeaient les styles architecturaux des pays qu'il avait conquis. Cyrus reprit aussi certaines conceptions locales de la royauté pour se présenter comme un dirigeant désirable dans les villes vassales de Babylone et de Jérusalem. Les traditions grecques et autres le présentent comme un roi idéal.

Les cités-États grecques

La montée en puissance de la *polis* – la cité-État – dans la Grèce antique marque une étape importante de la politique mondiale. Les plus grandes – Athènes, Sparte, Corinthe – élaborèrent plusieurs modes de gouvernement fondés sur des lois ; Athènes se distingua en inventant le gouvernement démocratique.

AVANT

La période de l'histoire grecque antérieure à l'ère archaïque fut précédée par la riche civilisation de Mycènes et ce qu'on appelle les « siècles obscurs » de la Grèce.

PREMIÈRE CIVILISATION
Des objets de Mycènes témoignent d'une riche civilisation méditerranéenne antérieure à la naissance des cités-États. La culture mycénienne connut son apogée au IIe millénaire av. J.-C.

LES « SIÈCLES OBSCURS »
Entre 1100 et 750 av. J.-C., la Grèce a vécu des « siècles obscurs » au cours desquels les futures cités-États n'étaient probablement que des groupes de villages.

LA PÉRIODE ARCHAÏQUE
Au début de la période archaïque (v. 750-480 av. J.-C.), la **croissance démographique** favorisa le développement de villes comme Athènes, Sparte, Thèbes et Corinthe.

LA NAISSANCE D'ATHÈNES
Au VIe siècle av. J.-C., **Athènes devint la principale cité-État,** son système juridique lui donna son identité particulière. Vers 621 av. J.-C., **Dracon**, magistrat athénien, édicta des lois strictes (draconiennes), probablement son **premier véritable système juridique**. Plus tard, **Solon** (v. 630-560 av. J.-C.) fit adopter des lois visant à protéger les droits des gens « ordinaires ».

SOLON

Dans la Grèce des ve et vie siècles av. J.-C., les principaux centres de civilisation furent Athènes, Sparte et Corinthe, qui étaient ce que l'on appelle aujourd'hui des cités-États. Nombre de leurs caractéristiques architecturales se retrouvent dans les villes actuelles : elles étaient en général entourées d'une muraille, avec une citadelle centrale : l'acropole (souvent un lieu de refuge avec un temple bâti sur une élévation), une grand-place (l'*agora*), un centre sportif et social (le gymnase) et un ou plusieurs temples. Ces « cités » n'étaient guère peuplées : Sparte n'était probablement qu'un groupe de villages. L'essentiel était que les habitants s'identifiaient à leur « État » plus qu'à toute autre chose : un habitant de Sparte était d'abord un « Spartiate » et ensuite un « Grec ». Cela dit, les différences étaient grandes d'une cité-État à l'autre, le mode de gouvernement pouvant d'ailleurs évoluer dans le temps : monarchie, tyrannie (un dirigeant fort, sans nécessairement la connotation négative donnée aujourd'hui à ce terme), oligarchie (gouvernement par un petit groupe de nobles) et démocratie. Les hommes éligibles participaient à ces gouvernements à des degrés divers. Cette participation et l'idée d'un gouvernement autonome caractérisèrent de nombreuses cités-États qui furent créées par la suite.

Les cités-États inspirées du modèle grec se multiplièrent dans la mer Égée et ses îles, en Asie Mineure (Éphèse), en Sicile (Syracuse), en Italie (Tarente), en Afrique (notamment Cyrène de Libye) et en France (Marseille).

Athènes

Clisthène (v. 570-508 av. J.-C.), important magistrat athénien, réforma en profondeur le gouvernement d'Athènes. Il changea radicalement la structure politique, à commencer par le système tribal : il répartit les citoyens en dix « tribus », auxquelles furent donnés des noms de héros. L'Attique (région autour d'Athènes) fut divisée en trois zones : la côte, l'intérieur et la cité. Les tribus étaient constituées par des citoyens de chacune de ces zones et étaient subdivisées en dèmes, les plus petits districts électoraux de la *polis*.

Au ve siècle, Périclès (v. 495-429 av. J.-C.) fit progresser Athènes plus encore vers la « démocratie » (voir p. 100-101). Un tribunal populaire : l'Héliée, fut créé, transférant aux

CITÉ-ÉTAT **Terme souvent traduit par *polis* dans le contexte de la Grèce antique. C'étaient des États indépendants et autonomes ayant leur propre constitution. Elles atteignirent leur apogée à l'époque classique, entre 480 et 323 av. J.-C. environ.**

Le trésor du Parthénon
On pense que cette sculpture, qui se trouvait au Parthénon, provient de l'atelier du sculpteur Phidias, le plus célèbre des sculpteurs de la Grèce antique.

L'acrotère était un élément décoratif placé au sommet du fronton.
Le fronton est portait des sculptures illustrant la mythologie grecque.

Le sanctuaire d'Athéna
C'est l'un des bâtiments groupés autour de l'oracle de Delphes, site sacré proche du golfe de Corinthe.

Le théâtre d'Épidaure
Exceptionnellement bien conservé, ce vaste théâtre de 12 000 places, à l'acoustique remarquable, fut construit au IVe siècle à Épidaure, une cité-État du Péloponnèse.
Le théâtre occidental doit beaucoup au théâtre grec, de même d'ailleurs que la conception des salles de théâtre.

Le temple d'Apollon
Entre 650 et 550 av. J.-C., ce fut l'âge d'or de Corinthe. Contrôlant plusieurs ports, avec des colonies dans l'Adriatique et en Macédoine, elle fut un important centre maritime et commercial.

INVENTION
LA GÉOMÉTRIE

À l'époque des cités-États, des philosophes et savants tels que Thalès de Milet, s'appuyant sur des principes mathématiques élaborés en Mésopotamie et en Égypte, inventèrent la géométrie (du grec *géos* : la Terre et *métron* : mesure). L'ouvrage fondateur de la géométrie : *Les Éléments,* est un traité écrit par le mathématicien Euclide, né vers 300 av. J.-C. en Égypte.

EUCLIDE, RELIEF DU XIe SIÈCLE

PHILOSOPHE GREC (384-322 AV. J.-C.)

ARISTOTE

Né dans le nord de la Grèce, Aristote fut l'un des plus grands philosophes et savants du monde (voir p. 104-105). Il écrivit sur de multiples sujets. Dans la *Politique*, il a analysé plusieurs cités-États grecques pour tenter de voir quel était le meilleur gouvernement. Il manifestait un profond respect pour la *polis*, y voyant un bon moyen de gouverner et d'employer au mieux les talents des citoyens.

citoyens le pouvoir judiciaire alors détenu par le collège des archontes ; son assemblée devint un conseil démocratique où tous les hommes avaient un droit de vote égal, indépendamment de leur origine et de leur richesse. Athènes et les cités-États sont donc considérées comme à l'origine de la démocratie. Aux ve et vi^e siècles, la vie intellectuelle et artistique fut à son zénith. Au théâtre, Eschyle, Sophocle et Euripide en particulier abordèrent des thèmes philosophiques ultérieurement approfondis par Platon et Aristote (à gauche) ; après la victoire des Grecs sur les Perses au ive siècle, Athènes, en pleine expansion, rebâtit son acropole, y dressant le grand Parthénon (ci-dessous).

Sparte et Corinthe

Sparte, la grande rivale d'Athènes, avait simultanément deux rois, dont les pouvoirs furent par la suite tempérés par un conseil d'aristocrates et une assemblée de citoyens : les *homoioï*, citoyens disposés à prendre les armes pour leur État. À la différence des autres cités-États grecques, Sparte s'appuyait sur une population de serfs : les hilotes. Au ve siècle fut institué l'éphore, directoire de cinq magistrats élus, qui était censé contrôler le gouvernement. Mais les éphores finirent par s'arroger le pouvoir et supplantèrent un temps les rois. Sparte était célèbre pour la formation militaire (spartiate) qu'on y dispensait.

Une autre puissante *polis* : Corinthe, occupait une position stratégique sur la bande de terre reliant le Péloponnèse à la Grèce continentale.

Une suprématie disputée

Au viie siècle av. J.-C., la naissance des cités-États dut beaucoup à la guerre du Péloponnèse (voir p.116-117) et à la révolution hoplitique : les citoyens riches, qui payaient leur armement et constituaient les phalanges (voir p. 114-115), voulaient en retour jouer un rôle politique. La rivalité entre cités était constante, notamment entre Athènes et Sparte. Certes, ces États se retrouvaient à certaines occasions, comme les Jeux panhelléniques : jeux olympiques et fêtes religieuses. Au ve siècle, ils s'allièrent contre les Perses (voir p. 92-93) sous le commandement de Sparte, même si, par la suite, Athènes tint une place prédominante. La victoire leur donna un sentiment d'identité et d'unité.

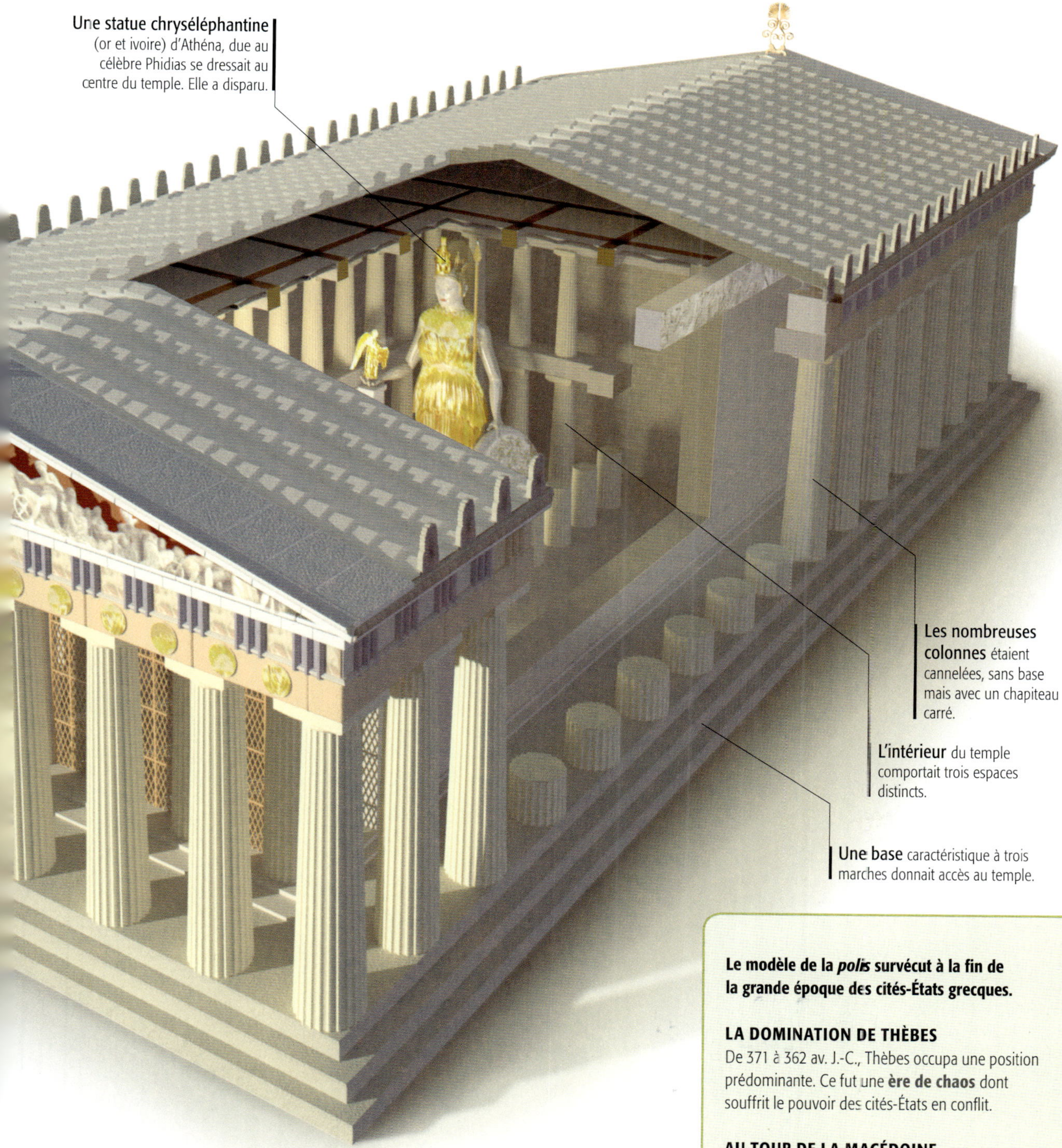

Le Parthénon
Ce superbe temple en marbre fut construit sur l'acropole d'Athènes entre 447 et 432 av. J.-C., dans l'euphorie qui suivit la victoire des Athéniens sur les Perses. Ce bâtiment était dédié à Athéna, déesse protectrice de la ville.

APRÈS »

Le modèle de la *polis* survécut à la fin de la grande époque des cités-États grecques.

LA DOMINATION DE THÈBES
De 371 à 362 av. J.-C., Thèbes occupa une position prédominante. Ce fut une **ère de chaos** dont souffrit le pouvoir des cités-États en conflit.

AU TOUR DE LA MACÉDOINE
En 338 av. J.-C. **Philippe II 96-97 »**, roi de Macédoine, vainquit les Grecs et créa la **Ligue de Corinthe** pour appuyer ses visées impériales.

LA VILLE DE ROME
En se développant, Rome **106-107 »** finit par constituer un empire qui s'inspirait d'idées grecques.

LE MOYEN ÂGE ET LA RENAISSANCE
Au xie siècle apr. J.-C., des **cités-États** se constituèrent d'abord en Italie, à Venise et à Pise, puis, entre le xiiie et le xve siècle, à Florence, Padoue, Hambourg et en Flandre. La redécouverte des **idées et du savoir classiques** redonna de l'importance aux conceptions de Platon et d'Aristote sur le gouvernement **250-253 »**.

DIRIGEANT POLITIQUE ET CHEF MILITAIRE Né en 356 AV. J.-C. Mort en 323 AV. J.-C.

Alexandre le Grand

«À cœur vaillant **rien d'impossible.**»

ATTRIBUÉ À ALEXANDRE LE GRAND

En moins de dix ans de guerres, Alexandre de Macédoine, dit « le Grand », créa l'un des plus grands empires que le monde ait connus, qui allait de la Grèce au nord de l'Inde. Il bâtit sa carrière sur celle de son père : Philippe II de Macédoine, en Grèce. Philippe avait fait de la Macédoine une puissance régionale dans le monde hellénique, instaurant une cavalerie lourde et un corps de fantassins armés de piques, grâce auxquels Alexandre bâtit son empire. Très tôt, celui-ci fut destiné à succéder à son père, de préférence à ses autres enfants : en 340 av. J.-C., il fit fonction de régent de Macédoine et de gardien du sceau royal pendant que Philippe faisait campagne contre Byzance. À l'âge de 18 ans, en 338, il donna la preuve de son courage et de son intelligence lorsque, à la bataille de Chéronée, il mena une charge de cavalerie qui écrasa le Bataillon sacré, corps d'élite des Thébains. Mais son droit à la succession était loin d'être assuré, car le trône ne passait pas nécessairement au fils aîné, et le roi avait plusieurs

Alexandre en action
Cette mosaïque montre Alexandre, sur son cheval Bucéphale, attaquant les Perses à Issos en 333 av. J.-C. Menant toujours la charge, Alexandre ne perdit jamais une bataille alors qu'il affrontait parfois des armées trois fois plus nombreuses que la sienne.

Lieu de naissance
À l'origine, les Macédoniens étaient une tribu qui vivait dans les montagnes du nord de la Grèce. Mais Alexandre naquit à Pella, dans la plaine, où ses prédécesseurs avaient établi la capitale de leur royaume.

« Un tombeau suffit maintenant à celui auquel **n'avait pu suffire l'Univers. »**

ÉPITAPHE D'ALEXANDRE

épouses. On raconte qu'Olympia, la mère d'Alexandre, avait voulu faire assassiner Philippe avant que le fils d'une autre de ses épouses ne soit assez vieux pour lui succéder. Une fois son père mort, Alexandre fut impitoyable pour s'assurer sa succession, tuant tous ceux qui menaçaient son autorité.

Des ambitions de héros

Lorsqu'en 334, avec son armée, Alexandre franchit l'Hellespont – ce bras de mer qui sépare l'Europe de l'Asie Mineure – afin de libérer les cités grecques soumises au joug des Perses, il réalisait un plan en fait élaboré par son père. Mais l'étonnante campagne qui suivit fut totalement l'expression de sa propre ambition. Alexandre prétendait descendre, par son père, du dieu-héros grec Héraclès (Hercule) et, par sa mère, d'Achille, le légendaire héros de la guerre de Troie. Arrivé en Asie Mineure, l'un de ses premiers gestes fut de visiter le site de Troie, en hommage à son ancêtre. Plus tard, en Égypte, ses prétentions s'élevèrent d'un degré supplémentaire lorsqu'un prêtre du sanctuaire d'Ammon salua en lui le « fils de Zeus » – le roi des dieux grecs, considéré comme l'ancêtre des rois de Macédoine. Alexandre se présentait comme un homme du destin, élu par les dieux, et ce fut le moteur de ses conquêtes.

Un chef militaire

Son armée voyait en Alexandre un grand homme de guerre. Sa cavalerie d'élite – les Compagnons – constituait un groupe bien soudé avec qui il se battait, mangeait et buvait. Il était toujours à la pointe du combat : il aimait mener la charge de la cavalerie et il était souvent le premier à franchir le rempart d'une ville assiégée. Il pouvait être terriblement imprudent, mais sa cavalerie et son infanterie étaient motivées par sa remarquable capacité d'organisation. Ses victoires sur des armées perses supérieures en nombre, à Issos et à Gaugamèles, traduisaient sa capacité à repérer et exploiter les points faibles d'un ennemi apparemment puissant ainsi que son instinct à attaquer le premier. Mais la conquête du puissant Empire perse, terminée en 330 av. J.-C., ne mit pas fin à son ambition effrénée : il continua à se battre, et pas seulement pour imposer sa prétention à gouverner tous les territoires sous domination perse : il poursuivit sa route jusqu'en Inde.

L'influence perse

Alexandre avait le dessein de propager la civilisation grecque par l'épée : il fondait des cités grecques, dont la plus célèbre fut Alexandrie d'Égypte, et il voulut helléniser – rendre grecs – les Perses qu'il avait vaincus. Mais, à trop vouloir revêtir le manteau de l'Empire perse, il finit par perturber les Macédoniens, pour qui les mœurs de la cour de Perse étaient étrangères, « barbares ». Et ils étaient jaloux des faveurs accordées aux Perses ralliés à Alexandre. Ce mécontentement fut la source de mutineries, qu'Alexandre réprima brutalement.

Le phare d'Alexandrie
Alexandre fonda Alexandrie pour en faire la capitale macédonienne de l'Égypte. Son phare fut l'une des Sept Merveilles du monde antique.

Un noble impitoyable

Dans l'Antiquité, sa célébrité fut sans égale ; pourtant, il ne laissa aucun héritage positif. Impitoyable, Alexandre tuait aussi bien de sang-froid que dans un accès de colère. Il mourut à l'âge de 32 ans ; son corps embaumé fut amené en Égypte, où il fut exposé pendant plus de cinq cents ans.

COMMENT SAVONS-NOUS ?

UN DIEU VIVANT

Cette monnaie d'argent montre Alexandre figuré sous l'apparence du demi-dieu Héraclès avec sa peau de lion. Sur d'autres, il est représenté comme Ammon, divinité suprême des Égyptiens. Se sentant proche des dieux, se réclamant plus d'Héraclès que de son père Philippe, Alexandre avait une profonde conviction de sa destinée. On raconte que, en Perse, il assistait aux banquets habillé en dieu. Le mythe de sa divinité était largement accepté, et des sanctuaires furent érigés à sa mémoire.

ALEXANDRE EN HÉRACLÈS

CHRONOLOGIE

- **Juillet 356 av. J.-C.** Né à Pella, en Macédoine ; fils du roi Philippe II de Macédoine et d'Olympias, sa quatrième épouse.
- **343 av. J.-C.** On fait venir en Macédoine, pour l'éduquer, le philosophe grec Aristote.
- **338 av. J.-C.** Il joue un rôle décisif dans la défaite d'Athènes et de Thèbes à la bataille de Chéronée. Son père se proclame dirigeant de toutes les cités-États grecques, à l'exception de Sparte.
- **337 av. J.-C.** Philippe épouse Eurydice, une Macédonienne ; elle lui donne un fils qui pourrait menacer les prétentions d'Alexandre à la succession.
- **336 av. J.-C.** Philippe est assassiné par Pausanias, un officier de sa garde. Alexandre accède au trône et fait tuer Attale, principal partisan d'Eurydice.
- **334 av. J.-C.** Il franchit l'Hellespont à la tête d'une armée coalisée et visite le site de Troie. Il conquiert l'ouest de l'Asie Mineure, écrasant une armée perse à Granique.
- **Novembre 333 av. J.-C.** À Issos, dans l'actuelle Syrie, il défait le roi Darius III de Perse mais celui-ci s'échappe.
- **332 av. J.-C.** Après les avoir assiégées, il s'empare des villes de Tyr et Gaza, puis poursuit sur l'Égypte, où il est proclamé pharaon. Il rend visite à l'oracle de Zeus-Ammon à l'oasis de Siwa et fonde la ville d'Alexandrie.
- **Octobre 331 av. J.-C.** Parti d'Égypte, il affronte, après une longue marche, l'armée perse à Gaugamèles. Les Perses sont écrasés, et Darius parvient tout juste à s'échapper.
- **330 av. J.-C.** Darius est assassiné par le satrape de Bactriane. Alexandre s'impose comme son successeur au trône de Perse. Il déjoue un complot dirigé contre lui ; il fait assassiner Parménion, l'un de ses plus proches officiers.
- **328 av. J.-C.** Pris de rage alors qu'il est ivre, Alexandre tue Cleithos le Noir, l'un de ses principaux officiers macédoniens.
- **327 av. J.-C.** Il épouse Roxane, princesse de Sogdiane. Il réprime le complot des pages qui refusent d'adopter les coutumes perses et fait exécuter Callisthène, neveu d'Aristote.
- **326 av. J.-C.** Ayant envahi le Pendjab, il vainc le roi Pôros à la bataille de l'Hydaspe. Son cheval Bucéphale est tué. Arrivés sur les rives de l'Hyphase, ses soldats se mutinent et l'obligent à rebrousser chemin en descendant le Jhelum, un affluent de l'Indus, jusqu'à la mer.
- **326 av. J.-C.** Ayant divisé son armée, il ramène en Perse un contingent qui est décimé par la traversée du désert du Makran, en Gédrosie.
- **324 av. J.-C.** Alexandre recrutant de plus en plus de Perses, les Macédoniens de son armée se mutinent ; 10 000 vétérans sont libérés. Alexandre est accablé de douleur par la mort d'Héphaestion, son ami – et peut-être amant.
- **11 juin 323 av. J.-C.** Alexandre meurt de fièvre à Babylone, sans laisser de successeur désigné.

ALEXANDRE IDÉALISÉ

Les **Grecs** en **Asie**

L'Empire perse des Achéménides s'étendait de la Méditerranée à l'Indus. Alexandre le Grand le conquit en moins de dix ans, et ses armées y apportèrent des idées et des goûts propres à la civilisation grecque ; celle-ci finit par prendre racine et se développer parallèlement aux traditions locales.

Avant sa mort, Alexandre avait placé les provinces clés de l'Empire perse sous le contrôle de gouverneurs de confiance, tout en maintenant les gouvernements locaux, auxquels les habitants étaient accoutumés. Alexandre appréciait le rôle des Perses en tant que peuple impérial, et il aurait voulu créer une classe dirigeante en organisant des mariages entre ses officiers et des femmes de la noblesse perse. Il savait que, pour passer d'un mode de gouvernement à un autre, il fallait du temps et de la patience. Il mourut à Babylone en 322 av. J.-C. (voir p. 97) avant d'avoir pu réaliser son ambition de créer un empire unifié englobant

« AVANT

Avec ses conquêtes, Alexandre créa un empire encore plus grand que l'Empire perse au temps de sa splendeur. Quiconque eût voulu le diriger aurait dû reprendre à son compte l'héritage et les traditions de ses dirigeants achéménides.

L'EMPIRE ACHÉMÉNIDE

L'**Empire achéménide** « 92-93 atteignit son apogée sous Darius Ier et son fils Xerxès Ier au VIe siècle av. J.-C. Il resta pratiquement inchangé jusqu'à l'arrivée d'Alexandre « 96-97 en 334 av. J.-C. Divisé en **satrapies** (provinces administrées au nom du roi), il comptait plusieurs capitales. **Persépolis**, la capitale cérémonielle, fut en grande partie détruite par Alexandre mais a gardé ses escaliers décorés de reliefs représentant des **vassaux** apportant leur tribut.

BAS-RELIEF DE VASSAUX, PERSÉPOLIS

Les conquêtes d'Alexandre le Grand

En à peine dix ans, Alexandre conquit l'Empire perse, le plus grand empire que le monde eût jamais connu. Son propre empire allait de l'Afrique du Nord et la Méditerranée orientale jusqu'à la vallée de l'Indus, dans le nord de l'Inde. À sa mort, en 322 av. J.-C., ses généraux s'en disputèrent âprement les dépouilles.

LÉGENDE

- L'Empire d'Alexandre et ses régions vassales
- Itinéraire d'Alexandre le Grand

APRÈS

Les Séleucides furent victimes de leurs succès : toujours plus vaste, leur empire était trop hétéroclite pour un gouvernement unique.

LA FIN DES SÉLEUCIDES

Au IIe siècle av. J.-C., les Séleucides furent expulsés de Perse et de Mésopotamie par les **Parthes 122-123 ››**. En 100 av. J.-C., l'empire se réduisait à Antioche et quelques villes de Syrie. S'il subsistait, c'était que des puissances telles que Rome **106-115 ››** et les **Ptolémées d'Égypte 118-121 ››** ne les jugeaient pas menaçants. Ce fut le général romain Pompée qui mit fin à l'empire des Séleucides, faisant de la Syrie une province romaine en 64 av. J.-C.

L'EMPIRE PARTHE

L'Empire séleucide disparu, Romains et Parthes s'affrontèrent au Proche-Orient. Lorsque les Romains tentèrent d'envahir la Mésopotamie en 53 av. J.-C., les Parthes les vainquirent à **Carrhes** ; puis les Romains reprirent l'avantage, pillant trois fois **Ctésiphon** au IIe siècle apr. J.-C.

À l'origine peuplade semi-nomade, les Parthes conservèrent l'essentiel de la structure administrative des Séleucides ; des monnaies portant des inscriptions en grec furent encore frappées au IIe siècle apr. J.-C. Cela changea lorsque les Parthes eurent été expulsés par les **Sassanides perses 122-123 ››** en 236 apr. J.-C.

BOUDDHA D'INSPIRATION GRECQUE ; BACTRIANE, IIIe SIÈCLE APR. J.-C.

ART GRÉCO-BOUDDHISTE

Certains aspects de la culture hellénique subsistèrent plus à l'est : en **Bactriane** (en Afghanistan) et à Gandhara (dans le nord de l'Inde). On constate une combinaison des styles de l'Inde, de la Perse et de la Grèce dans des sculptures de Bactriane et des **royaumes indo-grecs 124-125 ››** du IIe siècle av. J.-C. au IVe siècle apr. J.-C.

Nemroud Dagh : Quand l'Orient rencontre l'Occident
Au Ier siècle apr. J.-C., Antiochos Ier, roi de Commagène, fit construire au sommet du mont Nemrod un sanctuaire rassemblant des divinités grecques et perses qui combinent des styles orientaux et occidentaux.

la Macédoine, la Grèce, l'Égypte et tout le territoire perse conquis en Asie. Selon la biographie d'Alexandre écrite par Plutarque près de quatre cents ans plus tard, son corps demeura plusieurs jours dans son cercueil sans montrer de signes de décomposition pendant que ses généraux discutaient de sa succession. Le corps – un talisman important pour ses successeurs potentiels – fut embaumé et emporté à Alexandrie, en Égypte, où il fut exposé dans un cercueil de verre.

Divinités de Bactriane
Ce plateau trouvé à Aï Khanoum (dans l'actuel Afghanistan) montre la déesse grecque Cybèle sur un chariot tiré par des lions devant un prêtre perse chargé du feu sacré.

Guerres de succession

Roxane, la femme d'Alexandre, lui donna un fils en 332, mais celui-ci fut tué en 310 par l'un des généraux qui convoitaient la succession de son père. Alexandre avait dit à ses généraux que « le plus apte » lui succéderait. Des conflits sanglants s'ensuivirent alors presque sans interruption entre 323 et 279. Finalement, trois États helléniques s'établirent. Le plus petit fut le royaume des Antigonides, avec la Macédoine et la Grèce. Déchiré par les guerres opposant les cités-États (voir p. 94-95), il fut absorbé par Rome (voir p. 106-115) en 168 av. J.-C. Le plus riche fut le royaume des Ptolémées (dynastie des Lagides, voir p. 118-119), avec l'Égypte et la Palestine. Sous le règne de Cléopâtre VII (voir p. 120-121), il fut annexé par Rome en 30 apr. J.-C. Le plus grands de ces États fut l'Empire séleucide, fondé en 312 av. J.-C. par Séleucos Ier Nicator, qui s'empara de Babylone, imposant son contrôle sur la Perse, la Mésopotamie, la Syrie et une grande partie de l'Anatolie.

Ces trois empires diffusèrent les idées grecques au travers de leurs institutions politiques, de l'urbanisme et de l'architecture. Ils tenaient à montrer qu'ils avaient conservé les libertés culturelles de l'idéal hellénique, et les villes qu'ils construisaient avaient tous les attributs de la cité-État grecque : une *agora*, des temples et des théâtres.

La culture grecque en Asie

Pour contrôler leur immense territoire, les Séleucides créèrent de nombreuses villes sur le modèle grec. Séleucos Ier fit construire une nouvelle capitale : Séleucie près de Babylone, avant de s'installer à Antioche de Syrie. Les Séleucides faisaient preuve de tolérance à l'égard des religions pratiquées sur leurs territoires, et les idées grecques cohabitaient avec les traditions perses, juives et autres.

Au cours du IIIe siècle av. J.-C., ils durent abandonner la Bactriane et la Parthie, mais l'influence grecque continua à s'y exercer. Le lointain royaume de Bactriane (dans l'actuel Afghanistan) conserva de superbes monnaies grecques, et les sites archéologiques tels qu'Aï Khanoum (peut-être l'Alexandrie de l'Oxus) montrent que les villes de Bactriane continuèrent à être construites sur le modèle grec, avec des temples et d'autres bâtiments publics précédés de colonnades corinthiennes. À l'ouest de la sphère d'influence des Séleucides, une nouvelle puissance régionale : Pergame, dans l'actuelle Turquie, commençait à s'imposer. Attale Ier Sôter, qui régna de 241 à 197 av. J.-C., prit le titre de roi de Pergame et en fit un centre littéraire, philosophique et artistique, avec une acropole, des temples, un théâtre de 10 000 places et une bibliothèque. Un autre État hellénique fascinant : Commagène, dans le sud-ouest de l'actuelle Turquie, se détacha des Séleucides vers 162 av. J.-C. Il absorbait des influences à la fois des Perses et des Grecs. Antiochos Ier, roi de 70 à 30 av. J.-C., se fit construire sur le mont Nemrod un monument où fusionnent l'hellénisme et la culture orientale.

HELLÉNISTIQUE **Les trois siècles qui suivirent la mort d'Alexandre sont appelés l'époque hellénistique : la culture grecque post-classique, avec ses idées et ses styles artistiques, se répandit alors jusqu'en Asie et en Égypte et, plus important encore, à Rome.**

IDÉES

LE PHILHELLÉNISME

Si l'on admire aujourd'hui encore la philosophie, la poésie et la sculpture grecques, l'admiration pour la Grèce classique fut très largement répandue aux XVIIIe et XIXe siècles ; *L'Apothéose d'Homère* (à droite), par Antonio Canova (1757-1822), l'incarne bien. Mais le philhellénisme (l'amour de la culture et du mode de vie grecs) ne tient pas compte du fait que les femmes n'avaient pas le droit de vote et que la société vivait du travail des esclaves.

Naissance de la démocratie

Succédant à la monarchie, à l'aristocratie et à la tyrannie, la démocratie la plus ancienne et la plus stable de la Grèce antique naquit à Athènes. Elle était fondée sur le principe de l'égalité des citoyens mais, comme dans toute *polis* grecque, les femmes, les esclaves et les étrangers n'avaient pas le droit de vote.

« AVANT

La Grèce antique n'était pas un pays uni mais une mosaïque de quelque 150 cités-États ayant la même langue et la même religion, les plus importantes étant Athènes et Sparte.

UNE NATION DE CITÉS-ÉTATS

Après la destruction de la civilisation mycénienne (dont les récits, notamment *L'Odyssée*, furent préservés par Homère), commença pour la Grèce une époque sombre, que nous ne connaissons guère « 94. Chaque ville devint une unité indépendante, une *polis*, ou cité-État.

SCÈNE DE *L'ODYSSÉE*

LA RÉVOLUTION HOPLITIQUE

Au VIIe siècle av. J.-C., le développement du commerce entraîna une révolution politique dans les cités-États : les riches pouvaient acheter des armes et fournissaient donc des contingents d'hoplites (fantassins lourdement armés) qui complétaient la cavalerie des aristocrates. La guerre imposait des actions collectives, ce qui fit naître une nouvelle forme de gouvernement fondée sur l'intérêt commun.

Le premier législateur d'Athènes fut Dracon (v. 624 av. J.-C.). Il institua des peines sévères pour empêcher les aristocrates de tourner la loi. En 594, après la défaite subie devant Mégare et en raison des tensions sociales, Solon fut nommé *archonte* (magistrat). L'appauvrissement des campagnes tournant à la crise, Solon supprima l'esclavage pour dettes, abolit le servage des paysans et décida que l'attribution de responsabilités politiques serait fonction non plus de la naissance mais de la richesse, ce qui réduisit le pouvoir de l'aristocratie. Pour favoriser un « bon gouvernement » *(eunomie)*, il créa un conseil *(boulè)* chargé de préparer les réunions hebdomadaires de l'assemblée des citoyens *(ekklèsia)*, et un tribunal d'appel du peuple : l'*héliée*, pour s'opposer aux abus de pouvoir. Les citoyens étaient divisés en quatre classes : les aristocrates, les « cavaliers », les hoplites et les pauvres *(thètès)*, dont chacune élisait 100 membres du conseil. Les pauvres se contentaient de voter.

En 560, l'aristocrate Pisistrate profita des dissensions incessantes pour prendre le pouvoir et lança des réformes agraires profitant aux pauvres. Mais le gouvernement de son fils était tellement rude qu'un autre aristocrate, Clisthène, renversa cette tyrannie en 507 ; il introduisit les réformes révolutionnaires qui allaient faire d'Athènes une puissance formidable et la première démocratie de la Grèce.

L'évolution vers la démocratie

Clisthène offrit aux citoyens d'Athènes les moyens de réaliser leur potentiel. À la place de l'*eunomie*, il promit l'*isonomie* (égalité). Pour neutraliser les anciennes factions et le clientélisme, il démantela le réseau d'allégeances familiales et régionales en divisant Athènes en 139 districts électoraux *(dèmes)*, répartis en 10 tribus *(phylè)*, composés de citoyens des trois régions (côte, ville et intérieur). Chaque année, les membres d'un conseil des 500 élargi étaient choisis par tirage au sort dans chacune des 10 tribus ; de ce conseil était issu un groupe de 50 *prytanes* qui administrait les affaires courantes. Sa composition changeait régulièrement pour que nul ne reste trop longtemps au pouvoir. Dans les tribunaux, les membres du jury étaient eux aussi tirés au sort. Forte de 6 000 membres, l'*ekklèsia* se rassemblait chaque semaine sur le Pnyx, près de l'Acropole, pour voter sur les questions préparées par les *prytanes* et pour élire 10 généraux *(stratèges)*, responsables des affaires militaires. La défense d'Athènes ne pouvant pas être confiée au hasard, ceux-ci étaient rééligibles. Ces réformes eurent pour effet de réduire les pouvoirs de l'aristocratie tout un créant un corps unifié d'hommes loyaux avant tout à Athènes. Autre sauvegarde, l'ostracisme permettait de bannir pendant dix ans tout homme politique « dangereux ».

Une puissance impériale

L'unité étant rétablie, Athènes entreprit de renforcer sa position à l'extérieur : elle construisit une puissante flotte après sa victoire sur les Perses, en 480, à Marathon, confirmant ainsi l'importance de sa marine après sa victoire sur les Perses à Salamine en 480. Avec la multiplication de ses colonies, son contrôle des voies commerciales, la découverte d'argent et, en 477, la création de la Ligue de Délos – alliance défensive avec d'autres cités-États contre les Perses –, Athènes devint la principale puissance de la Grèce. Avec Périclès s'ouvrit un « âge d'or » de la prospérité athénienne (451-429 av. J.-C.) et de sa prééminence culturelle. Il consolida la « constitution » démocratique en dédommageant les pauvres pour leur présence au tribunal ou à l'*ekklèsia* et en limitant la citoyenneté aux personnes nées de deux parents athéniens. Au cours du Ve siècle av. J.-C., la démocratie fut brièvement suspendue à deux reprises, puis rétablie. L'Empire romain en expansion lui donna le coup de grâce au IIe siècle av. J.-C.

DÉMOCRATIE **Du grec *démos* « peuple » et *kratos* « pouvoir ».**

Ici naquit la démocratie
L'Acropole (« ville au sommet ») d'Athènes était son centre spirituel. Terminé en 431 av. J.-C., le Parthénon – le temple bâti au sommet et dédié à la déesse Athéna – fut construit à l'instigation de Périclès après la défaite des Perses, avec l'argent de la Ligue de Délos : c'était un symbole de la gloire de la ville.

> « ... Un homme qui ne **s'intéresse pas à la politique** n'a rien à faire ici... »
>
> **PÉRICLÈS**, 495-429 AV. J.-C.

KLÉROTÉRION

CLEPSYDRE (HORLOGE À EAU)

OSTRAKON (JETON DE VOTE)

Quelques symboles de la démocratie
Le *klérotérion* servait à choisir les jurés. C'était un dispositif muni de fentes où étaient insérés les noms des candidats ; par un tube sortaient des billes blanches ou noires. Les horloges à eau contrôlaient le temps de parole dans les réunions. Les citoyens écrivaient sur un *ostrakon* le nom des politiciens qu'ils voulaient « ostraciser ».

APRÈS »

Il fallut longtemps pour que l'idée de démocratie soit largement adoptée, avant de devenir, au XXe siècle, la forme la plus courante de gouvernement.

LA DÉMOCRATIE À ROME

VOTE À ROME

Dans la Rome antique, le gouvernement était plus une démocratie représentative (représentants élus) qu'une démocratie directe à l'athénienne. **Le pouvoir était partagé** entre deux consuls, le sénat (aristocratie) et la plèbe (le peuple). Plus tard, l'assemblée plébéienne assuma l'essentiel du pouvoir.

LE GOUVERNEMENT AMÉRICAIN

Les architectes des premières démocraties – États-Unis 298-299 » et France 302-303 », s'inspirèrent de la république romaine, limitant la représentation aux classes riches. Les Athéniens pensaient que la démocratie représentative favorisait les candidats les plus riches. Lors de la **campagne présidentielle américaine** de 2008 les principaux candidats ont collecté chacun plus de 25 millions de dollars.

LA PLUS VASTE DÉMOCRATIE DU MONDE

L'Inde est une démocratie parlementaire qui compte **plus d'un milliard de citoyens.**

Du mythe à l'Histoire

Au sortir des « siècles obscurs » et avec la redécouverte de l'écriture, la Grèce inventa de nouvelles manières de transmettre des connaissances et des récits. Désormais, l'Histoire se fit en prose et non plus en vers ; le poète devint historien : l'exactitude et l'explication évacuèrent la licence poétique.

En 1910, lors de fouilles dans le palais de Cnossos en Crète, l'archéologue britannique Arthur Evans trouva une collection de tablettes d'argile ayant survécu à l'incendie qui avait détruit le palais vers 1400 av. J.-C. Lorsqu'on en déchiffra les inscriptions, appelées « linéaire B », il apparut que c'était le premier exemple connu d'écriture grecque primitive. Il semble que l'art d'écrire se soit perdu au cours des « siècles obscurs » (v. 1100-v. 750 av. J.-C.). Puis l'écriture et l'alphabet grecs évoluèrent, ce qui permit d'écrire l'Histoire. Avant le VIe siècle av. J.-C., l'Histoire était racontée sous la forme de poésie mélangée à du folklore et à des mythes : il était difficile de séparer la réalité de la fiction. Le plus célèbre poète grec, Homère (voir-ci-dessous), joua un rôle décisif dans la transmission de l'Histoire en Occident, bien qu'il n'ait probablement pas mis lui-même ses poèmes par écrit. Il mélangeait volontiers le mythe, la mémoire populaire et la réalité.

Le voyage d'Ulysse
Cette mosaïque romaine du IIIe siècle apr. J.-C. représente Ulysse attaché au mât de son navire pour résister au chant des sirènes qui l'attirent vers les récifs.

La guerre de Troie, qui a probablement eu lieu au XIIIe siècle av. J.-C., a inspiré ses deux épopées : *L'Iliade* et *L'Odyssée*. La première nous raconte deux semaines de cette guerre ; la seconde, les dix années du voyage de retour d'Ulysse dans son pays. Dans les deux, l'auteur veut garder vivante la mémoire des gloires passées en s'appuyant sur le souvenir d'une expédition des Grecs à Troie, en Asie Mineure (Turquie). Pour autant qu'elle ait eu lieu, cette guerre n'est pas mentionnée dans les écrits qui nous sont parvenus. Cela signifie que, au cours des siècles, les faits se sont mélangés à des mythes et à des récits de voyageurs.

HISTOIRE **Créé par l'écrivain grec Hérodote, ce mot signifiait littéralement à l'origine : « enquête rationnelle ».**

Réalité et fiction

Obsédé par la guerre de Troie, Heinrich Schliemann, archéologue allemand du XIXe siècle, décida d'en trouver des traces. Prenant *L'Iliade* pour guide, il trouva à Hissarlik, dans le nord-ouest de la Turquie, un vaste complexe urbain composé de neuf villes superposées. L'une d'elles avait été détruite par un incendie vers 1180 av. J.-C., et Schliemann était convaincu qu'il s'agissait de Troie, où le mythique Achille avait tué Hector, le héros troyen. Les pratiques archéologiques de Schliemann réduisirent considérablement la valeur de ce site ; par la suite, les spécialistes en furent accablés et contestèrent même l'authenticité des nombreux objets en or qu'il prétendait y avoir trouvés. Schliemann découvrit d'autres trésors à Mycènes, en Grèce continentale, notamment le masque (voir à droite) qui, selon lui, était celui de l'un des chefs grecs du siège de Troie ; il disait : « J'ai regardé Agamemnon face à face. » Il faisait probablement partie d'un trésor royal enterré avant la guerre de Troie.

Première Histoire écrite

Considéré par certains comme l'un des premiers historiens, le Grec Hécate de Milet (v. 550-490 av. J.-C.) s'abstint de mélanger ainsi le mythe et la réalité. Dans l'un de ses ouvrages, il met par écrit des récits qui avaient été transmis oralement, d'une génération à l'autre, ainsi que des généalogies familiales. Un autre écrivain, Simonide (v. 556-469 av. J.-C.), évoque dans ses poèmes des événements en rapport avec l'invasion des Perses en 480.

Mais c'est un autre encore, Hérodote (484-425 av. J.-C.), qui est considéré comme « le père de l'Histoire ». Dans ses *Histoires*, il raconte les origines de la guerre entre la Grèce et la Perse qui eut lieu au début du Ve siècle av. J.-C. Il s'intéressait à la nature humaine et au monde en général, notant ce qu'il voyait au cours des nombreux voyages qu'il fit dans tout le monde antique. Né à Halicarnasse (l'actuelle Bodrum, en Turquie), il vécut un certain temps à Athènes. Il aurait visité l'Égypte, l'Italie, la Sicile et Babylone, et ses écrits abondent en détails sur les coutumes et habitudes des pays qu'il parcourut.

Si l'on se souvient aujourd'hui d'Hérodote, c'est parce qu'il fut le premier à raconter en prose – et non en vers – des événements contemporains et à en faire une présentation structurée, encourageant ainsi d'autres historiens à abandonner la tradition épique pour raconter des faits au lieu des exploits mythiques de héros et de dieux. Mais on ne peut pas croire tout ce que dit Hérodote : ce qu'il raconte s'appuie souvent sur de l'histoire orale teintée de folklore et de tradition. Il prétendit avoir vérifié ses informations mais, dans l'Antiquité déjà, on lui reprochait des inexactitudes. Plutarque (46-119 apr. J.-C.), historien et biographe grec, ne faisait pas grand cas de l'exactitude de ses *Histoires* et l'appelait « père des mensonges ».

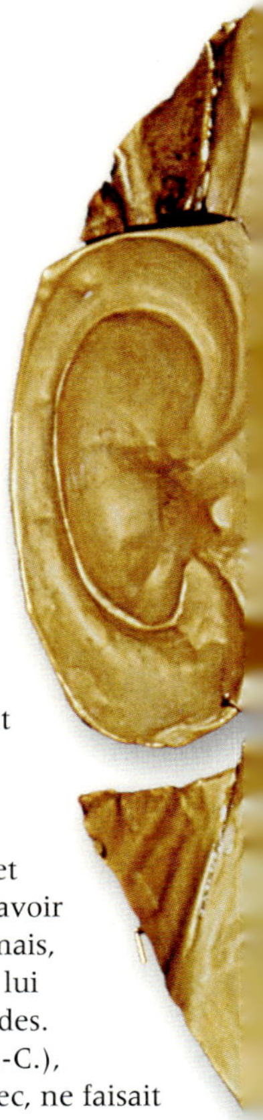

AVANT

Les récits épiques oscillent souvent entre le mythe et l'Histoire. Cette forme poétique est née de la tradition orale et elle a souvent précédé l'Histoire écrite.

OUROUK
L'épopée (long poème narratif) de **Gilgamesh** est l'histoire d'un roi semi-divin d'Ourouk **« 44** qui se racontait au IIIe millénaire av. J.-C. Certaines parties relèvent du **fantastique** ; d'autres peuvent évoquer des **événements réels**.

L'ANTIQUE BABYLONE
Mélangeant faits et fiction et se référant à des temps antérieurs, semi-légendaires, des scribes de Babylone **« 55, 79, 90** notèrent des événements ayant trait à l'**histoire de leur ville** depuis le IIe millénaire av. J.-C.

SCÈNE DE L'ÉPOPÉE DE GILGAMESH

POÈTE GREC (V. VIIIe SIÈCLE AV. J.-C.)

HOMÈRE

Nous n'avons aucune certitude à propos de la vie de ce très célèbre poète épique grec. Il aurait vécu en Grèce au VIIIe ou au VIIe siècle av. J.-C., mais nous ne savons pas à quoi il ressemblait ni d'où il venait. On raconte en général qu'il était aveugle et qu'il parcourait la Grèce, récitant en public ses deux grandes œuvres : *L'Iliade* et *L'Odyssée*, à l'origine poèmes épiques. Ceux-ci n'auraient été mis par écrit que plus tard. Homère est aujourd'hui encore considéré comme l'un des plus grands auteurs du monde occidental.

Le « masque d'Agamemnon »
En 1876, l'archéologue Heinrich Schliemann trouva à Mycènes, en Grèce, ce superbe masque mortuaire dans un trésor royal datant de 1600 av. J.-C. environ. Il pensait que c'était celui d'Agamemnon, chef des troupes grecques durant la guerre de Troie.

Un certain point de vue

L'Athénien Thucydide (v. 460-v. 400 av. J.-C.) innova lui aussi : sa célèbre *Histoire de la guerre du Péloponnèse,* en 41 livres, raconte la guerre entre Athènes et Sparte (voir p. 95). Ne se contentant pas de relater les faits, Thucydide étudia les causes lointaines de la guerre et les problèmes moraux qu'elle a posés. L'une de ses caractéristiques est qu'il recourt à de longs discours, qui ne sont pas des citations littérales mais qui expriment ses opinions personnelles.

Un célèbre exemple en est l'oraison funèbre prononcée par Périclès (voir p. 100) pour les soldats morts à la guerre, dans laquelle il fait l'éloge d'Athènes et de tous ses succès. Malgré leurs lacunes – les inexactitudes d'Hérodote et les embellissements poétiques de Thucydide –, ces deux Grecs sont à juste titre considérés comme les premiers vrais historiens de l'Occident. L'ère des légendes héroïques et des grands poèmes épiques était passée, faisant place à l'Histoire.

Écriture linéaire B
Sur cette tablette est gravé un texte en « linéaire B » : ce serait une forme de grec datant de l'âge du bronze, employée à Cnossos pour dresser des inventaires.

« ...afin que le temps **n'abolisse pas le souvenir des actions** des hommes. »

L'UN DES OBJECTIFS ÉNONCÉS PAR HÉRODOTE AU DÉBUT DE SES *HISTOIRES*, VERS 450 AV. J.-C

APRÈS

De tout temps, la forme prise par les légendes et les contes folkloriques fut déterminée par les valeurs de l'époque à laquelle ils furent transcrits.

LA TRADITION ÉPIQUE
Dans leur forme traditionnelle, les anciennes histoires accrochent l'auditeur dans la mesure où elles s'enracinent dans le paysage, l'histoire et le folklore locaux. *Beowulf,* poème épique anglais du Xe siècle apr. J.-C., évoque la lutte entre les **forces du bien et du mal**. À Chypre, des bergers racontent encore des histoires de cyclopes, de dieux cornus et de bacchanales.

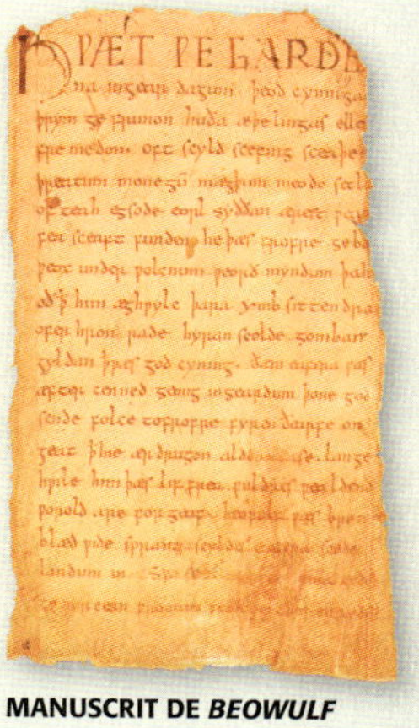

MANUSCRIT DE *BEOWULF*

MYTHE MODERNE ET HISTOIRE
Encore pratiqué aujourd'hui, le **kathakali** – forme de théâtre combinant danseurs, masques, costumes et musique – présente des légendes tirées de mythes hindous. Comme les histoires que narrait Homère, le *Mahabharata* et le *Ramayana,* qui évoquent des divinités hindoues **145 »**, sont présentés à des gens qui **ne savent pas lire.**

DANSEUR DE KATHAKALI

COMMENT SAVONS-NOUS ?

CONCEPTION DU MONDE

Cette carte, qui date de 1867, présente la conception du monde selon Hérodote à partir des descriptions trouvées dans ses œuvres, avec, au centre, l'Asie Mineure et le Proche-Orient. Si, pour nous, il n'est pas allé très loin – il ne connaissait pas, par exemple, l'Europe du Nord –, il donna d'innombrables détails, souvent inconnus, sur les lieux qu'il a visités : Égypte, Afrique, Italie, Sicile et d'autres parties de la Méditerranée, et notamment la longueur des fleuves et la taille des continents.

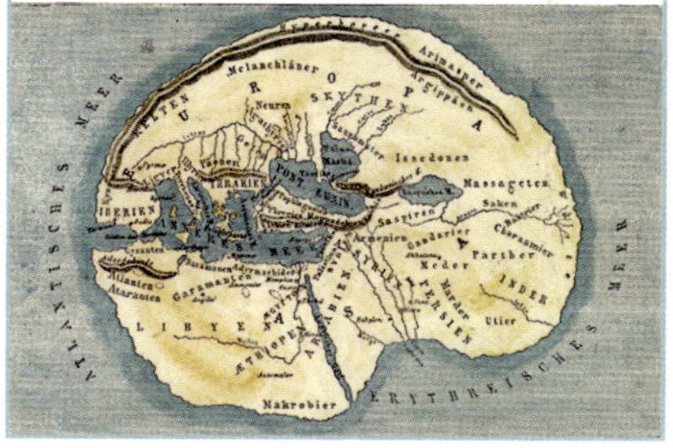

Les triomphes de la science grecque

La science tente de comprendre et d'expliquer le monde qui nous entoure. La méthode scientifique moderne – qui combine observation, hypothèse, expérience et théorie – ne fut établie qu'au XVIIe siècle. Mais elle a son origine chez les Grecs, qui furent les premiers à réfléchir scientifiquement et à chercher des réponses plausibles aux mystères de la vie par la logique et l'observation.

« AVANT

Certaines idées scientifiques avaient été ébauchées par des civilisations antérieures.

LA PENSÉE RATIONNELLE
Des philosophes indiens et chinois avaient pensé le monde rationnellement, expliquant les choses par des « lois » plutôt que par des mythes.

L'ASTRONOMIE ÉGYPTIENNE
L'écriture et les calendriers des Babyloniens et des Égyptiens leur permirent de réaliser d'énormes **travaux de construction** « 70-71 qui exigeaient des **mesures exactes**.

CONSTELLATIONS ÉGYPTIENNES

Au cours des premiers siècles de la civilisation grecque classique, la pensée scientifique ne différa guère de celle des périodes antérieures. Comme en Mésopotamie et en Égypte, les connaissances pratiques servaient à se faciliter la vie. Les notions mathématiques ou astronomiques spécialisées avaient des fins concrètes : on appliquait les mathématiques au commerce et à la construction de bâtiments, et l'astronomie à la mesure du temps. Quant à expliquer les phénomènes naturels et les événements quotidiens, ces civilisations faisaient moins preuve d'esprit pratique, s'appuyant sur des mythes qui faisaient intervenir des dieux et qui n'étaient ni vérifiés ni même contestés. C'est pourtant ce que firent certains après 600 av. J.-C. environ, se posant des questions sur le monde.

Philosophes de la nature

Ces « philosophes de la nature » employaient la logique et la raison pour interroger les mythes. On qualifie souvent Thalès de Milet (v. 624-v. 526 av. J.-C.) de « père de la science ». Comme beaucoup de savants grecs, il s'interrogea sur la nature de la matière. Dans son idée, tous les solides, liquides et gaz étaient composés d'eau – ce qui paraît logique : l'eau est l'une des rares substances que l'on peut voir passer directement de l'un à l'autre de ces états. Pour Anaximène (585-525 av. J.-C.), l'air était la substance « fondamentale » alors que, pour Héraclite (535-475 av. J.-C.), le feu pourrait jouer ce rôle. Bien entendu, une théorie plus complexe et crédible émergea, avancée par Empédocle (490-430 av. J.-C.), s'appuyant sur les réflexions antérieures : celle des quatre éléments. Elle expliquait bien des phénomènes communs à partir du mouvement et de l'interaction de l'air, de la terre, du feu et de l'eau.

Une action de grâces au dieu
Déposée dans un temple, cette tablette d'argile fut offerte au dieu Asclépios (Esculape) par quelqu'un qui croyait que son pied avait été guéri par la médecine non pas scientifique mais traditionnelle.

À la fin du Ve siècle av. J.-C., une nouvelle conception se fit jour. Leucippe (né v. 480 av. J.-C.) et son disciple Démocrite (né v. 460 av. J.-C.) pensaient que la matière était faite de minuscules particules indivisibles séparées par du vide, idée très proche de la théorie atomique moderne.

Tous ces penseurs réfléchirent sur des concepts philosophiques tels que le changement, l'infini et l'existence opposée à la non-existence (voir p. 130-131). Peu importe que leurs théories aient été justes, erronées ou même plausibles : ceux qui les élaborèrent pensaient rationnellement et philosophiquement, et ils observaient le monde pour satisfaire leur curiosité. On peut voir là l'essence de la science, quelque chose qui manquait à tous leurs prédécesseurs.

Dans les anciennes civilisations de la Chine et de l'Inde, les philosophes recouraient aussi à la raison et à l'observation pour tenter de comprendre le monde ; eux aussi formulèrent des théories convaincantes, semblables à celles des quatre éléments et des atomes. Ils découvrirent bien des choses avant les Grecs. Mais la connaissance scientifique occidentale descend en droite ligne de la Grèce antique.

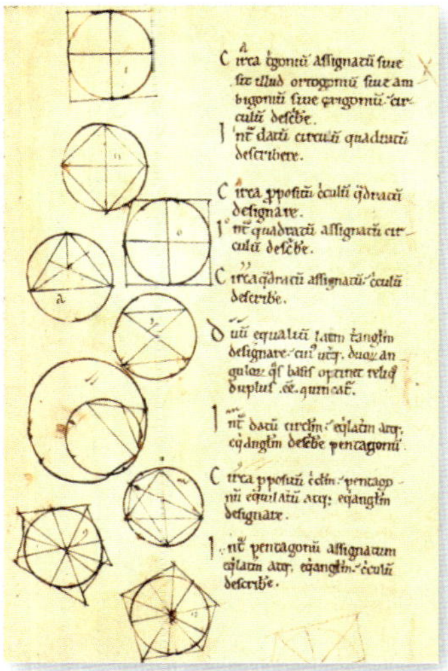

Les théories d'Euclide
Le mathématicien grec Euclide d'Alexandrie (v. 325-v. 265 av. J.-C.) écrivit un traité de géométrie : *Les Éléments* (feuillet ci-contre). Ses idées sur la géométrie et la théorie des nombres ont gardé toute leur importance à ce jour.

La science compte

Thalès et bien d'autres philosophes de la nature employèrent les mathématiques pour formuler leurs théories. Dans les mathématiques, il y a la géométrie – l'étude de la position relative et de la taille des objets, y compris la Terre – et l'arithmétique – l'étude des nombres. La géométrie servait en astronomie et en architecture, l'arithmétique dans le commerce. Les Grecs se servirent des mathématiques pour rechercher la vérité.

PHILOSOPHE GREC (v. 580-v. 500 AV. J.-C.)

PYTHAGORE

On connaît surtout Pythagore pour son fameux théorème : « Le carré de l'hypoténuse d'un triangle rectangle est égal à la somme des carrés des deux autres côtés. » En fait, ce théorème était connu bien avant lui, et rien ne prouve d'ailleurs qu'il l'ait lui-même utilisé, ni même que Pythagore ait existé. Sa réputation de grand mathématicien lui a été faite par des auteurs grecs ultérieurs, notamment Aristote. L'étude moderne des idées de Pythagore montre qu'elles étaient plus religieuses que scientifiques. Pour lui et ses disciples, les mathématiques avaient une dimension religieuse.

Certains faisaient d'élégantes démonstrations mathématiques qui permettaient de mieux comprendre la nature du monde. Plus encore, pour Pythagore (voir ci-dessus), les nombres ne décrivent pas la réalité : le monde est littéralement fait de nombres. Il était fasciné par les relations mathématiques entre tout, y compris les notes de musique. Le rapport entre les mathématiques et la réalité est aujourd'hui encore un thème essentiel de la science.

Les mathématiques jouent aussi un rôle essentiel chez Platon (v. 427-v. 347 av. J.-C.), mieux connu d'ailleurs pour ses écrits éthiques et politiques. Pour lui, chaque élément était fait d'atomes ayant chacun une forme géométrique particulière idéalisée ; et le monde réel était le reflet imparfait d'un monde « théorique » idéal, mathématiquement parfait.

Le philosophe grec qui exerça la plus grande

Le poids du monde
Selon la légende, Zeus aurait condamné le géant Atlas à porter la voûte céleste sur ses épaules. C'est le genre d'idées que les penseurs grecs remirent en cause avec leurs recherches et théories rationnelles et scientifiques.

APRÈS

Bien des idées scientifiques avancées par les Grecs de l'Antiquité se perdirent dans la suite des siècles. Bon nombre d'entre elles ne furent redécouvertes qu'à une époque relativement récente.

LA SCIENCE DE ROME
Les Romains, qui n'étaient guère théoriciens, exploitèrent les connaissances scientifiques des Grecs, dont beaucoup se perdirent.

LES SAVANTS ARABES
Des érudits arabes reprirent certaines idées des penseurs grecs ; en particulier **ils traduisirent en arabe les œuvres d'Aristote**. De grands savants tels qu'Avicenne et Averroès prolongèrent la pensée grecque classique, y ajoutant leurs idées et observations personnelles **174-177 »**.

MAPPA MUNDI

L'ÉGLISE CATHOLIQUE
En Europe, certaines théories erronées d'Aristote furent longtemps **admises sans discussion**, ce qui freina le progrès de la science.

AU MOYEN ÂGE
Des cartes du monde *(mappae mundi)* servirent la cause de la géographie. Cet exemple du XIe siècle est à Winchester.

LA RÉVOLUTION SCIENTIFIQUE
Aux XVIIe et XVIIIe siècles, de **nouveaux penseurs** relancèrent l'esprit de l'approche scientifique **266-267 »**.

NOUVELLE PHILOSOPHIE DE LA NATURE
Les modes grecs de penser la matière et l'énergie sont toujours d'actualité ; les scientifiques actuels se posent des questions très semblables à celles de Thalès, Platon et Aristote

influence sur l'histoire de la science fut Aristote (384-322 av. J.-C.), disciple de Platon. Il bouscula les idées de son maître sur le rôle des mathématiques, affirmant qu'on ne pouvait trouver la vérité que dans la réalité – ce qu'on appelle l'empirisme.

Leurs théories à tous deux jouent encore un rôle important dans la réflexion scientifique. Employant la logique et l'observation, ils exposèrent bien des faits scientifiques inconnus, prouvant par exemple que la Terre est ronde. Aristote fut le plus prolifique des savants grecs ; il écrivit notamment des traités de botanique, de zoologie, d'astronomie, d'anatomie et de physique. Ses théories étaient plausibles et bien réfléchies, mais beaucoup, fondées sur le sens commun plutôt que sur l'observation soigneuse et la logique rigoureuse, se révélèrent erronées.

MATHÈMATIKA **Le terme « mathématiques » dérive d'un mot grec ancien plus général : *mathèma*, qui signifie « connaissance » ou « étude ».**

La science progresse
Aux IIIe et IIe siècles av. J.-C., de grands esprits appliquèrent les outils de la philosophie naturelle grecque – mathématiques et logique – à des problèmes techniques et pratiques. Archimède (v. 287-v. 212 av. J.-C.), par exemple, fut un brillant mathématicien en même temps qu'un grand inventeur et ingénieur. Bien des progrès furent réalisés dans des institutions telles que le musée et la bibliothèque d'Alexandrie. L'émulation intellectuelle déboucha sur de nombreuses innovations et favorisa le progrès de la science.

INVENTION

LE SERMENT D'HIPPOCRATE

La réflexion scientifique grecque s'appliquait aussi à la médecine. Plus que tout autre, Hippocrate (v. 460-v. 370) voulut la pratiquer dans un esprit scientifique rationnel et professionnel. Il attachait beaucoup d'importance à l'observation des symptômes et rejetait les théories médicales des temples traditionnels sur les maladies et leur traitement.

Aujourd'hui encore, le « contrat » moral entre médecins et patients s'appelle « serment d'Hippocrate », dont nous ne savons pas s'il en fut vraiment l'auteur, et qui dit notamment : « Je dirigerai le regime des malades à leur avantage, suivant mes forces et mon jugement, et je m'abstiendrai de tout mal. » On en a trouvé des copies sur des papyrus de périodes ultérieures, notamment un du IIIe siècle en Egypte.

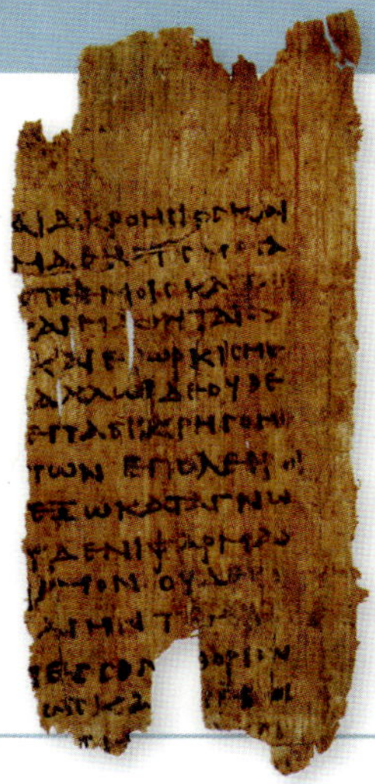

L'apogée de Rome

La civilisation romaine a des racines multiculturelles. Rome ne fut à l'origine qu'un groupe de villages sur les collines surplombant le Tibre. C'est là que naquit la République romaine, qui étendit son influence et occupa des territoires dans tout le monde connu, la ville de Rome en constituant le cœur.

AVANT

Avant la montée en puissance de Rome, l'Italie était habitée par divers groupes culturels. L'un d'eux, qui parlait latin, occupait les villages et les collines au bord du Tibre dès l'an 1000 av. J.-C. environ.

DANS LES PREMIERS TEMPS
Au VIIIe siècle av. J.-C., la florissante **civilisation étrusque** s'étendait à presque toute l'Italie ; les Grecs créèrent des cités-États dans le sud et en Sicile **« 94-95** ; les communautés latines se diversifièrent et Rome commença à prendre l'allure d'une grande ville.

CAVALIERS ÉTRUSQUES

LA NAISSANCE DE ROME
Il est généralement admis que Rome fut fondée en 753 av. J.-C. par **Romulus et Rémus**, des jumeaux qui, selon la légende, furent allaités dans leur enfance par une louve. Romulus fut aussi le nom du premier roi de la cité.

ROMULUS ET RÉMUS

INVENTION

L'ARCHE

Si les Romains n'inventèrent pas l'arche, ils exploitèrent au mieux ses possibilités structurelles. Ils l'utilisèrent couramment pour construire des voûtes et des dômes et pour renforcer des temples monumentaux, des amphithéâtres, des murs, des aqueducs, des viaducs, des tunnels, des phares et des moulins à eau. À Rome, le *Pons Aemilius* (ci-dessous), du IIe siècle av. J.-C., est le plus vieux pont de pierre sur le Tibre.

Vers 600 av. J.-C., Rome était devenue une cité-État dirigée par des rois, avec des artisans spécialisés, une riche aristocratie, des bâtiments monumentaux et un système social structuré. Le pouvoir du roi était tempéré par le Sénat et l'Assemblée. Le Sénat était un conseil d'anciens – chefs des différents clans – qui acceptait ou rejetait la nomination du roi. L'Assemblée incluait tous les citoyens de sexe masculin de Rome, la citoyenneté n'étant accordée qu'à ceux dont les parents étaient romains de naissance. Sa principale fonction était d'accorder le pouvoir absolu au monarque dès lors que les chefs de clan l'avaient approuvé.

Rome était au carrefour de grandes voies commerciales entre l'Europe, l'Asie et l'Afrique du Nord. Le commerce permit aux Romains de s'enrichir mais aussi d'entrer en contact avec d'autres cultures, notamment celle des Grecs, à qui ils doivent beaucoup. Ils furent aussi fortement influencés par leurs voisins étrusques, au point qu'au milieu du VIe siècle av. J.-C. les rois de Rome étaient étrusques. Les Romains héritèrent d'eux la toge, des pratiques religieuses, l'arche (voir à gauche), les égouts et les courses de chars. L'influence des Grecs, par l'intermédiaire des Étrusques, se fit sentir dans de nombreux domaines : architecture, art (voir p. 116-117), philosophie, science et technique (voir p. 104-105). Les Étrusques transmirent aussi à Rome l'alphabet grec qui, après transformation, devint celui des langues occidentales.

La technique à Rome

Les Romains améliorèrent considérablement les techniques de construction et de génie civil, surtout en exploitant des principes repris d'autres civilisations. S'ils utilisèrent très efficacement la brique, la tuile et la pierre, ils inventèrent aussi une sorte de béton qui durcissait sous l'eau. À partir du IIIe siècle av. J.-C., les ingénieurs romains furent les premiers à utiliser systématiquement du béton

GÉNÉRAL CARTHAGINOIS (247-182 AV. J.-C.)

HANNIBAL BARCA

Hannibal combattit vaillamment contre la République romaine au cours de la deuxième guerre punique (218-201 av. J.-C.). Il s'empara de la ville de Sagonte, en Espagne, une alliée de Rome, puis marcha sur l'Italie. Comme Rome bloquait les voies maritimes, il franchit les Pyrénées et les Alpes avec 37 éléphants et 37 000 hommes. Après plusieurs victoires, il fut battu à Zama, en Afrique du Nord. Les Romains détruisirent Carthage ; Hannibal s'enfuit en Syrie, où il se suicida.

Les rites et les affaires
Ce relief du Ier siècle av. J.-C. montre des animaux présentés en sacrifice à l'occasion d'un recensement. Le personnage en toge (à droite de l'autel) est probablement le censeur – magistrat responsable des recensements.

dans de nombreux ouvrages d'architecture et de génie civil.

La naissance de la République

Rome connut sept rois. Le dernier, l'Étrusque Tarquin, fut renversé en 509 av. J.-C. par des aristocrates. Plutôt que de mettre en place un nouveau monarque, Rome choisit de devenir une république. La première avait deux consuls (pour éviter que le pouvoir ne soit entre les mains d'un seul homme) élus chaque année. À l'origine, le sénat devait faire obstacle au despotisme, mais c'est lui qui assuma dès lors toute l'autorité. Des magistrats, membres du sénat, veillaient à l'application de la loi. Ils étaient censés faire preuve de loyalisme à l'égard de la République, se sacrifier pour le bien commun et, dans leur vie, servir d'exemples pour les autres.

Citoyens et esclaves

À Rome, la société était divisée en deux classes : les hommes libres et les non libres (esclaves). Les principaux hommes libres étaient les citoyens, qui élisaient les consuls. Eux-mêmes étaient divisés entre patriciens (propriétaires terriens) et plébéiens (tous les autres). Les sénateurs étaient tous patriciens : donc, dans sa forme primitive, avec la République, le pouvoir fut en fait transféré du roi aux classes riches. Le ressentiment des plébéiens provoqua souvent un conflit de classes appelé « guerre des ordres ».

Les patriciens dépendaient des plébéiens qui produisaient la nourriture et fournissaient la main-d'œuvre, et chez qui, en outre, l'armée recrutait le gros de ses soldats (voir p. 114-115). De ce fait, les classes dirigeantes furent contraintes d'adopter des réformes sociales, notamment la loi des « Douze Tables » (que nous ne connaissons qu'indirectement), l'élection du premier Conseil plébéien en 366 av. J.-C. et l'adoption, en 287 av. J.-C., d'une décision selon laquelle les résolutions du Conseil plébéien s'appliqueraient à tous les Romains, y compris aux patriciens. À Rome, les hommes non libres étaient esclaves. Dès le IIIe siècle av. J.-C., Rome employait beaucoup d'esclaves pour ses grands travaux.

Jeune garçon au sanglier
Statuette représentant un jeune Romain – peut-être un esclave – en tunique conduisant un sanglier au sacrifice.

Succès militaires

Poussant toujours plus loin, les armées de Rome gagnèrent à la République de vastes territoires. En 264 av. J.-C., Rome réussit à s'imposer au reste de l'Italie et, en 146 av. J.-C., elle avait écrasé Carthage au cours des guerres puniques (voir page de gauche), qui se poursuivirent tout au long des IIIe et IIe siècles av. J.-C., et elle finit par dominer tout l'ouest de la Méditerranée.

Les Romains traitaient très différemment les peuples qu'ils avaient conquis. À ceux qui leur paraissaient « civilisés » et proches d'eux, ils accordaient la citoyenneté. Ceux qui leur résistaient activement étaient traités plus durement. Dans les deux cas, il s'agissait de faire sentir efficacement leur pouvoir et leur influence.

> **RÉPUBLIQUE Du latin *res publica* : « la chose publique » – Société qui n'est pas dirigée par un monarque mais où le pouvoir est partagé entre l'aristocratie et le peuple.**

Les problèmes s'accumulent

Au IIe siècle av. J.-C., Rome était en état de guerre permanent, de transition et de révolte populaire latente. Les paysans étant sous les armes, la campagne était délaissée et les dettes s'accumulaient. Si Rome était le cœur d'un empire en pleine croissance, les institutions sociales et politiques de la République étaient incapables de résoudre les nouveaux problèmes.

Les tensions atteignirent un point de non-retour en 137 av. J.-C. : Tiberius et Caïus Gracchus, tribuns (représentants officiels) des plébéiens, se dressèrent contre les patriciens en proposant une réforme sociale révolutionnaire, avec notamment une redistribution des terres publiques aux classes pauvres. Une guerre civile éclata, à l'occasion de laquelle les deux frères Gracques furent tués. Cet événement marqua le début du déclin de la République.

Sénateurs
Les membres du sénat avaient une grosse fortune personnelle. Ils portaient un vêtement barré d'une large bande : la tunique laticlave.

Chevaliers
C'étaient les citoyens les plus fortunés de la classe moyenne. Ils portaient un vêtement barré d'une bande étroite : la tunique angusticlave.

Plébéiens
Cette classe « ordinaire » regroupait tous les citoyens libres qui n'étaient ni sénateurs ni chevaliers, des ouvriers aux riches marchands.

Latins
Les Latins étaient les citoyens libres du reste de l'Italie. Une certaine forme de citoyenneté romaine leur était accordée, avec quelques droits.

Étrangers
Les étrangers étaient les habitants libres de territoires romains hors d'Italie. La citoyenneté leur fut accordée au IIIe siècle apr. J.-C.

Affranchis
Esclaves libérés par leur maître selon un certain rituel. Ils avaient des droits, et leur statut évolua avec le temps.

Esclaves
Hommes non libres, sans aucun droit, qu'on pouvait acheter et vendre librement. Ils étaient considérés comme un bien personnel.

L'ordre social romain
À Rome, la société était divisée en classes en fonction de la famille, de la richesse, de la citoyenneté et de la liberté. Cela provoquait de fréquents troubles. Les femmes n'avaient aucun droit ; elles appartenaient à la classe de leur père ou de leur mari.

APRÈS

Au Ier siècle av. J.-C., la République fut secouée par des conflits.

LA MORT DE SPARTACUS

UNE ÈRE DE TROUBLES

Au Ier siècle av. J.-C., malgré des concessions, les conflits civils se multiplièrent. Certains alliés de Rome qui s'étaient battus pour la République ne supportaient plus sa domination et réclamaient la citoyenneté romaine.

LA DICTATURE DE SYLLA

De 82 à 80 av. J.-C., ce fut la **dictature de Sylla**, qui s'était imposé face à son rival Marius. Ce conflit avait déjà affaibli la République et, sous son gouvernement, le pouvoir des patriciens – l'aristocratie – se renforça. Au sénat, la corruption gagna du terrain.

LA RÉVOLTE DES ESCLAVES

En 72 et 71 av. J.-C., Spartacus, ancien auxiliaire de l'armée romaine devenu gladiateur, **prit la tête d'un groupe d'esclaves affranchis** et de rebelles (voir ci-dessus), qui finit par compter 130 000 hommes. Ils prirent le contrôle d'une grande part de l'Italie du Sud. **Spartacus fut tué** en 70 av. J.-C. et les Romains rétablirent l'ordre ; mais ils étaient désormais conscients du danger d'employer trop d'esclaves.

HOMME D'ÉTAT ROMAIN Né en 100 AV. J.-C. Mort en 44 AV. J.-C.

Jules César

«J'aime l'**honneur** plus que je ne **crains** **la mort.**» JULES CÉSAR

Caius Julius Caesar naquit dans une famille d'ancienne noblesse ; il aimait faire remonter sa lignée aux rois de la Rome primitive et à Vénus, déesse romaine de l'Amour. La *gens Iulia* (famille des Julien) n'était pourtant pas particulièrement puissante ni riche. César grandit dans une République sur le déclin, agitée par des conflits politiques (voir p. 106-107). Associé par sa famille et son mariage aux *populares* réformateurs – qui voulaient briser le pouvoir du sénat pour le donner à un groupe plus large de représentants des classes inférieures – dirigés par son oncle Caius Marius, César échappa de peu à la mort lorsque leurs rivaux, les *optimates* conservateurs, triomphèrent avec Sylla en 81. Cet échec freina la carrière politique du jeune ambitieux : il ne réussit en effet à s'imposer que vers l'âge de 35 ans.

Héros occidental
Cette imposante statue de César du XVIIe siècle se trouve au musée du Louvre. César est considéré comme un héros de la civilisation occidentale, en partie grâce aux récits qu'il a laissés de ses campagnes militaires.

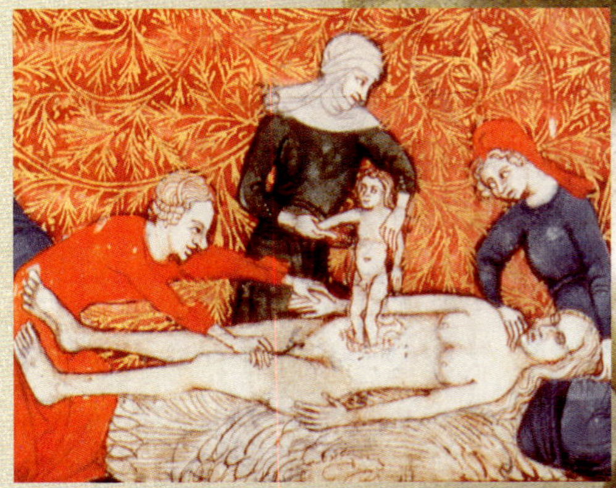

La première césarienne
Cette illustration du XIVe siècle montre César naissant par césarienne. Si on a donné son nom à cette opération, les historiens ne sont pas convaincus qu'il soit né de cette manière.

Lorsque César commença à se faire un nom, cela fut dû autant à des scandales qu'à son talent : il était connu pour ses liaisons avec des femmes mariées – il fut peut-être le père naturel de Marcus Brutus, qui devait l'assassiner. Voulant s'imposer en politique, il s'endetta bien au-delà de ses moyens. Son profil politique était celui d'un populiste flamboyant, qui préconisait notamment la distribution de terres aux vétérans de l'armée et aux pauvres. L'élite romaine se méfiait de son absence de scrupules pour trouver de l'argent et pour s'emparer du pouvoir.

La conquête de la Gaule

En 60 av. J.-C., César conclut un accord avec Marcus Licinius Crassus, riche et puissant homme politique et général, et Pompée, alors le meilleur général de Rome, en vue de prendre le contrôle de la politique romaine. S'il était le plus jeune membre de cette alliance (le premier triumvirat), cela lui permit d'être élu consul, la plus haute charge de l'État. Il fut ensuite nommé à la tête des provinces romaines de la Gaule, où il fit preuve

INVENTION

LE CALENDRIER JULIEN

Fondée sur un calendrier lunaire, l'année romaine ne comptait que 355 jours, et on y ajoutait de temps en temps un mois supplémentaire. César adopta une année de 365 jours, avec une année bissextile tous les quatre ans. Pour l'ajuster au cycle solaire, l'an 46 av. J.-C. ne compta que 445 jours. Entré en vigueur en 45 av. J.-C., le calendrier julien fut remplacé en 1582 apr. J.-C. par le calendrier grégorien, mais il est encore suivi par l'Église orthodoxe.

Le cœur de la République
C'est sur le Forum, au cœur de Rome, que Marc Antoine, partisan de César, prononça son éloge funèbre. Un temple lui fut par la suite élevé à l'endroit où son corps avait été brûlé.

«Je suis venu, j'ai vu, **j'ai vaincu.**»

JULES CÉSAR, BATAILLE DE ZELA, 47 AV. J.-C.

d'une énergie exceptionnelle et fut impitoyable contre les tribus germaniques et celtes. Il outrepassa son commandement, faisant des incursions en Germanie, au-delà du Rhin, et jusqu'à la Tamise en (Grande-) Bretagne. Ses victoires lui valurent richesse et célébrité, et elles lui donnèrent un instrument pour conquérir le pouvoir : ayant partagé avec ses légions les rigueurs et les dangers des batailles et des campagnes, il en faisait l'éloge et les récompensait. En échange, elles lui furent plus loyales qu'à la République.

Guerre civile à Rome

À la fin des années 50 av. J.-C., le sénat, contrôlé par Pompée, enjoignit à César de renvoyer ses troupes, au bout de ses dix années de commandement en Gaule. Mais, fort de ses succès, César leur fit franchir le Rubicon, le fleuve qui séparait la Gaule Cisalpine (au sud des Alpes) de l'Italie proprement dite. Il s'empara facilement de Rome et dut affronter Pompée par les armes. Au bout de deux années de guerre civile, César remporta une victoire définitive à Pharsale en août 48. Pompée réussit à s'échapper, mais il fut assassiné un mois plus tard en Égypte. Ses fils Sextus et Gnaeus poursuivirent la lutte jusqu'en 45 av. J.-C. ; mais ses talents militaires hors du commun avaient permis à César de s'assurer le pouvoir suprême qu'il convoitait.

La colonne de César
À Rimini, en Italie, cette colonne marque l'endroit où César franchit le Rubicon en 49.

Réforme et pouvoir

Dès lors, César fit preuve d'un zèle remarquable pour les réformes. Il réduisit de moitié le nombre de citoyens recevant du blé de l'État en déportant les pauvres dans des colonies, en Italie et ailleurs ; il réforma aussi le calendrier (voir ci-dessus). Mais il fit aussi preuve d'arrogance. Par exemple, la République pouvait en cas d'urgence nommer un « dictateur » ayant des pouvoirs exceptionnels ; mais César se voulut dictateur à vie, ce que prouvent les monnaies qu'il fit frapper.

Un assassinat brutal

En mars 1944, César envisageait de faire campagne contre les Parthes (voir p. 122-123). Poussé par un attachement idéaliste à la République et par le désir de défendre leurs privilèges, un groupe de sénateurs mené par Caius Cassius Longinus et Marcus Junius Brutus décida de le tuer avant son départ. Les conjurés le poignardèrent dans l'entrée du sénat. Sa mort provoqua des émeutes et, paradoxalement, entraîna la chute de la République alors que ses assassins entendaient la rétablir.

Deux ans après sa mort, il fut divinisé par le sénat. Pour les historiens, ce fut un orateur de talent, un remarquable écrivain et un grand chef de guerre.

La mort de César
Sur cette toile de Vincenzo Camuccini, Brutus s'apprête à poignarder César. Selon Suétone, historien latin, César aurait dit : « *Tu quoque mi fili ?* » (Toi aussi, mon fils ?) – ce qui permet de penser que Brutus était son fils.

CHRONOLOGIE

- **12 ou 13 juillet 100 av. J.-C.** Caius Julius Caesar naît dans une riche et noble famille romaine.
- **87 av. J.-C.** Son oncle par mariage, le célèbre général Caius Marius, prend le pouvoir à Rome.
- **83 av. J.-C.** César épouse Cornelia, fille d'un puissant homme politique : Cinna. Il devient grand prêtre de Jupiter.
- **81 av. J.-C.** Sylla, l'ennemi de Marius et de Cinna, devient dictateur de Rome ; démis de sa fonction de grand prêtre, César doit se cacher.
- **80 av. J.-C.** Il se réfugie en Bithynie, en Asie Mineure ; on l'accusera d'avoir été l'amant de Nicomède IV, roi de Bithynie.
- **78 av. J.-C.** Après la mort de Sylla, César revient à Rome.
- **75 av. J.-C.** Enlevé par des pirates, il doit leur payer une rançon. Il les fera crucifier.
- **69 av. J.-C.** Après la mort de sa première femme, César épouse Pompeia, petite-fille de Sylla.
- **65 av. J.-C.** Nommé édile curule (sous la République, c'était le responsable, entre autres, de l'organisation des fêtes publiques), César soigne sa popularité en organisant de brillantes fêtes.
- **63 av. J.-C.** Élu *pontifex maximus*, grand prêtre de la religion officielle ; Cicéron, avocat et homme politique, l'accuse d'avoir participé à la conjuration de Catilina visant à renverser la République.
- **62 av. J.-C.** César divorce de Pompeia.
- **60 av. J.-C.** Après avoir été un temps questeur en Espagne, il s'accorde avec Pompée et Crassus pour partager le pouvoir ; c'est le premier triumvirat.
- **59 av. J.-C.** Julia, fille de César, épouse Pompée. César épouse Calpurnia. Il est nommé pour cinq ans gouverneur de la Gaule Cisalpine et de l'Illyrie (l'actuelle Albanie), à quoi vient s'ajouter bientôt la Gaule Transalpine.
- **58 av. J.-C.** César entame sa conquête de la Gaule et bat les Helvètes et le Germain Arioviste.
- **55-54 av. J.-C.** Il envahit deux fois la (Grande-) Bretagne et franchit deux fois le Rhin. Son commandement est prolongé de cinq ans.
- **10 janvier 49 av. J.-C.** Défiant le sénat qui exige qu'il renvoie son armée, il rentre en Italie en franchissant le Rubicon. C'est la guerre civile.
- **23 juin 47 av. J.-C.** Cléopâtre, reine ptolémaïque d'Égypte, donne naissance à Césarion, probablement fils de César.
- **Août 47 av. J.-C.** À la bataille de Zéla, César vainc et détrône Pharnace, roi du Pont et du Bosphore.
- **Mars 45 av. J.-C.** César défait le reste de l'armée de Pompée, mettant fin à la guerre civile.
- **15 février 44 av. J.-C.** Il devient dictateur à vie.
- **15 mars 44 av. J.-C.** Il est assassiné par des conspirateurs.

MONNAIE À L'EFFIGIE DE CÉSAR

AVANT

POMPÉE

Marquée par la mort de César en 44 et la prise de pouvoir par Octave en 30 av. J.-C., la fin de la République fut longue et douloureuse.

LES CONQUÊTES DE POMPÉE

Entre 67 et 60 av. J.-C., le grand général romain Pompée nettoya la Méditerranée de ses pirates, conquit pour Rome des territoires au Proche-Orient et forma le premier triumvirat avec Marcus Licinius Crassus et Jules César.

JULES CÉSAR AU POUVOIR

En 51 av. J.-C., César s'était imposé sur la scène politique romaine « **108-109**. De plus en plus, le sénat et Pompée, son ancien allié, se sentaient menacés par sa puissance grandissante. En 49, César s'empara de Rome, et la guerre éclata entre ses troupes et celles du sénat, alors dirigées par Pompée. **Pompée fut assassiné** par des alliés de César qui, en 45, devint dictateur à vie.

TENSIONS SANGLANTES

En 44 av. J.-C., **César fut assassiné** par un groupe de sénateurs. Incapables de collaborer, ses successeurs : Marc Antoine, général, et Octave, fils adoptif de César, divisèrent l'empire : l'Occident à Octave et l'Orient à Antoine. Des frictions déclenchèrent une **guerre civile**, qui affaiblit plus encore la République.

LA FIN DE LA RÉPUBLIQUE

En 31, Octave vainquit Marc Antoine et Cléopâtre **120-121 »** à la **bataille d'Actium**. Un an plus tard, il s'empara de l'Égypte et s'imposa à la tête de l'État romain.

PORTRAIT DE MARC ANTOINE

Le monde romain
Avec l'empereur Hadrien (117-138), l'Empire romain atteignit son apogée en 117 apr. J.-C., comme le montre cette carte. Les grandes réalisations qui firent la gloire de Rome – des murs et aqueducs jusqu'aux amphithéâtres et aux temples, dont beaucoup existent encore – se multiplièrent dans tout l'empire.

Le Colisée, à Rome, est un énorme amphithéâtre construit par deux empereurs flaviens : Vespasien et Titus. Son inauguration en 80 apr. J.-C. fut marquée par cent jours de jeux du cirque, et des centaines d'autres y furent par la suite organisés.

L'empereur Hadrien supervisa la construction du mur qui porte son nom. Construit à la frontière nord de l'empire, le Mur d'Hadrien courait, sur près de 120 km, d'une côte à l'autre de la (Grande-) Bretagne.

Des mosaïques, des bâtiments et des rues subsistent sur le site romain d'Italica, proche de l'actuelle Séville.

Le pont du Gard est un aqueduc long de 275 m, construit vers 19 av. J.-C. pour amener l'eau d'Ucetia (Uzès) à Nemausus (Nîmes). Avec trois niveaux d'arches et s'élevant à près de 50 m, ce fut l'aqueduc le plus haut construit par les Romains.

Le Vésuve fit éruption en 79 apr. J.-C., enfouissant sous les cendres Pompéi (voir p. 112), cité romaine typique avec ses villas décorées de peintures murales. Celle-ci représente une jeune Romaine.

Ce temple de Jupiter se dresse à Sbeïtla, en Tunisie, l'ancienne ville romaine de Sufetula ; c'était probablement, à l'origine, une place-forte pendant les campagnes contre les Numides.

Les ruines de cette avenue à colonnades *(cardo maximus)* à Apamée, en Syrie, s'étirent sur quelque 1 850 m. Cette voie était probablement bordée de bâtiments publics.

De la **République à l'Empire**

Alors que les structures de la République étaient remplacées par celles de l'Empire, Rome régnait sur d'immenses territoires où vivaient de multiples peuples divers et qui furent durablement marqués par sa politique, son mode de vie, son art et surtout ses remarquables réalisations techniques.

En 27 av. J.-C., Octave devint *de facto* le premier « empereur » de Rome et prit le titre d'« Auguste » (voir p. 112). Les Romains ne considéraient pas que la République s'était éteinte avec la mort de César et, lorsque Octave parvint au pouvoir, il ne se présenta pas comme un empereur. Au contraire, il affirma avoir rétabli la République et rendu leur pouvoir au sénat et au peuple. Il se présentait comme « premier entre égaux » chez les sénateurs alors que, en réalité, il détenait un pouvoir absolu.

L'empire d'Auguste se présenta au début sous des couleurs républicaines (gouvernement par le sénat et le peuple de Rome) mais, s'il garda certains éléments de ce système, Auguste y greffa son autocratie. Le système républicain, fondé sur la concurrence entre familles aristocratiques, fut remplacé par un système impérial dominé par une seule famille.

Un empire mondial

À la fin du Iᵉʳ siècle apr. J.-C., du temps de l'empereur Trajan (qui régna de 98 à 117), Rome était à la tête d'un empire immensément riche qui englobait tout le pourtour méditerranéen, le Proche-Orient et une bonne partie du nord et du centre de l'Europe. Au cours des deux premiers siècles de l'Empire, celui-ci devait compter quelque 50 millions d'habitants.

La plupart de ces territoires avaient été conquis sous la République. L'Empire consolida ces provinces et en ajouta d'autres, mais ces dernières furent aussi les premières à être abandonnées par la suite. La (Grande-) Bretagne, la Dacie (Roumanie), l'Assyrie et la Mésopotamie (Iraq) furent des conquêtes éphémères. Les Romains n'hésitaient pas à réprimer, parfois brutalement, toute rébellion ou menace de sédition, ce qui explique pourquoi l'Empire, à cette époque, fut relativement stable.

L'expansion fut facilitée par le dynamisme d'empereurs tels que Trajan et Claude, mais aussi par la puissance militaire légendaire des Romains. Un facteur essentiel en était l'armée permanente entretenue par l'Empire, à la différence de la République. Faite de professionnels, c'était une machine bien rodée, efficace et, surtout, loyale à l'empereur (voir p. 114-115).

Une civilisation urbaine

La civilisation romaine était très urbanisée ; elle s'appuyait sur un réseau de cités prospères aux nombreux bâtiments publics – tels que des temples et un forum – qui évoquaient ceux de Rome. Le territoire de l'empire était divisé en provinces, dirigées par des gouverneurs appelés proconsuls ou préteurs, qui les administraient au nom de l'empereur. Au IIIᵉ siècle apr. J.-C., des responsables spéciaux étaient chargés des questions militaires. Dans les provinces, les villes étaient administrées selon un droit d'inspiration romaine. Une caractéristique est l'affirmation du statut supérieur de certaines provinces et villes – par exemple Éphèse en Asie Mineure et Leptis Magna en Afrique du Nord (voir carte ci-contre). Les centres urbains de l'Empire étaient reliées par un remarquable réseau de voies de transport et de communication dû au talent des ingénieurs romains, qui construisirent partout des ponts, des routes, des viaducs, des ports et des aqueducs.

L'« entrepôt du monde »

Ce réseau de communication facilitait aussi le commerce. Certes, les transports par route étaient lents, aussi le commerce emprunta-t-il de plus en plus souvent les voies maritimes. La taille de l'empire impliquait de disposer d'un

»

La bibliothèque de Celsus à Éphèse (Turquie) fut construite au IIᵉ siècle apr. J.-C. Dédiée à un gouverneur et sénateur romain, elle renfermait des milliers de rouleaux manuscrits. Sa façade a été fidèlement restaurée.

INVENTION

LES VOIES ROMAINES

Les provinces étaient reliées par des milliers de kilomètres de routes, en général faites de dalles de pierre posées sur des déblais. Elles permettaient aux soldats de se déplacer rapidement – ce qui explique pourquoi elles sont souvent en ligne droite – et contribuaient à contrôler l'empire. En Italie, la plupart étaient centrées sur Rome – d'où le proverbe : « Tous les chemins mènent à Rome. » Certaines existent encore, comme la voie Appienne (ci-dessous), qui reliait Rome au sud de l'Italie.

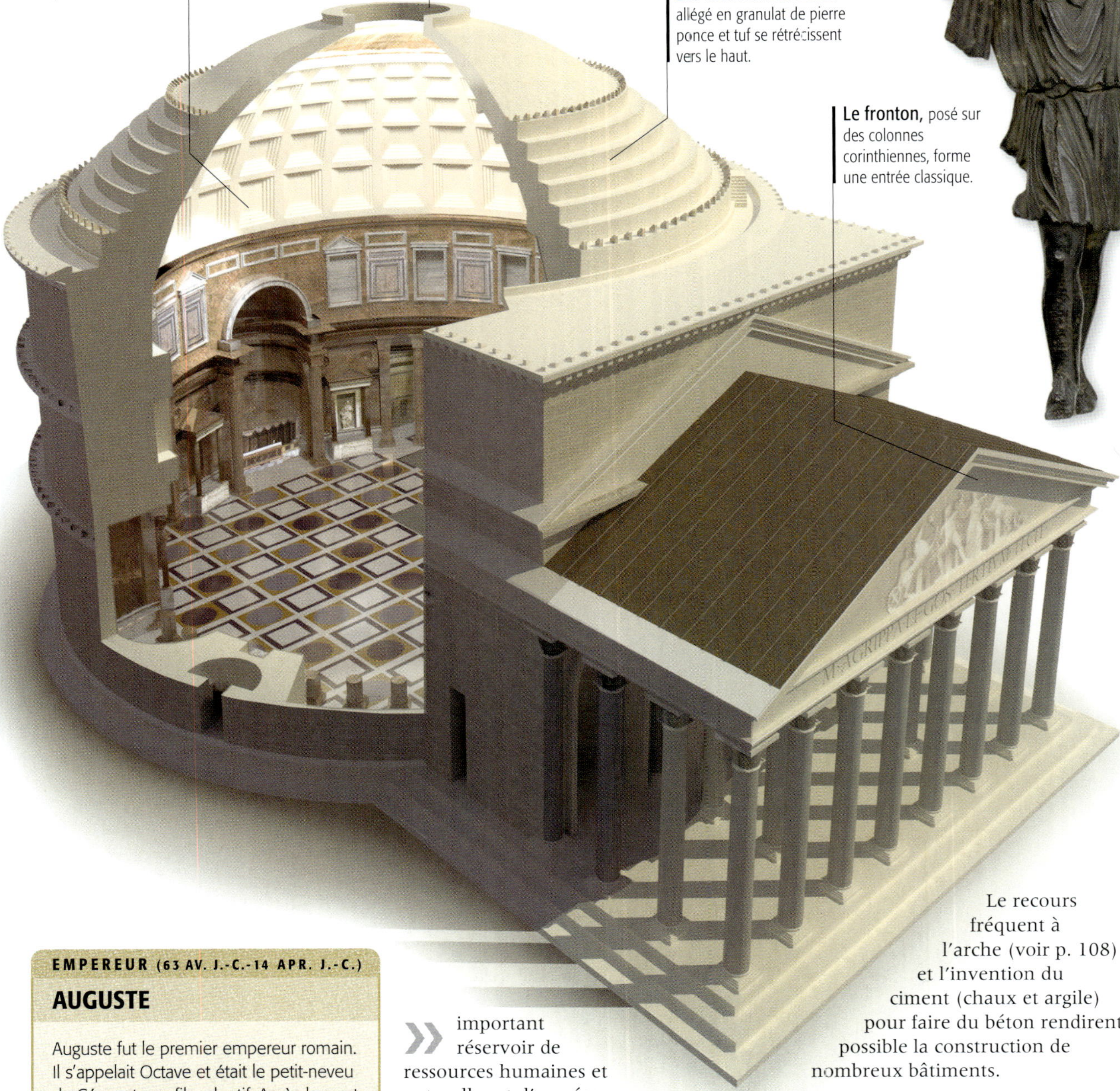

La dimension des coffrages ou des panneaux va en diminuant, ce qui accentue l'impression de hauteur.

L'oculus («œil») s'ouvre à l'air libre ; la pluie est évacuée par le sol.

Les anneaux de béton allégé en granulat de pierre ponce et tuf se rétrécissent vers le haut.

Le fronton, posé sur des colonnes corinthiennes, forme une entrée classique.

Le Panthéon
Bâti à la fin du IIe siècle apr. J.-C., le Panthéon de Rome, à l'origine un temple, est célèbre pour son dôme de 21 m de haut et de plus de 43 m de diamètre. À proximité du sommet, un mélange de pierre ponce et de ciment assure la stabilité de l'ensemble.

Dieu domestique en bronze
Les Romains adoraient plusieurs dieux ancestraux (les *lares* et les *pénates*), gardiens des foyers. Cette statuette tient une corne à boire, l'un des attributs typiques de ces dieux.

» important réservoir de ressources humaines et naturelles et d'un réseau de voies commerciales. Les provinces échangeaient toutes sortes de produits de première nécessité et de luxe – du sel aux statues ; c'est pourquoi on dit que Rome était « l'entrepôt du monde ».

Dans de nombreuses villes des provinces furent réalisés de grands travaux, œuvres des architectes, ingénieurs et artistes de l'Empire romain. Les bâtiments et monuments de cette époque reflétaient bien l'amour des Romains pour le grandiose, qui proclamait au monde leur richesse et leur force.

Auguste entreprit de transformer Rome ; il dit : « J'ai trouvé une cité de brique ; j'ai laissé une cité de marbre. »

Le recours fréquent à l'arche (voir p. 108) et l'invention du ciment (chaux et argile) pour faire du béton rendirent possible la construction de nombreux bâtiments.

La révolution du béton

Les Romains avaient déjà commencé à employer le béton (voir p. 106) et, au temps de l'Empire, ils en avaient largement maîtrisé la technique. L'énorme force portante du béton et le recours à de nouvelles techniques architecturales telles que l'arche leur permettaient désormais de bâtir des structures massives telles que le Colisée, à Rome, l'énorme dôme du Panthéon (voir ci-dessus), de longs aqueducs et viaducs ainsi que des ports tels que Césarée Maritime, en Judée.

Entre autres structures du temps de l'Empire, on citera trois monuments célèbres de Rome : le Forum d'Auguste (principal lieu de réunion publique de la ville), la colonne Trajane, terminée en 113 apr. J.-C. avec des reliefs célébrant deux victoires sur les Daces, et l'arc de Constantin, dressé en 315 apr. J.-C. à la gloire de l'empereur Constantin Ier.

L'arc de triomphe est une forme architecturale propre à l'Empire romain, et ce type de monument fut largement imité.

La vie dans l'Empire romain

La vie se déroulait à peu près comme au temps de la République. Les hommes jouissaient de libertés variables selon leur classe ; les femmes étaient, pour la plupart, confinées

50 000 **C'est le nombre de spectateurs que pouvait accueillir le Colisée, construit entre 72 et 82 pour les jeux du cirque : combats de gladiateurs, batailles navales, drames mythologiques et exécutions publiques.**

EMPEREUR (63 AV. J.-C.-14 APR. J.-C.)

AUGUSTE

Auguste fut le premier empereur romain. Il s'appelait Octave et était le petit-neveu de César et son fils adoptif. Après la mort de César, il prit les titres d'*Augustus,* qui avait des implications religieuses, et de *Princeps,* qui signifie «premier citoyen». Il mit fin à la guerre civile et sembla rétablir la République du temps de sa grandeur ; en fait, ce fut un autocrate. Il fit régner la paix pendant les quarante et un ans de son règne, inaugurant un empire qui allait durer plus de quatre siècles.

COMMENT SAVONS-NOUS ?

POMPÉI

En août 79 apr. J.-C., une violente éruption du Vésuve enfouit la cité voisine de Pompéi, dans l'actuelle Campanie en Italie du Sud, sous 6 m de cendre et de pierres. Les bâtiments furent enfouis et les gens étouffés. D'autres villes voisines, telles qu'Herculanum, subirent le même sort. Les fouilles ont révélé un exemple parfaitement conservé d'une cité gréco-romaine de quelque 20 000 habitants, avec un forum, un théâtre et de luxueuses villas. On retrouva même des miches de pain chez des boulangers. De nombreux corps furent momifiés, et des moules en plâtre en ont été faits depuis, qui montrent les habitants dans leur ultime posture.

Le port d'Ostie
Ce port de commerce était situé à l'embouchure du Tibre, près de Rome. Les cargaisons des navires étaient transférées sur des barges qui remontaient le fleuve jusqu'à la capitale.

L'art de la mosaïque
Les riches Romains vivaient dans de luxueuses villas décorées de mosaïques comme celle-ci, qui date du IIIe siècle.

Les ruines d'un hypocauste
Ces ruines montrent un système de chauffage par le sol (hypocauste) d'un établissement de bains (thermes). Le sol était posé sur des piliers autour desquels circulait de l'air chauffé dans un foyer extérieur.

au foyer. Les esclaves, qui n'avaient aucune liberté, étaient indispensables. À la campagne, ils constituaient jusqu'à un tiers de la population et assuraient les travaux agricoles pour subvenir aux besoins alimentaires des citadins.

Les logements étaient très divers. Les riches vivaient dans de magnifiques villas avec toilettes, eau courante et chauffage central. Souvent aménagées autour d'une cour centrale, elles étaient décorées de multiples statues et objets d'art (voir p. 116-117), de mosaïques de pavement et des peintures murales en trompe l'œil – on en a retrouvé à Pompéi et à Rome même, par exemple dans la maison de Livia. Ces grandes maisons étaient souvent conçues et décorées par des artistes grecs. On y offrait de somptueuses réceptions, au cours desquelles on consommait nourritures et boissons avec un excès devenu légendaire, avec un accompagnement de musique et de danses.

Dans les villes, les pauvres vivaient dans des immeubles étriqués appelés *insulae*, dont les ruines montrent qu'ils ressemblaient à nos HLM modernes, avec des entrées et des fenêtres uniformes. Les occupants se partageaient les installations sanitaires.

Affaires, plaisirs et religion

Discuter pour affaires ou pour le plaisir était un élément essentiel de la vie des Romains. On se rencontrait le plus souvent au marché, sur les forums, aux thermes et même dans les toilettes publiques. Mais la politique romaine étant fréquemment agitée par des complots et des conspirations, on préférait souvent se réunir à l'extérieur.

Les Romains aimaient aussi les jeux publics : compétitions athlétiques, courses de chars, représentations théâtrales et exécutions publiques de criminels. Dans les premiers siècles de l'Empire, leur religion admettait une multitude de dieux et déesses (voir p. 142-143), officiels et domestiques, à qui ils bâtissaient des temples et qui coexistèrent longtemps avec le christianisme lors de son expansion progressive (voir p. 144-145).

Les lois de l'Empire

Si Auguste y apporta quelques modifications, le droit romain demeura, pour l'essentiel, inchangé. Souvent, les citoyens accusés d'un crime avaient un protecteur pour les défendre, et le droit criminel était administré par des magistrats. Les peines étaient sévères. Au début du IIe siècle, dans tout l'Empire, les citoyens romains qui se plaignaient d'un déni de justice pouvaient faire appel à un tribunal supérieur à Rome.

Nécessaire de toilette
Les Romains riches aimaient à soigner leur apparence : pinces, cure-ongles et cure-oreille.

Pièces d'or
Ces pièces d'or, trouvées dans le Kent, en Angleterre, représentent plus de quatre ans de solde d'un légionnaire. On pense que son propriétaire avait l'intention de les récupérer.

Louche et cuiller en argent
Les artisans romains travaillaient l'argent avec beaucoup d'habileté.

Bol d'argile samien
Sous l'Empire, on utilisait volontiers de la poterie « samienne » à la couleur rouge brillant caractéristique.

Bracelet en or
Le bracelet en forme de serpent était populaire. Celui-ci est du Ier siècle apr. J.-C.

APRÈS

Le début de la décadence de l'Empire a été attribué à plusieurs facteurs différents.

LA PESTE ANTONINE

Vers 165 apr. J.-C., une **épidémie** (peut-être de variole) ravagea les territoires romains pendant une quinzaine d'années. Elle fit de très nombreux morts, dont deux empereurs, et cela affaiblit le tissu social de l'Empire.

5 MILLIONS C'est l'estimation du nombre de morts causés par une épidémie au IIe siècle apr. J.-C.

476 C'est l'année où disparut l'Empire romain d'Occident.

LA CRISE DU IIIe SIÈCLE

Entre 235 et 284, l'Empire sombra dans le chaos, les **empereurs se succédant et s'assassinant à un rythme accéléré**. De multiples problèmes accablèrent l'Empire : famine, peste, inflation, fiscalité excessive et incursions de « Barbares ». Certaines régions, comme la Gaule et la (Grande-) Bretagne, remirent en cause l'autorité impériale. Certains profitèrent de ce chaos pour revendiquer le pouvoir, comme la **reine Zénobie** de Palmyre (dans l'actuelle Syrie) en 272-273.

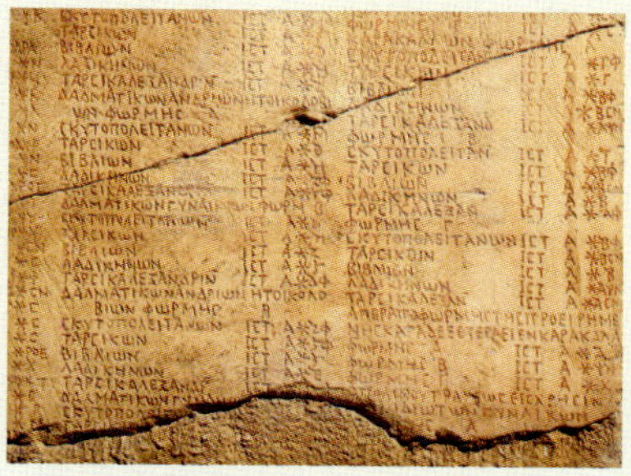

ÉDIT DE DIOCLÉTIEN

QUATRE EMPEREURS

En 284, le général **Dioclétien** se proclama empereur, mettant fin à la crise. Il créa le premier collège impérial de **quatre empereurs** (tétrarchie), chargé de contrôler les quatre parties de l'Empire. En 301, il proclama un édit pour tenter de stabiliser l'économie. La seconde tétrarchie ne fonctionna pas, ce qui préfigurait la division entre empire d'Orient et empire Occident, qui devait se réaliser en 395.

MOSAÏQUE DE CONSTANTINOPLE

UNE SECONDE ROME

Au début du IVe siècle, l'empereur Constantin (280-337) créa une « seconde Rome » à Byzance (l'actuelle Istanbul), l'appelant Constantinople. Peut-être cela contribua-t-il aussi au déclin de l'Empire.

L'armée romaine

C'est peut-être son armée qui illustre le mieux la redoutable et impitoyable efficacité du monde romain. Comptant plusieurs centaines de milliers d'hommes sous l'Empire, cette armée professionnelle était une machine de guerre disciplinée et remarquablement bien entraînée.

L'armée romaine ne se conforma pas à un modèle statique : elle évolua au cours des siècles en fonction des circonstances et des ennemis.
Au début, elle ressemblait à l'armée grecque d'hoplites, qui étaient des volontaires chargés de protéger leur cité. À mesure que le monde romain s'étendait, son armée dut s'adapter : au Ier siècle, du temps de Jules César (voir p. 108-109), c'était une force de frappe très mobile et bien organisée. L'armée romaine « classique » que nous connaissons le mieux est celle qui fut restructurée par César et améliorée par Auguste (voir p. 112). Sous le règne de Trajan (98-117), l'armée romaine apparaissait invincible.

Une force évolutive

Dans les premiers temps de la République (voir p. 106-107), l'armée était composée de volontaires issus de l'aristocratie, avec leur propre équipement, recrutés pour cinq ou six ans. Elle était constituée de petites unités (centuries) qui combattaient avec une discipline de fer. Mais, à mesure que s'accroissait la puissance de Rome, une armée de professionnels devint indispensable. Le général Marius (157-85 av. J.-C.) y apporta de nombreuses réformes, en particulier en ouvrant le recrutement à tous et en inaugurant la pratique de donner une terre à tous les vétérans. César (100-44 av. J.-C.) en fit une force militaire professionnelle et bien commandée, qu'Auguste (63 av. J.-C.-14 apr. J.-C.) préserva, avec un nombre stable de légions, pour assurer la sauvegarde de l'Empire. La durée de service fut généralisée à vingt ans. Chaque légion avait une aigle *(aquila)* : être aquilifère (porte-aigle) était un honneur. Sous l'Empire, les soldats juraient fidélité à l'empereur, ce qui, au cours des deux siècles suivants, contribua de façon décisive à s'assurer de leur loyauté et à défendre les frontières de l'Empire.

TRIBUN Officier, entre le légat (général) et le centurion

CENTURION Commandant d'une centurie de 80 hommes

CENTURION PRIMIPILE Centurion de grade le plus élevé

CUSTOS ARMORUM Responsable des armes et des équipements

LEGATUS LEGIONIS Officier commandant la légion

PRAEFECTUS CASTRORUM Administrateur du camp, responsable du matériel

IMMUNES Les exempts de corvées, notamment le personnel médical, les géomètres et les armuriers.

La vie à l'armée

Si la vie militaire était dangereuse, c'était, pour beaucoup, un moyen d'échapper à la pauvreté – et, pour les nobles peu fortunés, d'acquérir un pouvoir politique. Le service militaire faisait partie de l'éducation normale des jeunes gens. Pour ceux qui étaient issus d'une famille riche, c'était le premier échelon d'une carrière de magistrat. Un exemple typique est celui de Jules César : quoique né dans une famille de la noblesse, ce sont ses succès militaires qui lui ouvrirent les portes du pouvoir. L'armée contrôlait tous les aspects de la vie : par exemple, les soldats n'étaient pas autorisés à se marier officiellement ; mais si, dans un coin reculé de l'empire, un soldat décidait de prendre femme sur place et si tous deux étaient toujours ensemble lorsque le soldat prenait sa retraite, la femme devenait alors de droit citoyenne romaine.

Si les populations locales craignaient l'armée, celle-ci était disciplinée et les traitait en général correctement. Elle ne réquisitionnait pas son ravitaillement mais le payait, et un bon général n'autorisait pas ses troupes à piller indistinctement.

Le fort de Housesteads
Construit vers 122 apr. J.-C. sur le Mur d'Hadrien, à la frontière nord de l'Empire, c'est le fort romain le plus complet conservé en Grande-Bretagne.

La forme physique : une condition *sine qua non*

Les recrues devaient être en bonne forme physique : ils devaient pouvoir marcher près de 30 km par jour, avec tout leur équipement, qui pouvait peser 30 kg ou plus – ce qui leur valut le surnom de « mulets de Marius ». Ce poids a été calculé sur l'estimation de rations pour seize jours et un équipement complet. Après avoir marché toute la journée, les soldats devaient souvent établir un camp fortifié pour la nuit, creuser des tranchées et dresser des tentes. Si nécessaire, les ingénieurs qui les accompagnaient construisaient des ponts et des routes. Pour entretenir leur forme, les soldats pratiquaient la course, la nage, la lutte et le jet. Les exercices d'endurance duraient parfois deux jours continus. Les hommes pratiquaient également des exercices militaires : au combat, ils devaient pouvoir obéir aux ordres et combattre en formation – la plus célèbre étant la « tortue » *(testudo)* : des blocs rectangulaires où chaque légionnaire place son bouclier vers l'extérieur ou au-dessus de lui, protégeant cette formation de tous les côtés.

La vie à l'armée était dure mais la discipline, le bon commandement et l'organisation efficace assurèrent longtemps son succès.

Des légionnaires polyvalents
Les légionnaires savaient presque tout faire. Ici, une tuile fabriquée par la 20e légion, avec son emblème : un sanglier.

COMMENT SAVONS-NOUS ?

LES TABLETTES DE VINDOLANDA

Ces tablettes de bois, trouvées près d'un fort romain dans le nord de l'Angleterre, donnent bien des détails sur la vie à la frontière de l'empire entre 97 et 103 apr. J.-C. : correspondance privée du préfet du camp ou de sa femme, dont une invitation à un anniversaire. Ces tablettes nous informent aussi sur la vie quotidienne des légionnaires, avec par exemple des demandes de permission.

« AVANT

L'armée romaine se forgea au contact d'armées ennemies elles-mêmes victorieuses.

LES FORMATIONS DES HOPLITES
Au combat, les **fantassins grecs** – les **hoplites** – adoptaient une formation particulière : la « phalange ». Ils tenaient leurs boucliers serrés les uns contre les autres, opposant ainsi à l'ennemi un **front uni**. Les Romains leur empruntèrent cette méthode sous la République.

HOPLITES DE LA GRÈCE ANTIQUE

LA PUISSANCE DE SPARTE
À Sparte **« 94-95** la vie des hommes était liée à l'armée. L'État était chargé de former une armée parfaite. Outre l'instruction militaire, on inculquait aux jeunes certaines valeurs qui se retrouvent chez les légionnaires, notamment le sacrifice de soi.

L'ARMÉE D'ALEXANDRE
Les 30 000 fantassins et 4 000 cavaliers de l'armée d'Alexandre le Grand marchaient en moyenne 32 km par jour **« 96-97**.

APRÈS

Avec le temps, et sous la menace des ennemis de l'Empire, l'armée romaine évolua. Ses capacités ont largement influencé les armées des périodes ultérieures.

LES BARBARES À LA PORTE
Après le milieu du IIIe siècle apr. J.-C., confrontée à de **nouveaux ennemis aux frontières**, l'armée dut évoluer. Sa capacité d'adaptation lui permit de préserver la cohésion de l'Empire en des temps difficiles **150-151 »**.

RÉSEAU DE COMMUNICATION
Les **voies romaines**, essentielles au déplacement des troupes, sont pour l'essentiel conservées.

LA GUERRE DES CHARS MODERNE
De nos jours, la **mobilité d'une armée** est assurée non plus par la tortue mais par le char, unité blindée d'importance stratégique.

Une palette protégeait la nuque des coups de glaive et des armes de jet.

Le casque gaulois (*cassis* en métal ou *galea* en cuir) qui protégeait mieux la nuque, remplaça le casque de bronze vers le milieu du Ier siècle apr. J.-C.

Lance et javelot
La *lancea*, à gauche, était une arme de jet. Le javelot *(pilum)* était une pique pour charger l'ennemi et transpercer son bouclier.

Des charnières de bronze rendaient les mouvements plus faciles.

Les légionnaires portaient souvent une cuirasse formée de plaques de métal *(lorica segmentata)*, mais les auxiliaires n'étaient protégés que par une tunique de cuir ou un bouclier *(scutum)*.

Glaive
Le *gladius* était une arme droite à deux tranchants longue d'environ 50 cm, portée dans un fourreau.

Dague
Le *pugio* était une dague courte et tranchante de 20 à 25 cm de long pour le corps-à-corps.

Un ceinturon, le *cingulum*, portait le *pugio* et le *gladius*, et surtout une sorte de tablier clouté de protection.

La tunique était un vêtement court en laine qui ne gênait pas les mouvements.

L'ARMÉE ROMAINE
146 720 HOMMES
28 LÉGIONS

1 LÉGION
5 240 HOMMES
10 COHORTES + 120 CAVALIERS

1 COHORTE
480 HOMMES
6 CENTURIES

1 CENTURIE
80 HOMMES
10 *CONTUBERNIA*

1 *CONTUBERNIUM*
8 HOMMES

L'organisation de l'armée
Ces chiffres concernent l'armée « classique » du Ier siècle apr. J.-C. En pratique, elle pouvait en compter le double avec les auxiliaires : ingénieurs, armuriers et médecins.

Sandales
Les légionnaires, qui faisaient souvent des marches de 30 km environ, portaient des sandales cloutées.

Le groupe du *Laocoon*
Cette sculpture, l'une des plus célèbres de l'Antiquité classique, fut réalisée vers 200 av. J.-C. On n'en connaît pas l'auteur. Elle représente le prêtre troyen Laocoon et ses deux fils attaqués par des serpents. Il aurait été châtié par les dieux, selon certains pour avoir pris femme contre leur volonté, selon d'autres pour avoir prévenu les Troyens contre le cheval laissé par les Grecs.

L'expression faciale torturée de Laocoon constitue l'un des plus beaux exemples du réalisme typique de l'art grec tardif.

La plastique humaine est représentée de manière réaliste mais demeure dans les limites de la perspective idéalisée de la perfection physique.

Les fils ont le regard fixé sur leur père, ce qui contribue à donner une composition équilibrée centrée sur le personnage central du groupe.

Les serpents sont représentés enroulés autour des membres en une masse confuse qui accentue l'impression de torture.

Les postures tourmentées des personnages créent une impression de mouvement et expriment efficacement la douleur.

« AVANT

Caractérisé par la symétrie, l'art grec primitif a produit des céramiques et statues aux formes idéalisées.

VASE EN STYLE GÉOMÉTRIQUE

CÉRAMIQUES PRIMITIVES
Entre le Xe et le VIIIe siècle av. J.-C., la céramique grecque relève de l'art «géométrique» : ses formes linéaires expriment l'amour de la symétrie et de la proportion, si importantes dans l'art grec.

SCULPTURE ARCHAÏQUE
La période «**archaïque**» (v. 750-480 av. J.-C.) est célèbre pour ses sculptures de *kouroï* («hommes nus») aux formes idéalisées, où se retrouve la symétrie des céramiques primitives. Les sculptures de bronze se multiplièrent dans les années 500, facilitant les représentations latérales, ce qui permit des poses plus réalistes.

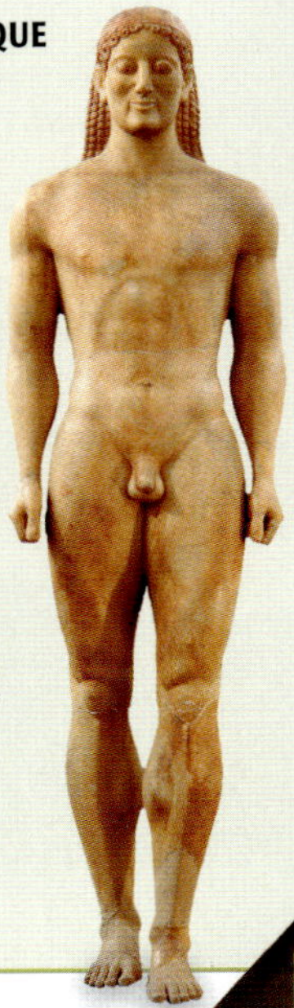

UN *KOUROS*

L'art classique

L'art de la Grèce et de Rome – souvent qualifié globalement d'« art classique » – a donné naissance à de multiples styles et perspectives qui ont exercé une profonde influence sur l'art occidental tout au long des siècles et jusqu'à notre époque.

L'art classique s'est exprimé dans la statuaire, la poterie, la peinture murale, la mosaïque et l'architecture. En général, les Romains ont développé à leur manière les idées des Grecs et des Étrusques (peuple qui dominait l'Italie du Nord au VIe siècle av. J.-C., voir p. 106). Si les Grecs aimaient la beauté idéalisée, les Romains ont fait preuve de génie pratique, qui transparaît dans des réalisations architectoniques comme le Colisée (voir p. 110-111). L'influence des Grecs leur parvint par le moyen de contacts commerciaux et des fortunes changeantes de leurs empires respectifs : à l'époque archaïque, les Grecs dominaient une partie de l'Italie (voir AVANT) ; en 146 av. J.-C., les Romains contrôlaient toute la Grèce. Globalement, entre la période primitive et la période hellénistique tardive (v. 323-146 av. J.-C.), l'art devint toujours plus réaliste.

La Grèce classique

Entre 480-323 av. J.-C. s'épanouit, dans une Athènes impériale (voir p. 100-101), un art « classique ». Construit sur l'acropole de la cité, le magnifique Parthénon (voir p. 94-95) était décoré de sculptures créées sous le contrôle de Phidias. Alors, la sculpture commença à être plus réaliste qu'au cours de la période « archaïque » antérieure. Le *Discobole* de Myron est un remarquable exemple de représentation artistique du mouvement, et la statue de l'Apollon du Belvédère, dont l'auteur est inconnu, rend le plissé du tissu avec beaucoup de réalisme.

Le *Doryphore* (« porte-lance ») de Polyclète présente une pose et une musculature plus réalistes, grâce à l'étude de l'anatomie et à l'observation des athlètes. On y trouve aussi un idéal mathématique de la beauté, avec des proportions parfaites des membres et du corps.

Le réalisme

Les styles classiques se maintinrent pendant la période hellénistique mais, si des sculptures comme la *Vénus de Milo* expriment encore un idéal de beauté féminine, on voit apparaître des œuvres empreintes d'émotion et d'expression, comme la *Victoire de Samothrace*, le groupe de *Laocoon* (ci-contre) et le *Gaulois mourant* (p. 134).

L'idéalisation et la beauté semblaient désormais moins importantes ; on représentait des scènes de la vie quotidienne : femme au marché, garçonnet aux prises avec une oie. Les ateliers produisaient des statues de tous les styles, en argile, en marbre et en bronze, qui se vendaient dans le monde entier.

Avant l'ère hellénistique, « l'art » n'était guère considéré comme une entité créatrice distincte : on faisait des statues pour orner une tombe ou un temple, pour commémorer une guerre ; les vases avaient un usage pratique. Mais les riches qui avaient vu des statues de personnages célèbres voulaient se faire représenter eux-mêmes, ou orner leur maison d'allégories. De la multiplicité des styles est né le sens de « l'histoire de l'art ».

> « La **beauté** est dans les proportions… »
>
> GALIEN, MÉDECIN GREC, v. 131-v. 201

Céramique classique à figures noires
Souvent, les vases grecs étaient ornés de figures noires sur fond rouge, comme ici, ou de figures rouges sur fond noir. Le style des artistes, très élaboré, a évolué avec le temps.

L'art à Rome

Bon nombre des statues grecques que nous connaissons nous viennent en fait des Romains, qui commencèrent par copier l'art grec avant de forger leur propre identité artistique.

Les anciennes peintures grecques ont été perdues (à l'exception des vases peints), mais des peintures romaines nous en donnent une idée. Celles trouvées à Pompéi (voir p. 112) et Herculanum illustrent un talent particulier pour représenter en trois dimensions, sur une surface plate, par exemple des scènes mythologiques et pour rendre avec talent les ombres et les perspectives. L'art de la mosaïque, faite de tesselles, petites pierres colorées, fut inventé par les Grecs, mais ce sont surtout les mosaïques romaines de mur et de pavement qui sont célèbres : on en trouvait en grand nombre, par exemple, dans la Rome impériale.

Les Romains créèrent des monuments et des statues qui célébraient les gloires de leur empire, comme l'arc de Constantin et la colonne Trajane. Celle-ci fut conçue par un architecte grec : Apollodore de Damas et illustre bien le lien entre l'art grec et l'art romain. Les Romains empruntèrent aussi aux Grecs la forme du temple, le bâtissant souvent sur une plate-forme pour en accentuer l'impression de grandeur et l'ornant de sculptures pillées en Grèce. L'art était mis au service de la gloire personnelle mais aussi de l'ambition politique. Si les Romains n'avaient pas ainsi exploité l'art grec, celui-ci nous serait resté largement inconnu.

ZEUXIS (ve siècle av. J.-C.) fut l'un des peintres les plus célèbres de la Grèce antique. On raconte qu'il avait peint des raisins si réalistes que des oiseaux tentaient de les picorer. Mais aucune de ses œuvres ne nous est parvenue.

APRÈS

L'art de la Grèce et de Rome a influencé de nombreuses cultures ultérieures.

L'ART BYZANTIN
Perfectionné par les Romains, le dôme est devenu caractéristique de l'Empire byzantin. L'église Sainte-Sophie (VIe siècle), dans l'ancienne Byzance, aujourd'hui Istanbul, en est un bel exemple.

SAINTE-SOPHIE, ISTANBUL

LA RENAISSANCE ET AU-DELÀ
Au XVe siècle, l'Europe redécouvrit l'art et l'architecture de la Grèce et de Rome **250-251»**. Sculpteurs et peintres, comme Raphaël, exploitèrent leurs connaissances de l'anatomie, et les architectes construisirent des bâtiments inspirés des anciens temples grecs.

TABLEAU DU XVIe SIÈCLE PAR RAPHAËL

Colonne corinthienne
Les Grecs créèrent différents styles, appelés ordres, de colonnes pour leurs bâtiments, qui furent par la suite adaptés par les Romains. Celle-ci est de style corinthien, particulièrement prisée à Rome.

AVANT

Entre le Nouveau Royaume <<64-65, et son annexion par Alexandre, l'Égypte connut plusieurs invasions.

STATUE FUNÉRAIRE ÉGYPTIENNE DE LA BASSE-ÉPOQUE

BRÈVE RENAISSANCE
Les Assyriens **<<65, 80-81** furent expulsés et, de 664 à 525 av. J.-C., le pays connut une **renaissance** sous des pharaons indigènes : les Saïtes.

LA BASSE-ÉPOQUE
Les Perses achéménides <<92-93 régnèrent de 525 à 400 av. J.-C, suivis par des Égyptiens jusqu'en 343 av. J.-C., année où les Perses expulsèrent **Nectanebo II**, dernier pharaon égyptien.

LA CONQUÊTE D'ALEXANDRE
En 332 av. J.-C., lorsqu'il conquit l'Empire perse, **Alexandre << 96-97** prit l'Égypte à **Darius III**, dernier roi achéménide.

L'Égypte grecque et romaine

Les derniers temps de l'Égypte ancienne furent marqués par d'étonnantes mutations : d'abord absorbée dans l'empire du Macédonien Alexandre le Grand, elle intégra le monde hellénique sous les Ptolémées avant de devenir une province de Rome puis de l'Empire byzantin.

Lorsque Alexandre, roi de Macédoine de culture grecque, mourut en 323 av. J.-C., l'Égypte faisait partie de son vaste empire. Son contrôle passa alors à l'un de ses fidèles généraux : Ptolémée Lagos, qui y était gouverneur. En 304, Ptolémée était roi d'Égypte, et sa dynastie – les Lagides – devait durer trois cents ans. Cette période grecque « ptolémaïque » correspond à une période où la culture dite hellénistique (voir p. 99) s'étendait à toute la Méditerranée et au Proche-Orient. Les Grecs étaient présents en Égypte (voir p. 116-117) depuis l'époque mycénienne (voir p. 75), et les Ptolémées, de culture grecque comme Alexandre, mirent en place une administration d'inspiration grecque.

Une coexistence culturelle

Les Ptolémées n'imposèrent pas leurs culture aux Égyptiens. Si la classe dirigeante vivait à la grecque, la culture égyptienne continuait à imprégner le reste de la population. De plus, voulant s'affirmer comme monarques indigènes, les dirigeants grecs prirent le titre de pharaon, construisirent des temples à l'égyptienne et adorèrent les dieux du pays. Cette culture parallèle est illustrée par la pierre de Rosette, écrite en hiéroglyphes, en grec et en démotique (voir p. 62).

Le gouvernement des Ptolémées

Cette intelligente politique de coopération fut fructueuse : elle apporta la stabilité à l'Égypte. Les Ptolémées réformèrent la propriété foncière et améliorèrent les méthodes d'agriculture ; ils réorganisèrent l'administration régionale sur la base des districts égyptiens : les « nomes ». Ils furent aussi d'excellents hommes d'affaires : ils remplacèrent le troc par une ébauche de système bancaire, créèrent des monopoles royaux sur certains produits et multiplièrent les relations commerciales avec d'autres pays. Ptolémée transféra la capitale de Memphis à Alexandrie – le port créé par Alexandre le Grand –, où elle devait rester pendant neuf cents ans. Symbole prospère du gouvernement de la dynastie lagide, cette ville, située sur la côte nord, ouvrait le pays au commerce et aux cultures de la Méditerranée ; sa bibliothèque devint le centre de gravité de la pensée grecque.

107 **m – c'était paraît-il la hauteur du *Pharos*, le célèbre phare d'Alexandrie, l'une des Sept Merveilles du Monde.**

Alexandrie
Mosaïque byzantine du VIe siècle. Dès le IIe siècle, Alexandrie était l'un des plus importants centres du christianisme.

Les Romains

Au milieu du Ier siècle av. J.-C., la dynastie des Ptolémées fut affaiblie par des rivalités internes. De plus en plus présente, Rome contrôlait en pratique le gouvernement du pays. L'Égypte perdit complètement son indépendance en 30 av. J.-C. lorsque Cléopâtre (p. 120-121), dernier représentant des Ptolémées, s'allia à Marc Antoine, lequel devait être victime des luttes pour le pouvoir à Rome (voir p. 110-113). Octave, son vainqueur, fit de ce pays sa propriété personnelle.

Alexandrie resta une ville florissante ainsi qu'un carrefour du commerce romain. Elle continuait à être visitée par les érudits de tout le monde hellénophone. Dans les premiers temps de son incorporation à Rome, le pays conserva sa culture grecque mais, de Rome, l'empereur s'appropria le titre de pharaon, et l'influence romaine se fit de plus en plus sentir. Il est probable que les Romains conservèrent pour l'essentiel l'administration des Ptolémées, mais nombre de leurs coutumes et pratiques s'imposèrent dans l'agriculture et la vie quotidienne. À partir du IVe siècle, l'influence de Rome fut remplacée par celle de l'Empire romain d'Orient, basé à Constantinople (autrefois Byzance, l'actuelle Istanbul), et l'Égypte devint un creuset d'idées religieuses diverses.

Le christianisme copte

Le christianisme parvint en Égypte au Ier siècle apr. J.-C. À la fin du IVe siècle, c'était la religion officielle de l'Empire romain ; au VIe siècle, le pays était essentiellement chrétien, et les Coptes (du grec *Aiguptioï* : Égyptiens) formaient une Église solide, qui subsista sous l'islam. Les Coptes étaient « monophysites » : pour eux, le Christ avait une nature *(physis)* uniquement divine et non une double nature humaine et divine. En 451, le concile de Chalcédoine rejeta la doctrine monophysite, mais les Coptes la conservèrent.

COMMENT SAVONS-NOUS ?

LE PORT D'ALEXANDRIE

Au IIIe siècle av. J.-C., à l'époque des Ptolémées (Lagides), un gigantesque phare fut construit à l'entrée du port d'Alexandrie ; ce fut l'une des Sept Merveilles du monde antique. Il fut détruit par un tremblement de terre en 1303. Dans les années 1990, une équipe franco-égyptienne d'archéologues découvrit sous la mer d'énormes blocs, qui étaient peut-être des éléments de sa structure, ainsi que des statues anciennes colossales. On voit ci-dessous la récupération de ce qui pourrait avoir été une statue de l'un des rois ptolémaïques.

La vie sur le Nil
Le Nil fut toujours une artère vitale pour les Égyptiens. Cette mosaïque illustrant la vie quotidienne au bord du Nil date de l'an 100 apr. J.-C. environ.

APRÈS

KHOSRO, ROI DE PERSE, ATTAQUE LES BYZANTINS

Alexandrie perdit son statut de capitale du christianisme oriental au profit de Constantinople (Byzance 198-199 >>). L'arrivée des Arabes en 642 bouleversa à nouveau le pays.

GUERRES ENTRE LA PERSE ET BYZANCE
Le roi perse **Khosrô II** arracha l'Égypte à **l'empereur byzantin Héraclius**, et y régna brièvement, de 616 à 628 ; mais Byzance y rétablit son contrôle de 629 à 648.

L'ARRIVÉE DES ARABES
Puis l'Égypte passa sous la domination **arabe 174-177 >>**. Le calife Amru ibn al-As fonda, près de Memphis, un camp qui deviendra Le Caire et introduisit l'**islam** dans le pays.

LE DERNIER PHARAON D'ÉGYPTE Née v. 68 AV. J.-C. Morte 30 AV. J.-C.

Cléopâtre

« Je refuse d'être exhibée dans son triomphe. »

CLÉOPÂTRE, À PROPOS DU DÉFILÉ DE LA VICTOIRE D'OCTAVE, 30 AV. J.-C.

En tant que fille de Ptolémée XII d'Égypte, Cléopâtre appartenait à la dynastie des Ptolémées, ou Lagides (voir p. 118-119), qui remontait à Ptolémée Lagos, l'un des généraux d'Alexandre le Grand (voir p. 96-97). En théorie indépendante, l'Égypte était en fait soumise au contrôle de Rome, qui soutenait cette dynastie en échange d'importants avantages financiers. Le père de Cléopâtre avait dépensé une fortune pour s'assurer son soutien, ce qui n'empêcha pas Tryphène et Bérénice, sœurs de Cléopâtre, de comploter contre lui. À sa mort, en 51 av. J.-C., Cléopâtre, en tant qu'aînée des enfants survivants, monta sur le trône avec l'un de ses frères : Ptolémée XIII. Selon la tradition pharaonique, le roi et la reine étaient frère et sœur, et Cléopâtre était censée épouser son frère. Mais celui-ci, soutenu par son premier ministre Pothin, voulait être seul à gouverner et, en 49, Cléopâtre fut exilée, privée de tout pouvoir. En 48, Jules César (voir p. 108-109) lança une campagne militaire contre l'Égypte, et Cléopâtre se sentit menacée. En devenant la maîtresse de César, c'était sa vie qu'elle défendait.

César et Césarion

Pour imposer le retour de Cléopâtre, César dut affronter et vainquit une armée égyptienne commandée par Arsinoé IV, une autre sœur de Cléopâtre. Au cours de cette campagne, Ptolémée XIII se noya dans le Nil, alourdi par son armure d'or. Cléopâtre put alors gouverner librement le pays avec son dernier frère : Ptolémée XIV. César était déjà rentré à Rome lorsque Cléopâtre accoucha de leur fils :

Cléopâtre en pharaon
Sur ce relief d'un temple de Dendérah, Cléopâtre est figurée en pharaon, avec la couronne d'Hathor et une coiffe en forme de vautour. Elle tient à la main un sceptre et un *ankh*, signe de vie.

Cléopâtre et Antoine
Cette pièce en argent montre Cléopâtre (à gauche) sur l'avers, et son amant : Marc Antoine, général romain (à droite), sur le revers.

Une beauté légendaire
Ce tableau du XIXe siècle montre une Cléopâtre de légende. En réalité, elle dut ses succès politiques et amoureux plus à son intelligence et à son charme qu'à sa beauté.

Ptolémée César, ou Césarion. Peu après, sous prétexte de négocier un traité, Cléopâtre se rendit à Rome. À l'époque, la coutume voulait qu'un général vainqueur exhibe des prisonniers lors de son triomphe (défilé de la victoire) ; il se peut donc que, à l'occasion du triomphe de César, elle ait vu sa sœur Arsinoé. Après la mort de César, Cléopâtre rentra en Égypte. Il est probable que ce fut elle qui organisa l'assassinat de son frère Ptolémée XIV ; elle le remplaça par son fils Césarion (Ptolémée XV). Pendant trois ans, elle resta soigneusement à l'écart des troubles qui suivirent la mort de César et rétablit efficacement l'ordre public et la prospérité dans son royaume.

En 42 av. J.-C., le général Marc Antoine et Octave (le futur empereur Auguste, voir p. 112) dirigeaient à eux deux l'ensemble du monde romain, Antoine étant chargé de la Méditerranée orientale. Il convoqua Cléopâtre à Tarse (dans l'actuelle Turquie) et, une fois encore, son charme et son intelligence lui permirent de conquérir son conquérant.

Antoine et Cléopâtre

À Tarse, Cléopâtre et Antoine devinrent amants, mais la politique primait toujours : Antoine dut bientôt rejoindre sa femme Fulvia, en Grèce, où elle s'était réfugiée après une tentative manquée de rébellion contre Octave en Italie. En 40, Fulvia étant morte, Antoine conclut une nouvelle alliance avec Octave en épousant sa sœur Octavie. Entre-temps, Cléopâtre avait donné naissance à des jumeaux : Alexandre Hélios (soleil) et Cléopâtre Sélène (lune). En 37, Antoine revint en Égypte et, quoique toujours marié à Octavie, épousa Cléopâtre. Lorsqu'il lança contre les Parthes (voir p. 122-123) une campagne, qui fut d'ailleurs un échec, elle attendait l'enfant qu'elle allait nommer Ptolémée Philadelphe. La campagne suivante d'Antoine, en Arménie, fut un succès ; à son retour en Égypte, il fut fêté en héros, ce qui donna lieu aux « Donations d'Alexandrie » : Cléopâtre et Antoine se proclamèrent dieux vivants – elle comme Isis (voir ci-dessous) et lui comme Dionysos/Osiris – et leurs enfants nommés rois de pays alors sous contrôle romain.

Après cela, Octave n'eut pas de mal à convaincre le sénat de lui donner les moyens d'une guerre contre Cléopâtre, manifestement décidée à se poser en puissance rivale de Rome. Ayant subi une grave défaite à Actium, au large de la Grèce, elle se réfugia en Égypte avec 60 navires chargés de trésors, suivie par Antoine. Assiégé à Alexandrie, Antoine se suicida ; craignant peut-être d'être exhibée lors du triomphe d'Octave, Cléopâtre se suicida à son tour, se faisant mordre par un serpent venimeux qu'on lui avait fait parvenir caché dans un panier de figues.

Octave respecta le souhait de Cléopâtre d'être enterrée avec Antoine ; elle avait 39 ans. Son fils aîné, Césarion, fut exécuté ; mais on pense que ses autres enfants furent épargnés.

Le décret de Cléopâtre
Ce document est un décret exemptant Publius Candidus de payer des impôts. Rédigé en démotique à la chancellerie royale, à Alexandrie, il comporte une note de Cléopâtre : « Qu'il en soit ainsi. » Les Ptolémées, dont Cléopâtre fut la dernière représentante, parlaient grec. Elle fut la première et la dernière de la lignée à parler l'égyptien, langue de ses sujets.

Cléopâtre et Isis
Cette stèle en calcaire représente Cléopâtre (à gauche) allaitant son fils tout en faisant une offrande à Isis ; elle prétendit plus tard en être la réincarnation.

« **Platon** admet **quatre** sortes de **flatterie** ; mais elle en avait **mille**. »

PLUTARQUE, DANS SA BIOGRAPHIE DE MARC ANTOINE, v.75 APR. J.-C.

IDÉES

LE CULTE D'ISIS

Fille de la Terre et du Ciel, sœur-épouse du dieu Osiris, Isis était la principale déesse de l'Égypte. Osiris fut tué par son frère jaloux, le dieu Seth, qui découpa son cadavre. Isis en retrouva les morceaux et reconstitua le corps. Puis elle entreprit d'élever son fils Horus, magiquement conçu à partir du cadavre de son mari, jusqu'à ce qu'il fût assez âgé pour venger son père. Il se peut que le mythe d'Isis soit une allégorie de l'inondation des riches plaines (Isis) par le Nil (Osiris). Ce culte de l'épouse en deuil et mère aimante se répandit très loin. Isis devint la déesse protectrice des Voyageurs et était particulièrement vénérée des femmes.

LA DÉESSE ISIS

CHRONOLOGIE

- **v. 68 av. J.-C.** Naissance de Cléopâtre, troisième fille de Ptolémée XII.
- **55 av. J.-C.** Ayant déposé Ptolémée XII, Tryphène et Bérénice, sœurs de Cléopâtre, sont exécutées.
- **51 av. J.-C.** Mort de Ptolémée XII ; Cléopâtre VII devient reine d'Égypte avec son frère Ptolémée XIII.
- **49 av. J.-C.** Cléopâtre est bannie par Pothin, principal conseiller de Ptolémée XIII.
- **48 av. J.-C.** Jules César arrive en Égypte et vainc les armées de Ptolémée XIII et d'Arsinoé, sœur de Cléopâtre. Celle-ci remonte sur le trône avec un autre de ses frères : Ptolémée XIV.
- **v. 47 av. J.-C.** Elle donne naissance à un fils, surnommé Césarion par les Alexandrins qui en attribuent la paternité à César.
- **46 av. J.-C.** Revenu à Rome avec Cléopâtre, César a droit à quatre triomphes (défilés de la victoire), dont le plus splendide célèbre ses succès en Égypte, avec Arsinoé parmi les prisonniers de guerre.
- **44 av. J.-C.** Après l'assassinat de César, Cléopâtre quitte Rome pour l'Égypte. Ptolémée XIV est assassiné, peut-être par Cléopâtre, qui le remplace par son fils Césarion (Ptolémée XV).
- **42 av. J.-C.** Octave (à droite) et Marc Antoine gagnent la bataille de Philippes. Antoine et Cléopâtre se rencontrent à Tarse.

OCTAVE

- **40 av. J.-C.** Cléopâtre accouche de deux jumeaux : Alexandre Hélios et Cléopâtre Sélène, enfants de Marc Antoine.
- **37 av. J.-C.** Antoine revient au Proche-Orient ; Cléopâtre finance ses campagnes militaires.
- **36 av. J.-C.** Naissance de Ptolémée Philadelphe, fils de Marc Antoine.
- **35 av. J.-C.** Cléopâtre apporte un secours financier et matériel à l'armée d'Antoine, vaincue en Syrie. Tous deux reviennent ensemble à Alexandrie.
- **34 av. J.-C.** Après ses succès en Arménie, Antoine célèbre sa victoire par les « Donations d'Alexandrie » : lors d'une cérémonie solennelle, de vastes territoires et des titres importants sont attribués à Cléopâtre et à leurs enfants à tous deux. Rome s'inquiète.
- **33 av. J.-C.** En Grèce, Cléopâtre et Antoine se préparent à affronter Rome sur terre et sur mer.
- **31 av. J.-C.** Cléopâtre et Antoine vaincus à la bataille d'Actium ; ils rentrent à Alexandrie.
- **30 av. J.-C.** Plutôt que d'être ramenée à Rome prisonnière d'Octave, Cléopâtre se suicide en se faisant mordre par un serpent venimeux.

***LA MORT DE CLÉOPÂTRE*, TABLEAU DE LA RENAISSANCE**

Le commerce entre la Perse et la Chine
Cette fresque (v. 600 apr. J.-C.) trouvée dans une grotte de Dunhuang (Chine) montre des marchands de Sogdiane, en Perse orientale, sur la route de la soie.

Monnaies parthes du roi Gotarzès II
L'Empire parthe continua à frapper des monnaies en grec – celles-ci datent de 49 à 51 av. J.-C. – alors que le grec n'y était plus guère parlé.

La renaissance de la Perse

Débarrassée de la tutelle des Grecs, la Perse se retrouva sous le contrôle des Parthes. L'expansion de ceux-ci correspondit à celle de l'Empire romain, et ces deux puissances s'affrontèrent pendant trois siècles. Les Perses reprirent le pouvoir dans leur pays en 226 apr. J.-C., avec la riche et opulente dynastie sassanide.

AVANT

Le premier Empire perse, dans le sud-ouest de l'Iran, fut dirigé par les Achéménides à partir de 520 av. J.-C. << 92-93. Après qu'Alexandre le Grand << 96-97 eut balayé l'empire entre 334 et 333, il n'y eut plus de dirigeants perses durant cinq cents ans.

LA DYNASTIE SÉLEUCIDE
Les territoires conquis par Alexandre furent divisés après sa mort. La Mésopotamie, la Perse et l'Est furent attribués à une dynastie de **dirigeants gréco-macédoniens** fondée par **Séleucos Ier << 98-99**, un général d'Alexandre. Il fonda sur le Tigre une nouvelle capitale : Séleucie.

BRONZE SÉLEUCIDE

LES GRÉCO-PERSES
Dans les territoires gouvernés par Séleucos Ier et sa **femme perse Apama**, les cultures grecque, macédonienne et perse se mélangèrent et s'enrichirent mutuellement **<< 98-99** comme l'avait rêvé Alexandre : celui-ci avait d'ailleurs encouragé les **mariages mixtes** entre ses soldats et des femmes perses.

LA FIN D'UN EMPIRE
Les **cités-États d'Asie centrale << 98-99** en **Bactriane** (l'actuel Afghanistan) et ailleurs, arrachèrent leur indépendance, ce qui affaiblit l'Empire séleucide. Il se retira de l'Inde et de la Bactriane vers 250 av. J.-C.

L'empire gréco-macédonien des Séleucides (voir p. 98-99 et AVANT) couvrait la majeure partie des territoires conquis par Alexandre en Asie (voir p. 96-97), notamment la Perse et la Mésopotamie. Cet empire était presque aussi vaste que son prédécesseur – le premier empire des Achéménides (voir p. 92-93) ; pourtant, au IIIe siècle av. J.-C., il commençait à s'effondrer.

L'émergence des Parthes

Dans cet empire en décomposition, les Parthes virent une occasion à saisir. Autrefois nomades, ils s'étaient établis dans le nord-est de l'Empire séleucide, dont ils s'étaient détachés en 238 av. J.-C. Avançant vers l'est, ils prirent le contrôle des routes de la soie et commencèrent à étrangler ce qui restait de l'Empire séleucide. Sous Mithridate Ier, ils s'emparèrent de la Mésopotamie, ce qui leur assurait le contrôle de tous les territoires entre l'Inde et le Tigre. Conscient de la valeur de la culture gréco-perse dont il était l'héritier, le roi Mithridate permit aux villes de conserver leur système administratif, leurs liens commerciaux et leurs langues mais il leur imposa des gouverneurs.

Entre Rome et la Chine

Les Romains vainquirent et annexèrent le royaume des Séleucides, ce qui en fit des voisins des Parthes. C'est ainsi que la Parthie devint, pendant trois cents ans, l'ennemie de Rome.

Les Parthes étaient accoutumés aux incidents de frontière : au nord, ils étaient menacés par des nomades des steppes (voir p. 138-139), qu'ils tenaient à distance grâce à des attaques éclairs de leur cavalerie.

Ils avaient des contacts avec les Chinois Han : ainsi, l'explorateur Zhang Qian (voir p. 129) fit le voyage jusqu'en Parthie et fit rapport à son empereur. Entre-temps, venues de l'Inde, des idées bouddhistes se répandirent le long des voies commerciales contrôlées par les Parthes, qui en interdisaient l'emploi aux Romains. En 53 av. J.-C., les Parthes remportèrent sur une armée romaine une victoire à Carrhes (Harran, dans le sud-est de la Turquie). Il se peut que ces affrontements avec les Romains et les nomades les aient affaiblis : les Parthes ne laissèrent guère de traces écrites et on les connaît surtout au travers de leur art, de leur architecture et des textes étrangers.

LA FLÈCHE DU PARTHE C'était une tactique des Parthes : ils feignaient de fuir mais se retournaient sur leur selle pour décocher des flèches à leurs poursuivants.

Les Perses reprirent le contrôle de l'empire avec Ardachir Ier, un Sassanide qui vainquit les Parthes en 226 apr. J.-C., et ils se maintinrent au pouvoir jusqu'en 640.

Les Perses reviennent

Les Sassanides héritèrent des Parthes le contrôle des voies commerciales vers l'Orient. Comme eux, ils durent repousser les incursions des nomades au nord et à l'est et des Romains à l'ouest. Chapour Ier, fils d'Ardachir, remporta une célèbre victoire sur les Romains à Édesse, capturant l'empereur Valérien.

Les affrontements avec les Romains et leurs successeurs les Byzantins (voir p. 198-199) se poursuivirent pendant les quatre siècles du gouvernement des Sassanides. Ceux-ci bâtirent une civilisation fondée sur l'agriculture et le commerce. Le gouvernement était plus centralisé que sous les Parthes ; les gouverneurs locaux, nommés par le roi, étaient responsables des grands travaux financés par le gouvernement. Le zoroastrisme, religion traditionnelle des Perses, devint la religion d'État, et de nombreux autels du feu furent consacrés à Ahura-Mazdâ, ou Ormuzd, dieu de la Lumière, de la Vérité et de la Vie. Mais la plupart des Sassanides furent tolérants à l'égard des autres religions : un grand nombre de juifs et de chrétiens habitaient l'empire, en particulier en Mésopotamie.

Plat sassanide
Ce plat en or, typique de l'art perse raffiné, montre le roi chassant sur un chameau, illustration courante au temps des Sassanides.

Au début du VIIe siècle, les Sassanides subirent une sérieuse défaite devant l'empereur Héraclius de Byzance. Dès lors, l'empire affaibli fut à la merci des invasions islamiques venues du sud.

Site fortifié sassanide
Bâti en surplomb du plateau iranien, Takht-e Suleiman, ou Trône de Salomon, était l'un des sites les plus sacrés des Perses Sassanides. Il s'y trouvait un temple zoroastrien, où brûlait un feu perpétuel.

APRÈS

La Perse fut rapidement annexée par les musulmans, mais la culture perse survécut dans son art et sa littérature.

VICTOIRES DES ARABES
Les armées arabes 174-177 >> vainquirent les Sassanides à la **bataille d'al-Qadisiyya** en 637, et les musulmans s'installèrent au pouvoir.

UN CENTRE D'ÉRUDITION
En 762, le **califat abbasside 175 >>** fit de Bagdad sa capitale. Des érudits de toutes les religions en firent un grand **centre d'érudition** où étaient approfondis le droit, la médecine, l'astronomie, les mathématiques et la philosophie.

CORAN PERSE

L'HÉRITAGE PERSE
Le passé impérial de la Perse n'était pas oublié : on écrivit notamment des **épopées** à la gloire des Empires achéménide, parthe et sassanide, l'un des plus célèbres étant le **Shah Nameh**, ou **Livre des Rois** (v. 1000 apr. J.-C.), de Ferdowsi.

LA CONQUÊTE MONGOLE
En 1258, les **Mongols 166-167 >>** détruisirent plusieurs siècles d'art et de culture, que leurs successeurs musulmans tentèrent de restaurer.

Les territoires des Maurya et des Gupta
Ashoka élargit le territoire des Maurya à presque toute l'Inde ; à son apogée, l'empire des Gupta (voir APRÈS) couvrait le nord de l'Inde, le Pakistan et une partie du Bangladesh. Pataliputra fut leur capitale à tous deux. Ayodhya était une ville importante et fut la capitale orientale des conquérants kouchanes.

AVANT

La période védique (v. 1500-500 av. J.-C.) tire son nom des Veda, textes indo-aryens de cette époque qui occupent une place centrale dans la religion hindoue.

LA PÉRIODE VÉDIQUE PRIMITIVE
Elle vit naître de nombreuses dynasties locales ; au VIIIe siècle av. J.-C., l'Inde était divisée en de multiples royaumes.

LA PÉRIODE VÉDIQUE TARDIVE
Vers le VIIIe siècle, des *mahajanapadas* – grands États urbains – se constituèrent dans le nord de l'Inde. Au nord-est, le **Magadha** finit par imposer sa loi aux puissances régionales. Sa position stratégique, dans la vallée du Gange, facilitait le commerce et le mettait en relation avec les ports du delta.

LA DYNASTIE DES NANDA
Au Ve siècle, l'Inde était dominée par un petit nombre d'États, dont le Magadha. Au IVe siècle, après de nombreuses guerres, celui-ci s'imposa à tous. Sous la prospère **dynastie des Nanda**, il réalisa de grands travaux d'irrigation, mit en place un système administratif efficace, créa une armée forte et établit un centre royal dans la ville de **Pataliputra** (l'actuelle Patna).

LA MONTÉE DES RELIGIONS
Le **jaïnisme** et le **bouddhisme** **144-147 ››** étaient bien établis au IVe siècle, supplantant progressivement les traditions védiques de l'hindouisme.

Le **premier empire** de l'**Inde**

Venus du nord-est, les Maurya finirent par dominer l'ensemble du sous-continent indien pour en faire le premier véritable empire de l'Inde. C'est sous le règne d'Ashoka qu'il atteignit son apogée politique et culturel. Par ailleurs, ce roi contribua largement aussi à la diffusion du bouddhisme.

Vers 321 av. J.-C., la dynastie des Nanda (voir AVANT) fut renversée par Chandragupta Maurya, fondateur d'une dynastie et de ce qui allait devenir le grand empire des Maurya (v. 321-185 av. J.-C.). L'empereur Chandragupta conquit de nombreux territoires, regroupa certains petits royaumes et unifia pour la première fois de vastes régions de l'Inde sous un gouvernement unique. L'empire englobait la majeure partie du sous-continent indien et une partie de l'Afghanistan, ainsi que certaines zones de l'empire macédonien d'Alexandre (voir p. 96-97) et de ses successeurs séleucides. Ceux-ci tentèrent de renouveler les exploits d'Alexandre mais se heurtèrent aux Maurya. En 305 av. J.-C., par un pacte conclu avec Chandragupta, Séleucos Ier Nicator finit par abandonner ses prétentions sur la région de l'Indus.

La culture hellénistique subsista dans le nord de l'Inde alors que, pour son administration, Chandragupta s'inspirait en partie du modèle des Achéménides perses (voir p. 92-93). Très efficace, son système fortement centralisé dut aussi beaucoup à son ministre Chânakya, qui rédigea l'*Arthashastra*, remarquable traité de politique, d'économie et d'administration.

Pilier d'Ashoka
Ceci est l'un des célèbres piliers, portant des édits gravés en écriture brahmi, qu'Ashoka fit ériger pour diffuser ses idées dans son peuple. Ces inscriptions comptent parmi les textes indiens les plus anciens.

L'héritage de Chandragupta

Pataliputra était la brillante capitale du nouvel empire de Chandragupta. Celui-ci, appuyé par une armée forte et une police secrète efficace, fit prospérer l'agriculture et le commerce. Converti au jaïnisme, il passa la fin de sa vie à se repentir de la terrible famine qui avait frappé son peuple et qu'il n'avait pas pu empêcher. Il se laissa mourir d'inanition vers 297 av. J.-C.

Le deuxième empereur, Bindusara, fut le fils de Chandragupta (v. 297-265 av. J.-C.). On ne sait pas grand-chose de son règne mais il semble qu'il ait réussi à gagner des territoires vers le Deccan ; ainsi, seules l'extrémité de l'Inde et la région de

Les lions d'Ashoka
Ashoka fit de ce motif de quatre lions le symbole de son autorité, aujourd'hui encore emblème officiel de l'Inde.

La porte de Sanchi
À Sanchi, quatre portes magnifiques mènent au Grand Stupa. Datant du Ier siècle av. J.-C., ces «torans» sont décorés de délicates sculptures qui comptent parmi les plus belles expressions de l'art indien antique. Ce sont des scènes de la vie du Bouddha et des motifs allégoriques tels que les quatre lions d'Ashoka.

500 **C'est le nombre d'éléphants de guerre offerts par Chandragupta à Séleucos Ier Nicator en 305 av. J.-C. en échange de son renoncement à ses prétentions sur l'Inde. Séleucos les employa dans les guerres opposant les «successeurs» d'Alexandre, notamment pour battre Antigone à Ipsos en 301.**

Le grand stupa de Sanchi
Sanchi, dans le centre de l'Inde, abrite l'un des plus beaux exemples de stupas construits par Ashoka au IIIe siècle av. J.-C. Il fut remanié plusieurs fois par la suite.

Kalinga, à l'est (dans l'actuel État d'Orissa) n'étaient pas incluses dans l'empire.

Son fils Ashoka (v. 265-232 av. J.-C.) fut le troisième et dernier empereur de la dynastie des Maurya et l'un des plus grands personnages de l'histoire de l'Inde. C'est lui qui donna à l'empire sa plus grande extension, y adjoignant le Kalinga au prix de farouches combats. On dit que les eaux de la Daya, proche du champ de bataille, étaient rouges du sang des milliers de morts et de blessés.

> «Tous les hommes sont **mes enfants**. Ce que je désire pour mes enfants, je le désire pour **tous les hommes**.»
>
> **ÉDIT D'ASHOKA**, gravé v. 240 AV. J.-C.

Le règne d'Ashoka fut un âge d'or. Il encouragea les arts et les sciences et lança des programmes de construction, notamment de nombreux stupas (sanctuaires en forme de tumulus), pour abriter des reliques du Bouddha.

Et puis, un jour, Ashoka se convertit au bouddhisme, alors en pleine expansion. Selon un récit qui fait écho à la légende du repentir de son grand-père, le souvenir de la guerre sanglante contre le Kalinga l'emplissait de remords; il renonça à la violence et adopta le mode de vie pacifique du bouddhisme. Il envoya des missionnaires prêcher cette bonne parole dans toute l'Asie et jusqu'au Sri Lanka, contribuant ainsi à la diffusion de cette religion; mais il la prêcha aussi dans ses édits, gravés sur des piliers de pierre en Inde, au Népal, au Pakistan et en Afghanistan. Il y exposait des principes de paix, de morale, de respect et de gouvernement humain, s'affirmant comme un père qui veut le bien-être spirituel de son peuple.

La fin d'une époque

La paix et la prospérité de l'empire d'Ashoka ne se maintinrent pas longtemps après sa mort. Ses successeurs perdirent des territoires et se disputèrent sa succession. Le dernier empereur maurya, Brihadratha, fut assassiné en 185 par son général en chef, fondateur de la dynastie des Sunga, qui régna sur l'Inde jusqu'en 73 av. J.-C. L'Inde retomba dans le chaos de son histoire antérieure : des petits royaumes se créèrent dans le Nord, avec en particulier des «satrapes indo-grecs», dont le plus célèbre fut Ménandre (155-130 av. J.-C.), qui a peut-être combattu les Sunga.

INVENTION

SYSTÈMES NUMÉRIQUES DÉCIMAUX

Les mathématiques progressèrent beaucoup sous les Maurya et les Gupta (voir APRÈS). Au IVe siècle av. J.-C., les Indiens utilisaient des combinaisons d'unités de tailles différentes. Au Ier siècle apr. J.-C., ils avaient un système décimal avec les symboles ci-contre, et employaient le zéro comme «complément» pour ajouter et multiplier des nombres. Le zéro fut repris par les musulmans puis par l'Occident, pour devenir la base du système moderne de numération.

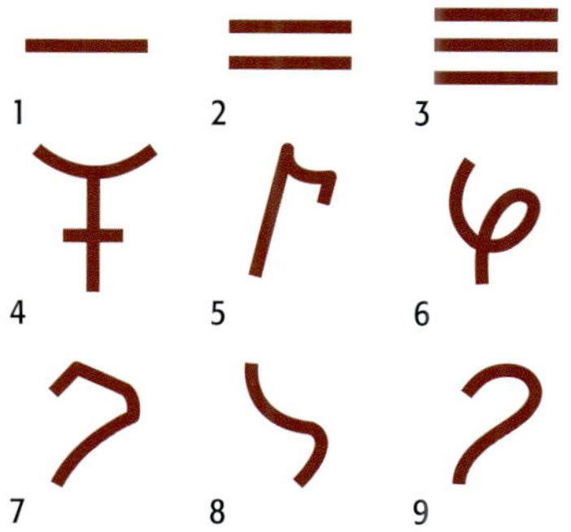

APRÈS

Du Ier au IIIe siècle apr. J.-C., les Kouchanes des steppes d'Asie centrale dominèrent au nord; ailleurs, des petites dynasties apparurent et disparurent, ce qui facilita l'instauration du grand empire des Gupta.

DÉTAIL D'UNE PEINTURE DE GROTTE À AJANTA

L'EMPIRE DES GUPTA

Vers 320 av. J.-C., la région de Maghada vit naître une autre grande dynastie : celle des **Gupta**, qui domina le nord de l'Inde jusque vers 540 apr. J.-C. Ceux qui bâtirent l'empire furent **Chandra Gupta Ier** (v. 320-330) et son fils Samudra Gupta (v. 330-380). Entre autres grandes réalisations artistiques de cet État prospère et bien administré, on citera les peintures des **grottes d'Ajanta**, dont certaines illustrent des épisodes de la vie du Bouddha.

L'ART, LA RELIGION ET LA SCIENCE

L'ère des Gupta est souvent qualifiée de période «classique» de l'**art hindou** et **bouddhiste**. Les Gupta étaient proches de l'hindouisme, mais le jaïnisme et le bouddhisme étaient florissants. L'image du **Bouddha** à l'expression paisible se répandit. Les moines jaïns et bouddhistes créèrent des frises sculptées dans les **grottes d'Udayagiri** (ci-dessous). Des mécènes encourageaient l'architecture, la danse, le théâtre et les épopées en sanscrit, et de grands progrès furent réalisés en mathématiques, en astronomie, en philosophie, en logique et en médecine.

BOUDDHA DE L'ÈRE GUPTA

LA FIN DES GUPTA

Sous le quatrième roi Gupta, Kumaragupta (v. 415-455), les incursions des **Hephthalites** (Shvetahûna ou Huns blancs), nomades du Nord, menaçaient l'empire. Au VIe siècle, les Gupta s'étaient retirés sur leur territoire d'origine, et l'Inde était redevenue une mosaïque de petits royaumes **180 »**.

GROTTES D'UDAYAGIRI

L'unification de la Chine

La naissance de l'empire des Qin sur les ruines des Royaumes combattants inaugura une ère de stabilité et de prospérité en Chine. C'est sous le règne court mais ambitieux du premier empereur (221-206 av. J.-C.) que les lois et l'infrastructure de la Chine impériale commencèrent à prendre forme.

AVANT

Alors que la Chine émergeait de l'âge du bronze, les Shang furent battus par les Zhou, dernière des dynasties pré-impériales.

LA DYNASTIE DES ZHOU

La dynastie des Zhou (1025-256 av. J.-C.) fut la **plus longue des dynasties chinoises**. Sous les Zhou, le bronze était couramment employé, et on **commença à utiliser du fer**. La dynastie des Zhou vit la **naissance des grandes philosophies chinoises**, notamment le confucianisme **131 >>** ainsi que d'un système de gouvernement qui **ressemblait beaucoup au féodalisme du Moyen Âge européen 188-191 >>**.

BRONZE ZHOU

LA PÉRIODE DES ROYAUMES COMBATTANTS

Rapidement, l'empire des Zhou se **désintégra en États indépendants** ; à partir de 481 av. J.-C. commença la période des Royaumes combattants : des seigneurs de la guerre **s'emparaient d'États voisins** pour accroître leur pouvoir.

L'armée de terre cuite
Le mausolée du premier empereur fut construit près de Xi'an par 700 000 recrues. En 1974 furent découvertes par hasard quatre fosses contenant plus de 7 500 soldats grandeur nature en terre cuite (à gauche), avec des chevaux et des chariots. La taille de ce mausolée témoigne de la grandeur du premier empereur. Ce site reçoit aujourd'hui deux millions de visiteurs par an.

L'un des territoires qui survécut à la période des Royaumes combattants fut l'État des Qin, à l'ouest du territoire des Zhou, dans la vallée du fleuve Jaune – tellement loin à l'ouest qu'on disait que ses habitants partageaient les coutumes des Rong et des Di, populations non chinoises considérées comme barbares. En 316 av. J.-C., Qin lança des campagnes contre les autres Royaumes combattants et, en 221 av. J.-C., vainquit le dernier d'entre eux et se proclama Shi Huangdi (voir ci-dessous) : Premier Auguste Souverain.

Le légisme sous les Qin

En 356 av. J.-C., avant même que les Qin aient commencé à conquérir leurs voisins, Yang Shang, promoteur d'idées légistes, fut nommé Premier ministre des Qin. Les légistes s'opposaient aux idéaux confucéens de piété filiale et de bienveillance royale (voir p. 131) ; ils affirmaient au contraire que les intérêts de l'État passaient avant ceux des individus, que les gouvernants devaient appliquer des lois et châtiments stricts et que la guerre pouvait être considérée comme un mode de gouvernement. Yang Shang lança un programme de réforme « légiste » : tous les hommes devaient être inscrits pour le service militaire. Il n'est pas surprenant que le premier empereur ait appuyé un légisme qui mettait en avant l'infaillibilité du chef de l'État. Sous son règne, Li Si, le Premier ministre, mit en pratique les principes légistes et adopta des mesures dont certaines sont encore en vigueur aujourd'hui, notamment l'abolition des fiefs féodaux (voir AVANT), la normalisation de l'écriture, l'application d'un code juridique strict, l'adoption de poids et mesures officiels, l'instauration d'une monnaie unique et jusqu'à la fixation de la largeur des routes.

L'empire des Qin

Si l'Empire chinois avait été créé par la conquête des Royaumes combattants, Qin en poursuivit l'expansion vers le sud. Des expéditions furent lancées vers le Guangdong, sur la côte méridionale de la Chine, où des colonies furent établies.

Après avoir fait campagne contre les peuplades des steppes au nord, l'empereur ordonna au général Meng Tian de construire un grand mur pour contenir les incursions des nomades venus des steppes de l'Ordos, en Mongolie intérieure. Ce fut la première phase de la Grande Muraille ; celle-ci fut reconstruite et prolongée sous la dynastie des Ming (voir p. 166-167). Meng Tian construisit aussi la Route Droite, longue de 800 km, qui raccordait Xianyang, la capitale, à la région d'Ordos pour faciliter le déplacement des troupes.

Outre ses travaux visant au renforcement des défenses de la Chine, Qin Shi Huangdi lança de grands projets d'intérêt public – palais, ponts et canaux – pour renforcer la mainmise de l'empereur sur le pays.

QIN **Prononcer « Tchin » – dynastie chinoise, qui a probablement donné son nom à la Chine.**

Un tombeau immortel

En vieillissant, l'empereur voulut trouver le secret de l'immortalité. Cette obsession l'amena à lancer le plus ambitieux de ses projets : la construction de son propre mausolée, qui commença en 212 av. J.-C. Selon la description qu'en fit un siècle plus tard l'historien Sima Qian, ce tombeau contenait une maquette de l'empire, avec des rivières de mercure et un mécanisme pour imiter les marées ; il était gardé par des pièges qui tueraient tout intrus y pénétrant après qu'il aurait été fermé. Non loin de cette chambre, qui n'a pas encore été fouillée, il y avait l'armée de terre cuite (voir à gauche) : des milliers de soldats en terre cuite, grandeur nature, chargés de défendre le premier empereur après sa mort.

Monnaies de la dynastie des Qin
Sous la dynastie des Qin apparurent des monnaies rondes percées d'un trou carré, un modèle qui subsista jusqu'au XIXe siècle.

Qin Shi Huangdi mourut en 210 av. J.-C. lors d'une expédition dans l'est de la Chine : il cherchait l'île de Penglai où étaient réputés vivre des immortels.

La fin des Qin

Après la mort du premier empereur, son fils lui succéda, mais il ne fut jamais aussi efficace ; deux ans plus tard, son Premier ministre l'obligea à se suicider. La Chine s'enfonça dans la guerre civile, et une bonne partie des progrès réalisés par Qin Shi Huangdi fut perdue. Les archives du palais furent brûlées et les révoltes causèrent la chute d'une dynastie qui n'avait duré qu'une quinzaine d'années.

LE PREMIER EMPEREUR (259-210 AV. J.-C.)

QIN SHI HUANGDI

Des historiens confucéens ont présenté Qin Shi Huangdi comme un mégalomane impitoyable, réputation qu'il doit à deux actes qui marquèrent son règne. D'une part, il fit brûler de nombreux textes classiques utilisés par ses fonctionnaires pour contester ses décisions ; d'autre part, il aurait fait brûler vifs 460 lettrés qui n'étaient pas d'accord avec lui. S'il ne fut pas, et de loin, un dirigeant idéal, on ne saurait sous-estimer les réalisations de cet homme qui procéda à la première unification de la Chine.

APRÈS

Les idées légistes des Qin furent rejetées par la dynastie des Han, mais leur influence persista en Chine pendant des siècles.

UNE CHINE UNIE

Depuis la brève dynastie des Qin, l'idée d'une **Chine unifiée** est demeurée vivace jusqu'à l'époque moderne.

UN NOUVEL EMPIRE

L'empire des Han **128-129 >>**, qui suivit la dynastie des Qin, dura quatre cents ans. Il **rejeta les principes légistes, lui préférant le confucianisme**, et cette philosophie se fait sentir aujourd'hui encore dans le mode de gouvernement.

L'HÉRITAGE DU PREMIER EMPEREUR

Les historiens ont porté un jugement négatif sur le premier empereur, soulignant sa cruauté et son obsession de l'immortalité. Mais la Chine moderne s'est fait une autre idée des objectifs et des réalisations de Qin Shi Huangdi dans les domaines politique et social. Mao Zedong **424-425 >> a rendu hommage à ses réalisations** approuvant ses attaques contre le confucianisme.

MAO ZEDONG

AVANT

Le gouvernement autocratique de Qin Shi Huangdi, premier empereur de Chine, lui aliéna la population, et ses successeurs ne purent étouffer la rébellion générale qui éclata contre eux.

LA DYNASTIE DES QIN
Le fils de Qin Shi Huangdi, le **deuxième empereur**, tomba sous l'influence de l'eunuque Zhao Gao, qui le convainquit d'exécuter Li Si, Premier ministre de son père, sur le marché public de la capitale Xianyang. Le deuxième empereur fut contraint de se suicider en 207 av. J.-C., et son fils lui succéda. Mais la rébellion s'était étendue, et la **dynastie Qin «126-127**, qui devait durer « mille générations », s'éteignit.

LE PREMIER EMPEREUR HAN
Né dans une famille paysanne pauvre, Liu Bang s'imposa d'abord comme chef d'une bande de rebelles ; il commença par soutenir Xiang Yu, un aristocrate qui espérait rétablir l'état féodal. En 206 av. J.-C., il s'empara de **Xianyang**, la capitale impériale, négocia la reddition du dernier empereur Qin et proclama l'abolition du sévère **code pénal des Qin**. Son comportement à l'égard de la population lui valut une réputation d'équité. Lorsque Xiang Yu arriva, la ville fut pillée et la famille royale exécutée. Les deux chefs rebelles s'affrontèrent pendant quatre ans. Malgré des revers, Liu Bang se fit des alliés et, en 202, il remporta une victoire décisive à Gaixia, dans l'actuelle province d'Anhui.

L'État centralisé

Fondée par Liu Ban en 202 av. J.-C., la dynastie Han créa un puissant État centralisé, avec un corps de fonctionnaires efficace, qui devait servir de modèle aux empereurs chinois pendant deux millénaires.

Liu Bang (voir AVANT) reprit à son compte le style du huangdi, ou empereur souverain (voir p. 172), et donna le nom de Han à la nouvelle dynastie. On l'appelle en général l'empereur Gaozu. Sous son règne, qui dura jusqu'en 195 av. J.-C., se mit en place l'essentiel du système impérial chinois. Gaozu incarnait lui-même le principe qu'un paysan vertueux pouvait devenir empereur. Il entama son règne par une amnistie et autres mesures visant à rétablir la paix. À l'ouest et autour de la capitale, qu'il établit à Changan, il maintint les pratiques des Qin en exerçant un contrôle direct sous la forme de commanderies (districts administrés par un gouverneur nommé par l'empereur). Au sud et à l'est, il admit, du moins au début, l'existence de dix royaumes, dont les dirigeants étaient ses vassaux mais qu'il remplaça, par la suite, par des membres de sa famille. Dans les commanderies, il conférait le titre de marquis à des hauts fonctionnaires, des généraux et des chefs de groupes non chinois qui s'étaient soumis aux Han, ce qui les autorisait à lever des impôts au nom de l'État et à en garder une partie.

La promotion au mérite

Gaozu généralisa le gouvernement bureaucratique établi par les Qin. L'empereur était assisté de trois hauts fonctionnaires, eux-mêmes aidés de neuf ministres ayant chacun un domaine de responsabilités. Gaozu méprisait les lettrés mais reconnaissait l'importance des idéaux confucéens (voir p. 131) d'éducation et de service public. En 196 av. J.-C., il publia un édit sur le recrutement, au service du gouvernement, de personnes compétentes. Le sixième empereur Han, Wudi, alla encore plus loin dans ce sens.

Pinceaux de calligraphie
Inventé bien avant les Han, le pinceau fut, sous leur règne, utilisé pour dresser des inventaires, d'abord sur de la soie puis sur du papier (à droite).

COMMENT SAVONS-NOUS ?

LA NOBLE DAME DE DAI

En 1972, on découvrit le tombeau de la Dame de Dai, datant de 168 av. J.-C., à Mawangdui, dans l'actuelle province du Hunan. Il contenait des vêtements de soie, des bols laqués pour le vin et la nourriture, et des figurines en bois de ses domestiques. La superbe bannière peinte drapée sur son cercueil intérieur est l'un des plus anciens exemples de la peinture chinoise sur soie. Elle illustre l'itinéraire que devait prendre l'âme de la défunte en quête de l'immortalité : l'île magique de Penglai, puis pour atteindre le paradis. On trouva aussi des manuscrits en soie et une tablette de divination.

BANNIÈRE EN SOIE PEINTE

L'époque des lettrés
Hsien Ti, le dernier des empereurs Han, qui régna de 189 à 220 apr. J.-C., discute ici avec des lettrés qui ont traduit des textes confucéens classiques.

En 124, il créa une académie impériale où 50 candidats étudiaient les classiques pour se préparer à un examen qui, en cas de succès, leur permettait de devenir fonctionnaires. Cette même année vit le plus célèbre exemple de promotion sociale de l'histoire chinoise : Gongsun Hong, un ancien porcher, fut nommé chancelier.

L'expansion de l'empire

Sous le règne de Wudi (141-87 av. J.-C.), la Chine conquit de nouveaux territoires. Mais le souci premier de l'empereur était de renforcer sa frontière nord contre les incursions des Xiongnu, nomades des steppes de Mongolie (voir p. 139). En 166 av. J.-C., ils étaient parvenus à 160 km de Changan. En 138, Wudi envoya Zhang Qian auprès des Yuezhi, ennemis traditionnels des Xiongnu, dans l'espoir de conclure une alliance. Zhang Qian n'obtint pas leur assistance mais ce voyage épique étendit pour la première fois l'influence chinoise dans les Contrées Occidentales (l'actuelle province du Xinjiang), contribuant à établir des relations commerciales avec la Perse et ouvrant la route de la soie (voir p. 184-185).

C'est au nord-est et au sud que Wudi avança le plus loin. En 128 av. J.-C., il envoya une expédition en Corée et, vingt ans plus tard, une plus longue campagne s'acheva par l'établissement de quatre commanderies au nord de la péninsule. En 111 av. J.-C., il envoya une expédition vers le sud, au Guangzhou, où des commanderies furent aussi établies pour administrer les territoires des provinces actuelles du Guangdong et du Guangxi et dans le nord du Viêt Nam. Bien sûr, tout cela coûtait cher, et Wudi décida, pour augmenter ses recettes, d'imposer un monopole d'État sur le sel et le fer, ce qui provoqua des controverses sur les limites de l'intervention de l'État dans l'économie.

Déclin et usurpation

Mais le règne de Wudi se termina mal, l'empereur vieillissant étant obsédé par la quête de l'immortalité et s'adressant pour cela aux meilleurs alchimistes. Après sa mort, la dynastie passa par une période de déclin avec des empereurs faibles et l'influence excessive des eunuques de la cour. L'une de leurs responsabilités était de s'occuper des nombreuses concubines de l'empereur, n'importe lequel des fils de celles-ci pouvant être nommé successeur. Cela provoquait des intrigues de palais, où les eunuques jouaient un rôle de plus en plus important. Pendant ce temps, l'économie souffrait de sa mauvaise gestion financière et de l'évasion fiscale. Un autre coup lui fut porté au début du Ier siècle apr. J.-C. par les inondations du fleuve Jaune, qui d'ailleurs changea de cours en 11.

En l'an 9, Wang Mang, alors régent de plusieurs empereurs-enfants successifs, usurpa le trône. Il ordonna le démantèlement de grands domaines privés mais fut assassiné en 23.

« **Apprendre sans réfléchir** est stérile ; réfléchir sans apprendre est dangereux. »
CONFUCIUS, 551-479 AV. J.-C.

APRÈS

Les Han régnèrent sur la Chine pendant plus de quatre cents ans (compte non tenu du bref interrègne de Wang Mang). Après eux, les dirigeants chinois conservèrent l'essentiel de leur structure administrative.

ROME ET L'EMPIRE DES HAN

Les deux grands empires contemporains d'Eurasie – l'**Empire romain <<106-115** en Europe et les Han en Chine – s'effondrèrent. Si le premier disparut, le second fut reconstitué à la fin du VIe siècle apr. J.-C. et survécut encore mille quatre cents ans. Entre autres facteurs importants qui peuvent expliquer la longévité de l'Empire chinois, il y a le fait que c'était un empire continental, avec une langue écrite unique, les principes du confucianisme **130-131>>** et l'idéal d'un gouvernement éthique par un empereur. Par contre, l'Empire romain était un conglomérat composite de multiples peuples aux langues différentes.

MONNAIE ROMAINE DE L'EMPEREUR TRAJAN

L'ÈRE DE LA DIVISION

La chute des derniers Han fut suivie par une période de division entre le Nord et le Sud. Au début, fragmenté en **seize royaumes**, le **Nord** fut dominé par la **dynastie des Wei** du Nord, alors que, au **Sud**, **six dynasties** successives établirent leur capitale à Jiankang (l'actuelle Nankin). En 589 apr. J.-C., la Chine fut réunie sous la dynastie Sui puis, en 618, par la **dynastie Tang 160-161>>**, qui inaugura une nouvelle période de stabilité. Sous les Tang, le commerce reprit entre la Chine et le Proche-Orient, par la **route de la soie 184-185>>**, en particulier avec la création du **califat islamique 174-177>>**.

Les derniers Han

En 25, Guang Wudi rétablit la dynastie Han et transféra la capitale à Luoyang, alors la ville la plus peuplée du monde. Ce fut une ère de progrès scientifique et technique avec, notamment, l'invention du papier (voir ci-dessous) et d'un instrument qui indiquait la direction dans laquelle s'était produit un tremblement de terre. Dans les dernières années, des intrigues affaiblirent la cour, et la Chine fut menacée par les Xianbei, eux aussi nomades des steppes. Des révoltes éclatèrent et des généraux Han, dont le célèbre Cao Cao, se disputèrent le pouvoir. Cao Cao mourut en 220 et la dynastie s'effondra.

La dynastie Han
Sous le règne de Wudi, les Han contrôlèrent la Chine du Sud. Les Han commencèrent à bâtir la Grande Muraille, dont la construction se poursuivit plus tard.

INVENTION

LE PAPIER

On attribue l'invention du papier à Cai Lun (v. 50-121), eunuque de la cour des Han. Il aurait plongé dans l'eau de l'écorce de mûrier et du bambou, pressé le mélange avec un pilon et filtré le résidu dans un linge, ne gardant que les fibres. Cela produisait du papier léger, bon marché et facile à fabriquer. Cette invention fut rapidement adoptée pour les documents et les livres ; elle fut reprise par le monde islamique et l'Occident.

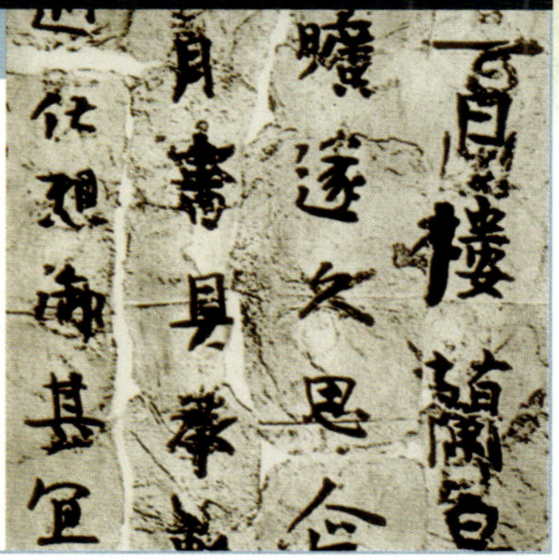

AVANT

Du temps de Socrate, des penseurs voulurent remplacer les croyances traditionnelles par des explications rationnelles.

HÉSIODE

MYTHOLOGIE GRECQUE

Au VIIIe siècle av. J.-C., dans ses épopées, Homère **«102-103** racontait des légendes de la préhistoire grecque. Vers 700 av. J.-C., dans sa *Théogonie* («naissance des dieux»), **Hésiode** faisait un exposé systématique des dieux grecs, qu'on consultait par la divination ou par l'intermédiaire d'oracles, par exemple celui du temple d'Apollon à Delphes.

CHEZ L'ORACLE DE DELPHES

Les penseurs présocratiques remirent tout cela en cause. **Xénophane** (v. 570 av. J.-C.) écrivait : «Homère et Hésiode n'hésitaient pas à attribuer aux dieux tout ce qui est déshonorant parmi les hommes.»

À LA RECHERCHE DE LA SAGESSE

Au VIIe siècle av. J.-C., le monde grec fut transformé **«94-95**, lorsque l'économie se développa et que l'**agora**, la place du marché, devint le centre de la vie sociale. Les relations commerciales favorisèrent l'échange d'idées nouvelles, qui remettaient en cause la sagesse traditionnelle. Les Grecs échangeaient des idées sociales, politiques et philosophiques et osaient imaginer des façons nouvelles de considérer le monde. Pour **Anaximène** (v. 585 av. J.-C.) l'origine de tout était l'air ; pour **Héraclite** (v. 534 av. J.-C.), c'était le feu **«104-105**.

LES FONDATEURS

Les Grecs attribuaient leur tradition intellectuelle à **sept sages**, dont les noms variaient : **Solon d'Athènes** (v. 630 av. J.-C.) **«100-101**, dont la maxime était : «Rien de trop» ; **Thalès de Milet** (v. 640 av. J.-C.) **«104-105**, qui fut le premier vrai philosophe. Selon Platon, les cinq autres étaient **Bias** de Priène, **Chilon** de Sparte, **Cléobule** de Lindos, **Myson** de Chénée et **Pittacos** de Mytilène.

«La vie non étudiée **ne vaut pas la peine d'être vécue**... »

SOCRATE À SON PROCÈS, 399 AV. J.-C.

L'école d'Athènes
Ce tableau de Raphaël – peint en 1509 pour le pape Jules II – atteste l'influence durable de Platon et d'Aristote (marchant au centre) et de Socrate (sortant du tableau à gauche) sur la philosophie occidentale.

La pensée classique

Au cours du ve siècle av. J.-C., sous le brillant gouvernement de Périclès, la cité-État d'Athènes s'affirma comme le centre politique et culturel du monde grec. Les philosophes qui y vécurent et enseignèrent jetèrent les bases de deux millénaires de pensée occidentale.

La philosophie est une méthode d'étude rationnelle employée pour tenter d'expliquer le monde et les phénomènes qui nous entourent ; c'est aussi l'étude de ce processus. On attribue à trois philosophes qui enseignèrent à Athènes : Socrate, Platon et Aristote, d'avoir jeté les bases de la pensée classique.

Zénon le stoïque
Zénon se serait suicidé à l'âge de 69 ans, convaincu, en bon stoïque, que l'homme a le droit de déterminer le moment et la forme de sa mort.

Socrate

Socrate naquit vers 470 av. J.-C. ; il est célèbre pour avoir remis en cause les idées conventionnelles que tous pensaient comprendre. Pour ce faire, il interrogeait ses auditeurs sur le sens de termes tels que « bien » et « mal », « courage » et « justice », pour leur démontrer que ce qu'ils entendaient par là manquait de vérité. Il n'écrivait rien mais la logique de son raisonnement fut exposée par ses élèves, notamment Platon et Xénophon. Il s'intéressait surtout à l'éthique : comment vivre une vie bonne. Jugeant qu'il corrompait la jeunesse et donc menaçait l'État, les Athéniens le condamnèrent à avaler de la ciguë, un poison mortel.

Platon

Disciple de Socrate, Platon naquit vers 428 av. J.-C. et développa les idées de son maître. Nombre de ses ouvrages, tels que le *Banquet* et la *République*, écrits sous forme de dialogues, portent sur des sujets tels que l'éthique et la justice, la nature de la réalité et l'immortalité de l'âme. Il tenta aussi d'élaborer un système politique parfait. Il créa à Athènes une école : l'Académie, qui enseigna la philosophie jusqu'au vie siècle apr. J.-C.

Aristote

Élève de Platon, Aristote (voir p. 95) enseigna une philosophie différente, plus pratique que théorique, insistant sur la nécessité d'observer les faits (voir p. 104-105). Pendant trois ans, il fut le tuteur d'Alexandre le Grand (voir p. 96-99), dont les conquêtes diffusèrent les idées grecques en Asie et en Afrique du Nord. Il fonda sa propre école à Athènes : le Lycée. Composés à partir de ses notes, ses livres traitent de multiples sujets : poésie, théâtre, éthique, politique mais aussi mathématiques, physique, logique, zoologie et anatomie. Ils constituèrent la base de la pensée occidentale et islamique jusqu'au xviie siècle.

La pensée de Socrate, Platon et Aristote suscita de nombreux mouvements philosophiques, dont le scepticisme, le cynisme, l'épicurisme et le stoïcisme, ces deux derniers ayant eu l'influence la plus durable.

SCEPTICISME Pour un sceptique, il est impossible de connaître la vérité réelle avec certitude.

CYNISME On atteint au bonheur par la vertu et l'ascétisme plutôt que par le plaisir et la satisfaction des sens.

Épicurisme et stoïcisme

Épicure (né en 341 av. J.-C.) enseignait que le bien et le mal sont fonction du plaisir et de la douleur qu'ils causent, et que la justice a pour fin d'accroître le bonheur de l'Homme. Pour lui, s'ils existent, les dieux ne s'intéressent pas aux affaires humaines, et il n'y a pas de vie après la mort. Les événements du monde résultent du mouvement d'atomes dans l'espace – idée qu'il pourrait avoir empruntée à Démocrite (né en 460 av. J.-C.). Lucrèce, poète latin, fit connaître ses idées à Rome, où elles influencèrent des écrivains comme Virgile.

Le stoïcisme fut fondé par Zénon de Citium (né en 335 av. J.-C.). Il divisa la philosophie en trois éléments : logique, physique et morale. Pour lui, derrière toute matière, il y avait une énergie qu'il appelait feu divin. Il défendait le principe de la fraternité humaine universelle et affirmait que l'Homme devait accepter ce que le sort et la nature lui imposent.

Le stoïcisme fut une source d'inspiration pour les Romains, qui reprirent aux Grecs le contrôle du monde à partir du iie siècle av. J.-C. (voir p. 106-107). Des penseurs tels que Sénèque, Cicéron et Caton adaptèrent aux réalités nouvelles de l'empire les idées stoïques, qui inspirèrent les valeurs romaines de la bravoure au combat, du courage face aux difficultés et de la fraternité universelle des citoyens.

« Souviens-toi que tu es poussière… »
Pour les épicuriens, le crâne était un *memento mori* (« souviens-toi que tu es mortel ») : il rappelait qu'il fallait profiter de la vie tant que c'était possible.

IDÉES

LE CONFUCIANISME

En Chine, Confucius (qui serait né en 551 av. J.-C.) réfléchit sur des questions morales identiques à celles que se posaient les Grecs. Il enseignait la vérité, la justice, les bonnes relations sociales et l'obéissance aux parents, la famille étant le fondement de la société et du bon gouvernement. Pour lui, la règle d'or était : « Ne fais pas aux autres ce que tu ne veux pas pour toi-même. » Ses *Analectes* jouèrent en Orient le même rôle que la *République* de Platon en Occident.

APRÈS

Sous l'Empire romain, les idées philosophiques grecques se diffusèrent chez les intellectuels autour de la Méditerranée et au-delà.

L'ARISTOTE ROMAIN
Les Romains approfondirent les idées des Grecs. **Pline l'Ancien** (né en 24 apr. J.-C.) compléta l'histoire naturelle d'Aristote et **Ptolémée** (né v. 90 apr. J.-C.) appliqua les mathématiques à son astronomie. Ses analyses valurent au poète **Horace** (né en 65 av. J.-C.) d'être appelé l'Aristote romain.

MARC AURÈLE

LE NÉOPLATONISME
Plotin (né v. 205 apr. J.-C.) renouvela l'enseignement de Platon sur la nature de la réalité : ce fut le **néoplatonisme**, qui **influença fortement la théologie chrétienne**, avec en particulier **saint Augustin** (né en 354), dont les idées néoplatoniciennes survécurent à sa conversion.

MARC AURÈLE
Le stoïcisme, qui enseignait le contrôle de soi et le détachement, fut bien accueilli à Rome, où il devint la philosophie de l'élite. Les *Pensées* de l'empereur **Marc Aurèle** (né en 121 apr. J.-C.) expriment bien la conception romaine du stoïcisme.

L'ÉPICURISME TARDIF
Le droit à « la vie, la liberté et la poursuite du bonheur » mentionné dans la Déclaration d'indépendance des États-Unis **298-299»**, est un idéal épicurien.

SAINT AUGUSTIN À L'ÉCOLE DE ROME

AVANT

Bien avant que les Grecs aient inventé la géographie, vers 600 av. J.-C., marchands et ambassadeurs avaient une sérieuse expérience des voyages.

REPRÉSENTATION BABYLONIENNE DU MONDE

GÉOGRAPHIE MYTHIQUE
Autrefois, les conceptions fantastiques de la forme de la terre et des pays lointains devaient beaucoup aux **mythes << 102-103**. La représentation schématique de la planète qui date de 1000 et 500 av. J.-C. (ci-contre) figure des êtres mythiques habitant les coins du monde. La perspective est **centrée sur Babylone**, en Mésopotamie (dans l'actuel Iraq). Des noms de lieux réels l'entourent, correspondant à peu près à la réalité. Cette tablette est moins un guide que l'illustration d'un concept.

TÉMOIGNAGES LOINTAINS
Si, dans l'ancien temps, les longs déplacements n'étaient pas rares, les connaissances géographiques ne se traduisirent que lentement dans des cartes ou des textes. Les puissants préféraient laisser des monuments dans les lieux qu'ils avaient conquis – ou en ramener du but n.

LA RICHESSE DES VILLES COMMERÇANTES
Au **temps des Phéniciens <<82-83**, le commerce fut une source d'enrichissement. Certaines villes bâtirent leur fortune sur le monopole de produits tels que l'encens ou la soie.

Par le **vaste monde**

De l'ivoire africain
Trouvée à Ninive, capitale de l'Assyrie en 700 av. J.-C., cette figurine est en ivoire, matériau que les Assyriens ont probablement acheté à des Phéniciens. La possession d'objets exotiques tels que celui-ci était une marque de distinction sociale.

Marchands, conquérants et migrants furent les pionniers des voyages. L'intensification des échanges culturels permit d'améliorer la connaissance des pays lointains. De plus en plus, entretenir des relations avec l'étranger était une marque distinctive de l'élite intellectuelle et politique.

Alors que se formaient des empires multiculturels (voir p. 90-91), des explorateurs et marchands entreprenants ouvraient de nouvelles voies commerciales. Les produits les plus chers et recherchés étaient souvent ceux qui venaient du plus loin. Entre la Chine et Rome, la soie changeait plusieurs fois de mains, chaque intermédiaire prenant son bénéfice.

Idées, récits, religions et langues empruntaient les grandes voies commerciales. Au cours de la période hellénistique (voir p. 98-99), le grec fut la langue véhiculaire de la Grèce à l'Inde, et des dieux grecs tels que Zeus s'imposèrent jusqu'en Bactriane (l'actuel Afghanistan), tout comme Héraclès (Hercule), héros mythique grec. Des statues de ce dernier furent érigées sur la voie commerciale et militaire qui traverse les monts Zagros, en Perse (l'Iran actuel – voir p. 92-93), où il se confond d'ailleurs avec le héros Verethraghna de la tradition perse.

Puis, les sphères d'influence de Rome, de la Chine et des Parthes s'entrecroisant, les échanges culturels se multiplièrent dans toute l'Eurasie. Le bouddhisme fut propagé, de l'Inde à la Chine, par des voyageurs empruntant la route de la soie. Ce fut un Parthe, An Shi Kao qui, en 148 av. J.-C., traduisit en chinois les premiers textes bouddhiques.

Un atlas routier romain
La Table de Peutinger est la copie médiévale d'un original romain qui représente les principales routes de l'Empire romain et au-delà avant le IVe siècle av. J.-C. C'est une représentation schématique qui ne tient pas compte de l'échelle et n'indique que les lieux et les itinéraires.

Témoins d'échanges commerciaux

L'expansion progressive des idées et cultures est attestée moins par des documents que par des vestiges archéologiques. On a trouvé des objets bien loin de leur lieu de production ; par exemple, de l'ivoire africain en Assyrie (ci-dessus), des monnaies romaines en Inde ou un tapis perse en Sibérie sont autant de témoins d'échanges commerciaux sur de longues distances. Parfois, une épave de navire peut être une capsule temporelle d'information. Mais certains documents nous informent aussi sur les itinéraires empruntés : on connaît ainsi les rations attribuées aux émissaires officiels de la Perse, avec les étapes de leur voyage depuis Sardes (dans l'actuelle Turquie) jusqu'en Inde. Quant aux commerçants, ils disposaient de guides précisant leurs itinéraires. L'un d'eux, rédigé au Ier siècle apr. J.-C. par un auteur romanisé vivant à Alexandrie, en Égypte, décrit la mer Rouge et l'océan Indien et jusqu'au Gange et à la Chine. Il indique les ports ainsi que les marchandises – fer, or, argent, myrrhe, esclaves – que l'on pouvait importer et exporter dans chacun.

Le grec en Asie centrale
Certaines langues étaient couramment parlées dans de nombreuses régions. Cette monnaie d'Afghanistan, de 150 av. J.-C., est frappée en grec.

Des cartographes grecs et romains compilaient ces connaissances dans des représentations du monde. Au IIe siècle apr. J.-C., Ptolémée d'Alexandrie rédigea sa *Géographie* – un atlas mondial expliquant comment cartographier le monde avec des latitudes et des longitudes. On y trouvait l'Afrique du Nord, l'Inde, Trapobane (Sri Lanka) et Sinae (la Chine), avec sa capitale Changan.

Une ville-étape des caravanes
Pétra était la capitale des Nabatéens – des Arabes qui contrôlaient le commerce de produits de luxe entre l'Arabie et la Méditerranée. Ses ruines – colonnades, temples et tombeaux – témoignent de ce que fut sa richesse.

Liens physiques

Autrefois, les réseaux de communication n'étaient pas préconçus : c'étaient en général des ensembles d'itinéraires qui s'étaient imposés au cours des millénaires. Parfois, on faisait effectivement construire une chaussée mais, le plus souvent, c'était une succession d'étapes ou d'agglomérations. Par contre, les États en expansion avaient besoin de telles voies pour assurer le contrôle des nouveaux territoires. À mesure qu'ils conquirent l'Italie (voir p. 106-107), les Romains apprirent à mieux construire les routes. De même, pour transmettre des messages, les Perses mirent en place un système de communication dont la réputation dépassait les frontières de l'empire. Au IVe siècle av. J.-C., l'historien grec Xénophon parle de relais officiels de chevaux, séparés par un jour de course : dès qu'une lettre arrivait, le fonctionnaire la faisait suivre avec un nouveau courrier sur un nouveau cheval.

Des mondes imaginaires

La conception du monde s'appuyait largement sur l'imagination. Les récits d'exploration se transmettaient d'une génération à l'autre de voyageurs. Arrivés aux frontières du monde alors connu, les soldats d'Alexandre (voir p. 96-99) croyaient que des héros mythiques tels qu'Héraclès les avaient visités avant eux. L'historien grec Hérodote (voir p. 102-103) écrivait que l'or de la Perse était extrait par des fourmis géantes.

APRÈS

Après 400 apr. J.-C., l'expansion du monde se ralentit ; la géographie fut relancée par des explorateurs chinois et arabes, au Moyen-Âge, et européens à la Renaissance 250-253 ››.

EXPLORATEURS ARABES
Les conquêtes arabes **174-177 ››** multiplièrent les contacts entre l'Atlantique et l'Extrême-Orient, ce qui relança les explorations et les échanges commerciaux et culturels.

LES VISIONS CLASSIQUES DU MONDE
Pendant des siècles, les érudits conservèrent les conceptions classiques du monde. La Table de Peutinger et l'Atlas de Ptolémée **320 ››** étaient encore recopiés au Moyen Âge. Lorsqu'il voulut atteindre les Indes par l'ouest, Colomb **224-225 ››** s'appuya sur les calculs erronés qu'avait faits Ptolémée de la circonférence de la terre.

LA CARTOGRAPHIE ARABE
Au XIIe siècle, l'Arabe Al-Idrisi créa une carte pour son patron, Roger II de Sicile, pays qui était alors un point de contact entre musulmans et chrétiens. Sur cette carte, le sud est en haut, ce qui correspond à la perspective des pays islamiques qu'on en avait depuis la Sicile. Ce furent de telles cartes qui, à la Renaissance, inspirèrent les traversées qui permirent de découvrir le Nouveau Monde.

CARTE D'AL-IDRISI

Un carrefour commercial
En l'an 1 apr. J.-C., des voies commerciales reliaient l'Europe à la Chine. Cette dernière était autarcique mais importait des produits tels que des épices d'Asie du Sud-Est et des chevaux d'Asie centrale. Au contraire, l'Empire romain dépendait des échanges commerciaux, important des produits alimentaires, des esclaves, des animaux, des épices, de la soie, de l'encens et du coton.

Les vents de la mousson
soufflant du sud-ouest en été et du nord-est en hiver, aidaient les navires de commerce à franchir la mer d'Oman pour aller chercher de la soie et des épices en Asie et les ramener en Occident.

AVANT

Certains historiens font remonter les Celtes à la « civilisation des champs d'urnes » (des urnes contenant les cendres des morts étaient enterrées dans des champs) qui existait vers 1200 av. J.-C. en France et en Allemagne. On pense aussi que leurs ancêtres venaient peut-être des steppes de l'Eurasie.

LA CIVILISATION DE HALLSTATT

Les objets celtes les plus anciens, trouvés à **Hallstatt** en Autriche, datent de 700 av. J.-C. environ. Il semble que les Celtes de Hallstatt aient créé l'une des plus anciennes cultures de l'**âge du fer**. Les tombes des chefs contenaient des objets précieux tels que boucles de bronze et bijoux ; on peut penser qu'ils étaient en relation avec la Grèce et contrôlaient plusieurs voies commerciales.

CHARIOT DE BRONZE HALLSTATT

LA PROGRESSION DES CELTES

Vers 500 av. J.-C., des Celtes s'étaient installés en France, en Allemagne et dans l'ouest de la République tchèque. Quelque cent ans plus tard, des tribus s'établirent dans toute l'Europe, notamment dans la vallée du Pô, en Italie. Vers 390 av. J.-C., elles s'avancèrent jusqu'à Rome, qu'elles pillèrent. On ne sait pas au juste quelle fut l'importance de cette « invasion ».

Parfois qualifiés de « premiers maîtres de l'Europe », les Celtes étaient en fait des peuplades qui parlaient des langues indo-européennes voisines et qui se sont répandues dans toute l'Europe vers le ve siècle av. J.-C. S'ils ne constituaient pas un peuple homogène mais des groupes plutôt diversifiés, les Celtes avaient une culture commune caractérisée par une organisation en tribus ou en clans, une vie nomade ou villageoise et un tempérament de guerriers.

Le Gaulois mourant
Copie d'un original grec qui commémorait une victoire grecque sur les « Galates » (Celtes) vers 220 av. J.-C. Le torque, autour du cou, est un signe d'identité celte.

Les **guerriers celtes**

Féroces guerriers et habiles artisans, aimant faire la fête, les Celtes se sont établis dans toute l'Europe au Ier millénaire av. J.-C. Ils sont entrés en contact avec des cultures qui façonnèrent l'Histoire, notamment les Grecs et les Romains. Plus tard, ils contribuèrent à l'expansion du christianisme.

Dans les années 200 av. J.-C., les Celtes et leur culture étaient présents dans une bonne partie de l'Europe occidentale et centrale. Au IVe siècle av. J.-C., ils avaient déjà ravagé Rome. Au cours des siècles suivants, ils atteignirent les îles Britanniques et s'établirent en Italie, en France, en Espagne, en Grèce, en Macédoine et dans l'actuelle Turquie ; en 300 av. J.-C., ils envoyèrent des délégations à Alexandre le Grand (voir p. 96-97) et, en 279 av. J.-C., pillèrent le sanctuaire de Delphes, en Grèce. Défaites et victoires alternaient. Lorsqu'ils étaient vainqueurs, ils se mélangeaient remarquablement avec les peuples conquis.

Une structure tribale

Belliqueux, organisés en tribus ou en clans et vivant dans des villages fortifiés, les Celtes étaient surtout agriculteurs. La structure tribale, où l'individu comptait moins que le groupe, était hiérarchique : à sa tête, un roi-chef ; en dessous, des nobles-guerriers et les druides (prêtres) ; puis les gens du commun, surtout paysans ; enfin les esclaves. Les druides occupaient une place à part : issus de familles nobles, ils étaient exemptés d'impôts et ne combattaient pas. Ce qui unissait les tribus était d'ordre moins politique que culturel, et ce manque de cohésion politique entraîna leur perte (voir APRÈS).

Croyances et mythologie

Les Celtes n'utilisaient guère l'écriture, privilégiant la transmission orale. Les poèmes épiques constituent une partie très importante de leur culture, qui devait aussi comporter des récits évoquant leurs divinités et leurs croyances. Entre autres, les Celtes avaient la conviction d'une vie après la mort dans un environnement qui ressemblait moins à un ciel qu'au monde actuel, ce qui rappelle fortement les conceptions égyptiennes (voir p. 68-69). L'« autre monde » des Celtes était peuplé d'êtres surnaturels et de dieux tels que Cernunnos, dieu cornu de la Virilité, de la Nature et de l'Abondance. Les Celtes croyaient que, après la mort, les gens se rendaient dans l'autre monde, et l'enterrement d'un chef s'accompagnait de grandes

REINE CELTIQUE (MORTE EN 60)

BOUDICCA

Reine du peuple celte des Icenis, en Angleterre, Boudicca (ou Boadicée) mena une révolte sanglante contre les occupants romains, qui n'avaient pas tenu compte des volontés de son mari défunt. En effet, le roi Prasutagus avait légué son royaume moitié à Rome et moitié à ses filles, mais les Romains avaient tout pris et maltraité sa famille. Boudicca ravagea Colchester et Londinium (Londres). Elle fut finalement vaincue et se serait suicidée.

Un dieu semble plonger un homme dans un chaudron – ou l'en retirer : peut-être une allégorie de la renaissance dans l'autre monde, ou un rituel d'initiation.

Des nobles s'éloignent à cheval après leur renaissance dans le chaudron. Leurs casques sont ornés d'éléments rituels : croissant, sanglier ou oiseau.

fêtes. Rempli d'esprits, le monde de la nature occupait une place essentielle dans les croyances celtes ; le chêne et le gui étaient sacrés, et les druides exécutaient leurs rituels en plein air, de préférence dans la forêt.

Art et artisanat celtes

Dans l'art celte, on trouve beaucoup de motifs inspirés de la nature. Les Celtes étaient d'habiles orfèvres et ils diffusèrent leurs connaissances partout où ils allaient. Ils employaient couramment l'or et le bronze pour fabriquer des bijoux, en particulier des torques (colliers aux extrémités travaillées), des bracelets et des broches. Leur art était aussi influencé par des cultures étrangères : certaines formes curvilignes ou géométriques sont empruntées à des peuples avec lesquels ils furent en contact, depuis les Grecs et les Étrusques jusqu'aux nomades des steppes tels que les Scythes (voir p. 138-139).

Le chaudron de Gundestrup
Ce récipient celtique en argent, du Ier siècle av. J.-C., a probablement servi à des fins rituelles. Il fut trouvé dans une tourbière danoise en 1891.

Armes, guerre et domination

La guerre et le cheval tenaient une grande place dans la culture celte ; cela se remarque bien dans la qualité artisanale et artistique des armes, armures, harnais et chariots. Certaines armes particulièrement travaillées étaient des marques d'honneur et de rang ou servaient dans des cérémonies plutôt qu'à la guerre. Ce peuple belliqueux se servait de boucliers, d'épées et de lances, et certains armements romains tels que le *scutum* (sorte de bouclier) s'inspirèrent de modèles celtes. Les Celtes ont très tôt utilisé des chariots et ils étaient des cavaliers émérites. Souvent, ils se teintaient le corps ou se tatouaient pour effrayer l'ennemi.

La culture celtique de La Tène (nom d'un site archéologique en Suisse) succéda à la civilisation de Hallstatt (voir AVANT), et son influence se propagea, pour devenir dominante entre 450 et 15 av. J.-C. La culture celte n'est pas complètement morte : on parle encore des langues celtiques en Bretagne, au pays de Galles, en Écosse, en Irlande et sur l'île de Man.

> « Toute la race des Celtes est **obsédée par la guerre**. »
>
> STRABON, HISTORIEN ET GÉOGRAPHE GREC, Ier SIÈCLE AV. J.-C.

Ces guerriers celtes qui marchent vers la gauche sont peut-être des soldats morts allant vers une renaissance rituelle dans le chaudron.

La trompette celte *(carnyx)* était tenue à la verticale ; son orifice avait la forme d'une tête de sanglier. Cette trompette de guerre servait à effrayer l'ennemi.

Le chaudron de Gundestrup
Sur ce panneau du chaudron de Gundestrup sont représentés des dieux et des hommes. Dans la mythologie celte, le chaudron était associé à la régénération. Il se peut que ce panneau – comme tout le chaudron – illustre cette croyance.

APRÈS

Les tribus celtes ne cessaient de s'affronter entre elles. Un peu partout, elles furent subjuguées par des puissances plus homogènes.

MONNAIE CARTHAGINOISE, IBÉRIE

LA FÉRULE ROMAINE

Au Ier siècle apr. J.-C., Rome avait mis fin à la domination celtique en Italie, en Gaule (après que la révolte menée par **Vercingétorix** eut été réprimée) et en Angleterre.

En Italie du Nord, les Celtes étaient devenus citoyens romains sous César **« 108-109**, qui avait même levé deux légions dans cette région pour conquérir la Gaule. En Espagne, les Romains affrontèrent les **Carthaginois** **« 82-83** et les Celtes locaux, mais cette région demeura **« celtibère »**, même sous les Carthaginois et les Romains.

LA VICTOIRE DES GERMAINS

Les tribus germaniques se heurtèrent tant aux Romains qu'aux Celtes ; elles expulsèrent ces derniers de la vallée du Rhin.

REPOUSSÉS DE PARTOUT

Sous la pression des Romains et des Germains, les Celtes se retrouvèrent bientôt repoussés en marge de leurs territoires antérieurs. Ils s'établirent en Irlande et sur d'autres terres où leur culture a persisté : en **Cornouailles**, au **pays de Galles** et sur les **hauts plateaux d'Écosse** (Highlands). Entre les IVe et VIe siècles apr. J.-C., les Anglo-Saxons supplantèrent les Celtes en Angleterre.

BROCHE IRLANDAISE

L'ARRIVÉE DU CHRISTIANISME

Vers le IVe siècle, le christianisme gagna les populations celtes non soumises à Rome. Les **Églises celtiques** contribuèrent largement à la **diffusion de la religion chrétienne** en Europe du Nord.

[1] BOUCLIER DE BATTERSEA

[2] FIGURINE DE CHIEN

[6] CASQUE À CORNES

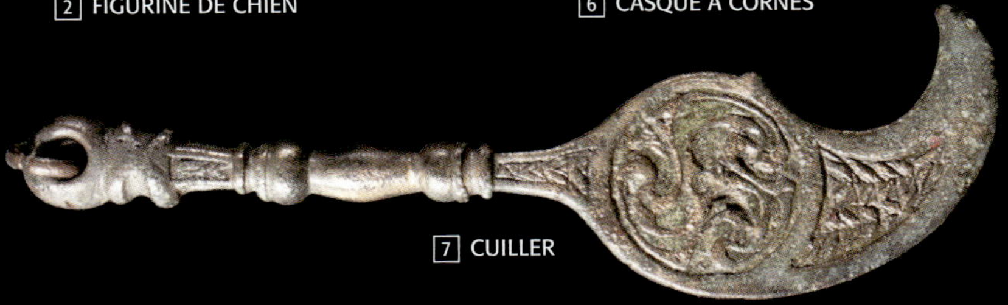

[7] CUILLER

[8] HARNAIS

[11] MASQUE EN TÊTE DE CHEVAL

[3] SCULPTURE DE HALLSTATT

[9] CHAUDRON DE GUNDESTRUP

[12] BROCHE EN BRONZE

[4] ORNEMENT DE HARNAIS

[5] HACHE DE CÉRÉMONIE

[10] ORNEMENT DE CHARIOT

Métal celtique

Les Celtes étaient de remarquables forgerons et orfèvres, travaillant le bronze, le fer et l'or. Des objets décorés ont été retrouvés dans des sites d'Europe centrale et occidentale, avec souvent, pour motifs, des animaux et des plantes.

[1] **Le bouclier de Battersea,** trouvé dans la Tamise, à Londres, date du IIe siècle av. J.-C. Fait de bronze fin et délicatement décoré, il était probablement employé à la parade plutôt qu'à la guerre. [2] **Figurine de chien en bronze,** qui avait probablement une signification mythologique ou religieuse. [3] **Taureau,** sculpture de Hallstatt trouvée en Moravie, en République tchèque, et datant de 450 av. J.-C. environ. [4] **Ornement de harnais,** découvert dans une tombe dans le nord de la France. [5] **Hachette ornementale en bronze de Hallstatt** (v. 650 av. J.-C.), trouvée en Autriche. Elle est ornée d'un cavalier. [6] **Casque à cornes** (entre 250 et 50 av. J.-C.), peut-être porté dans des cérémonies. C'est le seul de ce genre à avoir été trouvé en Europe. [7] **Cuiller en métal gravé** (VIe siècle apr. J.-C.), découverte à Kilkenny, en Irlande. [8] **Élément d'un harnais** trouvé à Cambridge, en Angleterre, ouvragé en bronze et décoré au centre. [9] **Base du chaudron de Gundestrup** (voir p. 134-135) : exécution rituelle d'un taureau. [10] **Ornement émaillé,** qui décorait probablement le chariot d'un cavalier noble. Trouvé dans le Norfolk, en Angleterre. [11] **Masque de cheval de Stanwick,** ornement de chariot (Ier siècle apr. J.-C.) trouvé dans le Yorkshire, en Angleterre. [12] **Broche de bronze** (v. 100 av. J.-C.) trouvée en Autriche. [13] **Dague de cérémonie** en fer et bronze, trouvée en Grande-Bretagne. [14] **Élément de chariot** (Ier siècle apr. J.-C.) trouvé au pays de Galles. [15] **Ornement de chariot** (IIe siècle apr. J.-C.). [16] **Pointes de javelot en bronze.** [17] **Dos en bronze d'un miroir** décoré de dessins symétriques évoquant une feuille de trèfle et ayant probablement appartenu à une femme noble. [18] **Ornement en bronze** (Ier siècle apr. J.-C.) trouvé en Irlande. On ne sait pas à quoi il servait. [19] **Monnaies de bronze** (Ier siècle apr. J.-C.) Elles viennent probablement du nord de la France. [20] **Harnais de bronze décoré** trouvé dans une tourbière irlandaise. [21] **Épinglette d'argent** décorée d'animaux. [22] **Élément de bride** en bronze (IIe ou IIIe siècle apr. J.-C.).

[19] PIÈCES D'OR

[20] HARNAIS DE BRONZE

[21] BROCHE

[22] ÉLÉMENT DE BRIDE

[14] ÉLÉMENT DE CHARIOT

[15] ORNEMENT DE CHARIOT

[17] MIROIR

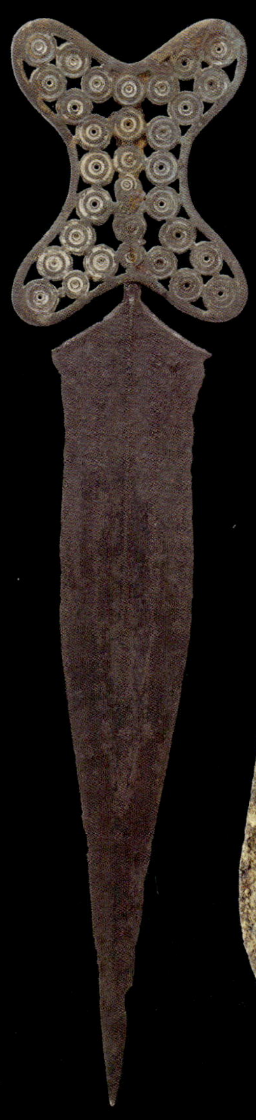
[13] DAGUE DE CÉRÉMONIE

[16] POINTES DE JAVELOT

[18] ORNEMENT DE BRONZE

«« AVANT

Les steppes et les prairies qui recouvraient une bonne partie de l'intérieur de l'Eurasie convenaient à différents modes d'agriculture et d'élevage.

KOURGANES DANS LES STEPPES

LES STEPPES À L'ÂGE DU BRONZE
À l'âge du bronze «« 43, les habitants des steppes menaient une **vie agricole**, élevant chevaux et animaux domestiques. De l'Europe centrale à la Sibérie, les **kourganes** – tumulus funéraires – étaient un élément culturel commun.

DES MIGRATIONS DE MASSE
Vers 2000 av. J.-C. semble avoir commencé une **importante migration des habitants des steppes** vers les pays voisins, s'accompagnant d'une **modification des pratiques agricoles**.

COMMENT SAVONS-NOUS ?

LES TOMBES DE PAZYRYK

Au Kazakhstan, des tombes du Ve au IIIe siècle av. J.-C. ont été trouvées dans la vallée de Pazyryk, dans les monts Altaï. L'essentiel de ce que nous savons sur les Scythes provient des objets découverts dans ces kourganes, notamment des chevaux, des chariots funéraires et certains des plus anciens textiles connus, en feutre et en laine : selles de tissu et tapis (ci-dessous).

Les **nomades** des **steppes**

Depuis des millénaires, les steppes – vastes prairies qui s'étendent de l'Europe de l'Est à la Chine – servent d'habitat à des populations nomades et semi-nomades, dont l'histoire fut façonnée par la géographie ; et leurs migrations ont entraîné des confrontations qui ont changé la carte du monde.

Géographiquement, on peut diviser la steppe eurasienne entre région orientale et région occidentale. Celle-ci commence en Hongrie et va, au nord de la mer Noire, jusqu'aux monts Altaï. Là commence la partie orientale, en moyenne plus élevée, qui s'étend jusqu'en Mongolie et en Mandchourie.
La steppe occidentale, par exemple à proximité du Danube, est plus humide et verte. Plus on va vers l'est et plus les étés sont chauds, les hivers froids et les pluies rares. Souvent, les tribus de la steppe orientale ont migré vers l'ouest ou le sud pour trouver plus de pluie et de nouveaux pâturages.

Cavalier scythe
Les Scythes étaient réputés pour l'habileté de leurs orfèvres et pour leurs redoutables qualités de cavaliers. Cet objet, trouvé à Kul Oba, en Crimée, combine ces deux éléments. Il date du IVe siècle av. J.-C.

Ces migrations renforçaient le mode de vie nomade et facilitaient les contacts entre les groupes, ce qui explique les nombreuses similarités culturelles entre différentes peuplades des steppes.

La vie dans les steppes

On ne sait pas grand-chose de la vie dans les steppes avant le XIe siècle apr. J.-C. Leurs habitants parlaient des langues indo-européennes, ils élevaient des chevaux, du bétail et des moutons. Les transports de marchandises se faisaient souvent par caravanes ou par voie fluviale ; c'étaient d'excellents cavaliers et de redoutables guerriers. La société était organisée en groupes « parents » (des familles élargies) et tribus. Il arrivait que des tribus se regroupent temporairement dans un but particulier, notamment pour la défense ou pour l'attaque. Les chefs de tribu étaient souvent considérés à l'égal des dieux.

La chevauchée de la victoire

On ne connaît pas le début de la domestication du cheval mais, vers 700 av. J.-C., celui-ci était devenu essentiel dans les steppes. C'était l'animal idéal pour des gens qui devaient se déplacer sur de longues distances pour trouver des pâturages appropriés ; en outre, ce moyen de transport fournissait aussi de la viande et même du lait.

À cette époque, les nomades se battaient très efficacement à cheval, ayant peut-être adopté les techniques des Assyriens (voir p. 80-81). Les deux éléments qui améliorèrent le plus

Gardien mongol de troupeaux
Le pastoralisme implique de déplacer des troupeaux sur de grandes distances. Dans la steppe, cette activité n'a guère changé depuis des millénaires.

IDÉES

LA RELIGION DES STEPPES

Les habitants des steppes subissaient l'influence d'un mode de vie « à ciel ouvert » – ce ciel en fonction duquel ils s'orientaient. Certaines peuplades croyaient en une divinité céleste, à un « ciel » et à une vie après la mort. Les chamans étaient nombreux ; on croyait ceux-ci capables de guérir les maladies et de communiquer avec le monde des esprits. On pensait que le miroir – instrument du chaman – reflétait des vérités secrètes et éloignait les mauvais esprits.

MIROIR DE CHAMAN MONGOL

leur efficacité au combat furent l'arc composé et les éperons. L'arc était court, aussi les cavaliers pouvaient-ils l'utiliser efficacement. L'éperon, probablement inventé dans les steppes vers le IIe siècle av. J.-C., permettait de chevaucher plus facilement avec un armement complet. Les armées des steppes avaient pour tactique de lancer des attaques surprises, le plus souvent contre des campements rivaux ; elles visaient rarement à conquérir des territoires. L'image populaire de hordes d'envahisseurs n'est guère fondée : il s'agissait le plus souvent de quelques groupes de guerriers. Certaines campagnes firent exception, comme l'attaque des Cimmériens en Asie Mineure vers 690 av. J.-C.

Tête kouchane
Cette sculpture témoigne du mélange des influences gréco-romaine et indienne dans l'art kouchan.

Scythes et Kouchans

Les Scythes étaient des nomades des steppes passés d'Asie centrale au sud de la Russie vers le VIIe siècle av. J.-C. Ils combattaient avec des haches, des arcs et des flèches. Ils portaient des coiffes de fourrure mais n'avaient en général pas d'armure.

Les Scythes contrôlèrent parfois de vastes territoires, en particulier au Proche-Orient. L'un de leurs groupes, les « Scythes royaux », était établi dans le sud de la Russie, où des objets en or trouvés dans des tombes attestent d'une culture très développée. Au IIe siècle apr. J.-C., les Scythes furent écrasés par les Sarmates, qui furent eux-mêmes vaincus par les Huns (voir p. 150-151). Les nomades des steppes s'intégraient souvent aux populations qu'ils avaient conquises : entre le Ier et le IIe siècle apr. J.-C., par exemple, les Kouchans venus de Mongolie s'établirent sur des territoires qui avaient fait partie de l'Empire perse des Achéménides (voir p. 92-93) et de celui d'Alexandre le Grand (voir p. 96-98). Comme les Parthes (voir p. 122-123), les Kouchans développèrent une culture incorporant des éléments grecs, perses et indiens.

Les Xiongnu

L'appellation de Xiongnu recouvre différentes peuplades des steppes (dont certains Scythes) qui lancèrent des raids contre la Chine au IIIe siècle av. J.-C. Il semble que les régimes chinois qu'ils attaquaient aient repris des éléments de leur culture. Les Xiongnu ont joué un rôle prépondérant en Asie centrale pendant cinq siècles.

LES AMAZONES, célèbres guerrières de la légende gréco-romaine, étaient peut-être à l'origine des femmes de la steppe eurasienne qui auraient participé à des combats.

APRÈS

En Eurasie, l'influence des nomades des steppes s'exerça sur de nombreux groupes, depuis les Germains jusqu'aux musulmans.

LES HUNS

DINARS HUNNIQUES

Entre le IVe et le Ve siècle apr. J.-C., les Huns, nomades des steppes, **contrôlèrent de vastes parties de l'Europe et de l'Asie**, assujettissant d'autres tribus au passage, comme les Ostrogoths. Vers le milieu du Ve siècle, certaines réussirent à **repousser** les Huns, et l'**Empire romain d'Orient** ferma lui aussi ses frontières. Bientôt, les Huns furent **assimilés.**

DES TRIBUS TURQUES

Vers 500 apr. J.-C., les Turcs, nomades des monts Altaï, **contrôlaient une bonne partie de la steppe asiatique**. Vers 700, leur pouvoir s'étant réduit, diverses tribus turques se dispersèrent vers l'ouest **après des guerres contre les Tang de Chine 160-161 »**. Mais elles continuèrent à jouer un rôle important au Proche-Orient, notamment avec l'islam.

L'ARRIVÉE DES MONGOLS

Au début du XIIIe siècle, les Mongols réussirent à vaincre et à fédérer tous les nomades vivant dans les steppes mongoles **164-165 »**.

Les premières civilisations américaines

Plusieurs civilisations sont apparues simultanément dans les Amériques entre le Iᵉʳ siècle av. J.-C. et les Vᵉ-VIIᵉ siècles apr. J.-C., période qui englobe une bonne partie des grandes ères méso-américaines dites « classiques ». La plus connue et l'une des plus extraordinaires est peut-être la civilisation des Mayas, avec leurs temples et leurs stupéfiantes connaissances scientifiques.

Les tissus de Paracas
Les Paracas, au Pérou, créaient de superbes tissus pour ensevelir leurs morts. Beaucoup présentent un dieu aux grands yeux coiffé d'un diadème en or et tenant un serpent.

À cette époque, les sociétés américaines avancées avaient beaucoup en commun : extraction de pierres, création de beaux objets et adoration de multiples dieux, le plus souvent associés à la nature, par exemple le jaguar, le Soleil et la Lune. Si les cultures d'Amérique du Sud maîtrisaient mieux l'emploi du métal, les Mayas d'Amérique centrale furent d'exceptionnels bâtisseurs.

Les Mayas

On considère que la période maya « classique » va de 300 à 900 apr. J.-C. environ. Elle s'est propagée sur une bonne partie de l'Amérique centrale, en particulier au Yucatán et au Guatemala. Au cœur du pays maya se trouvaient plusieurs centres rituels, qui devinrent plus tard des cités-États.

Les Mayas construisaient d'énormes temples en pierre, souvent pyramidaux, comme à Tikal au Guatemala ; ils ont également laissé de superbes reliefs en pierre, dont de très beaux à Palenque, au Mexique. On trouvait aussi dans les villes des palais, des grandes places et des terrains de jeu de balle – une activité rituelle. Il s'agissait d'un exercice pénible : les joueurs se renvoyaient une balle de caoutchouc avec la tête, les hanches et les épaules. Les rituels religieux occupaient une place importante dans la vie des Mayas ; ils pratiquaient l'automutilation, mais il semble peu probable que cela allait jusqu'à la torture et aux sacrifices humains comme certains le prétendent.

Vase mochica en forme d'étrier
Sur cette jarre mochica typique sont artistiquement combinés une tête de daim, des crocs de félin et un corps de serpent.

L'écriture et le calendrier

Si les Olmèques ont inventé une forme d'écriture, certains spécialistes pensent que les Mayas furent les premiers Méso-Américains à utiliser une « vraie » écriture, plus en rapport avec le langage. Leur système comprenait au moins 800 glyphes.

Les Mayas avaient aussi un calendrier très complexe, probablement d'origine olmèque, qui prévoyait notamment les positions du Soleil et de la Lune et prédisait les éclipses solaires. Il comportait deux principaux cycles : une année sacrée de 260 jours (13 cycles de 20 jours) et une année solaire de 365 jours (18 mois de 20 jours, plus une période « sans âme » de 5 jours où les Mayas tentaient d'apaiser les dieux).

Monte Albán et Teotihuacán

Alors que la civilisation maya était en pleine expansion, les Zapotèques créaient, vers 300 apr. J.-C., leur capitale à Monte Albán, dans le sud du Mexique (voir AVANT). Les ruines de son centre religieux et politique – une vaste esplanade centrale entourée de terrasses, pyramides et escaliers monumentaux – montrent que cette civilisation était elle-même très développée. On y trouve aussi un terrain de jeu de balle et un observatoire. Dans l'architecture de Monte Albán transparaît l'influence d'un autre centre culturel important : celui de Teotihuacán (voir à droite), énorme ville au nord-est de l'actuelle Mexico et qui connut son apogée entre 300 et 600 environ.

Les sociétés péruviennes

Au Pérou, différentes cultures se sont développées jusque vers les années 400 à 600 apr. J.-C. Au sud, sur la presqu'île de Paracas, la population, essentiellement agricole, avait un talent remarquable pour le tissage et la broderie. Leur art s'est préservé dans les tissus avec lesquels ils enveloppaient leurs morts.

Les Nazcas vivaient sur la côte sud du Pérou et pratiquaient l'irrigation. Cahuachi était un important centre cérémoniel. Les Nazcas ont tracé dans le désert des dessins gigantesques, ou « géoglyphes », dont la signification reste un mystère.

Sur la côte nord, les Mochicas bâtirent un vaste centre administratif et religieux à Sipán. Formidables guerriers et artistes inventifs, ils pratiquaient aussi l'irrigation.

COMMENT SAVONS-NOUS ?

DES CITÉS CÉLESTES

Les Méso-Américains construisaient leurs villes selon un plan précis et rituellement significatif. Teotihuacán par exemple est orientée nord-sud avec une déviation de 15°50′ vers l'est. La chaussée des Morts (ci-dessous) relie la pyramide du Soleil à celle de la Lune. C'était peut-être une forme de représentation du ciel.

« AVANT

Aux premiers siècles apr. J.-C., de grandes civilisations ont succédé, en Amérique centrale et australe, aux cultures des Olmèques au Mexique et des Chavín au Pérou.

OLMÈQUES ET ZAPOTÈQUES

L'**écriture** des Mayas, leur calendrier et leur astronomie doivent beaucoup à la **culture olmèque** **« 74-75** née entre 1200 et 400 av. J.-C. sur le golfe du Mexique. Dans la vallée d'Oaxaca, la ville **zapotèque** de Monte Albán, fondée au temps des derniers Olmèques, fut un grand centre culturel jusque vers 600 apr. J.-C.

TERRAIN DE JEU DE BALLE À MONTE ALBÁN

LA CIVILISATION DE CHAVÍN

La culture de Chavín **« 74-75** se diffusa largement au Pérou entre 1000 et 200 av. J.-C., puis fut remplacée par les cultures mochica et nazca.

APRÈS »

De nouvelles cultures apparurent en Amérique centrale et australe pendant que la civilisation maya se transformait radicalement.

DIEU DE TIAHUANACO

L'AMÉRIQUE DU SUD

Les années 600 apr. J.-C. virent la naissance des cultures **tiahuanaco** et **huari** en Bolivie et au Pérou. Sur la côte du Pérou, les **Chimú** créèrent un vaste État, qui fut conquis par les **Incas** **212-213 »** au XVᵉ siècle.

LA FIN DES MAYAS

À partir du IXᵉ siècle apr. J.-C., plusieurs centres mayas furent abandonnés pour différentes raisons – notamment l'**épuisement des ressources** dû à la **culture intensive** ; plus au nord, d'autres, comme **Chichén Itzá** **210-213 »** continuèrent à prospérer. Aujourd'hui encore, quelque 6 millions de Mayas vivent au Mexique, au Guatemala et au Belize.

Rituel maya
Cette gravure montre une automutilation « sanglante » : le roi de Yaxchilán tient une torche au-dessus de la reine Xoc, qui tire une corde au travers de sa langue percée.

AVANT

Dans les temps anciens, la religion était surtout associée à la fertilité ou aux saisons. Avec l'évolution de la société, la conception des dieux a elle aussi changé.

DES CROYANCES AU SURNATUREL

D'après ce que révèlent des tombes de l'âge de pierre « 32-33, la croyance en une **vie après la mort** et en un **monde des esprits** date d'au moins 60 000 ans : les monuments néolithiques et les traces de vie rituelle « 40-41 témoignent d'une spiritualité en rapport avec le **cycle des saisons** et les **mouvements des astres**.

SYMBOLES RELIGIEUX PRÉHISTORIQUES

Les objets préhistoriques exhumés « 34-35 sont révélateurs des croyances. Des figurines masculines et féminines aux caractéristiques exagérées évoquent peut-être un désir de **fertilité** et de **prospérité**. Les animaux – réels ou représentés – mis au jour sur des sites rituels permettent de penser que la nécessité de trouver des **animaux**, pour leur **viande** ou pour leur **peau**, était une préoccupation importante.

UNE HIÉRARCHIE DE DIEUX

Les premières religions donnaient souvent dans le **polythéisme**. Dans les villes, le nouvel ordre social, plus complexe « 44-45, se refléta dans la religion : les dieux étaient organisés en une **hiérarchie** avec, à son sommet, le père des dieux.

IDÉES

DES HOMMES DEVENUS DIEUX

Parfois, certains individus ayant exercé un pouvoir se voyaient octroyer le statut de dieux. L'homme ainsi déifié était soit considéré comme l'incarnation d'un dieu particulier, soit lui-même considéré comme un dieu à part entière, protégeant ses sujets en retour de leur culte. Les dirigeants élevés à ce statut devinrent monnaie courante autour de la Méditerranée après le IVe siècle av. J.-C. Ci-dessous, l'empereur Claude est déifié après sa mort en 54 apr. J.-C.

Dieux grecs
Trouvée à Mannella, en Italie, cette sculpture grecque du Ve siècle av. J.-C. représente Perséphone – fille de Zeus, roi des dieux, et de Déméter, déesse des Moissons – avec Hadès, dieu des Enfers, qui l'a enlevée.

Dieux et déesses

Les Anciens croyaient que des dieux et des déesses étaient responsables de presque tout ce qui arrivait aux êtres humains. L'importance d'un dieu était fonction de sa place dans la hiérarchie. Le culte de certains dieux se propageait parfois très loin, allant de pair avec l'expansion des empires.

Avant la diffusion de certaines religions mondiales (voir p. 144-147), le polythéisme était presque général (voir AVANT). Si la plupart des dieux étaient honorés dans de vastes régions, d'autres étaient associés à une ville ou à des éléments de la nature, forêts ou fleuves par exemple. Ces divinités, souvent aux traits humains, influençaient la vie des hommes dans presque tous ses aspects. On croyait même que l'humeur de telle ou telle divinité déterminait le temps qu'il faisait. Des changements sociaux ou politiques modifiaient la conception que l'on avait des dieux. En temps de guerre, il arrivait qu'on adorât un chef – tel que l'empereur romain (voir à gauche) – comme un dieu, ce qui renforçait son prestige.

Dieux et symboles
Ce Babylonien rend hommage aux dieux Mardouk (symbolisé par une pelle à tête triangulaire) et Sin (croissant de lune).

Plus les sociétés devinrent complexes et plus les relations entre les dieux se multiplièrent. De nombreuses cultures avaient un « panthéon » : un groupe de dieux liés entre eux par une hiérarchie, des liens familiaux et des récits mythologiques. Lorsque des cultures entraient en contact, les gens cherchaient fréquemment des correspondances entre leurs dieux respectifs. C'est ainsi que Jupiter et Junon, dieux romains, furent assimilés à Zeus et Héra, dieux grecs. Les dieux donnaient des présages à des prêtres, des devins et des oracles. Et, pour s'assurer leur bienveillance, on leur présentait des offrandes, des sacrifices ou des tributs rituels.

Le roi des dieux perses
Sur ce sceau, deux sphinx soutiennent Ahura-Mazdâ, dieu tutélaire de la monarchie perse (voir p. 92-93). L'image du roi, en dessous, reflète la sienne. Les sceaux servaient de supports à la transmission d'images religieuses.

Dieux suprêmes

Tout comme les sociétés humaines ont des chefs, chaque panthéon avait son « dieu suprême » : soit un roi ou une ville lui donnait plus d'importance qu'aux autres, soit on l'identifiait à un symbole clé de la vie humaine tel qu'un père (ou une mère) de famille, ou à un élément de la nature comme le Soleil, le ciel ou l'océan. Une divinité devenait suprême lorsqu'elle était considérée comme le chef d'une famille de dieux ; ce fut le cas de Zeus, à la fois « père » et monarque d'une multitude de dieux. Un dieu pouvait également acquérir ce statut supérieur lorsque sa ville ou son peuple avait conquis un autre pays : ainsi de Bal Mardouk qui, dès 2000 av. J.-C., était le dieu tutélaire de Babylone. Lorsque celle-ci, en 1780 av. J.-C., prit le contrôle de la Mésopotamie, Mardouk s'y imposa comme « père » des dieux locaux et en devint le chef suprême.

> « Les hommes créent les **dieux à leur image**... »
>
> ARISTOTE, PHILOSOPHE GREC, 384-322 AV. J.-C.

Des dieux de plein air

La nature elle-même abritait tout un monde de dieux, quoiqu'il soit difficile d'en trouver des vestiges. Une description de la religion perse évoquait des rituels en plein air, et de nombreuses tablettes perses parlent de dieux de la nature. Dans toute l'Asie, les gens révéraient les lieux fertiles, où étaient édifiés des jardins et des temples bouddhiques. Des cultes étaient pratiqués au sommet de montagnes, par exemple celui d'une ancienne « Mère des dieux » (Cybèle) sur les monts Sipylos et Dindymon en Anatolie. Les montagnes servaient de panneaux publicitaires de telle ou telle croyance : les gigantesques bouddhas sculptés dans les falaises de Bamiyan, en Afghanistan, surplombaient une voie très passante reliant l'Orient à Rome en passant par la Perse.

RELIGION À MYSTÈRES Culte dont les adeptes croient à la mort et à la régénération ou résurrection et qui implique une initiation secrète. Par certains côtés, le christianisme primitif fait penser à un culte mystérique.

Des dieux migrateurs

Au cours du Ier millénaire apr. J.-C., des contacts interculturels toujours plus nombreux (voir p. 132-133) favorisèrent l'expansion de divers cultes comme celui du Bouddha (voir p. 144-147). Leurs dieux accompagnaient voyageurs, soldats et marchands dans tout l'empire. On a découvert à Londres des temples consacrés à des dieux d'importation comme Sérapis, vénéré par les Grecs d'Égypte (voir p. 118-119) et que les légions firent connaître dans toute l'Europe. Le mithraïsme, largement répandu dans l'Empire romain, doit son nom au dieu irano-persan Mithra. Ces dieux « exotiques » donnaient souvent naissance à des religions « mystériques » qu'appréciaient les populations fluctuantes du monde romain.

Le temple de Zeus
Le temple de Zeus (Ve siècle av. J.-C.) à Olympie, en Grèce, abritait une énorme statue en or et ivoire du dieu suprême.

Un dieu exotique
Le bonnet phrygien et le vêtement perse traduisent l'origine exotique de Mithra – ici égorgeant un bœuf en Italie – sur cette statue romaine du IIe siècle apr. J.-C.

APRÈS

Entre 300 av. J.-C. et 700 apr. J.-C., l'apparition des religions mondiales – hindouisme, bouddhisme, judaïsme, christianisme et islam – a bouleversé le paysage religieux.

LE MONOTHÉISME
Dans un panthéon, des dieux de rang inférieur peuvent disparaître. S'il n'en reste plus qu'un, la religion devient **monothéiste 145 »**. Certaines religions, notamment le **zoroastrisme** en Perse, sont nées de religions polythéistes.

DES RELIGIONS ORIENTALES
Les grandes religions du monde sont nées entre 700 av. J.-C. et 600 apr. J.-C. En Orient, le taoïsme, le shintoïsme et le confucianisme **« 133** suivent des enseignements vieux de deux mille ans.

UNE RELIGION UNIVERSELLE
Dans l'Antiquité, les gens considéraient leurs dieux comme des porte-parole de leur culture : la religion faisait partie de l'identité ethnique et n'était donc **pas encouragée chez les étrangers**. Dans les royaumes multiculturels, la tolérance religieuse était habituelle. Mais certaines nouvelles religions, notamment le **christianisme 144-147 »** et l'**islam 174-177 »** affirmèrent que, en théorie, une seule religion pouvait convenir à toute l'humanité.

« AVANT

La croyance en une dimension spirituelle de la vie est probablement née séparément dans les différents groupes de chasseurs-cueilleurs du paléolithique.

LE DIEU GREC ZEUS

L'ANIMISME

Chez ceux-ci, la plus ancienne croyance est l'animisme : **tout ce qui est physique a un équivalent spirituel**. Tout être, animé ou inanimé, est un maillon dans une chaîne ; mais les liens entre eux sont fluides, de sorte qu'un homme peut devenir oiseau, un animal se déguiser en rocher et un oiseau se transformer en nuage. La force qui permet ces changements provient d'un monde d'esprits protecteurs vaguement définis.

DE MULTIPLES DIEUX

Lorsque les tribus se sédentarisaient, elles adoptaient un panthéon de dieux **bien identifiables**. Chaque dieu était responsable d'une partie de la nature en même temps que d'un domaine spécifique. Ainsi, Zeus, dieu grec du Tonnerre et des Éclairs, était aussi le gardien du mont Olympe. C'était du **polythéisme** (mot qui signifie « nombreux dieux ») **« 142-143**, que les premiers chrétiens qualifièrent de « paganisme », terme méprisant dérivé du latin *pagani* : « paysan ».

L'AUTRE MONDE

Mais la croyance en une vie après la mort est peut-être plus ancienne encore : on a trouvé dans des tombes du **Neandertal** **« 19** des herbes médicinales et d'autres objets qui permettent de penser que le mort était censé entreprendre un **voyage vers l'au-delà.**

PANTHÉISME Doctrine selon laquelle le monde de la nature et les hommes font partie du divin. C'est la principale croyance de l'hindouisme, mais elle est rejetée par les religions comme le christianisme, le judaïsme et l'islam, pour qui Dieu est transcendant (au-delà du monde créé).

La **diffusion** des **religions**

Au cours du Ier millénaire apr. J.-C., s'appuyant sur des traditions et des écritures sacrées, les religions ont connu une expansion considérable. L'hindouisme et le bouddhisme se diffusèrent dans toute l'Asie. Né au Proche-Orient avec le judaïsme, le monothéisme se propagea avec le christianisme et l'islam.

Si l'histoire et le monde ont connu de multiples mouvements religieux, cinq religions se sont diffusées à un tel point qu'on peut à juste titre les qualifier de religions mondiales.

L'hindouisme

La plus ancienne est l'hindouisme – qui est plus un ensemble de traditions qu'un système religieux. Son origine remonte à 1500 av. J.-C. environ, lorsque des cavaliers aryens d'Asie centrale envahirent la vallée de l'Indus, en Inde (voir p. 58-59), avec leur dieu créateur Indra et un panthéon de divinités inférieures (voir p. 143). Ce sont les dieux védiques, mentionnés par les Veda, textes sacrés vieux de trois mille ans, qui jouèrent un rôle central dans le développement de l'hindouisme. Peu à peu, cette religion s'est centrée sur trois dieux principaux : Brahma, divinité supérieure plutôt lointaine, Vishnou le créateur et Shiva le destructeur, avec leurs différents acolytes, ou *shaktis.*

Au VIe siècle av. J.-C., le brahmanisme devint la forme prépondérante de l'hindouisme ; c'est alors que furent rédigés les textes brahmaniques : épopées et *purana,* notamment le *Mahabharata* et le *Ramayana.* L'hindouisme reste polythéiste (voir AVANT).

> «Il n'est rien au monde qui suscite **autant de divergences** que la nature de la religion.»
>
> JAMES FRAZER, *THE GOLDEN BOUGH,* 1922

Le bouddhisme

Le bouddhisme n'est pas la croyance en un dieu mais un mode de vie ascétique. Il enseigne en particulier que la mort est un passage vers une nouvelle vie terrestre – c'est le principe de la réincarnation. Le seul moyen d'échapper à ce douloureux cycle, le *samsara,* est d'atteindre la perfection, avec notamment l'extinction des passions, ou *nirvana.*

À l'origine, le bouddhisme fut une réaction contre l'hindouisme polythéiste ; il attira des disciples prêts à pratiquer le renoncement aux plaisirs terrestres, l'ascétisme. À la différence de personnages antérieurs mythiques, le Bouddha historique naquit dans le clan royal des Shakya, dans l'actuel Népal, vers 563 av. J.-C. Après sa mort, en 483 av. J.-C., ses compagnons établirent le bouddhisme *theravada* (« doctrine des Anciens »), à partir duquel devait se développer un enseignement bouddhiste plus conservateur.

La première religion monothéiste

Le judaïsme, qui est la religion monothéiste (voir ci-dessus, à droite) des juifs, fut à l'origine fondé sur la Loi mosaïque. Le patriarche Moïse avait amené les Hébreux – des nomades – depuis l'Égypte jusqu'aux frontières de la Palestine, où ils créèrent le royaume d'Israël. En 587 av. J.-C., Jérusalem, ville dont le roi David avait fait sa capitale, fut détruite par les Néobabyloniens (voir p. 92), et les élites hébraïques furent déportées à Babylone. En 539, Cyrus le Grand (voir p. 93) les autorisa à rentrer. Israël était un État religieux fondé sur la Torah, texte normatif sacré des Hébreux.

Le judaïsme prospéra sous le contrôle des Perses puis d'Alexandre le Grand (voir p. 96-97). Lorsque Antiochos Épiphane, un des successeurs d'Alexandre, voulut leur imposer des éléments des cultes grecs, les juifs se révoltèrent et se choisirent une dynastie de prêtres-rois : les Asmonéens. En 63 av. J.-C., la Judée fut incorporée de force dans l'Empire romain ; en 70 apr. J.-C., une révolte des juifs contre les Romains provoqua leur dispersion (voir p. 146).

Les disciples de Jésus-Christ

La deuxième grande religion monothéiste, le christianisme, est née du judaïsme. Après la mort de Jésus sur la croix – selon les chrétiens : en rémission des péchés des hommes – et sa résurrection, ses premiers disciples se constituèrent en Église. Ils se réunissaient en privé, se transmettant et diffusant les enseignements de Jésus, qui furent résumés dans les Évangiles et les lettres (Épîtres) des Apôtres choisis par Jésus. Les chrétiens furent durement persécutés, d'abord par les juifs et surtout par les empereurs romains, à commencer par Néron et Domitien au Ier siècle. Mais, loin de détruire cette religion, ces persécutions eurent pour effet de renforcer les convictions de ses adeptes. »

Un lieu très saint

Pour le judaïsme, le christianisme, et l'islam, ce site, à Jérusalem, est un lieu saint. Au premier plan, le mur des Lamentations est un lieu sacré pour les juifs, tout comme le dôme du Rocher, à l'arrière-plan, l'est pour les musulmans.

IDÉES

LE MONOTHÉISME

La religion des juifs reposait sur un Dieu unique, éternel et universel et s'appuyait sur le fait que, à la différence du polythéisme des cultures de l'époque, il s'était révélé. Selon la tradition, cette divinité toute-puissante s'était d'abord fait connaître au patriarche Abraham, ancêtre des juifs mais qui est aussi reconnu comme tel par les chrétiens et les musulmans.

FONDATEUR DE RELIGION (V.4 AV. NOTRE ÈRE - V.30)

JÉSUS

Jésus de Nazareth fut à l'origine de la religion appelée christianisme, mot qui vient du grec *christos* : «qui a reçu l'onction (du Seigneur)», équivalent de l'hébreu *mashia'h* («messie»). Les juifs voyaient en lui celui qui allait délivrer leur pays de l'occupation romaine, prédit par leurs Écritures. Mais ce n'était pas l'intention de Jésus : selon les Évangiles, il s'est présenté comme le Fils de Dieu, prêchant la doctrine d'un royaume qui n'était pas de ce monde. Pendant trois ans, suivi de disciples, il enseigna en Galilée. Il termina sa vie à Jérusalem, où il fut mis à mort sur une croix.

SYMBOLE DE L'OM HINDOU

ROUE BOUDDHISTE DE LA LOI

ÉTOILE JUIVE DE DAVID

CROIX CHRÉTIENNE

Symboles religieux
Le symbole hindou de l'*om* évoque la vibration vitale et les trois principaux dieux. La roue de la Loi représente les enseignements du Bouddha et le cycle mort-renaissance. L'étoile de David, ou sceau de Salomon, fait de deux triangles équilatéraux croisés, est le symbole habituel du judaïsme. Pour les chrétiens, la croix symbolise la mort et la résurrection de Jésus-Christ.

» La naissance de l'islam

L'islam apparut au VIIe siècle apr. J.-C. Comme le judaïsme et le christianisme, il reconnaît un dieu unique transcendant : Allah. Son fondateur, Mahomet, se réclamait de révélations divines privées, qui furent après sa mort reprises dans le Coran, livre saint de l'islam.

La propagation des religions

Nés en Asie, l'hindouisme, le judaïsme, le bouddhisme, le christianisme et l'islam furent propagés dans le monde entier, selon les cas, par des conquérants, des missionnaires, des migrants et des marchands.

La diffusion de l'hindouisme

Vers 700 av. J.-C., l'hindouisme était fermement établi sur le sous-continent indien. La croyance en la réincarnation apparut vers 600 av. J.-C. Très populaire, cette religion se propagea au Sri Lanka, au Cambodge et en Malaisie. Elle atteignit l'Indonésie et les Philippines vers le Ier siècle apr. J.-C. L'hindouisme donna aussi naissance à de multiples branches et sectes, chacune privilégiant une divinité particulière. Les mouvements les plus importants furent le vishnouisme et le shivaïsme, consacrés aux deux principales divinités : Vishnou et Shiva. La popularité de l'hindouisme tient aussi dans une large mesure aux *purana,* textes mythologiques et religieux mis par écrit entre 450 et 1000 apr. J.-C., mais dont la transmission orale commença bien avant. Malgré ses multiples facettes, l'hindouisme fut une puissante force de cohésion pour des populations aux langues et aux cultures différentes.

Les voies du bouddhisme

Dans les siècles qui suivirent la mort de Gautama Bouddha (v. 483 av. J.-C.), ses enseignements furent approfondis par des membres des *sanghas* (communautés de moines) indiennes, ce qui se traduisit par la constitution de multiples écoles. L'une des deux principales : le bouddhisme *hinayana* (« Petit Véhicule »), suivant la Voie des Anciens, ou *Theravada,* naquit au IVe siècle av. J.-C. et se propagea vers le sud et l'est de l'Inde, au Sri Lanka, en Birmanie, au Laos, au Cambodge et en Thaïlande. L'autre : le bouddhisme *mahayana* (« Grand Véhicule »), se développa entre le Ier et le IIIe siècle apr. J.-C. et se diffusa surtout vers le nord et plus à l'est. Il donna naissance, entre autres, à l'école *vajrayana,* aussi appelée bouddhisme tantrique. Des moines propagèrent en Chine et au Japon des formes plus austères du *mahayana* qui, après adaptation, donnèrent le bouddhisme zen. On a surnommé cette religion « lotus migrant » parce qu'elle n'a pas cessé de passer d'une culture à une autre. C'est ainsi que le bouddhisme de l'Inde est très différent de celui du Japon ou de la Corée.

La dispersion des juifs

La propagation des religions fut souvent liée à des événements politiques. Pour le judaïsme, cela commença en 587 av. J.-C., lorsque les juifs furent déportés à Babylone ; ce fut la première *diaspora,* la dispersion de communautés juives en dehors de la terre d'Israël. Ce processus s'intensifia après que les Romains de Titus eurent pillé Jérusalem et détruit son Temple en 70 apr. J.-C. mais, dès la fin du Ier siècle, les juifs avaient réorganisé leur culte, faute de Temple, autour des synagogues. Si, durant tout l'Empire, les juifs eurent le droit de pratiquer leur religion, les Romains s'en prirent souvent à eux, notamment au IIe siècle, après plusieurs révoltes. L'empereur Septime Sévère (193-235) fit payer un impôt spécial à tous ceux qui se déclaraient juifs et il interdit toute conversion au judaïsme. En 527, à Byzance, l'empereur Justinien les soumit au contrôle des chrétiens. Pourtant, les juifs continuèrent à exploiter leurs relations commerciales dans tout l'Empire, créant partout des comptoirs. En 600, ils s'étaient établis jusqu'à Cordoue, en Espagne, à Cologne, en Allemagne, et à Charax, à l'extrémité du golfe Persique. Mais les populations juives résidaient en majorité en Asie Mineure et en Mésopotamie.

La poussée du christianisme

C'est aussi à l'Empire romain que le christianisme doit sa diffusion. Si plusieurs empereurs tentèrent de l'éliminer, saint Paul, citoyen romain, put se déplacer librement et fonder des communautés à Corinthe, à Thessalonique, à Éphèse, en Galatie et ailleurs. Lorsque l'empereur Constantin le Grand se fut converti au début du IVe siècle (voir p. 148-149), le christianisme se diffusa rapidement.

Avant même le règne de Constantin, le christianisme s'était répandu en Syrie, en Asie Mineure et en Grèce. Dès le IIe siècle, on trouvait des chrétiens hellénophones dans la vallée du Rhône et, vers 200, l'Église était bien établie en Afrique du Nord, autour de Carthage. Au-delà des frontières nord-est de l'Empire, la barrière linguistique ralentit sa progression mais, au IIIe siècle, une communauté fut fondée à Édesse, en Turquie. Cependant, l'essentiel de l'activité missionnaire porta sur l'Occident : Italie, France et Espagne. La Grande-Bretagne ne reçut ses premiers missionnaires qu'au IIIe siècle et, dès le IVe siècle, elle était devenue majoritairement chrétienne.

La propagation de la foi chrétienne
Selon les Actes des Apôtres, saint Paul (Paul de Tarse), rabbin de formation et, au départ, farouche opposant des chrétiens, fut converti par une vision du Christ ; il devint un apôtre, ou envoyé, en particulier auprès des communautés non juives. Arrêté par les autorités romaines, il fit appel auprès de l'empereur mais fut exécuté à Rome vers 62.

MOINE (v.563-v.483 APR. J.-C.)

GAUTAMA BOUDDHA

Également appelé Sakyamuni et Siddhartha, il vécut dans le nord de l'Inde entre le VIe et le Ve siècle av. J.-C. L'un des nombreux philosophes de son temps, il connut l'illumination – l'éveil à la vérité ultime – à Bodhgaya, puis passa le reste de sa vie à enseigner la philosophie bouddhiste, rassemblant autour de lui une *sangha,* ou communauté de disciples. Il enseigna le «noble sentier octuple» composé de huit éléments regroupés en trois parties : sagesse, morale et méditation.

PROPHÈTE (v.570-632 APR. J.-C.)

MAHOMET

Né à La Mecque, Mahomet (ou Mohammed) élimina le polythéisme de la péninsule Arabique et le remplaça par le culte d'un Dieu unique : Allah. Pour les musulmans, il est «le dernier et le plus grand des prophètes», qui transmit l'ultime version de la révélation divine. À partir de 610, un ange lui aurait dicté le livre d'Allah, le Coran, sur lequel s'appuie tout l'islam. En 622, il s'enfuit de La Mecque pour échapper à la persécution et s'installa à Médine avec ses compagnons : ce fut l'hégire, point de départ du calendrier musulman. En 631, il s'empara de La Mecque. Il mourut à Médine à l'âge de 63 ans.

La basilique Saint-Pierre au Vatican, à Rome, est le point de convergence des catholiques du monde entier. L'originale fut détruite au XVIe siècle. Il fallut plus d'un siècle pour bâtir la nouvelle, surmontée d'un dôme de Michel-Ange.

APRÈS

Les religions se propagèrent dans le monde entier et se modifièrent parfois au contact de nouvelles cultures.

DES ENSEIGNEMENTS UNIVERSELS

Le gourou – maître spirituel – occupe une place essentielle dans l'hindouisme. De nouvelles écoles ont tenté de rendre l'hindouisme universel. Sri Ramakrishna (1836-1886) enseignait **l'unité essentielle** de toutes les religions et la Ramakrishna Mission a fondé des établissements dans le monde entier.

LA DIASPORA

La dispersion des juifs se poursuivit et, au Moyen Âge, c'est en France et en Espagne qu'ils étaient le plus nombreux. Au XIXe siècle, il y eut un exode de juifs en provenance de Russie et de Pologne. L'holocauste nazi **400-401 »** **élimina presque complètement** les communautés juives d'Europe. En 1947 fut créé **l'État d'Israël** **414-415 »** sur le territoire de la Palestine. Aujourd'hui, c'est aux États-Unis que se trouve la plus grande partie de la diaspora.

DIFFÉRENCES RÉGIONALES

Le bouddhisme évolua pour donner **différentes formes régionales** en Asie centrale, en Asie du Sud-Est, en Chine, au Japon et même en Occident.

DE GRANDS CHANGEMENTS

En 1054, un schisme divisa le christianisme entre Église latine, avec le pape à Rome, et Église orthodoxe, dont le siège était à Constantinople. Au XVIe siècle, la Réforme **contesta l'autorité du pape** et provoqua de nouvelles scissions **256-259 »**.

Hagia Sofia (Sainte-Sophie) à Istanbul est un magnifique exemple d'architecture byzantine. Inaugurée en 537 par l'empereur romain Justinien Ier, cette église fut transformée en mosquée en 1453. En 1935, elle est devenue le musée Ayasofya.

Le mont Kailasa, à la frontière entre le Tibet et le Népal, est un lieu saint pour les bouddhistes et les hindous. Les pèlerins remontent la vallée du Humla pour en faire le tour, mais nul n'est jamais monté à son sommet.

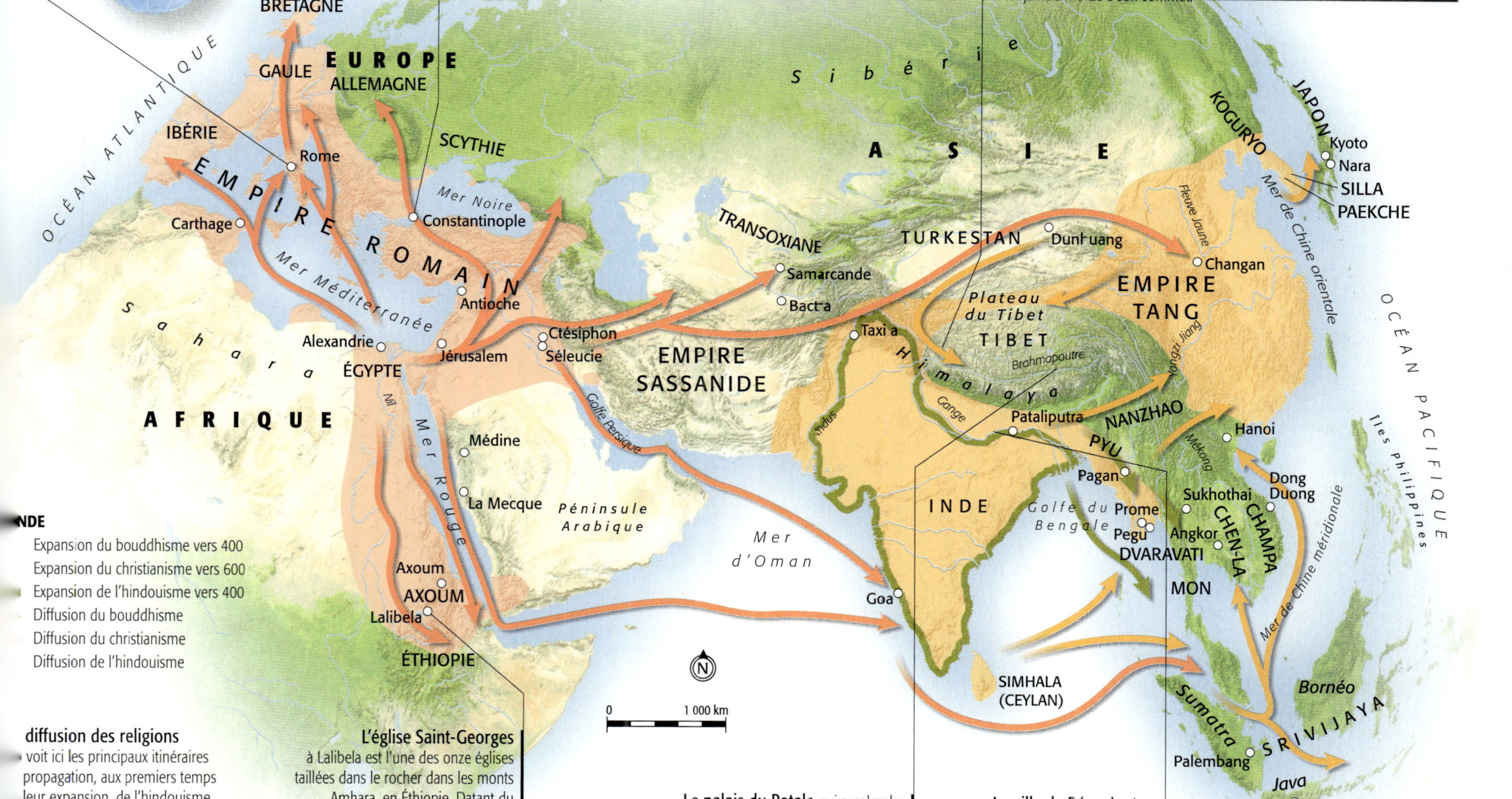

LÉGENDE

- Expansion du bouddhisme vers 400
- Expansion du christianisme vers 600
- Expansion de l'hindouisme vers 400
- Diffusion du bouddhisme
- Diffusion du christianisme
- Diffusion de l'hindouisme

La diffusion des religions
On voit ici les principaux itinéraires de propagation, aux premiers temps de leur expansion, de l'hindouisme, du bouddhisme et du christianisme, avec des embranchements secondaires. Dans la plupart des régions, la nouvelle religion n'était pas la seule pratiquée ; et, dans certains cas, l'une d'elles s'est imposée comme religion dominante.

L'église Saint-Georges à Lalibela est l'une des onze églises taillées dans le rocher dans les monts Amhara, en Éthiopie. Datant du XIIe siècle, cette église est un lieu de pèlerinage et est inscrite au Patrimoine mondial de l'Unesco.

Le palais du Potala qui surplombe Lhassa, au Tibet, date de 1645. Autrefois siège du gouvernement tibétain et important centre de pèlerinage, il abrite les tombeaux des anciens dalaï-lamas, chefs spirituels des bouddhistes tibétains.

La ville de Bénarès dans l'État indien de l'Uttar Pradesh, est un lieu de pèlerinage sacré des hindous, qui y viennent se baigner dans le Gange et faire brûler leurs morts.

Le grand sanctuaire bouddhiste de Barabudur, à Java, comporte trois terrasses bordées de stupas contenant des images du Bouddha. Il date du VIIIe siècle.

C·VAL·AVREL·CONSTANTINI
IMP·VICTORIA·QVA·SVBMERSO
MAXENTIO·CRISTIANORVM
OPES·FIRMATAE·SVNT

MOMENT CLÉ 28 octobre 312 APR. J.-C.

La **bataille** du **pont Milvius**

En 312, deux rivaux, Constantin et Maxence, s'affrontèrent aux portes de Rome. Il s'agissait rien moins que de s'assurer la direction de l'Empire romain d'Occident. Constantin engagea la bataille fort de ses convictions chrétiennes alors que Maxence avait mis sa confiance dans des dieux païens. Le résultat fut déterminant pour la propagation du christianisme.

En octobre 312 apr. J.-C., derrière les murs de Rome, Maxence se préparait à affronter Constantin, qui menaçait d'assiéger la ville. Tous deux avaient été, séparément, proclamés empereurs. Soutenu par le Sénat, Maxence se trouvait dans Rome : sa revendication était donc peut-être plus légitime ; mais Constantin était décidé à prendre la capitale et à revendiquer l'Empire romain d'Occident pour lui seul.

Venant de Gaule, il avait pris au passage quelques villes soutenant Maxence. Son armée était moins nombreuse, mais sa cavalerie était particulièrement efficace en terrain découvert. Pourtant, peu avant la bataille décisive, on raconte qu'il eut une vision qui, selon lui, mettait Dieu de son côté : il aurait vu une croix flamboyante dans le ciel, et une voix lui aurait ordonné d'inscrire ce symbole chrétien sur le bouclier de ses soldats.

Une fois la bataille engagée, Maxence, qui s'était mis sous la protection de Mars, dieu romain de la Guerre, s'avança en terrain découvert, et Constantin exploita au mieux cet avantage. Maxence ayant détruit le pont Milvius pour couper l'accès de Rome à son adversaire, il dut retraverser le Tibre sur un pont de bateaux. La cavalerie de Constantin bouscula l'ennemi, qui fut acculé sur la rive : beaucoup se noyèrent dans le Tibre, y compris Maxence. Le lendemain, les troupes de Constantin entrèrent solennellement à Rome, portant la tête de Maxence au bout d'une pique.

Certains jugent avec cynisme la « conversion » de Constantin, mais lui-même semble avoir considéré cette victoire comme un signe de la puissance du christianisme. Depuis trois siècles, cette religion gagnait en puissance, grâce notamment à la tolérance des empereurs. Quelques mois après la bataille, Constantin publia l'édit de Milan, qui rendait aux chrétiens les biens qui leur avaient été confisqués et renforçaient leur statut social et politique. Grâce au soutien qu'il apporta au christianisme, notamment pour la construction d'églises, celui-ci put s'affirmer en Occident et forger l'identité byzantine (voir p. 198-199).

Une bataille pour un empire
Cette fresque du XVIe siècle, conservée au Vatican, illustre la bataille du pont Milvius. Au centre, on voit Constantin bousculer Maxence et ses troupes dans le Tibre. Les aigles impériales sont remplacées par la croix ; dans le ciel, des anges participent à la bataille.

« Il vit une **croix lumineuse** portant l'inscription : Par ce signe, **tu vaincras.** »

EUSÈBE DE NICOMÉDIE, ÉVÊQUE, IVe SIÈCLE APR. J.-C.

AVANT

Plusieurs facteurs ont contribué au déclin de l'Empire romain.

LA FIN DE L'ANTIQUITÉ
Du temps de la *pax romana*, l'Empire romain, sur le pourtour méditerranéen, était uni par une culture fondée sur la valeur de la cité. Vers la fin du IIe siècle apr. J.-C., cette civilisation classique commença à être mise à mal par des **guerres civiles récurrentes**, des difficultés économiques et l'afflux en masse de populations non romaines.

MONNAIE PERSE

LA MONTÉE EN PUISSANCE DE LA PERSE
Au IIIe siècle **« 112-113**, les difficultés de l'Empire romain furent aggravées par la **renaissance de l'Empire perse** sous le règne d'**Ardashir**, qui devint le premier « roi des rois » (shah-in-shah) – ou empereur – de l'**Empire sassanide** **« 122-123** en 226. Entre 230 et 260, les Perses remportèrent trois victoires sur les Romains, faisant prisonnier et tuant l'empereur **Valérien** en 260.

LES FRONTIÈRES CÈDENT
Au IIIe siècle, des **incursions continuelles des Barbares se multiplient** sur le Danube et sur le Rhin qui, depuis des millénaires, étaient des voies de passage. Depuis longtemps, les Romains tentaient de résister à une pression naturelle bien plus ancienne qu'eux.

ROI DES HUNS (406-453 APR. J.-C.)

ATTILA LE HUN

Roi des Huns (nomades des steppes d'Asie centrale) de 434 à 453, Attila fut le fléau du monde romain. Vers 400, les Huns s'étaient rendus maîtres d'une bonne partie de l'Europe orientale. Attila voulait établir un empire des steppes centré dans les plaines de Hongrie, aux portes de l'Europe occidentale. Il remporta plusieurs victoires sur les Romains, allant même jusqu'à leur faire payer un tribut.

Le **déclin** et la **chute** ?

Au Ve siècle, la carte du monde se transforma radicalement : l'Empire romain d'Occident fut remplacé par une mosaïque de royaumes « barbares ». En revanche, la culture byzantine prospéra dans l'Empire romain d'Orient. Cette époque est considérée comme une période soit de déclin, soit de transition.

On dit souvent que l'Empire romain prit fin en 476, lorsque fut déposé l'empereur Romulus Augustule. Mais ce n'était qu'un enfant, un roi « fantoche » sans guère de pouvoir, et il n'était l'empereur que de la partie occidentale de l'Empire romain. Il fut éliminé par Odoacre, un chef germanique : souvent présenté comme un Barbare, un seigneur de la guerre, il avait en fait commandé des troupes romaines en Italie. L'effondrement de l'empire n'aurait lieu que plus tard. Mais, pendant que l'Empire romain d'Occident déclinait, celui d'Orient, créé au début de IVe siècle par Constantin (voir p. 113 et 149) prospérait. Fortement marqué à ses débuts par la culture gréco-romaine, il créa sa propre civilisation – chrétienne byzantine –, qui devait durer un millénaire (voir p. 198-199).

Dans un ouvrage célèbre, l'historien anglais Edward Gibbon évoquait, au XVIIIe siècle, « le déclin et la chute de l'Empire romain ». Mais, dans une perspective optimiste, cette période peut être considérée non comme la fin d'une civilisation « raffinée », alors que l'Europe était plongée dans le chaos, mais comme une ère de continuité ou, plutôt, de transition.

Des soldats romains prennent des poses héroïques pour faire comprendre qu'ils contrôlent la situation – propagande impériale.

Barbes, chevelures et vêtements négligés : les Barbares ne sont pas montrés à leur avantage.

Les grandes migrations

Aux IVe et Ve siècles, de nombreuses peuplades, dont beaucoup originaires des steppes de l'Europe du Nord, étaient venues s'établir en Europe et au Proche-Orient dans des territoires précédemment sous contrôle romain. Des tribus germaniques s'avancèrent très loin, notamment les Wisigoths dans certaines parties de la France (ils fondèrent un royaume à Toulouse en 418), en Grèce et en Italie, les Francs en France, les Vandales en Espagne et en Afrique du Nord, où ils commencèrent à créer un empire en 429, et les Suèves en Espagne. Officiellement, les Romains se retirèrent en 410 de Grande-Bretagne, où les Celtes dominaient avant l'arrivée des Angles et des Saxons. À la fin du IVe siècle, les Huns repoussèrent les tribus semi-sédentaires qui vivaient autour de la mer Noire. Souvent, leur progression obligea ces populations à fuir dans des terres romaines, où elles s'allièrent à l'empire et l'aidèrent à se défendre contre les Huns et d'autres tribus.

Coopération et conflit

En fait, des groupes germaniques s'alliaient parfois aux Romains, devenant alors des peuples « fédérés ». La situation ne se réduisait pas à une simple confrontation entre Barbares et Romains, ceux-là prenant le dessus sur ceux-ci : le système impérial comptait des généraux et hommes d'État de sang germanique. Selon les temps et les lieux, des Barbares étaient alliés ou adversaires des Romains ou d'autres groupes barbares. Par exemple, en 378, les Goths vainquirent l'empereur Valens à Andrinople (Turquie), infligeant une telle défaite à l'armée impériale que, pendant plusieurs années, les frontières du Danube restèrent ouvertes. En 451, Romains et

Le dernier empereur
Romulus Augustule est considéré comme le dernier empereur de l'Empire romain d'Occident.

LE DÉCLIN DE ROME

Aux ve et vi[e] siècles, les incursions, entre autres, des Goths, des Wisigoths et des Vandales fragilisèrent les frontières de l'Empire romain d'Occident.

297 Rome vainc l'**Empire perse**.

300 APR. J.-C.

337 Mort de Constantin le Grand, premier empereur chrétien

350

368 Des campagnes contre les **Alamans** (une tribu germanique) sur le Rhin se terminent par la victoire des Romains.

378 Venus des Balkans, **Alaric** et ses Goths entrent en Italie. **L'empereur Valens** est capturé et tué.

383 L'**empereur Théodose** signe un traité de paix avec les Goths, leur accordant des terres et l'autonomie en échange de troupes.

400

406 Des Germains franchissent le Rhin et pénètrent dans l'empire, les légions étant occupées à combattre Alaric.

408 Avec Alaric, des Goths reviennent en Italie. Mort de **Stilichon**, général de l'Empire, qui avait tenu les Germains en échec.

410 Sac de Rome par les Wisigoths d'Alaric

411 Des groupes de Germains se partagent l'Ibérie.

439 Sac de Carthage par les Vandales, qui s'en servent pour contrôler la Méditerranée

450

455 L'empereur Valentinien III est assassiné par des rivaux. Sac de Rome par les Vandales

476 Odoacre dépose **Romulus Augustule**, dernier empereur d'Occident, et devient le premier « roi » non romain d'Italie. Fin de l'Empire romain d'Occident.

489 L'**Ostrogoth Théodoric** reprend l'Italie à Odoacre et, quoique subordonné à l'empereur, la dirige jusqu'à sa mort.

500

535-553 L'Empire d'Orient vainc les Ostrogoths, reprend le contrôle de l'Italie et de ses dépendances.

v. 542 La **peste justinienne** commence et ravagera l'empire pendant deux cents ans.

Hache franque
Au ve siècle, les Francs utilisaient volontiers au combat des haches de jet légères.

Ce personnage à cheval est probablement Hostilien. Ce général romain fut élu empereur en 251 mais mourut de la peste quelques jours plus tard.

Tous les Romains, sur ce relief, sont glabres et portent l'armure : c'est une manière d'exprimer leur supériorité.

On distingue bien ici, remarquablement rendue, une *lorica hamata,* sorte d'armure à mailles métalliques portée par certains légionnaires.

Les postures tourmentées des personnages évoquent le chaos d'une bataille au corps-à-corps.

Romains combattant des Barbares
Le grand *sarcophage Ludovisi,* sarcophage romain de bataille en marbre, représente un affrontement entre des Romains et des Barbares ostrogoths au iiie siècle. Il date des années 250-260.

Germains coalisés vainquirent Attila à la bataille des Champs catalauniques. Alliés des Romains, les Wisigoths fondèrent un royaume en Gaule, mais les Francs les repoussèrent jusqu'en Espagne.

À l'occasion, les Romains toléraient, de gré ou de force, l'établissement de Barbares chez eux. En 382, les Goths avaient partiellement acquis leur autonomie et, en 418, les Romains leur concédèrent des territoires en Aquitaine. Là où ils avaient pris la place des Romains, les Goths tentaient parfois de supplanter l'ancienne aristocratie (ce que firent les Vandales en Afrique du Nord) mais, parfois, une coexistence pacifique s'établissait. Il y eut de nombreux échanges culturels entre Romains et Barbares.

Un affaiblissement général

Un autre facteur qui contribua à l'affaiblissement de l'empire fut la progression de la peste venue d'Orient. De ce fait, l'armée comptait moins de soldats et, en général, la société comptait moins d'actifs. La peste avait déjà fait des ravages au iiie siècle ; puis ce fut la peste de Justinien : sous cet empereur, qui avait repris en main l'Empire d'Occident vers 550, la pandémie éclata en 542 et poursuivit ses ravages pendant deux cents ans. Elle eut également des effets catastrophiques dans l'Empire d'Orient.

À ces différents facteurs vinrent aussi s'ajouter un déclin démographique généralisé, l'inflation, la guerre civile, la corruption et l'exploitation excessive des terres et, de ce fait, la perte de terres agricoles. Tout cela réduisit considérablement les ressources et hâta le déclin des grands centres urbains de la civilisation et de la culture « classiques ».

L'influence de la religion

La montée en puissance du christianisme joua également un rôle important : le christianisme « aryen » des Germains s'opposait au christianisme orthodoxe traditionnel des populations romaines. Il se peut en outre que la puissance croissante de l'Église ait privé l'empereur d'une partie de son pouvoir (voir APRÈS).

APRÈS

L'Empire romain d'Orient survécut mille ans encore : ce fut l'Empire byzantin. Celui d'Occident fut profondément transformé.

L'EMPIRE BYZANTIN
Épuisé par des guerres contre les Perses, l'Empire romain d'Orient, ou byzantin **198-199 ››**, fut trop affaibli pour s'opposer aux armées arabes musulmanes.

L'AVANCÉE DES ARABES
Unis sous la bannière de l'islam, les Arabes renforcèrent leur puissance aux viie et viiie siècles, s'emparant du Levant byzantin, de l'Afrique du Nord et de l'Égypte et attaquant Constantinople **174-177 ››**.

LA CHRÉTIENTÉ LATINE
Refusant de se soumettre à l'empereur de Constantinople, le pape s'appuya sur le roi franc Charlemagne (747-814) **194-195 ››**, le couronnant empereur des Romains.

LA FIN DE L'ANTIQUITÉ
Dans l'Occident post-romain émergèrent des communautés qui, comme les Anglo-Saxons en Angleterre, combinaient traditions germaniques, christianisme latin et éléments de culture romaine.

BOUCLE DE CEINTURON ANGLO-SAXONNE

4

GUERRIERS, VOYAGEURS ET INVENTEURS

600-1450

Au Moyen Âge, l'essor des routes commerciales favorisant la circulation des marchandises et des idées nouvelles, on assista au développement des relations entre Orient et Occident. En Chine et au Moyen-Orient, des tribus guerrières fondèrent de grands empires, tandis qu'en Europe la société féodale se mettait en place, dominée par une Église toute-puissante. Enfin, les Amériques, l'Afrique et l'Asie virent fleurir d'extraordinaires civilisations.

GUERRIERS, VOYAGEURS ET INVENTEURS 600-1450

600

615
La Syrie, la Mésopotamie et toute la Palestine sont aux mains des Perses.
618
En Chine, avènement de la dynastie Tang

668
Unification de la Corée sous le royaume de Silla
692
À Jérusalem, la mosquée du dôme du Rocher est construite.
698
En Afrique du Nord, prise de Carthage par les musulmans

◄ Cheval en céramique, dynastie Tang, Chine

622
L'hégire (fuite de Mahomet à Médine) marque le début de l'ère de l'islam.
624
À la bataille de Badr, l'armée de Mahomet triomphe des troupes de La Mecque.
632
Mort de Mahomet

▲ La bataille de Badr

641
Conquête de l'Égypte par les musulmans
644
Conquête de la Perse par les musulmans
661
Fondation du califat omeyyade

▼ La mosquée du dôme du Rocher

700

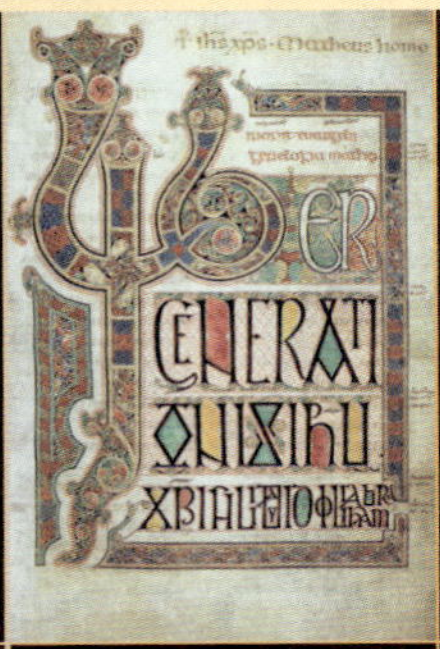

727
L'empereur byzantin Léon III bannit les icônes.
v. 732
Victorieux des Sarrasins à Poitiers les Francs mettent un terme à l'avancée musulmane en Europe.

◄ L'Évangile de Lindisfarne

v. 700
Des moines anglais réalisent l'*Évangile de Lindisfarne.* En Afrique de l'Ouest, fondation du royaume du Ghana. Au Mexique, la cité de Teotihuacán est abandonnée. Les Chimú contrôlent le nord du Pérou.

Vase chimú décoré d'un visage d'homme ►

739
À Akroinon, l'armée byzantine triomphe des Omeyyades, boutant ainsi les forces arabes hors d'Asie Mineure.
v. 740
En Amérique centrale, apogée de l'époque classique de la civilisation maya

711
Invasion de l'Espagne par les musulmans ; en Inde, les Arabes envahissent le Sind.
725
Saint Bède le Vénérable, savant anglo-saxon, introduit en Europe un système de datation prenant pour référence la naissance du Christ.

750

▲ Caravane de chameaux à travers le Sahara

v. 782
L'accueil que Charlemagne réserve aux savants à sa cour stimule la Renaissance carolingienne.
786
Haroun al-Rachid, immortalisé dans *Les Mille et Une Nuits,* devient calife de la dynastie abbasside.

◄ Haroun al-Rachid

750
Une révolte renverse le califat omeyyade ; avènement du califat abbasside.
753
Avec Pépin le Bref, les Francs envahissent l'Italie.
756
En Espagne, fondation du califat de Cordoue par les Omeyyades

v. 790
Débuts des raids vikings en Europe occidentale
794
L'empereur Kammu déplace la capitale du Japon de Nara à Kyoto.

760
La dynastie abbasside adopte le système de numération indien.
774
Au nord de l'Italie, les Lombards sont défaits par les Francs de Charlemagne.

◄ Bas-relief maya

800

800
Le pape Léon III sacre Charlemagne empereur des Romains.
802
En Asie du Sud-Est, le roi Jayavarman II fonde une dynastie à Angkor.

▲ Couronnement de Charlemagne

809
Mort de Haroun al-Rachid
814
Mort de Charlemagne

843
Le traité de Verdun entérine le partage de l'empire de Charlemagne en trois : les parties ouest et est correspondent peu ou prou aux territoires actuels de la France et de l'Allemagne.

832
À Bagdad, le calife al-Ma'mun fonde la « Maison de la Sagesse » pour accueillir les spécialistes qui traduisent en arabe les œuvres grecques.

Dans les années 600, les États fondés en Europe occidentale par les Barbares, dans la confusion la plus complète, après la chute de l'Empire romain, n'offraient pas un gage de stabilité. À cette époque, l'Europe se trouva marginalisée, tandis que la Chine, métamorphosée par les Tang et leurs successeurs, connaissait son âge d'or et que l'islam, dépositaire des connaissances de l'Antiquité, se diffusait rapidement. D'autres civilisations – en Amérique, en Inde, en Asie du Sud-Est – étaient porteuses de toutes les promesses. Et pourtant, paradoxalement, c'est bien l'Europe chrétienne qui allait dominer le monde pendant toute la période médiévale.

850

Astrolabe

878
Alfred, roi du Wessex, triomphe des Danois à la bataille d'Edington, stoppant ainsi leur avancée en Angleterre.

Bronze chola

v. 850
Des navigateurs arabes perfectionnent l'astrolabe. Les Cholas, sous la conduite du roi Vijayalaya, s'imposent au sud de l'Inde.

v. 860
L'alphabet cyrillique voit le jour en Europe de l'Est.
866
Les Vikings prennent York et fondent un royaume au nord de l'Angleterre.

868
Retrouvé en Chine, le *Soutra du diamant* est le plus ancien document imprimé du monde.
874
Au Turkestan, avènement de la dynastie samanide

Le roi Alfred

900

v. 900
En Inde, apogée architectural des temples hindous
906
En Chine, la dynastie Tang s'effondre. Les Magyars pillent la Moravie et entament leurs incursions en Europe occidentale.

916
En Mongolie, avènement de l'Empire khitan
918
En Corée, avènement de la dynastie Koryo

932
Otton Ier est élu empereur germanique.
936
Le califat abbasside de Bagdad perd le pouvoir effectif au profit des Mamelouks turcs.

910
En France, fondation de Cluny, abbaye bénédictine réformée
911
Charles III cède la Normandie à Rollon, chef viking.

Drakkar viking

939
Au Viêt Nam, le royaume Dai Viet s'affranchit de l'autorité chinoise.
947
Des nomades khitans envahissent le nord de la Chine et fondent la dynastie Liao.

950

Bataille du Lechfeld

972
Unification des royaumes d'Angleterre avec le couronnement d'Edgar. Avènement d'un État hongrois unifié sous l'autorité du duc Géza
986
Au Groenland, établissements vikings avec Erik le Rouge

955
Otton Ier écrase les Magyars à la bataille du Lechfeld, arrêtant ainsi leur progression vers l'ouest.
960
En Chine, avènement de la dynastie Song
966
Fondation de l'État polonais par Mieszko Ier

987
En France, avènement de la dynastie capétienne
v. 990
Les Toltèques s'emparent de la cité maya de Chichén Itzá.

967
Débuts de l'unification du Japon par le clan Fujiwara
969
Les Fatimides de Tunisie dominent l'Afrique du Nord de la Tunisie jusqu'à l'Égypte. Ils installent leur nouvelle capitale au Caire.

Éventail fujiwara

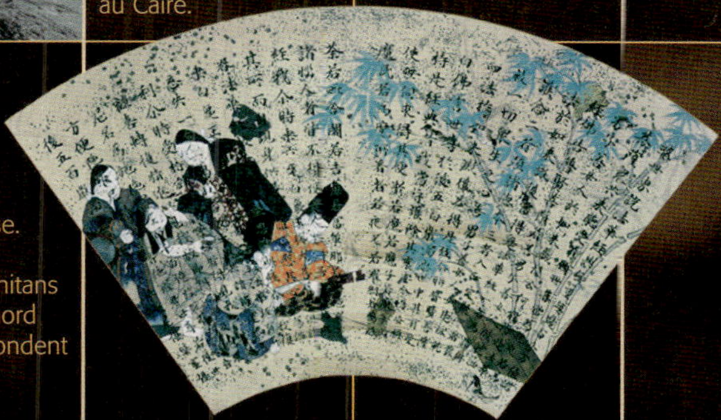

1000

Feux d'artifice chinois

1000
Couronnement d'Étienne, premier roi de Hongrie
1008
Premières incursions musulmanes au nord de l'Inde, sous le commandement de Mahmoud de Ghazni

1031
La conquête musulmane de l'Espagne met un terme au califat omeyyade de Cordoue.
1044 et 1045
En Chine : poudre à canon et mise au point du premier système d'imprimerie à caractères mobiles

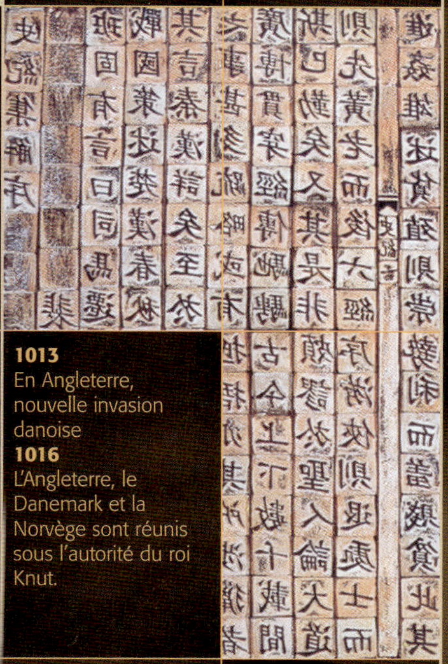

Caractères mobiles chinois

1013
En Angleterre, nouvelle invasion danoise
1016
L'Angleterre, le Danemark et la Norvège sont réunis sous l'autorité du roi Knut.

1047
Les Normands partent à la conquête de l'Italie et de la Sicile.
1048
Fin du pouvoir fatimide en Libye

1050

▲ La bataille d'Hastings

1054
Le schisme entre les Églises catholique et orthodoxe est consommé.
1055
Les Turcs Seldjoukides s'emparent de Bagdad.

1071
Les Turcs Seldjoukides défont les Byzantins à Manzikert. Les Normands prennent les ultimes possessions byzantines d'Italie.
1076
En Afrique de l'Ouest, les Almoravides se rendent maîtres de l'empire du Ghana.

1076
Querelle des Investitures : le pape Grégoire VII excommunie l'empereur germanique.
1099
Première croisade, prise de Jérusalem

◀ Turcs Seldjoukides

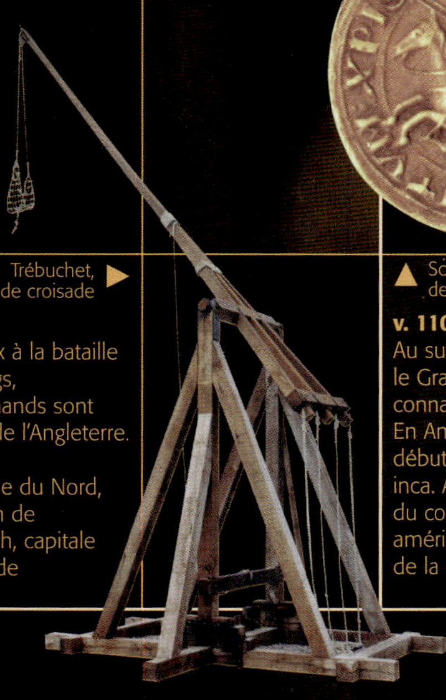

Trébuchet, arme de croisade ▶

1066
Victorieux à la bataille d'Hastings, les Normands sont maîtres de l'Angleterre.
1070
En Afrique du Nord, fondation de Marrakech, capitale almoravide

1100

▼ Le Grand Zimbabwe

v. 1115
Renaissance artistique byzantine sous le règne d'Alexis Ier Comnène
v. 1118
Fondation de l'ordre militaire et religieux des Chevaliers du Temple

1125
La dynastie chinoise des Liao est défaite par les Jin de Mandchourie.
1130
Après la prise de contrôle du Nord de la Chine par les Jin, la dynastie Song déplace sa capitale à Hangzhou.

▲ Sceau des chevaliers de l'Ordre du Temple

1122
Le concordat de Worms met un terme à la querelle des Investitures.
1144
L'État croisé d'Édesse tombe aux mains des musulmans.
1145
La deuxième croisade est lancée.

v. 1100
Au sud-est de l'Afrique, le Grand Zimbabwe connaît son apogée. En Amérique du sud, débuts de l'Empire inca. Au sud-ouest du continent nord-américain, émergence de la culture Pueblo.

1147
Les Almohades prennent Marrakech aux Almoravides et se rendent maîtres de l'Afrique du Nord.
1147
Les Almohades s'établissent au sud de l'Espagne.

1150

◀ Gengis Khan

v. 1150
Fondation de l'université de Paris
v. 1162
Naissance de Gengis Khan, fondateur de l'Empire mongol

▲ Saladin

1169
L'Angleterre part à la conquête de l'Irlande.
1171
En Égypte, le sultan ayyub de Saladin renverse le califat fatimide.

1187
Saladin défait les croisés à la bataille de Hattin.
1189
La troisième croisade est lancée.
1192
Au Japon, Minamoto Yoritomo devient shogun.

v. 1180
Au Cambodge, l'Empire khmer d'Angkor connaît son apogée sous le règne de Jayavarman VII.
1185
Au Japon, début du shogunat de Kamakura

Angkor Vat ▶

1200

◀ Reliquaire byzantin sauvé du sac de Constantinople

1218
Conquête de la Perse par les Mongols
1227
Mort de Gengis Khan
1235
En Afrique de l'Ouest, fondation du royaume du Mali

v. 1200
Sous la conduite de Manco Capac, les Incas s'établissent près de Cuzco ; les Aztèques se sédentarisent dans la vallée de Mexico.
1204
Quatrième croisade, prise de Constantinople

1206
Fondation du sultanat de Delhi, premier empire musulman d'Inde

▲ Témoignage architectural du sultanat de Delhi

1206
Gengis Khan se proclame chef de l'ensemble des tribus mongoles.
1209
Dans le sud de la France, la croisade contre les albigeois part à l'assaut des hérétiques.

Saint François d'Assise ▶

1215
Prise de Zhongdu (Pékin) par les Mongols
v. 1216
Fondation des ordres dominicain et franciscain
1217
La cinquième croisade est lancée.

« *Khan* signifie "seigneur des seigneurs". Il mérite absolument ce titre… Car il est en effet **le plus grand seigneur** que le monde ait jamais connu. »

MARCO POLO, *LE DEVISEMENT DU MONDE*, v. 1298

1250	1300	1350	1400

1261
Les Byzantins reprennent Constantinople aux croisés.
1266
Kubilay Khan fonde la nouvelle capitale mongole à Dadu (Pékin) et accueille Marco Polo à sa cour.

◄ Bronze du Bénin

1336
Au Japon, début du shogunat Ashikaga
1337
Début de la guerre de Cent Ans entre la France et l'Angleterre
1347
Après avoir ravagé l'Asie occidentale, la peste atteint l'Europe.

Henri le Navigateur ▼

1436
Le passage du cap Bojador marque les débuts de l'exploration du littoral occidental africain par les Portugais.
1438
Pachacútec initie le développement territorial de l'Empire inca.

1274
Les Mongols tentent d'envahir le Japon ; deuxième tentative, sans succès, en 1281.
1276
En Europe, une fabrique de papier voit le jour en Italie.
1277
Une voie maritime relie l'Italie aux Flandres.

◄ Casque ottoman

1349
Les Chinois colonisent Singapour ; premiers établissements chinois en Asie du Sud-Est.

v. 1350
En Amérique du Sud, Incas et Chimú s'affrontent.
v. 1354
Avec l'occupation de la péninsule de Gallipoli, les Ottomans posent le pied en Europe.

▲ Palais de l'Alhambra

1375
L'atlas catalan est la première représentation cartographique connue des routes commerciales.
1378
« Grand Schisme » entre les papes de Rome et d'Avignon

▲ Une tempête empêche l'invasion du Japon par les Mongols

v. 1300
Osman Ier fonde la dynastie ottomane.
1302
Les Mamelouks turcs s'emparent des dernières possessions croisées en Terre sainte.

La peste ►

Vase Ming ►

1415
L'Angleterre défait la France à la bataille d'Azincourt. Sous la conduite du prince Henri le Navigateur, les Portugais prennent Ceuta, établissant la première colonie européenne en Afrique du Nord.

v. 1445
En Europe, Gutenberg invente l'imprimerie typographique.
v. 1450
En Afrique, l'empire du Monomotapa éclipse le Grand Zimbabwe.

1279
Les Mongols broient la résistance Song ; Kubilay Khan fonde la dynastie Yuan.
1283
Mayapán, capitale de l'Empire maya
1291
Aux mains des croisés, Saint-Jean d'Acre est pris par les Mamelouks.

1360
Le traité de Brétigny offre une première trêve dans la guerre de Cent Ans.
v. 1360
Au sud de l'Inde, apogée de l'empire de Vijayanagar
1368
En Chine, avènement de la dynastie Ming

1389
Bataille de Kosovo : les Ottomans contrôlent les Balkans.
1392
En Corée, avènement de la dynastie Choson
1398
En Inde, le guerrier mongol Tamerlan détruit Delhi.

▼ L'atlas catalan

▲ Masque de jade aztèque

Kubilay Khan ►

v. 1250
Au Nigeria, émergence de l'empire du Bénin
1258
Le sac de Bagdad par les Mongols entraîne la chute des Abbassides.
1260
Victoire décisive des Mamelouks sur les Mongols à Aïn Djalout

1324
Pèlerinage en Égypte et à La Mecque de Kankan Moussa, empereur du Mali
v. 1325
Au Mexique, fondation de Tenochtitlán, capitale aztèque
1333
Au Japon, fin du shogunat de Kamakura

1428
En Amérique centrale, début de l'expansion territoriale de l'Empire aztèque
v. 1430
Bruges s'affirme comme le grand carrefour commercial du nord-ouest de l'Europe.

Bruges ►

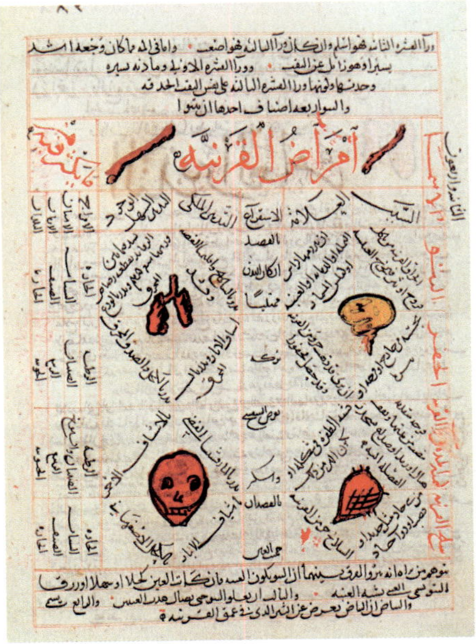

L'encyclopédie médicale d'Avicenne
Les travaux d'Avicenne, savant persan du XIe siècle surnommé « le Prince des médecins », eurent une influence majeure au Moyen-Orient et en Europe où son ouvrage *Canon de la médecine* servit de manuel de référence jusqu'au XVIe siècle.

« Les **livres** ont conduit certains au savoir, d'autres à la **folie**. »

PÉTRARQUE, *LES REMÈDES AUX DEUX FORTUNES*, 1365

La **diffusion** du **savoir**

Au début du Moyen Âge, l'influence des cultures grecque et romaine – infime en Europe – perdurait chez les érudits musulmans qui étudiaient les philosophes de la Grèce antique. Leurs travaux, lorsqu'ils se diffusèrent en Occident, constituèrent les bases de la renaissance intellectuelle européenne.

Dès la fin du VIIIe siècle, on assista à la cour de l'empereur Charlemagne à un véritable éveil culturel (voir p. 188-189). Auparavant, la société franque souffrait d'un cruel manque d'instruction – la plupart des hommes d'Église savait à peine lire, et il était presque impossible de trouver dans l'entourage de l'empereur quelqu'un capable d'écrire ou de recopier des manuscrits. Afin de remédier à cette situation, Charlemagne créa des écoles et réunit autour de lui les plus grands intellectuels de l'époque. Un savant originaire de Northumbrie, Alcuin d'York, fut nommé à la tête de l'école impériale. Il mit au point un programme qui remettait à l'honneur l'enseignement du *trivium* et du *quadrivium* (voir AVANT) et permit au latin d'être à nouveau la langue de communication en Europe.

L'héritage arabe

Les réformes carolingiennes s'attachèrent d'abord à l'instruction du clergé pour que ce dernier réformât à son tour l'Église franque. Les sciences et la philosophie de la Grèce antique étaient alors peu diffusées dans

L'astrolabe
On voit ici des savants orientaux utiliser un astrolabe. Cet instrument, servant à déterminer la position du Soleil, de la Lune et des étoiles, fut introduit en Europe au XIe siècle *via* l'Espagne musulmane.

l'Occident chrétien, mais toujours présentes en Espagne musulmane, en Afrique du Nord et au Moyen-Orient. Ces régions avaient hérité de nombreux aspects de la culture grecque. Jusqu'au XIIe siècle par exemple, l'Europe de la chrétienté ne connaissait Aristote qu'à travers les écrits de Boèce (voir AVANT), tandis que les érudits musulmans maîtrisaient, eux, l'œuvre d'Aristote « le Philosophe », car aux IXe et Xe siècles, nombre de textes grecs avaient été traduits en arabe, générant un torrent d'exégèses. Deux hommes furent étonnamment prolifiques. Les textes du savant persan Avicenne couvraient à peu près tous les domaines, de la métaphysique à la médecine. Son *Livre de la guérison* est l'encyclopédie la plus complète de l'époque. Philosophe, scientifique et juriste, Averroès (voir ci-dessous) commenta quant à lui abondamment l'œuvre d'Aristote ; ses écrits eurent une influence majeure sur la pensée aristotélicienne en Europe occidentale.

La renaissance du XIIe siècle

Au XIIe siècle, la transmission du savoir de l'Orient vers l'Occident s'accéléra. La Reconquête de l'Espagne musulmane par les Rois Catholiques encouragea la diffusion de la culture de l'Islam. Au XIIIe siècle, le roi de Castille Alphonse X créa à Tolède – ancienne capitale du califat de Cordoue – une école où furent traduits les textes grecs et arabes.

D'autres foyers d'échanges culturels virent le jour aux XIIe et XIIIe siècles dans les royaumes fondés par les croisés au Moyen-Orient (voir p. 200-201) et dans l'Empire byzantin qui tombera aux mains des chrétiens en 1204 (voir p. 198-199). Au XIIIe siècle, les érudits occidentaux pouvaient enfin se référer aux traductions latines des principaux textes antiques.

La scolastique

La redécouverte des philosophies classiques et la naissance de la théologie chrétienne conduisirent, à la fin du Moyen Âge, au mouvement scolastique – moins une philosophie

PHILOSOPHE ET SCIENTIFIQUE ARABE (1126-1198)

AVERROÈS

Né à Cordoue, en Espagne musulmane, dans une famille instruite, Averroès fut un juriste et théologien musulman éminent, ainsi qu'un spécialiste de grammaire arabe et de poésie. En 1153, convié à la cour du calife almohade du Maroc comme juge et médecin, il rédigea de nombreux écrits de médecine, de philosophie et de droit. Il tomba en disgrâce et fut exilé. Ses travaux influencèrent les intellectuels occidentaux : sa plus importante contribution fut certainement son étude de l'œuvre d'Aristote grâce à laquelle les érudits européens découvrirent le grand philosophe grec.

« AVANT

La connaissance de la philosophie grecque se perdait à mesure que la culture de l'Occident se figeait sur l'étude de la Bible.

L'INSTRUCTION DANS L'ANTIQUITÉ
Dans l'Antiquité, on étudiait la **grammaire**, la **dialectique**, la **rhétorique** (le *trivium*), l'**astronomie**, l'**arithmétique**, la **musique** et la **géométrie** (le *quadrivium*). Au Lycée d'Aristote et à l'Académie de Platon, les étudiants écoutaient leurs maîtres débattre de philosophie et de science.

À ROME, UN MAÎTRE ET SES ÉLÈVES

LE DÉCLIN DE LA CULTURE ANTIQUE
Au début du Moyen Âge, l'influence de l'Antiquité était encore palpable en Occident, mais la connaissance du grec y avait pratiquement disparu. Avec l'avènement du **christianisme**, l'instruction reposait sur la seule étude de la **Bible**. En Europe occidentale, au VIIIe siècle, la philosophie et les sciences grecques ne jouaient plus qu'un rôle mineur. Que restait-il des connaissances des Anciens ? Quelques écrits, comme ceux rapportés dans *La Consolation de philosophie* de Boèce, philosophe du VIe siècle.

RHÉTORIQUE **Du grec signifiant « orateur », la rhétorique – l'art de la persuasion par l'éloquence et l'écriture – était fondamentale chez les Grecs où la vie politique était dominée par le discours.**

APRÈS

L'essor des universités et la mouvance scolastique devaient conduire aux mouvements humaniste et intellectuel de la Renaissance.

LA RENAISSANCE

La redécouverte du grec ancien et des textes latins suscita à la fin du Moyen Âge un intérêt renouvelé pour l'Antiquité et provoqua aux XVe et XVIe siècles un extraordinaire **renouveau artistique et culturel** appelé **Renaissance** **250-253 ››**.

PIC DE LA MIRANDOLE

L'HUMANISME

Mouvement intellectuel phare de la Renaissance, l'humanisme mettait l'accent sur **la raison et la dignité humaines** quand l'Église médiévale privilégiait l'obéissance et l'humilité chrétiennes. En 1489, l'Italien **Pic de La Mirandole** exprima ce nouvel état d'esprit dans son ***Discours sur la dignité de l'homme***, préface à ses 900 thèses sur la religion et la philosophie. Les humanistes, qui maîtrisaient le grec et le latin, parfois même l'hébreu et l'arabe, étudiaient la poésie, la grammaire, la rhétorique et la morale d'après les textes des Anciens, dans leur langue d'origine.

L'Évangile de Lindisfarne
Réalisé par les moines de Lindisfarne, au nord de l'Angleterre, au VIIIe siècle, ce manuscrit enluminé, en latin, est un chef-d'œuvre de l'art religieux médiéval. Traduit en vieil anglais au Xe siècle, il est également l'une des plus anciennes traductions anglaises d'un texte biblique.

L'école de traducteurs de Tolède
Alphonse X le Sage, roi de Castille, fonda à Tolède une école où furent traduits des écrits arabes couvrant des domaines aussi variés que l'astronomie ou le jeu d'échecs.

qu'une méthode reposant sur la logique et la raison. À l'époque, les autorités chrétiennes s'appuyaient sur la Bible et les écrits de saint Augustin. La scolastique, elle, se fondait sur les pensées de Platon et d'Aristote pour résoudre certaines questions théologiques. Dans cet esprit, la *Somme théologique* de Thomas d'Aquin associe parfaitement pensée d'Aristote et tradition chrétienne (voir p. 195).

L'université

Aux XIIe et XIIIe siècles, l'engouement pour l'art du débat et la demande croissante pour un accès à l'instruction affaiblirent le rôle éducatif des écoles ecclésiastiques et des monastères : les premières universités virent le jour. On y apprenait la théologie, le droit, la médecine et les arts.

L'université médiévale n'avait pas de campus. Les enseignants faisaient cours chez eux, ou dans l'église. À l'université de Bologne, en Italie, spécialisée en droit, les étudiants payaient personnellement leurs maîtres. À Paris, où l'on venait apprendre la théologie, l'Église rétribuait le corps enseignant sur ses propres deniers. À l'époque, il fallait six ans pour décrocher un premier diplôme, douze années supplémentaires pour obtenir un doctorat.

Au XIVe siècle, les universités s'étaient imposées comme d'incontournables foyers intellectuels. Le cursus le plus prestigieux était celui de théologie, où tous les étudiants étaient membres du clergé (au rang le plus bas). Toutefois, les six premières années d'études comprenaient désormais les sept arts libéraux : arithmétique, géométrie, astronomie, musique, grammaire, dialectique et rhétorique – le *trivium* et le *quadrivium* de l'Antiquité. L'université commençait enfin à se démarquer des enseignements de l'Église.

Moine copiste
Avant que l'usage du papier ne se généralise, les moines copistes travaillaient sur du parchemin ou du vélin obtenu à partir d'une peau de veau ou d'agneau frottée avec de la pierre ponce ou de la craie.

L'âge d'or de la Chine

L'architecture, la poésie et les arts chinois connurent leur apogée sous la dynastie Tang (618-907). Grâce à la route de la soie, la Chine pouvait s'enorgueillir d'une culture étonnamment cosmopolite.

AVANT

À la chute de l'empire Han, la Chine fut divisée en plusieurs royaumes.

STATUETTE DYNASTIE SUI

L'INTRODUCTION DU BOUDDHISME
Le bouddhisme « **144-147** arriva en Chine depuis le sous-continent indien au IIe siècle de notre ère. À la chute de la dynastie Han, l'**émergence de royaumes locaux** « **128-129**, favorisa son **développement**, malgré les tentatives des autorités confucéennes pour supprimer cette nouvelle religion. **Le bouddhisme connut son apogée** en Chine sous la dynastie Tang.

LA DYNASTIE SUI
La **dynastie Sui** réunifia l'empire en 589. Son premier empereur, **Wendi**, fonda la **nouvelle capitale**, Changan (l'actuelle Xi'an), et **réforma la loi**. Son fils, **Yangdi**, fit creuser à grands frais un **vaste réseau de canaux** et lança des **attaques désastreuses contre la Corée**. La dynastie des Tang remplaça celle des Sui en 618.

LE CANAL IMPÉRIAL
Yangdi commandita la construction d'un canal reliant Hangzhou à Pékin, soit une distance de 2400 km. Le **Grand Canal** reste à ce jour la **plus longue voie d'eau artificielle** du monde.

La dynastie Tang constitue l'âge d'or de la culture et de la puissance impériale chinoises. Elle fut fondée par le général Li Yuan quand il se rebella contre la dynastie Sui en 617 (voir AVANT). L'année suivante, Li Yuan s'emparait de la capitale Changan, mais patienta encore six années avant de se rendre maître de toute la Chine. Il prit alors le nom de Gaozu. La nouvelle dynastie impériale devait dominer le pays pendant les trois siècles à venir.

Le règne de Taizong

Le successeur de Gaozu, l'empereur Taizong, fut un monarque éclairé et actif. Son règne (626-649) reste placé sous le signe de la prospérité : il réforma en profondeur le gouvernement et l'administration, institua des écoles et des collèges publics. Pour obtenir un poste, il fallait désormais passer un concours pour attester de ses compétences ! L'empereur faisait ainsi coup double : il améliorait la qualité du service public tout en renforçant sa propre sécurité, puisque les fonctionnaires recrutés sur leur seul mérite n'étaient soutenus par aucun contre-pouvoir, au contraire des fils des grandes familles aristocratiques.

L'émergence du bouddhisme

Tout en encourageant la pratique du confucianisme et du taoïsme chez les fonctionnaires (voir p. 127), Taizong adopta la religion bouddhiste venue d'Inde (voir AVANT). En 629, le moine Xuan Zang partit en Inde à la recherche de textes sacrés. Ses pérégrinations inspirèrent le célèbre roman chinois *Le Voyage en Occident*, plus connu sous le titre du *Roi des singes*. De retour en Chine en 645, Xuan Zang fut reçu par l'empereur auquel il raconta son odyssée. Le bouddhisme allait fortement influencer la société chinoise, jusqu'à son abolition à la fin de la dynastie Tang.

« Ne dit-on pas que le **vin**, qu'il soit **pur** ou trouble, rend l'homme **sage** ? »

EXTRAIT DE *LIBATION SOLITAIRE À LA LUNE*, LI BAI V. 701-762 APR. J.-C.

Le grand Bouddha de Leshan
Construit en 713, ce Bouddha de pierre, le plus grand du monde, domine la région du Sichuan du haut de ses 71 m.

L'expansion territoriale

Sous les Tang, la Chine connut un accroissement territorial remarquable. En 657, les hommes de Taizong défirent les Turcs à la bataille d'Issyk-Koul, dans l'actuel Kirghizistan : l'empire étendit alors son influence jusqu'aux frontières de la Perse. Taizong organisa également des expéditions contre le Koguryo, un royaume du nord de la Corée, mais mourut avant d'asseoir son autorité sur cette région. En l'an 750, la Chine des Tang était plus vaste que l'empire de la précédente dynastie, celle des Han, et ses frontières dépassaient les frontières de la Chine actuelle.

Xuanzong ou l'apogée

Après le règne désastreux de Wu Zetian (voir à gauche), Xuanzong monta sur le trône impérial en 712. Ce monarque brillant et diligent consacra les premières années de son règne à rétablir l'autorité de sa dynastie : il réforma l'administration, fit construire des silos pour stocker le riz et vainquit les Turcs, les Tibétains et les Khitans; il renforça les défenses aux frontières sur lesquelles veillait désormais une armée de métier et noua des relations diplomatiques avec les ambassadeurs de pays du Moyen-Orient. Ces initiatives firent de la Chine un État puissant, riche et cosmopolite, qui connaissait enfin son âge d'or.

L'influence de la culture chinoise s'étendit au même rythme que le territoire. Des milliers de marchands, d'artisans, de diplomates étrangers s'installèrent dans la capitale Changan, qui devint la plus grande ville du monde. Avec une superficie de 77 km²,

IMPÉRATRICE CHINOISE (625-705)

WU ZETIAN

Unique impératrice régnante de Chine, Wu Zetian usurpa en 690 le trône de son fils Ruizong. Rusée et cruelle, elle soutint toutefois l'essor de la religion bouddhiste et des autres courants religieux venus de l'étranger. Elle défendit aussi activement les frontières de l'empire. En 697, elle tomba folle amoureuse des frères Zhang que ses ministres firent assassiner en 705. Cette année-là, elle fut contrainte d'abdiquer et mourut quelques mois plus tard.

La petite pagode de l'Oie sauvage, Xi'an
Toujours debout, cette pagode de 15 étages (707-709) fut érigé pour abriter les textes sacrés de la foi bouddhis

elle abritait plus d'un million d'habitants *intra-muros*, et un autre million dans ses faubourgs. Changan, relié au reste du pays par un réseau de canaux et de routes, était situé à l'extrémité de la route de la soie (voir p. 184-185). On venait de toute l'Asie pour y commercer. Des chevaux – marchandises très précieuses – importés du bassin du Tarim, ou des coupes en verre de Byzance (voir p. 198-199) s'échangeaient contre de la soie, de la porcelaine, des briques de thé ou du papier. Toutes les croyances étaient les bienvenues : on trouvait à Changan des temples taoïstes, des monastères bouddhiques, des sanctuaires zoroastriens et des mosquées.

Céramique sancai
Dès le VIIe siècle, ces statuettes et pièces de vaisselle en céramique sancai («trois couleurs») aux glaçures vertes, jaunes et ambre sont caractéristiques des Tang.

Une renaissance artistique

Xuanzong fut un fervent protecteur des arts. Sous son règne, la peinture et la littérature s'épanouirent. Deux des plus grands poètes chinois vécurent à cette époque : Li Bai, le « Poète Immortel » et Du Fu, le « Sage de la Poésie ». Le premier était considéré comme un excentrique, avouant un amour immodéré pour les femmes et le vin ; le second s'intéressait au contraire à la morale et à l'Histoire. Peintre et écrivain, Wang Wei s'illustrait dans l'exécution de scènes hivernales, tandis que Wu Daozi fut le père du courant chinois de la sculpture bouddhiste. Enfin Han Gan, peintre à la cour, était connu pour ses représentations de chevaux, un sujet qui continua d'inspirer les artistes dans les décennies à venir.

Le déclin de la dynastie

Dans les années 730, Xuanzong perdit peu à peu de son autorité. Des aristocrates commencèrent à remplacer les fonctionnaires recrutés au mérite et leur pouvoir personnel – à l'instar d'un certain Li Linfu – était énorme. À partir de 752, l'empereur, alors âgé de 72 ans, fut virtuellement dépossédé de son rôle politique. Fou d'amour pour Yang Guifei, la superbe concubine de son fils, il fit d'elle sa favorite et se laissa persuader de nommer à la cour le cousin de sa belle, Yang Guozhang, qui remplacera Li Linfu à la mort de ce dernier.

An Lushan, l'un des soldats engagés qui veillaient aux frontières de la Chine, devint le favori de Yang Guifei (et vraisemblablement son amant).

À la cour, la rivalité opposant An Lushan et Yang Guozhang conduisit le premier à se rebeller en 755. L'empereur fut alors contraint de quitter Changan, et sa garde personnelle exigea la mort de Yang Guifei, seule responsable à leurs yeux de la chute de Xuanzong. Il ne put la leur refuser. An Lushan vaincu et la rébellion matée, la dynastie Tang ne devait jamais renouer avec sa puissance et sa gloire passées.

INVENTION

L'IMPRIMERIE

Le *Soutra du diamant*, le plus ancien document imprimé, fut découvert à Dunhuang, une ville située sur la route de la soie. Il est daté de 868, soit près de cinq cents ans avant la Bible de Gutenberg (voir p. 256-257). Sept bandes de papier jauni imprimées à l'aide de blocs de bois sont assemblées et forment un rouleau de plus de 4 m de long. Il s'agit de l'un des textes les plus importants de la foi bouddhiste, et est ainsi baptisé car son «enseignement, coupant comme un diamant, tranche au cœur des illusions terrestres.»

APRÈS

Le pouvoir de la dynastie Tang faiblissait à mesure que l'aristocratie asseyait son autorité.

LES DERNIERS TANG

Les successeurs de Xuanzong tentèrent en vain de renouer avec la **splendeur passée de la Chine**. Des familles influentes échappaient à l'impôt, lequel pesait de plus en plus lourdement sur les plus pauvres. En 874 une **révolte paysanne** menée par **Huang Chao** éclata. Il s'empara de Changan et força l'**empereur Xixong** à fuir. Ce dernier revint une fois la rébellion écrasée, mais ne put rétablir son autorité. Les militaires prirent le pouvoir en 907. **La dynastie Tang n'était plus.**

STATUE BOUDDHIQUE

L'ABOLITION DU BOUDDHISME

Au début du IXe siècle, l'influence croissante du bouddhisme et la richesse manifeste de cette religion provoquèrent un **déluge de critiques**, encouragé par les confucianistes. Le sentiment anti-bouddhiste culmina en 845 lorsque l'**empereur Wuzong** ordonna la **destruction** de 4600 **monastères** dont il confisqua les terres. Quelque 250000 moines furent ainsi rendus à la vie séculière. Jamais le bouddhisme ne retrouvera en Chine un tel niveau d'influence.

La dynastie Song

Sous la dynastie Song, fondée en 960, le nord et le sud de la Chine furent réunifiés, et les arts et les sciences surpassèrent largement ce qui se faisait en Europe à cette époque. Cependant, les assauts répétés des Jürchens firent perdre aux Song le contrôle des territoires du Nord. Ils continuèrent de régner sur le sud du pays avant d'être chassés par les Mongols en 1279.

«« AVANT

SCULPTURE, ÉPOQUE DES CINQ DYNASTIES

À la chute des Tang, en 960, l'empire se morcela.

LA CHINE DIVISÉE

Entre la chute des Tang et l'avènement des Song, les **Khitans de la dynastie Liao** (voir ci-dessous) prirent le contrôle du nord-est de la Chine, tandis que le sud du pays se morcelait en **dix royaumes**. Le Nord vit se succéder rapidement les **Cinq Dynasties**. Le premier empereur des Song réunifia le pays en 960.

DOMINATION ÉTRANGÈRE ET INTÉGRATION

En 907, les Khitans, des **nomades**, fondèrent la **dynastie Liao**. Contrôlant une partie de la Chine du Nord dès 947, ils recrutèrent des **fonctionnaires chinois** au sud de leur territoire et **calquèrent leur administration sur celle des Tang**.

Général dans l'armée sous les Zhou postérieurs, la dernière des Cinq Dynasties (voir AVANT), Zhao Kuangyin monta sur le trône en 960, prit le nom de Taizu et fonda la dynastie Song. À force de ruse et d'autorité, il réunifia la Chine, à l'exception du territoire khitan de la dynastie Liao (voir AVANT). Taizu installa sa capitale à Kaifeng et rétablit le système administratif – en le réformant quelque peu – qui avait fait la renommée des Tang (voir p. 160-161).

Avec les Song, la culture renoua avec le raffinement de la période Tang, et l'on observa un regain d'intérêt pour la littérature et les arts décoratifs. La peinture à la brosse, les toiles représentant des paysages, des animaux et des oiseaux, étaient particulièrement prisées. L'architecture marqua également l'époque avec ses bâtiments élevés, ses pagodes, ses palais et ses temples aux toitures recourbées.

Une révolution économique ?

Progrès techniques et réformes administratives apportèrent la prospérité économique. Pour ne plus transporter des kilos de pièces de cuivre, les commerçants du Sichuan commencèrent à utiliser des lettres de change. Ce système rencontra un tel succès que le gouvernement introduisit le papier-monnaie dès 1024.

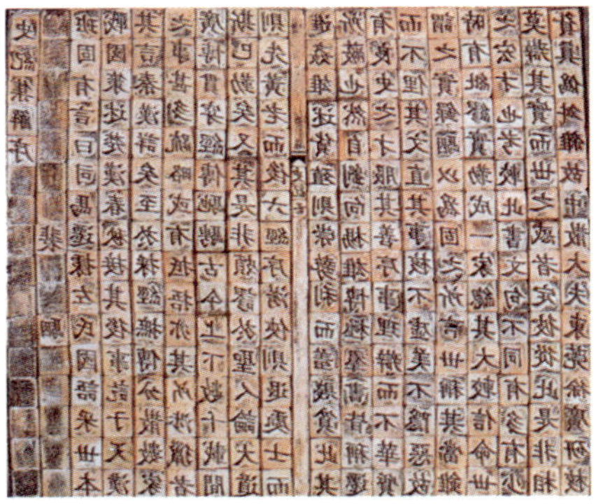

Caractères typographiques
Entre 1041 et 1048, Bi Sheng mit au point le premier système d'imprimerie avec des caractères mobiles en porcelaine tenus par de la cire dans un cadre métallique.

La Chine entra alors dans une ère de modernité. L'aménagement d'un réseau de voies navigables améliora les transports et les échanges commerciaux : on fabriqua des jonques à quatre ou six mâts, la boussole fut utilisée pour la première fois et l'on mit au point des techniques de navigation en haute mer grâce auxquelles le commerce maritime se développa avec le reste de l'Asie orientale, l'Inde et la côte orientale de l'Afrique.

Ces innovations générèrent aussi une croissance démographique et urbaine. Les nouvelles méthodes agricoles permirent d'augmenter la production de riz et la population doubla. Les villes s'étendaient désormais le long des cours d'eau et sur l'ensemble du littoral méridional, accueillant 10 % de la population. Au XIIe siècle, à Kaifeng, le plus grand centre urbain du monde, le trafic commercial y était près de 50 % plus important qu'à Londres au XVIIIe siècle.

Concours et administration

Les Song remirent à l'honneur les concours administratifs instaurés par la dynastie Han (voir p. 128-129). Des quotas furent établis quant au nombre de reçus et de sévères mesures prises pour lutter contre la tricherie et préserver l'anonymat des postulants. Chaque année, plus de 140 candidats étaient admis au plus haut grade,

celui de *jinshi*. En 1002, quelque 14 500 hommes se présentèrent à Kaifeng pour passer les concours impériaux qui récompensaient le mérite, et non la naissance ou la richesse. Plus de 60 % des reçus provenaient de familles dont aucun membre n'avait été nommé dans l'administration depuis trois générations. Cependant, les postulants étaient rarement issus de familles pauvres puisqu'il fallait être riche et instruit pour préparer les concours dans de bonnes conditions.

Dès le début de la période Song, érudits et fonctionnaires multiplièrent les propositions de réformes. En 1068, l'empereur Shenzong confia la réforme du pays – une tâche colossale – à Wang Anshi. Ce dernier estimait que la principale faiblesse du système était le manque de liquidités. Il établit un monopole d'État sur le thé, taxa les familles riches qui échappaient jusqu'alors à l'impôt et proposa des prêts sans intérêts aux paysans endettés. Afin de réduire les dépenses militaires, il créa des milices locales (chaque foyer chinois devait y envoyer ses garçons). Ces mesures provoquèrent un tollé, et Wang Anshi fut démis de ses fonctions après avoir, selon certains, définitivement affaibli la dynastie Song.

Les Song du Sud

Des tribus étrangères convoitaient la Chine du Nord. Une partie du territoire était déjà aux mains des Khitans de la dynastie Liao. En 1115, les Jürchens, peuplade semi-nomade de Mandchourie, fondèrent la dynastie Jin. Ils renversèrent les Liao en 1125 et prirent Kaifeng deux ans plus tard. La cour s'enfuit vers le sud, consacrant la fin de celle que l'on appelle, *a posteriori*, la dynastie des Song du Nord. La nouvelle dynastie des Song du Sud établit sa capitale à Hangzhou. Militairement diminué, le pays connut cependant croissance économique et progrès social. De nouvelles pensées philosophiques virent le jour. Les néoconfucianistes empruntèrent aux taoïstes et bouddhistes des idées synthétisées par Zhu Xi. Ce fin lettré prôna le Tao, ou « la Voie », un chemin philosophique ouvert à ceux qui s'instruisent et étudient le canon confucéen (voir p. 131).

L'influence néoconfucéenne fit reculer le droit des femmes. On dissuadait les veuves de se remarier, et le droit à la propriété des femmes s'amenuisa. La coutume des pieds bandés – qui empêchait les pieds des jeunes filles de croître au prétexte de les rendre plus esthétiques –, si douloureuse, s'installa durablement.

La porcelaine Song

Dans le domaine de la porcelaine, les techniques les plus remarquables datent de la dynastie Song. Les Chinois réalisaient des objets en porcelaine depuis le VIIe siècle (soit mille ans avant les Européens !), à partir de kaolin (ou « argile de Chine »), une roche dont le nom dérive de Gaoling (province du Jiangxi). La porcelaine Song était extraordinairement fine, sobre et élégante, et sa couleur d'une incroyable pureté. Les plus célèbres pièces de l'époque furent créées près de Dingzhou, au nord-est de la Chine. À la chute des Song du Nord, la production fut transférée à Hangzhou. En 1004, Jingdezhen, ville du sud, dans le Jiangxi, fut désignée manufacture impériale. Elle reste à ce jour la capitale mondiale de la porcelaine.

INVENTION

LA POUDRE À CANON

Un texte taoïste du IXe siècle nous met en garde : mélanger charbon, salpêtre et souffre est dangereux, ceux qui s'y sont risqués ont provoqué des explosions et incendié leurs demeures. En 919, la poudre à canon était utilisée avec des lance-flammes ; bombes et grenades firent leur apparition à la fin du Xe siècle. En 1044, sa formule était notoire, deux siècles avant sa première utilisation en Europe.

Peinture sur soie
La Fête de Qingming au bord de la rivière, de Zhang Zeduan (dynastie des Song du Nord), immortalise sur un rouleau de soie des scènes de la vie quotidienne à Kaifeng. Notez les toits recourbés, caractéristiques de la période.

APRÈS

À la chute des Song, les Mongols prirent le contrôle de la Chine et fondèrent la dynastie Yuan (1279-1368).

LA DOMINATION MONGOLE
En 1234, les Mongols **chassaient les Jin** et étaient maîtres de la Chine du Nord. Après un demi-siècle de tentatives infructueuses, ils éliminèrent les Song en 1279, grâce à **Kubilay Khan**, petit-fils de Gengis Khan **164-165 »**.

KUBILAY KHAN

LA LOI MONGOLE
Kubilay Khan **divisa la population** en quatre classes : les Mongols (classe supérieure), les peuples d'Asie centrale, les Chinois du Nord – les premiers conquis par les Mongols – puis les Chinois de l'ex-empire des Song du Sud.

LA ROUTE DE LA SOIE
La conquête mongole achevée, **marchands** et **missionnaires** se risquèrent à nouveau sur la route de la soie **184-185 »**. Le moine franciscain **Jean du Plan Carpin**, parvenu en Mongolie en 1246, fut le premier Européen à raconter ce périple.

CONQUÉRANT MONGOL Né v. 1162 Mort en 1227

Gengis Khan

« Un homme **expérimenté**, **courageux** et **persuasif**. »

MARCO POLO, *LE DEVISEMENT DU MONDE*, 1298

Temüdjin naquit vers 1162 dans une petite tribu des montagnes de Mongolie orientale. Rien n'indiquait qu'il deviendrait un jour un chef de guerre, un conquérant, le dirigeant de l'un des plus grands empires du monde et connaîtrait la gloire sous le nom de Gengis Khan – un titre qu'il prit en 1206 en se proclamant maître des peuples mongols. Lorsqu'il eut cinq ans, son père fut assassiné et sa famille déshéritée par le clan. Temüdjin vécut alors l'existence précaire d'une tribu nomade, en compagnie de ses frères et sœurs et de sa mère Hoelun, une femme intraitable.

Ces années difficiles forgèrent le caractère de Temüdjin. En bon chef de famille (il était le fils aîné), il apprit très tôt à conclure des alliances opportunes. Il prouva son courage en allant récupérer des chevaux volés, et réclama alors Börte, originaire d'une tribu voisine, pour épouse. La légende dit qu'il céda sa dot – des fourrures – pour gagner les faveurs de Toghril (également connu sous le nom de Ong Khan, ou « Prince-Roi »),

Gravure
Selon une chronique persane de l'époque, l'empereur mongol – grand, les cheveux roux et les yeux verts – portait une longue barbe. Le voici représenté par un artiste français du XXe siècle.

L'hommage au chef
Sur cette miniature persane du XVIe siècle, Gengis Khan reçoit l'hommage de ses vassaux. Des queues de cheval blanches flottent sur sa tente en signe de paix. Si elles avaient été noires, elles auraient signifié la guerre.

Scène de bataille
Sur cette peinture chinoise, la cavalerie mongole franchit un col. L'armée, extraordinairement disciplinée, était divisée en bataillons *(tumens)* de 10 000 hommes, subdivisés en régiments de 1 000 hommes.

L'Empire mongol
Cette carte italienne montre l'empire du Grand Khanat. « Chataio » est le nom donné à la Chine du Nord par le voyageur vénitien Marco Polo, lors de son périple à travers l'empire, sous le règne de Kubilay Khan, petit-fils de Gengis Khan.

un ancien allié de son père, chef du peuple keraït de langue turque. C'est à lui que Temüdjin demanda de l'aide quand Börte fut enlevée. Libérée, Börte mit au monde un fils, Jochi, que Temüdjin reconnut comme son enfant et son héritier, malgré la possibilité que ce bébé ait été conçu pendant la captivité de sa femme.

Campagnes et conquêtes

Temüdjin avait fondé sa propre cellule familiale et renforcé son alliance avec Toghril. Il pouvait désormais s'attacher à bâtir sa réputation militaire. Avec Toghril, il harcela l'Empire chinois, au nord et à l'ouest de la Grande Muraille, et combattit d'autres tribus nomades – dont les Tatars – sous le commandement des Jin de Chine du Nord. Temüdjin pouvait aussi compter sur le soutien de Jamuqa, de la tribu des Tangouts du Xixia (nord-est de la Chine), qu'il considérait comme son frère.

Campagnes militaires, manœuvres diplomatiques et élimination physique de ses anciens alliés Toghril et Jamuqa lui permirent de devenir le maître de toutes les tribus mongoles. En 1206, au cours d'une diète *(kurultai)*, il se fit proclamer Gengis Khan, ou « souverain universel ».

Pendant plus de trente ans, Gengis Khan enchaîna les succès militaires, ravageant l'Asie et soumettant des millions de personnes. En 1227, il mourut des suites d'une chute de cheval tandis qu'il combattait dans le Xixia. Il léguait à ses fils un immense empire couvrant l'Asie centrale et la Chine du Nord, de l'Iran et du Kazakhstan jusqu'à la mer du Japon.

Carquois mongol
Ce carquois ouvragé contenait les flèches que les cavaliers mongols tiraient – en visant juste ! – tout en continuant à galoper. Les jeunes Mongols étaient formés à la fois à l'équitation et au tir à l'arc.

Guerrier et chef d'État

Pour bâtir son empire, Gengis Khan pratiqua la guerre psychologique autant que les combats sur le terrain. Il recruta des espions, utilisa la propagande, fit régner la terreur. Aujourd'hui encore, les historiens établissent difficilement le lien entre le chef de guerre sanguinaire qui massacra des populations entières et le souverain tolérant, curieux de toutes les croyances qui avaient cours dans son empire : bouddhisme, islam, nestorianisme, confucianisme, taoïsme. Gengis Khan instaura la loi mongole *(Yassa)* et prohiba une coutume déplorable : l'enlèvement des femmes. En ramenant l'ordre sur le continent eurasien, il sécurisa la route de la soie (voir p. 184-185) et encouragea la reprise du commerce et des contacts culturels avec l'Occident.

« À l'entraînement, je suis **toujours devant** ; sur le champ de bataille, je ne reste **jamais derrière**. »

PHRASE ATTRIBUÉE À GENGIS KHAN PAR UN MOINE CHINOIS, v. 1224

FONDATEUR DE LA DYNASTIE YUAN EN CHINE (1216-1294)

KUBILAY KHAN

Gengis Khan eut pour petit-fils un autre célèbre empereur mongol : Kubilay Khan. Sur son lit de mort, le vieux guerrier posa sa main sur la tête du jeune Kubilay, pour signifier qu'il lui prédisait un grand avenir.

Jamais l'empire ne fut aussi vaste que sous Kubilay. Héritier de la Chine du Nord et de la Mongolie, il conquit la Chine méridionale. Unificateur de la Chine, il fonda la dynastie impériale des Yuan. Kubilay est le « Grand Khan » que décrit Marco Polo dans ses récits, celui qui accueille les voyageurs vénitiens et leur fournit les laissez-passer nécessaires à leurs expéditions.

CHRONOLOGIE

- **v. 1162** Naissance de Temüdjin.
- **v. 1170** Assassinat de son père, chef d'une modeste tribu. Déshérités, Temüdjin, ses frères et sœurs et leur mère doivent chasser, pêcher et pratiquer la cueillette pour survivre.
- **v. 1180** Épouse Börte, à laquelle il est fiancé depuis l'enfance.
- **v. 1182** Capturé et fait prisonnier par une tribu rivale, il parvient à s'échapper.
- **v. 1184** Börte est enlevée par un clan ennemi. Temüdjin la libère avec l'aide de son seigneur Toghril et de son allié Jamuqa.
- **v. 1185** Börte accouche d'un garçon, Jochi. Temüdjin le reconnaît comme son fils, mais sa paternité est mise en doute par sa famille.
- **1190** Unifie les tribus mongoles et promulgue la loi mongole *(Yassa)*.
- **1201** Écrase Jamuqa, son ancien allié.
- **1202** Après une campagne victorieuse contre les Tatars, Toghril désigne Temüdjin comme héritier présomptif.
- **1203** Temüdjin l'emporte sur Toghril et les alliés de celui-ci ; mort accidentelle de Toghril.
- **1206** Temüdjin se fait proclamer Gengis Khan.
- **1209** Le royaume Tangout du Xixia (nord-est de la Chine) se soumet.
- **1214** Naissance de Kubilay, fils de Toluy, le plus jeune fils de Gengis Khan.
- **1215** Siège et chute de Zhongdu (Pékin), capitale de l'Empire Jin.
- **1218** Naissance de Sorghaghtani Beki, fille de Jamuqa.
- **1218** Gengis Khan triomphe de Kuchlug et annexe le khanat de Kara-Khitan d'Asie centrale.
- **1218** Deux généraux de Gengis Khan attaquent la Russie méridionale, la Géorgie et l'Ukraine.
- **1218** Des commerçants et des envoyés de Gengis Khan sont massacrés sur ordre du gouverneur provincial de l'État de Khwarezm.
- **1219-1225** Raid sanguinaire sur l'Empire khwarezmien, qui s'étend sur les actuels Iran et Afghanistan. Les villes de la route de la soie (Samarkand, Boukhara et Nichapur) sont ravagées.
- **1220** Gengis Khan établit son quartier général et sa capitale à Karakorum.
- **1227** Mate la rébellion de son vassal, le royaume tangout du Xixia.
- **1227** Meurt d'un accès de fièvre, à la suite d'une chute de cheval alors qu'il combattait dans le Xixia. Pour garder secret le lieu de sa sépulture, on massacre systématiquement tous ceux qui croisent la route de la procession funéraire. Les fils de Gengis khan héritent d'un khanat que chacun dirige sous l'autorité d'Ogoday, le nouveau Grand Khan.

LE CERCUEIL DE GENGIS KHAN

AVANT

La dynastie mongole des Yuan tomba sous le coup des difficultés économiques et des révoltes paysannes.

LE THÉÂTRE YUAN
Les **premières pièces du théâtre chinois**, où la comédie se mêlait à la chanson et au mime, furent écrites à l'époque Yuan. À l'origine, ces pièces véhiculaient un message de **protestation contre la présence mongole**. Leur succès auprès de la population a peut-être contribué à la chute des Yuan.

FIN DE LA LOI MONGOLE
Selon la **loi mongole**, la classe sociale la plus basse de Chine était celle des Han. Dans les années 1340, le **travail forcé imposé à des milliers de paysans Han**, conjugué aux crues catastrophiques du fleuve Jaune, provoqua une terrible révolte qui devait conduire à la chute de la dynastie Yuan en 1368.

LES ORIGINES DE LA GRANDE MURAILLE
La Grande Muraille telle que nous la connaissons aujourd'hui date de la dynastie Ming. Une première fortification fut élevée par **Qin Shi Huangdi** **« 126-127** en 214 av. J.-C. pour relier les défenses de l'ensemble des **Royaumes Combattants** et ainsi **protéger l'empire** des invasions barbares.

La **dynastie Ming**

La dernière dynastie d'origine chinoise, celle des Ming, chassa la dynastie mongole des Yuan en 1368 et fonda une nouvelle capitale, Pékin, où fut bâtie la Cité interdite. La période Ming vit également la construction d'une gigantesque fortification : la Grande Muraille.

La tyrannie impériale, conjuguée à une bureaucratie complexe, offrit à la Chine des Ming une relative stabilité. À l'époque, dans certaines nations occidentales, le pouvoir royal était remis en question : ce ne fut jamais le cas de l'autorité des Ming.

Vase Ming
Le bleu cobalt caractéristique de la porcelaine chinoise, apparu sous les Yuan, atteint la perfection sous les Ming.

Hongwu, premier empereur Ming, était fils de paysan. Il plaça son règne sous le signe de la réorganisation de l'armée et tenta une réforme agraire et fiscale. En 1380, il supprima le Grand Secrétariat impérial et réforma le code législatif, s'assurant ainsi une autorité sans partage, notamment grâce à un réseau actif d'espions et d'agents secrets. Ses « Gardes aux vêtements de brocart » étaient quant à eux chargés d'éliminer les fonctionnaires corrompus.

La croissance urbaine

Yongle usurpa le trône de Hongwu, son propre père, en 1403. Il déplaça la capitale à Pékin et ordonna la construction d'un magnifique palais, la Cité interdite, à l'intérieur duquel personne ne pouvait pénétrer sans autorisation.

Pékin devint le centre administratif et militaire de l'empire. Pendant ce temps, d'autres villes se développaient, à l'image de Suzhou et Nankin, foyers culturels brillants. On produisait de la porcelaine à Jingdezhen, de la soie à Hangzhou. La plupart des centres urbains étaient reliés par le Grand Canal (voir p. 160) ; Linging, premier port du canal, réalisait un trafic de marchandises de 1,6 million de tonnes annuelles.

Cette croissance s'accompagna d'un renouveau culturel suscité par la diffusion de l'imprimerie et le regain d'intérêt pour la littérature que manifestait un public de plus en plus instruit. Les œuvres classiques – *Histoire des trois royaumes, Au bord de l'eau* et *Le Voyage en Occident* (ou *Le Roi des singes*) – furent imprimées pour la première fois, et l'on publia des ouvrages avec des illustrations en couleurs.

Stratégie militaire

À la mort de Yongle, une ethnie mongole, les Oïrats, défia l'empire puis l'envahit en 1449. L'empereur Zhentong contre-attaqua, mais ses troupes tombèrent dans une embuscade à Tumu. Les Oïrats le capturèrent. Ils ne prirent toutefois pas

La Grande Muraille
La construction de la Grande Muraille – celle que nous pouvons encore admirer aujourd'hui – débuta en 1474. Elle s'étire sur plus de 2 414 km depuis le col de Jiayu, à l'ouest, jusqu'au cours du Yalu, à l'est. Les Ming l'ont renforcé et entretenue tout au long de leur règne.

Pékin et finirent par libérer Zhentong. Cependant, cet épisode marqua la fin de l'expansion territoriale des Ming. On renforça les défenses aux frontières. Le pays n'avait pas assez d'hommes pour contrôler les steppes – par lesquelles les Oïrats avaient pénétré le territoire chinois. Pour tenter de contenir la menace mongole, on décida d'ériger un mur de brique et de pierre – la Grande Muraille – là où se dressait le mur de terre tassée de la dynastie Qin (voir AVANT).

L'ouverture vers l'Occident

Les premiers marchands portugais atteignirent la Chine en 1514. Dès les années 1550, ils établirent un comptoir commercial à Macao, sur le littoral sud-est. Deux navires portugais transportant 200 000 pièces de porcelaine furent piratés par les Hollandais en 1604, et les objets mis en vente sur les marchés européens provoquèrent un engouement spectaculaire pour la porcelaine chinoise. La Chine vécut là une étape cruciale : pendant les trois siècles suivants, sa destinée fut étroitement liée aux relations commerciales qu'elle entretint avec les puissances occidentales.

EXPLORATEUR CHINOIS (1371-1433)

ZHENG HE

Une puissante flotte impériale vit le jour sous la dynastie Ming. De 1405 à 1433, l'eunuque musulman Zheng He dirigea sept expéditions lointaines. La première le conduisit, avec 317 navires et 27 870 hommes, dans différents ports de l'Inde. Au cours des périples suivants, il atteignit Ormuz, sur la mer d'Oman, puis poussa jusqu'à Jeddah, en Arabie saoudite. He visita 37 pays, contribua à l'essor du commerce chinois ainsi qu'à la capture de pirates qui agissaient en mer de Chine. Le savant musulman Ma Yuan rédigea un récit de ses voyages.

La Cité interdite
En 1406, Yongle transféra la capitale de Nankin à Pékin. Il fit construire la Cité interdite qui demeure aujourd'hui encore le plus grand palais du monde avec ses… 9 999 pièces !

APRÈS

Le pouvoir Ming déclina, lentement mais inexorablement. La dynastie Qing, d'origine mandchoue, prit finalement le contrôle du pays en 1644.

LA BUREAUCRATIE MING
Les Ming établirent la **bureaucratie la plus centralisée** et la plus efficace de leur temps. Toutefois, à la fin de la période, la mainmise impériale, les **intrigues** de palais et les **rivalités** entre factions précipitèrent la chute de la dynastie.

SCEAU OFFICIEL

LE DÉCLIN ET LA CHUTE
À la fin du XVIe siècle, le pouvoir Ming faiblit, les empereurs n'étant plus que des marionnettes **manipulées par leurs conseillers**. Au nord du pays, les **nomades Jürchens** constituaient une nouvelle menace ; leur chef Nurhaci avait unifié la nation mandchoue **240-241 >>**. Aux difficultés économiques succédèrent des révoltes paysannes et, en 1644, Pékin fut prise par l'armée rebelle de **Li Zicheng**, qui fut à son tour chassé par l'envahisseur mandchou.

L'avènement des samouraïs

Le mot « samouraï » désigne un membre de la classe guerrière qui dirigea le Japon dès le XIIe siècle. Ce soldat d'élite, qui combat jusqu'à la mort et obéit au code d'honneur du *bushido,* a alimenté bien des fantasmes. En réalité, les samouraïs apportèrent au Japon instabilité, violence et guerre civile.

AVANT

Venus du continent asiatique, les premiers habitants du Japon apportèrent dans l'archipel leur culture et leurs innovations techniques.

LES PREMIERS JAPONAIS
Des hommes arrivèrent du continent asiatique vers 30000 av. J.-C. En 8000 av. J.-C., ils réalisaient des **poteries** décorées d'empreintes de cordes – le style **jomon** – les **plus anciennes de l'Histoire**. Ces premiers Japonais chassaient et pratiquaient la cueillette.

POTERIE JOMON

INFLUENCES ASIATIQUES
Vers 300 av. J.-C., la **riziculture** venue d'Asie orientale métamorphosa la société japonaise en sédentarisant les communautés paysannes. Les propriétaires terriens, véritables **seigneurs féodaux**, prirent les armes pour gagner le droit à la terre et à l'eau. Aux VIe et VIIe siècles apr. J.-C., les contacts avec l'Asie introduisirent dans le pays le bouddhisme et la **culture chinoise** **<< 160-161**, dont l'écriture en logogrammes.

LE CLAN FUJIWARA
La **lignée impériale** du Japon est attestée dès le IIIe siècle. Sous la **période Heian** (794-1185), la **famille Fujiwara** exerça une régence de fait : elle contrôlait la cour impériale et **domina la politique japonaise** jusqu'à l'avènement des samouraïs.

BUSHIDO **Code de conduite imposé au samouraï. Le *bushido* prônait l'érudition et le talent guerrier de même que la modération, la loyauté, la maîtrise des arts martiaux et, surtout, le sens de l'honneur.**

Au XIIe siècle, la cour impériale japonaise installée à Kyoto était le berceau d'une culture artistique raffinée, mais en dehors de la capitale, le pays vivait sans foi ni loi. La plupart des provinces étaient tombées sous le joug de clans de samouraïs. Les deux familles les plus puissantes étaient celles des Minamoto et des Taira.
Au IXe siècle, leurs ancêtres, des princes de l'entourage impérial, avaient été envoyés dans les provinces lointaines pour y représenter l'autorité de l'empereur. Là, ils s'étaient attachés les services de soldats : ainsi ces deux familles avaient-elles pris la tête de puissants clans guerriers. Au XIIe siècle, les Minamoto et les Taira étaient de retour à Kyoto, bien décidés à s'emparer du pouvoir.

La guerre de Genpei

Dans un premier temps, les Taira furent les plus influents à la cour. Pourtant, la famille Minamoto sortit victorieuse de la guerre de Genpei (1180-1185) et des deux batailles décisives de 1184 et 1185, à l'issue desquelles les Taira furent physiquement éliminés – poussés au suicide collectif, faits prisonniers ou exécutés sans pitié. Minamoto no Yoritomo (voir à droite), le chef du clan Minamoto, devint

> « **Un guerrier ne peut connaître la honte** ni se soustraire à la mort. »
>
> **LE SAMOURAÏ TORII MOTOTADA,** 1600

le premier dictateur militaire, ou shogun, du pays. Il établit sa capitale à Kamakura, aux confins orientaux de Kyoto, abandonnant l'empereur à son triste sort dans l'ancienne capitale.

Le shogunat

Les shoguns contrôlèrent le Japon jusqu'au milieu du XIXe siècle, avec l'appui des samouraïs, l'élite sociale guerrière. Ces soldats d'origine modeste, totalement étrangers à la culture de la cour impériale, incarnèrent bientôt une combinaison étonnante de sauvagerie et de raffinement. Le samouraï – un homme capable de déclamer un poème tout en tranchant la tête d'un ennemi au fil de l'épée qu'il tenait à deux mains – obéissait à un code d'honneur rigoureux et, plutôt que de connaître l'échec, pratiquait le *seppuku,* suicide rituel, en s'ouvrant le ventre *(hara kiri).*
La guerre selon les samouraïs obéissait à des lois brutales mais élaborées. Par exemple, après avoir tué un ennemi, le samouraï lui coupait la tête et faisait parvenir celle-ci à sa famille.

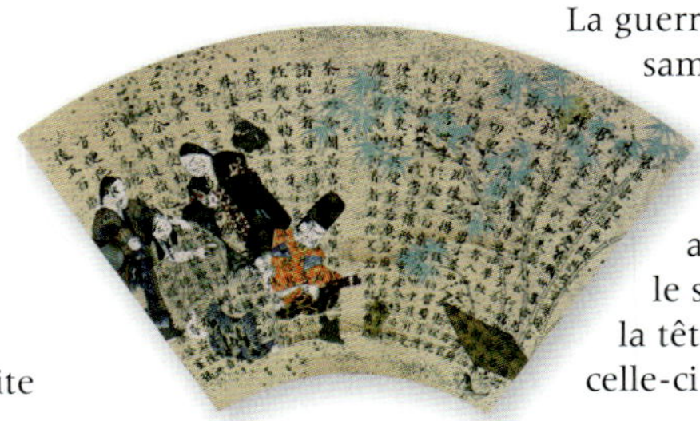

Éventail fujiwara
La décoration d'éventail constituait le passe-temps favori des dames de la cour.

Des combattants

Dans une société contrôlée par des hommes d'armes, la violence finit par s'étendre à l'intérieur des frontières.
Au Moyen Âge, seule la Chine menaça le Japon. En 1274, puis en 1281, Kubilay Khan (voir p. 165), chef de l'Empire mongol, tenta d'envahir

Le Dit du Genji
Cette œuvre japonaise classique, attribuée à Murasaki Shikibu, relate les souvenirs de l'auteur, dame de compagnie à la cour impériale de Kyoto au début du XIe siècle. Jouant sur toute la gamme des émotions, elle y dépeint, en vers, les courtisans et les intrigues amoureuses.

Vent divin
La seconde tentative d'invasion du Japon par les Mongols se solda par un désastre. La flotte ennemie fut balayée par un ouragan opportun, que les Japonais baptisèrent aussitôt *kamikaze* (« vent divin »).

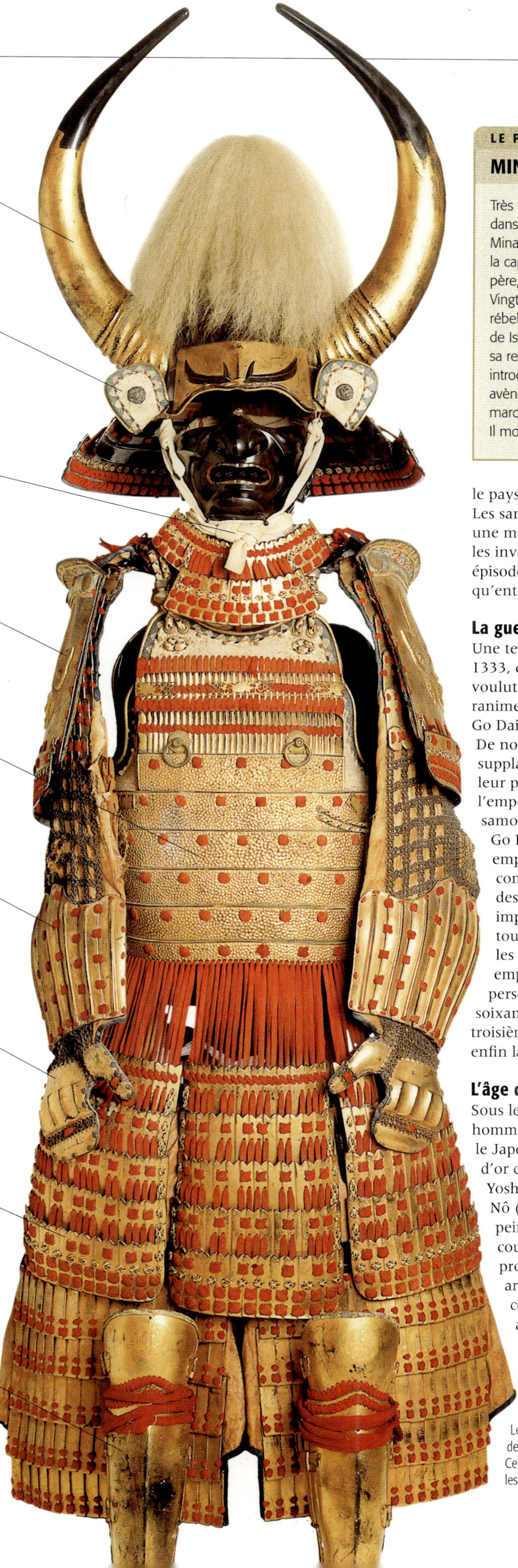

L'armure du guerrier
Avec leur armure pour seule protection, les samouraïs se battaient sans bouclier. Leur casque et leur plastron étaient à la fois des outils de défense et des objets d'art. Cette armure date du XIXe siècle. À cette époque, les samouraïs ne combattaient presque plus.

LE PREMIER SHOGUN (1147-1199)

MINAMOTO NO YORITOMO

Très tôt, Minamoto no Yoritomo s'engagea dans la lutte qui opposait les clans Minamoto et Taira. En 1160, il fut banni de la capitale, Kyoto, après l'exécution de son père, Minamoto Yoshitomo, par les Taira. Vingt ans plus tard, il prit la tête d'une rébellion : défait par les Taira à la bataille de Ishibashiyama en 1180, Yoritomo prit sa revanche sur les Taira et les ennemis introduits dans son propre clan. Son avènement comme shogun en 1192 marqua le début du Japon médiéval. Il mourut en tombant de cheval.

le pays par la mer, depuis la Corée. Les samouraïs, unis et servis par une météo désastreuse, repoussèrent les invasions, mais hormis ces deux épisodes connus, ils ne combattaient qu'entre eux.

La guerre civile

Une terrible guerre civile éclata en 1333, quand l'empereur Go Daigo voulut défier le shogunat. Désireux de ranimer l'autorité impériale défunte, Go Daigo sollicita l'appui de samouraïs. De nombreux clans souhaitaient supplanter le pouvoir en place, mais à leur profit, non pour celui de l'empereur. Le plus impitoyable des samouraïs, Ashikaga Takauji, chassa Go Daigo et mit sur le trône un empereur fantoche qui le désigna comme premier shogun de la lignée des shoguns Ashikaga. Go Daigo implanta sa cour à Yoshino. Dans tout le pays, les samouraïs prirent les armes pour l'un ou l'autre empereur, selon leur intérêt personnel. La guerre civile dura soixante ans. En 1392, Yoshimitsu, troisième shogun Ashigaka, rétablit enfin la paix.

L'âge d'or

Sous le règne de Yoshimitsu, un homme ambitieux et énergique, le Japon connut un véritable âge d'or culturel. À la cour de Kyoto, Yoshimitsu mit à l'honneur le théâtre Nô (voir p. 243), cautionna la peinture à l'encre et appuya le zen, courant japonais du bouddhisme profondément influencé par les arts. Yoshimitsu dépensait sans compter, il fit bâtir un pavillon aux murs couverts d'or au cœur d'un jardin extraordinaire. En 1402, il rétablit les relations commerciales avec la Chine, ce qui lui permit d'importer à la cour de précieux objets d'art chinois.

Le retour de la violence

Ce raffinement n'était malheureusement qu'une façade. La société japonaise sous Yoshimitsu (et son successeur Yoshimasa) était toujours très instable. Les daimyo, des seigneurs locaux peu inféodés au shogun, contrôlaient de vastes fiefs. À partir de 1437, une guerre civile permanente opposait les armées personnelles des différents daimyo.

APRÈS »

Au XVIe siècle, l'utilisation des armes à feu marque un tournant dans l'histoire militaire du Japon. En unifiant le pays, le shogun Tokugawa Ieyasu mit enfin un terme à la guerre civile.

LE CHRISTIANISME
En 1543, les Européens apportèrent au Japon armes à feu et christianisme. Une mission fondée par saint François-Xavier s'implanta jusqu'au XVIIe siècle, quand le **christianisme fut banni** et les convertis furent persécutés.

SAINT FRANÇOIS-XAVIER

LE JAPON UNIFIÉ
Au XVIe siècle, les daimyo entreprirent de mettre un terme à la guerre civile en unifiant le pays sous l'autorité d'un chef unique. **Odu Nobunaga** et son successeur **Toyotomi Hideyoshi** prirent le contrôle de la quasi-totalité du pays, mais l'unification fut pleinement réalisée par **Tokugawa Ieyasu** **242-243 »**. Shogun en 1603, il est le père de la dynastie qui régna pendant deux cent cinquante ans.

AVANT

La Chine eut une réelle influence sur les dirigeants de la péninsule Coréenne.

L'INFLUENCE CHINOISE
La péninsule fut unifiée en 668 par le royaume de Silla qui y implanta des institutions, des idées et des techniques originaires de la Chine voisine. Le **bouddhisme** se retrouva vite au centre de la vie spirituelle et politique. Sous la **dynastie Koryo** (932-1392), l'art et la culture bouddhistes, soutenus par la royauté, prospérèrent. Pourtant, une nouvelle croyance, héritée de la dynastie chinoise des Song **« 162-163**, s'affirmait parmi l'élite dirigeante : le **néoconfucianisme**.

UNE NOUVELLE DYNASTIE
En 1392, un général nommé Yi Songgye chassa les Koryo du pouvoir pour fonder la nouvelle **dynastie Choson**. Les néoconfucianistes virent là l'opportunité d'écarter le bouddhisme et ses influences morales, économiques et politiques «corrompues».

78 MILLIONS
Nombre de pratiquants du coréen dans le monde qui utilisent encore aujourd'hui le *han'gul*, l'alphabet phonétique mis au point par le roi Sejong.

La Corée médiévale

De 1392 à 1910, la dynastie Choson exerça en Corée l'une des plus longues dominations qu'une dynastie ait connues dans l'histoire de l'humanité. Elle doit son extraordinaire longévité à l'un de ses premiers monarques, le roi Sejong, qui régna trente-deux ans (1418-1450) et inventa le *han'gul*, l'alphabet coréen.

Toutes les initiatives de Sejong portèrent la marque du néoconfucianisme, consacré idéologie officielle de la dynastie sous le règne de son grand-père, Yi Songgye (voir AVANT). Pour les néoconfucianistes, la société faisait partie intégrante d'un Univers qui comprenait également la Terre et les Cieux. Ils affirmaient aussi qu'un principe, le *li*, présidait à toutes choses. D'un premier abord relativement abstrait, le néoconfucianisme se révélait en fait une philosophie étonnamment pragmatique : elle montrait le chemin à suivre pour que les hommes puissent vivre en société, et pour que la société en général – et le roi en particulier – interagisse avec le monde naturel, au sens large du terme. Dans l'idéal néoconfucéen, le roi était un sage qui avait autorité sur le Ciel et sur la Terre en accord avec le *li*, et qui, surtout, faisait en sorte que le comportement humain soit en harmonie avec l'ordre universel. Avant et après Sejong, aucun roi de Corée ne suivit ce principe ambitieux avec autant de rigueur.

Sous la précédente dynastie des Koryo (voir AVANT), l'aristocratie était toute-puissante. Elle dut se réinventer au début de la période Choson, afin de trouver sa place dans une administration réformée qui organisait désormais des concours de recrutement à l'instar de ce qui se pratiquait en Chine (voir p. 128-129). Cette nouvelle classe sociale, que l'on appela *yangban*, rassemblait des membres de l'aristocratie héréditaire et des bureaucrates érudits. Elle dominera la société coréenne jusqu'au début du XXe siècle.

Tout en maintenant son autorité et en renforçant l'administration, Sejong s'intéressa aussi sincèrement à ses sujets. Tout au long de son règne, il n'eut de cesse de rechercher des innovations susceptibles de leur rendre la vie plus facile.

Des sons pour le peuple

Parmi ces innovations, la plus importante fut sans conteste la mise au point d'un alphabet phonétique, le *han'gul*. Aujourd'hui, cet alphabet est une fierté nationale dont le peuple coréen ne pourrait plus se passer ; mais lorsque le roi l'imposa au milieu du XVe siècle, il fut accusé par l'élite intellectuelle de déprécier le langage écrit. Jusqu'au règne de Sejong, le coréen s'écrivait à l'aide de caractères chinois complexes, un talent réservé aux seuls *yangban*. La plupart d'entre eux jugèrent dès lors ces nouveaux caractères dévalorisants, puisqu'ils étaient simples et faciles à apprendre – les femmes, en revanche, s'approprièrent avec enthousiasme l'alphabet phonétique.

INVENTION

LE PLUVIOMÈTRE

Le pluviomètre – ici un spécimen en pierre, fer et bronze – fut inventé dans les années 1440, bien avant d'apparaître en Europe. Sa taille était standardisée : 42,5 cm de haut et 17 cm de diamètre. Sejong en fit installer dans toutes les provinces. Les magistrats devaient consigner le niveau des précipitations, l'étude du climat permettant d'améliorer les techniques agraires. D'autres progrès scientifiques furent réalisés au XVe siècle, dont l'invention de la clepsydre. Les Coréens rédigèrent aussi de nombreux ouvrages de médecine, de pharmacologie, d'agriculture et d'astronomie.

L'avènement du *han'gul*
Le roi Sejong conçut lui-même le nouvel alphabet, que l'on nomme aujourd'hui *han'gul.* Il s'appuya sur une étude poussée de la langue coréenne et rendit publique son invention en 1443. Un artiste coréen contemporain a immortalisé sur la toile ci-contre la cérémonie qui officialisa l'adoption du *han'gul* en 1446.

« J'ai… inventé **28 lettres** pour que **tous les Coréens** puissent s'exprimer facilement. »

SEJONG, *PRONONCIATION CORRECTE*, PRÉFACE, 1446

Face à la grogne, le roi exposa ses motivations en avant-propos d'un ouvrage consacré au nouveau système d'écriture qu'il publia en 1446 : « les sons de notre langue sont différents des sons chinois et ne peuvent se traduire aisément en caractères chinois. Parmi le peuple non instruit, nombre de personnes… ne peuvent exprimer leurs émotions ».

Mais le *han'gul* n'était pas destiné à la seule instruction des couches les plus basses de la société coréenne. Il se targuait également de répondre aux exigences du néoconfucianisme. C'est pourquoi le *han'gul* séparait les sons de la langue coréenne selon les deux composants du principe universel – le *yin* (sombre, féminin, négatif) et le *yang* (clarté, masculin, positif).

En parallèle à l'avènement de ce nouvel alphabet, Sejong encouragea le progrès scientifique, en particulier l'astronomie et la météorologie qui permettaient de décrypter les mystères du ciel (voir à gauche). Le roi modernisa aussi la musique de cour, parraina les peintres qui s'inspiraient de la nature et, enfin, cautionna le développement de nouvelles techniques agricoles.

Une société inégalitaire

Cependant, la société Choson reposait sur des bases bien différentes que celles prônées par un roi visionnaire – aussi volontaire soit-il –, et le néoconfucianisme tel que le pratiquait la classe dirigeante soulignait – et renforçait – les inégalités intrinsèques de la société coréenne.

Une majorité de Coréens était des paysans soumis à l'impôt, inféodés à des propriétaires terriens, et à la merci des inondations et des sécheresses qui brisaient régulièrement le fragile équilibre écologique de la péninsule en provoquant des famines et des épidémies. En dessous de cette classe paysanne, l'échelle sociale comptait encore un échelon, occupé par ceux qui exerçaient une activité considérée comme « impure », comme la boucherie ou la tannerie. L'esclavage, qui concernait alors près de 30 % de la population et marqua durablement la société Choson, existait encore au XIXe siècle.

Fidèle à son idéologie, Sejong souhaita favoriser les échanges entre les différentes classes sociales. En 1432, il fit publier un texte didactique consacré à la morale néoconfucéenne, réimprimé quelques années plus tard accompagné d'une retranscription en *han'gul* pour être accessible au plus grand nombre. Ce texte faisait référence aux liens qui se tissent entre parents et enfants, entre souverain et sujets, entre mari et femme. De courtes biographies illustrées relataient l'existence exemplaire de fils et de filles dévoués, de fonctionnaires honnêtes, d'épouses fidèles.

Les Coréens de basse extraction pouvaient heureusement s'exprimer grâce à la pratique artistique, et notamment avec le *punch'ong*, une porcelaine proche du céladon, très apprécié dans le passé à la cour des Koryo et dont les glaçures translucides rappellent le jade. L'abondance des incisions et des incrustations – grossières mais toujours esthétiques – sont caractéristiques du style coréen ; elles inspireront grandement la porcelaine japonaise, car à la fin du XVIe siècle, quand les soldats japonais partis envahir la Corée rentrèrent chez eux, ils rapportèrent de nombreuses pièces de porcelaine coréenne.

Porcelaine *punch'ong*
Cet élégant vase de porcelaine abondamment décoré est caractéristique de la période.

Rituel à Jongmyo
Dans le sanctuaire de Jongmyo, à Séoul, les souverains coréens honoraient leurs ancêtres en effectuant des rites traditionnels confucéens.

APRÈS

Malgré les nombreux progrès réalisés au XVe siècle, le système politique de la dynastie Choson rencontra des difficultés.

LES INVASIONS JAPONAISES

Au XVIe siècle, des **rivalités internes** commencèrent à **ronger l'administration**. Les érudits avaient les faveurs des rois Choson, et cette préférence marquée pour une bureaucratie civile plutôt que militaire fut lourde de conséquences. La Corée n'était pas préparée aux **invasions japonaises** des années 1590. Après deux assauts en six ans, qui ravagèrent le pays, les envahisseurs furent enfin repoussés, grâce à l'aide de la Chine Ming **« 164-165** et une série de victoires navales remportées par le célèbre amiral Yi Sun-sin.

PROSPÉRITÉ ET MODERNITÉ

Le pays se rétablit, mais l'annonce, en 1644, de la **chute de la dynastie chinoise Ming** face aux Barbares de Mandchourie le déstabilisa à nouveau. Les rois Choson se posèrent alors en défenseurs de la société et de l'orthodoxie néoconfucéenne. Au XVIIIe siècle, la longévité de Yongjo et Chongjo permit de renouer avec une certaine prospérité. Ces rois se démarquèrent du néoconfucianisme pour tenter de résoudre les problèmes sociaux. Ils s'intéressèrent aussi aux idées venues de Chine et d'Europe.

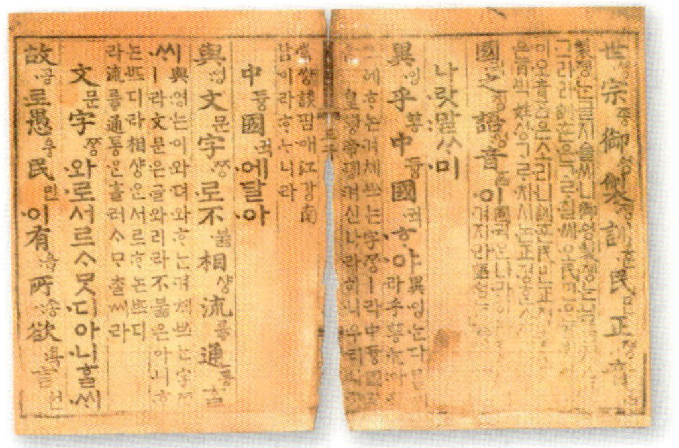

Le manuscrit *Hunmin Chong'um*
Sejong signe la préface de *Prononciation correcte du coréen.* Son texte est rédigé à la fois en caractères chinois et en *han'gul.* La première édition de l'ouvrage date de 1446, année de l'introduction officielle du nouvel alphabet.

ROI DE CORÉE (1397-1450)

SEJONG

Quatrième souverain d'une dynastie relativement jeune, Sejong monta sur le trône de Choson (Corée) en 1418, à l'âge de 22 ans. Petit-fils du fondateur de la dynastie, Yi Songgye, il fut formé, dès son plus jeune âge, à la philosophie et à la morale néoconfucéennes. De nos jours, Sejong reste une icône nationale. Symbole absolu du premier « âge d'or » de la Corée, son effigie figure au dos des billets de 10 000 wons.

AVANT

Pendant cinq cents ans, la culture Dông Son domina le Sud-Est asiatique.

TAMBOUR DÔNG SON

LA CULTURE DÔNG SON
Les premiers vestiges de la culture Dông Son – comme ce tambour (Ier-IIe siècle av. J.-C.) – furent **mis au jour près d'Hanoï, au Viêt Nam**, dans les années 1930. Cette civilisation, implantée au **nord du Viêt Nam**, laissa des traces sur l'ensemble du **Sud-Est asiatique**, jusqu'à **Java** et **Sumatra**. Sa société hiérarchisée inspira les civilisations suivantes.

COMMENT SAVONS-NOUS ?

LE TEMPLE DE BARABUDUR

Le temple bouddhique de Barabudur, au centre de l'île de Java, est resté enfoui sous une couverture végétale jusqu'à sa redécouverte en 1814. Les gravures et les inscriptions donnent à penser que le temple fut érigé sous l'empire Sriwijaya, aux VIIIe-IXe siècles. Sur près de 2 000 m², des bas-reliefs relatent des épisodes de la foi bouddhiste et témoignent de la vie quotidienne à Java à cette époque.

Les empires oubliés

Étape sur la route des marchands et des missionnaires, l'Asie du Sud-Est sut tirer parti des peuples, des biens et des idées qui voguaient sur ses cours d'eau et arpentaient ses vastes plaines fertiles. Ainsi la région vit-elle naître des empires dont la richesse commerciale, spirituelle et artistique resta inégalée.

Venus s'installer sur les côtes des actuels Viêt Nam et Cambodge, de nombreux habitants des îles de Java et de Sumatra y établirent des comptoirs maritimes et commerciaux où s'échangeaient des épices, du bois précieux, des métaux et des animaux en provenance d'Asie, d'Inde, de Perse et d'Arabie. Le commerce fit la richesse de ces régions : le Champa, par exemple, au sud du Viêt Nam, devint un puissant empire dont l'autorité ne fut jamais disputée du VIIe siècle à sa soumission par l'empereur du Viêt Nam en 1471.

> « Le **riz** croît sans difficultés… tout comme le **commerce**. »
>
> ZHOU DAGUAN, DIPLOMATE CHINOIS, DÉCRIVANT LE CAMBODGE KHMER, v. 1290

Fleuves et plaines fertiles

Avec le commerce, les fleuves constituaient une autre source de richesses pour le Sud-Est asiatique. Les peuples installés dans les bassins du Mékong, du fleuve Rouge, du Chao Phraya et de l'Irrawaddy prospéraient grâce au riz et au bétail. Ces immenses cours d'eau provoquaient également des conflits entre les empires locaux désireux de s'assurer le contrôle des terres les plus fertiles. Au début du VIIe siècle, les souverains khmers (actuel Cambodge) combattaient déjà l'empire du Funan et les cités-États du Champa pour se rendre maîtres du delta du Mékong. Le Funan écrasé, le Champa et les Khmers continuèrent à se battre. Après 939, le Champa dut compter avec le royaume Dai Viet du nord du Viêt Nam, qui briguait des territoires au sud de la vallée du fleuve Rouge, très peuplée. Pendant ce temps, l'Empire khmer renforçait sa mainmise sur les terres rizicoles du Mékong.

En Birmanie, à l'ouest de l'empire Khmer, le puissant empire de Pagan put se développer grâce à la proximité de l'Irrawaddy. Au milieu du XIIe siècle, l'hégémonie de ces deux empires s'étendait sur la quasi-totalité de l'Asie du Sud-Est. Le XIIIe siècle marqua le début du déclin khmer : les populations parlant le thaï se déplacèrent le long de l'Irrawaddy et du Chao Phraya et s'établirent sur les terres khmères. En 1238 naissait le premier État thaï, le royaume de Sukhothai, au centre de la Thaïlande.

Bas-relief
Dans le temple de Barabudur, pas moins de 2 672 bas-reliefs illustrent la vie éternelle selon les croyances bouddhistes et des scènes de vie quotidienne à Java.

Les royaumes insulaires

Les florissantes communautés commerciales de Java et Sumatra furent bientôt capables de concurrencer les États implantés en bordure du continent. Au VIIIe siècle, l'empire de Sriwijaya contrôlait presque entièrement Sumatra et la péninsule Malaise, ainsi que le détroit de Malacca : il percevait sur cette voie maritime

Les empires du Sud-Est asiatique
De tout temps, l'Asie du Sud-Est, située entre l'Inde et la Chine, fut un carrefour d'intenses échanges culturels, religieux et commerciaux.

LÉGENDE
- Cœur de l'empire de Pagan
- Frontières de l'empire de Pagan
- Cœur de l'Empire Dai Viet
- Frontières de l'Empire Dai Viet
- Cœur de l'empire du Champa
- Frontières de l'empire du Champa
- Cœur de l'Empire Khmer
- Frontières de l'Empire khmer
- Cœur de l'empire de Sriwijaya
- Frontières de l'empire de Sriwijaya
- Cœur de l'Empire Kadiri
- Frontières de l'Empire Kadiri
- v. 650-1320 Fondation et disparition de l'empire
- **(v. 740-1025)** Apogée de l'empire

APRÈS

Les marchands importèrent le christianisme et l'islam dans le Sud-Est asiatique.

LA DIFFUSION DE L'ISLAM

L'islam se répandit en Asie du Sud-Est depuis le littoral oriental, par l'intermédiaire des **commerçants arabes et indiens**. Au XVe siècle, il était très pratiqué à Java et à Sumatra, modifiant en profondeur la façon de gouverner des sultans et les **habitudes religieuses** des populations insulaires.

DES BÂTISSEURS D'EMPIRES VENUS D'EUROPE

Après la prise de Melaka (au sud de la péninsule Malaise) par les Portugais en 1511, des **marchands venus d'Europe** tinrent un rôle croissant dans le commerce et l'administration de l'Asie du Sud-Est **224-225 ››**. Ils développèrent les échanges dans les villes portuaires désormais sous **contrôle** et **christianisées**. Très vite, leur influence s'étendit au continent par l'action des **missionnaires** chargés de convertir les populations et de développer le commerce.

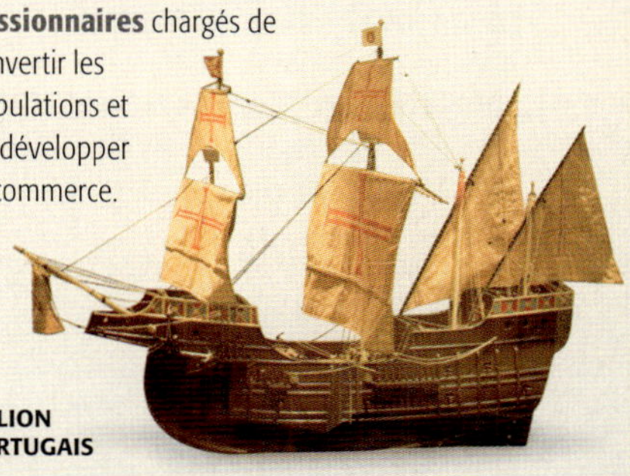

GALION PORTUGAIS

très fréquentée par les négociants d'épices un fructueux droit de passage. Au XIe siècle, d'autres royaumes maritimes, à l'instar du Kadiri hindou, s'affirmèrent à mesure que le Sriwijaya déclinait.

L'éveil religieux

La religion se propageait par l'intermédiaire des commerçants venus d'Inde, de Chine et de l'actuel Sri Lanka. L'hindouisme fut le premier à se diffuser sur les îles et sur le continent, suivi, à la fin du VIIe siècle, par le bouddhisme *mahayana* (voir p. 144-147), très pratiqué sur les navires marchands. Enfin, le gouvernement et la société du Viêt Nam adoptèrent le confucianisme chinois (voir p. 127).

Les temples et les monuments sacrés fleurissaient. Les réalisations bouddhistes, Barabudur à Java (à gauche) par exemple, ou les extraordinaires temples hindous d'Angkor de l'Empire khmer témoignent de l'ascendant de la religion sur des populations persuadées que les dieux avaient le pouvoir de faire et de défaire la richesse que la terre, les fleuves et la mer leur avaient donnée.

Jayavarman VII
Le souverain khmer Jayavarman VII (vers 1125-1215), victorieux du Champa, fit ériger d'immenses temples ; toutefois, ses dépenses somptuaires appauvrirent l'empire.

Angkor Vat
Construit au XIIe siècle sous le règne du souverain khmer Suryavarman II, et dédié au dieu hindou Vishnou, Angkor est le plus vaste complexe religieux au monde. Couvrant une superficie de 260 hectares, son enceinte extérieure abrite un temple de 65 m de haut présentant une galerie de 800 m de long ornée de bas-reliefs.

AVANT

Avant le développement de l'islam, la péninsule Arabique abritait des peuples et des cités indépendants les uns des autres.

AVANT L'ISLAM

ENCENS

La péninsule Arabique n'était qu'un désert aride, peu peuplé. Ses premiers habitants furent surtout des nomades – les **Bédouins** par exemple –, même si quelques cultivateurs s'étaient sédentarisés dans les oasis. Dans les cités s'échangeaient des épices et surtout de l'encens, une résine parfumée très recherchée. La **route de la soie** toute proche **184-185 »** constituait un débouché commercial précieux pour les biens arabes.

LA RELIGION PRÉISLAMIQUE

Avant l'avènement de l'islam, les Arabes parlaient différents idiomes et pratiquaient différentes religions, polythéistes pour la plupart **« 144-145**. **La Mecque**, bientôt le plus important site de la religion musulmane, était déjà un lieu saint.

MAHOMET LE PROPHÈTE

Après sa première révélation, Mahomet, un marchand établi à La Mecque, s'employa à diffuser le message de Dieu. Quelques personnes adhérèrent à son enseignement, mais la majorité le réprouva. Mahomet dut **s'exiler à Médine**. Là, il convertit un nombre croissant de disciples, sa foi se répandit parmi les tribus et les caravaniers. Bientôt, ses croyances conquirent La Mecque. À sa mort en 632, toute la péninsule Arabique était convertie à l'islam. Grâce aux disciples de Mahomet – les musulmans –, la foi **atteignit la Syrie**, porte d'accès des Empires byzantin et perse.

La diffusion de l'islam
Les disciples de Mahomet quittèrent la péninsule Arabique dès la mort du Prophète et essaimèrent avec une étonnante rapidité. Dès le milieu du VIIIe siècle, ils avaient atteint l'Espagne, confins occidentaux de l'Empire musulman.

LÉGENDE
- Territoires musulmans en 634
- Territoires musulmans en 656
- Territoires musulmans en 756
- Empire byzantin vers 610
- Empire sassanide vers 610
- Royaumes francs vers 610

L'essor de l'islam

En 622, Mahomet dut s'éloigner de La Mecque et se réfugier à Médine, en raison de croyances qui, dès 75[0] constituaient les fondations d'une religion dont l'influence ne cessait de s'étendre, de la Chine à l'Espagne. En 1450, les musulmans dirigeaient des contrées lointaines, jusqu'aux confins orientaux de l'Asie.

Mahomet mourut en 632. Ses successeurs, les califes, diffusèrent l'islam au-delà des frontières de la péninsule Arabique. En 644, peu après le décès du deuxième calife de l'islam, Omar ibn al-Khattab, les musulmans conquirent la totalité de l'Empire perse (voir p. 122-123) et s'emparèrent de la Syrie et de l'Égypte byzantines (voir p. 198-199). Ils firent preuve d'une grande tolérance à l'égard des religions pratiquées sur les territoires annexés : il n'y eut pas de conversions forcées. L'empire islamique ne cessait de s'étendre et asseyait son autorité par l'intermédiaire de gouverneurs locaux obéissant aux ordres envoyés de Médine.

Malgré ses succès militaires, la communauté musulmane fut rapidement confrontée à la montée en puissance de factions. Les gouverneurs les plus éloignés de Médine cherchaient à conquérir leur indépendance ; il y avait également de vives tensions entre les « véritables » disciples de Mahomet et ceux que ces derniers considéraient comme de simples opportunistes. En 656, l'assassinat du troisième calife, Othman ibn Affan, déclencha une guerre civile qui vit s'opposer Ali ibn Abi Talib, un descendant de Mahomet, et Muawiya ibn Abi Sufyan, un proche d'Othman. Lorsque Ali fut à son tour assassiné en 661, Muawiya prit le pouvoir et fonda la dynastie omeyyade.

C'est au cours de cette période troublée que l'on réunit et codifia les textes du Coran, le livre sacré de l'islam. Le deuxième calife introduisit également le calendrier hégirien, un calendrier lunaire qui démarre au jour du départ de Mahomet pour Médine.

La Kaba
Cette céramique turque du XVIe siècle représente la Kaba de La Mecque. Pour prier, tous les musulmans se tournent vers cet édifice cubique, lieu saint polythéiste préislamique, et site le plus sacré de l'islam.

La dynastie des Omeyyades

Cette dynastie prit le nom du clan auquel appartenait son premier calife, Muawiya ibn Abi Sufyan.

Le dôme du Rocher
Érigée au VIIe siècle, et restaurée depuis à plusieurs reprises, la mosquée du dôme du Rocher, à Jérusalem, est le plus ancien bâtiment des premiers temps de l'islam. Lieu sacré de la foi musulmane, judaïque et chrétienne, elle se trouve, à ce titre, au cœur de conflits incessants.

Si les premiers califes étaient choisis parmi les chefs de la communauté musulmane, le titre devint héréditaire sous les Omeyyades. Pour mieux contrôler un empire qui croissait à vue d'œil, les califes transférèrent la capitale à Damas – plus centrale – et calquèrent l'administration sur les institutions byzantines et persanes.

Les Omeyyades poursuivirent la politique d'extension en vigueur, consolidant leur domination sur l'ancien Empire perse et diffusant l'islam en Afrique du Nord. Ils commanditèrent la construction d'immenses sanctuaires et de lieux saints : le dôme du Rocher, à Jérusalem, où l'islam situe l'ascension de Mahomet vers le ciel ; les gigantesques mosquées de Damas, Alep et Médine… La conversion restait un choix personnel, toutefois, les non-musulmans étaient soumis à des impôts additionnels et étaient écartés des plus hauts rangs de l'administration, ce qui incitait la population à se convertir et à adopter les coutumes arabes, particulièrement à l'est de l'empire, sur les territoires des actuels Iraq et Iran.

Les Omeyyades restaient cependant sous la menace des conflits entre factions. L'un de ces groupes arguait que le califat revenait de droit aux seuls descendants d'Ali, vaincu à l'issue de la guerre civile qui porta les Omeyyades au pouvoir. Assassiné, l'un des fils d'Ali fut proclamé martyr, ce qui provoqua l'un des schismes les plus graves de l'histoire de l'islam, les partisans d'Ali se regroupant alors dans la branche chiite.

En 750, des factions anti-Omeyyades complotèrent sous la houlette d'Abbas, un autre descendant de Mahomet, et renversèrent le pouvoir en place.

CALIFE **Les successeurs de Mahomet prirent le nom de « calife » (de l'arabe *Khalifat ar-Rasul Allah*, qui signifie « le successeur, représentant du prophète de Dieu ») ; le territoire qu'ils dirigeaient s'appelait le « califat ».**

La dynastie des Abbassides

Établie dans l'ancien Empire perse, sur les terres des actuels Iran, Iraq et Afghanistan, la famille d'Abbas déplaça la capitale vers l'est, dans la nouvelle cité de Bagdad, plus proche des grands axes commerciaux et des plaines fertiles. Les nouveaux maîtres de l'islam éliminèrent tous leurs supposés opposants (les fonctionnaires omeyyades furent donc remplacés par des partisans abbassides) et utilisèrent les services d'espions pour surveiller les provinces lointaines. Ils s'abritèrent derrière les textes coraniques et la loi islamique pour justifier leur usurpation et consolider leur autorité, et instaurèrent des taxes plus lourdes afin de financer l'armée et l'administration.

Astrolabe arabe
Permettant de déterminer la position du Soleil et des étoiles, l'astrolabe, instrument d'astronomie inventé par les Musulmans, était aussi utilisé pour situer La Mecque.

La période abbasside est traditionnellement considérée comme l'âge d'or des arts, des sciences et de l'architecture islamiques. On rédigea en arabe – désormais une langue religieuse et politique incontournable – de volumineuses encyclopédies et l'on compila des recueils de rites. Des traités scientifiques, des écrits philosophiques, des textes littéraires (voir p. 158-159) étaient traduits du grec et du perse. Sans ces traductions, la littérature grecque et perse n'aurait pu traverser les âges, et la révolution scientifique (voir p. 266-267) aurait sans doute été bien plus tardive.

Toutefois, les Abbassides se révélèrent incapables de mater les rébellions qui embrasaient régulièrement leur empire. Au milieu du Xe siècle, les Bouyides, un groupe de soldats de métier au service des Abbassides, fomentèrent un coup d'État et prirent le contrôle du califat. Ils régnaient de fait, mais jugèrent bon de rester dans l'ombre ; c'est pourquoi le califat abbasside conserva son nom jusqu'à l'arrivée des Mongols au XIIIe siècle.

»

MOMENT CLÉ

LA BATAILLE DE BADR

Cette bataille, l'une des rares mentionnées dans le Coran, eut lieu le 17 mars 624 et constitue un événement clé de la fondation de l'islam. Les Qurayshites, qui contrôlaient La Mecque, furieux des assauts répétés des musulmans contre les caravanes, décidèrent d'attaquer à leur tour. En surnombre, ils furent cependant défaits et prirent la fuite, comme le montre cette illustration extraite d'un récit tardif de la bataille. La victoire consolida la position politique de Mahomet : ses adversaires devraient désormais compter avec lui.

« [Les] Arabes… nous **craindront** désormais pour **toujours.** »

AMR IBN HISHAM, COMMANDANT DES TROUPES MUSULMANES À BADR, 624

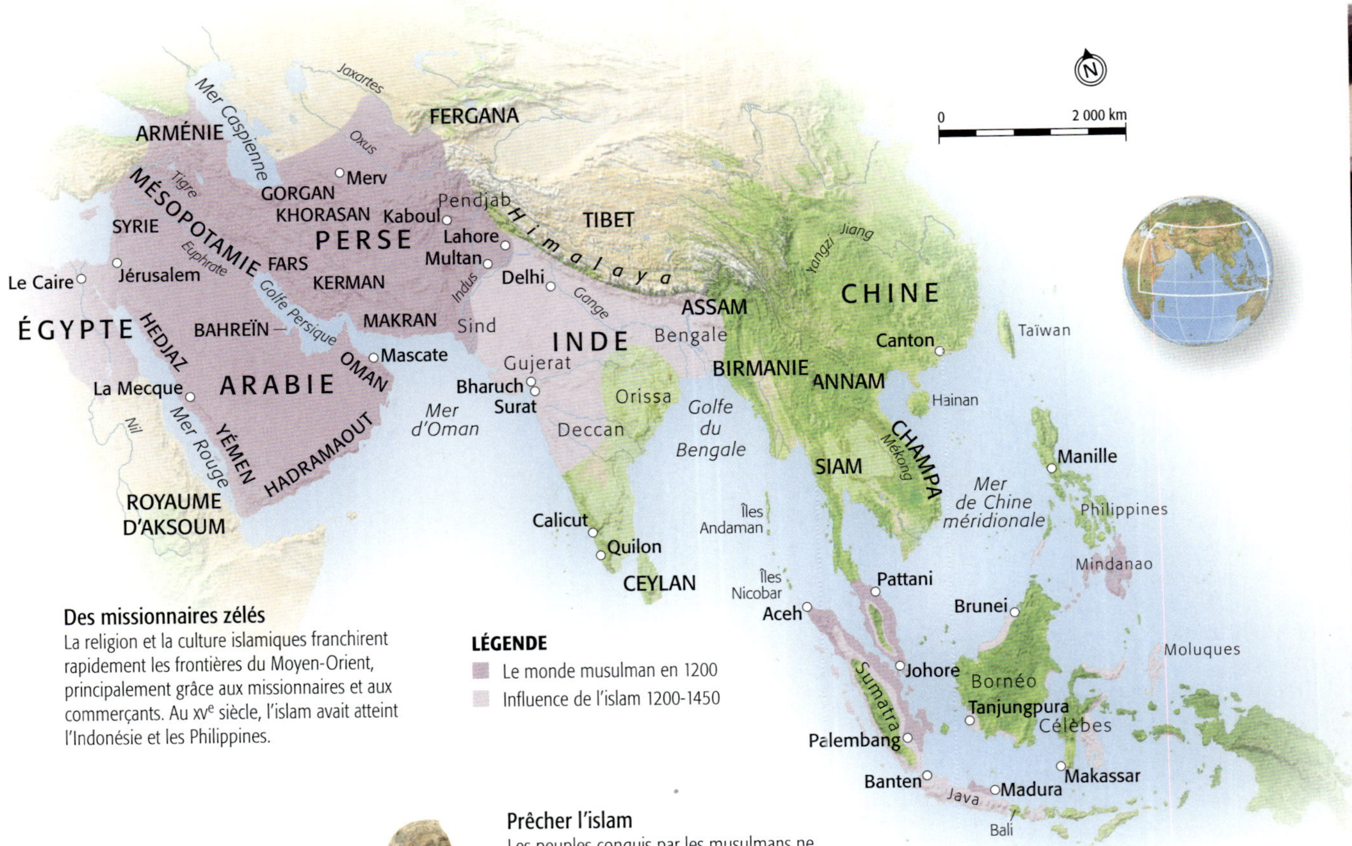

Des missionnaires zélés
La religion et la culture islamiques franchirent rapidement les frontières du Moyen-Orient, principalement grâce aux missionnaires et aux commerçants. Au xve siècle, l'islam avait atteint l'Indonésie et les Philippines.

LÉGENDE
- Le monde musulman en 1200
- Influence de l'islam 1200-1450

Le palais de l'Alhambra
Chef-d'œuvre de l'architecture islamique, le palais de l'Alhambra, érigé au xive siècle à Grenade, dans le sud de l'Espagne, est abondamment décoré de compositions géométriques et d'inscriptions.

Prêcher l'islam
Les peuples conquis par les musulmans ne subirent pas de conversion forcée, mais les prédicateurs firent preuve de persuasion et beaucoup adoptèrent l'islam (manuscrit du xiiie siècle).

» Au Moyen Âge, si le monde de l'islam resta uni d'un point de vue culturel et commercial, il n'en fut pas toujours de même d'un point de vue politique. Tandis que la dynastie abbasside dominait la partie orientale du territoire, certaines régions lointaines se démarquaient. En 756, l'Espagne devint un émirat indépendant – une principauté – dirigé par une branche de la dynastie omeyyade en exil. Peu de temps après, des gouverneurs affirmèrent leur autonomie au Maroc, à l'est et à l'ouest de l'Algérie, en Tunisie et en Égypte.

Au xe siècle, l'Empire islamique était scindé en trois califats – le califat abbasside de Bagdad, le califat fatimide d'Égypte et le califat omeyyade d'Espagne –, les dirigeants de chaque grande communauté s'arrogeant désormais le droit au titre de « calife ».

Les Fatimides ismaéliens

La dynastie fatimide fut fondée au début du xe siècle par le musulman chiite Ubayd Allah al-Mahdi. Cette branche de l'islam, qui se développa clandestinement en Iraq, recruta bientôt ses partisans dans tout l'empire. En 910, Ubayd Allah, qui prétendait descendre de Fatima, la fille de Mahomet, arriva en Tunisie. Il prit le titre de calife pour asseoir son autorité sur l'Afrique du Nord. Ses descendants « fatimides » conquirent l'Égypte en 969 et fondèrent Le Caire. Ils essaimèrent ensuite en Syrie et en Palestine, parvenant jusqu'à Alep et Damas. Le califat fatimide ordonna la destruction du Saint-Sépulcre de Jérusalem, déclenchant, en Europe, l'appel à la croisade (voir p. 200-201).

Dans l'intervalle, Le Caire devenait le carrefour d'un réseau commercial qui s'étendait sur le bassin méditerranéen, la mer Rouge et l'océan Indien. Les ports de la mer Rouge recevaient de la porcelaine de Chine et des épices du Sud-Est asiatique. L'or et les esclaves remontaient le Nil depuis l'Éthiopie et le Soudan. La majorité des négociants – quand ils ne venaient pas de Venise ou de Gênes – était de confession musulmane.

AL- Ce mot arabe, qui signifie « le », forme le préfixe de nombreux mots scientifiques d'origine musulmane adoptés par l'Europe médiévale : alcali, algèbre, alchimie, algorithme et almanach par exemple.

Le Caire était également un important foyer spirituel et culturel. Fondée par les Fatimides au xe siècle, al-Azhar, l'une des plus anciennes universités du monde, accueillait des érudits de Syrie, d'Éthiopie et du Maghreb, et est encore considérée de nos jours comme le plus prestigieux établissement d'enseignement de l'islam.

CALIFE ABBASSIDE (763-809)

HAROUN AL-RACHID

Cinquième calife abbasside, Haroun al-Rachid domina Bagdad de 786 à 809. Héros de plusieurs contes des *Mille et Une Nuits*, il est également un personnage historique d'importance.

Haroun al-Rachid fut le premier calife à nommer un vizir (du mot arabe *wazir*, qui signifie « assistant ») auquel il confia de lourdes responsabilités administratives – avant de le renvoyer en 803. Protecteur des arts, Haroun al-Rachid fut aussi un témoin privilégié de cet âge d'or qui vit l'émergence d'une culture traditionnelle de l'islam.

La mosquée de Niujie
Niujie, l'une des plus anciennes mosquées de Chine, fut érigée au Xe siècle. L'islam ne parvint pas à s'implanter en Chine, mais les liens commerciaux qui unissaient les deux cultures lui permirent toutefois de prendre pied en Extrême-Orient.

La tour Hassan
À Rabat, au Maroc, cette tour immense du XIIe siècle devait servir de minaret à une mosquée dont la construction fut abandonnée.

Le minaret Qutb Minar
Le Qutb Minar de Delhi, en Inde, est le plus haut minaret en brique du monde. La tour et la mosquée furent bâties au début du XIIIe siècle par le fondateur du sultanat de Delhi.

La Grande Mosquée de Djenné
Au XIIIe siècle, Djenné, au Mali, devint le plus important foyer d'enseignement de l'islam d'Afrique de l'Ouest, mais sa mosquée se dresse depuis un siècle seulement à l'emplacement d'une ancienne mosquée bâtie en 1240.

Les Fatimides régnèrent sur l'Égypte jusqu'à la conquête du kurde Saladin en 1171. Saladin partit ensuite en guerre contre les croisés afin de reprendre Jérusalem, mais sa dynastie, les Ayyubides, fut renversée moins d'un siècle plus tard par les Mamelouks, une milice d'origine turque formée d'esclaves qui s'était élevée socialement jusqu'à prendre la tête de l'armée d'Égypte.

Les Omeyyades d'Espagne

Les Omeyyades en exil fondèrent en 756 l'émirat de Cordoue, dont l'autorité s'étendit sur la quasi-totalité de l'Espagne. En 929, Abd al-Rahman III al-Nasir prit le titre de calife, vraisemblablement afin de tempérer les visées des Fatimides.

La rencontre des idées islamiques et des civilisations chrétienne et espagnole produisit une remarquable alliance culturelle qui rayonnait encore sous les Almoravides (les successeurs d'origine marocaine des Omeyyades). À l'Alhambra (ci-dessus), le palais des rois de Grenade, l'art de l'Espagne musulmane atteignit son apogée. Depuis l'Espagne, la culture préislamique et islamique se diffusa dans l'Europe médiévale, et l'influence extrêmement raffinée de l'Espagne mauresque se ressentit dans tous les royaumes avoisinants. À Tolède – à la frontière des mondes chrétien et maure – fut fondée une école où les textes arabes étaient traduits en latin, grâce à la collaboration de savants musulmans et de chrétiens pratiquant la langue arabe.

D'autres territoires musulmans

Les négociants transportaient au-delà des mers leurs cargaisons… et leurs croyances. La foi musulmane progressa vers l'est, d'abord avec la création du sultanat de Delhi au XIIIe siècle (voir p. 180-181), puis jusqu'à l'Asie du Sud-Est et l'archipel indonésien. Marchands et missionnaires s'établirent également en Afrique de l'Est et de l'Ouest, au Ghana, au Sénégal et au Soudan (voir p. 182-183).

Certificat de *hadj*
Le *hadj*, le pèlerinage de La Mecque, est une obligation pour tous les musulmans. Ce certificat, daté de 1207, illustré d'une représentation de la Kaba, prouvait que son titulaire l'avait bien effectué.

APRÈS

De nos jours, l'islam joue encore un rôle crucial dans le domaine des relations internationales.

LE SORT DES CALIFATS
Au XIIIe siècle, les Mongols **« 164-165** envahirent le califat abbasside et fondèrent la dynastie ilkhanide, qui adopta la culture locale. Les Mamelouks donnèrent un coup d'arrêt à l'avancée mongole en 1260 mais furent à leur tour soumis par les **Ottomans** au XVIe siècle **206-207 »**. Après 1031, le califat espagnol se morcela en petits États que l'Espagne chrétienne conquit successivement jusqu'en 1492.

AYATOLLAH KHOMEINY

L'INTÉGRISME
La révolution iranienne emmenée par l'ayatollah Khomeiny **442-443 »** symbolise la doctrine islamiste qui vit le jour à la fin du XXe siècle, prônant une **stricte obéissance au Coran** et le renversement des gouvernements laïques.

1 STATUETTE EN PIERRE

2 GOBELET EN VERRE

3 BRÛLEUR À ENCENS

4 TISSU *TIRAZ*

5 PENDENTIF

6 COUPE EN CÉRAMIQUE

7 FRISE

8 PUPITRE À CORAN

12 POT EN PORCELAINE

13 CASQUE

14 PIÈCE D'OR

Trésors de l'islam

Le califat conduit la création artistique à son apogée. Les objets plus simples de la vie quotidienne se caractérisent par la profusion de leurs décors où se mêlent profane et religieux et par l'emploi de toute une gamme de matériaux : bois, métal, céramique…

1 **Statuette en pierre,** fin XIIe-début XIIIe siècle. 2 **Gobelet en verre,** IXe-Xe siècle. 3 **Brûleur à encens,** XIIe siècle, attribué à Ja'far Ibn Muhammad Ibn Ali. 4 **Morceau de *tiraz* (tissu),** Xe siècle, sur lequel est inscrit à l'encre noire et or « Au nom de Dieu, miséricordieux et compatissant ». 5 **Pendentif** du califat fatimide (Afrique du Nord, Égypte, Syrie), en or et en émail, XIe siècle. 6 **Jatte persane** (Iran) en émail, fin XIIe-début XIIIe siècle, sur laquelle est inscrit : « Meilleurs vœux ». 7 **Frise** ornée de motifs abstraits de fleurs et de feuillages, vers 1270-1280. 8 **Pupitre à Coran,** bois ouvragé et marqueterie, vers 1360. 9 **Brasero** en bronze coulé dédié au sultan al-Muzaffar Ibn Omar, seconde moitié du XIIIe siècle. 10 **Pichet seldjoukide,** en cuivre aux incrustations d'argent et en bitume, portant l'inscription « Gloire, prospérité, puissance, joie, bonheur, constance éternelle », vers 1180-1210. 11 **Alam de cuivre,** bannière brandie lors de la cérémonie annuelle du Mouharram qui commémore le martyre du petit-fils du prophète Mahomet, tué en 680 lors de la bataille de Kerbala. 12 **Pot en porcelaine** destiné à recevoir des potions médicinales, seconde moitié du XIe siècle. 13 **Casque militaire persan,** en fer et argent, fin XVe siècle. 14 **Dinar d'or** sicilien frappé sous le règne du calife fatimide Al-Mustansir, au XIe siècle. Les rayons sont caractéristiques de la période. 15 **Miharab orné de mosaïques,** 1354. Dans une mosquée, cette niche indique la direction de La Mecque, le lieu le plus sacré de l'islam. 16 **Flacon en verre,** fin XIIIe siècle, vraisemblablement d'origine syrienne. Sur le verre émaillé et doré sont représentés des soldats brandissant des massues, des épées, des lances, des arcs et des flèches. 17 **Bracelet en métal** fabriqué en Perse dans les années 1030.

9 BRASERO

10 PICHET SELDJOUKIDE

11 ALAM

15 MIHRAB ORNÉ DE MOSAÏQUE

16 FLACON EN VERRE

17 BRACELET EN MÉTAL

« AVANT

Avant la fondation du sultanat, l'Inde vécut au rythme de royaumes et d'empires qui se faisaient et se défaisaient.

LES GUPTA
L'Empire gupta (320-540) **« 124-125** apporta **prospérité et stabilité**. Il s'étendait de l'actuel Bengladesh jusqu'à la frontière est du Pakistan.

HARSHA
En 606, l'**empereur Harsha** régnait sur la majeure partie du nord de l'Inde. À sa mort, son empire **se morcela en petits royaumes**.

BRONZE COLA

LES COLA
Au sud de l'Inde, l'**Empire cola** (850-1200) représentait une étape importante sur le trajet des **navires marchands chinois et arabes**.

L'ISLAM AVANT LE SULTANAT DE DELHI
Les commerçants arabes introduisirent l'islam dans la région dès le VIIIe siècle et, jusqu'au XIe siècle, les armées musulmanes y pénétrèrent depuis la **Perse** et la province de **Ghazni** (actuels Iran et Afghanistan). À cette période, l'influence de l'islam restait très limitée.

Le **sultanat** de **Delhi**

L'islam toucha le sud de l'Asie dès le VIIIe siècle, mais ne conquit véritablement l'Inde qu'à la fondation du sultanat de Delhi (1206-1526). Des peuples venus d'Asie centrale et de Perse apportèrent alors une nouvelle façon de gouverner, construisirent des cités et bâtirent des empires.

En 1175, Muhammad, chef d'une tribu musulmane nomade originaire de Ghor, s'aventura en Inde. Les nomades avaient deux avantages sur les armées indiennes – pourtant riches en argent comme en hommes : ils étaient organisés et possédaient des chevaux. Très rapidement, ils traversèrent les territoires des actuels Turkestan et Pakistan, puis le nord de l'Inde. En 1193, ils pillaient Delhi.

À la mort de Muhammad de Ghor en 1206, l'un de ses généraux, Qutb ud-Din Aibak, un ancien esclave, prit le contrôle des terres indiennes et fonda le sultanat de Delhi. Pour célébrer sa victoire et consacrer l'intégration de l'Inde au monde musulman (voir p. 174-177), il fit construire le Qutb Minar, le plus haut minaret du monde. Cette tour de 72,50 m devint le symbole du sultanat : à mesure que le royaume s'étendait, les sultans érigeaient des bâtiments grandioses autour de ce minaret.

MOMENT CLÉ

LA RÉVOLTE DU DECCAN

En 1345, les gouverneurs des provinces du Deccan, dans le sud de l'Inde, se révoltèrent contre Delhi. L'armée du sultan l'emporta sur les rebelles, mais ceux-ci – une fois le sultan parti mater une rébellion dans le Gujerat – prirent leur revanche et écrasèrent l'armée impériale. En 1347, au fort de Daulatabad (à droite), leur chef prit le titre de sultan Ala-Ud-Din Bahman Shah, fondant ainsi la dynastie bahmanide. C'en était terminé de l'expansion territoriale du sultanat de Delhi, le déclin commençait.

Sultans et esclaves

Fragile, l'autorité des premiers sultans ne s'exerçait que sur une poignée de cités fortifiées. Par ailleurs, les tribus nomades ne pratiquaient pas systématiquement le principe de l'hérédité du pouvoir : ainsi des soldats – anciens esclaves – purent-ils accéder au rang de sultan (Iltutmish en 1211, Balban en 1266), tout comme quelques femmes, soutenues par les hauts dignitaires (Razia, sultane en 1236).

À Delhi, des bains de sang présidaient souvent à l'avènement d'un nouveau chef : cinq des onze sultans de la dynastie des Esclaves (1206-1290)

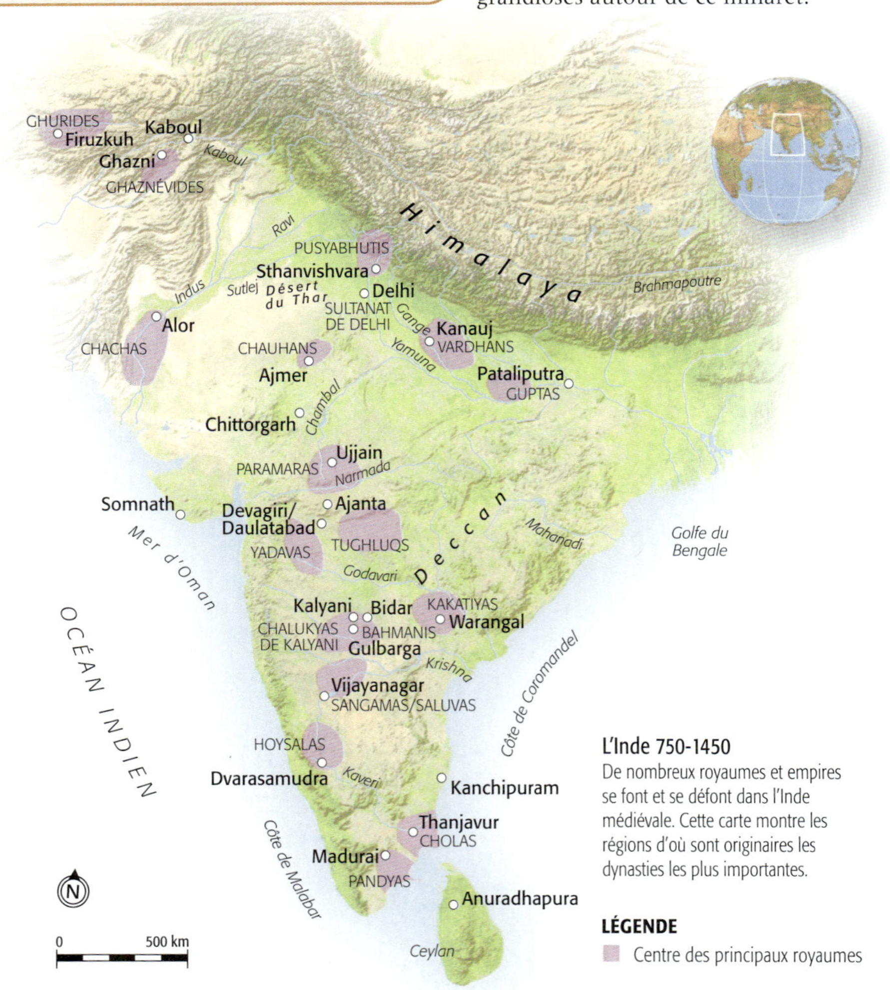

L'Inde 750-1450
De nombreux royaumes et empires se font et se défont dans l'Inde médiévale. Cette carte montre les régions d'où sont originaires les dynasties les plus importantes.

LÉGENDE
Centre des principaux royaumes

Soufisme et poésie
Disciple de saint Nizamuddin, grande figure du soufisme indien (mystique de l'islam), Amir Khusrau était poète à la cour de Delhi. Ses textes (voir ci-contre) servent de support au *quawwali*, la musique religieuse du soufisme.

– première dynastie du sultanat – furent assassinés. En 1258, des réfugiés fuyant Bagdad prise par les Mongols (voir p. 162-165) arrivèrent en Inde, apportant avec eux le principe de la royauté de droit divin et les traditions de la cour des Sassanides de Perse (voir p. 122-123). L'autorité impériale s'en trouva renforcée, mais les intrigues entre tribus continuaient de semer la discorde.

Tout au long de la période, les sultans, pragmatiques, ne suivirent pas rigoureusement la *Charia*, la loi islamique. Les quelques temples hindous démolis résultaient d'une stratégie militaire antérieure à l'invasion musulmane plutôt que d'une politique de destruction systématique. Si dans certaines régions la construction et la restauration de temples étaient punies par la loi, chacun restait toutefois libre de pratiquer sa foi, et la *jizya*, l'impôt taxant les non-musulmans, n'était pas systématiquement perçue.

1 600 **Nombre d'années depuis lequel aucun signe de rouille n'est visible sur le pilier de fer érigé dans la cour du complexe religieux du Qutb Minar. Ce pilier date de l'Empire gupta, à l'époque préislamique.**

Le développement vers le sud

De 1299 à 1305, le sultan Alâeddin Khaldji lança des opérations militaires dans les riches royaumes du sud de Delhi : contre Devagiri (capitale du Yadava), le temple de Somnath (Gujerat), la ville de Chittorgarh (Rajasthan) et Mandu (centre de l'Inde). En 1311, il envoya son favori, l'esclave Malik Kafur, piller le Deccan, le vaste plateau qui s'étend sur la majeure partie du sud de l'Inde. Malik triompha des Yadava de Devagiri, des Kakatiya de Warangal et des Pandya de Madurai et leurs rois durent prêter allégeance au sultan et lui faire parvenir un tribut annuel. À la mort d'Alâeddin en 1305, les royaumes méridionaux cessèrent de verser ce tribut : en 1321, le sultan Ghiyath al-Din Tughluq leur envoya son fils Muhammad, qui procéda à une annexion pure et simple. Les rois furent remplacés par des gouverneurs.

Mausolée lodi
La dynastie Lodi, la dernière du sultanat, régna de 1451 à 1526. On peut encore voir à Delhi plusieurs de ces mausolées octogonaux.

Une nouvelle capitale impériale

Le sultan Muhammad Bin Tughluq, qui régna de 1324 à 1351, déplaça sa capitale de 1 000 km au sud, jusqu'à Devagiri, rebaptisé Daulatabad. En 1327-1328, il obligea l'aristocratie à s'installer à Daulatabad, mais deux ans plus tard, la cour dut repartir pour Delhi en raison d'un insoluble problème d'approvisionnement en eau.

Pendant ce temps, l'empire se morcelait. Dans le Deccan, des aristocrates hindous et musulmans bâtissaient de nouveaux royaumes. Dans les années 1330, des soldats de langue telugu fondèrent l'empire de Vijayanagar au sud du sultanat de Delhi; tandis qu'en 1345 les gouverneurs du Deccan se rebellèrent contre Delhi et créèrent le royaume bahmanide.

APRÈS

La fondation d'empires au sud de l'Inde avait affaibli le sultanat, mais c'est une invasion venue d'Asie centrale qui le renversa.

LES SULTANATS DU DECCAN
À la fin du xve siècle, le **royaume bahamide** se morcela en **cinq sultanats rivaux** qui se livraient une guerre constante. En 1565 pourtant, ces cinq sultanats s'allièrent, le temps d'écraser l'**empire de Vijayanagar**.

LES MOGHOLS
En 1525, **Babur**, qui descendait à la fois de Tamerlan et de Gengis Khan **« 164-165**, quitta Kaboul pour l'Inde. Victorieux du dernier sultan de Delhi à la **bataille de Panipat** en 1526, il fonda la **dynastie moghole** **244-245 »** qui dirigea l'Inde jusqu'à la déposition du dernier de ses rois par les Britanniques en 1858 (fondation du Raj britannique **352-353 »**).

En 1398, le pillage et la destruction de Delhi par le guerrier mongol Tamerlan consommèrent le déclin du sultanat qui ne disparut toutefois définitivement qu'en 1526 avec la défaite du dernier sultan, Ibrahim Lodi, à la bataille de Panipat.

Le complexe du Qutb Minar
Qutb ud-Din Aibak, fondateur du sultanat de Delhi, fit bâtir la mosquée *Quwwat-ul-Islam* («puissance de l'islam»), symbole de son autorité. On aperçoit en arrière-plan la base en grès du Qutb Minar.

Au **sud** du Sahara

Les liens commerciaux unissant l'Asie et l'Afrique du Nord musulmane favorisèrent l'apparition de nombreux empires et comptoirs commerciaux au sud du désert du Sahara, à l'image des empires du Mali et du Songhaï en Afrique de l'Ouest ou du Grand Zimbabwe.

« AVANT

L'essor du commerce transsaharien entraîna, au sud du désert du Sahara, l'apparition d'États plus centralisés, tel l'empire du Ghana.

LES MARCHANDS MUSULMANS

Au VIIe siècle, l'islam se diffusa en Afrique du Nord « 174-177. Les **chameaux** introduits sur le continent par les musulmans permettaient désormais de traverser le désert. Les Berbères ouvrirent les premiers axes commerciaux reliant l'Afrique du Nord aux régions situées au sud du Sahara, et les marchands musulmans créèrent des **réseaux commerciaux** dans les régions subsahariennes de l'Afrique de l'Est et de l'Ouest.

DES MARCHANDS ET LEURS CHAMEAUX TRAVERSENT LE DÉSERT.

L'EMPIRE DU GHANA

Aux VIIIe-XIe siècles, l'empire du Ghana, en Afrique de l'Ouest, commandait le **commerce de l'or subsaharien**. Ses chefs se **convertir à l'islam** au XIe siècle, mais le déclin du royaume s'accéléra et il fut bientôt supplanté par l'empire du Mali.

L'essor du commerce bénéficia d'abord aux cités cosmopolites des régions swahilies, sur la côte orientale de l'Afrique. Stratégiquement situées, elles étaient les partenaires commerciaux privilégiés de l'Inde, de la Perse et de l'Arabie. Au XIIIe siècle, on réalisait de fructueuses transactions dans les grandes villes marchandes musulmanes comme Kilwa (dans l'actuelle Tanzanie), en échangeant des étoffes, des épices et de la porcelaine d'Asie contre de l'or africain, du fer, de l'ivoire et des esclaves.

Le Grand Zimbabwe

Ces biens n'étaient pas produits dans les ports swahilis, mais au cœur de l'Afrique. Le principal pourvoyeur se nommait le Grand Zimbabwe, un empire commercial reposant sur l'exploitation de mines d'or qui rayonna sur le sud du continent du XIe au XVe siècle. En langue shona, le dialecte local, le mot *Zimbabwe* signifie « maisons de pierre », un terme qui s'illustre parfaitement dans les centaines d'enceintes de pierre mises au jour sur l'ensemble du plateau zimbabwéen. La plus grande entourait le Grand Zimbabwe, sur la frange méridionale du plateau. Les spectaculaires ruines du Grand Zimbabwe couvrent aujourd'hui près de 7 km² et se divisent en deux ensembles architecturaux, le premier s'étendant sur la colline, le second dans la vallée.

Le Grand Zimbabwe se développa dans la haute vallée de la rivière Sabi, à mi-chemin des mines d'or de l'Ouest et des cités marchandes de la côte swahilie. L'économie de la région reposait sur ses ressources naturelles : le pâturage saisonnier pour le bétail, une terre suffisamment fertile pour qu'y poussent du sorgho et du millet. Le bois et l'ivoire abondaient. Aux XIIe et XIIIe siècles, le Grand Zimbabwe percevait également l'impôt sur les caravanes commerciales qui traversaient son territoire.

Oiseau en stéatite
Représentant vraisemblablement un aigle bateleur, ces statuettes ornaient les enceintes et les monolithes du Grand Zimbabwe. Ce rapace est devenu l'emblème national du Zimbabwe contemporain.

Une cité de pierre

Aux XIIIe et XIVe siècles, le Grand Zimbabwe comptait vraisemblablement de 11 000 à 18 000 habitants, la plupart vivant dans des villages de huttes. L'élite dirigeante – à laquelle revenaient les bénéfices des exportations d'or et d'ivoire – menait une existence plus facile et plus confortable. La colline était ceinte d'un haut mur – une fortification ? – en granite local.

« … des pierres d'une **taille extraordinaire**… sans que du mortier ait été utilisé… »

VICENTE PEGADO, CAPITAINE DE LA GARNISON PORTUGAISE DE SOFALA, 1531

Maçonnerie sans mortier
La charpente de marbre qui soutient la Grande Enceinte est recouverte de 900 000 blocs de granite posés les uns sur les autres. Aucun mortier n'a été utilisé. Une frise décorative orne le sommet de la muraille.

La Grande Enceinte
La muraille extérieure de la Grande Enceinte du Grand Zimbabwe mesure 25 m de haut pour 250 m de circonférence. Elle est doublée d'un mur intérieur ; l'étroit passage ainsi formé mène à la tour conique.

L'ensemble des collines
En surplomb de la Grande Enceinte, les supposées fortifications sont dépourvues d'accès à une plate-forme sur laquelle se positionner pour repousser l'ennemi. Elles n'étaient peut-être qu'un symbole du pouvoir royal.

La tour conique
L'énigmatique tour conique du Grand Zimbabwe culmine à 10 m de haut pour 5 m de diamètre. Sa fonction reste mystérieuse ; elle pourrait symboliser un silo.

Dans la vallée, en contrebas de la colline, les murs de pierre sèche de la Grande Enceinte abritaient sans doute un palais.

Les archéologues y exhumèrent des poteries, des objets en cuivre, en bronze et en or, certains d'origine asiatique – des poteries persanes vernissées du XIIIe siècle, de la porcelaine chinoise du XIVe siècle, des morceaux de verre peint du Moyen-Orient –, corroborant ainsi la thèse d'un empire commercialement prospère.

Le Grand Zimbabwe fut pourtant abandonné au milieu du XVe siècle, à l'époque de la conquête de Mutota, le roi du Karanga désireux d'étendre sa domination sur l'ensemble du plateau, depuis le cours du Zambèze jusqu'à celui du Limpopo, une zone regorgeant de mines d'or. Toutefois, ce déclin fut peut-être simplement lié à des problèmes de surpopulation, les habitants se trouvant obligés de quitter la région pour s'établir dans d'autres zones.

Tête en terre cuite d'Afrique de l'Ouest
Les artistes d'Ife, près du Bénin, dans l'actuel Nigeria, sculptaient des têtes d'un réalisme saisissant en hommage au roi qu'ils croyaient d'origine divine.

L'empire du Mali

Le Mali fut le premier grand empire d'Afrique de l'Ouest à s'épanouir après la disparition de l'empire du Ghana au XIIe siècle (voir AVANT). Tout comme le Ghana, il se développa au Sahel, une zone de savane longeant la frontière méridionale du Sahara, ce qui facilitait les liens commerciaux avec l'Afrique du Nord toute proche et le contrôle des transactions d'or et de sel extrait du désert. Sa première capitale, Niani, fut fondée sur le cours du Niger, à proximité des mines d'or du Buré, principale source de la richesse de l'empire avec les esclaves et les noix de kola. Les perles de verre et les coquillages servaient de monnaie.

Kankan Moussa et Tombouctou

L'unification des douze tribus mandingues par Soundiata Keita présida à la fondation de l'État malien en 1235. Cependant, l'empire n'atteignit son apogée qu'au XIVe siècle, sous le règne de Kankan Moussa (voir ci-dessous), petit-neveu de Soundiata Keita.

Musulman pratiquant, Moussa est célèbre pour son pèlerinage à La Mecque qui révéla son immense richesse. Il étendit les frontières et assit son autorité sur la majeure partie du Soudan occidental. Le voyageur marocain Ibn Battuta, séjournant au Mali dans les années 1350, vanta « l'exceptionnelle atmosphère de sécurité » qu'on pouvait alors y ressentir. La ville de Tombouctou se développa et s'imposa comme une étape incontournable sur la route commerciale transsaharienne vers l'Afrique du Nord, et devint un important centre universitaire (voir à droite). Le roi y fit ériger la mosquée Djingareyber, toujours debout. Il accueillit à sa cour des savants nord-africains et égyptiens et établit des relations diplomatiques avec l'Égypte, le Maroc et l'Arabie.

Les Shongaï

L'empire du Mali déclina dès le début du XVe siècle. Des États inféodés prirent leur indépendance : ce fut le cas du royaume songhaï et de sa capitale, Gao, située à environ 400 km de Tombouctou. Pendant les années 1460, le souverain songhaï Sonni Ali domina la quasi-totalité de l'Empire malien, dont Tombouctou et les principales voies commerciales.

Tout comme le Mali, l'Empire songhaï tirait son immense richesse des mines d'or qui foisonnaient sur les rives du Niger et du commerce transsaharien du sel et des esclaves. À son apogée au XVIe siècle, l'Empire songhaï surpassera l'empire du Mali en taille et en opulence.

ROI DU MALI (1312-1337)

KANKAN MOUSSA

Kankan Moussa, empereur du Mali, resta célèbre pour le *hadj* (pèlerinage) qu'il fit au Caire et à La Mecque en 1324-1325 : pour ce voyage, il était accompagné de 60 000 porteurs et de centaines de serviteurs chargés de kilos d'or. Il dépensa tant qu'il greva l'économie nord-africaine pour dix ans ! Il établit néanmoins de solides relations économiques et culturelles avec les pays qu'il traversa et ramena avec lui une bibliothèque arabe, des savants religieux ainsi que l'architecte musulman Al Sahili, bâtisseur des grandes mosquées de Gao et de Tombouctou.

500 **esclaves vêtus d'or et portant des crosses d'or, ainsi que 80 chameaux chargés d'or accompagnaient Kankan Moussa lors de son pèlerinage à La Mecque, d'après Al Umari, historien arabe du XIVe siècle.**

COMMENT SAVONS-NOUS ?

UNE RICHE BIBLIOTHÈQUE

La mosquée Sankore de Tombouctou était l'un des plus importants centres universitaires d'Afrique. Les manuscrits qui y sont conservés, comme celui ci-dessous, nous informent sur le savoir et la culture du Mali médiéval. Comme le dit un proverbe d'Afrique de l'Ouest : « Le sel vient du nord, l'or du sud… mais la sagesse vient de Tombouctou. »

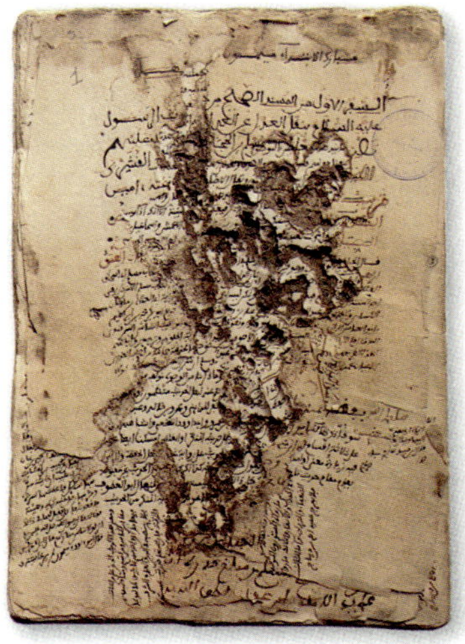

APRÈS

Au XVe siècle, marchands et colons venus du Portugal et d'autres pays d'Europe s'impliquèrent dans la politique et le commerce africains.

LE BÉNIN

PLAQUE DE BRONZE DU BÉNIN

L'empire du **Bénin** étendit son autorité sur l'Afrique de l'Ouest au XVe siècle. Le pays était réputé pour ses **bronzes moulés** dont la fabrication exigeait une autorisation royale préalable. Les premiers marchands **portugais** conclurent vers 1485 une solide alliance politique et commerciale. Ils négociaient de l'ivoire, de l'huile de palme, du poivre et, surtout, des **esclaves** **280-281 ››**.

LE ROYAUME DU MONOMOTAPA

Nombre d'habitants du Grand Zimbabwe s'établirent au nord-est du plateau zimbabwéen, où ils fondèrent le **royaume du Monomotapa**. En 1628, les Portugais placèrent sur le trône un roi fantoche qui leur accorda un droit total d'exploitation des **ressources minérales**, ce qui constituait le premier **acte de concession afro-européen**. D'autres suivront bientôt **360-361 ››**.

Boukhara, une importante oasis dominée par une citadelle érigée au VIIe siècle, se dresse à l'est du désert et de la chaîne de l'Himalaya.

AVANT

En réclamant de plus en plus de denrées rares – métaux précieux, épices, soie –, les riches habitants des puissants empires stimulaient le trafic commercial à travers l'Eurasie.

PREMIÈRES RELATIONS COMMERCIALES

En Europe et en Asie centrale, les empereurs de Perse **« 92-93**, de Grèce **« 94-99** et de Rome **« 110-115** amorcèrent des **relations diplomatiques et commerciales** avec l'Inde. À l'est, les **dynasties Qin** et **Han « 126-129** unifièrent la Chine. En 138 av. J.-C., l'empereur Han Wudi envoya Zhang Qian négocier des alliances pour contrer ses ennemis du nord-ouest. Ces expéditions motivèrent l'ouverture de **routes commerciales** ; un réseau de relations marchandes s'établit alors entre l'Orient et l'Occident ; les Parthes organisèrent le commerce de la soie, dont les Romains devinrent bientôt très friands **« 122-123**.

ÉCHANGES D'IDÉES

Le **bouddhisme**, établi en Inde dès le IIIe siècle av. J.-C., **se diffusa** au nord jusqu'en Asie centrale, et à l'est jusqu'en Chine, où il s'implanta durablement dès le IVe siècle de notre ère.

D'AUTRES AXES COMMERCIAUX

Avec l'essor de l'islam **« 174-177** des marchands arabes, profitant des vents de la **mousson** saisonnière, ouvrirent des voies maritimes. Sillonnant l'océan Indien, ils parvinrent **jusqu'en Chine** au VIIIe siècle et négocièrent alors directement avec les **Tang « 160-161**. C'est sûrement à bord d'un navire arabe que les premiers produits chinois atteignirent la côte orientale de l'Afrique.

VASE CHINOIS DÉCOUVERT EN AFRIQUE

Une nouvelle vision du monde
Les récits des voyageurs transformèrent la vision de l'Asie des cartographes européens. Cette illustration extraite de *L'Atlas Catalan* (1375) montre peut-être Marco Polo cheminant sur la route de la soie.

La **route** de la **soie**

Très fréquentée aux XIIIe et XIVe siècles, la route de la soie déroulait des kilomètres de pistes caravanières émaillées de cols vertigineux, de tours de guet et de casernes. Elle traversait les régions les plus inhospitalières de la Terre, mais, sous la protection de l'Empire mongol, ses comptoirs étaient prospères.

La route de la soie était victime de deux grands fléaux : le banditisme et l'instabilité politique. Le commerce n'y prospéra donc véritablement qu'en périodes de paix relative, sous la dynastie Tang (voir p. 160-161) et plus tard sous la domination mongole (voir p. 164-165).

L'Empire mongol

En 1250, Gengis Khan et ses successeurs (voir p. 164-165) avaient conquis une immense zone s'étendant du fleuve Jaune jusqu'à la mer Noire. Il régna alors le long des 6400 km de la route de la soie une sécurité sans précédent.

Kubilay Khan (voir p. 165), Grand Khan des Mongols en 1260, prit plus tard le titre d'empereur de Chine et fonda la dynastie Yuan, au pouvoir jusqu'en 1368. Kubilay installa sa cour à Dadu (aujourd'hui, Pékin). Au XIIIe siècle, personne n'imaginait un jour rallier l'Europe à la Chine, mais quelques marchands et missionnaires tentèrent l'aventure de la route de la soie pour rejoindre la capitale de Kubilay. Parmi eux se trouvaient les négociants vénitiens Niccolo et Matteo Polo. Ils atteignirent Dadu en 1266 où ils furent accueillis par un Grand Khan curieux de découvrir le christianisme et les sciences de l'Occident. Cinq ans plus tard, Marco Polo (voir à droite), fils de Niccolo et neveu de Matteo, arrivait à son tour à la cour.

À la même époque, Rabban Sauma, un chrétien chinois, effectua le trajet en sens inverse, de Dadu à Jérusalem, puis jusqu'en Europe. Les récits de ces voyages constituent une source d'informations précieuses sur l'Asie médiévale.

Des caravanes de trésors

Sur cette route interminable, on ne transportait pas que de la soie, mais également des épices, des potions médicinales, de l'ivoire, des plantes rares, des animaux exotiques, des pierres précieuses – ambre, lapis-lazuli… Parmi les denrées occidentales se trouvaient des étoffes, de l'or et de l'argent. Des caravanes acheminaient depuis la Chine de la soie, du papier, des armes, de la laque et même de la rhubarbe ! Ces biens étaient vendus ou échangés contre d'autres dans les caravansérails le long du parcours.

Les produits étaient transportés à dos de chameau, de cheval, de bœuf ou de yak. Le chameau de Bactriane, la bête de somme la plus robuste d'Asie centrale, pouvait supporter la canicule et le froid intense sans boire entre deux étapes. Certains convois comptaient jusqu'à 400 bêtes de somme.

La mosquée Id Kah fut érigée à Kachgar en 1422 à l'emplacement d'un bâtiment du VIIIe siècle transformé en mosquée en 996. Porte d'accès vers l'Occident, Kachgar se situait au point de rencontre des itinéraires nord et sud de la route de la soie. On pouvait rejoindre l'Asie centrale, l'Inde et la Perse depuis cette ville de garnison (établie en 76) idéalement située au pied de la chaîne du Pamir.

VOYAGEUR ET MARCHAND VÉNITIEN (1254-1324)

MARCO POLO

Tout jeune homme, Marco Polo accompagna son père et son oncle lors de leur seconde expédition vers la Chine. Ils furent reçus à la cour du légendaire Kubilay Khan. Là, Marco Polo apprit la langue mongole et le Grand Khan l'envoya pendant trois ans dans l'est de l'empire comme fonctionnaire. Marco Polo rentra à Venise en 1295 mais fut fait prisonnier l'année suivante au cours d'une bataille opposant les flottes vénitienne et génoise. Il dicta alors un récit de ses voyages à un compagnon de captivité. Son *Devisement du monde* – la bible de tous les explorateurs – fut publié en 1483 et fit découvrir l'Est asiatique aux Européens.

« Je n'ai pas raconté **la moitié de ce que j'ai vu.** » MARCO POLO, 1324

Le désert du Taklamakan constituait un obstacle infranchissable entre la Chine et l'ouest. La route de la soie se séparait alors en deux branches qui longeaient le désert, l'une au nord, l'autre au sud.

Ville de garnison fondée au Ier siècle av. J.-C., Gaochang devint un important foyer religieux où le bouddhisme s'implanta durablement.

Située à la jonction des itinéraires nord et sud de la route de la soie, l'oasis de Dunhuang prospéra sous les Han et les Tang. Une collection de documents fascinants, rédigés au fil des siècles par les moines bouddhistes, fut découverte en 1900 dans une grotte.

La route de la soie sous les Mongols
Le Mongol Kubilay Khan acheva sa conquête de la Chine en 1279. Il contrôlait déjà le nord du territoire depuis la mort de Gengis Khan en 1227. La Chine du Nord venait s'ajouter à cet immense empire couvrant l'Asie centrale, la Perse et la Russie, reliées les unes aux autres par les axes traditionnels de l'ancienne route de la soie.

Située au centre de la Chine, sur le cours du Huang He (ou fleuve Jaune), la cité de Lanzhou fut, sous la dynastie Han, un important centre commercial de la route de la soie.

La route du thé et des chevaux était une piste caravanière périlleuse qui conduisait jusqu'à Lhassa. On y transportait depuis la Chine du Sud du thé, un produit introduit au Tibet sous la dynastie Tang (618-907).

Ancienne capitale chinoise, Changan (aujourd'hui Xi'an) était située à l'extrémité orientale de la route de la soie. Depuis Changan, les marchands s'aventuraient toujours plus à l'est, à destination de la Corée et du Japon.

APRÈS

Plusieurs facteurs expliquent la disparition, au XVe siècle, de la route de la soie.

LA PESTE
Une épidémie de peste bubonique frappa la Chine dans les années 1330 et la route de la soie contribua probablement à propager la peste **186-187 »** de l'Asie centrale jusqu'à l'Europe.

L'EFFONDREMENT DE LA CHINE MONGOLE
Après avoir sécurisé la route de la soie au XIIIe siècle, les Mongols perdirent le contrôle de la Chine au profit de la **dynastie Ming** **« 166-167** en 1368.

LE COMMERCE SOUS LES MING
Au début du XVe siècle, les Chinois initièrent des relations commerciales dans l'océan Indien avec les Arabes, les Perses et les Indiens. La **flotte** commandée par **Zheng He** **« 167** transportait de la porcelaine bleu-blanc de Chine à destination du Moyen-Orient et de l'Afrique.

UN NOUVEL ITINÉRAIRE
Les échanges entre l'Europe et l'Asie furent facilités par la découverte en 1498 par Vasco de Gama d'une **route maritime vers l'Inde** **224-225 »**.

ARCHÉOLOGIE
Au XIXe siècle, les explorateurs européens **redécouvrirent** la route de la soie, ainsi baptisée par le géographe allemand Ferdinand Von Richthofen. On fouilla nombre de **cités antiques** de la région du Taklamakan, dont Dunhuang et Gaochang.

GAOCHANG

UNE NOUVELLE ROUTE DE LA SOIE ?
En 1998, les représentants de plus de trente pays ont discuté de la possibilité de développer un nouvel axe de communication **Europe-Caucase-Asie**.

AVANT

De tout temps, l'humanité dut faire face à des épidémies, comme l'attestent des récits datant de l'Antiquité.

LA VARIOLE EN ÉGYPTE
Les premières traces d'une maladie infectieuse furent trouvées sur la momie du pharaon **Ramsès V** (vers 1140 av. J.-C.), dont le visage était criblé de lésions caractéristiques de la **variole**.

PREMIERS VACCINS
Dans la Chine antique, les médecins choisissaient un jour particulièrement favorable pour souffler dans le nez de leurs patients – à l'aide d'un tube (ou d'une plume) – des croûtes de **lésions varioliques**. Cette pratique pourrait bien constituer la **forme la plus ancienne de vaccination**.

THUCYDIDE

LA PESTE EN GRÈCE
Thucydide (vers 460-401 av. J.-C.), historien de la Grèce antique, décrivit en détail les symptômes de la peste lors de la **terrible épidémie** qui dévasta Athènes en **439-429 av. J.-C.** «afin que les médecins puissent identifier cette maladie». Lui-même fut contaminé, mais il en réchappa et put ainsi nous livrer un **récit poignant et désespéré**. L'épidémie fit 60 000 morts – un quart de la population d'Athènes.

PREMIÈRE ÉPIDÉMIE EN EUROPE
Vers 542, une épidémie de peste – la «**peste de Justinien**» (d'après l'empereur Justinien Ier) – éclata en Arabie, se propagea en Égypte et dans l'Empire romain. Ainsi la peste n'était-elle pas une «première» en Europe.

La propagation de la peste
Le transport maritime favorisa la propagation de la peste. Cette carte montre la progression de la maladie à travers l'Europe année par année à partir de 1347. Seules l'Islande et la Finlande furent épargnées.

La Grande Peste

Les rues des villes et des villages étaient jonchées de tant de cadavres qu'il fallait se résoudre à jeter les dépouilles dans de profondes fosses communes… L'Europe médiévale se trouva totalement démunie face à cette pandémie qui fit des millions de morts.

La peste bubonique, maladie infectieuse extrêmement contagieuse, se répandit depuis l'Asie centrale – où elle fit également des ravages – jusqu'en Europe, qu'elle toucha probablement à l'automne 1346. Des musulmans tatars assiégeaient l'enclave chrétienne de Caffa (aujourd'hui le port ukrainien de Feodossia) située sur la route de la soie (voir p. 184-185) lorsqu'une épidémie de peste éclata. Les Tatars auraient lancé des cadavres contaminés dans Caffa à l'aide de catapultes – mais ce terrible épisode n'a jamais pu être avéré. En revanche, il est vrai que des marchands chrétiens assiégés s'échappèrent en 1347 et parvinrent à embarquer, à Constantinople, à bord d'un navire en partance pour l'Europe… en compagnie de puces infectées colonisant des rats. La peste bubonique demeure à ce jour la plus terrible pandémie de l'histoire de l'humanité. Elle ravagea la civilisation occidentale à une vitesse inouïe.

Des origines diverses

La peste résulte de la bactérie *Yersinia pestis* (voir ci-dessous) et se propage *via* les puces parasitant des rongeurs infectés. La contagion s'effectue lorsque les puces piquent les humains pour se nourrir de leur sang.

La maladie existe sous trois formes différentes : la peste bubonique, qui s'accompagne de bubons – gonflements situés sur le cou, à l'aine et sous les aisselles ; la peste pulmonaire, qui infecte les poumons quand la bactérie se diffuse par voie aérienne et est inhalée ; enfin la peste septicémique, lorsque les bactéries infectent le sang.

La forme bubonique est la plus connue et la plus spectaculaire. Au Moyen Âge, l'écrivain italien Boccace la décrivait ainsi : « des renflements à l'aine et aux aisselles… parfois aussi gros qu'une pomme ». L'incubation durait de trois à cinq jours, et 80 % des victimes décédaient dans les trois jours suivants.

La forme pulmonaire était quant à elle fatale en quelques jours seulement et dans 90 à 95 % des cas – un traitement efficace existe de nos jours. Elle se transmettait par contact direct, un simple éternuement suffisait. Enfin, la forme septicémique, la plus rare, provoquait inévitablement une mort rapide. La peau pouvait alors prendre une teinte violacée, presque noire, c'est pourquoi on parle parfois de peste « noire », bien que ce terme ne soit pas attesté au Moyen Âge.

Un raz-de-marée

On ignore le nombre exact de victimes de cette effroyable pandémie, mais on l'estime, en Europe, à plus de 25 millions. D'autres évaluations annoncent 50 millions (sur une population totale de 80 millions dans les années 1300). Les générations suivantes subirent régulièrement des épidémies de peste, mais jamais plus d'une telle virulence.

60 **% de la population européenne mourut lors de l'épidémie de peste du XIVe siècle, d'après les estimations les plus hautes. Les régions les plus peuplées étaient les plus touchées.**

COMMENT SAVONS-NOUS ?

LA BACTÉRIE *YERSINIA PESTIS*

En effectuant des prélèvements dans les cimetières de régions d'Europe où sévit la peste pendant la période 1348-1590, les chercheurs sont parvenus à reconstituer le code génétique de la bactérie *Yersinia pestis*, reconnaissable à sa forme de saucisse (à droite). Les historiens ont pour leur part réussi à établir un calendrier des épidémies en mettant en corrélation des augmentations subites du taux des décès consignés dans les registres paroissiaux avec les récits de marchands ou de médecins.

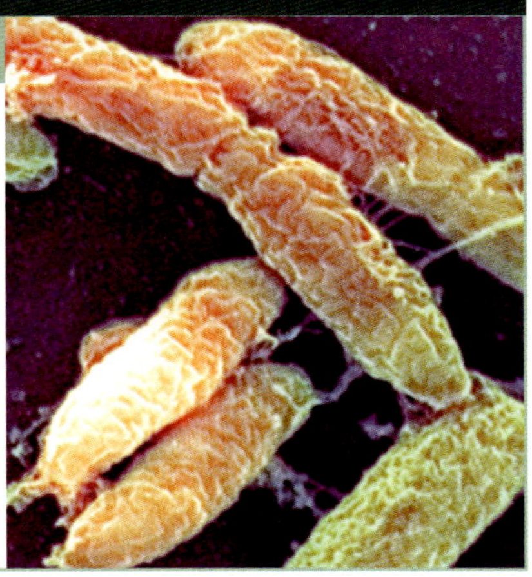

APRÈS

La peste fut lourde de conséquences pour la société médiévale ; aujourd'hui, nous vivons toujours sous la menace de pandémies.

LES SÉQUELLES
Le déclin démographique engendré par la peste provoqua un manque de travail, une flambée des prix, et des **changements sociaux** irréversibles. Ces conséquences se ressentirent jusqu'au XVIe siècle. Pendant les quatre siècles suivants, l'Europe fut confrontée à **neuf autres pandémies de peste**.

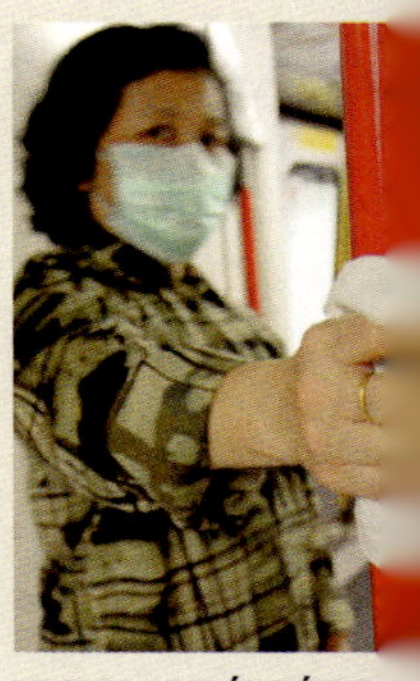

LE SRAS, UNE ÉPIDÉMIE MODERNE

LES ÉPIDÉMIES DE NOS JOURS
De nos jours, d'efficaces mesures de précaution empêchent la propagation des virus. À Hong Kong, en 2003, le port de masques en papier permit d'endiguer l'épidémie de **SRAS (syndrome respiratoire aigu sévère)**. Les scientifiques estiment que nous pourrions connaître des infections offrant une résistance médicamenteuse.

Quand la Mort danse…
La peste n'épargna aucune couche sociale : la noblesse, le clergé, les riches, les pauvres… En Europe, après l'épidémie, cette *Danse macabre* – qui rappelle l'universalité de la mort – fut un thème moral et artistique très utilisé.

Der Tod.
Der Tod zum Pabst
Der Tod zum Kaiser
Der Tod zur Kaiserin
Der Tod zum König
r Tod zur Herzogin
Der Tod zum Grafen
Der Tod zum Abt
Der Tod zum Ritter
Der Tod zum Juristen
er Tod zur Edelfrau
Der Tod zum Kaufmann
Der Tod zur Aeblissin
Der Tod zum Krüppel
Der Tod zum Waldbruder
er Tod zum Herold
Der Tod zum Schultheiss
Der Tod zum Blutvogt
Der Tod zum Narren
Der Tod zum Krämer

L'Europe médiévale

À la chute de l'Empire romain, l'Europe se morcela en une multitude d'États, plus ou moins grands. Les empires que constituèrent Charlemagne, le roi des Francs, et Otto Ier de Saxe furent quant à eux aussi puissants et aussi étendus que l'Empire romain d'Occident.

Le premier État institué après la disparition de l'Empire romain d'Occident fut le royaume franc, confédération de tribus germaniques originaires des territoires actuels de la Belgique et des Pays-Bas. Sous la conduite de Clovis (vers 481-511 apr. J.-C.), les Francs conquirent la quasi-totalité de l'ancienne province romaine de Gaule, prélude à la fondation d'un empire qui domina l'Europe occidentale pendant des siècles. Clovis se fit baptiser, épousant la foi catholique chrétienne quand la plupart de ses rivaux étaient ariens (des hérétiques sous l'Empire romain). Ce faisant, il posait les bases d'une chrétienté catholique – et non arienne –, bientôt prépondérante dans l'Europe occidentale. À sa mort, ses fils se partagèrent un royaume qui poursuivit son extension au cours du VIe siècle, sous la dynastie mérovingienne.

Reliquaire
Cette châsse en argent doré à l'effigie de Charlemagne aurait contenu des fragments du crâne de l'empereur.

Les Carolingiens

À la fin du VIIe siècle, l'autorité royale faiblit. Des souverains moururent jeunes, aiguisant l'appétit de familles aristocratiques. Celle que l'on nommera plus tard les Carolingiens parvint à s'imposer grâce un habile jeu d'alliances élaboré par son chef, Pépin le Bref. De 719 à 741, Charles Martel (« le marteau »), fils illégitime de Pépin de Herstal, dirigea de fait le royaume en lieu et place des rois mérovingiens. Il vainquit les Arabes à Poitiers en 732 et rétablit l'autorité franque à l'est du Rhin. Sur ces territoires, on encouragea des missionnaires anglo-saxons, à l'instar de saint Boniface, à fonder des monastères et à convertir les âmes. En 751, Pépin le Bref, fils de Charles Martel, fut autorisé par le pape Zacharie à déposer le dernier roi mérovingien. Il devint alors roi des Francs et premier souverain de la lignée carolingienne.

4 500 prisonniers saxons – des païens – furent décapités le même jour, en 782. Selon une chronique contemporaine, l'empereur Charlemagne leur aurait demandé de choisir entre la conversion et la mort.

> « Un chef à l'ombre duquel le peuple chrétien **repose en paix** et qui **inspire la terreur** aux nations païennes. »
>
> ALCUIN D'YORK DÉCRIVANT CHARLEMAGNE DANS UNE LETTRE, v. 796

Charlemagne

En 768, Charles Ier le Grand (*Carolus Magnus*, en latin) ou Charlemagne, fils de Pépin le Bref, monta sur le trône qu'il occupa près d'un demi-siècle. Il initia aussitôt de vigoureuses attaques à l'encontre des peuples voisins. Chaque année, au printemps, il rencontrait vassaux et évêques au cours d'une assemblée où se décidaient les futures campagnes militaires. La société franque vivait dans un climat de guerre permanent et l'aristocratie misait sur les conquêtes territoriales pour renflouer les caisses du royaume et s'attirer les bonnes grâces royales.

Sous Charlemagne, et pendant près de trente ans, les Francs combattirent les tribus païennes de Saxe de l'est du royaume, et pratiquèrent des conversions forcées. En 773, Charlemagne envahit le nord de l'Italie, répondant ainsi à l'appel du pape Adrien Ier et empêcher que Rome ne tombât aux mains de Didier, roi des Lombards. Le roi franc s'empara de Pavie, la capitale, et se proclama roi de Lombardie. L'expédition menée dans la vallée de l'Èbre, en Espagne, en 778, se solda en revanche par un échec. En 796, Charlemagne renoua avec le succès en écrasant l'empire des Avars, qui s'étendait alors sur le territoire actuel de la Hongrie. Il s'empara de la fortune accumulée par les Avars pendant trois siècles et put financer la construction d'églises et de monastères et fonder une nouvelle capitale à Aix-la-Chapelle (aujourd'hui en Allemagne).

La Renaissance carolingienne

Grâce aux relations diplomatiques entretenues avec les royaumes italiens et saxons, les érudits – Alcuin d'York, le poète d'origine wisigothique Théodulf d'Orléans, ou encore l'historien lombard Paul Diacre – affluaient à la cour. Le palais d'Aix-la-Chapelle devint une école renommée où étaient éduqués les fils de l'aristocratie.

Avec ses conseillers, Charlemagne élabora un ambitieux programme de réforme de l'Église franque, pour lequel il fit venir d'Italie, à titre d'exemples, des textes de liturgie, de droit canon, de règle monastique et des écrits basés sur la Bible. On exigea dès lors du clergé un niveau d'instruction bien plus élevé qu'auparavant ; des lois étaient constamment promulguées pour éviter que l'Église franque ne soit gangrénée par des abus. La minuscule caroline, plus facile à déchiffrer, remplaça l'écriture mérovingienne et se diffusa en Europe occidentale jusqu'au XIIe siècle.

En 802, après avoir maté deux révoltes, Charlemagne exigea un serment de la part de tous les hommes libres âgés de plus de 12 ans. Les sujets juraient alors fidélité à « Charles,

« AVANT

À la chute de l'Empire romain, de nouveaux chefs prirent le contrôle de régions autrefois gouvernées par Rome.

LE DÉCLIN DE L'EMPIRE ROMAIN
Au cours du Ve siècle de notre ère, des **difficultés d'ordre militaire et économique** empêchèrent les dirigeants de l'Empire romain d'Occident de maintenir leur contrôle sur certaines provinces « **150-151**. Ils déléguèrent alors leur autorité à des chefs étrangers. Rome perdit ainsi la **Bretagne** vers l'an 410, puis le **sud** et l'**ouest de l'Hispanie** en 413, le **sud-ouest de la Gaule** en 418, le **nord de la Gaule** et le **reste de l'Hispanie** à partir de 451, enfin le **reste de la Gaule** en 473. **Romulus Augustule**, dernier empereur d'Occident, fut déposé en 476 par **Odoacre**, le chef de tribus originaires de l'est de la Germanie qui se fit couronner roi d'Italie.

D'EST EN OUEST
Aux Ve et VIe siècles, une fois l'Empire d'Occident disparu, les **Barbares** prirent le pouvoir : **Wisigoths** en Espagne, **Ostrogoths** en Italie, **Vandales** en Afrique du Nord, **Anglo-Saxons** en Angleterre et **Francs** en Gaule. L'Empire romain d'Orient survécut et prit le nom d'Empire byzantin **198-199** », tout en perdant aux VIe et VIIe siècles quelques provinces au profit des Slaves (dans les Balkans) et des Arabes (au Proche-Orient et en Afrique).

empereur très pieux ». Cette relation d'homme à homme masquait en réalité l'absence d'une véritable structure administrative, comme il en existait autrefois dans l'Empire romain. Pourtant, au contraire de ses prédécesseurs, Charlemagne conduisit des réformes administratives, mais la bureaucratie carolingienne restait aux mains d'une poignée de fonctionnaires issus de l'aristocratie qui décidaient notamment de l'organisation des campagnes militaires.

L'aura impériale

Charlemagne voulut ajouter une dimension impériale à son règne, à l'image des empereurs romains. En l'an 800, venu à Rome rétablir Léon III sur le trône pontifical, il se fit couronner « empereur des Romains » le jour de Noël. Ce titre était considéré

Le couronnement de Charlemagne
Le pape Léon III sacra Charlemagne empereur en l'an 800, le jour de Noël. Pourtant, Charlemagne ne le souhaitait pas : en lui « donnant » la couronne, le pape marquait sa supériorité.

comme vaquant puisque, à Constantinople, l'Empire romain d'Orient était alors dirigé par... une femme (voir AVANT), l'impératrice Irène. Sur le sceau impérial, on pouvait lire la phrase latine *renovatio Romani imperii* (« rénovation de l'Empire romain »). Charlemagne figurait sur les pièces de monnaie, vêtu, comme les empereurs romains, d'un manteau militaire et coiffé d'une couronne de lauriers.

Cependant, Charlemagne se méfiait d'un titre qui le liait trop étroitement à Rome. En 813, il organisa le couronnement de son fils, Louis le Pieux, dans la plus pure tradition franque.

La bataille du Lechfeld
En 955, Otto Ier écrasa les Magyars au Lechfeld, près d'Augsbourg (Germanie). Cette victoire mit un terme aux incursions hongroises en Europe occidentale.

Après Charlemagne

Louis le Pieux était un homme intelligent et instruit, mais il ne possédait pas les qualités de meneur d'hommes de son père. À sa mort en 840, le partage de l'empire fit l'objet de disputes incessantes entre ses trois fils, et le territoire fut morcelé à nouveau entre leurs héritiers. À cette période, l'Europe vivait sous la menace d'invasions : les Vikings scandinaves au nord (voir p. 202-203), les Arabes au sud, les Magyars (désormais établis dans l'actuelle Hongrie) à l'est. À la fin du IXe siècle et au début du Xe siècle, l'Europe occidentale acheva de se morceler en une multitude de petits royaumes gouvernés par des seigneurs locaux et des descendants des Carolingiens.

En 911, Louis l'Enfant, dernier roi carolingien de Germanie, mourut. Les grands vassaux se réunirent alors pour lui choisir un successeur. La nouvelle dynastie, originaire de Saxe, parvint à asseoir son autorité au fil des ans. Son représentant le plus célèbre fut Otton Ier, qui régna de 936 à 973. Otton bénéficia de l'exploitation des ressources argentifères du massif du Harz, qui débuta en 938. Il put ainsi entretenir une vaste armée et bâtir un impressionnant réseau de cités fortifiées. À l'est, il repoussa les frontières de son empire en écrasant les Magyars à la bataille du Lechfeld en 935 (voir ci-dessus).

Comme Charlemagne avant lui, Otton fit de l'Église sa plus précieuse alliée, encourageant les conversions et fondant de nouveaux évêchés. Il nomma de nombreux abbés et évêques et chercha à renforcer l'autorité ecclésiastique pour contrebalancer le pouvoir aristocratique.

»

« **Promoteur inlassable des arts libéraux**, [Charlemagne] loua et honora ceux qui les enseignaient. »

ÉGINHARD, HISTORIEN ET COURTISAN, *VIE DE CHARLEMAGNE*, v. 827

ROI ANGLO-SAXON (v. 849-899)

LE ROI ALFRED

Alfred le Grand hérita du trône du Wessex (sud de l'Angleterre) en 871. À la bataille d'Edington, en 878, il défit les Danois, déjà maîtres du nord et de l'est de l'Angleterre. Alfred prit Charlemagne pour modèle. Il renforça ses frontières en érigeant des cités fortifiées et en créant une flotte. Tout comme Charlemagne, il fut un protecteur des arts et du savoir. Son règne établit des bases solides qui permirent ensuite à l'Angleterre de s'unifier sous l'autorité d'un roi unique.

» En 961, Otton envahit le nord de l'Italie et se fit sacrer empereur par le pape Jean XII, scellant ainsi l'union de la papauté et du chef de ce territoire qui s'appellera bientôt le Saint Empire romain germanique.

La féodalité

Le mot « féodalité » désigne le système relationnel établi entre le souverain et ses seigneurs et qui prédomina en Europe occidentale pendant la majeure partie de la période médiévale. Ce système était semblable à celui en vigueur sous les Carolingiens : l'empereur nommait des seigneurs pour gouverner en son nom telle ou telle partie de l'empire, en échange de terres et d'un pouvoir local réel. En retour, le seigneur jurait fidélité à l'empereur.

Le modèle carolingien servit de base à la féodalité telle qu'elle se développa en France et en Angleterre. Le roi donnait une terre – le fief – à son seigneur ; le seigneur à son tour jurait fidélité au roi. Il lui était redevable à plus d'un titre. En premier lieu, il devait au roi un certain nombre de jours dans l'année consacrés au service armé. Il était également obligé d'apparaître à la cour, afin de remplir son rôle de conseiller politique et juridique. Le seigneur enfin devait contribuer financièrement à certains projets voulus par le roi : construction d'un nouveau château, mariage royal…

Le seigneur était un « vassal », le roi son « suzerain ». Bientôt, des seigneurs donnèrent une portion de leur fief à d'autres seigneurs, devenant à leur tour des suzerains. La société féodale se développa alors en une hiérarchie de suzerains et de vassaux d'autant plus complexe qu'un vassal pouvait accepter des fiefs de différents suzerains.

Très vite, on vit naître des situations inextricables, notamment lorsque les deux suzerains d'un même vassal se faisaient la guerre.

Les vassaux furent dès lors contraints de prêter l'hommage-lige à l'un de leurs suzerains, lequel aurait désormais la préséance sur tous les autres.

Casque de chevalier
Ce casque du XIVe siècle – ventilé grâce à de petits trous – protégeait intégralement la tête. Le chevalier ne voyait qu'à travers une fente étroite.

La France et l'Angleterre

Le système féodal se développa vite de part et d'autre de la Manche. En France, au Xe siècle, le chef viking Rollon renonça à ses raids en échange du droit de s'établir au

Le château de Douvres
Guillaume Ier, premier roi d'Angleterre d'origine normande, fit édifier un château à Douvres immédiatement après sa conquête en 1066. Toutefois, le donjon et l'enceinte intérieure datent du règne d'Henri II. Ce roi fit en effet améliorer les défenses de la forteresse dans les années 1180. Destinée à repousser les tentatives d'incursions par la mer, Douvres fut la citadelle la plus imprenable de son époque.

Dans les champs
Un nombre convenu de jours par an, les paysans travaillaient pour leur seigneur, en échange de sa protection et du droit de cultiver sa terre, ce système était appelé la corvée. Ils lui reversaient également une partie de leurs récoltes.

nord du territoire – le futur duché de Normandie (voir p. 202-203) –, devenant le vassal du roi carolingien Charles le Simple. En 1066, Guillaume, duc de Normandie, envahit l'Angleterre (voir p. 192-193), s'empara de la couronne et accorda des terres à ses seigneurs normands en échange de devoirs féodaux. Ainsi le système féodal s'implanta-t-il durablement en Angleterre.

Le nord de l'Europe s'était morcelé en de minuscules États, principalement sur le territoire du Saint Empire romain germanique où les droits et les devoirs dus à l'empereur, aux ducs, aux évêques s'enchevêtraient pour former un système politique d'une extrême complexité.

La cour intérieure accueille le corps de logis principal et les dépendances où étaient logés les serviteurs du roi, ses invités et la garnison.

Chevaliers et chevalerie

Dans le système féodal, le chevalier médiéval trouve naturellement sa place. Le guerrier un peu rustre qui accompagnait l'empereur à la période carolingienne s'était mué, au XIe siècle, en un membre d'une classe sociale distincte à vocation militaire – la chevalerie. Son statut lui était accordé au cours d'une cérémonie symbolique, lorsqu'il était « adoubé » : le suzerain le frappait légèrement à l'épaule de la main ou du plat de l'épée. Le nouveau chevalier devait assurer la protection de son suzerain, mais également celle du clergé et des pauvres. Au XIIe siècle, l'historien Jean de Salisbury énuméra les devoirs du chevalier : « soutenir l'Église, combattre les infidèles, vénérer le corps sacerdotal, protéger les pauvres, même au prix de sa vie. »

Malheureusement, ce code de la chevalerie ne fut pas toujours respecté. À la fin du Moyen Âge notamment, les devoirs féodaux furent remplacés par des espèces sonnantes et trébuchantes, car au XIVe siècle, les chevaliers exigeaient d'être rémunérés pour combattre. À l'inverse, certains payaient leur suzerain pour éviter de combattre ! Malgré tout, la chevalerie demeura une élite sociale et militaire pendant toute la période médiévale.

Le château fort

Le château, cœur du système féodal, était un bâtiment polyvalent : le seigneur recevait dans sa résidence (où logeaient également sa famille et sa domesticité) tous ses vassaux, et il y tenait sa cour de justice. Le château – fortifié – faisait encore office de base militaire, d'où il était possible de défendre un territoire entier.

Certains châteaux furent des résidences royales. À une époque où les moyens de communication étaient pratiquement inexistants, le roi – afin d'asseoir son autorité – n'avait d'autre choix que de se déplacer en permanence, de château en château, à travers tout le royaume. Quelques vassaux occupaient des forteresses à la demande du roi, une mission qui faisait partie de leurs devoirs féodaux. Un château s'élevait traditionnellement dans une cour intérieure entourée de fortifications. Ses aménagements comprenaient une vaste pièce de réception, des chambres pour le seigneur ou le roi. Le chauffage était assuré par d'immenses cheminées et d'épaisses tapisseries recouvrant les murs. Le donjon, les casernes et les autres dépendances étaient bien moins confortablement équipés.

> « Un **vassal fidèle** doit… conseil et assistance à son seigneur. »
>
> FULBERT DE CHARTRES, LETTRE AU DUC GUILLAUME D'AQUITAINE, 1020

Hallebarde
Portée par les soldats à pied, la hallebarde est dotée d'une pointe acérée qui infligeait de terribles blessures. Elle était également utilisée pour déséquilibrer ou mutiler un cheval, ou désarçonner un chevalier.

Marteau d'armes
L'extrémité pointue du marteau se glissait entre les articulations de l'armure et pouvait percer la cuirasse.

Masse
Hérissée de piques, la masse était une arme redoutable capable de percer une cuirasse lorsqu'elle était lancée avec force.

ROI ANGLAIS (1027-1087)

GUILLAUME LE CONQUÉRANT

Guillaume, duc de Normandie, envahit l'Angleterre en 1066 et défit son rival, Harold, à la bataille d'Hastings. Devenu le roi Guillaume Ier, il appliqua le système féodal à l'Angleterre et prit pour vassaux des seigneurs normands, qui devinrent dès lors, et pour de nombreuses années, la classe dirigeante du pays. Le roi édifia des forteresses et commandita son célèbre inventaire, *Le Livre du Jugement Dernier*, dans lequel étaient recensées les terres et les richesses du royaume.

APRÈS »

Le système féodal disparut à mesure que le rôle des marchands grandissait et que l'imprimerie se diffusait en Europe.

L'ÉVOLUTION DE LA FÉODALITÉ
Au XIVe et XVe siècles, le **système féodal déclina** à la faveur de changements sociaux. Désormais, les vassaux préféraient verser des sommes d'argent plutôt que de guerroyer. À la même période, les **classes moyennes**, qui prospéraient en pratiquant le commerce, devinrent de plus en plus puissantes.

LA RENAISSANCE
Écrivains et artistes puisèrent leur inspiration dans la Grèce et la Rome antiques. Ce renouveau culturel, la **Renaissance 250-255 »**, insuffla à la peinture un réalisme tout à fait nouveau, fit naître des styles architecturaux inédits et motiva la traduction des textes anciens.

LA DIFFUSION DE L'IMPRIMERIE
Vers 1438, l'Allemand Gutenberg mit au point un procédé de typographie grâce auquel on pouvait désormais imprimer des livres. **Les idées nouvelles se propagèrent à travers l'Europe.**

MOMENT CLÉ 14 octobre 1066

La **bataille** d'Hastings

Hastings, dans le sud de l'Angleterre, vit l'armée anglo-saxonne d'Harold de Wessex s'opposer aux envahisseurs normands conduits par Guillaume de Normandie. Victorieux, le nouveau roi Guillaume Ier d'Angleterre entra dans l'Histoire sous le nom de Guillaume le Conquérant.

Au XIe siècle, les prétendants à la couronne d'Angleterre pullulaient. La faute en incombait à Édouard le Confesseur (1003-1066). En 1051, le roi d'Angleterre avait désigné Guillaume de Normandie pour successeur, mais vers 1060, sous la menace d'une invasion viking, il promit sa couronne au Danois Sven Estridsson. Quelques années plus tôt, Harald Hårdråde de Norvège s'était entendu tenir le même discours par un prédécesseur d'Édouard. Sans compter que les seigneurs locaux, eux, exigeaient un roi anglais… Édouard le Confesseur proclama alors Harold de Wessex comme héritier !

À la mort d'Édouard en janvier 1066, Harold monta sur le trône. Il partit aussitôt en guerre contre Harald Hårdråde qui avait envahi le nord du pays, et triompha. Au même moment, Guillaume de Normandie traversait la Manche et débarquait avec son armée sur la côte méridionale. Harold partit aussitôt pour le sud du pays, comptant sur l'effet de surprise.

Las ! Les hommes de Guillaume placés aux avant-postes donnèrent l'alarme et les Normands attaquèrent sitôt les troupes d'Harold en vue. Les forces en présence étaient équilibrées ; environ 8 000 hommes de chaque côté. Les Anglais prirent le dessus, leurs soldats à pied combattant au corps-à-corps, distribuant des coups de hache mortels. Soudain, une rumeur se répandit : Guillaume serait mort. Les Normands commencèrent à se disperser… quand Guillaume ôta son casque pour montrer à tous qu'il était bien vivant. Galvanisés, les archers et les cavaliers normands écrasèrent les Anglais, dont les forces physiques avaient été largement entamées par la traversée du pays. Blessé, Harold tomba entre les mains des chevaliers normands et fut tué. Guillaume pouvait crier victoire.

Le 25 décembre 1066, Guillaume fut couronné roi d'Angleterre. Il assit son pouvoir en octroyant des terres à ses seigneurs. L'aristocratie et les responsables des grands évêchés étaient d'origine normande, les hauts fonctionnaires s'exprimaient en français, les membres de la cour également : l'Angleterre se trouvait ainsi placée, pour plusieurs siècles, sous l'autorité normande.

La tapisserie de Bayeux
Témoignage historique exceptionnel, cette broderie de 70 m de long relate la succession d'événements qui a conduit à la bataille d'Hastings, et la bataille elle-même. Elle a vraisemblablement été réalisée en Angleterre, mais adopte le point de vue normand.

« Un **peuple intrinsèquement guerrier**… qui ne sait pas vivre sans combattre. »

GUILLAUME DE MALMESBURY DÉCRIVANT LES NORMANDS, *GESTA REGUM ANGLIAE*, XIIe SIÈCLE

HAROL D:

AVANT

Le christianisme survécut à la chute de Rome et se développa. En Europe, l'Église et l'État furent bientôt indissociables.

LA SURVIVANCE DU RITE ROMAIN
Le déclin de l'Empire romain et les **invasions barbares** des IVe-VIe siècles ne sonnèrent pas le glas de la chrétienté en Europe occidentale. La plupart des tribus germaniques pratiquaient l'**arianisme**, une variante du christianisme considérée comme une hérésie par la doctrine romaine. D'autres, comme les Francs, des **païens, se convertirent au christianisme**. Sur tout le territoire d'Europe occidentale conquit par l'Empire romain, le christianisme perdura. Aux VIe et VIIe siècles, il avait définitivement **triomphé de l'arianisme**. À la fin du VIe siècle, sous le pontificat de Grégoire le Grand, et du VIIe au XIe siècle, des **missionnaires** cherchèrent à évangéliser des régions restées païennes : l'Angleterre, le Danemark, les territoires slaves d'Europe centrale.

LE SCHISME D'ORIENT
L'Empire romain d'Orient prospéra longtemps après la chute de l'Empire d'Occident **198-199 »**. L'Église d'Orient, sous l'autorité du **patriarche de Constantinople**, s'éloigna progressivement de l'Église d'Occident, jusqu'au **Grand Schisme de 1054**.

L'ÉGLISE IMPÉRIALE
Sous le règne de **Charlemagne « 188-189**, l'Église et l'État étaient **étroitement liés**. L'Église constituait le cœur du système politique impérial : les ecclésiastiques étaient à la fois des professeurs et des conseillers. **Couronné** en l'an 800 par le **pape à Rome**, Charlemagne utilisa l'autorité de l'Église pour **accroître sa propre autorité** en tant qu'empereur et défenseur de la chrétienté. Il fut un modèle pour l'empereur germanique **Otton Ier « 188-189** qui nomma des évêques pour renforcer son pouvoir personnel au détriment de celui de l'aristocratie.

LA PREMIÈRE CROISADE
En 1095, l'Europe de la chrétienté croyait en ses chances d'arracher les **Terres saintes** du Moyen-Orient des mains des musulmans, grâce à une **campagne militaire 200-201 »**.

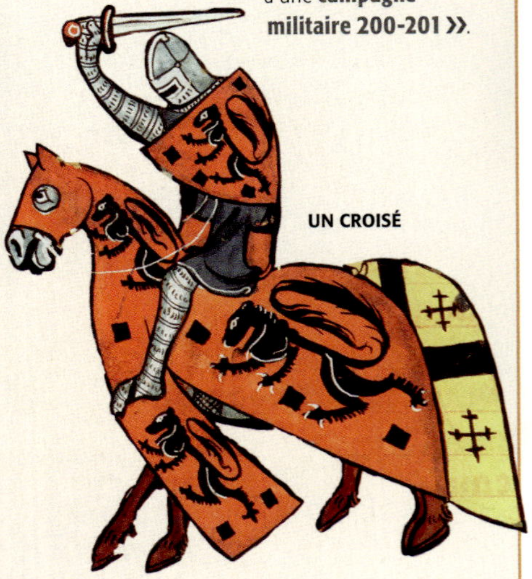

UN CROISÉ

La puissance et la gloire

Au Moyen Âge, une même religion unissait les nations d'Europe occidentale. Sous l'impulsion de papes réformateurs, l'Église s'était centralisée et affermie, jusqu'à devenir toute-puissante. De moins en moins tolérante, elle laissait aussi apparaître de profondes divisions.

Au début du XIe siècle, l'Europe occidentale vit enfin s'éloigner le péril des invasions barbares : Vikings venus du nord (voir p. 202-203), Musulmans du sud (voir p. 174-175), tribus païennes magyares des steppes d'Eurasie… Vers l'an 1000, débarrassée de ces menaces, la chrétienté n'était plus sur la défensive ; l'Église s'affirma, sûre d'elle, autoritaire.

Un désir de réforme

Cette confiance recouvrée s'accompagna d'un désir de réforme. Le mouvement fut initié par les grands centres d'enseignement et les gardiens des rites chrétiens des siècles précédents, c'est-à-dire les monastères. Des abbayes avaient fleuri dans l'Europe entière. Fruits d'initiatives privées, souvent placées sous l'autorité de seigneurs et bienfaiteurs laïcs, elles obéissaient à leur propre règle monastique. L'abbaye de Cluny, en Bourgogne, et celle de Gorze, en Rhénanie, furent les deux importants

Ce moine en chasuble blanche serait Bernard de Clairvaux, abbé de l'ordre réformateur de Cîteaux, ou cistercien.

Cet évêque anonyme porte le pallium, une bandelette de laine blanche rebrodée de croix.

Un cardinal (Niccolo Albertini di Prato), coiffé d'un chapeau à large bord, se tient à la droite du pape.

Le pape Benoît XI domine la scène. Autorité spirituelle suprême, il est le représentant de Dieu sur Terre.

Les religieuses vêtues de noir et blanc sont dominicaines, d'autres portent l'habit des franciscaines ou des carmélites.

Prêtres et moines des ordres augustinien, bénédictin, carmélite, dominicain et franciscain prient et discutent.

Les moutons symbolisent le troupeau de fidèles gardé par le pape ; ils sont surveillés par des chiens noir et blanc qui représentent les dominicains – allusion aux *Domini canes* (« les chiens du Seigneur » en latin).

foyers de réforme qui imposèrent leur conception de la règle de saint Benoît. Sous l'influence clunisienne, des communautés s'unirent pour constituer des ordres et participer ainsi à un renouveau monastique basé sur la prière, la discipline et l'érudition.

La pensée clunisienne fut aussi à l'origine de l'apparition de nouveaux ordres. De l'abbaye fondée à Cîteaux en 1098 naquit l'ordre cistercien, un mouvement spirituel incontournable : sous la conduite du très charismatique Bernard de Clairvaux, les cisterciens se détachèrent de Cluny dont ils désapprouvaient l'évidente opulence, pour prôner les vertus du travail manuel, d'une discipline stricte et de la pauvreté. Ces moines essaimèrent jusqu'aux frontières de l'Europe et établirent des communautés dans des régions inhospitalières et dangereuses.

La réforme pontificale

À la fin du XIe siècle, ce renouveau monastique provoqua une prise de conscience chez certains papes désireux d'établir une lisière plus marquée entre l'Église et la société civile. Léon IX voulut interdire le mariage des prêtres et la pratique de la simonie (achat de charges ecclésiastiques). Il tenta d'affirmer l'autorité pontificale en voyageant dans toute l'Europe et en convoquant régulièrement les évêques à des synodes (assemblées ecclésiastiques) organisés dans d'importantes cités. Le moine clunisien Hildebrand faisait partie du cercle des proches de Léon IX : pape sous le nom de Grégoire VII, il sera la figure de proue de la réforme « grégorienne ».

PHILOSOPHE ET THÉOLOGIEN ITALIEN (1225-1274)

SAINT THOMAS D'AQUIN

L'Italien Thomas d'Aquin, un frère dominicain, fut l'un des plus grands théologiens de son temps. Il réconcilia le christianisme avec la pensée d'Aristote, dont l'œuvre avait été récemment traduite. Sa *Summa Theologica* établit un parallèle systématique entre les théories aristotéliciennes et la doctrine chrétienne et pose ainsi les fondations intellectuelles de l'Église médiévale… qui constituent encore les bases de la doctrine catholique contemporaine. Homme replet et aimable, ce « docteur au visage d'ange » était respecté de tous, même de ses adversaires les plus résolus. Il fut canonisé en 1327.

Le souverain du Saint Empire romain Charles IV tient le globe pour signifier que la sécurité de l'Église est une responsabilité impériale.

Le roi de France Charles V se tient à la gauche de l'empereur, il représente les autres monarques laïcs de la chrétienté romaine.

Un noble anonyme occupe le dernier siège. L'épée rappelle qu'il a un devoir de protection envers l'Église.

À droite, un groupe de laïcs. L'homme en blanc arbore une jarretière dorée : c'est un chevalier membre de l'ordre anglais de la Jarretière.

Quatre pèlerins portent les symboles des principaux lieux de pèlerinage : un coquillage pour Saint-Jacques-de-Compostelle, un voile pour Rome, un rameau pour la Terre sainte.

L'Église dans la société
L'Église militante et triomphante, fresque du XIVe siècle réalisée par Andrea da Firenze, offre une vision idéale de la société médiévale. Trônant au centre de la scène, le pape domine les représentants de l'Église (à droite) et ceux de l'État (à gauche).

La querelle des Investitures

Pour voir le pape dominer la sphère temporelle comme la sphère spirituelle, Grégoire VII était prêt à défier les rois et les princes régnants. En 1075, peu de temps après son élection, il promulgua des décrets dans lesquels il se positionnait comme le chef spirituel de la chrétienté et affirmait que, s'il devait son élection à Dieu, c'était donc bien la preuve que son autorité était supérieure à celle des rois.

Le conflit le plus grave qui opposa Grégoire VII aux souverains concerna les nominations, ou investitures, des abbés et des évêques. Depuis le règne de Charlemagne (voir p. 188-189), les monarques procédaient personnellement à la nomination des hauts responsables de l'Église, s'assurant alors le soutien du clergé. Le pape était déterminé à ce que ces investitures ne dépendent plus désormais que de lui. En 1076, il refusa catégoriquement la nomination de l'évêque de Milan décidée par l'empereur Henri IV. L'affrontement semblait inévitable. Henri IV persuada les évêques du Saint Empire de déposer le pape ; Grégoire VII répliqua en l'excommuniant. Les princes germaniques décidèrent d'élire un nouvel empereur : acculé, Henri IV n'avait d'autres choix que se repentir et implorer le pardon pontifical. Après quatre jours d'âpres négociations, l'empereur était absous par le pape, mais la hache de guerre n'était pas pour autant enterrée. Un compromis – le concordat de Worms – fut trouvé en 1122, toutefois la querelle des Investitures avait durablement divisé l'Europe et plongé la Germanie dans la guerre civile pendant près d'un demi-siècle.

Diables et démons
La cathédrale Notre-Dame de Paris regorge de gargouilles telles que celle-ci. Dans la dramaturgie chrétienne médiévale, diables et démons luttent contre les anges et les saints.

Papes et antipapes

Dans toute la chrétienté, les pouvoirs spirituel et temporel s'affrontaient. Au XIIe siècle, Henri II d'Angleterre souhaita que les membres du clergé dépendent de la même autorité judiciaire que les laïcs, ce que refusait Thomas Becket, archevêque de Canterbury. »

Le sourire de Reims
Cette statue gothique de la cathédrale de Reims figure un ange au doux visage censé apaiser les souffrances terrestres des fidèles et leur promettre une félicité éternelle.

Bûcher d'hérétiques
Sous le regard du roi de France, des amauriciens sont brûlés vifs aux portes de Paris en 1210. Le règne de Philippe Auguste fut également marqué par la croisade contre les albigeois, hérésie cathare sévissant au sud de la France.

» Assassiné par des chevaliers à la solde du roi, Thomas Beckett fut érigé en martyre d'une Église qui aspirait à l'indépendance. Sa tombe – dans la cathédrale de Canterbury – devint l'un des hauts lieux de pèlerinage en Europe.

À la fin du XIVe siècle, c'est l'Église qui s'opposa à la papauté. Très autoritaire, le pape Urbain VI, élu en 1378, s'aliéna les cardinaux qui élurent alors un autre pape. Cet antipape, Clément VII, s'installa en France, à Avignon. Une crise d'envergure européenne éclata lorsque l'empereur germanique reconnut l'autorité d'Urbain VI tandis que le roi de France apportait son soutien au pape avignonnais. La rupture était consommée : ce Grand Schisme, qui vit se succéder papes et antipapes (il y eut même trois papes rivaux à un certain moment !), ternit l'image de la papauté. En 1414, le concile de Constance mit un terme à cette crise en reconnaissant la légitimité du pape de Rome.

De nouvelles attaches

Le pouvoir incontesté de l'Église la coupait d'une classe sociale en plein essor : les citadins. Marchands et artisans, et leurs familles, savaient lire et écrire. C'étaient eux qui propageaient désormais les idées neuves et non plus le clergé. Ils étaient d'ailleurs souvent plus instruits que leur curé… et plus ouverts à toutes nouvelles formes de piété.

Dans son ouvrage *L'Imitation de Jésus-Christ*, publié en 1418, Thomas a Kempis décrivait les habitants des villes soucieux d'une relation plus personnelle avec Dieu. L'art et la poésie n'étaient pas étrangers à ce désir, comme en témoignait la popularité grandissante de Notre Dame, la Vierge Marie, perçue comme plus proche que les autres saints. La relique de sa tunique, conservée dans la cathédrale de Chartres, attirait des pèlerins de l'Europe entière. Les reliques étaient tenues pour miraculeuses, capables de guérir tous les maux, physiques et moraux. Pour les plus riches, les pèlerinages étaient l'occasion de se repentir facilement, pour s'éviter un trop long séjour au purgatoire.

Deux ordres mendiants furent fondés au début du XIIIe siècle : les frères franciscains et dominicains avaient renoncé à leurs biens personnels et n'étaient rattachés à aucune abbaye. Ils faisaient partie intégrante de cette société urbaine émergente, construisaient des églises et des écoles au cœur de la cité et prêchaient sur les places publiques. Pratiquant la charité pour subvenir à leurs besoins, ils étaient de fait très proches du peuple. Les moines franciscains prônaient en particulier un retour à la simplicité et à la pauvreté ; ils souhaitaient vivre parmi les laïcs pour s'occuper des pauvres et prêcher le repentir.

Hérésies et Inquisition

De noir et blanc vêtus, les dominicains enseignaient et prêchaient l'orthodoxie religieuse et l'obéissance au pape. Leur ordre naquit à la faveur de la croisade contre les albigeois, ou cathares, membres d'un mouvement hérétique qui vit le jour au sud de la France. Pour les cathares, l'existence du diable remettait en cause la notion d'un Dieu unique et bienveillant.

Aux XIIIe et XIVe siècles, l'Église s'employa à définir une doctrine stricte ; elle ne pouvait donc plus tolérer la moindre dissidence ou les hérésies comme le catharisme. En 1229, le synode de Toulouse officialisa l'existence de tribunaux ecclésiastiques – l'Inquisition – chargés d'éradiquer toutes formes d'hérésie. Les inquisiteurs étaient en majorité des dominicains, c'est pourquoi ces tribunaux furent essentiellement établis en France et en Italie.

La persécution systématique des hérétiques – qui devait bientôt conduire à celle de quiconque émettait un avis contraire au canon catholique romain – révélait au grand jour la face obscure d'une Église médiévale redoutablement organisée et efficace.

Pèlerinage médiéval
Un groupe de fidèles quitte Canterbury, haut lieu de pèlerinage abritant le tombeau de Thomas Becket. Illustration du prologue des *Contes de Cantorbéry* de Geoffrey Chaucer.

Les grandes rosaces en vitrail sont caractéristiques des églises et cathédrales gothiques. Elles éclairent l'intérieur du bâtiment d'une lumière multicolore.

FONDATEUR DE L'ORDRE FRANCISCAIN (v. 1182-1226)

SAINT FRANÇOIS D'ASSISE

Fils d'un riche marchand de la ville italienne d'Assise, François vécut une jeunesse insouciante. En 1206, un sermon l'encourage à donner toutes ses possessions personnelles. Il mena dès lors une existence de mendiant. Pieds nus, il prêchait le repentir et portait assistance aux pauvres. François fut bientôt rejoint par deux compagnons, et tous les trois décidèrent d'adopter la vie pauvre et simple qui fut celle de Jésus et de ses apôtres. En 1210, le pape Innocent III approuva la création du nouvel ordre des Franciscains qui comptait, à la mort de François en 1226, des milliers de disciples.

3 000 MÈTRES CARRÉS de vitraux éclairent la cathédrale de Chartres. Le bâtiment conserve de nos jours 152 de ses 186 vitraux d'origine.

Des croisées d'ogives outiennent le poids de la nef, la lus haute de France à l'époque de sa construction.

Les flèches vertigineuses sont érigées grâce aux ogives en lancette et aux arcs-boutants, une technique qui confère aux bâtiments gothiques leur légèreté et leurs dimensions exceptionnelles.

La cathédrale de Chartres
La grande cathédrale de Chartres est un chef-d'œuvre de l'architecture gothique qui apparut en France au XIIe siècle et fleurit tout au long de la période médiévale. Les édifices sont reconnaissables à leurs arcs brisés, leurs larges baies, leurs ensembles de colonnades, leurs flèches vertigineuses, symboles de la majesté et de la splendeur de Dieu. La cathédrale fut essentiellement construite sur la période 1194-1220.

Les arcs-boutants ceignent et soutiennent les murs et les flèches. Caractéristiques de l'architecture gothique, les arcs-boutants de la cathédrale de Chartres sont particulièrement ouvragés.

La rosace occidentale illustre le Jugement dernier. La cathédrale compte un total de trois rosaces, conférant à sa nef une lumière chaude et dorée.

Le portail royal présente un remarquable ensemble sculpté. Les statues de rois et de reines symbolisent l'autorité spirituelle des monarques français.

L'immense nef, la plus large de France, offre une vue ininterrompue sur toute la longueur de la cathédrale.

APRÈS

Excès et soupçons de corruption, nouvelles idées et nouvelles convictions religieuses : l'unité de l'Église était désormais sérieusement menacée.

LA RÉFORME

Au XVIe siècle, le mouvement de **Réforme 256-259 »** mit un terme à l'unité de l'Église en Europe occidentale et fit naître une foi protestante qui rejetait l'autorité pontificale. Cette Réforme trouve son origine en 1517, lorsqu'un prêtre nommé **Martin Luther** placarda sur les portes de la chapelle du château allemand de Wittenberg une liste de propositions. Il souhaitait faire naître un débat : grâce à l'essor de l'**imprimerie**, ses idées de réforme de l'Église catholique trouvèrent un écho en Allemagne en deux semaines à peine, et dans l'Europe entière un mois plus tard. Dès 1600, des églises **luthériennes** s'implantèrent en Allemagne et en Scandinavie ; des églises **calvinistes** en Écosse, en Suisse et aux Pays-Bas ; enfin des églises **anglicanes** en Angleterre et au pays de Galles.

LA GRANDE BIBLE, EN ANGLAIS

DES BIBLES VERNACULAIRES

Pour **Luther** comme pour d'autres réformateurs protestants – **Calvin** ou **Zwingli** –, le droit de critiquer l'Église se trouve dans la **parole de Dieu**, c'est-à-dire les **Écritures saintes**. Pour que le peuple y ait accès, il fallait les traduire du **latin** – que pratique l'élite ecclésiastique – en langage **vernaculaire**, le langage courant. Luther ne perdit pas de temps et **traduisit aussitôt la Bible** en allemand, ce qui facilita la diffusion du luthéranisme en Allemagne, en Scandinavie, en Pologne et en Hongrie. Partout ailleurs, l'**impression de bibles traduites** était en cours. La **première traduction autorisée des Écritures saintes en anglais** – la Grande Bible – fut l'œuvre de Miles Coverdale et fut publiée en 1538.

« Où règnent **charité** et **sagesse**, il n'y a **ni peur ni ignorance**. »

SAINT FRANÇOIS D'ASSISE, *ADMONITIONS*, v. 1220

AVANT

L'Empire byzantin est une émanation de l'Empire romain d'Orient. Il se forgea une culture qui lui était propre et qui remplaça les traditions de la Rome antique.

BYZANCE
Selon la légende, **Byzas**, roi de Mégare, aurait fondé la cité grecque de Byzance en 667 av. J.-C. sur l'injonction de l'oracle de Delphes **« 94**.

UNE PREMIÈRE DIVISION
En 293 apr. J.-C., l'empereur **Dioclétien** partagea l'Empire romain **« 110-113**. Un empereur («Auguste») régnait sur l'est, un autre sur l'ouest, avec l'aide de deux jeunes co-empereurs (les «césars»).

UNE NOUVELLE CAPITALE
En 324, **Constantin** défit son dernier adversaire et resta seul empereur **« 148-149**. Il décida de bâtir une nouvelle capitale, *Nova Roma* («Nouvelle Rome»), à Byzance. Achevée en 330, elle fut rebaptisée **Constantinople** à la mort de l'empereur.

LA SCISSION DÉFINITIVE
En 395, **Théodose** partagea l'Empire romain. L'Empire d'Orient était gouverné depuis Constantinople. Le dernier empereur d'Occident fut déposé en 476, mais, à cette date, les Goths, les Vandales, les Francs et d'autres tribus barbares dirigeaient déjà l'Europe occidentale **« 188-189**.

IMPÉRATRICE BYZANTINE (500-548)

THÉODORA

Fille d'un dresseur d'ours, comédienne et – certains l'affirment – prostituée, Théodora épousa Justinien en 523. Lorsque ce dernier accéda au trône en 527, elle s'avéra une conseillère avisée. Sa conduite courageuse pendant la sédition Nika en 532 sauva probablement l'empire. Elle fit valoir son rang pour défendre le droit des femmes que la société byzantine oppressait. Théodora est une sainte de l'Église orthodoxe.

Sainte-Sophie
Construite de 532 à 537 sous le règne de Justinien II, Sainte-Sophie (en grec *Hagia Sophia*, «sagesse divine») fut convertie en mosquée par les Ottomans en 1453. Elle subit maintes transformations, mais demeure un chef-d'œuvre de l'architecture byzantine.

L'Empire byzantin

Constantinople, brillante métropole, présidera pendant plus d'un millénaire aux destinées de l'Empire byzantin. Ce foyer religieux et culturel fut aussi une puissance militaire formant un rempart entre le reste du monde et l'Europe, permettant à cette dernière de se relever des ruines de l'Empire romain.

L'expression « Empire byzantin » désigne une entité distincte de l'Empire romain. Pourtant, les Byzantins se disaient « Romains » et nommaient leur royaume « empire des Romains ». Capitale de l'Empire romain depuis le règne de Constantin (306-337), Constantinople était, bien davantage que Rome, le véritable cœur de la civilisation méditerranéenne. La ville occupait une position stratégique lui permettant de contrôler les routes commerciales reliant l'Asie à l'Europe et le détroit par lequel communiquent mer Noire et Méditerranée. En 476, le chef barbare Odoacre déposa Romulus Augustule, le dernier empereur d'Occident. Demeuré seul à la tête de l'Empire romain, l'empereur byzantin Zénon parvint à détourner Théodoric, chef des Ostrogoths, de ses visées sur l'Est en le persuadant plutôt de conquérir l'Italie.

Reliquaire byzantin
Soustrait au sac de Constantinople de 1204, ce reliquaire en émail doré aurait contenu un fragment de la Vraie Croix.

Succès et revers

L'empereur Justinien, qui régna de 527 à 565, tenta le premier de récupérer les territoires occidentaux perdus. Ses troupes reprirent l'Afrique du Nord aux Vandales et recouvrèrent la majeure partie de l'Italie. L'héritage culturel de Justinien est considérable : l'empereur fit ériger de magnifiques églises et codifia le droit romain.

Pendant ce temps, à l'Est, tout n'allait pas de soi. En 540, les Sassanides de Perse (voir p. 122-123), en dépit d'un traité précédemment signé avec Justinien, envahirent l'Empire et s'emparèrent d'Antioche. Perses et Byzantins s'affrontèrent jusqu'en 628, date à laquelle l'empereur Héraclius remporta une victoire décisive. Toutefois, ce dernier dut aussitôt faire face à une invasion des Arabes musulmans (voir p. 174-177) et perdit de nombreux territoires au profit de l'islam. De 674 à 678, Constantinople fut assiégée. La ville résista grâce à une arme secrète, le feu grégeois, un liquide inflammable que les Byzantins projetaient à l'aide d'un tube (comme un lance-flammes) et dont la composition n'est jamais parvenue jusqu'à nous.

Les Lombards d'Italie et les Bulgares de la péninsule des Balkans vinrent grossir le rang des ennemis de Constantinople… mais l'empire survécut. Héraclius divisa le territoire en circonscriptions administratives militaires – les thèmes – dirigées par un général, ou stratège.

L'orthodoxie

Malgré l'instabilité chronique de l'empire et les épidémies de peste, Constantinople demeurait la plus grande ville du monde, notamment grâce

BYZANTIN Désigne la partie orientale de l'Empire romain après la chute de celui-ci en 1453, et s'applique aussi au style architectural de l'Empire, ses dômes et ses mosaïques caractéristiques. L'adjectif « byzantin » est synonyme de « complexe » (on parle de « querelles byzantines »).

La *Mosaïque des donateurs*
Située au-dessus de l'entrée sud-ouest, dans le vestibule des Guerriers, cette mosaïque met en scène la consécration de Sainte-Sophie : l'église est dédiée au Christ, et Constantinople est confirmée dans son rôle de capitale de la chrétienté.

L'empereur Justinien
remet l'église de la Sagesse Divine *(Hagia Sophia)* à la Vierge Marie et à l'Enfant Jésus.

au christianisme, dont elle était un important foyer. L'Église byzantine était une Église « orthodoxe » – toute autre forme de christianisme pratiquée en Orient était considérée hérétique. L'empereur était le représentant de Dieu sur Terre, ce qui lui conférait une autorité immense… et lui causait de nombreux problèmes. Léon III, qui régna de 717 à 741, en lutte contre le culte des icônes, imposa la destruction des images religieuses, provoquant ainsi la « querelle iconoclaste ». L'Empire s'enflamma, les icônes furent restaurées, à condition qu'elles soient désormais « vénérées » et non plus « adorées ». À mesure qu'éclataient des controverses de cette nature, le fossé entre les Églises d'Orient et d'Occident se creusait.

Un empire qui s'atrophie
Des siècles d'invasion, depuis l'ouest et l'est, réduisent le territoire byzantin de façon progressive mais significative.

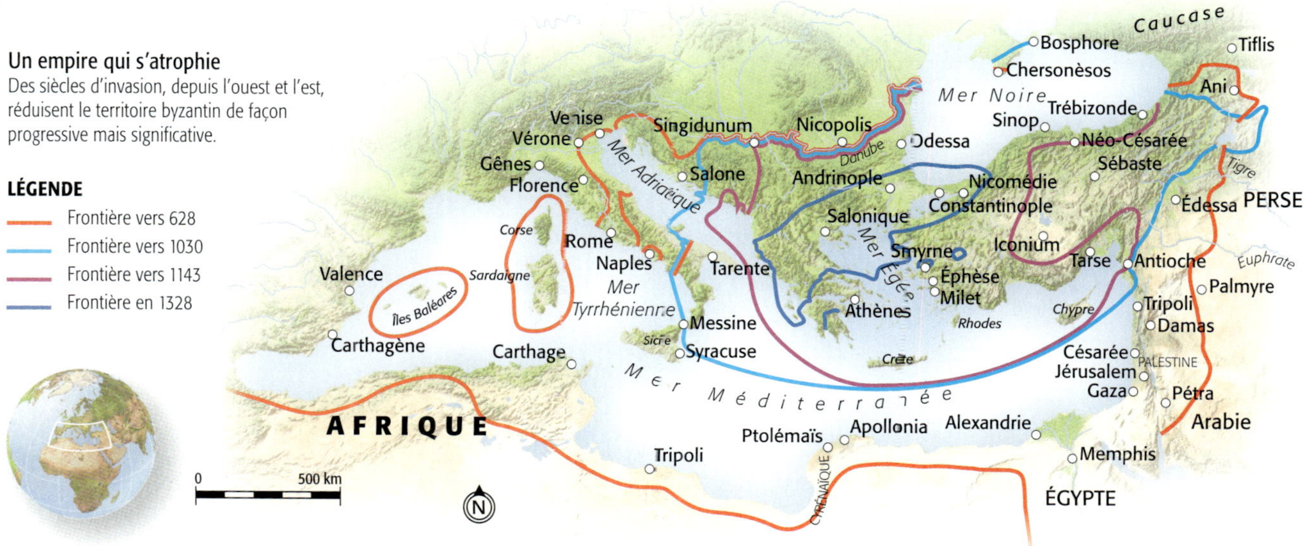

Renaissance et déclin

De la fin du IXe au début du XIe siècle, les empereurs macédoniens insufflèrent à l'empire un bref renouveau. Ils reprirent le contrôle de la mer Adriatique, du sud de l'Italie et de l'intégralité de la Bulgarie. Des villes se développèrent, le commerce était en plein essor, des courants intellectuels et artistiques s'épanouirent. Pourtant, dès 1025, des difficultés réapparurent. Des empereurs faibles succédèrent à Basile II (928-1025) et négligèrent l'armée, autrefois si puissante. Ils durent affronter de nouveaux adversaires très déterminés, à l'image des Normands, maîtres du sud de l'Italie en 1071. Les Turcs Seldjoukides constituaient toutefois la menace la plus dangereuse et en 1080 en effet, l'Empire byzantin avait perdu presque toute l'Asie Mineure (actuelle Turquie). Son inexorable déclin commençait. L'empereur Alexis appela l'Occident à la rescousse, ce qui déclencha l'appel à la croisade (voir p. 200-201). Malheureusement, les croisés se préoccupaient plus de leur intérêt personnel que de celui de leurs frères d'Orient. En voulant apporter son soutien à Constantinople, la quatrième croisade au contraire précipita sa chute quand, en 1204, les croisés en route pour la Terre sainte pillèrent la capitale et démantelèrent l'empire.

Chevaux d'argent volés à Constantinople
Ces chevaux ornaient l'hippodrome que Constantin fit construire à Constantinople. Dérobés en 1204 par les Vénitiens, ils furent installés dans la basilique Saint-Marc, à Venise.

La Vierge Marie et Jésus sont représentés dans le plus pur style des icônes byzantines.

Constantin Ier, premier empereur chrétien et fondateur de Constantinople, remet la cité entre les mains de Marie et de Jésus.

APRÈS

En 1204, les croisés se partagèrent une grande partie du territoire, pourtant l'Empire byzantin survécut jusqu'à la prise de Constantinople par les Ottomans en 1453.

LES CONSÉQUENCES DU SAC
Après la quatrième croisade, Constantinople, vidée de ses habitants, se trouva en ruine. La **République de Venise** sortit grande bénéficiaire du pillage. Elle récupéra non seulement le commerce byzantin, mais fit envoyer à Venise un fabuleux butin.

CONSTANTINOPLE DEVIENT ISTANBUL
Le 29 mai 1453, les **Turcs Ottomans** **206-207 »** prenaient Constantinople. Ils rebaptisèrent la cité **Istanbul**, capitale du nouvel Empire ottoman **246-247 »**.

OTTOMANS CONTRE HABSBOURG
Une fois la chute de l'Empire byzantin consommée, les Ottomans achevèrent aisément leur conquête des Balkans. Ils furent finalement arrêtés par les Habsbourg à la **bataille de Vienne**, en 1683.

« AVANT

Le développement de l'islam aux frontières de l'Europe coïncida avec la montée en puissance, en Europe occidentale, d'une société dévote mais belliqueuse.

LA DIFFUSION DE L'ISLAM
En l'an 610, après avoir reçu la visite de l'ange Gabriel, Mahomet le prophète proclama la religion d'Allah parmi les tribus de la péninsule Arabique. Peu à peu, l'islam s'implanta également en Asie, en Afrique du Nord et en Europe « 174-177.

LA SITUATION EN EUROPE
Au XIe siècle, l'Europe occidentale porta son regard au-delà des frontières, à la recherche d'opportunités d'expansion territoriale. Longtemps, l'Empire byzantin, chrétien, a fait office de rempart entre l'Europe occidentale et l'Asie « 198-199. En 1071, ce rempart s'effondra lorsque l'armée byzantine fut écrasée à Mantzikert par les Turcs Seldjoukides musulmans.

Les croisades

Pendant plus de deux siècles, le Moyen-Orient fut le théâtre des affrontements qui opposèrent les musulmans à des armées chrétiennes bien décidées, au nom d'un idéal religieux, à récupérer la Terre sainte, la Palestine.

En 1095, au concile de Clermont, le pape Urbain II lança un appel à la croisade, invitant les chevaliers à libérer la ville sainte de Jérusalem et affranchir les chrétiens du joug musulman. En contrepartie, les combattants morts à la croisade se verraient accorder la rémission de tous leurs péchés. Cet appel souleva l'enthousiasme de l'assemblée, au cri de « Dieu le veut ! ». Dans les deux années qui suivirent, des milliers de soldats, les croisés, prirent les armes et se joignirent à ce pèlerinage d'un genre nouveau en Terre sainte.

L'origine de la croisade

L'idée d'une croisade n'était pas neuve, mais le discours d'Urbain II servit de catalyseur.

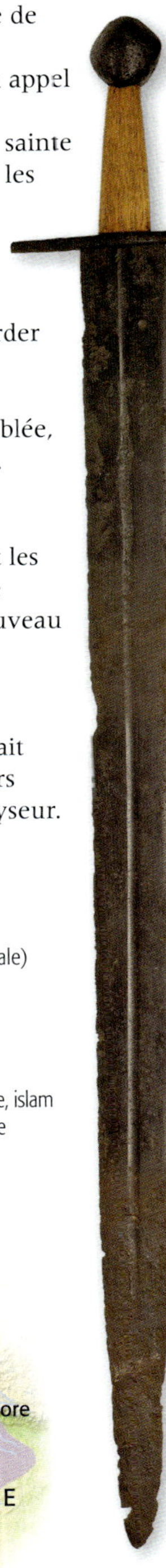

Épée de croisé
Les croisades popularisèrent cette épée à large lame, dotée d'une garde et d'un pommeau très sobres. Elle fit des ravages sur des ennemis qui ne portaient pas de solides armures.

Après la défaite des armées byzantines à Mantzikert, en 1071, l'empereur avait réclamé au pape un soutien militaire : Urbain II n'ignorait donc rien de la situation politique en Orient ; il voyait dans la croisade une occasion d'étendre l'influence pontificale, d'endiguer l'expansion de l'islam et de conquérir ce qu'il considérait comme des territoires païens.

Si surprenante soit-elle, l'adhésion populaire pour la croisade s'explique par plusieurs facteurs : le peuple était plus religieux qu'aux siècles précédents et la chevalerie avide de combattre et de s'approprier des terres. En légitimant le concept de « guerre sainte », la croisade répondait aux aspirations de chacun.

La première croisade

Sous la conduite du charismatique Pierre l'Hermite, la « croisade du peuple » – une armée hétéroclite réunissant paysans, chevaliers et fanatiques religieux – pénétra la première en Anatolie (actuelle Turquie) : dénuée de discipline, aveuglée par la ferveur religieuse, elle fut laminée par les Turcs Seldjoukides.

L'armée suivante était au contraire rompue à l'art de la guerre : cette troupe composée en majorité de Francs traversa aisément des régions inhospitalières et, en 1098, s'empara de la cité fortifiée d'Antioche, en Syrie. Un an plus tard les croisés parvenaient à Jérusalem. Assiégée, la ville finit par se rendre,

Détruite par le calife en 1009, l'église du Saint-Sépulcre fut reconstruite après la prise de Jérusalem en 1099.

Le patriarche de Jérusalem était le chef spirituel du royaume et le représentant du pape.

À cheval, protégés par une solide armure, les chevaliers formaient le gros des armées croisées.

La défense de Jérusalem
Les chevaliers croisés protègent l'église du Saint-Sépulcre de Jérusalem, lieu saint où le Christ aurait été enterré, et destination que rêvaient d'atteindre les pèlerins et les croisés.

LÉGENDE
- Terres musulmanes
- Église orthodoxe
- Église romaine (autorité pontificale)

La religion au XIe siècle
En Europe, en Afrique du Nord et au Moyen-Orient, les croyances se répartissaient entre catholicisme, islam et Église grecque orthodoxe (Empire byzantin).

Les guerres saintes
De 1095 à 1272, l'Europe organisa plusieurs expéditions à destination du Moyen-Orient et de l'Égypte.

1050 – 1100 – 1150 – 1200 – 1250

1071 Les Turcs Seldjoukides écrasent l'armée byzantine à la **bataille de Mantzikert**. L'empereur byzantin réclame l'aide du pape.

1095 Le pape Urbain II lance l'appel à la croisade au **concile de Clermont**. L'adhésion populaire est immense.

1099 La première croisade s'achève par la prise de Jérusalem et la fondation des États latins du Levant en Terre sainte.

1145-1149 La deuxième croisade échoue dans sa reconquête d'Édesse, perdue en 1144.

1187 Après avoir unifié les musulmans d'Orient, Saladin écrase les armées chrétiennes à la **bataille de Hattin**. Fin 1187, il reprend **Saint-Jean-d'Acre** et **Jérusalem**.

1189-1192 La troisième croisade est conduite par les rois de France et d'Angleterre, et par l'empereur germanique. Richard Ier, roi d'Angleterre, conclut une trêve avec Saladin.

1198 La quatrième croisade n'atteindra jamais la Terre sainte. Les croisés affrontent les Byzantins à Constantinople.

1217-1221 La cinquième croisade s'empare de Damiette en Égypte, mais capitule avant d'atteindre Le Caire.

1228-1229 Frédéric II met un terme à la **sixième croisade** en négociant la rétrocession de Jérusalem et une trêve de dix ans avec le sultan ayyubide d'Égypte.

1244 Les Ayyubides reprennent **Jérusalem** aux chrétiens.

1248-1254 La capture de Saint Louis signe la **fin de la septième croisade**. Le roi est libéré contre 50 000 besants d'or.

1270 La huitième croisade conduit **Saint Louis** jusqu'à Tunis, en Afrique du Nord. Le roi de France meurt avant d'avoir pu atteindre la Terre sainte.

1291 Après la **chute de Saint-Jean-d'Acre**, les États latins du Levant sont abandonnés.

La fleur de lys, emblème du roi de France. Les chefs de la première croisade étaient francs dans leur grande majorité.

L'aigle impériale, emblème du Saint Empire romain. Les empereurs germaniques menèrent des expéditions vers l'Orient en 1145, 1189 et 1228.

SULTAN D'ÉGYPTE ET DE SYRIE (1138-1193)

SALADIN

Fondateur de la dynastie ayyubide et artisan de l'union des États musulmans du Moyen-Orient contre les croisés, Saladin était reconnu comme un chef valeureux et respectable. De nombreux récits témoignent de son esprit chevaleresque.

En 1187, Saladin triompha des croisés à la bataille de Hattin. Quand Jérusalem tomba trois mois plus tard, il y interdit tout massacre ou pillage. Saladin échoua à bouter les croisés hors de la Terre sainte et fut vaincu en 1191 à Arsouf par Richard Ier d'Angleterre, mais ses faits d'armes préludèrent à l'effondrement des États latins du Levant.

1 000 Nombre de lits mis à la disposition des pèlerins malades par l'ordre de Saint-Jean de Jérusalem, ou ordre des Hospitaliers. Religieux, l'ordre devint également militaire au XIIe siècle.

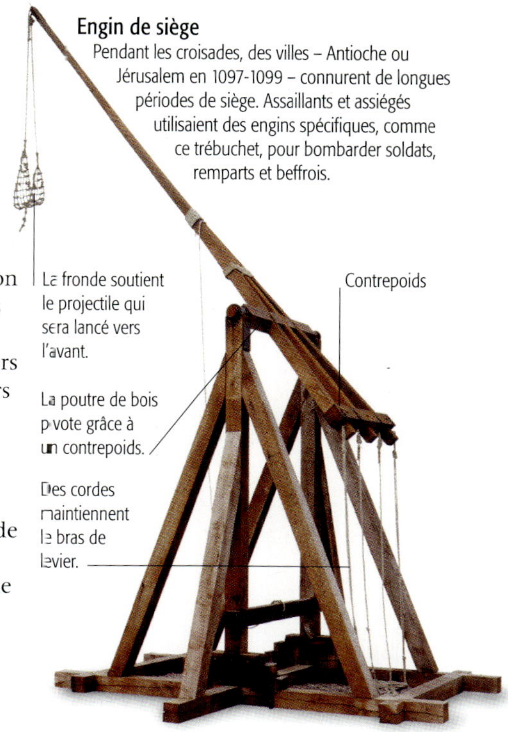

Engin de siège
Pendant les croisades, des villes – Antioche ou Jérusalem en 1097-1099 – connurent de longues périodes de siège. Assaillants et assiégés utilisaient des engins spécifiques, comme ce trébuchet, pour bombarder soldats, remparts et beffrois.

ses citoyens musulmans et juifs furent massacrés dans un bain de sang qui présageait des carnages à venir.

L'Outre-mer

Les croisés contrôlaient maintenant une bande de terre sur le littoral de la Palestine. Ils y établirent les États latins du Levant – royaume de Jérusalem, comtés d'Édesse et de Tripoli, principauté d'Antioche – qu'ils désignaient sous le nom d'Outre-mer. Ils érigèrent des forteresses, à l'image du krak des Chevaliers. Toutefois, subissant les assauts récurrents des musulmans, ils comptèrent sur les croisades futures pour les aider.

Sceau des Templiers
Unis dans leur service à Dieu, deux chevaliers partagent leur monture.

Les croisades favorisèrent la fondation d'ordres religieux et militaires – Templiers, Hospitaliers. Ces moines-soldats qui faisaient vœux de pauvreté et de chasteté pour consacrer leur vie à la protection de la Terre sainte constituèrent bientôt une véritable armée professionnelle. Ils combattaient avant tout pour leur propre intérêt plutôt que celui de leurs frères chrétiens, mais ils se forgèrent pourtant une réputation de guerriers hors pair : en 1187, après la bataille de Hattin, Saladin (voir ci-dessus) échangea tous les prisonniers contre une rançon… sauf les Templiers et les Hospitaliers, qu'il fit exécuter.

Les expéditions ultérieures

Les États musulmans en Terre sainte n'étaient pas préparés à la déferlante de la première croisade. On ne les y reprendrait plus. En 1145, la deuxième croisade échoua dans sa reconquête d'Édesse tombée aux mains de Nur al-Din, le chef musulman qui avait unifié la majeure partie de la Syrie contre les croisés. Dans les années 1180, la quasi-totalité des musulmans de Syrie et de Palestine s'était ralliée au successeur de Nur al-Din, Saladin. En 1187, Saladin détruisit les armées des États du Levant à la bataille de Hattin et s'empara de Jérusalem mais laissa la vie sauve aux chrétiens.

Les croisades suivantes – vers l'Égypte et la Terre Sainte – connurent autant de succès que de revers. En 1198, la quatrième croisade n'atteignit jamais la Terre sainte, mais enleva Constantinople aux Byzantins (voir p. 198-199). Puis les grandes expéditions organisées depuis l'Europe se firent de plus en plus rares, et la destinée des États latins du Levant de plus en plus incertaine.

Après la chute de Saint-Jean-d'Acre en 1291, il devint impossible d'assurer la défense de ces territoires. Les quelques cités encore aux mains des chrétiens furent progressivement abandonnées et les croisés boutés hors de la Terre sainte.

APRÈS

L'appât du gain et les enjeux politiques mirent rapidement à mal les idéaux des croisades.

LES CROISADES EN EUROPE
L'idée d'une guerre contre les ennemis de la chrétienté dépassa vite les frontières de la Terre sainte. Dès 1193, le pape **Célestin III** lança une croisade contre les **païens d'Europe du Nord**. En 1209, **Innocent III** annonça une expédition contre des **hérétiques** en France – la **croisade contre les albigeois**. Dans les années 1230, la croisade devint, pour le pape, une arme politique.

LA CHUTE DES TEMPLIERS
Désormais **riches et influents**, des ordres militaires comme les Templiers focalisèrent bien des critiques. En 1307, le roi de France **Philippe le Bel**, désireux de s'approprier leurs biens, accusa les Templiers d'**hérésie**. Le pape **Clément V** prononça la dissolution de l'ordre.

AVANT

Bien avant les premiers raids vikings, l'Europe avait connu des incursions étrangères et établi des liens commerciaux avec l'Orient.

LES MIGRATIONS VERS L'EMPIRE
Au Ve siècle, l'Orient attire de plus en plus : on venait y faire du commerce mais aussi s'établir durablement, car l'Empire romain était **stable et prospère** **« 110-113**.

UNE EXPLOSION DÉMOGRAPHIQUE
Aux IVe et Ve siècles avant notre ère, des immigrants affluèrent en si grand nombre qu'ils déstabilisèrent l'Empire romain, déjà en proie à des crises internes **« 150-151**.

ROMULUS AUGUSTULE

LA FIN D'UN EMPIRE
En 476, l'empereur Romulus Augustule, un jeune adolescent, fut déposé par Odoacre, l'un de ses généraux : c'en était fini de l'Empire romain d'Occident **« 150-151**. Sans la protection de Rome, **royaumes, principautés et seigneuries** devenaient très vulnérables.

Casque viking
La légende selon laquelle leurs casques – pourtant similaires à ceux de leurs adversaires – portaient des cornes vient vraisemblablement du fait que les Vikings étaient considérés comme des créatures diaboliques.

Pillards et commerçants

Les Scandinaves étaient certes des Barbares semant la terreur, mais également de prodigieux explorateurs et marchands… Du VIIIe au Xe siècle, ils pillèrent les monastères, fondèrent des villes et se rendirent maîtres de la France et de l'Angleterre. On les appelait les « Vikings ».

Pourquoi, au VIIIe siècle, des guerriers danois, norvégiens et suédois quittèrent-ils leur terre natale pour partir à l'assaut de l'Europe occidentale ? Les historiens avancent plusieurs hypothèses : la Scandinavie aurait connu une explosion démographique aux VIIe-VIIIe siècles, la rudesse du climat et du relief serait en cause ou le manque de terres cultivables. Il est avéré qu'il y avait peu de réserves de nourriture, et que les chefs locaux s'affrontaient pour garder la mainmise sur les ressources naturelles. Dans ce contexte, on comprend le besoin de partir à l'assaut de nouveaux territoires. Au sud, l'Empire carolingien (voir p. 188-189), l'Angleterre anglo-saxonne et l'Irlande étaient affaiblis par des dissensions internes : une aubaine pour les guerriers scandinaves.

Des attaques foudroyantes

Pour leurs premiers raids, les Vikings choisirent des cibles faciles : les villages de la côte frisonne (Pays-Bas) et de l'est de l'Angleterre, et des monastères – rarement fortifiés mais regorgeant de richesses. Les moines étaient impuissants à se défendre, et les Vikings, qui n'étaient pas chrétiens, ne répugnaient absolument pas à piller les églises et emporter des calices et autres trésors sacrés en or et en argent. Le monastère de Lindisfarne, sur la côte nord-ouest de l'Angleterre, fut dévasté en 793 et nombre de ses moines laissés pour morts. Deux ans plus tard, les monastères de l'île écossaise de Iona et de l'île de Rathlin, au nord de l'Irlande, connurent le même drame. Les moines en étaient réduits à prier pour que la météo fût si mauvaise que les hommes du Nord ne puissent naviguer. Parce qu'ils s'attaquaient en priorité aux monastères, les Vikings furent décrits comme des ennemis de Dieu. En vérité, bien que capables des pires crimes, ils n'étaient pas fondamentalement des adversaires du christianisme.

Dans les dernières années du règne du Charlemagne, les Vikings défièrent le pouvoir carolingien. Ils profitèrent de l'instabilité politique suscitée par la mort de l'empereur pour multiplier leurs incursions : dans les années 830, ils dévastèrent à trois reprises la ville de Dorestad, sur le Rhin.

L'effet de surprise

Fulgurants, les premiers raids vikings furent meurtriers. Les assaillants utilisaient pourtant les mêmes armes que leurs adversaires : des épées, des lances et des haches. Toutefois, les Vikings se révélèrent des marins hors pair, et leurs navires étaient remarquablement conçus. Leurs embarcations légères, à coque souple, leur permettaient de remonter les rivières, de traverser les lacs. Les Vikings pouvaient également porter leur bateau pour le remettre à l'eau des kilomètres plus loin !

S'établir durablement

Au cours du IXe siècle, les desseins vikings changèrent de nature. Ils commencèrent par s'installer sur des îles de la Seine ou à l'embouchure de la Loire pour laisser passer l'hiver. Puis, en 850, le roi de France Charles II le Chauve leur accorda quelques terres en contrepartie de leur aide dans le conflit l'opposant à son frère, l'empereur Lothaire. Leur influence sur les pouvoirs locaux devenant une réalité, les Scandinaves étaient désormais convaincus de l'utilité de leurs expéditions outre-mer. Tout en continuant leurs pillages, ils s'attachaient maintenant à acquérir des terres et à développer leur commerce : des intentions qu'ils réalisèrent sans rencontrer trop d'opposition, car pour qu'ils renoncent à leurs incursions, nombre de royaumes leur versaient des sommes colossales et leur attribuaient des terres. À titre d'exemple, de 991 à 1014 environ, les Anglais versèrent 68 tonnes d'argent aux rois scandinaves, un tribut appelé *danegeld* (littéralement « tribut aux Danois »). En 911, le roi de France Charles le Simple abandonna au chef viking Rollon la ville de Rouen et les terres alentour : ainsi naquit le duché de Normandie – Rollon était l'arrière-arrière-arrière-grand-père de Guillaume le Conquérant (voir p. 192-193). De 1016 à 1035, un Danois, Knud le Grand, régna à la fois sur le Danemark et l'Angleterre.

Épée viking
Les Vikings avaient pour coutume de se faire enterrer avec leur épée, précieuse alliée du voyage jusqu'à Valhöll, le « paradis » des guerriers.

Lance viking
Version guerrière du javelot moderne, ce fer de lance, attaché à un long pieu, était lancé en direction de l'ennemi.

Hache viking
La hache est le symbole de l'armement viking. Le guerrier la gardait à la main ou la lançait vers un attaquant.

COMMENT SAVONS-NOUS ?

DIRHAMS ARABES

Les Vikings pillèrent et commercèrent sur une zone géographique très étendue, ce que corrobore la découverte de pièces de monnaie dans des sites et des sépultures vikings. Ces dirhams arabes du IXe siècle furent retrouvés dans un établissement viking d'Écosse : ils prouvent que les Scandinaves, partis de la mer Baltique, remontèrent les fleuves russes pour atteindre l'Empire byzantin (voir p. 198-199) et le monde musulman (voir p. 174-175). Des pièces arabes de la même époque ont également été mises au jour à Birka (Suède) et Hedeby (Danemark).

Poids de mesure
Ces poids plaqués de cuivre furent découverts à Hemingby, en Suède. À chaque nombre de cercles correspond un certain poids.

Collier de verre
Ce collier d'inspiration orientale révèle que les artisans scandinaves empruntaient les techniques et les styles de toutes les régions du monde qu'ils connaissaient.

Bride en or
L'orfèvrerie viking était très ouvragée. Les silhouettes d'animaux entrelacées sont un thème récurrent.

Broche viking
On trouve fréquemment des broches dans les sépultures vikings. Elles servaient d'attaches pour les manteaux.

Un bateau viking à l'eau
Longs d'environ 21 m pour 5 m de large, une voile carrée attachée au mât, les navires vikings étaient dotés d'une proue sculptée de décors entrelacés.

Une voile carrée était attachée à ce mât.

Embarcation en chêne

De chaque côté, le navire présente 15 trous percés pour accueillir les rames.

Bateau viking
Cette embarcation provient de la nécropole royale d'Oseberg (Norvège) et date vraisemblablement des années 815-820. Identique aux bateaux utilisés lors des raids, il s'agit certainement d'un navire cérémoniel, à en juger par son poids et ses ornementations.

Les Vikings furent également de grands marchands qui voyagèrent de l'Islande à la Russie et sillonnèrent tout l'Empire musulman. Dès 841, des comptoirs vikings étaient créés à Dublin (Irlande) et dans la cité anglaise d'York. On attribue enfin aux Vikings la fondation du grand-duché de Kiev, l'ancêtre de la grande principauté de Moscou qui deviendra plus tard l'Empire russe.

« L'église de saint Cuthbert est **éclaboussée du sang des serviteurs de Dieu.** »

ALCUIN D'YORK, 793

APRÈS

L'ère viking prit fin au XIe siècle. Dans les royaumes de Norvège, de Suède et de Danemark, tout comme dans le reste de l'Europe, le pouvoir se centralisa.

LA FIN DE L'ÈRE VIKING

En 1500, des raids-éclairs comme aux IXe et Xe siècles n'étaient plus envisageables : les États s'étaient entre-temps dotés d'une **armée et d'une flotte organisées**. Les communautés pouvaient désormais se défendre contre des attaques du type de celles organisées par les Vikings.

LE COMMERCE TRIANGULAIRE

Les raids concernèrent bientôt essentiellement le commerce triangulaire **280-281 »** Aux XVIe, XVIIe et XVIIIe siècles, ils avaient pour cible les côtes occidentales de l'Afrique, où étaient embarqués les esclaves.

LES PILLARDS DES ANTILLES

À la même période, les méthodes des Vikings inspirèrent les corsaires et pirates qui sillonnaient la mer des Antilles pour **piller comptoirs commerciaux et navires marchands**.

LA LIGUE HANSÉATIQUE

À la fin du Moyen Âge (1100-1500), le commerce pouvait se révéler une activité dangereuse. Au XIIe siècle, les villes marchandes du nord de l'Allemagne et du pourtour de la Baltique s'associèrent pour former la **Ligue hanséatique** **276-277 »**. Elles commerçaient avec la région baltique, les Pays-Bas et l'Angleterre et importaient des denrées depuis l'Arabie et les confins des steppes russes. Les cités vikings de Kiev et de Novgorod devinrent les portes d'accès vers l'Orient. À son apogée, la ligue regroupait les **marchands de plus de 60 villes**. Son déclin s'amorça à la fin du XVe siècle.

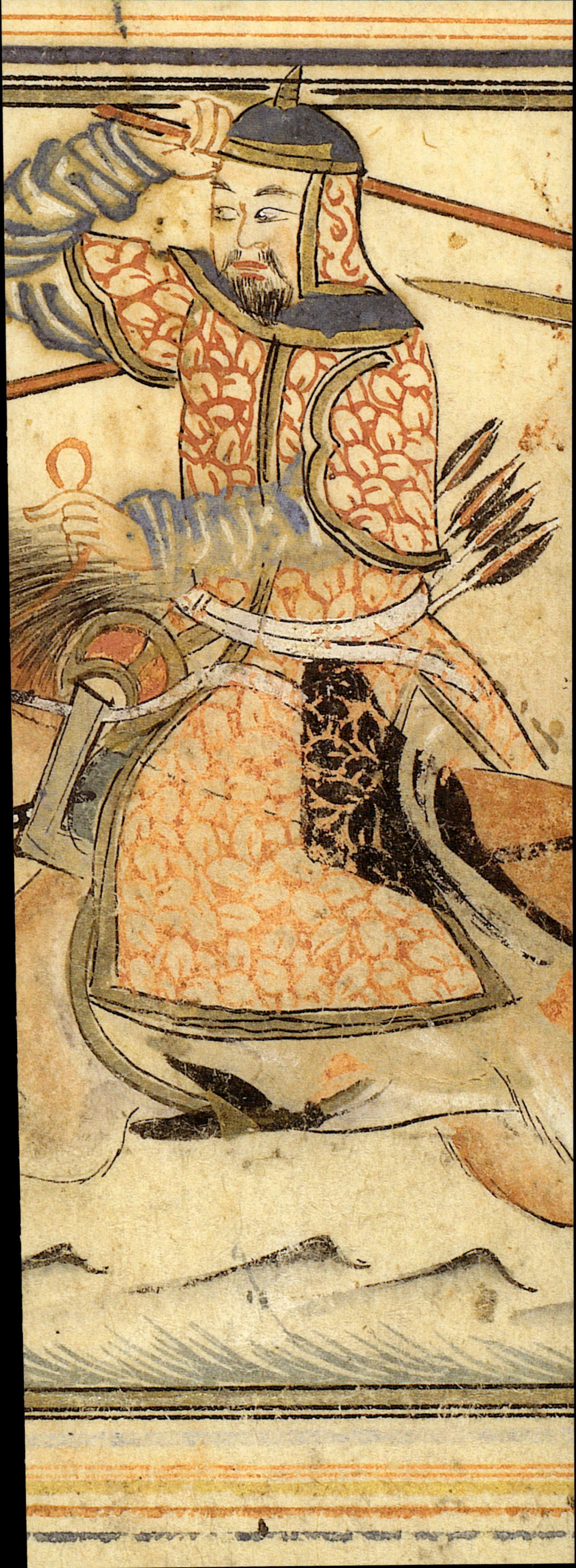

MOMENT CLÉ 3 septembre 1260

La **bataille** d'Aïn **Djalout**

Les Mongols, unifiés par Gengis Khan en 1206, organisèrent des raids successifs à travers l'Asie. En 1260, ils avaient conquis un véritable empire qui s'étendait de l'océan Pacifique jusqu'à la Méditerranée. On les croyait invincibles. Mais le 3 septembre, les sultans mamelouks les attendaient à Aïn Djalout, en Palestine.

À la mort du chef mongol Gengis Khan en 1227, ses enfants et petits-enfants se partagèrent le pouvoir sur l'ensemble des tribus mongoles. En 1255, l'un de ses petits-fils, Hulagu Khan, désigné chef d'une partie de l'armée mongole, conduisit ses hommes jusqu'au nord-ouest de la Perse – une longue route ponctuée de pillages et mises à sac. Trois ans plus tard, il triomphait du califat abbasside (voir p. 174-177) en s'emparant de Bagdad, qu'il réduisit en cendres en prenant soin de massacrer tous les habitants. Désormais maîtres de la Perse et de l'Iraq, les Mongols se dirigèrent vers l'ouest et la Méditerranée. En 1259, avec la prise de Damas, ils contrôlaient la Palestine et la Syrie.

Hulagu s'intéressa alors à l'Égypte. Il fit parvenir un message à ses chefs, les Mamelouks, leur demandant de se rendre sans combattre. Les Mamelouks étaient d'anciens esclaves enlevés à des tribus turques et formés au combat par les précédents souverains égyptiens qu'ils avaient fini par renverser. Ils gouvernaient selon des principes militaires et étaient peu enclins à se laisser menacer. C'est pourquoi ils tuèrent les envoyés de Hulagu et partirent affronter l'armée mongole en Palestine.

Au même moment, Hulagu apprenait que son frère, l'empereur mongol, se mourait. Désireux de s'approprier l'empire, Hulagu s'en retourna auprès de son frère avec une grande partie de ses hommes.

Les Mamelouks pénétrèrent en Palestine. Les forces en présence étaient à peu près égales. À Aïn Djalout – un site également connu sous le nom de source de Goliath – la cavalerie mamelouk n'eut pourtan aucun mal à écraser les Mongols. Ainsi les Mamelouks s'adjugèrent-ils la Syrie et la Palestine, dont ils expulsèrent les derniers croisés (voir p. 200-201) en 1291.

Cette première défaite d'importance porta un coup d'arrêt à l'avancée mongole vers l'ouest et généra des dissensions internes. En Iraq et en Perse, les Mongols fondèrent la dynastie ilkhanide et adoptèrent progressivement les coutumes, la religion et la langue locales.

Soldats mongols
Cette illustration persane du XIIIe siècle représente des soldats mongols. Fondé par Gengis Khan en 1206, l'Empire mongol fut l'un des plus vastes États de l'histoire de l'humanité : il rassemblait près de 100 millions d'individus et, à son apogée, s'étendait de l'est de l'Asie jusqu'au centre de l'Europe.

« C'est à vous de fuir et **à nous de vous poursuivre**… Nous ne serons pas prisonniers de vos forteresses. »

MESSAGE DE HULAGU EXIGEANT LA REDDITION DES MAMELOUKS, 1260

AVANT

Les tribus turques à l'origine de la fondation de l'Empire ottoman rassemblaient des cultivateurs semi-nomades des steppes de l'Asie centrale.

LES TURCS
Grâce au commerce, à la guerre et à l'action des missionnaires, les tribus turques entrèrent très tôt en contact avec l'islam. Nombre de **soldats** turcs réduits en **esclavage** par le **califat abbasside** **« 174-175** – l'empire musulman de Bagdad – se convertirent. Les régions non musulmanes jouxtant les possessions ottomanes d'Anatolie figuraient dès lors au premier rang des terres à annexer.

L'ANATOLIE
Avant que ne s'y établissent les tribus turques musulmanes, l'Anatolie appartenait à **l'Empire byzantin** **« 198-199**. Peuplée de petites communautés de cultivateurs grecs orthodoxes, la péninsule comptait aussi de grandes cités comme Nicée (aujourd'hui Izmir, en Turquie).

Soldats seldjoukides
Sur ce bas-relief du XIIIe siècle, des soldats seldjoukides en armure. Dynastie musulmane sunnite, les Seldjoukides régnèrent sur des régions d'Asie centrale et du Moyen-Orient du XIe au XIVe siècle.

L'avènement de l'Empire ottoman

Fondé en Anatolie (aujourd'hui, la Turquie) par une tribu de guerriers nomades, l'Empire ottoman exerça son autorité pendant sept cents ans sur un très vaste ensemble de territoires.

Au cours du Xe siècle, le califat de Bagdad se morcela pour bientôt ne plus contrôler que quelques provinces et finalement tomber aux mains de tribus turques venues d'Asie centrale. Les chefs de ces tribus, les Seldjoukides, prirent le titre de sultans (*sultan* signifie « autorité » en turc) et laissèrent en place les califes tout en exerçant eux-mêmes le pouvoir effectif. Cependant, les guerriers nomades eurent beau conserver les structures politiques existantes, les conflits avec les populations locales étaient fréquents.

En 1071, les Seldjoukides défirent l'empereur byzantin à l'est de l'Anatolie, et les Seldjoukides de Roum (parents de la dynastie seldjoukide) prirent le contrôle de la région. Après cette victoire, de nombreuses tribus semi-nomades vinrent s'installer en Anatolie, un territoire qui se prêtait tout à fait au mode de vie turc.

Casque ottoman
Ce casque date des années 1500. De grandes innovations techniques militaires donnèrent l'avantage aux Ottomans.

Dissolution

D'autres nomades, les Mongols, également originaires d'Asie centrale (p. 204-205), envahirent la quasi-totalité de l'Asie ainsi que quelques régions d'Europe. En 1258, leur armée avait conquis presque toute l'Anatolie, l'Iran, et l'Iraq : les Ilkhanides (*khan* signifie « chef » en mongol) renversèrent alors les Seldjoukides, et les Turcs d'Anatolie se virent contraints d'émigrer vers l'ouest, dans des contrées placées sous autorité byzantine.

La mainmise ilkhanide sur l'Anatolie fut de courte durée. Plusieurs tribus ne tardèrent pas à se partager la péninsule. Conduite par Osman, fils de Ertugrul, fondateur de la dynastie ottomane, l'une de ces tribus était stratégiquement située, contrôlant, à l'est, l'accès à Constantinople : dès lors, les Ottomans n'eurent aucun mal à prendre aux Byzantins plusieurs cités d'Anatolie, pourvoyeuses de richesses et de ressources naturelles. Ils annexèrent ensuite les terres bordant le détroit des Dardanelles : les Ottomans détenaient désormais les clés de la porte d'accès à l'Europe.

L'accès à l'estuaire étant bloqué, les Ottomans durent traîner leurs embarcations sur la terre ferme et contourner la ville.

La naissance d'un empire

Au milieu du XIVe siècle, les Ottomans combattirent aux côtés de l'empereur byzantin Jean VI Cantacuzène, confronté à une guerre civile. En contrepartie, l'empereur leur attribua des terres en Europe, sur la péninsule de Gallipoli. Déjà maîtres du centre et de l'ouest de l'Anatolie, les Ottomans s'égaillèrent alors en Europe, traversant l'est de la Thrace et les Balkans. C'est à cette période qu'ils commencèrent à faire usage de l'artillerie et mirent au

LÉGENDE
- Noyau de l'Empire ottoman vers 1300
- Territoires conquis par Osman Ier, vers 1300-1326
- Territoires conquis par Orhan Ier, vers 1326-1362
- Territoires conquis par Murad Ier, vers 1362-1389
- Territoires conquis par Bayezid Ier, vers 1389-1402
- Conquêtes ultérieures, 1481
- État vassal de l'Empire, 1481
- Sous autorité vénitienne vers 1450
- Siège

L'Empire ottoman
L'Empire ottoman s'est agrandi jusqu'à la fin du XVe siècle. La situation centrale de Constantinople, dont ils s'emparèrent en 1453 (voir ci-contre, la chute de la ville), permit aux Turcs d'asseoir leur autorité à la fois sur l'Europe et sur l'Asie.

Ces hautes tours étaient un atout pour les Byzantins. Les Ottomans eurent recours – en vain – à des beffrois pour se hisser à la même hauteur.

Constantin XI Paléologue, dernier empereur byzantin, conduisit l'assaut final, mais périt pendant l'attaque.

Les remparts résistèrent dans un premier temps. Les Ottomans tentèrent de s'introduire dans la ville en creusant sous les murs, en vain.

Le siège de Constantinople
Cette fresque du XVIe siècle dépeint le siège de Constantinople de 1453. Les Ottomans avaient déjà assiégé la ville à deux reprises, sans succès. Constantinople se rendit le 29 mai et fut mise à sac en trois jours. Le sultan Mehmed II, qui dirigea l'assaut final, consacra la fin de son règne à reconstruire et repeupler la ville.

L'artillerie ottomane surpassait l'artillerie byzantine. De puissants canons taillèrent une brèche dans les remparts de la ville.

Dès la chute de Constantinople, l'église Sainte-Sophie fut convertie en mosquée.

Les eaux du Bosphore protégeaient Constantinople. Mehmed II fit ériger des forteresses sur les rives du fleuve afin de prévenir toute invasion par voie maritime.

SULTAN OTTOMAN (1432-1481)

MEHMED II

Cette aquarelle du XVe siècle montre Mehmed II, sultan de l'Empire ottoman de 1451 à 1481, très serein. La réalité était autre. Dès son accession au sultanat, Mehmed fit étrangler son jeune frère pour mettre un terme à la guerre civile. Il combattit sans cesse et repoussa les frontières de son empire qui s'étendait sur la majeure partie des Balkans et de la Grèce, l'Anatolie, la haute vallée de l'Euphrate et certaines régions du littoral de la mer Noire.

point les tactiques militaires qui leur permirent ensuite d'affronter les Hongrois puis de conquérir Constantinople.

En 1397, les Ottomans durent repousser les assauts successifs d'une principauté voisine d'Anatolie et en profitèrent pour s'approprier toute la partie orientale de la péninsule. Ce faisant, ils se rapprochaient dangereusement de l'empire du Mongol Tamerlan, un territoire qui s'étendait sur l'Asie centrale, la Russie méridionale, l'Iran et l'Azerbaïdjan. En 1402, Tamerlan envahit l'Anatolie – qu'il pilla sans relâche pendant une année entière – et captura le chef ottoman Bayezid. Les fils de ce dernier se partagèrent ce qui restait de l'Anatolie et les territoires sis en Europe. La guerre civile qui s'ensuivit occupa deux générations. Murad II y mit un terme, récupéra les terres annexées par Tamerlan et sécurisa ses frontières. Il abdiqua en 1444 en faveur de son fils âgé de 12 ans, mais fut rappelé par ses vizirs lorsque la Hongrie attaqua. L'Empire ottoman s'étendait sur l'ouest et le nord de l'Anatolie et une grande partie des Balkans à la mort de Murad en 1451. Le plus grand sultan que connaîtra l'empire, Mehmed II (voir à gauche), lui succéda. Il consolida la défense aux frontières puis assiégea Constantinople en 1453. Après avoir failli disparaître un demi-siècle auparavant, rongé par la guerre civile et les dissensions internes, l'Empire ottoman condamnait à mort l'Empire byzantin en s'appropriant sa capitale et ses immenses richesses.

Poterie
Réalisée au Moyen-Orient au XIIIe siècle, cette poterie de faïence blanche est obtenue à partir d'un mélange d'argile et de verre pilé.

APRÈS »

L'Empire ottoman demeura une puissance culturelle et militaire au-delà du XVIIe siècle.

CÉRAMIQUE D'IZNIK

LA CÉRAMIQUE D'IZNIK
La céramique d'Iznik était particulièrement en vogue au XVIe siècle. Le règne de Soliman le Magnifique (1520-1566) marqua l'âge d'or de la culture ottomane **246-247 »**.

LES JANISSAIRES
Soldats d'élite de l'infanterie ottomane, les janissaires participèrent aux grandes campagnes militaires des XVIe et XVIIe siècles **246-247 »**. Au XVIIIe siècle, leur ingérence dans la vie politique était notable. Leur corps fut aboli après la révolte de 1826.

JANISSAIRE

AVANT

La chute de l'Empire romain provoqua le déclin des villes et des réseaux commerciaux d'Europe.

L'EMPIRE ROMAIN
À l'époque romaine **« 106-115**, l'Europe occidentale vit fleurir des villes jusqu'aux frontières de l'Empire – comme Trèves, en Germanie – et un important réseau routier. Le **commerce prospérait**. Après la déposition du dernier empereur d'Occident en 476, les **routes tombèrent en ruine** et les **villes furent abandonnées**. L'instabilité politique inquiétait, personne ne voulait plus dépenser son argent : on assista alors à une intensification de la pratique du **troc**.

UNE PORTE ROMAINE À TRÈVES

Au début du Moyen Âge, les villes d'Europe se résumaient à quelques foyers religieux hérités de l'Empire romain, dirigés par des évêques aussi puissants que des seigneurs laïcs, et à des cités aux vertus essentiellement défensives. Le commerce se développait. Pourtant, voyager demeurait une entreprise à haut risque, au vu de l'instabilité politique, et le troc avait encore de beaux jours devant lui, car on frappait peu de monnaie en raison de la rareté du métal blanc.

À partir du XIe siècle, la situation politique s'apaisa. La découverte de mines, en Saxe, permit d'accroître les réserves d'argent, de battre monnaie et de faciliter les échanges. Les cités italiennes en furent les premières bénéficiaires, pour deux raisons : cœur du bassin méditerranéen, l'Italie était le passage obligé des biens échangés entre l'Orient et l'Occident.

Un riche couple flamand
Le Prêteur et sa femme, peinture à l'huile de Quentin Metsys. Les habits et les livres sont révélateurs d'un niveau de vie élevé.

Cités marchandes

De 600 à 1450, les villes d'Europe n'avaient plus pour seule fonction de se défendre. Cosmopolites, elles s'affirmaient en tant que carrefour politique, commercial et artistique. Quelques cités italiennes acquirent même leur indépendance, et des villes de Flandre devinrent d'importants centres de production.

« Qui n'est pas **citoyen** [citadin] n'est pas pleinement un **homme**. »

RÉMI DE FLORENCE, FRÈRE DOMINICAIN, XIVe S.

Un fil entre l'Angleterre et le continent
Sur cette carte de 1572 apparaissent les principales villes flamandes, dont Bruges et Anvers. Au Moyen Âge, l'industrie drapière de ces importants centres de production exploitait de la laine anglaise.

Par ailleurs, des villes italiennes s'étaient affranchies de l'autorité d'un roi ou d'un empereur – aux XIIe et XIIIe siècles, les empereurs germaniques Frédéric Barberousse et Frédéric II durent renoncer à toute ingérence pour les laisser conduire leurs propres affaires et développer leurs activités commerciales.

Les cités-États d'Italie

La banque, la production textile et le transport maritime firent la fortune de villes et de familles. En Toscane, Florence et Sienne produisaient un drap de laine exporté dans toute l'Europe. Au nord de la Botte, Milan et Pavie s'étaient spécialisées dans les soieries. Banquiers accomplis, les Italiens prêtaient de l'argent à tous les souverains européens. La famille Riccardi de Lucques finança le règne – et les campagnes militaires fort coûteuses – d'Édouard Ier d'Angleterre (1271-1307). Elle fut d'ailleurs ruinée lorsque ses successeurs refusèrent de rembourser les sommes prêtées. Les ports de Pise, Gênes et Venise prospéraient. Venise fut à cette époque la première puissance maritime d'Europe, à la tête d'un véritable empire dans les Balkans et en Grèce.

Ducat d'or milanais
Cette pièce d'or du XVe siècle pesait bien moins que l'équivalent de sa valeur en pièces d'argent.

Mais Florence surpassait toutes les cités d'Italie. Oligarchie dirigée par les marchands les plus riches, elle avait assis sa fortune sur le textile et la finance. Aux XIe et XIIe siècles, lors des conflits récurrents opposant la papauté et le Saint Empire romain germanique, Florence offrit au pape un soutien sans failles. En contrepartie, elle vit s'ouvrir le lucratif marché de Rome et sa région. Commandant la Toscane, la ville de la puissante famille Médicis étendit sa mainmise sur d'autres places financières – Sienne, Lucques ou le port de Pise.

Les cités-États italiennes surent innover : en frappant des monnaies d'or, elles favorisèrent le commerce de biens coûteux qui ne pouvait se développer avec l'usage de seules pièces d'argent. Elles instaurèrent un système de comptabilité et d'assurance pour conserver une trace des transactions et anticiper les pertes en cas de naufrage d'un navire marchand.

MOMENT CLÉ

LA BATAILLE DE LEGNANO

En remportant la bataille de Legnano le 29 mai 1176, les cités-États du nord de l'Italie s'affranchirent définitivement de l'autorité de l'empereur du Saint Empire romain germanique, Frédéric Barberousse. Regroupées dans la Ligue lombarde, ces villes refusaient toute ingérence dans leurs affaires internes. Bénéficiant de l'appui du pape Alexandre III, elles se révoltèrent. Frédéric dévasta Milan, mais la Ligue lombarde écrasa les troupes impériales à Legnano, au nord-ouest de Milan.

Des réseaux commerciaux

Au XIIe siècle, le comté de Flandre prospérait au nord de l'Europe. Comme l'Italie, il bénéficiait d'une situation géographique avantageuse. À cheval sur les territoires des actuels Belgique et Pays-Bas, il était idéalement placé pour commercer avec l'Angleterre, la France et le Saint Empire romain.

À sa tête, les comtes de Flandre et de Hainault encourageaient le commerce en accordant des privilèges à leurs marchands. Dans les gigantesques foires annuelles de Lille et Anvers et de Champagne, les marchands flamands écoulaient sans peine le drap qui faisait la réputation de leurs ateliers.

« Les Trois Cités » – Gand, Bruges et Ypres, les plus importantes villes flamandes – regorgeaient d'ateliers où l'on transformait la laine en drap. C'est là que s'étaient établis les grands négociants et les guildes, ou associations de marchands. Les uns et les autres devinrent si puissants qu'ils finirent par diriger les affaires politiques de ces villes. La Flandre importait presque toutes ses matières premières, ainsi la laine de l'industrie drapière provenait-elle d'Angleterre. En revanche, elle exportait son maïs et son seigle, et cultivait des plantes dont elle tirait de la teinture destinée aux textiles, mais devait s'accommoder des strictes réglementations décrétées par les rois d'Angleterre soucieux de favoriser les textiles nationaux. À partir de 1277, la Flandre commença à délaisser l'Angleterre pour faire affaire avec l'Italie, et en particulier la ville de Gênes.

Les tours de San Gimignano
Ces tours témoignent des luttes intestines qui opposaient des familles rivales à l'intérieur même de la cité toscane.

30 000 **D'après le chroniqueur florentin Villani, nombre d'artisans employés dans l'industrie drapière florentine dans les années 1330, sur une population totale de 100 000 habitants.**

Bruges : des canaux pour le plaisir et le commerce
Le commerce métamorphosa les petites villes et enrichit marchands et artisans. Cette illustration datant de 1520 dépeint Bruges à l'apogée de sa prospérité. Son port sur la mer du Nord et ses canaux relient la ville à l'Angleterre, à Gênes et à bien d'autres cités marchandes.

APRÈS

Au cours du XVIe siècle, la réussite commerciale de la Flandre et de l'Italie déclina.

LES CITÉS-ÉTATS ITALIENNES

Le commerce italien souffrit du conflit armé qui opposa la France et l'Italie à propos du **duché de Milan**. En 1527, Charles Quint, empereur du Saint Empire romain germanique, prit Rome. La ville fut mise à sac par ses mercenaires, les lansquenets.

La **découverte de l'Amérique** ne bénéficia ni à l'Italie ni au bassin méditerranéen, mais plutôt aux pays de la façade atlantique : Angleterre, Portugal et Espagne.

L'EUROPE DU NORD

Le commerce flamand périclita lorsque l'**Angleterre** se mit à transformer sa propre laine – avec l'aide d'immigrés flamands. Toutefois, la **Ligue hanséatique**, une association de cités marchandes d'Europe du Nord, commerça sur l'ensemble de la Baltique et jusqu'en Angleterre.

LANSQUENET

AVANT

Avant l'arrivée des Espagnols, les civilisations maya, aztèque et inca étaient les cultures les plus brillantes du continent américain.

LES MAYAS
Les **Mayas** « **140-141** étaient implantés dans certaines régions du Mexique, du Guatemala, du Belize et du Honduras mille ans avant l'apogée de leur civilisation vers l'an 300.

LES AZTÈQUES
Les **Aztèques** arrivèrent vraisemblablement au **centre du Mexique** au XIIIe siècle. On ne connaît pas précisément leur région d'origine : nord du Mexique, sud-ouest des États-Unis.

LES INCAS
La modeste tribu établie à Cuzco au XIIe siècle **essaima** dans toute la région des **Andes** (actuels Pérou, Équateur et Chili).

LA CIVILISATION DU MISSISSIPPI
Au **sud-est des États-Unis**, les Mississippiens avaient en commun avec les cultures méso-américaines une **agriculture** basée sur le **maïs** et des villes dotées de grandes places et d'immenses tumulus cérémoniels.

L'Amérique précolombienne

Précurseurs dans les domaines de l'astronomie et des arts, les Mayas, les Aztèques et les Incas fondèrent les fabuleuses civilisations de l'Amérique précolombienne : de cultures différentes, ils partageaient des valeurs similaires, des rites religieux et une certaine idée de la spiritualité et de l'éducation.

Au contraire des Aztèques et des Incas qui soumirent des peuples et bâtirent d'extraordinaires empires, les Mayas échouèrent à unifier leurs tribus et à fonder une capitale. Toutefois, ils créèrent un ensemble de cités-États qui partageaient une langue, une culture, une religion. Grâce aux extraordinaires connaissances de leurs grands prêtres – intermédiaires entre les dieux et les hommes –, les Mayas excellaient dans les domaines des mathématiques, de l'astronomie, de l'architecture et de la construction, des arts et de l'écriture.

Les pratiques religieuses

Les Mayas vénéraient un panthéon divin, un point qu'ils avaient en commun avec les Aztèques et les Incas. Leurs rites s'appuyaient sur l'interprétation des cycles de la nature, et les dieux mayas étaient traditionnellement protéiformes : à la fois jeunes et âgés, d'aspect humain et animal, dotés d'un attribut propre à chaque sexe…

Représenté sous les traits d'un vieil homme, Itzam Ná, principale divinité maya, était l'inventeur de l'écriture et le patron du savoir et des sciences. Son épouse, IxChel, était la déesse de la Lune et la patronne du tissage, de la médecine et de la maternité.

Pour que l'harmonie règne dans l'Univers, il fallait honorer les dieux par des rites. Les cérémonies mayas débutaient généralement par une période de jeûne et d'abstinence.

Linteau de pierre sculpté à Yaxchilan
Cette sculpture dépeint les rites d'accession au trône de l'Oiseau-Jaguar. Face à lui, son épouse, Balam-Ix, passe une corde au travers de sa langue percée.

Masque de Quetzalcóatl
Ce masque en mosaïque turquoise sur bois de cèdre représenterait la divinité aztèque Quetzalcóatl, traditionnellement représentée sous les traits d'un serpent à plumes. Les dents sont en coquillages.

Suivaient des offrandes de nourriture et d'objets, des danses et éventuellement un sacrifice humain – systématique chez les Aztèques (voir à droite). Parfois, les prêtres incarnaient les dieux, ils consommaient alors des produits hallucinogènes supposés décupler leurs pouvoirs de divination. La cérémonie achevée, les Mayas festoyaient… et s'enivraient.

La civilisation maya postclassique

Vers l'an 800, on assista à l'effondrement des cités-États mayas des Basses-Terres. Plusieurs hypothèses expliqueraient leur disparition – catastrophes naturelles (épidémie, bouleversement climatique, appauvrissement des sols…), guerres, déclin de l'autorité des grands prêtres – sans qu'aucune ne prévale.

À partir de l'an 900, les grandes cités mayas s'établirent exclusivement dans le nord du Yucatán. L'une d'entre elles, Chichén Itzá, fut fondée dans la seconde moitié du VIIe siècle par une confédération rassemblant des tribus mayas des Basses-Terres et des peuples itzá, dont l'origine géographique demeure inconnue. Aux IXe et Xe siècles, Chichén Itzá fut une cité brillante, développée autour de nouveaux principes d'autorité partagée. La cité disparut dès 1050.

L'architecture de Chichén Itzá (voir p. 212-213) est étonnamment similaire à celle de Tula, cité toltèque située à 65 km au nord de Mexico qui connut son âge d'or à la même période. Quelle cité influença l'autre ? On l'ignore, mais il est évident qu'à cette époque des relations culturelles et commerciales solides existaient entre le centre et le sud du Mexique.

> « Nous restâmes saisis d'**admiration** en voyant tant de villes et de bourgs construits au **milieu de l'eau.** »
>
> BERNAL DIAZ DE CASTILLO DÉCOUVRANT LA CAPITALE AZTÈQUE DE TENOCHTITLÁN, 1519

L'Empire aztèque

Les Aztèques, ou Mexicas, régnèrent sur la vallée de Mexico aux XVe et XVIe siècles. Ils fondèrent leur capitale, Tenochtitlán (aujourd'hui Mexico), au XIVe siècle sur une île du lac Texcoco. Les marécages environnants ne les découragèrent pas : ils érigèrent des barrages pour capter l'eau des rivières émissaires du lac et cultivèrent des *chinampas,* terres fertiles aménagées sur des îlots artificiels.

Du noble à l'esclave, la société aztèque était très hiérarchisée. Les filles recevaient la

Autel sacrificiel en pierre
Les Aztèques déposaient sur ce *cuauhxicalli,* ou « réceptacle de l'aigle », l'offrande la plus précieuse : un cœur humain.

COMMENT SAVONS-NOUS ?

L'ASTRONOMIE MAYA

Érigée à Chichén Itzá, la pyramide de Kukulcán est un calendrier solaire. Son architecture joue avec le symbolisme numérique. Les quatre volées d'escaliers comptent 91 marches chacune, soit un total de 364 auquel s'ajoute une plate-forme centrale : 365, le nombre de jours dans une année solaire. Neuf terrasses flanquent ces escaliers, soit 18 terrasses pour chaque face de la pyramide : le calendrier solaire maya compte 18 mois. Chaque terrasse est bordée de 52 panneaux rappelant que les calendriers solaire et religieux concordent pendant un cycle de cinquante-deux ans.

même instruction que les garçons, lesquels étaient par ailleurs formés au combat, car une forte tradition guerrière imprégnait la culture aztèque. En 1520, les Aztèques avaient conquis un empire s'étendant sur tout le Mexique, depuis le golfe du Mexique jusqu'à l'océan Pacifique.

Comme les Mayas, les Aztèques vénéraient un panthéon divin lié à la création de l'Univers, au Soleil, à la fertilité, à la mort, à la guerre. Les deux principaux temples de la pyramide de Tenochtitlán étaient consacrés à Huitzilopochtli, dieu de la Guerre, et à Tlaloc, dieu de la Pluie et de l'Eau.

Il fallait également compter avec Quetzalcóatl le serpent à plumes, dieu du Vent, de la Créativité et de la Fertilité. Très versée dans le chant et la poésie, la société aztèque pratiquait paradoxalement les sacrifices humains, condition nécessaire pour que le Soleil effectue son voyage journalier de part et d'autre de la voûte céleste.

Le degré de violence des rites aztèques variait. En l'honneur de Huehueteotl, dieu du Feu, les prêtres arrachaient, à l'aide d'un crochet, le cœur de prisonniers préalablement anesthésiés. Les victimes étaient ensuite jetées dans un brasier. »

Les civilisations en Amérique vers 1520

Les Incas étaient établis dans les Andes en Amérique du Sud, les Aztèques à Tenochtitlán (aujourd'hui Mexico) et les Mayas dans la péninsule du Yucatán.

LÉGENDE
- Empire aztèque
- Empire inca
- Zone d'influence culturelle maya

0 2 000 km

Le cœur battant de la victime est présenté par le prêtre en offrande au dieu Soleil.

Le prêtre plonge un silex ou un couteau d'obsidienne dans la poitrine de la victime (la mort est presque instantanée). Il tranche ensuite les artères afin de prélever le cœur.

Le feu dans lequel on jette le cœur est conservé dans un récipient en forme d'aigle.

La victime est allongée sur le dos, sur une pierre, par des serviteurs (traditionnellement, quatre).

Le corps de la victime est descendu par les escaliers à l'issue du rite.

Sacrifice aztèque
Dans cette scène de sacrifice, la pyramide représente la Montagne sacrée du Serpent où, selon la mythologie aztèque, Huitzilopochtli, Soleil et dieu de la Guerre, démembra sa sœur Coyolxauhqui, la Lune.

» Pour vénérer Tezcatlipoca, les Aztèques choisissaient le plus beau et le plus courageux de leurs prisonniers de guerre. Pendant un an, cet homme, choyé, incarnait ce dieu composite, souvent considéré comme le rival de Quetzalcóatl. Il passait le dernier mois de son existence en compagnie de quatre « déesses » qui satisfaisaient le moindre de ses désirs. Il était ensuite sacrifié.

Les Incas

En Amérique du Sud, les Incas fondèrent le plus vaste empire précolombien qu'ils conquirent par la guerre ou l'assimilation pacifique des populations. Incroyablement rapide, l'expansion débuta vers 1438 sous le règne de Pachacútec (« le réformateur du monde »). Avec l'aide de son fils Túpac Yupanqui, il mit sur pied un gigantesque système fédéral avec quatre provinces dirigées par un gouverneur inca. Chaque conquête motivait la construction d'une route (pavée le plus souvent) reliant la nouvelle cité à la capitale Cuzco et au reste de l'empire. Les Incas ne possédaient pas de chevaux – ils utilisaient les lamas comme bêtes de somme – et ne connaissaient pas la roue – des coureurs se relayaient pour transmettre les messages. Une organisation interne très rodée leur permit d'annexer d'immenses États, comme le royaume de Chimor, berceau de la culture chimú, sur la côte nord du Pérou. À la mort de Túpac Yupanqui en 1493, les Incas avaient poussé leur frontière septentrionale jusqu'à Quito, en Équateur.

À l'image d'autres cultures américaines, les Incas élevèrent des temples à la gloire de leur panthéon dominé par Inti, le dieu du Soleil. La divination et les sacrifices d'animaux faisaient partie de leurs rites. Ils pratiquaient aussi – mais rarement – les sacrifices humains avec des enfants capturés dans les villages de l'empire.

La cité perdue des Incas
Machu Picchu est le site le mieux préservé de la civilisation inca. Abandonné au XVIe siècle, il témoigne d'une parfaite maîtrise des techniques d'architecture et de construction. Ses nombreux sanctuaires indiquent qu'il s'agissait d'un important foyer religieux.

INVENTION

QUIPU

Chez les Incas, un *quipu*, faisceau de cordelettes à nœuds, de couleurs différentes, servait à enregistrer des informations. Il comptait une dizaine, des centaines ou plusieurs milliers de cordelettes, tissées à partir de poil de lama et d'alpaga. Les *quipucamayocs* – comptables – utilisaient le *quipu* comme une machine à calculer, ils évaluaient les impôts et comptaient les têtes de bétail, recensaient la population et établissaient des inventaires. Le calcul était basé sur le système décimal. Les historiens incas racontèrent leur passé aux conquistadors espagnols à l'aide de *quipu* : on ignore si les cordelettes consignaient uniquement des nombres ou si elles pouvaient effectivement restituer un récit.

Culture et architecture

La civilisation inca se distingue par le degré de sophistication de son architecture. Les temples de pierre étaient érigés selon une méthode – utilisée de 300 av. J.-C. à 300 apr. J.-C. par les populations Pucará riveraines du lac Titicaca, au sud de Cuzco – qui ne réclamait l'emploi d'aucun mortier. Chaque pierre était taillée en autant d'étapes que nécessaires jusqu'à ce qu'elle s'emboîte parfaitement avec le bloc situé au-dessous. Les édifices bâtis selon ce principe étaient d'une stabilité à toute épreuve.

Machu Picchu

Avec Cuzco – qui fut pourtant très endommagé par les conquistadors espagnols (voir APRÈS) –, Machu Picchu est le site inca le mieux conservé. Extraordinaire témoignage des techniques incas d'aménagement du territoire et de construction, Machu Picchu est situé à 70 km au nord-ouest de Cuzco. L'ensemble fut vraisemblablement élevé au cours du XVe siècle. La qualité de la maçonnerie, la hauteur des édifices, la quantité de sanctuaires attestent qu'il s'agissait là d'un complexe qui dépassait en taille et en importance le simple village : peut-être l'une des résidences royales de Pachacútec ? Selon des chroniqueurs espagnols, l'empereur inca utilisa en effet plusieurs sites de ce type comme lieux de villégiature.

Poterie chimú
Les Chimú, peuple conquis par les Incas au XVe siècle, fabriquaient de remarquables poteries en forme de têtes humaines. Leur civilisation doit beaucoup à la culture mochica (voir p. 140).

La civilisation du Mississippi

Éloignée d'un point de vue géographique, la civilisation mississippienne présentait néanmoins de nombreux points communs avec les civilisations maya et aztèque, en particulier ces pyramides monumentales. Cette culture disparut aussi à l'arrivée des Espagnols, mais pour des raisons différentes (voir APRÈS).

La civilisation du Mississippi se développa vers l'an 800 dans la vallée de ce fleuve d'Amérique du Nord. Société hiérarchisée, elle pratiquait la culture intensive du maïs. Spiro Mounds (est de l'Oklahoma), Moundville (Alabama) et Etowah Mounds (nord de la Géorgie) rassemblaient les plus grandes densités de population, mais la ville la plus importante fut Cahokia Mounds (Collinsville, Illinois).

Peuplé du VIIe au XIVe siècle, Cahokia accueillait à son apogée environ 30 000 habitants qui construisirent des tumulus à sommets plats sur lesquels ils bâtirent des maisons, des édifices funéraires, des temples. Cahokia comptait au moins 120 tertres, dont plusieurs furent successivement agrandis. La cité entama son déclin

Le temple de Kukulcán
Dressé au cœur de Chichén Itzá, le temple de Kukulcán est dédié à Quetzalcóatl, le serpent à plumes des Aztèques et des Toltèques. Aux équinoxes de printemps et d'automne, le Soleil renvoyait sur les escaliers des triangles de lumière ondulants qui rejoignaient les énormes têtes de serpents sculptées au pied des marches, créant l'illusion parfaite d'un serpent géant rampant sur la pyramide.

vers 1200. En 1400, elle était totalement abandonnée. La population ne laissa derrière elle aucune trace écrite : le véritable nom de la ville est inconnu, « Cahokia » fait simplement référence à un clan illinois établi sur cette zone à l'arrivée des Français au XVIIe siècle. Les Mississippiens furent d'extraordinaires artistes. Des fouilles ont mis au jour des récipients en céramique ouvragés – probablement des trophées de guerre –, des pipes sculptées et des haches cérémonielles. Les chantiers archéologiques de Spiro Mounds révélèrent des disques de coquillages, vraisemblablement portés en guise de colliers, sur lesquels étaient peints des serpents et des soldats.

Monks Mouns, Cahokia
D'immenses tumulus pyramidaux se dressaient au cœur des cités de la civilisation du Mississippi. On érigeait sur ces tertres des temples pour les cérémonies des solstices d'été et d'hiver, et des édifices funéraires pour les habitants les plus fortunés.

APRÈS

L'arrivée des conquistadors espagnols eut des conséquences désastreuses sur les peuples méso-américains et sur la majeure partie de l'Amérique du Sud, annihilant des traditions et des modes de vie séculaires.

LES CONQUISTADORS

Arrivé au Mexique en 1519, **Hernán Cortés 230-231 ››** entendit parler de la fabuleuse cité aztèque de Tenochtitlán. Avec une troupe espagnole et quelques ennemis des Aztèques, il s'empara de la ville en 1521. Très endommagée, Tenochtitlán fut reconstruite par les Espagnols et baptisée Mexico, capitale de la vice-royauté de Nouvelle-Espagne.

Les **Espagnols** atteignirent le **Yucatán** vers 1524. Les Mayas eurent beau combattre vaillamment, toutes les communautés tombèrent aux mains des conquistadors. La dernière se rendit en 1697.

En 1532, **Francisco Pizarro 231 ››** obtint le feu vert pour abattre la puissance inca, affaiblie par des dissensions internes et une épidémie de variole. Les Incas capitulèrent en 1572.

LE SORT DES MISSISSIPPIENS

Le déclin de la culture du Mississippi – rongée par les **guerres civiles** et des problèmes de **malnutrition** – débuta avant l'arrivée des Espagnols et des Français, qui, de surcroît, apportèrent d'Europe de **nouvelles maladies**.

[1] CODEX MAYA

[2] BIJOU DE LÈVRE AZTÈQUE

[6] MASQUE EN MOSAÏQUE DE JADE REPRÉSENTANT UNE CHAUVE-SOURIS

[7] PIERRE SCULPTÉE, TEMPLO MAYOR

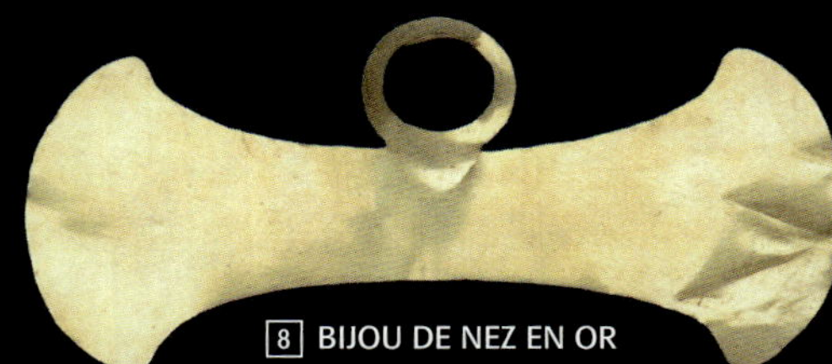

[8] BIJOU DE NEZ EN OR

[11] BALISE POUR JEU DE BALLE

[12] BOUCLIER EN PLUMES

Art aztèque et inca

Les objets décoratifs et sacrificiels des civilisations méso-américaine et d'Amérique du Sud racontent l'extraordinaire savoir-faire des artisans aztèques, toltèques et mayas du Mexique, et des Incas et Chimú du Pérou.

[1] **Codex maya** sur lequel sont représentés des hiéroglyphes et cinq divinités. Se déchiffre de bas en haut et de gauche à droite. [2] **Bijou de lèvre aztèque** en tête d'aigle ; des médailles sont accrochées sous le bec du rapace. [3] **Labret (ornementation de lèvre) aztèque,** artisanat mixtèque. Le bijou était inséré dans un trou pratiqué sous la lèvre inférieure. [4] **Masque toltèque** aux incrustations de nacre, provenant de Tula, cité toltèque située à 65 km au nord-ouest de l'actuel Mexico. [5] **Guerrier toltèque** en pierre sculptée, vêtu de sa tenue de combat. Ses bras levés soutenaient vraisemblablement un autel ou un reliquaire. [6] **Masque en mosaïque zapotèque** représentant une chauve-souris ; il est constitué de 25 morceaux de jade, les yeux jaunes sont en coquillage. [7] **Pierre ronde sculptée,** provenant du Templo Mayor de Mexico. On y voit les bras, les jambes, la tête et le torse de Coyolxauhqui, la déesse aztèque démembrée. [8] **Bijou de nez mixtèque** en or martelé. Ces bijoux se portaient au-dessus de la lèvre supérieure. [9] **Éventail péruvien** en plume d'ara, manche en laine brute tressée. [10] **Couteau sacrificiel** en pierre (silex), manche sculpté en forme de jaguar. [11] **Balise maya** – pilier surmonté d'un disque orné d'une spirale – utilisée lors des jeux de balle, très populaires dans les civilisations méso-américaines. [12] **Bouclier aztèque** en plumes avec peau de jaguar tendue et chapelets de plumes. Tous les guerriers aztèques en possédaient un semblable. [13] **Pichet chimú** décoré d'un visage d'homme ; en argent martelé ; d'origine péruvienne et à usage cérémoniel. Il s'agit peut-être du visage d'un homme ayant réellement existé. [14] **Parure de ceinture inca,** en or et à découpes rectangulaires. [15] **Brûleur à encens** décoratif maya, en forme de Chac (dieu maya de la Pluie) arborant une coiffe sophistiquée. [16] **Collier en or** trouvé dans la vallée de Mexico. [17] **Urne funéraire aztèque** en argile, ornée d'un dieu barbu, provenant du Templo Mayor de Mexico.

[14] PARURE DE CEINTURE

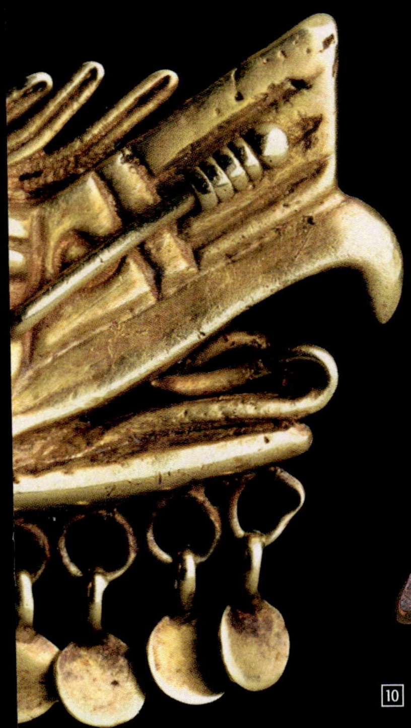

3 LABRET DE JADE

4 MASQUE GUERRIER TOLTÈQUE

10 COUTEAU SACRIFICIEL AZTÈQUE

5 GUERRIER TOLTÈQUE

9 ÉVENTAIL DE PLUMES

HET DÉCORÉ D'UN VISAGE D'HOMME

15 LE DIEJ MAYA DE LA PLUIE

16 COLLIER EN OR

17 URNE FUNÉRAIRE

AVANT

Un langage commun et l'ADN relient aujourd'hui sans aucun doute les Polynésiens à deux peuplades préhistoriques.

LES ORIGINES POLYNÉSIENNES
Les Polynésiens descendent d'une tribu du Sud-Est asiatique (probablement l'actuel Taïwan) et d'une communauté indigène de **Mélanésie** (près de la Papouasie-Nouvelle-Guinée). Toutes deux donnèrent naissance à la **civilisation lapita** dont les poteries remontent à 1600 av. J.-C. Au début de notre ère, elles se scindèrent en une multitude de tribus qui partirent à la découverte de l'Océanie.

COMMENT SAVONS-NOUS ?

LE MOA

Victimes de l'expansion polynésienne, les moas, gigantesques oiseaux incapables de voler et pouvant mesurer plus de 3,50 m, disparurent, chassés par les Maoris, colons de la Nouvelle-Zélande. Des explorateurs européens rapportèrent des squelettes à des scientifiques tels que Richard Owen (1804-1892).

L'expansion polynésienne

Dès l'an 700, l'Océanie n'avait plus de secrets pour les Polynésiens. D'abord établis sur les îles de Micronésie jusqu'ici inhabitées, ils poussèrent ensuite leurs explorations jusqu'à la Nouvelle-Zélande et l'île de Pâques. Ils développèrent là-bas de nouvelles civilisations.

Le peuplement des plus lointaines régions de la Polynésie – îles Samoa, Hawaii ou Nouvelle-Zélande – fut attesté au tout début du VIIIe siècle de notre ère. Toutefois, cet ensemble d'îles et d'archipels ne forma jamais un empire à l'image de ceux qui se constituèrent ailleurs dans le monde. Chaque communauté vivait en autarcie sur un territoire de superficie extrêmement variable. Ainsi la Polynésie vit-elle se développer de multiples cultures, riches d'un mode de vie, de traditions, d'outils qui leur étaient propres. Des tribus bâtirent des cités de pierre, d'autres fondèrent de petits villages au bord de l'océan. Les relations entre communautés se faisaient rares, mais, sur une même île, les conflits étaient récurrents.

Pendentif polynésien
Sans avoir jamais recours au métal, les Polynésiens fabriquèrent outils et des bijoux sophistiqués, comme ce pendentif en *pounamu*, ou jade de Nouvelle-Zélande.

De l'autre côté de l'océan

Les Polynésiens savaient construire de solides embarcations et maîtrisaient l'art de la navigation. Ils atteignirent vraisemblablement les côtes américaines une centaine d'année avant les Vikings. Ils n'hésitaient pas à s'embarquer pour de longs périples, dans des conditions climatiques souvent dangereuses. Leur but ? Découvrir des îles lointaines… Et les peupler. En effet, les Polynésiens s'établissaient définitivement une fois parvenus à destination, c'est pourquoi ils ne voyageaient pas « léger » mais emportaient famille, objets personnels, outils, plantes…

Des historiens ont argué que la colonisation polynésienne fut largement due au hasard : n'ayant pas de boussoles, les Polynésiens ne pouvaient décider à l'avance de leur itinéraire et seraient donc allés là où le vent les poussait. Cependant, de récentes découvertes prouvent que leurs aides à la navigation – étoiles, oiseaux, vents, courants et marées – étaient étonnamment fiables, même quand il s'agissait de traverser l'océan. Des explorateurs contemporains ont même réitéré leurs trajets à bord de répliques exactes de leurs embarcations.

Canoë à deux coques
Les Polynésiens sillonnèrent le Pacifique sur des embarcations semblables à celle-ci. La double coque servait à stocker des denrées.

887 **Nombre de *moai* retrouvés sur l'île de Pâques. Quelque 400 gisaient encore dans les carrières où ils furent sculptés, 288 étaient debout, les autres abandonnés au bord de chemins.**

INVENTION

CARTE À BÂTONS

Découverte sur les îles Marshall, dans l'océan Pacifique, cette carte primitive était l'une des nombreuses aides à la navigation utilisées par les Polynésiens. Cet assemblage de bâtons et de coquillages, qui ressemble peu aux actuelles cartes marines, matérialise pourtant courants et marées. Et plutôt que d'emporter les cartes avec eux, les marins les mémorisaient en les psalmodiant.

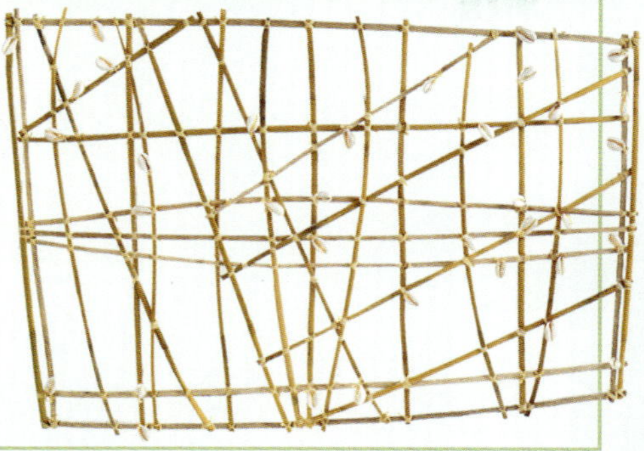

Les Polynésiens ne vivaient pas en parfaite harmonie avec la nature, comme on l'imaginerait volontiers. Investissant une nouvelle île, ils débarquaient avec leurs animaux – chiens, poulets, cochons (sans parler des inévitables rats) –, ce qui portait préjudice à l'environnement. Ils défrichaient pour cultiver les plantes apportées avec eux, et déboisaient pour construire des bateaux, fabriquer des outils, faire du feu. Les déséquilibres ainsi provoqués furent si marquants que de nos jours ce sont les témoignages archéologiques se rapportant à la disparition d'espèces végétales et animales qui permettent de dater le développement du peuplement polynésien en Océanie.

C'est également ce qui explique pourquoi, aujourd'hui, chaque île possède son propre écosystème, et une faune et une flore endémiques.

Les mystères de Rapa Nui

Rapa Nui est un archipel isolé aux confins de la Polynésie (l'île la plus proche est à 2 000 km). Plus connu sous le nom d'île de Pâques, il fut ainsi baptisé, car le premier Européen y aurait débarqué en 1722, le dimanche de Pâques. On ne sait dater avec précision le peuplement de l'archipel : vers l'an 300 pour certains, bien plus tard, vers 1200, pour d'autres.

Les archéologues s'accordent néanmoins sur un point : vers 1000-1200, il n'y avait plus d'arbres sur l'île de Pâques. Cette disparition fut certainement déclenchée par des changements climatiques et la prolifération de rats granivores, mais elle fut dramatiquement précipitée par la construction frénétique de *moai*. Ces têtes de pierre monumentales étaient taillées dans la roche volcanique, mais pour les déplacer, il fallait des rondins de bois.

Qu'étaient ces *moai* ? Qui représentaient-ils ? On l'ignore, mais l'on sait qu'ils furent érigés sur une très longue période... Et que bientôt il n'y eut plus d'arbres sur l'île. L'écosystème fut alors anéanti : sans arbres, les oiseaux, incapables de nicher, disparurent. Sans racines pour maintenir les sols, ceux-ci glissèrent dans l'océan. Sans bois pour construire des bateaux de pêche, les habitants eurent certainement recours au cannibalisme. Puis ils s'en prirent à ces visages de pierre qu'ils commencèrent à détruire comme ils avaient détruit leur environnement.

16 MILLIONS

Nombre estimé de palmiers sur Rapa Nui, lorsque l'île était encore inhabitée.

Les *moai*
Parvenus jusqu'à leur destination finale, ces *moai* étaient dressés sur le littoral de Rapa Nui, visages tournés vers l'intérieur des terres. Ils pourraient représenter les grands chefs de l'île.

APRÈS

L'arrivée des Européens sortit les Polynésiens de leur isolement géographique.

CONTACTS AVEC LES EUROPÉENS

Les Européens explorèrent l'Océanie dès 1567 **224-225 ››**. Ils furent suivis par les colons dont les armes, les croyances et les maladies annihilèrent les **cultures indigènes**. Des guerres éclatèrent. Cette lance date des guerres néo-zélandaises (1845-1872) qui opposèrent les Maoris aux Britanniques.

LANCE MAORIE

5

RENAISSANCE ET RÉFORME

1450-1750

Trente ans après la première traversée de l'Atlantique par Christophe Colomb, en 1492, une expédition portugaise réalisait la première circumnavigation. Dans le sillage des explorateurs européens partis en quête de nouveaux territoires, le commerce, déjà, allait se mondialiser. L'époque était aussi à la remise en cause des croyances établies, ce qui entraîna conflits et changements.

RENAISSANCE ET RÉFORME

1450-1750

1450

1453
Prise de Constantinople par les Ottomans ; chute de l'Empire byzantin
v. 1454
Impression de la bible de Gutenberg en Allemagne

1455
Guerre des Deux-Roses, opposant les maisons royales de Lancastre et de York pour le trône d'Angleterre

Bible de Gutenberg

1467
La guerre d'Onin, au Japon, ouvre un siècle de guerres internes et d'anarchie politique.

Presse à imprimer

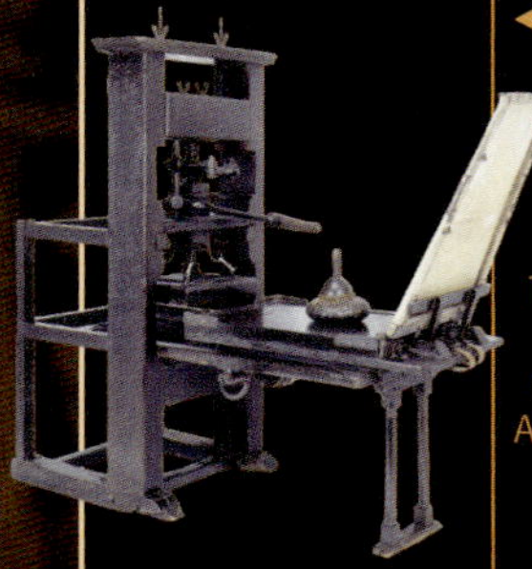

1468
L'Empire songhaï reprend Tombouctou aux Touaregs et devient la puissance dominante en Afrique de l'Ouest.

1470

1471
Conquête par les Viêts, en expansion vers le sud, de l'État hindou du Champa. Déclin de la civilisation khmère. Les Portugais prennent Tanger aux Maures.

Dépôt de l'armée inca

1472
Mariage d'Ivan III de Russie et de Sophie Paléologue ; Ivan prend le titre de tsar.
1475
Soumission des Chimú par les Incas ; expansion rapide de l'Empire inca

Isabelle de Castille

1477
Bataille de Nancy : mort de Charles le Téméraire ; la Bourgogne passe aux Habsbourg.
1479
Union des États espagnols de Castille et d'Aragon, à la faveur du mariage d'Isabelle Ire et de Ferdinand

1480
Ivan III soustrait Moscou à la domination mongole.
1485
Bataille de Bosworth, en Angleterre : Henri VII défait Richard III et fonde la dynastie des Tudors.

1490

1492
La reconquête chrétienne de l'Espagne s'achève avec la chute de Grenade. Première traversée de l'Atlantique par Christophe Colomb qui aborde les Antilles

1494
Traité de Tordesillas partageant le Nouveau Monde entre Espagne et Portugal. Début des guerres d'Italie : Charles VIII, revendiquant Naples, pénètre en Italie.

Port de Séville

1497
Jean Cabot débarque à Terre-Neuve.
1498
Vasco de Gama contourne le cap de Bonne-Espérance et parvient en Inde. Colomb atteint l'Amérique du Sud.

Débarquement de Colomb

1502
Première cargaison d'esclaves africains vers les établissements espagnols à Cuba ; début du commerce triangulaire entre Europe, Afrique de l'Ouest et Amériques

1510

Autoportrait de Léonard de Vinci

v. 1510
Apogée de la Renaissance italienne.
1513
Ponce de León revendique la Floride au nom de l'Espagne.
1514
Bataille de Tchaldiran : victoire ottomane sur l'Iran séfévide

1516
L'Empire ottoman de Sélim III conquiert la Syrie, l'Égypte, le Hedjaz et le Yémen.
1517
Martin Luther rédige les 95 thèses, déclenchant la Réforme.

Fernand de Magellan

1520
Première mission commerciale portugaise en Chine. Magellan découvre un passage entre Atlantique et Pacifique, au sud de l'Amérique du Sud.

1529
Siège de Vienne par les Ottomans. Par la paix de Cambrai, la France renonce à l'Italie, cède la Flandr et l'Artois à Charles Quint mais récupère la Bourgogne.

Martin Luther

L'Europe, après 1450, connut une révolution scientifique autant que philosophique. La Renaissance fut bien plus que la redécouverte de l'ancien savoir grec : elle donna le jour à un esprit d'investigation scientifique à l'origine d'avancées technologiques qui conférèrent au continent un avantage décisif sur le reste du monde. La curiosité autant que des intérêts commerciaux et une volonté de domination motivèrent les voyages qui allaient faire de l'Europe, au milieu du XVIIIe siècle, la première puissance planétaire. Jusqu'en 1700 au moins, la Chine, des Ming puis des Qing, l'Inde des Moghols et l'Iran séfévide rivalisèrent avec l'Europe tandis que la Turquie ottomane représentait une menace persistante.

1530

1534
Henri VIII d'Angleterre rompt avec Rome. Guerre entre Ottomans et Séfévides ; prise de Bagdad par les Ottomans. Jacques Cartier explore le Saint-Laurent.

◄ Henri VIII

▲ Ornements incas en or

1536
Acte d'union entre Angleterre et pays de Galles. Henri VIII dissout les monastères en Angleterre et écrase la rébellion catholique.

532
rancisco Pizarro ébarque au Pérou ; tue l'empereur inca, tahuaipa.
533
izarro conquiert la apitale inca, Cuzco

▼ Encensoir en argent

1545
Convocation du concile de Trente en réponse à la menace protestante. Découverte d'argent à Potosí, en Bolivie
1547
Bataille de Mühlberg : Charles Quint défait la ligue protestante de Smalkalde.

1550

1550
Début du chantier de la mosquée de Soliman à Istanbul
1552
Alliance de Henri II de France et des princes protestants allemands contre Charles Quint

Soliman le Magnifique ►

1555
Paix d'Augsbourg concédant aux princes allemands le libre choix entre protestantisme et catholicisme
1556
Début du règne personnel de l'empereur moghol Akbar

▲ Élisabeth Ire

1565
Début du «règne de la terreur» d'Ivan IV en Russie. L'Espagne revendique les Philippines. La population indienne d'Amérique du Sud est décimée par les maladies européennes.

1558
Élisabeth Ire devient reine d'Angleterre. Akbar conquiert la région de Gwalior, dans le centre de l'Inde. L'Angleterre perd Calais, dernière de ses possessions françaises.

Variole aux Amériques ►

1570

1575
Fondation d'une colonie portugaise en Angola ; début de la traite négrière dans la région
1576
Conquête du Bengale par les Moghols

▼ Bataille de Lépante

v. 1570
Mercator propose une nouvelle projection cartographique.
1571
Bataille de Lépante : coup d'arrêt à l'expansion ottomane en Méditerranée

▼ Planisphère de Mercator

1585
L'Espagne établit à Cebu la première colonie européenne aux Philippines. Par le traité de Nonsuch, l'Angleterre s'engage aux côtés des rebelles des Provinces-Unies, en lutte contre l'Espagne.

1586
Début de la réunification du Japon
1588
L'accession d'Abbas Ier au trône d'Iran marque le début de la reconquête des territoires séfévides. Défaite de l'Invincible Armada

1590

v. 1590
Essor de la population maorie et conflits pour l'accès aux ressources
1592
L'invasion de la Corée par le Japon est repoussée, avec l'aide chinoise.

◄ Édition du *Mariner's Mirrour*, v. 1590

1593
Début de la Longue Guerre entre Habsbourg et Ottomans
1595
Henri IV, cherchant à apaiser les divisions religieuses en France, déclare la guerre à l'Espagne.

◄ Piège à anguilles maori

1600
Ieyasu Tokugawa contrôle le Japon. Création de la Compagnie anglaise des Indes orientales
1602
Création de la Compagnie néerlandaise des Indes orientales

1590
Négociation d'un traité de paix entre Séfévides et Ottomans. Toyotomi Hideyoshi parvient à unifier le Japon.

▼ Cérémonie japonaise du thé

1610

▲ Le *Mayflower*

1618
Révolte des protestants de Bohême contre les Habsbourg. L'intervention des puissances protestantes et catholiques débouche sur la guerre de Trente Ans.

▲ Premier *Thanksgiving*

▲ Livre de cuisine italien, 1622

1620
Le *Mayflower*, avec à son bord des puritains anglais, arrive à Plymouth, en Amérique du Nord. Un an plus tard, les Pères pèlerins célèbrent le premier *Thanksgiving* avec les Amérindiens.

1624
Abbas Ier reprend Bagdad et étend l'Empire séfévide jusqu'en Anatolie. En France, le cardinal Richelieu devient le principal ministre de Louis XIII.

1626
La Compagnie néerlandaise des Indes orientales fonde la colonie de la Nouvelle-Amsterdam (actuelle New York) en Amérique du Nord.

▼ Maison des Pères pèlerins

1630

1631
Bataille de Breitenfeld : Gustave II Adolphe consolide la position suédoise en Allemagne et rétablit la situation des protestants après une décennie de revers.

Gustave II Adolphe ▶

1635
Paix de Prague : l'intervention de la France dans la guerre de Trente Ans empêche un règlement en faveur des Habsbourg.

1638
Murad IV reprend Bagdad aux Séfévides.

1648
Le traité de Westphalie met fin à la guerre de Trente Ans. La France s'enfonce dans les troubles de la Fronde.

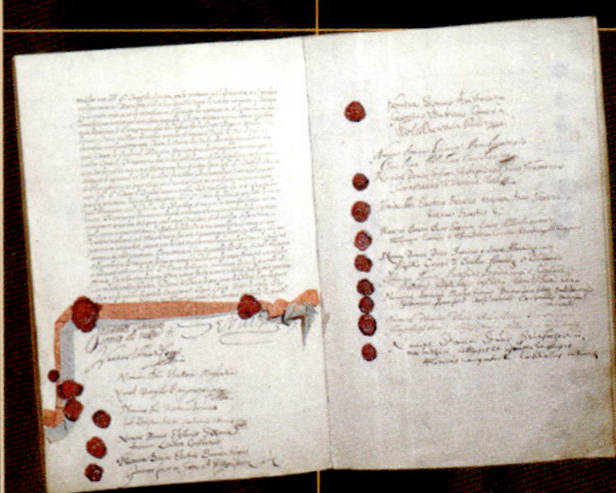

▲ Traité de Westphalie

1642
Première Révolution anglaise

1644
Conquête de la Chine par les Mandchous ; fondation de la dynastie Qing. Abel Tasman cartographie les côtes nord et ouest de l'Australie.

1650

1652
Colonie néerlandaise au cap de Bonne-Espérance

1654
Achèvement du Tadj Mahall, à Agra, en Inde. En Angleterre, Oliver Cromwell est nommé lord-protecteur.

1664
Deuxième guerre anglo-néerlandaise ; les Anglais prennent la Nouvelle-Amsterdam.

1666
Fondation de l'Académie royale des sciences, à Paris

◀ Louis XIV

1668
Indépendance portugaise reconnue par l'Espagne. Le traité d'Aix-la-Chapelle accorde à la France des territoires des Pays-Bas espagnols.

1669
Introduction du café en Europe

1661
Première mission jésuite au Tibet. En France, règne personnel de Louis XIV

1662
Fondation à Londres de la Société royale pour l'avancement de la science

▼ Télescope

1670

1682
La Salle descend le Mississippi et revendique la Louisiane au nom de la France. Louis XIV installe la cour à Versailles.

◀ Château de Versailles

▲ Mortier

1672
Louis XIV lance ses armées contre les Provinces-Unies : formation de la première coalition européenne contre la France.

Univers héliocentrique ▼

1683
Après leur défaite devant Vienne, les Ottomans perdent les territoires qu'il contrôlaient en Hongrie.

1687
Dans les *Principes mathématique,* Isaac Newton formule la loi de l'attraction universelle.

1689
Traité de Nertchinsk entre Russie et Chine. Pierre Ier assume le pouvoir. Accession au trône d'Angleterre de Guillaume III d'Orange et de Marie II ; l'Angleterre rejoint la ligue d'Augsbourg, formée contre Louis XIV.

« L'Église dit que la Terre est plate, mais je sais **qu'elle est ronde**, car j'ai vu l'ombre de la Lune, et j'ai davantage foi en une ombre qu'en l'Église. »

FERNAND DE MAGELLAN, CHEF DE LA PREMIÈRE EXPÉDITION DE CIRCUMNAVIGATION, v. 1519

1690 | **1710** | **1730** | **1750**

◄ Isaac Newton

v. 1700
Boston s'affirme comme le principal port négrier du Nouveau Monde.

▲ Barbe Noire

▲ Chronomètre de Harrison

1751
Publication du premier volume de l'*Encyclopédie* de Diderot et d'Alembert

▼ *Encyclopédie*

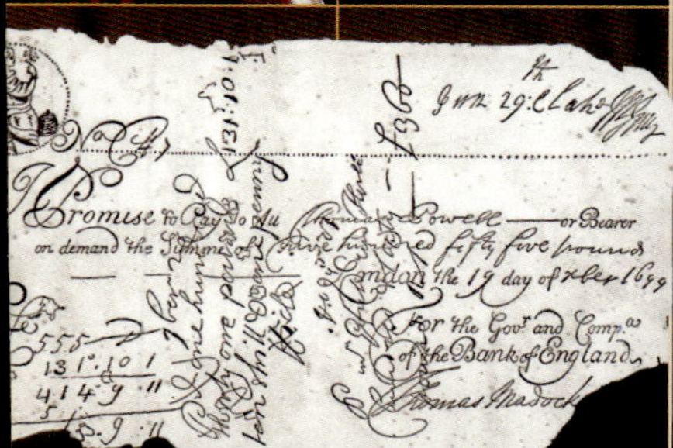

▲ Billet de banque anglais

1713
Le traité d'Utrecht, mettant fin à la guerre de la Succession d'Espagne, confirme la séparation entre couronnes d'Espagne et de France et le contrôle de la Grande-Bretagne sur Terre-Neuve et la Nouvelle-Écosse.

1722
Renversement du dernier chah séfévide par les tribus afghanes
1724
Le royaume du Dahomey devient le principal fournisseur d'esclaves en Europe.

1736
Nadir Chah monte sur le trône d'Iran ; début de l'expansion iranienne. Les Marathes étendent leur contrôle sur le nord de l'Inde. La France occupe Madras.

v. 1750
Naissance du wahhabisme, mouvement musulman puritain, en Arabie. Le coton du Lancashire anglais supplante les textiles d'Asie du Sud en Europe occidentale.

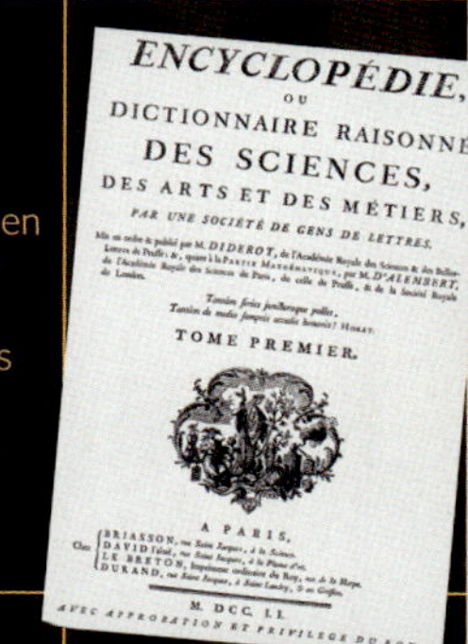

1690
Comptoir anglais de Fort William, établi à Calcutta, en Inde
1694
Fondation de la Banque d'Angleterre

1701
Début de la guerre de la Succession d'Espagne. L'invasion de la Pologne par la Suède ouvre la Grande Guerre du Nord. Début de l'expansion de l'Empire ashanti en Afrique de l'Ouest

1734
La *Lloyd's List* commence à publier des informations sur l'armement maritime.
1735
John Harrison présente son chronomètre de marine.

1750
Le traité de Madrid fixe les frontières entre colonies espagnoles d'Amérique du Sud et le Brésil.

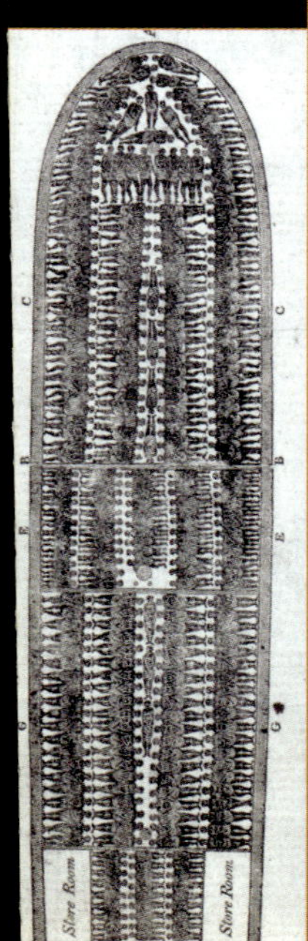

1717
Début des pillages de Barbe Noire en mer des Antilles
1720
Les Qing affirment leur souveraineté sur le Tibet.

Carte des colonies nord-américaines ►

1745
En Grande-Bretagne, les Jacobites tentent de renverser la dynastie des Hanovres.
1747
Royaume d'Afghanistan établi par Ahmad Khan Abdali. Expansion du royaume du Dahomey au Bénin

1704
Isaac Newton expose sa théorie de la lumière dans *Optique*.
1707
La mort d'Aurangzeb prélude au déclin de l'Inde moghole.

◄ Croquis d'un navire négrier

1727
Première plantation de café au Brésil
1728
En Inde, les Marathes prennent le contrôle d'Hyderabad. Vitus Bering découvre le détroit séparant Russie et Alaska.

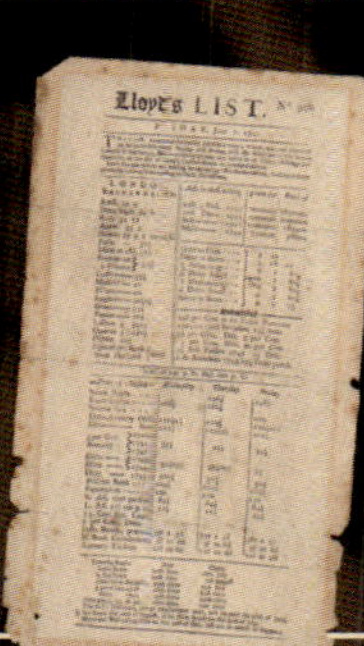

1748
Invasion du Pendjab par les Afghans. Paix d'Aix-la-Chapelle : fin de la guerre de la Succession d'Autriche
1749
En Inde, essor de l'État de Mysore

◄ *Lloyd's list*

▲ Séisme de Lisbonne

1755
Le séisme de Lisbonne, l'un des plus meurtriers de l'Histoire, cause la mort de 60 000 à 100 000 personnes.

AVANT

Au xve siècle, les Portugais explorèrent la côte ouest de l'Afrique.

HENRI LE NAVIGATEUR

En 1415, les Portugais prirent aux musulmans Ceuta, sur la côte nord de l'Afrique. Le prince Henri, désireux de percer les mystères de la géographie africaine et du commerce caravanier, établit l'année suivante à **Sagres** une véritable **académie de marine**, réunissant **école de navigation**, **observatoire**, **bibliothèque** et **arsenal**. Ce devait être la base pour les voyages d'exploration qu'Henri allait financer et qui devaient toujours pousser plus loin vers le sud.

PREMIERS SUCCÈS

Les expéditions soutenues par Henri le Navigateur permirent la découverte de Madère, entre 1418 et 1420, puis les Açores, entre 1427 et 1431. **Les navigateurs revenant au pays avec de l'or et des esclaves**, l'exploration de l'Afrique gagna un plus large soutien. À la mort du prince, en 1460, les Portugais avaient découvert le fleuve Sénégal, franchi le Cap-Vert et approchaient du golfe de Guinée.

HENRI LE NAVIGATEUR

Routes d'exploration
Sur cette carte figurent les principaux voyages océaniques européens des xve et xvie siècles. Le nom du navigateur et la date de l'expédition sont indiqués au-dessus de l'itinéraire suivi, dont la couleur correspond au pays mandataire. Les principaux ports et escales sont indiqués par les points blancs.

> « **Puisse l'océan être toujours calme et bienveillant comme il l'est aujourd'hui**. Dans cet espoir, je le nomme **océan Pacifique.** »
>
> **FERNAND MAGELLAN ENTRANT DANS LE PACIFIQUE**, LE 27 NOVEMBRE 1520

Grandes explorations

S'étant élancés sur des mers inconnues, les navigateurs européens, en un peu plus d'un siècle, ouvrirent de nouvelles routes maritimes vers l'Asie, découvrirent un continent ne figurant pas sur les cartes et initièrent un processus qui allait déboucher sur la domination du monde par l'Europe.

EXPLORATEUR PORTUGAIS (1480-1521)

FERNAND MAGELLAN

Soldat et aventurier portugais, Magellan prit part à quatre expéditions militaires en Inde et en Malaisie. En délicatesse avec le roi Manuel Ier, il quitta son pays en 1514 pour se mettre au service de l'Espagne. Il persuada les monarques espagnols qu'il existait un passage entre Atlantique et Pacifique qui permettrait, enfin, d'atteindre les îles aux Épices par l'ouest. En 1519, Magellan prit la mer avec cinq navires et quelque 260 hommes. Après avoir traversé l'Atlantique Sud, il découvrit le détroit qui porte son nom et pénétra dans le Pacifique en novembre 1520. L'expédition atteignit les Philippines en avril 1521 : Magellan y fut tué dans un conflit local. En septembre 1522, son second, Juan Sebastián Elcano, ramena en Espagne un seul navire et dix-sept membres d'équipage.

Au début du xve siècle, les Européens n'avaient qu'une connaissance limitée du monde. Les cartes des géographes étaient fondées sur la géographie de Ptolémée, savant grec mort en 168. Les contours de l'Europe, de la Méditerranée et de l'ouest de l'Asie étaient corrects, mais la forme de l'Afrique demeurait vague, nul ne sachant jusqu'où elle s'étendait au sud. Les Amériques n'y figuraient pas. Les marins, de toute façon, ne s'éloignaient guère des côtes : leurs bateaux n'étaient pas conçus pour affronter l'océan, et la boussole, introduite par les Arabes au xiiie siècle, ne permettait que de tenir un cap. Le développement de la caravelle (voir à droite) et du quadrant par les Portugais, au xve siècle, changea la donne. Grâce au quadrant, complété un siècle plus tard, par l'astrolabe et l'arbalète nautique, les navigateurs pouvaient déduire leur latitude de la hauteur des astres, ou du moins estimer la distance parcourue, au nord ou au sud de l'équateur. Néanmoins, jusqu'au milieu du xviiie siècle et la mise au point d'un chronomètre fiable par Harrison (voir p. 282), ils continuèrent en grande partie à naviguer à l'estime, se fiant aux vents, aux courants, aux sondages ou à la vitesse estimée du bateau pour avoir une idée de leur position.

Nouveaux mondes

Peu à peu, tandis que les techniques navales et de navigation progressaient, les Portugais explorèrent la côte ouest de l'Afrique. Après avoir contourné le golfe de Guinée, Diogo Cão, poursuivant vers le sud, explora l'embouchure du fleuve Congo, en 1483, avant de parvenir sur la côte de l'actuelle Namibie au cap qu'il nomma cap de la Croix (Cape Cross), en 1486. Deux ans plus tard, Bartolomeu Dias dépassait le cap de Bonne-Espérance

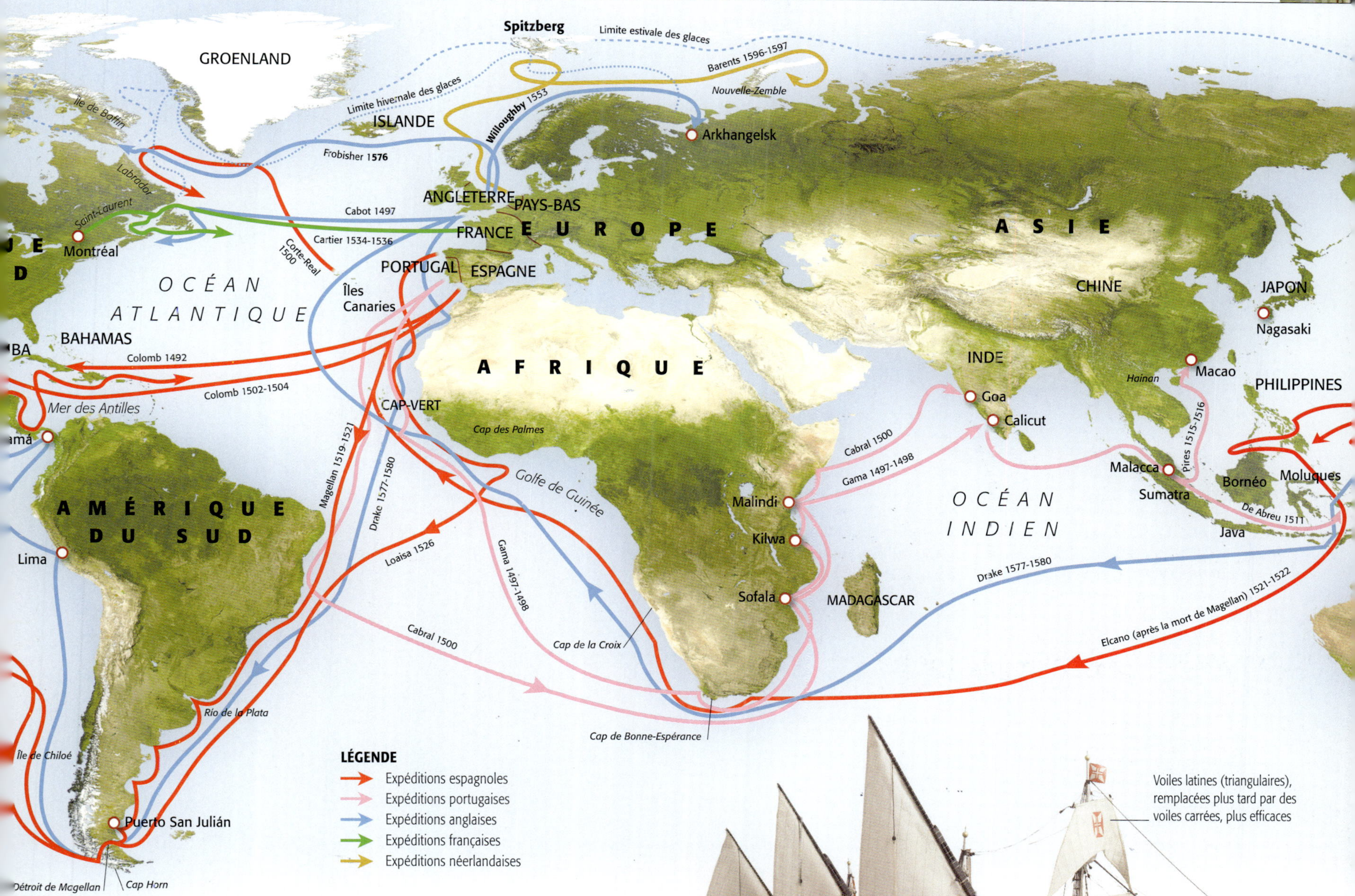

et pénétrait dans l'océan Indien, que Vasco de Gama traversa en 1498 pour atteindre Calicut, dans le sud-ouest de l'Inde. Ces expéditions ouvrirent au Portugal une nouvelle route commerciale vers l'Asie. L'Espagne des Rois Catholiques (voir p. 226-227) ne voulait pas laisser à son voisin et rival le monopole de cette source potentielle de richesses. En 1492, le Génois Christophe Colomb quittait l'Espagne avec trois navires pour trouver une route plus directe par l'ouest et l'océan Atlantique.

Comme tous les navigateurs de son temps, il savait que la Terre était ronde – l'idée que les Européens de l'époque croyaient pour la plupart à une Terre plate est un mythe. En revanche, il acceptait les calculs, erronés, de Ptolémée sur la circonférence du globe. Aussi, lorsque sur son chemin se dressèrent les Antilles (voir p. 228-229), il tint pour évident que ces îles se trouvaient au large du Japon. Trois expéditions ultérieures, en 1493-1496, 1498-1500 et 1502-1504, ne purent le convaincre qu'il n'avait pas atteint l'Asie mais un continent jusqu'alors inconnu : les Amériques.

Colomb dans son contexte

Il est devenu de bon ton de critiquer l'aveuglement géographique de Colomb autant que de dénoncer la façon dont il traita les autochtones en tant que gouverneur de la première colonie espagnole aux Indes occidentales, établie à Hispaniola (aujourd'hui Haïti et la République dominicaine). Les voyages de Colomb marquèrent le début d'une longue période de souffrance pour les peuples américains. Mais si Colomb n'avait pas mis pied aux Amériques, un autre navigateur serait venu quelques années plus tard. Le Génois avait l'audace des pionniers ; il ouvrit, de fait, la voie à l'expansion européenne outre-mer.

Autour du monde

Le désir de trouver de nouvelles voies vers l'Asie obsédait toujours marins et marchands européens. L'Espagne continua d'explorer la route de l'ouest. En 1519, Magellan (voir encadré) s'élançait vers les riches îles aux Épices (les Moluques, en Indonésie) : les dix-sept survivants de son expédition furent les premiers à boucler un tour du monde. Aucune des routes vers l'Asie n'était aisée. Les navigateurs français et anglais explorèrent pour leur part la côte est du Canada, en quête d'un passage au nord-ouest, qui n'allait être découvert qu'en 1906 par le Norvégien Roald Amundsen (voir p. 320-321). Les Anglais, encore, et les Néerlandais cherchaient aussi le passage du nord-est, contournant la Sibérie ; il n'allait être franchi qu'en 1879 par le Suédois Otto Nordenskjöld.

La caravelle
Les voyages portugais du xve siècle furent rendus possibles par la mise au point de la caravelle. Ce navire était plus léger que ses prédécesseurs, plus maniable et plus apte à naviguer contre le vent, ce qui permettait de s'éloigner des côtes. Long seulement de 20 m, il embarquait un équipage d'environ vingt-cinq hommes.

APRÈS

Les découvertes espagnoles et portugaises, se concurrençant, engendrèrent un conflit entre les deux nations maritimes.

LE TRAITÉ DE TORDESILLAS

En 1494, sous l'égide du pape Alexandre VI, fut négocié un traité **partageant le monde selon un méridien traversant l'Atlantique** : les terres à l'ouest revenaient à l'Espagne, les terres à l'est au Portugal. Le traité fut utile lorsque les Portugais colonisèrent le Brésil, mais des problèmes surgirent concernant les îles aux Épices, le traité restant vague sur l'Asie du Sud-Est.

REINE DE CASTILLE Née en 1451 Morte en 1504

Isabelle Ire de Castille

« Je suis prête à mettre en **gage mes bijoux** pour en couvrir la dépense… »

ISABELLE À COLOMB, À PROPOS DE SON PROJET D'EXPÉDITION VERS L'ASIE, 1492

Selon un chroniqueur contemporain, Isabelle Ire de Castille fut une enfant délaissée : « Depuis l'enfance, la Reine, Notre Dame, n'eut pas de père ni même de mère pour ainsi dire… Elle avait labeur et soucis, et le nécessaire lui faisait le plus grand défaut. »

Le père d'Isabelle, Jean II de Castille (un des royaumes d'Espagne), mourut lorsqu'elle avait 3 ans ; sa mère, souffrant de dépression, se retira alors du monde. Son jeune frère mourut en 1468 d'une maladie évoquant la peste ; son demi-frère, Henri IV de Castille, plus âgé, la considérait comme une menace. Cette enfance digne de celle de Cendrillon trempa cependant le caractère d'Isabelle, par ailleurs une femme intelligente.

Infante du trône de Castille, Isabelle avait de nombreux prétendants – dont le roi de Portugal et les frères des rois d'Angleterre et de France. Elle jeta son dévolu sur Ferdinand d'Aragon, qu'elle n'avait jamais rencontré. En choisissant, à l'âge de 17 ans, d'épouser l'héritier du royaume voisin, Isabelle prenait le risque de s'attirer les foudres d'Henri, qui n'avait pas donné son consentement. Mais elle savait qu'un tel mariage la mènerait au pouvoir. En 1469, l'union fut célébrée dans la ville espagnole de Valladolid. Pendant dix années, Isabelle et Ferdinand luttèrent pour faire reconnaître leur droit à régner sur le royaume de Castille.

Amour et guerre

En 1474, la mort d'Henri ouvrit une période de troubles. En quelques années, toutefois, Isabelle et Ferdinand gagnèrent sur tous les fronts. En 1476, ils avaient instauré

Isabelle la Catholique
Le caractère volontaire d'Isabelle contribua à changer radicalement le destin de l'Espagne. Son règne fut marqué par l'unification définitive de l'Espagne (divisée jusqu'alors en plusieurs royaumes) et le soutien apporté à l'expédition de Christophe Colomb, qui préluda à une ère de domination et de prospérité commerciale pour l'Espagne.

Nouveau Monde chrétien
Ce retable du Guatemala, daté du XVIIe siècle, témoigne de l'impact de la culture espagnole aux Amériques. Isabelle considérait de son devoir le plus sacré d'apporter le christianisme à ses sujets du Nouveau Monde.

La chute de Grenade
Le plus grand accomplissement d'Isabelle fut la conquête de Grenade, dernier royaume maure en Espagne. On voit ici la reine et son époux recevoir la soumission de leurs nouveaux sujets musulmans. Les promesses de tolérance religieuse ne furent toutefois pas tenues.

la *hermandad* (« fraternité »), un réseau de milices locales qui allait devenir le noyau d'une armée espagnole.

En 1477, Isabelle et Ferdinand faisaient une entrée triomphale à Tolède : ils étaient désormais les souverains incontestés de Castille. Leur partenariat fonctionna selon des règles bien établies. Fidèles à leur devise, *« Tanto monta, monta tanto, Isabel como Fernando »* (« Isabelle et Ferdinand sont une seule et même chose »), ils signaient conjointement les décrets ; la monnaie comme les timbres étaient à leur effigie commune. Si le nom de Ferdinand précédait celui d'Isabelle sur les documents d'État, les armoiries de celle-ci venaient en premier lieu. Chacun soutenait les décisions de l'autre.

Monarques catholiques

La ferveur chrétienne d'Isabelle, son sens du devoir, sa passion pour l'ordre et l'unité menèrent à l'établissement de l'Inquisition espagnole, en 1478. Ce tribunal ecclésiastique devait s'assurer que les sujets espagnols étaient de bons et fidèles croyants. Sous le règne d'Isabelle, l'institution – dont les juifs et les marranes, juifs convertis au catholicisme, furent les premières victimes – devint synonyme de terreur et de cruauté. Le zèle inquisiteur serait responsable de la mort de plus de 10 000 personnes en 1492, année de la prise de Grenade.

En 1480, Isabelle et Ferdinand déclarèrent leur volonté d'entrer en guerre contre le royaume de Grenade, dernier bastion maure en Espagne (voir p. 174-175). Grenade se rendit en 1492, après un an et demi de siège. Isabelle et Ferdinand reçurent les félicitations des monarques européens et, du pape, le titre de « Rois Catholiques ». Dernier épisode d'un combat de plusieurs siècles pour ramener la péninsule Ibérique dans le giron de l'Église, la conquête de Grenade apparaissait aussi comme une compensation pour la perte de Constantinople, enlevée par les Turcs ottomans en 1453 (voir p. 206-207). Ayant tant fait pour « la cause de Dieu », Isabelle avait maintenant le loisir de se consacrer à d'autres projets. Ferdinand et elle financèrent « l'entreprise des Indes », la première expédition transatlantique de Christophe Colomb (voir p. 228-229), qui devait donner le jour à l'empire colonial espagnol (voir p. 234-235).

Portrait de Famille
Cette peinture exposée dans un monastère dominicain, à Ávila, représente Isabelle, Ferdinand et leurs enfants Jean et Jeanne en prière devant une Vierge à l'Enfant.

Richesse nouvelle
Cette pièce en or du XVe siècle fut frappée à Séville à l'effigie des deux monarques. L'Espagne avait désormais accès à l'or et à l'argent des Amériques.

Les dernières années

Isabelle et Ferdinand d'Aragon avaient cinq enfants : Isabelle d'Aragon, Jean, Jeanne, Marie et Catherine. Isabelle et Marie furent mariées au sein de la famille royale portugaise ; Jean et Jeanne furent respectivement unis à la fille et au fils de l'empereur Maximilien Ier de Habsbourg. Catherine eut pour premier époux Arthur, prince de Galles, puis se remaria avec Henri VIII d'Angleterre.

Mais une série de tragédies familiales assombrit les dernières années d'Isabelle. Jean, héritier du trône d'Espagne, mourut peu après son mariage ; cette perte fut suivie par la mort en couches d'Isabelle d'Aragon, dont le fils, Michel, mourut ensuite dans les bras de la reine. La malheureuse Jeanne (« Jeanne la Folle ») ayant manifestement perdu la raison, les derniers espoirs dynastiques reposaient sur le fils de celle-ci, Charles de Habsbourg, futur Charles Quint. Ces événements auraient contribué au déclin de la santé d'Isabelle la Catholique, qui mourut en 1504.

ROI D'ARAGON (1452-1516)

FERDINAND D'ARAGON

Le talent politique de Ferdinand n'avait d'égal que son génie militaire. Son goût pour la chasse, les joutes, le jeu et les femmes faisait de lui le modèle du prince de la Renaissance.

Après la mort d'Isabelle, il se trouva dans une position délicate, le trône de Castille revenant à son gendre Philippe le Beau. À la mort de ce dernier, en 1506, Ferdinand put toutefois regagner la Castille et exercer la régence au nom de sa fille, Jeanne la Folle. Ambitieux mais souple, Ferdinand conquit d'importants territoires en Italie au terme des guerres d'Italie de 1511-1513.

CHRONOLOGIE

- **1451** Naissance d'Isabelle, fille de Jean II de Castille et d'Isabelle de Portugal
- **1452** Naissance de Ferdinand II d'Aragon
- **1454** Mort de Jean II ; Henri IV de Castille, demi-frère d'Isabelle, monte sur le trône.
- **1468** Le jeune frère d'Isabelle, Alphonse, meurt.
- **1469** Isabelle de Castille épouse Ferdinand d'Aragon.
- **1470** Naissance de leur fille, Isabelle d'Aragon
- **1474** Mort d'Henri IV de Castille ; Isabelle et Ferdinand revendiquent le trône.
- **1476** Isabelle et Ferdinand instaurent la *hermandad*, réseau de milices locales chargées du maintien de l'ordre.
- **1478** Naissance de Jean, héritier du trône ; instauration de l'Inquisition espagnole
- **1479** Un traité avec le Portugal ramène l'ordre en Castille ; naissance de Jeanne ; Ferdinand hérite du trône d'Aragon ; les deux royaumes espagnols sont réunis.
- **1480** Le Parlement confirme Isabelle comme reine de Castille ; les monarques annoncent leur intention d'entrer en guerre contre le royaume de Grenade.
- **1482** Isabelle accouche de jumelles ; seule Marie survivra.
- **1483** Le dominicain Tomás de Torquemada, confesseur d'Isabelle et Ferdinand, est nommé Grand Inquisiteur par la reine. La chasse aux hérétiques se confond avec la traîtrise ; esprits libres, juifs et dissidents sont systématiquement persécutés. Torquemada est probablement l'auteur du décret infâmant de 1492, expulsant les juifs d'Espagne.
- **1485** Naissance de Catherine, la benjamine d'Isabelle et de Ferdinand
- **1492** Chute de Grenade, dernier royaume maure en Espagne. Ferdinand et Isabelle acceptent de financer l'expédition de Colomb, qui reçoit de la reine de nombreux titres pour les terres qu'il découvrira, dont une compilation a été faite par Colomb lui-même dans son *Livre des Privilèges*.
- **1493** Dans la bulle *Inter Caetera*, le pape Alexandre VI désigne le couple royal par l'expression *Reyes Católicos*, « Rois Catholiques ».
- **1497** Jean épouse Marguerite d'Autriche ; Jeanne est mariée à Philippe de Habsbourg.
- **1498** Mort soudaine de Jean ; la jeune Isabelle, reine de Portugal, meurt en couches.
- **1499** Marie épouse Manuel Ier de Portugal.
- **1500** Mort du petit-fils d'Isabelle et Ferdinand, Michel ; leur plus jeune fille, Catherine d'Aragon, épouse Arthur Tudor, prince de Galles.
- **1504** Mort d'Isabelle Ire de Castille

LE LIVRE DES PRIVILÈGES

MOMENT CLÉ 12 octobre 1492 2 h

Colomb aborde aux Antilles

L'arrivée d'une petite flotte espagnole sur l'île antillaise de San Salvador eut de considérables conséquences des deux côtés de l'Atlantique. L'exploration européenne fut galvanisée par la découverte de ce qui allait se révéler être deux nouveaux continents ; les populations autochtones, pour leur part, entraient dans une longue période de souffrance et de destruction.

Né à Gênes vers 1451, ayant pris la mer très jeune, Christophe Colomb rechercha pendant huit ans des mécènes pour son projet de gagner le royaume insulaire de Cipangu (le Japon) par l'ouest. Il obtint finalement le soutien d'Isabelle Ire de Castille (voir p. 226-227), en 1491.

Colomb et son expédition quittèrent le port espagnol de Palos le 3 août 1492. Le navire amiral, la *Santa María*, embarquait 40 hommes ; à ses côtés naviguaient un trois-mâts plus petit, la *Pinta*, avec 26 hommes à bord, et un quatre-mâts, la *Niña*, dont l'équipage comptait 24 hommes. Les trois navires jetèrent l'ancre aux Canaries, au sud-ouest de l'Espagne, pour effectuer des réparations, avant d'entreprendre la traversée de l'Atlantique, le 6 septembre.

Le soir du 11 octobre 1492, Colomb crut voir « une lumière à l'ouest. On aurait dit la flamme chancelante d'une petite bougie de cire ». Deux heures après minuit, Rodrigo de Triana, vigie sur la *Pinta*, signalait une terre.

Colomb prit possession de l'île qu'il avait accostée au nom de l'Espagne, la baptisant *San Salvador*, et fit quelque troc avec les Taïnos qui la peuplaient et qu'il appela « Indiens », croyant se trouver au large des Indes, soit en Asie. On a longtemps pensé que cette île était l'actuelle San Salvador, dans les Bahamas, mais en 1986, une équipe de la *National Geographical Society* américaine estimait que Colomb avait sans doute débarqué à Samana Cay, à 125 km au sud-est, tandis qu'une étude ultérieure concluait qu'il devait plutôt s'agir de Grand Turk, 320 km plus au sud-est.

Le 14 octobre, Colomb et ses hommes se mirent en quête d'or. Ils explorèrent trois petites îles avant de faire voile jusqu'à Cuba, puis Hispaniola (République dominicaine et Haïti), où fut établi le premier établissement européen outre-Atlantique depuis les Vikings, cinq siècles plus tôt (voir p. 202-203). Le 16 janvier 1493, Colomb était de retour en Espagne, convaincu d'avoir fait l'aller-retour en Asie.

Le débarquement de Colomb
Colomb fut séduit par l'île qu'il baptisa *San Salvador* (« Saint Sauveur »). « Tout y est vert et la végétation y est comme en Andalousie, en avril. » Il ne découvrit toutefois pas l'or promis aux Rois Catholiques, ni ne comprit qu'il avait débarqué sur l'avant-poste d'un nouveau continent : l'Amérique.

« … en l'honneur de **Dieu** qui nous a guidés et **sauvés de bien des périls**. »

COLOMB, PRENANT POSSESSION DE SAN SALVADOR, 12 OCTOBRE 1492

AVANT

À la veille de la conquête européenne, trois civilisations très avancées prospéraient en Amérique centrale et en Amérique du Sud.

LES MAYAS
Concentrés autour de la péninsule du Yucatán, dans le sud-est de l'actuel Mexique, les **seize États mayas** **« 140-141** étaient indépendants. Une guerre pour la suprématie régionale les opposa en 1480. L'absence d'un pouvoir central rendit leur conquête plus difficile.

LES AZTÈQUES
L'Empire aztèque **« 210-213** avait pour centre la cité de Tenochtitlán (sur le site de l'actuel Mexico). Il connut une expansion rapide sous le règne d'**Itzcóatl** (1428-1440) et de ses successeurs. **Moctezuma II** (1502-1520) exerçait ainsi son autorité sur plus de 10 millions de personnes, de la mer des Antilles jusqu'à la vallée de Mexico. Les sacrifices humains au dieu Soleil **Huitzilopochtli** occupaient une place centrale dans le système de croyances aztèque.

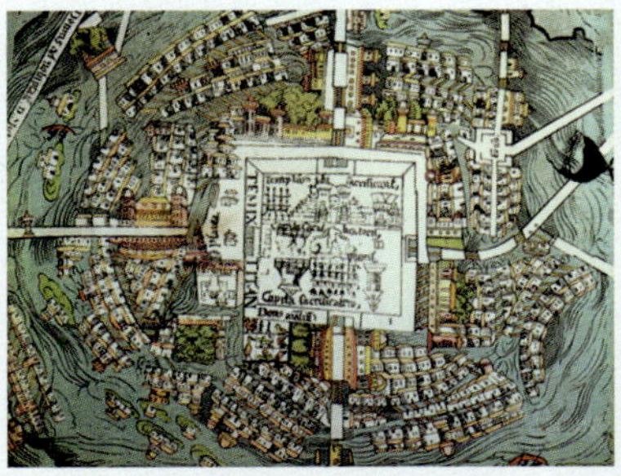

CARTE DE TENOCHTITLÁN DU XVe SIÈCLE

LES INCAS
Sous les règnes de **Pachacuti** (1438-1471) et de son fils **Tupac Yupanqui** (1471-1493), l'Empire inca, établi vers 1230 dans les Andes, se développa rapidement **« 210-215**. En 1525, il avait atteint sa plus grande expansion, s'étendant de l'actuel Équateur jusqu'au nord du Chili. Un réseau routier de 20 000 km parcourait cet empire **riche en or**.

COUTEAU INCA EN OR

La conquête des Amériques

Quarante ans après que Colomb eut abordé les Amériques, les Espagnols s'étaient taillé un vaste domaine en Amérique centrale et du Sud. Alliant ruse et traîtrise à un formidable courage, deux bandes de soldats avaient abattu deux puissants empires et ouvert la voie à trois siècles de domination espagnole.

« Compagnons et amis. Voilà la **rude voie**, qui mène au Pérou et à la fortune. »

FRANCISCO PIZARRO, SUR L'ÎLE DE GORGONA, AU LARGE DE LA COLOMBIE, 1526

Diverses motivations attirèrent les Espagnols aux Amériques. Ils y vinrent en quête d'or, d'épices et autres richesses. Ils y vinrent prendre possession des terres au nom de leurs souverains et convertir ce qui était, à leurs yeux, un continent sans dieu. Et ils y vinrent, aussi, par goût de l'aventure : Vasco Núñez de Balboa était un éleveur de cochons miséreux, Hernán Cortés avait raté ses études de droit. Dans ce monde nouveau, de tels hommes pouvaient trouver la fortune et la gloire.

La conquête et la colonisation ne concernèrent d'abord que les îles antillaises. Les premiers établissements permanents sur le continent furent créés en 1510 ; Balboa fut l'un des fondateurs. Il découvrit de l'or et entendit parler d'une riche terre appelée Birú, sur la côte Pacifique. En 1513, il fut le premier Européen à contempler l'océan Pacifique. Les fabuleux trésors des Amériques existaient mais ne s'offraient pas aisément. En 1518, le gouverneur espagnol de Cuba envoya onze navires explorer la côte du Yucatán.

L'expédition était placée sous le commandement de Cortés. Celui-ci apprit l'existence d'un grand empire à l'intérieur de la péninsule. Le 16 août 1519, il s'élançait depuis la côte à la tête de 15 cavaliers, de 400 soldats à pied et d'une centaine de porteurs. Aidé par des guides et des interprètes locaux, il parvint à Tlaxacala, cité ennemie de l'Empire aztèque. Ayant

▷ Forteresse espagnole
Le fort espagnol de San Lorenzo del Chagres, sur la côte antillaise du Panamá, gardait la route traversant l'isthme et menant au Pacifique.

trouvé des alliés, et des renforts militaires, Cortés approchait, en novembre 1519, de Tenochtitlán.

Leur réputation y avait précédé les Espagnols. L'empereur Moctezuma redoutait leurs capacités militaires et leur cruauté. Il tenta de les apaiser au moyen de présents et les hébergea dans un palais, au cœur de sa capitale.

Les Espagnols étaient de fait prisonniers de leurs hôtes. Cortés conçut alors la folle idée de s'emparer de Moctezuma. Cela ne fit qu'encourager les Aztèques à se choisir un autre dirigeant.

Tenochtitlán, alors, sombra dans le chaos quand les soldats de Cortés massacrèrent un grand nombre de jeunes nobles, réunis pour festoyer et danser. Moctezuma fut impuissant à calmer la rébellion de son peuple : on lui jeta des pierres ; il mourut quelques jours plus tard de ses blessures.

Or inca
Les bijoux en or, dans l'Empire inca, disaient la richesse et le pouvoir. L'or servait aussi pour des objets cérémoniels.

Cortés parvint à se frayer un sanglant chemin hors de la cité ; il perdit les trois quarts de ses hommes au cours de la « nuit triste ». Il revint pourtant mettre le siège devant Tenochtitlán, avec des troupes fraîches et plus nombreuses, formées de soldats espagnols attirés par les rumeurs courant sur les richesses aztèques et d'auxiliaires issus des populations autochtones désireuses de se libérer du joug impérial. Après une lutte désespérée, les Aztèques se rendirent en août 1521.

◁ **La prise de Tenochtitlán**
Cette peinture de la fin du XVIIIe siècle, d'un anonyme espagnol, représente de manière quelque peu fantaisiste la destruction de la capitale aztèque par Cortés en 1521. L'œuvre suggère la splendeur de la cité, sur une île du lac Texcoco, bien moins la brutalité de la conquête.

▽ **Grenier inca**
Grands bâtisseurs, les Incas édifiaient des greniers pour stocker les récoltes et, au bord des routes, des hostelleries pour les voyageurs et messagers de l'empereur.

Tandis que Cortés organisait son nouveau domaine, d'autres conquistadors progressaient vers le sud. L'or du Pérou excitait les Espagnols. Une expédition longea la côte Pacifique en 1522 sans en trouver mais confirma l'existence d'un empire dans l'intérieur des terres. D'autres explorations précisèrent la géographie côtière : deux étaient dirigées par Francisco Pizarro, soldat analphabète mais brave de 51 ans. En 1527, Pizarro parvint à Tumbes, un avant-poste inca (voir p. 210-213), où il échangea diverses marchandises contre de l'or, de l'argent, des bijoux et des tissus. Il regagna l'Espagne, *via* Panamá, avec ce trésor, pour y obtenir l'autorisation de monter une expédition militaire.

En 1531, Pizarro était de retour avec 3 navires, 62 cavaliers et 106 fantassins. Il trouva Tumbes ruinée par les combats entre Atahualpa (voir à droite) et son frère Huáscar, qui se disputaient le contrôle de l'Empire inca. Ayant appris que l'armée du premier campait à Cajamarca, Pizarro et ses hommes traversèrent les montagnes pour rallier la ville. Ils y furent reçus par un émissaire d'Atahualpa, lequel campait en dehors de la ville. Pizarro attira l'empereur par la ruse dans Cajamarca, le prit en otage et obtint une énorme rançon en juillet 1533. Mais la rumeur d'une offensive inca pour libérer Atahualpa enflait. Pris de panique, Pizarro et ses officiers exécutèrent l'Inca. Les Espagnols marchèrent ensuite sur la capitale, Cuzco, et prirent le contrôle de l'Empire inca.

Une lutte inégale

Les deux empires furent abattus par des armées espagnoles étonnamment réduites. Mais les Espagnols avaient des armes à feu, des chevaux et des armures et exploitèrent sans vergogne les faiblesses adverses : la domination brutale des Aztèques sur leurs sujets ; la guerre civile chez les Incas. Ils surent voir que les deux États étaient extrêmement centralisés. Capturer leurs dirigeant revenait à les paralyser.

Après la conquête, les Espagnols utilisèrent le désir des Aztèques de capturer des ennemis à des fins de sacrifices pour en faire des alliés sur le champ de bataille. Pizarro, pour sa part, fut aidé par le réseau de routes incas, qui permit à ses troupes de progresser sur un terrain très difficile.

Plus encore peut-être, la conquête espagnole fut rendue possible par les maladies que les conquistadors apportèrent avec eux, auxquelles les Amérindiens ne pouvaient opposer aucune résistance. Les populations furent décimées à mesure de l'avancée des Espagnols. Ceux-ci eurent en tout – sauf en nombre – l'avantage.

DERNIER EMPEREUR INCA (1500-1533)

ATAHUALPA

Atahualpa parvint au pouvoir après une sanglante guerre civile qui éclata suite à la mort de son père, Huayna Capac, et celle de l'héritier présomptif, en 1527.

Atahualpa prit alors la tête de l'armée impériale à Quito, tandis que son demi-frère Huáscar régnait sur la cité de Cuzco. Le conflit qui éclata entre les deux prétendants déchira l'empire tout entier. Quand Atahualpa triompha enfin, en 1532, les Espagnols avaient déjà envahi le territoire inca.

APRÈS

L'arrivée en force des Européens sur le continent américain eut des conséquences durables des deux côtés.

UNE RÉSISTANCE PERSISTANTE
En dépit de la chute de l'empire, le **dernier bastion inca** ne tomba aux mains des Espagnols qu'en 1572, et l'arrière-pays inca ignora largement la présence espagnole jusqu'au début du XIXe siècle. La conquête de l'Amérique centrale aztèque était plus totale, mais la puissance maya constituait un plus grand défi : ses États durent être vaincus un par un.

DE NOUVEAUX METS
Outre l'or et l'argent **234-235 »** les Espagnols rapportèrent des Amériques de nombreuses plantes nouvelles, dont le tabac. En retour, les Européens introduisirent dans le Nouveau Monde diverses cultures, du bétail et des maladies **236-237 »**.

FEUILLES DE TABAC

AVANT

Jusqu'à la fin du XVe siècle, les agricultures du Nouveau Monde et de l'Ancien Monde étaient isolées, et les maladies les plus sévères d'Europe et d'Asie n'avaient pas traversé l'Atlantique.

LES CULTURES
Les cultures du Nouveau Monde comprenaient le maïs, le **tabac**, le **cacao** et le **coton**. L'agriculture de l'Ancien Monde n'avait guère en commun avec la première que le coton. Les principales cultures étaient le **blé**, le **riz** et le **thé**.

LES ANIMAUX DOMESTIQUES
L'Europe et l'Asie avaient domestiqué de nombreux animaux – **chevaux**, **bovins**, **chèvres**, **moutons**, **poules** et **cochons** – quand le Nouveau Monde ne connaissait comme animaux domestiques que la **dinde**, le **chien**, l'**alpaga** et le **lama**. Les Amériques, toutefois, abritaient une profusion d'animaux sauvages ; la viande consommée provenait en grande partie de la pêche et de la chasse.

LAMAS AU PÉROU

LES MALADIES
Avant Colomb, les Amériques connurent une longue période de croissance démographique. Les **taux de mortalité demeuraient néanmoins élevés** du fait des maladies hydriques et d'affections comme la tuberculose. Les Européens n'étaient pas épargnés non plus ; **ils allaient exporter certaines de leurs maladies les plus meurtrières**.

Le grand échange

L'arrivée de Colomb aux Amériques en 1492 marqua le point de départ d'une révolution des habitudes alimentaires mondiales. Des plantes et des animaux jusqu'alors séparés par 5 000 à 6 000 km d'océan allaient franchir l'Atlantique dans les deux sens.

La toute première expédition de Colomb, en 1492 (voir p. 228-229), comprenait 28 chevaux, 3 mules et toute une ménagerie de moutons, de chèvres, de bovins, de poulets, de chats et de chiens. Hormis ces derniers, c'étaient là des créatures inconnues des autochtones. La colonisation espagnole, au XVIe siècle, allait rapidement accroître les cheptels, à des rythmes toutefois différents selon les espèces. Les effets sur la société différèrent également. Moutons et chèvres, ayant trouvé d'excellents pâturages, se multiplièrent très vite, de même que cochons et poulets : ces animaux non seulement assuraient la subsistance des colons, mais aussi pouvaient être échangés avec les Amérindiens contre des légumes et des fruits. L'expansion géographique des herbivores fut tout aussi rapide : en 1519, des troupeaux de moutons paissaient du nord de l'Amérique du Sud jusque dans le sud-ouest des actuels États-Unis.

Chevaux et bovins

Les cheptels de chevaux et de bovins se développèrent plus lentement, ces animaux ayant des cycles de reproduction plus longs et moins de petits par portée. Ils se répandirent néanmoins durant le XVe siècle à travers le Pérou et le Chili et, au nord, dans toute la Nouvelle-Espagne, qui couvrait l'Amérique centrale et le sud de l'Amérique du Nord. Les chevaux jouèrent un rôle central dans les premières conquêtes espagnoles : les Amérindiens étaient souvent terrifiés par ces créatures, qu'ils croyaient divines. Efficace moyen de transport, ils permirent plus tard aux

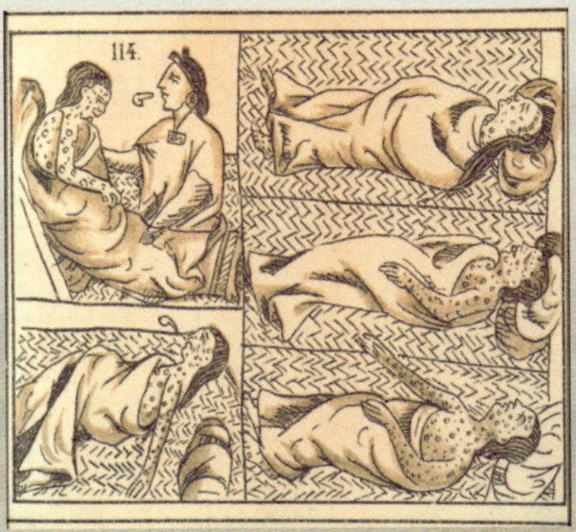

Contacts meurtriers
Cette œuvre des débuts de la colonisation témoigne des ravages de la variole chez les Amérindiens. La première grande épidémie survint entre 1520 et 1524 ; il y en eut d'autres, régulièrement, jusqu'à la fin du XIXe siècle.

Pomme de terre et blé
Le blé pousse aux côtés des pommes de terre dans cette région de collines d'Amérique du Sud. Les premières tentatives d'acclimatation de cette céréale, faites sous les chauds tropiques américains, échouèrent.

Européens de coloniser plus largement l'Amérique du Nord. Les Amérindiens contribuèrent, dans un second temps, à l'expansion des troupeaux.

Nourritures transatlantiques

Si le transfert d'animaux domestiques fut plutôt unilatéral, les espèces végétales, en revanche, circulèrent dans les deux sens. Les colons européens voulurent acclimater les cultures traditionnelles de l'Ancien Monde. La canne à sucre, les bananes et les agrumes prospérèrent dans les régions tropicales. À la fin du XVIe siècle, les Antilles, le Pérou, le Brésil et le Mexique produisaient des quantités croissantes de canne à sucre, les forêts reculant devant les plantations. Les céréales, en premier lieu le blé, donnaient mieux dans les zones montagneuses ; elles trouvèrent plus tard des conditions parfaites dans les grandes plaines tempérées de l'Amérique du Nord. En sens inverse étaient exportés des produits qui allaient transformer l'alimentation d'une grande partie de l'Europe et de l'Asie, parmi lesquels le maïs et les haricots. Introduite en Espagne dès 1534, en France vers 1540, la pomme de terre était devenue, deux siècles plus tard, l'une des plus importantes cultures de l'Ancien Monde. Le cacao transforma les douceurs européennes cependant que la consommation du tabac devenait un nouveau loisir. Les tomates s'imposèrent dans la cuisine méditerranéenne tandis que les piments piquaient la curiosité des palais européens.

Destruction et maladies

Ce grand échange eut également des conséquences humaines dramatiques. Les Européens introduisirent aussi des maladies : variole, rougeole, peste bubonique, typhoïde, scarlatine, choléra, coqueluche, diphtérie, oreillons ainsi que le paludisme et la fièvre jaune, venus d'Afrique, décimèrent les populations amérindiennes. La seule maladie grave qui traversa l'océan en sens opposé fut peut-être la syphilis, mais de nombreux spécialistes en contestent l'origine américaine.

Aux ravages des épidémies s'ajoutèrent les effets sociétaux de la transposition de l'agriculture de l'Ancien Monde. Des communautés amérindiennes furent déplacées pour faire de la place aux troupeaux de bovins, ou contraintes à travailler dans les fermes et les plantations. Des mauvaises herbes allogènes asphyxièrent des plantes endémiques. En Nouvelle-Espagne, le surpâturage, favorisant l'érosion des sols, transforma de vastes superficies en quasi-déserts. Le Nouveau Monde reçut beaucoup plus que des plantes et des animaux, pour le meilleur et pour le pire.

OPERA DI
BARTOLOMEO
SCAPPI
MASTRO DELL'ARTE DEL CVCINARE,
con laquale si può ammaestrare qual si voglia Cuoco, Scalco, Trinciante, o Mastro di Casa.
DIVISA IN SEI LIBRI.
Con le Figure che fanno dibisogno nella Cucina.
Aggiontovi nuouamente il Trinciante, & il Mastro di Casa.
DEDICATE AL MAG. M. MATTEO BARBINI
Cuoco, e Scalco celeberrimo della Citta di Venetia.
IN VENETIA, Per Alessandro de' Vecchi. MDCXXII.

Nouvelle cuisine
Ce livre de cuisine italien, daté de 1622, visait à apprendre aux Italiens comment cuisiner les nourritures exotiques arrivant des Amériques, dont les tomates.

APRÈS

Le Grand Échange eut dans le monde entier de profonds effets, transformant irrévocablement l'écosystème planétaire.

L'EXPORTATION DU THÉ

La consommation du thé fut introduite en Amérique du Nord *via* la Nouvelle-Amsterdam, en 1650. Elle se répandit le long de la façade atlantique dans la deuxième moitié du XVIIe siècle. Au XVIIIe siècle, des **clippers spécialement dédiés au transport du thé reliaient régulièrement l'Europe** à Boston, New York et Philadelphie.

CLIPPER « À THÉ »

DES VIES BOULEVERSÉES

À la fin du XVe siècle, la population autochtone d'Amérique du Sud et du Nord était estimée à 40 millions ; à la fin du XVIIIe siècle, elle avait **chuté de 70 à 90 %**, du fait surtout des épidémies. L'effondrement de la main-d'œuvre locale contribua à l'essor du **commerce négrier transatlantique**. Des millions d'Africains furent embarqués de force vers les Amériques pour y travailler dans les plantations **280-281 »**.

Chevaux des plaines
L'introduction du cheval affecta profondément l'histoire des Amériques. Le cheval était présent sur ces continents à la préhistoire, mais il y était éteint en 7000 av. J.-C. Une fois que les nations amérindiennes des Grandes Plaines nord-américaines (qui s'étendent des Rocheuses au Mississippi) en eurent maîtrisé l'usage, leur existence fut transformée. Les nomades pouvaient se déplacer plus vite et plus loin et l'efficacité des chasses fut décuplée.

AVANT

À la fin du xve siècle, l'Europe subissait une grave pénurie d'argent.

UN USAGE ANCIEN

L'utilisation de l'argent est attestée dès le IIIe millénaire avant notre ère au Moyen-Orient. L'argent devint le **principal métal monétaire en Europe** à partir du ve siècle apr. J.-C. Les civilisations américaines précolombiennes, **« 210-213** qui en avaient en abondance, réservaient l'argent pour l'orfèvrerie, utilisant comme moyen de paiement des fèves de cacao et des coquilles de spondyles.

LE PILLAGE DU NOUVEAU MONDE

Les Européens importaient des Amériques perles, sucre et matières tinctoriales, mais l'or et l'argent étaient plus prisés. C'est la **quête de ces métaux précieux** qui motiva principalement les conquistadors et les premières expéditions coloniales **« 230-231**. Les soldats, d'abord, s'emparèrent des objets appartenant aux Amérindiens ou les troquèrent contre de la pacotille. Une fois ces stocks épuisés, les Amérindiens furent contraints de chercher l'or dans les cours d'eau. L'argent devait être extrait de mines.

L'argent espagnol

À partir des années 1540, le Nouveau Monde espagnol fut modelé par la découverte, l'exploitation et le commerce de l'argent. L'afflux régulier de ce métal précieux dans les coffres de l'Empire espagnol fit de celui-ci la superpuissance de l'époque.

Avant la découverte d'un gisement d'argent à Potosí, dans l'actuelle Bolivie, en avril 1545, les colonisateurs espagnols extrayaient déjà le métal précieux en Nouvelle-Espagne (Mexique actuel) et sur des sites exploités auparavant par les Incas, dans les Andes péruviennes. En 1540, une mine d'argent avait été ouverte à Porco, situé, comme Potosí, au sud-est du lac Titicaca. Mais cette fois, c'était toute une montagne de minerai d'argent qui s'offrait à eux – le plus gros filon jamais découvert –, et cela changea tout. Potosí se transforma en village minier pour devenir, au siècle suivant, la plus grande ville du Nouveau Monde, avec entre 100 000 et 160 000 habitants. L'hôtel royal de la Monnaie y fut fondé en 1585.

Les mines de Potosí ne décollèrent véritablement que vers 1560, avec la mise en œuvre d'un nouveau procédé de raffinage. Celui-ci exigeait l'utilisation de mercure, fourni par les mines d'Almadén, en Espagne, mais il permettait d'extraire du minerai bien plus de métal que la fonte traditionnelle, ce qui rendait plus rentable l'exploitation de filons de moindre teneur. Le mercure était importé dans des sacs en cuir, et son commerce devint en soi important. L'exploitation de l'argent fit par ailleurs flamber la demande de bœuf, de cuir et de chandelles de suif. Le ravitaillement

Madone métisse
La vénération des catholiques pour la Vierge Marie se transmit aux métis d'ascendance amérindienne et européenne, comme l'atteste cette madone.

était monté jusqu'aux mines par des mules, qui redescendaient l'argent. L'élevage et l'extraction minière prospérèrent de concert.

Bientôt, la demande de main-d'œuvre flamba, favorisant l'importation d'esclaves africains (voir p. 280-281), employés dans les mines ou comme domestiques. Leur nombre ne cessa d'augmenter à mesure que le Mexique et le Pérou s'enrichissaient. De nombreux Amérindiens étaient

Mines d'argent
Le Cerro Potosí fut la source de la richesse qui se déversa sur l'Empire espagnol, après qu'on y eut découvert un gisement d'argent, en 1545. L'énorme affleurement de minerai d'argent fut bientôt criblé de mines, comme le montre cette gravure du XVIIIe siècle.

également contraints au travail forcé ; d'autres, en revanche, étaient payés pour leurs talents d'orfèvres.

Premiers convois transatlantiques

De 1503 à 1660, quelque 16 000 tonnes d'argent (et 185 tonnes d'or) furent expédiées à Séville, détentrice du monopole d'importation jusqu'en 1680. Les réserves d'argent en Europe triplèrent. Tous les deux mois, une *flota*, un convoi escorté par des galions armés, quittait Vera Cruz, Cartagena et Nombre de Dios. Le système fonctionnait bien : en deux occasions seulement, des convois entiers furent interceptés et leur cargaison détournée – par le Néerlandais Piet Heyn, en 1628, par le corsaire anglais Robert Blake, en 1657. Il arrivait aussi que des galions, énormes et alourdis par les lingots et les canons, soient perdus, victimes d'une erreur de navigation, d'une fortune de mer ou de corsaires, mais l'impact sur l'économie espagnole était assez faible, et les *flotas* continuaient de fournir régulièrement le *quinto real* (« cinquième royal »), la part d'or et d'argent des Amériques revenant au roi. À partir des années 1580, Philippe II était assuré de percevoir deux à trois millions de ducats chaque année, ce qui lui donna la liberté d'attaquer les autres puissances européennes (voir p. 272-273).

Le règne des comptables

La marine n'était pas seule à veiller à ce que l'argent arrive à bonne destination ; cette mission incombait aussi aux fonctionnaires de l'énorme bureaucratie gouvernementale établie pour remplacer les conquistadors, trop violents, querelleurs et indépendants (voir p. 230-231). Le Conseil des Indes, officiellement créé en 1524, était directement chargé d'administrer les nouveaux territoires de l'empire et préparait rapports et avis pour le monarque espagnol. Tous les postes majeurs de l'administration coloniale, des vice-rois (représentants du roi) de la Nouvelle-Espagne et du Pérou aux juges et aux prélats, étaient attribués – dans certains cas pour une durée déterminée – à des membres de l'élite espagnole, jamais à des hommes déjà établis dans le Nouveau Monde. Pendant deux siècles, le gouvernement des colonies dépendit de contacts constants entre Madrid, devenue la capitale permanente de l'Espagne en 1561, et les grands centres de l'empire outre-Atlantique. Cela n'allait pas sans lenteurs ni lourdeurs, et la population créole – les Espagnols nés et ayant grandi dans le Nouveau Monde – acceptait mal d'être ainsi dirigée par les « métropolitains ». Mais ce système permit à la couronne espagnole d'empêcher les colonies de glisser vers l'indépendance et de contrôler fortement les ressources du Nouveau Monde, y compris, bien sûr, la production d'argent.

Lingots et pièces passaient des marchands d'argent du front de mer sévillan aux hôtels de la Monnaie d'Europe, aux grands banquiers tels que les Fugger, et aux Bourses nouvellement créées à Anvers et Bruges (voir p. 276-277). En échange, affluaient armes, poudre et soldats. Même Élisabeth Ire (voir p. 260-261) et les marchands anglais cherchèrent à s'assurer une part de l'argent espagnol par l'intermédiaire d'emprunts. La route de l'argent courait jusqu'en Méditerranée orientale, *via* l'Italie, et plus loin encore, par l'Iran et l'Inde, jusqu'en Extrême-Orient, où le précieux métal était le moyen par excellence de satisfaire la demande intarissable de l'Europe pour les épices, la soie et la porcelaine de Chine. L'argent des colonies américaines devint le fondement d'une économie mondialisée.

Encensoir en argent
Ce somptueux encensoir en argent, daté de 1630 environ, établit un lien direct entre la prospérité de la société hispano-américaine et la production d'argent.

> « Le chargement d'argent… est arrivé **juste à temps** pour payer l'infanterie et la cavalerie germaniques que nous recrutons. »
>
> LETTRE DE FRANCISCO DE ERASO, CONSEILLER FINANCIER DE CHARLES QUINT, 1558

Port « maître »
Séville était déjà un port prospère lorsque, en 1503, elle se vit accorder le monopole sur l'argent rapporté du Mexique et du Pérou par les *flotas*. Entre 1516 et 1525, 499 navires quittèrent le port espagnol pour les Amériques.

Philippe II
Philippe II d'Espagne gouvernait depuis sa forteresse-monastère de l'Escurial. Il s'en remettait beaucoup à ses conseillers et fonctionnaires, pour l'administration de l'empire comme pour les affaires militaires.

APRÈS

L'afflux d'Européens transforma durablement les sociétés américaines. Avant peu, pourtant, ces émigrants allaient s'affranchir du joug colonial.

VERS DES TEMPS RÉVOLUTIONNAIRES

Les guerres napoléoniennes du début du XIXe siècle **306-307 »**, l'invasion par Napoléon de la péninsule Ibérique **304-305 »**, marquèrent le début du déclin de la domination espagnole et portugaise en Amérique du Sud. Ce processus devait déboucher sur les guerres d'indépendance hispano-américaines **318-319 »** et la **révolution mexicaine**.

UNE VISION DU JOUR DES MORTS

UNE CULTURE HYBRIDE

Les fêtes actuelles, tel le **jour des Morts** mexicain, sont des témoignages vivants de la manière dont le catholicisme espagnol s'est greffé sur les traditions amérindiennes pour produire un syncrétisme unique et haut en couleurs.

Les Pères pèlerins

L'arrivée de 102 colons à Plymouth, dans le Massachusetts, le 11 décembre 1620, est l'un des épisodes constitutifs du mythe américain. Considérés comme les fondateurs des États-Unis, ceux qu'on appela plus tard les « Pères pèlerins » n'étaient pourtant pas les premiers Européens à s'y établir.

« AVANT

HOCHELAGA

Les premiers Européens en Amérique étaient des aventuriers plus que des colons.

LE CANADA FRANÇAIS

Entre 1535 et 1542, le Français **Jacques Cartier** explora le fleuve Saint-Laurent et rebaptise Hochelaga « Mont Réal ». Pêcheurs et trappeurs suivirent bientôt. Les **premiers colons** ne vinrent que bien plus tard, après la fondation de Québec, en 1608.

ALGONQUINS

STRATÉGIES DE SURVIE

Pour survivre dans cet **environnement inconnu et hostile**, les Français nouèrent des alliances avec les peuples autochtones, en particulier avec les Algonquins. Les Iroquois s'allièrent plus tard avec les Britanniques.

Durant le siècle qui s'écoula après la découverte de Christophe Colomb (voir p. 228-229), les contacts des Européens avec l'Amérique du Nord furent extrêmement limités. Les Espagnols, se concentrant sur l'exploitation des riches empires d'Amérique centrale et du Sud, n'y établirent que quelques bases, comme celle de Saint Augustine, en Floride, pour protéger leurs convois de galions. Au nord, les Français explorèrent les régions bordant le Saint-Laurent, où le poisson et les animaux à fourrures abondaient. Les navigateurs qui visitaient l'Amérique du Nord étaient plus soucieux de la contourner pour trouver une route vers l'Asie que de l'explorer.

Ce furent les Anglais qui menèrent les premières tentatives de colonisation sur la façade atlantique. En 1585, sir Walter Raleigh, un aventurier anglais, fonda un établissement sur l'île de Roanoke, en Caroline du Nord. En 1590, la colonie avait disparu, victime de la disette et peut-être détruite par une tribu algonquine. La défaite de l'Invincible Armada, deux ans plus tôt (voir p. 260-261), avait ouvert aux autres nations l'Atlantique nord et l'accès au continent américain. En 1607, la Compagnie de Virginie profita de cette situation pour établir une colonie à Jamestown, en Virginie.

Les Pèlerins

Les hommes et les femmes qui s'établirent à Jamestown espéraient vivre une existence prospère grâce à l'acquisition de terrains. Ceux qui débarquèrent dans le Massachusetts en 1620, après deux mois de navigation à bord du *Mayflower*, voulaient échapper aux persécutions religieuses en Europe. Souvent décrits comme des puritains, ils étaient en réalité des dissidents religieux qui, pour la plupart, avaient quitté l'Angleterre pour les Pays-Bas en 1608. Ayant obtenu des terres de la

Départ pour l'Amérique
Cette peinture représente le départ du *Speedwell* du port néerlandais de Delft. Ce bateau devait rejoindre le *Mayflower* à Plymouth, en Angleterre, et voguer avec lui jusqu'en Amérique. Finalement, après de multiples avaries, tous les passagers s'entassèrent sur le *Mayflower*, un navire de 12 ans, qui transportait habituellement du vin.

Compagnie de Virginie, ils voulaient y créer leur propre société dans un pays « vierge ».

Ces colons reçurent initialement l'aide de deux Amérindiens, Samoset et Tisquantum (Squanto), qui parlaient à la fois la langue algonquine et l'anglais. De fait, Squanto avait été emmené en Angleterre en 1605 par un navigateur anglais et y était demeuré neuf mois. La côte où s'étaient établis les Pèlerins – ils ne furent nommés ainsi qu'en 1798 – était fréquentée par des pêcheurs anglais depuis le début du XVIe siècle ; beaucoup y hivernaient. Un an après leur arrivée en Amérique, les colons de Plymouth célébraient leur première bonne récolte par un repas d'action de grâce, ce que commémore chaque novembre le *Thanksgiving Day*.

Religion et commerce

De nombreuses colonies anglaises de la façade est eurent des origines religieuses : des puritains s'établirent dans le Massachusetts en 1639, des catholiques dans le Maryland en 1634, des libres-penseurs dans le Rhode Island en 1636 et des quakers en Pennsylvanie en 1682. D'autres colonies, dont les Carolines, furent données par le roi d'Angleterre à des nobles.

La Compagnie néerlandaise des Indes occidentales, créée en 1621, se joignit à la ruée colonisatrice : elle fonda Fort Orange (actuelle Albany) sur le fleuve Hudson, en 1623, puis acheta l'île de Manhattan pour 40 florins aux Lénapes, en 1626. Plus au sud, la Compagnie suédoise des Indes occidentales établit la colonie de la Nouvelle-Suède sur le Delaware, en 1638. Les Néerlandais mirent fin à la tutelle suédoise sur ces territoires en 1655 avant d'être eux-mêmes chassés par les Anglais, en 1664. En 1724, ces derniers étendaient leur domination jusqu'en Géorgie.

Deux économies

Considérant leurs communautés comme des « transplantations » de la société anglaise dans un « Nouveau Monde », les colons anglais s'acharnaient à atteindre l'autosuffisance, et lorsque leurs efforts échouaient, comme ce fut souvent le cas, ils tentaient rarement de se concilier les autochtones, préférant plutôt les défaire, les détruire ou les chasser. Pour eux, les Amérindiens étaient des obstacles à surmonter, non une ressource précieuse, pouvant éventuellement être exploitée.

Cette attitude se révéla poser problème quand les colonies prirent leur essor. Celles du Nord prospérèrent grâce au commerce ; l'agriculture n'y était que de subsistance et n'exigeait donc pas beaucoup de main-d'œuvre. Les colonies du Sud, en revanche, avaient besoin de bras. De vastes domaines agricoles s'y étaient développés autour des cultures d'exportation comme le tabac. On y employa d'abord des travailleurs anglais sous contrat, puis, de plus en plus, des esclaves africains (voir p. 280-281) : les vingt premiers de ces travailleurs forcés furent débarqués par un navire néerlandais à Jamestown, en 1619.

Amérique du Nord coloniale
Cette carte de 1721 révèle l'extension des territoires britanniques (en jaune) sur la côte atlantique. L'Espagne contrôlait l'actuelle Floride (en bleu), la France, la plus grande partie du Canada (en rose). Françaises et Britanniques se partageaient le nord du Canada (en bleu).

Trappe amérindienne
Les colons échangeaient avec les Amérindiens des lames de couteau, souvent importées de Sheffield, en Angleterre, contre les fourrures des animaux que les autochtones piégeaient.

Reconstitution de New Plymouth
Les premières habitations des Pèlerins étaient simples : une ossature en bois recouverte de bardeaux et un toit en chaume protégeaient les occupants des pires intempéries.

Intérieur d'un foyer de Pèlerins
Mobilier en bois, rideaux et linge de lit en lin ou en laine : les colons utilisaient les ressources de leur environnement. Ils se passaient de tout ce qu'ils ne pouvaient fabriquer eux-mêmes.

APRÈS

Les colons se dressèrent contre un pouvoir outre-mer qui ne leur accordait aucun droit.

ANCIENNE ASSEMBLÉE DU RHODE ISLAND

AUTONOMIE
En 1750, chacune des **treize colonies** était dirigée par un gouverneur, nommé ou approuvé par le monarque, mais avait son assemblée locale, qui votait ses propres lois. Ce système, dit de ***« self-government »***, assurait aux colonies une relative autonomie pour leurs affaires internes et distinguait leurs institutions, politiques et sociales, de celles prévalant en Angleterre.

LA TUTELLE IMPÉRIALE
Le domaine économique et monétaire demeurait néanmoins sous le **contrôle du Parlement et du gouvernement britannique**, de sorte que les colonies ne concurrençaient pas l'industrie nationale. Quand, en 1765, la Couronne commença à lever des taxes directes sur les colonies afin de financer les récentes guerres coloniales, les colons s'insurgèrent contre l'idée de payer sans avoir de représentation au Parlement. Ce fut **l'une des causes principales de la révolution américaine** **298-299 »**.

Commerce et empires

Entre la fin du xve siècle et la fin du xviiie siècle, plusieurs nations européennes établirent de vastes empires marchands s'étendant en Afrique, en Asie et aux Amériques. Ils se conformaient à deux modèles : l'un étatique et bureaucratique ; l'autre mercantile et, à l'occasion, chaotique.

Les Portugais établirent le modèle de développement de l'empire centralisé, dans lequel le commerce outremer était étroitement assujetti aux finances royales. Le Portugal était un pays peu peuplé, pauvre en ressources naturelles mais fort de son expertise en navigation et en construction navale. En bâtissant un empire, il s'assurait l'accès au lucratif commerce des épices en Asie. Quinze ans après avoir pris pied dans l'océan Indien, dans les années 1480, les Portugais avaient anéanti la puissance maritime arabe. Les bases établies par Afonso de Albuquerque, véritable fondateur de la puissance coloniale portugaise, à Ormuz, Malacca et Goa, contrôlaient les routes maritimes traditionnelles vers l'Asie. Macao, dans le sud de la Chine, s'ajouta à ces pièces maîtresses en 1557. Dans les années 1560, le Portugal assurait 50 % des importations européennes d'épices et 75 % de celles de poivre. Dans le même temps, la déportation d'esclaves africains au Brésil (voir p. 280-281) permit à cette colonie de devenir le premier producteur mondial de sucre.

Entre 1580 et 1640, les Empires portugais et espagnol furent réunis sous la Couronne d'Espagne. La bureaucratie espagnole veillait à ce que le monarque reçût sa part des trésors du Nouveau Monde (voir p. 234-235). Tandis que les colonies fondées par les Espagnols aux Philippines faisaient opportunément transition entre les Amériques et la Chine, le Portugal aidait l'Espagne à dominer le commerce en Orient, sa flotte transportant l'or et l'argent des Amériques vers la Chine, dont elle rapportait la soie et la porcelaine. Quant à la France, ses ambitions coloniales, sous Louis XIV (voir p. 278-279) furent inspirées par le mercantilisme de Richelieu puis surtout celui de Colbert. L'Empire français, création étatique, ne suscita guère, dans un premier temps, l'enthousiasme de la classe marchande, à l'exception notable du commerce de la fourrure dans la Nouvelle-France (le Canada). Pour les dirigeants français comme espagnols, le commerce colonial devait servir à maintenir leurs positions en Europe ; les intérêts des marchands se révélaient très secondaires.

> « Si votre marine est **puissante**, le commerce des Indes **vous appartient**. »
>
> FRANCISCO DE ALMEIDA, VICE-ROI DES INDES PORTUGAISES, v. 1507

Empires de marchands

Marchands et aventuriers furent, à l'inverse, à l'avant-garde des Empires anglais et néerlandais. L'expansion de

PIRATE (v. 1680-1718)

EDWARD TEACH

Le pirate anglais Edward Teach, plus connu sous le nom de Barbe Noire, écumait les côtes de la Virginie et des Carolines ainsi que la mer des Antilles à bord du *Queen Anne's Revenge*, un navire portant 40 canons. Il prélevait un tribut sur les bateaux, avec l'appui du gouverneur de Caroline du Nord, jusqu'à ce qu'une force britannique fût envoyée contre lui, à la requête des planteurs de coton. Il fut décapité en novembre 1718.

Coquillages contre fourrures
À partir du début du xviie siècle, les marchands néerlandais payèrent les fourrures des Iroquois de la Nouvelle-Angleterre en perles, avec lesquelles ces derniers confectionnaient des ceintures rituelles, ou *wampums*.

« AVANT

Les progrès de la navigation ouvrirent de nouvelles voies.

LE REPLI DU DRAGON
Entre 1405 et 1433, **sept grandes expéditions chinoises** explorèrent les côtes de l'océan Indien, de Java jusqu'à l'Afrique. Puis l'Empire chinois se referma, interdisant à ses marins de naviguer.

***MARINER'S MIRROUR*, 1588**

L'AIDE À LA NAVIGATION
À partir du xve siècle, l'**amélioration des cartes** et **manuels de navigation** favorisèrent les grands voyages océaniques.
Le *Mariner's Mirrour* fut la première publication à utiliser des symboles standards pour indiquer les bouées, les chenaux, les ancrages sûrs et les récifs submergés.

ceux-ci fut favorisée par l'établissement de banques, de bourses et de sociétés par actions (voir p. 276-277).
Les actionnaires acceptaient la nécessité de défendre militairement leurs intérêts, mais gouverner des peuples ne les intéressait pas.

Plutôt qu'un empire politique, la Compagnie néerlandaise des Indes orientales édifia ainsi le réseau commercial le plus étendu contrôlé par une puissance européenne, s'introduisant même au Japon. Ses navires transportèrent les premiers esclaves destinés aux plantations de tabac de Virginie (voir p. 280-281).

L'Angleterre entra plus tardivement encore dans le jeu impérial, se contentant d'abord de piller les convois espagnols. La Compagnie anglaise des Indes orientales précéda pourtant de deux ans son homologue néerlandais, mais ses débuts furent oblitérés par les lacunes du système financier et les difficultés intérieures au royaume. La situation changea dans la seconde moitié du XVIIe siècle. En 1651, un Acte de navigation organisa le commerce avec les Amériques ; en 1670 fut créée la Compagnie de la baie d'Hudson pour le commerce de la fourrure au Canada. Enfin, en 1715, le traité d'Utrecht accordait à l'Angleterre le monopole du trafic négrier vers l'Empire hispano-américain. Le commerce extérieur de l'Angleterre avait doublé en 1780.

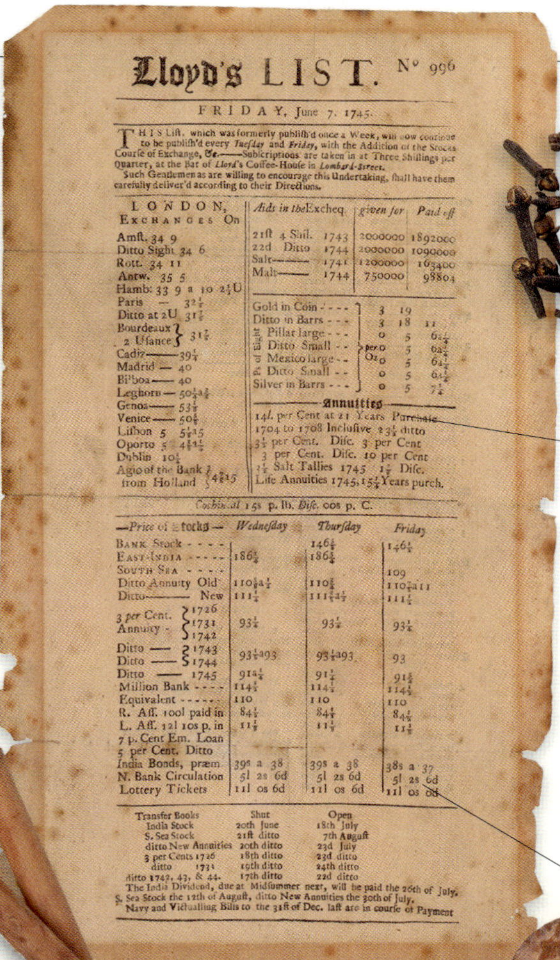

Lloyd's LIST. N° 996

FRIDAY, June 7. 1745.

THIS List, which was formerly publish'd once a Week, will now continue to be publish'd every *Tuesday* and *Friday*, with the Addition of the Stocks Course of Exchange, &c.——Subscriptions are taken in at Three Shillings per Quarter, at the Bar of *Lloyd's* Coffee-House in *Lombard-Street*.
Such Gentlemen as are willing to encourage this Undertaking, shall have them carefully deliver'd according to their Directions.

LONDON, EXCHANGES On
Amst. 34 9
Ditto Sight 34 6
Rott. 34 11
Antw. 35 5
Hamb: 33 9 a 10 2½U
Paris — 32½
Ditto at 2U 31⅞
Bourdeaux 2 Usance 31⅞
Cadiz —— 39¼
Madrid — 40
Bilboa —— 40
Leghorn — 50¼a⅜
Genoa —— 53⅛
Venice —— 50⅝
Lisbon 5 5⅛a5
Oporto 5 4⅞a⅛
Dublin 10¼
Agio of the Bank from Holland 4⅞a5

Aids in the Excheq.		*given for*	*Paid off*
21st 4 Shil.	1743	2000000	1892000
22d Ditto	1744	2000000	1090000
Salt——	1741	1200000	163400
Malt——	1744	750000	98804

Gold in Coin	3	19	
Ditto in Barrs	3	18	11
Ps. of Eight Pillar large	0	5	6¼
Ditto Small — per Oz.	0	5	6¼
Mexico large	0	5	6¼
Ditto Small	0	5	6¼
Silver in Barrs	0	5	7¼

Annuities
14*l*. per Cent at 21 Years Purchase
1704 to 1708 Inclusive 23½ ditto
3½ per Cent. Disc. 3 per Cent
3 per Cent. Disc. 10 per Cent
2½ Salt Tallies 1745 1½ Disc.
Life Annuities 1745, 15½ Years purch.

Cochineal 15s p. lb. *Disc.* 00s p. C.

—Price of Stocks—	*Wednesday*	*Thursday*	*Friday*
Bank Stock		146½	146½
East-India	186¼	186¼	
South Sea			109
Ditto Annuity Old	110⅛a½	110⅛	110⅞a11
Ditto —— New	111¼	111⅛a½	111½
3 per Cent. Annuity 1726 1731 1742	93¼	93¼	93¼
Ditto —— 1743 / Ditto —— 1744	93⅛a93	93⅛a93	93
Ditto —— 1745	91a¼	91¼	91¼
Million Bank	114½	114½	114½
Equivalent	110	110	110
R. Ass. 100l paid in	84½	84½	84½
L. Ass. 12l 10s p. in	11⅛	11⅛	11⅛
7 p. Cent Em. Loan			
5 per Cent. Ditto			
India Bonds, præm	39s a 38	39s a 38	38s a 37
N. Bank Circulation	5l 2s 6d	5l 2s 6d	5l 2s 6d
Lottery Tickets	11l 0s 6d	11l 0s 6d	11l 0s 6d

Transfer Books	Shut	Open
India Stock	20th June	18th July
S. Sea Stock	21st ditto	7th August
ditto New Annuities	20th ditto	23d July
3 per Cents 1726	18th ditto	23d ditto
ditto 1731	19th ditto	24th ditto
ditto 1742, 43, & 44.	17th ditto	22d ditto

The India Dividend, due at Midsummer next, will be paid the 26th of July, S. Sea Stock the 12th of August, ditto New Annuities the 30th of July. Navy and Victualling Bills to the 31st of Dec. last are in course of Payment

Taux actualisés des rentes à la vente

Cours à trois jours de la Bourse de Londres

La *Lloyd's List*
Créée à Londres par Edward Lloyd (voir p. 276-277), la *Lloyd's List* était, à l'origine, conçue comme une source d'information pour les marchands et agents d'assurances qui se réunissaient régulièrement dans le café tenu par Lloyd. À partir de 1764, le *Lloyd's Register* recensa tous les navires marchands de plus de 100 tonneaux : les marchands pouvaient suivre les cargaisons arrivant du monde entier, y compris des îles aux Épices.

CLOUS DE GIROFLES

CANNELLE

NOIX DE MUSCADE

APRÈS

L'extension de l'influence européenne dans le monde eut des conséquences durables.

DES GOÛTS EXOTIQUES
L'appétence des Occidentaux pour les substances addictives de toutes sortes remonte à l'ère des empires maritimes planétaires. Thé et café, tabac, opium, sucre et chocolat des colonies devinrent des **produits de consommation très prisés**. Dès lors que leurs intérêts commerciaux étaient menacés, les grands empires réagissaient brutalement : ce fut notamment le cas pendant les **guerres de l'Opium** du milieu du XIXe siècle **354-355 ››**.

COMMERCE ET INDUSTRIE
Les matières premières des colonies, plus largement accessibles, alimentèrent la révolution Industrielle **292-295 ››** ; ces mêmes colonies assuraient des débouchés aux produits manufacturés en Occident à partir de leurs ressources. La complexification du commerce entraîna le développement des **institutions monétaires et financières** établies à l'époque des empires marchands, jusqu'à l'extrême financiarisation du monde actuel. L'importance croissante du marché influença de nombreux penseurs, ce qui déboucha sur le développement du capitalisme libéral **276-277 ››**, dont les principes s'appliquèrent dans d'autres domaines des idées, dont la politique et la philosophie.

La construction de Batavia
Le 30 mai 1619, Jan Pieterzoon Coen s'emparait du port de Jayakarta (actuelle Jakarta, capitale de l'Indonésie), sur la côte nord-ouest de Java. Sur ses ruines, il fit édifier Batavia, cité néerlandaise typique avec ses canaux, qui devint la capitale des Indes orientales néerlandaises.

AVANT

Tandis que les derniers empereurs Ming étaient occupés par une révolte, une nouvelle puissance se constituait au nord de la Chine.

LES BANNIÈRES JURCHEN

Les Jurchen avaient fondé, au XIIe siècle, la **dynastie Jin « 163**. Au XVIe siècle, ils vivaient dans la région de Jilin, dans le nord-est de la Chine actuelle, chassant, cultivant et commerçant avec les Chinois. En 1616, un de leurs chefs, **Nurhachi**, fonda la dynastie des Jin postérieurs et entreprit d'organiser les tribus jurchen ainsi que les Mongols et les Chinois han qui s'étaient soumis à son autorité. Ses sujets furent répartis en **quatre divisions administratives et militaires**, appelées bannières.

300 familles formaient un *niru*, ou compagnie.

25 *nirus* (7 500 familles) étaient réunis sous une bannière.

DES JURCHEN AUX MANDCHOUS

Le successeur de Nurhachi, **Huang Taiji**, favorisa la sinisation des institutions jurchen. En 1636, il donna à son peuple le nom de mandchou (d'origine inconnue) et en 1637, adopta le nom dynastique de **Qing**, signifiant « clair ». Le système des bannières fut étendu à la faveur des conquêtes de Huang Taiji. En 1644, on comptait 8 bannières mandchoues, 8 bannières mongoles et 8 bannières chinoises.

Au début du XVIIe siècle, la dynastie Ming (voir p. 166-167) était confrontée à la fois à des rébellions intérieures et à la menace d'une invasion mandchoue. En avril 1644, le chef rebelle Li Zicheng prenait Pékin et le dernier empereur Ming se suicidait. Li tenta de convaincre Wu Sangui, le plus puissant des commandants sur la frontière, de s'allier avec lui. Wu préféra négocier avec les Mandchous, les autorisant à franchir la Grande Muraille. Les Mandchous prirent le contrôle de Pékin en juin. Le jeune fils de Huang Taiji (voir AVANT), âgé de 6 ans, succéda à son père, sous le nom de Shunzhi : ce fut le premier empereur de la dynastie Qing (1644-1911).

Pcésie impériale
L'empereur Kangxi était un poète talentueux et un défenseur des arts. Les vers de cet ouvrage lui sont attribués.

Les Mandchous continuèrent d'avancer vers le sud, écrasant toute résistance. Tout Han mâle devait manifester sa soumission en se rasant le front et en se laissant pousser une longue natte, qui demeura obligatoire durant toute la période Qing.

Ayant établi leur contrôle sur toute la Chine, les Qing organisèrent une bureaucratie inspirée de l'administration Ming. Mais le système des examens pour l'entrée dans la fonction publique excluait les Mandchous, qui parlaient rarement le mandarin. Les fonctionnaires chinois affectés aux postes importants furent par décision politique doublés par des Mandchous. Cette politique n'apaisa guère le ressentiment de la population chinoise à l'égard de gouvernants étrangers.

L'Âge prospère

Shunzhi, cependant, promettait d'être un grand empereur ; mais il mourut de la variole précocement. La charge de consolider le pouvoir Qing en Chine incomba à ses trois successeurs.

Le règne de Kangxi, le fils de Shunzhi, fut le plus long de toute l'histoire de la Chine. Bien que né mandchou, Kangxi devait devenir le modèle de l'empereur chinois. Il commentait et lisait plus de cinquante rapports chaque jour et voyageait beaucoup. Mécène des arts, il encouragea le savoir. Durant son règne, il mata une importante révolte intérieure et fit campagne avec succès contre les Djoungars mongols.

Les **trois empereurs**

Les règnes des trois empereurs Kangxi (1661-1722), Yongzheng (1722-1735) et Qianlong (1736-1795) furent pour la Chine un « Âge prospère », durant lequel l'Empire chinois atteignit sa plus grande extension tandis que sa population doublait.

Territoires des Qing
Le traité de Nertchinsk, en 1689, fixa la frontière entre la Chine et la Russie. En 1750, Qianlong déclara le Tibet protectorat chinois. En 1757, une révolte djoungare fut impitoyablement réprimée et la Djoungarie intégrée à l'empire.

Yongzheng, qui pourrait avoir usurpé le trône, succéda à Kangxi. Il imposa l'usage du mandchou à la Cour, augmenta les salaires des fonctionnaires afin de lutter contre la corruption et ordonna que l'Édit sacré, qui exhortait les sujets à révérer l'empereur, fût lu deux fois par mois dans les temples confucéens.

Le règne du quatrième empereur Qing, Qianlong (voir à droite), vit les frontières de la Chine repoussées le plus loin. Les gains territoriaux favorisèrent l'essor de l'économie aussi bien qu'une augmentation démographique significative.

Des missionnaires en Chine

La première mission jésuite à Pékin avait été établie en 1598. Après les Ming, les Mandchous continuèrent à employer des jésuites. Le père Adam Schall fut ainsi chargé par Kangxi de

Les voiles peuvent pivoter d'un côté ou de l'autre et continuer de prendre le vent même lorsque le bâtiment vire de bord.

Les lattes de bambou renforcent la toile, permettant de la remonter plus facilement et l'empêchant de se déchirer par vent fort.

La chaloupe est suspendue au niveau du pont de dunette, à la poupe, plutôt que sur les flancs comme sur les navires occidentaux.

Le gouvernail fixé à la poupe était utilisé des siècles avant son adoption en Occident.

Maquette de jonque chinoise
Introduit par la dynastie Han (voir p. 128-129), ce navire océanique devint le bateau chinois par excellence. Sous les Qing, les jonques transportaient des produits très divers, du thé au jade, en passant par les épices.

ROBE EN SOIE BRODÉE

SCULPTURE EN JADE

VASE EN PORCELAINE

THÉ VERT

GINGEMBRE

préparer la réforme du calendrier. Une erreur ayant été repérée, Schall fut accusé de trahison et échappa de peu à la mort. D'autres membres de la congrégation furent engagés comme diplomates, architectes, artistes ou mathématiciens. En 1692, après que des missionnaires jésuites eurent soigné l'empereur, atteint de paludisme, Kangxi signa un « édit de tolérance » autorisant l'enseignement de la doctrine chrétienne. Mais celui-ci fut abrogé après que le pape eut interdit aux chrétiens chinois de célébrer le culte des ancêtres.

Le commerce du thé

La Chine commerçait de longue date avec l'Asie centrale, par voie terrestre, et avec l'Asie du Sud-Est, par voie maritime. Depuis la fin de la période Ming, des accords la liaient aussi aux puissances européennes.
Au XVIIIe siècle, la Grande-Bretagne était devenue son premier partenaire commercial occidental. La demande en porcelaine et en soie demeurait forte, mais le thé était en passe de prendre le premier rang des exportations chinoises. Or les Chinois n'acceptaient de l'échanger que contre de l'argent. Les Britanniques favorisèrent le commerce de l'opium (voir APRÈS) pour susciter une demande alternative au métal précieux. À partir de 1760, les Qing cantonnèrent le commerce étranger au port de Canton. Ces restrictions conduisirent le gouvernement britannique à dépêcher l'ambassade Macartney en Chine, en 1792 (voir p. 354).

EMPEREUR MANDCHOU (1711-1799)

QIANLONG

Qianlong donnait de lui-même l'image d'un dirigeant modèle, traitant des affaires de l'État le matin, peignant ou écrivant de la poésie l'après-midi. Quoiqu'il ne fût pas particulièrement doué, il fut un poète prolifique : plus de 40 000 poèmes lui sont attribués. Les dernières années de son règne furent ternies par l'ascension de son favori, Heshen (voir APRÈS).

APRÈS

L'Âge prospère prit fin dans les dernières décennies du règne de Qianlong.

LA CORRUPTION
En 1775, **Heshen**, un garde du corps, devint le favori de Qianlong. Ayant obtenu le contrôle des revenus impériaux et l'autorisation de placer ses partisans aux postes clés de l'administration, il bâtit un réseau clientéliste. On considère généralement qu'il initia une tendance à la corruption, qui devait s'épanouir au XIXe siècle et miner la dynastie Qing.

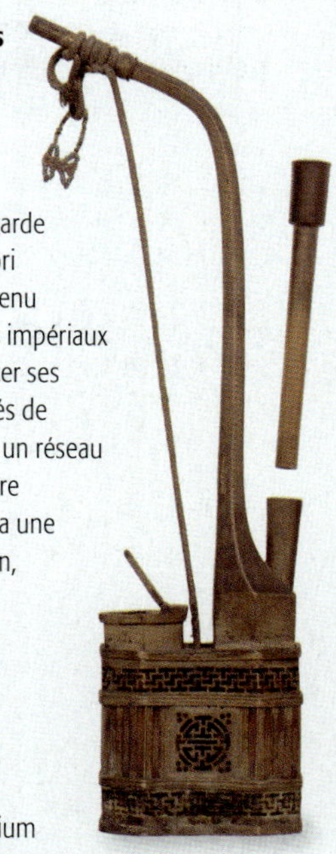

PIPE À OPIUM

LE COMMERCE DE L'OPIUM
La consommation d'opium en Chine fut encouragée par les sociétés anglaises, qui importaient en contrebande d'Inde la drogue prohibée par Yongzheng. La baisse du prix de l'opium fit passer les importations de 4 500 caisses par an jusqu'en 1821 à 19 000 caisses en 1830 et plus de 40 000 caisses en 1834 – pour un coût de 34 millions de dollars argent. Les tentatives chinoises pour réduire ce trafic débouchèrent sur les guerres de l'opium **354-355 »**.

300 MILLIONS Population de la Chine en 1762, selon les estimations gouvernementales

La **Grande Paix** du **Japon**

Au XVIIe siècle, le Japon ferma la porte au monde extérieur. Quiconque osait s'aventurer à l'étranger et revenir au pays était exécuté. Pendant deux cent cinquante ans, le Japon, nouvellement unifié, suivit la voie du *sakoku*, ou repli national, développant son économie et une identité culturelle unique.

Imaginez une ville du XVIIe siècle protégée par de hautes murailles en pierre, de larges douves et s'étendant autour du plus grand château du monde. Cette ville portuaire où s'activaient artisans, marchands et manœuvres, c'était Edo (l'actuelle Tokyo), deux fois plus grande que Paris ou Londres, les plus grandes villes européennes de l'époque. Des gens de toutes classes sociales se pressaient dans ses rues : tous étaient les bénéficiaires d'une nouvelle ère : la période d'Edo, aussi connue comme celle de la « Grande Paix », qui allait durer plus de deux cent cinquante ans.

« AVANT

Avant la période Edo, le Japon était politiquement divisé et instable.

LA GUERRE CIVILE
Du XIIe à la fin du XVIe siècle, le Japon connut des guerres civiles récurrentes **« 168-169.**

L'AVÈNEMENT DE LA PAIX
La bataille de **Sekigahara** fut la dernière grande bataille opposant deux armées japonaises. Le vainqueur, Ieyasu Tokugawa, fils d'un daimyo (seigneur féodal), prit le titre de **shogun** (généralissime).

Le shogunat

Edo devint la capitale militaire du Japon sous le règne de Ieyasu Tokugawa, qui avait reçu de l'empereur le titre de shogun (voir p. 168-169), en 1603. Tokugawa transforma ce « soutien » à son avantage. L'empereur, bien que révéré, était cantonné à un rôle purement cérémoniel et confiné, avec sa Cour, à Kyoto, encore capitale officielle du pays. Mais la pacification du Japon dépendait en premier lieu des daimyo (voir p. 168-169), qui contrôlaient les provinces, pour la plupart difficiles d'accès. Exerçant son pouvoir depuis Edo, le shogun devait composer avec ces seigneurs locaux pour maintenir son autorité sur le pays. C'était une alliance difficile, balançant entre contrainte et accommodement : les daimyo se devaient d'obéir au shogun sur les questions de politique majeures et envoyer périodiquement leurs épouses et enfants à Edo, en gage de leur soumission, mais ils jouissaient dans les faits d'une grande latitude et d'un réel pouvoir sur leurs territoires. Ils avaient notamment le droit d'exiger des villageois corvées et impôts.

> « [Edo] est **plus bondée** qu'une rue de n'importe quelle ville les plus peuplées d'Europe. »
>
> ENGELBERT KASMPFERER, MARCHAND NÉERLANDAIS, 1621

Le grand changement

Le shogunat des Tokugawa fut toutefois synonyme, pour la société japonaise, d'une expérience, réussie, d'« ingénierie sociale », alors même que son fondateur avait défini une stricte organisation hiérarchique. Au sommet venait la classe guerrière des samouraïs, seuls autorisés à porter des armes. Placés sous le contrôle des chefs militaires, les samouraïs furent désormais employés non seulement pour assurer l'ordre et la protection des dirigeants, mais aussi comme fonctionnaires ; les uns servaient directement le shogun, les autres les daimyo.

Le changement majeur fut l'élévation de la classe paysanne – qui représentait 80 % de la population – au deuxième rang de la hiérarchie sociale. Une réelle autonomie fut accordée aux villages. Les paysans élisaient leurs responsables et débattaient des questions locales au sein d'assemblées locales. Les impôts (en riz) étaient désormais payés pour l'ensemble du village. Les paysans reçurent en outre des droits individuels à cultiver les terres enregistrées à leur nom. En retour, ils devaient apporter

Edo, la plus grande ville
Cette vue d'Edo, par le maître Hiroshige, célèbre la ville qui demeura, jusqu'au XIXe siècle, l'une des plus grandes du monde et à partir de laquelle l'actuelle Tokyo se développa. Les Japonais considèrent aujourd'hui Edo comme le berceau de leur culture traditionnelle.

Confection d'un masque de nô
Les masques de nô sont légers car portés durant toute une représentation. Traditionnellement, chaque masque est sculpté dans une pièce de cyprès.

La cérémonie du thé
Une scène classique de la période Edo gravée sur bois : des *geishas* s'adonnant à la cérémonie formelle du thé, *cha-no-yu*. Celle-ci demeure un art traditionnel du Japon.

la garantie que leurs fermes ne seraient pas négligées, ce qui se traduisait par l'interdiction de quitter le village où ils étaient fixés.

En termes de droits et de restrictions, les artisans venaient immédiatement au-dessous des paysans ; les marchands et les boutiquiers occupaient le dernier échelon. Le commerce ne s'en développa pas moins dans les centres urbains en plein essor d'Edo, d'Osaka et de Kyoto, et les activités de commerce comme de courtage enrichirent la classe marchande, dont le pouvoir financier en vint à compenser le statut inférieur.

En dépit de la rigidité sociale et de non moins stricts codes de comportement, qui régissaient tous les aspects de la vie sociale, de la tenue vestimentaire à la façon de boire le thé, le Japon connut lui aussi, au XVIIe siècle, une renaissance culturelle.

La culture d'Edo

La période Edo vit fleurir une culture populaire que l'on assimile volontiers aujourd'hui à la culture traditionnelle du Japon. Tandis que la ville devenait le domaine d'une bourgeoisie marchande et un lieu de distraction, l'art des jardins introduit par les moines zen sous le précédent shogunat se mettait au service d'une architecture baroque et volontiers ostentatoire, celui de l'arrangement floral se sécularisait cependant que la figure de la geisha apparaissait lors de la cérémonie du thé. Alors que le théâtre nô, issu des pantomimes du XIe siècle, se transformait toujours plus en un art aristocratique très stylisé et codifié, une nouvelle forme d'art dramatique populaire, le kabuki, émergeait. Le développement de la porcelaine japonaise, des laques décoratives et de l'*ukiyo-e* accompagna aussi les transformations économiques et sociales du Japon d'Edo. L'*ukiyo-e*, littéralement « image du monde flottant », était une forme nouvelle de peinture mettant en valeur la sensualité des courtisanes, l'érotisme des prostituées et les couleurs du kabuki, dont la diffusion fut servie par le perfectionnement de la xylographie. D'autres thèmes se firent jour : le paysage et les scènes d'Edo, genre porté à sa perfection par Hiroshige au XIXe siècle.

Nô et kabuki
Il existe quatre catégories de masques de nô, chacune représentant un genre différent : dieux, démons, guerriers et femmes. Les pièces de nô traitent d'une vérité universelle, exprimée sur scène par une sorte de métaphore visuelle. Les masques utilisés ayant des expressions neutres, les acteurs doivent faire preuve d'un grand talent pour donner vie aux personnages. Ci-contre figurent deux masques de nô de la période Edo.
Si la retenue et le raffinement du théâtre *nô* attiraient les classes supérieures de la société japonaise, le kabuki, souvent cru, séduisait la classe marchande. Le masque de kabuki ci-contre représente un samouraï en colère.

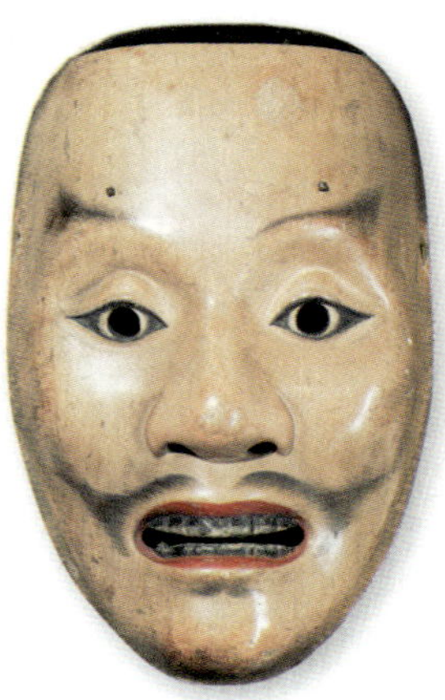
MASQUE DE KABUKI

DÉMON DE NÔ

FEMME DE NÔ

APRÈS »

Le XVIIIe et le début du XIXe siècle furent marqués par de graves famines, des tensions sociales croissantes et l'échec des tentatives répétées de réformes politiques.

LE DÉCLIN DU SHOGUNAT
Au début du XIXe siècle, un nombre croissant de Japonais considérait que le **shogunat**, trop rigide, **ne répondait pas aux défis nouveaux** **356-357 »**.

MODERNISATION DU JAPON
En 1854, le Japon fut contraint d'**ouvrir ses frontières** par les États-Unis ; ce fut le début de son **occidentalisation** **356-357 »**. La Banque du Japon fut fondée en 1882.

PIÈCES JAPONAISES

- **1500**
- **1527 Babur** remporte une importante bataille contre une coalition des princes rajput à Khanua.
- **1530** Mort de Babur ; son fils **Humayun** lui succède.
- **1540** Humayun doit s'exiler. **Chir Chah**, de la dynastie des Sur, règne sans partage sur l'Inde du Nord.
- **1550**
- **1555-1556** Humayun restaure la domination moghole. À sa mort, en 1556, **Akbar** lui succède, Bairam Khan assurant la régence.
- **1571** Akbar déplace la capitale de l'empire d'Agra à **Fatehpur Sikri**, une ville nouvelle.
- **1579** Akbar **abolit l'impôt pesant sur les habitants** non musulmans, manifestant sa volonté de traiter en égaux les musulmans et les fidèles d'autres religions.
- **1585** Akbar transfère la capitale de Fatehpur Sikri à **Lahore**.
- **1600**
- **1605** Mort d'Akbar ; **Jahangir** accède au trône.
- **1627** Mort de Jahangir
- **1628 Chah Djahan** accède au trône.
- **1648** Chah Djahan s'établit dans sa nouvelle capitale, **Delhi**.
- **1650**
- **1654** Le **Tadj Mahall** est achevé à Agra.
- **1658** Chah Djahan meurt, **Aurangzeb** lui succède.
- **1700**
- **1707** Mort d'Aurangzeb
- **1750**
- **1739 Sac de Delhi** par Nadir Chah, qui pille le trésor des Moghols.
- **1800**
- **1838** Début du règne du dernier Moghol, **Bahadur Chah II**
- **1850**
- **1857** Grande Mutinerie ; l'**Empire moghol est dissous** ; le gouvernement de l'Inde passe à la couronne britannique.

LA DYNASTIE MOGHOLE
Après une période initiale d'expansion et de consolidation, l'empire moghol demeura pendant plus de cent soixante-dix ans (1556-1719) une entité stable et dynamique. Puis un long déclin précéda la dissolution de l'empire, en 1857.

Les **Grands Moghols**

L'Empire moghol, l'un des États les plus puissants du XVIIe siècle, était doté d'un système administratif complexe qui lui permit de régner sur plus de 100 millions d'habitants du sous-continent indien. Sa cour était réputée pour sa splendeur et son raffinement.

Le premier empereur moghol
On voit ici Babur, fondateur de l'Empire moghol, se saisir des moutons d'une tribu hazâra. Babur est passé à la postérité autant pour ses succès militaires que pour ses talents littéraires. Cette miniature illustre ses mémoires, le *Baburnama*, récit sans détours de sa vie.

Dans sa conquête du nord de l'Inde, Babur (voir AVANT) remporta deux batailles décisives, l'une contre le sultan afghan de Delhi, Ibrahim Lodi, à Panipat, en 1526, l'autre contre la confédération rajput à Khanua, l'année suivante. À sa mort, en 1530, il avait, depuis sa capitale d'Agra et grâce à une cavalerie expérimentée et à l'usage des armes à feu, consolidé la domination moghole (terme persan utilisé pour désigner les Mongols) sur les riches cités et les terres productives de l'Inde du Nord.

Son fils, Humayun, eut moins de succès. En 1540, il avait cédé le royaume de son père au dirigeant afghan Chir Chah, fondateur de la dynastie des Sur, et était contraint de s'exiler à la cour des Séfévides, en Iran. Mais à la mi-1555, avec le soutien iranien, il parvint à rétablir l'Empire moghol en battant les descendants de Chir Chah, bien plus faibles. Il mourut sept mois plus tard, laissant l'empire à son fils âgé de 12 ans, Akbar, sous la tutelle de Bairam Khan, un noble influent.

Sous la régence, la domination moghole fut étendue sur tout le nord de l'Inde, de l'Indus au Gange. Cette région allait constituer le cœur de l'empire, défendu par les forteresses d'Agra, Allahabad, Ajmer et Lahore. Après 1560, Akbar remporta d'autres succès militaires : à sa mort, en 1605, l'empire s'étendait du Cachemire, au nord, et de l'Afghanistan, au nord-ouest, jusqu'au Bengale, à l'est, et au plateau du Deccan, au sud.

Structuration et tolérance

Akbar instaura un système de gouvernement centralisé. L'empire était divisé en provinces gérées par des *mansabdars*, officiers appointés issus de la noblesse, chargés d'administrer les territoires aussi bien que de fournir des soldats à l'armée moghole. Les nobles de plus haut rang étaient rémunérés par l'allocation de terres sur lesquelles ils pouvaient percevoir des impôts mais qu'ils ne possédaient pas. Tous les *mansabdars* étaient révocables et sans cesse déplacés.

Akbar mena une politique de tolérance religieuse qui contribua à l'unité d'un empire hétérogène. Lui-même épousa des femmes de

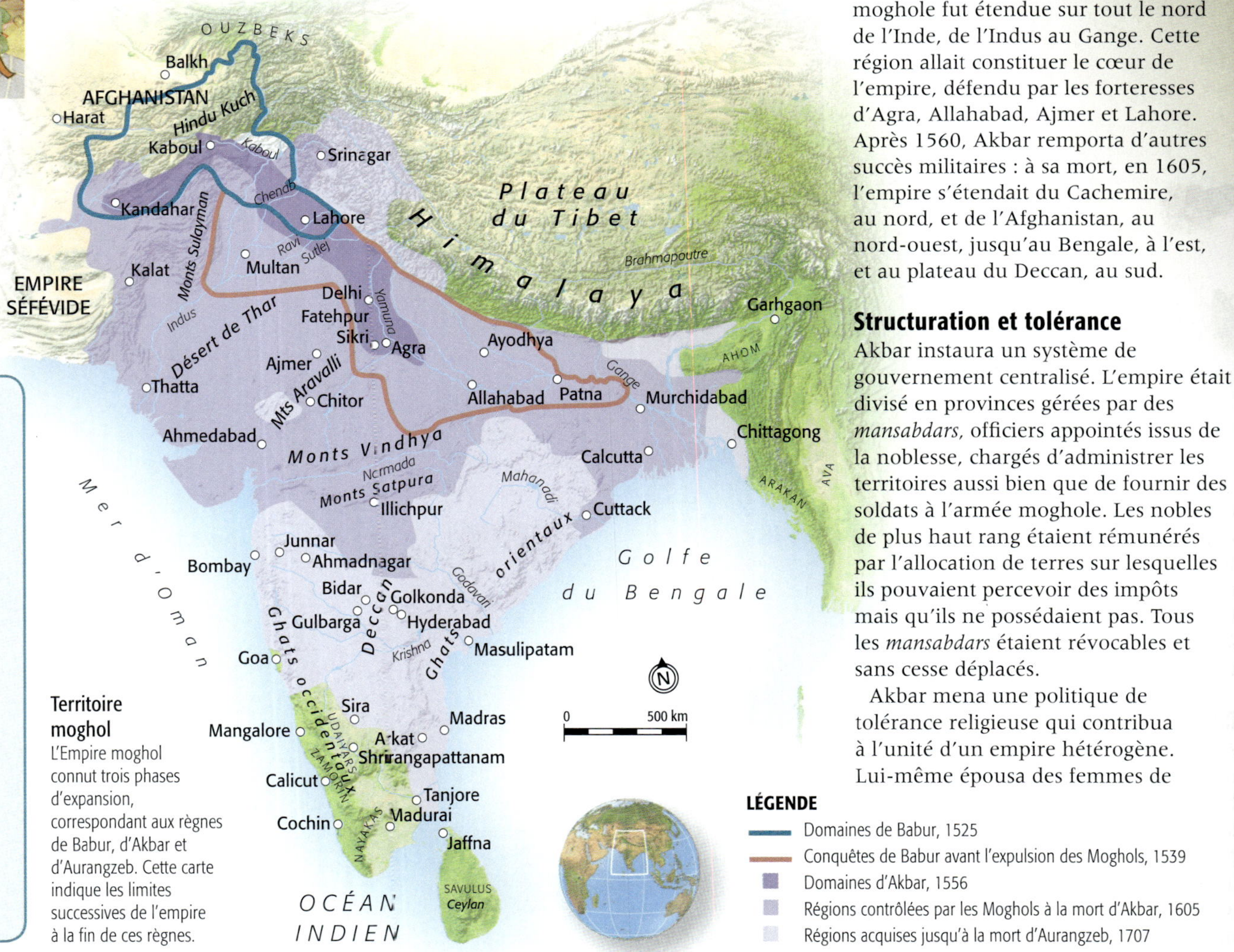

Territoire moghol
L'Empire moghol connut trois phases d'expansion, correspondant aux règnes de Babur, d'Akbar et d'Aurangzeb. Cette carte indique les limites successives de l'empire à la fin de ces règnes.

« AVANT

À la veille de sa conquête par les Moghols musulmans, l'Inde était fragmentée.

INDE MUSULMANE ET HINDOUE
Le **sultanat de Delhi** (1206-1526) « 180-181 fut gouverné à partir de 1451 par la dynastie afghane des **Lodi**, à laquelle les **Rajput** hindous disputaient le nord-est de l'Inde. Au XIVe siècle, des sultanats autonomes furent fondés dans le centre du pays. Le Sud était dominé par l'**empire hindou de Vijayanagar**.

BABUR EN AFGHANISTAN
Au nord-ouest, en Asie centrale, **Babur**, un descendant de Gengis Khan « 164-165, avait été exilé de son Ferghana natal par l'Ouzbek Chaybani Khan. Il prit Kaboul, place forte afghane en 1504, puis se tourna vers l'Inde.

Le Tadj Mahall
Le Tadj Mahall, à Agra, est le plus beau des mausolées-jardins moghols. Par son plan, il symbolise le paradis sur Terre. Il fut édifié entre 1631 et 1654 sur l'ordre de Chah Djahan pour son épouse bien-aimée, Mumtaz Mahall, morte en donnant naissance à leur quinzième enfant, en 1631. Chah Djahan y fut également inhumé.

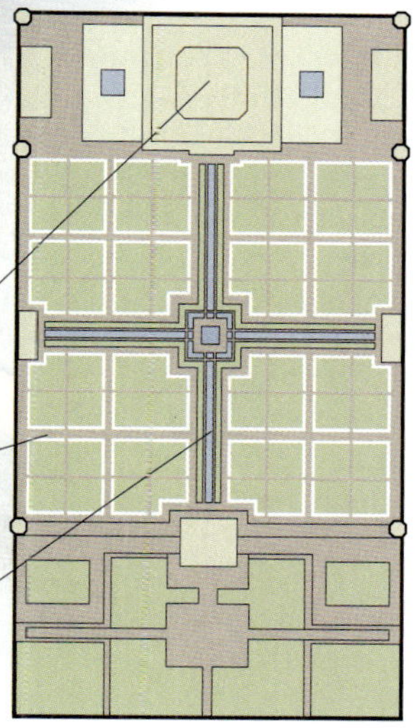

Les jardins du paradis
Les jardins du Tadj Mahall représenteraient le paradis – terme qui dérive du persan, signifiant « jardin clos ». La forme des quatre jardins *(charbaghs)* que décline le plan des jardins du Tadj Mahall (à gauche) vient elle aussi d'Iran, où ce chiffre avait une signification particulière. Elle fut introduite en Inde par Babur.

Le Fort-Rouge
Colonnade de grès rouge dans le Fort-Rouge (Lal Quil) de Delhi. Celui-ci se dressait au cœur de la nouvelle ville édifiée par Chah Djahan. À partir de 1648, il fut à la fois palais impérial et centre de l'administration moghole.

APRÈS

Au XVIIIe siècle, la souveraineté moghole ne s'exerçait plus que sur Delhi et sa région.

BAHADUR CHAH II

LA FIN DES MOGHOLS
L'empereur conservait quelque autorité sur l'Inde dans son ensemble, en tant que *shahanshah*, « roi des rois ». Il demeurait un mécène des arts et de l'islam.

LA COMPAGNIE DES INDES ORIENTALES
Au début du XIXe siècle, ce qui subsistait de l'autorité moghole fut sapé par la **Compagnie orientale des Indes** **352 ››**. L'occidentalisation imposée par celle-ci entraîna, en 1857, la Grande Mutinerie, ou révolte des cipayes. Celle-ci déboucha sur la dissolution de l'Empire moghol et l'administration directe de l'Inde par la Couronne britannique **352-353 ››**. **Bahadur Chah II** mourut en exil en Birmanie, en 1862.

différentes confessions, qu'il n'obligea pas à se convertir à l'islam. Les Rajput hindous furent autorisés à intégrer la noblesse impériale à condition d'offrir leurs filles en mariage. Akbar en vint à se fier davantage aux Rajput et aux Iraniens qu'à la noblesse moghole.

Réforme et arts

Akbar réduisit aussi l'influence des docteurs de l'islam (les oulémas), abolit la taxe due par les pèlerins hindous et la *jizya*, impôt payé traditionnellement par les non-musulmans. Il remplaça le calendrier lunaire musulman par le calendrier solaire bengali. Dans son nouveau palais bâti à Fatehpur Sikri, près d'Agra, il avait fait aménager une « maison du culte » *(ibadat-khana)*, où il organisait des débats théologiques entre les différents groupes religieux. Une telle politique relevait du pragmatisme ; elle était aussi le reflet du syncrétisme de l'empereur, manifesté par l'établissement d'un culte de la lumière et du Soleil *(din-i-ilahi)*.

Akbar appréciait la musique et l'art. Il invita Tansen, chanteur et musicien de renom, à rejoindre sa cour et se fit le mécène de ce qui allait devenir la musique classique du nord de l'Inde. L'école de peinture établie à Fatehpur Sikri allait donner le jour à un art moghol mêlant influences indiennes et iraniennes, qui devait atteindre son apogée sous Djahangir (1605-1627).

Apogée et déclin

Le fils de Djahangir, Chah Djahan (1628-1658), offrit à l'Inde d'autres trésors artistiques, dont le Tadj Mahall, et une nouvelle et somptueuse capitale, Delhi, où s'élevait le Fort-Rouge et la mosquée Djama Masdjid. Ces grands travaux témoignaient de la prospérité moghole, nourrie par une agriculture et un commerce florissants. Aurangzeb, qui accéda au trône en 1658, porta l'empire à sa plus grande extension. Mais, alors que ses campagnes militaires le tenaient souvent éloigné de sa capitale, son interprétation rigoriste de l'islam suscita des révoltes rajput et alimenta la sécession des Marathes, qui entreprirent d'édifier un empire hindou rival. La lutte contre les Marathes épuisa les finances mogholes.

L'affaiblissement de l'Empire moghol se poursuivit après la mort d'Aurangzeb en 1707, avec une succession de dirigeants sans stature. En 1739, Nadir Chah, qui avait succédé aux Séfévides en Iran, mit à sac Delhi et s'empara du trésor moghol. L'empire agonisait. En 1875, les Britanniques déposaient Bahadur Chah II, le dernier empereur moghol.

L'Empire ottoman

Pendant plus de six cents ans, l'Empire ottoman domina la vie politique et religieuse au Moyen-Orient. Redouté de l'Occident chrétien, il fut tout à la fois synonyme de puissance, d'une incroyable opulence et, dans ses dernières années, d'une corruption généralisée.

Le harem du palais de Topkapi
Cette miniature du XVIIIe siècle, due à Fazil Enderuni, représente les concubines au bain dans le harem. Toutes étaient des « infidèles » capturées à la guerre ou achetées à des marchands d'esclaves.

« AVANT

L'édification de l'Empire ottoman fut l'œuvre de guerriers turcs.

LA CRÉATION DE L'EMPIRE
Au XIIIe siècle, un clan de **guerriers turcs** venus des plaines d'Asie centrale, dirigé par **Ertogrul** puis par son fils **Osman** « 206-207, s'établit dans l'ouest de l'Anatolie. Ertogrul, ayant prêté main-forte au sultan seldjoukide Kay Khusraw II, reçut en récompense des terres, embryon de l'Osmanli, l'Empire ottoman.

SIPAH

LES JANISSAIRES
Le fils d'Osman, **Orhan**, créa une armée de métier, constituée des janissaires, un corps d'infanterie, et des ***sipahi***, cavaliers d'élite, que complétaient des soldats d'occasion, les *akinci*. Grâce à cette armée, Orhan puis son fils **Murad Ier** conquirent la plus grande partie des Balkans et l'ensemble de l'Anatolie.

PUISSANCE IMPÉRIALE
Après sa défaite face aux Mongols en 1402, l'Empire ottoman fut restauré sous les règnes de **Murad II** et de **Mehmed II** « 207.

L'émergence des Ottomans comme puissance à même de peser sur les affaires du monde commença avec le règne de Mehmed II, en 1451. Celui-ci, menant son armée vers l'ouest, attaqua Constantinople la chrétienne, capitale de l'Empire byzantin (voir p. 198-199). Alignant le plus gros canon du monde pour abattre les murailles, réputées imprenables, de la ville et plus de 160 000 hommes, face à 7 000 défenseurs, Mehmed II brisa rapidement toute résistance. Le 29 mai 1453, Constantinople tombait. Le chef ottoman continua d'avancer sur le sol européen, jusqu'à ce que son échec devant Belgrade, en 1456, mît un coup d'arrêt à la conquête ottomane. La frontière avec l'Europe occidentale était fixée pour soixante ans.

Cependant, l'essor des Séfévides, en Iran, faisait peser une menace sur la frontière orientale. En 1514, à Tchaldiran, Selim Ier humilia le rival iranien. Une nouvelle expansion s'ensuivit. Selim mena ses troupes à l'est et au sud, prit Jérusalem, puis conquit Le Caire en 1517. Son fils, Soliman, que les Européens appellent « Le Magnifique » tant étaient grandes sa richesse et sa puissance, se montra à la hauteur de l'héritage, menant l'empire à son apogée. Sa vie, pourtant, s'acheva dans la tragédie.

Ses deux fils favoris, Mustafa et Bayazid, ayant été accusés de conspirer contre lui, Soliman les fit exécuter, mais il ne se remit jamais de cette double perte et, brisé, passa la fin de son existence reclus dans le palais de Topkapi, laissant à son grand vizir le soin de gouverner l'empire. Si Mustafa et Bayazid avaient été préparés à régner, Selim, le dernier fils survivant, fut laissé livré à lui-même, dans l'atmosphère d'intrigues du harem (la zone du palais réservée aux femmes). Une telle négligence devait avoir des conséquences désastreuses.

Dague et fourreau
Les armes ottomanes étaient aussi belles que redoutables. Cette dague et son fourreau, incrustés de pierres semi-précieuses, appartenaient sans doute à un noble ottoman.

Le déclin ottoman

De nombreux historiens datent le début du déclin ottoman de l'accession au trône de Selim, surnommé « l'ivrogne ». Sans formation politique ni militaire, Selim n'avait été initié qu'à la boisson, à la nourriture et aux femmes, et il laissa le contrôle de l'empire à son vizir. L'habitude était prise pour un siècle.

En l'absence d'un dirigeant fort, la corruption fleurit au sein du gouvernement tandis que l'indifférence de la bureaucratie à la prédation des fonctionnaires locaux érodait le soutien populaire au régime. Le *diwan*

DIRIGEANT DE L'EMPIRE OTTOMAN (1520-1566)

SOLIMAN

Le dixième sultan ottoman est passé à la postérité en Occident sous le nom de Soliman le Magnifique, de Législateur *(Kanunî)* dans le monde musulman, un double hommage à la prospérité que son règne apporta à l'Empire ottoman. Soliman lui-même se considérait comme l'héritier spirituel d'Alexandre le Grand (voir p. 96-97) et de César (voir p. 108-109) et revendiquait les terres sur lesquelles ceux-ci avaient exercé leur autorité. Un an après son accession au trône, ses armées avaient pris la Serbie ; lorsqu'il mourut, les Ottomans contrôlaient de vastes pans du sud-est de l'Europe, de l'Afrique du Nord et du Moyen-Orient. Son règne vit une renaissance culturelle de l'islam et le développement d'un État de droit.

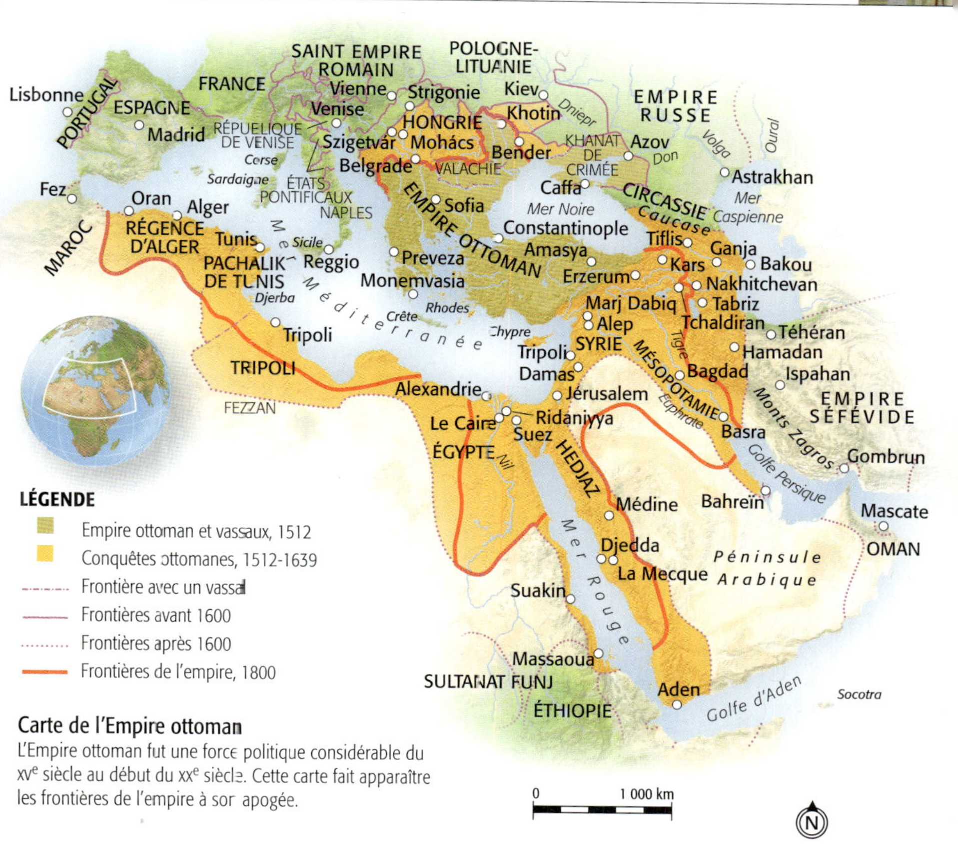

Carte de l'Empire ottoman
L'Empire ottoman fut une force politique considérable du XVe siècle au début du XXe siècle. Cette carte fait apparaître les frontières de l'empire à son apogée.

(le Conseil), le grand vizir et les janissaires (corps d'élite de l'armée) se disputaient le pouvoir. La Sublime Porte (le gouvernement ottoman) présentait une apparente unité à ses ennemis, mais un siècle de convoitise et de népotisme rongea lentement l'empire de l'intérieur.

S'il y eut quelques tentatives pour redresser la situation, il fallut attendre les années 1650 pour que Mehmed Köprülu mène une lutte systématique contre la corruption. Le grand vizir de Mehmed IV voulut également relancer les conquêtes, mais il mourut avant que ses plans ne portent leurs fruits. Son beau-frère, Kara Mustafa, poursuivit sa politique expansionniste, marchant sur Vienne, la capitale du puissant empire des Habsbourg, en 1683. Il fut défait par une tactique de cavalerie innovante et une artillerie supérieure.

Cet échec marqua le début d'un empiétement régulier des Européens sur les territoires ottomans. Pendant la plus grande partie du XVIIIe siècle, les Ottomans furent en guerre contre une ou plusieurs puissances européennes. Mahmud Ier offrit un répit à l'empire déliquescent avec la prise de Belgrade, conservée à la faveur du traité de Belgrade, en 1739. Mais la persistance de la corruption au sein du gouvernement rendait bien fragile ce rétablissement.

La mosquée Bleue
Bâtie pour Ahmed Ier, entre 1609 et 1616, par l'architecte Sedefhar Mehmed Aga, la mosquée Bleue, à Istanbul, est recouverte de plus de 20 000 carreaux de céramique faits à la main.

Calligraphie
Cette exquise calligraphie est le *tugra*, ou monogramme, du sultan Murad III. Elle est datée de 1575. Les *tugra* n'étaient initialement utilisés que pour authentifier les documents officiels, tels les *ferman* (ordres du Sultan) ; ils apparurent plus tard comme symbole de souveraineté sur les timbres, les pièces et les drapeaux, et parfois même sur les navires, les mosquées et les palais.

APRÈS »

Après 1750, l'histoire de l'Empire ottoman est celle d'un lent déclin continu.

PERTE DE TERRAIN

Au début du XIXe siècle, en dépit de sa modernisation, l'empire continua d'être **démembré**. Les Grecs prirent leur indépendance en 1830 tandis que la guerre russo-turque de 1828-1829 entraînait des pertes supplémentaires **330-333 »**. La Bosnie-Herzégovine se révolta en 1875 et, après une autre guerre avec la Russie en 1877-1879, l'empire dut céder la Roumanie, la Serbie et le Monténégro. L'Empire ottoman était désormais « l'homme malade de l'Europe ».

LA FIN DE L'EMPIRE

Au terme de deux **guerres balkaniques** (1912-1913), l'empire perdit la plus grande partie des territoires qu'il conservait en Europe. À la fin de la **Première Guerre mondiale** **372-375 »**, il cessa d'exister, le traité de Sèvres, en 1920, confirmant sa disparition.

ARMOIRIES OTTOMANES

MOMENT CLÉ 7 octobre 1571 matin

La bataille de Lépante

La bataille de Lépante, la plus grande bataille de galères en Méditerranée, opposa la flotte ottomane à la Sainte Ligue, qui rassemblait l'Espagne, Venise, les États pontificaux et Gênes. Les Européens entendaient reprendre Chypre aux Ottomans et surtout stopper la progression de ces derniers, qui occupaient déjà la plus grande partie de la Hongrie et menaçaient Vienne et les territoires autrichiens. Les Ottomans subirent une cuisante défaite.

Les Ottomans, partis du nord-ouest de l'Anatolie (voir p. 246-247), avaient, en 1453, conquis Constantinople (actuelle Istanbul), la capitale de l'Empire byzantin (voir p. 198-199), puis, en quelques années, la plus grande partie des territoires byzantins, de la Serbie et la Bosnie, à l'ouest, jusqu'à l'est de l'Anatolie. Au début du XVIe siècle, ils reprenaient leur expansion : la puissance hongroise fut abattue à la bataille de Mohács en 1526 ; Vienne fut assiégée en 1529 – le siège dut toutefois être levé quand vint l'hiver.

En 1570, les Ottomans envahirent Chypre, alors possession vénitienne. En progressant ainsi en Méditerranée, ils menaçaient directement la liberté de commerce et la prospérité de Venise et de Gênes (voir p. 208-209). Les Habsbourg, régnant sur le Saint Empire romain germanique (voir p. 188-189), redoutaient une nouvelle attaque contre Vienne ; l'essor de cette puissance musulmane préoccupait l'Église. Le pape Pie V parvint à susciter une alliance réunissant ses États, Venise, Gênes et l'Espagne de Philippe II. Cette Sainte Ligue rassembla quelque 210 navires, sous le commandement de don Juan d'Autriche, fils naturel de Charles Quint. En 1571, don Juan repérait la flotte turque, plus imposante que la sienne, au large de Lépante (actuelle Naupacte), sur la côte nord-ouest de la Grèce. Les deux flottes étaient surtout formées de galères, bateaux de guerre propulsés par des rameurs. Don Juan commandait aussi six galéasses, puissantes embarcations hybrides équipées à la fois de voiles et de rames, armées de lourds canons sur les deux flancs.

Les navires de la Ligue portèrent rapidement l'attaque. Les Turcs choisirent d'éperonner la flotte ennemie, mais don Juan mit en œuvre sa formidable puissance de feu. Sa tactique fut couronnée de succès. Le commandant ottoman, Ali Pacha, fut tué, ainsi que plusieurs milliers de ses hommes. La marine turque était détruite.

Les Ottomans, pourtant, n'étaient pas brisés : un an plus tard, une nouvelle flotte reprenait la mer. La Sublime Porte conserva même le contrôle de Chypre, comme du reste de son empire. Toutefois, la réputation d'invincibilité des Ottomans avait vécu, et ils ne progressèrent plus à l'ouest.

Don Juan d'Autriche en guerre
Cette peinture du XVIe siècle, due à l'Italien Andrea Micheli, représente la bataille de Lépante, la dernière bataille alignant des galères. La Sainte Ligue coula ou captura environ 200 navires ottomans, n'en perdant elle-même que 15.

« **Gongs puissants** gémissant tandis que les canons tonnent… »

G. K. CHESTERTON, ÉCRIVAIN BRITANNIQUE, EXTRAIT DE *LÉPANTE*, 1915

ANDREAS · VICENTINVS · F

La Renaissance

Les xve et xvie siècles virent s'épanouir l'art et le savoir au sein des cours comme dans les villes de nombreux pays d'Europe. L'Italie fut au premier rang de cette « renaissance », servie par des génies dont les œuvres comptent parmi les merveilles du monde moderne.

La Renaissance s'inscrit dans un long processus qui transforma, sur plusieurs siècles, la culture européenne. Le terme désigne d'abord un regain d'intérêt pour l'héritage de la Grèce et de la Rome antiques, mais les textes des auteurs préchrétiens étaient en fait copiés et lus dans l'Europe chrétienne depuis l'époque de Charlemagne au moins (747-814, voir p. 188-189). Les peintures d'artistes tels que Giotto et les écrits de Dante, Pétrarque et Boccace, au xive siècle, préfigurent la Renaissance. Par convention, celle-ci est toutefois datée de 1450 environ à 1550 ; elle correspond à une période d'exceptionnelles curiosité et inventivité dans l'art, l'architecture, le domaine des idées et la technologie, en Europe.

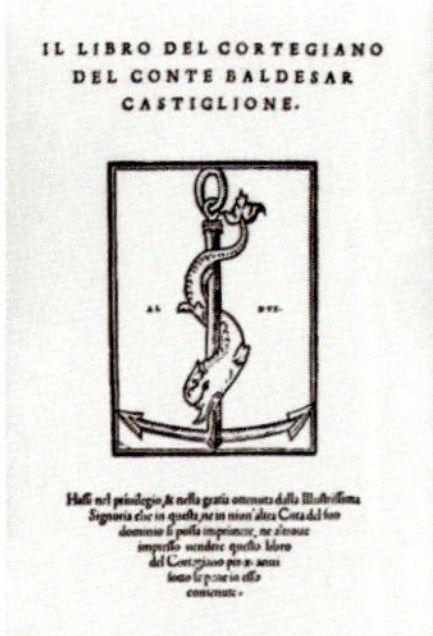

Livre imprimé
Le *Livre du courtisan* de Baldassare Castiglione (1528), manuel du savoir-vivre dans les cours de la Renaissance

Prospérité et culture

La prospérité économique fut le terreau sur lequel fleurit la Renaissance. Les principaux foyers en furent les riches cités-États d'Italie, dont Florence, Milan et Venise, les non moins prospères villes d'Allemagne et des Pays-Bas flamands (voir p. 208-209, 276-277). Enrichies par l'essor de la banque, du commerce et des manufactures, ces villes pouvaient investir généreusement dans la culture, que ce fût pour manifester leur puissance ou renforcer le prestige de dirigeants tels que les Médicis, à Florence, ou les Sforza, à Milan. Des souverains comme Mathias Ier Corvin, en Hongrie, ou François Ier, en France, se firent aussi mécènes pour proclamer leur propre grandeur. Les papes de la Renaissance, dont Alexandre VI (1492 à 1503) et Jules II (1503 à 1513), firent de Rome un autre pôle d'excellence, dépensant l'argent collecté auprès des fidèles pour de grandioses projets, comme la basilique Saint-Pierre.

Le monde classique

L'esprit de la Renaissance était encore très éloigné du rationalisme scientifique : l'astrologie et l'alchimie (voir p. 266) demeuraient les premiers champs d'étude, et l'un des plus célèbres ouvrages de la période, publié en 1486, était le *Malleus Maleficarum* (« Marteau des sorcières »), consacré à la chasse aux sorcières. Les érudits et artistes de la Renaissance étaient, en un sens, tournés vers le passé : ils étudiaient les accomplissements du monde antique pour en retrouver la grandeur, travaillaient à réconcilier sagesse gréco-romaine et foi chrétienne. Mais ils étaient animés aussi par une confiance dans le progrès, synonyme de libre investigation et d'inventions audacieuses.

L'humanisme

Les têtes de pont de la Renaissance furent les humanistes. Ces érudits, formant un réseau international informel, accordaient à l'humanité – plutôt qu'à Dieu – une place centrale dans leur réflexion, comme l'atteste le titre du traité publié en 1486 par Pic de La Mirandole : *De la dignité de l'Homme*. Ces savants, lisant aussi bien le grec que le latin, longtemps la seule langue de l'Europe lettrée, étudiaient les textes anciens avec un esprit plus critique que par le le passé. Ils s'efforcèrent ainsi d'établir une version plus juste de la

Dante devant Florence
On doit à Domenico di Michelino cette représentation du poète Dante devant sa cité natale. Florence accueillit de nombreux artistes, dont l'architecte Brunelleschi, auteur du célèbre dôme de la cathédrale, visible à la gauche de Dante.

Le *David* de Michel-Ange
Cette imposante statue en marbre fut réalisée par Michel-Ange à Florence, en 1514. La célébration du corps masculin dans sa nudité reflète l'influence de l'Antiquité classique ; le sujet est néanmoins un héros biblique, David.

Des humanistes
Ce détail d'une fresque de l'église Santa Maria Novella de Florence, peinte par Domenico Ghirlandaio vers 1490, montre un groupe d'humanistes, parmi lesquels Marsile Ficin, tête de file des « platoniciens » de Florence.

« AVANT

Dès le Moyen Âge, des artistes et des penseurs rompaient avec la tradition.

LA PREMIÈRE RENAISSANCE
L'Europe du xiie siècle connut une première « Renaissance ». Grâce aux **contacts** avec le **monde islamique** et l'**Empire byzantin**, l'Occident chrétien accéda aux travaux des savants musulmans et à l'ancien savoir grec « 158-159.

GIOTTO
L'Italien **Giotto di Bondone** (1266-1337) initia une révolution de la **peinture européenne** un siècle avant la Renaissance proprement dite. Ses fresques religieuses rompaient avec les conventions de l'art chrétien par l'expressivité des personnages et la dramaturgie des scènes.

« L'ENFER » DE DANTE

LA DIVINE COMÉDIE
Dans sa ***Divine Comédie***, épopée décrivant un voyage de l'enfer au paradis, l'écrivain florentin **Dante Alighieri** (1265-1321) intégrait à la vision chrétienne médiévale du monde les figures de l'Antiquité.

Bible ; Érasme considérait sa double traduction grecque et latine du Nouveau Testament comme son œuvre majeure. Souvent employés comme précepteurs des enfants des puissants, les humanistes eurent une influence non négligeable sur l'éducation de l'élite, fondée sur une pédagogie libérale et l'apprentissage des lettres grecques et latines – les « humanités ».

Une nouvelle architecture

L'architecture fut l'un des domaines dans lequel la volonté d'égaler l'harmonie antique porta le mieux ses fruits. L'une des premières grandes réalisations de la Renaissance fut le dôme de la cathédrale de Florence, conçu par Filippo Brunelleschi, lequel avait préalablement étudié les traités d'architecture romaine et les ruines de l'ancienne Rome (dont le Panthéon, voir p. 110-113). Achevé en 1436, c'était le plus imposant jamais construit, un miracle, ou presque, d'ingénierie autant qu'un chef-d'œuvre artistique. Des coupoles coiffèrent désormais la plupart des grands monuments, à l'exemple de la basilique Saint-Pierre de Rome, tandis que colonnes, arches et statues de style antique (voir p. 116-117) abondaient dans les églises, les palais et les villas.

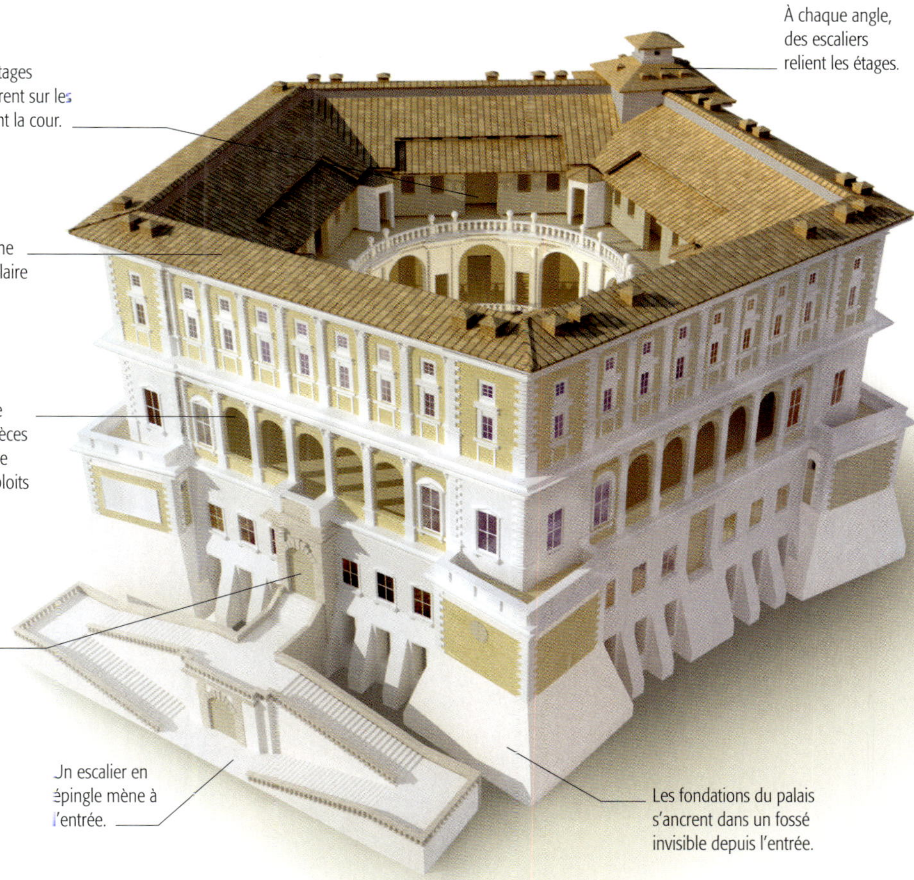

La villa Farnèse
Le palais Farnèse fut édifié à Caprarola pour la famille romaine des Farnèse. L'architecte Giacomo Barozzi da Vignola (Vignole) travailla de 1559 à 1573 à ce chef-d'œuvre de la Renaissance.

Peinture et sculpture

L'influence de l'Antiquité gréco-romaine est évidente dans la peinture et la sculpture renaissantes, par exemple dans l'idéal du corps humain, représenté nu, célébré notamment dans les œuvres de Michel-Ange. Si les thèmes bibliques continuaient de prédominer dans l'art exposé aux regards du public, les œuvres réservées à l'appréciation privée de riches connaisseurs exploraient plus volontiers la mythologie païenne classique. Le désir d'égaler l'art antique allait toutefois de pair avec un élan inédit vers une représentation plus réaliste du monde. Des maîtres flamands comme Jan Van Eyck ouvrirent la voie, par des peintures à l'huile étonnantes de précision dans la représentation des traits humains et des surfaces des objets. Dans la deuxième moitié du XVe siècle, des artistes italiens comme Piero della Francesca et Andrea Mantegna furent pionniers dans l'utilisation de la perspective linéaire, visant à créer l'illusion parfaite »

La Naissance de Vénus
Réalisée vers 1483, cette célèbre peinture de Sandro Botticelli se distingue par le thème ouvertement païen, tiré de la mythologie classique, en rupture avec la tradition chrétienne. Elle était destinée à la villa de Laurent de Médicis.

Le plafond de la chapelle Sixtine
Commandée par le pape Jules II en 1508, la décoration du plafond de la chapelle Sixtine est l'un des chefs-d'œuvre du génie florentin Michel-Ange. Il lui fallut quatre ans pour achever ces fresques, représentant des scènes de l'Ancien Testament.

« Notre siècle, tel un **âge d'or**, a restauré… les arts libéraux. »

MARSILE FICIN, PHILOSOPHE FLORENTIN, 1492

HUMANISTE (1469-1536)

ÉRASME

L'humaniste néerlandais Gerhard Gerhards, plus connu sous le nom de plume d'Érasme, fut ordonné prêtre mais mena une existence indépendante d'érudit. Dans ses œuvres telles que *l'Éloge de la folie* (1509), il critiqua la corruption de l'Église et prôna une vie gouvernée par de fermes principes moraux et religieux. Les écrits d'Érasme furent parmi les premiers livres imprimés à atteindre un lectorat assez large. Ils préparèrent la voie à la Réforme (voir p. 256-257).

» d'un espace tridimensionnel sur la surface plane de la toile. Désormais associée avec la géométrie et l'optique, la peinture prit une part importante dans le développement intellectuel de la Renaissance.

Dépasser les Anciens

La recherche artistique d'une description exacte du monde participait d'une tendance plus large à s'en remettre à l'observation détaillée de la nature plutôt qu'à un savoir hérité. Cette quête permit des avancées manifestes. Ainsi, la dissection de cadavres par l'anatomiste d'origine bruxelloise André Vésale, à l'université de Padoue, contribua à remettre en cause la médecine de Galien qui faisait autorité depuis l'Antiquité. La géographie de Ptolémée fut, de même, corrigée grâce aux efforts conjugués des explorateurs et des cartographes européens. Enfin, Nicolas Copernic défia la vision chrétienne dominante d'un univers géocentrique en affirmant que le Soleil, et non la Terre, se trouvait au centre du Système solaire (voir p. 266).

L'artisanat

En toile de fond des accomplissements des génies les plus célébrés de la Renaissance se trouvait une culture, plus répandue, d'ingéniosité et de savoir-faire pratique. Les productions des meilleurs artisans, telles les pièces fabriquées par les batteurs d'armure de Nuremberg et d'Augsbourg ou les orfèvres de Venise et Florence, étaient collectionnées avec autant de passion que les peintures et les sculptures. Ce fut aussi pendant cette période que l'usage des armes à feu se généralisa sur les champs de bataille européens (voir p. 272-273). Les horloges mécaniques, apparues dans les campaniles des villes italiennes au XIVe siècle, se diffusèrent aussi tandis que des instruments comme le compas magnétique devenaient essentiels à une marine marchande en plein essor.

Le monde de l'imprimé

Le produit le plus influent de l'esprit d'invention et d'entreprise de l'époque fut toutefois la presse à imprimer. Les nouveaux ouvrages pouvaient désormais être reproduits et distribués avec une relative rapidité. La littérature dans les langues vernaculaires – l'italien, le français ou l'anglais, langues du quotidien, plutôt que le latin des érudits – connut un réel essor. Surtout, l'imprimerie favorisa la circulation des idées nouvelles, ainsi que des traductions révisées des grands textes, dont la Bible. Que la population puisse ainsi plus largement accéder à la parole de Dieu fut un facteur majeur des bouleversements religieux de la Réforme (voir p. 256-257).

Des désordres politiques

Les développements culturels de la Renaissance eurent lieu dans un contexte de graves conflits politiques et religieux. Les cités-États italiennes, moteurs de la créativité, étaient aussi des lieux de luttes de pouvoir. À Florence, les puissants Médicis furent contraints à l'exil par des soulèvements populaires à deux reprises, en 1494 et 1527 ; chaque fois, leur pouvoir fut

La dague porte une inscription latine abrégée : EAT. SVAE 29. Celle-ci indique l'âge du personnage (29 ans), l'ambassadeur de France en Angleterre, Jean de Dinteville.

Jean de Dinteville figure au côté de son ami, Georges de Selve, qui fut également ambassadeur. Les objets suggèrent leur richesse et leur savoir.

Le globe céleste est le plus récent modèle alors réalisé, dû à l'astronome allemand Johannes Schöner. Il fait écho au globe terrestre représenté plus bas.

Les instruments scientifiques sont des instruments de navigation et de mesure du temps. Ils sont posés sur un précieux tapis turc, importé de l'Empire ottoman.

Les Ambassadeurs
Cette œuvre de l'Allemand Holbein le Jeune, peinte en 1533, témoigne de la fascination de la Renaissance pour les instruments scientifiques autant que du goût pour les illusions visuelles et les sens cachés.

Le crâne déformé (anamorphose), au premier plan, rappelle la mortalité des humains. Il apparaît dans des proportions justes si on regarde le tableau d'un point précis sur la tranche gauche.

Le livre est un recueil d'hymnes luthérien. Ouvert sur deux traductions dues à Luther, il fait probablement référence aux conflits religieux de la Réforme.

Mesure du temps
Les premières horloges marquant les minutes apparurent dans les années 1570 (ci-dessous), mais il ne fut pas possible de mesurer vraiment précisément le temps avant l'invention de l'horloge à balancier, au XVIIe siècle.

restauré. Les guerres civiles étaient compliquées par les interventions militaires des rois de France et des empereurs Habsbourg, lesquels se livrèrent plusieurs guerres en Italie, des années 1490 à 1550. En 1527, l'armée du Saint Empire dévasta Rome. L'observation rapprochée de ces conflits inspira à Machiavel son traité de cynisme politique, *Le Prince*, publié en 1513. Le conseil donné par le Florentin au gouvernant avisé – tout moyen est bon à employer, pourvu qu'il permette de se maintenir au pouvoir – reflète les pratiques politiques de la Renaissance. Machiavel prit pour modèle du *Prince* le brutal César Borgia (1476-1507), fils naturel du pape Alexandre VI, suspecté de nombreux meurtres, y compris celui de son frère.

Nicolas Machiavel
L'auteur du *Prince* élabora sa pensée politique, pragmatique, à partir de son expérience de diplomate au service de Florence.

L'Église défiée

Durant tout le xve siècle, l'état de l'Église chrétienne d'Occident alimenta la contestation religieuse. L'humanisme, et plus particulièrement l'œuvre d'Érasme, se constitua en grande part autour de la dénonciation de l'ignorance et de la corruption du clergé – y compris le pape – et de l'appel à une purification de la foi. Dans le même temps, les artistes de la Renaissance, pourvoyeurs de plaisir et de luxe et créateurs d'œuvres non toujours dénuées de références païennes, essuyaient les attaques des réformateurs religieux.

De 1494 à 1498, Jérôme Savonarole, moine dominicain radical, instaura à Florence une dictature théocratique. Sa campagne contre l'opulence et la corruption s'accompagna d'autodafés et de la destruction de nombreuses œuvres d'art. Pour les partisans de la Réforme, qui défièrent l'autorité du pape à partir de 1517, les énormes sommes d'argent investies dans les commandes passées à Raphaël ou Michel-Ange pour l'ornement de Rome étaient pure provocation. De fait, le renouveau religieux de la Réforme et de la Contre-Réforme (voir p. 258-259) était largement hostile à l'esprit de la Renaissance. Dans la seconde moitié du xvie siècle, tant les protestants que les catholiques zélés réprimèrent la « libre-pensée », menace pour les orthodoxies religieuses. À plus long terme, néanmoins, le développement de l'investigation scientifique et philosophique, la diffusion du savoir et de la culture par l'imprimé et l'innovation artistique se poursuivirent, sans retour en arrière.

Planisphère de Mercator
Actualisant les connaissances géographiques, ce planisphère fut réalisé par Rumold Mercator, cartographe flamand, en 1587. Il utilisa la projection mise au point par son père, Gerard Mercator, permettant de représenter plus conformément le globe sur une surface plane.

Horloge de la Renaissance
L'introduction de ressorts au début du xvie siècle permit la fabrication d'horloges plus petites, destinées à un usage domestique et annonçant la montre.

> «Il est plus sûr pour un prince d'être **craint qu'aimé**, s'il faut se résoudre [à un parti].»
>
> NICOLAS MACHIAVEL, EXTRAIT DU *PRINCE*, 1532

INVENTION

LA PRESSE À IMPRIMER

La presse à imprimer utilisant des caractères mobiles métalliques et une encre à base d'huile apparut au xve siècle en Europe. Son invention est attribuée à l'imprimeur allemand Johannes Gutenberg. La Bible que celui-ci publia en 1455, dite «à quarante-deux lignes», fut le premier livre imprimé en Europe. La nouvelle technique se répandit rapidement; des presses fonctionnaient à Paris en 1470 et à Londres en 1476. Alde Manuce, le plus prestigieux imprimeur-libraire de l'époque, établit son imprimerie à Venise en 1494. En 1500, quelque 35 000 ouvrages étaient publiés. Moins coûteux que les manuscrits, les livres imprimés révolutionnèrent la diffusion du savoir.

> « Une **source de vérité** devrait s'en écouler… »
>
> GUTENBERG, xve siècle

APRÈS

Les penseurs de la Renaissance entrèrent en conflit avec l'Église, mais leurs réalisations survécurent.

LA RÉACTION RELIGIEUSE

En 1542, la Congrégation de la Suprême Inquisition (future Congrégation pour la Doctrine de la Foi), dédiée à la **lutte contre les idées contraires aux enseignements de l'Église**, fut créée à Rome. En 1559, Paul IV publia un ***Index des livres interdits (Index Librorum Prohibitorum)***, dans lequel figuraient les travaux d'Érasme et de Copernic. En 1600, Giordano Bruno, philosophe et théologien dominicain, **mourait sur le bûcher** à Rome, après avoir été convaincu d'hérésie par l'Inquisition.

ART ET ARCHITECTURE

Au xvie siècle, la peinture, la sculpture et l'architecture européennes privilégièrent l'expression des formes et les effets de style sur la **véracité et l'harmonie des proportions**. Ce style, plus artificiel, a été baptisé «maniérisme» par les historiens de l'art. Il évolua vers l'exubérant Baroque, qui domina le xviie siècle.

GALILÉE

Entre Pise, Padoue et Florence, Galilée (1564-1642), conjuguant l'**observation** et l'**esprit d'investigation** propres à la **Renaissance,** posa les fondations de la révolution scientifique **266-267 ››**.

LA RENAISSANCE TARDIVE

Les historiens conviennent généralement que la Renaissance fleurit à des dates plus tardives dans certains pays. En Angleterre et en Espagne, elle ne s'épanouit pleinement que dans la seconde moitié du xvie siècle et au début du xviie siècle, à travers des écrivains, musiciens et artistes comme Thomas Tallis, Edmund Spenser, William Shakespeare, le Greco et Cervantès.

ARTISTE ET INVENTEUR Né en 1452 Mort en 1519

Léonard de Vinci

« Tout notre **savoir** a pour origine nos perceptions. »

LÉONARD DE VINCI

Génie de la Renaissance italienne (voir p. 250-253), Léonard de Vinci était le fils naturel d'une paysanne ; son père épousa une héritière de Florence huit mois après sa naissance. Élevé dans la campagne toscane, l'enfant reçut une instruction limitée pour l'essentiel au latin, bagage minimal d'un homme cultivé de l'époque. Mais il eut tout loisir d'étudier les animaux et les paysages. De fait, en un temps où artistes et penseurs se consacraient à l'étude du passé, Léonard de Vinci privilégia toujours l'observation directe de l'Homme et de la nature.

On pourrait présenter sa carrière comme celle d'un ambitieux et entreprenant artisan, d'un pauvre garçon tirant le meilleur parti des occasions de profit et de progression. Il eut de fait la bonne fortune de naître près de Florence, où se trouvait la plus belle concentration de peintres, de sculpteurs et d'architectes de l'Europe du XVe siècle. À l'âge de 14 ans, Léonard fut placé en apprentissage chez Andrea del Verrochio, maître sculpteur dont l'atelier s'était depuis peu élargi à la peinture. Le talent de Léonard, qui excellait notamment dans la peinture à l'huile, relativement récente, était manifestement exceptionnel et dépassa rapidement celui de son maître. Vers l'âge de 25 ans, il ouvrait, avec le soutien de son père, son propre atelier.

En ce XVe siècle, un artiste, eût-il son atelier, n'était guère qu'un artisan toujours en quête d'éternelles commandes. Sa carrière franchissait une étape lorsqu'il entrait au service d'un prince. Aussi, vers 1482, Léonard proposa-t-il ses services à Ludovic Sforza, duc de Milan. Estimant que le belliqueux Milanais aurait sans doute davantage besoin d'un ingénieur militaire, il

Commande ducale
Ce document signé de César Borgia et daté de 1502 mandate l'« architecte et ingénieur » Léonard pour une inspection des palais et forteresses de la Romagne.

La cathédrale de Florence
Durant son apprentissage auprès de Verrochio, Léonard aida à mettre en place la sphère corée et la croix coiffant le dôme de Brunelleschi.

Autoportrait
Léonard dessina ce fascinant autoportrait dans la soixantaine, trois ou quatre ans avant sa mort. Les longs cheveux et la barbe lui donnent l'air d'un vieux sage ou d'un prophète.

INVENTION

MACHINE VOLANTE

Dès son jeune âge, Léonard fut obsédé par l'idée de voler. Il étudia le vol des oiseaux, commentant : « un oiseau est une machine opérant selon les lois mathématiques ». Cette maquette a été construite, grandeur nature, selon les plans de son ornithoptère. Théoriquement propulsé par le battement d'ailes artificielles, cet appareil ne pouvait en fait pas fonctionner, les muscles humains n'étant pas assez puissants. En réalité, les machines volantes de Léonard ne volaient que dans son imaginaire.

ORNITHOPTÈRE

détailla longuement l'« infinie variété de machines pour l'attaque et la défense » qu'il était capable de créer – parmi lesquelles figuraient véhicules blindés, ponts transportables et canons – avant de mentionner, comme en passant, ses dons de peintre et de sculpteur.

De multiples cordes à son arc

Les talents complets de Léonard correspondaient si bien à ce que les princes de la Renaissance recherchaient qu'il fut rarement sans emploi. Son imagination sans limite, son goût pour l'expérimentation lui occasionnèrent pourtant quelques déboires et échecs. Il dessina pour Ludovic Sforza une des plus grandes statues équestres jamais conçues… dont seul un modèle en argile fut produit ; il est peu probable qu'elle aurait pu être coulée dans le bronze. *La Cène*, peinte sur le mur d'un couvent de Milan, aujourd'hui reconnue comme un chef-d'œuvre de l'art occidental, commença à se détériorer à peine achevée parce que l'artiste avait voulu innover dans la technique de la fresque. Le grandiose projet de canal conçu en 1593 pour relier Florence à la mer ne vit jamais le jour et *La Bataille d'Anghiari*, qui devait orner le Palazzo Vecchio, ne fut jamais terminée. Quant aux machines que Léonard de Vinci imagina, elles étaient certes ingénieuses et d'avant-garde mais, pour la plupart, irréalisables ou guère pratiques.

En fait, l'œuvre le plus remarquable de Léonard de Vinci se trouvait pour la majeure partie dans ses carnets, dont le contenu ne fut publié que longtemps après sa mort. C'est pourtant dans ces pages que l'esprit curieux, fertile et aventureux de l'homme s'exprimait le plus pleinement. Dessins, croquis et écrits traduisent un fourmillement d'idées, d'observations, de projets et d'expériences imaginées. S'y succèdent études du mouvement de l'eau, spéculations sur la nature de l'Univers aussi bien que réflexions sur les fossiles et sur les principes du vol. Il s'y trouve consigné aussi l'une des plus grandes réalisations de Léonard de Vinci : l'exploration systématique de l'anatomie humaine. De la dissection de trente cadavres, il tira les dessins les plus précis et les plus fins, tous annotés.

Dessin anatomique
Ce croquis par Léonard de Vinci de la coupe d'un crâne révèle, par ses détails, les connaissances acquises par l'artiste grâce aux autopsies qu'il pratiqua.

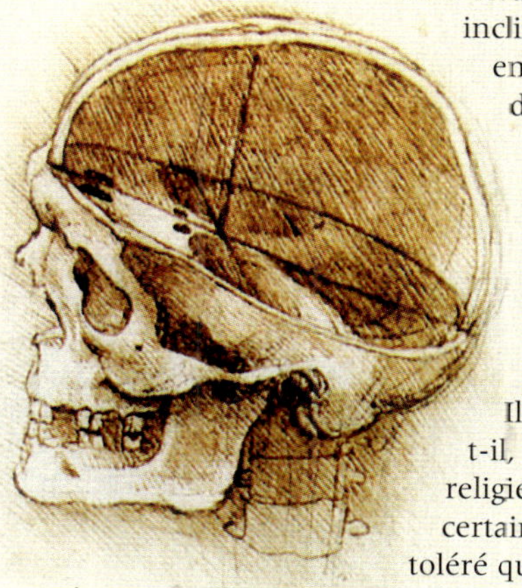

Un penseur moderne

La personnalité très particulière de Léonard, son esprit débridé auraient pu aisément l'amener à entrer en conflit avec les autorités. Son homosexualité probable était à la fois un péché et un crime dans la société où il vivait, même si une telle inclinaison n'était en général pas désapprouvée dans les cercles raffinés. Disséquer des cadavres était à la limite de la légalité et cela, de fait, lui valut des ennuis à Rome, vers 1515. Il n'avait pas, semble-t-il, de croyances religieuses très fixées et, certainement, il n'eût pas toléré que le dogme chrétien imposât des limites à sa pensée. Pourtant, dans sa vieillesse, Léonard de Vinci était un homme respecté, révéré même. Dans l'incapacité d'entreprendre des travaux importants, il trouva un mécène compréhensif dans la personne du roi François Ier, pour lequel s'attacher une figure d'un tel renom était gage de prestige. Le roi de France aurait dit un jour qu'il ne pouvait croire qu'il y eût au monde un homme aussi savant que Léonard. Seules quelques-unes de ses peintures nous sont parvenues. Cette rareté n'a fait que renforcer sa légende.

> « L'art n'est **jamais achevé**, seulement abandonné. »
>
> LÉONARD DE VINCI

La Cène
Pour *La Cène*, décorant le réfectoire du couvent de Santa Maria delle Grazie, à Milan, Léonard de Vinci utilisa la technique de la détrempe sur un fond sec, liant les pigments à l'œuf et à l'huile. La peinture s'écailla très vite.

CHRONOLOGIE

- **15 avril 1452** Naissance près de Vinci, dans la campagne florentine, du fils naturel d'une paysanne et d'un notaire
- **1466** Apprentissage chez Andrea del Verrochio.
- **Avril 1476** Léonard est accusé de relations homosexuelles, crime passible de mort.
- **1477** Ouvre son atelier à Florence.
- **1481** Le monastère de San Donato lui commande *L'Adoration des Mages*.
- **1482** Entre au service de Ludovic Sforza, dit le More, duc de Milan.
- **25 avril 1483** Reçoit commande d'un retable pour l'église Saint-François de Milan : l'œuvre est connue comme la *Vierge aux Rochers*.
- **1487** Commence un carnet, qu'il remplit de dessins et d'idées.
- **1490** Engage Giacomo Caprotti, dit Salai, comme assistant. Une longue relation, peut-être amoureuse, commence. Peint *La Dame à l'hermine*, portrait d'une maîtresse de Ludovic Sforza.
- **1492** Réalise le célèbre dessin de l'*Homme de Vitruve*, donnant les proportions jugées idéales du corps humain.
- **1498** Achève la fresque de *La Cène*.
- **1502** Entre au service du duc de Romagne, César Borgia, comme architecte et ingénieur militaire.
- **1503-1504** Revient à Florence, où il peint *La Joconde*, sans doute le portrait de l'épouse du marchand de soie Francesco del Giocondo. Travaille à un projet, avorté, de canal, qui aurait offert à Florence un accès direct à la mer.

LA JOCONDE

- **1504** Commence à travailler à *La Bataille d'Anghiari*, dans la salle du Conseil du Palazzo Vecchio, à Florence. La fresque restera inachevée.
- **juillet 1504** Mort de son père. Des intrigues familiales privent Léonard de sa part d'héritage.
- **1506** Revient à Milan, au service du roi Louis XII de France puis de Charles d'Amboise.
- **1508** Remplit obsessionnellement ses carnets d'images de vents et de vortex.
- **1509** Publication du *De Divina Proportione* du mathématicien Pacioli, illustré par des figures géométriques dues à Léonard
- **1510** Achève *La Vierge à l'Enfant avec sainte Anne*.
- **1513** Entré au service de Julien de Médicis, il s'établit à Rome à la villa Belvédère, prêtée par le frère de son mécène, le pape Léon X.
- **1515** Il tombe malade. Peut-être un accident cardiovasculaire qui le laisse hémiplégique.
- **1516** Nommé premier ingénieur, peintre et architecte du roi François Ier. Habite le Clos-Lucé, près du château royal d'Amboise.
- **2 mai 1519** Meurt à Amboise.

La Réforme

Une protestation simple mais efficace contre la corruption de l'Église du pape, en 1517, donna naissance à un mouvement de grande ampleur en faveur du changement religieux. Plus encore, la Réforme transforma en quelques siècles le visage politique, social et économique de l'Europe.

AVANT

HUSSITES

L'Église dirigée par le pape domina l'Europe pendant tout le Moyen Âge, jusqu'au XVIe siècle.

DES PRÉCURSEURS DE LA RÉFORME

Les lollards anglais, au XIVe siècle, et les hussites de Bohême, au début du XVe siècle, préconisèrent une réforme de l'Église visant à **régénérer la doctrine** et les pratiques chrétiennes.

LA GRAND SCHISME

En 1309, le **pape Clément V** installa la papauté à Avignon, s'éloignant des **conflits romains**. La tentative, en 1378, de rétablir la papauté à Rome déboucha sur l'élection d'un pape concurrent, ce qui provoqua un **schisme** **<<194-195** . La réunion d'un concile en Allemagne se solda par l'élection d'un nouveau pape, en 1417.

LES EXCÈS DE LA RENAISSANCE

L'édification d'une basilique grandiose à Rome fut financée par la **vente d'indulgences**. Monnayer la rémission des péchés était typique des excès de l'Église au XVe siècle.

BASILIQUE SAINT-PIERRE DE ROME

120 Nombre d'années que dura le chantier de la basilique Saint-Pierre de Rome. Le pape Léon X finança partiellement sa construction par la vente d'indulgences et y employa les artistes majeurs de la Renaissance.

Martin Luther (voir ci-dessous) lança son défi à l'Église à Wittenberg après l'arrivée, dans cette région de Saxe, du prêtre Johann Tetzel, chargé de vendre des indulgences (voir AVANT) au profit du pape Léon X. La pratique était depuis longtemps critiquée par les théologiens catholiques, mais elle était trop lucrative pour qu'il y fût mis fin. Pour mieux faire entendre son opposition, Luther choisit de placarder un document sur la porte de l'église du château de Wittenberg, le 23 octobre 1517. Ses 95 thèses n'étaient pas si radicales, pourtant elles trouvèrent un important écho, amplifié par les progrès de l'imprimerie (voir p. 253). La dénonciation de Luther se concentrait initialement sur les indulgences, mais il s'attaqua ensuite au cœur même des enseignements de l'Église, remettant en cause la doctrine de la transsubstantiation (la croyance selon laquelle le vin et le pain se changent en sang et corps du Christ lors de la communion), le célibat du clergé et la suprématie pontificale. Il appelait aussi à une réforme des ordres religieux et à un retour à la simplicité de l'Église primitive.

L'Église luthérienne

Le défi lancé aux institutions chrétiennes gagna à Luther de nombreux partisans. Il ne souhaitait, à l'origine, que régénérer l'Église existante. Mais les parties en conflit étaient irréconciliables. Refusant de

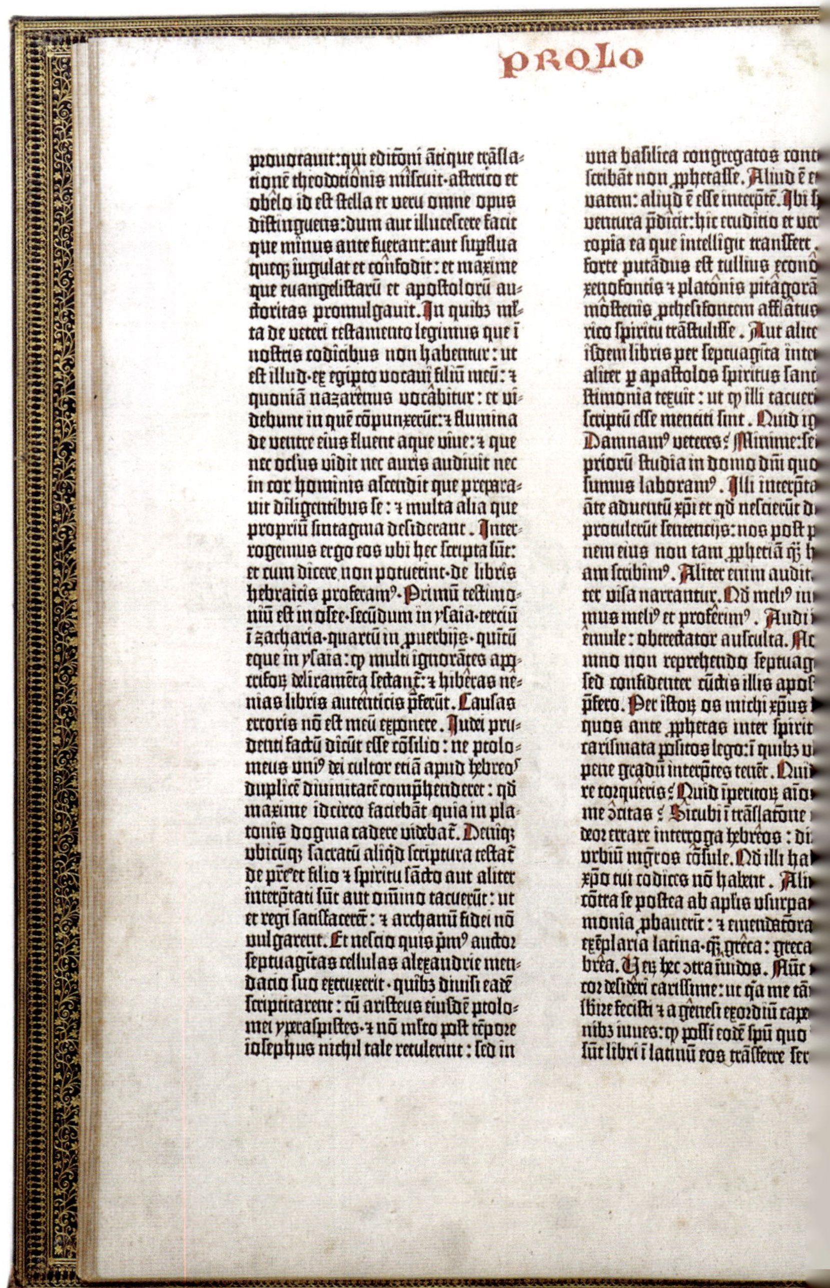

Une reliure en cuir protégeait les 1 200 pages, divisées en deux volumes. Environ 170 exemplaires furent imprimés, dont une partie sur vélin.

La Bible de Gutenberg
La première Bible imprimée, en latin, fut publiée par l'Allemand Johannes Gutenberg, en 1455. Les premières bibles en langues vernaculaires furent le produit de la Réforme.

RÉFORMATEUR RELIGIEUX (1483-1546)

MARTIN LUTHER

Moine augustin et prêtre, docteur en théologie, Martin Luther fut nommé à la chaire d'Écriture sainte de l'université de Wittenberg en 1513. Ses désaccords avec la hiérarchie ecclésiastique, notamment sur le trafic des indulgences, le conduisirent à la rébellion ouverte contre l'Église romaine en 1517, laquelle se propagea bientôt à travers l'Europe. Luther ne souhaitait pas lancer une révolution contre l'Église mais voulait la réformer de l'intérieur. Toutefois, après son excommunication en 1521, il sut habilement utiliser l'imprimerie pour diffuser ses pamphlets et faire circuler ses idées. Son goût pour l'ordre et son conservatisme politique le mirent néanmoins en opposition avec les tenants de réformes religieuses plus radicales.

« Me voici. Je ne peux faire autrement. **Dieu me vienne en aide**. Amen. »

MARTIN LUTHER, S'ADRESSANT À LA DIÈTE DE WORMS, 18 AVRIL 1521

> « … le seul **chef suprême** sur Terre de l'Église d'Angleterre. »
>
> DESCRIPTION D'HENRI VIII D'ANGLETERRE DANS L'ACTE DE SUPRÉMATIE, 1534

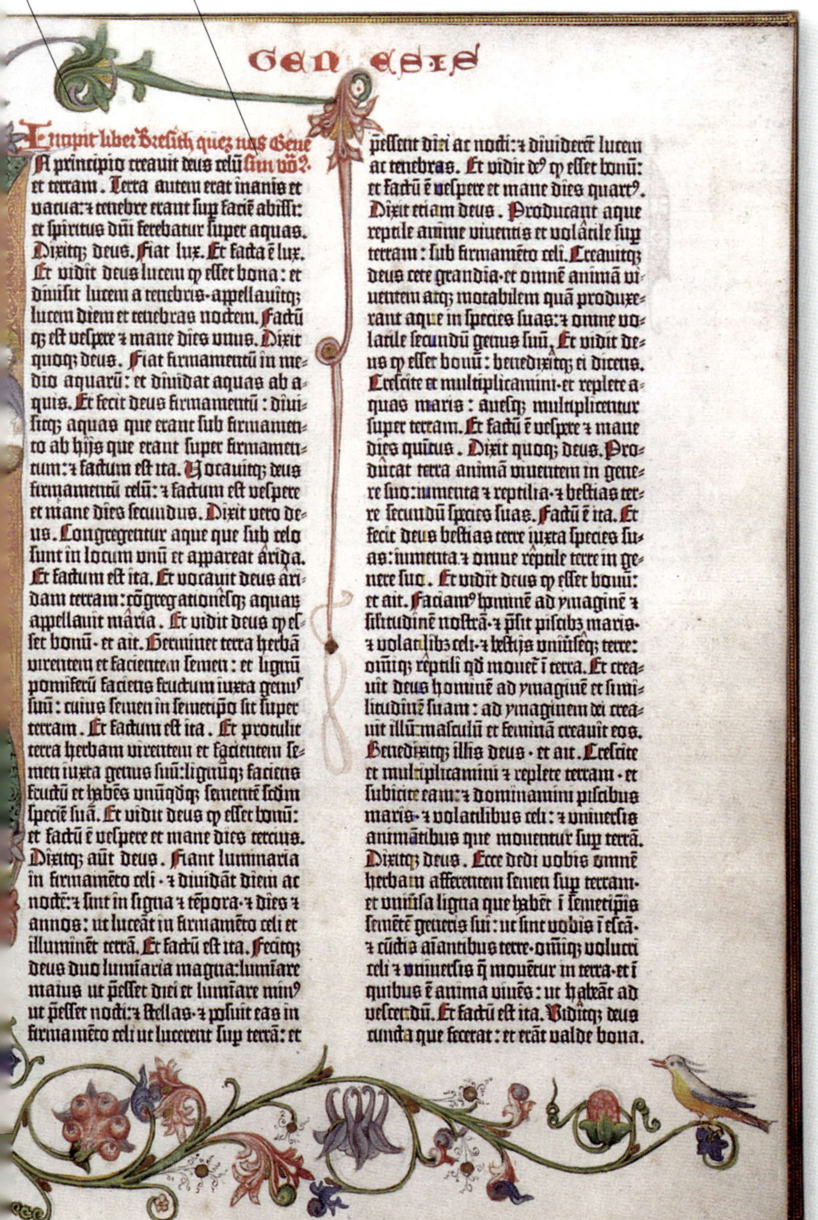

Les lettrines et ornements des marges étaient réalisés à la main, avant reliure des pages imprimées.

Typographie gothique calquée sur l'écriture usitée en Allemagne

se rétracter comme le lui demandaient les autorités religieuses, Luther fut excommunié par le pape en 1521. La même année, il était convoqué à Worms devant la Diète impériale et l'empereur Charles Quint, qui régnait sur une grande partie de l'Europe. Une nouvelle fois, son refus de revenir sur ses positions lui valut d'être mis au ban, cette fois de l'empire. Réfugié chez le prince-électeur de Saxe, Frédéric III, il entrepris de traduire la Bible en allemand : le peuple pourrait pour la première fois lire les Écritures dans une langue qu'il comprenait. Une Église indépendante naquit autour du prédicateur protestant.

Une partie du pouvoir des enseignements de Luther résidait dans l'écho qu'ils faisaient à la question de l'identité allemande. L'Allemagne, alors, était éclatée en de nombreux États, placés sous l'autorité nominale de l'empereur. Les princes allemands virent dans l'appel luthérien à la réforme un moyen de s'émanciper à la fois de la domination impériale et de la tutelle de l'Église romaine. Ce qui avait commencé comme un débat religieux devint révolte politique. En 1524, les difficultés économiques suscitèrent des jacqueries paysannes dans le sud-ouest de l'Allemagne. La guerre des Paysans, se répandant, fut réprimée dans le sang par une ligue des princes, avec l'approbation de Luther. Un par un, les États du nord de l'Allemagne – Saxe, Brandebourg, Hesse, puis d'autres – adoptèrent le luthéranisme. Chaque État prit le contrôle de son Église, ce qui renforçait le pouvoir des dirigeants allemands sur les populations.

Un pape de la Renaissance
Cardinal dès l'enfance, le pape Léon X encouragea la vente des indulgences pour financer la reconstruction de Saint-Pierre de Rome, ce qui provoqua la protestation de Luther, en 1517.

La propagation

L'attrait exercé par le luthéranisme ne fut pas restreint à l'Allemagne. En 1527, Gustave Ier Vasa, roi d'une Suède émancipée de la tutelle danoise depuis 1523, confisqua les biens de l'Église romaine et imposa le luthéranisme dans son pays. En 1536, le Danemark et la Norvège, laquelle dépendait du premier, adoptèrent cette nouvelle confession. En Angleterre, la rupture avec Rome intervint après que le pape eut refusé l'annulation du mariage d'Henri VIII et de Catherine d'Aragon. Henri devint le chef de l'Église anglicane.

Des retombées politiques

La réaction politique à la Réforme luthérienne fut dirigée par Charles Quint. Mais d'autres conflits interférèrent. En guerre avec la France, qui contestait l'hégémonie impériale sur une grande partie de la France, appelé aussi à freiner l'expansion ottomane en Méditerranée et dans les Balkans (voir p. 246-247), l'empereur ne pouvait consacrer toutes ses ressources à l'écrasement des luthériens allemands. Il les défit à la bataille de Mühlberg, en 1547, mais ne put les réduire politiquement. Un compromis religieux et politique fut finalement conclu : par la paix d'Augsbourg, en 1555, Charles Quint autorisait chacun des princes de l'empire à choisir entre catholicisme et luthéranisme, ce choix s'imposant à leurs sujets. »

RÉFORME

…Réforme protestante commença en 1517 en …emagne ; elle entraîna de profonds bouleversements …Europe, encore à l'œuvre au XVIIe siècle.

1500 – 1520 – 1540 – 1560 – 1580 – 1600

- **1517** Martin Luther affiche ses **95 thèses** sur la porte d'une église de Wittenberg, en Saxe allemande.
- **1518 Ulrich Zwingli** lance la Réforme en Suisse.
- **1519 Charles V (Quint),** empereur du Saint Empire germanique
- **1521** Luther est **excommunié** par le pape et **mis au ban** du Saint Empire par Charles Quint.
- **1524-1526 Guerre des Paysans** en Allemagne. Les États du Nord adoptent le luthéranisme.
- **1540** Le pape Paul III reconnaît la Compagnie de Jésus ; il fera des **Jésuites** les agents premiers de la **Contre-Réforme**.
- **1545** Le **concile de Trente** redéfinit la doctrine et la politique catholiques.
- **1555** La **paix d'Augsbourg** met fin aux guerres religieuses en Allemagne.
- **1560** La **réforme calviniste** débute en Écosse.
- **1562-1598** Début des **guerres de religion** entre catholiques et huguenots (protestants) français
- **1563** Institution de **l'Église anglicane** en Angleterre
- **1568-1648 Rébellion des protestants néerlandais** contre la domination espagnole
- **1587** La protestante Élisabeth Ire d'Angleterre fait **exécuter la catholique Marie Ire Stuart d'Écosse**.
- **1593** Le protestant **Henri de Navarre** se convertit au catholicisme pour être accepté comme roi de France.
- **1598 L'Édit de Nantes** met fin aux guerres de religion françaises ; le culte protestant est autorisé en France.
- **1618-1648** La **guerre de Trente Ans** voit s'affronter les puissances européennes. Les traités de paix accordent la liberté religieuse aux calvinistes.

» Si Luther se montrait très conservateur dans sa théologie comme dans son respect de l'ordre, ses émules étaient bien plus radicaux.

Zwingli et Calvin

En Suisse, Ulrich Zwingli (1484-1531) convertit Zurich à ses positions, proches de celles de Luther. Ses 67 thèses de 1523 furent adoptées par le conseil de la ville comme doctrine officielle. Il était toutefois en désaccord avec Luther sur la nature de l'eucharistie et entraîna l'Église suisse dans une direction plus radicale, anti-hiérarchique. Sa mort, en 1531, alors qu'il défendait Zurich contre les cantons catholiques, freina l'élan de la Réforme en Suisse, qui trouva toutefois en Calvin (voir ci-dessous) un nouveau chef.

Jean Calvin, converti à la nouvelle foi réformée en 1533, s'établit à Genève, déjà gagnée à la Réforme, en 1536. Il y développa un protestantisme austère, fondé sur une lecture personnelle des Écritures influencée par ses maîtres à l'université, mettant l'accent sur la prédestination – la croyance selon laquelle Dieu contrôle toutes les actions humaines. Si Calvin lui-même ne développa pas de théorie de la résistance à l'« autorité impie » (les dirigeants ou l'Église romaine), son intolérance religieuse et ses enseignements purent servir de justification à une résistance violente de la part de ses successeurs. Comme Luther, Calvin accordait une place centrale à la relation individuelle directe à Dieu, sans médiation du pape ou du prêtre, et donnait le primat à la Bible – désormais largement diffusée dans les langues vernaculaires et non

RÉFORMATEUR (1509-1564)

JEAN CALVIN

Né en Picardie, Jean Calvin renonça à une carrière ecclésiastique pour des études de droit, au cours desquelles il fut initié aux idées luthériennes. Il se convertit à la foi réformée en 1533. En 1536, il publia *L'Institution de la religion chrétienne,* dans laquelle il rejetait l'autorité du pape, la foi se justifiant seule. Il s'établit la même année à Genève, où il tenta de créer une société fondée sur le strict respect d'«un comportement pieux». Le devoir du citoyen était d'étudier la Bible et de se soumettre à Dieu.

Le concile de Trente
La Contre-Réforme s'élabora dans la ville de Trente, dans les Alpes italiennes, alors sous domination des Habsbourg. Un concile s'y réunit dans la cathédrale en 1545-1547, 1551-1552 et 1562-1563, pour réformer la doctrine et les pratiques de l'Église et répondre à la menace constituée par la Réforme protestante.

Le pape Paul III convoqua la première session du concile de Trente en 1545 ; les suivantes furent convoquées par Jules III puis Pie IV.

Cardinaux, évêques, légats et théologiens catholiques formaient l'assemblée ; aucun protestant ne fut invité.

IDÉES

LA CONTRE-RÉFORME

La Contre-Réforme, ou Réforme catholique, visait à contrecarrer l'expansion des Églises protestantes en réformant et en remodelant l'Église romaine. Elle pouvait s'appuyait sur l'élan réformiste qui avait grandi au sein même de l'institution. Elle renforça l'autorité spirituelle du pape, clarifia plusieurs débats théologiques, réforma les ordres religieux et en propulsa de nouveaux à l'avant-garde, en particulier celui des Jésuites, qui fondèrent écoles et missions pour propager la foi catholique. Le déploiement d'un décorum et d'un faste plus grandioses assura l'ancrage des congrégations dans l'Église romaine. Il trouva sa plus pleine expression dans les églises baroques d'Autriche et d'Italie : le plafond de l'église Saint-Ignace de Rome (ci-contre), daté d'environ 1707, célèbre l'œuvre missionnaire des Jésuites.

dans le latin de l'Église – comme fondement de tout enseignement et prêche. À la différence de Luther, partisan de la subordination politique de l'Église à l'État, Calvin prônait une action commune des deux institutions afin de créer une « société pieuse », au sein de laquelle tous les aspects de la vie quotidienne obéiraient aux croyances religieuses et à de stricts codes de conduite. Le calvinisme gagna l'Écosse, les Pays-Bas et de nombreuses régions de France (où ses adeptes furent appelés huguenots), ainsi que certaines parties de l'Allemagne, de Bohême et de Transylvanie. Il inspira le mouvement puritain qui, d'Angleterre, gagna l'Amérique du Nord, dont les membres voulaient débarrasser l'Église anglicane des traits « papistes » subsistants, notamment l'autorité des évêques et le décorum romain.

La réaction catholique

La réponse initiale de Rome au mouvement protestant fut de priver des sacrements de l'Église ceux qui s'étaient rebellés contre elle. Cependant qu'il devenait manifeste qu'elle ne pourrait pas anéantir la Réforme, ce qui devait devenir l'Église catholique entreprit de tirer les leçons d'une vague de fond réformatrice née bien avant la révolte de Luther.

Réunie à Trente, dans les Alpes italiennes, à trois reprises entre 1545 et 1563, l'Église romaine lança une Contre-Réforme (voir ci-dessus). Celle-ci remplit ses objectifs, renforçant le catholicisme du point de vue doctrinal aussi bien que politique, malgré l'établissement d'une orthodoxie plus autoritaire. La Pologne, l'Autriche et la Bavière devinrent des bastions catholiques. Mais, tandis que la paix était largement revenue en Allemagne, la forte présence huguenote en France provoqua une longue guerre religieuse, qui ne prit fin qu'avec l'édit de Nantes, proclamant la tolérance religieuse, en 1598. À la fin du XVIe siècle, 40 % de la population européenne pratiquait l'une ou l'autre des fois réformées.

Le massacre de la Saint-Barthélémy
Les guerres de religion françaises culminèrent dans l'horreur le jour de la Saint-Barthélémy (24 août) 1572. Les chefs protestants réunis à Paris pour le mariage d'Henri de Navarre furent assassinés, ce qui donna le signal pour le massacre, à travers le pays, de milliers de huguenots. Le rôle de la reine-mère Catherine de Médicis et du roi Charles IX demeure sujet à débat.

La Réforme en Europe
En 1600, les églises luthériennes étaient bien établies en Allemagne et en Scandinavie ; les églises calvinistes l'étaient en Suisse, aux Pays-Bas et en Écosse. L'anglicanisme régnait en Angleterre et au pays de Galles. Espagne, Portugal, Italie, sud de l'Allemagne et Pologne demeuraient largement catholiques, de même que la France, malgré une forte présence calviniste dans le Sud et l'Ouest. L'Autriche se partageait entre catholiques et protestants.

APRÈS

L'impact de la Réforme continua de se faire sentir au XVIIe siècle.

LES GUERRES DE RELIGION

La ferveur religieuse continua d'attiser les conflits politiques en Europe. La **guerre de Trente Ans** **262-263 ❯❯**, de 1618 à 1648, fut d'abord un conflit religieux entre l'Autriche catholique et la Bohême protestante (actuelle République tchèque), avant de se développer en une lutte pour la suprématie entre nations catholiques, la France d'une part, l'Espagne et l'Autriche d'autre part. Dans les îles Britanniques, les **guerres des Trois Royaumes** (dont fait partie la Première Révolution anglaise **264-265 ❯❯**), après 1639, furent en grande partie causées par le zèle anglican de Charles Ier, qui souleva contre lui les Écossais calvinistes et les puritains anglais. Il fallut attendre la signature des **traités de Westphalie**, mettant fin à la guerre de Trente Ans, en 1648, pour que les **questions religieuses passent au second plan** dans la politique des États européens.

REINE D'ANGLETERRE ET D'IRLANDE Née en 1533 Morte en 1603

Élisabeth Ire

«J'ai certes le **corps d'une faible** femme mais… le **cœur… d'un roi**».

ÉLISABETH Ire À TILBURY, 1588

Dès sa plus tendre enfance, Élisabeth Tudor fut cernée par les dangers et les intrigues. Sa naissance fut une déception pour son père, Henri VIII, qui espérait ardemment un héritier mâle. Ne s'était-il pas proclamé chef suprême de l'Église d'Angleterre afin de pouvoir se séparer de Catherine d'Aragon, se remarier et engendrer un fils ? Élisabeth était âgée de 2 ans seulement lorsque, sur l'ordre d'Henri, sa mère, Anne Boleyn, fut exécutée sous l'accusation d'adultère. Déclarée illégitime, la fillette fut reléguée loin de la cour et trouva la sécurité dans la discrétion. Après la mort d'Henri, en 1547, Catherine Parr, sixième épouse du roi, prit Élisabeth sous sa protection et l'éduqua aux côtés de son demi-frère, qui allait régner brièvement sous le nom d'Édouard VI.

Marie Tudor succéda à celui-ci en 1553. La nouvelle reine avait toutes les raisons de se méfier de sa demi-sœur, en qui les protestants

«Gloriana»
Le style vestimentaire d'Élisabeth Ire exprimait tout à la fois sa coquetterie et son désir de personnifier le pouvoir et la magnificence.

La rose des Tudor
Le symbole de la dynastie Tudor, dont Élisabeth fut la dernière représentante, fut créé par Henri VII.

Henri VIII
Le père d'Élisabeth était un parfait homme de la Renaissance. Très cultivé, parlant plusieurs langues, il pratiquait le jeu de paume et adorait la chasse. Un de ses héritages les plus durables fut l'instauration de l'Église anglicane, qu'Élisabeth consolida.

L'Invincible Armada
La mer, a-t-on dit, « gémissait sous le poids » de la flotte espagnole envoyée contre l'Angleterre en 1588. La défaite de l'Invincible Armada fut l'une des grandes heures d'Élisabeth.

plaçaient leurs espoirs. Élisabeth maintint une façade de loyauté et parvint à échapper à la plupart des accusations de complot. Elle fut toutefois emprisonnée quelque temps à la Tour de Londres, en 1554.

L'Âge d'or élisabéthain

La mort prématurée de Marie Tudor porta Élisabeth à la tête du royaume. Elle avait 25 ans. Elle sut s'entourer de conseillers avisés, dont la mission était d'assurer sa survie autant que celle de l'État : un objectif qui imposait la prudence, la suspicion mais aussi, au besoin, la brutalité. Élisabeth refusa d'alimenter l'extrémisme protestant, renforçant le contrôle royal sur l'Église anglicane tout en évitant les questions doctrinales les plus épineuses. Elle ne s'attira pas moins l'hostilité des catholiques anglais et irlandais ; complots et rébellions se multiplièrent à la faveur d'une répression toujours plus implacable. Sa cousine Marie Ire Stuart, reine d'Écosse, étant devenue la figure de ralliement des catholiques, Élisabeth la fit emprisonner puis exécuter, pour l'éliminer de la succession. La reine tenta aussi de demeurer à l'écart des guerres de religion déchirant l'Europe ; elle fut contrainte d'assister les protestants néerlandais contre l'Espagne catholique, pour des raisons surtout économiques.

Austère, elle soutint les arts, favorisant l'indéniable épanouissement culturel du pays sous son règne. Lorsque leurs projets servaient ses ambitions, elle apporta son appui à des aventuriers comme Francis Drake.

La « Reine Vierge »

Durant les deux dernières décennies de son règne, Élisabeth fut en guerre contre l'Espagne. Ses conseillers tentèrent à maintes reprises d'assurer la sécurité nationale par une union avec un prince étranger. Elle n'en accepta aucun, tant son aversion pour le mariage était forte. Célibataire, elle régnait ; mariée, elle aurait inévitablement dû céder une part de son pouvoir à son consort, comme le voulaient les conventions de l'époque.

Les disparitions successives de ses favoris et de ses conseillers laissèrent la reine vieillissante de plus en plus isolée. Elle ne perdit pourtant jamais sa popularité. Dans son dernier discours au Parlement, elle tempérait encore habilement l'affirmation arrogante de son « droit divin » à régner par l'expression de son aspiration à gouverner avec l'assentiment du peuple : « Quoique Dieu m'ait élevée si haut, je tiens néanmoins comme la gloire de ma couronne d'avoir régné avec votre amour ».

Drake adoubé
Élisabeth Ire fit chevalier Drake à bord du *Golden Hinde*, avec lequel il avait fait le tour du monde. Le geste était politique : il conférait au corsaire le soutien royal pour ses pillages des richesses de l'Empire espagnol.

Présent royal
Ces gants brodés d'or furent offerts à Élisabeth Ire lors d'une visite à l'université d'Oxford, en 1566.

POÈTE ET ÉCRIVAIN (1564-1616)

WILLIAM SHAKESPEARE

William Shakespeare, fils d'un drapier de Stratford-on-Avon, fut l'un des comédiens et dramaturges soutenus financièrement par Élisabeth Ire. Considéré comme le plus grand écrivain de langue anglaise, il est l'auteur d'au moins 37 pièces et 154 sonnets. Il excellait autant dans la comédie que la tragédie, explorant dans son œuvre l'universalité de l'expérience humaine. *La Nuit des rois* fut spécialement écrite pour être jouée à la cour d'Élisabeth.

CHRONOLOGIE

- **7 septembre 1533** Anne Boleyn met au monde la future Élisabeth Ire au palais de Greenwich. Elle est reconnue comme héritière présomptive au deuxième rang, devant sa demi-sœur Marie, fille de Catherine d'Aragon, première épouse d'Henri VIII.
- **19 mai 1536** Anne Boleyn est exécutée ; Élisabeth est déclarée illégitime et perd ses droits à la succession d'Angleterre.
- **Juin 1543** Un acte du Parlement restaure Élisabeth dans la ligne de succession, mais après son demi-frère Édouard VI et Marie.
- **28 janvier 1547** Mort d'Henri VIII ; Élisabeth devient la pupille de sa veuve, Catherine Parr. Édouard VI accède au trône.
- **20 mars 1549** Le quatrième mari de Catherine Parr, Thomas Seymour, dont Élisabeth était très proche, est exécuté pour trahison.
- **19 juillet 1553** Marie Tudor, catholique convaincue, accède au trône.
- **18 mars 1554** Élisabeth est emprisonnée à la Tour de Londres. Accusée d'être complice de la rébellion menée contre Marie par Thomas Wyatt, elle est libérée le 19 mai.
- **25 juillet 1554** Marie épouse Philippe II d'Espagne dans la cathédrale de Winchester. Le catholicisme redevient religion officielle de l'Angleterre.
- **17 novembre 1558** À la mort de Marie, Élisabeth lui succède ; elle est couronnée à l'abbaye de Westminster le 15 janvier 1559.
- **8 mai 1559** Élisabeth rétablit l'Acte de suprématie, restaurant l'Église anglicane, dont elle est le chef.
- **1564** Robert Dudley, comte de Leicester, devient le favori d'Élisabeth.
- **9 novembre 1569** Les comtes de Northumberland et Westmoreland prennent la tête du soulèvement des catholiques du nord de l'Angleterre.
- **20 février 1570** La rébellion est écrasée.
- **4 avril 1581** Élisabeth fait chevalier Francis Drake, qui a accompli un tour du monde.
- **1585** Guerre anglo-espagnole : Élisabeth appuie la révolte des Provinces-Unies contre la domination espagnole.
- **Juillet 1588** Défaite de l'Invincible Armada envoyée par Philippe II d'Espagne contre l'Angleterre
- **1590 et 1596** Publication en deux parties du poème épique d'Edmund Spenser, *The Faerie Queene*, hommage à Élisabeth, « Gloriana » pour le poète.
- **4 août 1598** Mort de William Cecil (premier baron de Burghley), principal conseiller d'Élisabeth au début du règne.
- **30 novembre 1601** Élisabeth prononce son dernier discours devant le Parlement.
- **24 mars 1603** Élisabeth meurt au palais de Richmond, dans le Surrey.

LETTRE D'ÉLISABETH Ire À DRAKE

« L'Allemagne… est jonchée de cadavres… un **champ de sang**. »

EDWARD CALAMY, PRÊCHEUR ANGLAIS, 1641

La défenestration de Prague
En 1618, les protestants jetèrent par les fenêtres du château de Prague deux émissaires de l'empereur pour protester contre la violation de leur liberté religieuse.

La bataille de la Montagne Blanche, 1620
Dans ce premier grand affrontement militaire de la guerre de Trente Ans, les forces de la Sainte Ligue et de l'empire étaient près de deux fois plus nombreuses que les troupes protestantes, mises en déroute en deux heures.

La guerre de Trente Ans

Entre 1618 et 1648, le Saint Empire des Habsbourg tenta de rétablir l'autorité impériale face à des ennemis disparates. Ayant débuté comme un conflit entre protestants et catholiques du Saint Empire, la guerre de Trente Ans se transforma en lutte pour la suprématie en Europe.

« AVANT

L'impact de la Réforme **« 256-259****, les divisions religieuses et les ambitions dynastiques furent autant de causes de la guerre de Trente Ans.**

CASQUE DE L'EMPEREUR CHARLES QUINT

LE SAINT EMPIRE ROMAIN GERMANIQUE
Le Saxon **Otton Ier le Grand** **« 189-190** fonda le Saint Empire romain germanique en 962. À la fin du XVIe siècle, l'empire englobait l'essentiel de l'Allemagne, une partie des Pays-Bas, la Bohême (république Tchèque) et de nombreux États italiens.

LA STRUCTURE DE L'ALLEMAGNE
Pendant la Réforme, Charles Quint, empereur germanique, autorisa les princes allemands à choisir la religion de leurs États **« 256-259**. **Nombreux furent ceux qui adoptèrent le protestantisme**, ce qui accrut les tensions avec le Saint Empire.

Les conflits provoqués par la Réforme protestante (voir p. 256-259) dans le Saint Empire romain germanique avaient débouché en 1555 sur la paix d'Augbourg. L'empereur Charles Quint et la Diète impériale, où siégeaient les grands princes de l'empire, avaient accepté que chaque dirigeant des États le constituant puisse choisir, pour ses territoires, entre catholicisme et protestantisme. Les luthériens s'étaient vu accorder l'égalité dans la constitution impériale.

Ce n'était là qu'un fragile compromis. En 1607, un conflit opposant catholiques et protestants déclencha une émeute à Donauwörth, dans le sud de l'Allemagne. L'empereur autorisa Maximilien Ier, duc de Bavière, à restaurer l'ordre. Celui-ci prit le contrôle de la ville, imposant un strict catholicisme, ce qui conduisit les États protestants allemands à former une union conduite par Frédéric V, prince-électeur du Palatinat. Maximilien prit aussitôt la tête d'une sainte ligue catholique. La Diète impériale tenta de résoudre l'antagonisme, mais les plus radicaux des protestants se retirèrent, et l'assemblée ne se réunit plus avant 1640.

Le conflit s'embrasa en 1617 lorsque l'empereur Matthias, qui n'avait pas d'héritier direct, désigna Ferdinand de Styrie, catholique dévot, comme son successeur et lui céda dès 1617 le trône de Bohême. La volonté de Ferdinand de mener la Réforme catholique dans ce royaume majoritairement protestant fut à l'origine de la défenestration de Prague, en 1618 : les nobles protestants jetèrent les représentants de l'empereur par les fenêtres du château de Hradshin, dans les douves situées 15 m plus bas. Ils s'en sortirent sans mal, mais l'épisode devait avoir des suites plus importantes.

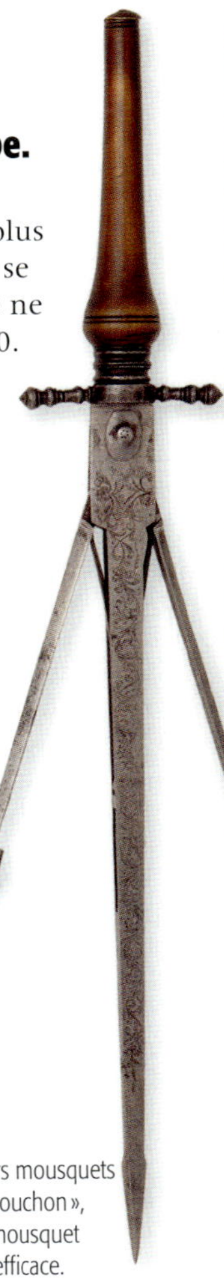

Baïonnette « bouchon »
En combat rapproché, les fantassins de la guerre de Trente Ans utilisaient leurs mousquets comme gourdins. La baïonnette « bouchon », venant s'ajuster dans le canon du mousquet vers la fin du XVIIe siècle, était plus efficace.

UNE GUERRE ENDÉMIQUE
La guerre de Trente Ans recouvre une série de conflits religieux et politiques, qui divisa l'Europe de 1618 à 1648. Mais pour les peuples d'Europe centrale, ce fut une période de guerre incessante.

- **1618** La **noblesse de Bohême se révolte** après l'accession au trône de Bohême du très catholique Ferdinand de Habsbourg.
- **1619** Mort de Matthias Ier ; Ferdinand lui succède à la tête du Saint Empire.
- **1620** Ferdinand II écrase les insurgés protestants à la **Montagne Blanche**.
- **1625 Christian IV** du Danemark intervient aux côtés des protestants allemands contre le Saint Empire.
- **1628**
- **1629** La **paix de Lübeck** scelle la défaite du Danemark dans la guerre de Trente Ans.
- **1631** Première **bataille de Breitenfeld**, près de Leipzig, en Allemagne, consécutive à l'invasion de la Saxe par l'armée impériale qui tentait ainsi d'empêcher l'alliance de la Saxe et de la Suède.
- **1632** Le roi de Suède, **Gustave II Adolphe**, est tué à la bataille de Lützen, en Saxe.
- **1634 Bataille de Nördlingen**. L'armée impériale écrase les Suédois.
- **1635** La France intervient pour empêcher une paix favorable aux Habsbourg.
- **1637** Mort de Ferdinand II
- **1638**
- **1642** Seconde **bataille de Breitenfeld**. L'armée suédoise du général Tortensson, victorieuse, occupe la Saxe.
- **1643 Bataille de Rocroi**, dans les Ardennes françaises, faisant suite au siège de cette place forte par les Espagnols.
- **1645** La France défait les forces bavaroises et impériales à Allerheim.
- **1647** La **trêve d'Ulm** est signée par la France, la Suède, la Hesse-Cassel, Cologne et la Bavière.
- **1648** Les **traités de Westphalie** mettent fin à la guerre de Trente Ans.

Le site de la bataille était une petite colline à l'extérieur de Prague : 23 000 soldats catholiques faisaient face aux 21 000 protestants de l'armée des États de Bohême.

Les forces impériales prirent rapidement le dessus sur l'armée protestante, qui comprenait pourtant des mercenaires allemands et hongrois aguerris.

L'armée protestante avait disposé ses fantassins et ses quelque 5 000 cavaliers en deux échelons. Le flanc droit était couvert par un jardin, le gauche par une butte.

Les manœuvres en rangs serrés étaient typiques de la période : les formations étaient plus faciles à commander. Mais des tirs d'artillerie ajustés ou une charge de cavalerie latérale pouvaient tout aussi facilement provoquer un désastre.

APRÈS

La fin de la guerre de Trente Ans vit un glissement du pouvoir parmi les États impliqués ; le cadre d'une Europe moderne, constituée d'États souverains, fut établi.

L'ÉMERGENCE DES ÉTATS SOUVERAINS
Les traités de Westphalie ouvrirent la voie au concept moderne d'État souverain. Les **frontières géographiques** de beaucoup des belligérants **furent fixées** et les États du Saint Empire se virent accorder la **pleine souveraineté**. Les citoyens étaient désormais soumis aux lois de leur pays plutôt qu'à l'autorité des puissances voisines, qu'elles soient religieuses ou séculaires.

L'ESSOR DE LA FRANCE
L'Allemagne était divisée en de nombreux États. Le Portugal et les Provinces-Unies s'étaient émancipés de la tutelle d'une Espagne politiquement affaiblie. La France, en guerre contre l'Espagne jusqu'en 1659, émergea comme la nouvelle **puissance dominante en Occident**.

UNE TOLÉRANCE RELIGIEUSE
Le calvinisme et le luthéranisme furent reconnus comme des **religions légitimes** au même titre que le catholicisme. Le continent européen ne devait plus connaître de guerres de Religion.

LE DÉCLIN DES MERCENAIRES
L'emploi de mercenaires était courant dans les royaumes dépourvus d'armées régulières. Mais la taille des armées mercenaires avait tant augmenté qu'elles devenaient **très coûteuses à entretenir**. Elles étaient également source de ravages, les soldats irréguliers se payant sur les civils. Ces effets pervers favorisèrent l'émergence d'armées nationales régulières.

7 MILLIONS Nombre estimé de morts durant la guerre de Trente Ans. Ce fut le conflit le plus coûteux en vies humaines livré sur le sol européen, avant les deux guerres mondiales du XXe siècle.

À la mort de Matthias, en 1619, quand il fallut élire le nouveau dirigeant du Saint Empire, le conflit religieux se fit plus ouvertement politique. Les Tchèques déposèrent Ferdinand et élurent roi de Bohême Frédéric V, qui appela l'Union protestante à le soutenir comme candidat au trône impérial. L'Espagne prêta son soutien financier à Ferdinand, ainsi que ses troupes, lesquelles, renforcées par l'armée de la Sainte Ligue menée par le comte Tilly, pénétrèrent en Bohême pour mater la révolte des protestants, qui englobait désormais les États allemands.

Après la défaite de la Montagne Blanche, le 8 novembre 1620 (voir ci-dessus), la Bohême perdit tout espoir d'indépendance et subit une dure campagne de restauration du catholicisme et de germanisation. Surtout, la couronne élective devint héréditaire, au profit des Habsbourg.

De sombres motivations

Plusieurs pays allaient entrer en guerre contre les Habsbourg. Si la solidarité protestante joua dans l'intervention du Danemark puis de la Suède aux côtés des princes allemands, l'intérêt politique n'était pas absent : tous convoitaient le contrôle des mers du Nord. Le Danemark fut sévèrement défait en 1629, Gustave II Adolphe de Suède (voir p. 272) se révélant un adversaire redoutable pour la coalition impériale.

Sous son règne, la Suède, petit pays de paysans dotée d'une industrie d'armement florissante, était devenue une puissance clef sur les côtes de la Baltique. Après avoir écrasé Tilly à Breitenfeld en 1631, Gustave Adolphe fut toutefois tué à Lützen, autre bataille remportée par son armée, en 1632.

À ce point du conflit, le désir de paix et la lassitude à l'égard des pillages perpétrés par les armées en maraude prévalaient en Allemagne. La plupart des États allemands protestants rallièrent la paix de Prague, signée en 1635 entre Ferdinand II et l'électeur de Saxe.

La réconciliation entre catholiques et protestants en Allemagne semblait possible, mais la France du cardinal de Richelieu ne pouvait accepter de voir les Habsbourg conserver leur pouvoir. Elle entra en guerre à la fois contre l'empire et l'Espagne avec le soutien des Suédois.

La guerre s'étendait désormais à la plus grande partie de l'Europe, gagnant les Pays-Bas, où les Provinces-Unies protestantes et la France catholique combattaient l'Espagne. Les traités de Westphalie, en 1648, réduisirent définitivement la puissance des Habsbourg.

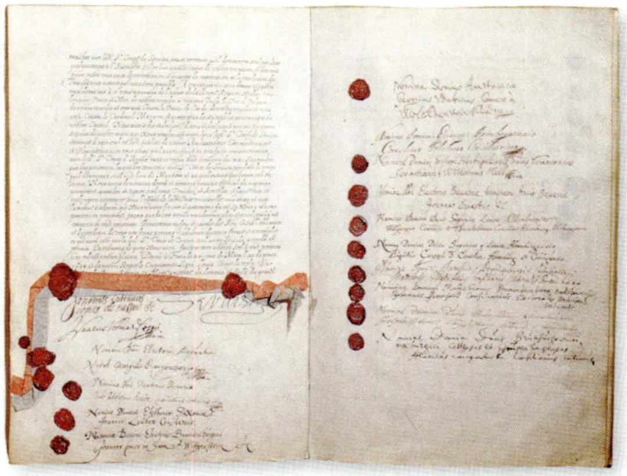

La paix de Westphalie
Publié le 24 octobre 1648, ce document mit fin à la guerre de Trente Ans et institua la cohabitation de deux religions dans l'Europe des Habsbourg.

La guerre civile anglaise

La guerre civile anglaise opposa partisans du roi et partisans du Parlement au cours de trois conflits, entre 1642 et 1646, 1648 et 1649, puis 1649 et 1651. Elle eut pour origine l'affirmation par Jacques Ier, puis Charles Ier, de la monarchie de droit divin.

> « **Dieu** nous a amenés là où nous sommes… »
>
> OLIVER CROMWELL, AU CONSEIL DE L'ARMÉE, 165

Le 22 août 1642, Charles Ier levait son étendard à Nottingham : ce fut le signal d'une guerre civile au cours de laquelle 10 % environ de la population britannique périt.

Cette guerre ne fut pas seulement le produit d'une querelle entre le Parlement et le roi. La religion y joua un rôle essentiel. En 1640, Charles – qui, comme son père, régnait sur l'Angleterre et l'Écosse – avait rappelé le Parlement pour obtenir des subsides et mater la révolte des presbytériens écossais, soulevés contre sa décision d'imposer à tous ses sujets le *Book of common prayer,* la liturgie de l'Église anglicane que les presbytériens jugeaient « papiste ». Au lieu de voter les crédits, les parlementaires dressèrent la liste de leurs griefs, nourrie par onze années de tyrannie. Pis, Charles Ier perdit son droit de dissoudre l'assemblée législative, et le pouvoir royal fut fortement limité.

Statue de Charles Ier
Le règne de Charles Ier fut marqué par les conflits religieux. Les tendances absolutistes (voir p. 279) de ce roi qui mariait charme et obstination le firent entrer en conflit frontal avec le Parlement.

Des rumeurs courant sur l'implication du roi dans la rébellion irlandaise contre la domination anglaise accrurent encore les tensions. Quand Charles apprit que le Parlement avait l'intention de mettre en accusation son épouse catholique, Henriette de France, il investit la Chambre des Communes, en janvier 1642, à la tête d'une force armée pour se saisir des chefs de l'opposition parlementaire, accusés de haute trahison. Ceux-ci, prévenus, purent néanmoins se réfugier dans la cité de Londres, qui refusa de les livrer. Craignant pour sa sécurité, Charles prit la direction du nord pour y lever une armée, tandis que la reine allait chercher un soutien financier outre-Manche.

Un long conflit

Le roi était assuré de la loyauté du pays de Galles, de l'ouest et du nord de l'Angleterre ; le Parlement contrôlait Londres, l'est et le sud du pays. Les premières batailles entre royalistes, ou Cavaliers, et partisans du Parlement, ou Têtes rondes, ne furent guère concluantes. Numériquement plus nombreux et ayant le soutien des Écossais, les Têtes rondes obtinrent des victoires plus décisives, à Marston Moor, en 1644, puis à Naseby et Langport, en 1645. Après la chute d'Oxford, en 1646, la première

Lady d'Aubigny (à gauche) montre aux conspirateurs un ordre du roi appelant ses officiers à la guerre : celle-ci doit être rendue publique quand Charles Ier aura donné des nouvelles de sa progression.

Les conspirateurs entendent prendre la Tour de Londres et s'assurer des forteresses ; les forces royalistes d'Oxford rejoignent les troupes de Cornouaille menées par sir Ralph Hopton.

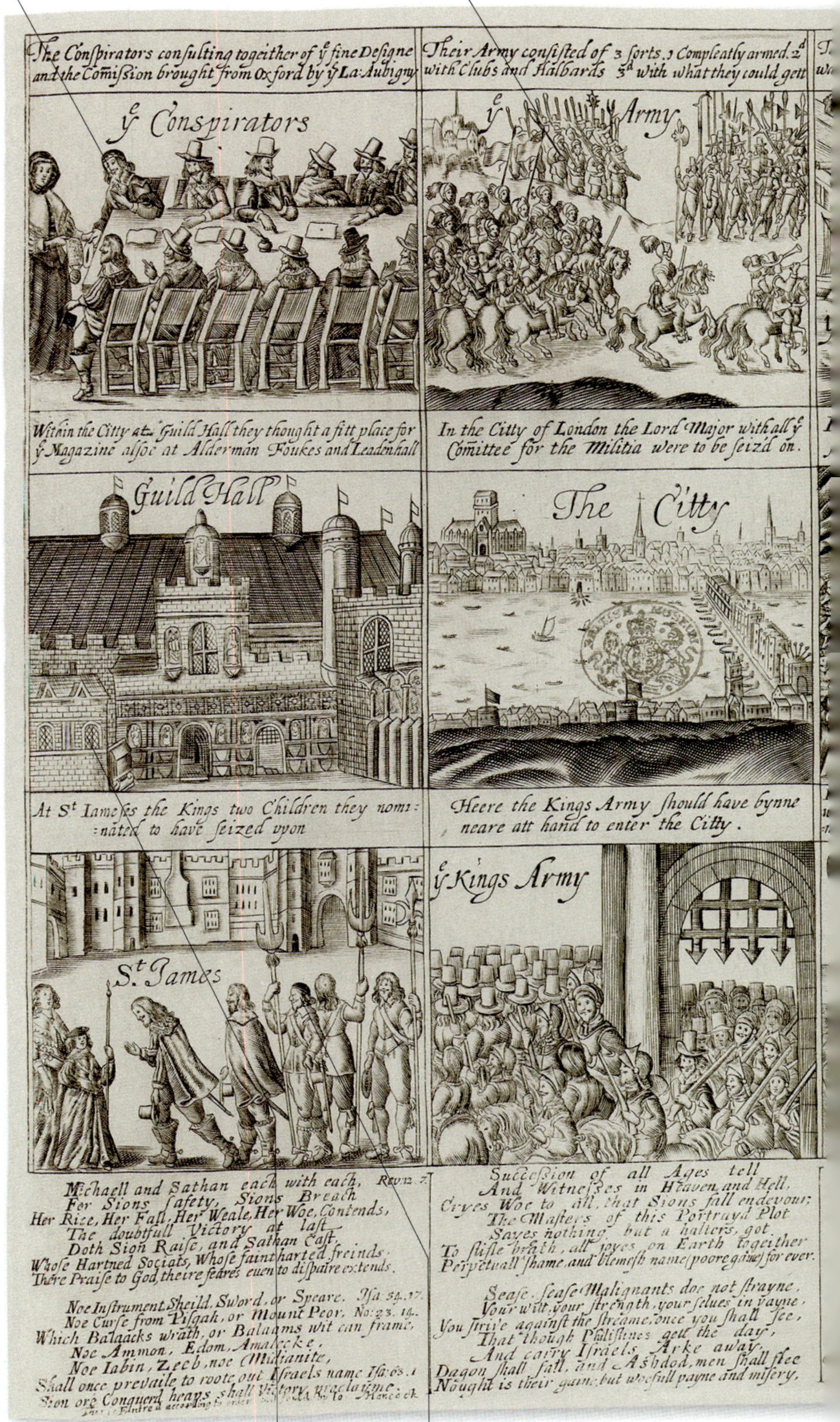

Le Guildhall est le lieu où les conspirateurs devaient stocker armes et poudre.

Les soupçons grandissant, les Communes ordonnent la détention de l'émissaire du roi, Alexander Hampden, le 22 mai. Le 31, ils font arrêter les conspirateurs présumés, confondus par un espion.

« AVANT

Les Stuart absolutistes entrèrent en opposition avec le Parlement, qui, depuis le XIIIe siècle, devait approuver toute levée d'impôt.

LA RÉFORME DE TUDOR

Après que le pape eut refusé d'annuler le premier mariage d'**Henri VIII**, celui-ci se déclara chef suprême de l'Église d'Angleterre, en 1534. La Réforme **« 256-259** fut consolidée sous le règne d'**Élisabeth Ire « 260-261**, et l'**anglicanisme** devint définitivement la religion d'État de l'Angleterre. La reine n'ayant pas eu d'enfants, son cousin Jacques VI d'Écosse, un Stuart, lui succéda en 1603, sous le nom de **Jacques Ier d'Angleterre**.

LE RÈGNE DE JACQUES Ier

Jacques Ier se fit le champion de la **monarchie de droit divin**, ce qui lui aliéna le Parlement. Celui-ci refusa systématiquement de voter les impôts demandés par le roi.

CHARLES Ier

La politique antipuritaine **« 259** de **Charles Ier**, fils de Jacques Ier, exacerba les tensions entre le Parlement et le roi. En 1629, celui-ci renvoya le Parlement ; il gouverna seul durant la **« Tyrannie de onze ans »**, s'appuyant sur les tribunaux pour faire respecter l'autorité royale et alimentant le Trésor en vendant des titres.

L'uniforme parlementaire
La « nouvelle armée modèle » formée en 1645 par le Parlement, fut la première armée professionnelle en Angleterre. Ses fantassins, comprenant piquiers et mousquetaires, se voyaient fournir cette tunique rouge.

La tunique rouge était la seule pièce d'uniforme fournie aux soldats de la nouvelle armée modèle.

Les soldats recevaient souvent une épée.

Culotte en laine

Lien coloré, resserrant la culotte

Récit d'un complot royaliste
Cet imprimé de propagande était probablement destiné au peuple. Il relate, en images, le « complot des Malveillants » contre le Parlement, mis au jour le 31 mai 1643.

Le plan consiste à arrêter les dirigeants parlementaires, dont le chef des puritains John Pym, ainsi que deux membres de la Chambre des Lords.

Les conspirateurs sont pendus aux gibets de Tuburn. Le roi proclame coupables de trahison tous ceux qui soutiennent le *Covenant* adopté par le Parlement. Les dés sont jetés.

En réponse au rapport de John Pym sur le complot royaliste, les Communes votent un « *Covenant* » imposant à tous de jurer soutien au Parlement. Cet engagement est diffusé à travers le pays pour éprouver les loyautés. Le 15 juin, la cité de Londres célèbre l'échec de l'« inique complot » par un jour d'action de grâce.

guerre civile s'acheva quand Charles se rendit aux Écossais.

Les partisans du Parlement devaient dès lors se diviser entre ceux qui souhaitaient un partage du pouvoir avec le roi, et les plus radicaux, soutenus par les chefs militaires, tenants d'une république. Bien qu'emprisonné, le roi continuait de négocier avec les diverses parties ; il conclut un accord avec les Écossais, promettant d'adopter le presbytérianisme en Angleterre en échange de leur soutien. Mais, en juillet 1648, les royalistes se soulevèrent et les Écossais envahirent l'Angleterre. La « nouvelle armée modèle » organisée par Oliver Cromwell écrasa les premiers à Preston et obtint la reddition des seconds. Puis elle marcha sur le Parlement dont elle expulsa la plupart des membres.

Les 58 parlementaires restants – « le Parlement croupion » – mirent en jugement le roi pour trahison. Déclaré coupable, Charles Ier fut décapité le 30 janvier 1649. Le fait était véritablement révolutionnaire : des monarques avaient déjà été déposés ou exécutés par le passé, mais jamais « légalement ». La monarchie fut abolie, et l'Angleterre devint une république, ou *Commonwealth*.

Lord-protecteur

Avant la guerre civile, Oliver Cromwell n'était qu'un gentilhomme campagnard, parlementaire et puritain convaincu. En 1649, il était le chef militaire le plus puissant. Il passa les deux années suivantes en campagne en Écosse et en Irlande, qu'il ramena sous le contrôle de la couronne d'Angleterre. Sa victoire contre une armée écossaise fidèle au fils de Charles Ier (le futur Charles II), à Worcester en 1651, mit un terme définitif à la guerre civile.

En 1653, il renvoyait le Parlement croupion, devant lequel toutes ses tentatives de réforme échouaient. Ayant pris le titre de lord-protecteur – et établi de fait une dictature militaire –, il divisa l'Angleterre et le pays de Galles en dix districts dirigés par des généraux. Gouvernant selon des principes puritains stricts, il interdit la plupart des distractions publiques. Quand Cromwell mourut, en septembre 1658, son fils Richard lui succéda. Mais, privé de toute base, ce dernier renonça au pouvoir après moins d'un an.

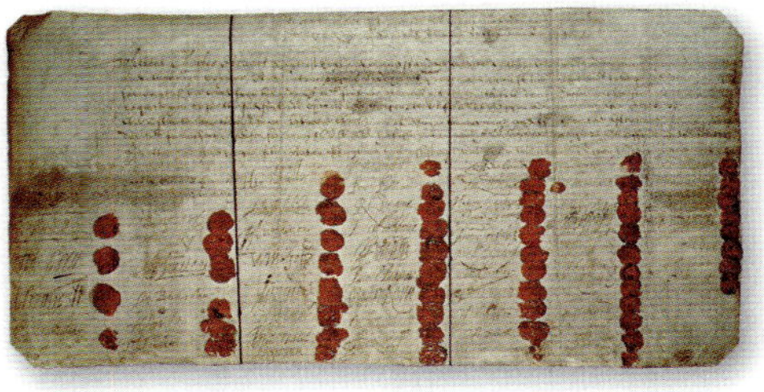

L'arrêt de mort de Charles Ier
Le 29 janvier 1649, Charles Ier était déclaré coupable de trahison. Parmi les nombreux signataires de son arrêt de mort figurait Oliver Cromwell.

Statue de Cromwell
Chef militaire dévot et politicien rusé, Oliver Cromwell régna en monarque, sans en avoir le nom.

APRÈS

En 1660, la monarchie fut rétablie au nom de l'unité nationale. Une seconde révolution, visant à restaurer l'anglicanisme, déboucha sur la Déclaration des droits de 1689, instituant une monarchie constitutionnelle.

LA RESTAURATION

Après la mort de Cromwell, le trône fut offert à **Charles II**, à la condition qu'il défendît la tolérance religieuse et accordât le pardon à ceux qui avaient combattu son père. Le moralisme puritain fut abandonné ; théâtres et salles de concert rouvrirent. Nell Gwyn, vendeuse d'oranges devenue actrice, devint l'une des maîtresses les plus populaires du roi.

NELL GWYN

THOMAS HOBBES

Hobbes, l'un des penseurs politiques anglais les plus influents, fut marqué par la tourmente de la guerre civile. Dans le *Léviathan*, publié en 1651, il se fit l'**avocat d'un gouvernement fort**, aux dépens de la liberté individuelle, arguant que le conflit est l'état naturel de l'humanité.

LA « GLORIEUSE RÉVOLUTION »

Succédant à **Charles II** en 1685, Jacques II, ouvertement catholique, s'aliéna ses sujets en plaçant la religion au-dessus de la politique. Ses conseillers encouragèrent le prince protestant néerlandais **Guillaume d'Orange** à s'emparer du trône, en 1688.

AVANT

Durant la fin du Moyen Âge, savants et théoriciens de la « philosophie naturelle » commencèrent à développer ce qu'on allait appeler la « méthode scientifique ».

ÉCORCHÉ

L'ANATOMIE MODERNE
Les tabous entourant la désacralisation des cadavres empêchèrent l'étude détaillée de l'anatomie humaine du IIe au XIVe siècle. La médecine classique de **Galien** et d'**Hippocrate** **« 104-105** ne pouvait en conséquence être remise en cause. Ce ne fut qu'avec l'irruption de la **peste bubonique** **« 186-187** que les restrictions sur la dissection furent levées. Il fallut le génie d'un **Léonard de Vinci** **« 254-255** pour faire de l'anatomie une **discipline véritablement scientifique**.

LES ALCHIMISTES
L'alchimie, **protoscience mêlée de magie** qui se développa du XIe siècle à la Renaissance **« 250-253**, fut le précurseur de la chimie. Les alchimistes utilisaient des méthodes qui nous sont familières au service de la quête de la « pierre philosophale », supposée dotée de divers pouvoirs, parmi lesquels la transmutation du plomb en or et l'accès à la vie éternelle.

ALCHIMISTES À L'OUVRAGE

Révolution scientifique

Aux XVIe et XVIIe siècles, les Européens apprirent à penser le monde naturel autrement. La Renaissance avait transformé l'art ; la Réforme a desserré les contraintes du dogme religieux. Une troisième révolution changea la vision de l'Univers.

Pendant mille cinq cents ans, la pensée européenne fut obscurcie par l'héritage du monde classique. De même que l'autorité de l'Église était indiscutable en matière religieuse, celle de Platon, Hippocrate et Aristote (voir p. 130-131) s'imposait à la plupart des savants.

La nouvelle manière de penser qui émergea au XVIe siècle était toutefois en gestation depuis longtemps. Les érudits du monde islamique s'étaient emparés du savoir grec pour l'approfondir (voir p. 174-175). La circulation de leurs travaux, à la faveur des contacts entre Europe et Islam, contribua à faire progresser l'idée que tout ce qu'avaient dit les Grecs n'était pas forcément juste. Durant les XVIe et XVIIe siècles, erreurs et lacunes du savoir ancien furent mises en évidence dans divers domaines, et une nouvelle méthode de construction du savoir, privilégiant l'observation et l'expérimentation, commença à s'imposer.

L'explosion du savoir

La révolution scientifique n'aurait pu avoir lieu sans l'avènement de la presse d'imprimerie (voir p. 253). Soudain, les idées pouvaient être transmises sans distorsion et rapidement à travers le continent européen. Dans le même temps, l'essor du commerce dans des contrées lointaines et la découverte de deux continents inconnus – les Amériques – révélaient, s'il en était besoin, l'ampleur de ce qui était encore à explorer (voir p. 230-231). Des collectionneurs comme le Danois Ole Worm créèrent des cabinets

DÉCOUVERTE

L'UNIVERS HÉLIOCENTRIQUE

L'Antiquité avait imposé l'idée d'un Univers tournant autour de la Terre, dans lequel les objets célestes étaient disposés sur des sphères parfaites. Cette théorie posait toutefois problème : par exemple, le mouvement de Mars s'inversait occasionnellement. En 1543, Nicolas Copernic, chanoine et astronome polonais, proposa un système au centre duquel était placé le Soleil (ci-contre), la Terre étant au troisième rang des planètes tournant autour de celui-ci.

Sphère céleste, vers 1700
La sphère armillaire, utilisée pour l'enseignement de l'astronomie, fut développée par les astronomes grecs puis arabes. C'était une modélisation de la sphère céleste utilisée pour la mesure des coordonnées astronomiques. À partir du début du XVIIe siècle, le Soleil fut plus couramment placé en son centre, comme ici.

Les cercles sont divisés en degrés pour aider à la mesure.

Plan du Système solaire

Mesure du temps
L'amélioration de la mesure du temps aida à la fois l'astronomie et la navigation. L'horloge à poids constitua une première avancée – ce modèle japonais en laiton du milieu du XVIIe siècle n'indique toutefois pas encore les minutes. L'horloge à pendule inventée par Christian Huygens vers 1656 marqua un nouveau pas vers la précision.

PHYSICIEN ANGLAIS (1643-1727)

ISAAC NEWTON

TÉLESCOPE DE NEWTON

Les lois de Kepler décrivaient le mouvement des objets célestes autour du Soleil mais ne l'expliquaient pas. Isaac Newton fournit cette explication en comprenant que la force de gravité s'exerçant sur Terre s'étendait à l'Univers et était générée par d'autres corps de masse suffisante. Brillant mais tourmenté, Newton était fasciné par les mathématiques, l'astronomie, l'optique autant que par l'alchimie. Il fut, durant ses vingt dernières années, le «philosophe naturel» le plus révéré d'Europe. Ses lois universelles du mouvement et de la gravitation et sa théorie du comportement de la lumière fondèrent la physique pendant deux siècles.

de curiosités – préfigurant les muséums d'histoire naturelle. On cultivait dans les jardins botaniques les espèces végétales rapportées du monde entier, et la collecte de nouveaux spécimens devint l'une des motivations des voyages d'exploration et des missions commerciales.

L'intérêt croissant pour la nouveauté minait toujours plus la confiance dans les Anciens. La géographie de Ptolémée et de ses émules n'avait rien à dire sur les nouvelles terres qu'on découvrait, et l'histoire naturelle de l'Antiquité était silencieuse sur bien des espèces animales et végétales qui les peuplaient. Les savants de l'époque n'avaient pas d'autre choix que d'en faire eux-mêmes l'étude; ils en tirèrent leurs propres conclusions.

L'Univers écrit dans les étoiles

Les progrès techniques contribuèrent aussi à saper les théories tenues pour vraies depuis si longtemps. La victime la plus fameuse de la révolution scientifique fut l'antique Univers géocentrique. On attribue généralement à Galilée, mathématicien et astronome italien, la découverte de la révolution des planètes – y compris la Terre – autour du Soleil. L'idée était dans l'air depuis plusieurs décennies (voir encadré). Néanmoins, en découvrant, en 1610, grâce à l'un des premiers télescopes, quatre lunes tournant autour de Jupiter, Galilée montrait que la Terre n'était pas le centre de tout mouvement dans l'Univers; l'observation des phases de Vénus militait également en faveur de l'héliocentrisme, ce que Galilée eut le courage d'affirmer. Mais ni les observations de l'Italien ni celles du Danois Tycho Brahe, qui révolutionna la carte du ciel grâce à la rigueur de sa méthode et au sextant astronomique développé à partir de l'astrolabe des Arabes (voir p. 175), ne suffisaient, à elles seules, à valider la nouvelle théorie. Un pas crucial fut franchi par un élève de Brahe, l'astronome allemand Johannes Kepler. De l'étude des mesures de Brahe, Kepler déduisit les lois mathématiques régissant les mouvements des planètes sur leur orbite autour du Soleil, laquelle, montrait Kepler, n'était pas circulaire mais elliptique. Accepter ces lois, publiées en 1609, impliquait de consommer le divorce avec l'idée classique d'une perfection céleste fondée sur le cercle. Il manquait encore une explication au mouvement des planètes, qu'apporta Isaac Newton à la fin du siècle (voir ci-dessus).

Les avancées en biologie

La découverte d'un texte perdu de Galien au début du XVIe siècle intrigua beaucoup l'anatomiste flamand André Vésale, qui réalisa que l'autorité grecque de la médecine n'avait jamais disséqué de corps humain. Le grand atlas d'anatomie de Vésale, *De Humani Corporis Fabrica* (1543), constituait la première description complète et détaillée de ce corps et inspira toute une génération à poursuivre l'étude anatomique sans révérence pour le passé.

La nature du système de circulation sanguine constitua l'un des grands champs de bataille entre traditionalistes et partisans de l'anatomie moderne. Selon Galien, le sang affluait et refluait en «marées» en même temps que les autres «humeurs» du corps (phlegme, bile jaune et bile noire), dont le déséquilibre était considéré par la médecine antique et médiévale comme la cause des diverses maladies.

Ce ne fut qu'après que la description du cœur par Galien se fut révélée erronée que les médecins commencèrent à mettre en cause cette conception. En 1603, l'anatomiste italien Girolamo Fabrizio découvrait la présence de valves dans certains vaisseaux; en 1628, William Harvey, médecin de Charles Ier d'Angleterre, affirmait avoir découvert que ces valves ne s'ouvraient que dans une seule direction. Il devait donc exister deux groupes distincts : les artères, transportant le sang du cœur aux organes, et les veines, ramenant le sang au cœur. Cette découverte rencontra une résistance d'autant plus farouche qu'Harvey postulait l'existence, entre artères et veines, de capillaires, trop petits pour être observés. L'ouvrage dans lequel il exposait son nouveau système, s'en tenant aux preuves plutôt que d'attaquer les vues rivales, constituait un modèle pour les publications scientifiques ultérieures. En 1661, les perfectionnements apportés au microscope, d'invention récente, permirent de voir les capillaires. La suprématie de la nouvelle méthode scientifique – observation, expérimentation, déduction – était confirmée.

MICROGRAPHIA. 203
Observ. XLIX. Of an Ant or Pismire.

La vie à travers une lentille
Publié en 1664, le *Micrographia* de Robert Hooke rendait compte pour la première fois d'observations au microscope. Y étaient décrits et illustrés, de façon bien plus détaillée qu'auparavant, cellules vivantes, plantes et insectes observés par Hooke.

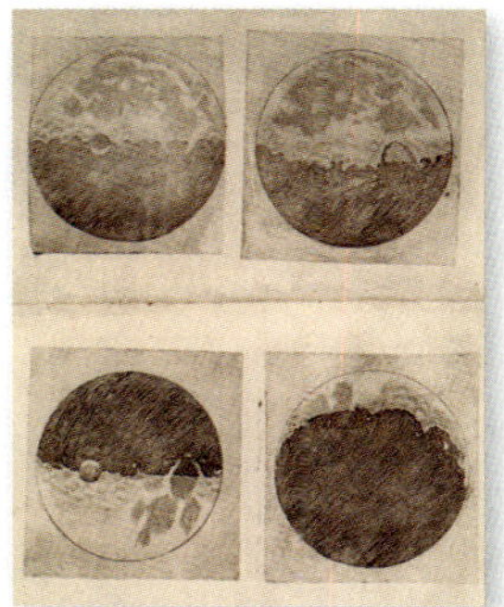

Les montagnes de la Lune
Grâce au télescope, Galilée découvrit les reliefs de la Lune (ci-dessus), démentant la perfection céleste.

APRÈS

La révolution scientifique imposa la primauté de la science pour l'explication et la prévision des phénomènes naturels.

SCIENCE ET SOCIÉTÉ
De nombreuses sociétés scientifiques furent fondées en Europe au XVIIe siècle. La **méthode scientifique** fut appliquée dans de nombreux autres domaines, ce qui donna naissance aux sciences politiques, économiques et sociales notamment.

L'UNIVERS RATIONNEL
Le modèle newtonien d'un univers régi par des lois physiques immuables inspira les philosophes des Lumières **270-271 »**, mais alimenta aussi la peur d'une perte de sens. La **théorie de l'évolution de Darwin 340-341 »** provoqua un effet tout aussi bouleversant.

TECHNOLOGIE ET EMPIRE
L'essor de la science se traduisit par des avancées technologiques qui culminèrent avec la **révolution industrielle 292-293 »**.
La suprématie de la technologie occidentale assura la longévité des empires européens en formation.

MOMENT CLÉ 1er novembre 1755 10 h 00

Le séisme de Lisbonne

Le séisme de Lisbonne fut l'une des pires catastrophes naturelles de l'histoire européenne. Jusqu'à 100 000 personnes périrent, dans le tremblement de terre lui-même ou dans le tsunami et les incendies qui suivirent. L'événement incita à la remise en cause des croyances établies.

Au XVIIIe siècle, Lisbonne, située sur la côte sud-ouest du Portugal, à l'embouchure du Tage, était la capitale prospère d'un empire planétaire. Mais, à 10 h le 1er novembre 1755, un séisme d'une magnitude estimée à 9 sur l'échelle de Richter (qui compte 10 échelons) transformait cette grande cité en un théâtre de désolation. Des fissures larges de 5 m s'ouvrirent dans le sol, avalant gens et bâtiments.

Dans la panique, de nombreux habitants fuirent vers le port, grimpant à bord des navires à l'ancre dans l'espoir d'y trouver la sécurité. Mais le séisme fut suivi d'un énorme tsunami ; un mur d'eau d'une hauteur de quelque 6 m s'abattit sur Lisbonne, remontant le fleuve et causant encore plus de ravages. Tout le long de la côte portugaise, des inondations catastrophiques dévastèrent les villes. Agadir, au Maroc, fut également submergée et enregistra des milliers de morts. Le train de vagues se propagea jusqu'en Europe du Nord et à travers l'Atlantique, jusqu'à La Barbade. Quand le sol eut cessé de trembler et que les eaux se furent retirées, Lisbonne fut la proie d'un troisième fléau : le feu. Les flammes grondèrent pendant six jours. Ces trois catastrophes détruisirent les trois quarts des bâtiments de Lisbonne, y compris la grande bibliothèque royale où étaient conservés des œuvres d'art inestimables et les non moins précieux documents historiques relatant les expéditions portugaises en Asie du Sud-Est.

Le séisme avait frappé le jour de la Toussaint, l'un des plus saints du calendrier chrétien. Les prêtres interprétèrent cette coïncidence comme la marque d'un châtiment divin. D'autres s'interrogèrent sur l'existence même d'un être supérieur. Le drame devint un thème essentiel de réflexion pour les penseurs des Lumières (voir p. 270-271), qui commencèrent à rechercher les causes de telles catastrophes dans le monde naturel, plutôt que dans une manifestation divine. Le philosophe français Voltaire s'appuya sur ce séisme pour attaquer la foi aveugle en Dieu, tandis que son homologue allemand, Emmanuel Kant, prônait un examen scientifique des causes du désastre et affirmait qu'il était de la responsabilité de l'humanité de se préparer à de tels événements.

Le désastre s'abat sur Lisbonne
Les ondes sismiques firent basculer et s'effondrer les bâtiments tandis que les navires étaient arrachés de leurs ancrages. La plupart des occupants périrent.

« Je vous assure que cette **ville jadis opulente** n'est plus que **ruines**... »

RÉVÉREND CHARLES DAVY, TÉMOIN OCULAIRE, 1755

Les **Lumières**

Cette scène, présentant la cuisine d'un pâtissier, montre les diverses tâches à accomplir pour la confection de pâtisseries. L'*Encyclopédie* accordait une attention particulière aux métiers artisanaux et à la transmission des techniques.

Le philosophe allemand Emmanuel Kant définissait les Lumières comme « la sortie de l'Homme de sa minorité [...] » : l'humanité devait user de sa raison sans se soumettre à la direction d'autrui. Son injonction, *Sapere aude !* (« ose savoir »), encourageait le lecteur à questionner les traditions.

La philosophie des Lumières se propagea en Europe et au-delà à la faveur d'une explosion de l'imprimé et d'une généralisation, parmi les élites, de l'usage du français. Les représentants de ce courant intellectuel utilisèrent les idées issues des progrès de la science (voir p. 266-267) pour mener une réflexion sur le mode de gouvernement et sur la société.

À partir de 1750, se constitua dans les salons littéraires de Paris une « république des lettres ». « Que signifie être libre ? » s'interrogeait François Marie Arouet, plus connu sous le nom de Voltaire : « raisonner justement et connaître les droits de l'Homme. Lorsqu'ils sont bien connus, ils sont bien défendus ».

Madame de Pompadour
Femme renommée pour sa beauté et son esprit, Jeanne Poisson (1721-1764) devint la favorite de Louis XIV, qui l'installa à Versailles. Elle soutint les arts et protégea l'*Encyclopédie*.

Questionner la sagesse traditionnelle conduisit les philosophes à dénoncer l'ignorance et l'intolérance généralisées aussi bien que les privilèges des nobles et du clergé ; l'arbitraire royal, dont les lettres de cachet, autorisant l'emprisonnement sans preuves ni procès, étaient un symbole ; ainsi que l'Église, accusée d'encourager la superstition et les persécutions.

Néanmoins, le philosophe genevois Jean-Jacques Rousseau dénonçait, dans son *Discours sur les sciences et les arts* (1749), la corruption de la nature humaine imputable à la civilisation et à la diffusion du savoir et affirmait, dans son *Discours sur l'inégalité* (1755), que le progrès social renforçait les inégalités naturelles parmi les hommes. Ses romans *La Nouvelle Héloïse* (1761) et *Émile* (1762), exaltant le retour à la nature et le sentiment amoureux, connurent un grand succès dans les classes éduquées, mais isolèrent encore davantage Rousseau des encyclopédistes et des philosophes de la raison.

La diffusion des idées

L'*Encyclopédie* en 28 volumes dirigée par Denis Diderot et Jean d'Alembert fut un outil influent pour la diffusion des valeurs des Lumières. Cette somme considérable, qui pouvait s'enorgueillir d'un impressionnant éventail de contributeurs, dont Turgot, Voltaire et Rousseau, visait à rassembler et propager l'ensemble du savoir de l'époque dans une prose accessible, étayée par de nombreuses illustrations, afin d'éduquer l'opinion publique et de produire « une révolution dans les esprits ». L'ouvrage fut interdit à deux reprises pour son ton anticatholique et ses idées jugées subversives ; ses promoteurs parvinrent pourtant à déjouer la censure.

La satire se révéla être plus efficace encore pour répandre les idées des Lumières. Montesquieu fut pionnier avec ses *Lettres persanes* (1721), décrivant les coutumes françaises et européennes à travers le regard de visiteurs venus de Perse, et raillant habilement l'Église, la cour et la société françaises. Voltaire améliora

L'*Encyclopédie* (1751-1772)
La publication du grand œuvre de Diderot et d'Alembert prit vingt ans. Ses 17 volumes de textes et 11 volumes de gravures présentaient 72 000 articles et plus de 2 500 planches.

Frontispice du premier tome de l'*Encyclopédie*, paru le 28 juin 1751. En décembre, on recensait 2 619 souscripteurs.

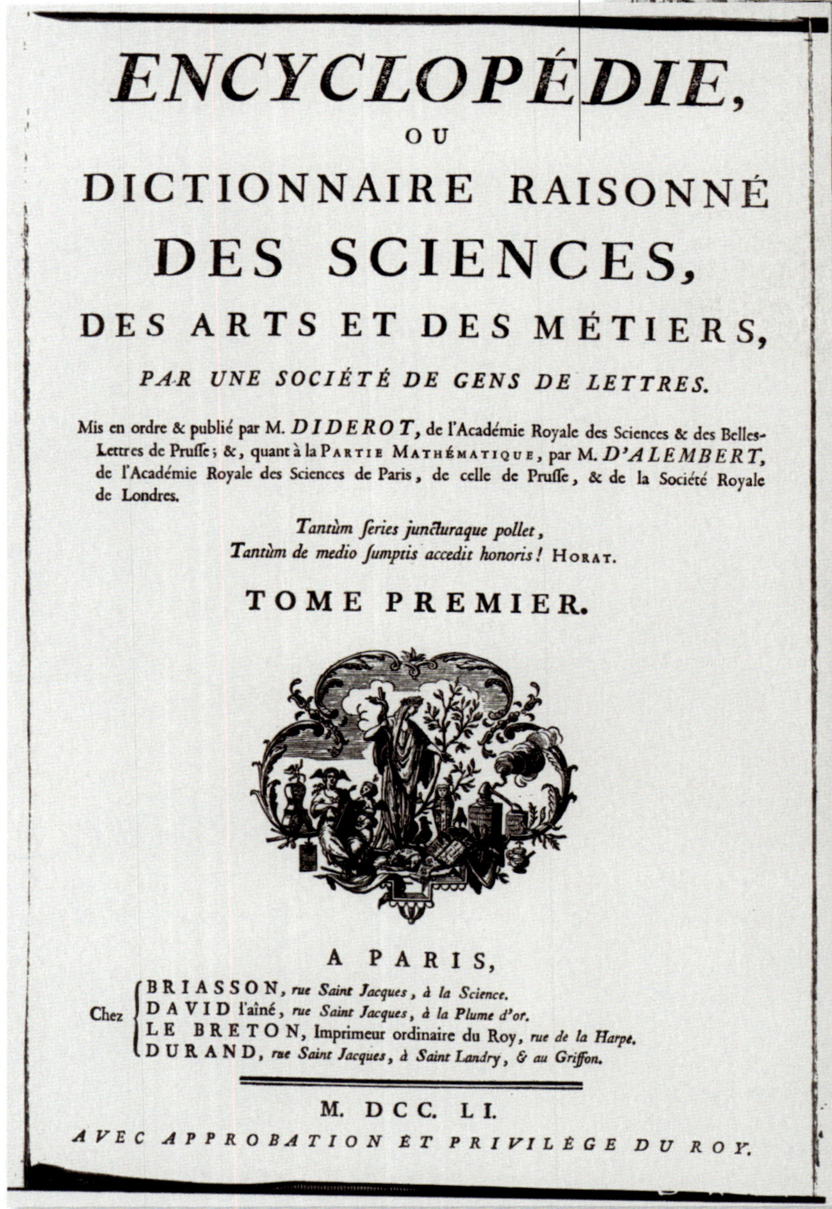

ENCYCLOPÉDIE,
OU
DICTIONNAIRE RAISONNÉ
DES SCIENCES,
DES ARTS ET DES MÉTIERS,
PAR UNE SOCIÉTÉ DE GENS DE LETTRES.

Mis en ordre & publié par M. DIDEROT, de l'Académie Royale des Sciences & des Belles-Lettres de Prusse ; &, quant à la PARTIE MATHÉMATIQUE, par M. D'ALEMBERT, de l'Académie Royale des Sciences de Paris, de celle de Prusse, & de la Société Royale de Londres.

Tantùm series juncturaque pollet,
Tantùm de medio sumptis accedit honoris ! HORAT.

TOME PREMIER.

A PARIS,
Chez BRIASSON, *rue Saint Jacques, à la Science.*
DAVID l'aîné, *rue Saint Jacques, à la Plume d'or.*
LE BRETON, Imprimeur ordinaire du Roy, *rue de la Harpe.*
DURAND, *rue Saint Jacques, à Saint Landry, & au Griffon.*

M. DCC. LI.
AVEC APPROBATION ET PRIVILÈGE DU ROY.

AVANT

LES *ESSAIS* DE MONTAIGNE

La Renaissance, la Révolution anglaise et la révolution scientifique nourrirent le mouvement des Lumières.

L'HUMANISME

L'humanisme de la Renaissance « 250-253, mettant l'accent sur la **dignité et la raison humaines**, posa les fondations des Lumières. Les *Essais* du Français **Michel de Montaigne**, s'interrogeant sur tout ce qui fait l'Homme, faisaient l'admiration de Voltaire et Diderot.

LES RÉFORMES POLITIQUES

Les **réformes** qui suivirent la seconde révolution anglaise de 1688-1689 furent une autre inspiration pour les philosophes. Dans ses *Lettres philosophiques* (1734), **Voltaire** posait comme alternative à l'absolutisme français le droit, la tolérance religieuse et la monarchie constitutionnelle de l'Angleterre ; l'ouvrage fut aussitôt interdit.

DES SOURCES ANGLAISES

Les penseurs des Lumières avaient pour références **trois grands noms de l'histoire intellectuelle anglaise** : Francis Bacon (1561-1626), qui théorisa la méthode expérimentale scientifique ; John Locke (1632-1704), penseur du libéralisme politique et défenseur de l'empirisme (fondant le savoir sur l'expérience directe), et Isaac Newton (1643-1727), dont les lois unifiées fondèrent la physique moderne.

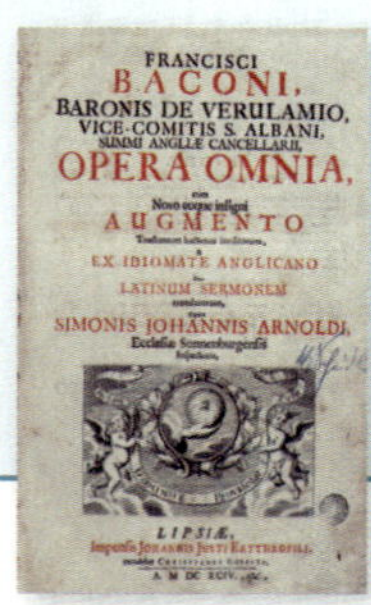

***DU PROGRÈS ET DE LA PROMOTION DES SAVOIRS*, DE FRANCIS BACON**

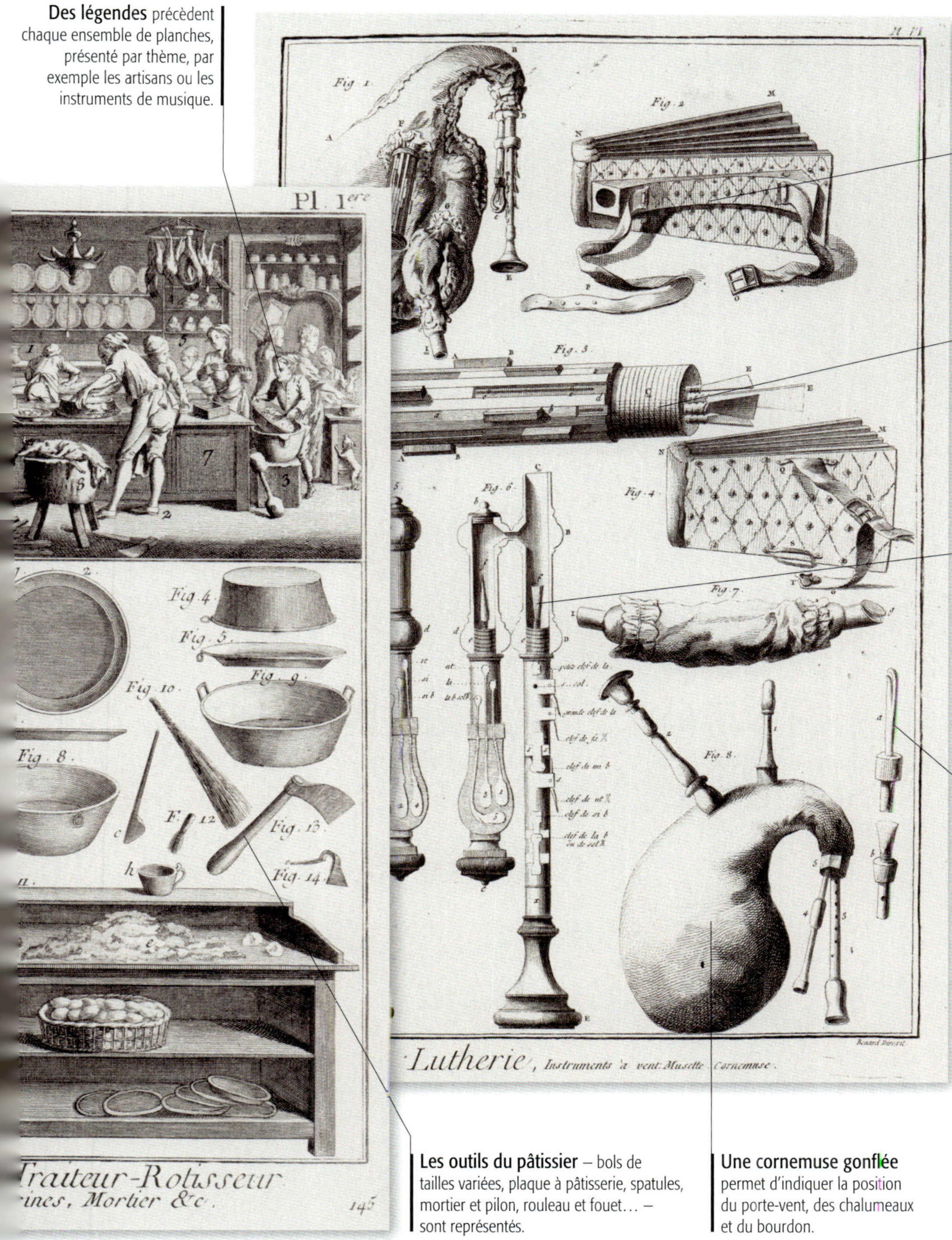

Des légendes précèdent chaque ensemble de planches, présenté par thème, par exemple les artisans ou les instruments de musique.

Le soufflet, instrument ancien, permet de produire des sons en chassant l'air dans un chalumeau.

Le cylindre à quatre bourdons s'adaptait sur la musette de cour, une des premières cornemuses, représentée au-dessus. Des layettes fermaient les bourdons.

Le chalumeau, ou hautbois, se fixait à l'extrémité inférieure de la musette. Avec trois clés et sept trous, il couvrait une octave. Pour chaque trou figure la note correspondante.

D'autres embouchures pour cornemuse sont illustrées. Les éditeurs voulaient que les illustrations soient les plus exhaustives.

Les outils du pâtissier – bols de tailles variées, plaque à pâtisserie, spatules, mortier et pilon, rouleau et fouet… – sont représentés.

Une cornemuse gonflée permet d'indiquer la position du porte-vent, des chalumeaux et du bourdon.

APRÈS

Les Lumières suscitèrent des changements radicaux autant que des critiques croissantes.

RÉVOLUTIONS
Les revendications grandissantes pour une représentation politique du peuple débouchèrent sur les Révolutions française et américaine. Les Pères fondateurs, aux États-Unis, intégrèrent nombre des idées de Montesquieu, notamment la séparation des pouvoirs, dans la constitution américaine **298-299 »**. En France, les guerres révolutionnaires et la « Terreur » **302-303 »** mirent à mal l'optimisme des Lumières.

CONTRECOUP ROMANTIQUE
Dans la seconde moitié du XVIIIe siècle, le culte de la Raison s'était si bien imposé que peu osaient le mettre en question. Mais, au XIXe siècle, le romantisme **338-339 »** donna la primauté à l'émotion, à l'imagination et à l'amour de la nature sur la raison et le progrès industriel.

MODERNITÉ ÉCLAIRÉE
Après la Seconde Guerre mondiale **392-403 »**, l'Organisation des Nations unies fut fondée, en 1949, pour résoudre les conflits internationaux, promouvant l'idée des Lumières d'une **citoyenneté universelle**. L'intérêt égoïste des États prévaut néanmoins toujours.

NATIONS UNIES

« Le consentement du **peuple** est l'**unique fondement** de l'autorité d'un gouvernement. »

JEAN-JACQUES ROUSSEAU, *LE CONTRAT SOCIAL*, 1762

le genre dans son *Candide* (1759), dénonçant l'hypocrisie des institutions et des comportements à la faveur des aventures d'un jeune homme naïf découvrant le monde.

L'une des cibles favorites des philosophes des Lumières était sans conteste l'Église, considérée comme l'un des principaux obstacles au progrès. L'État, soutenaient-ils, ne pouvait être « éclairé » que si la politique et la religion étaient séparées. Pour beaucoup, toutefois, cette dernière était nécessaire au maintien de l'ordre social. À travers l'Europe fleurirent les loges maçonniques, où se réunissaient les adeptes du « culte de la Raison ». L'absolutisme royal était une autre cible. Les conflits étaient fréquents entre le roi et ses ministres et les assemblées législatives – par ailleurs dominées par l'aristocratie. En 1748, Montesquieu proposait dans *L'Esprit des Lois* de limiter l'arbitraire royal par la séparation entre pouvoirs exécutif, législatif et judiciaire. L'ouvrage eut un écho considérable.

La raison et l'approche scientifique qu'elle justifiait trouvèrent à s'appliquer à bien d'autres sujets. Tandis que l'Écossais Adam Smith fondait, avec *Recherches sur la nature et les causes de la richesse des nations*, la science économique moderne, Emmanuel Kant, dans sa *Critique de la raison pure* (1781), définissait une méthode de raisonnement philosophique et d'analyse du processus même de pensée.

IDÉES

LE DESPOTISME ÉCLAIRÉ

Les idées des philosophes des Lumières influencèrent quelques dirigeants européens, dont Marie-Thérèse d'Autriche, Catherine II de Russie et Frédéric II de Prusse (ci-contre), qui eut brièvement pour conseiller Voltaire. Frédéric se voulait « le premier serviteur de l'État ». Il réforma l'administration et la justice, limita les privilèges de la noblesse, abolit la torture, créa un système d'instruction publique et favorisa le développement de l'industrie mais ne remit pas en cause la structure du pouvoir politique ni le servage, que Charles Frédéric Ier de Bade abolit dans ses États, en 1783.

AVANT

Des décennies de guerre en Europe favorisèrent l'innovation en matière de tactique et de techniques militaires, bien que l'armement ait suivi beaucoup plus lentement.

PRÊT À COMBATTRE

La guerre de Trente Ans (1618-1648) « 262-263 mit **toute l'Europe sur le pied de guerre**. Tandis que les commandants des opérations mettaient en œuvre des tactiques innovantes, manuels d'entraînement, cartes et longues-vues étaient plus largement employés. Mais l'idée d'une **armée permanente**, comme élément de la machine étatique, était encore dans l'enfance.

TECHNOLOGIE MILITAIRE

Bien que la poudre à canon eût été développée quatre cents ans auparavant « 162-163, elle demeurait très volatile et susceptible d'exploser à tout moment. Les **pièces d'artillerie en bronze et en cuivre** comme les munitions étaient loin d'être standardisées et leur perfectionnement était lent. Les canons, de taille très variable, étaient classés en fonction de la taille des boulets. Les **canons géants**, ou bombardes, pesaient jusqu'à 4,5 tonnes et lançaient un boulet en fer à près d'1 km. Ils étaient surtout utiles contre les fortifications.

Bataille de lanciers
Les charges de cavalerie appuyées par une artillerie standardisée devinrent la règle. Elles étaient plus efficaces, dans le cadre d'une offensive soutenue, que les manœuvres groupées des lanciers, représentées ici.

Au XVIIe siècle, l'Europe se transforma en un champ de bataille quasi permanent : il s'y déroula plus de batailles qu'en tout autre temps ou tout autre lieu. Qu'une querelle survînt, la guerre constituait le moyen de la résoudre ; la diplomatie n'entrait en jeu qu'à l'heure de rédiger les traités de paix.

À partir de la seconde moitié du XVIIe siècle, le commerce supplanta les conflits dynastiques et religieux comme motif d'affrontement. Les États entendaient tirer parti de leurs positions coloniales et de leur puissance maritime, établissant des monopoles qu'ils protégeaient farouchement.

Entre 1652 et 1674, l'Angleterre et les Provinces-Unies, des anciens alliés, se livrèrent ainsi trois guerres ayant pour enjeu le contrôle des mers et du commerce avec les colonies. La France et le Danemark intervinrent à plusieurs reprises dans ces conflits.

Le déclencheur en fut l'adoption, en 1651, d'une loi anglaise sur la navigation interdisant à tout navire étranger de transporter des biens en Angleterre : elle établissait de fait un monopole sur le commerce avec les ports du royaume. Or les Néerlandais assuraient une part importante de ce dernier et en tiraient de tels profits qu'ils étaient prêts à combattre pour les défendre. En 1667, le traité de Breda, qui mit fin à la seconde guerre anglo-néerlandaise, réglait – provisoirement – les questions commerciales aussi bien que la répartition des possessions outre-mer. Dix-neuf ans plus tôt, les traités de Westphalie, concluant la guerre de Trente Ans (voir p. 262-263),

Maîtres de guerre

À peine sortie des guerres de religion, l'Europe du XVIIe siècle plongea dans des conflits commerciaux, affectant le continent comme les colonies. Les avancées tactiques précédèrent les progrès de l'artillerie.

Impasse
La bataille de Quatre Jours opposa, du 11 au 14 juin 1666, une flotte anglaise de 56 navires commandée par le duc d'Albermarle à 84 bâtiments néerlandais sous les ordres du grand amiral Michiel de Ruyter. Coûteuse, elle fut célébrée comme une victoire dans les deux camps, sans être décisive pour aucun.

ROI DE SUÈDE (1594-1632)

GUSTAVE II ADOLPHE

Monté sur le trône de Suède en 1611, Gustave II Adolphe est considéré comme le père de la tactique militaire moderne. Il promut une artillerie plus légère et standardisée et le recours à des tactiques offensives. Pour mettre en œuvre cette vision, il lui fallait des troupes bien entraînées et disciplinées, et il s'assura que ses soldats aient une solde régulière, d'autant qu'il souhaitait mettre fin aux pillages. Ses innovations dans le déploiement des régiments comme dans les combinaisons tactiques contribuèrent à l'augmentation constante de la taille des armées européennes. À sa mort, au cours de la bataille de Lützen, la Suède était une grande puissance.

Mousquet à silex
Ce mousquet à silex de 1741 préfigurait le fusil. Plus maniable et plus précis que les anciens mousquets à mèche, il était équipé d'une baïonnette à douille.

« Le chef-d'œuvre d'un général victorieux est d'**affamer son ennemi**. »

ATTRIBUÉ À FRÉDERIC II DE PRUSSE

alors même qu'ils couvraient de nombreuses questions, ne disaient presque rien des affaires coloniales, ce qui tend à démontrer combien celles-ci avaient pris rapidement de l'importance.

Sur le pied de guerre

La fréquence des guerres impliquait que les États aient à leur disposition des armées et des marines bien équipées. Les forces armées devinrent un élément de la formation des nations, leur entretien renforçant par ailleurs la tendance à une administration centralisée. Les Provinces-Unies surent ainsi mobiliser l'administration et les finances de l'État au service de la guerre, laquelle visait à renforcer la puissance de cet État.

La géographie politique de l'Europe s'étant stabilisée, les armées permanentes, constituées de troupes entraînées, mieux ravitaillées et organisées de manière plus uniforme, qui ne se débandaient pas chaque hiver, devinrent peu à peu la norme. Les jours des capitaines mercenaires, levant des armées privées et louant leurs services, étaient comptés. Dès les années 1690, la France, affrontant une coalition européenne, pouvait mobiliser jusqu'à 340 000 hommes. Même en temps de paix, son armée comptait 150 000 hommes, contre 55 000 dans les années 1660. Au XVIIIe siècle, l'État prussien pouvait aligner 185 000 hommes, sur une population de seulement 5 millions. L'art de la guerre gagnait en maturité, avec des améliorations décisives en matière de stratégie, de tactique de siège, de topographie et de balistique. Les perfectionnements concernèrent également les armes et les munitions, tandis que la logistique devenait presque une science. Dans le même temps, on passait de la guerre défensive à la guerre offensive

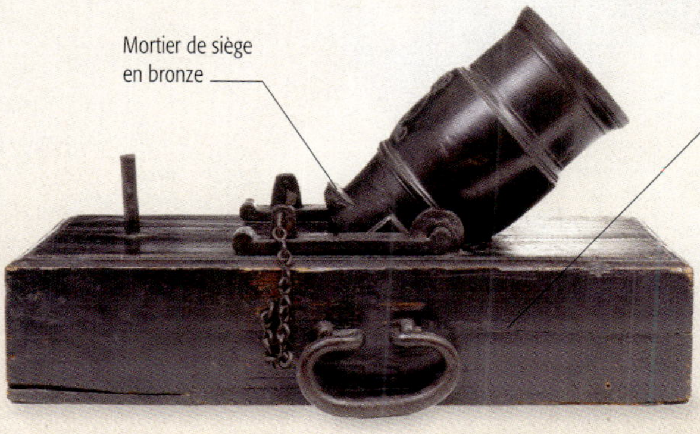

Premier mortier
Mis au point au XVIIe siècle par l'ingénieur militaire néerlandais Coehorn, le mortier du même nom, utilisé contre les fortifications, lançait des grenades selon un angle de 45°.

APRÈS

La puissance militaire européenne gagna en sophistication et élargit son champ, « s'exportant » dans le monde.

LES GUERRES NAPOLÉONIENNES
La guerre se modernisa encore pendant la période napoléonienne **306-307 »** avec la **création d'écoles militaires**. Pendant les guerres qu'il conduisit (1799-1815), Napoléon Bonaparte introduisit une nouvelle méthode consistant à concentrer l'artillerie en un point spécifique, ce qui lui assura des victoires spectaculaires.

PREMIÈRE ARMÉE PROFESSIONNELLE
L'armée russe fut la première en Europe dont **tous les hommes portaient l'uniforme** et où les soldats étaient décorés pour leur bravoure (un fait quasi inconnu ailleurs). Les troupes étaient recrutées et payées par l'État : jusqu'en 1793, les conscrits paysans servaient à vie.

LA GUERRE DE SEPT ANS
La guerre de Sept Ans **296-297 »** impliqua pour la première fois puissances européennes et colonies américaines. Elle est considérée comme le premier conflit véritablement planétaire de l'Histoire.

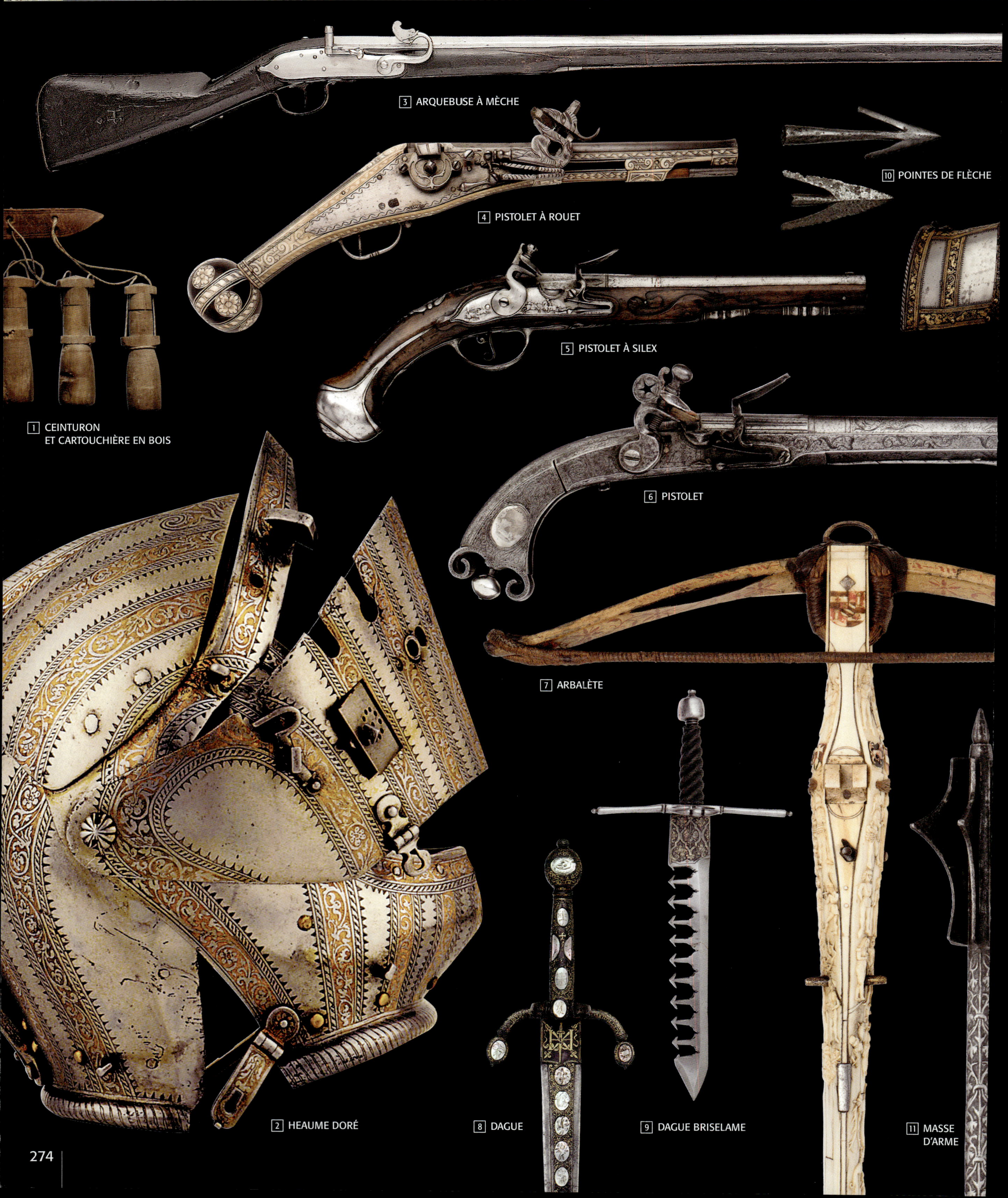

1 CEINTURON ET CARTOUCHIÈRE EN BOIS

2 HEAUME DORÉ

3 ARQUEBUSE À MÈCHE

4 PISTOLET À ROUET

5 PISTOLET À SILEX

6 PISTOLET

7 ARBALÈTE

8 DAGUE

9 DAGUE BRISELAME

10 POINTES DE FLÈCHE

11 MASSE D'ARME

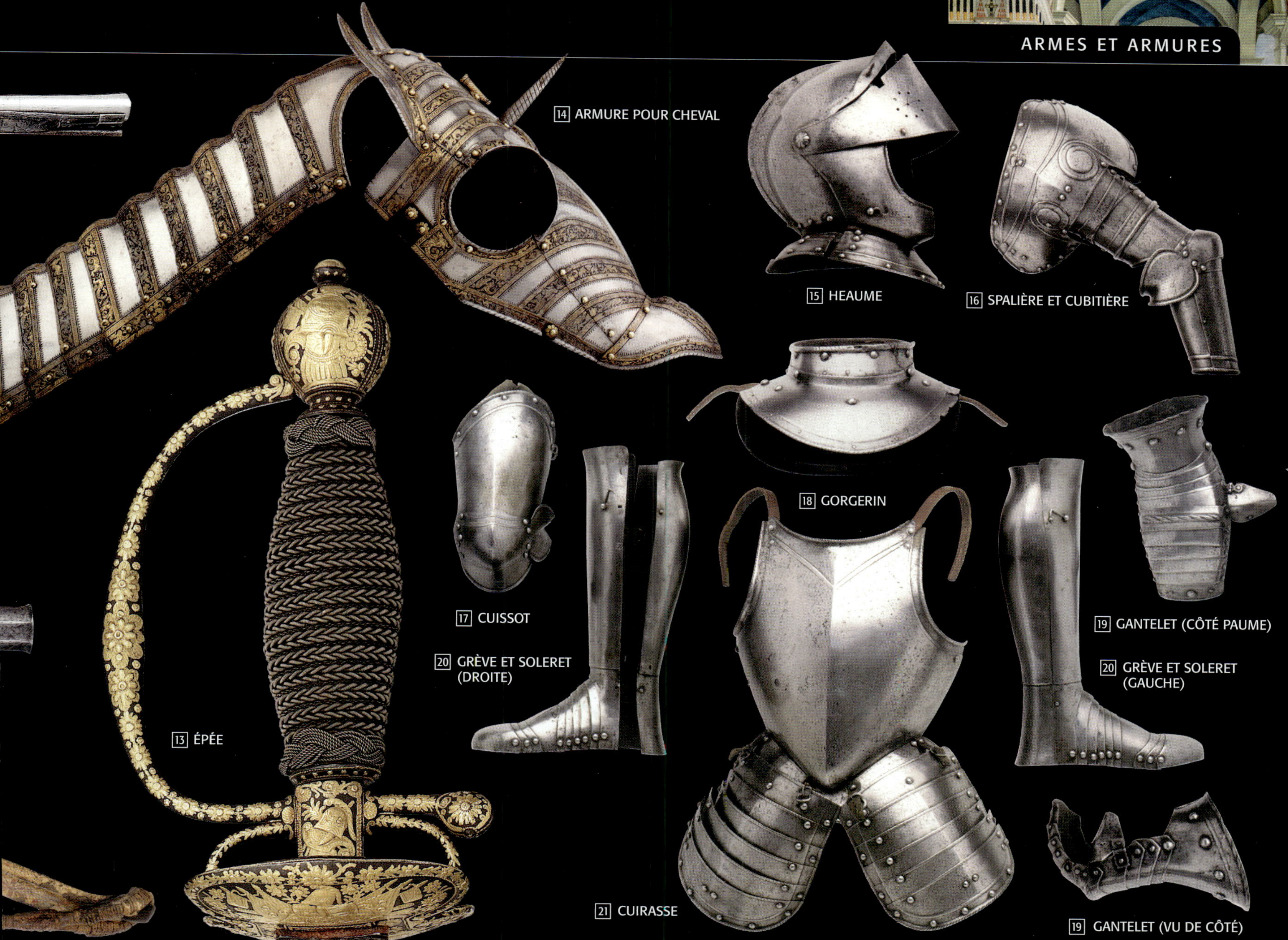

14 ARMURE POUR CHEVAL

15 HEAUME

16 SPALIÈRE ET CUBITIÈRE

18 GORGERIN

17 CUISSOT

19 GANTELET (CÔTÉ PAUME)

20 GRÈVE ET SOLERET (DROITE)

20 GRÈVE ET SOLERET (GAUCHE)

13 ÉPÉE

21 CUIRASSE

19 GANTELET (VU DE CÔTÉ)

12 ÉPÉE DE CHASSE

Armes et armures

L'amélioration de l'armement accompagna le développement d'armées mieux organisées. Les armures se firent plus légères et plus souples ; l'utilisation des armes à feu devint plus systématique. Ces armes étaient encore souvent ornementées.

1 **Ceinturon et cartouchière en bois** ; les mousquetaires portaient à leur ceinture ces « cartouches » contenant des mesures de poudre. 2 **Heaume italien** avec visière, ornementé, v. 1570. Ce type de casque était porté dans les tournois. 3 **Arquebuse à mèche anglaise** du XVIIe siècle. 4 **Pistolet à rouet allemand,** 1590. 5 **Pistolet à silex néerlandais,** v. 1700, fabriqué par l'armurier flamand Guillame Henoul. 6 **Pistolet écossais,** v. 1750, fabrication en acier de Thomas Cadell de Doune. 7 **Arbalète de chasse européenne,** v. 1460. 8 **Dague ornée** offerte au roi Henri IV par la ville de Paris, en 1600, à l'occasion de son mariage avec Marie de Médicis. 9 **Dague briselame italienne,** v. 1660. Les crans ménagés sur la lame en acier étaient conçus pour accrocher l'épée de l'adversaire et la lui faire lâcher ou en briser la lame. 10 **Pointes de flèche barbelées** v. 1500, sans doute utilisées pour la chasse plutôt que pour la guerre. 11 **Masse d'arme en acier** à sept ailettes, typique de ce type d'arme au XVIe siècle. 12 **Épée de chasse anglaise,** v. 1640. Le pommeau en acier est incrusté d'argent. 13 **Épée française,** v. 1720, en argent avec ornements en or. 14 **Armure pour cheval italienne,** conçue pour protéger la tête et l'encolure à la bataille. 15 **Heaume avec visière mobile,** pièce d'armure italienne, du milieu du XVIe siècle. Bien que faites de plaques métalliques, de telles armures, protégeant des pieds à la tête, étaient en fait très légères et souples. 16 **Spalière et cubitière,** protégeant épaule et coude. 17 **Le cuissot** était fixé à la jambière ; il protégeait la cuisse et le genou. 18 **Le gorgerin** couvrait la nuque et faisait le lien entre le heaume et la cuirasse. 19 **Gantelet** fait de petites plaques souples, protégeant main et poignet. 20 **La grève** protégeait le mollet, le **soleret** couvrait le pied. 21 **La cuirasse** recouvrait le torse ; elle comprenait un plastron protégeant la poitrine et un dosseret pour le dos, assemblés par des brides en cuir.

L'essor du capitalisme

À partir du XVe siècle, le capitalisme – la recherche du profit par l'investissement et le commerce – devint une force majeure de l'histoire européenne. La fondation d'empires coloniaux, associée à la création de centres marchands et financiers, alimenta un nouvel essor du commerce international.

La découverte des Amériques (voir p. 228-229) et le développement de navires océaniques (voir p. 224-225) ouvrirent l'ère du capitalisme moderne. En effet, ils offraient à l'investissement des perspectives de profits énormes, du fait de la rareté des produits échangés. La valeur des marchandises importées d'Orient était telle, en Europe, que leur vente couvrait plusieurs fois les dépenses des voyages.

Le retour sur investissement se révélait certes élevé, mais les risques ne l'étaient pas moins. Les navires étaient souvent victimes de tempêtes, de récifs et de pirates : le fruit de plusieurs mois de production et de négoce se perdait alors en un instant. Les sommes investies dans les navires eux-mêmes, leur gréement, leur armement, les frais d'équipage, les réparations ainsi que l'acquisition de cargaisons pour l'exportation, étaient colossaux. D'importantes sommes d'argent se trouvaient immobilisées sur de longues périodes, avant que pût être réalisé un quelconque profit. L'afflux en Europe d'une denrée donnée pouvait faire s'effondrer les prix. Il fallait donc convaincre un grand nombre de spéculateurs de partager les risques.

Le café d'Edward Lloyd
Au café de Lloyd à Londres, les armateurs discutaient des voyages avec les souscripteurs qui, moyennant une prime, assuraient les premiers contre la perte de leur cargaison.

Le capitalisme marchand

La nécessité de sécuriser les investissements suscita la création de sociétés par actions. Les investisseurs entraient dans ces sociétés en achetant des actions. Un investisseur pouvait toujours vendre les actions qu'il détenait au prix sur lequel vendeur et acheteur s'accordaient, mais le système garantissait le maintien du capital global de la société. La compagnie de Moscovie, créée en 1555 en Angleterre, fut la première société par actions ; la Compagnie néerlandaise des Indes orientales fut la plus célèbre. Fondée en 1602 par les États généraux des Provinces-Unies, elle regroupait six chambres provinciales, chacune disposant de son propre capital et recevant sa part des dividendes. Ces chambres nommaient dix-sept directeurs généraux. Ce Conseil des Dix-Sept contrôlait l'administration des possessions des Indes orientales, la promotion des articles importés à Amsterdam ainsi que l'affrètement des navires.

La Banque d'Angleterre, créée par une charte royale en 1694, fut aussi organisée initialement selon le modèle de la société par actions : il s'agissait de lever des fonds pour financer les guerres commerciales contre la France. Aucune autre banque de ce type ne fut autorisée en Grande-Bretagne jusqu'en 1826.

Parmi les autres compagnies figuraient la Compagnie anglaise des Indes orientales (1600), la Companhia geral do Brasil (1649), la Compagnie de Chine (1660), la Compagnie française des Indes orientales (1664), la Compagnie du Sénégal (1673), la Compagnie néerlandaise des Indes occidentales, la Compagnie de la baie d'Hudson (1670) et la Compagnie des mers du Sud (1711) – leur nom révélant l'objet de ces entreprises.

Le pivot du capitalisme

Innovation cruciale, la société par actions, accumulant du capital et se constituant un marché dynamique au fil du temps, jouit d'une longévité et d'une indépendance plus grandes que d'autres types d'entreprises. En échange de l'attribution d'un monopole commercial à l'étranger et de la dévolution d'autorité pour la négociation avec les dirigeants d'Inde et d'Asie, elle assurait la défense des mers, protégeant son commerce,

Manuel du marchand néerlandais
Présentant les pièces en circulation, ce manuel du XVIe siècle aidait les marchands dans leur négoce.

AVANT

Au Moyen Âge, la condamnation par l'Église de l'usure fit obstacle au développement du capitalisme financier. Le protestantisme acceptant la pratique du prêt à intérêt, celle-ci se répandit rapidement dans les pays protestants au XVIe siècle.

PREMIERS BANQUIERS EUROPÉENS

Au XIIe siècle, à Gênes et Venise, grandes cités marchandes de l'Italie, apparurent les **premiers banquiers « 208-209**, les lettres de change, précurseurs du billet de banque, et la comptabilité à double entrée, fondement de la banque et de la comptabilité modernes. Les Génois avaient aidé à financer les croisades **« 200-201** et tiraient profit de lucratifs droits commerciaux et de contrats de navigation avec le Moyen-Orient. Leurs navires introduisirent la **peste bubonique** en Europe **« 186-187**.

« … la liberté de commerce se fonde sur un **droit primitif** des Nations… »

HUGO GROTIUS, *LE DROIT DE PRISE*, 1604

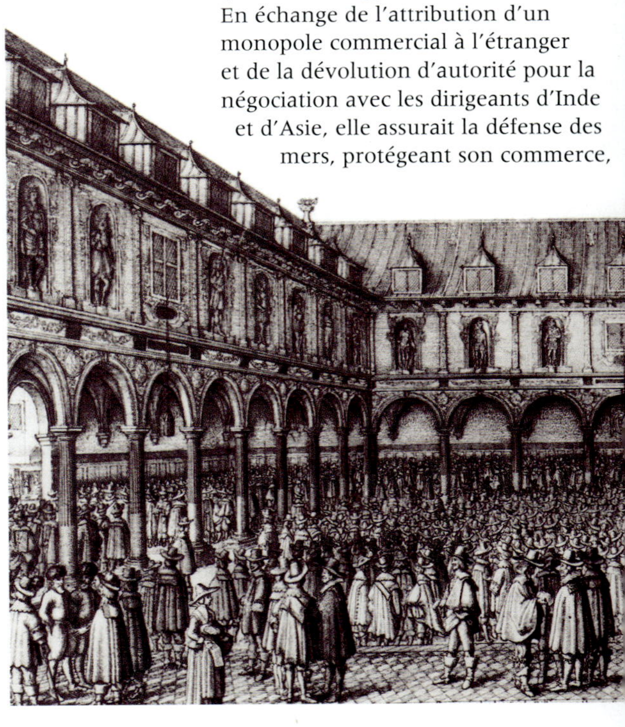

Royal Exchange de Londres
Marchand londonien, fournisseur de tapisseries à la cour d'Henri VIII, Richard Gresham avait visité le centre marchand d'Anvers. Conscient de l'importance des liens commerciaux qui s'y établissaient, il prôna l'établissement d'un centre similaire à Londres. En 1565, son fils Thomas fit construire le Royal Exchange, ci-contre.

Papier-monnaie britannique
Sur les premiers billets de banque émis par la Banque d'Angleterre, vers 1695, figurait l'image de Britannia.

Nouveaux services bancaires
Ancêtre du chèque, ce billet à ordre manuscrit d'un montant de 70 £ date de 1725. Au XVIIIe siècle, de nombreux services financiers offerts par les banques l'étaient aussi par les clercs autorisés, les marchands et les orfèvres.

«Hormis moi-même, il n'en est pas un à Amsterdam qui ne soit **impliqué dans le commerce.**» RENÉ DESCARTES, v. 1600

Papier-monnaie pontifical
La Banque du Saint-Esprit, fondée à Rome en 1605 par le pape Paul V, fut la première banque d'État européenne. Le billet ci-dessus fut émis dans les États pontificaux en 1786, sous Pie VI.

ses manufactures et plantations au moyen de ses propres flotte et armée. De fait, elle faisait, dans sa zone de domination, la guerre et la paix.

Bientôt apparurent des courtiers spécialisés réglant les transactions entre vendeurs et acheteurs d'actions, moyennant leur part. À Londres, comme ils avaient été expulsés du Royal Exchange en raison de leur chahut, ils prirent l'habitude de se réunir dans les rues et les cafés environnants. Le premier café avait ouvert, dans la capitale anglaise, en 1652 (le café étant alors un breuvage à la mode autant qu'une marchandise de grande valeur). Marchands, courtiers, propriétaires de navires et capitaines se réunissaient ainsi dans le café d'Edward Lloyd pour discuter des investissements et des assurances concernant les voyages projetés. Au café Jonathan's, dans Change Alley, les courtiers négociaient avec les investisseurs l'achat et la vente de parts dans les sociétés par actions et dans les projets commerciaux. De leurs réunions émergea l'idée d'établir des listes de prix des actions et de publier les informations sur les départs des navires.

En 1698, John Castaing entamait la publication d'une lettre d'information bihebdomadaire recensant le prix des actions et des marchandises. Vendu au Jonathan's, *The Course of the Exchange and other things* constitue la première preuve écrite de l'existence d'un marché organisé des actions à Londres. Plus tard fut publié le *Lloyd's Register of Shipping* (voir p. 238-239) et le célèbre marché de l'assurance britannique, la Lloyd's of London, fut établi.

La Bourse est née

Au début du XVIe siècle, Anvers, où existait depuis le XIVe siècle une Bourse du commerce, consacrée aux échanges de marchandises mais aussi aux participations dans les voyages commerciaux, devint la plus importante Bourse de valeurs. S'y négociaient achat et vente d'actions, affrètement des navires et assurance des cargaisons. Dès lors, la Bourse devint le symbole du capitalisme et d'une économie en expansion. Après la prise de la ville par Philippe II, en 1585, Amsterdam prit le relais.

Les Néerlandais formalisèrent le concept de Bourse en faisant construire, en 1592, le premier bâtiment dédié aux échanges de valeurs. La ville conforta son statut de grande place financière avec la création, en 1609, de la Banque d'Amsterdam, sous contrôle de la municipalité. Elle devait préserver cette position jusqu'à la révolution industrielle (voir p. 292-295).

APRÈS »

L'essor d'une économie planétaire entraîna la privatisation croissante des institutions financières ; monarques et gouvernements perdirent la maîtrise de l'économie.

DES CAPITAINES D'INDUSTRIE
Dans ses *Recherches sur la nature et les causes de la richesse des nations* (1776), Adam Smith prônait le développement massif de la banque. La **révolution industrielle** **292-295 »** favorisa un nouveau système de détention du capital, qui réduisit l'intervention de l'État dans les affaires économiques. Les capitaines d'industrie étaient nés.

LLOYD'S OF LONDON
Le vaste atrium du bâtiment de la Lloyd's, à Londres, abrite la cloche retrouvée sur la frégate *La Lutine,* qui sombra en 1799 avec tout son équipage et une cargaison d'or. Elle sonne dès qu'une catastrophe touche un souscripteur. L'histoire de la Lloyd's remonte au café du même nom, ouvert dans Tower Street en 1688.

LA CLOCHE DE *LA LUTINE,* DANS LE BÂTIMENT DE LA LLOYD'S.

ROI DE FRANCE Né en 1638 Mort en 1715

Louis XIV

« L'**État**, c'est **moi**. »

LOUIS XIV, ROI DE FRANCE

Louis XIV n'avait que quatre ans lorsque, en 1643, il succéda à son père, Louis XIII, sur le trône de France. Sous la régence de sa mère, Anne d'Autriche, le gouvernement de la France fut de fait assuré par le cardinal Mazarin, principal ministre. En 1661, quand Mazarin mourut, tous s'attendaient à la nomination d'un successeur. Or, le jeune roi, âgé de 23 ans, annonça son intention de gouverner lui-même. Il allait, dès lors, régner en monarque absolu (voir encadré).

De coûteuses guerres

Louis XIV fut presque constamment en guerre. En 1667, il attaquait les Pays-Bas espagnols, dont il revendiquait la plus grande partie au nom de son épouse, la reine Marie-Thérèse. Cinq ans plus tard, ayant obtenu la neutralité de l'Angleterre, il envahissait les Provinces-Unies, dont il entendait réduire la puissance commerciale. Ces campagnes permirent de repousser les frontières du royaume mais dressèrent contre la France la plupart des grands États européens. La révocation de l'édit de Nantes (voir p. 258-259), en 1685, et les sanglantes dragonnades menées contre les huguenots français eurent aussi leur part dans la grande coalition réunissant les nations protestantes, dont les Provinces-Unies, l'Angleterre – désormais dirigée par Guillaume d'Orange –, le Saint Empire et l'Espagne catholiques. La guerre de la ligue d'Augsbourg, commencée en 1688, dura neuf ans. Suivirent trois années de paix, jusqu'à ce que la mort du roi d'Espagne, en 1700, ravive les tensions et débouche sur la guerre de la Succession d'Espagne. Pour financer ses incessantes campagnes militaires, Louis XIV s'en remettait à Jean-Baptiste Colbert, en charge de la politique économique et des finances du royaume. Colbert réorganisa le système de collecte des impôts, bâtit une industrie nationale, sous le contrôle de l'État, et fit ce qu'il put pour développer la puissance

Portrait du Roi-Soleil
Ce portrait d'apparat de Louis XIV, dû à Hyacinthe Rigaud, est fidèle aux descriptions données par les contemporains du roi. Tous témoignèrent que, malgré un nez fort, celui-ci avait du charme, des yeux perçants et le teint frais.

Généalogie royale
Louis XIV était membre d'une des plus puissantes maisons royales d'Europe, la maison des Bourbons. Sa mère, Anne d'Autriche, appartenait à une autre des grandes dynasties de l'époque : celle des Habsbourg.

Le château de Versailles
Une fois fixée à Versailles, la cour de Louis XIV attira tous les talents du royaume et devint le symbole du prestige culturel et politique de la France.

Le théâtre
Madeleine Béjart était la figure féminine dominante de la troupe de Molière, génie français de la comédie dont les pièces divertissaient Louis XIV et sa cour, avant qu'il ne perde la faveur du roi.

navale française. Mais il était impuissant à combler le déficit, creusé encore par les fastes de Versailles.

La cour du Roi-Soleil

Versailles n'était à l'origine qu'un pavillon de chasse que Louis XIII, qui aimait à y séjourner, avait fait agrandir une première fois. Dès le début de son règne personnel, Louis XIV décida de transformer le modeste château en un palais munificent. Derrière ce projet grandiose, il y avait la volonté de s'éloigner de la frondeuse Paris. Mieux, en fixant la cour et le gouvernement à Versailles, en 1682, Louis XIV en fit le lieu où convergeait tout le pouvoir : contre un peu d'influence en ce lieu et quelques gratifications, la noblesse pouvait être aisément convaincue de céder de son propre pouvoir dans les provinces. Versailles fut entièrement dédié à la glorification du Roi-Soleil. Louis XIV entendait être le grand mécène des arts, pourvu que les artistes donnent de lui une image digne de sa grandeur et se soumettent aux contrôles divers exercés par les académies royales.

Au cœur du château royal qui, à l'apogée de la cour, abritait jusqu'à 10 000 personnes, se trouvaient les appartements de Louis, de la reine Marie-Thérèse, ainsi que ceux de la favorite du moment. Celle-ci recevait les honneurs des courtisans, et les enfants résultant de son union avec le roi étaient reconnus par celui-ci et éduqués comme il se doit.

Le Roi-Soleil mourut en son palais à l'âge de 77 ans, dans la cinquante-sixième année de son règne personnel. Ses dernières années furent assombries par les défaites militaires dans la guerre de la Succession d'Espagne et par l'effondrement de l'économie nationale ; elles furent aussi marquées par les décès, en l'espace de quelques mois, du grand dauphin, fils et successeur désigné de Louis XIV, du premier de ses petits-fils et du premier de ses arrière-petits-fils. Le royaume revint au seul héritier légitime survivant, un arrière-petit-fils âgé de 5 ans seulement, Louis XV.

Emblème solaire
Cet emblème solaire en bois doré orne les murs de Versailles. Le motif du Soleil fut constamment associé au règne de Louis XIV, le « Grand Siècle » français.

IDÉES

LA MONARCHIE ABSOLUE

Dès son couronnement (ci-contre), Louis XIV affirma son droit divin à régner sur la France en monarque absolu, ce qui l'autorisait à gouverner sans consulter le Parlement ni les grands nobles. Doué d'un dynamisme et d'une confiance en soi extraordinaires, attaché à l'ordre, il sut s'entourer de talentueux ministres. Il unifia le royaume, modernisa et agrandit l'État français, dont l'autorité devait s'affirmer à travers la sienne. Les monarques d'Europe enviaient sa puissance autant que son château de Versailles, dont la magnificence fut imitée sur tout le continent.

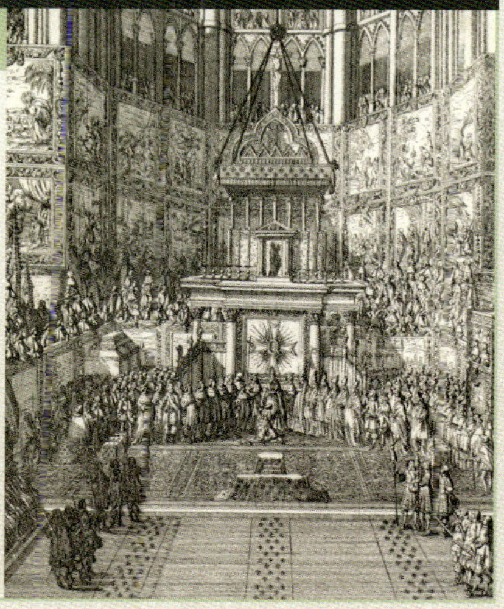

CHRONOLOGIE

- **1638** Naissance de Louis, premier-né tant espéré d'Anne d'Autriche et de Louis XIII de France
- **1643** Mort de Louis XIII ; Anne d'Autriche assure la régence, avec Mazarin pour principal ministre.
- **1648-1653** La Fronde plonge la France dans la guerre civile.
- **1648** Les traités de Westphalie mettent fin à la guerre de Trente Ans (voir p. 262-263).
- **1659** Le Traité des Pyrénées scelle la paix avec l'Espagne ; il prévoit le mariage de Louis XIV et de Marie-Thérèse d'Autriche, infante d'Espagne.

LE MARIAGE DE LOUIS XIV

- **9 juin 1660** Mariage avec Marie-Thérèse
- **1661** Mort du cardinal Mazarin ; Louise de la Vallière devient la maîtresse du roi ; début du règne personnel de Louis XIV ; naissance de son premier fils, Louis, le Grand Dauphin
- **1666** Mort d'Anne d'Autriche ; naissance, à l'initiative de Colbert, de l'Académie des sciences
- **1668** Par le traité d'Aix-la-Chapelle, la France enlève aux Pays-Bas espagnols Lille, Armentières et Douai.
- **1672-1678** Guerre entre la France, alliée à l'Angleterre et à la Suède, et les Provinces-Unies, alliées au Saint Empire, au Brandebourg et à l'Espagne
- **1682** La cour s'installe au château de Versailles, à 19 km à l'ouest de Paris : naissance de Louis, duc de Bourgogne, premier petit-fils de Louis XIV
- **1683** Après la mort de Marie-Thérèse, Louis XIV épouse en secret Mme de Maintenon, sa favorite depuis plusieurs années.
- **1685** Louis XIV révoque l'édit de Nantes, mettant fin à la liberté de culte accordée aux huguenots français, dont plusieurs centaines de milliers quitteront la France. Cette politique poussera les puissances protestantes – États allemands, Provinces-Unies et Suède – à rejoindre la ligue d'Augsbourg formée contre la France.
- **1689** Guillaume d'Orange, désormais roi d'Angleterre, prend la tête de la ligue d'Augsbourg.
- **1700** Charles II d'Espagne (demi-frère de Marie-Thérèse, l'épouse défunte du roi de France) meurt sans héritier. Il lègue le trône à Philippe d'Anjou, petit-fils de Louis XIV, qui devient Philippe V d'Espagne.
- **1701-1713** L'ouverture de l'empire colonial espagnol au commerce français déclenche la guerre de la Succession d'Espagne, motivée plus profondément par la politique expansionniste de Louis XIV. Les traités d'Utrecht, signés en 1713, maintenaient Philippe V sur le trône d'Espagne mais enlevaient à celle-ci toutes ses possessions européennes.
- **1711-1712** Décès du fils aîné de Louis XIV (le Grand Dauphin), de l'aîné de ses petits-fils (le duc de Bourgogne) et de l'aîné de ses arrière-petits-fils
- **1715** Louis XIV meurt à Versailles : le dernier de ses descendants légitimes encore vivant, son arrière-petit-fils, lui succède sous le nom de Louis XV.

« AVANT

Les Européens commencèrent à se livrer au commerce d'esclaves africains vers 1450, les Portugais déportant les Africains capturés sur le continent vers leurs plantations de sucre insulaires.

CANNE À SUCRE

LES PLANTATIONS DE SUCRE

La première plantation de canne à sucre fut établie par les Portugais sur l'**île de Madère**, au nord-ouest de la côte africaine, en 1452. Les **Africains contraints au travail forcé** étaient d'abord kidnappés, puis, en 1458, un accord fut conclu avec des chefs africains pour l'**achat d'esclaves**. Jusqu'au tournant du XVIe siècle, 90 % des 140 000 esclaves déportés du continent africain furent vendus aux planteurs des îles d'Afrique de l'Ouest (Canaries, Madère, São Tomé et Cap-Vert). Les autres furent envoyés aux Amériques.

La traite des Noirs

Le trafic européen d'esclaves africains, amorcé au milieu du XVe siècle, atteignit son apogée au XVIIIe siècle. Au total, plus de 10 millions d'êtres humains furent capturés et déportés vers les plantations de canne à sucre, de coton et de tabac des Amériques.

Si la main-d'œuvre forcée africaine fut aussi employée dans les mines ou à la production du café, du cacao, de l'indigo, du coton et du tabac, ce fut la faim de sucre de l'Europe qui poussa ses marchands à aller chercher des esclaves en Afrique. Suédois, Danois, Français, Britanniques, Néerlandais et Portugais établirent une trentaine de forts négriers sur la côte ouest-africaine ainsi qu'une série de ports d'embarquement des esclaves dispersés sur plus de 3 200 km, du fleuve Sénégal, au nord, à l'Angola, au sud, en passant par le Dahomey (Bénin).

L'esclavage en Afrique

Avant l'arrivée des négriers européens, l'esclavage faisait déjà partie du fonctionnement de la société et de l'économie africaines – posséder des esclaves était plus courant que posséder de la terre. Ainsi, les femmes et les enfants dont les maris et les pères avaient été tués à la guerre se voyaient en général réduits en servitude ; ils entraient dans la famille étendue d'un chef tribal. Le commerce des esclaves était également bien établi en Afrique de l'Est, d'où partaient des caravanes négrières vers le nord, à travers le Sahara, et des navires vers l'Arabie, le Moyen-Orient et l'Inde, sous le contrôle de marchands arabes et ottomans.

S'ils refusaient que les Européens s'installent à l'intérieur du continent, certains chefs africains les approvisionnèrent en esclaves et leur concédèrent des terres côtières afin d'y ériger des forts pour leur commerce. Les Africains capturés lors de raids ou à l'occasion de batailles y étaient acheminés par ceux qui les avaient faits prisonniers. Certains dirigeants étaient particulièrement accommodants. Ainsi, en 1726, le roi du Dahomey proposa que les Européens établissent des plantations dans son royaume : il fournirait les esclaves.

De l'argent sans scrupule

N'étant présents que sur la côte, les Européens n'étaient pas en mesure de s'assurer le monopole du trafic

Le commerce triangulaire
Le système commercial mis en place entre les différents continents était profitable dans toutes ses ramifications. Les navires quittaient les ports européens pour l'Afrique de l'Ouest chargés de fer, de vin, d'armes et de tissus. Ces produits étaient troqués contre des esclaves. Leur vente outre-Atlantique finançait l'achat de sucre, de café ou de tabac.

LÉGENDE
Routes du trafic négrier
- Marchands d'esclaves européens
- Marchands d'esclaves arabes
- Marchands d'esclaves ottomans
- Centres africains de la traite

Routes des produits
- Tabac, sucre, coton
- Métaux, tabac, sucre, café
- Fer, tissus, coquillages, armes

CHAÎNE DE CHEVILLE

FERS DE PIEDS

Instruments de torture
Considérés comme des biens meubles, non comme des humains, les esclaves devaient supporter de lourds fers. Les hommes étaient enchaînés par les chevilles et le cou.

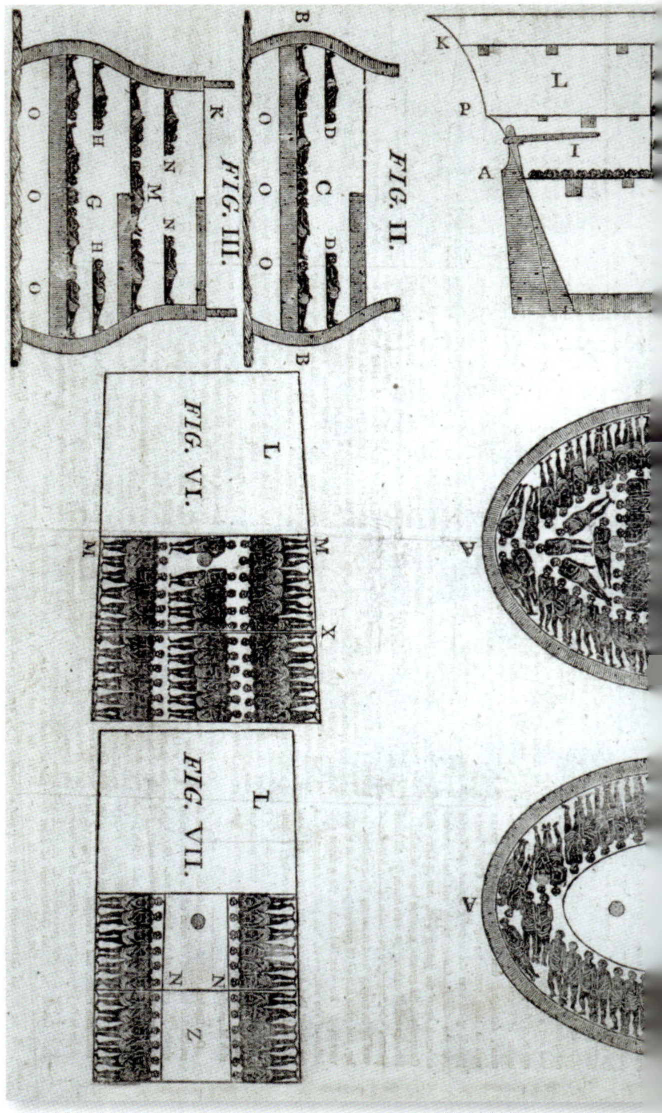

Navire négrier
Ces sinistres illustrations montrent combien d'esclaves pouvaient être entassés dans la cale du *Brookes*, navire négrier, pour maximiser le profit. En 1789, les anti-esclavagistes tirèrent 700 affiches de ces dessins, amorçant le déclin du trafic négrier britannique.

« On n'entendait que le **fracas** c **chaînes**, le claquement des fouets et les gémissements et les **plaintes** de… nos homme

OTTOBAH CUGOANO, ESCLAVE AFFRANCHI, 1787

d'esclaves. Soit ils troquaient leurs cargaisons humaines dans les forts contre des armes à feu, de l'alcool ou d'autres produits, soit leurs navires longeaient la côte dans l'espoir de voler son chargement d'esclaves à un négociant indépendant.

Pour les compagnies commerciales, leurs actionnaires, les capitaines et autres trafiquants, il n'y avait aucune morale qui vaille : les esclaves mettaient de l'huile dans les rouages d'un commerce très organisé et extrêmement lucratif. Ainsi, dans les années 1780, les plantations d'Haïti contribuaient pour 60 % à la richesse produite par l'outre-mer français : elles fournissaient 40 % du sucre et 60 % du café consommés en Europe.

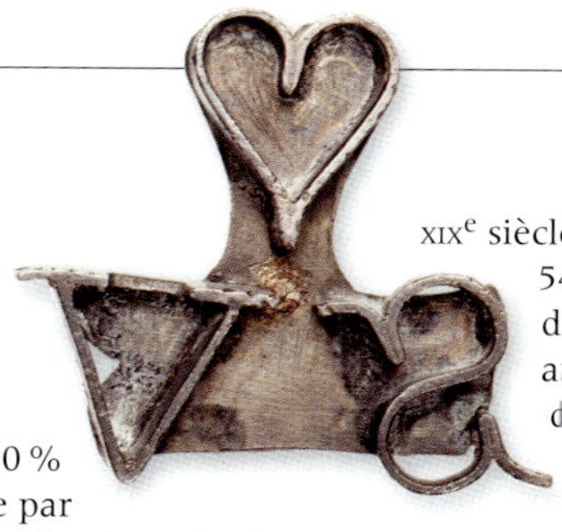

Fer à marquer
Une fois achetés, tous les esclaves mâles étaient marqués au fer rouge pour en prouver la propriété.

Le passage du milieu

Les esclaves chargés dans les forts côtiers étaient entassés dans des navires à destination des Amériques. Du XVIe au XIXe siècle, on enregistra quelque 54 000 traversées, avec un pic dans les années 1780, au cours desquelles furent déportés 78 000 esclaves par an, dont la moitié sur des navires britanniques.

Le voyage transatlantique, appelé « passage du milieu », durait environ dix semaines. Un navire négrier transportait de 140 à 600 esclaves. Les hommes étaient enchaînés dans un espace terriblement réduit entre la cale et le pont. Les femmes étaient en général libres de leurs mouvements et autorisées à monter sur le pont pour aider à la cuisine. Mais elles risquaient constamment le viol.

Les conditions d'hygiène étaient effroyables. Les hommes enchaînés échappaient difficilement à la contagion : dysenterie et variole étaient les fléaux les plus meurtriers. Après un mois en mer, les navires négriers puaient la sueur, l'urine, les excréments et le vomi. L'odeur, disait-on, les précédait de deux jours dans les ports.

Chaque matin, les esclaves étaient tirés sur le pont pour que l'on vérifie leurs chaînes. Ceux qui étaient morts pendant la nuit étaient jetés par-dessus bord. Les rations, constituées de purée de féveroles et d'ignames, de biscuits, de riz, de bananes plantains et à l'occasion de viande, étaient habituellement distribuées dans des seaux que devaient se partager un grand nombre de captifs, ce qui alimentait disputes et épidémies.

Les maladies faisaient aussi des ravages parmi les équipages. En 1787, moins de la moitié des hommes embarqués à Liverpool, en Angleterre, sur des navires négriers rentrèrent vivants.

Mis aux enchères

Arrivés au Brésil ou aux Antilles, les esclaves étaient vendus aux enchères puis livrés à leurs nouveaux propriétaires. Suivait une période d'« acclimatation » : une année environ, durant laquelle l'esclave mourait de maladie ou survivait pour mener une existence de misère et d'aliénation.

Les captifs, allongés sur le dos ou le flanc, étaient enchaînés en rangs entre la cale et le pont. L'espace autour de chacun se réduisait à 30 cm.

Ce schéma indique comment on pouvait faire tenir à bord 482 esclaves. Le *Brookes* transporta près de 600 esclaves (351 hommes, 127 femmes et 113 enfants).

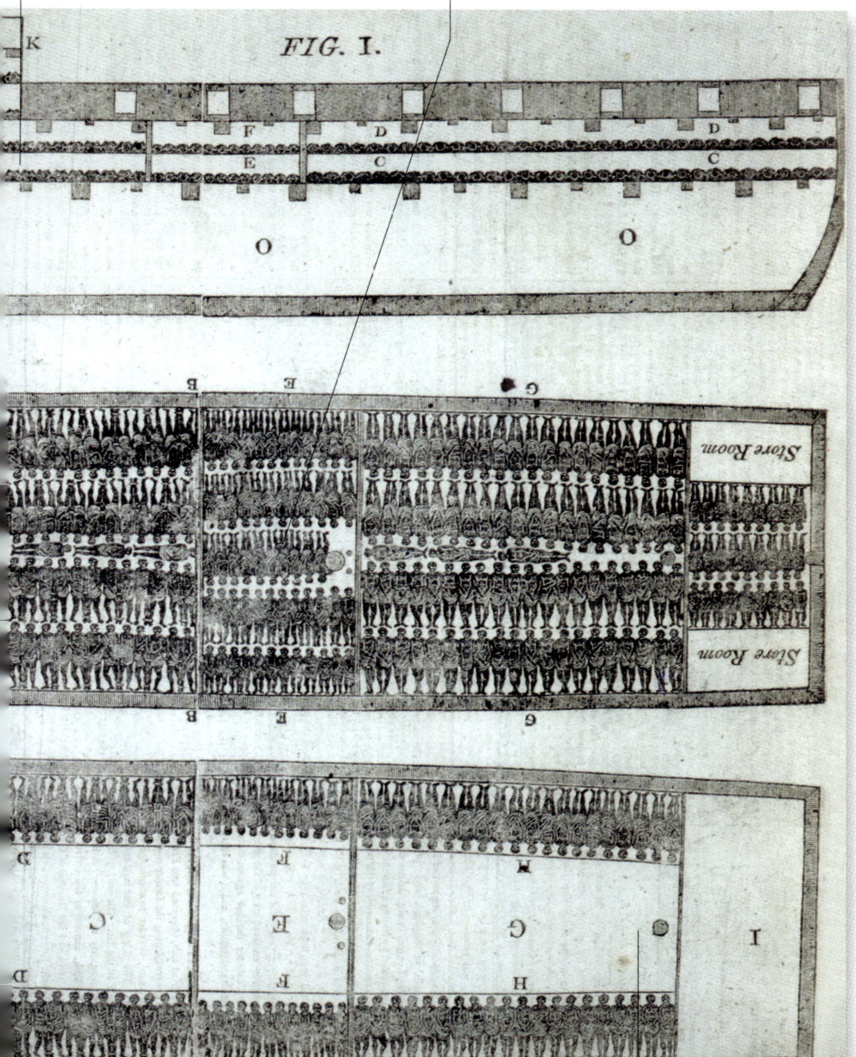

Les hommes étaient enchaînés les uns aux autres à l'avant ; les femmes occupaient une zone séparée. La plupart des captifs déportés avaient entre 16 et 45 ans.

L'eau et la nourriture étaient stockées dans la cale, au-dessous des esclaves. L'une et l'autre étaient rationnées. Tout esclave refusant de manger, par rébellion ou incapacité, était fouetté.

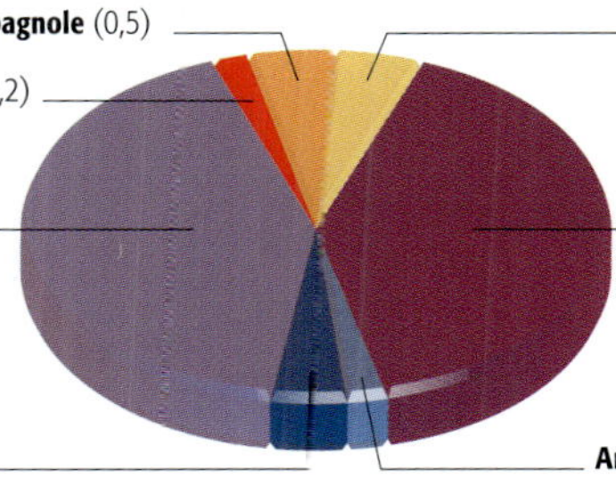

Destination et nombre des esclaves déportés d'Afrique (en millions)
La plupart des esclaves achetés par des marchands européens étaient acheminés vers les Antilles ou le Brésil. En 1800, la moitié de la population du Brésil était d'origine africaine.

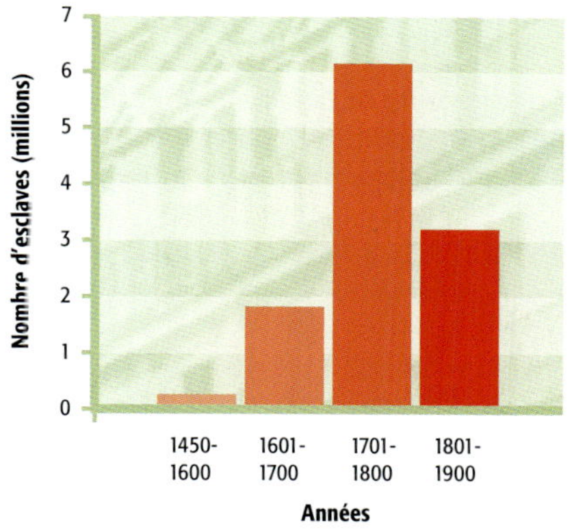

Nombre d'esclaves déportés d'Afrique
La traite transatlantique, malgré les documents disponibles, demeure difficile à chiffrer. Les historiens, dans les recherches les plus récentes, estiment le nombre total d'esclaves déportés d'Afrique entre 11 et 12 millions.

APRÈS

La traite négrière fut abolie au Royaume-Uni en 1897, après des années de campagne contre l'esclavage.

CAMPAGNE CONTRE L'ESCLAVAGE

En Angleterre, **Thomas Clarkson** rassembla des preuves dénonçant les horreurs de la traite, telles que fers et témoignages d'anciens capitaines négriers. Le combat gagna en puissance quand il fut porté devant le Parlement par le député William Wilberforce **308-309 »**. La loi d'abolition du commerce d'esclaves fut adoptée au Royaume-Uni en 1807. En 1833, la **loi d'émancipation** rendait la possession d'esclaves illégale. L'esclavage fut aboli en France en 1848, aux États-Unis en 1865, à Cuba en 1886, au Brésil en 1888, puis en Sierra Leone en 1927 et en Gold Coast (Ghana) en 1928.

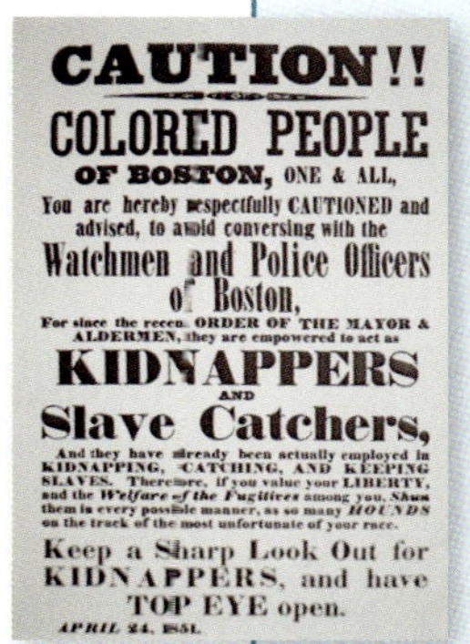

CAUTION!!
COLORED PEOPLE
OF BOSTON, ONE & ALL,
You are hereby respectfully CAUTIONED and advised, to avoid conversing with the
Watchmen and Police Officers of Boston,
For since the recent ORDER OF THE MAYOR & ALDERMEN, they are empowered to act as
KIDNAPPERS
AND
Slave Catchers,
And they have already been actually employed in KIDNAPPING, CATCHING, AND KEEPING SLAVES. Therefore, if you value your LIBERTY, and the *Welfare of the Fugitives* among you, Shun them in every possible manner, as so many *HOUNDS* on the track of the most unfortunate of your race.
Keep a Sharp Look Out for KIDNAPPERS, and have TOP EYE open.
APRIL 24, 1851.

AFFICHE ANTI-ESCLAVAGE, BOSTON, 1851

L'ESCLAVAGE AUJOURD'HUI

Les militants des droits de l'Homme soulignent que la lutte contre l'esclavage est loin d'être terminée. On estime que le monde compte aujourd'hui plus de **27 millions d'esclaves**, ce qui recouvre le travail forcé, le trafic d'êtres humains dans l'industrie du sexe ainsi que l'enrôlement d'enfants comme soldats.

ESCLAVES ENCHAÎNÉS, À ZANZIBAR

AVANT

Certaines terres du Pacifique avaient été colonisées plusieurs millénaires avant d'être cartographiées par les Européens.

AUSTRALIE ET NOUVELLE-ZÉLANDE
Les Maoris, venus de Polynésie, s'établirent en Nouvelle-Zélande, à partir du Ier millénaire apr. J.-C. « **216-217**. L'Australie était occupée par les **Aborigènes** depuis quelque 40000 ans.

TERRITOIRE INCONNU
Depuis l'Antiquité, les Européens supposaient l'existence d'un continent austral, une *Terra Australis incognita,* dans le Pacifique **320-321** ».

INVENTION

LE CHRONOMÈTRE DE HARRISON

Déterminer la longitude sur un horizon infini était l'un des plus grands défis auxquels étaient confrontés les marins naviguant dans le Pacifique au XVIIIe siècle. Bien qu'il n'eût aucune formation en horlogerie, l'Anglais John Harrison (1693-1776) fabriqua cinq horloges, ou «garde-temps», dont le meilleur prototype mesurait le temps écoulé en mer sans perdre plus d'une seconde par jour – soit une étonnante précision de 500 m environ. L'énorme horloge ci-contre est le premier prototype, H1. Mesurant environ 1 m par 1 m, pour 32 kg, il se révéla très performant en mer.

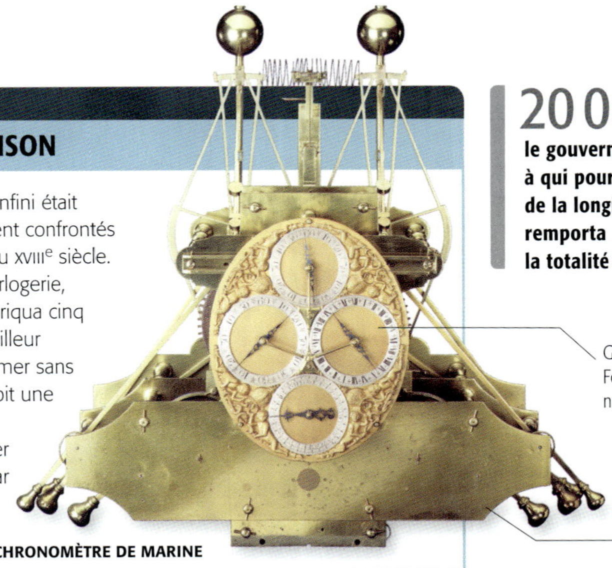

CHRONOMÈTRE DE MARINE

20000 £ Somme promise par le gouvernement britannique en 1714 à qui pourrait résoudre le problème de la longitude. John Harrison, ébéniste, remporta le prix en 1764 mais ne reçut la totalité de la somme qu'en 1773.

L'exploration du Pacifique

Alors que les puissances européennes avaient, depuis le XVe siècle, mené tambour battant l'exploration du monde, l'océan Pacifique allait conserver ses mystères pendant encore près de quatre siècles. C'était la dernière grande région inconnue de la Terre, du moins pour les Européens.

Au milieu du XVIIIe siècle, les Européens avaient cartographié les côtes des deux Amériques, celles de l'Asie et de l'Afrique, et entrepris d'y édifier de vastes empires. Il peut donc sembler étrange qu'ils n'aient pas tenté de coloniser les îles du Pacifique avant la fin du XVIIIe siècle.

De multiples obstacles

Les obstacles géographiques, technologiques et logistiques à l'exploration du Pacifique étaient de taille : cet océan occupe une superficie supérieure à celle de tous les continents réunis, cependant que les vents dominants limitent les routes maritimes possibles. Les navigateurs polynésiens – les Maoris établis en Nouvelle-Zélande et les découvreurs des îles Hawaii (voir p. 216-217) – avaient dirigé leurs pirogues en se fiant aux astres, aux courants et aux caractéristiques des vagues. Les marins d'Europe disposaient de sextants et autres compas, mais ils étaient encore incapables de déterminer la longitude, c'est-à-dire leur position à l'est ou à l'ouest du méridien d'origine, passant par Greenwich. Pour calculer cette longitude, il fallait pouvoir rapporter l'heure en un point donné à celle du méridien de Greenwich au même moment. Or, connaître cette dernière après un voyage au bout du monde exigeait des instruments de mesure du temps très précis.

Faute d'une telle technologie, les îles Salomon, par exemple, avaient été aperçues, et signalées, en 1568, mais ne furent cartographiées correctement qu'en 1793. L'introduction de chronomètres de précision (voir encadré) constitua une avancée décisive. Il subsistait cependant des obstacles à la colonisation de ces terres

Pirogue de guerre maorie
Les Maoris possédaient de formidables pirogues de guerre *(waka taua),* embarquant de 70 à 140 hommes en armes. L'énorme coque était taillée dans un seul tronc, la proue étant sculptée de motifs complexes.

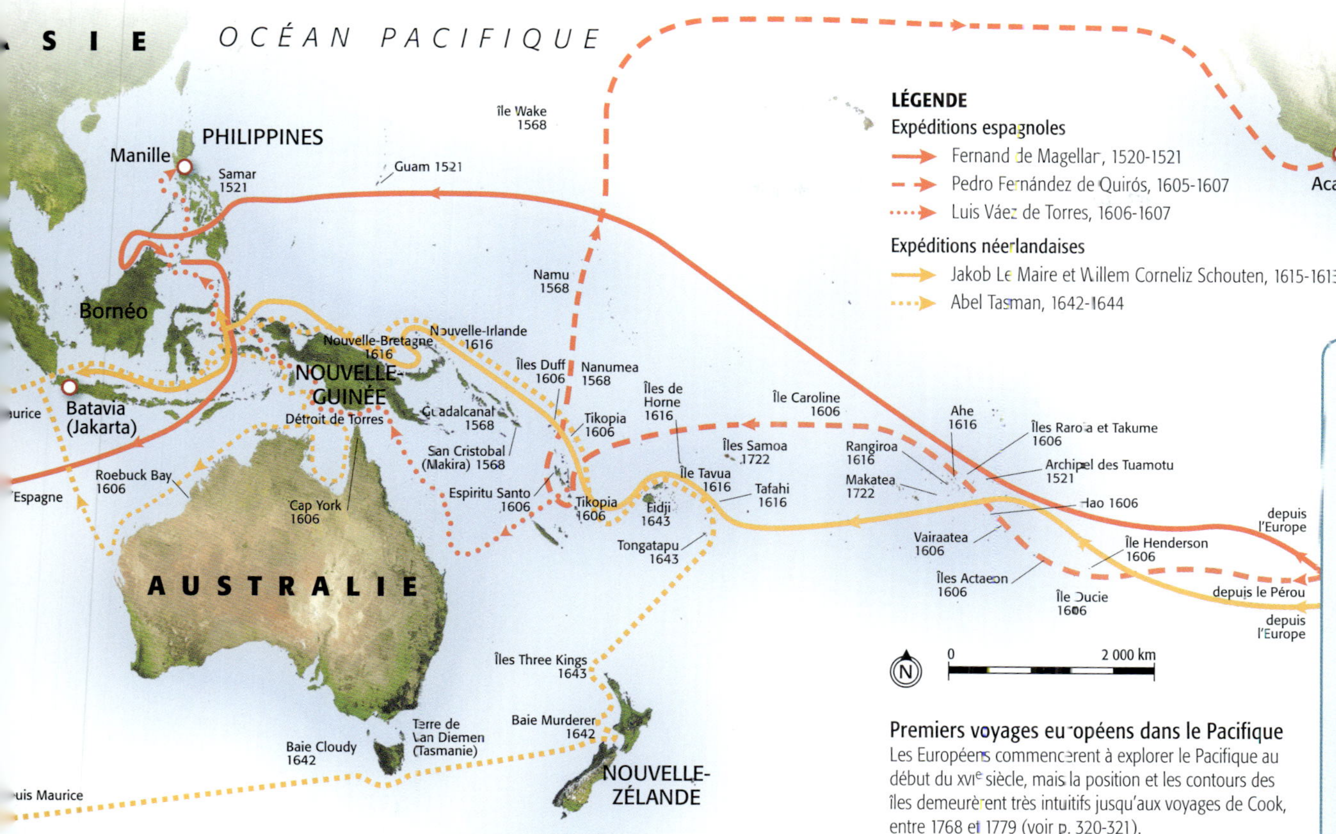

Premiers voyages européens dans le Pacifique
Les Européens commencèrent à explorer le Pacifique au début du XVIe siècle, mais la position et les contours des îles demeurèrent très intuitifs jusqu'aux voyages de Cook, entre 1768 et 1779 (voir p. 320-321).

lointaines, parmi lesquels le paludisme, l'infertilité des sols et les cyclones.

Un monopole espagnol

Un rapport de la Compagnie néerlandaise des Indes orientales sur les voyages d'Abel Tasman en Tasmanie et en Nouvelle-Zélande rend compte de la principale barrière à l'exploration du Pacifique : il n'y avait là « ni richesses ou occasions de profit, mais seulement les terres mentionnées ».

La Compagnie se concentrait sur ses possessions indonésiennes, décourageant ses capitaines d'entreprendre de longs voyages océaniques, coûteux et sans retombées fructueuses. De plus, l'Empire espagnol revendiquait l'exclusivité de la navigation dans les eaux du Pacifique, que ses navires fréquentaient surtout pour acheminer l'argent d'Amérique du Sud vers l'Asie. Aucune publicité n'était faite autour d'expéditions comme celle de Luis Váez de Torres, qui, en 1606, avait navigué entre Nouvelle-Guinée et Australie et établi que la première était une île. Les Espagnols ne voulaient pas que les navires néerlandais et anglais traversent la mer de Java pour accéder au Pacifique, puis à l'Amérique du Sud.

Piège à anguilles maori
Le piège à anguilles maori *(hinaki)*, tressé avec des lianes, était habilement conçu pour que ces poissons ne puissent pas s'en échapper.

Le signal de la ruée vers le Pacifique

Lorsque James Cook (voir p. 320-321) s'élança vers Tahiti à bord de l'*Endeavour*, en 1768, il avait officiellement pour mission d'observer le transit de Vénus (le passage de cette planète devant le Soleil), un événement astronomique rare. Les Britanniques entendaient aussi prévenir d'éventuelles ambitions territoriales françaises dans la région. Le second objectif, secret, du voyage de Cook était d'explorer le vaste Pacifique afin d'établir si Tahiti était la porte vers le mystérieux continent austral.

APRÈS

Avec l'arrivée des colons européens, la chasse baleinière et l'agriculture se développèrent dans la région Pacifique.

LES COLONIES PÉNITENTIAIRES
La colonisation européenne de l'Australie **320-321 »** débuta en janvier 1788 quand les premiers **forçats** et **colons** venus d'Angleterre débarquèrent en **Nouvelle-Galles du Sud**.

LA CHASSE BALEINIÈRE
À partir de 1789, la chasse baleinière attira Européens et Américains dans le Pacifique. Les navires se ravitaillaient dans toute la région. Leur présence affecta les communautés autochtones et stimula une nouvelle **expansion maritime**.

L'ÉLEVAGE DE MOUTONS
Les colons d'Australie et de Nouvelle-Zélande introduisirent des moutons dans les régions tempérées. L'Australie est aujourd'hui le **premier producteur mondial de laine mérinos**.

MOUTONS MÉRINOS, EN AUSTRALIE

6

INDUSTRIE ET RÉVOLUTION

1750-1914

Le monde, à partir du milieu du XVIIIe siècle, connut une période de profonde mutation. Des révolutions politiques secouèrent le joug de l'oppression et des privilèges, renversèrent les régimes établis. La mécanisation et l'avènement de nouveaux moyens de transport ouvrirent l'ère industrielle, d'où émergèrent de nouvelles villes et des empires encore plus puissants.

INDUSTRIE ET RÉVOLUTION

1750-1914

1750

1758
La Grande-Bretagne enlève à la France le fort Duquesne, aux États-Unis, et en Afrique, le Sénégal. La Prusse l'emporte sur la Russie à la bataille de Zorndorf.

◀ Frédéric le Grand

▲ Compagnie anglaise des Indes orientales

1756
Début de la guerre de Sept Ans opposant Grande-Bretagne, Hanovre et Prusse (dirigée par Frédéric le Grand) à la France, l'Autriche, la Russie, la Saxe, la Suède et l'Espagne

▲ Bataille de Zorndorf

1757
Victorieuse à la bataille de Plassey, la Compagnie anglaise des Indes orientales s'assure le contrôle du Bengale ; la Prusse défait l'Autriche à Leuthen, ce qui lui permet d'affirmer sa tutelle sur la Silésie.

1759
Les forces anglo-prussiennes battent les Français et leurs alliés à Minden, en Rhénanie.
Les Britanniques enlèvent Québec à la France.

1760

▲ Adam Smith

1761
Ouverture du canal de Brigdewater, premier canal « moderne », en Angleterre
1762
Catherine II règne seule sur la Russie.
La France cède la Louisiane à l'Espagne.

▲ Canal de Bridgewater

1763
Le traité de Paris confirme la suprématie britannique en Amérique du Nord.

1760
Les Boers s'établissent dans l'intérieur de l'Afrique du Sud.
v. 1760
Épanouissement du mouvement des Lumières, représenté par des penseurs comme Voltaire ou Adam Smith

1768
Ali Bey se déclare sultan d'Égypte, se rendant indépendant de l'empire ottoman.
Guerre russo-ottomane. James Cook entame son premier voyage dans le Pacifique.

◀ Chronomètre de James Cook

1770

1772
Partage de la Pologne entre l'Autriche, la Prusse et la Russie
1773
« Tea Party » de Boston contre les taxes imposées par la Grande-Bretagne aux colonies américaines

1776
Déclaration d'indépendance américaine ; les Britanniques abandonnent Boston.

▼ Débarquement de Cook en Australie

1775-1783
Guerre d'Indépendance américaine

1777
Le traité de San Idelfonso confirme les possessions espagnoles en Uruguay et le contrôle portugais sur le bassin amazonien.
1778
La France entre dans la guerre d'Indépendance aux côtés des insurgés.

▼ Déclaration d'Indépendance américaine

1780

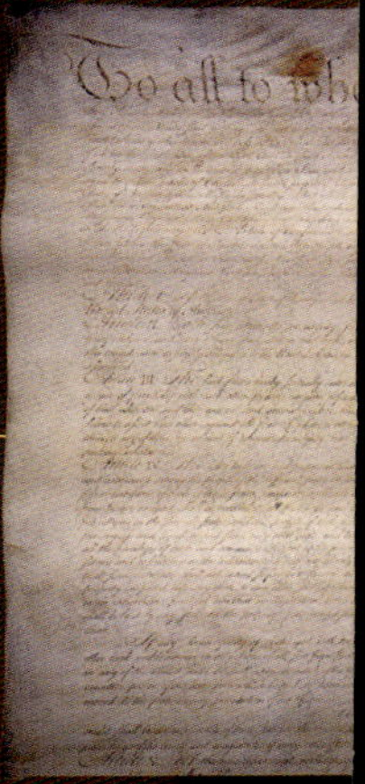

Articles de la Confédération ▶

1781
À Yorktown, George Washington et ses alliés français battent les Britanniques.
Ratification des Articles de la Confédération.
Massacre de Xhosas par les Boers, en Afrique du Sud

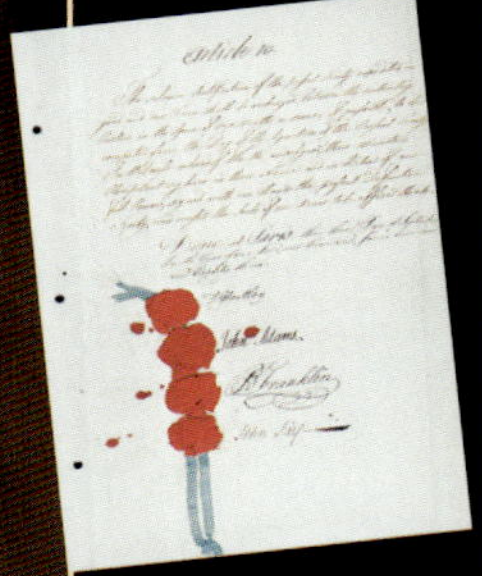

1784
L'*India Act* place les territoires de l'Inde sous le contrôle du gouvernement britannique.

◀ Traité de Paris

▲ Serment du Jeu de paume

1782
L'insurrection des Indiens du Pérou est écrasée par les Espagnols.
1783
Traité de Paris : la Grande-Bretagne reconnaît l'indépendance des États-Unis d'Amérique.

1789
Serment du Jeu de paume : début de la Révolution française.
George Washington élu premier président des États-Unis (il le demeurera jusqu'en 1797)

Les révolutions américaine et française produisirent des effets contradictoires : une démocratie bien établie aux États-Unis, une France déstabilisée pour près d'un siècle. Mais l'aspiration à la liberté politique qui s'était ainsi manifestée continua de résonner à travers le XIXe siècle. Cette revendication s'exprimait dans un contexte de domination de l'Occident, étayée par une industrialisation rapide, un essor constant du commerce et une démographie dynamique. L'Europe connut une suprématie planétaire inédite, se traduisant par une expansion impérialiste sur tous les continents. Pourtant, en 1914, les puissances européennes allaient s'entredéchirer dans la guerre la plus sanglante de l'Histoire.

1790

▲ Exécution de Marie-Antoinette

◀ Maximilien Robespierre

1792
La France déclare la guerre à l'Autriche et à la Prusse. Abolition de la monarchie et proclamation de la République française.

1793
Louis XVI et Marie-Antoinette sont exécutés ; début de la Terreur sous la direction de Robespierre.

1796
Annexion de la partie maritime de Ceylan par les Britanniques
1798
Expédition de Bonaparte en Égypte ; destruction de la flotte française par les Britanniques à Aboukir

1799
Coup d'État de Brumaire : Napoléon Bonaparte devient premier Consul de la France. La Grande-Bretagne prend le contrôle du sud de l'Inde.

◀ Épée de Napoléon lors du coup d'État de Brumaire

1800

◀ Napoléon Bonaparte

1805
Défaite de la flotte franco-espagnole par les Britanniques à Trafalgar. À Austerlitz, la France bat les Autrichiens et les Russes. Aux États-Unis, Lewis et Clark atteignent le Pacifique.

1806
Victoire de la France sur la Prusse ; abolition du servage en Prusse
1809
La Suède cède la Finlande à la Russie.

1803
La Grande-Bretagne déclare la guerre à la France. La colonie du Cap est rendue aux Néerlandais. La France vend les territoires de Louisiane compris entre le Mississippi et les Rocheuses, aux États-Unis.

Bataille de Trafalgar ▶

1804
Napoléon se proclame empereur des Français. Promulgation du Code civil, ou Code Napoléon.

Abolition de l'esclavage en Grande-Bretagne ▶

1810

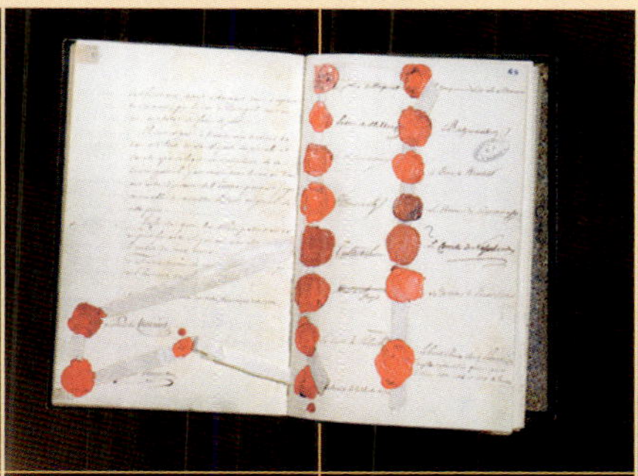

▲ Traité de Vienne

1810
Le soulèvement mexicain contre la domination espagnole donne le signal de la lutte pour l'indépendance en Amérique latine.

1815
Retour de Napoléon de l'île d'Elbe ; défaite à Waterloo, il est exilé à Sainte-Hélène. Restauration de la monarchie en France. Soulèvement de la Serbie contre les Ottomans. Les Britanniques s'emparent de Ceylan.

1812
Napoléon envahit la Russie ; il entre dans Moscou mais est contraint à la retraite.
1813
Défaite des Français lors de la « bataille des Nations » ; les Alliés pénètrent en France.

1818
Après la victoire de Maipú sur les Espagnols, le Chili proclame son indépendance. En Afrique du Sud, Chaka entreprend d'unifier les Zoulous.

▲ Bataille de Maipú

1814
Occupation de Paris par les Alliés ; exil de Napoléon à l'île d'Elbe ; ouverture du congrès de Vienne sur l'Europe postnapoléonienne

1819
Les États-Unis achètent la Floride à l'Espagne. Indépendance de la Colombie

1820

◀ Simón Bolívar

1828
La Russie acquiert la région d'Erevan, en Arménie, déclare la guerre aux Ottomans et s'empare de Varna, en Bulgarie. L'Égypte se retire de Grèce. Invention du semoir de Morton

1821
Guerre d'indépendance grecque contre la domination ottomane. Indépendance du Mexique et du Venezuela
1824-1826
Première guerre anglo-birmane

Guerre anglo-birmane ▶

1824
L'Égypte intervient auprès des Ottomans contre les nationalistes grecs. Le Pérou conquiert son indépendance sur l'Espagne avec l'appui de Simón Bolívar.
1826-1828
Guerre russo-iranienne

1829
L'Empire ottoman reconnaît l'indépendance grecque et l'autonomie de la Serbie. Premier train de voyageurs aux États-Unis

▼ Semoir de Morton

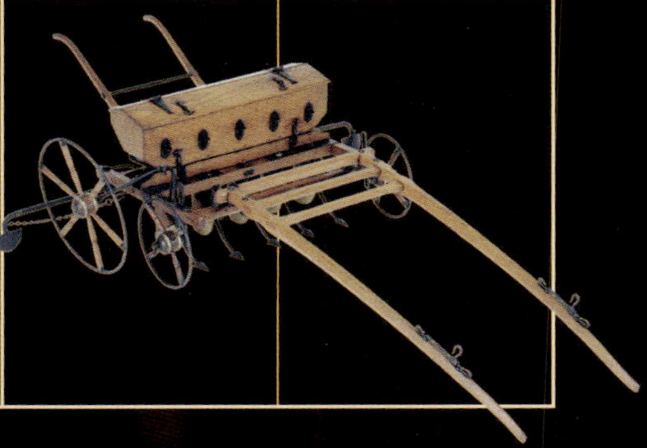

1830

▲ *La Liberté guidant le peuple*, Eugène Delacroix

1830
En France, une révolution renverse Charles X et porte sur le trône Louis-Philippe. Début de la colonisation française de l'Algérie

1838
À Blood River, les Boers massacrent les Zoulous.
1839
Abdülmecid Ier engage la réforme de l'Empire ottoman. Charles Darwin publie le journal de son voyage à bord du *Beagle*.

◄ Goethe

1831
La Belgique obtient son indépendance des Pays-Bas. Début de l'immigration en masse des Irlandais vers les États-Unis
1832
La Russie annexe le royaume de Pologne. Mort de Johann Wolfgang von Goethe

1833
Abolition de l'esclavage dans l'Empire britannique
1834
Migration des Boers vers le nord de l'Afrique du Sud

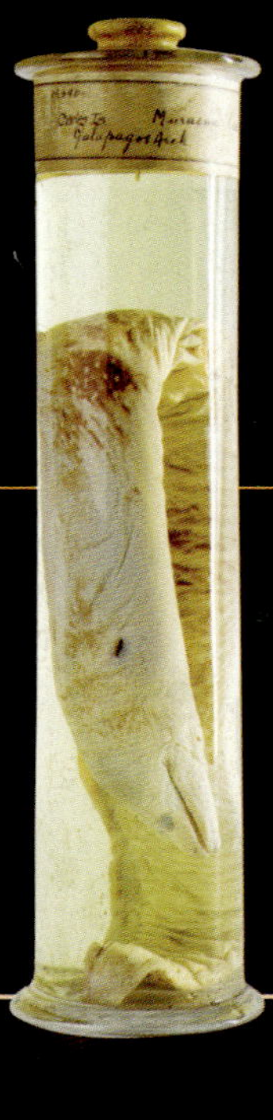

Spécimen rapporté par le *Beagle* ►

1840

1840
Guerre de l'opium en Chine ; les troupes britanniques contraignent les Chinois à négocier. La Nouvelle-Zélande devient colonie britannique.

▼ Traité de Nankin

1846
Le Japon rejette la demande américaine d'établir des relations commerciales.
1846-1848
Guerre mexicano-américaine : le Mexique, défait, doit céder aux États-Unis une grande partie de son territoire, dont la Californie et le Texas.

1842
Par le traité de Nankin, la Chine cède Hong Kong aux Britanniques et ouvre ses ports au commerce étranger. Le traité Webster-Ashburton règle les contentieux frontaliers entre États-Unis et Canada.

1848
Ruée vers l'or en Californie. Karl Marx et Friedrich Engels publient le *Manifeste du parti communiste.*

◄ *Manifeste du parti communiste*

1850

1854
Début de la guerre de Crimée : la France et la Grande-Bretagne entrent en guerre contre la Russie aux côtés des Ottomans. Reconnaissance de l'État libre d'Orange par la Grande-Bretagne

◄ Ouverture de la Grande Exposition

1850
Début de la révolte des Taiping qui, du sud de la Chine, gagnera le centre. Première Exposition universelle, à Londres
1852
La Grande-Bretagne reconnaît l'incépendance du Transvaal.

1857
Révolte des cipayes indiens ; le dernier empereur moghol est exilé par les Britanniques. La France et la Grande-Bretagne déclarent la guerre à la Chine ; prise de Canton

▼ Révolte des cipayes

1859
Deuxième guerre d'indépendance en Italie ; l'armée du Piémont est conduite par Giuseppe Garibaldi. *Sur l'origine des espèces au moyen de la sélection naturelle*, de Darwin

◄ Giuseppe Garibaldi

1860

1865
Victoire de l'Union dans la guerre de Sécession. L'esclavage est aboli aux États-Unis ; Lincoln est assassiné. La France conquiert l'arrière-pays sénégalais.

◄ Otto von Bismarck

1861
Après l'élection d'Abraham Lincoln à la présidence des États-Unis, les États esclavagistes se retirent de l'Union. La guerre de Sécession débute (fin en 1865). Le servage est aboli en Russie. Le royaume d'Italie est proclamé.

▲ Le pistolet qui tua Lincoln

1862
Otto von Bismarck, ministre-président de la Prusse. L'empereur du Japon décide l'expulsion des étrangers.
1863
Émancipation des esclaves des États sécessionnistes par Lincoln

1867
Double monarchie en Autriche-Hongrie. Bismarck chancelier de la Confédération de l'Allemagne du Nord. Au Japon, début de l'ère Meiji. Les États-Unis achètent l'Alaska à la Russie.

« Un peuple destiné à accomplir de **grandes choses** pour le **bien de l'humanité** doit un jour ou l'autre se constituer en **nation**. » GIUSEPPE MAZZINI, RÉVOLUTIONNAIRE ET PATRIOTE ITALIEN, 1861

1870

1870
Guerre franco-allemande ; capitulation de la France à Sedan
1871
Unification de l'Allemagne. La France cède l'Alsace-Lorraine à l'Allemagne. La Commune de Paris est écrasée.

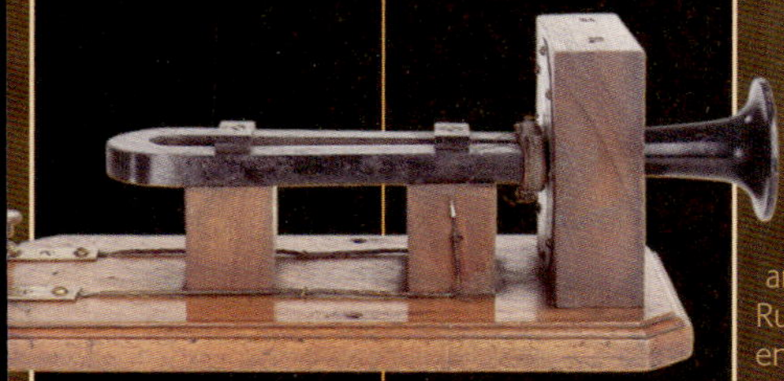

Téléphone de Bell

1875
Banqueroute de l'État ottoman ; révolte de la Bosnie-Herzégovine contre la domination ottomane

1876
La Serbie et le Monténégro entrent en guerre contre les Ottomans. Alexander Graham Bell fait breveter son téléphone aux États-Unis.

1877
La Grande-Bretagne annexe le Transvaal. Phonographe de Thomas Edison, aux États-Unis
1878
Indépendance de la Roumanie, du Monténégro et de la Serbie

Phonographe

1880

Guerre anglo-égyptienne

1880-1881
Première guerre des Boers
1881
Pogroms antisémites en Russie ; immigration en masse des juifs aux États-Unis

La Benz Velo, 1895

1882
Triple Alliance formée par l'Allemagne, l'Autriche et la Russie contre la France. En réponse à un soulèvement nationaliste, la Grande-Bretagne occupe l'Égypte.

1889
Première colonie italienne, en Érythrée. Début de la colonisation britannique du Zimbabwe. Proclamation de la république du Brésil. Inauguration de la Tour Eiffel, à Paris.

1884-1885
Au congrès de Berlin, les puissances européennes se partagent l'Afrique.
1886
Première automobile, fabriquée par Carl Benz, en Allemagne

Tour Eiffel

1890

1894
Massacre d'Arméniens encouragé par le sultan ottoman. La Grande-Bretagne établit son protectorat sur le Buganda. Prise de Tombouctou par la France ; le Dahomey devient colonie française. Début de la guerre sino-japonaise

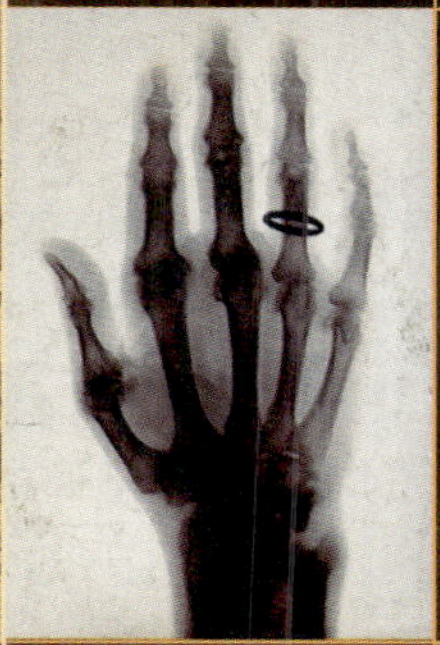

Première radiographie

1897
Guerre gréco-turque ; l'Empire ottoman sort renforcé aux dépens de la Grèce. Soulèvements antibritanniques à la frontière nord-ouest de l'Inde

1895
Sévèrement défaite à Weihaiwei, la Chine cède plusieurs îles, dont Taïwan, au Japon. La Corée devient colonie japonaise. Début de la guerre d'indépendance à Cuba. Découverte des rayons X par l'Allemand Wilhelm Röntgen

Soldats boers

1898
Intervention américaine à Cuba. Le Rwanda doit reconnaître la souveraineté allemande.
1899
Seconde guerre des Boers. Condominium anglo-égyptien sur le Soudan

1900

1900
La révolte des Boxers culmine en Chine avec le siège des légations à Pékin. Les troupes occidentales, venues à la rescousse, occupent Pékin.
1901
Formation du Commonwealth

Albert Einstein

1905
Révolution russe ; le tsar Nicolas II concède des libertés, demeurées formelles. Indépendance de la Norvège. Albert Einstein formule la théorie de la relativité restreinte.

1908
La Bulgarie obtient son indépendance de l'Empire ottoman.
1909
Les Jeunes-Turcs réformistes contraignent le sultan ottoman Abdülhamid II à abdiquer.

Révolution jeune-turque

1910
Révolution au Portugal : la république est proclamée. Invasion du Tibet par la Chine. Annexion de la Corée par le Japon. Début de la révolution mexicaine

Révolution mexicaine

« AVANT

Malgré des progrès, l'agriculture, avant le XVIIIe siècle, mobilisait beaucoup de bras, pour des rendements faibles.

LES ENCLOSURES

Le système des enclosures se développa en Angleterre dès le XIIe siècle. Les vastes champs communautaires furent divisés en **parcelles privées**. L'éviction des tenanciers par les grands propriétaires s'accéléra à la faveur d'une série de lois adoptées à partir du milieu du XVIIIe siècle. La pratique s'étendit à l'Europe au XIXe siècle.

PAYSAGE D'ENCLOSURES

DES MÉTHODES NOUVELLES

À partir du milieu du XVIIe siècle, la **science agronomique** progressa. De nouvelles méthodes d'alimentation hivernale du bétail permirent de produire de la viande toute l'année. L'amélioration des semences, aux Pays-Bas puis en Angleterre, donna de nouvelles variétés de fruits et de légumes. De nouvelles batteuses, charrues et faucheuses hippomobiles entrèrent en usage.

UN ACCROISSEMENT DÉMOGRAPHIQUE

La population mondiale **augmenta rapidement à partir de 1750**. Les progrès de l'agronomie et de la mécanisation agricole permirent de nourrir les bouches supplémentaires et de prolonger la dynamique démographique, contrairement à ce qui s'était produit à plusieurs reprises dans le passé.

L'augmentation spectaculaire de la population mondiale, amorcée au milieu du XVIIIe siècle, ne fut pas stoppée par la pénurie alimentaire, comme le prédisait le Britannique Thomas Malthus (voir encadré). Car les pratiques agricoles enregistrèrent des progrès considérables. En 1701, Jethro Tull, un agronome anglais, inventa un semoir mécanique qui répandait efficacement les semences. Dans le même temps, la rotation quadriennale des récoltes dispensait de la mise en jachère des terres. Le mouvement des enclosures (voir AVANT), entériné par une série de lois adoptées entre 1760 et 1840 par le Parlement britannique, permit aux propriétaires terriens d'expérimenter à leur gré les nouvelles techniques. En Amérique, le besoin de main-d'œuvre agricole fut réduit par

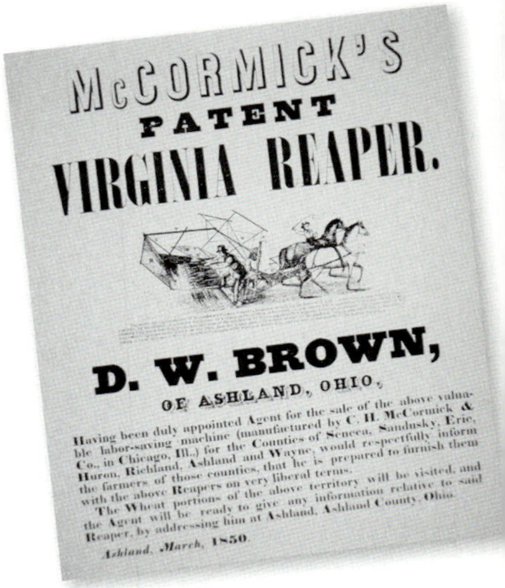

La machine à moissonner
La moissonneuse de McCormick, inventée en 1831, se révéla providentielle pour les céréaliers du Midwest américain. Elle effectuait le travail de trois hommes et fut bientôt exportée dans le monde entier.

La **révolution agricole**

La révolution agricole amorcée au milieu du XVIIIe siècle permit une augmentation massive de la production alimentaire. L'amélioration spectaculaire des rendements nourrit l'essor démographique. Les travailleurs en surplus quittèrent les champs pour les usines, fournissant la main-d'œuvre nécessaire à la révolution industrielle.

Des pratiques révolues
Ce type de scène rurale, capturée dans le Norfolk anglais en 1887, avait semblé immuable pendant des siècles. L'introduction de la machine à vapeur, pourtant, rendit obsolètes les charrues tractées par des animaux.

ÉCONOMISTE ET HISTORIEN BRITANNIQUE (1766-1834)

THOMAS MALTHUS

Né dans une famille aisée, Thomas Malthus étudia au Jesus College de Cambridge à partir de 1784 avant d'y enseigner et de devenir pasteur. En 1798, dans son *Essai sur le principe de population*, il avertissait que la croissance démographique britannique excédait celle de la production alimentaire. En l'absence d'un contrôle des naissances par l'abstinence, les seuls régulateurs possibles étaient les famines et les épidémies. S'il fut décrié, notamment par les penseurs socialistes, Malthus fut le premier à écrire sur la situation économique des classes inférieures.

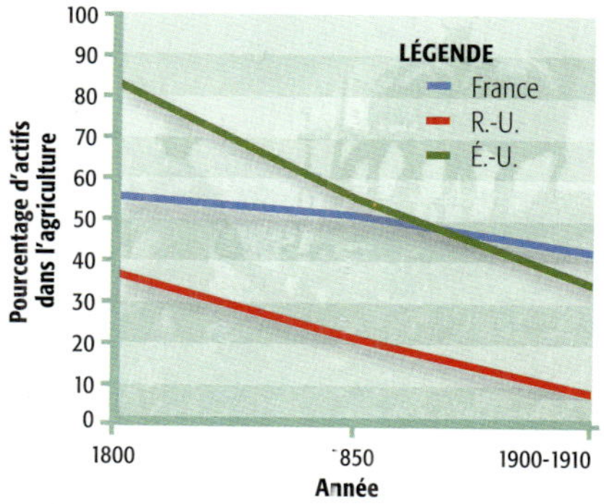

Main-d'œuvre agricole
Les innovations techniques du XIXe siècle modifièrent la répartition de la main-d'œuvre. L'augmentation de la productivité agricole entraîna un transfert de population active de l'agriculture vers l'industrie.

l'adoption de la moissonneuse développée par Cyrus Hall McCormick en 1801, et plus encore par la diffusion du laboureur à vapeur de Fowler, dans les années 1850.

Dans la deuxième moitié du XVIIIe siècle, les méthodes de reproduction sélective développées par les Britanniques Robert Bakewell et Thomas Coke avaient amélioré la qualité du cheptel, ce qui accrut les profits des éleveurs comme l'approvisionnement alimentaire. Au milieu du XIXe siècle, Joseph Gilbert et John Lawes démontraient que les plantes ont besoin d'azote et d'autres nutriments essentiels, ce qui entraîna une nouvelle amélioration des rendements agricoles.

Conserves alimentaires
Symbole de statut social parmi les classes moyennes, les conserves nourrirent aussi les soldats. Celles-ci datent de la guerre des Boers (1899-1902).

À travers le monde

L'expansion européenne à travers le monde s'accompagna de la diffusion des méthodes agricoles et des cultures en vigueur en Europe (voir p. 232-233). Les premiers colons établis en Australie, en 1788, introduisirent ainsi l'élevage des moutons pour la laine. En Amérique, des milliers de personnes migrèrent vers l'ouest à partir des années 1850 pour échapper à la pauvreté et au surpeuplement des villes côtières comme Boston et New York. Mais en l'absence de clôtures, le bétail ravageait les cultures. L'invention du fil barbelé, breveté par Joseph Glidden en 1874, transforma à jamais l'agriculture du Middle West. Le développement des machines agricoles, dont la charrue à versoir en acier de John Deere, facilita la mise en culture de la Prairie. Les cultures à haut rendement des Amériques, dont celle de l'arachide, gagnèrent la Chine et l'Extrême-Orient où leur introduction fut suivie par un accroissement démographique. Le maïs et la patate douce furent introduits en Afrique de l'Ouest par les négriers pour nourrir leurs cargaisons d'esclaves.

Conservation et transport

La révolution agricole porta d'autant mieux ses fruits que de nouvelles méthodes de conservation furent inventées pendant les XVIIIe et XIXe siècles. En 1795, le Français Nicolas Appert mit au point un procédé de stérilisation des aliments par la chaleur dans des bouteilles hermétiques. L'appertisation, perfectionnée par l'introduction de boîtes en fer-blanc, fut brevetée en Angleterre en 1810 par Peter Durand. Les droits en furent achetés par les ingénieurs Donkin, Hall et Gamble qui fondèrent en 1813, à Londres, la première usine de conserves en boîte. La réfrigération moderne apparut dans les années 1850 avec l'invention d'un système de compression à vapeur par un autre Français, Ferdinand Carré.

Trains et bateaux à vapeur (voir p. 292-295) distribuèrent les aliments ainsi conservés à travers le monde. L'agriculture put envisager un marché global, plutôt que de se concentrer sur l'économie locale, et les agriculteurs importer les semences, le fourrage et le cheptel les mieux adaptés aux terrains.

La population, désormais, pouvait augmenter sans risque de famine. La combinaison d'une forte productivité agricole et de bas prix alimentaires signifiait que les gens ne dépensaient plus tout leur argent dans la nourriture. Cette prospérité nouvelle ne concernait toutefois pas tout le monde : la population irlandaise, à la même époque, fut décimée par la Grande Famine.

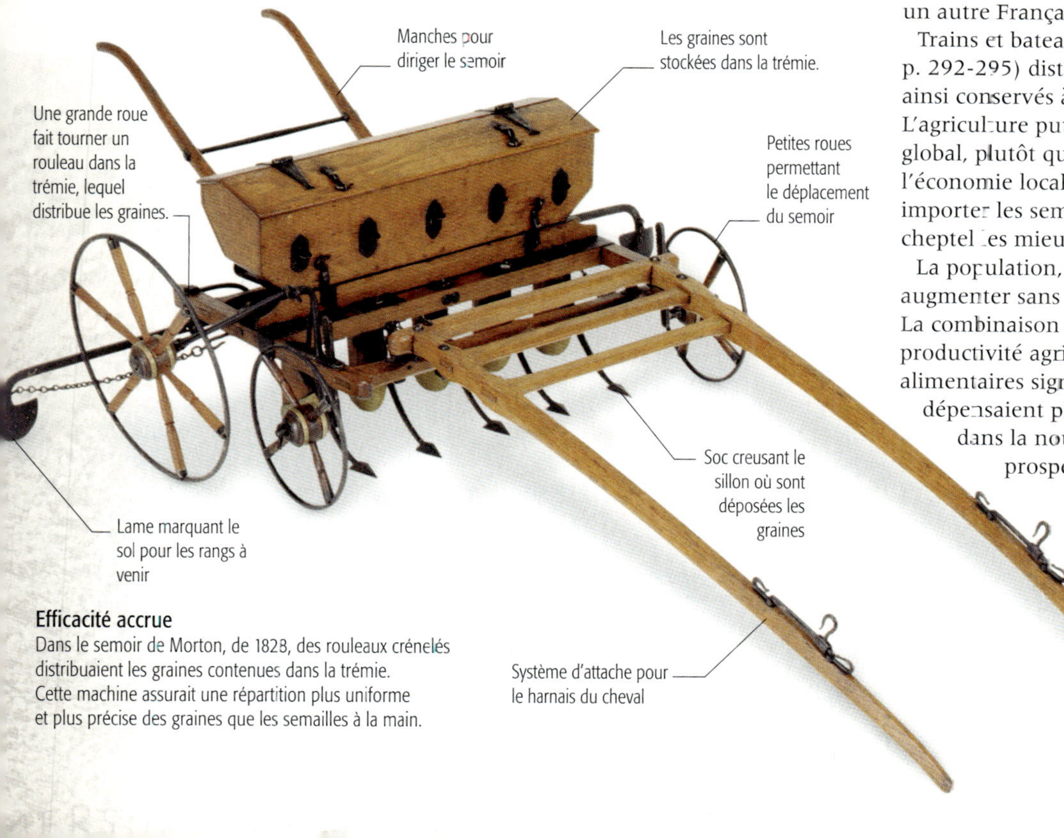

Efficacité accrue
Dans le semoir de Morton, de 1828, des rouleaux crénelés distribuaient les graines contenues dans la trémie. Cette machine assurait une répartition plus uniforme et plus précise des graines que les semailles à la main.

APRÈS

La technologie prit une part croissante dans la production alimentaire au XXe siècle.

LA CONGÉLATION
Mise au point dans les années 1920, la congélation industrielle des aliments se développa pendant la **Seconde Guerre mondiale 392-405 »**, au détriment des conserves, gourmandes en métal.

LES ADDITIFS
L'augmentation de la population urbaine entraîna celle du temps de transport des aliments. L'introduction d'additifs permit d'allonger la durée de conservation des produits.

STOCKS CÉRÉALIERS

FAMINE ET ABONDANCE
Le développement de l'agriculture intensive et commerciale **462-463 »**, au XXe siècle, a débouché sur la coexistence d'énormes **surplus alimentaires** dans les pays développés et de **famines dévastatrices** dans de nombreuses autres régions du monde.

LES OGM
La découverte de la structure de l'ADN par James Watson et Francis Crick, en 1953, ouvrit la voie au **génie génétique**. Apparus dans les années 1990, les aliments issus d'organismes génétiquement modifiés (OGM) suscitent toutefois des inquiétudes quant à leurs conséquences pour la santé et l'environnement **462-463 »**.

MOMENT CLÉ

GRANDE FAMINE EN IRLANDE

En 1845, le mildiou, une maladie cryptogamique, détruisit les récoltes de pomme de terre en Europe, provoquant la famine en Irlande, où le tubercule constituait la nourriture de base. Le mildiou récidiva en 1848 tandis que les épidémies faisaient des ravages. Le gouvernement britannique n'intervint guère pour secourir les Irlandais. Ce fut la dernière grande famine européenne en temps de paix. En 1851, l'Irlande ne comptait plus que 6 millions d'habitants : 1,5 million de personnes étaient mortes, un autre million avait émigré, surtout aux États-Unis.

AVANT

Abondance des matières premières et progrès technologiques créèrent en Grande-Bretagne les conditions de l'industrialisation.

UNE PIONNIÈRE

MATIÈRES PREMIÈRES

Pouvant importer bon marché les produits de ses colonies, dont le coton, la soie et la laine, la Grande-Bretagne eut la capacité de s'**industrialiser plus vite** que le reste de l'Europe.

LES MAÎTRES DU FER

Deux innovations clés dues à des propriétaires des forges britanniques contribuèrent à l'industrialisation. En 1709, Abraham Darby remplaçait le charbon de bois par le **coke** (obtenu par distillation de la houille), permettant d'atteindre des **températures très supérieures** dans les fourneaux. Les coûts de production de la fonte en furent d'autant plus réduits que la houille était assez abondante. La mise au point du puddlage par Henry Cort, dans les années 1780, permit d'obtenir **un fer plus pur et plus malléable** que la fonte, cassante.

LES RÉSEAUX DE TRANSPORT

Les matières premières devaient être transportées jusqu'aux usines et les produits finis acheminés vers les villes et les ports. Le réseau navigable britannique fut développé par la construction de canaux reliant les principaux cours d'eau. Le premier, le canal de Bridgewater, à Manchester, fut ouvert en 1761.

CANAL DE BRIDGEWATER

6 800 KILOMÈTRES de voies d'eau furent construits en Angleterre entre 1760 et 1800.

EXPLOITER LE FILON

La **riche ceinture de charbon** qui parcourt le nord de l'Angleterre se prolonge jusqu'en Silésie, via la Ruhr et le nord-est de la France, et à travers l'Atlantique, jusqu'en Pennsylvanie. L'exploitation du charbon entraîna une **forte industrialisation** de ces régions.

LA LIBERTÉ DE COMMERCE

Grâce à son empire, la Grande-Bretagne pouvait s'affranchir des **barrières commerciales** en vigueur sur le continent européen, ce qui lui conférait un réel avantage. Les plantations d'Amérique et des Antilles « 280-281 l'approvisionnaient en coton bon marché ; ses produits finis trouvaient des débouchés aux États-Unis, avec lesquels le commerce fut maintenu même après la guerre d'Indépendance 298-299 ».

La révolution industrielle

Le monde dans lequel nous vivons doit beaucoup à l'industrialisation qui eut lieu en Grande-Bretagne dans la seconde moitié du XVIIIe siècle avant de conquérir le reste de l'Europe et l'Amérique du Nord au XIXe siècle. Tandis que les fondations du capitalisme moderne étaient établies, la société s'urbanisa.

L'expression de « révolution industrielle » suggère un changement soudain. Elle recouvre en réalité une série d'innovations technologiques, de développements sociétaux et de décollages économiques qui s'alimentèrent mutuellement. La Grande-Bretagne réunissait les conditions nécessaires pour être pionnière dans ces transformations. Elle possédait en abondance eau, fer et charbon. Elle disposait du capital requis : les taux d'intérêt étaient bas et les membres d'une classe moyenne de plus en plus aisée, qui cherchaient à investir leur argent, enclins à soutenir le progrès technique. Enfin, la Grande-Bretagne bénéficiait d'un vaste marché pour ses produits manufacturés grâce à un empire en expansion, à son hégémonie maritime ainsi qu'à une puissante marine marchande.

La machine à vapeur constitua le véritable moteur de la révolution industrielle. Après les améliorations

« **Je vends**, monsieur, ce que le monde désire : de la **puissance**. »

MATTHEW BOULTON, INGÉNIEUR BRITANNIQUE, 1776

Le travail des enfants
Enfants filant le coton en Caroline du Sud, en 1903. Les enfants ne coûtaient pas cher et étaient très demandés, leurs petites mains pouvant se glisser dans les machines.

apportées par James Watt à l'invention de Thomas Newcomen (voir ci-dessous), les moteurs thermiques mus par la vapeur ne changèrent plus fondamentalement. Dans les années 1770, Watt s'associa avec l'entrepreneur Matthew Boulton pour produire des machines correspondant au brevet qu'il avait déposé. Celles-ci allaient opérer à toutes les étapes du cycle industriel, faisant tourner les pompes dans les mines et les machines-outils dans les usines et propulsant les navires et les locomotives.

Le « cheval de fer »

L'énorme demande de vapeur soutint celle de charbon. Les avancées au niveau de l'extraction de la houille aussi bien que de son transport, par voies navigables puis par le chemin de fer, réduisirent considérablement le coût de cette matière première. L'utilisation du coke pour la fonte du fer (voir AVANT) favorisa encore l'industrialisation en permettant la fabrication d'outils et de machines de meilleure qualité et la construction de ponts, de navires et de voies ferrées. En 1850, quelque 2 tonnes de métal avaient été transformées en rails, dont la Grande-Bretagne alignait 10 000 km. Les locomotives, surnommées « chevaux de fer », pouvaient tracter de formidables charges à une vitesse atteignant 65 km/h. Le chemin de fer rendit possible l'essor des grandes villes manufacturières. Dans les années 1840, le coût de transport des marchandises avait été réduit de moitié. Les horaires de train régissaient la mesure du temps : toute l'Angleterre se mit à l'heure du méridien de Greenwich.

Forgerons de la révolution
Ces ouvriers du Minnesota faisaient partie d'une force laborieuse nombreuse mais sans protection. À la fin du XIXe siècle, le Minnesota était un des premiers producteurs américains de minerai de fer.

Puissance de la vapeur
Le chemin de fer, ici en Grande-Bretagne en 1908, fut à la fois un produit de la révolution industrielle et l'un de ses moteurs.

IDÉES

LE CAPITALISME DE LA LIBRE ENTREPRISE

Le capitalisme de la libre entreprise est fondé sur les principes d'entière propriété privée de l'industrie et de libre marché, celui-ci ne devant être régi que par la loi de l'offre et de la demande. Aucun contrôle gouvernemental, nulle subvention ni tarif douanier ne doivent limiter l'industrie. L'essor démographique des XVIIIe et XIXe siècles assurèrent un marché aux produits nouveaux cependant que l'augmentation régulière des salaires accroissait le pouvoir d'achat, ce qui permit de satisfaire à la loi de l'offre et de la demande.

PAPIER-MONNAIE FRANÇAIS DES ANNÉES 1790

Obscures usines

Grâce à la domestication de la vapeur, il n'était plus nécessaire que les usines s'établissent près des cours d'eau : elles se concentrèrent dans les villes. Dans le même temps, la mécanisation de la production textile favorisa le remplacement du travail à domicile, payé à la pièce, par le travail en usine. Désormais, dans les manufactures, des ouvriers non qualifiés opéraient sur des machines effectuant chacune une tâche dans la chaîne de production.

Une réaction au progrès

La révolution industrielle, indubitablement, accrut la productivité du travail et entraîna des avancées technologiques et économiques, mais elle se traduisit aussi par des conditions de vie et de travail effrayantes. Hommes, femmes et enfants affluaient dans les villes. Ils étaient si nombreux à chercher un emploi que la valeur du travail en fut dévalorisée et qu'il leur fallait trimer de longues heures pour un salaire dérisoire. En dépit de la création de syndicats, les conditions de travail ne s'améliorèrent que très lentement : la législation était frileuse et souvent ignorée des patrons. »

SYNDICAT **Organisation se consacrant à la défense des intérêts professionnels de ses membres, appartenant ou non à une même industrie**

INVENTION

LA MACHINE À VAPEUR

En 1712, l'Anglais Thomas Newcomen construisit un « moteur atmosphérique », dans lequel le vide produit par la condensation de la vapeur provoquait une pression suffisante pour abaisser un piston. La machine de Newcomen fut utilisée pour pomper l'eau dans les mines de charbon. Un peu plus d'un demi-siècle plus tard, l'Écossais James Watt l'améliorait, créant un moteur capable de faire fonctionner toutes sortes de machines. En 1804, l'Anglais Richard Trevithick mettait sur roues une machine à haute pression, inventant la locomotive.

» L'opposition à l'industrialisation vint des ouvriers qualifiés, que la mécanisation laissait sur le carreau. Les « luddites » détruisirent des machines. Le gouvernement envoya l'armée contre ces émeutiers et, lors d'un procès collectif, en 1813, plus de 50 personnes furent condamnées à mort ou à la déportation et au travail forcé en Australie (voir p. 350-351).

La concurrence continentale

Si la première phase de la révolution industrielle se déroula surtout en Grande-Bretagne, les colonies américaines et certains États allemands développèrent à la même époque leur métallurgie. Au début de la période, la production industrielle de la France avoisinait celle de la Grande-Bretagne, mais la Révolution française oblitéra les progrès économiques (voir p. 300-303). Le premier pays continental à s'industrialiser fut la Belgique, à partir de 1820.

Une deuxième vague concerna l'Allemagne, la Suisse puis les États-Unis, une fois que le réseau de chemin de fer y eut été développé, entre 1840 et 1870. L'industrialisation allemande s'accéléra considérablement après l'unification, en 1871 (voir p. 333). Au tournant du XXe siècle, tant l'Allemagne que les États-Unis avaient dépassé la production industrielle britannique.

L'industrialisation de l'Europe continentale fut

◁ **La Dame de fer**
Achevée en 1889, la tour de Gustave Eiffel, composée de 10 038 pièces de fer puddlé, manifestait l'industrialisation de la France. Elle demeura la plus haute structure du monde pendant quarante et un ans.

« L'**avarice**, cet aiguillon de l'industrie… »

DAVID HUME, PHILOSOPHE ÉCOSSAIS, *LA LIBERTÉ CIVILE*, 1742

△ **Construction d'une ligne**
De même que l'industrialisation, le chemin de fer connut en France de faux débuts. La première ligne ouvrit dès 1832, mais le développement du réseau ferré fut compromis par des problèmes financiers et politiques.

▷ **Combustible des affaires**
La Bourse au charbon de Londres (1849) est à double titre un symbole de la révolution industrielle. Sa construction témoignait de la valeur prise par ce combustible ; le bâtiment lui-même, avec son dôme de verre et de fer haut de 22 m, n'aurait pas existé sans le charbon.

LA DIFFUSION DE LA RÉVOLUTION INDUSTRIELLE

Depuis la Grande-Bretagne, l'industrialisation, accompagnée par l'économie de marché, se propagea par vagues sur le continent européen, aux États-Unis et au Japon.

1750 – 1775 – 1800 – 1825 – 1850 – 1875 – 1900

1771 L'Anglais **Richard Arkwright** invente la première machine à filer le coton, hydraulique.

1781 Utilisation de la **machine à vapeur de Watt** sur le continent européen

1802 Première **loi britannique sur les manufactures**, réglementant, modestement, les conditions de travail

1828 Mise en service du premier haut-fourneau moderne, en Silésie

1830-1870 Achèvement des premiers réseaux ferrés en Grande-Bretagne, Belgique et Allemagne. Vers 1850, la production française de charbon et de fer a doublé.

1837 Louis-Auguste Blanqui parle de révolution industrielle pour décrire les mutations survenues depuis un demi-siècle en Grande-Bretagne.

1849 Première fonte au coke sur le continent, dans la Ruhr

1850 La Grande-Bretagne possède la moitié des navires océaniques et des chemins de fer en service dans le monde et produit plus de la moitié des chevaux-vapeur en Europe (moins, toutefois, que les États-Unis).

1855 Invention du procédé **Bessemer**, en Angleterre

Années 1870 Début de la deuxième révolution industrielle. Accélération de l'industrialisation. L'Allemagne et les États-Unis commencent à défier la suprématie britannique.

Années 1890 Programmes de construction ferroviaire et d'industrialisation en **Russie** et en **Suisse**

1895 Énorme accélération de l'industrialisation en **France**

1900-1914 Industrialisation du **Japon**, de l'**Autriche** et, à un moindre degré, de l'**Espagne** et de la **Hongrie**

1905 Industrialisation de l'**Italie**, fondée sur la chimie et le textile

▽ **Pont ferroviaire du Forth, près d'Édimbourg**
La construction du premier pont cantilever en acier, achevé en 1890, coûta la vie à 57 des 4 000 hommes qu'employa le chantier.

△ **Mineurs britanniques**
En Grande-Bretagne, la production de charbon, combustible de la révolution industrielle, passa de 11 millions de tonnes en 1800 à 65 millions en 1854.

△ **Commerce et transport**
Les réseaux transport constituèrent un élément essentiel de la dynamique de la révolution industrielle. En 1880, le deuxième des Bassins royaux *(Royal Docks)* de Londres, le bassin Albert, fut inauguré.

17 **Le nombre d'ouvriers employés par les aciéries Krupp, en Allemagne, en 1826. Ils étaient 122 en 1846 et 70 000 en 1910.**

favorisée par la disponibilité d'une main-d'œuvre récemment libérée du servage – jusqu'alors contrainte de travailler à vie pour un propriétaire terrien. Le servage fut aboli en France en 1789, en Allemagne entre 1811 et 1849, en Russie et en Pologne dans les années 1860. Les États-Unis bénéficièrent pour leur part de l'afflux de migrants européens.

L'ère de la vapeur et de l'acier

La deuxième révolution industrielle se fit autour de nouvelles industries : la chimie, la construction mécanique et la production d'acier, qui décolla grâce au procédé Bessemer (voir encadré). Le chemin de fer assura une dynamique d'industrialisation continue. Outre qu'il permettait le transport des matières premières et des produits finis, il reliait des régions autrefois isolées et de développement hétérogène. Surtout, son financement exigeait une nouvelle approche de l'investissement : le passage du financement en nom propre à l'actionnariat (voir p. 276-277) ouvrit à l'industrie un accès plus large au capital. De même, le remplacement de la marine à voile par les navires à vapeur eut un impact considérable sur le commerce mondial. Matières premières et produits alimentaires pouvaient être achetés au fournisseur le moins cher ; le marché des biens manufacturés se développa de même. Les progrès en matière de communication, notamment l'invention du télégraphe et du téléphone (voir p. 344-345), permirent par ailleurs aux hommes d'affaires de réagir plus rapidement aux évolutions du marché. Ils purent aussi établir des relations avec des régions lointaines dont le destin était désormais intimement lié à celui des pays occidentaux.

APRÈS

Avant la locomotive à vapeur, la forme de transport la plus rapide était le cheval au galop. L'industrialisation mit fin à la domination de l'agriculture et du monde rural, au profit des usines et des villes. La société de consommation était née.

LA TROISIÈME VAGUE

Après la deuxième révolution industrielle, en Belgique, en Allemagne et aux États-Unis, la croissance économique fut ralentie par une **dépression mondiale**. La sortie de crise eut lieu à la faveur d'une **troisième vague d'industrialisation**, à partir des années 1890, qui toucha notamment la Russie, la Suède, la France, l'Italie et le Japon. Alors que la première vague était centrée sur le textile et la sidérurgie, la deuxième sur la construction et l'acier, la troisième vit l'émergence des **industries chimique**, **électrique**, **automobile** mais aussi de l'**armement**.

PISTOLET LUGER

LA COURSE À L'ARMEMENT

Bessemer inventa son procédé de fabrication de l'acier (voir encadré) après que les Français se furent plaints que les obus qu'il avait mis au point étaient **trop puissants** pour leurs canons en fonte. Le développement de l'acier favorisa une course à l'armement qui allait transformer à jamais la guerre : **armes légères et lourdes** furent désormais **produites en masse**.

DES SIGNES DE MAUVAIS AUGURE

La **domination industrielle de l'Allemagne**, à la fin du XIXe siècle, incita ses voisins, gagnés par l'inquiétude, à accélérer leur industrialisation. La France, la Russie et l'Italie investirent dans l'**industrie de l'armement**, la Russie améliorant son réseau ferré pour pouvoir acheminer des troupes sur ses frontières.

INVENTION

LE PROCÉDÉ BESSEMER

Le développement de la production d'acier caractérisa la deuxième phase de la révolution industrielle. Jusqu'alors, les ingénieurs utilisaient de la fonte (résistant à la compression) ou du fer puddlé (résistant à la tension).
Le 17 octobre 1855, le métallurgiste anglais Henry Bessemer déposait le brevet d'un procédé consistant à insuffler de l'air froid dans la fonte en fusion, à l'intérieur d'un « convertisseur Bessemer ». La teneur en carbone de l'acier obtenu était réduite, ce qui en faisait un produit plus résistant, aux usages multiples.

AVANT

La guerre de 1756-1763 intervint après un conflit de huit ans qui avait déjà impliqué en grande partie les mêmes puissances, mais pas toujours dans le même camp.

PALAIS DE SCHÖNBRUNN

LA SUCCESSION D'AUTRICHE
En 1740, la mort de l'empereur **Charles VI** déclencha une guerre en Europe. La France et la Prusse voulaient empêcher sa fille **Marie-Thérèse** de régner – depuis le palais d'été de Schönbrunn, à Vienne – sur les États des Habsbourg, et son époux, **François de Lorraine**, de devenir empereur romain germanique. En 1848, le traité d'Aix-la-Chapelle confirmait Marie-Thérèse et François sur leurs trônes respectifs mais laissait l'**Autriche affaiblie** face à la Prusse de **Frédéric II**, laquelle avait enlevé la riche Silésie aux Habsbourg au cours de la guerre. En fait, de nombreux litiges demeuraient irrésolus.

L'ÉMERGENCE DE LA PRUSSE
Avec l'annexion de la Silésie, la Prusse s'affirmait comme un **nouvel acteur majeur** sur la scène européenne. La France, son alliée, n'avait rien gagné dans le conflit et s'estimait trahie par la paix séparée conclue par Frédéric II.

UN CONFLIT COLONIAL
Se combattant en Europe, la France et la Grande-Bretagne continuaient aussi à **se disputer l'hégémonie outre-mer**. En 1745, la seconde prit aux Français Louisbourg, sur l'île canadienne du Cap-Breton, mais perdit l'année suivante Madras, en Inde. Chacune des deux puissances récupéra ses possessions à la faveur du **traité d'Aix-la-Chapelle**, mais la **rivalité demeurait intacte**.

Premier conflit mondial

De 1756 à 1763, les grandes puissances européennes se firent la guerre, non seulement sur le continent européen mais aussi en Amérique et en Asie. La guerre de Sept Ans constitua ainsi la première ébauche d'un conflit mondial. Elle donna naissance à un Empire britannique véritablement planétaire.

La guerre de la Succession d'Autriche prit fin, en 1748, sans résolution véritable des antagonismes européens (voir AVANT). La France et la Grande-Bretagne continuaient de se disputer leurs possessions outre-mer tandis que l'Autriche œuvrait pour récupérer la Silésie, prise par Frédéric II de Prusse (voir encadré) en 1740.

Cette paix incertaine se prolongea jusqu'en 1756. La signature d'un traité par lequel la Prusse et la Grande-Bretagne s'engageaient à protéger l'État allemand du Hanovre (la maison de Hanovre étant détentrice de la couronne britannique depuis 1714) conduisit Marie-Thérèse à mener une « révolution diplomatique » : elle s'allia avec la France, ancienne ennemie, et renforça les liens avec l'impératrice Élisabeth de Russie. En août, Frédéric II de Prusse prenait l'initiative de l'attaque en envoyant 70 000 hommes contre la Saxe, prise en étau entre Prusse et Autriche.

Hostilités sur plusieurs continents

Le conflit prit des dimensions planétaires avec les combats opposant Français et Britanniques en Amérique et en Orient. Dès 1754, les alliés respectifs de l'Autriche et de la Prusse s'affrontaient militairement pour le contrôle de la vallée de l'Ohio. En 1756, les Français occupèrent Port-Mahon, aux Baléares. En Inde, la guerre éclata après que les Français eurent conclu une alliance avec le nawab de Bengale qui avait pris possession, l'année précédente, des comptoirs britanniques dans cette région : en mars 1757, les Britanniques enlevaient en représailles le comptoir de Chandernagor aux Français.

La France chassée d'Amérique

En juin 1757, Frédéric II, battu par les Autrichiens à Kolin, se retrouva cerné par ses ennemis ; il décida de les attaquer un par un. Il infligea une sévère défaite aux Français à Rossbach, en Saxe, en novembre, puis aux Autrichiens en Silésie, en décembre, avant de battre les Russes à Zorndorf, en août 1758. En Inde, après que le général britannique Robert Clive

ROI DE PRUSSE (1712-1786)

FRÉDÉRIC II

Frédéric II le Grand, devenu roi de Prusse en 1740, peut être considéré comme l'archétype du despote éclairé du XVIIIe siècle (voir p. 271). S'il entendait exercer un pouvoir absolu, il voulait que cela fût pour le bien de ses sujets. Il mena une politique de tolérance religieuse, abolit la torture longtemps utilisée au service de l'État et le servage dans les domaines de la couronne. Dirigeant compétent, homme cultivé, il fut un acteur brutal dans le jeu européen, autant qu'un brillant commandant militaire. Sous son règne, la Prusse s'éleva au premier rang des puissances continentales.

«À la fin, Dieu aura pitié de nous et **écrasera ce monstre.**»

MARIE-THÉRÈSE D'AUTRICHE, PARLANT DE FRÉDÉRIC II, 1757

(voir p. 352-353) eut mis en déroute l'armée du Bengale appuyée par les forces françaises, à Plassey, en juin 1757, la Royal Navy s'employa à chasser les Français de ces côtes. En Amérique, où les succès français s'étaient succédé, James Wolfe renversa le cours des événements en prenant Louisbourg, en 1758, puis en défaisant le général Montcalm à Québec, capitale de la Nouvelle-France, en 1759. La même année, une armée anglo-prussienne battait les Français au Hanovre tandis que la marine française était écrasée au large de la Bretagne.

La perte par les Français de Montréal, en 1760, et de Pondichéry, l'année suivante, scella la fin de la guerre, malgré l'entrée en jeu de l'Espagne aux côtés de la France en 1761. L'arrivée sur le trône de Russie de Pierre III, fervent admirateur de Frédéric II, précipita la paix. En 1763, le traité de Paris consommait la fin du premier empire colonial français : la France cédait à la Grande-Bretagne la plupart de ses possessions en Amérique du Nord, dont la Nouvelle-France et l'Acadie et tous les territoires à l'est du Mississippi, ainsi que tous ses forts en Inde. La Louisiane revenait à l'Espagne, en contrepartie de la Floride, cédée à la couronne britannique. La Grande-Bretagne était désormais à la tête d'un vaste et puissant empire.

La bataille de Zorndorf
Le 25 août 1758, Frédéric II de Prusse mit les Russes en déroute à Zorndorf, dans l'ouest de la Pologne. Mais cette bataille fut très coûteuse pour l'armée prussienne, qui s'en trouva réduite de moitié.

APRÈS

La Grande-Bretagne sortit victorieuse de la guerre de Sept Ans, mais fragilisée.

LA GUERRE D'INDÉPENDANCE AMÉRICAINE
La **France prit sa revanche** en aidant, à partir de 1776, les insurgés américains en guerre contre la Grande-Bretagne **298-299 »**.

LA NAISSANCE DU RAJ BRITANNIQUE
À la fin des années 1830, la Grande-Bretagne, désormais sans rivale sur le sous-continent indien, avait **conquis le Bengale et le Bihar**, à l'est, et dominait la plus grande partie du **centre et du sud de l'Inde 352-353 »**.

INDE COLONIALE

LA POLOGNE
La Pologne indépendante fut une **victime indirecte** de la guerre de Sept Ans. Ce pays se vit partagé entre Prusse, Autriche et Russie, après 1772. En 1795, elle fut littéralement digérée par ses trois grands voisins. L'État polonais ne ressuscita pas avant 1918.

AVANT

Au fil du XVIIIe siècle, les habitants des colonies britanniques en Amérique tolérèrent de plus en plus mal d'être gouvernés depuis l'Europe sans que leur voix fût entendue.

LE COÛT DE LA GUERRE
Si la guerre de Sept Ans **« 296-297** permit à la Grande-Bretagne d'étendre ses possessions en Amérique du Nord, son coût fut élevé. Le sentiment prévalait que les colons n'avaient pas payé leur part.

LE TON MONTE
Les **lois adoptées** pour alimenter le Trésor britannique irritèrent les colons, dont le slogan devint : « **Pas d'imposition sans représentation** ». La loi de 1765 imposant un droit de timbre sur les documents officiels, les livres et cartes à jouer, provoqua des émeutes. En 1773, des Bostoniens déguisés en Amérindiens s'introduisirent sur des navires à l'ancre dans le port de Boston et jetèrent leur cargaison de thé, lourdement taxée, par-dessus bord.

LA « TEA PARTY » DE BOSTON

DES LOIS INTOLÉRABLES
En 1774, le Parlement britannique vota plusieurs lois visant à restaurer l'ordre en Amérique du Nord. Ces textes, qualifiés d'intolérables, **unirent les colonies dans un regain de contestation**. Des chefs déterminés émergèrent qui dénonçaient comme illégale la politique britannique et incitaient les colons à l'action.

La **Déclaration d'indépendance américaine**

Jusqu'à la fin du XVIIIe siècle, l'Europe et ses colonies furent gouvernées par des monarchies. La Déclaration d'indépendance américaine, proclamant la république et instituant le gouvernement du peuple par le peuple, sapa l'ordre ancien.

La guerre qui éclata en 1775 entre les colonies d'Amérique du Nord et la Grande-Bretagne fut l'aboutissement prévisible d'années de tensions (voir AVANT). Le 19 avril 1775, le général Thomas Gage, commandant des forces britanniques en Amérique du Nord, envoyait ses troupes saisir les armes et les munitions cachées par les milices américaines à Concord, à quelques kilomètres de Boston. Les soldats britanniques se heurtèrent à des miliciens à Lexington, dans le Kentucky. L'origine du premier coup de feu demeure incertaine, mais il fut « entendu dans le monde entier ». Forcés au retrait, les Britanniques furent assiégés dans Boston. Lorsque les renforts arrivèrent, le 26 mai, Gage décida de prendre les collines surplombant la ville. La bataille de Bunker Hill, en juin 1775, fut un désastre : si les Britanniques parvinrent à enlever les positions dominantes, la moitié de leurs hommes furent blessés ou tués, et ils échouèrent à lever le siège de Boston. Le 15 juin, George Washington prenait le commandement de la nouvelle Armée continentale. Il entreprit aussitôt de transformer les milices en des troupes plus professionnelles. Le 2 mars 1776, ayant rassemblé 17 000 hommes et d'imposants stocks d'artillerie, il attaquait les troupes britanniques bloquées dans Boston. Ces dernières durent évacuer la ville et se retirer à Halifax, en Nouvelle-Écosse. Washington subit un sérieux revers avec la prise de New York par les Britanniques, en août. Toutefois, la cause des insurgés gagnait rapidement des partisans dans les colonies.

Les articles de la Confédération
Adopté en 1777 par le Congrès continental – assemblée réunissant des délégués des 13 États –, entré en vigueur en 1781, ce document organisait les relations entre ces États nouvellement indépendants.

L'indépendance

La rupture définitive avec la Grande-Bretagne intervint le 4 juillet 1776 lorsque les délégués des treize colonies, réunis à Philadelphie, approuvèrent la Déclaration d'indépendance. « La vie, la liberté et la recherche du bonheur » étant des « droits inaliénables », stipulait le texte, « toutes les fois qu'une forme de gouvernement devient destructrice [de ces droits], le peuple a le droit de la changer ou de l'abolir et d'établir un nouveau gouvernement ». Due pour l'essentiel à Thomas Jefferson (voir encadré), la Déclaration d'indépendance rencontra un écho tel qu'un accord de paix avec les Britanniques n'était plus guère envisageable. La réputation de Washington fut renforcée par deux importantes victoires, à Trenton, le 26 décembre 1776, et à Princeton, le 3 janvier 1777. Ces succès, auquel s'ajouta celui de Saratoga, en octobre 1777, devaient pousser la France de Louis XVI – qui aidait les insurgés en sous-main depuis 1776 – à sceller, le 6 février 1778, une alliance militaire avec les colonies. Désormais, les Américains ne combattraient plus seuls.

Les espoirs qu'entretenait encore la Grande-Bretagne s'éteignirent le 19 octobre 1781, quand Charles Cornwallis fut défait à Yorktown par les forces franco-américaines et capitula.

PRÉSIDENT AMÉRICAIN (1743-1826)

THOMAS JEFFERSON

Thomas Jefferson fut le troisième président des États-Unis, de 1801 à 1809. Figure intellectuelle majeure, il fut, à 33 ans, l'un des principaux rédacteurs de la Déclaration d'indépendance. Gouverneur de la Virginie en 1779, il entra dans le gouvernement de Washington comme secrétaire d'État, en 1789.

Jefferson défendait une union au sein de laquelle le gouvernement fédéral ne devait avoir que des pouvoirs limités ; le parti démocrate-républicain se forma sur cette position. Jefferson fut aussi le fondateur de l'Université de Virginie. Il mourut le jour du 50e anniversaire de la Déclaration d'indépendance.

« Mon Dieu ! **Tout est fini.** »

LORD NORTH, PREMIER MINISTRE DE GRANDE-BRETAGNE, APPRENANT LA CAPITULATION DES TROUPES BRITANNIQUES À YORKTOWN, 1781

La Déclaration d'indépendance
Le peintre John Trumbull a représenté ici le comité de rédacteurs de la Constitution, présentant le texte, le 4 juillet 1776, au Congrès continental et à son président (assis). Jefferson tient le document.

La naissance d'une nation

Après que les Britanniques se furent retirés, les loyalistes furent autorisés à rester aux États-Unis ; quelque 2 % d'entre eux préférèrent émigrer au Canada ou dans les Antilles.

Le gouvernement britannique accepta de reconnaître l'indépendance américaine, en échange d'un accord commercial mutuellement bénéfique. Le traité de Paris, signé en 1783, conférait aux nouveaux États-Unis d'Amérique le contrôle du « Vieux Nord-Ouest », région s'étendant des fleuves Ohio et Mississippi jusqu'aux Grands Lacs.

La question de l'esclavage menaçait déjà de diviser la nouvelle nation, mais la jeune République américaine était porteuse de grands espoirs politiques, inscrits dans les articles de la Confédération en 1777 puis dans la Constitution adoptée le 17 septembre 1787. Celle-ci affirmait que tous les hommes, étant nés égaux, avaient droit à une même voix dans le gouvernement du pays. La conduite des affaires étrangères et de la politique commerciale incombait au gouvernement fédéral. Le pouvoir législatif était organisé en deux chambres, le Sénat et la Chambre des représentants, formant le Congrès. Était instituée en outre une Cour suprême, chargée de veiller au respect de la Constitution. En 1789, George Washington fut élu premier président des États-Unis.

Bannière étoilée
Daté de 1830 environ, ce drapeau cousu main arborant 13 étoiles et 13 bandes est un hommage aux 13 colonies qui se révoltèrent contre les Britanniques.

APRÈS

Les États-Unis s'agrandirent rapidement. Mais le fossé croissant entre le Nord et le Sud déboucha sur une guerre civile.

L'EXPANSION

La nouvelle **nation s'agrandit** vers le sud et l'ouest. L'Ohio rejoignit l'Union en 1803, avant l'Indiana en 1816 et l'Alabama en 1819. En 1803, le président Jefferson acheta la Louisiane à la France (qui l'avait récupérée en 1800) **310 »**.

LA GUERRE DE 1812

La guerre anglo-américaine de 1812 fut la conséquence de la politique maritime de la Grande-Bretagne durant les guerres napoléoniennes. La marine britannique captura de nombreux bateaux américains dans le cadre du blocus imposé à la France et enrôla de force des marins américains. Le président James Madison voyait dans la guerre une **opportunité pour conquerir le Canada** et s'en servir pour négocier avec la Grande-Bretagne. Mais trois tentatives d'invasion du Canada échouèrent.

La guerre de 1812 fut toutefois la première étape d'un processus d'affirmation des États-Unis sur la **scène internationale**.

LA GUERRE CIVILE

Interdit dans les États du Nord, **l'esclavage demeurait en vigueur dans les plantations du Sud**. L'élection à la présidence de l'Union d'Abraham Lincoln **316-317 »**, qui avait affirmé son intention d'abolir cette pratique, provoqua la sécession de sept États esclavagistes du Sud qui formèrent, en 1861, les **États confédérés d'Amérique 314-315 »**. Quatre autres États les rejoignirent après que la guerre civile eut éclaté. **L'esclavage fut aboli** après la victoire de l'Union, mais Abraham Lincoln fut assassiné un mois après la fin de la guerre, dont l'économie américaine sortait bouleversée.

CASQUETTE D'OFFICIER CONFÉDÉRÉ

MOMENT CLÉ 14 juillet 1789 13 h 30-17 h 30

La prise de la Bastille

Durant l'été 1789, une révolution éclata en France. Dirigée principalement contre le despotisme de Louis XVI, elle eut de nombreuses autres causes. Un événement symbolisa l'effondrement du pouvoir royal face à la révolte du peuple : ce fut l'assaut donné contre la prison de la Bastille, le 14 juillet 1789.

Construite entre 1370 et 1383 pour défendre une porte de Paris, la Bastille devint, au début du XVIIe siècle, une prison pour les prisonniers de marque. Elle servait aussi d'arsenal. En 1789, l'édifice était défendu par 28 canons et 12 pièces d'artillerie plus modestes, une garnison de 82 « invalides » (des vétérans retirés du service actif) et 32 gardes suisses, appelés en renfort quelques jours plus tôt.

Le 14 juillet, la rumeur se propagea dans la capitale française que des troupes convergeaient sur la ville afin de mater l'insurrection parisienne, qui gagnait du terrain. En réaction, 600 à 1 000 émeutiers, munis d'armes volées à l'hôpital militaire des Invalides, se rassemblèrent devant la Bastille, avec l'intention de se saisir de son arsenal pour pouvoir défendre Paris.

Vers 10 h 30, une première délégation rencontrait le gouverneur de la Bastille, Bernard-René de Launay, pour lui demander de distribuer des armes au peuple. Une seconde délégation n'eut pas plus de succès. À 13 h 30, la foule avait perdu patience et envahi la cour extérieure, qui n'était pas défendue. Des coups de feu éclatèrent, sans qu'on sût bien de quel côté ils venaient. Vers 15 h, un détachement de 62 mutins des gardes-françaises arriva à la Bastille et dirigea deux canons contre les portes donnant accès à la cour intérieure. Les combats s'intensifiant, de Launay menaça de faire sauter la forteresse. La reddition des soldats de sa garnison le contraignit à ouvrir les portes.

À 17 h 30, le peuple prenait d'assaut la prison. Le gouverneur, emmené à l'Hôtel de Ville, fut massacré par les émeutiers, ainsi que deux officiers. Un autre défenseur de la Bastille et 98 assaillants moururent dans les combats, 73 autres insurgés furent blessés.

La nouvelle de la chute de la Bastille se propagea dans le pays, déclenchant d'autres soulèvements dans de nombreuses villes. En fait, c'était un symbole quasi vide de la tyrannie royale qui était tombé : seuls sept prisonniers y étaient détenus. Mais la signification de l'événement était ailleurs ; le pouvoir venait de passer de ceux qui discouraient du changement politique à ceux qui entendaient y parvenir par l'action directe.

Le sang a coulé
L'une des premières victimes de la prise de la Bastille fut son gouverneur, Bernard-René de Launay, que l'on voit ici, cerné par les soldats. La foule s'empara de lui et le mit à mort. Sa tête, tranchée, fut promenée au bout d'une pique dans les rues de Paris.

« C'était la **meilleure** des époques, c'était la **pire** des époques. »

CHARLES DICKENS, *UN CONTE DE DEUX VILLES*, 1859

« **AVANT**

Un siècle de guerres à l'étranger avait laissé la France, accablée, au bord de la faillite. Les années 1780 furent un temps de crise.

DES CAUSES IMMÉDIATES

Défaite par la Grande-Bretagne dans la **guerre de Sept Ans «296-297**, la France consentit de lourdes dépenses pour soutenir les insurgés américains pendant la **guerre d'Indépendance «298-299**. La réforme financière, en conséquence, devint une priorité politique. Sous l'Ancien Régime, la société française était divisée en trois états : le clergé, la noblesse et le tiers état. Les deux premiers, qui représentaient moins de 3 % de la population, possédaient près de 40 % des terres et étaient exemptés de l'impôt, lequel accablait la bourgeoisie – la classe moyenne – et surtout la paysannerie. La dénonciation de la tyrannie par les Lumières **«270-271** incita la bourgeoisie à revendiquer un rôle plus important dans le gouvernement du pays. De mauvaises récoltes (en 1788 et 1789), entraînant un quasi-doublement du prix du pain, exacerbèrent les tensions sociales.

LE SERMENT

LE SERMENT DU JEU DE PAUME

La noblesse bloquant les réformes économiques, Louis XVI convoqua les **états généraux**, assemblée réunissant le clergé, la noblesse et le tiers état. À l'ouverture de la session, en mai 1789, le tiers état ne parvint pas à obtenir le vote par tête qui lui aurait assuré la majorité ; le 17 juin, il se déclara **Assemblée nationale**, invitant le clergé et les nobles partisans de la réforme à le rejoindre. Empêchés le 20 juin de se réunir à Versailles, les députés du tiers état investirent la salle voisine du Jeu de paume et prêtèrent le serment de ne pas se séparer sans avoir donné une constitution à la France.

La Révolution française

La France, à la fin du XVIIIe siècle, fut le théâtre d'un bouleversement violent que contribuèrent à provoquer la banqueroute de l'État, les ambitions d'une bourgeoisie en plein essor, l'autorité vacillante du roi et le mécontentement populaire face à l'augmentation du prix du pain et à des impôts accablants.

La formation de l'Assemblée nationale, le 17 juin 1789 (voir AVANT), fut le premier pas vers le renversement de l'ordre établi. Le renvoi par Louis XVI de Jacques Necker, très populaire ministre des Finances, le 11 juillet, et la concentration de troupes autour de Paris incitèrent les Parisiens à s'armer. La prise de la Bastille (voir p. 300-301), le 14 juillet, constitua un revers symbolique pour les tenants de l'Ancien Régime et plaça Paris au cœur des événements, désormais gouvernés par la violence populaire.

La révolte gagna le pays ; des rumeurs folles couraient, alimentant la Grande Peur : les paysans s'attaquèrent aux intendants, aux percepteurs, aux seigneurs, brûlant les châteaux. Le 4 août, les députés de l'Assemblée nationale votaient l'abolition des droits féodaux et des privilèges (voir p. 190-191), balayant tout un système.

Le 5 octobre, des milliers de Parisiens, femmes en tête, excédés par la pénurie de pain et l'indécision royale, marchèrent sur Versailles et ramenèrent le roi et sa famille dans la capitale.

De 1789 à 1791, l'Assemblée nationale constituante adopta une série de réformes qui confirmaient l'effondrement de l'Ancien Régime, parmi lesquelles la « Déclaration des droits de l'homme et du citoyen », la réforme de l'armée, le découpage en 83 départements. La constitution civile du clergé, qui imposait aux ecclésiastiques de prêter serment à l'État, divisa l'Église et aliéna à la Révolution la paysannerie traditionaliste.

La première Constitution, votée en 1791, établissait la séparation des pouvoirs et le principe de souveraineté du peuple mais manifestait aussi la défiance des députés de la bourgeoisie envers celui-ci, le droit de vote étant conditionné par le revenu.

L'Assemblée était la tribune des clubs politiques – notamment les Cordeliers et les Jacobins – qui avaient fleuri en France, préfigurant les partis politiques.

En juin 1791, Louis XVI tenta de fuir pour rejoindre les troupes royalistes aux frontières de l'est. Il fut arrêté à Varennes et ramené à Paris. Il avait perdu la confiance du peuple.

Des menaces de toutes parts

En avril 1792, la France déclarait la guerre à l'Autriche et à la Prusse.

LA RÉVOLUTION FRANÇAISE
La Révolution française, de 1789 à 1795, bouleversa l'ordre politique et social de la France.

1789
- **9 juillet 1789 L'Assemblée nationale se déclare constituante**; elle exerce désormais la réalité du pouvoir.
- **11 au 14 juillet 1789** Le renvoi du ministre des Finances déclenche trois jours d'émeutes, culminant avec la **prise de la Bastille**.

1790
- **12 juillet 1790** La constitution civile du clergé place **l'Église**, déjà dépouillée de ses biens, **sous le contrôle de l'État**.
- **Juillet 1790** Les clubs politiques, notamment les Jacobins et les **Cordeliers**, exercent une influence croissante.

1791
- **20 juin 1791** Tentative de fuite de **Louis XVI**
- **3 septembre 1791 Première Constitution** française

1792
- **20 avril 1792** La France déclare la guerre à l'Autriche.
- **10 août 1792** Prise des Tuileries et emprisonnement de la famille royale
- **21 septembre 1792** Réunion de la Convention nationale. Proclamation de la **République française**.

1793
- **21 janvier 1793** Louis XVI est guillotiné.
- **11 mars 1793** Début de la **guerre civile** en Vendée. La veille, la création d'un Tribunal révolutionnaire a été votée.
- **6 avril 1793** Formation du Comité de Salut public
- **Mai-juin 1793** Élimination des Girondins par les Montagnards
- **5 septembre 1793** Début de la **Terreur**

1794
- **28 juillet 1794 Robespierre** et 21 de ses partisans sont guillotinés sans procès.

1795
- **5 mars 1795** La Prusse se retire de la guerre.
- **Avril 1795** Manifestations contre la cherté du pain à Paris
- **5 octobre 1795** Dernière insurrection royaliste, matée par Bonaparte
- **26 octobre 1795** Dissolution de la Convention; début du Directoire

C'était pour les Girondins, qui dominaient l'Assemblée, le moyen de détourner l'attention des Français des problèmes intérieurs. Une série de défaites militaires provoqua la panique à Paris, d'autant que le manifeste prussien de Brunswick menaçait sa population des pires représailles s'il était fait la moindre violence à la famille royale. Dans la nuit du 9 août, une Commune insurrectionnelle prit le contrôle de la capitale, et de fait, du pays. Le 10, à son instigation, les plus radicaux des Parisiens prenaient d'assaut les Tuileries, se saisissant du roi et de sa famille. L'Assemblée ne put que s'incliner et suspendre le roi. La Révolution se radicalisait, ce que confirma la nouvelle assemblée législative. Au lendemain de la victoire de Valmy, qui restaurait la confiance de la France révolutionnaire, la Convention nationale proclama la République française, le 21 septembre. En janvier 1793, elle déclarait Louis XVI coupable de « conspiration contre la liberté publique et d'attentats contre la sûreté de l'État ». Son exécution provoqua une onde de choc dans toute l'Europe.

« L'Incorruptible »
Maximilien Robespierre, avocat et homme politique, fit basculer la Révolution dans la dictature et la Terreur.

Contre la menace d'invasion étrangère, la Convention vota la levée en masse. L'enrôlement des hommes de 18 à 45 ans (par tirage au sort ou par désignation) leva cependant une armée contre-révolutionnaire en Bretagne et en Vendée. De part et d'autre, les atrocités devinrent le lot commun. Les difficultés militaires et économiques contribuèrent à l'instauration d'une juridiction d'exception, le Tribunal révolutionnaire, en mars 1793, et, le mois suivant, du Comité de salut public dont les figures dominantes parvinrent, le 2 juin, à éliminer les Girondins de la Convention, désormais aux mains des Montagnards, les plus radicaux des Jacobins.

La Terreur jacobine

Emmenés par Maximilien Robespierre, les Montagnards entendaient créer une « République de la vertu ». Le temps fut rythmé par un calendrier révolutionnaire; le système éducatif réformé pour produire d'honnêtes citoyens.

Le 5 septembre, la Convention mettait à l'ordre du jour la Terreur. La loi du 17 septembre des « suspects » établit son règne, fondée sur la dénonciation et la justice expéditive. En dix mois, quelque 20 000 « ennemis de la Révolution » furent exécutés en France. La victoire de Fleurus, remportée en juin 1794 sur l'Autriche, n'interrompit pas le cortège quotidien des guillotinés. Les excès de la Terreur coalisèrent les opposants à Robespierre, qui fut finalement arrêté; la pression de l'opinion publique entraîna un rejet des Jacobins, avant le retour à des politiques plus modérées. En octobre 1795, un Directoire de cinq membres fut institué pour diriger la France. Il dut faire face à la double opposition des royalistes et des Jacobins. Après l'annulation de deux élections, un coup d'État, en 1799, fit de Napoléon Bonaparte (voir p. 304-305) le seul maître de la France.

« La **vertu** sans laquelle la **terreur** est **funeste**; la terreur sans laquelle la **vertu** est **impuissante**. »

MAXIMILIEN ROBESPIERRE, 5 FÉVRIER 1794

L'exécution de Marie-Antoinette
Très impopulaire, la reine Marie-Antoinette ne fut guère pleurée quand elle fut guillotinée, le 16 octobre 1793, après avoir été jugée coupable de haute trahison par le Tribunal révolutionnaire.

IDÉES
LES DROITS DE L'HOMME

L'héritage le plus durable de la Révolution française est la Déclaration des droits de l'homme et du citoyen, adoptée le 26 août 1789. Inspiré notamment par les écrits politiques de John Locke et de Jean-Jacques Rousseau, ce texte audacieux proclame l'égalité des hommes en droits. Il revient au gouvernement et à la loi, expressions de la souveraineté du peuple, de protéger ces droits « naturels et imprescriptibles » que sont la liberté, la propriété, la sécurité mais aussi la résistance à l'oppression. Cette proclamation ayant valeur universelle a fondé les constitutions de nombreux pays. Il a inspiré la Déclaration universelle des droits de l'homme, adoptée en 1948 par les Nations unies.

LA DÉCLARATION DE 1789

APRÈS

La Révolution française et son esprit de « liberté, égalité et fraternité » inspirèrent des guerres d'indépendance bien au-delà des frontières de l'Europe.

L'IMPACT OUTRE-MER
En 1791, **Toussaint Louverture** prit la tête d'une **révolte d'esclaves** dans la colonie française de Saint-Domingue (Haïti), obtenant l'abolition de l'esclavage. À partir de 1810, le **nationalisme révolutionnaire** dressa l'Amérique latine contre la domination espagnole **318-319 »**.

UNE TRADITION FRANÇAISE
La Révolution établit en France une tradition d'insurrection populaire. La tentative de **Charles X** de restaurer l'Ancien Régime provoqua la révolution de 1830; l'incapacité de Louis-Philippe à entendre les aspirations à la réforme fut à l'origine d'une autre révolution, en 1848 **330 »**, laquelle se propagea en Europe. En 1871, une nouvelle insurrection parisienne, la **Commune de Paris**, était écrasée dans le sang. Plus pacifique, la révolte des étudiants, en 1968, faillit, en s'étendant, renverser le gouvernement de Charles de Gaulle.

ÉMEUTES DE 1968 À PARIS

UN MODÈLE RÉVOLUTIONNAIRE
Lénine **377 »** appliqua les concepts de **terreur révolutionnaire et d'armée citoyenne** pour faire face aux menaces d'invasion et de guerre civile, lors de la **révolution russe** **376-377 »**. On peut retrouver dans la Révolution culturelle chinoise **424-425 »** et la dictature des Khmers rouges, au Cambodge (1975-1979), de lointains échos de l'idée de **rebâtir une société sur les ruines d'un ancien régime**.

EMPEREUR DES FRANÇAIS Né en 1769 Mort en 1821

Napoléon Bonaparte

« **La mort n'est rien**, mais vivre vaincu et sans gloire, c'est mourir tous les jours. » NAPOLÉON BONAPARTE

Le futur empereur des Français naquit sous le nom de Napoleone di Buonaparte, dans une famille de la petite noblesse italo-corse. Gênes avait cédé la Corse à la France en 1768, l'année précédant sa naissance. À 9 ans, l'enfant apprit le français à l'école afin de pouvoir entrer à l'école royale militaire de Brienne-le-Château, en métropole, en tant que boursier, mais il garda toujours un fort accent italien. Très vite, ses aptitudes se révélèrent et, en 1784, il fut admis à l'École militaire royale de Paris, où il acheva un cursus de deux ans en seulement douze mois, brillant en mathématiques, en géographie et en histoire.

À seulement 16 ans, il fut reçu sous-lieutenant à l'examen de sortie.

Opportunités révolutionnaires

À la mort de son père, en 1785, Napoléon Bonaparte s'imposa comme le nouveau chef de famille, bien qu'il n'en fût pas le fils aîné. La situation en Corse monopolisa son attention pendant quelques années, au détriment de sa carrière. Ce n'est qu'après que sa famille eut dû quitter l'île, en raison de ses sentiments profrançais, que la France devint le terrain de ses ambitions. Formidable opportuniste, il sut saisir les chances d'avancement rapide offertes par la Révolution française (voir p. 302-303). Nommé général de brigade par les Jacobins, principal club politique révolutionnaire, à l'âge de 24 ans, il survécut à la chute de Robespierre et de ses amis et relança sa carrière en

Portrait de Napoléon
Napoléon Bonaparte faisait appel aux meilleurs des portraitistes de l'époque pour donner au peuple l'image qu'il voulait imposer de lui-même. Ce portrait de l'empereur fut peint vers 1807 par Paul (Hippolyte) Delaroche.

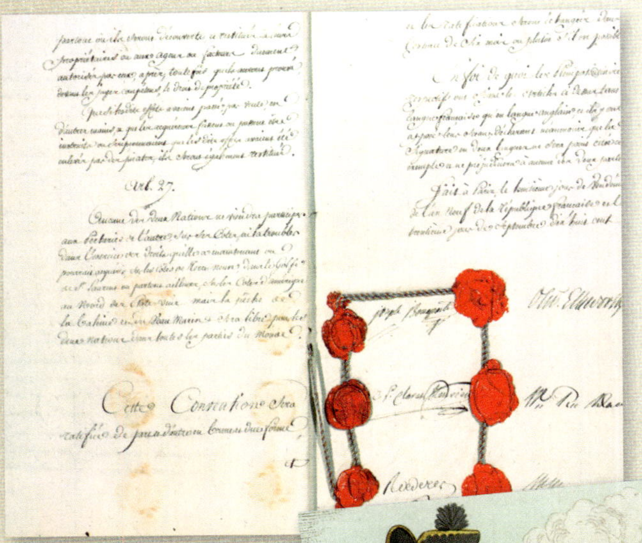

Conciliateur
Le 30 septembre 1800, le Premier Consul signait le traité de Mortefontaine, mettant fin à une quasi-guerre navale entre la France et les États-Unis, dont les intérêts dans la guerre continentale et le commerce maritime entraient en conflit.

Convoitises
Cette caricature de 1805, due au Britannique James Gillray, dénonce l'avidité des puissances européennes. On y voit le Premier ministre britannique, William Pitt le Jeune (1759-1806), et Napoléon Ier découper le globe, le Français se servant une tranche d'Europe, le Britannique prenant la moitié de la planète.

IDÉES

LE CODE NAPOLÉON

Le Code civil, ou Code Napoléon, rédigé entre 1800 et 1804, est l'un des héritages les plus durables de l'œuvre napoléonienne. Unifiant le droit français, il consacrait nombre des principes révolutionnaires, dont la liberté individuelle et l'égalité devant la loi. Mais il était aussi imprégné des vues patriarcales de Napoléon, défenseur des «valeurs familiales». Napoléon insista ainsi pour qu'y fut mentionné que «l'épouse doit obéissance à son mari». Le divorce était toutefois légalisé, mais difficile à obtenir.

EXEMPLAIRE DU CODE NAPOLÉON

Armoiries impériales
Les armoiries créées pour l'empereur faisaient référence à Charlemagne (la main de la justice, en ivoire) ainsi qu'à l'Empire romain (l'aigle).

La retraite de Russie
Pendant la retraite de Russie, en 1812, le maréchal Ney (au centre) resta avec l'arrière-garde pour protéger ce qui restait de la Grande Armée.

«Toute la **vie,** civile, politique et militaire de **Bonaparte**, fut une **duperie**.»

DUC DE WELLINGTON, VAINQUEUR DE WATERLOO, 1835

réprimant l'insurrection royaliste contre la Convention nationale, en octobre 1795. Entre 1793 et 1815, la France eut à combattre toutes les grandes puissances européennes, réunies ou non en coalition (voir p. 306-307). Une fois Bonaparte promu chef de l'armée d'Italie, en mars 1796, il n'y eut plus de retour en arrière. Ressuscitant des troupes moribondes, il remporta une spectaculaire série de victoires, contraignant l'Autriche à abandonner l'Italie, ce qui fit de lui un héros pour les Français.

Pouvoir suprême

Mais Bonaparte ne se satisfaisait pas d'être reconnu comme le meilleur des généraux. Seul le pouvoir suprême pouvait combler ses grandioses ambitions. Le chef militaire fut appelé à soutenir le coup d'État visant à renverser le Directoire en 1799; l'homme politique parvint aisément à obtenir la prééminence au nouveau gouvernement, comme Premier Consul. Le pouvoir absolu, impérial, lui fut acquis en 1804. Dur à la tâche, Napoléon gouverna avec intelligence, réformant en profondeur le droit et la justice, l'administration et l'éducation et favorisant l'essor de l'économie. Il tenait son inspiration d'un sens certain de son destin et croyait à l'image qu'il s'était fabriquée et entretenait soigneusement : celle du sauveur de la France, lointain successeur de Charlemagne (voir p. 188-191).

Un génie militaire

Napoléon Bonaparte souhaitait la paix – selon ses propres termes –, mais il fut en guerre durant tout son règne. Il prouva à maintes reprises son génie militaire, faisant manœuvrer rapidement d'énormes armées pour engager l'ennemi dans des batailles décisives. Ce type de stratégie était coûteux en hommes. Bonaparte n'en était pas moins très populaire auprès de ses soldats, que sa présence sur le champ de bataille galvanisait. Il savait faire bon usage des titres et décorations – dont la Légion d'honneur, qu'il créa – pour récompenser et encourager l'effort.

La chute

S'il possédait des qualités, l'homme avait incontestablement des défauts. Il était ainsi enclin au mensonge et à la duplicité pour déguiser ses desseins ou valoriser son rôle dans les batailles. L'arrogance et l'excès d'ambition causèrent sa chute. L'invasion de la Russie, en 1812, démontra qu'il n'appréciait plus aussi justement la situation. Défait à Waterloo, en 1815, il passa la fin de son existence en captivité à Sainte-Hélène, une île de l'Atlantique. Il s'y consacra à servir son image, rédigeant ses mémoires. Il laissait une légende mais pas la dynastie impériale qu'il avait espéré fonder.

Portrait mortuaire
Horace Vernet a peint Napoléon Ier sur son lit de mort avec la couronne de lauriers d'un empereur romain et des attributs chrétiens. En dépit des soupçons d'empoisonnement, le prisonnier de Sainte-Hélène fut plus probablement victime d'un cancer de l'estomac.

CHRONOLOGIE

- **15 août 1769** Naissance à Ajaccio, en Corse
- **1779-1784** Formation à l'école militaire
- **Septembre 1785** Sort sous-lieutenant d'artillerie de l'École royale militaire de Paris.
- **1791-1793** Lieutenant-colonel de la garde nationale d'Ajaccio
- **Juin 1793** Fuit la Corse avec sa famille.
- **10 août 1794** Brièvement emprisonné pour ses liens avec les Jacobins, après la chute de Robespierre
- **5 octobre 1795** Mate une insurrection royaliste à Paris. Le Directoire le nommera ensuite commandant de l'armée de l'Intérieur.
- **9 mars 1796** Épouse Joséphine de Beauharnais.
- **Mars 1796-avril 1797** Commandant de l'armée d'Italie, il remporte une série de victoires sur l'Autriche et le Piémont, en Italie.
- **Mai 1798-août 1799** Conduit la campagne d'Égypte à la tête de l'armée d'Orient.
- **9 novembre 1799** De retour en France, il prend part au coup d'État du 18 Brumaire qui établit le Consulat; en décembre, il concentre presque toute l'autorité entre ses mains, en tant que premier consul.
- **14 juin 1800** Défait l'armée autrichienne à Marengo, en Italie.
- **24 décembre 1800** Échappe à un attentat royaliste.
- **2 août 1802** Il est proclamé consul à vie.
- **2 décembre 1804** Se couronne lui-même empereur des Français, en présence du pape Pie VII, en la cathédrale Notre-Dame de Paris.
- **2 décembre 1805** Défait les forces austro-russes à Austerlitz.
- **14 octobre 1806** La Grande Armée bat la Prusse à Iéna et Auerstadt.
- **15 juillet 1809** Divorce de Joséphine; il épousera l'archiduchesse Marie-Louise d'Autriche en mars 1810.
- **20 mars 1811** Naissance d'un fils, titré roi de Rome par son père.
- **Juin 1812** Envahit la Russie mais doit battre en retraite en octobre.
- **16 au 19 octobre 1813** Défait à Leipzig par les forces coalisées de la Prusse, de la Russie, de la Suède et de l'Autriche
- **6 avril 1814** Abdique après l'occupation de Paris par les Alliés (Prusse, Russie et Autriche); il est exilé sur l'île d'Elbe, en Méditerranée.
- **21 mars 1815** Échappé de l'île d'Elbe, il entre dans Paris, précédé par les troupes restées fidèles.
- **18 juin 1815** Battu à Waterloo, en Belgique, par les armées britanniques et prussiennes
- **15 juillet 1815** Se rend aux Britanniques.
- **5 mai 1821** Meurt en captivité sur l'île de Sainte-Hélène.

MONNAIE FRANÇAISE À L'EFFIGIE DE NAPOLÉON

Les **guerres napoléoniennes**

Entre 1805 et 1815, les armées de Napoléon Ier conquirent la plus grande partie de l'ouest de l'Europe, créant un empire de 44 millions de sujets. La défaite de Trafalgar mit fin au projet d'invasion de la Grande-Bretagne. L'obsession de conquête de Napoléon Ier devait le conduire à la désastreuse campagne de Russie. Il fut défait définitivement à Waterloo, en 1815.

AVANT

En 1792, la France devenait une république ‹‹ 302-303. Le pays était déjà en guerre contre les puissances européennes.

SABRE DE NAPOLÉON

GUERRES RÉVOLUTIONNAIRES

Les guerres révolutionnaires, entre 1792 et 1802, furent initialement menées pour protéger les frontières françaises, et la Révolution, contre les autres puissances européennes. Mais elles débouchèrent sur la **levée d'une armée de citoyens**, une politique de conquête et la mise en place d'une économie de guerre – toutes choses qui favorisèrent la montée au pouvoir de **Napoléon Bonaparte** **‹‹ 304-305**.

LA MONTÉE DE BONAPARTE

Un temps en disgrâce après la chute de Robespierre, Bonaparte se racheta en écrasant le dernier soulèvement royaliste à Paris, en octobre 1795, puis en menant une **éclatante campagne militaire** en Italie. Il fut accueilli en héros à son retour à Paris, en 1797. Après une nouvelle campagne, en Égypte, moins glorieuse mais tout aussi populaire, en 1799, il s'empara du pouvoir à la faveur du **coup d'État du 18 Brumaire**.

Parvenu au pouvoir, Napoléon Bonaparte se comporta en despote éclairé (voir p. 270-271). Tout en consolidant certains acquis de la Révolution et en réformant durablement la France, il établit une dictature, appuyée sur un réseau policier, réduisant au silence ses opposants politiques.

Après avoir échappé à un attentat, en 1800, il présenta habilement ses ambitions dynastiques comme un moyen de prévenir toute tentative de restauration des Bourbons – la maison ayant régné sur la France de 1589 à 1792. En 1804, il se couronna lui-même empereur des Français, la présence et la bénédiction du pape sanctifiant sa position.

L'édification d'un empire

De 1805 à 1815, les armées napoléoniennes affrontèrent sept coalitions européennes. Les forces russo-autrichiennes perdirent en 1805 à Austerlitz, dans l'actuelle République tchèque ; les Prussiens subirent une défaite en 1806, à Iéna, en Allemagne. Les Russes furent vaincus en 1807 à Friedland, sur leur propre territoire, ce qui les contraignit à signer la paix. En 1812, la France étendait sa domination sur 130 régions administratives.

Napoléon eut moins de succès outre-mer. En 1803, il abandonna les prétentions françaises en Amérique en vendant la Louisiane aux États-Unis (voir p. 310-311). Aux Antilles, la prospérité des planteurs et la domination française furent mises en péril par des révoltes d'esclaves et des interventions étrangères, même si seule Saint-Domingue (actuelle Haïti) obtint son indépendance, en 1804.

Au cours d'une première phase d'expansion, entre 1800 et 1807, l'empire napoléonien incorpora les Pays-Bas (Provinces-Unies et Belgique), le Piémont italien et l'ouest de l'Allemagne. En 1806, le Saint Empire abattu, Napoléon Ier réalisait la première unification de l'Allemagne en créant la Confédération du Rhin, réunissant 39 États, dont la Bavière et la Saxe. Cet empire allait vivre au rythme des réformes napoléoniennes, le Code civil notamment y étant introduit.

Après 1807, s'ajoutèrent d'autres conquêtes, dont le sud de l'Italie, l'Espagne, le nord de l'Allemagne, la Slovénie et une partie de la Croatie ainsi que les terres polonaises reprises aux Russes. Talleyrand, roué ministre des Relations extérieures, avertit à plusieurs reprises l'empereur

La bataille de Trafalgar
Le 21 octobre 1805, l'amiral britannique Horatio Nelson coula 22 navires français et espagnols lors d'une bataille maritime décisive pour le cours des guerres napoléoniennes.

des dangers d'une expansion trop ambitieuse. De fait, ces régions rejetèrent souvent l'influence de la France. Napoléon, cependant, était obsédé par l'idée de restaurer l'Empire romain : il lui fallait asseoir sa domination sur l'Italie et conquérir la Grande-Bretagne. Dans le même temps, un caractère de plus en plus dictatorial le portait à des erreurs de jugement.

En renversant la dynastie des Bourbons en Espagne pour placer sur le trône son frère Joseph, il souleva les Espagnols et dut faire face à une désastreuse guerre qui dura de 1808 à 1813.

Fatales défaites

La destruction de deux flottes françaises par l'amiral Nelson, commandant la flotte britannique, à Aboukir, en Égypte, en 1798, puis à Trafalgar, au large de l'Espagne, en 1805, fit sombrer les

L'Empire napoléonien
En 1812, à son apogée, l'Empire napoléonien comptait 44 millions de sujets, les uns directement gouvernés depuis Paris, les autres par des dirigeants acquis à Napoléon Ier.

LÉGENDE
- Territoires gouvernés directement depuis Paris
- État dépendant

espoirs napoléoniens d'envahir la Grande-Bretagne. L'empereur n'en persista pas moins dans son projet de ruiner son « ennemi le plus constant ». Pour assurer l'efficacité du Blocus continental, il entra en guerre contre le Portugal (1808-1813) et la Russie (1812), et dut combattre sur deux fronts. Contrainte de quitter Moscou, ravagée par les flammes, en octobre 1812, la Grande Armée fut décimée au cours de la retraite ; la campagne de Russie lui coûta au moins 400 000 hommes. La bataille des Nations, aux environs de Leipzig, en 1813, fut un nouveau coup dur, avant la défaite finale à Waterloo, en 1815, permise notamment par la conjonction des forces prussiennes et de l'armée alliée de Wellington, réunissant Britanniques, Néerlandais, Belges et Allemands.

IDÉES

LA LEVÉE EN MASSE

Entre 1792 et 1815, la levée en masse – assurée par la conscription à partir de 1798 – permit de recruter les 4 millions d'hommes qui participèrent aux campagnes de Napoléon Bonaparte (ci-dessous, la campagne d'Italie de 1796-1797). En 1805 et 1812, l'empereur leva une « Grande Armée » pour les campagnes d'Autriche et de Russie. La première comptait 200 000 hommes, la seconde plus de 600 000. Napoléon devait beaucoup à ses armées. On estime qu'un million de soldats environ périrent pour l'édification de son empire.

« L'**Histoire** n'est qu'une série de **mensonges** sur lesquels on s'accorde. » NAPOLÉON, *MÉMOIRES*, 1823

APRÈS

Réunis à Vienne en 1814-1815, les dirigeants européens définirent un nouvel équilibre des pouvoirs sur le continent.

L'EUROPE POST-NAPOLÉONIENNE
La plupart des monarchies héréditaires renversées par Napoléon furent restaurées, dans les frontières antérieures. En France, le **neveu de Napoléon** (ci-contre) devait régner en 1852. La Grande-Bretagne confirmait sa suprématie dans le monde.

NAPOLÉON III

MOUVEMENTS NATIONALISTES
Ignoré par le congrès de Vienne, le droit des peuples s'imposa : les mouvements nationaux triomphèrent en Serbie, en Grèce et en Belgique d'abord, avant les révolutions de 1848 qui débouchèrent sur l'unification de l'Italie (achevée en 1870) et de l'Allemagne (1871) 330-333 ».

LE RÊVE NAPOLÉONIEN
L'unification de l'Europe, amorcée avec l'introduction du Code Napoléon et du système métrique dans les pays sous la domination du premier Empire, fut reprise en 1957 avec la création de la CEE (aujourd'hui UE) 452-453 ».

HOMME POLITIQUE ET ABOLITIONNISTE Né en 1759 Mort en 1833

William Wilberforce

«Nous sommes **tous coupables**... dans ce **misérable** commerce.»

WILLIAM WILBERFORCE, DISCOURS À LA CHAMBRE DES COMMUNES, 1789

Né dans une famille anglaise aisée du Yorkshire, William Wilberforce grandit à une époque où l'esclavage était socialement accepté. À la mort de son père, en 1768, il dut aller vivre chez un oncle et une tante ; il découvrit auprès d'eux le méthodisme, courant évangéliste au sein de l'Église anglicane. Entré au Saint John's College de Cambridge, il y devint l'ami de William Pitt le Jeune, futur Premier ministre, et, avant même son diplôme, décida de mener une carrière politique. À l'automne 1779, il se fit élire député indépendant de sa ville natale de Kingston-upon-Hull, après avoir dépensé sur sa fortune personnelle 8 000 £ pour s'assurer les votes nécessaires.

Un parlementaire évangéliste

Vers 1784-1785, Wilberforce s'éloigna de la politique et entama une quête spirituelle, sous la direction de John Newton, recteur évangéliste de Saint Mary Woolnoth, à Londres, ancien marin qu'une expérience de capitaine de navire négrier avait conduit à militer contre l'esclavage. Décidé à œuvrer au service de Dieu, Wilberforce s'engagea auprès des « Saints de Clapham », un groupe de réformateurs sociaux recrutant parmi les évangélistes les plus influents. Au printemps de 1786, il revint à la Chambre des Communes, où son désir de promouvoir la morale chrétienne dans la vie privée et publique lui attira la méfiance des progressistes. En 1787, après plusieurs rencontres avec des abolitionnistes, il commença à se documenter abondamment sur l'esclavage, que sa foi nouvelle lui faisait réprouver. Contrairement à ce qui est souvent mentionné, il ne comptait toutefois pas parmi les membres fondateurs du Comité londonien pour l'abolition de la traite négrière et il ne participa à aucune de ses réunions avant juin 1791. En 1787, il refusa même de porter cette cause devant le Parlement. Il accepta plus tard cette mission « s'il n'y avait personne d'autre » pour s'en charger.

Membre du Parlement
Ce portrait de William Wilberforce date de l'époque où il essuyait régulièrement des échecs à la Chambre des Communes, dominée par le puissant lobby des planteurs des Antilles.

Saint John's College, à Cambridge
La deuxième cour du très réputé Saint John's College, à Cambridge, où Wilberforce entra en 1776. Il y décida de mener une carrière politique sous l'influence de son ami William Pitt le Jeune (1759-1806), futur Premier ministre.

Wilberforce confessa un jour « que les premières années qu'[il] avait passées au Parlement, il n'avait rien fait de bon, ne chérissant que sa propre distinction ». Il n'était pas rare qu'il y tienne des discours de trois heures. Et son idéal de charité chrétienne ne s'appliquait pas toujours à ses rivaux. Son attitude envers Thomas Clarkson, cheville ouvrière du mouvement abolitionniste, ne fut guère amicale, jusqu'à ses dernières années.

L'action parlementaire

Pourtant, au printemps 1791, ignorant les conseils de prudence, Wilberforce pressait les parlementaires d'abolir purement et simplement le commerce négrier. Ce fut un échec. Il ne se découragea pas et fut le premier défenseur de la cause abolitionniste lors du débat d'avril 1792 aux Communes, au cours duquel il devait prononcer un discours passé à la postérité (voir la citation). Ce fut une nouvelle défaite. Wilberforce persévéra, présentant chaque année, de 1795 à 1799, une loi d'abolition, rejetée avec la même régularité par le puissant lobby des planteurs antillais.

En janvier 1802, Wilberforce semblait désabusé : dans une lettre adressée à

La Chambre des Communes
William Pitt le Jeune, premier ministre britannique, s'adressant à la Chambre des Communes en 1793, un an environ après l'échec d'un débat majeur sur l'abolition de l'esclavage

L'abolition
Cette gravure du Britannique Joseph Collyer représente Britannia examinant la loi d'abolition du commerce d'esclaves, adoptée le 23 mars 1807.

«Afrique ! Afrique ! Tes **souffrances**… ont frappé mon cœur.»

WILBERFORCE, À LA CHAMBRE DES COMMUNES, 1792

Un symbole de la souffrance
L'image de cet Africain enchaîné et à genoux fut associée au mouvement abolitionniste.

Addington, Premier ministre depuis un an, il envisageait de renoncer au rôle « d'agent actif et dirigeant » de la lutte abolitionniste. Dans les années suivantes, il ne participa que de loin en loin aux réunions de la Société pour l'abolition de l'esclavage.

En 1807, une nouvelle proposition de loi contre la traite était présentée. Wilberforce ne s'exprima que brièvement et tardivement au cours du débat, la principale motion étant défendue par lord Howick, figure majeure de l'abolitionnisme qui renonça à la rhétorique pour aligner faits et chiffres. Howick emporta l'adhésion de la Chambre des Communes, qui vota, le 23 mars, la loi interdisant le commerce d'esclaves.

Le retrait de la vie publique

De plus en plus souvent, des malaises empêchaient Wilberforce d'assister à des débats qu'il pensait susceptibles d'être impopulaires. La rhétorique travaillait également contre lui. Le 29 juillet 1811, il se plaignait à un ami du traitement que lui réservait la presse, écrivant : « je suis souvent ignoré et plus souvent balayé par un bref compte-rendu de ce que j'ai dit… ». Le 8 septembre 1812, il annonçait son intention de renoncer à son siège de Kingston-upon-Hull. Un mois plus tard, il se faisait élire à Bramber, dans le Sussex. Il ne témoignait désormais plus aucun intérêt pour l'abolition de l'esclavage, et lorsque le débat fut sérieusement relancé, en 1823, il adopta une position de spectateur. Après qu'il eut été néanmoins convaincu de présenter, au nom des Quakers, une pétition appelant à l'abolition de la pratique dans tous les dominions britanniques, il écrivit dans son journal : « J'espère que Buxton ou Whitmore prendront en charge le sort des esclaves et me laisseront les aider quand ma santé médiocre et mes infirmités me le permettront. »

En juillet 1828, dans une lettre au nouveau champion de l'émancipation, Fowell Buxton, il commentait d'un ton acerbe les positions favorables à l'esclavage du duc de Wellington, mais il ne s'impliqua plus activement dans ce combat, si ce n'est en présidant symboliquement une réunion de la Société pour l'abolition de l'esclavage en 1830. Wilberforce mourut le 29 juillet 1833, sans avoir vu le vote de la loi d'émancipation des esclaves le 20 août, adoptée moins grâce au travail des abolitionnistes qu'en raison d'un soulèvement des esclaves à la Jamaïque, fin 1831.

ABOLITIONNISTE (1745-1797)

OLAUDAH EQUIANO

Né dans l'actuel Nigeria, Equiano relata son expérience d'esclave dans les colonies britanniques d'Amérique dans un récit publié en 1789, qui devait avoir un écho important. Capturé à l'âge de 11 ans, il fut déporté à La Barbade puis en Virginie, où un officier de la Royal Navy l'acheta, le rebaptisa Gustavus Vassa, en référence au roi de Suède, et lui apprit à lire et à écrire. Revendu, il fut emmené à Montserrat, aux Antilles, et put acheter sa liberté. Il gagna Londres en 1786 et s'engagea dans le mouvement abolitionniste. Il épousa une Anglaise en 1792. Il mourut cinq ans plus tard.

CHRONOLOGIE

- **24 août 1759** Naissance à Kingston-upon-Hull du troisième des quatre enfants de Robert et Élisabeth Wilberforce
- **1776** Entre à Saint John's College, à Cambridge, ayant obtenu deux bourses d'étude.
- **Septembre 1779** Remporte le siège de député de Kingston-upon-Hull après avoir déboursé plus de 8000 £ pour la campagne.
- **1784-1785** Période d'intense quête spirituelle. Il a pour conseiller spirituel John Newton, militant abolitionniste. Devenu un évangéliste fervent, il rejoint les Saints de Clapham.

JOHN NEWTON

- **22 mai 1787** Fondation par Thomas Clarkson du Comité londonien pour l'abolition de la traite
- **30 octobre 1787** Premier contact de Wilberforce avec le Comité londonien
- **1788** Obtient une maîtrise de lettres.
- **11 février 1788** Obtient de William Pitt le Jeune que la question de l'abolition du commerce négrier, guère populaire à cette époque, soit examinée par le Conseil privé de George III.
- **12 mai 1789** Premier discours important à la Chambre des Communes
- **19 avril 1791** Choisissant la confrontation, il présente une motion pour l'abolition totale à la Chambre des Communes. La motion est rejetée à une large majorité.
- **7 juin 1791** Première participation à une réunion du Comité londonien
- **2 avril 1792** Nie vouloir l'émancipation des esclaves. Nouvel échec des abolitionnistes lors d'un débat parlementaire
- **30 mai 1797** Épouse Barbara Ann Spooner, fille d'un propriétaire terrien, après deux ans de cour.
- **1802** Fonde la Société pour la suppression du vice.
- **23 mars 1807** Loi contre le commerce négrier examinée à la Chambre des Lords après le succès d'une motion présentée par lord Howick et sir Samuel Romilly
- **1812** Wilberforce renonce à son siège de Kingston-upon-Hull. Il est élu à Bramber, dans le Sussex.
- **18 mars 1823** Présente une pétition pour l'abolition de l'esclavage dans tous les dominions britanniques, au nom des Quakers.
- **11 juin 1823** Dernier discours à la Chambre des Communes
- **1825** Quitte le Parlement.
- **1830** Dernière apparition publique, pour une réunion de la Société pour l'abolition de l'esclavage
- **29 juillet 1833** Meurt à Londres et fait l'objet de funérailles nationales cinq jours plus tard.

Le recul de la frontière

Les États-Unis d'Amérique constitués en 1783 étaient en fait les États de la côte est. Dans le siècle qui suivit l'indépendance, cependant, la frontière recula toujours plus à l'ouest, sur ces terres qui semblaient sans limite, jusqu'à ce que l'Union étende son contrôle d'un océan à l'autre.

AVANT

Au XVIIIe siècle et au début du XIXe siècle, l'Espagne, la Grande-Bretagne, la France et la Russie revendiquèrent leur part de l'Amérique du Nord, sans considération pour les Amérindiens qui la peuplaient.

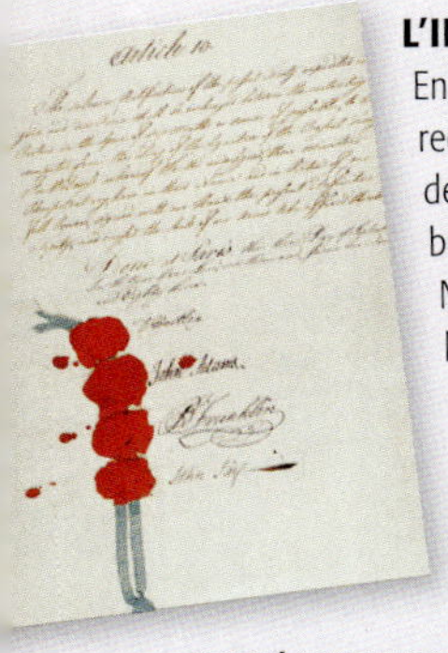

TRAITÉ DE PARIS

L'INDÉPENDANCE
En 1783, le **traité de Paris** reconnaissait l'indépendance des treize anciennes colonies britanniques d'Amérique du Nord **« 298-299** devenues les États-Unis d'Amérique.

LA DÉFINITION DES FRONTIÈRES
Le traité de Paris faisait passer la frontière avec le Canada britannique à travers les Grands Lacs. Au sud, la **Floride était rendue à l'Espagne** qui contrôlait également le territoire de Louisiane. Celui-ci fut rétrocédé à la France en 1800.

DE NOUVEAUX ÉTATS
En **1787**, **l'ordonnance du Nord-Ouest** organisait le territoire au nord-ouest du fleuve Ohio. Elle y prévoyait la création de nouveaux États à mesure de l'essor démographique, ce qui devait envenimer le conflit entre États-Unis et les Amérindiens. Le **traité de Greenville** mit fin à la guerre du Nord-Ouest, douze tribus acceptant de céder leurs territoires aux États-Unis ; elles furent déplacées plus à l'ouest.

Bison sacré
Ce crâne de bison peint était utilisé par les Blackfeet pour leur danse du Soleil. Le gouvernement américain encouragea l'extermination des bisons pour réduire les Indiens des Plaines en les affamant.

Esprit pionnier
Les chariots des colons transportaient tous leurs biens. Ils voyageaient souvent en convois pour mieux se défendre pendant la traversée des Grandes Plaines.

Interdite à l'est par l'océan Atlantique, l'expansion des États-Unis se fit naturellement vers l'ouest. Très vite, le nouveau pays s'agrandit au-delà du massif des Appalaches, les terres comprises entre ces montagnes et le fleuve Mississippi ayant été cédées aux Américains par les Britanniques à l'indépendance. Le Mississippi fut franchi après que la France eut vendu aux États-Unis, en 1803, l'immense territoire de Louisiane. Le président Jefferson confia à Meriwether Lewis, son secrétaire particulier, et William Clark la mission d'explorer ce territoire quasi inconnu. En mai 1804, l'expédition quittait Saint Louis pour remonter le Missouri. Les explorateurs, après avoir découvert la Prairie, franchirent les Rocheuses guidés par des Shoshone. Ils atteignirent la côte pacifique en novembre 1805. Le voyage avait été difficile, mais ils avaient rencontré des tribus amicales et accumulé les connaissances sur la nouvelle frontière.

Le partage des terres

Trois accords avec les Britanniques, en 1818, 1842 et 1846, fixèrent les frontières septentrionales. Au sud, la colonisation de la Floride s'intensifia après sa cession par les Espagnols en 1819. Après une première guerre avec les Séminoles, le gouvernement fit adopter, en 1830, une loi ordonnant le déplacement des Amérindiens au-delà du Mississippi. Entre 1838 et 1839 quelque 17 000 Cherokee, chassés de Géorgie par la découverte d'or, furent, les premiers, déportés dans le « territoire indien » (actuel Oklahoma) ; au moins 4 000 de leurs compagnons périrent sur la « piste des Larmes », victimes des maladies contractées dans les camps de déplacement ou morts de

La ruée vers l'or californien
La découverte d'or dans la basse vallée du Sacramento, en décembre 1848, fit affluer les prospecteurs en Californie. Ils arrivaient par la terre ou par la mer (après avoir contourné le cap Horn), en quête de fortune. Ci-contre, une batée d'orpailleur

MOMENT CLÉ

LE PREMIER CHEMIN DE FER CONTINENTAL

Le 10 mai 1869, à Promontory Point, dans l'Utah, s'opérait la jonction entre les 1 738 km des voies de l'Union Pacific Railroad et les 1 100 km de la Central Pacific Railroad. Leland Stanford, président de cette dernière compagnie, posa un clou en or pour symboliser la première ligne de chemin de fer transcontinental, reliant le Nebraska à la Californie. Plus de 20 000 hommes y avaient travaillé. On estime que 2 000 moururent, victimes de la violence du Far-West ou des Indiens, que l'arrivée du « cheval de fer » menaçait.

Immigrants américains
De 1892 à 1954, 12 millions de personnes passèrent par les services d'immigration d'Ellis Island, à New York, principale porte d'entrée aux États-Unis. Ceux qui étaient malades risquaient le renvoi dans leur pays.

« C'est notre **évidente destinée d'occuper le continent** alloué par la Providence pour y multiplier librement les millions chaque année. »

JOHN L O'SULLIVAN, *NEW YORK MORNING NEWS*, 27 DÉCEMBRE 1845

froid, de faim et d'épuisement au cours des marches forcées.

En 1836, le Texas se déclarait indépendant du Mexique. Son admission comme nouvel État, en décembre 1845, déclencha une guerre mexicano-américaine, qui déboucha trois ans plus tard sur l'intégration dans l'Union de la Californie, du Nevada, de l'Utah, de l'Arizona et du Nouveau-Mexique. En 1853, de nouvelles terres étaient acquises auprès du Mexique pour la construction d'une ligne de chemin de fer : l'achat Gadsden fixait la frontière sud. L'achat de l'Alaska à la Russie, en 1867, paracheva l'expansion continentale des États-Unis.

Terres d'opportunités

Tandis que la diplomatie et la guerre faisaient reculer les frontières, d'innombrables migrants colonisaient les nouvelles terres. Ouverte en 1841, l'éprouvante piste de l'Oregon, traversant les Rocheuses, voyait passer, à partir de 1844, 5 000 colons chaque année. En 1862, le Homestead Act accordait aux colons la propriété de 160 acres dès lors qu'ils travaillaient ces terres depuis au moins cinq ans. Le Nebraska, qu'une expédition militaire de 1820 avait décrit comme « absolument incultivable », vit affluer en quatre ans 72 000 personnes qui y bâtirent des maisons en adobe et y vécurent de la terre. Autre motivation, la découverte d'or en Californie, en 1848, y attira en un an 80 000 prospecteurs. D'autres prenaient le chemin de l'Ouest pour y chercher l'aventure ou y établir un commerce ou une entreprise.

Bon du Trésor
En 1867, le gouvernement américain concluait l'achat de l'Alaska avec la Russie. L'année suivante, il émettait des bons du Trésor comme celui-ci.

Avec le premier chemin de fer transcontinental, en 1869 (voir encadré), complété par trois autres lignes en 1883, l'Ouest s'ouvrit davantage ; bétail et céréales étaient transportés aisément vers les villes de l'Est. Le 29 décembre 1890, le massacre par la cavalerie américaine de 2 000 Sioux désarmés, à Wounded Knee, marquait la fin des guerres indiennes. Les États-Unis avaient surmonté tous les obstacles à l'occupation du continent.

APRÈS

Au XXe siècle, les États-Unis poursuivirent leur expansion, saisissant les occasions de prendre le contrôle de terres au-delà de leurs rivages.

PREMIÈRES PRISES
Après l'achat de l'Alaska, en 1867, les îles **Hawaii, Midway et Wake**, dans le Pacifique, furent annexées en 1898.

TOUJOURS PLUS LOIN
Porto Rico, Guam et les **Philippines** passèrent sous contrôle américain à la faveur d'une guerre avec l'Espagne, précipitée par l'**explosion du cuirassé *Maine*** dans le port de La Havane, en 1898. En 1899, les États-Unis s'assuraient, avec les **Samoa orientales**, une base pour leurs navires commerçant avec l'Asie. En 1917, les **îles Vierges** étaient achetées au Danemark pour protéger les routes maritimes en mer des Antilles.

LE CUIRASSÉ *MAINE*

QUELQUES DESSAISISSEMENTS
Les **Philippines accédèrent à l'indépendance en 1946**. Entre 1994 et 1996, trois archipels du Pacifique ouest, anciennement japonais et sous contrôle américain depuis 1945, devenaient à leur tour indépendants. En 1999, la **zone du canal de Panamá**, américaine depuis 1903, était rendue au Panamá.

45 **Nombre d'États de l'Union en 1900. Ils sont aujourd'hui 50.**

5 MASQUE KWAKIUTL

8 MASQUE CÉRÉMONIEL INUIT

6 CASSE-TÊTE DAKOTA

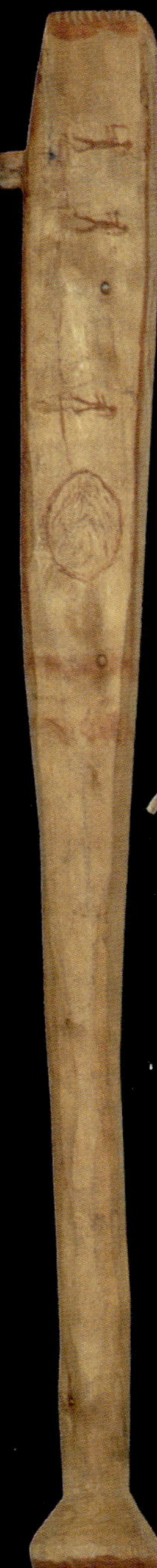

7 CASSE-TÊTE THOMPSON

9 PORTE-BÉBÉ PAIUTE

1 TOTEM HAIDA

3 BÂTON RITUEL ARAPAHO

4 COUTEAU DE COMBAT TLINGIT

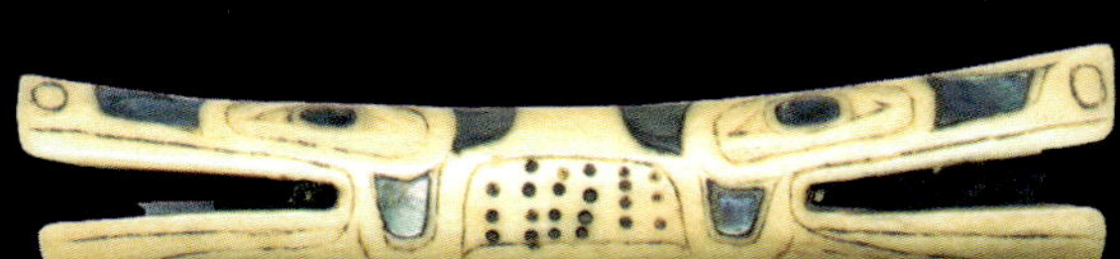

2 AMULETTE TSIMSHIAN

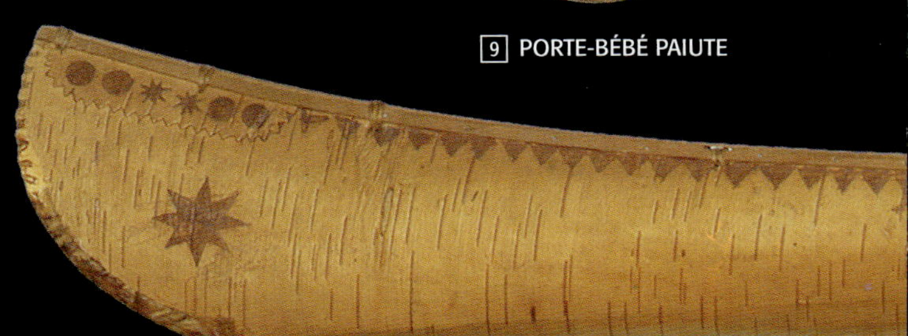

[10] FIGURINE DELAWARE

[11] FIGURINE MOHAVE

[12] POUPÉE *KACHINA* HOPI

[13] COLLIER MESQUAKIE EN GRIFFES D'OURS

[14] PILON SÉNÉCA ET MORTIER MOHAWK

[15] ULU INUIT

Cultures amérindiennes

Des agriculteurs de la fertile façade atlantique aux chasseurs de l'Arctique glacé, les peuples amérindiens étaient aussi divers que les milieux qu'ils occupaient. Leurs objets quotidiens révèlent leur capacité d'adaptation et la richesse de leurs cultures.

[1] **Totem haida**, sans doute érigé en l'honneur d'un chef décédé. [2] **Amulette tsimshian** en os ou en ivoire. Le chaman utilisait cet « attrape-âme » pour capturer l'âme d'une personne malade et la réintégrer dans son corps, ou y enfermer un esprit mauvais. [3] **Bâton rituel arapaho** utilisé pour la danse des Esprits exécutée par les peuples des Plaines à la fin du XIXe siècle. [4] **Couteau de combat tlingit**, lame en fer et manche en ivoire incrusté de nacre. [5] **Masque kwakiutl**. Il était fixé à la tête du danseur par des tendons tressés. En tirant des cordelettes passant par le bec, celui qui le portait se transformait d'aigle, esprit du clan ancestral, en homme. [6] **Casse-tête dakota**. Tige en fer-blanc, pierre taillée ornée d'une plume et de cheveux. [7] **Casse-tête thompson** en bouleau, utilisé pour la chasse au castor. [8] **Masque inuit**. Les femmes le portaient aux doigts lors des cérémonies pour souligner les mouvements fluides de leurs mains. [9] **Porte-bébé paiute**. La mère glissait l'anse en peau par-dessus sa tête. [10] **Figurine delaware** en bois. Cette figurine féminine était un esprit protecteur de la santé. À l'automne, les Delaware l'honoraient par un festin et des offrandes. [11] **Figurine mohave** portant les peintures des guerriers, vendue par les Mohave dans les gares au XIXe siècle. [12] **Poupée *kachina* hopi**, utilisée pour apprendre aux enfants à reconnaître les différents esprits, ou *kachina*. [13] **Collier mesquakie**, en griffes d'ours et fourrure de loutre, qui appartenait sans doute à un chef ou à un guerrier fameux. [14] **Pilon sénéca et mortier mohawk**, dont les femmes iroquoises se servaient pour piler le maïs. [15] **Ulu inuit**. Ce couteau, au manche en ivoire et à lame d'acier, servait aux femmes à découper les phoques et à gratter les peaux. [16] **Monnaie pomo**, constituée de coquillages échangés à des marchands du Nord et utilisée par les Pomos et de nombreux autres Indiens de Californie. [17] **Canoë malécite** taillé dans du cèdre blanc, recouvert d'écorce de bouleau blanc et étanchéifié avec de la résine d'épinette noire.

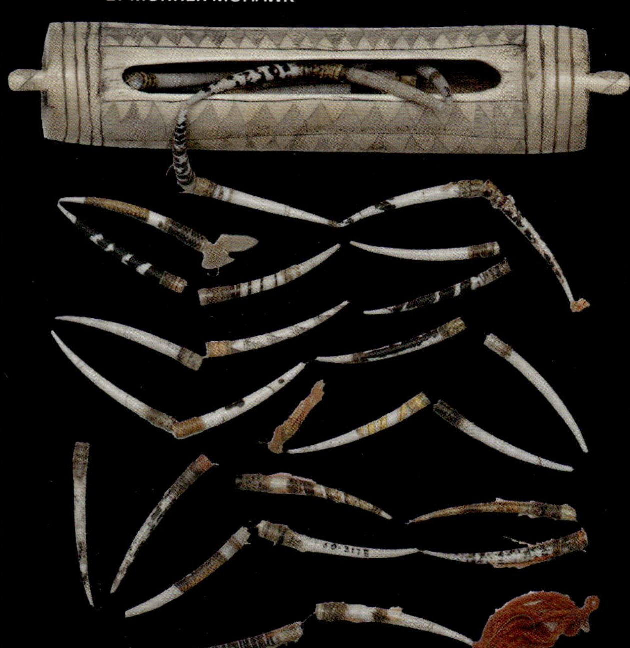

[16] MONNAIE POMO

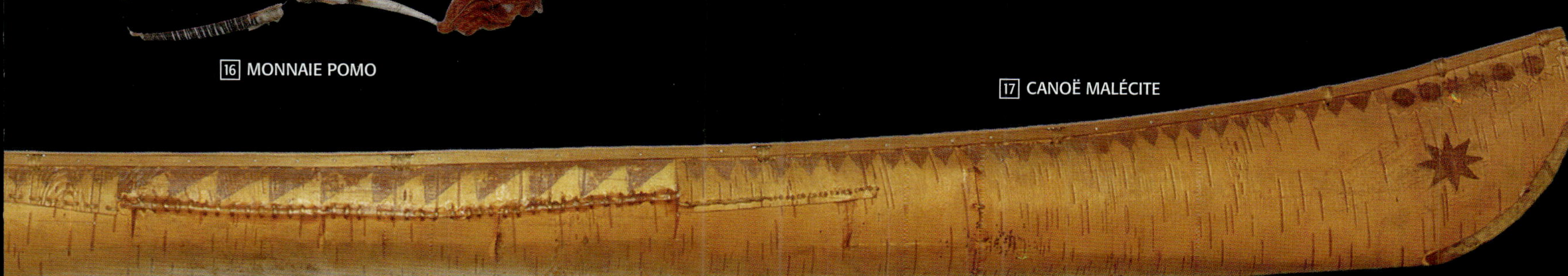

[17] CANOË MALÉCITE

AVANT

La guerre de Sécession fut le résultat d'années de conflits, entre le nord et le sud des États-Unis.

L'ESCLAVAGE

Dans les années qui suivirent l'indépendance **« 298-299**, d'autres territoires rejoignirent les treize premiers membres des États-Unis (plus simplement, **l'Union**). La Convention constitutionnelle de 1787 avait laissé la question de l'esclavage au **choix des États**. Ceux du Nord l'abolirent, ceux du Sud le maintinrent.

L'ANTAGONISME NORD-SUD

Le débat sur l'esclavage posait deux questions : celle du **droit de propriété**, garanti par la Constitution (l'esclave était-il un bien qu'on possédait?), et celle des **pouvoirs** respectifs de l'État fédéral et des États. L'équilibre entre États esclavagistes et États dits libres était fragile et recouvrait un clivage économique entre le **Sud** cotonnier, **libre-échangiste**, et le **Nord** industriel, plus **protectionniste**.

JOHN BROWN

LE COMPROMIS DU MISSOURI

Le compromis du Missouri fut adopté par le Congrès en 1820 pour que l'intégration de nouveaux États ne modifie pas l'équilibre entre États esclavagistes et États libres. Toutefois, de plus en plus de territoires libres souhaitaient entrer dans l'Union. En 1859, le militant abolitionniste John Brown mena un raid armé pour libérer des esclaves à Harpers Ferry, en Virginie. Les **États du Sud** se sentaient de plus en plus **menacés**.

La guerre de Sécession

En 1861, les États-Unis se déchirèrent sur l'esclavage. Il s'ensuivit une guerre civile qui tua des milliers de personnes et se prolongea jusqu'en 1865. Si la question qui avait provoqué la guerre fut finalement résolue, les traumatismes et la division perdurèrent longtemps.

Le catalyseur de la guerre fut l'élection à la présidence des États-Unis, en novembre 1860, du républicain Abraham Lincoln (voir p. 314-315). Lincoln était opposé à l'admission de nouveaux États esclavagistes dans l'Union et remporta les suffrages de tous les États libres (voir AVANT), à l'exception d'un seul. Les États du Sud donnèrent leurs voix au démocrate pro-esclavage, John Brekenridge. Le 20 décembre 1860, la Californie du Sud quittait l'Union, rejointe, en juin 1861, par dix autres États au sein d'une Confédération qui ne regroupait toutefois pas l'ensemble des États esclavagistes : le Kentucky avait choisi la neutralité, le Delaware, le Maryland et le Missouri demeuraient fidèles à l'Union, ainsi que la Virginie-Occidentale, née de l'éclatement de la Virginie.

Le 12 avril 1861, les canons confédérés faisaient feu contre la garnison de Fort Sumter, en Caroline du Sud. Trois jours plus tard, Lincoln demandait aux gouverneurs des États loyalistes d'envoyer 75 000 miliciens pour protéger la capitale, Washington. La guerre avait commencé.

Un pays divisé

La stratégie de la Confédération était simple : résister aux attaques des « yankees » jusqu'à obtenir la reconnaissance de son indépendance.

Le gouvernement de l'Union voulait réduire les sécessionnistes en bloquant leurs ports et en s'emparant de leur capitale, Richmond, en Virginie.

Les forces étaient inégales. L'Union, plus industrialisée, comptait 22 millions d'habitants pour 9 millions – dont 3,5 millions d'esclaves – dans la Confédération. Mais les confédérés avaient les meilleurs généraux. L'appel aux volontaires se révélant insuffisant, la Confédération introduisit la conscription en 1862 ; l'Union, l'année suivante. À la fin de la guerre, 50 % de la population de l'Union en âge d'être enrôlée avait été mobilisée, part portée à 75 % dans la Confédération. Les deux armées étaient blanches pour l'essentiel. Le Congrès refusa initialement de laisser combattre les Noirs libres ou les esclaves en fuite qui rejoignaient l'armée de l'Union (ils étaient cantonnés à des tâches secondaires) ; la loi fut toutefois modifiée après l'émancipation des esclaves proclamée par Lincoln, le 1er janvier 1863. Près de 200 000 Afro-Américains s'enrôlèrent. De nombreuses femmes de l'Union participèrent aussi à l'effort de guerre.

« La guerre est finie : les **rebelles** sont de nouveau nos compatriotes. »

ULYSSES GRANT, 1865

GÉNÉRAL AMÉRICAIN (1822-1885)

ULYSSES GRANT

Formé à l'académie militaire de West Point, Ulysses Grant quitta l'armée après quelques déboires en 1854. Sa formation, toutefois, lui valut de recevoir des galons de colonel lorsque la guerre de Sécession éclata. Grâce à ses premières victoires, servies par une tactique offensive, il fut promu, en 1864, commandant en chef des armées fédérales. En juillet 1866, il prenait la tête de l'armée des États-Unis. Il fut élu, en novembre 1868, à la présidence du pays, sous les couleurs républicaines. Ses deux mandats – jusqu'en 1877 – furent marqués par la corruption et les scandales.

La bataille de Gettysburg

Le nombre de victimes à Gettysburg a été estimé à plus de 46 000. Les morts – plus de 7 000 – furent abandonnés sur place. La guerre de Sécession constitua le premier conflit abondamment couvert par les photographes.

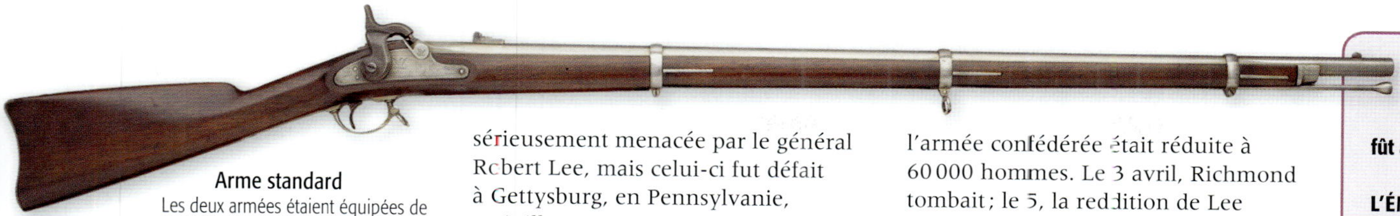

Arme standard
Les deux armées étaient équipées de ce fusil de calibre 58. La version utilisée au nord portait le nom de l'armurerie du Massachusetts qui la produisait : Springfield.

Victoires et défaites

Les premières années furent marquées par les succès des confédérés. À deux reprises, en juillet 1861 et en août 1862, les forces de l'Union furent battues par Jackson « Stonewall » à Bull Run, en Virginie, échouant à éloigner l'armée adverse de Washington. En 1863, la capitale fédérale était sérieusement menacée par le général Robert Lee, mais celui-ci fut défait à Gettysburg, en Pennsylvanie, en juillet 1863. Cette bataille de trois jours marqua le tournant de la guerre.

Ce même mois de juillet, le général unioniste Ulysses Grant (voir encadré) s'empara de Vicksburg, sur le Mississippi, coupant l'Arkansas, la Louisiane et le Texas du reste de la Confédération. À l'automne 1864, son homologue William Sherman progressait en Géorgie, en direction de la mer, avant de remonter vers les Caroline. Après de nouvelles victoires de Grant en Virginie, encore, l'armée confédérée était réduite à 60000 hommes. Le 3 avril, Richmond tombait ; le 5, la reddition de Lee marquait la fin de la guerre.

Le bilan

Ce fut la première guerre moderne. Les trains transportaient les troupes et le ravitaillement sur le front, les messages étaient télégraphiés, des navires cuirassés de métal combattaient pour la première fois, et chaque jour, photographes et journalistes rendaient compte du conflit dans les journaux. Les pertes humaines furent considérables : 360000 morts et 275000 blessés du côté de l'Union ; 258000 morts et 100000 blessés chez les confédérés. L'économie du Sud était ruinée.

En engageant la guerre, Lincoln voulait avant tout préserver l'Union. Il résista d'abord, pour cette raison, aux pressions des abolitionnistes et des officiers qui voulaient mettre au combat les affranchis et les esclaves en fuite. Puis il céda, par conviction autant que pour affaiblir le Sud. L'émancipation des esclaves, qu'il proclama sans pouvoir l'imposer et sans en avoir l'autorité constitutionnelle, fut le principal résultat de la guerre. Lincoln n'en vit pas les effets : victime d'un attentat, il mourut le 14 avril 1865.

Le 84e régiment
Ce drapeau était celui du 84e régiment d'infanterie, composé de soldats afro-américains. Y figure le nom de quelques-unes des batailles auxquelles le régiment participa, aux côtés de volontaires de l'Union.

Le drapeau confédéré
Le drapeau du 2e bataillon de la légion Hilliard d'Alabama fut troué à 83 reprises par les troupes de l'Union durant la bataille de Chickamauga, en Géorgie, en 1863.

APRÈS

Le pays fut réunifié, mais il fallut des années pour que l'émancipation fût acceptée.

L'ÉMANCIPATION

En 1865, le 13e amendement inscrivait dans la Constitution l'interdiction de l'esclavage sur tous les territoires soumis à la juridiction des États-Unis. Le 14e amendement, ratifié en 1868, garantissait la **citoyenneté aux anciens esclaves** nés aux États-Unis. Le 15e, en 1870, réaffirmait leur **droit de vote**. La discrimination raciale perdura toutefois jusque dans les années 1960.

PROCLAMATION D'ÉMANCIPATION, 1863

LA RECONSTRUCTION

Après la guerre, le Sud fut occupé par les troupes fédérales. De 1866 à 1877, le Congrès présida à sa «**reconstruction**». Les anciens officiels confédérés furent bannis de la fonction publique, les vétérans durent prêter serment à l'Union, les anciens États confédérés n'y furent réadmis qu'après avoir accepté le 14e amendement. Si des esclaves affranchis se présentèrent aux élections dans ces États, la création du Ku Klux Klan, défendant la suprématie des Blancs, en 1865, témoignait de la résistance de certains sudistes à l'émancipation.

16e PRÉSIDENT DES ÉTATS-UNIS Né en 1809 Mort en 1865

Abraham Lincoln

« Le gouvernement **du peuple, par le peuple, pour le peuple**, ne saurait être effacé de la Terre. » ABRAHAM LINCOLN, DISCOURS DE GETTYSBURG, 19 NOVEMBRE 1863

Un président en guerre
Cette photographie de Lincoln fut prise par Alexander Gardner en novembre 1863. Elle révèle la détermination d'un président en temps de guerre, mais aussi la tristesse et la tension qui étaient siennes.

Abraham Lincoln grandit dans le Kentucky, dans ce qui était alors l'Ouest sauvage. Son père, Thomas Lincoln, fermier et charpentier, habitua l'enfant, dès son jeune âge, à un dur labeur. Abraham n'aimait pas cette vie étriquée de petit paysan. Il fut toute sa vie un fervent partisan du progrès technologique et de l'économie financière, seules voies à ses yeux pour échapper au monde dont il venait.

Lincoln alla peu à l'école mais fut encouragé à se faire sa propre éducation par sa belle-mère, Sarah. Éloquent et ambitieux, il était, à l'âge de 30 ans, avocat et siégeait à la Chambre des représentants de l'Illinois, dans les rangs du parti whig – la droite libérale. Ses manières rudes et gauches étaient méprisées dans la bonne société. Il n'en parvint pas moins à convaincre Mary Todd, fille d'un planteur, de l'épouser en 1842. Celle-ci soutint activement la carrière politique de son époux, mais le couple, trop dissemblable, ne fut pas heureux ; la perte de deux enfants en jeune âge ébranla la santé mentale de Mary ; Lincoln lui-même était enclin à des accès de dépression.

Abraham Lincoln fut élu au Congrès des États-Unis en 1846, mais son premier séjour à Washington ne fut guère un succès ; aussi regagna-t-il l'Illinois pour se consacrer au droit et gagner de l'argent. L'intensification du débat sur l'esclavage, à la faveur de la loi Kansas-Nebraska de 1854 – qui permettait aux colons des nouveaux territoires de l'Ouest de décider eux-mêmes, par un vote, s'ils autorisaient ou non cette pratique –, ramena Lincoln à la politique. Il participa à la formation du Parti républicain, visant à stopper l'expansion de l'esclavage dans l'Union. Sa famille, déjà, fréquentait les églises baptistes anti-esclavagistes, mais les idées de Lincoln devaient plus à son expérience d'homme parti de rien, ayant progressé seul. Pour lui, elle prouvait que chaque homme pouvait s'élever. Or l'esclavage déniait aux individus la chance de s'améliorer.

Front uni
En 1864, Abraham Lincoln choisit comme candidat à la vice-présidence Andrew Johnson, sénateur sudiste resté fidèle à l'Union. Compte tenu de la lassitude face à la guerre, la réélection de Lincoln n'allait pas de soi.

En campagne
En 1858, les débats publics auxquels participa Lincoln, candidat républicain de l'Illinois au Sénat, attirèrent l'attention de tout le pays. Lincoln adopta la barbe en 1860 pour améliorer ses chances électorales.

BADGE DE CAMPAGNE, 1864

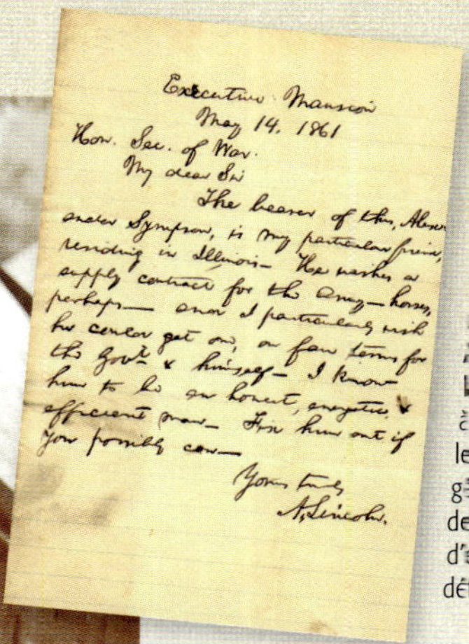
Executive Mansion
May 14, 1861
Hon. Sec. of War.
My dear Sir
[illegible]
Yours truly
A. Lincoln

Épistolier
Dans cette lettre datée de mai 1861, Lincoln demandait à son secrétaire à la Guerre, Simon Cameron, de signer un contrat avec son ami Alexander Sympson pour la fourniture de chevaux à l'armée. Plus souvent, le président écrivait à ses généraux pour les presser de combattre avec plus d'énergie et davantage de détermination.

Une visite présidentielle
Lincoln visite un campement de l'armée unioniste à Antietam en octobre 1862. Il est entouré du chef des renseignements, Allan Pinkerton (à gauche), et du général John McClernand, l'un des commandants militaires qui cumula le plus d'échecs.

«Efforçons-nous de **finir l'œuvre entreprise** ; de **panser les blessures** de la nation.» ABRAHAM LINCOLN, DISCOURS D'INVESTITURE, 4 MARS 1865

Un abolitionniste réticent

Lincoln n'était toutefois pas abolitionniste : il acceptait que la pratique persiste dans les États du Sud. Il n'en devint pas moins un sujet de haine pour les sudistes en affirmant son opposition morale à l'esclavage dans les débats préélectoraux l'opposant au sénateur démocrate de l'Illinois, Stephen Douglas, dont il disputait le siège en 1858. Son constat que le gouvernement des États-Unis « ne pourrait pas supporter indéfiniment d'être partagé entre États esclavagistes et États libres » fut entendu comme une invitation à la guerre civile.

Abraham Lincoln ne fut choisi comme candidat républicain à la présidentielle de 1860 qu'à la faveur d'un compromis entre factions opposées. Les démocrates étant encore plus divisés, il remporta l'élection, avec moins de 40 % des votes. Les sudistes les plus radicaux avaient clairement fait savoir que son élection provoquerait la sécession. L'atmosphère était tendue. Les menaces de meurtre obligèrent le nouveau président à arriver *incognito* à Washington pour prendre ses fonctions.

Lincoln avait gravement sous-estimé la force du sentiment sécessionniste et la difficulté de la lutte qu'il faudrait mener pour en triompher. Mais lorsque la guerre éclata entre les États du Nord et ceux du Sud (voir p. 314-315), il montra une inébranlable détermination à vaincre. Sa position était pourtant précaire. Il était méprisé par l'élite politique, subissait l'opposition de deux ailes opposées de son parti, et devait faire face au mécontentement des généraux. Il lui fallut manœuvrer pour maintenir la mobilisation. Malgré son peu d'expérience militaire, il démontra une meilleure compréhension de l'art de la guerre que la plupart de ses généraux. Il lui fallut attendre 1864 pour trouver en Ulysses Grant un commandant en chef dont la volonté était aussi implacable que la sienne.

L'héritage de Lincoln

Dans un pays en guerre, Lincoln sut faire avancer le progrès matériel en lequel il croyait si fermement. Il présida à la création d'une Banque nationale, prépara la construction du chemin de fer transcontinental et organisa la colonisation de la Prairie avec le Homestead Act (voir p. 310-311). Ayant proclamé l'émancipation des esclaves en 1863, il fit pression, après sa réélection, en 1864, pour que soient inscrits dans la Constitution l'abolition de l'esclavage et le droit à la citoyenneté pour les Américains de couleur.

La puissance de ses discours, à Gettysburg en 1863, et lors de sa seconde prise de fonction, en 1865, conféra à la guerre une certaine dignité. Son assassinat, par l'acteur John Wilkes Booth, sympathisant sudiste, à l'heure de la victoire de l'Union, fut une tragédie nationale.

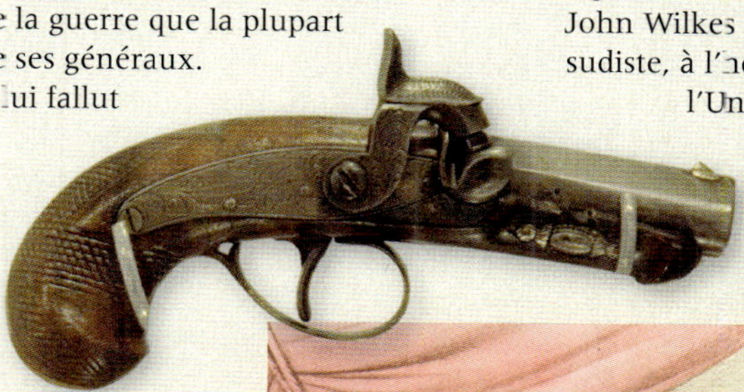

LE PISTOLET QUI TUA LINCOLN

L'assassinat du Ford's Theatre
Alors que Lincoln assistait à une représentation de *Notre cousin d'Amérique*, avec son épouse Mary, à Washington, John Wilkes Booth lui tira une balle dans la tête. Le président mourut le lendemain matin.

CHRONOLOGIE

- **12 février 1809** Abraham Lincoln naît dans une cabane en rondins près de Hodgenville, dans le Kentucky.
- **9 décembre 1818** La mère de Lincoln, Nancy, meurt à 34 ans ; l'année suivante, son père, Thomas, se remarie avec Sarah Bush Johnston.
- **1832** S'enrôle dans la milice pour combattre les Indiens Sac et Fox de Black Hawk ; est élu capitaine.
- **1834** Candidat du parti whig, Lincoln est élu pour le premier de quatre mandats consécutifs à la Chambre des représentants de l'Illinois.
- **1837** Ayant réussi l'examen du barreau, il entame une carrière d'avocat à Springfield, capitale de l'Illinois.
- **4 novembre 1842** Épouse Mary Todd, fille d'un planteur propriétaire d'esclaves du Kentucky.
- **1846-1849** Siégeant à la Chambre des représentants des États-Unis, il s'oppose à la guerre contre le Mexique, à contre-courant de l'opinion publique, ce qui met un terme provisoire à sa carrière politique.
- **1er février 1850** Le deuxième fils des Lincoln, Edward Baker, meurt à l'âge de 3 ans.
- **1854** Revenu en politique, il contribue à la fondation du Parti républicain, s'opposant à l'expansion de l'esclavage.
- **1858** Candidat républicain au Sénat, il perd face à Stephen Douglas, mais les débats qui l'ont opposé à celui-ci sur l'esclavage scellent sa réputation.
- **16 mai 1860** Les républicains le choisissent comme candidat, de compromis, à la présidence des États-Unis.
- **6 novembre 1860** Lincoln est élu 16e président des États-Unis avec 39,9 % des voix ; le lendemain, sept États du Sud font sécession.
- **4 mars 1861** Dans son discours d'investiture, Lincoln promet de maintenir l'Union mais aussi l'esclavage dans les États où celui-ci est déjà pratiqué.
- **Avril 1861** Après l'attaque de Fort Sumter, Lincoln appelle à l'action militaire pour «préserver l'Union» ; quatre autres États rejoignent la Confédération ; la guerre de Sécession commence.
- **20 février 1862** Le troisième fils des Lincoln, William, meurt à l'âge de 11 ans.
- **22 septembre 1862** Lincoln annonce l'émancipation des esclaves des États confédérés au 1er janvier 1863. Une proclamation sera publiée à cette date.
- **8 novembre 1864** Soutenu par une coalition de républicains et de démocrates favorables à la guerre, Lincoln est réélu président avec 55 % des voix.
- **1er février 1865** Signe la proposition du 13e amendement, abolissant l'esclavage aux États-Unis.
- **14 avril 1865** John Wilkes Booth tire sur Lincoln. Le président meurt le lendemain.

MARY LINCOLN

Révolutionnaires mexicains
Un groupe de rebelles mexicains, vers 1911, a pris position sur une hauteur dominant une vallée occupée par les usines. Des milliers de paysans spoliés prirent les armes pour récupérer leurs terres.

« AVANT

Les peuples d'Amérique centrale et du Sud vécurent sous la domination des Espagnols et des Portugais pendant trois siècles.

LES CONQUISTADORS
Les *conquistadores* (conquérants) espagnols prirent **possession du Nouveau Monde** au nom de la couronne d'Espagne. En 1513, Vasco Nuñez de Balboa était le premier Européen à contempler le Pacifique. En 1521, Hernán Cortés **conquérait l'Empire aztèque** de Moctezuma II, au Mexique. En 1532, les Espagnols détruisaient l'**Empire inca** du Pérou **« 230-231**. L'or et l'argent de ces territoires allaient enrichir l'Espagne. Mexico devint la capitale de la Nouvelle-Espagne.

COIFFE DE MOCTEZUMA II

COLONIES ESPAGNOLES ET PORTUGAISES
Au XVIe siècle, les colonisateurs espagnols progressèrent jusqu'en Floride et en Californie, au nord, jusqu'au Venezuela et en Argentine, au sud. Au Brésil, au XVIIIe siècle, les Portugais découvrirent **pierres et métaux précieux**, introduisirent la culture du café et **explorèrent l'Amazonie**, dont ils s'assurèrent la possession.

L'Amérique latine libérée

Au fil de la conquête et de la colonisation espagnole et portugaise, l'Amérique latine s'étendit à toute l'Amérique du Sud, à l'Amérique centrale, au Mexique et à une partie des Antilles. Ses populations se soulevèrent les unes après les autres au début du XIXe siècle pour recouvrer leur liberté.

Lorsque, en 1808, Napoléon se retourna contre ses alliés espagnols (voir p. 304-307), les événements prirent un tour désastreux pour l'Espagne. Charles IV étant retenu prisonnier par l'empereur des Français, le pouvoir, en Amérique latine, fut occupé par des juntes locales. En 1810, l'Argentine fut la première à proclamer son indépendance. C'est de là que partit, en 1817, l'ancien officier de l'armée espagnole, José de San Martín, qui, à la tête de 5000 hommes, traversa les Andes pour se porter au secours des indépendantistes chiliens. Après avoir vaincu les Espagnols au Chili, San Martín poursuivit sa route vers le Pérou, bastion de l'Empire espagnol, dont il proclama l'indépendance en 1821. Au nord du continent, se dressa Simón Bolívar (voir encadré), qui dut mener deux campagnes contre les troupes espagnoles, en 1813 et 1817, avant de libérer définitivement l'actuelle Colombie, en 1819, puis le Venezuela, en 1821. Dès 1819, Bolívar assumait la présidence d'une Grande-Colombie fédérant ces deux pays. S'y ajouta l'Équateur en 1822. En décembre 1824, la victoire d'Antonio José de Sucre, lieutenant de Bolívar, à Ayacucho, scellait la déroute espagnole.

Au Mexique, en 1810, le prêtre créole Miguel Hidalgo donna le signal de la révolte depuis le clocher du village de Dolores, appelant les habitants à mettre à bas « le mauvais gouvernement » aux mains des colons. Le *« Grito de Dolores »* (cri de Dolores) rallia une armée hétéroclite qui marcha sur Mexico, conquérant bourgs et villes et gonflant au fil des victoires, jusqu'à atteindre 80000 hommes. Mais les insurgés

La bataille de Maipú
José de San Martín mena ses troupes rebelles à travers les Andes pour combattre les troupes espagnoles. Sa victoire à Maipú, le 5 avril 1818, assura l'indépendance du Chili. L'armée espagnole en sortit si démoralisée – 2000 de ses hommes étaient morts, 3000 étaient prisonniers – que San Martín put libérer également le Pérou.

Affiche révolutionnaire
« La terre doit appartenir à ceux qui la travaillent », proclame cette affiche appelant les paysans, chassés par les grands propriétaires, à s'unir sous les ordres de Zapata, commandant de l'armée de libération du sud du Mexique.

Pillage des ressources
Le café, introduit par les Européens en Amérique, était, jusqu'en 1800, produit par les esclaves sur des terres prises aux Amérindiens et accaparées par les colons.

furent battus en 1811 et Hidalgo fut exécuté. L'indépendance mexicaine était toutefois en marche ; elle fut proclamée en 1822.

L'indépendance du Brésil

Au Brésil, l'idée d'indépendance séduisait certains cercles, les liens demeuraient forts avec le Portugal, ne serait-ce que parce que l'économie du pays et la prospérité des classes supérieures dépendaient de l'esclavage (voir p. 280-281) et des exportations vers l'Europe. La marche vers l'indépendance, toutefois, fut amorcée lorsque le roi de Portugal et sa cour quittèrent Lisbonne pour Rio de Janeiro, en 1807, fuyant l'invasion napoléonienne. Treize ans plus tard, Jean VI regagnait son pays, laissant la régence du royaume brésilien à son fils, dom Pedro. Lorsque le Parlement portugais voulut ramener le Brésil au rang de simple colonie, le régent proclama l'indépendance du pays, en septembre 1822, et en devint l'empereur, sous le nom de Pierre Ier. De plus en plus contesté, il abdiqua en 1831 en faveur de son jeune fils, Pierre II, qui régna personnellement à partir de 1840 jusqu'en 1889, date à laquelle il fut déposé par l'armée ; le Brésil devint une république.

Des nations en construction

L'ancienne Amérique espagnole se scinda en plus d'une dizaine d'États. Des républiques, inspirées des modèles américain et français, furent établies dans toute la région : les premières virent le jour dès 1811-1812 au Venezuela, au Chili et en Nouvelle-Grenade (Colombie). Mais les conflits internes provoquèrent l'échec des premiers gouvernements constitutionnels. Troubles intérieurs et guerres entre pays nouvellement indépendants aboutirent à l'instauration de régimes plus autoritaires au milieu du XIXe siècle. Ce qui n'empêcha pas l'instabilité politique de s'installer dans la plus grande partie de l'Amérique latine. Le recours à la violence pour parvenir au pouvoir et s'y maintenir devint courant.

Dans de nombreux pays, cette instabilité politique fut alimentée par les difficultés financières et économiques. Ces dernières favorisèrent l'installation, dans les années 1860 et 1870, d'entreprises étrangères, notamment britanniques et américaines ; les exportations de sucre, de café, de blé et de bœuf connurent un important essor tandis que la production d'argent dépassait les niveaux antérieurs. L'investissement étranger se substitua au financement national pour la construction des chemins de fer, des routes et des réseaux d'électricité. L'Amérique latine fut ainsi pleinement intégrée à l'économie mondiale. Mais si les populations urbaines prospéraient, les ruraux – principalement d'ascendance amérindienne – vivaient toujours dans la pauvreté.

JUNTE **Désigne, dans les pays de culture ibérique, une forme de gouvernement collectif. En français, fait souvent référence à un gouvernement militaire.**

La révolution mexicaine

En 1876, le général Porfirio Díaz s'emparait du pouvoir au Mexique. Il ouvrit le pays aux investisseurs étrangers et organisa la spoliation des terres indiennes au profit des grands propriétaires et des sociétés étrangères. Les oppositions suscitées par la politique de Díaz convergèrent lors de la révolution de 1910. Le dictateur fut renversé en 1911, mais l'incapacité de son successeur à mener les réformes agraires promises déclencha le soulèvement d'Emiliano Zapata, un des artisans de la révolution. Le Mexique plongea dans une longue guerre civile.

DIRIGEANT RÉVOLUTIONNAIRE SUD-AMÉRICAIN (1783-1830)

SIMÓN BOLÍVAR

Simón Bolívar naquit dans l'aristocratie créole de Caracas. Gagné aux idées révolutionnaires et napoléoniennes d'émancipation des peuples lors de séjours en Europe, il prend part à la guerre d'indépendance du Venezuela à partir de 1810. Devenu *El Libertador* (« le libérateur »), président de la Grande-Colombie, il œuvra à l'unification des nouvelles nations indépendantes d'Amérique du Sud mais vit son rêve s'écrouler.

« ... l'**expérience** vient des erreurs de jugement. »

ATTRIBUÉ À **SIMÓN BOLÍVAR**

APRÈS »

Après des siècles de colonisation, l'Amérique latine ne se démocratisa et ne s'industrialisa que lentement.

LA CONSTITUTION MEXICAINE
En 1917, la nouvelle Constitution rédigée à la demande du président Venustiano Carranza, initiateur de la réforme agraire, jetait les bases du **Mexique moderne**.

CARRANZA

INDUSTRIE NOUVELLE
Les pénuries provoquées par la Première Guerre mondiale favorisèrent l'**industrialisation** de l'Amérique latine, mais celle-ci fut durement touchée par la dépression des années 1930 **384-385 »**. Dans les années 1950, le Brésil, le Mexique et l'Argentine établirent enfin une industrie lourde.

LA DÉMOCRATISATION
L'histoire de nombreux pays latino-américains est marquée par des **dictatures meurtrières** et de **longues guérillas**. La plupart sont aujourd'hui des démocraties **422-423, 438-439 »**.

RÉVOLUTIONS EN AMÉRIQUE LATINE

L'Amérique latine connut au XIXe siècle une série de soulèvements, des premières révoltes nationalistes à la révolution mexicaine en passant par l'avènement de la république du Brésil.

1800

1810 La révolte déclenchée par Miguel Hidalgo marque le début de la guerre d'indépendance du Mexique contre l'Espagne.

1811 Indépendances du **Venezuela** et du **Paraguay**. Au Mexique, Hidalgo est exécuté. José Maria Morelos prend sa succession.

1813 En novembre, le congrès réuni par Morelos à Chilpancigo déclare l'**indépendance du Mexique**.

1816 L'indépendance de l'**Argentine** est entérinée. José de San Martín rassemble une armée pour une campagne au Pérou.

1818 Le **Chili** se déclare indépendant.

1820

1822 Pierre Ier déclare le **Brésil** indépendant et en devient l'empereur, jusqu'à son abdication en 1831. Son fils Pierre II exerce le pouvoir à partir de 1840.

1824 Défaite des Espagnols à Ayacucho. Le **Pérou** obtient son indépendance.

1825 La **Bolivie** accède à l'indépendance grâce aux armées de Bolívar, dont elle prend le nom.

1830 La Grande-Colombie éclate en trois pays : **Colombie**, **Venezuela** et **Équateur**.

1840

1860

1876 Le général Porfirio Díaz établit une dictature au **Mexique**.

1880

1888 Pierre II abolit l'esclavage au **Brésil**.

1889 Pierre II est déposé. En 1891, une constitution instaure une république fédérale au **Brésil**.

1898 Guerre hispano-américaine. **Cuba** obtient son indépendance.

1900

1910-1920 La **révolution mexicaine** renverse Diaz en 1911 mais plonge le pays dans la guerre civile.

AVANT

Après la première phase d'exploration du monde ouverte au xve siècle, l'hémisphère Sud restait à dessiner.

LES PREMIÈRES CARTES

Au début du xve siècle, la carte du monde connu, basée sur les écrits du géographe grec Ptolémée, ne dessinait à peu près correctement que les contours de l'Europe, de la Méditerranée et de l'Asie occidentale. Elle fut complétée par les explorateurs de la Renaissance, **Christophe Colomb << 228-229** et **Fernand de Magellan << 224-225**. Mais à la fin du xvie siècle, une carte néerlandaise faisait encore apparaître dans l'hémisphère Sud une vaste ***Terra Australis Nondum Cognita*** («terre australe non encore connue») : depuis l'Antiquité dominait l'idée qu'il devait y avoir autant de terres au nord et au sud de l'équateur.

CARTE DU MONDE SELON PTOLÉMÉE, 1486

EXPLORATEUR BRITANNIQUE (1728-1779)

JAMES COOK

Né dans le Yorkshire anglais, d'un père valet de ferme, James Cook fit son apprentissage dans la marine marchande. Il s'engagea en 1755 dans la marine royale et se distingua, au cours de la guerre de Sept Ans (voir p. 296-297), en cartographiant plusieurs régions du Canada. Il dirigea trois expéditions dans le Pacifique et sut gagner le respect de ses équipages par l'attention qu'il portait à leur alimentation et à leur santé. S'il parvint souvent à établir des contacts amicaux avec les Polynésiens, il fut tué par des Hawaiiens.

Le **monde entier connu**

Mus par l'esprit d'aventure, la soif de connaissance ou la quête de nouvelles richesses et routes commerciales, les explorateurs des xviiie et xixe siècles cartographièrent l'Australie, l'Afrique et l'Amérique du Nord et se lancèrent à la conquête des pôles.

La réputation de navigateur et de cartographe de James Cook lui valut d'être choisi pour conduire une première expédition britannique dans le Pacifique, à la recherche du mystérieux continent austral dont l'existence était postulée depuis l'Antiquité (voir AVANT).

En chemin, il devait tracer le contour des côtes et prendre possession des terres découvertes au nom de la couronne britannique. Au cours du premier voyage de l'*Endeavour*, de 1768 à 1771, Cook fit le tour de la Nouvelle-Zélande et longea la côte orientale de l'Australie. L'expédition de son compatriote Matthew Flinders, de 1801 à 1803, ferait la preuve qu'il s'agissait là d'une immense île. En 1829, les Britanniques affirmaient leur droit sur l'ensemble de l'Australie en fondant sur la côte occidentale la colonie de Swan River.

Chronomètre de Cook, K1, 1769
Grâce au chronomètre nautique (voir p. 282), Cook fut l'un des premiers à pouvoir calculer la longitude et établir sa position exacte lorsqu'il naviguait dans des eaux inconnues.

Mais rares étaient ceux qui s'aventuraient dans l'intérieur avant la première traversée nord-sud réalisée par Robert Burke et John Wills, partis de Melbourne en août 1860.

Au cœur de l'Afrique

L'Afrique défiait les explorateurs, car il subsistait sur les cartes européennes de ce continent de nombreuses zones vierges. La France, la Grande-Bretagne, le Portugal et l'Allemagne étaient sur les rangs pour revendiquer la possession des terres découvertes. Entre 1796 et 1805, l'Écossais Mungo Park reconnut une partie du fleuve Niger. En 1827, le Français René Caillié, parti de Saint-Louis du Sénégal, parvenait au Maroc après avoir

La carte de l'Afrique
Les cartes que Livingstone dressa au cours de ses expéditions – ici, celle de l'Afrique centrale – furent un précieux apport à la connaissance géographique de l'Afrique.

Casque de Stanley
Le journaliste Henry Morton Stanley fut envoyé en 1866 en Afrique à la recherche de Livingstone, dont on était sans nouvelles. Il le retrouva au bord du Tanganyika.

traversé l'ouest du Sahara. Dans la deuxième moitié du siècle, plusieurs explorateurs, dont Richard Burton et John Hanning Speke, en quête des sources du Nil, endurèrent les pires tourments pour compléter la carte de l'Afrique. De nombreux blancs furent remplis par les expéditions du missionnaire écossais David Livingstone, entre 1849 et 1871. Livingstone traversa l'Afrique de l'océan Atlantique à l'océan Indien, remontant le Zambèze sur la presque totalité de son cours, et explora plusieurs lacs, dont le Tanganyika.

Les dernières lacunes cartographiques ne furent toutefois pas comblées avant les années 1920.

Les Amériques

Le premier Européen à accomplir la longue et difficile traversée de l'Amérique du Nord fut le Canadien Alexander Mackenzie, parti en 1793 en quête du passage du Nord-Ouest, une route navigable vers le Pacifique par le nord de l'Amérique. Plus au sud, Meriwether Lewis et William Clark, mandatés par le président Thomas Jefferson, explorèrent à partir de 1804 les plaines et les montagnes au-delà du Mississippi. Ils traversèrent les États-Unis d'est en ouest en canoë, à cheval et à pied, pour atteindre l'océan Pacifique en 1805.

L'épreuve des pôles

Les pôles Nord et Sud n'offraient guère d'opportunités d'exploitation, mais le prestige était acquis à la nation qui en ferait la conquête. L'échec de l'expédition conduite dans l'Arctique par le Norvégien Fridtjof Nansen, entre 1893 et 1896, intensifia la course au pôle Nord. Deux Américains, Frederick Cook et Robert Peary, revendiquèrent chacun la victoire, en 1908 et 1909 – il semble qu'aucun ne parvînt véritablement au pôle géographique.

Les côtes de l'Antarctique, que le Russe Bellingshausen aperçut sans doute le premier, en 1820, avaient été cartographiées par de nombreux navigateurs, mais le continent glacé demeurait inexploré. En 1911, deux expéditions concurrentes débarquaient sur la plate-forme de Ross, à quelque 1 450 km du pôle Sud. Le Norvégien Roald Amundsen, utilisant des chiens de traîneaux et des skis et aguerri aux épreuves de la survie dans le froid, atteignit le pôle le 14 décembre 1911. L'Anglais Robert Ross dut abandonner ses poneys à mi-parcours et poursuivre à pied. Il parvint au pôle un mois après Amundsen ; il mourut, ainsi que trois compagnons, sur le chemin du retour.

Grâce à de tels exploits, les géographes pouvaient enfin dessiner la première carte véridique du monde. Au tournant du XXe siècle, tous les continents y figuraient.

« Et pourtant, comme je préfère **avoir entrepris** [ce voyage] que d'être **resté au coin du feu** ! »

ROBERT SCOTT, DERNIÈRE LETTRE À SA FEMME, 1912

APRÈS

Au XXe siècle, la curiosité et le goût de l'exploit de l'humanité ont trouvé à se satisfaire dans la poursuite de l'exploration polaire et dans la conquête spatiale.

EXPLORATION POLAIRE
La **première traversée de l'Antarctique** fut réalisée par le Britannique **Vivian Fuchs** et le Néo-Zélandais **Edmund Hillary** en 1957-1958. L'Américain **Ralph Plaisted** fut le premier à atteindre le **pôle Nord par voie terrestre**, en 1968.

SOMMETS SPATIAUX
En avril 1961, le Russe **Iouri Gagarine** fut le premier homme à voyager dans l'espace. En juillet 1969, les Américains de la mission Apollo 11 marchaient sur la Lune **458-461 »**.

SUR LA LUNE, 1969

Dispute polaire
Ce dessin publié en France en 1909 moque la controverse qui éclata après que Peary et Cook eurent tous deux revendiqué la victoire au pôle Nord. Les deux hommes devaient en sortir discrédités.

Cook en Nouvelle-Galles du Sud
Le 22 août 1770, James Cook (soulevant son chapeau) prit possession de la côte sud-est de l'Australie au nom de la Grande-Bretagne. En 1788, le gouvernement britannique expédiait en Nouvelle-Galles du Sud quelque 750 forçats pour établir une colonie pénitentiaire dans la baie de Sydney.

« AVANT

L'agriculture favorisa la sédentarisation et le développement de villages puis de villes, centres de commerce et de pouvoir.

HERCULANUM, ITALIE

LES VILLES ANTIQUES
Les villes se développèrent en Asie et en Égypte au IVe millénaire av. J.-C. **«44-45**. Les plus importantes, **densément peuplées**, s'entourèrent de murs, s'organisèrent selon un plan quadrillé. Les villes de la Grèce **«94-95** et de la Rome antiques **«110-113**, telle Herculanum, étaient des centres intellectuels, religieux et commerciaux.

LE MOYEN ÂGE
En déclin après la chute de l'Empire romain **«150-151**, les villes d'Europe occidentale se développèrent à nouveau, souvent autour d'un château ou d'un monastère, à partir du xe siècle **«188-191**.

LE RENOUVEAU URBAIN
L'urbanisme connut un renouveau à la Renaissance **«250-253**. Le plan quadrillé devint la règle dans l'Amérique du xviie siècle.

L'urbanisation

Bien que les villes fassent partie du paysage humain depuis l'Antiquité, en 1800, les zones urbaines n'abritaient que 3 % de la population mondiale. L'urbanisation rapide qui accompagna la révolution industrielle porta ce chiffre à 15 % en l'espace d'un siècle.

L'essor phénoménal de l'urbanisation enregistré à partir du xixe siècle s'explique tout simplement par l'industrialisation. La mécanisation de l'agriculture (voir p. 290-291) et l'abolition du servage en Europe provoquèrent un surplus de main-d'œuvre dans les zones rurales ; cette force de travail surnuméraire afflua dans les villes où la révolution industrielle (voir p. 292-295) offrait de nouveaux emplois dans les usines.

Les effets de ce mouvement furent plus compliqués. Les complexes industriels se développèrent à la fois dans des villes anciennes et autour de modestes villages. Certains, établis où la matière première était disponible ou aux carrefours de routes et de voies ferrées, donnèrent naissance à des villes nouvelles. Les bâtiments industriels et les gares de triage ferroviaires tendaient à se concentrer à proximité du centre-ville, les ouvriers – qui ne disposaient d'aucun moyen de transport – vivant dans des habitations bon marché proches, de leur lieu de travail. Dans les villes les plus industrialisées se forma souvent une « culture d'entreprise », la population d'un ou plusieurs quartiers étant liée par l'emploi à une usine.

Transports publics
Le tramway à traction par câble de San Francisco, concu en 1873, répondait aux besoins en transports collectifs et était adapté aux fortes pentes de la ville. Le *cable car* rencontra rapidement le succès.

L'exode rural

L'expansion urbaine eut lieu dans tout le monde industrialisé. En 1850, Londres, Paris, Constantinople (actuelle Istanbul) et Saint-Pétersbourg étaient les seules cités d'Europe dépassant 500 000 habitants ; cinquante ans plus

tard, vingt-trois villes européennes franchissaient ce seuil ; neuf d'entre elles abritaient plus d'un million de personnes : Londres, Paris, Berlin, Vienne, Saint-Pétersbourg, Manchester, Birmingham, Moscou et Glasgow. Malgré cette progression rapide, au tournant du XXe siècle, la majorité de la population – y compris dans les pays industrialisés – était encore rurale.

Promiscuité et insalubrité

Dans la première moitié du XIXe siècle, l'exode rural excéda les capacités des villes. Dans certaines zones urbaines, les difficultés d'approvisionnement et l'insalubrité étaient telles que la surmortalité – due à la fois à la malnutrition et aux maladies comme le choléra et la typhoïde – freinait la croissance démographique. Certaines villes déclinèrent même. Déjections et ordures ménagères polluaient l'eau, l'air était rendu irrespirable par les fumées des usines, et les rats et les insectes proliféraient. La situation était particulièrement épouvantable dans les villes les plus peuplées, comme Londres, Paris, Constantinople et surtout Pékin (la seule à dépasser le million d'habitants en 1800).

Les effrayantes conditions de vie dans les bas quartiers ouvriers entourant la filature de son père, à Manchester, dans le nord de l'Angleterre, inspirèrent au philosophe allemand Friedrich Engels son essai sur *La Situation de la classe laborieuse en Angleterre*, publié en 1845. L'ouvrage, qui conduisit au rapprochement avec Karl Marx (voir p. 334-335), constitua pour le mouvement socialiste (voir p. 336-337) une précieuse source d'information. Il donna plus de force aux voix qui exigeaient une amélioration des conditions sanitaires dans les faubourgs ouvriers. Celle-ci, bien que lente, permit aux villes d'amorcer une croissance démographique naturelle, et non plus alimentée seulement par l'exode rural. Une nouvelle expansion en résulta, entre 1850 et la Première Guerre mondiale.

1,7 MILLION
Nombre d'habitants de Chicago en 1900. La population de la ville fut multipliée par plus de trois entre 1850 et 1900.

Édiles et urbanistes devaient peu à peu prendre conscience que l'espace était un facteur essentiel de la salubrité. On vit fleurir les parcs citadins, où le peuple pouvait respirer et se distraire, et les villes-modèles édifiées par des industriels philanthropes. La première fut bâtie en 1786 par le magnat écossais du coton, David Dale, à New Lanark (voir p. 336-337) pour ses ouvriers. L'exemple fut imité par d'autres patrons au XIXe siècle, parmi lesquels son gendre, Robert Owen, socialiste réformateur et fondateur du mouvement coopératif.

En 1898, dans son livre *Tomorrow : the Peaceful Path to Real Reform* (« Demain : la voie pacifique vers la réforme véritable »), le Britannique Ebenezer Howard développait le concept de « cité-jardin », ville idéale intégrant de vastes espaces verts, qui devait profondément influencer l'urbanisme du XXe siècle. »

INVENTION

LE MÉTROPOLITAIN

Le chemin de fer souterrain doit son nom de « métro » à la première ligne mise en service à Londres, le 10 janvier 1863. Les trains circulant sur la *Metropolitan Railway* étaient mus à l'origine par la vapeur. La construction de lignes souterraines, si elle nécessitait le forage de tunnels, permettait d'offrir un moyen de transport rapide et peu onéreux, avec une desserte fréquente, dans une ville surpeuplée. Le premier métro du continent, le *Tünel*, fut inauguré à Constantinople en 1875 – la ligne ne s'étendait que sur 573 m. Boston se dota du premier *subway* américain, en 1897.

Manhattan, New York
Les voies ferrées surélevées, comme celles traversant Manhattan (ici, en 1895), permirent le développement de modes de transport multiples.

ARCHITECTE AMÉRICAIN (1832-1907)

WILLIAM LE BARON JENNEY

Dès le Moyen Âge, l'idée de construire sur un axe vertical plutôt qu'horizontal s'imposait. Les enceintes des villes limitant leur expansion spatiale, les bâtiments gagnaient de la hauteur. Mais les gratte-ciel modernes sortirent tout droit de l'esprit de l'architecte William Le Baron Jenney, dont le Home Insurance Building, comptant dix étages, fut achevé à Chicago en 1885. L'immeuble avait gagné encore deux étages quand il fut démoli en 1931, et était depuis longtemps dépassé par d'autres, construits sur le modèle défini par Jenney : des poutres d'acier en formaient l'ossature, sur laquelle reposait l'édifice, les murs extérieurs n'étant plus porteurs.

» La première cité-jardin fut bâtie à partir de 1903 à Letchford, au nord de Londres. Les idées de Howard inspirèrent, parmi d'autres, l'architecte américain Water Burley Griffin pour la conception de Canberra, capitale fédérale de l'Australie.

L'expansion spatiale

Les infrastructures urbaines se développèrent à mesure que les villes grandissaient. Les réseaux de transport s'améliorèrent et innovèrent; le tramway apparut en 1832 à New York, le métro souterrain à Londres en 1863 (voir p. 323) ; New York, encore, se dota de voies surélevées de chemin de fer, en 1867. Les nouvelles classes moyennes purent s'éloigner des centres-villes : ainsi naquit la banlieue, zone résidentielle en périphérie urbaine. L'expansion des banlieues entraîna à son tour le développement des agglomérations, les grandes cités absorbant les villes et les villages voisins. Certains pays en vinrent à adopter des législations réglementant l'urbanisation, prévoyant dans certains cas la création de « ceintures vertes » autour des villes.

L'urbanisation ne transforma pas seulement l'espace et les conditions de vie. Elle affecta également les habitudes et les modes de pensée. L'anonymat étant plus grand dans les villes, celles-ci permettaient une plus grande licence. L'infidélité et la prostitution y étaient plus répandues que dans les régions rurales et l'on y constatait un déclin marqué de la religiosité, ce qui entraîna par réaction la multiplication des lieux de culte et la fondation d'institutions comme l'Armée du Salut, destinées à ramener le peuple citadin à la religion et aux bonnes mœurs.

Loisirs et plaisir

La fin du XIXe siècle vit l'émergence de l'industrie des loisirs et du consumérisme. Plusieurs facteurs contribuèrent à celle-ci : la réduction des coûts, donc des prix de vente au

«L'**enfer est une ville** très semblable à **Londres**...»

PERCY BYSSHE SHELLEY, POÈTE ANGLAIS, 1819

▽ **Moscou, Russie**
Cette rue large et bordée de boutiques, photographiée en 1890, est exemplaire de l'ambitieux programme d'urbanisme mis en œuvre à Moscou à la fin du XIXe siècle.

▽ **Glasgow, Écosse**
La population de Glasgow fut multipliée par vingt entre 1780 et 1900. C'était alors la « deuxième ville de l'Empire » britannique. Cette photographie de 1860 témoigne de l'entassement résultant de cette explosion démographique.

◁ **Picadilly Circus, Londres**
Les rues de Picadilly Circus, place aménagée dans la capitale anglaise au début du XIXe siècle, devaient, en 1910, date de ce cliché, accommoder les premières automobiles (voir p. 344-345) aussi bien que les véhicules hippomobiles encore en service.

◁◁ **Manchester, Angleterre**
À la fin du XIXe siècle, Manchester était un centre industriel prospère. On voit ici Market Street, l'une des rues principales de la ville.

△ Paris, France
Paris se développa rapidement à partir des années 1840, grâce à l'arrivée du chemin de fer. Dans les années 1850, Napoléon III ordonna une ambitieuse rénovation, confiée au préfet Haussmann. De vastes boulevards comme celui-ci, qui font la réputation de la capitale française, furent percés, des parcs et places aménagés, en lieu et place des rues étroites et bondées des anciens quartiers médiévaux.

△ Chicago, États-Unis
En 1900, l'essor industriel et le chemin de fer avaient fait de Chicago la deuxième ville des États-Unis. Le commerce y prospérait, la ville comptant de nombreux marchés – ici, sur South Water Street.

détail, rendue possible par le développement de la production de masse ; l'invention de technologies au service du divertissement populaire, comme le cinéma (voir p. 344-345) ; la concentration dans les villes d'un public susceptible de consommer biens et loisirs, sans oublier le fait que, en 1900, le niveau de vie dans les pays industrialisés avait augmenté de façon assez significative pour qu'une partie au moins de la population puisse consacrer une part de ses revenus à cette même consommation.

Non seulement les gens gagnaient plus d'argent, mais, peu à peu, le travail n'absorbait plus toute leur existence : avec le raccourcissement de la durée moyenne de travail apparut la notion de temps libre. Théâtre et guinguettes, music-hall, cinéma et événements sportifs offraient de multiples possibilités pour occuper ce temps libéré. Pour une grande part, ces loisirs mobilisaient directement ou indirectement les ressources qui avaient permis la croissance urbaine : le cinéma était le produit de l'industrie ; les transports publics facilitaient l'accès à ces loisirs.

3 % Part de la population mondiale peuplant des villes de plus de 200 000 habitants en 1800

15 % en 1900

30 % en 1950

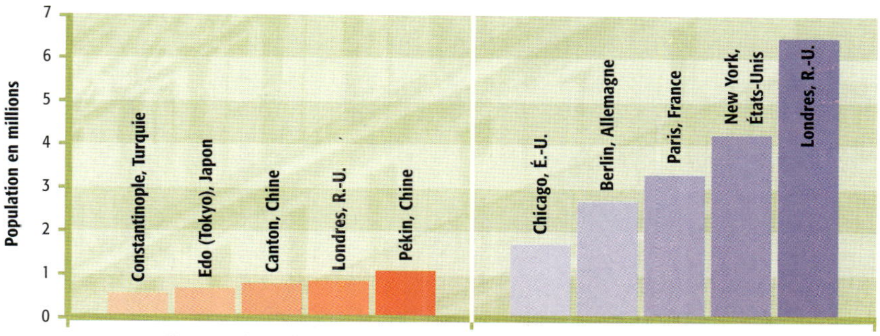

Les plus grandes villes du monde
Ces graphiques révèlent l'extraordinaire essor démographique des cinq premières villes du monde. Surtout asiatiques en 1800, celles-ci étaient européennes et américaines en 1900.

APRÈS

L'essor urbain se poursuivit, vidant les campagnes, concentrant la richesse dans les villes, pour le meilleur et pour le pire.

UNE CROISSANCE CONTINUE
Le nombre d'urbains dans le monde a **continuellement augmenté** depuis le Moyen Âge.

6,2 MILLIONS **Nombre moyen d'habitants des cent plus grandes villes du monde en 2000**

LES BIDONVILLES
L'accélération constante de l'urbanisation au XXe siècle a entraîné l'apparition de bidonvilles **aux marges des villes** d'Afrique, d'Asie et d'Amérique du Sud, où un **énorme fossé sépare les riches et les pauvres**. Les ruraux sont attirés dans ces bidonvilles, produits d'un urbanisme spontané, **assemblages d'habitations de fortune** recyclant tous les matériaux disponibles, par l'espoir que la **proximité de la ville** leur permettra d'accéder à un emploi, à un logement décent, aux services de santé, à l'éducation… C'est, pour la grande majorité, un miroir aux alouettes. Les **conditions de vie y sont pires** que celles auxquelles ils ont renoncé, la criminalité et les maladies s'ajoutant à la faim et à la misère. Selon les Nations unies, plus de la moitié de la population mondiale est aujourd'hui urbaine ; près d'un tiers des citadins vivent dans des bidonvilles.

SCÈNE DE BIDONVILLE

LA POLLUTION LUMINEUSE
L'**usage excessif de la lumière artificielle** dans les zones urbaines a des effets néfastes sur la santé humaine et perturbe gravement les animaux et les écosystèmes naturels.

LA CONGESTION DES CENTRES
Les problèmes liés au surpeuplement des villes ont changé entre le XIXe et le XXe siècle, du moins dans les pays les plus développés. Aux questions d'insalubrité et d'approvisionnement alimentaire se sont substituées celles de la **pollution et de l'encombrement de la circulation**. Longtemps caractéristiques des villes du tiers-monde, les bicyclettes se répandent dans les cités des grands pays industrialisés, apparaissant comme une solution à ces deux fléaux 474-475 ››.

CYCLISTE EN VILLE

19 KM/H **Vitesse moyenne de la circulation à Londres, en 1900 et en 2000**

AVANT

Les théories de la Grèce antique << 104-105 dominèrent la pensée médicale pendant près de deux millénaires.

LA THÉORIE DES HUMEURS
La médecine d'Hippocrate (Ve s. av. J.-C.) et de Galien (IIIe s. av. J.-C.) postulait que la santé dépendait de l'**équilibre de quatre fluides corporels**, ou **humeurs** : sang, bile jaune, bile noir et phlegme (ou lymphe). Chaque humeur était chaude ou froide, sèche ou humide. Le sang était ainsi chaud et humide.

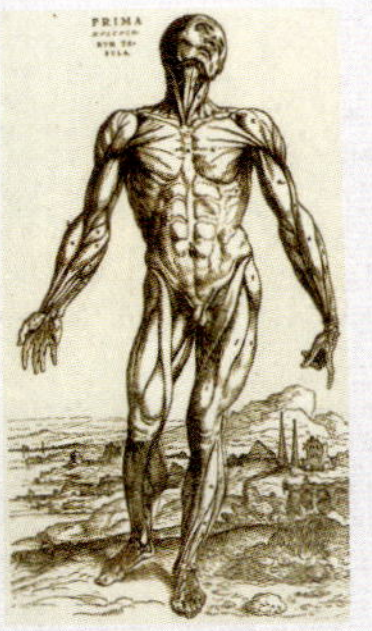
ÉCORCHÉ RÉALISÉ PAR VÉSALE

LE TEMPÉRAMENT
L'**excès** d'une des quatre humeurs définissait le caractère, ou **tempérament**, d'une personne. Un tempérament sanguin découlait par exemple d'un excès de sang, rendant la personne joviale, optimiste quoique passionnée et encline à l'emportement.

LA DIFFUSION DE LA MÉDECINE GRECQUE
Les idées grecques se répandirent en Europe puis au Moyen-Orient, à la faveur de l'expansion de l'Empire romain. Les progrès de la connaissance de l'anatomie humaine, initiés par les travaux du Belge **André Vésale**, au XVIe siècle, et la découverte de la circulation sanguine par l'Anglais William Harvey, au XVIIe siècle **<< 266-267**, contribuèrent au questionnement du savoir grec, mais le cœur de la théorie médicale classique ne fut pas remis en cause.

Au XVIIIe siècle, les recherches en anatomie montrèrent que certaines maladies, comme le cancer, entraînaient des gonflements des tissus corporels ou modifiaient l'apparence d'organes (totalement ignorés par la médecine classique) comme les poumons et le foie. L'idée que la maladie pouvait trouver son origine dans les parties solides du corps et non seulement dans ses fluides (voir AVANT) fut fermement établie par les pathologistes parisiens au début du XIXe siècle. Dans les grands hôpitaux de la capitale française, les médecins notaient attentivement la progression de la maladie chez des centaines de patients. Le corps de ceux qui mouraient était disséqué pour déterminer comment la maladie avait affecté leurs organes. Grâce à cette méthodologie, il devint possible de distinguer les différentes pathologies – les maladies cardiaques des affections pulmonaires, par exemple – et leur cours fut mieux connu.

Au fil du siècle, grâce aux progrès de la microscopie, les tissus constituant les organes furent décrits, et les scientifiques entreprirent l'exploration des cellules. Dans le même temps, d'autres consacraient leurs recherches aux fonctions des organes. En se livrant à des expériences sur des animaux, sur leurs patients et parfois sur eux-mêmes, les médecins commencèrent à mieux cerner le rôle du foie et du pancréas dans le système digestif et

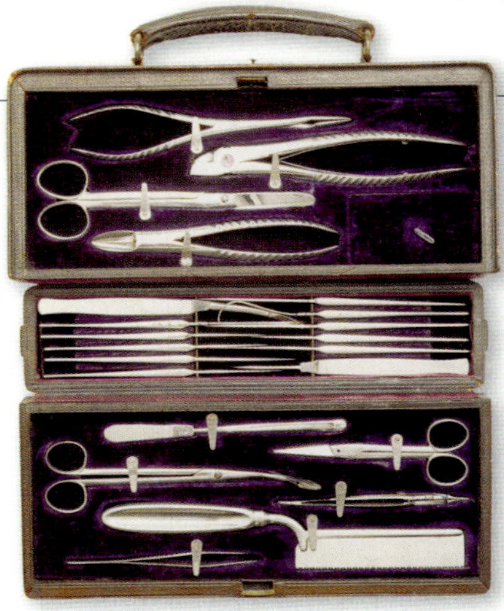
Panoplie de chirurgien du XIXe siècle
Les infections liées aux interventions chirurgicales reculèrent grâce aux avancées réalisées à la fois par les chercheurs et par les chirurgiens eux-mêmes. La fabrication d'instruments en acier, faciles à stériliser, contribua aussi à faire progresser la chirurgie.

La guerre aux germes

Au XIXe siècle, l'amélioration des connaissances sur l'anatomie et les pathologies humaines ainsi que les progrès des techniques médicales favorisèrent la transformation des hôpitaux en centres de soins spécialisés. Dans le même temps, la lutte contre les infections enregistrait des avancées décisives.

« Un **hôpital**… ne devrait causer **aucun mal** au malade. »

FLORENCE NIGHTINGALE, PIONNIÈRE DES SOINS INFIRMIERS, 1859

la fonction remplie par les reins. Cela conduisit à la mise au point de nouvelles méthodes de diagnostic – l'analyse chimique de l'urine permettant, par exemple, d'identifier une maladie rénale.

La chirurgie

Dès lors qu'ils envisageaient la maladie comme une affection des organes, les médecins prirent conscience de la possibilité de guérir les patients par l'ablation de la partie touchée. Au XVIIIe siècle, la chirurgie, toutefois, n'était encore utilisée qu'en dernier recours, en raison des risques élevés d'infections.

L'usage de l'éther pour une amputation par le chirurgien britannique Robert Liston, en 1846, constitua un premier tournant. Le développement de l'anesthésie permit aux praticiens de prendre le temps de ligaturer les vaisseaux sanguins pour réduire les hémorragies et d'ôter avec précaution les tissus endommagés. Les risques d'infection furent aussi peu à peu conjurés. Dans la seconde moitié du siècle, les travaux du Français Louis Pasteur sur les germes microbiens démontrèrent l'importance de se laver les mains et de garder les plaies propres. Ils conduisirent le Britannique Joseph Lister à utiliser l'acide phénique pour lutter contre les germes infectieux. Dans les années 1880, tandis que l'antiseptie inventée par Lister s'imposait, la méthode d'asepsie mise au point par Pasteur se généralisa : désormais, on stérilisait les instruments de même que les masques, vêtements et gants que portaient chirurgiens et assistants. Ces progrès autorisèrent des opérations plus audacieuses.

La thérapie

Si la pratique de la saignée était encore en usage au XIXe siècle, en 1900, les médecins avaient abandonné la plupart des vieilles thérapies fondées sur la théorie des humeurs. Les remèdes, toutefois, étaient peu nombreux. On recourait à l'opium pour soulager la douleur, ce qui n'était pas sans risque d'addiction. L'introduction de l'anesthésie et les avancées chirurgicales permettaient de traiter les blessures graves et les fractures. La quinine (tirée de l'écorce du quinquina) était utilisée pour soigner le paludisme et la digitale (issue de la digitaline) se révélait efficace dans le traitement des maladies cardiaques. En 1897, les chimistes allemands mirent au point le premier médicament de synthèse, l'aspirine. Celui-ci ne faisait encore que soulager les symptômes. En 1909, l'Allemand Paul Erlich, Prix Nobel de médecine en 1908, concevait le premier traitement chimiothérapique, le salvarsan, pour soigner certaines formes de syphilis. En dépit de ces progrès, repos, régime alimentaire et soins attentionnés demeuraient les seules prescriptions pour la plupart des maladies.

30 SECONDES Le temps suffisant au chirurgien Robert Liston, disait-on, pour amputer une jambe, avant qu'il recoure à l'éther comme anesthésiant

La révolution hospitalière

Si les hôpitaux jouèrent un rôle essentiel dans l'évolution de la théorie et des pratiques médicales, ces innovations transformèrent en retour complètement la nature de l'institution hospitalière. Les hôpitaux d'Europe avaient été fondés au Moyen Âge par les ordres religieux pour offrir le vivre et le couvert – l'hospitalité (voir p. 200-201) – aux pèlerins, aux pauvres et aux malades. Au XVIIIe siècle, les hôpitaux étaient encore des institutions charitables. Au siècle suivant, ils étaient devenus des centres de traitement, accessibles à ceux qui pouvaient payer. On y construisit des salles d'opération, amphithéâtres où les étudiants pouvaient assister aux interventions chirurgicales, avec équipements et lumières adaptés et carrelages pour un nettoyage plus efficace. Certains hôpitaux assurant une mission d'enseignement investirent dans des équipements de pointe comme les premiers appareils radiographiques (voir encadré). Des services spécialisés – en oto-rhino-laryngologie, en ophtalmologie ou en pédiatrie – se développèrent. Les hôpitaux traitaient en conséquence un nombre toujours plus grand de pathologies graves, et leur personnel augmenta considérablement pour assurer la permanence des soins. Les infirmières, presque toujours des femmes, prirent une place cruciale. Elles devaient veiller à la propreté des lieux pour limiter les risques d'infection, surveiller les symptômes des patients et administrer les traitements, sous la supervision constante des médecins.

Les maladies infectieuses – virales et bactériennes – continuaient néanmoins de faire des ravages, surtout chez les pauvres. Choléra, diphtérie, tuberculose et grippe tuaient par milliers. Rougeole, oreillons, diphtérie et scarlatine étaient responsables d'une forte mortalité infantile. Les médecins se révélaient impuissants contre ces fléaux, mais il était désormais possible d'en contrôler la propagation. L'amélioration des réseaux d'approvisionnement en eau potable et plus généralement de la salubrité des villes (voir p. 322-325) stoppa la diffusion des maladies hydriques les plus graves. Les patients atteints de maladies infectieuses étaient maintenant isolés, à l'hôpital ou chez eux. De sévères règles de quarantaine empêchaient également la propagation des épidémies d'une ville à l'autre.

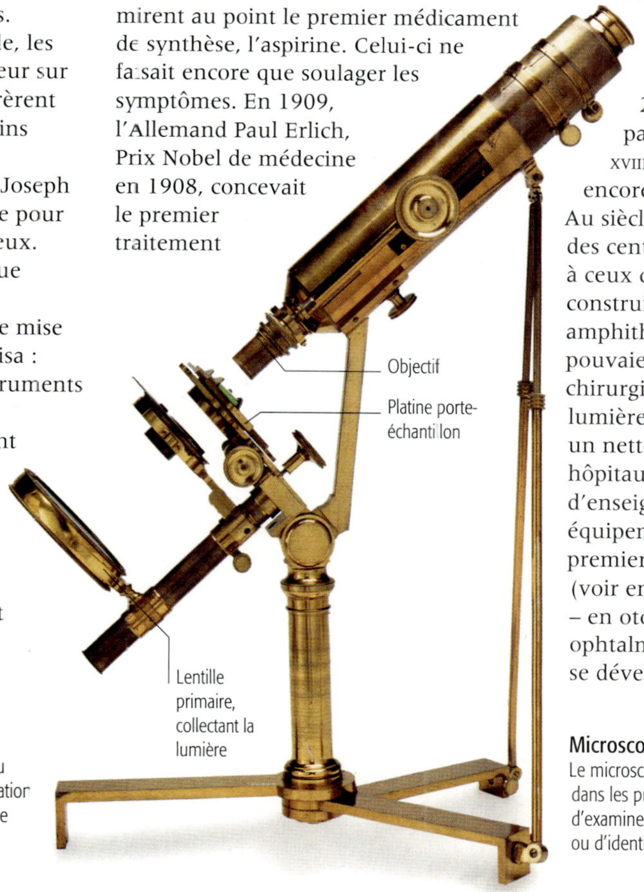

Microscope
Le microscope joua un rôle crucial, à partir de 1830, dans les progrès médicaux. Il permettait par exemple d'examiner les tissus pour diagnostiquer des cancers ou d'identifier les bacteries responsables d'infections.

Salle d'opération du XIXe siècle
Cette photographie révèle qu'en 1898, date du cliché, l'asepsie (visant à prévenir la contamination par les micro-organismes) ne s'était pas encore imposée dans tous les services chirurgicaux.

INVENTIONS

« SCOPES » ET RAYONS X

En 1816, le médecin français René Laennec inventait le stéthoscope, à l'origine un simple cahier roulé, pour écouter les sons internes du corps. Au cours du siècle furent mis au point l'otoscope, l'ophtalmoscope ou le laryngoscope et autres instruments d'auscultation, permettant de rechercher les causes des maladies à l'intérieur des patients. Voir dans le corps vivant devint une réalité en 1895 lorsque le physicien allemand Wilhelm Röntgen découvrit des rayons qui traversaient la chair mais non les os : les rayons X. La radiographie, utilisant cette propriété (ci-contre, un cliché pris par Röntgen), devint un outil essentiel de diagnostic.

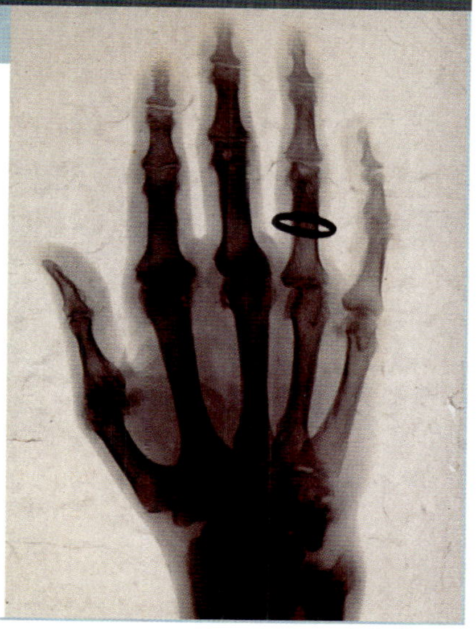

APRÈS

Les progrès continus de la médecine permirent la mise au point de nouveaux traitements mais aussi la prévention des maladies.

LA VACCINATION
Un vaccin antivariolique fut mis au point dans les années 1790 après qu'on eut **observé** que les filles de ferme contaminées par la vaccine de la vache ne contractaient pas la variole. Cette méthode d'immunisation se développa à mesure qu'on comprenait mieux comment le corps résistait à la maladie. En 1885, Pasteur mettait au point un vaccin antirabique utilisant une **forme affaiblie du virus**. Dans les années 1890, furent développés des vaccins contre le tétanos et la diphtérie. La mise au point de vaccins contre la poliomyélite, en 1957, contre les oreillons et la rougeole dans les années 1960, permirent une immunisation de masse contre ces maladies infantiles.

LOUIS PASTEUR

NOUVEAUX MÉDICAMENTS
Les premiers traitements antibactériens furent détrônés par la **pénicilline**, utilisée à partir des années 1940 **464-465 ››**. La **chimie de synthèse** prit le pas sur la pharmacopée d'origine végétale dans les années 1950.

La **nation**

Le nationalisme apparut à la fin du XVIIIe siècle, en Europe et dans les colonies américaines, sous forme d'une aspiration à la liberté et à la souveraineté du peuple, uni par un sentiment d'appartenance. Il allait manifester sa face sombre au XIXe siècle, devenant synonyme d'impérialisme.

« AVANT

Jusqu'au XVIIIe siècle, l'idée d'État-nation fut associée à la monarchie. Dans de nombreux États, un sentiment national se développa, à partir d'une culture commune.

LE ROI ET LA NATION

COURONNE ROYALE FRANÇAISE

Le sentiment d'appartenance à une nation n'existait dans l'Europe du XVIIIe siècle que dans des royaumes européens politiquement indépendants et fermement établis : la France et la Grande-Bretagne étaient les plus anciens ; le Portugal, l'Espagne, les Provinces-Unies et la Suède s'étaient constitués entre le XVe et le XVIIe siècle. Le sentiment national y était indissociable de la **fidélité à la couronne**.

LE NATIONALISME CULTUREL

La **communauté de langue et de culture** pouvait fonder ailleurs un certain sentiment d'unité. Vers 1765, l'historien allemand Friedrich Meinecke constatait l'existence d'un même esprit national même « où on pouvait traverser dix principautés en une journée à cheval ».

Le nationalisme est plus que l'attachement à la nation (dans cette acception, il se confond aisément avec le patriotisme) : c'est la primauté donnée à la défense des intérêts de la nation, sur les intérêts des individus et des groupes qui la composent et souvent aussi, sur ceux des autres nations. À la fin du XVIIIe siècle, la nation même est une idée nouvelle. Le terme se substitue fréquemment, dans le langage actuel, à celui d'État ou de pays. L'État est une entité politique définie par un gouvernement exerçant son autorité sur un territoire délimité par des frontières : le pays. La nation désigne plus justement une communauté humaine unie par l'origine, l'histoire et la culture, et plus largement par le sentiment d'un destin commun. L'idée de nation était étrangère aux Européens du Moyen Âge, avant tout liés à une communauté villageoise, à un seigneur ou à un chef religieux. L'État, c'était le roi ou le prince. À mesure que se développa un sentiment national (voir AVANT), les peuples réclamèrent le droit de se gouverner.

La Liberté guidant le peuple
« Si je n'ai pas combattu pour ma patrie, au moins ai-je peint pour elle », écrivait Eugène Delacroix, peintre de la révolution de Juillet qui, en 1830, porta Louis-Philippe au pouvoir en France.

> « Puisse notre **patrie** être toujours du côté du droit ; mais notre patrie, qu'elle ait **raison** ou **tort**. »
>
> STEPHEN DECATUR, OFFICIER DE LA MARINE AMÉRICAINE, 1816

SOLDAT FRANÇAIS (?-?)

NICOLAS CHAUVIN

Voici un jeune soldat idéaliste, qui servit dans la Grande Armée de Napoléon (voir p. 304-305), fut blessé dix-sept fois, sans que jamais son patriotisme farouche ne fût entamé. Il en fut récompensé par un sabre d'honneur, reçu de Napoléon… et moqué dans plusieurs pièces de théâtre. Le nom de Nicolas Chauvin a donné le terme « chauvinisme » désignant un attachement excessif, et souvent belliqueux, à la patrie. Mais, comme l'a établi l'historiographie récente, Nicolas Chauvin n'est lui-même qu'une caricature, née de l'imagination des auteurs français.

Nationalisme, États-nations

Le nationalisme qui émergea à la fin du XVIIIe siècle puisait à deux courants de pensée différents, voire opposés. Le philosophe allemand du XVIIIe siècle, Johann Gottfried von Herder, critique des Lumières, fut l'un des premiers à théoriser un nationalisme culturel considérant les nations comme expressions territoriales des différences

entre peuples. Pour lui, la nature avait séparé les nations selon « la langue, l'inclination ou le caractère ».
Les détracteurs modernes de ce « primordialisme » ont souligné que le concept de nationalisme précéda la création des nations, motivée par des raisons politiques ou économiques. Au xxe siècle, Ernest Gellner – né à Paris dans une famille juive d'origine tchèque et de nationalité allemande avant de fuir le nazisme au Royaume-Uni – écrivait : « Le nationalisme n'est pas l'éveil des nations... il invente des nations là où elles n'existent pas. »

En France, où la nation se constitua sous l'égide de l'État monarchique, comme en Amérique du Nord, où elle se construisit en réaction à la domination de la couronne britannique, le nationalisme, avant d'être une idéologie, fut d'abord l'expression de l'aspiration du peuple, confondu avec la nation, à la liberté. La révolution américaine (voir p. 298-299) comme la Révolution française (p. 302-303), en affirmant le droit des peuples à disposer d'eux-mêmes, fournirent l'élan au double mouvement d'émancipation des nationalités au sein des empires et d'unification des nations morcelées qui marqua l'histoire européenne du xixe siècle (voir p. 329-333) et établit fermement l'idée d'État-nation.

Un nationalisme conquérant

Mais le nationalisme, en triomphant, révéla des aspects moins exaltants. Prétendant libérer les nations opprimées, Napoléon tenta d'imposer les valeurs et la domination françaises à la plus grande partie de l'Europe (voir p. 310-311), tandis que la foi en une « évidente destinée » motivait l'expansion territoriale des États-Unis d'Amérique et l'anéantissement des peuples amérindiens (voir p. 310-311). La dérive était aisée entre primauté accordée aux intérêts de l'État-nation, sentiment de supériorité et volonté de suprématie. Le nationalisme, au xixe siècle, nourrit l'impérialisme des puissances colonisatrices, s'accompagnant souvent de racisme et d'intolérance religieuse. Cet impérialisme devait à son tour favoriser l'émergence de mouvements nationalistes au sein des empires coloniaux.

APRÈS

Au cours du xxe siècle, le nationalisme libéra les uns, écrasa et terrorisa les autres.

PROPAGANDE NAZIE

FANATISME ET FASCISME

En 1815, **Talleyrand**, ministre des Affaires étrangères français, écrivait à propos des nationalistes allemands : « L'unité de la patrie allemande est leur slogan, leur foi, leur religion ; ils sont passionnés jusqu'au fanatisme... Qui peut dire où un mouvement de cette sorte s'arrêtera ? » Un siècle plus tard, exploitant la fierté nationale blessée, **Adolf Hitler 390-391 »** s'emparait du pouvoir en Allemagne ; le fanatisme nationaliste se muait en fascisme et provoquait la Seconde Guerre mondiale **392-405 »**.

LA LIBERTÉ

Après la Seconde Guerre mondiale, les mouvements nationalistes conquirent l'indépendance des anciennes colonies européennes dans toute l'Afrique et l'Asie **412-413 »**.

TERREUR

Le **nationalisme** a nourri les guerres civiles du xxe siècle, motivé les **crimes contre l'humanité** perpétrés dans l'ex-Yougoslavie **450-451 »**, ainsi que le **terrorisme** de groupes tels que l'IRA, en Irlande du Nord, **436-437 »** et l'ETA, en Espagne.

L'Europe redéfinie

Le nationalisme fut l'une des idéologies les plus puissantes du XIXe siècle. Les mouvements inspirés par les identités nationales en formation, qu'ils fussent populaires ou impulsés par les États, bouleversèrent la carte de l'Europe, remplaçant les monarchies traditionnelles par des États-nations modernes.

De septembre 1814 à juin 1815, dirigeants et diplomates des grandes puissances européennes se réunirent à Vienne pour définir un nouvel équilibre européen après la défaite de la France napoléonienne (voir p. 304-307). Fruit de compromis entre ambitions rivales, l'acte final du Congrès était très conservateur. La plupart des monarchies renversées par les armées de Napoléon se voyaient restaurées. Les remaniements des frontières ignoraient les aspirations des peuples. Les Pays-Bas francophones passaient de la domination autrichienne à celle des Provinces-Unies, au sein d'un nouveau royaume des Pays-Bas. L'Italie était de nouveau morcelée, l'Autriche obtenant la Lombardie et la Vénétie. Si la Confédération germanique prolongeait la confédération du Rhin, l'Autriche s'était assurée que les liens entre les 39 États membres demeurent assez lâches ; la Norvège était rattachée à la Suède, la Finlande annexée à la Russie, principale bénéficiaire d'un nouveau partage de la Pologne. Mais les vieilles dynasties ne pouvaient contenir encore longtemps les forces auxquelles l'ère des révolutions avait donné naissance.

Giuseppe Garibaldi
Patriote et républicain italien, Giuseppe Garibaldi combattit pour l'unification de l'Italie et devint le héros du *Risorgimento* (« la résurrection ») italien.

« AVANT

À la fin du XVIIIe siècle, l'identité nationale devint un moteur de la politique européenne, avec le réveil des minorités.

LA RENAISSANCE MAGYARE

Lorsque, en 1784, Joseph II décida de faire de l'allemand la langue unique de l'administration du Saint Empire, les Magyars (Hongrois) soumis à son autorité revendiquèrent le droit d'utiliser leur langue. Les réformes impériales furent le déclencheur d'une **renaissance de la culture magyare**.

TRAITÉ DE VIENNE

LE RÉVEIL DES NATIONALITÉS

Le réveil magyar encouragea à son tour celui des minorités **slovaques**, **roumaines**, **serbes** et **croates** en Hongrie. En 1789, les réformes centralisatrices de Joseph II déclenchèrent une insurrection aux **Pays-Bas autrichiens**. En 1798, l'**Irlande**, où les exemples américain et français avaient redonné vigueur au mouvement indépendantiste, se souleva contre la domination britannique. Ce réveil des nationalités allait donner naissance aux mouvements nationalistes des XIXe et XXe siècles.

LE TRAITÉ DE VIENNE

La **Révolution française « 300-303** et les conquêtes de **Napoléon Bonaparte « 304-307** ébranlèrent l'ordre ancien en Europe. Le traité de Vienne de 1815 visait à ramener la paix et la stabilité en redessinant les frontières européennes.

Indépendances nationales

Les mouvements nationalistes du XIXe siècle portaient une aspiration double, parfois convergente :

> « Que celui qui **aime sa patrie**… **me suive.** » GIUSEPPE GARIBALDI, 1882

l'indépendance politique des nations soumises à une domination étrangère et l'unité des communautés nationales divisées. L'Empire ottoman (voir p. 246-247) était très vulnérable au premier type de nationalisme. Grecs, Serbes, Roumains et autres peuples se soulevèrent successivement durant la première partie du siècle. En 1829 – sous la pression des puissances européennes –, le gouvernement ottoman dut reconnaître l'autonomie de la principauté serbe constituée en 1817 et l'indépendance de la Grèce. La guerre d'indépendance grecque frappa l'imagination des artistes européens, notamment du poète Byron (voir p. 338-339) et du peintre Delacroix, qui firent de la lutte nationale contre l'oppresseur un idéal romantique. En 1830, la révolution éclatait dans la partie belge des Pays-Bas ; en 1831, une Belgique indépendante voyait le jour.

Réveil des nationalités et aspirations démocratiques convergèrent lors du printemps des Peuples de 1848. À Paris, la monarchie, restaurée en 1814, fut balayée au profit de la république. Les événements français encouragèrent le soulèvement des populations de Vienne, de Budapest et de Prague contre les Habsbourg. Si ces insurrections échouèrent, l'empire des Habsbourg – qui dominait l'Europe centrale – était en train de faiblir.

L'unification nationale

L'élan national qui devait contribuer à l'éclatement de l'Empire ottoman travaillait, ailleurs, à l'unification. Ainsi, l'idée de bâtir un État-nation gagnait en popularité en Italie. La société révolutionnaire secrète des Carbonari (« charbonniers ») organisa une première insurrection dans le royaume de Naples en 1820. En 1831, un de ses membres, Giuseppe Mazzini, fondait le mouvement « Jeune Italie », ayant pour objectif une Italie unie, « indépendante, libre et républicaine ». En 1848, une série de mouvements insurrectionnels secoua l'Italie ; le Piémont-Sardaigne se dota alors d'un régime constitutionnel et d'un nouveau roi, Victor-Emmanuel II. Sincère patriote et habile politique, son Premier ministre, le comte de Cavour, allait œuvrer pour réaliser l'unité de l'Italie autour de ce monarque libéral. Après avoir provoqué une guerre avec l'Autriche, en 1859, le Piémont obtint, avec le soutien de la France, le rattachement de la Lombardie, avant celui, en 1860, de la plus grande partie de l'Italie centrale. Dans le même temps, Cavour appuyait l'expédition menée par le républicain Giuseppe Garibaldi contre le très conservateur royaume des Deux-Siciles. En 1861, Victor-Emmanuel II était proclamé roi d'une Italie dont l'unification était presque achevée. »

L'homme malade de l'Europe
Sur ce dessin satirique, la Bulgarie et l'Autriche œuvrent en sous-main à démanteler l'empire d'Abdülhamid II, dernier sultan ottoman (de 1879 à 1909). La Bulgarie déclara son indépendance en 1908.

Frontières changeantes, 1815-1914

Les indépendances et les unifications du XIXe siècle bouleversèrent les frontières en Europe. Les lignes portées sur cette carte dessinent les frontières de 1815, tandis que les à-plats de couleur révèlent l'Europe de 1914 (voir ci-dessous).

Une démonstration de force
En mars 1871, les troupes prussiennes défilaient sur les Champs-Élysées, à Paris. Cette démonstration visait autant à manifester la puissance militaire du vainqueur qu'à renforcer la fierté de la nouvelle nation allemande.

Rites nationaux
Le salut au drapeau et le serment d'allégeance demandés aux élèves des écoles américaines (ici, vers 1900) contribuaient à forger l'identité des États-Unis, jeune nation bâtie sur l'immigration.

» L'unité de l'Allemagne devait de même avoir pour artisan un chef de gouvernement, en l'occurrence Otto von Bismarck, ministre-président de la Prusse (voir encadré), l'État le plus puissant de la Confédération germanique. L'objectif premier de Bismarck était d'assurer la suprématie prussienne en Europe centrale, ce qui passait par l'union des divers petits États allemands sous l'autorité de la Prusse.

Le processus commença en 1864 lorsque les forces prussiennes, alliées pour l'occasion à l'Autriche, déclarèrent la guerre au Danemark afin de récupérer les duchés du Schleswig et du Holstein. Deux ans plus tard, ayant obtenu la neutralité de la France et fait alliance avec l'Italie, Bismarck s'attaquait à l'Autriche, défaite à Sadowa. Il put imposer la création d'une Confédération de l'Allemagne du Nord, puissante alliance militaire, à laquelle les États allemands du Sud se joignirent pour mener la guerre contre la France, en 1870. L'unité allemande était scellée. En janvier 1871, l'Allemagne victorieuse se constituait en empire, sous l'autorité de Guillaume Ier de Prusse.

Des identités nationales

Une forte diversité subsistait au sein des nouveaux États-nations. La construction d'une identité nationale unique fut souvent perçue comme un moyen d'assurer leur cohésion ; se doter d'une langue nationale était, dans cette perspective, impératif. En Italie, le toscan s'imposa pendant la lutte pour l'indépendance et l'unité, au détriment d'autres dialectes ; Alessandro Manzoni entreprit ainsi la révision linguistique de son roman *Les Fiancés* en s'inspirant de la langue parlée par les Florentins cultivés. La littérature, la musique et le sport furent mis, partout, au service de l'unité nationale. Les jeunes États se dotèrent d'emblèmes, de drapeaux et d'hymnes les singularisant. La mise en place d'un système éducatif national fut aussi l'un des vecteurs d'unification, de même que, parfois, les campagnes militaires, à même de galvaniser la ferveur patriotique.

Dans certains pays, l'État promut une identité nationale singulière pour mieux établir sa domination sur les minorités. Ce fut notamment le cas en Hongrie, dont l'aristocratie magyare obtint l'autonomie, en 1867. Les minorités non magyares y étant démographiquement plus nombreuses, le gouvernement y imposa le magyar (ou hongrois) comme seule langue de l'administration. Quiconque s'opposait à la politique de magyarisation était passible de poursuites pour « incitation à la haine nationale ». De même, en 1900, le tsar Nicolas II imposa la russification de la Finlande.

Le militarisme

Cependant que le nationalisme libéral, combattant pour les droits civils et l'établissement de régimes démocratiques constitutionnels, cédait la place à un nationalisme agressif, promouvant la fierté nationale et l'expansion territoriale, l'armée devint un outil essentiel de la puissance des États-nations. Elle s'organisa sur le modèle de l'armée révolutionnaire et napoléonienne française (voir p. 307), au sein de laquelle l'ancienne loyauté au roi avait été remplacée par le sentiment patriotique. La conscription fut peu à peu introduite dans toute l'Europe, la taille des armées augmentant partout. Dans le même temps s'imposait l'idée qu'en temps de conflit, toute la population devait contribuer à l'effort de guerre.

La révolution industrielle (voir p. 292-295) permit d'approvisionner ces armées nouvelles en armes, et les avancées technologiques transformèrent à leur tour la guerre. Durant la guerre russo-turque de 1877-1878, pour la première fois, les combattants utilisaient tous des fusils semi-automatiques, augmentant la précision et la cadence de tir, et des canons se chargeant par la culasse plutôt que par la bouche, plus sûrs et plus efficaces. Lorsque la guerre russo-japonaise (1904-1905) éclata, le pilonnage des lignes adverses par des tirs indirects d'artillerie était devenu systématique. Du fait de ces mutations, les armées du début du XXe siècle étaient dotées d'une capacité de tuer inédite.

CHANCELIER ALLEMAND (1815-1898)

OTTO VON BISMARCK

Nommé ministre-président de la Prusse en 1862, Otto von Bismarck réalisa l'unification de l'Allemagne par le recours à la guerre et sous l'autorité prussienne. La victoire de la Confédération de l'Allemagne du Nord, emmenée par la Prusse, sur la France en 1871 convainquit l'ensemble des États allemands de s'unir dans un empire, dont Bismarck devint le chancelier. Bien que conservateur, il mena une politique de réformes sociales pour combattre la montée du socialisme.

« Ce n'est pas au moyen **de discours** et de résolutions majoritaires que les grands problèmes du moment seront résolus – ce fut la grande erreur de 1848 et 1849 – mais par **le sang et le fer**. »

OTTO VON BISMARCK, 30 SEPTEMBRE 1862

APRÈS »

Aspirations nationales et nationalismes dominèrent l'histoire de l'Europe dans les années précédant la Première Guerre mondiale.

ÉTATS-NATIONS EUROPÉENS

Au tournant du XXe siècle, le sentiment grandissait d'une compétition entre nations. Les conquêtes coloniales étaient saluées avec enthousiasme. En Europe même, Italiens, Serbes, Roumains, Grecs et Bulgares rêvaient d'élargir les frontières nationales pour y intégrer leurs « frères » vivant encore à l'extérieur de celles-ci. Ce **nationalisme expansionniste** dressa les nouveaux États-nations les uns contre les autres. En 1912, une coalition formée par la Bulgarie, la Serbie, le Monténégro et la Grèce envahit et découpa les provinces européennes de l'Empire ottoman. Les désaccords sur le partage débouchèrent sur une **deuxième guerre balkanique** (1913), au terme de laquelle la Grèce et la Serbie s'agrandirent au détriment de la Bulgarie.

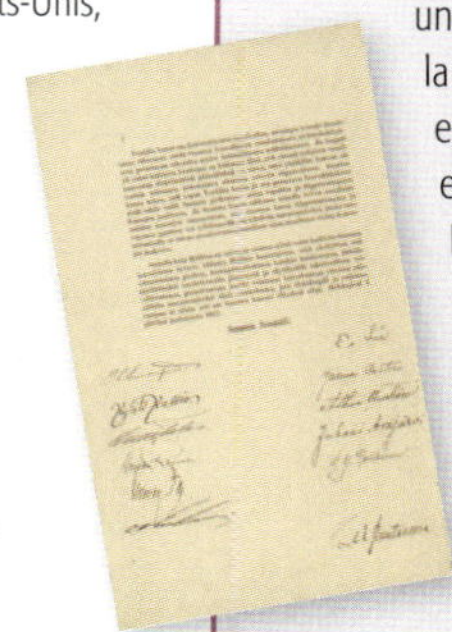

DÉCLARATION D'INDÉPENDANCE FINLANDAISE

INDÉPENDANCES

Le ressentiment suscité par la politique de russification conduisit la Finlande à **déclarer son indépendance** à la faveur de la révolution bolchevique en Russie **376-377 »**. Après une guerre civile, en 1918, la Finlande devint une république en 1919. La Pologne devait ressusciter à la faveur de la Première Guerre mondiale. En 1915, l'armée allemande en chassait les Russes, promettant l'indépendance aux Polonais qui combattirent toutefois aux côtés des Alliés. Leur demande de **liberté** fut entendue : en 1919, le **traité de Versailles** reconnaissait la république de Pologne **375 »**. L'Irlande luttait aussi pour s'affranchir de la domination étrangère. En 1916, l'insurrection de Dublin fut écrasée par les Britanniques **436 »**. Un traité fut néanmoins signé en 1921 entre le gouvernement britannique et le Sinn Féin, le parti indépendantiste irlandais majoritaire, reconnaissant l'indépendance d'une Irlande amputée des six comtés du Nord. En 1922, l'État libre d'Irlande voyait le jour.

DRAPEAU DE LA RÉPUBLIQUE D'IRLANDE

LA GRANDE GUERRE

Tandis que les **États-nations** s'affirmaient en Europe, en Afrique et en Asie, les Européens continuaient, au début du XXe siècle, d'annexer des territoires pour affirmer leur suprématie et en tirer un **profit économique 350-353 »**. Les États-Unis et le Japon, nouvelles puissances montantes, se joignirent à cette course territoriale. Mais le nationalisme contenait les germes de sa propre destruction. L'intensification des rivalités entre puissances impérialistes devait conduire à la **Première Guerre mondiale 372-375 »**.

PHILOSOPHE, ÉCONOMISTE Né en 1818 Mort en 1883

Karl Marx

« L'histoire de toute société […] est l'histoire de la **lutte des classes.** »

KARL MARX, *MANIFESTE DU PARTI COMMUNISTE*, 1848

Karl Marx, théoricien de la révolution socialiste, naquit dans une famille juive allemande aisée, à Trèves, alors prussienne. Son père, avocat, s'était converti au protestantisme pour pouvoir exercer son métier. Le jeune Karl fut envoyé à l'université pour étudier le droit, mais il s'y consacra à l'étude de l'histoire et de la philosophie, surtout hégélienne. Sa réflexion le conduisit à l'athéisme et à une dénonciation sans concession de la classe bourgeoise dont il était issu.

L'Europe, dans les années 1840, semblait, pour beaucoup, mûre pour la révolution. Karl Marx se fit journaliste engagé, combattant farouchement les autorités prussiennes autant que les positions d'autres théoriciens et figures de gauche. Dans le même temps, il développait sa philosophie de l'Histoire, tentant d'expliquer l'aliénation de l'homme moderne et étudiant les conditions d'une transformation de la société.

L'homme et le penseur
Karl Marx, photographié ici en 1875, était un mari et un père attentionné. Il se montrait en revanche sans pitié pour ceux dont il ne partageait pas les conceptions politiques.

Formation universitaire
En 1836, Karl Marx entrait à l'université Friedrich Wilhelm de Berlin – actuelle université Humboldt (ci-dessus) – pour y étudier le droit et la philosophie.

Le début d'une amitié
L'amitié entre Marx et Engels, fils d'un industriel allemand propriétaire d'une filature à Manchester (à droite), se noua à Paris en août 1944. Marx trouva dans Engels un collaborateur de toute une vie et un soutien matériel constant.

Illustration de la Commune de Paris
En 1871, un gouvernement insurrectionnel, la Commune, qui comprenait une minorité inspirée par le socialisme, prit brièvement le pouvoir à Paris. Marx vit dans ces événements « l'annonce glorieuse d'une nouvelle société ».

Journalisme engagé
Marx (à gauche) et Engels (au centre) publièrent la *Neue Rheinische Zeitung* à Cologne, entre 1848 et 1849, période de révolutions en Europe. Excellent journaliste, Marx avait, outre un sens aiguisé de l'analyse politique, de l'humour et du style.

Marx et Engels

En 1844, Marx noua ce qui allait être une profonde amitié avec Friedrich Engels, auteur d'une étude sur les classes laborieuses en Angleterre. Les deux hommes voyaient dans l'exploitation des ouvriers de l'industrie par les capitalistes le ferment d'une transformation révolutionnaire. En 1847, ils rejoignirent la Ligue des communistes, qui s'était éloignée du socialisme utopique de ses débuts, et rédigèrent le nouveau programme. Appelant à renverser la société capitaliste par l'union internationale des ouvriers – les prolétaires –, le *Manifeste du parti communiste* s'inscrivait pleinement dans le contexte de l'époque : Paris, Berlin, Vienne et d'autres villes d'Europe connurent en 1848 des insurrections contre les régimes établis. Mais ni les écrits de Marx ni l'action de la Ligue des communistes n'eurent d'influence sur ce Printemps des peuples. L'ordre ancien vite rétabli, le continent devint inhospitalier pour les défenseurs de la révolution. Marx trouva refuge au Royaume-Uni.

La théorie de la révolution

Marx se consacra à l'élaboration d'une critique radicale du capitalisme, fondée sur des bases scientifiques et philosophiques. Bien qu'il tirât quelques revenus de ses activités de journaliste, Marx n'aurait pu se vouer corps et âme à cette tâche sans le soutien matériel constant d'Engels. Il devint une figure familière de la salle de lecture du British Museum de Londres. Le fruit le plus important de ce travail acharné fut le premier volume du *Capital*, paru en 1867.

Marx avait alors renoué avec l'action politique. Il avait adhéré, dès sa création en 1864, à l'Association internationale des travailleurs, dont l'objectif premier était de coordonner les efforts des différents courants syndicalistes et socialistes. Marx s'imposa rapidement comme un des principales voix de cette Ire internationale, mais son intolérance pour les points de vue divergents accentua les divisions qui la traversaient. Si l'Internationale ne joua qu'un rôle marginal dans le soulèvement parisien provoqué en 1871 par la politique de conciliation du gouvernement conservateur avec l'occupant prussien, le texte rédigé par Marx après l'écrasement de la Commune de Paris augmenta considérablement le crédit de l'organisation et la notoriété de son auteur au sein du mouvement ouvrier.

Rien ne laissait encore présager, néanmoins, que la pensée de Karl Marx deviendrait l'une des forces les plus influentes de l'Histoire contemporaine. Les écrits marxistes, mêlant philosophie allemande et analyse économique, étaient pour la plupart d'une complexité intellectuelle intimidante. Pourtant, l'idée se répandit que Marx avait démontré l'inéluctabilité de la révolution ouvrière et de la chute du capitalisme. Après sa mort, le marxisme devint la doctrine de diverses organisations révolutionnaires et l'idéologie officielle d'États comme l'Union soviétique et la Chine communiste. Qu'aurait pensé Marx des actions menées en son nom ? Engels affirmait que son ami avait un jour déclaré : « je ne suis pas marxiste ».

Manifest der Kommunistischen Partei.
Veröffentlicht im Februar 1848.
London.

Manifeste du parti communiste
Le *Manifeste* de 1848 est le résumé le plus succinct et le plus abordable des idées de Marx et Engels.

> « Les **travailleurs** n'ont rien à perdre... sinon **leurs chaînes**. »
>
> KARL MARX, *MANIFESTE DU PARTI COMMUNISTE*, 1848

IDÉES

LE COMMUNISME

Marx analysait le mouvement de l'Histoire comme une lutte entre classes sociales. Au XIXe siècle, la classe dominante, la bourgeoisie, détentrice des moyens de production (les usines et les machines), accumulait le capital en rémunérant le travail du prolétariat (la classe ouvrière) en dessous de sa valeur. Pour Marx, le sens de l'histoire impliquait que le prolétariat renverse le capitalisme bourgeois et établisse, par le biais d'une dictature provisoire, une société sans classes, caractérisée par la propriété collective.

CHRONOLOGIE

- **5 mai 1818** Naissance de Karl Marx à Trêves, en Rhénanie prussienne
- **1835** Étudie le droit à Bonn.
- **1836** Entre à l'université Friedrich-Wilhelm à Berlin. Il obtiendra en 1841 un doctorat en philosophie.
- **1842** Rédacteur en chef de la *Reinische Zeitung*, à Cologne. Ses écrits radicaux entraînent la fermeture du journal l'année suivante.
- **19 juin 1843** Épouse Jenny von Westphalen, fille d'un aristocrate prussien.
- **Octobre 1843** Le couple s'installe à Paris.
- **28 août 1844** Engels rencontre Marx à Paris et lui présente son essai sur *La Situation de la classe laborieuse en Angleterre*. Une amitié et une collaboration de toute une vie débutent.

JENNY MARX, VERS 1840

- **Janvier 1845** Expulsé de France, Marx rejoint Engels à Bruxelles, en Belgique.
- **1847** Marx et Engels adhèrent à la Ligue des communistes. Marx publie *Misère de la philosophie*, critique de *La Philosophie de la misère* de l'anarchiste français Pierre-Joseph Proudhon.
- **21 février 1848** Publication du *Manifeste du parti communiste*
- **Mars 1848** Arrêté et expulsé de Bruxelles, Marx regagne Paris, où une révolution a renversé la monarchie.
- **Juin 1848-mai 1849** Revenu à Cologne, Marx fonde avec Engels la *Neue Rheinische Zeitung* ; il rentre à Paris après l'interdiction du journal.
- **Août 1849** De nouveau expulsé de Paris, Marx s'installe définitivement à Londres.
- **1852** Devient le correspondant du *New York Daily Tribune*, auquel il collaborera pendant une dizaine d'années.
- **6 avril 1855** Le fils adoré de Marx, Edgar, meurt à l'âge de 8 ans ; le couple perdra quatre de ses sept enfants entre 1850 et 1857.
- **Octobre 1864** Élu au conseil général de l'Association internationale des travailleurs (Ire Internationale).
- **1867** Premier volume de son œuvre majeure, *Le Capital*. Les deux suivants seront publiés par Engels après la mort de Marx.
- **1868** Début de l'affrontement entre Marx et Bakounine, anarchiste, pour le contrôle de la Ire Internationale.
- **1871** Marx rédige *La Guerre civile en France* après l'écrasement de la Commune de Paris.
- **Septembre 1872** Au congrès de La Haye, les partisans de Bakounine quittent la Ire Internationale ; l'organisation déménage son siège à New York, ce qui marque le début de son déclin.
- **2 décembre 1881** Mort de Jenny
- **14 mars 1883** Mort de Karl Marx ; il est enterré au cimetière de Highgate, à Londres.

AVANT

Différents systèmes de production et d'échange modelèrent les sociétés et les systèmes de pensée à travers l'Histoire.

LE FÉODALISME
Le féodalisme désigne le système de propriété de la terre prédominant dans l'Europe médiévale **« 188-191.** Les vassaux recevaient des terres des seigneurs suzerains, dont le roi était le premier, en échange de leur fidélité et d'un soutien militaire. Les serfs travaillaient la terre pour les vassaux et ne pouvaient la quitter, mais ils pouvaient posséder un lopin de terre.

LE MERCANTILISME
Aux XVIIe et XVIIIe siècles, les tenants du mercantilisme, surtout représentés en Angleterre, en France et dans les Provinces-Unies, prônaient l'enrichissement des nations par le commerce extérieur, le lingot d'or en étant la matérialisation.

LINGOT D'OR

LE CAPITALISME
Le capitalisme moderne peut être identifié dès le XVIe siècle **« 276-277.** Il se caractérise par la propriété privée des moyens de production, la production ayant elle-même pour but le profit. Le capitalisme promeut le libre jeu de l'offre et de la demande, ou libre marché.

L'HUMANISME
La pensée humaniste, accordant le primat à l'homme et à sa dignité, émergea à la Renaissance **« 250-253.** La révolution industrielle **« 292-293**, et la condition faite aux ouvriers, en contradiction avec les valeurs humanistes, nourrirent une nouvelle réflexion qui donna naissance au socialisme.

Les conséquences de l'industrialisation
La volonté des industriels du XIXe siècle de maximiser leur profit se traduisit par des conditions de travail et de vie pénibles aussi bien que dangereuses pour la plupart des ouvriers (ci-dessus, les aciéries de Pittsburg, aux États-Unis). Réformateurs sociaux et mouvement ouvrier obtinrent, dans la deuxième moitié du siècle, des premières avancées législatives.

« De chacun selon ses capacités, à **chacun selon ses besoins**. »

KARL MARX, *CRITIQUE DU PROGRAMME DE GOTHA*, 1875

Le **socialisme**

Les conditions faites à la nouvelle classe ouvrière engendrée par la révolution industrielle provoquèrent la naissance d'un mouvement politique et syndicaliste visant à une plus juste répartition des richesses produites. Dès ses débuts, le socialisme fut divers.

L'espoir d'un monde plus juste n'est pas né avec la révolution industrielle (voir p. 292-295), mais ce fut en réponse à celle-ci que se constitua le socialisme, visant à un partage plus juste des richesses par la propriété collective des moyens de production. S'accordant sur le projet d'une société sans classes et sur le rôle premier que devait jouer la classe ouvrière pour atteindre ce but, les socialistes se divisèrent dès les origines du mouvement sur les modalités de transformation de la société.

Le socialisme en action

Le socialisme émergea au début du XIXe siècle au Royaume-Uni et en France comme un courant philanthropique et utopiste. Après s'être employé à faire de ses filatures écossaises de New Lanark, en Écosse, une entreprise modèle, obéissant encore aux règles capitalistes, Robert Owen œuvra à partir des années 1820 à la création de communautés fondées sur la propriété collective des moyens de production et l'abolition du profit. Il fonda lui-même celle de New Harmony, dans l'Indiana, en 1826 ; l'expérience devait se solder par un échec, de même que celles menées par les disciples des Français Saint-Simon (1760-1825) et Charles Fourier (1772-1837). Ces socialistes utopistes entendaient remplacer la propriété privée par une association volontaire des hommes et des femmes – dont ils proclamaient l'égalité. Leurs idées devaient donner naissance au mouvement coopératif et inspirer aussi l'anarchisme, qui transforma la méfiance des premiers socialistes envers l'intervention de l'État en une volonté proclamée de détruire celui-ci pour édifier une société libre de toute domination, fondée sur l'autogestion. À partir des années 1840, ce courant allait vivement s'opposer, au sein du mouvement socialiste et syndicaliste, au socialisme « scientifique » théorisé par le philosophe et économiste allemand Karl Marx (voir p. 334-335). Relisant la *Philosophie de l'histoire* d'Hegel à la lumière de l'évolution de l'économie, Marx considérait que le capitalisme était condamné par ses contradictions internes. Sa fin, toutefois, pouvait et devait être précipitée par la révolution ouvrière, l'édification d'une société sans classes passant par une phase de dictature du prolétariat.

L'essor du marxisme

Les écrits de Marx, comme ceux des autres penseurs du socialisme, n'étaient lus que par une élite ouvrière. Le mécontentement et l'agitation n'en croissaient pas moins parmi les nouvelles classes laborieuses. Les révolutions qui secouèrent l'Europe en 1848 – et dont l'une des nombreuses causes était le chômage – renforcèrent partout le mouvement ouvrier, donnant naissance à des organisations dont beaucoup étaient influencées par les idées marxistes.

Marx joua un rôle direct dans la formation, en 1864, de l'Association internationale des travailleurs. Si les partisans de la révolution dominaient la Ire Internationale, la social-démocratie, inspirée par les écrits et l'action de Ferdinand Lassalle, gagnait en vigueur en Allemagne comme dans d'autres pays européens. Elle ouvrait une voie réformiste, affirmant la possibilité pour un gouvernement juste de mettre fin à l'exploitation des travailleurs. La divergence entre réformistes et marxistes allait traverser l'histoire des partis socialistes et communistes qui se créèrent partout en Europe à la fin du XIXe siècle et au début du XXe siècle. Car le compromis était inacceptable pour les marxistes. La révolution qu'ils appelaient de leurs vœux devait finalement avoir lieu, non pas comme Marx l'envisageait, dans une des sociétés les plus industrialisées, mais en Russie, où les communistes bolcheviques dirigés par Lénine prirent le pouvoir, en 1917, pour établir une dictature du prolétariat et créer l'Union des républiques socialistes soviétiques (voir p. 376-377).

L'ILLUSTRATION
JOURNAL UNIVERSEL

À la une
L'Illustration, journal français, mettait Karl Marx à la une en novembre 1871, neuf mois après la Commune de Paris. Les ouvriers étant nombreux parmi les communards, la Commune fut volontiers présentée comme une tentative d'établissement d'une dictature du prolétariat.

New Lanark
Ayant acquis ces filatures écossaises en 1800, Robert Owen y améliora les salaires et les conditions de travail et de vie des ouvriers et créa des écoles pour leurs enfants, tout en continuant de faire des profits.

APRÈS

Les diverses interprétations du socialisme donnèrent naissance à des modèles différents.

LE SOCIALISME DANS UN SEUL PAYS

Alors que Karl Marx avait donné au mouvement socialiste une dimension internationale, le successeur de Lénine, **Joseph Staline** **378-379 »**, imposa la doctrine de la construction du socialisme dans un seul pays, l'Union soviétique, qu'il isola. Si la domination communiste s'étendit à d'autres pays après la Seconde Guerre mondiale, ces pays, et leurs économies étatiques, demeurèrent largement coupés du reste du monde jusqu'à la fin des années 1980 **446-447 »**. Une dictature communiste fut aussi établie en Chine, en 1949 **424-425 »**.

SYNDICATS ET PARTIS

En Grande-Bretagne, des **syndicats ouvriers** furent créés dès le début du XIXe siècle. Comme ailleurs en Europe, le mouvement syndicaliste y fut à l'origine de la création d'un parti socialiste, le **Labour Party**, fondé en 1906 à l'initiative de James Keir Hardie.

JAMES KEIR HARDIE

LA SOCIAL-DÉMOCRATIE

Les partis socialistes réformistes, ou social-démocrates, se sont imposés au XXe siècle comme des partis de gouvernement, exerçant longuement le pouvoir en Scandinavie, en Allemagne et en France. Ils se sont faits les promoteurs de l'**État-providence** et de l'**économie sociale de marché**.

1er mai
Cette affiche du Parti socialiste italien appelle à un rassemblement des travailleurs le 1er mai, date à laquelle sont célébrées dans de nombreux pays les conquêtes légales du mouvement ouvrier.

Carte de membre
Cette carte appartenait à un membre du Parti ouvrier français, marxiste. Il fut fondé en 1882 par Jules Guesde et Paul Lafargue, gendre de Marx, à la suite d'une scission de la Fédération du parti des travailleurs socialistes de France, premier parti socialiste français.

Le romantisme

Mouvement culturel et artistique, le romantisme transforma l'art et la philosophie à partir de la fin du xviiie siècle. Privilégiant l'expression personnelle, l'intuition, l'émotion et l'imagination face à la raison, il amorça la séparation entre art et science.

« AVANT

Les penseurs des Lumières cherchaient des réponses aux interrogations humaines dans la science et la raison. Le romantisme s'opposa au rationalisme.

LE CLASSICISME

Le classicisme de la Renaissance **« 250-253** avait pour modèle l'art de la Grèce et de la Rome antiques **« 116-117**, caractérisé par la **précision**, l'**élégance** et la **simplicité**. En obéissant à des règles formelles, l'art pouvait prétendre à l'universalité.

LES LUMIÈRES

Au xviiie siècle, les Lumières **« 270-271** diffusèrent l'esprit d'investigation en Europe et dans ses colonies. Le primat était donné à la **raison**, la **science** et le **progrès**, ce que le poète anglais **Alexander Pope** résuma ainsi : « La Nature et les lois de la Nature étaient dissimulées dans la nuit : Dieu dit, Que Newton soit ! Et tout fut lumière. » À l'exploration scientifique des phénomènes naturels, incarnée par un **Isaac Newton « 267**, faisait écho l'exploration géographique du monde.

L'ORDRE ÉTABLI DÉFIÉ

Le philosophe français **René Descartes** appelait à **douter de toute chose** tant qu'un raisonnement déductif n'avait pas permis de fonder rationnellement la vérité. Une telle méthode devait conduire les penseurs des Lumières à mettre en question les vérités établies de longue date. Parmi eux, l'économiste écossais **Adam Smith** révolutionna la théorie économique avec *Recherches sur la nature et les causes de la richesse des nations* tandis que les écrits du philosophe genevois **Jean-Jacques Rousseau** furent une des inspirations de la Révolution française **« 302-303**.

ADAM SMITH

LE RÔLE DE L'ART

L'art demeurait synonyme d'**artisanat**, et l'artiste se confondait avec l'artisan. Le peintre était employé par les cours et les puissants, les institutions religieuses et professionnelles. La nature de son art **dépendait plus souvent de son mécène**, qui commandait et finançait son travail, que de sa libre créativité.

La Petite Fille perdue
Ce poème fait partie des *Chants d'expérience*, recueil de poèmes écrit, illustré et imprimé par le poète et graveur anglais William Blake. Il y exalte l'émotion et l'imagination dans une pure veine romantique.

Le romantisme émergea en réaction au rationalisme et au classicisme des Lumières qui avaient dominé le xviiie siècle (voir avant). Le philosophe genevois Jean-Jacques Rousseau (voir p. 270) fut le premier à exprimer le besoin d'un contrepoint à « l'Ère de Raison », la pensée rationnelle menaçant de submerger l'imagination et l'émotion, qualités pourtant fondamentalement humaines. Cependant, le romantisme fut d'abord allemand : se manifestant sous la forme d'un nationalisme culturel (voir p. 326), il contribua à forger un sens de l'unité nationale quand l'Allemagne n'était encore qu'une mosaïque d'États. Inspirés par Johann Wolgang von Goethe, auteur des *Souffrances du jeune Werther*, écrivains et poètes allemands de la seconde moitié du xviiie siècle rejetèrent les conventions classiques et leur éducation rationaliste pour exalter les émotions.

Ces pionniers du *Sturm und Drang* (« tempête et passion ») définirent d'autres caractéristiques du futur mouvement romantique : l'intérêt porté à l'art et aux coutumes populaires, l'émerveillement devant la nature, porté au mysticisme et indissociable de l'enthousiasme pour les anciennes croyances païennes.

> « Le **romantisme**... n'est ni dans le choix des sujets ni dans la vérité exacte, mais dans la manière de **sentir**. »
>
> CHARLES BAUDELAIRE, *LE SALON DE 1846*, 1846

ÉCRIVAIN ALLEMAND (1749-1832)

JOHANN WOLFGANG VON GOETHE

Goethe fut l'un des grands inspirateurs du romantisme, bien qu'il ait pour sa part tenté de concilier l'exaltation du sentiment et le classicisme grec. En 1773, il mettait en scène un chevalier allemand épris de justice et de liberté, dans *Götz von Berlichingen*, une des œuvres les plus représentatives du *Sturm und Drang*. La figure légendaire de Faust, érudit désenchanté qui vendit son âme à Dieu, lui fournit la matière de son grand œuvre.

Enfin, l'artiste, capable d'exprimer ses états d'âme et ses sentiments bien mieux que l'homme ordinaire, devenait un héros.

L'art pour l'art

L'art devait dès lors être l'expression de l'individualité de l'artiste et non un produit se conformant à des conventions et aux désirs d'un commanditaire. Les peintres se distancièrent de leur passé d'artisans pour reprendre possession de leur créativité, ce qui renforça la figure romantique de l'artiste comme individu doué, intrinsèquement différent du commun des mortels : statut que devaient revendiquer pleinement les compositeurs allemands Ludwig van Beethoven et Richard Wagner ou le poète anglais lord Byron, incarnation du poète romantique, héros tourmenté, perpétuellement en quête d'une compréhension plus profonde.

Dans cette logique, les peintres romantiques rejetèrent les strictes règles

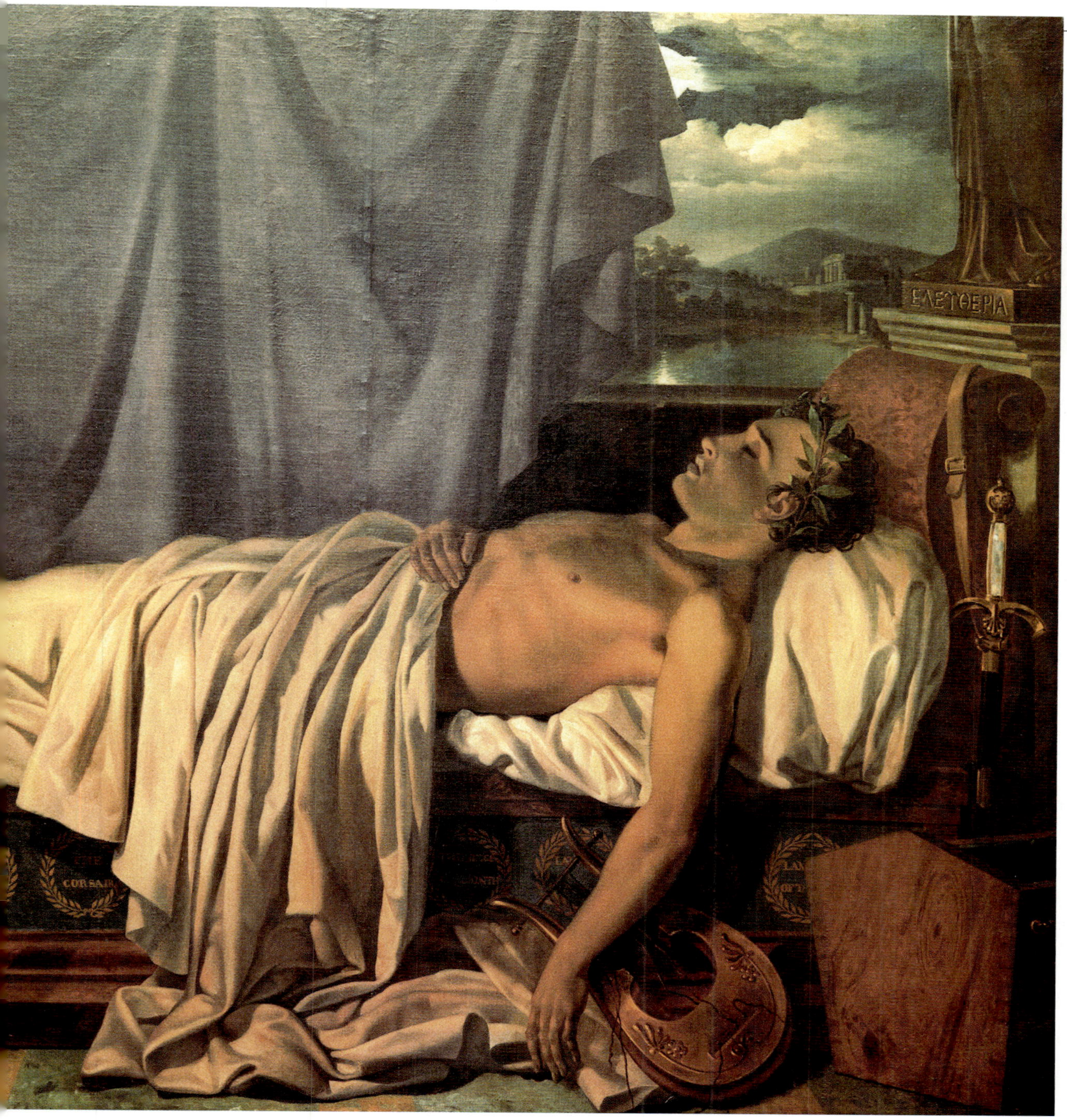

Le néogothique
La célébration par le romantisme de l'art gothique médiéval donna naissance au mouvement néogothique, dont le Keble College, à Oxford (Angleterre), est un exemple. La substitution de la brique rouge à la pierre provoqua une controverse.

La mort de Byron
Ironie de l'histoire de l'art, le peintre néoclassique belge Joseph-Denis Odevaere a peint le romantique Byron en héros grec classique – allusion à son engagement pour l'indépendance grecque.

du classicisme et la prétention à l'universalité pour élaborer une œuvre plus personnelle. William Turner en Angleterre, Théodore Géricault et Eugène Delacroix en France, ou encore Caspar David Friedrich en Allemagne, explorèrent plus librement les thèmes de la nature, de la conscience individuelle comme l'histoire culturelle de leur nation à travers un art du mouvement et de la couleur. Dans le même temps, les poètes revendiquaient la subjectivité de l'expérience, écrivaient sur l'enfance ou exaltaient les mystères de la nature, en se libérant peu à peu des formes de la poésie classique.

Mais le romantisme trouva peut-être sa meilleure expression dans la musique classique. Des puissantes symphonies de Beethoven et opéras épiques de Wagner aux lieder intimistes de l'Autrichien Franz Schubert, les œuvres musicales romantiques recelaient une tension et une émotion nouvelles, et de nombreux chefs-d'œuvre. Claude Debussy, compositeur français du tournant du XXe siècle, disait de la Neuvième Symphonie de Beethoven qu'elle était « un cauchemar universel » pour les compositeurs tant il était impossible de la surpasser.

Poésie chantée
Les romantiques donnèrent au lied, poème chanté de tradition germanique, sa forme contemporaine. Ci-contre, le manuscrit de *Marguerite au rouet* (1814), mise en musique par Schubert du *Faust* de Goethe

Le culte de l'individu

En émancipant l'acte créateur du dictat de la raison et en affirmant combien cet acte lui-même faisait de l'artiste un individu à part, le romantisme contribua à séparer les arts et les sciences et donna naissance aussi à la notion d'avant-garde – d'artistes à l'origine de nouvelles façons de penser. Cette vision était indissociable du culte de l'individu, tout entier contenu dans ce commentaire de Blake : « Je dois créer un système ou être esclave de celui d'un autre ; je ne raisonnerai ni comparerai : mon objet est de créer. »

APRÈS

De nouveaux mouvements artistiques apparurent en réaction à l'évolution de la société – et de l'art –, à laquelle ils contribuèrent en retour.

LES PRÉRAPHAÉLITES
En 1848, les peintres britanniques **John Everett Millais**, **William Holman Hunt** et **Dante Gabriel Rossetti** (également poète) fondaient avec d'autres la Confrérie préraphaélite, en réaction contre le matérialisme et l'industrialisation de la Grande-Bretagne autant que contre l'académisme victorien. Cherchant refuge dans des **mondes légendaires**, ils aspiraient à renouer avec la pureté artistique des primitifs italiens et la spiritualité du Moyen Âge et de la Renaissance « 250-253.

***PROSERPINE* DE ROSSETTI**

LE RÉALISME
Privilégiant une approche plus sobre et plus directe de la nature que le romantisme, rejetant dans un même mouvement exotisme et idéalisation néoclassique, le réalisme trouva ses chefs de file dans **Camille Corot**, **Gustave Courbet** et **Jean-François Millet**, qui s'attachèrent à peindre des scènes de la vie quotidienne et la réalité sociale de leur époque.

LE NATIONALISME
Le romantisme allemand, mettant en avant les récits populaires et les légendes germaniques, dégénéra en un nationalisme fanatique 328-329 ».

AVANT

Le récit biblique de la Création commandait si bien la vision du monde judéo-chrétien qu'il était presque impensable d'en remettre en cause la validité.

ADAM ET ÈVE

LE CRÉATIONNISME

Jusqu'au XIXe siècle, prévalait une vision créationniste de l'Univers : pour les juifs comme pour les chrétiens, l'Univers et tout ce qu'il contenait avaient été créés par Dieu.

Une **lecture littérale** de la Bible avait conduit l'Église chrétienne à dater la **Genèse entre 6000 et 4000 av. J.-C.**, la Terre et les espèces vivantes étant demeurées inchangées depuis lors. Étudiant, Charles Darwin fut très influencé par le théologien **William Paley**, qui avançait que le monde naturel était trop complexe pour ne pas être l'œuvre d'un créateur suprême.

LE CRÉATIONNISME DÉFIÉ

En 1785, le géologue écossais **James Hutton** affirmait que les traits actuels de la Terre **résultaient de processus réguliers, toujours à l'œuvre**. Cet « uniformitarisme » fut développé par le géologue britannique Charles Lyell dans ses *Principes de géologie* (1830-1833). En 1794, **Érasmus Darwin**, le grand-père de Charles, évoquait une **transformation progressive** des animaux. Le naturaliste français **Jean-Baptiste de Lamarck** fut le premier à proposer une **théorie de la transformation des espèces** dans sa *Philosophie zoologique*, publiée en 1809.

Spécimens scientifiques
Darwin collecta ces spécimens de poissons et d'anguille au cours de son voyage à bord du *Beagle*, de 1831 à 1836.

> « **L'homme avec toutes ses nobles qualités** [...] porte toujours dans sa construction corporelle l'**empreinte indélébile de sa basse origine.** »

CHARLES DARWIN, *LA FILIATION DE L'HOMME,* 1871

L'origine des espèces

En 1859, Darwin présentait sa théorie de l'évolution des espèces par la sélection naturelle, fondée sur les résultats de ses observations détaillées. *L'Origine des espèces* puis *La Filiation de l'homme* allaient bouleverser les sciences naturelles et, plus largement, notre vision du monde naturel.

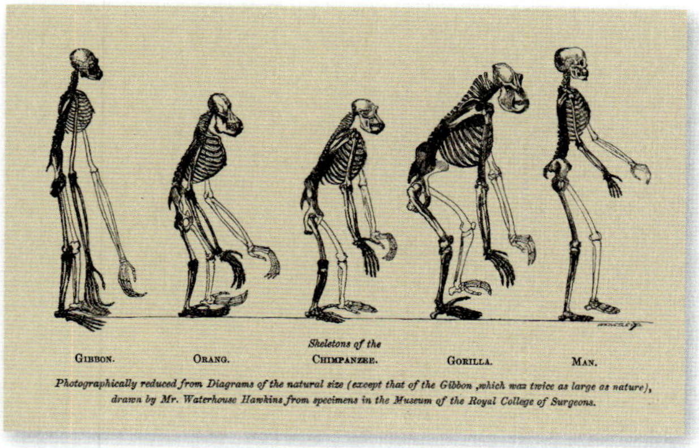

Évolution des formes
T.H. Huxley (voir p. 342-343) fut l'un des grands vulgarisateurs de la théorie de Darwin. Le frontispice de son essai *De la place de l'homme dans la nature* (1863) met en évidence les similitudes entre les squelettes de gibbon, d'orang-outang, de chimpanzé, de gorille et d'humain.

L'idée que l'humanité et les animaux avaient évolué à partir de créatures plus primitives n'était pas nouvelle. S'interrogeant sur la diversité du vivant, certains philosophes grecs avaient, dès l'Antiquité, formulé l'hypothèse d'une évolution des espèces. Au XVIIIe siècle, le développement de l'anatomie comparée, de la géologie et de la paléontologie rouvrirent le débat sur l'âge de la Terre et la transformation de la vie. Pourtant, le transformisme de Lamarck (voir AVANT), première théorie scientifique de l'évolution, rencontra une vive opposition de la part des partisans du fixisme, tenants de l'immuabilité du vivant depuis la création du monde par Dieu, aussi bien que de ceux qui, comme le Français Cuvier, avaient par leurs travaux établi que des espèces avaient disparu et apparu au cours de l'histoire de la vie mais l'expliquaient par des catastrophes passées.

La sélection naturelle

De 1831 à 1836, Darwin explora les côtes sud-américaines avec la mission scientifique du *Beagle*. Ses observations lui permirent de confirmer les idées uniformitaristes du géologue Charles Lyell (voir AVANT), avant de l'entraîner plus loin. Tandis qu'il travaillait sur les spécimens collectés et étudiait le transformisme, Darwin lut l'*Essai sur le principe de population* publié en 1798 par Thomas Malthus (voir p. 291). Quand son ami ornithologue John Gould établit que les fringillidés collectés aux Galápagos étaient des espèces différentes ayant des ancêtres communs, Darwin, tentant d'expliquer cette spéciation, se souvint de l'argument malthusien selon lequel la taille d'une population est naturellement limitée par la disponibilité des ressources alimentaires. Il en déduisit que les animaux les mieux adaptés pour accéder à la nourriture survivaient et transmettaient leurs caractères à leur descendance, tandis que les moins aptes étaient conduits à l'extinction : Darwin baptisa ce processus « sélection naturelle ».

Le naturaliste entreprit de développer sa théorie en 1842. Deux ans plus tard, après avoir écrit 230 pages, il en interrompit la rédaction en raison de problèmes de santé, mais aussi parce qu'il voulait répondre par avance aux critiques. Mais le biologiste et géographe Alfred Russel Wallace ayant abouti à une théorie similaire, Charles Lyell pressa Darwin de rendre publics ses travaux. Le 1er juillet 1858, la Linnean Society de Londres entendait les exposés de Darwin et de Wallace.

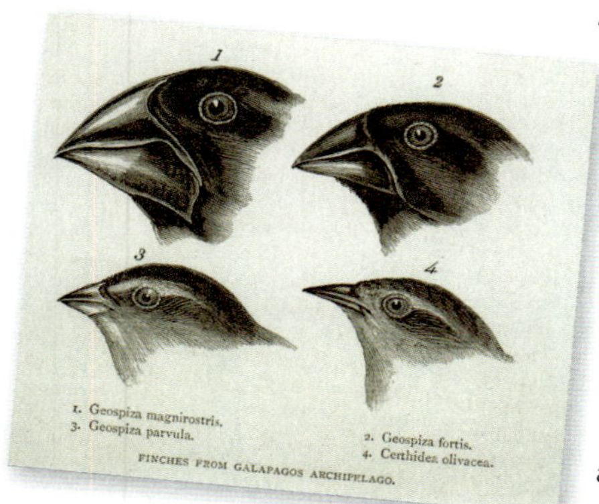

Les pinsons de Darwin
Dessins de Darwin d'espèces de fringillidés des Galápagos. La réflexion sur leur spécialisation et leurs adaptations morphologiques joua un rôle important dans l'élaboration du principe de sélection naturelle.

5 500 **Nombre de spécimens biologiques que Charles Darwin collecta pendant le voyage du *Beagle*. Leur description détaillée remplissait douze catalogues.**

La filiation de l'homme

Le titre complet de l'ouvrage publié en 1859 était *De l'origine des espèces par voie de sélection naturelle*. Pour Darwin, le moteur de l'évolution était la compétition des individus pour l'accès aux ressources, tandis que Wallace privilégiait la lutte de l'individu contre le milieu. *L'Origine des espèces* ne faisait qu'évoquer l'évolution humaine.

Celle-ci devint le sujet central de *La Filiation de l'homme* (1871). Le lien d'ascendance établi entre l'espèce humaine et les grands singes déchaîna les passions (voir p. 342-343). L'idée, en effet, « exigeait de rejeter certaines des croyances les plus répandues et les plus chéries de l'homme occidental », comme l'a écrit le biologiste Ernst Mayr.

NATURALISTE ANGLAIS (1809-1882)

CHARLES DARWIN

« Tu feras ta honte et celle de ta famille », avait prédit le père de Charles Darwin, devant le peu de sérieux que celui-ci mettait dans ses études. Darwin, de fait, abandonna la médecine et ne décrocha une licence ès arts que grâce à sa passion pour l'histoire naturelle. Sur une recommandation d'un professeur, il fut recruté comme naturaliste pour une exploration scientifique des côtes sud-américaines. Au retour de son voyage à bord du *Beagle*, il obtint une reconnaissance scientifique grâce à ses articles décrivant ses découvertes. Il entreprit en 1842 de préparer la publication qui allait changer le cours de l'histoire scientifique. Malgré la controverse entourant sa théorie de l'évolution, il était respecté de ses pairs. Il fut inhumé à l'abbaye de Westminster, aux côtés d'Isaac Newton.

APRÈS

Si la théorie de l'évolution est désormais largement acceptée et enseignée, le débat sur les origines de la vie se poursuit.

SYNTHÈSE ÉVOLUTIONNISTE
Tandis que Darwin achevait *L'Origine des espèces*, le botaniste autrichien **Gregor Mendel** étudiait la transmission des **caractères héréditaires chez les plantes**. Les travaux de Mendel ne furent reconnus qu'au XXe siècle et fondèrent la **génétique**, dont les découvertes ont été intégrées à la théorie darwinienne au sein de la théorie synthétique de l'évolution, ou **néodarwinisme**.

UN DESSEIN INTELLIGENT
La thèse du dessein intelligent, diffusée par les chrétiens conservateurs à partir de 1999, part du postulat que des processus naturels aléatoires ne peuvent expliquer la complexité du vivant. Elle fait donc intervenir une cause « intelligente », Dieu, créateur d'un Univers capable de fonctionner par lui-même, qui rappelle le **Dieu horloger des savants chrétiens** des XVIIIe et XIXe siècles.

« AVANT

Jusqu'au XVIIe siècle, la vision du monde était définie par la religion. La révolution scientifique allait offrir un cadre alternatif pour la compréhension de l'Univers et de l'existence humaine.

GALILÉE FACE À L'INQUISITION

GALILÉE ET L'INQUISITION

En 1632, l'astronome italien Galileo Galilei apportait dans ses *Dialogues sur les deux systèmes du monde* de nouveaux arguments en faveur du système héliocentrique proposé un siècle plus tôt par le Polonais Copernic. Il fut contraint par le tribunal religieux de l'Inquisition « **196** de dénoncer comme faux ses propres travaux. Assigné à vie à résidence, il persista toutefois contre ses censeurs, rédigeant ses *Discours concernant deux sciences nouvelles*. Ceux-ci inspirèrent plus tard les recherches d'Isaac Newton « **269**.

LES INSTITUTIONS SCIENTIFIQUES

Au XVIIe siècle, la fondation d'**institutions scientifiques** telles que la Royal society britannique et l'Académie des sciences française encouragea la **formalisation de la méthode scientifique**. Lieux de débat, ces institutions donnaient aussi une nouvelle respectabilité à la science, toujours confrontée à la suspicion de l'Église.

NEWTON ET DIEU

Les détracteurs de Newton lui reprochèrent de réduire l'Univers à des lois mécanistes et d'en

MODÈLE MÉCANIQUE DU SYSTÈME SOLAIRE

chasser Dieu. Newton, pourtant, était profondément croyant : rien dans son œuvre ne visait à exclure Dieu de l'Univers, qu'il se contentait de décrire. Au contraire, le physicien voyait en Dieu un horloger cosmique, la force supérieure à l'œuvre derrière les forces naturelles qu'il avait tenté d'expliquer.

LES LUMIÈRES

Les découvertes de Newton furent à l'origine d'une **révolution de la physique** et inspirèrent les penseurs des Lumières « **270-271**, qui entendaient fonder leurs recherches et leur réflexion sur **la raison et la preuve scientifique** plutôt que sur la superstition et les croyances établies.

> « Était-ce par son grand-père ou sa grand-mère qu'il a dit **descendre d'un singe** ? »
>
> L'ÉVÊQUE SAMUEL WILBERFORCE À THOMAS HUXLEY LORS D'UNE RÉUNION DE L'ASSOCIATION BRITANNIQUE POUR L'AVANCEMENT DE LA SCIENCE, 1860

Un débat surchauffé
Ces caricatures du magazine *Vanity Fair* présentent l'évêque Samuel Wilberforce et le biologiste Thomas Huxley, protagonistes d'un débat présenté comme « le choc entre science et religion ».

La **science** contre **Dieu** ?

L'exposé par Charles Darwin de sa théorie de l'évolution dans *L'Origine des espèces*, en 1859, déclencha un débat public sur le rôle respectif de la science et de la religion comme cadres de compréhension du monde au sein d'une société entrée dans la modernité.

Le 30 juin 1860, la science affrontait la religion sur une estrade de la bibliothèque du muséum de l'université d'Oxford. Le débat opposait l'évêque Samuel Wilberforce, représentant l'Église anglicane, au biologiste Thomas Henry Huxley, armé d'un exemplaire de *L'Origine des espèces* publiée l'année précédente par le naturaliste britannique Charles Darwin (voir p. 341). La théorie darwinienne, selon laquelle tous les êtres vivants étaient le produit évolutif d'une sélection naturelle, sapait dangereusement la doctrine chrétienne, voulant que le monde et l'humanité fussent demeurés inchangés depuis leur création par Dieu. L'Église était très déterminée à défendre sa position. Aux attaques de Wilberforce, qui lui reprochait un manque de preuves, répondirent les railleries de Huxley, clamant qu'il préférait descendre d'un singe plutôt que d'un évêque.

Des preuves irréfutables

Le défi que la science lançait à la religion découlait du seul fait que les découvertes scientifiques contredisaient les croyances chrétiennes érigées en vérité. Lui-même chrétien, Darwin vivait assez difficilement cette contradiction, parlant de lui comme du « chapelain du Diable », et hésita plusieurs années à publier sa théorie. Entre 1785 et 1835, les roches et fossiles fournirent à des scientifiques comme James Hutton, Georges Cuvier, William Smith et Charles Lyell les arguments pour avancer que la Terre

La création d'Adam
Cette représentation par Michel-Ange de la création de l'Homme par Dieu orne la voûte de la chapelle Sixtine, à Rome. Elle fait partie d'une série de fresques illustrant le récit de la Genèse, le premier livre de la Bible.

était bien plus vieille que les calculs fondés sur la Bible ne le suggéraient et jeter le doute sur la validité du récit de la Création. La géologie, au XIXe siècle, étant toutefois encore trop jeune pour

Certains, toutefois, parvinrent à concilier cette donnée nouvelle avec leurs croyances religieuses. Ainsi, l'écrivain et homme d'Église Charles Kingsley fut l'un des premiers défenseurs de Darwin. Il écrivait : « J'ai appris peu à peu à voir que c'est une conception tout aussi noble de la Déité de croire qu'Il a créé des formes primitives capables d'autodéveloppement que de croire qu'Il lui a fallu intervenir de nouveau pour combler les [vides] qu'Il avait lui-même engendrés. »

La marche de la science

Longtemps considérée comme un loisir pour excentriques ou confondue avec la spéculation métaphysique, la science devint au XIXe siècle discipline méthodique, respectée et admirée ; ce qu'atteste l'usage nouveau du terme « scientifique », venu se substituer à celui de « philosophe naturel » pour désigner ceux qui s'y livraient.

La science, en fait, gagna en crédibilité sans pour autant remplacer la religion, le christianisme se révélant résilient au changement. Ainsi, la liberté religieuse gagnée en Europe à la faveur du mouvement de séparation de l'Église et de l'État, dans le sillage de la Révolution française (voir p. 302-303), favorisa la multiplication des courants religieux. La compétition entre ces derniers entraîna paradoxalement un renforcement des loyautés religieuses, de même que la montée de l'irréligiosité dans les villes y suscitait la construction de nouveaux lieux de culte.

Les progrès continus de la science, dans le même temps, se manifestaient directement, par le biais de la technologie et des avancées médicales, dans la vie quotidienne, et rendaient plus criante la nécessité de développer l'éducation scientifique. Les gouvernements répondirent à ce besoin par l'établissement de départements de recherche universitaire ainsi que d'autres institutions scientifiques et technologiques. Le savoir scientifique se diffusa dans la société, sans que celle-ci se voie contrainte à un choix tranché entre la science et Dieu.

permettre d'estimer correctement l'âge de la planète.

L'Église et ses défenseurs surmontèrent assez aisément l'obstacle géologique. Il suffisait de donner à la chronologie biblique une signification métaphorique, les six jours de la Création pouvant dès lors correspondre à des périodes géologiques. L'idée que les humains descendaient des grands singes était plus difficile à accepter.

IDÉES

LE TABLEAU PÉRIODIQUE

Dimitri Mendeleïev, chimiste russe, avait noté sur des cartes le nom de chaque élément chimique, ses propriétés et sa masse atomique. Ayant repéré la périodicité de certaines valeurs, il organisa ses cartes en fonction des propriétés chimiques (lignes) et de la masse atomique (colonne) ; le tableau périodique moderne a inversé le système. La classification de Mendeleïev lui permit de prédire l'existence et les propriétés d'éléments… qui furent découverts ultérieurement.

« Des **vérités établies irrationnellement** peuvent être plus **néfastes** que des **erreurs raisonnées.** »

T. H. HUXLEY, *L'ÉVOLUTION ET L'ORIGINE DES ESPÈCES*, 1880

Preuve géologique
La découverte d'anciens animaux fossilisés, comme ces ammonites (des mollusques préhistoriques), contribua à mettre en question l'interprétation littérale du récit biblique de la Création.

APRÈS

La science a poursuivi ses efforts pour expliquer l'Univers ; le créationnisme continue néanmoins de combattre l'évolutionnisme.

« La science sans la religion est **boiteuse**, la religion sans la science est **aveugle**. »

ALBERT EINSTEIN, ARTICLE POUR UNE CONFÉRENCE SUR LA SCIENCE, 1940

LE BIG BANG
En 1927, Georges Lemaitre, scientifique et chanoine catholique belge, avançait que l'Univers avait été créé à partir d'un « **atome primitif** ». Son hypothèse du « big bang », quoique le scénario en ait été corrigé, demeure le fondement du **modèle cosmologique standard**, décrivant l'évolution de l'Univers.

LA THÉORIE D'EINSTEIN
En 1905, le physicien allemand Albert Einstein publiait sa **théorie de la relativité restreinte 436-437 »**. Établissant la relativité du temps et de l'espace, la physique einsteinienne substitua aux trois dimensions de la physique newtonienne un « continuum espace-temps ».

ALBERT EINSTEIN

CRÉATIONNISME **Croyance selon laquelle l'Univers et les espèces ont été créés, isolément et de manière immuable, par un dieu**

LES CRÉATIONNISTES
Une minorité créationniste, recrutant notamment chez les **fondamentalistes chrétiens**, s'oppose toujours aux théories de l'évolution de la vie et de l'Univers. Ses membres ont obtenu que, dans de nombreux États américains, soient enseignées les thèses **créationnistes** ou **néocréationnistes** du dessein intelligent **« 341**.

AVANT

Après les avancées du XVIIIe siècle, l'accélération du progrès scientifique déboucha sur de nombreuses innovations au XIXe siècle.

LA RÉVOLUTION SCIENTIFIQUE

Au XVIIe siècle, la science européenne fut révolutionnée par les théories de savants comme Galilée et Isaac Newton **<< 268-269**. Dès la fin de ce siècle, des **avancées spectaculaires** avaient été faites en mathématique, en astronomie et en biologie.

LA RÉVOLUTION INDUSTRIELLE

À partir de la fin du XVIIIe siècle, l'Europe occidentale s'industrialisa rapidement **<< 292-295**. Le charbon alimentait désormais des machines à vapeur.

ADA LOVELACE

LE CALCUL MÉCANIQUE

Dans les années 1840, **Charles Babbage**, mathématicien anglais, travailla à développer une **machine analytique** qui, s'il avait pu la réaliser, aurait pu effectuer le même type de calculs que les premiers ordinateurs des années 1940. Son assistante **Ada Lovelace** (fille du poète Byron) comprit l'étendue des possibilités d'une telle machine. En 1843, elle publiait le **premier programme informatique connu**.

Ingénieuses inventions

La bonne idée au bon moment, la méthode pour la réaliser et la disponibilité des matériaux requis : au XIXe siècle, la convergence de ces conditions se traduisit par une explosion technologique qui ouvrit la voie à la production et à la consommation de masse.

La révolution industrielle (voir p. 292-295) avait provoqué une explosion démographique, un essor de l'urbanisation et la constitution d'une classe moyenne. Les usines, où affluait une force de travail libérée par la mécanisation de l'agriculture, produisaient des biens moins coûteux pour un marché dont l'élargissement était permis par l'augmentation des revenus.

Peu d'hommes eurent autant d'impact sur la vie de leurs semblables, au XIXe siècle, que le physicien et chimiste Michael Faraday. Prolongeant des travaux antérieurs, Faraday découvrit, en 1821, qu'en déplaçant un aimant le long d'une bobine métallique, il pouvait produire un courant électrique.

Les expériences poursuivies par Faraday dans les années 1830 trouvèrent de prodigieuses applications dans le domaine des communications. En 1832, le peintre américain Samuel Morse mettait au point le télégraphe électrique, transmettant des messages à distance à l'aide de codes. S'il se développa rapidement dans le monde, il fut vite détrôné par le téléphone. Le brevet en fut déposé en 1876 par Graham Bell, Écossais installé aux États-Unis où il se consacrait à apprendre à parler aux sourds.

Puis, en 1886, le physicien et ingénieur allemand Heinrich Hertz démontra l'existence des ondes radio. Convaincu que ces ondes pouvaient permettre d'envoyer des messages à longue distance sans passer par des câbles, l'inventeur et entrepreneur italien Guglielmo Marconi transmettait les premiers signaux « sans fil » dès 1895. En 1906, il avait atteint son but : transmettre la parole par transmission radio.

Bien d'autres inventions transformèrent le monde à cette époque. Sur les routes circulaient les premières automobiles tandis que les voies ferrées s'étendaient à travers les continents ; des navires à vapeur traversaient les océans. Le Français Clément Ader fit voler le tout premier aéroplane motorisé, en 1890, mais le biplan d'Orville et Wilbur Wright, dont le premier vol eut lieu aux États-Unis en 1903, était plus performant. L'engagement d'avions dans les combats de la Première Guerre mondiale contribua aux rapides progrès de l'aviation (voir p. 458-461).

La vie domestique changeait elle aussi. La nourriture pouvait désormais être mise en conserve (voir p. 290-291) et la réfrigération faisait des progrès rapides. Machines à coudre, à laver, cuisinières et chauffages électriques et même aspirateurs firent leur entrée dans les foyers les plus aisés. Les familles, disposant de plus de temps libre, se réunissaient autour d'un gramophone. En mars 1895, à Paris, une trentaine de personnes stupéfaites assistaient à la sortie des ouvriers de l'usine des frères Lumières par l'intermédiaire d'images projetées sur un écran : le cinéma était né.

Mitrailleuse Gatling
En 1861, l'Américain Richard Gatling concevait cette arme combinant six canons montés sur un axe de rotation actionné par une manivelle. La cadence de tir était inédite.

Ouvre-boîtes
Si le marteau et le burin etaient requis pour ouvrir les premières conserves, la mise au point de boîtes en métal plus fin permit l'usage de l'ouvre-boîtes. Les premiers (ci-contre) furent brevetés dans les années 1860.

Gramophone de Berliner
Entre 1887 et 1889, l'Allemand Émile Berliner inventa le disque à sillons, premier support moderne d'enregistrement sonore, et le gramophone pour le lire.

Conserve en fer-blanc
En 1813, les Britanniques Donkin, Hall et Gamble fondaient la première usine de conserves en boîte, utilisant le procédé d'appertisation.

Téléphone de Bell
En 1876, Alexander Graham Bell brevetait un appareil permettant une conversation à distance. Ci-dessus, l'un des premiers modèles de téléphone.

Caméra de Debrie
En 1908, le Français André Debrie mettait au point la caméra « Parvo ». Cet appareil de prise de vues cinématographiques fut en son temps le plus utilisé dans le monde.

Benz Velo
La Benz Velo, brevetée par l'Allemand Karl Benz en 1895, fut la première voiture standardisée : moteur à cylindre unique, deux vitesses et pas de marche arrière.

Ampoule à filament
À la fin des années 1870, un filament de carbone porté à incandescence faisait briller les premières ampoules électriques.

Machine à écrire, 1876
Inventée par l'Américain Christopher Latham Sholes en 1868, cette populaire machine à écrire était fabriquée par la firme Remington.

Eastman Kodak Brownie
À la fin des années 1880, l'Américain George Eastman lançait des appareils photo simples et bon marché. Le « Brownie », en 1900, était destiné aux enfants.

INVENTEUR AMÉRICAIN (1847-1931)

THOMAS EDISON

N'ayant été scolarisé que trois mois, Thomas Edison était un autodidacte. À 10 ans, il avait installé un laboratoire de chimie chez ses parents ; à 12 ans, il consacrait tout son temps libre à des expériences scientifiques. Les grands laboratoires de recherche industrielle qu'il fonda adulte – les premiers du genre – déposèrent 1 093 brevets, au nom d'Edison, dont un téléphone perfectionné, une ampoule à filament améliorée, et le premier projecteur de cinéma.

Le *Flyer* des Wright
Le 17 décembre 1903, le *Flyer* des frères Wright décollait près de Kitty Hawk, en Caroline du Nord. Piloté par Orville Wright, l'appareil s'éleva de 3 m avant de se poser lourdement 12 secondes plus tard. Le plus long des trois vols effectués ce jour-là dura 59 secondes.

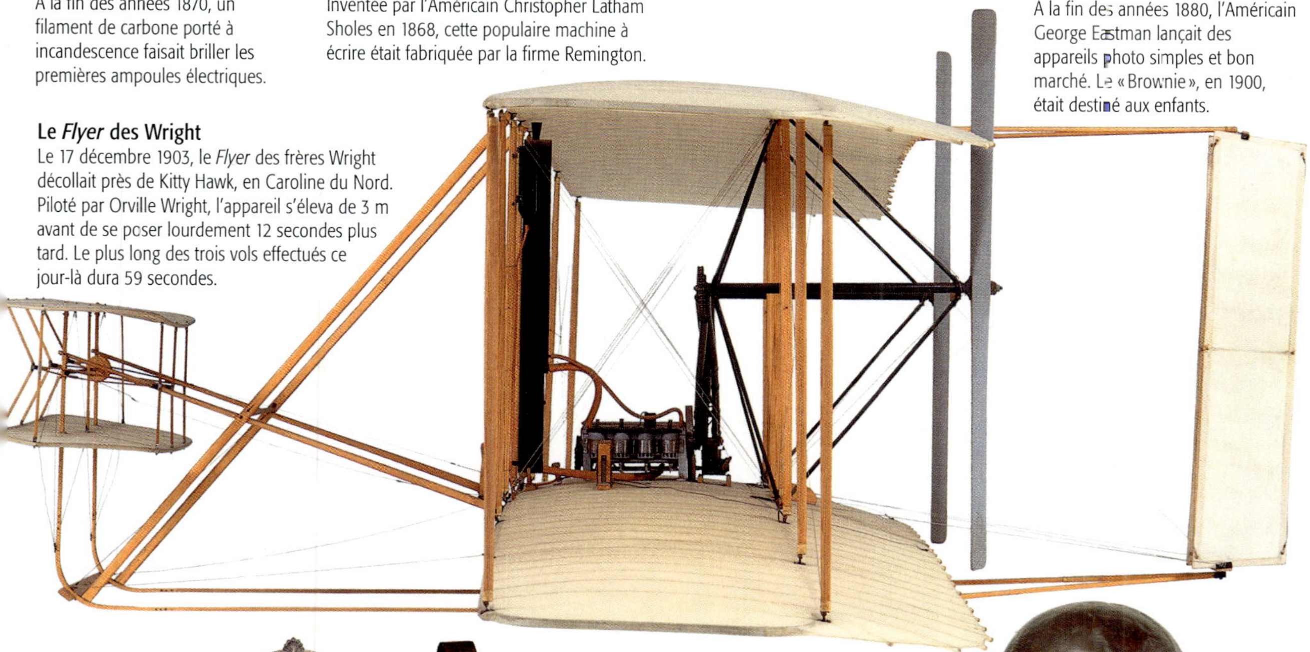

Caisse enregistreuse
L'Américain James Ritty inventa la caisse enregistreuse, en 1879, pour empêcher les employés de voler. Les touches actionnaient une machine à additionner.

Pile Leclanché
Le Français Georges Leclanché mit au point la pile cylindrique dans les années 1860. Elle fut ensuite dotée d'une enveloppe métallique.

Casque de scaphandre
Ce casque fait partie d'un scaphandre de plongée de 1839, qui permettait au plongeur, relié par un tube à la surface, de descendre jusqu'à 100 m.

APRÈS »

Les progrès scientifiques et techniques continus du xxe siècle ont fait tomber les barrières à la communication.

L'AUBE DE LA TÉLÉVISION
En 1926, l'Écossais John Logie Baird réalisait la première **transmission publique de paroles et d'images** par ondes hertziennes **458-461 »**.

LES PLASTIQUES
Le **premier plastique domestique à usage multiple** fut la Bakélite, inventée en 1909. Depuis, les plastiques ont proliféré **458-461 »**.

LA RÉVOLUTION INFORMATIQUE
Les premiers ordinateurs électroniques furent développés en Grande-Bretagne et aux États-Unis pendant la Seconde Guerre mondiale. Leur **miniaturisation**, dans les années 1960, a transformé les communications et l'industrie **478-479 »**.

AVANT

Si l'établissement de colonies de peuplement ne fut pas le premier motif de la conquête coloniale, des Européens s'installèrent outre-mer dès les XVIe et XVIIe siècles.

LES CONQUISTADORS

Les Amériques drainèrent l'essentiel des colons européens. Cinquante ans après leur arrivée en 1492 **« 228-229**, les conquistadors espagnols avaient conquis plus de 2,6 millions de km² dans le Nouveau Monde. La « Nouvelle Espagne » prospérait **« 230-231**.

EN AFRIQUE

En 1652, les Néerlandais fondaient une **colonie** au Cap, au sud de l'Afrique, pour ravitailler leurs navires. L'**exploration** de l'intérieur du continent ne commença qu'au tournant du XIXe siècle **« 320-321**.

LES PIONNIERS EN AMÉRIQUE DU NORD

L'Espagne, qui avait fondé une colonie en Floride en 1565, fut **supplantée** en Amérique du Nord par la **Grande-Bretagne**, après sa défaite de 1686 **« 260-261**. À la fin du XVIIIe siècle, les Néerlandais et les Suédois avaient été chassés des colonies de la côte est ; les Français, du Canada **« 296-297**. L'immigration s'intensifia après l'indépendance des États-Unis **« 298-299**.

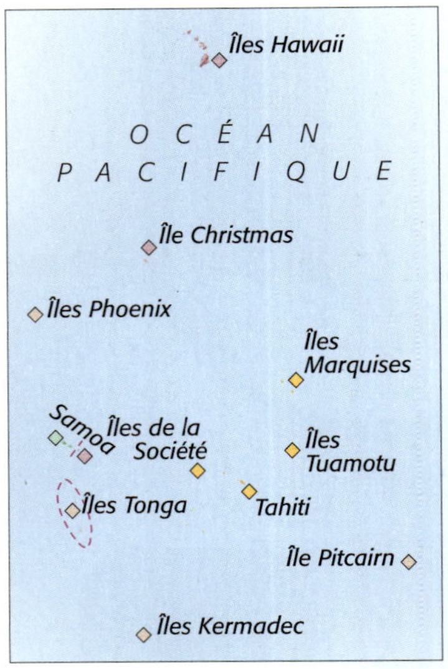

Le monde en 1900

La Grande-Bretagne et la France étaient les principales puissances coloniales, mais l'Allemagne, le Portugal et les Pays-Bas contrôlaient aussi des territoires en Afrique, en Asie du Sud-Est et en Amérique du Sud.

LÉGENDE

- Empire ottoman
- Grande-Bretagne
- France
- Danemark
- Espagne
- Portugal
- Pays-Bas
- Empire allemand
- Empire russe
- Japon
- Italie
- États-Unis

Le **monde** des **empires**

En l'espace de quatre cents ans, les Européens transportèrent leur civilisation aux quatre coins de la planète. L'impérialisme européen progressa si rapidement que, en 1900, de vastes régions du monde habité étaient gouvernées par les puissances européennes.

Les continents lointains offraient à la convoitise des marchands des richesses que ceux-ci préféraient voir sous le contrôle de leurs autorités ou compagnies nationales. Ainsi, la Grande-Bretagne s'empara de l'Afrique du Sud à la fin du XIXe siècle afin que les Britanniques puissent y faire commerce entre eux, plutôt qu'avoir à négocier avec les Africains du cru ou même avec les colons néerlandais, appelés Boers.

Après avoir approvisionné l'Europe en produits exotiques, l'outre-mer allait fournir les matières premières de la révolution industrielle (voir p. 292-295), en premier lieu le coton. Il constituait aussi un réservoir de main-d'œuvre bon marché, voire gratuite.

Les rivalités entre puissances européennes alimentèrent l'expansion impérialiste. Après sa cuisante défaite face à l'Allemagne en 1870 (voir p. 306-307), la France entendait restaurer sa fierté nationale à travers ses ambitions coloniales. L'Allemagne récemment unifiée trouvait dans la colonisation matière à affirmer son rang. L'impérialisme se nourrissait de lui-même : c'était tout simplement à qui revendiquerait le premier un territoire, en particulier dans la « course à l'Afrique » (voir p. 360-361).

Les motivations idéologiques n'étaient pas absentes. Nombreux étaient ceux qui croyaient, selon les mots du Britannique Rudyard Kipling, que le « fardeau de l'homme blanc » était de « civiliser » les populations indigènes, tenues pour inférieures.

Les modes d'expansion

Les Européens avaient les moyens de leurs ambitions – les hommes, l'argent, les navires et les armes. Mais si l'Australasie et l'Amérique du Nord, faiblement peuplées, purent être aisément soumises, ailleurs, les puissances conquérantes se trouvèrent face à des nations plus nombreuses, dotées de systèmes de gouvernement établis de longue date. Ces situations exigeaient une approche différente. Des comptoirs marchands furent établis, des garnisons installées pour les protéger, et les colonisateurs ne prirent que rarement le contrôle direct des pays concernés. En Inde, la Compagnie britannique des Indes orientales n'affirma sa domination qu'après une longue présence (voir p. 352-352).

Empires et migrations

La pression démographique croissante sur le continent européen, les conséquences humaines et sociales de la révolution industrielle se conjuguèrent avec l'amélioration des transports transocéaniques pour favoriser une migration massive vers les territoires colonisés au XIXe siècle. Tandis que la frontière, aux États-Unis, était repoussée toujours plus vers l'ouest, des millions d'Européens traversaient l'Atlantique.

En Australie, la découverte d'or, dans les années 1850, fit grimper la

Boîte à épices du XIXe siècle

Le pays le plus riche fut longtemps celui qui contrôlait le commerce des épices. Au XIXe siècle, les prouesses de sa marine firent de la Grande-Bretagne la première puissance coloniale et un pays prospère.

La déportation
Au milieu du XIXe siècle, le gouvernement français décida d'envoyer ses « indésirables » dans les colonies. Cette gravure sur bois illustre la déportation des forçats, de Toulon à Cayenne, en Guyane, sur le *Céres*, un navire à vapeur.

population du Victoria de 76 000 à 540 000 habitants en seulement dix ans. Les colons européens exportèrent ainsi leurs habitudes culturelles, leurs langues et leurs religions ainsi que leurs systèmes de gouvernement et d'administration partout dans le monde. En 1900, la plus grande partie du monde habité était de fait gouvernée, directement ou indirectement, par des Européens ou des descendants d'Européens.

APRÈS

Après la Seconde Guerre mondiale, la plupart des colonies obtinrent leur indépendance. Ne subsistent aujourd'hui que quelques vestiges des empires coloniaux.

LA FIN DU COLONIALISME

Les possessions portugaises furent parmi les dernières à accéder à l'indépendance **412-413 »**. La **domination européenne** marqua durablement l'Amérique du Nord et du Sud, comme l'Australie. En Chine, elle laissa à peine une trace.

L'AFRIQUE

Les Africains obtinrent tour à tour leur indépendance après la Seconde Guerre mondiale **392-405 »**, mais la démocratie s'établit difficilement dans des États souvent artificiels, portant un lourd héritage colonial : en 1976, 21 pays d'Afrique subissaient une **dictature**.

IMMIGRATION AFRICAINE

La misère, les guerres et les dictatures en Afrique et les besoins de main-d'œuvre de l'industrie européenne entraînèrent une **immigration massive** des Africains vers l'Europe. Entre 1960 et 1989, celle-ci reçut un nombre estimé de 70 000 à 100 000 travailleurs africains hautement qualifiés, souvent confrontés au racisme.

PEUPLES INDIGÈNES

Après avoir été **privés de leurs terres** ancestrales par la colonisation, les peuples indigènes comme les tribus indiennes d'Amazonie, les Adivasi d'Inde ou les Inuits de l'Arctique demeurent exposés à la menace d'invasion, de destruction et de pillage des ressources de leurs derniers territoires.

REINE DU ROYAUME-UNI Née en 1819 Morte en 1901

La reine Victoria

« Nous ne sommes pas **intéressée** par les possibilités de **défaite**. »

LA REINE VICTORIA AU DÉPUTÉ ARTHUR BALFOUR, 1899

La reine Victoria, dont le règne fut le plus long de l'histoire du Royaume-Uni, était l'unique enfant du duc de Kent, quatrième fils de George III, et de la princesse Victoria de Saxe-Cobourg-Saalfeld, d'origine allemande. Orpheline de père à 8 mois, elle grandit dans l'isolement du palais de Kensington, à Londres, n'ayant guère de contact avec ses oncles George IV et Guillaume IV, qui régnèrent successivement, à partir de 1820. Elle avait 11 ans lorsqu'elle réalisa qu'elle serait reine ; elle fit alors cette déclaration passée à la postérité : « Je serais bonne. »

À la mort de Guillaume IV, en 1837, Victoria était majeure et put régner personnellement. Lord Melbourne, Premier ministre, fut son mentor en politique, mais son influence devait être supplantée après quelques années par celle d'Albert de Saxe-Cobourg-Gotha, le grand amour de Victoria.

Un amour royal

Cousin germain de Victoria, Albert n'était pas considéré comme un époux approprié pour la reine. Trois mois

La royauté en photo
La photographie, inventée durant le règne de Victoria, fit de celle-ci une icône internationale, son image étant diffusée dans le monde entier.

Le prince Albert
Premier conseiller de Victoria, son épouse pendant vingt et un ans, Albert continua d'inspirer les décisions de la reine après sa mort.

Une famille victorienne
Couple aimant à la tête d'une famille heureuse, la reine et son prince consort donnaient l'exemple même de la famille « victorienne » respectable, fondée sur des valeurs conservatrices.

plus jeune que celle-ci, il était toutefois très mûr pour son âge, intelligent et sérieux, parlait couramment plusieurs langues, comme Victoria, et avait une conscience aiguë des devoirs d'un prince consort du Royaume-Uni. Mais ce furent sa belle allure, plus que sa personnalité, et les conseils de Léopold Ier de Belgique, autre oncle de Victoria, qui convainquirent la jeune reine d'épouser cet « être parfait ».

Le monde exposé
Victoria arrive ici pour l'inauguration de la Grande Exposition « des réalisations de l'industrie de toutes les nations », première Exposition universelle organisée au Crystal Palace, à Londres.

La guerre des Boers
Cette tasse, à l'effigie de Victoria, commémore la première guerre des Boers (1880-1881), qui vit les colons néerlandais du Transvaal résister aux tentatives britanniques d'annexer l'Afrique du Sud ; ils obtinrent l'autonomie sous contrôle nominal du Royaume-Uni.

Un mariage heureux

Victoria et Albert offrirent à leurs sujets le spectacle inédit d'une famille royale pleine de jeunesse, cultivant un bonheur serein. En dix-sept ans, ils eurent quatre fils et cinq filles. La naissance de la princesse royale, également prénommée Victoria, en 1840, fut suivie, un an plus tard, par celle d'un fils, héritier du trône, le futur Édouard VII. Pour la mise au monde de son huitième bébé, le prince Léopold, Victoria se vit administrer du chloroforme pour calmer ses douleurs. Elle jugea ce produit nouveau « apaisant, tranquillisant et délicieux au-delà de toute mesure » : cette approbation royale encouragea les femmes à opter pour ce type d'accouchement.

Le couple royal mettait à profit une autre innovation de l'époque, le train, pour se rendre dans ses nouvelles résidences d'Osborne, sur l'île de Wight, et de Balmoral, en Écosse, dont Albert avait conçu l'agrandissement. L'intérêt pour l'art et l'architecture manifesté par l'époux royal culmina avec la première Exposition universelle, organisée à Londres en 1851 : 112 000 pièces du monde entier étaient présentées dans un immense édifice construit pour l'occasion dans Hyde Park, quelque 85 000 m^2 de verre couvrant l'ossature métallique de ce « palais de cristal ».

Croix de Victoria
Cette décoration militaire récompensant la bravoure fut créée par la reine Victoria en 1856.

La veuve Windsor

La mort soudaine d'Albert, emporté par la typhoïde en 1861, fut un choc pour la reine, qui cessa d'apparaître en public, ce qui entama beaucoup sa popularité. Mais le temps jouait en la faveur de celle qu'on surnommait « la veuve Windsor ». Du vivant de son époux, et sous l'influence de celui-ci, Victoria, déjà, avait cessé de s'impliquer directement dans les conflits politiques agitant le royaume. La couronne, désormais, apparaissait au-dessus des partis, garante de la stabilité constitutionnelle.

Victoria n'en avait pas moins des opinions tranchées sur les questions majeures et les personnalités les plus éminentes. Elle détestait le chef du parti libéral, William Gladstone, notamment parce qu'il s'adressait à elle comme il l'aurait fait « dans une réunion publique ». Ses relations étaient bien meilleures avec le conservateur Benjamin Disraeli, qui l'encouragea à renouer avec la vie publique. C'est Disraeli, alors Premier ministre, qui fit prendre à Victoria le titre d'impératrice des Indes, dont elle tirait grande fierté, tout en assumant ce rôle avec intérêt.

En 1887, année où furent célébrés ses cinquante ans de règne, Victoria avait recouvré une réelle popularité. Dix ans plus tard, le prestige et l'affection dont elle jouissait, et la puissance que le Royaume-Uni avait atteinte sous son règne, se manifestèrent lors des spectaculaires célébrations de son jubilé de diamant ; des représentants de ses 387 millions de sujets étaient présents. La santé de la reine commença à décliner peu après ; elle mourut à l'âge de 81 ans, en janvier 1901. Elle était alors apparentée à tant de familles royales européennes qu'on l'appelait la « grand-mère de l'Europe ».

La fin d'une ère
Les funérailles de la reine Victoria, en février 1901. Elle fut inhumée dans le mausolée Frogmore, au château de Windsor, aux côtés d'Albert.

« Cela ne nous **amuse pas.** »

ATTRIBUÉ À VICTORIA, 1900

CHRONOLOGIE

- **24 mai 1819** Naissance d'Alexandrina Victoria au palais de Kensington, à Londres
- **26 juin 1830** Guillaume IV devient roi du Royaume-Uni de Grande-Bretagne et d'Irlande. Le roi n'ayant pas d'enfant légitime, sa nièce Victoria est l'héritière présomptive.
- **1830** La loi de régence adoptée par le Parlement britannique stipule que Victoria ne pourra régner qu'à l'âge de 18 ans.
- **24 mai 1837** Majorité de Victoria
- **20 juin 1837** Guillaume IV meurt d'un arrêt cardiaque ; Victoria devient reine du Royaume-Uni.
- **28 juin 1838** Couronnement à l'abbaye de Westminster, à Londres
- **10 février 1840** Épouse son cousin Albert de Saxe-Cobourg-Gotha, en la chapelle royale du palais Saint James à Londres.
- **6 mai 1840** Le premier timbre postal anglais, de 1 penny, est à l'effigie de la reine Victoria.
- **10 juin 1840** Premier des sept attentats contre la reine. Edward Oxford tire deux balles sur son carrosse ; Victoria est alors enceinte.
- **21 novembre 1840** Naissance de la princesse royale Victoria Adelaide Mary. Victoria et Albert auront huit autres enfants.
- **Mai 1851** Victoria inaugure la première Exposition universelle à Londres, dédiée à l'industrie aux cultures du monde entier.
- **1853** Du chloroforme est administré à Victoria lors de son accouchement.
- **1855** Livingstone baptise les chutes du Zambèze du nom de Victoria.
- **1856** Achèvement des travaux du château de Balmoral, nouvelle résidence royale
- **26 juin 1857** La croix de Victoria est décernée pour la première fois. Elle récompense 62 soldats et marins.
- **14 décembre 1861** Dévastée par la mort d'Albert, Victoria se retire de la vie publique. C'est le début d'une longue période d'isolement.
- **1er mai 1876** À l'initiative du Premier ministre Benjamin Disraeli, Victoria prend le titre d'impératrice des Indes.

SHILLING À L'EFFIGIE DE VICTORIA

- **1887** Jubilé d'or ; les célébrations marquant le cinquantième anniversaire de son règne contribuent au retour de Victoria à la vie publique.
- **22 septembre 1896** Le règne de Victoria excède en longévité celui de George III, devenant le plus long de l'histoire anglaise, écossaise et britannique.
- **1897** Célébration du jubilé de diamant par une procession jusqu'à la cathédrale Saint Paul, à Londres, et par une messe d'action de grâce.
- **22 janvier 1901** Victoria meurt d'une hémorragie cérébrale en sa résidence d'Osborne, sur l'île de Wight. Son règne, de près de soixante-quatre ans, s'achève.

AVANT

À partir de 1511, Portugais, Espagnols, Néerlandais, Anglais et Français se disputèrent l'Asie du Sud-Est et l'Australasie.

PROFITS EUROPÉENS
Les Portugais s'emparèrent de Malacca, dans la péninsule Malaise, en 1511, prirent pied dans les îles aux Épices (les Moluques) en 1513, puis en Chine, au Japon et en Indonésie. Les Espagnols établirent des **plantations** aux Philippines en 1565. Puis vinrent la Compagnie anglaise des Indes orientales (créée en 1600) et son homologue néerlandaise (1602), qui fondèrent des comptoirs en Asie.

COOK À BOTANY BAY

L'AUSTRALIE ASSUJETTIE
En 1770, James Cook « 320-321 avait offert la Nouvelle-Galles du Sud à la Grande-Bretagne. En 1829, celle-ci revendiquait l'ensemble de l'Australie avant d'annexer, en 1840, la Nouvelle-Zélande. Il s'agissait d'empêcher leur colonisation par la France.

La résistance coloniale

La résistance à la colonisation européenne de l'Australasie et de l'Asie du Sud-Est connut des fortunes diverses. Les Aborigènes d'Australie et les Maoris de Nouvelle-Zélande furent soumis, tandis que les populations d'Asie du Sud-Est obtinrent finalement leur indépendance.

La colonisation de l'Australie par les Européens commença en 1788 avec l'établissement d'une colonie pénitentiaire britannique à Botany Bay, l'actuelle baie de Sydney, en Nouvelle-Galles du Sud. La Grande-Bretagne avait jusqu'alors déporté ses forçats en Amérique du Nord, mais l'indépendance américaine (voir p. 298-299) lui en interdisait la possibilité. L'option australienne fut proposée dès 1779 par le botaniste anglais Joseph Banks. Les autochtones semblaient plus pacifiques que les Maoris de Nouvelle-Zélande – ce qui devait causer leur malheur. Quand James Cook débarqua en Australie, en 1770 (voir AVANT), elle était peuplée de 300 000 à 350 000 Aborigènes. En cent cinquante ans, leur nombre diminua de 80 %. Les relations entre les premiers habitants et les colons européens furent d'abord amicales, mais, la colonie de Botany Bay s'agrandissant, les premiers opposèrent une résistance nouvelle. Leurs flèches et leurs lances ne pouvaient toutefois pas rivaliser avec les fusils britanniques, et les Aborigènes étaient extrêmement vulnérables aux maladies introduites par les étrangers. Dès 1789, une épidémie de variole décima ces derniers.

Revolver Dene-Harding
La puissance des armes à feu européennes – dont le revolver Dene-Harding – était telle que les colonisateurs eurent rapidement raison des résistances autochtones.

Une génération volée

En 1788, la population aborigène se concentrait dans les régions fertiles de l'Australie. Elle fut refoulée par la colonisation européenne dans les zones arides, inexploitables. Bien qu'ayant pour instructions de protéger les Aborigènes, les gouverneurs britanniques imposèrent souvent les valeurs de « la civilisation ». À la fin du XIXe siècle, ils en vinrent à séparer les enfants aborigènes de leurs familles pour les placer dans des institutions où ils furent privés de leur identité : c'est la « génération volée ».

Guerres maories

Cook, accueilli avec la même hostilité par les Maoris que son prédécesseur néerlandais, Abel Tasman, avait noté que les différences entre tribus rendaient improbable une résistance unifiée. Au début du XIXe siècle, les chasseurs de baleines et de phoques européens et américains commerçaient avec les Maoris. Les conflits entre tribus ainsi qu'entre Maoris et colons étant fréquents, et les Français et les Américains s'intéressant de près aux îles néo-zélandaises, les Britanniques négocièrent avec les Maoris le traité de Waitangi, signé en 1850. Les chefs maoris abandonnaient officiellement leur souveraineté sur la Nouvelle-Zélande, contre des garanties pour la préservation des terres maories non encore colonisées.

Le traité ne fut pas respecté. Redoutables guerriers, les Maoris avaient acquis, en plusieurs décennies de troc, des armes à feu. Ils menèrent une première guerre, de 1843 à 1847. La seconde, débutée en 1860, dura douze années et coûta la vie à un millier environ d'Européens et à quelque 2 000 Maoris.

1,2 MILLION **d'hectares de terres maoris furent confisqués au XIXe siècle ; les Maoris furent cantonnés pour la plupart sur l'île du Nord, moins fertile.**

75 % de la population maorie vivaient encore sur cette île à la fin du XXe siècle.

Les Indes néerlandaises

Aux XVIIe et XVIIIe siècle, les Néerlandais monopolisèrent le commerce avec les îles aux Épices et établirent leur domination sur l'actuelle Indonésie. En 1789, la Compagnie néerlandaise des Indes orientales, très endettée, fut dissoute et le gouvernement néerlandais prit le contrôle direct de l'Indonésie. À partir de 1830, les paysans indonésiens furent contraints de produire des cultures de rente, comme l'indigo et le café, à des prix établis ; en 1870, les investisseurs néerlandais furent autorisés à louer des terres pour y établir des plantations privées. Cette politique donna naissance à une résistance nationaliste, et les Néerlandais durent livrer plusieurs guerres en Indonésie entre 1821 et 1901. L'organisation politique des nationalistes indonésiens devait aboutir à l'indépendance de l'archipel,

D. 17.

TICKET OF LEAVE PASSPORT.

No. 45/492

The Bearer Thomas Griffiths holding a Convict by the Ship for the District of Paterson Ticket of Leave No. 44/255 which is deposited in the Police Office at do and whose personal Description and Signature are on the other side, has obtained the permission of His Excellency the Governor to proceed to the Barwin River in the service of Mr David Ryan

for twelve months, from the date hereof, conforming himself in every respect, according to the regulations laid down for the guidance of Convicts of his class.

Given at the Office of the Principal Superintendent of Convicts, Sydney, this thirtieth Day of May One Thousand Eight Hundred and forty five

Registered Thomas Ryan
Chief Clerk.

Liberté réduite
Après avoir été déportés, enchaînés, en Australie, les forçats qui avaient accompli une partie de leur peine et fait preuve de bonne conduite pouvaient espérer se voir délivrer ce passeport autorisant des déplacements, toutefois limités.

Guerres birmanes
De 1823 à 1887, les Britanniques livrèrent trois guerres pour conquérir la Birmanie. En 1886, le pays devenait une province de l'Inde britannique.

en 1949, sous l'égide du Parti national indonésien de Sukarno.

L'Indochine française

Les premiers Européens à pénétrer en Indochine (actuels Viêt Nam, Laos et Cambodge) furent des missionnaires français, qui y introduisirent le catholicisme au XVIIe siècle. Le meurtre de chrétiens français servit de prétexte à Napoléon III pour envahir militairement l'Indochine en 1858. Malgré la vive résistance de la part de la population comme de la Chine, qui revendiquait le Viêt Nam, les Français prirent le contrôle du sud de ce pays en 1863 et établirent un protectorat au Cambodge. En 1887, celui-ci était intégré, avec l'ensemble du Viêt Nam, dans une Union indochinoise, agrandie en 1893 du Laos, jusqu'alors rattaché au royaume de Siam (actuelle Thaïlande). Les Français pratiquèrent, comme dans bien d'autres de leurs colonies, une politique d'assimilation en même temps que d'exploitation économique. L'éducation française que reçurent les élites indochinoises devait conduire celles-ci à revendiquer la liberté et l'égalité promues par la Révolution française (voir p. 302-303), au début du XXe siècle, avant que progresse l'idéal communiste en Indochine.

> «La **perte de l'Amérique**, comment la combler? Par de **nouvelles colonies** à Botany Bay.»
>
> **JOHN FREETH, POÈTE ANGLAIS,** v. 1731-1808

Wahaika maori
Les Maoris utilisaient cette courte massue, en bois, en os de baleine ou en pierre, pour le combat rapproché. Quand éclatèrent les guerres maories, ils avaient acquis des armes à feu.

La Malaisie britannique

Présents en Malaisie dès 1786, les Britanniques y fondèrent en 1819 la colonie de Singapour, réunie à Malacca et Penang au sein des Établissements des détroits en 1826.

En 1914, le Royaume-Uni contrôlait l'ensemble de la future fédération de Malaisie ainsi qu'une partie du sultanat de Brunei.

Des mines d'étain et des plantations de caoutchouc y furent établies. Les Britanniques, toutefois, préférèrent importer des ouvriers chinois et indiens, encourageant les Malais à développer une agriculture de subsistance. Cette politique favorisa une coexistence entre colonisateurs et colonisés plus harmonieuse que dans la plupart des autres colonies européennes en Asie du Sud-Est.

APRÈS »

La Seconde Guerre mondiale bouleversa inéluctablement l'équilibre mondial et déboucha sur le démantèlement des empires européens.

L'ASIE POST-IMPÉRIALISTE
L'Australie et la Nouvelle-Zélande obtinrent leur autonomie au sein de l'Empire britannique respectivement en 1901 et 1907. L'Indonésie accéda à l'indépendance en 1949, les colonies britanniques d'Asie du Sud-Est entre 1957 et 1984. En 1954, la France perdait l'Indochine au terme d'une guerre qui entraîna la division du Viêt Nam **412-413 »**.

DES FORTUNES DIVERSES
Après le retrait européen, les Philippines, l'Indonésie, le Viêt Nam, le Laos et le Cambodge connurent tous des guerres ou des guérillas séparatistes. Le Japon, puis la Malaisie, Singapour et enfin l'Indonésie connurent une impressionnante **croissance économique** **456-457 »**.

ABORIGÈNES AUSTRALIENS
L'indépendance australienne ne fut pas synonyme d'émancipation pour les Aborigènes. Leur **population était réduite** à 60 000 en 1921 et les **confiscations de terre** se multiplièrent de nouveau dans l'entre-deux-guerres. En 1938, à l'occasion du 150e anniversaire de la colonisation européenne, les Aborigènes déclarèrent jour de deuil la fête nationale australienne.

SUKARNO, PREMIER PRÉSIDENT DE L'INDONÉSIE

« AVANT

Les puissances européennes rivalisèrent pour prendre possession de l'Inde et de ses richesses. Les Britanniques y affirmèrent leur influence à mesure que le pouvoir moghol s'affaiblissait.

TRÉSORS DE L'ASIE
La **mode des épices en Europe** rendait l'Inde très **attractive**. Dès le milieu du xve siècle, les Portugais y débarquaient. Au xvie siècle, **Italiens**, **Anglais**, **Français** et **Néerlandais** se rendirent à leur tour en Inde.

LES COMPAGNIES DES INDES ORIENTALES
L'Angleterre et les Provinces-Unies créèrent, respectivement en 1600 et 1602 **« 276-277**, des **compagnies marchandes** pour concurrencer les Portugais en Inde. Leur activité commerciale s'y accompagna rapidement d'une présence militaire.

ARMOIRIES DE LA COMPAGNIE ANGLAISE DES INDES ORIENTALES

L'EMPIRE MOGHOL
La Companie anglaise des Indes orientales entretint des liens avec les empereurs moghols **« 244-245** jusqu'au xixe siècle. Mais tandis que sa prospérité grandissait, **l'Empire moghol, déjà fragilisé, déclinait**.

L'IMPLICATION BRITANNIQUE
Faiblesse des empereurs, révoltes paysannes et guerres minaient l'Empire moghol. À mesure que certaines provinces s'émancipaient de la tutelle moghole, l'**implication britannique** se fit plus directe.

Le Raj britannique

La volonté de puissance et l'avidité avaient poussé les nations européennes à s'étendre bien au-delà de leurs frontières. L'établissement du *Raj* (« pouvoir », en hindi) britannique en Inde, en 1858, fut l'aboutissement d'une implication et d'une politique de domination poursuivies depuis plusieurs décennies.

Au tournant du xviiie siècle, la Grande-Bretagne jouissait en Inde de privilèges inédits, par l'intermédiaire de la Compagnie anglaise des Indes orientales (CAIO, voir AVANT) : elle y détenait des positions aussi bien économiques que militaires, et exerçait une influence sur la vie politique du pays. Pour protéger ses établissements et ses intérêts, la CAIO n'avait cessé de renforcer les troupes à son service. La rivalité avec les autres compagnies marchandes, en particulier avec les Français, était rude et se traduisit par une longue campagne militaire dans le cadre de la guerre de Sept Ans (voir p. 296-297). En 1756, les Britanniques, sous la conduite de Robert Clive, « le conquérant de l'Inde », entamaient la conquête du Bengale, la plus riche province de l'Empire moghol, en s'emparant de Calcutta, avant d'enlever Chandernagor aux Français. En 1763, l'empereur, Chah Alam II, conférait à Clive le titre de *diwan*, ou gouverneur, du Bengale, ce qui revenait à en céder la souveraineté à la CAIO. Les Britanniques obtinrent peu à peu le pouvoir administratif sur d'autres territoires, la Compagnie se muant en puissance politique.

Le vice-roi au palais du Maharaja
Vice-roi des Indes de 1898 à 1905, George Curzon (assis au centre) régna en monarque. Il dut démissionner suite à des famines dévastatrices et à un conflit avec lord Kitchener, commandant en chef de l'armée des Indes.

Les Britanniques intervenaient dans tous les domaines, construisant des routes, des voies ferrées à travers le pays et fondant des écoles. Ils bâtirent progressivement une administration parallèle qui allait devenir celle du Raj. Un accord avait été conclu pour que les missions chrétiennes puissent œuvrer en Inde, avec le soutien de personnalités londoniennes influentes, dont l'abolitionniste William Wilberforce (voir p. 308-309). Ces chrétiens zélés considéraient qu'il fallait « émanciper » la population indienne de l'hindouisme quand la présence britannique s'était jusqu'alors caractérisée par le respect des religions locales. La tolérance britannique finit par n'être plus qu'un vain mot.

À la fin des années 1770, les dépenses militaires engagées minaient les finances de la Compagnie des Indes. Le gouvernement britannique, qui ne voulait pas perdre le joyau indien, fit adopter, en 1773, une loi de régulation qui plaçait la société sous contrôle gouvernemental. En 1784, une nouvelle loi retirait à la Compagnie la gouvernance des territoires indiens, désormais séparée des activités commerciales. En 1813, elle perdit le monopole du commerce en Inde.

Locomotive indienne
La *Fairy Queen*, construite en 1855 en Grande-Bretagne pour les chemins de fer indiens, roule toujours, sur une ligne touristique.

Le siège de Lucknow
La garnison britannique de Lucknow, dans le nord de l'Inde, fut assiégée par les insurgés indiens le 1er juillet 1857. Le siège fut finalement levé grâce à l'intervention de renforts, en novembre.

La révolte des cipayes

Au temps de la CAIO, les soldats indiens, ou cipayes, servant les Britanniques avaient manifesté à plusieurs reprises leur révolte contre le traitement qui leur était réservé. Ils eurent à payer le plus lourd tribut dans la première guerre anglo-afghane (1838-1842) et furent envoyés en Chine lors des guerres de l'Opium (voir p. 354-355). En 1857, se répandit la rumeur que les Britanniques avaient

distribué dans l'armée d'Inde des cartouches lubrifiées à la graisse de porc et de vache. C'était une offense aux hindous comme aux musulmans, les soldats devant déchirer les cartouches avec leurs dents avant de les charger dans leur fusil. La rébellion déborda rapidement les rangs de l'armée pour se répandre dans une population excédée par la politique d'occidentalisation imposée par les Britanniques. La révolte fut matée en 1859. Dès l'année précédente, la couronne britannique avait pris le contrôle direct de l'Inde et supprimé la CAIO. Victoria était désormais reine du Royaume-Uni et impératrice d'Inde.

Miniature chrétienne
Cette miniature, de style indien mais représentant des figures chrétiennes, témoigne de la christianisation d'une partie de la population indienne.

Le Raj

Si la politique des Britanniques ne changea guère, les colons, de plus en plus nombreux, édifièrent un monde clos – dont les clubs privés étaient un symbole – au sein de la multitude indienne. L'administration britannique investissait massivement dans les infrastructures du pays, en particulier le chemin de fer et les ouvrages d'irrigation, mais c'était pour soutenir un développement économique qui ne profitait guère aux Indiens. L'absence de tarifs douaniers favorisait les exportations de coton, de blé ou de café mais rendait vulnérable l'industrie textile naissante, soumise à la concurrence des filatures britanniques. À partir des années 1850, les plantations de thé proliférèrent : elles employaient sous contrat les paysans ruinés par l'essor des cultures de rente. La plupart des Indiens vivaient dans une abjecte pauvreté ; le taux de mortalité était élevé, en particulier chez les travailleurs migrants, et la situation ne s'améliora pas avec les graves famines qui sévirent dans la deuxième moitié du XIXe siècle. Les conditions faites au peuple indien et l'engagement de troupes indiennes dans les conflits extérieurs menés par la Grande-Bretagne impérialiste contribuèrent à éveiller une conscience politique chez les Indiens.

> «La **clé** de l'**Inde**, c'est **Londres.**»
>
> BENJAMIN DISRAELI, À LA CHAMBRE DES LORDS, MARS 1881

TRAVAIL SOUS CONTRAT **Forme de contrat pratiquée asservissant l'employé, nourri et logé mais qui ne recevait qu'une paye dérisoire**

En décembre 1885, le Congrès national indien, ou parti du Congrès, tenait sa première réunion à Bombay. Réunissant diverses tendances de l'élite intellectuelle indienne, il n'appelait initialement qu'à une représentation politique des Indiens, sans remettre en cause le gouvernement colonial. Au début du XXe siècle émergea toutefois une nouvelle génération, plus radicale, appelant à l'indépendance de l'Inde (voir p. 408-409).

APRÈS

Au terme d'un demi-siècle de lutte, essentiellement pacifique, l'Inde obtint son indépendance mais ne put préserver son unité.

UNE NATION UNIE ?

Au tournant du siècle, le mouvement nationaliste se renforça. Mais, déjà, se faisaient jour des divergences entre **hindous** et **musulmans**. Néanmoins, quand lord Curzon, en 1905, **divisa le Bengale en deux entités**, l'une à majorité hindoue, l'autre surtout musulmane, tout le pays protesta. La couronne britannique **renonça à la partition** en 1911, à la suite d'une forte agitation politique.

LA PARTITION DE L'INDE

Le **mouvement nationaliste indien** fut galvanisé par l'arrivée en Inde de **Gandhi** **408-409 »**. Cet homme charismatique, déterminé à libérer son pays natal, œuvra à réunir les différentes religions et tendances politiques autour du même projet d'émancipation. Après de difficiles négociations, les Indiens accédèrent à l'indépendance le **15 août 1947**, mais le pays était partagé en deux États, l'**Union indienne** et le **Pakistan** **410-411 »**. L'indépendance s'accompagna du plus grand **mouvement de population de l'histoire** et de **massacres**.

DRAPEAU DU PAKISTAN

LE SRI LANKA

Située à 31 km au large de l'Inde, l'île de **Ceylan** – devenue Sri Lanka en 1972 – fut en partie colonisée par les Portugais et les Néerlandais aux XVIe et XVIIe siècles. Elle revint **en totalité à l'Empire britannique** en 1815. Après l'émergence d'un mouvement nationaliste, au début du XXe siècle, l'indépendance lui fut accordée en 1948.

AVANT

Les guerres de l'opium du XIXe siècle furent le résultat de plus d'un demi-siècle de tensions entre Chine et Royaume-Uni.

LA *LADY HUGUES*

En 1784, un navire marchand britannique, la *Lady Hugues*, **tua accidentellement deux fonctionnaires chinois** alors qu'elle effectuait un salut au canon. En vertu de la loi chinoise, le responsable devait se rendre aux autorités locales. Il fut immédiatement exécuté. Dès lors, les Occidentaux **refusèrent de se soumettre à la juridiction chinoise**.

L'AMBASSADE MACARTNEY

En 1792, une délégation britannique conduite par **lord Macartney** se rendait auprès de l'**empereur Qianlong** pour demander une représentation britannique à la cour chinoise, l'ouverture au commerce britannique de ports plus nombreux et la mise à disposition d'une base insulaire. Macartney **refusa d'exécuter le *kotow***, série de prosternations équivalant à faire allégeance à l'empereur. Qianlong accepta ses cadeaux **mais rejeta toutes ses requêtes**.

Les **guerres** de **l'opium**

En 1838, la consommation d'opium, malgré la prohibition déclarée en 1729, faisait des ravages en Chine. Le gouvernement chinois décida de mettre fin à la contrebande de drogue par les Britanniques, ce qui entraîna une série de conflits entre la Chine et le Royaume-Uni.

Fumerie d'opium
L'importation d'opium ayant été légalisée par le traité de Tianjin, en 1858, la culture du pavot et la consommation de cette drogue très addictive se répandit dans toute la Chine. En 1906, les fumeries furent fermées, leur matériel confisqué et brûlé publiquement, tandis que la culture était interdite.

En 1838, le gouvernement chinois ordonna au gouverneur Lin Zexu de mettre un terme au trafic d'opium à Canton, seul port alors ouvert au commerce étranger, dans le sud du pays. Au printemps 1839, Lin Zexu confisqua tous les stocks d'opium pour les détruire et contraignit les résidents étrangers à s'engager par écrit à ne plus en faire le commerce avec les Chinois. Le gouvernement britannique, estimant que les droits de ses ressortissants et la liberté de commerce avaient été bafoués, envoya un corps expéditionnaire à Canton.

La première guerre de l'opium s'acheva en 1842 par une cuisante défaite pour le gouvernement chinois. Par le traité de Nankin (voir à droite), celui-ci cédait Hong Kong aux Britanniques, ouvrait quatre autres ports au commerce étranger et acceptait la mise en place de taxes douanières fixes ; les Occidentaux ne relevaient plus de la justice chinoise. Les relations entre Chine et Royaume-Uni demeurèrent difficiles.

Épée des guerres de l'opium
L'inégalité d'armement détermina largement l'issue du conflit entre le Royaume-Uni et la Chine. Cette épée fut prise en 1842 par un officier de la marine britannique, armé d'un fusil, à un combattant chinois.

En 1856, une deuxième guerre éclatait, dans laquelle la France se joignit au Royaume-Uni. En 1860, la Chine, défaite, se voyait contrainte d'accorder de nouveaux privilèges aux Britanniques d'abord, puis à l'ensemble des autres puissances occidentales.

La rébellion des Taiping

Le gouvernement chinois devait aussi faire face à des rébellions internes, dont la plus importante fut celle des Taiping. En 1836, leur chef, Hong Xiuquan, d'origine paysanne, avait eu des visions lui commandant d'instaurer en Chine un royaume chrétien. Ses prêches égalitaristes convainquirent de nombreux paysans et mineurs du Guangxi, province du sud frappée par les famines. En janvier 1851 était proclamé le Royaume céleste de la Grande Paix, Taiping Tianguo. Deux ans plus tard, l'armée des Taiping prenait Nankin. Les jeux de hasard, l'opium et le tabac y furent bannis ; le christianisme revisité par Hong Xiuquan constitua la seule religion admise. Les terres furent partagées équitablement entre tous, les femmes ayant les mêmes droits que les hommes.

En 1860, les Taiping s'attaquèrent à Shanghai ; ils furent défaits par l'« armée toujours victorieuse » dirigée par les Occidentaux, désormais alliés aux Impériaux. En 1864, l'armée chinoise du Hunan reprenait Nankin. Hong Xiuquan se suicida. Seules quelques poches de résistance subsistèrent jusqu'en 1868.

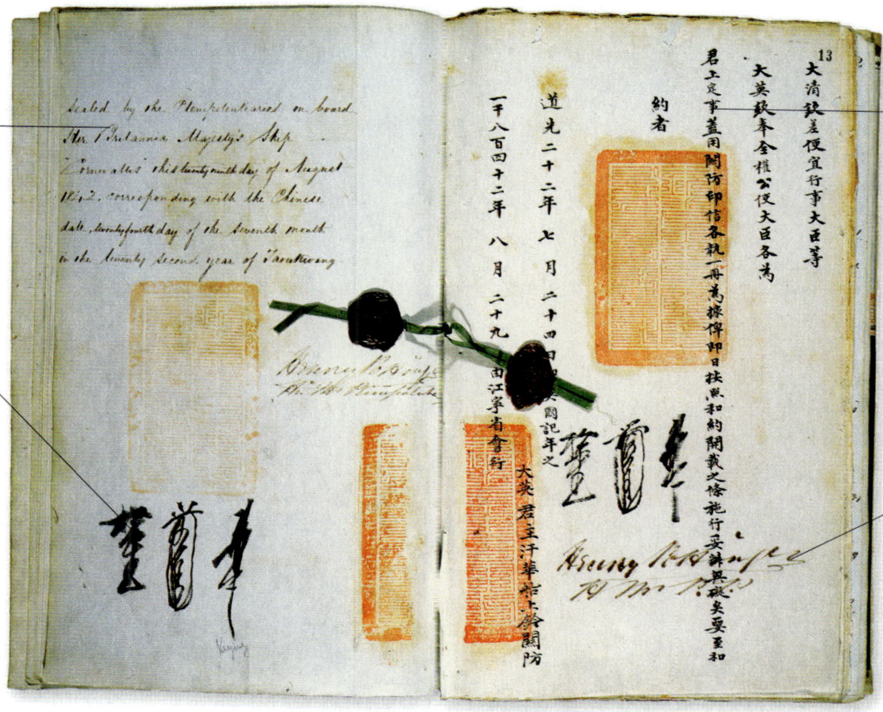

Passage, rédigé en anglais, stipulant que des envoyés des deux monarques signeront le traité

Signature des ambassadeurs chinois, Qiying, Yilibu et Niu Jian

Passage, rédigé en chinois, stipulant que des envoyés des deux monarques signeront le traité

Signature d'Henry Pottinger, ambassadeur du Royaume-Uni en Chine

Le traité de Nankin
Le traité de Nankin, signé en 1842, fut le premier des « traités inégaux » conférant des privilèges aux pays occidentaux en Chine sans avantages réciproques pour l'État chinois.

L'armée chinoise, 1880
La première armée moderne de la Chine, l'armée Anhui, fut levée par le général Li Hongzhang pour combattre les rébellions de la deuxième moitié du XIXe siècle. Elle était organisée et armée à l'occidentale.

Des missionnaires chrétiens

Les traités inégaux (voir ci-dessus) garantissaient aux missionnaires chrétiens la liberté de prêche, de déplacement et le droit de propriété. À partir de 1860, leur nombre augmenta considérablement. Se concentrant initialement sur la conversion des populations, ils établirent ensuite des écoles et des hôpitaux. Leur présence étant perçue comme une menace pour les traditions mais aussi pour les fonctionnaires chinois, les attaques se multiplièrent. Le plus marquant fut le massacre des Sœurs françaises de la Charité, à Tianjin, en 1870.

L'« autorenforcement »

Après les guerres de l'opium, l'historien Wei Yuan prôna la modernisation de la Chine, suggérant de « construire des navires, de fabriquer des armes et d'apprendre les techniques supérieures des barbares ». Les premières mesures d'« autorenforcement » furent prises dans les années 1860, non sans résistance de la part de certains dignitaires. En 1872, le général et haut fonctionnaire Li Hongzhang créait une compagnie de navigation à vapeur pour concurrencer le commerce étranger sur le Yangzi, avant d'ouvrir des mines de charbon. Bientôt, la Chine aurait un chemin de fer. La défaite face au Japon, en 1895 (voir encadré), renforça dans un premier temps les réformateurs. Elle scellait en réalité l'échec de l'« autorenforcement ».

MOMENT CLÉ

LA GUERRE SINO-JAPONAISE

Provoqué par la rivalité entre Chinois et Japonais pour le contrôle de la péninsule Coréenne, ce conflit vit le Japon affirmer sa suprématie militaire. En septembre 1894, l'armée nippone battait les troupes chinoises à Pyongyang, dans le nord de la Corée. Quelques jours plus tard, les flottes des deux puissances s'affrontaient à l'embouchure du Yalu, à la frontière entre Corée et Chine. La flotte chinoise dut se réfugier à Weihai, où elle fut détruite l'année suivante. Vaincue, la Chine dut reconnaître l'indépendance de la Corée et céder l'île de Formose (Taïwan) au Japon.

APRÈS

Après les guerres de l'opium, des conflits extérieurs et intérieurs affaiblirent davantage la Chine.

LE DÉPEÇAGE DE LA CHINE
La défaite de la Chine face au Japon, en 1895, déclencha une **course aux territoires chinois** : la Russie put prolonger la ligne du Transsibérien en Mandchourie, dans le Nord-Est ; l'Allemagne s'empara de Qingdao, dans le Nord ; la France obtint des concessions dans le Sud-Ouest et le Royaume-Uni un bail de 99 ans sur les « Nouveaux Territoires », face à Hong Kong.

L'IMPÉRATRICE DOUAIRIÈRE
En 1856, **Yehonola**, une concubine, donnait naissance au futur empereur Tongzhi. Impératrice douairière sous le nom de Cixi, **elle exerça la réalité du pouvoir jusqu'en 1908**. Elle s'opposa aux réformateurs à la cour et encouragea la révolte des Boxers (voir ci-dessous).

L'IMPÉRATRICE DOUAIRIÈRE CIXI

LA RÉVOLTE DES BOXERS
Les Boxers, **membres d'une société secrète opposée à la présence occidentale**, assiégèrent les légations étrangères à Pékin en mai 1900. L'impératrice Cixi ordonna à l'armée impériale d'empêcher les troupes dépêchées par les huit pays concernés d'atteindre Pékin. Au **massacre de milliers de chrétiens chinois** répondirent, après la libération des légations, les exactions des forces occidentales ; le gouvernement chinois dut payer une lourde indemnité.

AVANT

Le Japon fut rarement en paix. Pendant des siècles, la cour impériale et l'aristocratie guerrière se disputèrent le pouvoir.

LA RÉUNIFICATION DU JAPON

Du milieu du XVe siècle à la fin du XVIe siècle, le Japon fut déchiré par des **guerres civiles**. Vers 1560, quelques **familles guerrières** rivalisaient pour la suprématie **« 168-169**. Face à l'empereur, cantonné à un statut cérémoniel, se dressaient trois grands chefs : **Oda Nobunaga**, **Toyotomi Hideyoshi** et **Ieyasu Tokugawa** utilisèrent la **force la plus brutale** pour unifier le Japon. Tokugawa fut fait shogun en 1603 et exerça désormais son pouvoir sur le pays.

IEYASU TOKUGAWA

L'ÈRE TOKUGAWA

Ieyasu Tokugawa, pour maintenir sa domination, s'efforça d'**écarter toute influence étrangère**. À partir de 1635, les sujets japonais ne purent plus quitter le pays, et ceux qui étaient déjà à l'étranger ne pouvaient en revenir, sous peine de mort. Le **christianisme fut interdit**, **les missionnaires et les marchands étrangers furent expulsés**. Le shogun pouvait désormais contrôler les contacts avec le monde extérieur **« 242-243**.

UN PAYS FERMÉ

Le clan Tokugawa maintint la paix et la prospérité pendant deux siècles. Mais, à partir du début du XIXe siècle, **le pouvoir du shogun déclina**. Le fossé entre riches, tirant profit du commerce intérieur, et pauvres s'élargissait. Une **famine** et des **séismes** provoquèrent des milliers de morts. Puis des navires étrangers firent irruption dans les eaux japonaises.

Soleil levant

À partir du XVIIe siècle, le « pays du Soleil levant » se ferma totalement au reste du monde. Pourtant, au XIXe siècle, défié par les puissances occidentales, il se modernisa rapidement, empruntant leur modèle, et conquit à son tour le rang de puissance internationale.

La transformation du Japon féodal en puissance mondiale s'amorça au XIXe siècle. Le pays, alors qu'il se réunifiait, s'était fermé aux étrangers pour deux siècles (voir AVANT). Puis, en 1853, le gouvernement américain envoya vers Edo (actuelle Tokyo) quatre navires de guerre sous le commandement de Matthew Perry. Perry exigea l'ouverture des ports japonais au commerce étranger, à défaut de quoi il reviendrait avec une flotte plus nombreuse. Ce qu'il fit en 1854 pour vaincre la résistance du shogunat (pouvoir militaire), lequel fut contraint d'ouvrir les frontières du pays par le traité de Kanagawa.

L'occidentalisation

Le Royaume-Uni, la France, la Russie et les Pays-Bas obtinrent à leur tour des privilèges commerciaux tels que le Japon perdit peu à peu tout contrôle sur sa politique douanière. L'humiliation éprouvée par le peuple japonais se traduisit par des rébellions qui mirent fin à près de sept cents ans de shogunat. Le nouveau régime issu de la restauration de Meiji (voir encadré) était convaincu qu'en

Tokyo-Yokohama par le train
La gare de Tokyo sur une affiche de 1875. La première ligne de chemin de fer japonaise Tokyo-Yokohama, construite avec l'aide d'ingénieurs étrangers, fut inaugurée en 1872, cinq ans après l'ouverture du Japon vers l'extérieur.

assimilant les conceptions occidentales, le Japon serait plus à même de rivaliser avec les puissances étrangères et de les écarter. Ce que résumait le nouveau slogan national : « *oitsuke, oikose* » (« rattraper, dépasser »). À l'ancienne hiérarchie féodale samouraï-paysan-artisan-marchand se substitua un système noble-descendant de samouraï-peuple.

En 1873, la conscription fut instaurée : désormais, tous les hommes, et non plus seulement la noblesse guerrière, intégraient l'armée. En 1877 fut fondée l'université de Tokyo, où enseignaient plusieurs étrangers. En 1882, le Japon se dotait d'une banque nationale et d'une nouvelle monnaie décimale, le yen.

La première ligne de chemin de fer – peut-être le symbole le plus fort de la modernisation du Japon – fut ouverte en octobre 1872 ; dans les quinze ans, 1 600 km de rails allaient être posés. L'économie et la société japonaises en furent profondément transformées. Les faubourgs des villes s'étendirent, la population pouvant désormais habiter à distance de ses lieux de travail.

SHOGUN Jusqu'en 1868, le Japon était dirigé par un shogun, chef de clan héréditaire à la tête d'une armée de samouraïs, membres de la classe guerrière.

Le Japon en guerre

Après des années de turbulence, le Japon avait renoué avec un sentiment fort de fierté nationale. Au printemps 1894, la Corée ayant appelé les Chinois à l'aide pour mater une rébellion, le gouvernement japonais, déterminé à défendre ses intérêts dans la péninsule Coréenne, déclara la guerre à la Chine le 1er août et fit une éclatante démonstration de supériorité militaire. En novembre 1894, la base navale de Port-Arthur, en Mandchourie, tombait aux mains des Japonais ; en février 1895, la flotte chinoise était détruite à Weihai, dans la province orientale du Shandong. En avril 1895, aux termes du traité de Shimonoseki, la Chine renonçait à ses ambitions en Corée et cédait au Japon plusieurs îles. Le vainqueur obtenait également des droits en Mandchourie, région riche en bois, en minerai de fer, en pétrole, en or et en uranium.

La première guerre sino-japonaise constitua l'étape initiale de l'édification d'un Empire japonais en Asie. La Russie, toutefois, n'eut pas de difficultés à convaincre la France et l'Allemagne que la présence japonaise en Mandchourie était source d'instabilité. Le Japon s'inclina, avec réticence, face à la pression des trois puissances. Mais lorsque la Russie, une fois la révolte des Boxers écrasée (voir p. 354-355), refusa de retirer ses troupes de Chine, la tension monta, débouchant sur une guerre russo-japonaise en 1904.

La Russie se trouva très affaiblie par la révolution de 1905 (voir p. 376-377). Le Japon remporta une victoire triomphale. Le traité de Portsmouth, signé en septembre 1905, lui accordait l'usage de la péninsule du Liadong (où était situé Port-Arthur) et du réseau ferré russe en Mandchourie, ainsi que la souveraineté sur une partie de l'île de Sakhaline. De plus, un accord américano-japonais conclu en marge des négociations de paix lui reconnaissait le contrôle de la Corée, qui fut annexée en 1910, sans qu'aucune puissance ne proteste.

Le Japon avait atteint ses objectifs : les pays occidentaux le prenaient désormais au sérieux. Les traités inégaux furent révisés, et le gouvernement récupéra en 1911 le plein contrôle sur les tarifs douaniers. En moins d'un demi-siècle, un pays isolé et considéré comme arriéré avait pris sa place dans le concert international.

> **« Enrichir le pays, renforcer l'armée ».**
>
> UN DES SLOGANS DU JAPON DE L'ÈRE MEIJI, 1868-1912

Puissance moderne
Une escadre japonaise fait route sur Port-Arthur, en Mandchourie, défendu par les Russes. Au cours de la guerre russo-japonaise (1904-1905), le Japon démontra une nouvelle fois sa supériorité militaire, en particulier en mer.

APRÈS

Le Japon, à l'entrée du xxe siècle, semblait stable. Mais la dépression économique et un sentiment de frustration nationale entraînèrent le pays dans la guerre.

UN MÉCONTENTEMENT

Pendant la Première Guerre mondiale **372-373 »**, la production industrielle du Japon fut multipliée par cinq ; les exportations s'envolèrent. La **récession économique** de l'entre-deux-guerres élargit le fossé entre riches et pauvres, ruraux et citadins. Le mécontentement grandit dans la population comme dans l'armée, beaucoup **blâmant l'influence des idées occidentales**.

UNE ALLIANCE DIFFICILE

S'il fut **représenté** à la conférence de Paris, en 1919 **374-375 »**, où furent négociés les traités de paix de Versailles, le **Japon ne se sentait pas traité sur un pied d'égalité** par l'Occident. De même, le pays comptait parmi les membres fondateurs de la **Ligue des nations 374-375 »**, ayant pour objectif d'œuvrer au désarmement et au règlement pacifique des conflits, mais sa proposition d'intégrer une clause d'égalité raciale dans la charte fondatrice fut rejetée. Pour aggraver la frustration japonaise, le traité de limitation des armements de Washington, en 1922, n'accordait au Japon que trois navires de guerre, contre cinq pour les Américains ou les Britanniques.

LE NATIONALISME

La **frustration nationale se mua en mépris** pour les Occidentaux. L'ambitieux Japon emprunta désormais la voie de la confrontation avec les puissances occidentales **402-403 »**.

L'EMPEREUR HIROHITO DU JAPON (1901-1989)

MOMENT CLÉ

LA RESTAURATION DE MEIJI

Le shogunat Tokugawa semblait, en 1854, incapable de faire face à la menace étrangère, incarnée par la flotte américaine. Un groupe de samouraïs s'allia en vue de restaurer l'empereur dans la plénitude de ses pouvoirs. En 1868, une courte guerre mit fin au shogunat. Une nouvelle ère s'ouvrit sous le règne de l'empereur Mutsuhito. Désignée sous le nom de Meiji, elle vit le Japon se moderniser rapidement. Tous n'en étaient pas satisfaits. En 1877, une importante insurrection eut lieu sur l'île de Kyushu. Les forces traditionnelles, dont les samouraïs, furieux de ne plus être autorisés à porter l'épée, furent défaites par la nouvelle armée de conscription. L'empereur, cependant, promit de réunir une assemblée nationale. En 1889, entrait en vigueur la première Constitution écrite adoptée hors l'Amérique du Nord et l'Europe. Ci-contre, des officiers à l'occidentale acceptent la reddition des samouraïs révoltés.

AVANT

Depuis le VIIIe siècle, les relations entre le monde islamique et l'Occident chrétien furent difficiles et souvent conflictuelles.

L'EXPANSION DE L'ISLAM

À la mort du prophète Mahomet, en 632, toute l'Arabie était **unie sous la bannière de l'Islam**. **Abu Bakr**, premier successeur de Mahomet, proclama la guerre sainte contre l'Empire byzantin et l'Iran. La Palestine et l'Égypte furent conquises. En 711, une armée de 7 000 combattants musulmans envahissait le sud de l'Espagne **« 174-177**.

CÉRAMIQUE SELDJOUKIDE

LES SELDJOUKIDES

Au début du XIe siècle, **Toghrul Beg**, à la tête d'une armée de Turcs seldjoukides **« 177, 206**, faisait la conquête de l'Iran avant de s'installer à Bagdad, siège du califat sunnite. Son successeur, **Alp Arslan**, poursuivit l'expansion seldjoukide. En 1071, les Seldjoukides écrasaient l'empereur byzantin **Romain IV Diogène**, dans l'est de l'actuelle Turquie. Cette victoire de la nouvelle puissance musulmane contribua à déclencher les croisades **« 200-201**.

L'EMPIRE OTTOMAN

Des États musulmans qui émergèrent au XVIe siècle, le plus vaste était l'Empire ottoman **« 246-247**, édifié par un clan turc à partir de l'ouest de l'Anatolie. L'armée ottomane prit Constantinople en 1453 **« 207**, puis la Syrie et l'Égypte. En Asie du Sud, **Babur** fondait l'Empire moghol **« 244-245**. Les **enseignements de l'Islam** étaient diffusés à travers le monde par les érudits et les marchands.

GÉNÉRAL (1881-1922)

ENVER PACHA

Né à Constantinople d'un père employé des chemins de fer, Enver Pacha se forma en Allemagne avant d'entrer dans l'armée ottomane. Affecté en Macédoine, en 1902, il rejoignit les Jeunes-Turcs et fut l'un des chefs de la révolte contre le sultan Abdülhamid II, en 1908. Ministre de la Guerre en 1914, il imposa l'alliance de son pays avec l'Allemagne et l'Autriche-Hongrie. Après la défaite, en 1918, il prit part à la guérilla des musulmans du Turkestan contre les communistes. Il fut tué en 1922.

La modernisation de l'empire
Le nouveau pont de Galata, ci-contre, symbolisa la modernisation de Constantinople, à partir des années 1870. La capitale de l'Empire ottoman fut dotée de lampadaires électriques, de réseaux d'eau potable et téléphonique et d'un tramway.

Les **Jeunes-Turcs**

Au XIXe siècle, la domination des puissances impérialistes européennes entraîna une crise identitaire au sein du monde musulman. Dans l'Empire ottoman, le mouvement des Jeunes-Turcs lutta pour définir ce que peut être un État musulman au sein du monde moderne.

À partir du XIe siècle, l'Islam, sous la direction des clans turcs (voir AVANT), avait consolidé ses positions au Moyen-Orient et étendit son emprise en Inde, en Extrême-Orient mais aussi en Europe. Au XIXe siècle, pourtant, les Européens dominaient la plus grande partie du monde islamique, de l'Afrique du Nord à l'Asie du Sud-Est. Cet impérialisme occidental entraîna une crise religieuse et politique au sein de l'islam.

Certains réformateurs prônaient une séparation, inédite, de la sphère privée – domaine de la foi – et de la sphère publique, dont la modernisation passait par la mise en œuvre de réformes de l'État, du droit, du système éducatif inspirées de l'exemple européen, et par l'adoption des technologies occidentales. Jamal al-Din al-Afghani (1838-1897), d'origine afghane, fut l'un des catalyseurs de la réforme islamique. Pour lui, renouveau de la foi et modernisation des sociétés musulmanes devaient aller de pair si ces dernières voulaient s'émanciper de l'impérialisme européen. Des idées similaires furent avancées à la fin du XIXe siècle par d'autres réformateurs, tel l'Indien Syed Ahmad Khan (1817-1898), à l'origine de la création, en 1875, du collège anglo-oriental Muhhamedan, à Aligarh, dans le nord de l'Inde. Les musulmans pouvaient y étudier les sciences et les idées occidentales sans renier leur religion.

Les dignitaires musulmans conservateurs étaient pour leur part convaincus que l'impuissance du monde islamique face à l'impérialisme chrétien était le produit des divergences et déviances au sein de l'islam. Nombreux étaient ceux qui appelaient à rejeter les valeurs occidentales. Certains estimaient que les fidèles vivant en terre musulmane mais soumis à un pouvoir qui n'était plus musulman se trouvaient en état de guerre, et devaient donc mener une lutte armée, le djihad. C'est par l'appel au djihad qu'Ousmane da Fodio établit, au début du XIXe siècle, l'empire du Sokoto, au Nigeria, au sein duquel la charia, la loi coranique, était la seule source de droit, et que se constituèrent, en Libye et au Soudan, des forces de résistance à la colonisation européenne.

Réformes ottomanes

Mais l'ingérence européenne dans les pays musulmans ne cessait de grandir. Pour tenter de préserver l'indépendance de l'Empire ottoman (voir AVANT), le successeur de Mahmud II, Adülmecid Ier, qui régna de 1839 à 1871, entreprit à son accession sur le trône de réformer l'empire, ouvrant l'ère du Tanzimat (« réorganisation »). Ces efforts de modernisation gagnèrent aux Ottomans le soutien du Royaume-Uni, allié des Turcs contre la Russie dans la guerre de Crimée (1853-1856). En 1877, toutefois, l'Empire ottoman, désormais gouverné par Abdülhamid II, ne trouva aucun appui européen quand la Russie, de nouveau, lui déclara la guerre sous prétexte de solidarité avec les peuples balkaniques qui luttaient pour leur indépendance. Écrasés, les Ottomans durent signer le désastreux traité de San Stefano. Ils perdaient la plus grande partie de leurs territoires en Europe. Le dépeçage se poursuivit avec la prise de contrôle de la Tunisie par les Français, en 1881, et de l'Égypte par les Britanniques, en 1882. Tentant de maintenir son autorité sur les vestiges de son empire, Abdülhamid poursuivit dans un premier temps les réformes : la Turquie fut dotée

> **ISLAMISME** **Dans son acception actuelle, idéologie considérant l'islam à la fois comme religion et comme système de gouvernement. La charia, la loi islamique, est l'unique source de droit dans un État islamique.**

> « La **Turquie** est un pays **musulman** et les valeurs et l'influence **islamiques** doivent y dominer. »
>
> JEUNES-TURCS (COMITÉ UNION ET PROGRÈS), 1910

La victoire des Jeunes-Turcs
Illustration, par le quotidien français *Le Petit Journal*, du deuxième épisode de la révolte des Jeunes-Turcs, en 1909 : Abdülhamid, cerné dans son palais de Yildiz Kiosk, dut à abdiquer en faveur de son frère, Mehmed V.

d'une Constitution établissant une monarchie parlementaire, le système éducatif et l'armée furent profondément remodelés. Mais le souverain suspendit rapidement la Constitution tandis que l'endettement de l'État favorisait la mise sous tutelle de l'économie ottomane par la France et le Royaume-Uni.

Alors que l'agitation des minorités nationales s'intensifiait, notamment en Macédoine, un mouvement réformateur libéral prenait forme au sein de l'armée et des universités. En 1895, se constitua au sein des troupes turques stationnées à Salonique le Comité union et progrès (CUP). En 1908, les officiers du CUP, ou « Jeunes-Turcs », déclenchaient une guérilla en Macédoine, s'alliant avec les nationalistes macédoniens. Les troupes dépêchées par le sultan s'étant solidarisées avec les rebelles, Abdülhamid dut accéder aux exigences des Jeunes-Turcs et rétablir un gouvernement constitutionnel, dirigé par trois de leurs chefs, dont Enver Pacha (voir encadré). Les Jeunes-Turcs prirent totalement les commandes de l'empire en 1909, après un nouvel épisode révolutionnaire.

La modernisation s'accéléra : les femmes, notamment, obtinrent de nouveaux droits, dont l'accès à l'éducation. Mais les Jeunes-Turcs commirent une erreur fatale en politique étrangère. Admiratif de la puissance militaire allemande, Enver Pacha rapprocha son empire du Reich de Guillaume II et fit entrer son pays dans la Première Guerre mondiale aux côtés des puissances de l'Axe (voir p. 372-375).

La modernisation de l'armée
S'il fumait le chibouk, pipe turque traditionnelle, Enver Pacha (au centre) était converti à l'efficacité de l'armée allemande. Il réorganisa et entraîna l'armée ottomane sur ce modèle.

APRÈS

La tension entre valeurs traditionnelles de l'islam et modernité occidentale s'exprima à travers tout le XXe siècle.

LA FIN DE L'EMPIRE OTTOMAN

À la fin de la Première Guerre mondiale, **372-375 »** l'Empire ottoman vit une partie de ses territoires attribuée à la Grèce. Mais le général **Mustafa Kemal Atatürk** (1919-1922) en obtint la restitution, au terme d'une guerre qui déboucha sur l'instauration de la République turque, dont il fut le premier président.

MUSTAFA KÉMAL PENDANT LA GUERRE GRÉCO-TURQUE

L'ISLAMISME

La défaite arabe face à Israël lors de la guerre des Six-Jours, en 1967, **414-145 »** ressentie comme une humiliation, marqua le déclin du nationalisme arabe au profit de l'islamisme, prônant l'édification d'États fondé sur la seule charia, la loi islamique, tel celui qui s'établit à la faveur de la révolution iranienne de 1978-1979 **442-443 »**.

LE TERRORISME

L'attentat contre les tours du Word Trade Center, en septembre 2001, manifesta une nouvelle radicalisation de la mouvance islamiste face aux défis posés par l'Occident **466-467 »**.

« AVANT

Les Européens colonisèrent l'Afrique à partir du XVe siècle.

LES EXPLORATIONS PORTUGAISES
Les navigateurs **portugais** commencèrent à reconnaître les côtes africaines en 1419. En 1575, la première colonie de peuplement fut fondée dans l'actuel **Angola**.

LA COLONIE DU CAP
En 1652, la Compagnie néerlandaise des Indes orientales « **276** fondait la **colonie du Cap**, afin que ses navires à destination de l'Asie puissent s'y ravitailler.

FERS D'ESCLAVE

L'INFLUENCE OTTOMANE
Dès le VIIIe siècle, les populations d'Afrique de l'Est, qui commerçaient avec les Arabes, furent islamisées. L'Afrique du Nord, conquise dès le VIIe siècle, se convertit plus lentement. Elle fut, au moins nominalement, sous la domination de l'Empire ottoman « **246-247** du XVIe à la fin du XIXe siècle.

L'ESCLAVAGE
Entre 1500 et 1880, les Européens déportèrent un nombre estimé à **15 millions d'esclaves africains** vers les plantations des Amériques « **280-281**.

FONDATEUR DE L'EMPIRE ZOULOU (v. 1787-1828)

CHAKA ZOULOU

En 1818, Chaka devint chef du clan des Zoulous, peuplant le sud-est de l'Afrique. Il constitua son peuple, femmes comprises, en régiments, soumis à un entraînement militaire rude et introduisit l'*assegai*, la longue sagaie. Shaka lança son armée contre les tribus voisines, menant une politique de la terre brûlée, assimilant et enrôlant les jeunes gens de force. Il créa ainsi un puissant empire, en même temps qu'une nation s'étendant sur un vaste territoire côtier et intérieur, correspondant à l'actuel Kwazulu-Natal. Il fut sans doute assassiné par son demi-frère Dingane.

La **course** à l'**Afrique**

Leur convoitise éveillée par les récits des explorateurs et des missionnaires évoquant les abondantes ressources inexploitées au cœur du continent africain, les puissances européennes se lancèrent dans une véritable course aux territoires africains à la fin du XIXe siècle.

L'intérieur du continent africain, au début du XIXe siècle, demeurait largement inconnu des Européens, implantés sur les côtes (voir AVANT). La peur de contracter le paludisme n'était pas le moindre des obstacles à son exploration. Il fut levé en 1820 avec la découverte de la quinine. En 1835, les Européens avaient cartographié la plus grande partie du nord-ouest de l'Afrique. À la fin du siècle, grâce aux expéditions du missionnaire écossais David Livingstone, de Richard Burton, de John Speke et James Grant, les Grands Lacs et la source du Nil étaient connus, les cours du Nil, du Niger, du Congo et du Zambèze cartographiés ; l'Afrique révélait ses immenses richesses.

En 1869, l'inauguration du canal de Suez, ouvrant une voie directe entre Europe et Asie, fit de l'Afrique un continent stratégique pour les Européens ; la révolution industrielle (voir p. 292-295), gourmande en matières premières et avide de nouveaux marchés, rendait encore plus attractifs ces territoires.

En 1875, la présence européenne n'y était encore que disséminée. La France achevait la conquête de l'Algérie, ancien territoire ottoman ; les Espagnols possédaient quelques établissements ici et là ; les Portugais avaient colonisé l'Angola et détenaient quelques comptoirs sur la côte sud-ouest ; les Français et les Britanniques avaient une présence marchande en Afrique de l'Ouest. Au sud, le Royaume-Uni administrait la colonie du Cap, au nord de laquelle se trouvaient l'État libre d'Orange et le Transvaal, États fondés par les Boers – d'origine néerlandaise – après leur Grand Trek de 1835-1836 : 12 000 d'entre eux avaient alors quitté la colonie du Cap pour échapper à la tutelle britannique et trouver ailleurs de plus verts pâturages.

Le continent africain, à cette époque, était en proie au chaos. L'expansion zouloue, menée par Chaka (voir encadré), avait entraîné d'importants mouvements de population en Afrique australe. Dans le reste de l'Afrique noire, les groupes culturels étaient disloqués par le trafic d'esclaves, mais de nouveaux États se constituaient dans l'ouest, le centre et l'est du continent, parfois sur les ruines d'anciens royaumes. Les Européens surent tirer parti de ces bouleversements mais eurent aussi à combattre bâtisseurs d'empire et chefs charismatiques. Dans l'Afrique islamisée, ceux-ci, à l'image de Samory Touré, au Mali, ou d'Ibn Abdallah, au Soudan, appelèrent au djihad (la guerre sainte) contre le colonisateur. En Afrique australe, les Britanniques se heurtèrent aux Zoulous, en 1879. Néanmoins, la conquête du continent fut relativement aisée, les chefs africains et les colonisateurs européens se partageant à l'occasion le contrôle des territoires.

Le partage de l'Afrique

La compétition entre Européens fut elle-même source de conflits. Les Britanniques s'opposaient aux Boers en Afrique australe (voir encadré) ; la rivalité franco-britannique menaçait de dégénérer en Égypte et au Soudan. L'exploration du bassin du Congo par Henry Stanley, entre 1874 et 1877, avait déchaîné les appétits de plusieurs pays. Le chancelier allemand Otto von Bismarck (p. 333) prit l'initiative de réunir à Berlin une conférence pour apaiser les tensions. Du 15 novembre 1884 au 26 février 1885, quatorze pays européens et les États-Unis s'accordèrent sur les règles de colonisation et organisèrent de fait le partage de l'Afrique en « sphères d'influence ». À la fin du XIXe siècle, le Portugal avait étendu son empire au Mozambique ; la Belgique contrôlait l'essentiel du bassin du Congo et l'Allemagne s'était accordé de

Une minorité privilégiée
Le personnel politique et administratif européen en Afrique, au début du XXe siècle, jouissait de nombreux privilèges, dont la mise à disposition de serviteurs.

> « Si je le pouvais, j'**annexerais d'autres planètes**. »
>
> CECIL RHODES, COLONISATEUR DE LA RHODÉSIE

L'Afrique coloniale
Cette carte du début du xxe siècle met en évidence le partage de l'Afrique par les puissances européennes, qui en exploitaient les ressources au bénéfice de leurs économies nationales.

nouvelles colonies dans le Sud-Ouest africain. La France dominait l'Afrique de l'Ouest; le Royaume-Uni était présent de l'Égypte jusqu'à l'Afrique du Sud. En 1914, les Français occupaient le Maroc, les Italiens s'étaient emparés de la région de Tripoli. Seule l'Éthiopie, qui avait battu les troupes italiennes à Adoua, en 1896, demeurait indépendante.

L'Afrique coloniale

Si les systèmes d'administration varièrent, les Européens n'œuvrèrent guère au développement de leurs colonies, se contentant d'en exploiter les matières premières et d'y déverser leurs biens manufacturés. Les Africains étaient exclus des décisions affectant leur vie et déstructurant leurs sociétés. Les colons s'établissaient dans les zones les plus tempérées, accaparaient les terres fertiles. Des impôts n'en furent pas moins instaurés, que les colonisés ne pouvaient souvent payer qu'en s'employant dans les chemins de fer, les plantations et les mines – quand ils n'y étaient pas forcés. Le ressentiment provoqué par de telles politiques se mua en résistance anticoloniale, laquelle se répandit dans tout le continent au début du xxe siècle. Dans la sphère allemande, le soulèvement des Hereros de Namibie, de 1900 à 1905, fut suivi de la révolte des Maji-Maji, fédérant plusieurs ethnies d'Afrique-Orientale de 1905 à 1907. De 1921 à 1926, la France et l'Espagne durent livrer une guerre contre les tribus du Rif marocain.

En 1912, en Afrique du Sud, était fondé le Congrès national africain (ANC), réunissant Noirs, métis et Indiens pour la défense de leurs libertés et de leurs droits. Ce fut l'un des premiers mouvements nationalistes africains organisés.

Les Britanniques en Égypte
Ces soldats écossais posent devant le Sphinx de Gizeh, à l'été 1882, peu après leur victoire dans la bataille de Tel-el-Kébir, résultant d'un conflit entre Britanniques et Égyptiens pour le contrôle du canal de Suez.

MOMENT CLÉ

LA GUERRES DES BOERS

Après l'annexion de leur État par les Britanniques, en 1877, les Boers du Transvaal (ci-dessous) déclenchèrent une première guerre en décembre 1880. En mars 1881, la Grande-Bretagne accordait son autonomie au Transvaal. Une seconde guerre se déroula d'octobre 1899 à mai 1902 : après des combats difficiles, les Britanniques, renforcés par des troupes canadiennes, vainquirent les Boers : l'État libre d'Orange et le Transvaal furent absorbés dans l'Empire britannique.

APRÈS

Les mouvements nationalistes africains se renforcèrent au lendemain de la guerre de 1939-1945. C'est en Afrique australe qu'ils eurent à combattre le plus longtemps.

LE NATIONALISME AFRICAIN
Près de 2 millions d'Africains servirent dans les armées des colonisateurs pendant la Seconde Guerre mondiale. De nombreux combattants, de retour au pays, refusèrent d'accepter plus longtemps l'exploitation et l'humiliation coloniales et grossirent les mouvements d'indépendance nés après la Première Guerre mondiale. La plupart des pays africains **accédèrent à l'indépendance** entre 1956 et 1968 **412-413 ››**.

LE GOUVERNEMENT DE LA MAJORITÉ
Les minorités blanches se maintinrent plus longtemps au pouvoir en Rhodésie et en Afrique du Sud. La **majorité noire** accéda au gouvernement en Rhodésie, devenue Zimbabwe, en 1980, avec l'élection de **Robert Mugabe**, ancien chef de la guérilla. En Afrique du Sud, l'**ANC** et l'Inkatha combattirent pour la démocratie jusqu'en 1994, date à laquelle l'ANC, dirigé par **Nelson Mandela**, remporta les premières élections multiraciales **454-455 ››**.

AFFICHE ÉLECTORALE DE L'INKATHA-PARTI DE LA LIBERTÉ

7

POPULATION ET POUVOIR

1914 à nos jours

L'époque contemporaine a connu deux guerres mondiales – conflits les plus sanglants et les plus coûteux de l'Histoire. Bien que marquée par des systèmes politiques antagonistes, d'effroyables dictatures, une hausse rapide de la population et une baisse drastique des ressources, la période se caractérise aussi par une formidable avancée technologique et une prospérité sans précédent.

POPULATION ET POUVOIR

1914 à nos jours

1910	1915	1920	1925

1915
L'Italie entre en guerre au côté des Alliés ; les États-Unis envahissent l'île d'Haïti. Émeutes nationalistes aux Indes orientales. Massacre ou déportation de près d'un million d'Arméniens par les Ottomans.

Bannière bolchevique ▶

1920
Les territoires ottomans du Moyen-Orient passent sous mandats français et britannique.
Le Sénat américain rejette le traité de Versailles.

Insigne de l'Armée rouge ▶

1925
Guerre civile en Chine. Révoltes nationalistes en Syrie. John Logie Baird produit la première image télévisée. Edwin Hubble découvre de nouvelles galaxies et l'expansion de l'Univers. Accords de Locarno

1914
Les grandes puissances rivalisent d'influence dans les Balkans ; l'assassinat à Sarajevo de l'archiduc autrichien François-Ferdinand met le feu aux poudres en Europe.

▼ À l'assaut

▲ Assassinat de François-Ferdinand à Sarajevo

1918
Traité de Brest-Litovsk : cession de l'Ukraine à l'Allemagne. Fin de la Première Guerre mondiale : reddition des Ottomans ; armistice avec l'Allemagne et l'Autriche. Six millions de gens meurent de la grippe espagnole.

1921
Création de l'État libre d'Irlande. Victoire bolchevique en Russie ; six millions de morts dues à la famine. Révolte nationaliste en Turquie. Conférence de Washington sur le désarmement

◀ Michael Collins

1926
Tchang Kaï-chek unit le centre de la Chine. Insurrection communiste contre les Pays-Bas en Indonésie. Mussolini instaure le parti unique en Italie.

Staline ▶

1917
Révolution russe : le tsar abdique, Kerensky forme un gouvernement libéral ; révolution bolchevique sous Lénine ; armistice signée avec l'Allemagne. Entrée en guerre des États-Unis au côté des Alliés.

▼ Pin's commémoratif

Lénine ▶

1927
Découverte de pétrole en Iraq. Purge des communistes par les nationalistes chinois. Charles Lindbergh effectue le premier vol transatlantique sans escale. Naissance du cinéma parlant

1914
L'Autriche déclare la guerre à la Russie et déclenche la Première Guerre mondiale ; l'Allemagne envahit la France tandis que l'Empire ottoman s'allie aux Puissances centrales.

1919
Traités de Paris : démantèlement des empires allemand et autrichien. Fondation de la Société des Nations. Rutherford divise l'atome. Premier vol transatlantique

▼ Grippe espagnole

1923
Lancement de réformes séculaires par Atatürk en Turquie. Le Guomindang instaure un gouvernement nationaliste en Chine. Hyperinflation en Allemagne. Putsch en Espagne

◀ Hyperinflation

▲ Collectivisation

1924
Lutte de pouvoir en URSS suite à la mort de Lénine. Coups d'État militaires au Chili et au Brésil. Incarcération de Hitler pour tentative de coup d'État. Fin de la guerre gréco-turque

1929
Crise économique mondiale suite au krach de Wall Street. Premier plan quinquennal en URSS : industrialisation et collectivisation en masse. Création de la république soviétique du Jiangxi en Chine du Sud

Loin d'être la « der des der », la Première Guerre mondiale a non seulement plongé l'Europe dans une période de troubles politiques et économiques durant les années 1920 et 1930 mais a aussi provoqué la révolution russe avec, pour conséquence, la création de l'URSS – premier État communiste du monde – et la naissance d'un conflit idéologique qui a duré jusqu'en 1991. La Seconde Guerre mondiale, en partie due à la crise de 1929, s'est révélée encore plus sanglante, avec un bilan s'élevant à plus de 50 millions de morts. Laissant une Europe brisée, le conflit a directement contribué à la décolonisation en Afrique, au Moyen-Orient et en Asie du Sud-Est.

1930

▲ La Grande Dépression aux États-Unis

1932
Près de 5 millions de morts dues à la famine en URSS. Indépendance de l'Iraq. Guerre du Chaco : la Bolivie revendique le nord du Paraguay. Conférence de désarmement à Genève

1933
Hitler est chancelier en Allemagne. Dollfuss instaure un régime totalitaire en Autriche. Purge du parti communiste en URSS. Lancement du *« New Deal »* par Roosevelt. Conférence économique mondiale à Londres

1930
Les troupes alliées quittent la Rhénanie. Révolution militaire au Brésil : Getúlio Vargas au pouvoir. Faillite de plus de 3 000 banques aux États-Unis. Frank Whittle invente le moteur à réaction.

1934
Hitler devient « Führer » et instaure le parti unique ; « Nuit des longs couteaux » ; début du réarmement. Adhésion de l'URSS à la Société des Nations. « Longue Marche » des communistes en Chine

◀ Hitler

1935

▲ Congrès de Nuremberg

▼ Guerre d'Espagne

1938
L'Allemagne annexe l'Autriche et, avec l'accord de la Grande-Bretagne et de la France, les Sudètes. Dictature monarchique en Roumanie. En Asie, proclamation d'un « Nouvel Ordre » japonais

1936
« Grande terreur » en URSS : procès pour l'exemple et purges. Début de la guerre d'Espagne. Pacte anti-Komintern entre l'Allemagne et le Japon. Dictature militaire au Mexique

Affiche de la police secrète soviétique ▶

1937
L'Italie se retire de la SDN et rejoint le pacte anti-Komintern. Les États-Unis votent la neutralité. Guerre sino-japonaise : massacre de Nankin. Révolte en Tunisie contre les Français. Régime totalitaire pour le Brésil

1939
L'Allemagne envahit la Tchécoslovaquie. Franco impose une dictature de droite en Espagne. Pacte de non-agression germano-soviétique. L'Allemagne envahit la Pologne : déclarations de guerre britannique et française.

1940

▲ Spitfire Mk V

▲ Étoile jaune juive

1942
Les Américains repoussent la flotte japonaise ; l'invasion allemande de l'URSS s'interrompt à Stalingrad ; les forces de l'Axe sont vaincues à El-Alamein ; début de l'extermination à Auschwitz

1940
L'Allemagne envahit le Danemark, la Norvège, les Pays-Bas, le Luxembourg, la Belgique et la France ; l'Italie déclare la guerre à la Grande-Bretagne et à la France ; alliance du Japon avec l'Allemagne et l'Italie

1941
Invasion de l'URSS par l'Allemagne ; mise en place de la « solution finale » ; le Japon attaque Pearl Harbor : les États-Unis entrent en guerre au côté des Alliés ; le Japon envahit la majeure partie de l'Asie du Sud-Est.

1944
Fin des 900 jours de siège de Leningrad. Débarquement en France ; Paris et Bruxelles libérés ; bataille des Ardennes : l'offensive allemande est contrée ; tirs de V2 allemands sur Londres

▼ Pearl Harbor

1945

▼ Hiroshima

1948
Proclamation de l'État d'Israël : première guerre israélo-arabe. Blocus de Berlin. Régimes communistes en Pologne, Tchécoslovaquie et Hongrie. Indépendance de la Birmanie et de Ceylan. Assassinat de Gandhi

Gandhi ▶

1945
Les Russes assaillent Berlin ; suicide de Hitler ; reddition de l'Allemagne ; bombes atomiques américaines sur Hiroshima et Nagasaki : le Japon se rend. Création des Nations unies

▲ Le président Mao

1947
Indépendance de l'Inde et du Pakistan dans la violence. Les États-Unis proposent le plan Marshall. L'ONU approuve le partage de la Palestine. Accords du GATT. La barrière du son est franchie aux États-Unis.

1949
Victoire communiste de Mao dans la guerre civile chinoise. Les deux Allemagnes se séparent, l'Allemagne de l'Est intègre le bloc communiste. Création de l'OTAN. L'URSS se dote de la bombe atomique.

1950

1950
Guerre de Corée : premier grand conflit armé de la guerre froide. L'armée américaine soutient la France en Indochine. La Chine envahit le Tibet.

Affiche contre la guerre de Corée

1952
Coup d'État militaire en Égypte. Insurrection des Mau Mau au Kenya. Création de la Communauté européenne du charbon et de l'acier. Premier avion de ligne à réaction : le Comet britannique. Première bombe à hydrogène

1954
Défaite de la France en Asie du Sud-Est : indépendance du Laos, du Cambodge et du Viêt Nam (divisé). Premier sous-marin à propulsion nucléaire : le *Nautilus* américain. Proclamation de l'État unitaire d'Indonésie

Pontiac Chieftain

1953
Répression de révoltes antisoviétiques en Pologne et à Berlin-Est. Mort de Staline. Découverte de la structure en double hélice de l'ADN par Crick et Watson. Développement du vaccin contre la polio. Ascension de l'Everest

1955

Les Perón

1956
Soulèvement hongrois réprimé par l'URSS. Échec de l'invasion franco-britannique du canal de Suez. La France reconnaît l'indépendance du Maroc et de la Tunisie, la Grande-Bretagne celle du Soudan.

1955
Création du pacte de Varsovie. Soutien de l'armée soviétique à l'Égypte. Multiples révoltes nationalistes en Algérie et au Maroc. Perón est évincé en Argentine. Intervention militaire des États-Unis en Iran

Crise de Suez

1957
Traité de Rome, fondateur de la CEE
1958
«Grand Bond en avant» de la Chine : industrialisation forcée, près de 20 millions de morts. Ve République en France, de Gaulle est président.

Ernesto Che Guevara

1959
Révolution communiste à Cuba : Fidel Castro impose un régime à la soviétique. Répression de la révolte tibétaine par la Chine. Premier avion de ligne long courrier à réaction : le Boeing 707

1960

Indépendance de l'Algérie

1962
Crise des missiles cubains. La France concède l'indépendance à l'Algérie. L'Ouganda, la Jamaïque et Trinité-et-Tobago s'affranchissent de la Grande-Bretagne.

1960
Décolonisation de l'Afrique : accession à l'indépendance de 12 colonies françaises, du Congo (Belgique), du Nigeria et de la Somalie (Grande-Bretagne). Hawaii devient le 50e État d'Amérique.

Mur de Berlin

1961
Éd fication du mur de Berlin. Coup d'État en Corée du Sud. Ba e des Cochons : tentative de renversement de Castro soutenue par les États-Unis. Premier homme dans l'espace : Iouri Gagarine

Enterrement de J. F. Kennedy

1963
Les États-Unis et l'URSS mettent fin à leurs essais d'armes nucléaires dans l'atmosphère. Assassinat de Kennedy. Guerre civile au Soudan. Fédération de Malaisie : Singapour, Sarawak, Sabah et Malaisie.

1965

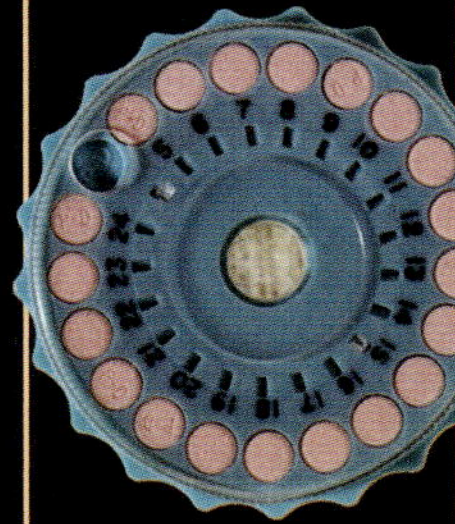

1968
Répression du «printemps de Prague» par l'URSS. Assassinat de Martin Luther King : émeutes raciales aux États-Unis. Saddam Hussein au pouvoir en Iraq

Pilule contraceptive

Guerre au Viêt Nam

1965
Troupes américaines au Viêt Nam. Droit de vote accordé aux Noirs américains. L'Inde et le Pakistan se disputent le Cachemire. Plus de 5 millions d'Américaines prennent la pilule.

Conquête de l'espace

1967
Guerre des Six-Jours : Israël envahit le Sinaï, la bande de Gaza, la Cisjordanie, le plateau du Golan et Jérusalem. Guerre du Biafra au Nigeria. La loi martiale est imposée en Grèce.

1969
Négociations américano-soviétiques sur la limitation des armes stratégiques. Khadafi au pouvoir en Libye. Violences confessionnelles en Irlande du Nord. Apollo 11 : premier alunissage

«Je crois que les gens veulent tellement la paix qu'un de ces jours, les **gouvernements devront céder** et la leur accorder.» DWIGHT D. EISENHOWER, PRÉSIDENT DES ÉTATS-UNIS, 1953

1970	1975	1980	1985

1975
Mort de Franco : restauration de la démocratie et de la monarchie en Espagne. Régimes communistes au Laos et au Cambodge. Guerre civile au Liban

Révolution iranienne ▶

1980
Saddam Hussein lance la guerre Iran-Iraq. Formation du syndicat anti-communiste Solidarność en Pologne. Régime de la majorité noire au Zimbabwe. Premiers fax et caméscopes familiaux au Japon

1982
Guerre des Malouines entre l'Argentine et la Grande-Bretagne. Négociations START entre les États-Unis et l'URSS. Loi martiale au Bangladesh. Loi martiale en Pologne : interdiction de Solidarność.

▲ Bloody Sunday («dimanche sanglant»)

1971
Indépendance du Bangladesh. Amin Dada au pouvoir en Ouganda
1972
Affrontement entre manifestants et armée britannique en Irlande du Nord : « Bloody Sunday ».

1981
Ronald Reagan est élu président des États-Unis. Campagne pour l'indépendance de l'État sikh du Pendjab. Israël se retire du Sinaï. Premier vol de la navette spatiale américaine

Guerre Iran-Iraq ▶

▲ Mikhaïl Gorbatchev et Ronald Reagan

1985
Mikhaïl Gorbatchev lance la réforme de l'URSS : *glasnost* et *perestroïka*. Déclaration de l'état d'urgence en Afrique du Sud. Israël se retire du Liban.

1973
Guerre du Kippour : l'OPEC augmente les prix du pétrole de 200 % ; récession mondiale. Retrait des troupes américaines au Viêt Nam. Allende est évincé au Chili par le coup d'État de Pinochet.

1976
Mort de Mao en Chine ; coup d'État de la «Bande des Quatre». Intervention au Liban de la Syrie, qui impose une force de paix arabe. Émeutes raciales à Soweto, en Afrique du Sud

Margaret Thatcher ▶

1986
Sommet des superpuissances en Islande : les États-Unis et l'URSS acceptent de désarmer. Restauration de la démocratie au Brésil. Chute du régime de Marcos aux Philippines

Chute du mur de Berlin ▶

▲ Manifestation contre Pinochet

1970
Régime militaire en Somalie. Les États-Unis, l'URSS et la Grande-Bretagne signent le traité sur la non-prolifération des armes nucléaires. Élection d'Allende au Chili

1977
Processus de paix israélo-égyptien. Coup d'État militaire au Pakistan. Khadafi impose le «socialisme islamique» en Libye.
1978
Accords de Camp David : rapprochement israélo-égyptien

▼ Guerre d'Afghanistan

1979
L'URSS envahit l'Afghanistan. Le chah d'Iran est évincé : l'ayatollah Khomeiny impose une république islamique. Renversement des Khmers rouges au Cambodge. Margaret Thatcher est Premier ministre britannique.

▼ Commodore PET

1983
Restauration de la démocratie en Argentine. Fin de la loi martiale en Pologne. Adoption de la loi islamique au Soudan : guerre civile. Fondation du Hezbollah, groupe de militants islamistes terroristes, au Liban

1974
Coup d'État en Éthiopie : Hailé Sélassié est évincé. La Turquie envahit Chypre. L'Indonésie envahit le Timor-Oriental. Démission de Nixon aux États-Unis. Mort de Salazar au Portugal

◀ Steve Biko

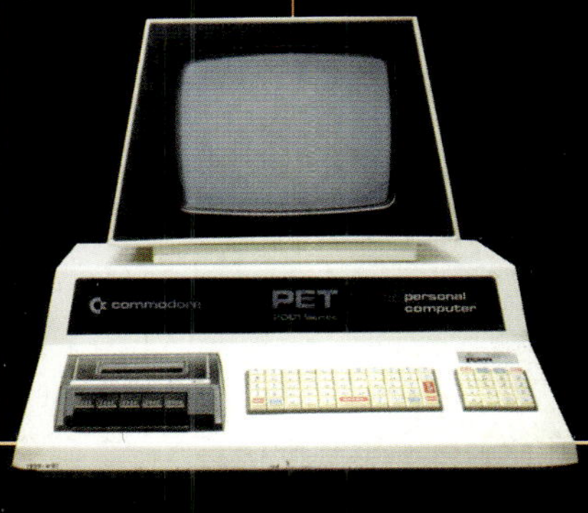

1987
Intifada dans la bande de Gaza et en Cisjordanie : intensification des tensions arabo-israéliennes. Traité INF : les États-Unis et l'URSS acceptent de réduire leurs stocks d'armes nucléaires.

▲ Révolution roumaine

1989
Fin du rideau de fer : renversement des gouvernements du bloc de l'Est ; élection de Solidarność en Pologne ; chute du mur de Berlin. Élections partielles en URSS

1990

1991
L'Iraq est chassé du Koweït par la coalition de l'ONU. Les Républiques baltes s'affranchissent de l'URSS. Dissolution de l'URSS. Indépendance de la Slovénie et de la Croatie : en guerre contre la Serbie

◀ Nelson Mandela

1990
L'Iraq envahit le Koweït. Mouvements contre l'apartheid en Afrique du Sud. Élections libres en Allemagne de l'Est ; réunification de l'Allemagne

1993
« Révolution de velours » : la Tchécoslovaquie cède la place à la République tchèque et à la Slovaquie. Accords d'Oslo : l'OLP et Israël accordent une autonomie limitée à la Palestine. Épidémie de sida en Afrique

▼ Accords d'Oslo : Clinton, Arafat et Rabin

▼ Ruban de lutte contre le sida

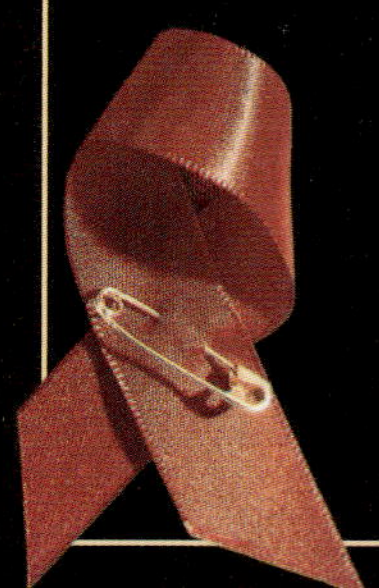

1994
Guerre civile au Rwanda : 500 000 Tutsis sont massacrés ; 2 millions de Hutus en fuite. Victoire de l'ANC aux élections multiraciales en Afrique du Sud. La Tchétchénie proclame son indépendance : invasion des Russes

1995

▲ Boris Eltsine

1996
Prise de Kaboul par les Talibans : les fondamentalistes proclament un État islamique. Avec le retrait des Russes, la Tchétchénie accède de fait à l'indépendance. Eltsine remporte les élections russes.

1998
Essais nucléaires en Inde et au Pakistan. Affrontement entre Serbes et Albanais au Kosovo. Crise économique en Indonésie. Accord du Vendredi saint en Irlande du Nord.

◀ Tours Petronas

1997
La Grande-Bretagne rend Hong Kong à la Chine. Crise financière en Asie. Clonage de la brebis Dolly. Coup d'État au Zaïre. Retrait des Israéliens à Hébron

▼ Troupes de l'OTAN au Kosovo

1999
Reprise de la guerre russo-tchétchène. Au Kosovo, « nettoyage ethnique » des Serbes contre les Albanais. L'Inde et le Pakistan se disputent de nouveau le Cachemire. Frappes aériennes américaines et britanniques contre l'Iraq

2000

2002
Introduction de l'euro dans 11 des 15 pays de l'UE. Attaques palestiniennes contre Israël. Victoire de Mugabe aux élections truquées du Zimbabwe : répression contre les opposants

◀ Attentats du 11 Septembre

▼ Renversement de Saddam Hussein

2003
Large conflit ethnique au Darfour, Soudan. Menée par les États-Unis, la coalition envahit l'Iraq : prise de Bagdad ; éviction de Saddam Hussein ; violences et attentats terroristes. Premier vol spatial habité chinois

2001
Attaques terroristes d'A-Qaïda à New York et Washington : George Bush engage les États-Unis dans une « guerre contre la terreur ». Bombardement de l'Afghanistan par les forces de la coalition : chute des Talibans

2004
Attentats islamistes à Madrid : 191 morts. Prise d'otages par des séparatistes tchétchènes dans une école russe : 350 morts. Tsunami en Indonésie : plus de 210 000 morts

2005

2007
L'Iran développe son programme nucléaire malgré les pressions internationales. Restauration du gouvernement décentralisé en Irlande du Nord. Escalade dans le conflit entre sunnites et shiites en Iraq

2005
Attentats islamistes à Londres : 52 morts. Israël se retire de Gaza ; la Syrie se retire du Liban. Élections générales en Iraq. Entrée en vigueur du protocole de Kyoto sur le changement climatique

2008
Barack Obama, premier président noir des États-Unis, est élu. Grave crise financière mondiale entraînant l'intervention de la plupart des grandes puissances

▲ Des marques internationales

2006
Le Soudan refuse la force de maintien de la paix de l'ONU : génocide au Darfour responsable de près de 400 000 morts. Conflit israélo-libanais. Essais nucléaires en Corée du Nord. Le Monténégro vote son indépendance.

2010
Séisme en Haïti faisant au moins 230 000 morts, 300 000 blessés et 1,2 million de sans-abri. La Grèce, au bord de la faillite, met en péril l'Europe économique.

Énergie éolienne ▶

«… ceux qui ne peuvent se rappeler le passé sont **condamnés à le répéter**.»

GEORGE SANTAYANA, *LA VIE DE RAISON*, 1905-1906

Ville champignon
En 2006, la Chine affiche une croissance économique de 10,7 %. Autrefois l'une des plus faibles économies du monde, elle est désormais la plus forte. La croissance de ses villes, ici Shanghai, reflète cette richesse.

MOMENT CLÉ 28 juin 1914 10 h 50

L'assassinat de Sarajevo

L'assassinat de l'archiduc François-Ferdinand, héritier du trône austro-hongrois, fut l'étincelle qui mit le feu à la poudrière de l'Europe et déclencha la Première Guerre mondiale. C'est à Sarajevo, capitale de la Bosnie, que débuta la réaction en chaîne responsable, en un peu plus d'un mois, de ce conflit d'échelle européenne, rapidement devenu international.

L'archiduc et sa femme Sofia se trouvaient en visite officielle à Sarajevo pour assister à des manœuvres militaires. Cette province turque avait été annexée en 1908 par l'Autriche-Hongrie, qui occupait la Bosnie-Herzégovine depuis 1878. La Serbie voisine en était contrariée, car la Bosnie-Herzégovine était majoritairement peuplée de Serbes; les relations entre les deux États étaient donc tendues.

Au moment où la voiture du couple princier arriva à la réception donnée en leur honneur à la mairie, une bombe atterrit à l'intérieur. Après un rebond sur le siège arrière, elle explosa derrière le véhicule, blessant deux aides et dix-huit autres personnes. Après la réception, l'archiduc changea d'itinéraire pour quitter la ville, mais son chauffeur se trompa de route et dut s'arrêter. Par hasard se trouvait là un groupe de conspirateurs impliqués dans l'incident précédent. L'un deux, Gavrilo Princip, un étudiant de 19 ans, bondit sur le capot de la voiture, tira sur le couple princier à bout portant et toucha l'archiduc au cou et sa femme au ventre, les tuant tous les deux sur le coup.

Manifestement, Princip n'avait pas agi seul. Ses cinq complices et lui étaient membres de la Main noire, société secrète nationaliste dirigée par le colonel Dragutin Dimitrijević, le chef du renseignement militaire serbe. L'Autriche-Hongrie accusa donc le gouvernement serbe de complicité d'assassinat. Par ailleurs, elle demanda à l'Allemagne, son alliée, son soutien contre la Serbie. Forte de cet appui, l'Autriche-Hongrie émit un ultimatum le 23 juillet, mettant fin à l'indépendance serbe. La réponse arriva dans la capitale autrichienne deux minutes avant l'expiration du délai de quarante-huit heures. La Serbie se pliait à pratiquement toutes les exigences de l'Autriche mais appelait la Russie à son secours et proposait de porter la dispute devant un tribunal international. La requête fut rejetée. Le lendemain, le 26 juillet, l'Autriche-Hongrie mobilisait son armée et, le 28 juillet, déclarait la guerre à la Serbie. Le compte à rebours avait commencé.

L'arrestation
Gavrilo Princip, 19 ans, auteur de l'assassinat de l'archiduc François-Ferdinand et de sa femme, Sofia, à Sarajevo, est arrêté par des soldats.

« Les lampes s'éteignent dans toute l'Europe… Nous ne les reverrons pas s'allumer **de notre vivant**. »

SIR EDWARD GREY, MINISTRE DES AFFAIRES ÉTRANGÈRES BRITANNIQUE, 3 AOÛT 1914

AVANT

La Grande Guerre puise ses origines dans des rivalités vieilles de plus de quarante ans.

LA TRIPLE-ENTENTE

L'**unification de l'Allemagne** en 1871 **« 330-333**, l'accession du pays à la puissance militaire et industrielle et ses ambitions commerciales et impériales en Europe, au Moyen-Orient et en Afrique, alarmaient ses voisins. Depuis la victoire allemande sur la France en 1871, les deux pays étaient les pires ennemis. L'Allemagne bâtit des **alliances défensives** avec l'Autriche-Hongrie puis avec l'Italie, tandis que la France se tournait vers la Russie et la Grande-Bretagne. La **course à l'armement** naval entre la Grande-Bretagne et l'Allemagne accrut les tensions.

LA MENACE RUSSE

LE PLAN SCHLIEFFEN

En 1905, craignant une guerre sur deux fronts, contre la France et la Russie, le général von Schlieffen, commandant de l'armée allemande, élabora un plan pour asséner un **coup fatal à la France** avant de faire face à l'armée russe.

La Grande Guerre

En juillet 1914, une guerre éclata dans les Balkans. En quelques jours, elle gagna le reste de l'Europe. Cette guerre, censée terminée à Noël, dura plus de quatre ans. À l'époque, on la qualifiait de Grande Guerre. Aujourd'hui, elle porte le nom de Première Guerre mondiale.

Au début du xxe siècle, l'Europe était divisée en deux camps armés. Se sentant menacée par l'hostilité de ses voisins, l'Allemagne s'était alliée à l'Autriche-Hongrie en 1879 (voir AVANT) pour protéger ses intérêts en Europe centrale et dans les Balkans. La France, la Russie et, plus tard, la Grande-Bretagne s'unirent à leur tour pour se protéger contre une éventuelle agression allemande.

Vers la guerre

L'assassinat de François-Ferdinand, héritier du trône austro-hongrois, par un exalté serbe à Sarajevo, capitale de la Bosnie autrichienne (voir p. 370-371), fut l'étincelle qui déclencha la guerre. L'Autriche accusa la Serbie de complicité de meurtre et obtint le soutien de l'Allemagne. L'Autriche refusa tout compromis à la Serbie et, le 28 juillet, déclara la guerre. Le conflit était inévitable, car les deux parties se devaient d'honorer leurs engagements vis-à-vis de leurs alliés. La Russie mobilisa ses troupes en soutien à la Serbie. Devant son refus d'abandonner cette conduite, l'Allemagne déclara la guerre à la Russie, le 1er août. Sachant que la France soutiendrait la Russie, l'Allemagne déclara ensuite la guerre à la France, le 3 août, et, conformément au plan Schlieffen (voir AVANT), fit traverser la Belgique à son armée pour tenter de mettre la France hors jeu avant de se tourner vers la Russie. À son tour, la Grande-Bretagne honora le traité, signé en 1839, garantissant l'indépendance belge et déclara la guerre à l'Allemagne le 4 août.

L'impasse

Début septembre, l'avancée allemande fut stoppée à 80 km à l'est de Paris, par une armée franco-britannique. Les deux alliés foncèrent ensuite au nord vers la Manche pour tenter de prendre l'ennemi par le revers, en vain. Ils optèrent alors pour une percée le long du front Ouest. La situation ne bougea pas jusqu'à la fin de la guerre, ou presque, car les capacités de défense de la mitrailleuse empêchaient toute progression significative d'un côté comme de l'autre. Les tentatives alliées pour sortir de l'impasse à Neuve-

À l'assaut
L'ordre de quitter la relative sécurité de la tranchée pour avancer sous le feu, dans la boue du *no man's land*, et charger sur l'ennemi suscitait la terreur des hommes, alourdis par les armes et autre matériel.

Le front Ouest
Le front principal opposant les armées allemande et alliée s'étendait de la Manche à la frontière suisse, formant un S d'environ 760 km de long.

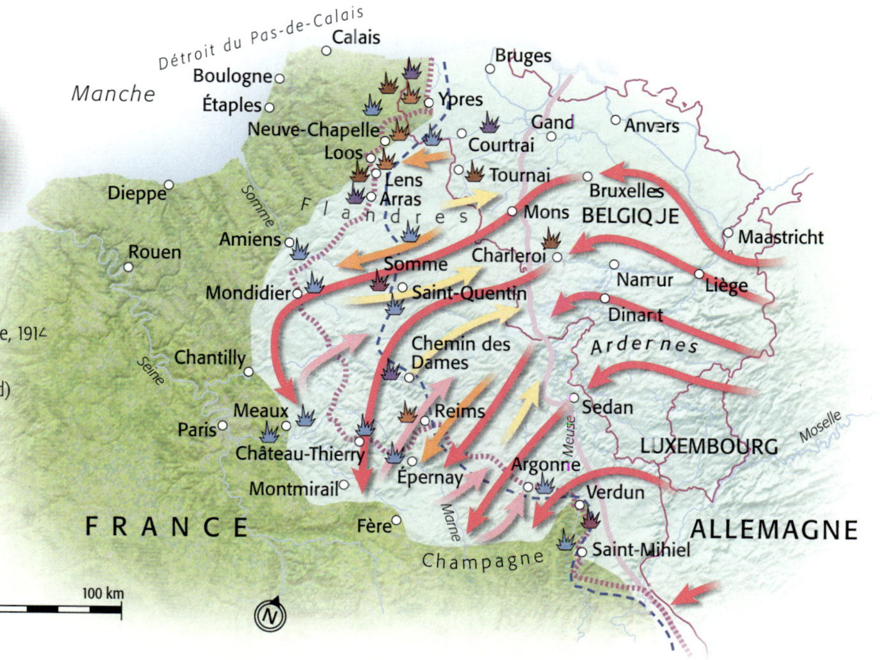

La vie dans les tranchées
Ces hommes d'infanterie attendent l'ordre d'attaquer dans une tranchée près de la ligne de front. Les conditions dans les tranchées – boueuses, détrempées et infestées de rats – étaient épouvantables.

Chapelle, Ypres et Loos en 1915, ainsi que dans la Somme en 1916, eurent un coût très élevé – 57 470 soldats britanniques tués ou blessés le premier jour des combats dans la Somme – sans pour autant parvenir à percer les lignes allemandes. Les assauts allemands sur Verdun tout au long de 1916 étaient destinés à « saigner à blanc » la France. La bataille, qui se termina dans l'impasse, fit plus de 750 000 victimes françaises et allemandes.

Les autres fronts

Le front Est se révélait beaucoup plus fluide. La progression russe en Prusse orientale fut stoppée à Tannenberg, en août, et aux lacs de Mazurie, en septembre. Les avancées allemandes et autrichiennes en Russie, en 1915, furent contrées par une vaste offensive russe en Autriche en 1916.

Dans les Balkans, la Serbie repoussa l'invasion autrichienne, mais l'entrée en guerre au côté de l'Allemagne de l'Empire ottoman, en novembre 1914 et de la Bulgarie, en septembre 1915 firent pencher la balance. Dès janvier, la Serbie et le Monténégro, son allié, furent envahis, tandis que la Roumanie connaissait la défaite l'année suivante. La tentative alliée pour contraindre les Ottomans à cesser la guerre par l'invasion de la péninsule de Gallipoli, en Turquie, se solda par un échec cuisant en 1915. D'abord alliée de l'Allemagne, l'Italie, séduite par la possibilité d'accroître son territoire, entra en guerre en avril 1915 au côté des Alliés, mais elle s'enlisa dans des batailles contre l'Autriche sur l'Isonzo, un fleuve du nord-est du pays.

Tous les principaux protagonistes, sauf l'Autriche, possédaient de vastes empires à l'étranger (voir p. 346-347). Les Britanniques et les Français occupèrent les colonies allemandes en Afrique et dans le Pacifique ; les Japonais s'emparèrent des possessions de l'Allemagne dans l'ouest du Pacifique et en Chine. Par ailleurs, l'armée indo-britannique envahit la Mésopotamie ottomane (actuel Iraq), tandis qu'en 1916, les Britanniques incitèrent les Arabes à se soulever contre le régime ottoman.

En mer, l'affrontement attendu entre les flottes britannique et allemande n'eut jamais vraiment lieu. Des combats se déroulèrent dans l'Atlantique Sud et dans le Jütland en mer du Nord, mais, malgré les dommages considérables portés par les sous-marins allemands aux navires alliés, la marine britannique se révéla la plus forte.

»

« Quel bain de sang… L'**enfer** ne peut être aussi **terrible**. »

ALBERT JOUBAIRE, SOLDAT FRANÇAIS À VERDUN, 1916

D
FIRE

LA GRANDE GUERRE
La Première Guerre mondiale dégénéra vite en conflit mondial, en raison des alliances entre les puissances européennes impliquées et des empires qu'elles voulaient protéger.

1914

Août 1914 L'Allemagne déclare la guerre à la Russie et à la France et envahit la Belgique : la Grande-Bretagne déclare la guerre à l'Allemagne.

28 juillet 1914 L'Autriche-Hongrie déclare la guerre à la Serbie suite à l'assassinat de l'archiduc François-Ferdinand.

15 octobre 1914 Importantes pertes britanniques lors de la **première bataille d'Ypres**

1915

19 février 1915 Début de la campagne des Dardanelles, en Turquie

2 avril 1915 Première utilisation du gaz moutarde lors de la **deuxième bataille d'Ypres**

25 avril 1915 Débarquement de troupes australiennes et néo-zélandaises à **Gallipoli**. Pertes élevées pour les Alliés et l'armée turque

7 mai 1915 Le *Lusitania* est coulé, avec de nombreux passagers américains à bord : indignation aux États-Unis.

1916

21 février 1916 L'armée allemande tente de prendre **Verdun**.

31 mai 1916 La Grande-Bretagne et l'Allemagne se livrent l'unique grande bataille navale de la guerre : la **bataille du Jütland**.

1er juillet 1916 Début de la **bataille de la Somme** : importantes pertes britanniques

1917

6 avril 1917 Les États-Unis déclarent la guerre à l'Allemagne, dont les sous-marins ont coulé plusieurs navires américains.

31 juillet 1917 Troisième bataille d'Ypres également dite de Passchendaele.

1918

3 mars 1918 La Russie signe la paix avec l'Allemagne : **traité de Brest-Litovsk**.

29 septembre 1918 Sur le front Ouest, les Alliés repoussent l'Allemagne derrière la ligne Hindenburg.

11 novembre 1918 L'armistice signé en France met fin à la guerre.

» L'année 1917 fut difficile pour tous. Le blocus naval de l'Allemagne par les Alliés et la campagne des sous-marins allemands contre les marines marchandes alliées entraîna des pénuries alimentaires : l'Allemagne manqua de farine, la Grande-Bretagne de sucre, sans compter ses faibles réserves de blé.

Mutinerie et révolution

En avril, à la suite des pertes essuyées, l'armée française se mutina. En mars, des émeutes en Russie se soldèrent par l'abdication du tsar. Arrivés au pouvoir en novembre (voir p. 376-377), les bolcheviks convinrent d'un cessez-le-feu avec l'Allemagne. L'Italie affaiblit l'Autriche-Hongrie, mais lors de l'attaque allemande de novembre, seul le rapide déploiement des troupes britanniques et françaises la sauvèrent. Les Alliés lancèrent deux nouvelles attaques sur le front Ouest : à Arras en avril et en juillet à Ypres. Toutes deux échouèrent ; Ypres fit 250 000 victimes.

Les États-Unis

Deux événements permirent de sortir de cette impasse. En février 1917, l'Allemagne menaça d'attaquer tous les navires étrangers, dans le but de contraindre la Grande-Bretagne à cesser la guerre en l'affamant. En outre, elle incita le Mexique à attaquer les États-Unis, pour détourner leur attention. Indignés par la publication d'un télégramme envoyé au Mexique par le ministre des Affaires étrangères allemand, les Américains déclarèrent la guerre en avril.

Par ailleurs, les Britanniques recoururent largement au tank lors de la bataille de Cambrai, en novembre 1917. Or le tank faisait partie des progrès de la technologie militaire, comme le dirigeable et l'avion, pour la reconnaissance ou le bombardement.

Les femmes au travail
Les hommes partis au front, l'industrie, les services et l'agriculture nécessitèrent la main-d'œuvre féminine. À la fin de la guerre, un million de femmes britanniques travaillaient dans les munitions (à gauche) et les ateliers de construction mécanique.

Les neuf derniers mois

En mars 1918, l'Allemagne et la Russie signèrent un traité de paix à Brest-Litovsk. L'Allemagne déplaça donc toutes ses troupes vers le front Ouest et attaqua le 21 mars avant l'arrivée de l'armée américaine. Ayant épuisé leurs réserves, les Allemands durent toutefois interrompre l'attaque le 18 juillet. La forte avancée des tanks britanniques à Amiens le 8 août et les assauts franco-américains au sud forcèrent alors les Allemands à se retirer de Belgique. La Bulgarie, alliée de l'Allemagne, demanda la paix fin septembre tandis que l'Italie remportait une victoire écrasante contre l'Autriche-Hongrie en octobre. Les Empires austro-hongrois et ottoman signèrent alors l'armistice avec les Alliés. En Allemagne, le pays s'effondra de l'intérieur en raison de la disette et de la pénurie de carburant. Après la mutinerie de la flotte à Kiel, l'empereur Guillaume II abdiqua et le nouveau gouvernement accepta l'armistice le 11 novembre, à 11 heures.

L'armée agricole
Les femmes travaillaient la terre. C'était essentiel aux États-Unis comme en Europe, où les attaques et le blocus affaiblissaient les réserves.

LÉGENDE
- Soldats mobilisés
- Soldats morts

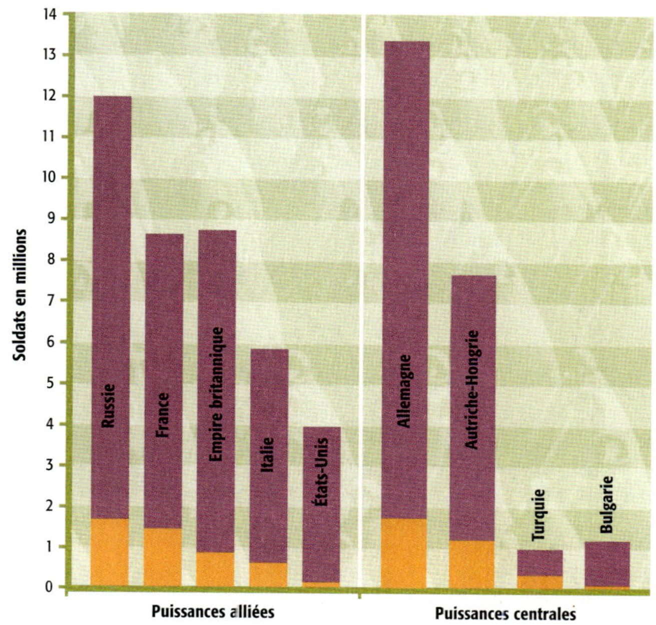

Victimes de la guerre
La guerre entraîna d'immenses pertes humaines : sur près de 65 millions de combattants, on dénombrait 8,5 millions de morts et 21,2 millions de blessés graves. On estime à 6,6 millions le nombre de civils morts à cause des combats, du blocus ou des maladies.

« Plus de boucherie, plus de **boue** et de **sang**… »

LIEUTENANT R. G. DIXON, SOLDAT BRITANNIQUE, 11 NOVEMBRE 1918

APRÈS »

La guerre eut des effets politiques à court terme – elle redessina la carte de l'Europe – mais aussi des conséquences sociales et économiques durables.

LES TRAITÉS DE PAIX

Conformément au **traité de Versailles** signé en juin 1919, l'Allemagne accepta, à contrecœur, la responsabilité de la guerre et le paiement de **réparations**. Ses colonies allèrent aux Alliés sous forme de « mandats » – territoires sous contrôle de la Société des Nations – et elle céda du territoire à la France, à la Belgique, au Danemark et à la Pologne. Ses forces armées se virent limitées ; la Rhénanie fut **démilitarisée** et la région industrielle de la Sarre placée sous mandat.

LA CARTE DE L'EUROPE REDESSINÉE

Les traités de **Saint-Germain** avec l'Autriche (septembre 1919), de **Neuilly** avec la Bulgarie (novembre 1919) et du Trianon avec la Hongrie (juin 1920) **redessinèrent la carte** de l'Europe centrale et de l'Est ; les nations vaincues devaient verser des réparations. L'*Anschluss* **392 »**, l'union entre l'Autriche et l'Allemagne, fut interdite. Le traité de Sèvres avec l'Empire ottoman fut signé en août 1920 mais révisé à Lausanne en juillet 1923.

LES FEMMES ET LE TRAVAIL

Les **femmes mobilisées** dans l'industrie et l'agriculture pendant la guerre virent leur statut économique s'améliorer temporairement, même si la plupart retournèrent à leurs fourneaux à la fin de la guerre. Grâce à leur travail, elles **obtinrent le droit de vote** en 1918 pour la Grande-Bretagne et en 1920 pour les États-Unis **434-435 »**.

PIN'S COMMÉMORATIF

SOUVENIR

Les **coquelicots** des champs du front Ouest ont inspiré la vente de coquelicots en papier, destinée à collecter des fonds pour les soldats blessés en Grande-Bretagne. Chaque année, en France, le **11 novembre**, on rend hommage aux victimes de la guerre de 1914-1918.

LA GUERRE TOTALE

La Première Guerre mondiale fut la première « **guerre totale** » de l'Histoire, car les économies, les industries et les populations tout entières furent appelées à œuvrer pour la victoire. Cette **mobilisation totale** contribua largement à la victoire des Alliés sur l'Allemagne.

AVANT

À l'accession au trône du tsar Nicolas II, en 1894, la Russie était dangereusement divisée entre une riche aristocratie et un peuple pauvre et mécontent.

NICOLAS II

Nicolas était un **autocrate** convaincu que lui seul pouvait diriger la Russie, toutefois il lui manquait la poigne pour remplir ce rôle. Pour conserver une position dominante au sein de l'Europe, la Russie devait s'industrialiser, mais la modernisation incitait les pauvres travailleurs russes à **revendiquer leurs droits civils**. La population, en grande partie paysanne, ne jouissait que de rares libertés. Conservateur par nature, Nicolas ne parvenait pas à collaborer avec les forces modérées du pays pour réformer la société ; aussi perdit-il l'occasion de faire de la Russie une nation moderne.

BOLCHEVIQUES ET MENCHEVIQUES

Le **Parti ouvrier social-démocrate russe** (POSDR), créé en 1898, était fortement influencé par les théories de Karl Marx **« 334-335**. En 1902, le parti se divisa entre les **bolcheviques**, dirigés par Lénine (à droite), partisan d'une révolution violente, et les **mencheviques**, plus modérés, croyant au changement graduel.

DRAPEAU DE GUERRE JAPONAIS

LA GUERRE RUSSO-JAPONAISE

En 1904, la Russie entra en **guerre contre les Japonais** à cause d'ambitions concurrentes en Corée et en Manchourie (ancien nom d'une province du nord-est de la Chine) **« 356-357**. Affaiblie par des défaites successives, la Russie signa le **traité de Portsmouth** en 1905, qui mit fin au conflit.

LA RÉVOLUTION DE 1905

Défaite à l'extérieur, la Russie dut aussi faire face à des violences internes. Petrograd (Saint-Pétersbourg) fut ainsi le théâtre d'un **terrible massacre** : 200 000 ouvriers mécontents **marchèrent sur le Palais d'hiver** (résidence du tsar) avec leurs familles pour exiger de meilleurs salaires et conditions de travail. La cavalerie cosaque chargea sur la foule, sabre dégainé, et tua nombre de protestataires. Dans toute la Russie, la **population se souleva** contre le tsar. L'armée devint indocile tandis qu'à Odessa, des **marins se mutinèrent** à bord du *Potemkine* (sujet du film de Sergueï Eisenstein en 1925).

AFFICHE DU *CUIRASSÉ POTEMKINE*

La révolution russe

Les « dix jours qui ébranlèrent le monde », comme le journaliste américain John Reed, observateur de l'événement, décrivait la révolution d'Octobre de 1917, mirent le parti bolchevique au pouvoir en Russie après des décennies de mécontentement. Les bolcheviques créèrent le premier État communiste du monde.

À la suite de la révolution de 1905 (voir AVANT), Nicolas II accepta d'initier une nouvelle constitution pour la Russie, incluant la formation d'une douma, un parlement élu. Néanmoins le tsar conservait le pouvoir de dissoudre la Douma à volonté, ce dont il ne se priva pas en 1906 et 1907. Deux Assemblées siégèrent de 1907 à 1912 et de 1912 à 1917, mais elles étaient en conflit presque permanent avec Nicolas, qui s'efforçait de rester maître d'une situation politique en voie de détérioration. Le début de la Première Guerre mondiale, en août 1914, unit brièvement les Russes contre l'ennemi commun allemand.

Mais la guerre ne se passa pas bien pour la Russie. Dès 1917, ayant subi de fortes pertes au combat et compte tenu de la hausse des prix et des pénuries alimentaires dues à l'effort de guerre, l'hostilité s'accrut à l'égard du tsar. Dans toute la Russie, les ouvriers entamèrent une grève générale paralysante. L'irruption de violences dans les rues de Petrograd et de Moscou finit par contraindre Nicolas à abdiquer. La Douma remit le pouvoir entre les mains d'un gouvernement provisoire désireux d'établir une démocratie libérale. Le mécontentement persista toutefois, car le gouvernement refusa de se retirer de la guerre. Le pouvoir était de plus en plus contesté par le Soviet des ouvriers et soldats de Petrograd, l'un des nombreux conseils créés à travers le pays. Le Soviet de Petrograd jouissait du soutien essentiel de la garnison de la capitale. Il dénonçait le caractère bourgeois du nouveau gouvernement et se revendiquait comme le seul véritable représentant du peuple russe.

La paix, la terre et le pain

En avril 1917, Vladimir Ilitch Oulianov, dit Lénine (voir encadré), membre clé du parti bolchevique exilé en Suisse, rentra, à Petrograd. Convaincu de l'imminence de l'effondrement du capitalisme prédit par Marx, il voulait superviser la révolution prolétarienne, dont le slogan était « la paix, la terre, le pain et tout le pouvoir aux soviets ». En avril, le journal bolchevique *Pravda* (« La Vérité ») publia les revendications de Lénine qui demandait la démission du gouvernement et le retrait de la guerre « impérialiste ». Cette position antiguerre valut à Lénine un soutien en masse lorsqu'en juillet, une offensive russe se solda par un nombre élevé de victimes. Durant trois jours, les émeutes de soldats et d'ouvriers firent rage à Petrograd et contraignirent le Premier ministre à la démission. Le prince Lvov fut remplacé par Alexander Kerenski, qui accusait Lénine d'être un espion à la solde de l'Allemagne. Lénine s'étant réfugié en Finlande, la menace de révolution paraissait s'éloigner.

Cependant, les partisans de Lénine bénéficièrent d'une aide improbable. De peur de voir le pays basculer dans l'anarchie, le général Lavr Kornilov,

Manifestation du 1er mai
Le 1er mai 1917, une imposante manifestation ouvrière se déroula à Petrograd. Chaque soviet de Russie était représenté. La foule brandissait des bannières portant des slogans politiques.

Combats de rue
Partisans de Lénine fuyant les tirs des forces du gouvernement provisoire à Petrograd, juillet 1917

« L'histoire ne nous pardonnera pas si nous ne **prenons** pas le **pouvoir** dès maintenant. »

LÉNINE, 1917

BOLCHEVIQUE **Fondé par Lénine en 1912, le parti bolchevique voulait la révolution prolétarienne et le renversement du régime impérial.**

commandant en chef de l'armée russe, refusait de laisser les bolcheviques gagner du terrain. En août 1917, il dépêcha donc des troupes à Petrograd afin de protéger le gouvernement. Craignant que Kornilov ne cherche à prendre le pouvoir, Kerenski sollicita l'aide des bolcheviques. Une foule d'ouvriers retourna alors l'armée.

L'affaire Kornilov affaiblit beaucoup le gouvernement provisoire.

En octobre, Lénine, secrètement rentré à Petrograd, annonça au comité central du parti bolchevique que le temps était venu pour la révolution, dont il confiait l'organisation militaire à Léon Trotski (voir p. 380-381).

La révolution d'Octobre

Le 25 octobre – selon l'ancien calendrier julien russe, le 7 novembre selon le calendrier actuel grégorien –, le coup d'État des hommes de Trotski se déroula à Petrograd sans effusion de sang ou presque. Des escadrons armés de révolutionnaires probolcheviques prirent possession de positions clés (gares, banques, postes…). Le cuirassé *Aurora*, battant pavillon bolchevique, jeta l'ancre dans la Neva, ses canons braqués sur le Palais d'hiver, où se trouvait le gouvernement de Kerenski. Après un unique tir à blanc depuis ce bâtiment, puis deux encore d'une autre position, le gouvernement se rendit.

Le soir même, Lénine adressait au peuple russe un puissant discours intitulé « À tous les soldats, ouvriers et paysans », dans lequel il promettait le transfert des terres de l'aristocratie, de l'Église et de la couronne aux comités paysans et la prise de contrôle par les ouvriers des industries russes. Le peuple allait enfin devenir maître de son destin. Les bolcheviques s'assurèrent rapidement la suprématie sur les autres groupes politiques, en veillant à une prise de contrôle par les soviets aux quatre coins du pays, pour être les seuls à former le nouveau gouvernement.

Le premier souci de Lénine consistait à faire la paix avec l'Allemagne et mettre un terme à une guerre épuisante et coûteuse. Fermement convaincu que la révolution gagnerait rapidement le monde capitaliste, il accepta les conditions allemandes, sans anticiper le mécontentement international que sa Russie nouvelle allait susciter.

DIRIGEANT RUSSE (1870-1924)

VLADIMIR ILITCH OULIANOV

Lénine s'engagea dans la politique après la pendaison de son frère aîné pour complot d'assassinat contre le tsar Alexandre III. En 1895, il fut exilé en Sibérie pour activités révolutionnaires. À sa libération, Lénine passa plusieurs années en Europe, où il étudia la doctrine marxiste. Son essai de 1902, intitulé *Que faire ?*, prônait la révolution ouvrière, sous la houlette d'un gouvernement fort. Lénine arriva au pouvoir avec la révolution d'Octobre, mais il mourut moins de sept ans plus tard. Sa vision politique inspira néanmoins des révolutions marxistes dans de nombreux pays.

APRÈS »

Après la révolution, les bolcheviques durent faire face à l'opposition tant internationale que nationale. Ils se montrèrent impitoyables pour asseoir leur pouvoir.

LA FAMILLE ROMANOV

L'EXÉCUTION DES ROMANOV
Après son abdication, Nicolas II fut **assigné à résidence** avec sa famille ; ils déménagèrent au printemps 1918 pour Iekaterinbourg, dans l'Oural. Le 17 juillet, pendant l'avancée des forces antibolcheviques, Nicolas, sa femme, leurs cinq enfants et leurs domestiques furent abattus dans la cave de leur maison. Il n'existe aucune preuve d'un ordre direct donné par Lénine : la **condamnation à mort** fut transmise par le soviet régional local. Cette exécution mettait fin à nombre de menaces pour le régime bolchevique.

INSIGNE DE L'ARMÉE ROUGE

LA GUERRE CIVILE
En 1918, l'**Armée blanche** antibolchevique attaqua le nouveau régime. Elle bénéficiait du soutien militaire de nombreux pays, dont la Grande-Bretagne, la France et les États-Unis. Durant trois ans, l'**Armée rouge** bolchevique repoussa des invasions dans la Baltique, le Caucase, en Sibérie et en Ukraine.

LA NAISSANCE DE L'UNION SOVIÉTIQUE
Fin 1920, la contre-révolution étant vaincue, les bolcheviques instaurèrent une dictature politique et militaire. La Russie fut rebaptisée **Union des Républiques socialistes soviétiques (URSS)**, ou **Union soviétique**, en 1922.

LA NOUVELLE POLITIQUE ÉCONOMIQUE
Pendant la guerre civile, l'économie soviétique faillit s'effondrer et la monnaie subit une dévaluation extrême. La population urbaine et l'armée criant famine, l'État réquisitionna les excédents agricoles sans dédommager les paysans. En 1921, la **« Nouvelle Politique économique »** de Lénine remplaça ces mesures par un impôt réglementé, et l'économie se redressa grâce à la hausse du commerce.

LE KOMINTERN
La IIIe Internationale, Komintern de son nom russe, fut créée pour promouvoir la révolution mondiale. L'association fut dissoute par Staline **378-379 »** lors de la **Seconde Guerre mondiale 380-381, 392-405 »** pour montrer sa bonne volonté aux Alliés.

CARTE DU KOMINTERN

DIRIGEANT DE L'UNION SOVIÉTIQUE Né en 1878 Mort en 1953

Joseph Staline

« Je crois au seul **pouvoir** de la **volonté humaine**. »

JOSEPH STALINE

Le père du peuple
Ce portrait officiel de 1940 veut évoquer la sagacité du grand chef d'État. Sur le cliché, aucune trace de la variole qui défigura Staline enfant.

Le futur dictateur de l'Union soviétique naquit en 1878 en Géorgie, dans le sud-est de l'Empire russe. Au séminaire de Tbilissi, Joseph Djougachvili (pas encore Staline, « l'homme d'acier ») s'intéressa à la politique radicale. D'abord membre du Parti ouvrier social démocrate marxiste (POSD), il suivit ensuite Lénine à la faction bolchevique (voir p. 377) lors de la division du POSD en 1904.

Nombre de marxistes russes contraints à l'exil, dont Lénine (voir p. 376-377), se lancèrent dans de vastes débats théoriques. Avec ses activités subversives – de la distribution de tracts illégaux au vol à main armée –, Staline s'attira l'attention à la fois des dirigeants bolcheviques et de la police. Après plusieurs arrestations, alors qu'il risquait l'exil en Sibérie, il se vit subitement libéré, à la suite du renversement du tsar en mars 1917 (voir p. 376-377).

Fiche de renseignements
Staline fut arrêté plusieurs fois avant 1917. Voici la trace de l'un de ses délits dans les registres de la police. Le futur dictateur fut fiché avec sa photo et ses empreintes.

L'ascension vers le pouvoir

Staline se révéla un exécuteur impitoyable des politiques de Lénine, tant lors des révoltes qui menèrent les bolcheviques au pouvoir en 1917 que durant la guerre civile qui suivit. Actif et malin, il devint l'un des hommes les plus puissants du pays une fois l'Union soviétique établie. Nommé secrétaire général du comité central du parti communiste en 1922, il s'entoura d'hommes à lui et exclut du parti tous ses ennemis. Sur le tard, Lénine se retourna contre Staline, réclamant quelqu'un de « plus tolérant… plus poli ». Mais l'emprise de Staline était déjà trop forte. Les manœuvres de Staline après la mort de Lénine, en janvier 1924, témoigneront d'une grande maîtrise de la manipulation politique. Il opposera d'abord ses rivaux l'un à l'autre puis usera de sa mainmise sur le parti pour s'assurer de leur éviction ou de leur rétrogradation. Dès l'exil, en 1929, de Léon Trotski – son ancien compagnon d'armes bolchevique désormais rival –, il s'assit à la tête de l'Union soviétique, dont il devint le chef d'État incontesté.

Témoin de sa tendance précoce à réécrire l'Histoire, Staline fêtait ses cinquante ans la même année en changeant discrètement sa date de naissance pour 1879. Avec ces célébrations commença le culte de sa personnalité qui perdura jusqu'à la fin de ses jours. Présenté comme un « génie universel » ou « homme d'acier » par ses partisans, il donna son nom à des usines, des villes et même des montagnes aux quatre coins de l'Union soviétique. On faisait toujours référence à lui en termes flagorneurs.

Le socialisme dans un seul pays

En 1924, Staline proposait le slogan du « socialisme dans un seul pays ». En pratique, cela signifiait renforcer le pouvoir de l'Union soviétique, le seul pays où la révolution marxiste avait réussi. Staline avait conscience du retard économique et culturel de la Russie, et il méprisait la majorité paysanne. Son successeur, Nikita Khrouchtchev, a écrit : « Pour Staline, les paysans étaient de la racaille. » À partir de 1928, Staline chercha à faire de l'Union soviétique une grande puissance internationale ; la collectivisation agricole et l'industrialisation (voir p. 380-381) reflétaient sa conviction de la nécessité de recourir à la terreur pour obtenir un changement radical. Dans les années 1930, des millions de citoyens soviétiques furent tués par l'État ou réduits à l'esclavage dans des camps de travaux forcés quand ils ne moururent pas de famine suite aux politiques mises en œuvre par Staline. Certes, ses objectifs

IDÉES

LA CENSURE DE L'ÉTAT

Les censeurs déformaient l'Histoire pour préserver le mythe de l'infaillibilité de Staline. Ceux qui tombaient en disgrâce étaient éliminés des registres. Retoucher les photos faisait partie intégrante de cette amnésie forcée. À la tête de la police secrète de 1936 à 1938, Nikolaï Iejov, surnommé le «nain sanguinaire», fut responsable des pires purges staliniennes. Lors de son exécution sur ordre de Staline, en 1940, toute trace de son association avec le «Grand dirigeant» fut effacée. Ainsi, l'image de Iejov fut retirée de cette photo prise sur le canal Moscou-Volga.

ORIGINAL

VERSION RETOUCHÉE

«Quand **un homme meurt**, c'est une tragédie. Quand **des millions meurent**, c'est une statistique.»

ATTRIBUÉ À STALINE

furent atteints, mais à quel prix sur le plan humain!

Derrière les portes closes

La situation du pays se reflétait à la «cour» de Staline au Kremlin, où son entourage vivait dans la peur constante d'être arrêté, torturé ou exécuté. L'assassinat en 1934 de Sergueï Kirov, membre du cénacle, précipita une vague d'arrestations et d'exécutions – bien qu'il soit possible que Staline ait lui-même fait tuer Kirov. De 1936 à 1938, Staline lança la police secrète aux trousses des dirigeants du parti et des officiers de l'armée. Des exécutions eurent lieu par milliers après de grotesques procès pour l'exemple, lors desquels furent obtenus les aveux de crimes absurdes.

Divergences
Cette caricature allemande moque l'État stalinien en le montrant en lutte contre lui-même. Saisissant contraste : cette statue représente Staline en chef régalien.

Le chef de guerre

Durant la Seconde Guerre mondiale, Staline montra le meilleur comme le pire de lui-même. Perspicace et rusé, il s'allia à l'Allemagne nazie en 1939, ce qui lui laissa sans doute le temps de renforcer ses positions militaires avant l'invasion de l'Union soviétique par l'Allemagne, en juin 1941. En revanche, il fit preuve d'un piètre jugement en refusant de croire à l'imminence de l'assaut allemand malgré les preuves. Sa politique militaire du «ni reddition ni retraite» accrut grandement les pertes soviétiques lors des premières batailles. Néanmoins il finit par se rendre à l'avis de ses généraux. S'il n'eut de cesse de terroriser les Soviétiques, il sut encourager le patriotisme et permit même un regain de religion pour regonfler le moral du peuple. Il géra l'alliance avec les États-Unis et la Grande-Bretagne de main de maître, en parvenant à gagner la confiance du président Roosevelt et le respect, accordé à contrecœur, du Premier ministre britannique, Churchill.

L'après-guerre et la mort

La victoire sur l'Allemagne nazie en mai 1945 porta Staline au sommet du pouvoir. Sa paranoïa croissante conduisait sa police secrète à déjouer de plus en plus de soi-disant complots contre lui. Sa suspicion à l'égard des puissances occidentales finit par rendre inévitable le clivage idéologique – la guerre froide – entre les nations communistes et l'Ouest capitaliste (voir p. 406-407). En 1953, Staline était responsable de la mort de 5 millions de citoyens soviétiques, pourtant le pays entier pleura à l'annonce de son décès. Les horreurs du régime stalinien ne furent dénoncées que trois ans après par son successeur, Khrouchtchev. Staline semblait voué à laisser l'image d'un héros monstrueux de l'histoire russe, à l'instar d'Ivan le Terrible ou de Pierre le Grand.

Leader mondial
L'Union soviétique joua un rôle essentiel au côté des Alliés pendant la Seconde Guerre mondiale. Staline profita de son avantage militaire pour étendre la sphère d'influence soviétique en Europe de l'Est. Il est photographié ici avec Winston Churchill (à gauche) et Franklin Roosevelt (au centre) lors de la conférence de Yalta, qui décida de l'avenir de l'Europe de l'après-guerre.

CHRONOLOGIE

- **18 décembre 1878** Joseph Vissarionovitch Djougachvili, fils de cordonnier, naît à Gori, en Géorgie.
- **1901** Adhère au Parti ouvrier social démocrate marxiste.
- **1912** Entre au comité central du parti bolchevique et devient rédacteur en chef de la *Pravda*.
- **1913** Après plusieurs arrestations, Staline est condamné à l'exil à vie en Sibérie.
- **13 mars 1917** Il est libéré de son exil.
- **9 octobre 1917** Adhère au comité bolchevique pour effectuer une prise de pouvoir armée.
- **Mars 1919** Entre au *Politburo*, organe le plus puissant du régime bolchevique.
- **3 avril 1922** Nommé secrétaire général du comité central du parti communiste.
- **Décembre 1922** Dans son «dernier testament», Lénine demande que Staline soit démis de son poste.
- **21 janvier 1924** Lénine meurt. Staline, Zinoviev et Kamenev écartent Trotski du pouvoir.
- **19 octobre 1926** Trotski, Zinoviev et Kamenev sont exclus du *Politburo*.
- **1928** Collectivisation de l'agriculture et industrialisation rapide
- **Février 1929** Trotski est exilé hors de l'URSS.
- **1932-1934** Près de 4 millions de morts dus à la famine en Ukraine à la suite de la politique de collectivisation de Staline et de la réquisition du blé
- **Décembre 1934** Arrestations et exécutions au sein du parti communiste suite à l'assassinat de Sergueï Kirov
- **1936-1938** Près de 690 000 exécutions pendant la Grande Terreur
- **Août 1939** Staline signe un pacte de neutralité avec les nazis acceptant secrètement le partage de la Pologne entre l'Allemagne et l'Union soviétique.
- **21 août 1940** Assassinat de Trotski au Mexique par un agent de Staline

PROPAGANDE ALLIÉE

- **3 juillet 1941** Appel à la résistance soviétique contre l'invasion allemande
- **28 juillet 1942** Instauration de la peine de mort pour les déserteurs
- **Novembre-décembre 1943** Rencontre Roosevelt et Churchill à Téhéran, puis à Yalta en 1945.
- **Mars 1948** Le coup d'État en Tchécoslovaquie parachève la domination stalinienne à l'Est.
- **Juillet 1948-mai 1949** Blocus de Berlin par l'URSS pour tenter de chasser les troupes américaines, britanniques et françaises
- **25 juin 1950** Avec le soutien de Staline, la Corée du Nord envahit la Corée du Sud : début de la guerre de Corée.
- **5 mars 1953** Staline meurt dans sa datcha dans des circonstances mystérieuses (voir p. 381).

AVANT

Entre la fin du xixe et le début du xxe siècle, la Russie passa du régime despotique du tsar à la révolution puis à la guerre civile avant d'accéder à la création d'un nouvel État – Union des républiques socialistes soviétiques.

LES CAMPS DE TRAVAIL DE SIBÉRIE

Au xixe siècle, les activistes politiques et les criminels étaient envoyés dans des camps de travaux forcés en Sibérie (au nord-est de la Russie). Staline y eut amplement recours.

PRISONNIERS EN SIBÉRIE, 1897

LA DÉMOCRATIE SOVIÉTIQUE

Lénine, marxiste « 334-335, s'employa à l'avènement de la « dictature du prolétariat ». Après avoir pris le pouvoir au nom des ouvriers, le parti communiste se donna pour mission de les guider. En théorie, les ouvriers détenaient le pouvoir politique par le biais de conseils élus localement, ou « soviets », mais l'État exerçait un fort contrôle et le pouvoir était centralisé.

La faucille et le marteau

En 1921, la révolution achevée et la guerre civile terminée, l'Union soviétique entamait une période de paix relative qui dura vingt ans. Lénine et le parti bolchevique pouvaient se consacrer à transformer l'ancien Empire russe par la mise en pratique de la vision marxiste du communisme.

À son arrivée au pouvoir après la révolution russe (voir p. 378-379), Lénine établit un gouvernement hautement centralisé. Il bannit les partis politiques rivaux et donna au comité central du parti communiste le pouvoir d'exclure tous ceux qui déviaient de la ligne du parti. Des désaccords avec Léon Trotski (voir encadré) et d'autres membres conduisirent rapidement Lénine à favoriser Joseph Staline, étoile montante du parti. Staline était déjà membre du *Politburo*, organe le plus puissant du régime, prenant les décisions sur les relations étrangères, la guerre, l'économie et la politique interne, mais aussi de l'*Orgburo*, chargé des affaires internes du parti. En 1922, il fut nommé secrétaire général du comité central. Après la mort de Lénine, en janvier 1924, Staline conspira pour discréditer et exclure du comité central ses opposants, surtout Trotski. Tous ses rivaux finirent par connaître une mort violente.

« **La mort résout tout** – plus d'homme, plus de problème. » STALINE

Le stalinisme

Le communisme de Lénine céda la place au stalinisme. De 1928 à 1937, Staline mit en œuvre les premier et deuxième plans quinquennaux, de vastes projets ambitieux destinés à transformer le pays en une société industrialisée. Alors que le reste du monde développé subissait la dépression économique, Staline obtenait une croissance formidable (voir p. 384-385). L'agriculture fut aussi transformée. Agacé de dépendre d'une paysannerie rebelle pour ses exportations de céréales nécessaires au financement de ses projets industriels, Staline appliqua la collectivisation. Il confisqua les terres appartenant aux paysans et aux koulaks (riches propriétaires fonciers) pour les transformer en vastes fermes gérées collectivement et exploitées par des coopératives. Cette politique se révéla d'abord catastrophique, car elle

30 MILLIONS

Nombre de Russes partis s'installer dans les villes et les régions industrialisées durant le plan quinquennal de 1928 à 1937

Tracteur soviétique
Les premiers tracteurs soviétiques furent produits dans les années 1930. Gardés dans des stations, ils ne pouvaient être utilisés qu'avec la seule permission du parti, de sorte que les fermes restaient sous contrôle.

entraîna une baisse des récoltes, de la violence et des famines. Au fil du temps, l'agriculture s'adapta néanmoins, et le niveau de vie augmenta peu à peu.

La Grande Terreur

Cette croissance rapide et ce changement eurent un prix. Tout au long de son régime, Staline cultiva une image de père pour son peuple – bienveillant, voire divin – alors que les Soviétiques enduraient de terribles privations et des conditions de vie inhumaines. Le travail était obligatoire et l'absentéisme un crime. Critiquer le système communiste pouvait conduire aux camps de travaux forcés, ceux-là mêmes que les tsars avaient créés pour briser les contestataires. De nouveaux camps de prisonniers établis à l'ouest de Moscou abritaient des milliers de disgraciés. Durant la « Grande Terreur » de 1936 à 1938, la police secrète mena une chasse aux sorcières au sein de l'élite du parti et de l'armée. Contraints d'avouer des complots contre Staline, les opposants politiques étaient exécutés sommairement. En deux ans, quelque 690 000 personnes furent exécutées et des milliers d'autres emprisonnées ou exilées.

La vérité officielle
La Pravda, ou «vérité», fut le journal officiel de l'Union soviétique de 1918 à 1991. Répétant souvent comme un perroquet l'opinion du parti communiste, ce journal ne disait, pour beaucoup, que la stricte vérité.

Paysans idéaux
Sans équipement mécanisé, une brigade de paysannes soviétiques récolte le blé à l'aide de simples râteaux dans une ferme collective. Les images comme cette photo de 1941 voulaient montrer que les paysans étaient heureux d'appliquer les rudes politiques agricoles de Staline ; la réalité était souvent bien différente.

Images de héros
Caractéristique des figures héroïques qu'utilisait Staline pour sa propagande personnelle, cette affiche associe Staline au révéré Lénine.

Emblème socialiste
Ces personnages brandissent les symboles du monde ouvrier (marteau), et de la paysannerie (faucille). Sous Staline, le «réalisme socialiste» était le seul style artistique permis.

RÉVOLUTIONNAIRE MARXISTE (1879-1940)

LÉON TROTSKI

Léon Trotski, figure clé de la révolution russe, était un brillant théoricien marxiste et un fervent partisan de la «révolution permanente». Au debut de l'Union soviétique, il fut commissaire du peuple aux Affaires étrangères et créa l'Armée rouge. Après sa lutte pour le pouvoir avec Staline, il se vit chassé de l'Union soviétique en 1929. Condamné à mort par contumace à Moscou – pour un soi-disant complot d'assassinat contre Staline –, Trotski se réfugia au Mexique. En 1940, un agent stalinien l'assassina d'un coup de pic à glace sur la tête après s'être lié d'amitié avec lui.

Le bloc soviétique

L'invasion allemande de l'URSS en 1941 prit Staline par surprise, mais, après d'âpres combats, sa nation remporta la guerre. Aux conférences de Yalta et de Potsdam en 1945, destinées à asseoir la paix dans le monde de l'après-guerre, Staline obtint les territoires de l'est de la Pologne et des États baltes. De nouveaux régimes communistes émergèrent en Bulgarie, en Roumanie, en Hongrie, en Tchécoslovaquie et en Allemagne de l'Est. Ces pays formèrent alors ce qu'on appela le bloc de l'Est, une structure organisée sous le contrôle de Moscou, reproduisant la politique et les institutions soviétiques. L'URSS devint la seule puissance au monde à pouvoir rivaliser avec les États-Unis. Après la guerre, ses relations avec ses alliés occidentaux se détériorèrent rapidement. La Russie et le bloc de l'Est s'engagèrent avec l'Ouest capitaliste dans la guerre froide (voir p. 406-407).

APRÈS

Malgré les privations endurées sous son régime, le peuple soviétique pleura sincèrement la mort de Staline en 1953. Le dirigeant de l'Union soviétique laissa toutefois un héritage difficile à ses successeurs.

LA MORT DE STALINE

Staline est mort dans des circonstances mystérieuses, après un dîner en compagnie de proches politiques, dont **Lavrenti Beria**, ancien chef de sa police secrète, et de Nikita Khrouchtchev. D'aucuns ont suggéré qu'il aurait avalé une sorte de mort-aux-rats. Son corps fut embaumé et exposé dans le mausolée de Lénine sur la place Rouge. Après la révélation de ses crimes, les **restes de Staline furent déplacés** en 1961 pour être enterrés le long du mur du Kremlin.

LA DÉSTALINISATION

KHROUCHTCHEV

Khrouchtchev entama rapidement le processus dit de **déstalinisation** en introduisant des **droits légaux fondamentaux**, en accordant aux écrivains et aux artistes de **plus grandes libertés** et en **libérant nombre de prisonniers politiques**. Par ailleurs, il **encouragea la venue d'étrangers** en URSS, sans pour autant faciliter les voyages à l'étranger de ses concitoyens. En 1956, Khrouchtchev dénonça le régime de «suspicion, de peur et de terreur» de Staline lors d'un discours secret tenu devant l'élite du parti. Un rapport pointant certaines des erreurs de Staline fut ensuite rendu public. La domination du stalinisme finit par s'estomper et laisser place au culte moins éclatant de Lénine. Cette même année, des émeutes éclatèrent en Pologne, et les Hongrois se rebellèrent contre le régime soviétique. L'insurrection hongroise 448-449 » fut brutalement réprimée par l'armée soviétique.

1 AFFICHE DE L'ARMÉE ROUGE

2 AFFICHE DE LA CAVALERIE ROUGE

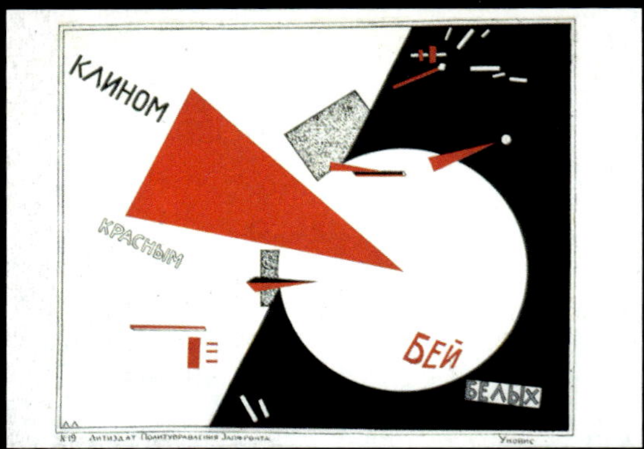

3 « BATTEZ LES BLANCS AVEC LE COIN ROUGE » D'EL LISSITZKY

4 « LÉNINE BALAYANT LE MONDE »

5 AFFICHE ANTI-IMPÉRIALISTE

6 AFFICHE D'ALEXANDRE RODTCHENKO

7 AFFICHE DE CINÉMA

8 AFFICHE PROPLAN QUINQUENNAL

9 AFFICHE PROINDUSTRIALISATION

10 AFFICHE SOCIALISTE

11 AFFICHE PROCOLLECTIVISATION

13 AFFICHE DE LA SECONDE GUERRE MONDIALE

15 AFFICHE ANTIFASCISTE

16 AFFICHE ANTICAPITALISTE

12 AFFICHE POUR LE MOUVEMENT DE LA JEUNESSE

14 AFFICHE ANTINAZIE

17 PUBLICITÉ POUR LA FERME COLLECTIVE

Propagande soviétique

En Russie, sous le régime communiste, la production artistique était entièrement contrôlée par l'État. À cette époque, la propagande glorifiait le gouvernement socialiste, sa politique ainsi que ses accomplissements et condamnait ses ennemis.

1 **Affiche de recrutement** de l'Armée rouge (vers 1918-1919), « T'es-tu enrôlé ? » 2 **Affiche ukrainienne de recrutement** pour la cavalerie bolchevique (vers 1918-1920). 3 **« Battez les Blancs avec le coin rouge »**, affiche de la guerre civile créée par El Lissitzky (1919). Le coin rouge représente l'Armée rouge atteignant le cœur de l'Armée blanche. 4 **« Lénine balayant le monde »** (vers 1920), affiche présentant le chef d'État débarrassant le monde des ennemis du communisme – la monarchie, l'Église et les capitalistes. 5 **Affiche anti-impérialiste** de Dimitri Moor représentant l'impérialisme sous forme de monstre encerclant l'industrie et empêchant l'accès des ouvriers aux moyens de production. 6 **« Des livres pour tous les domaines de connaissance »** (1925), célèbre affiche, maintes fois copiée, d'Alexandre Rodtchenko pour les éditions d'État de Leningrad. 7 **Affiche soviétique du film *Moulin Rouge*** (1928). 8 **Promotion du plan quinquennal** de Staline (1931) illustrant des femmes au travail dans l'industrie. 9 **« L'industrialisation, la voie du socialisme »** (1928), publicité pour l'industrialisation rapide de l'Union soviétique. 10 **Affiche** déclarant « Nous construisons le socialisme » (1930), illustrée d'images d'usines, d'ouvriers forts et de chaînes de production en pleine activité. 11 **« Venez nous rejoindre »** – deux ouvriers agricoles idéalisés appellent les ouvriers à les rejoindre dans leur kolkhoz (1930). 12 **Affiche** appelant les jeunes ouvriers à rejoindre les fermes collectives (1930-1931). 13 **Portrait de Staline** en chef d'État soutenu par le pouvoir militaire de l'Union soviétique, au début de la Seconde Guerre mondiale (1939). 14 **« Mort aux assassins d'enfants »** (1942), affiche figurant une jeune paysanne russe piétinée par une botte nazie. 15 **Mise en garde de la police secrète** (1937) contre les « agents délateurs et retors [et] trotskistes-boukhariniens du fascisme ». 16 **Caricature antiaméricaine** datant de la guerre froide (vers 1955) : une statue de la Liberté obèse brandit un gros capitaliste. 17 **Publicité** de l'après-guerre pour les fermes collectives mettant en scène une image typiquement romantique (fin des années 1940). 18 **« Gloire ! »** – affiche avec Iouri Gagarine, premier homme dans l'espace, et d'autres cosmonautes (1960).

18 PUBLICITÉ POUR LA COURSE À L'ESPACE

La Grande Dépression

La récession économique mondiale provoquée par la crise boursière d'octobre 1929 aux États-Unis favorisa l'arrivée au pouvoir de régimes totalitaires dans nombre de pays.

AVANT

Après la Première Guerre mondiale, la récession économique mondiale entraîna un chômage de masse. Une grande partie de l'Europe souffrait de taux d'inflation élevés.

L'AMÉRIQUE DU NORD APRÈS LA GUERRE

La récession d'après-guerre ne dura pas en Amérique du Nord. Les usines contribuant à l'effort de guerre s'adaptèrent à la production de biens de consommation tels que radios et voitures, de sorte que de 1922 à 1927, l'économie nord-américaine ne cessa de croître.

L'EUROPE APRÈS LA GUERRE

Les agricultures et les industries européennes ne réussirent pas à s'adapter à la baisse de la demande en temps de paix. Aussi, à leur retour, nombre de soldats ne trouvèrent-ils pas de travail. L'Allemagne, dont les machines avaient été confisquées par les vainqueurs, se débattait pour payer **les réparations de guerre** **« 374-375** aux Alliés, qui de leur côté avaient du mal à rembourser leurs dettes de guerre et les **plans de redressement** accordés par les États-Unis.

L'HYPERINFLATION EN ALLEMAGNE

Comme ils pensaient gagner et comptaient forcer les perdants à en supporter les frais, les Allemands choisirent de ne pas financer la guerre par l'impôt. Le gouvernement préféra demander à la *Reichsbank*, la banque centrale, d'imprimer toujours plus de monnaie afin de couvrir ses dépenses croissantes. La *Reichsbank* continua d'imprimer du papier-monnaie jusqu'en 1923, quand le pouvoir d'achat de l'argent en circulation chuta tandis que les prix augmentaient à toute vitesse (hyperinflation). Au plus fort de l'hyperinflation, le taux de change s'élevait à un **billion de marks pour un dollar**. En Allemagne, le papier-monnaie avait si peu de valeur qu'on le brûlait pour se chauffer.

MARKS DÉVALORISÉS

PAIN **En 1918, une miche de pain coûtait 0,63 mark en Allemagne. Durant l'hyperinflation, ce prix augmenta jusqu'à atteindre 201 000 000 000 marks fin 1923.**

Au début des années 1920, l'économie américaine était prospère, mais, en 1927, le pays surproduisait des biens pour lesquels il ne possédait pas de marché. Les productions agricoles et industrielles ne tardèrent pas à ralentir, entraînant la perte de millions d'emplois. Malgré la baisse de la consommation et la hausse du chômage, financiers et banquiers continuèrent de spéculer à la Bourse de New York avec de l'argent emprunté et un optimisme forcé.

L'effondrement de Wall Street

En octobre 1929, la Bourse américaine se mit à baisser et les investisseurs, perdant confiance, décidèrent de vendre toutes leurs actions. Le premier jour de panique, le 24 octobre, fut baptisé le « jeudi noir ». L'affolement se reproduisit les « lundi noir » et « mardi noir ». Ce 29 octobre, la mise en vente de 16 millions d'actions déclencha un effondrement total des prix sur le marché – le fameux krach de Wall Street. Des fortunes entières furent englouties et des sociétés firent faillite du jour au lendemain. Les salaires de ceux qui avaient encore la chance d'avoir du travail chutèrent.

173 **MILLIONS d'actions vendues à la Bourse américaine en 1921**

451 **MILLIONS d'actions vendues en 1926**

1125 **MILLIONS d'actions vendues dans la panique en 1929**

STAGE BROADWAY SCREEN
VARIETY
WALL ST. LAYS AN EGG

Dans la presse
Le krach toucha tous les Américains. Il fit même la une de ce magazine consacré à l'actualité du spectacle.

Les banques avaient prêté de l'argent à des entreprises et à des particuliers qui ne pouvaient plus rembourser. Certaines perdirent également de l'argent dans le krach. Quand les victimes de la dépression économique eurent besoin de reprendre leurs économies, les banques n'avaient souvent plus d'argent à leur donner. Les autres clients s'affolèrent et réclamèrent leurs liquidités, de sorte que bien des banques furent ruinées. En perdant leur emploi et leurs économies, beaucoup de particuliers virent leurs emprunts résiliés et leur maison ou leur ferme saisie. Beaucoup durent se réfugier dans des bidonvilles, surnommés « Hoovervilles » par rancune contre le président Hoover, qui refusait d'aider les chômeurs.

L'intervention de l'État

À la suite du krach, les investisseurs américains se retirèrent de nombreux pays étrangers, entraînant l'effondrement du système de prêts internationaux mis en place pour gérer les réparations de la guerre (voir AVANT). L'Europe, dont l'Allemagne, avait besoin de ces prêts pour payer ses importations, ce qui ne lui fut plus possible une fois ces fonds retirés. Le commerce entre l'Europe et l'Amérique du Nord en pâtit directement. Les autres régions du monde dont le commerce reposait sur la vente de produits alimentaires et de matières premières à l'Europe et à l'Amérique du Nord souffrirent

LES CONTRECOUPS DE LA CRISE

La crise économique qui s'abattit sur les États-Unis se propagea dans le monde. De fâcheuses mesures gouvernementales exacerbèrent les difficultés traversées par nombre de pays.

1929 – 1930 – 1931 – 1932 – 1933

24-24 octobre 1929 Krach de Wall Street suite à une vente panique sur le marché boursier

28 octobre 1929 Effondrement de la Bourse de Londres

1929 Fin des prêts et des investissements américains en Europe entraînant une **chute brutale de la productivité** et des prix mondiaux

1929-1933 Staline collectivise l'agriculture soviétique.

17 juin 1930 Le Congrès américain vote la **loi Smoot-Hawley**, qui impose les taxes les plus élevées de l'histoire sur les importations aux États-Unis.

Mai 1931 La banqueroute de la plus grande banque autrichienne entraîne une série de **faillites bancaires** en Europe centrale.

20 juin 1931 Le président Hoover met fin aux réparations de guerre à payer par l'Allemagne afin de limiter les retombées financières de la crise bancaire.

Hiver 1931-1933 La Grande-Bretagne instaure des mesures de protection sur ses importations mais accorde, en vertu des **accords d'Ottawa**, des tarifs préférentiels à ses territoires d'outre-mer.

30 janvier 1933 Hitler devient chancelier allemand en exploitant la rancœur populaire à l'égard des conditions économiques et sociales dues à la crise.

9 mars-15 juin 1933 Le Congrès américain adopte le **New Deal** de Roosevelt.

Sur la route
Expulsée de sa ferme dans le Missouri, cette famille part chercher du travail dans les fermes de Californie.

APRÈS

Dans le souci d'éviter les problèmes économiques qui avaient suivi la Première Guerre mondiale, les délégués de 44 nations alliées se réunirent en 1944 pour organiser la fin de la Seconde Guerre mondiale.

LE FONDS MONÉTAIRE INTERNATIONAL
Il fut convenu de nouvelles **règles pour les transactions financières et commerciales** entre pays développés et on créa le **Fonds monétaire international (FMI)** pour faire appliquer ces règles à l'échelle internationale.

LA BANQUE MONDIALE
La Banque mondiale fut fondée pour **financer et conseiller** les économies des pays en développement. Ses activités s'articulent autour de la promotion de la santé et de l'éducation, du développement rural et des institutions légales.

également. Le prix des marchandises chuta radicalement : en 1932, jusqu'à 45 % de sa valeur de 1929. Chaque nation chercha à protéger sa propre industrie. En 1930, le président Hoover instaura la loi Smoot-Hawley imposant une taxe de 42 à 50 % sur les importations américaines, ce à quoi les gouvernements européens réagirent par des mesures protectionnistes similaires. La situation s'aggrava, car ces dispositions paralysèrent le commerce international.

Très critiqué pour la manière dont il gérait la Grande Dépression, Hoover fut battu aux élections de 1932 par Roosevelt dont la victoire reposait sur la promesse d'une « nouvelle donne » *(New Deal)*, une série de programmes d'aide favorisant la reprise économique et l'emploi (voir encadré). Roosevelt élargit les responsabilités du gouvernement américain à de nouveaux secteurs économiques et fonda un système de sécurité sociale. Devant sa réussite, d'autres démocraties libérales adoptèrent cette politique interventionniste.

La montée de l'extrême droite

Le chômage de masse et la misère suscitaient la colère. Les chefs de file de droite, qui promettaient le retour à la prospérité nationale, par la force si nécessaire (voir p. 386-87), séduisaient beaucoup. De 1929 à 1939, vingt-cinq pays devinrent des dictatures. Certains États se lancèrent dans la colonisation afin de s'assurer l'accès aux matières premières. En octobre 1935, Mussolini (voir p. 386-387), le chef d'État fasciste italien, donna l'ordre d'envahir l'Abyssinie, en Afrique de l'Est. Hitler (voir p. 390-391), qui entama un vaste programme d'expansion, annexa l'Autriche en mars 1938. En réaction, la Grande-Bretagne et la France entreprirent de se réarmer, et la Seconde Guerre mondiale (voir p. 392-405) éclata en 1939. La création de nouveaux emplois dans les usines d'armement en Europe à cause de la guerre revitalisa l'économie mondiale et mit fin à la dépression économique.

> « Je vous promets et je m'engage à une **nouvelle donne** pour le **peuple américain**. »

FRANKLIN D. ROOSEVELT, DISCOURS D'INVESTITURE À LA PRÉSIDENCE DES ÉTATS-UNIS, 1932

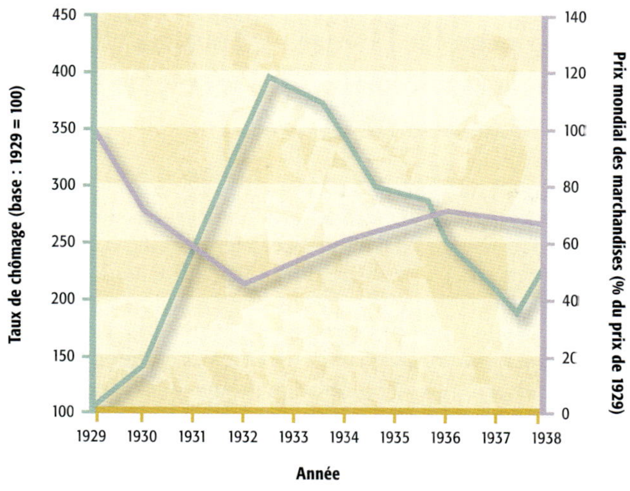

Marchandises
Entre 1929 et 1932, il existait un lien direct entre le prix mondial des marchandises et la situation de l'emploi. Lorsqu'ils chutèrent au plus bas, en 1932, le chômage culmina. La même année, les prix remontèrent et le chômage baissa de nouveau.

LÉGENDE
Chômage
Prix mondial des marchandises

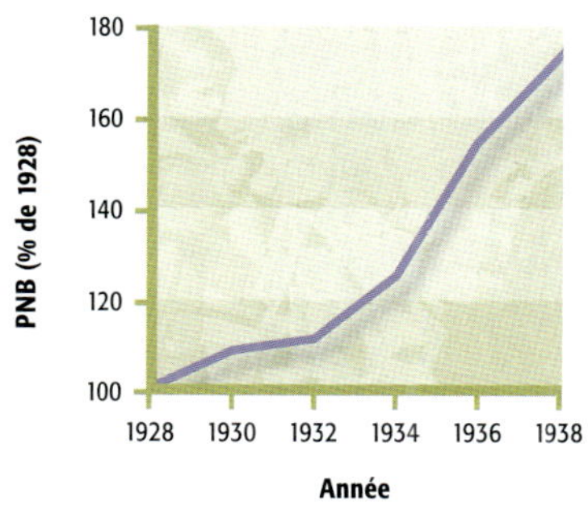

La croissance soviétique
L'économie soviétique suivit une voie différente de celle des pays touchés par la Grande Dépression. Le PNB augmenta tandis que les plans quinquennaux pour la croissance industrielle et la collectivisation (voir p. 330-381) de l'agriculture transformèrent la gestion du pays. Grâce à cette période de croissance, l'Union soviétique, passée d'une économie rurale traditionnelle à une société industrielle urbanisée, devint une puissance mondiale.

IDÉES
LE *NEW DEAL*

Le programme d'aide de Roosevelt visait à s'attaquer à la crise et porter secours à des millions d'Américains dans le besoin. Son plan accrut largement la portée des activités du gouvernement fédéral. Les pratiques commerciales furent réformées et une aide sociale vit le jour. De gros projets de travaux publics furent lancés pour créer des millions d'emplois nouveaux. La Tennessee Valley Authority construisit ainsi plus de vingt barrages et stations hydroélectriques, transformant le bassin du Colorado en une vaste région productrice de richesses.

AVANT

Après les atrocités et les humiliations de la Grande Guerre, les idéaux nationalistes de droite attirèrent bien des pays d'Europe.

L'ACTION FRANÇAISE
Fondée en France en 1898, l'Action française était un mouvement d'extrême droite dirigé par Charles Maurras, dont la vision politique comprenait le rétablissement de la monarchie en France. Le groupuscule distribuait un quotidien du même nom.

CHARLES MAURRAS

L'IDÉAL ALLEMAND
Les notions de *Volk* (peuple) allemand éternel et idéal et de *Volksgeist* (esprit de nation) émergèrent au XIXe siècle. Le philosophe **Georg Hegel** considérait l'esprit allemand comme **«l'esprit du nouveau monde»** tandis que Friedrich Nietzsche envisageait une «morale de maître», selon laquelle la force triomphe de la faiblesse, sans être limitée par la «tyrannie» de la vertu. Ces concepts plaisaient à Hitler, qui les déforma pour les adapter à ses besoins.

LA LIGUE PANGERMANIQUE
Ce parti fondé par Georg Schönerer dans les années 1880 en Autriche avait pour objectif d'**unir tous les peuples germanophones** sous un régime allemand. Il était représenté au parlement autrichien, mais le racisme de Schönerer, qui avait valu la prison à ce dernier à cause de ses attaques antisémites, était trop extrême pour la scène politique de l'époque.

LA PRISE DE FIUME
En 1919, des patriotes italiens menés par le poète **Gabriele D'Annunzio** occupèrent le port italophone de Fiume sur la côte croate. Cette action bénéficia d'un large soutien en Italie, le pays étant frustré par le peu de territoire obtenu lors des accords de paix de la Première Guerre.

Le congrès de Nuremberg
Dans les années 1930, les nazis organisaient leur congrès annuel pour les fidèles au parti à Nuremberg. Sur la photo ci-dessus, des milliers de soldats assistent au discours de Hitler.

Le fascisme

Après la Première Guerre mondiale, l'Europe était abattue et le chômage sévissait. Désabusés par leur gouvernement démocratique, certains se laissèrent séduire par une nouvelle forme de nationalisme : le fascisme.

L'émergence du fascisme et du nazisme en Europe arriva par un concours de circonstances. Les difficultés économiques de l'après-guerre jouèrent un rôle primordial. En outre, la période de 1918 à 1920 fut marquée par l'instabilité politique. Violences et non-respect des lois se propagèrent en Europe de l'Est, en Allemagne, en Italie et en Espagne à cause des affrontements entre les communistes (voir p. 335) et leurs opposants politiques. L'idéologie politique de gauche était fragmentée entre communistes, socialistes et syndicalistes. À droite, les philosophies nationalistes du fascisme gagnèrent du terrain. Les fascistes haïssaient l'internationale communiste et n'avaient aucune confiance dans le gouvernement démocratique. Beaucoup, dont Hitler et Mussolini, étaient des vétérans de la guerre de 1914-1918 (voir p. 372-375) et en voulaient aux vieilles élites dirigeantes qui les avaient menés à une guerre désastreuse. Sans attachement à l'Église ni à la monarchie, les fascistes ne voyaient que par l'amour de la nation, favorisant un État fort et ordonné.

L'énorme coût humain et économique de la Première Guerre mondiale avait déstabilisé le gouvernement italien. En 1920, des bandes de « Chemises noires » ayant adopté l'insigne romain des *fasces* (voir à droite), symbole de leur foi en la force collective et l'autorité sur la liberté individuelle, entreprirent de faire la loi en attaquant socialistes et syndicalistes. En l'absence d'une autorité gouvernementale, les fascistes étaient largement considérés comme les protecteurs de l'ordre public. En octobre 1922, le dirigeant fasciste Benito Mussolini donna l'ordre à ses Chemises noires de marcher sur Rome pour prendre le pouvoir. Le roi Victor Emmanuel III refusa à son Premier ministre les renforts militaires qu'il sollicitait et invita Mussolini à former un nouveau gouvernement. En 1926, Mussolini détenait le pouvoir absolu ; il entreprit de dissoudre tous les autres partis et de réduire au silence ses opposants politiques. Surnommé

FASCISME Idéologie nationaliste radicale. Les fascistes croient en un pouvoir fort, autoritaire et en une société sans classes, soudée par l'allégeance raciale.

Monnaie italienne
«Fasciste» vient du latin *fasces* – faisceaux (faibles individuellement mais forts collectivement) entourant une hache –, symbole d'autorité.

Affiche du parti national-socialiste
Suite aux bouleversements économiques et sociaux des années 1920, le parti nazi promettait la stabilité et l'ordre en Allemagne. En témoigne cette affiche électorale de 1932, avec ses promesses de «travail, liberté et pain» qui répondaient aux attentes du peuple.

APRÈS

Les gouvernements de droite en Allemagne et en Italie soutinrent les nationalistes durant la guerre civile d'Espagne. Les partis fascistes continuent de séduire aujourd'hui.

LA GUERRE D'ESPAGNE

GÉNÉRAL FRANCO

En 1936, les socialistes et les républicains de gauche espagnols s'opposèrent aux nationalistes du **général Franco 388-389››**. L'âpre guerre civile qui éclata dura jusqu'à la victoire des nationalistes, en 1939. **Hitler 390-391››** et Mussolini envoyèrent des renforts à Franco, **Staline 378-379››** soutenant ses opposants.

LE NÉOFASCISME

Des groupes politiques d'extrême droite ont continué à voir le jour depuis la Seconde Guerre mondiale. Certains, qualifiés de néonazis, croient à la résurrection du national-socialisme de Hitler. Les groupes néofascistes partagent certaines convictions nazies et adoptent une position nationaliste, anti-immigration. Parmi ces groupes figurent l'Alternativa Sociale en Italie, dirigée par Alessandra Mussolini, petite-fille du Duce, le Front national français, fondé par Jean-Marie Le Pen et le Parti de la liberté autrichien de Jörg Haider.

La marche sur Rome

Les Chemises noires de Mussolini, ci-dessus, reçurent l'ordre de marcher sur la capitale italienne, Rome, en 1922. Appelées aussi *squadristi* (escadrons), elles constituaient les forces paramilitaires du parti fasciste.

Il Duce, « le Chef », il cultivait l'image d'un dirigeant choisi par le peuple. En réalité, l'Italie était un État policier.

En 1918, le gouvernement de la république de Weimar, en Allemagne, dut aussi faire face à divers problèmes. Blessés par la défaite de la guerre, les Allemands éprouvaient du ressentiment à cause des pertes de territoire que leur infligeaient les accords de paix (voir p. 375). À leurs difficultés économiques s'ajoutaient les réparations de guerre imposées par les ennemis victorieux de l'Allemagne. En 1919, Adolf Hitler, soldat né en Autriche, adhéra à un groupuscule politique de Munich : le Parti ouvrier allemand. Hitler nourrissait des ambitions de pouvoir. Ses tirades contre les capitalistes, les communistes et les juifs (qu'il accusait de tous les maux) trouvèrent rapidement un écho. Son parti fut rebaptisé Parti ouvrier allemand national-socialiste, ou NSDAP (voir p. 390-391).

Outre les points communs que les nazis partageaient avec les fascistes de Mussolini, ce parti présentait une facette quasi religieuse, avec un Führer tout-puissant exigeant soumission et ferme croyance en la supériorité de la race allemande. Inspiré du concept idéaliste de nation de Hegel (voir AVANT), le nazisme avait pour but d'unir tous les germanophones au sein d'un vaste Reich, ou Empire allemand (voir p. 393), qui devait durer mille ans. Les nazis pensaient que les Slaves et les juifs, notamment, étaient des races inférieures à celle des Aryens (les plus purs ayant les yeux bleus et les cheveux blonds), qu'il fallait par conséquent chasser du Reich pour préserver la pureté de la race aryenne. Plus tard, la « solution finale » (voir p. 400-401) devait éliminer les juifs.

Nombre de pays connurent des mouvements de masse aux idéologies fascistes durant les années 1920 et 1930. Bien avant l'annexion du pays par l'Allemagne (voir p. 392-393), le gouvernement autrichien montrait déjà des penchants fascistes. En Grande-Bretagne, Oswald Mosley fonda l'Union des fascistes britanniques. Ses Chemises noires montaient la garde lors des congrès politiques et se battaient avec les gauchistes et les juifs.

« En vérité, l'homme est **fatigué de liberté**. »

BENITO MUSSOLINI, 7 AVRIL 1923

CHEF D'ÉTAT ITALIEN (1883-1945)

BENITO MUSSOLINI

Mussolini fait son entrée sur la scène politique avant la Première Guerre mondiale, au sein du Parti socialiste italien. En 1915, il rompt avec les socialistes, partisans de l'intervention dans la Première Guerre mondiale, et devient un nationaliste radical. En 1919, il crée les Chemises noires, et le parti fasciste ital en en 1921. Il devient Premier ministre en 1922. L'Italie combat au côté de l'Allemagne nazie pendant la Seconde Guerre mondiale et, lors de l'invasion de l'Italie par les Alliés en 1943, Mussolini est défait de ses pouvoirs. Il dirige néanmoins une République sociale dans le nord du pays jusqu'à son exécution, en avril 1945.

AVANT

Avec la perte de ses colonies américaines, l'Espagne vit sa stabilité politique décliner.

LE RÈGNE D'ALPHONSE XIII

La défaite lors de la guerre hispano-américaine « 318-319, en 1898 nuisit à la monarchie espagnole. Des **mouvements républicains** firent pression pour obtenir davantage de démocratie et le soutien à l'anarchisme s'ancra. Suite à de violentes grèves, le roi Alphonse XIII se fit plus autoritaire. En 1921, l'Espagne subit un échec militaire lors d'une **rébellion tribale dans sa colonie marocaine**, ce qui aggrava la crise économique et accrut la violence intérieure. À la suite d'un coup d'État, en septembre 1923, le général Miguel Primo de Rivera instaura une dictature militaire qui perdura jusqu'à ce qu'il perde le soutien de l'armée et démissionne en 1930. En 1931, Alphonse accepta l'organisation d'élections municipales. Le résultat donna une écrasante majorité aux partisans de la république et Alphonse fut contraint à l'exil. Il mourut en 1941.

ALPHONSE XIII

LA DEUXIÈME RÉPUBLIQUE

Avec ses réformes, la deuxième république s'aliéna bien des groupes de gauche. La **victoire électorale de la droite** en 1933 déclencha une grève générale le 4 octobre 1934 et un soulèvement armé dans les Asturies. Quand le **Front populaire** de gauche remporta les élections de 1936, sa rhétorique radicale alarma les conservateurs. La tension monta, les combats de rue entre bandes rivales se multiplièrent et les grèves paralysèrent la nation.

ANARCHISME Conviction politique selon laquelle la société devrait se passer de police, de législation ou de toute autre forme d'autorité

La guerre d'Espagne

La guerre civile d'Espagne est considérée comme le premier conflit idéologique entre le fascisme international et le communisme international. Certaines tactiques militaires employées durant les combats annonçaient celles de la Seconde Guerre mondiale.

Le 21 février 1936, le Front populaire espagnol, nouveau gouvernement de gauche, promit liberté, prospérité et justice, politique jugée par certains trop progressiste. Les 17 et 18 juillet, les forces militaires espagnoles stationnées au Maroc se révoltèrent contre le gouvernement élu. Alors que celles-ci s'attendaient à une faible opposition, les partisans de la deuxième république et de son gouvernement résistèrent, et l'Espagne se retrouva plongée dans une guerre civile. Les républicains reçurent des armes et des volontaires de l'Union soviétique et du Mexique, ainsi que l'aide des partisans de la démocratie libérale, du communisme et du mouvement anarchiste. Les partis de gauche, notamment les socialistes et le parti antistalinien marxiste, formé en 1935, soutenaient aussi le gouvernement. Les insurgés, qualifiés de nationalistes, bénéficiaient du soutien des monarchistes, des catholiques et de la Phalange – le parti fasciste espagnol. Les gouvernements fascistes italien et allemand intervinrent également en fournissant des troupes et des armes, donnant à la guerre civile un dramatique caractère international.

Le 19 juillet 1936, le général Franco (voir encadré), chef des forces insurgées, prit le commandement de l'armée d'Afrique stationnée au Maroc et la conduisit en Espagne. Cette armée

« Mieux vaut **mourir debout** que de **vivre à genoux**. »

DOLORES IBARRURI, ÉCRIVAIN ET FEMME POLITIQUE ESPAGNOLE, 18 JUILLET 1936

La mort en direct
Cette photographie extrêmement célèbre du photographe hongrois Robert Capa représente un milicien républicain abattu près de Cerro Muriano sur le front de Cordoue, le 5 septembre 1936.

La guerre en mots
Le 5 novembre 1937, l'écrivain journaliste américain Ernest Hemingway observe un membre du Ve régiment loyaliste du général Lister sur la rive orientale de l'Èbre. La guerre civile d'Espagne vit l'émergence d'un nouveau genre de journalisme de guerre, avec des témoignages de la brutalité de la guerre rapportés à la première personne.

L'appel aux armes
Durant la guerre d'Espagne, les affiches de recrutement constituaient un important moyen de communication, car l'illettrisme était répandu. L'affiche nationaliste (vers 1936), à gauche, et l'affiche des forces antifascistes, à droite, sont conçues pour transmettre un message clair sans recourir au texte.

joua un rôle clef dans la mainmise nationaliste sur le sud-ouest de l'Espagne. Au début de la guerre, l'armée républicaine comptait près d'un tiers d'hommes de plus que l'armée nationaliste. Toutefois, à l'arrivée de l'armée d'Afrique en Espagne, les chiffres s'étaient équilibrés.

Les Brigades internationales

Socialistes et communistes de l'Europe entière constituèrent des groupes de volontaires pour aller protéger le gouvernement du Front populaire en Espagne. Ces Brigades internationales comptaient dans leurs rangs tous ceux qui s'opposaient au fascisme. L'Espagne devint alors la cause célèbre des intellectuels de gauche de tout l'Occident. Ayant proclamé sa neutralité, le gouvernement britannique prévenait ses citoyens qui s'enrôlaient d'un côté ou de l'autre qu'ils risquaient deux ans de prison et incitait les autres États à empêcher le départ des volontaires. Malgré cela, des milliers d'étrangers idéalistes se rendirent en Espagne, le plus souvent pour défendre Madrid, la capitale.

DICTATEUR ESPAGNOL (1892-1975)

FRANCISCO FRANCO

Né dans une famille militaire, Franco s'engagea dans l'armée et servit au Maroc de 1910 à 1927. En 1926, il fut le plus jeune général d'Espagne et en 1936, il devint chef d'état-major. Après avoir mené le mouvement nationaliste à la victoire durant la guerre d'Espagne, le Caudillo domina la scène politique espagnole et devint chef d'État. Il arborait l'uniforme de capitaine général, un rang traditionnellement réservé au roi. Trois ans après sa mort en 1975, l'Espagne devenait une monarchie constitutionnelle.

La bataille de Madrid

Au début de la guerre, Madrid était sous le contrôle du gouvernement du Front populaire. Franco tenant à prendre la capitale, les bombardements commencèrent le 28 août 1936.
Le 30 septembre, il s'empara de Tolède, à 65 km seulement de Madrid. Tolède était aux mains des républicains depuis le début, malgré l'assaut de milliers de soldats nationalistes. Cette victoire regonfla le moral des nationalistes et contribua largement à la réputation de Franco. Au 1er novembre, 25 000 soldats nationalistes menés par le général José Varela avaient atteint les banlieues ouest et sud de la capitale. Cinq jours plus tard, les hommes de Varela étaient rejoints par la légion Condor (unité allemande de la Luftwaffe, voir p. 392) et le siège de Madrid commençait. Il allait durer près de trois ans.

Médaille nazie
La croix espagnole, ou croix de la légion Condor, médaille de campagne instituée le 14 avril 1939, récompensa les Allemands ayant servi au côté du général Franco pendant la guerre d'Espagne.

La victoire fasciste

En décembre 1936, Benito Mussolini (voir p. 387), chef d'État italien fasciste, entreprit de fournir aux nationalistes des hommes et du matériel. Après l'échec, en 1937, de la prise de Madrid par un assaut frontal, les forces de Franco lancèrent une campagne de conquête des provinces basques, des Asturies et des régions industrielles du nord de l'Espagne. Lors de cette offensive eut lieu le premier bombardement aérien de grande envergure contre des civils, dont le funeste raid allemand qui détruisit la ville basque de Guernica, augurant de certains épisodes de la Seconde Guerre mondiale.
Franco était pressé à la fois par Hitler (voir p. 390-391) et par Mussolini de conclure une victoire rapide en prenant Madrid. Aussi bloqua-t-il la route reliant la ville au reste de l'Espagne républicaine et lança-t-il une attaque contre Guadalajara, à 65 km à l'est de la capitale le 8 mars 1937. L'armée républicaine contre-attaqua à l'aide de chars soviétiques, faisant de nombreuses victimes.

59 000 volontaires étrangers se joignirent au combat.
500 000 personnes perdirent la vie pendant le conflit.
25 000 personnes moururent de malnutrition.

Guernica
Pablo Picasso a peint cette toile pour le pavillon espagnol de l'Exposition universelle de Paris. Elle exprime son sentiment face à la destruction de la ville basque de Guernica, bombardée par les Allemands en 1937.

Les querelles internes

Pendant ce temps, les républicains se livraient des guerres intestines à Barcelone. Le 6 mai 1937, des escadrons de la mort assassinaient plusieurs anarchistes importants ; des émeutes éclatèrent. Ces événements nuisirent gravement au Front populaire et conduisirent à la formation d'un nouveau gouvernement sous la houlette de Juan Negrin. Ce dernier, un sympathisant communiste, permit à Joseph Staline (voir p. 378-379) d'exercer son influence sur le gouvernement espagnol.
En avril 1938, l'armée nationaliste ayant effectué une percée dans la défense républicaine, au nord, Franco déplaça ses troupes vers Valence dans le but d'encercler Madrid. Tenant à démontrer la viabilité du gouvernement républicain, Negrin prônait l'attaque plutôt que la défense. Toutefois, lors de la bataille de l'Èbre (25 juillet-16 novembre 1938), les forces de combat républicaines étaient pratiquement anéanties.
Le 26 janvier 1939, Barcelone tomba aux mains de l'armée nationaliste. Une étonnante victoire. D'autres suivirent en Catalogne, à Vinaroz, et dans diverses villes de la côte est. Considérant alors la guerre terminée, Franco, à la radio, exhorta les républicains à la reddition. Le 27 janvier 1939, le Premier ministre britannique, Neville Chamberlain, reconnut le gouvernement nationaliste de Franco. L'armée nationaliste entra à Madrid sans la moindre opposition ou presque le 27 mars 1939. Quatre jours plus tard, Franco déclarait la fin de la guerre.

ARMÉE D'AFRIQUE **Armée hautement professionnelle composée de soldats espagnols, de membres de la légion étrangère espagnole (inspirée du modèle français) et de *Regulares*, des Marocains du Maroc espagnol.**

APRÈS »

Après la guerre d'Espagne, Franco instaura la dictature dans le pays.

LE RETRAIT DES ÉTRANGERS
À Londres, un comité organisa le retour de ceux qui avaient combattu dans les **Brigades internationales**. Après des mois de négociation, les autres puissances européennes finirent par approuver le projet.

TIMBRE DES BRIGADES INTERNATIONALES

FRANCO AU POUVOIR
Pour restaurer l'ordre, Franco eut recours à la censure, il interdit la grève et s'assura que les nationalistes formaient le seul parti politique légal. Ses **ennemis étaient envoyés dans des camps de prisonniers**, où des milliers périrent.

L'ESPAGNE ET LA SECONDE GUERRE MONDIALE
Malgré les efforts de Hitler, l'Espagne resta neutre pendant la **Seconde Guerre mondiale 392-405 »**, même si Franco fournit à l'Allemagne des matières premières. Il en fut pénalisé par les Alliés et l'Espagne fut exclue des **Nations unies 397 »**.

DICTATEUR DU XXe SIÈCLE Né en 1889 Mort en 1945

Adolf Hitler

« Quand on mène la guerre, ce n'est pas **le droit** qui importe **mais la victoire**. »

ADOLF HITLER, 22 AOÛT 1939

La Première Guerre mondiale marqua un tournant dans la vie du dictateur allemand Adolf Hitler. Avant la guerre, ce fils d'un petit fonctionnaire de l'Empire austro-hongrois était un artiste raté qui nourrissait un fantasme de grandeur mais qui menait en réalité une existence aigrie et sans but, en marge de la société. Ses quatre ans passés sur le front Ouest permirent à Hitler de partager une expérience vécue par des millions d'Allemands : la participation à la guerre moderne dans sa forme la plus destructrice et une défaite si pénible que seul le déni permettait de supporter. Comme bien des vétérans, Hitler ne parvenait pas à la démobilisation psychique ; toute sa vie, il se considéra comme un soldat du front *(Frontkämpfer)*.

Orateur et homme politique

Avant ou pendant la Première Guerre mondiale, Hitler ne s'intéressait pas spécialement à la politique. Il ne manifestait pas non plus d'aversion particulière à l'égard des juifs. C'est dans le chaos social et politique de l'Allemagne de l'après-guerre qu'il adopta les vues répandues chez les Allemands pour expliquer la ruine de

Hitler le soldat
On voit ici Hitler en avril 1915 alors qu'il était corporal de l'armée allemande. Messager dans les tranchées du front, il sera blessé trois fois. En 1918, il recevra la croix de fer (à droite) pour son courage au combat.

Mein Kampf
Hitler a écrit son manifeste politique autobiographique *Mein Kampf* (« Mon Combat ») durant ses neuf mois de prison pour sa participation au putsch de Munich en 1923. Publié en 1925, l'ouvrage exprime sa haine du judaïsme et du communisme et son ambition de bâtir un empire allemand à l'est.

Le « Führer »
Les photos de propagande nazies présentaient Hitler comme un chef imposant. Croyant foncièrement à ce personnage mythique de Führer, il se voyait comme « l'homme du destin » qui mènerait le peuple allemand à la grandeur.

IDÉES

LE NATIONAL-SOCIALISME

L'élément « national » de l'idéologie du Parti national-socialiste des travailleurs allemands (parti nazi) de Hitler – notamment l'idée de créer une « grande Allemagne » autonome, englobant toutes les ethnies allemandes voisines – séduisait les masses parce qu'il s'inscrivait dans la lignée d'une longue tradition de nationalisme allemand. Le terme « socialisme » se rapportait davantage à l'exclusivité ethnique qu'à l'égalité. Violemment opposé au socialisme marxiste (voir p. 334-335), Hitler purgea le parti de tous ceux qui comprenaient le socialisme au sens du pouvoir des travailleurs ou du renversement du capitalisme. Dans le national-socialisme, il n'était pas question de guerre de classes mais de guerre de races. Hitler souhaitait créer un État militaire fondé sur des critères raciaux. Le soi-disant pouvoir maléfique des juifs devait être anéanti et les races « inférieures » réduites à l'esclavage, le *Volk* (« peuple ») allemand ayant le privilège de s'unir sous la houlette de son héroïque « Führer ».

leur pays : la guerre avait été perdue à cause d'un « coup de couteau dans le dos » de la part des socialistes et des juifs, et l'Allemagne était victime d'un complot juif mondial. C'est en se mêlant aux milieux extrémistes de Munich que Hitler se découvrit un talent rare.

Lors de réunions politiques organisées dans des brasseries, ses discours remuaient la foule comme aucun autre agitateur n'y parvenait. Sa capacité à hypnotiser et à influencer les émotions de son auditoire lui donna un premier goût de l'ivresse du pouvoir. Dès le milieu des années 1920, avec le putsch raté de Munich – coup d'État contre le gouvernement –, son procès nationalement médiatisé et la publication de *Mein Kampf*, Hitler se posait comme le leader messianique de la renaissance nationale allemande. Certes fabriquée et mise en scène par la propagande du parti nazi (voir encadré), son image n'en reposait pas moins sur une inébranlable foi en soi.

Hitler au repos
Hitler se détend en compagnie d'Eva Braun, sa compagne à partir de 1932. Hitler l'épousera dans son bunker à Berlin, le 29 avril 1945 ; ils se suicideront ensemble le lendemain.

L'ascension au pouvoir

Opportuniste, Hitler exploita un système démocratique qu'il méprisait afin d'obtenir le pouvoir absolu, sans jamais se départir de ses objectifs à long terme : instaurer une dictature, faire annuler le traité de Versailles qui avait réglé la fin de la Première Guerre mondiale, faire échec à « la juiverie mondiale » et créer un empire allemand à l'est, dans les territoires slaves pris à l'Allemagne en 1919. Dans les manœuvres et campagnes politiques de 1929 à 1935 qui lui permirent d'accéder au pouvoir absolu en Allemagne, il fit preuve d'un impitoyable instinct pour les faiblesses de ses opposants, alternant virulence rhétorique et intimidation physique avec des gestes de modération. Enclin par nature à des accès de fureur, il apprit à user de cette facette de sa personnalité pour faire des effets ; il entrait dans une rage folle pour s'adoucir l'instant d'après. Ceux qui croyaient le maîtriser – militaires, hommes politiques, hommes d'affaires – sous-estimaient son pouvoir et finissaient tous par s'y soumettre.

Une fois au pouvoir, Hitler ne s'intéressa guère au quotidien de la gouvernance. Tandis que ses subordonnés travaillaient à satisfaire ce qu'ils pensaient être « la volonté du Führer », le Führer lui-même s'adonnait à de grandioses projets architecturaux, telle la gigantesque Königsplatz à Munich, ou au plaisir de la vue sur les Alpes depuis sa retraite de Berchtesgaden. Hitler était végétarien, ne buvait jamais d'alcool et avait une obsession pour l'ordre et la propreté. Ses relations intimes se limitaient à sa liaison avec Eva Braun, dont on ne sait que peu de choses.

Déléguant la gestion intérieure du pays, Hitler focalisa son obsession du pouvoir sur les affaires étrangères et militaires. Pour s'imposer sur la scène mondiale, il employa les mêmes tactiques qu'en Allemagne – alternant menaces de violence et offres de paix, et prise de risques extrêmes pour atteindre ses objectifs.

La guerre et la chute

En septembre 1939, Hitler envahit la Pologne et fit basculer l'Europe dans la guerre. L'étonnante efficacité des armes allemandes confirma fatalement l'idée que Hitler se faisait de lui-même, celle d'un dirigeant infaillible. Fin 1941, il était en guerre à la fois contre l'Union soviétique et les États-Unis, et il dirigeait les forces armées allemandes en personne. Lorsque la guerre tourna au désavantage de l'Allemagne, Hitler vit son état physique et mental se détériorer et il perdit la notion de la réalité. Néanmoins, jamais la violence de son désir de pouvoir ne faiblit. Obsédé par sa propre grandeur historique, Hitler était tout à fait prêt à assister à la destruction de l'Allemagne, qu'il voyait comme un grandiose bûcher funéraire en hommage à son ego. Au fond de son bunker, Hitler finit par comprendre sa défaite. À l'entrée de l'armée soviétique dans Berlin, il se suicida.

Les derniers jours
Le 20 avril 1945, l'air fatigué et hagard face à la défaite imminente, Hitler faisait une apparition dans le jardin de la chancellerie du Reich à Berlin, avec quelques officiers. Dix jours plus tard, il se suicidait.

CHRONOLOGIE

- **20 avril 1889** Naît à Braunau, Autriche, dans la famille d'un douanier.
- **1907** Échoue à l'examen d'entrée à l'académie des Beaux-Arts de Vienne.
- **Mai 1913** Quitte Vienne pour Munich afin d'échapper au service militaire en Autriche.
- **Août 1914** S'engage dans l'armée allemande comme volontaire au début de la Première Guerre mondiale.
- **Août 1918** Reçoit la croix de fer de première classe, après quatre ans de service en tant que messager sur le front Ouest.
- **1919** Entre en contact avec le Parti ouvrier allemand (DAP) à Munich.
- **Juillet 1921** Prend la tête du parti, rebaptisé Parti ouvrier allemand national socialiste (NSDAP).
- **9 novembre 1923** Tente de renverser le gouvernement allemand lors du putsch de Munich.
- **Décembre 1924** Libéré de prison après avoir purgé une peine de neuf mois pour trahison.
- **Mars 1932** Prend tardivement la nationalité allemande et se présente aux élections présidentielles, qu'il perd de justesse face à Paul von Hindenburg.
- **30 janvier 1933** Nommé chancelier grâce à un marché clandestin passé avec les conservateurs allemands, il forme un gouvernement.
- **23 mars 1933** Exploite la crise provoquée par l'incendie du Reichstag (Assemblée nationale) le 27 février ; fait voter une loi d'habilitation et s'octroie des pouvoirs exceptionnels pour quatre ans.
- **30 juin 1934** Purge la SA (section d'assaut), section paramilitaire du parti nazi, lors de la « Nuit des longs couteaux » – plus de 80 personnes tuées.
- **19 août 1934** Devient dictateur de l'Allemagne à la mort de Paul von Hindenburg.
- **7 mars 1936** Défiant le traité de Versailles, il envoie des troupes allemandes dans la zone démilitarisée de la Rhénanie.
- **12-13 mars 1938** L'Allemagne annexe l'Autriche lors de l'Anschluss.

TIMBRE AUTRICHIEN DE 1945

- **29-30 septembre 1938** Obtient le soutien britannique et français pour la prise des Sudètes en Tchécoslovaquie à la conférence de Munich.
- **1er septembre 1939** Ordonne l'invasion de la Pologne et déclenche la Seconde Guerre mondiale.
- **30 mars 1941** Annonce à ses généraux son intention d'envahir l'Union soviétique et appelle à une « guerre d'annihilation » ; l'invasion est lancée le 22 juin.
- **11 décembre 1941** Déclare la guerre aux États-Unis après l'attaque japonaise de Pearl Harbor.
- **19 décembre 1941** Prend le commandement direct des forces armées allemandes.
- **20 juillet 1944** Survit à une tentative d'assassinat à son quartier général de Rastenburg.
- **30 avril 1945** Se suicide d'une balle dans la tête dans son bunker, à Berlin, lorsque la ville tombe aux mains de l'Armée rouge soviétique.

AVANT

Marquées par la Grande Guerre, la France et la Grande-Bretagne voulaient éviter un nouveau conflit armé, mais elles y furent contraintes par les ambitions de Hitler.

LE PACTE DE MUNICH

France, Grande-Bretagne, Allemagne et Italie signèrent le pacte de Munich en 1938, qui exigeait la remise des régions germanophones tchécoslovaques à l'Allemagne. Bien que critiqués pour **avoir cédé** aux volontés de Hitler, ni les Français ni les Britanniques n'avaient les moyens de défier l'Allemagne en 1938.

LA QUÊTE DE *LEBENSRAUM*

***L'ANSCHLUSS* (ANNEXION DE L'AUTRICHE)**

Le besoin de *Lebensraum,* ou espace vital, augurait des projets de guerre allemands. Selon Hitler, la domination de la **race aryenne** **« 386-387** nécessitait l'expansion. Aussi convoitait-il les terres des pays voisins abritant des populations d'origine allemande. Après l'*Anschluss* en 1938, il occupa la Bohême et la Moravie tchécoslovaques, en violation du pacte de Munich.

Le Blitz
Après la défaite de la bataille d'Angleterre (voir à droite), Hitler ordonna 57 bombardements nocturnes consécutifs sur Londres, lors de sa campagne appelée *« Blitz ».* Sur cette photo, un bombardier allemand Heinkel 111 survole la Tamise.

Promouvoir l'effort de guerre
Cette affiche du ministère de la Sécurité intérieure britannique encourageait les citoyens à s'engager dans les patrouilles de gardes. Ces bénévoles éteignaient les incendies après les raids aériens allemands.
Le ton de l'affiche est caractéristique de la propagande gouvernementale en faveur de l'effort de guerre.

Le *Blitzkrieg*

Le 1er septembre 1939, l'Allemagne nazie envahit la Pologne voisine. La France et la Grande-Bretagne déclarèrent la guerre deux jours après. Des troupes allemandes pénétrèrent en Scandinavie et aux Pays-Bas, écrasant toute opposition. En un an, les Allemands invincibles conquirent de vastes pans d'Europe.

L'assaut de l'Allemagne en Pologne commença par un pilonnage par les forces aériennes – la Luftwaffe – des routes, des voies ferrées, des villes et des villages, faisant fuir les populations locales terrifiées. Le chaos provoqué par les réfugiés sur les routes gêna les contre-attaques polonaises, et les Allemands envahirent le pays à une vitesse surprenante. Ce fut le *Blitzkrieg.* Face à cette progression allemande, les Alliés – Britanniques et Français – se montrèrent hésitants. Durant quinze jours, ils se contentèrent d'étudier la situation, pendant que les troupes de la Wehrmacht encerclaient Varsovie. La Pologne capitula lorsque l'Union soviétique, qui avait signé un pacte de non-agression avec Hitler, l'envahit par l'est. Suivirent plusieurs mois de faible activité militaire, la « drôle de guerre », durant laquelle les Alliés stockèrent des armes et distribuèrent des tracts en Allemagne pour convaincre la population de la malfaisance de ses dirigeants nazis.

Le 9 avril 1940, Hitler envahit le Danemark et la Norvège lors d'une attaque préventive contre les Britanniques, qui menaçaient d'occuper la Scandinavie. La drôle de guerre était terminée. Le 10 mai, Hitler poursuivit à l'ouest jusqu'à la frontière française, conquérant les Pays-Bas, la Belgique et le Luxembourg en deux jours seulement. Les commandants britanniques et français pensaient pouvoir contenir la Wehrmacht grâce aux fortifications de la ligne Maginot, le long de la frontière allemande et de la forêt belge des Ardennes, qu'ils pensaient infranchissable pour les tanks. Or les nazis passèrent et avancèrent

BLITZKRIEG **Tactique employée par l'armée allemande pour envahir la Pologne. Signifiant « guerre éclair », il s'agissait d'attaques intenses et rapides visant à anéantir l'ennemi au plus vite.**

L'évacuation de Dunkerque
Une flotte de 693 bâtiments porta secours à 340 000 soldats britanniques et français, échoués sur la plage, dans le port de Dunkerque, au nord de la France. Des bateaux de pêche britanniques traversèrent la Manche pour aider la flotte de la Royal Navy. Winston Churchill parla de « miracle de délivrance ».

rapidement jusqu'à Abbeville, sur la côte nord de la France, où ils piégèrent les troupes britanniques et françaises.

La France demanda l'aide de la Grande-Bretagne, mais Churchill, persuadé que la France était perdue, garda ses troupes en réserve pour protéger la Grande-Bretagne de l'attaque allemande. Du 27 mai au 4 juin, les troupes alliées furent évacuées de Dunkerque.

Le 22 juin 1940, il semblait que l'Allemagne avait gagné. Par vengeance, Hitler força la France à signer un armistice dans le wagon de chemin de fer où les conditions de la défaite allemande avaient été stipulées en 1945 (voir p. 372-375). La popularité de Hitler atteignit son paroxysme en Allemagne. Chaque offensive allemande était couronnée de succès et, pour nombre de citoyens allemands, que la guerre ne touchait pas chez eux, tout cela paraissait facile.

Puissance aérienne
La RAF eut l'avantage numérique dans la bataille d'Angleterre, car les Britanniques construisirent 1 900 avions de chasse, tel ce Spitfire, contre 775 pour les Allemands.

Moments critiques

La bataille d'Angleterre menée d'août à octobre 1940 se révéla un tournant. Cette campagne de raids aériens se voulait un prélude à l'invasion. La Luftwaffe ciblait les aéroports et les ports des bords de la Manche mais les systèmes d'alerte de la Royal Air Force (RAF) donnèrent l'avantage à la Grande-Bretagne. Hitler abandonna « l'opération Otarie », son projet d'invasion, et entreprit de viser les villes britanniques. Il choisit aussi d'envahir la Russie, car il était furieux que Staline exige de la Roumanie qu'elle rende la Bessarabie à la Russie et que cette dernière annexe les États baltes en 1940. Dès 1941, l'Allemagne et ses alliés prirent la Yougoslavie et la Grèce et, avec le soutien de la Roumanie, de la Hongrie et de la Slovaquie, Hitler fut assuré d'un large front pour attaquer. En juin 1941, l'Allemagne envahit la Russie. Au départ, cette campagne, baptisée « opération Barberousse », progressa vite, mais l'Armée rouge et le rude hiver soviétique eurent raison de la tactique du *Blitzkrieg*. Il s'ensuivit de longues batailles, de plusieurs mois, entraînant de terribles souffrances et des pertes humaines de part et d'autre. En août 1942 débuta à Stalingrad (voir p. 394) une féroce bataille qui se solda par une défaite allemande. Le cours de la guerre commençait à changer.

PREMIER MINISTRE BRITANNIQUE (1874-1965)

WINSTON CHURCHILL

Né dans une famille aristocrate britannique, Winston Churchill servit au 4e Hussards dans sa jeunesse, ce qui lui apporta une précieuse connaissance de la guerre. Entré au Parlement en 1899, il occupa bien des postes, dont celui de secrétaire d'État à la Guerre pendant la Première Guerre mondiale. En tant que Premier ministre (de 1940 à 1945 et, de nouveau, de 1951 à 1955), il préféra voir la Grande-Bretagne perdre le combat plutôt que d'accepter de signer la paix avec Hitler. Il s'illustra par sa pugnacité et ses talents d'orateur. Écrivain prolifique, il reçut le prix Nobel de littérature pour son livre *Mémoires de guerre*.

L'Axe en Europe
L'alliance entre l'Allemagne nazie, l'Italie fasciste et, plus tard, le Japon portait le nom d'Axe. Elle fut officialisée par la signature d'un traité tripartite en 1940. D'autres puissances mineures soutenant les objectifs de guerre de l'Allemagne devinrent des satellites de l'Axe.

APRÈS

En France, le gouvernement collabora avec les nazis, toutefois des mouvements de résistance se formèrent dans toute l'Europe occupée.

LA FRANCE DE VICHY

Après la défaite de la France, le **maréchal Pétain** prit la tête du gouvernement français et accepta la division du pays en une **zone occupée** et la **zone non occupée de Vichy**. Pétain ne put administrer la France de Vichy qu'à la condition d'une totale collaboration avec les Allemands. Sympathisant de l'idéologie nazie, Pétain remplaça la devise de la France « Liberté, Égalité, Fraternité » par « Travail, Famille, Patrie » et créa une milice qui envoya les juifs français dans les camps de concentration nazis.

LA RÉSISTANCE

Dans toute l'Europe occupée, des **mouvements de résistance** se créèrent pour lutter contre les nazis. Le « maquis » français attaquait les installations allemandes et venait en aide aux aviateurs britanniques. En Pologne, les partisans sabotaient les ponts pour empêcher les Allemands de ravitailler leurs zones de combat. En Yougoslavie, les partisans communistes étaient menés par **Josip Tito** **450 »**, qui faillit se faire prendre mais dirigea le pays après la guerre.

PARTISANS DE TITO

MOMENT CLÉ 2 février 1943 4 h 00

Stalingrad

Aux petites heures du jour, le 2 février 1943, le dernier général allemand encore au combat dans la ville russe de Stalingrad se rendait à l'Armée rouge soviétique. À midi, un pilote allemand de la *Luftwaffe* indiquait par radio à sa base : « Plus aucun signe de combat à Stalingrad ». La bataille décisive de la Seconde Guerre mondiale sur le front de l'Est était terminée.

La ville industrielle de Stalingrad se trouvait sur la rive ouest de la Volga, dans le sud de la Russie. Elle dominait un fleuve essentiel et les liaisons ferroviaires nécessaires au ravitaillement en pétrole des usines d'armement, au centre de la Russie, et de l'Armée rouge. Au départ, les Allemands ne visaient pas cette ville. L'opération Code bleu, offensive allemande lancée le 28 juin 1942, avait pour but la capture des gisements pétroliers du Caucase au sud-ouest et l'établissement d'une position sécurisée sur la Volga. Les Soviétiques réagirent à l'avancée allemande en concentrant leurs forces à Stalingrad, menaçant le flanc nord de l'armée allemande. Le 23 juillet, Hitler ordonna au général Paulus et à la 6e Armée de prendre Stalingrad à tout prix.

L'assaut fut lancé le 23 août, avec des bombardements aériens soutenus. L'après-midi même, l'infanterie allemande atteignait la Volga, au nord de la ville. Au 3 septembre, Stalingrad était encerclée, avec pour seule issue la traversée du fleuve à l'est. La bataille fit rage. Staline, le chef de l'État soviétique, avait ordonné de « ne plus reculer d'un pas » ; cette ville qui portait son nom ne devait pas se rendre. Hitler était tout aussi déterminé. Les bombardements aériens allemands eurent beau réduire les édifices en cendres, les troupes soviétiques tinrent bon. Lorsque les Allemands entrèrent dans la ville, les Russes les combattirent maison après maison. Les deux camps étaient souvent si proches qu'ils se battaient dans les étages d'un même immeuble.

Le 19 novembre, les Russes occupant désormais une étroite bande du rivage du fleuve, l'Armée rouge lança l'opération Uranus, une audacieuse attaque des positions allemandes par l'arrière. Quatre jours plus tard, les Allemands étaient encerclés. En décembre, l'armée tenta en vain de leur porter secours. La bataille fit rage jusqu'au début de l'année suivante, puis, épuisé par les constantes attaques soviétiques, le froid et la faim, le reste des hommes finit par se rendre, le 2 février. Des deux côtés, la guerre eut un coût très élevé : depuis novembre, l'Armée rouge avait perdu 479 000 hommes, et le bilan allemand s'élevait à 147 000 morts et 91 000 prisonniers. Le mythe de l'invincibilité allemande était ébranlé. L'Armée rouge pouvait désormais lancer l'offensive contre l'Allemagne nazie.

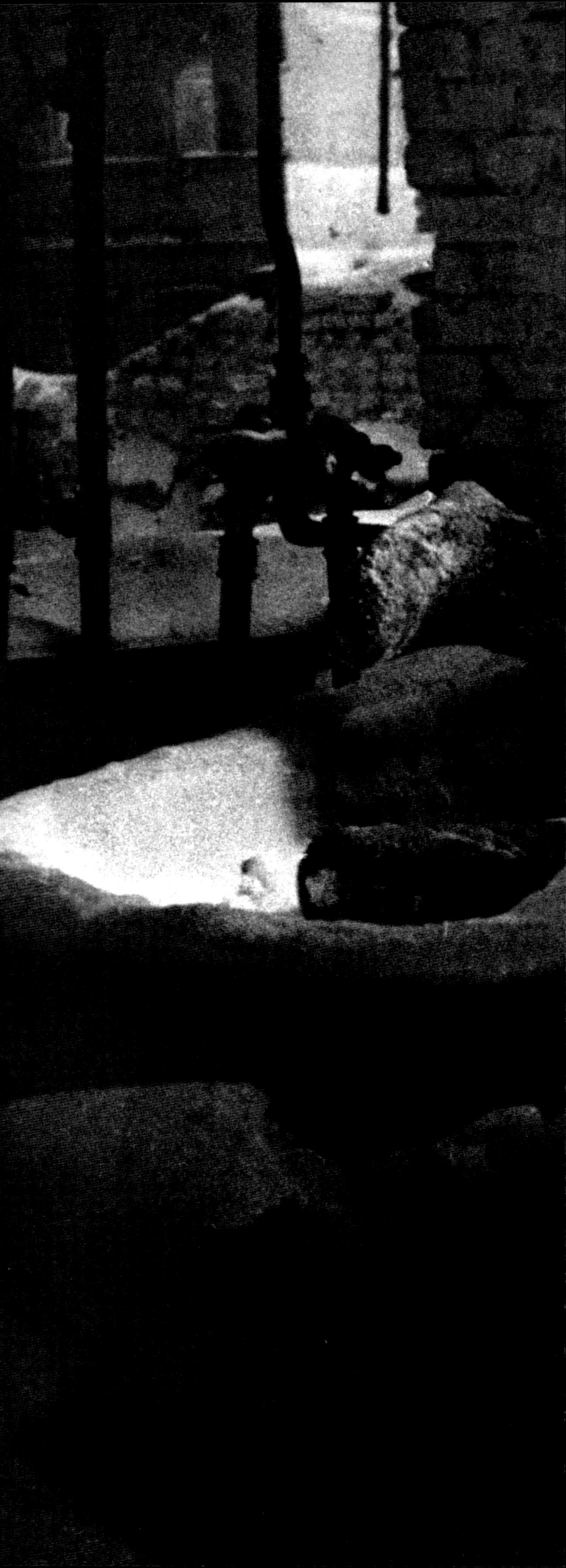

Se battre pour chaque étage
Ce tireur soviétique, caché dans une baignoire au sein d'un immeuble en ruine, montre bien que le moindre centimètre de la ville fut férocement défendu. Les tireurs embusqués convenaient parfaitement au combat rapproché. Abattant les soldats allemands un à un, certains en tuèrent plus de quarante.

« Le **dieu de la Guerre** est passé à l'ennemi. »

ALFRED JODL, OFFICIER ALLEMAND, FÉVRIER 1943

La guerre totale

Au plus fort de la guerre en Europe, l'Atlantique et l'Afrique du Nord devinrent le théâtre de féroces batailles. La sécurisation du ravitaillement par les États-Unis permit aux Alliés de repousser les troupes allemandes et italiennes. Avec l'avancée de l'Armée rouge à l'est, l'Allemagne nazie se retrouva encerclée.

« AVANT

Dès le début de la Seconde Guerre mondiale, les populations furent associées à l'effort de guerre. L'entrée en guerre des États-Unis, en 1941, soutint la cause alliée.

LA PROPAGANDE

Pour mobiliser les citoyens, les gouvernements en guerre se servirent de la propagande ; les affiches permettaient de communiquer les **objectifs** de la guerre. La propagande devait encourager chacun à participer à l'effort de guerre et **regonfler le moral de tous.**

AFFICHE AMÉRICAINE

L'ALLIANCE ANGLO-AMÉRICAINE

Signée en décembre 1941, lorsque les États-Unis entrèrent en guerre, cette alliance prévoyait le commandement militaire conjoint de toutes les opérations anglo-américaines. Cette proche coopération, fruit de l'entente entre le Premier ministre britannique, **Winston Churchill « 392-393**, et le président américain, **Franklin D. Roosevelt « 384-385**, aida beaucoup la Grande-Bretagne pendant la guerre.

Les innovations de la technologie militaire jouèrent un rôle déterminant dans l'issue de la Seconde Guerre mondiale. L'une des plus grandes batailles se déroula dans l'océan Atlantique.

La flotte allemande prit pour cible la marine marchande américaine chargée de ravitailler la Grande-Bretagne en armes, en matières premières, en nourriture et finalement en hommes. Au cours de la guerre, les sous-marins allemands coulèrent trois millions de tonnes de chargement allié. Churchill admit plus tard que la menace pesant sur les lignes de ravitaillement américaines le terrifiait réellement, car sans elles, la Grande-Bretagne aurait été contrainte à la soumission par la faim. La bataille de l'Atlantique fut en partie remportée grâce à la mise au point de bombes de plus longue portée capables d'atteindre les sous-marins. Le soutien des flottes canadienne et américaine jouèrent un rôle majeur, de même que l'amélioration du renseignement et le développement de radars centimétriques pour localiser les sous-marins en plongée.

La guerre du désert

Tanks et avions furent décisif dans les campagnes d'Afrique du Nord, où la mobilité était cruciale pour traverser le désert. En 1940, Mussolini (voir p. 387) voulut étendre l'Empire italien en envahissant l'Égypte. Prêts à tout pour protéger leurs intérêts en Afrique, la Grande-Bretagne et les pays du Commonwealth (voir p. 346-347) envoyèrent des troupes pour l'arrêter.

240 **Nombre de jours tenus par les Australiens assiégés à Tobrouk par les forces de Rommel avant l'arrivée des Alliés**

Les Britanniques repoussèrent les Italiens en Libye, malgré la supériorité de l'Italie en hommes et en matériel. Pour aider son allié, l'Allemagne envoya l'Afrika Korps dirigé par

Grenade sous-marine
Garde-côtes sur le pont du *Spencer*, canot américain, assistant à l'explosion d'une charge destinée à faire sauter un sous-marin nazi. Ce dernier menaçait le long convoi de navires marchands et de transport de troupes à l'horizon. Le soutien des Alliés et les progrès de la technologie radar permirent le maintien des liaisons entre la Grande-Bretagne et l'Amérique du Nord.

La prise de Bardia en 1942
Dès le début de la campagne d'Afrique du Nord, les Alliés reprirent du territoire aux Italiens avec une relative facilité. Ici, des soldats australiens s'emparent de la ville de Bardia, en Libye. L'Afrika Korps allemand de Rommel vint en aide à l'Italie, et les combats se poursuivirent en Égypte, en Algérie, au Maroc et en Tunisie.

le maréchal Rommel. En mai 1941, il avait reprit tout le territoire perdu par l'Italie. Il fallut attendre la victoire britannique du général Montgomery, à El-Alamein, en octobre 1942, pour voir la progression de Rommel freinée. Le mois suivant, les Alliés recevaient les renforts de l'opération Torch, qui apporta des tanks américains et des soldats frais au Maroc et en Algérie. Six mois plus tard, après d'âpres combats en Tunisie, les puissances de l'Axe (voir p. 393) étaient vaincues en Afrique.

La reddition de l'Axe en Afrique du Nord fut suivie par l'invasion réussie des Alliés en Sicile, après laquelle le principal allié de Hitler, l'Italie, se rendit en secret. En 1944, alors que l'Armée rouge boutait les forces de l'Axe hors de l'Union soviétique, les Alliés débarquaient en Normandie (voir p. 398-399). Après la libération de la France, l'Allemagne livra une dernière bataille dans les Ardennes, en Belgique, où plus de 80 000 soldats américains et autant d'Allemands furent tués. Une fois la Belgique et les Pays-Bas libérés, les Alliés envahirent l'Allemagne par l'ouest tandis que la Russie arrivait par l'est. L'entrée de l'Armée rouge dans Berlin en avril 1945 fut suivie par le suicide de Hitler et la reddition inconditionnelle de l'Allemagne. La victoire fut déclarée en Europe le 8 mai 1945.

Destination Berlin

En 1943, après la défaite allemande à Stalingrad (voir p. 394) et les victoires des Britanniques et des Américains en Afrique, les Alliés eurent l'avantage. Britanniques et Américains débarquèrent en Italie, tandis que l'armée soviétique balayait l'Europe de l'Est. Entre le Débarquement (voir p. 399) en 1944 et les bombardements alliés, les nazis furent attaqués sur tous les fronts

APRÈS

À la fin de la guerre, le soulagement fut tempéré par le chagrin dû au nombre de morts et la résolution de paix dans le monde.

LA FIN DE LA GUERRE

Après la prise de Berlin par l'Armée rouge, la guerre fut officiellement déclarée terminée en Europe le 8 mai 1945. De grande célébrations eurent lieu. La **guerre contre le Japon** se poursuivit jusqu'au 15 août **402-403 »**.

SOLDAT SOVIÉTIQUE PLANTANT LE DRAPEAU À BERLIN

LE COÛT DE LA GUERRE

La Seconde Guerre mondiale entraîna d'immenses pertes. En termes de vies humaines, les statistiques sont effrayantes. Le coût financier a été estimé à plus de 2 milliards de dollars.

MORTS **25 millions de Russes, 6 millions de Polonais, 5 millions d'Allemands, 400 000 Français, 300 000 Britanniques – 60 millions à travers le monde**

LES CONFÉRENCES DE YALTA ET DE POTSDAM

En 1945, les chefs d'État britannique, soviétique et américain se réunirent à Yalta, en Ukraine, et Potsdam, en Allemagne, pour régler les **problèmes politiques et économiques** posés par la guerre. Entre autres mesures, il fut décidé de créer une nouvelle organisation mondiale de maintien de la paix – **les Nations unies** – et de diviser l'Allemagne en quatre zones, chacune administrée par une puissance alliée.

1939

1er septembre 1939 Hitler envahit la Pologne ; la Grande-Bretagne et la France déclarent la guerre à l'Allemagne deux jours plus tard.

1940

Mai 1940 La Belgique et la Hollande se rendent devant les offensives allemandes en direction de la France.

26 mai-4 juin 1940 Évacuation des soldats britanniques de **Dunkerque**

14 juin 1940 Les Allemands entrent dans Paris, la France signe l'armistice une semaine plus tard.

10 juillet 1940 Début de la bataille d'Angleterre. En septembre, la réussite de la RAF contraint Hitler à reporter indéfiniment l'opération Otarie (invasion de la Grande-Bretagne).

7 septembre 1940 Début du Blitz en Grande-Bretagne

1941

22 janvier 1941 Les Australiens prennent le port de **Tobrouk** en Libye.

22 juin 1941 Opération Barberousse : l'Allemagne envahit la Russie, mettant fin au pacte nazi-soviétique.

1942

1942 Début de la « solution finale » de Hitler pour exterminer les juifs dans les camps de concentration.

21 juin 1942 Lors de la **bataille de Gazala**, Rommel remporte Tobrouk mais le port revient aux Alliés pendant la **bataille d'El-Alamein**, en octobre.

1943

2 février 1943 L'armée allemande est vaincue par l'Armée rouge soviétique à **Stalingrad**.

3 septembre 1943 Les Alliés envahissent l'Italie, l'armée italienne se rend cinq jours plus tard.

1944

1944-1945 Avancée de l'Armée rouge en Europe de l'Est

22 janvier 1944 Forte résistance allemande face au débarquement des Alliés à Anzio

6 juin 1944 Début de la libération de la France par les Alliés avec le **Débarquement** en Normandie. Ils arrivent à Paris en août.

1945

27 janvier 1945 Libération d'Auschwitz par l'Armée rouge

2 mai 1945 Prise de Berlin par l'Armée rouge

8 mai 1945 Déclaration de la **victoire en Europe** pour les Alliés lors de la ratification de la reddition allemande à Berlin.

LA DÉFAITE DE L'ALLEMAGNE

De 1939 à 1941, l'Allemagne nazie mit l'Europe à feu et à sang, anéantissant toute opposition dans les pays voisins. Combattant en Afrique du Nord tout en faisant face à l'Armée rouge soviétique aux abords de Moscou, les forces allemandes avaient conquis de vastes territoires à l'hiver 1941. Pourtant, en avril 1945, les Alliés marchaient sur Berlin, la capitale allemande.

MOMENT CLÉ 6 juin 1944 6 h 35

Le Débarquement

Après près de quatre ans de préparation, une force composée d'Américains, de Britanniques, de Canadiens et de Français libres lançait l'opération Overlord, visant à reprendre l'Europe à l'Allemagne nazie. Démarrée le jour du Débarquement sur cinq plages du nord de la France, cette opération se révéla un tournant crucial dans la Seconde Guerre mondiale.

Le plus important des cinq assauts eut lieu à Colleville-sur-Mer, nom de code « Omaha Beach ». Efficaces sur les autres plages du Débarquement, les lourds bombardements aériens et navals alliés eurent peu d'effet sur les défenses allemandes bien préparées d'Omaha Beach, où la 29e Division d'infanterie américaine – novice du combat – attaqua au côté de la 1re Division d'infanterie. Le mauvais temps avait contraint le général Eisenhower, commandant suprême des forces alliées, à retarder l'attaque de 24 heures. La mission fut lancée malgré les mauvaises conditions météo, car tout retard supplémentaire reportait l'opération de plusieurs semaines.

Les engins des Alliés subirent de terribles dégâts : certains coulèrent dans la mer déchaînée tandis que d'autres explosaient sur les mines allemandes. Des 29 tanks amphibies débarqués à Omaha Beach, 27 coulèrent avec leurs hommes piégés à l'intérieur. À leur arrivée sur la plage, les soldats étaient souvent balayés par d'énormes vagues et se noyaient tandis que d'autres offraient des cibles faciles aux tirs allemands et se faisaient abattre depuis les hauteurs alors qu'ils se débattaient sur la plage avec le poids de leur matériel mouillé et le sable lourd. Les morts étaient à peine âgés de 22 ans en moyenne. Au début de l'après-midi, les Américains parvinrent à sécuriser une petite bande de plage de 9,7 km de large sur environ 3,2 km de profondeur et ce, au prix de 3 000 morts.

Rencontrant moins de résistance sur Utah, Gold, Juno et Sword, les Alliés débarquèrent 150 000 soldats avant la tombée de la nuit. Six jours plus tard, ils avaient relié les cinq plages en un front continu et commençaient, à l'aide de ports artificiels Mulberry, à débarquer des blindés, de l'artillerie lourde et des troupes supplémentaires pour poursuivre l'avancée. Le 27 juin, après deux semaines de combats intenses, les Américains prenaient Cherbourg ; le 9 juillet, les Britanniques et les Canadiens surmontaient deux divisions Panzer et s'emparaient de Caen, et le 25 juillet, les tanks de la 7e Armée américaine perçaient les défenses allemandes en traversant Saint-Lô, au sud. Ce fut la grande percée qui aboutit à la libération de Paris, le 25 août, et, début septembre, au franchissement de la ligne Siegfried en Allemagne.

Omaha Beach
La première vague de soldats fut débarquée à Omaha Beach juste avant l'aube. Le photographe Robert Capa les accompagnait, dans l'eau glacée jusqu'à la taille, sous les balles sifflantes. Il a saisi les efforts intenses nécessaires à tous pour gagner la plage.

« Nous n'accepterons rien de moins qu'une **victoire pleine** et **entière**. »

GÉNÉRAL DWIGHT D. EISENHOWER, DISCOURS DU DÉBARQUEMENT, 1944

AVANT

L'humanité pratique le génocide – extermination d'un groupe de personnes à cause de sa religion, de sa race... – depuis longtemps. L'Holocauste n'est d'ailleurs pas le premier génocide du xxᵉ siècle.

L'ANTISÉMITISME EUROPÉEN ET RUSSE

L'antisémitisme remonte à l'époque où, dans l'Empire romain, les premiers chrétiens accusèrent les juifs d'être responsables de la mort de Jésus. Durant les croisades, au xıᵉ siècle « 200-201, les juifs furent chassés de nombreux pays d'Europe occidentale « 227. Beaucoup moururent lors de **pogroms** en Russie à la fin du xıxᵉ siècle.

ANTISÉMITISME **Discrimination, hostilité ou préjugés à l'égard des juifs en tant que groupe religieux, racial ou ethnique. Son expression s'étend de la haine individuelle aux persécutions et violences perpétrées par l'État.**

LE MASSACRE DES ARMÉNIENS

AFFICHE POUR L'AIDE AUX ARMÉNIENS

En avril 1915, l'Empire ottoman, en Turquie, accusa les 1,75 million d'Arméniens sous son autorité de collaborer avec l'ennemi, la Russie. En sept mois, **600 000 Arméniens furent tués** et **500 000 déportés** dans l'actuel Iraq. Seuls 90 000 survécurent. **400 000 autres Arméniens disparurent** lors de l'invasion turque du Caucase russe en 1918. **Les massacres perdurèrent jusqu'en 1922**, date à laquelle le reste des Arméniens fut chassé de Turquie.

L'Holocauste

Le terme « holocauste » vient des deux mots grecs *holo* (« tout ») et *kaustos* « brûler ». Il fait essentiellement référence à la volonté d'exterminer les juifs en Europe de 1941 à 1945, fait sans doute le plus choquant et le plus radical de notre ère.

Au centre de la vision du monde d'Adolf Hitler (voir p. 390-391) figurait la lutte de l'Allemagne, seul État, selon le dictateur, capable de sauver la civilisation européenne, contre la prétendue conspiration juive internationale menaçant de corrompre et de dominer le monde. À l'époque, beaucoup partageaient cette opinion, car les juifs étaient considérés à la fois comme des parasites capitalistes et des révolutionnaires bolcheviques (voir p. 376). Pour Hitler, les juifs représentaient l'ennemi maléfique et implacable de l'Allemagne, ils devaient donc être chassés du Reich.

Les nazis au pouvoir

Arrivé au pouvoir en janvier 1933, Hitler entama le lent processus de réduction des droits civiques et du statut économique du demi-million de juifs que comptait le pays. Ils furent renvoyés de la fonction publique et de bien des professions de 1933 à 1934, leurs commerces et affaires soumises au boycott. Il se réfugièrent par milliers à l'étranger, de sorte qu'en 1939, il n'en restait plus que moins de la moitié en Allemagne. En septembre 1935, les célèbres lois de Nuremberg les déchurent de leur nationalité allemande et interdirent le mariage ou toutes relations sexuelles entre juifs et Allemands de souche, ou « aryens » (voir p. 387). En 1936, un programme fut mis en œuvre pour spolier les juifs : lorsque la guerre éclata, la majeure partie des biens juifs avaient été réquisitionnés par l'État ou vendus à vil prix à des aryens. Dès novembre 1938 les juifs furent menacés par une violence généralisée. Le pogrom de la *Kristallnacht* (« Nuit de cristal ») entraîna la destruction de 7 500 entreprises et la mort de 91 juifs. Ensuite, 8 000 juifs furent expulsés de Berlin et environ 25 000 hommes envoyés dans les camps de concentration allemands, où ils furent soumis à un régime brutal de châtiments et de travail forcé.

Kristallnacht
La « Nuit de cristal » doit son nom aux vitrines cassées des nombreux commerces juifs saccagés les 9 et 10 novembre 1938.

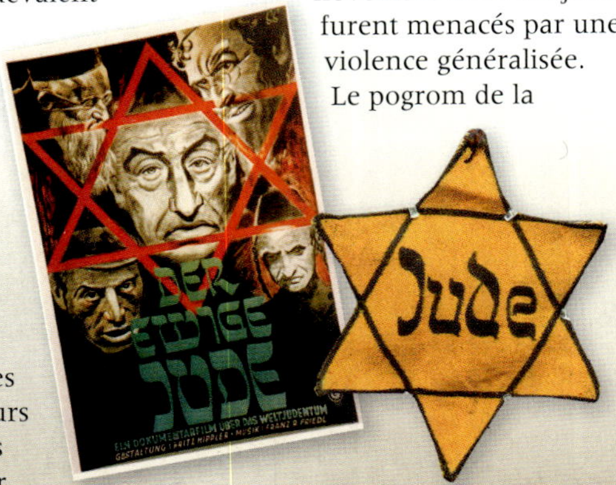

Affiche pour *Le Juif éternel*
Dans le film supervisé par Joseph Goebbels, ministre de la Propagande hitlérien, les scènes représentant des juifs polonais sont entrecoupées d'images de rats. À partir de 1941, le pouvoir nazi imposa le port de l'étoile de David à tous les juifs.

L'isolation des juifs

Au départ, Hitler avait pour objectif d'exclure les juifs d'Allemagne. Les nazis parvinrent à un accord avec le mouvement sioniste pour accélérer l'émigration en Palestine (voir p. 414-415). Or, en 1939, alors que des milliers d'autres juifs se retrouvaient sous le joug allemand en Autriche et en

5-6 MILLIONS de juifs tués, dont 3 millions de juifs polonais

212 000 tsiganes également exterminés

70 000 handicapés tués en Allemagne

L'usine de la mort
À Auschwitz-Birkenau, la voie ferrée menait au poste de garde principal, que les prisonniers appelaient la « porte de la mort ». À partir de 1940, trois camps de travaux forcés et d'extermination furent construits là ; plus d'un million de juifs y moururent de 1941 à 1945, date de libération des camps par l'Armée rouge soviétique.

Tchécoslovaquie, il se révéla difficile de faire accepter l'immigration juive aux autres États. Lors de la conférence d'Évian, en juillet 1938, sur la question des réfugiés, seuls deux pays sur les trente-deux présents acceptèrent d'augmenter leurs quotas. La Grande-Bretagne restreignit l'accès des juifs à la Palestine à cause de la guerre civile sur place opposant déjà population arabe et colons juifs. Les derniers émigrants quittèrent l'Allemagne en 1941.

Les ghettos et l'extermination

L'invasion allemande d'abord de la Pologne en septembre 1939, puis de l'URSS en juin 1941, transforma radicalement et tragiquement la politique antisémite de l'Allemagne. Avec 3,1 millions de juifs en Pologne et 2,7 millions en URSS occidentale – sans compter plus de 1 million en France, dans la zone occupée, aux Pays-Bas, dans les Balkans et en Scandinavie –, le gouvernement nazi ne pouvait plus compter sur l'émigration et les petites agressions pour « se débarrasser » des juifs. En Pologne, les *Einsatzgruppen* (groupes d'intervention formés de SS – corps d'élite du parti nazi, dont les chefs dirigeaient la police et la sécurité) parquèrent les juifs dans des ghettos, des quartiers réservés. Des milliers furent envoyés dans les camps de travaux forcés, où ils contribuèrent à l'effort de guerre allemand. Au fil de l'avancée allemande en URSS, les SS abattirent ou gazèrent dans des camions autant de juifs qu'ils purent. À Kiev, 33 771 juifs furent ainsi conduits au ravin de Babi Yar et abattus les 29 et 30 septembre 1941.

La ghettoïsation
À travers la Pologne et la Russie occupée, les juifs étaient regroupés dans des quartiers pauvres ceints de murs ou de clôtures, où ils souffraient de la faim.

Les trains de la mort
Dans toute l'Europe, les juifs étaient rassemblés et envoyés dans les cinq grands camps de la mort en Pologne. Beaucoup croyaient partir travailler dans des usines.

L'extermination
Après leur mort, les juifs étaient dépouillés de tout, même de leurs cheveux et de leurs couronnes en or. Ce tas de chaussures résulte d'un seul jour de gazage à Auschwitz.

La « solution finale »

Bien qu'on ne trouvât jamais le moindre ordre écrit de Hitler, les historiens datent désormais la décision de la « solution finale à la question juive » à la fin 1941. Le 20 janvier 1942, Reinhard Heydrich, chef de la Gestapo, convoqua quelques hauts responsables dans une villa sur les rives du Wannsee à Berlin afin de s'assurer leur soutien. Son plan consistait à transporter désormais les juifs vers des camps en Europe de l'Est. Ils devaient y travailler jusqu'à ce que mort s'ensuive ou être exécutés sur le champ. Une fois exterminés en masse dans les chambres à gaz, leurs corps étaient éliminés par les juifs eux-mêmes dans d'immenses crématoriums. Les camps de la mort – Auschwitz, Bełzec, Chełmno, Majdanek, Sobibór et Treblinka – étaient ravitaillés par des trains qui amenaient les juifs des pays d'Europe occupés mais aussi de l'Axe, à l'exception de la Bulgarie, dont le roi refusait de coopérer. Les Alliés apprirent l'existence de cette extermination d'envergure par des rapports qui leur parvinrent petit à petit. Le camp d'Auschwitz fut photographié par un avion de reconnaissance en août 1944, mais les personnes chargées d'interpréter les photos se préoccupèrent davantage d'une usine chimique située à proximité. Il fallut attendre l'avancée vers l'ouest de l'Armée rouge soviétique en 1944-1945 pour voir la fin des camps et de l'Holocauste, avec la défaite totale de l'Allemagne nazie en mai 1945.

APRÈS

L'Holocauste prit fin en 1945, mais l'horreur reste dans les mémoires. Si les juifs disposent désormais d'un pays, cela ne va pas sans problèmes, et les massacres uniquement liés à la race ou la religion perdurent.

L'ÉTAT D'ISRAËL

La répulsion internationale suscitée par l'Holocauste conduisit à la création par les Nations unies d'un **État juif d'Israël**, au sein de la Palestine divisée en mai 1948 **414-415>>**. La **Loi du retour** (1950) fit d'Israël **le pays** non seulement de ses habitants mais de **tous les juifs**, indépendamment de leur nationalité.

LE « NETTOYAGE ETHNIQUE »

Le génocide ne s'est pas arrêté à l'Holocauste. Les pogroms antijuifs qui éclatèrent en Pologne en 1947 entraînèrent la mort de juifs ayant survécu à Auschwitz. Quelque 2 millions de Cambodgiens furent tués par leur gouvernement révolutionnaire dans les **camps d'extermination** de l'« An zéro » de 1975 à 1979. Plus récemment, **750 000 Tutsi** furent massacrés en 1994 par la tribu Hutu majoritaire au Rwanda tandis que les Serbes éliminèrent des milliers de musulmans en Bosnie de 1992 à 1995 **450-451>>**.

RÉFUGIÉS RWANDAIS

YAD VASHEM

Le **mémorial de l'Holocauste** de Yad Vashem, en Israël, rend hommage aux morts et à la résistance des juifs face à la terreur nazie. Il existe aujourd'hui des monuments de ce genre dans certaines villes d'Europe, notamment à Berlin, et nombre de pays célèbrent la **Journée de la mémoire de l'Holocauste** le 27 janvier, date de la libération d'Auschwitz. Pourtant le **« déni de l'Holocauste »** gagne du terrain, car certains historiens et hommes politiques révisionnistes tentent de récrire, voire d'occulter, les faits historiques.

« AVANT

À cause de son désir d'empire en Asie et dans le Pacifique, le Japon entra en conflit avec la Chine et se heurta à la condamnation des Américains.

L'EXPANSION JAPONAISE EN ASIE

En 1931, **les Japonais s'emparèrent de la Mandchourie** **424-425 »**, vaste région de l'actuel nord-est de la Chine, et fondèrent l'État du **Mandchoukouo**. La Chine était la première cible du Japon, désireux de créer un empire en Asie et dans le Pacifique. D'autres incursions suivirent sur le territoire chinois. En juillet 1937, un incident mineur lié à la disparition d'un soldat japonais provoqua un échange de coups de feu entre forces japonaises et chinoises au pont Marco Polo, près de Pékin. L'escalade du conflit aboutit à la **seconde guerre sino-japonaise** et à l'engagement des deux pays dans la Seconde Guerre mondiale. Malgré l'incidence sur leurs intérêts coloniaux, les pays européens avaient trop de problèmes en Europe pour intervenir.

LE GEL DES AVOIRS PAR LES ÉTATS-UNIS

Les victoires allemandes du début de la Seconde Guerre mondiale encouragèrent le Japon à **bâtir son empire** pour de bon. Il signa le **pacte tripartite** avec l'Allemagne et l'Italie en 1940 et occupa l'Indochine française. En réaction, les Américains gelèrent les avoirs japonais aux États-Unis et interdirent l'exportation de biens cruciaux, tels que le kérosène, vers le Japon.

La **guerre** dans le **Pacifique**

En 1941, l'attaque japonaise de la base navale américaine de Pearl Harbor fut perçue comme un défi à la volonté des puissances occidentales de limiter l'expansion de l'Empire japonais. La Seconde Guerre mondiale gagna aussitôt l'Asie et le Pacifique avec la déclaration de guerre au Japon.

Le président américain Roosevelt avait transféré sa flotte de cuirassés à Pearl Harbor, à Hawaii, en avril 1940, afin de dissuader toute attaque japonaise. En raison de la guerre avec la Chine et des embargos étrangers sur son commerce, le Japon manquait de pétrole et autres matières premières disponibles dans les colonies européennes du Sud-Est asiatique et des Indes orientales. L'attaque de Pearl Harbor détruisit nombre de cuirassés et tua près de 3 000 Américains, ouvrant la voie à l'expansion du Japon au sud. Fort de son avantage, le Japon mit son plan à exécution. Son but consistait à établir un périmètre impérial autour de l'Asie du Sud-Est et du Pacifique central. Pearl Harbor fut suivi par l'invasion japonaise de la plupart des territoires visés, y compris la Birmanie, les protectorats britannique et néerlandais de Bornéo, Hong Kong et les Indes orientales néerlandaises. De mars à juin 1942, malgré de violents affrontements avec les forces alliées, les Japonais conquirent Singapour, Guam et les Philippines et s'établirent en Indonésie, en Malaisie et en Birmanie. Débarrassé des anciens régimes coloniaux, le Japon tenta de rallier à sa cause les populations asiatiques afin d'obtenir leur soutien dans la guerre. Un certain degré d'indépendance fut accordé à quelques territoires comme l'Indonésie et la Birmanie, en échange

Patrouille sur le fleuve en Birmanie
Des forces furent envoyées en Birmanie pour protéger les intérêts coloniaux britanniques. Sur la photo ci-dessus, des soldats britanniques patrouillent dans les villages au bord d'un fleuve à la recherche de soldats japonais.

Insigne américain
Cet insigne commémore les victimes de l'attaque japonaise de la base américaine de Pearl Harbor en 1941.

L'empire du Pacifique
Souhaitant bâtir un empire dans le Pacifique, le Japon s'empara de vastes territoires dans la région dès 1942. Après lui avoir infligé d'importantes pertes à la bataille de Midway, à l'extrémité orientale de son périmètre territorial, les Alliés poursuivirent l'offensive. Regagnant du terrain, île après île, l'armée américaine se trouva sur le point d'envahir le Japon en 1945.

Pearl Harbor
Le Japon lança un bombardement surprise sur la flotte américaine à Pearl Harbor, à Hawaii, le 7 décembre 1941. Des milliers d'Américains furent tués et de nombreux cuirassés partirent en flammes (ci-dessus).

de leur loyauté. Les Japonais se rendirent souvent coupables d'actes de barbarie. Des atrocités furent commises en Chine tandis que des expériences médicales furent menées sur les prisonniers de guerre dans les tristement célèbres camps japonais.

Le tournant

La progression japonaise fut interrompue en mai 1942 par la défaite, dans la mer de Corail, de la force navale qui se rendait dans le sud de la Nouvelle-Guinée. La bataille de Midway se solda par une défaite encore plus marquante début juin. L'amiral japonais Yamomoto avait rassemblé une puissante armée de porte-avions, de cuirassés, de sous-marins et de croiseurs en vue de surprendre la flotte américaine dans les îles Midway détenues par les États-Unis. Mais les services de renseignement américains déchiffrèrent le code japonais, et la marine américaine était préparée. Le Japon perdit sa principale flotte de porte-avions et des centaines de pilotes.

La contre-offensive alliée

La guerre dans le Pacifique tourna en faveur des Alliés en 1943, et ce grâce aux exceptionnelles ressources militaires et industrielles dont bénéficiaient les États-Unis. Face à l'effort de guerre américain, le Japon eut peine à égaler ses ennemis, et les Alliés commencèrent à reprendre les territoires occupés. Début 1945, les troupes britanniques envahirent la Birmanie, sous la houlette de l'amiral Mountbatten et du maréchal Slim, qui libérèrent le pays en mai.

En 1944 et 1945, la puissance américaine en mer et dans les airs eut un effet décisif. Le blocus maritime mit un terme aux importations et étrangla l'économie de guerre japonaise. Une autre victoire navale américaine décisive lors de la bataille du golfe de Leyte, en octobre 1944, ouvrit la voie à la reprise des Philippines. En février 1945, les États-Unis envahirent l'île d'Iwo Jima, qui constitua une base pour les chasseurs d'escorte des bombardiers américains à destination du Japon. Le bombardement de Tokyo fit 80 000 victimes. Malgré l'imminence de la victoire alliée dans le Pacifique, le Japon refusa de se rendre.

Le 6 août 1945, les Alliés larguèrent une bombe atomique sur la ville japonaise d'Hiroshima (voir p. 405), puis, trois jours plus tard, sur Nagasaki. Dans la foulée de cette dévastation, l'Union soviétique rompit son pacte de neutralité avec le Japon en lui déclarant la guerre et en envahissant la Mandchourie qu'il occupait. Ces événements décidèrent finalement les Japonais à signer leur reddition le 2 septembre 1945.

La tactique du désespoir
Des pilotes japonais, les kamikazes, étaient volontaires pour survoler des objectifs ennemis, ici un cuirassé, avec leurs avions chargés d'explosifs. À la fin de la guerre, plus de 2 000 attaques suicides de ce genre avaient été lancées.

APRÈS

Après la guerre, les communistes prirent le pouvoir en Chine. La présence américaine au Japon entraîna un changement politique.

LES COMMUNISTES EN CHINE
Durant la Seconde Guerre mondiale, les diverses factions politiques chinoises s'étaient unies contre le Japon, mais la guerre civile reprit en 1946. En 1949, l'**Armée populaire de libération** communiste remporta d'impressionnantes victoires contre les forces du Guomindang nationaliste à Huai-Huai et Nankin, les contraignant à battre en retraite. **Mao Zedong**, chef du Parti communiste chinois, proclama la **République populaire de Chine 424-425 »**.

LE RÉGIME CHINOIS À TAÏWAN
Après sa défaite, le dirigeant nationaliste **Tchang Kaï-chek** fuit la Chine avec 600 000 soldats et 2 millions de réfugiés. Refusant de reconnaître l'autorité de Mao, il établit son gouvernement dans l'ancienne colonie japonaise de Taïwan.

L'OCCUPATION DU JAPON PAR LES É.-U.
Le Japon fut occupé par les Alliés jusqu'en 1952. Sa machine de guerre fut détruite et les crimes de guerre jugés. En 1947, la nouvelle Constitution introduisit le suffrage universel et interdit au Japon de posséder une armée. Dans les années 1950, un parc-mémorial fut aménagé au centre d'Hiroshima en mémoire de l'attaque nucléaire.

PARC DE LA PAIX À HIROSHIMA

GÉNÉRAL AMÉRICAIN (1880-1964)

GÉNÉRAL MACARTHUR

Né dans une famille de militaires, Douglas MacArthur entama sa brillante carrière pendant la Première Guerre mondiale. Entre les deux guerres, il accéda au rang de chef d'état-major. À la fin de la Seconde Guerre mondiale, il supervisa l'élaboration de la nouvelle constitution japonaise au titre de commandant suprême des forces alliées au Japon. En 1950-1951, il dirigea les forces de l'ONU en Corée (voir p. 406-407).

de son importance industrielle et militaire. La bombe explosa à 600 m au-dessus de la ville, provoquant un souffle équivalent à 13 kilotonnes de TNT. On estime à 90 000 le nombre de victimes immédiates, 50 000 celui des personnes décédées dans l'année. Environ 90 % des édifices d'Hiroshima furent endommagés ou détruits.

La fabrication de cette bombe fut rendue possible par la découverte du potentiel énergétique de l'atome, dont les physiciens comprirent qu'il n'était ni stable ni indivisible. En 1938, les scientifiques allemands Otto Hahn et Fritz Strassmann divisèrent des atomes d'uranium en les bombardant de neutrons. Le processus utilisé, dit de fission nucléaire, présentant d'évidents usages militaires, les scientifiques Oppenheimer, fut consacré à l'élaboration de la bombe nucléaire.

Trois engins virent le jour : la bombe au plutonium, dont l'essai au nom de code « Trinité » eut lieu à Alamogordo, au Nouveau-Mexique, la bombe enrichie à l'uranium qui explosa sur Hiroshima et celle au plutonium larguée sur Nagasaki. L'URSS fit exploser sa première bombe atomique en 1949. La Grande-Bretagne, la France et la Chine lui emboîtèrent le pas. Aujourd'hui, Israël, l'Inde, le Pakistan et la Corée du Nord ont rejoint le club nucléaire. La menace nucléaire a peut-être fait office de moyen de dissuasion et maintenu la paix entre les grandes puissances. La capacité de détruire le monde fait toutefois de notre planète un endroit infiniment plus dangereux.

Nuage atomique
Le souffle de l'explosion nucléaire créa un gigantesque nuage champignon de plusieurs milliers de mètres de haut. La chaleur dégagée par la bombe fut si intense qu'elle vaporisa ses victimes et déclencha une tempête de feu qui réduisit la ville en cendres.

« Mon Dieu, **qu'avons-nous fait** ? »

ROBERT LEWIS, COPILOTE DE L'*ENOLA GAY*, 1945

AVANT

La méfiance historique et les différences d'idéologie entre l'Union soviétique et les États-Unis suscitaient des tensions.

LES AMÉRICAINS EN SIBÉRIE

L'antagonisme entre l'Union soviétique et les États-Unis remontait à l'intervention des États-Unis en Sibérie durant la **guerre civile russe** **« 377**. De 1918 à 1920, l'armée américaine combattit au côté de l'Armée blanche contre les bolcheviks. Malgré l'aide américaine au jeune État soviétique, la diplomatie ne se mit en place qu'en 1933.

SOLDATS AMÉRICAINS EN SIBÉRIE

CONFLIT D'IDÉES

Alors que leur alliance leur avait permis de vaincre l'**Allemagne nazie** **« 392-397**, pendant la guerre, les relations se dégradèrent entre l'Union soviétique et les puissances occidentales. Aux États-Unis, la montée du communisme en Europe **« 335** inquiétait, car cette idéologie prônait la révolution mondiale et la fin du capitalisme. L'Union soviétique se méfiait tout autant de l'Ouest, mené par les États-Unis.

AFFICHE COMMUNISTE

La guerre froide

Après la Seconde Guerre mondiale la politique mondiale se polarisa, car les pays du monde s'allièrent soit avec les États-Unis ou l'Union soviétique. Le clivage Est-Ouest entre communisme et capitalisme domina l'actualité mondiale pendant quarante années.

Lors des conférences de Yalta et de Potsdam destinées à redessiner l'Europe de l'après-guerre (voir p. 397), les ambitions expansionnistes de Staline, qui insista pour étendre les frontières soviétiques à l'est de la Pologne et aux États baltes, soulevèrent des inquiétudes parmi les Alliés. De 1945 à 1947, les Soviétiques accrurent leur influence en Europe de l'Est au fil de la création d'États communistes. La puissance de la Grande-Bretagne ayant été entamée par six ans de guerre, il devint manifeste que la seule puissance mondiale occidentale capable de rivaliser avec l'Union soviétique était les États-Unis. En 1947, le Premier ministre britannique, Winston Churchill, dut solliciter le soutien des Américains en Grèce, où la guerre civile faisait rage entre le gouvernement royaliste et les communistes. Cette requête incita le président Truman à promettre assistance à tous les États cherchant à défendre la démocratie contre une menace extérieure. En effet, selon la « doctrine Truman », il fallait combattre la propagation du communiste sous peine de mettre en péril la sécurité nationale américaine.

Cette nouvelle phase dans la politique étrangère des États-Unis fut baptisée *« containment »* (endiguement). Durant quelques années, par le biais de mesures telles que le plan Marshall (voir p. 452), les États-Unis injectèrent des millions de dollars en aide financière et militaire dans les pays d'Europe non communistes, ce qui favorisa leur rétablissement économique.

Pour l'Union soviétique, les mesures d'endiguement américaines relevaient d'un impérialisme agressif. En réaction, elle renforça son pouvoir. En 1947, Andreï Jdanov, un haut dirigeant soviétique, déclara que le monde était divisé en deux camps : les impérialistes occidentaux et les socialistes anti-impérialistes. Il mit en place le Kominform, organisme chargé de superviser la stricte conformité idéologique des régimes du bloc de l'Est à la ligne du parti de Moscou. La première confrontation de la guerre froide se produisit à Berlin.

Après la Seconde Guerre mondiale, l'Allemagne fut divisée en quatre zones, administrées l'une par les États-Unis, l'autre par la France, la troisième par la Grande-Bretagne et la dernière par l'Union soviétique.

Propagande coréenne
Cette affiche de propagande anticapitaliste conçue par les communistes coréens visait à démoraliser les soldats américains en leur expliquant qu'ils allaient mourir au nom de la cupidité capitaliste.

Le pont aérien de Berlin
Ces enfants berlinois saluent l'un des avions britanniques et américains qui larguèrent 2,3 millions de tonnes au total de nourriture, de médicaments et de carburant sur leur ville assiégée entre 1948 et 1949.

DEUX CAMPS SUR LE FIL

À plusieurs reprises tout au long de la guerre froide, les tensions faillirent atteindre le point de rupture, mais le conflit direct entre les États-Unis et l'Union soviétique fut évité.

1950

1950-1953 La **guerre de Corée** oppose forces américaines et sud-coréennes aux armées nord-coréenne et chinoise.

1955

1955 L'Union soviétique et le bloc de l'Est officialisent leur alliance militaire et politique avec le **pacte de Varsovie**.

1960

1961 Érection du **mur de Berlin** sur ordre de Walter Ulbricht, dirigeant est-allemand, pour stopper le flot de réfugiés franchissant la frontière entre Berlin-Est et Berlin-Ouest

1961 Financement et organisation par les États-Unis d'une tentative d'invasion de Cuba par des exilés cubains dans la **baie des Cochons** afin de renverser Fidel Castro

1962 La découverte de missiles soviétiques à Cuba conduit les États-Unis à menacer l'Union soviétique d'une attaque à moins que les installations ne soient démantelées. La guerre semble imminente jusqu'à ce que Khrouchtchev retire les missiles.

1965

1964-1973 Les États-Unis s'engagent dans la **guerre du Viêt Nam** pour soutenir l'armée sud-vietnamienne contre les communistes nord-vietnamiens du Viêt Cong. À la signature du cessez-le-feu, on déplore 58 000 morts américains et plus encore de Vietnamiens.

1970

1970 Les États-Unis et l'Union soviétique signent un **traité de non-prolifération nucléaire** afin de bâtir un système de contrôle efficace pour éviter la multiplication des armes nucléaires.

1970-1975 La guerre du Cambodge éclate entre les Khmers rouges communistes et le gouvernement républicain cambodgien. Malgré le soutien des États-Unis aux républicains, les Khmers triomphent.

1975

1979 L'**armée soviétique envahit l'Afghanistan** pour consolider le régime communiste.

1980

1983 Le président Reagan annonce le programme américain de la « **guerre des étoiles** », destiné à protéger les États-Unis depuis l'espace contre une attaque de l'Union soviétique, qu'il qualifie d'**Empire du mal**.

1985

1985 Arrivée au pouvoir de **Gorbatchev** en Union soviétique, qui réforme les institutions et ouvre des pourparlers sur le désarmement nucléaire.

1987 La signature du **traité sur les forces nucléaires à portée intermédiaire** par les présidents Reagan et Gorbatchev met fin à la course à l'armement.

1989 Le 9 novembre, le gouvernement est-allemand ouvre des portes le long du mur de Berlin. Le **mur est démantelé**.

La capitale allemande, Berlin, était située au cœur de la zone soviétique et divisée en quatre secteurs alliés. En 1948, les Alliés occidentaux envisagèrent la création d'un État ouest-allemand distinct, réunissant les zones américaine, française et britannique. Pour tenter d'empêcher cela, les Soviétiques coupèrent les voies terrestres menant aux secteurs Ouest de Berlin, ne laissant qu'un accès aérien. L'année qui suivit, tandis que les batailles diplomatiques faisaient rage, les Berlinois assiégés furent ravitaillés par le pont aérien de Berlin. En 1949, la partition de l'Allemagne apparut inévitable. La République démocratique allemande (RDA) fut créée à l'est et la République fédérale d'Allemagne (RFA) à l'ouest. Berlin demeura une ville divisée. En 1961, les barbelés cédèrent la place au mur de Berlin (voir p. 426).

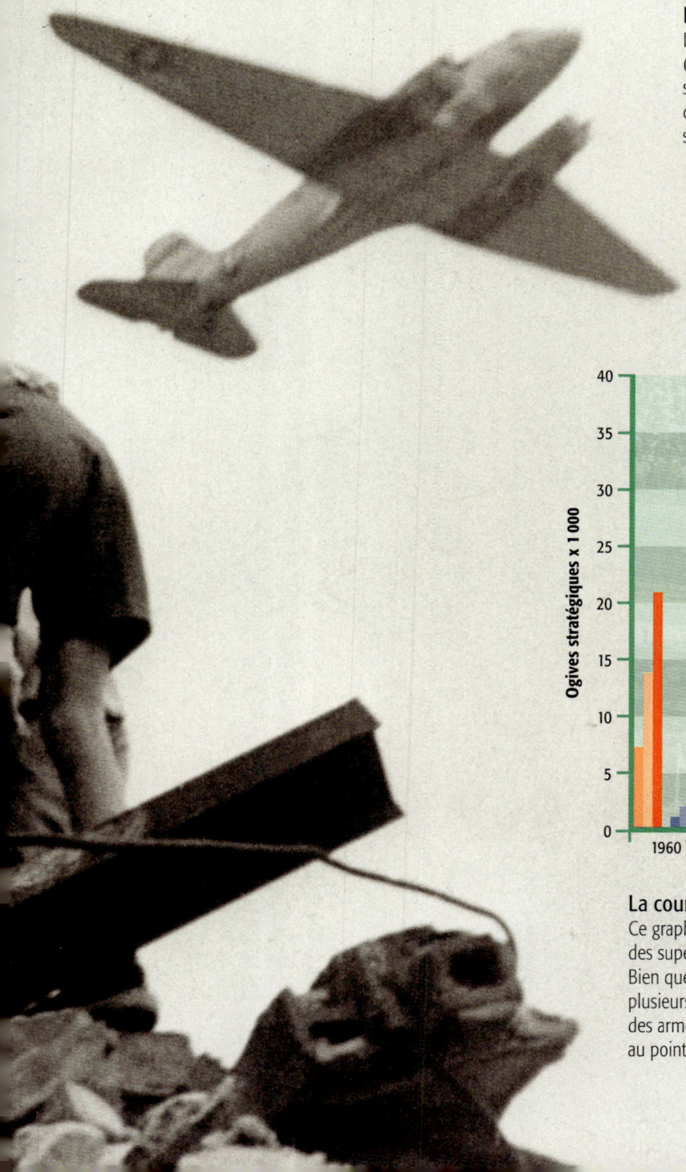

L'intensification de la guerre froide

La possession d'armes de destruction massive par les superpuissances fut en grande partie à l'origine de la peur et de la paranoïa qui caractérisent la période de la guerre froide. Au début, les États-Unis étaient les seuls à posséder l'arme nucléaire, mais après les essais nucléaires des Soviétiques en août 1949, tout conflit futur devint une menace de destruction mondiale. En 1953, le dirigeant soviétique, Nikita Khrouchtchev, proposa la politique de la « coexistence pacifique » avec l'Ouest et les deux camps tentèrent régulièrement de détendre leurs relations. Plusieurs situations explosives ravivèrent cependant les tensions et les suspicions, menant le monde au bord de la catastrophe. En 1962, la crise fut évitée de justesse après la découverte de missiles soviétiques sur l'île communiste de Cuba. Les superpuissances continuèrent de stocker les armes nucléaires, au prétexte que la guerre nucléaire ne pouvait être évitée que si les deux partis avaient une capacité égale de détruire l'autre. Tout un train d'accords furent négociés durant la guerre froide sur la question de l'armement, sans que le désarmement ne fasse partie des possibilités envisageables.

La crise des missiles cubains
Des armes nucléaires furent mobilisées à La Havane (ci-dessus) lorsque les États-Unis et l'Union soviétique se menacèrent d'attaques nucléaires au cours d'une dispute sur la construction d'installations nucléaires soviétiques à Cuba.

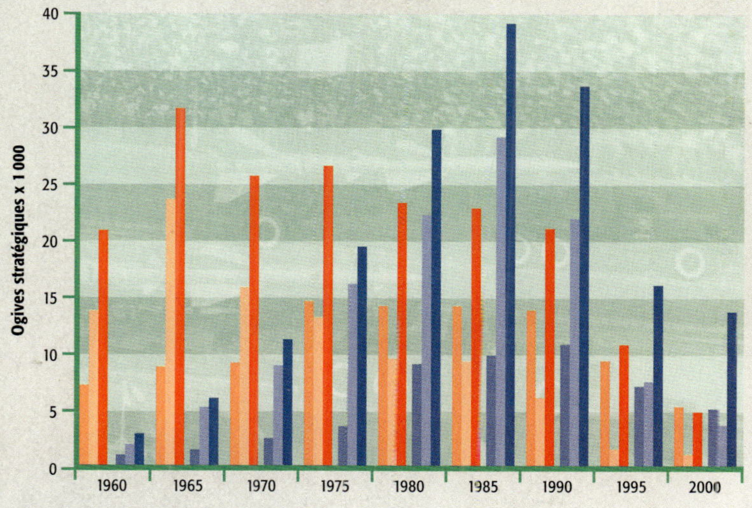

La course à l'armement
Ce graphique représente la course à l'armement des superpuissances pendant la guerre froide. Bien que rapidement capable de détruire le monde plusieurs fois, chacun continua de produire des armes à grands frais, en cherchant à mettre au point des missiles toujours plus puissants.

MOMENT CLÉ

LE TRAITÉ DE L'OTAN

Le 4 avril 1949, l'Organisation du traité de l'Atlantique Nord (OTAN) fut créée par les dirigeants des États-Unis, du Canada, de la Grande-Bretagne, de la France et de plusieurs autres pays d'Europe. L'OTAN était avant tout une alliance militaire garantissant l'assistance mutuelle entre États membres, mais elle permettait aussi aux États-Unis de maintenir des bases militaires en Europe. En 1953, la Grèce et la Turquie devinrent membres de l'OTAN alors que la demande soviétique fut rejetée.

APRÈS »

Le réformateur Mikhaïl Gorbatchev déclencha involontairement un enchaînement d'événements qui mena à l'écroulement de l'Union soviétique.

LA CHUTE DU COMMUNISME

En 1985, Gorbatchev lança une campagne de réformes économiques et politiques appelées *glasnost* et *perestroïka* **446-447 »**. Deux ans plus tard, il devenait président et modernisait le système soviétique, encourageant la création d'un secteur privé et l'ouverture à l'ouest. Alors qu'il voulait maintenir le système du parti unique, ses réformes sociales déclenchèrent une réaction en chaîne qui aboutit à l'effondrement du parti communiste, car les Russes exigèrent le choix de leurs dirigeants.

LA DISSOLUTION DE L'UNION SOVIÉTIQUE

Dans les États baltes, au Kazakhstan et dans d'autres régions de l'Union soviétique, les nationalistes exigèrent l'indépendance. Gorbatchev tenta de maintenir l'Union soviétique en imposant des sanctions et envoya des troupes en Géorgie et en Azerbaïdjan. En 1990, **Boris Eltsine** démissionna du parti communiste et fit campagne pour sa dissolution. En 1991, il devint le nouveau chef d'État russe. Il interdit le parti communiste et déclara **la fin de l'Union soviétique**.

HOMME POLITIQUE ET CHEF SPIRITUEL Né en 1869 Mort en 1948

Le **Mahatma Gandhi**

> « **Souffrir en silence**… c'est être d'une éloquence incomparable. » **GANDHI**, 1923

Mohandas Karamchand Gandhi, surnommé le Mahatma (« Grande âme »), naquit dans la caste vaisya de la société hindoue, traditionnellement associée au commerce. Son père était Premier ministre de la minuscule principauté de Porbandar, au nord-ouest de l'Inde, sous la coupe britannique. Comme le voulait la société indienne privilégiée de l'époque, sa vie était modelée à la fois par les anciennes coutumes indiennes, tel le mariage arrangé dès son plus jeune âge, et par l'influence des attitudes et des idées européennes.

Le jeune Gandhi considérait avec scepticisme les pratiques hindoues de sa famille, même le fait de ne pas manger de viande ; lorsqu'elle se présenta, il sauta sur l'occasion de partir faire son droit en Grande-Bretagne. Par une certaine ironie du sort, c'est lors de ses études à Londres qu'il découvrit le *Bhagavad-Gita*, un texte sacré hindou qui allait profondément l'influencer, et devint un fervent végétarien. À son départ pour l'Afrique du Sud en 1893, Gandhi était un jeune avocat de 23 ans qui n'avait d'autre but dans la vie que de gagner de l'argent, ce qu'il se révéla savoir faire à merveille. Toutefois, l'expérience de la discrimination, des préjugés et des mauvais traitements infligés aux Indiens dans la société sud-africaine, fondée sur la division raciale, le conduisit à l'activisme politique. Il mena une série de campagnes au cours desquelles il conçut une méthode de lutte politique qu'il baptisa *satyagraha* (« force de l'amour » ou « force de la vérité », voir à droite). Par cette forme

Gandhi l'avocat
Jeune avocat diplômé de Londres, Gandhi incarnait l'Asiatique occidentalisé. Il n'adopta la tenue indienne traditionnelle qu'en 1913.

Lettre manuscrite
Cette lettre date de 1914, l'année du départ définitif de Gandhi d'Afrique du Sud, après vingt ans de campagne pour les droits des Indiens.

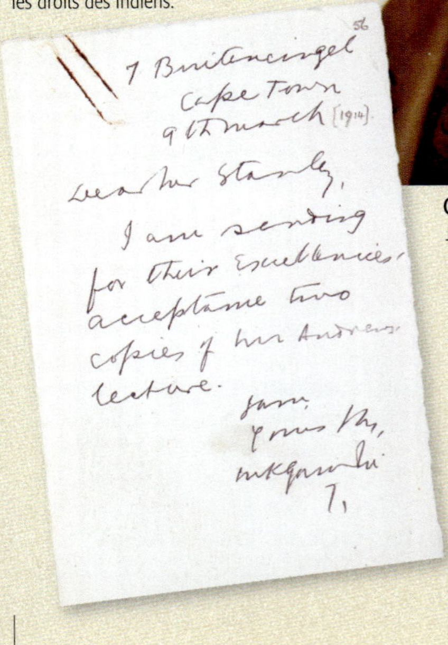

7 Buitencingel
Cape Town
9th March [1914]

Dear Mr Stanley,

I am sending for their Excellencies' acceptance two copies of Mr Andrews' lecture.

I am,
Yours &c,
M K Gandhi

Le père de la nation
Dans son *dhoti* blanc, Gandhi se distinguait dans les réunions politiques internationales. Pour les masses, il incarnait la figure familière et rassurante de l'homme saint.

Jeunes compagnons
Gandhi vieillissant, en compagnie de ses « béquilles » – ses petites-nièces Manu et Ava – à Birla House, à New Delhi

de désobéissance civile non violente que Gandhi concevait comme un effort moral et spirituel, il cherchait à changer le cœur et l'esprit de l'oppresseur en s'en tenant à la vérité et en étant prêt à souffrir. Gandhi ne s'épargna d'ailleurs aucune souffrance puisqu'il séjourna en prison et faillit se faire lyncher par une foule raciste.

Une vie simple

À son retour en Inde en 1915, Gandhi était devenu non seulement un chef de file aguerri de l'action protestataire mais aussi un homme aux attitudes caractéristiques reposant sur le rejet de la civilisation industrielle moderne. Sous l'influence de l'auteur russe Léon Tolstoï et du critique social anglais John Ruskin, il adopta une vie simple, fondée sur la foi en la vertu des petites communautés d'artisans. Dans sa quête d'épanouissement spirituel par le renoncement aux passions, il fit vœu de chasteté (qu'il annonça à son épouse en 1906). Il rejeta aussi la médecine moderne au profit de remèdes alternatifs et d'un régime alimentaire frugal. Gandhi fonda une communauté, un *ashram*, à Ahmedabad, au nord-ouest de l'Inde, pour y vivre conformément à ses principes. Néanmoins, il ne tarda pas à reprendre ses campagnes. L'Inde entrait dans une période de grande agitation à cause, d'une part, de l'engagement du gouvernement britannique, en 1917, à accorder aux Indiens un certain degré d'autonomie et, d'autre part, l'oppression menée par les autorités britanniques, notamment le massacre de 379 manifestants à Amritsar en avril 1919. En très peu de temps, Gandhi se retrouva sur le devant de la scène politique indienne en lançant une campagne de non-coopération avec les Britanniques et le boycott des produits britanniques, qui lui valurent le soutien des masses. Ayant pris la tête du parti du Congrès, il fit de la formation une organisation nationale essentielle.

Rencontre avec le vice-roi
Lord Mountbatten, dernier vice-roi (gouverneur) britannique des Indes, et son épouse furent proches de Gandhi dans la dernière ligne droite avant l'indépendance de l'Inde en 1947.

Les valeurs spirituelles

Cependant, Gandhi n'adopta jamais une attitude politicienne. Son but n'était pas le pouvoir mais la transformation spirituelle et morale de la société indienne. Son principe de non-violence fut mis à mal dès 1922, lorsqu'une foule de nationalistes tua 22 policiers à Chauri Chaura, dans le nord de l'Inde. En réaction, Gandhi renonça à sa première campagne de non-coopération, mais des critiques ne manquèrent pas de souligner par la suite que ses appels à la contestation politique menaient toujours, en pratique, à la violence. Durant la majeure partie des années 1920 et 1930, Gandhi s'efforça de faire tomber les barrières communautaires entre hindous et musulmans ainsi que le système de castes hindou – basé sur l'appartenance héréditaire à une classe sociale. Il fit aussi campagne contre l'industrialisation, apprenant lui-même à se servir d'un rouet manuel, symbole de sa foi en l'artisanat villageois.

Un chef incontesté

Malgré toutes ces difficultés, Gandhi demeura le chef de file du mouvement pour l'indépendance de l'Inde le plus célèbre tant sur le plan national qu'à l'échelle internationale. Aucun autre dirigeant indien n'aurait pu mener une action contestataire aussi efficace que la fameuse « marche du sel » de 1930, défi symbolique lancé à l'impôt britannique sur le sel. Aucun autre dirigeant n'aurait négocié plus efficacement avec la classe dirigeante britannique, fascinée par sa tenue et ses manières exotiques. Son autorité morale en Inde était immense. En 1942, à contrecœur, il invita les Britanniques à « quitter l'Inde », ce qui provoqua une brutale répression de la part des autorités. Le cours des événements attrista ses dernières années. Après la Seconde Guerre mondiale, les Britanniques décidèrent d'accorder l'indépendance à l'Inde, mais la montée du séparatisme musulman aboutit à la partition entre l'Inde et le Pakistan (voir p. 410-411), à laquelle Gandhi était hostile. Le sous-continent plongea dans une violence bien pire. À force de jeûne et de supplications auprès des hindous et des musulmans, Gandhi parvenait de temps à autre à stopper le massacre à un endroit, mais il repartait de plus belle ailleurs. Son attitude conciliante envers les musulmans rendait les extrémistes hindous furieux. Le 20 janvier 1948, il fut abattu à Delhi par un fanatique hindou nommé Nathuram Godse.

IDÉES

LA *SATYAGRAHA*

Le principe de *satyagraha*, politique de lutte non violente, fit des adeptes après la mort de Gandhi. Il devint un point de référence pour Martin Luther King (voir p. 432-433), pour les fondateurs de la campagne pour le désarmement nucléaire (CND) et pour certains des contestataires de la guerre du Vietnam (voir p. 430-431). Pour Gandhi, la *satyagraha* était beaucoup plus qu'un simple moyen d'atteindre des objectifs politiques par la désobéissance civile. C'était une voie pour parvenir à l'amélioration spirituelle par la vérité, l'amour et la souffrance.

CHRONOLOGIE

- **2 octobre 1869** Gandhi naît à Porbandar, dans l'État du Gujarat.
- **Mai 1883** Est marié à l'âge de 13 ans à la jeune Kasturba Makhanji, 10 ans.
- **1888-1891** Étudie le droit à l'université de Londres et retourne en Inde comme avocat.
- **Avril 1893** Se rend à Durban, en Afrique du Sud, pour travailler dans un cabinet indien.
- **1894** Entame une campagne de vingt ans contre la discrimination et l'exploitation des Indiens en Afrique du Sud.
- **1899-1902** Lors de la guerre des Boers, crée un corps d'ambulanciers indiens.
- **11 septembre 1906** Appelle au boycott de l'enregistrement des Indiens du Transvaal, inaugurant sa première campagne de *satyagraha*.
- **Mai 1915** Retour en Inde et création de l'*ashram Satyagraha* à Ahmedabad.
- **Décembre 1921** Élu à la tête du parti du Congrès
- **Février 1922** Stoppe sa campagne de non-coopération suite à des violences collectives.
- **Mars 1922** Arrestation et procès pour sédition. Effectue deux ans de sa peine de six ans.
- **Décembre 1928** Campagne du parti du Congrès pour l'octroi du statut de dominion à l'Inde
- **26 janvier 1930** Des millions d'Indiens suivent Gandhi dans son engagement pour la *purna swaraj* – indépendance totale.
- **12 mars-6 avril 1930** Mène la « marche du sel » d'Ahmedabad à Dandi ; arrestation le 4 mai.
- **14 février-5 mars 1931** Sortie de prison. Pacte avec le vice-roi britannique lord Irwin pour mettre fin à la désobéissance civile.
- **Septembre-décembre 1931** Gandhi représente le parti du Congrès lors d'une table ronde sur la réforme de la Constitution indienne à Londres ; arrestation à son retour en Inde.
- **24 octobre 1934** Déçu par la politique, il quitte le parti du Congrès.
- **9 août 1942** Arrestation de Gandhi et des dirigeants du parti du Congrès suite à l'appel lancé aux Britanniques de « quitter l'Inde » ; Gandhi est détenu au palais de l'Aga Khan près de Pune.
- **Novembre 1946** Campagne solitaire pour arrêter les massacres et trouver la conciliation entre hindous et musulmans
- **30 janvier 1948** Assassinat de Gandhi à Birla House, à New Delhi

GANDHI DANS SON CABINET

ANNONCE DE LA MORT DE GANDHI DANS LA PRESSE

La partition de l'Inde

Privés de droits civiques et politiques, les Indiens se rebellèrent peu à peu contre le régime britannique à la fin du XIXe siècle. Dans les années 1920, un mouvement de masse anticolonial revendiqua l'autonomie de l'Inde.

AVANT

En 1947, le sous-continent indien accéda à l'indépendance et fut divisé, pour des questions religieuses, entre l'Inde, à majorité hindoue, et le Pakistan, à majorité musulmane.

LE *GOVERNMENT OF INDIA ACT*
Le Raj britannique **<< 352-353** concéda quelques droits civiques aux Indiens. En 1909, le ***Government of India Act*** permit à quelques Indiens de siéger aux conseils législatifs, mais leur responsabilité restait limitée.

LES DROITS DES INDIENS
Le **parti du Congrès (INC)** fut fondé en 1885 par des Indiens formés en Occident faisant campagne pour les droits des Indiens. Si le parti du Congrès représentait tous les Indiens, ses membres étaient pour l'essentiel hindous. En 1906, certains musulmans firent donc sécession pour créer la **Ligue musulmane**.

LA DÉSOBÉISSANCE CIVILE
Dans les années 1920, avec **Gandhi << 408-409**, l'INC exigea l'indépendance de l'Inde. Au cours d'une longue campagne de désobéissance civile, Gandhi encouragea le boycott des produits britanniques, le non-paiement des impôts et la **résistance passive et non violente**.

LA RÉSISTANCE VIOLENTE
Tous les Indiens n'usèrent pas de moyens pacifiques pour résister. Lorsque la Seconde Guerre mondiale **<< 392-405** éclata, nombre d'Indiens soutinrent les ennemis des Britanniques. Le dirigeant bengali Subhash Chandra Bose créa une armée de 20000 hommes, qui combattit au côté des Japonais.

ARMÉE NATIONALE INDIENNE

Après la Première Guerre mondiale (voir p. 372-375), la Grande-Bretagne promit à l'Inde une certaine autonomie en récompense de son soutien pendant la guerre. En 1919, le *Government of India Act* (voir AVANT) créa un Parlement indien ouvert à des ministres indiens pouvant occuper des postes à responsabilité dans des secteurs comme la santé, l'éducation et l'agriculture. Toutefois, seuls les Indiens les plus fortunés, soit un très faible pourcentage de la population, avaient le droit de voter, et les Britanniques conservaient le réel pouvoir, car tous les autres domaines étaient placés sous leur autorité. En 1935, une autre loi accrut le nombre d'électeurs indiens, et les Britanniques ne détinrent plus que les ministères les plus importants – finances, défense et affaires étrangères. Toutefois, ces concessions ne suffisaient pas aux partisans de l'indépendance (voir AVANT). À la fin de la Seconde Guerre mondiale, en 1945, les Britanniques finirent néanmoins par restituer la totalité du pouvoir aux Indiens.

L'action directe

À l'approche de l'indépendance, le chef de la Ligue musulmane, Muhammad Ali Jinnah, exigea un État musulman séparé. Les hindous, y compris Gandhi, s'y opposèrent, convaincus que l'Inde devait rester unie. C'est pourquoi Jinnah lança une journée d'action directe. Le 16 août 1946, tous les musulmans d'Inde exprimèrent ainsi leur volonté de disposer d'un pays séparé. Hélas, les manifestations à Calcutta dégénérèrent en violents affrontements qui firent des milliers de victimes parmi les différents groupes religieux.

La ligne de démarcation

Lord Mountbatten, dernier vice-roi des Indes, comprit que le seul moyen pour les Britanniques de se retirer d'Inde consistait à scinder le pays et à transférer le pouvoir aux deux États ainsi obtenus. Seul Gandhi, parmi les grands dirigeants indiens, refusa

L'assemblée constituante
La foule se réunit devant l'assemblée constituante de Karachi pour assister à la cérémonie du transfert de pouvoir de la Grande-Bretagne au Pakistan. Lord Mountbatten lut un message de George VI assurant le Pakistan du soutien du Commonwealth britannique (anciennes nations appartenant à l'Empire britannique).

TENSIONS ETHNIQUES
La partition de l'Inde fut causée par des rivalités ethniques et religieuses. Par la suite, des querelles de territoire provoquèrent des conflits entre États voisins.

946 Jinnah appelle à l'**action directe**. Des émeutes éclatent et des milliers de personnes sont tuées.

1947 La **partition** du sous-continent indien entraîne **une migration en masse** et la mort de 1 million de personnes.

1947-1949 L'Inde et le Pakistan entrent en guerre, car le Pakistan soutient une insurrection musulmane dans la province indépendante du **Cachemire**.

1958-1960 Des querelles opposent le Pakistan et l'Inde sur les droits d'irrigation dans la région du **Pendjab** pakistanais.

1965 Le Pakistan lance une offensive dans les régions détenues par l'Inde au **Jammu** et au **Cachemire**. En représailles, l'Inde envahit **Lahore**.

1966 L'**accord de Tachkent** oblige les deux pays à résoudre leurs différends par des voies pacifiques sans intervention dans les affaires étrangères l'un de l'autre.

1971 Guerre civile entre le Pakistan occidental et le Pakistan oriental. Au terme du conflit, le Pakistan oriental devient le **Bangladesh**.

1972 Le **traité de Simla** entre les deux pays ouvre la voie à la reconnaissance diplomatique du Bangladesh indépendant par le Pakistan.

1989 Le Pakistan accorde son « soutien moral et diplomatique » aux groupes de militants musulmans opérant dans la vallée du Cachemire. L'Inde l'accuse de soutenir le terrorisme.

1940 | 1950 | 1960 | 1970 | 1980

son accord. Il exhorta même lord Mountbatten à proposer à Jinnah le poste de Premier ministre de l'Inde unie plutôt qu'une nation musulmane séparée. Cependant cette idée ne plaisait ni à Jawaharlal Nehru, le président du parti du Congrès, ni à Vallabhbhai Patel, son puissant adjoint. Ni l'un ni l'autre ne se voyaient travailler avec Jinnah. Ils préféraient diriger une Inde indépendante.

En juillet 1947, le Parlement britannique accorda l'indépendance à l'Inde et ordonna la délimitation des dominions indien et pakistanais, divisant ainsi le plus vaste empire du monde. Selon la loi de partition, le Pakistan se répartissait sur deux territoires : le Pakistan oriental et le Pakistan occidental. Séparés par des milliers de kilomètres, ils se situaient respectivement dans l'est et le nord-ouest à majorité musulmane de la région. Le reste formait l'Inde, à l'exception de la province du Cachemire, au nord, qui restait libre de se joindre à l'un ou l'autre État. Le 14 août 1947, le Pakistan accéda à l'indépendance, et Jinnah en devint le premier gouverneur général. À minuit le lendemain, l'État indépendant de l'Inde voyait le jour avec Nehru au poste de Premier ministre. Dès l'annonce des nouvelles frontières, plus de 12 millions d'hindous, de musulmans et de sikhs fuirent leur maison, à pied, en charrette et en train, pour se réfugier de l'autre côté de la frontière. Ces déplacements massifs de population entraînèrent la mort et la destruction dans leur sillage. En l'espace de deux mois, près de 1 million de personnes furent massacrées au cours de violentes émeutes religieuses. Les sikhs piégés du côté pakistanais subirent le pourcentage de pertes le plus élevé. La plupart finirent par s'installer en Inde, dans la province du Pendjab, aux frontières très réduites.

Lâcher de colombe
Nehru, Premier ministre indien de 1947 à 1964, lâcha une colombe de la paix lors des célébrations de son 65e anniversaire en 1954.

Émeutes dues à la partition
Durant les émeutes qui éclatèrent dès la déclaration de la partition, des bandes de provocateurs écumèrent les rues de Calcutta. Les attaques sectaires firent 4 000 morts.

APRÈS

Les problèmes territoriaux et ethniques se poursuivirent sur le sous-continent indien.

LA GUERRE DU CACHEMIRE
L'Inde et le Pakistan se contestent la possession de l'État du **Cachemire** à majorité musulmane depuis qu'un dirigeant hindou, le **maharajah Hari Singh**, donna la province à l'Inde en 1947. Les deux pays se sont affrontés en 1947-1948 et 1965. Depuis 1989, un mouvement d'indépendance s'active dans la partie de la région administrée par l'Inde.

LES SÉPARATISTES SIKHS
Aucune disposition ne fut prévue pour les sikhs lors de la partition de l'Inde entre musulmans et hindous. Depuis le début des années 1980, les sikhs réclament leur propre État, qu'ils espèrent baptiser **Khalistan**, « terre des purs ».

IMPASSE NUCLÉAIRE
En 1998, l'Inde et le Pakistan procédèrent à des essais nucléaires qui inquiétèrent la communauté internationale. Le Conseil de sécurité de l'ONU critiqua les deux pays et les exhorta à arrêter tous leurs programmes d'armement nucléaire. Les tensions se relâchèrent en février 1999 après la signature de la **déclaration de Lahore**, un accord visant pour l'Inde et le Pakistan à redoubler d'efforts afin de résoudre tous les problèmes entre eux. Néanmoins la menace de conflit nucléaire subsiste, car les deux pays ont maintenu leur arsenal nucléaire.

RÉGIME COLONIAL
Les appels à l'indépendance des nationalistes forcèrent les puissances européennes à quitter de nombreux territoires d'outre-mer.

1900

1915-1924 Le nationalisme croissant à **Ceylan (Sri Lanka)** aboutit à la formation de ligues de jeunes qui font pression pour l'**autonomie** et la fin du régime britannique.

1922 Les manifestations contre la longue occupation de la Grande-Bretagne aboutissent à l'**indépendance de l'Égypte**, mais la Grande-Bretagne domine encore les affaires égyptiennes.

1925

1930 Déclaration symbolique de l'**indépendance de l'Inde** par le parti du Congrès

1945 Hô Chi Minh proclame une république indépendante au **Viêt Nam** et Sukarno proclame l'indépendance de l'**Indonésie**.

1946 Formation d'une fédération panafricaine pour promouvoir l'**indépendance en l'Afrique**

1948 Création de l'État moderne d'**Israël**. L'indépendance de l'Inde est suivie par la **partition** du sous-continent entre l'**Inde** et le **Pakistan**.

1950

1956 La « révolution du roi et du peuple » permet au **Maroc** de se délivrer du joug de la France. Le pays récupère des zones sous la coupe de l'Espagne.

1957-1975 La majorité des nations **africaines** et **antillaises** se libèrent du joug britannique, français, espagnol, néerlandais, portugais ou belge et obtiennent l'indépendance.

1975

1997 Hong Kong, territoire britannique depuis la victoire, en 1842, de la Grande-Bretagne lors de la première guerre de l'opium, est finalement rendu à la **Chine** le 1er juillet 1997. C'est la fin de l'Empire britannique.

La fin de l'ère coloniale

Le déclin des empires européens s'accéléra après la Seconde Guerre mondiale, la domination des nations pauvres par les puissances coloniales devenant inacceptable. La transition aboutit à la création d'États autonomes dans la majeure partie du monde, ce qui déclencha de nouveaux conflits.

En 1945, l'ancienne justification de l'empire – que les races dites « inférieures » avaient besoin d'être guidées par la civilisation occidentale « supérieure » – fut remise en question. Après la guerre, il existait un réel désir de bâtir un autre monde. Bien des colonies étaient demeurées sous-développées à cause des besoins économiques des empires. Certaines puissances européennes, contraintes d'admettre que cela ne pouvait plus durer, se préparèrent, à contrecœur, à se retirer des colonies.

La fin de l'empire

Cette reconnaissance du droit à l'autonomie de ces pays du « tiers monde » coïncida avec la survenue de la guerre froide (voir p. 406-407). La transition vers l'indépendance de certaines colonies fut compliquée par les rivalités entre les États-Unis et l'Union soviétique cherchant à influencer le choix de régime des pays concernés. Sur place, les différentes factions sociales, politiques et communautaires se disputaient le pouvoir entre elles. Dans bien des cas, les puissances européennes causèrent des ressentiments en tentant de protéger leurs intérêts et de conserver les ressources, notamment le pétrole et les gemmes, des pays auxquels elles avaient accordé l'indépendance La transition fut donc souvent marquée par la guerre civile et l'intervention de puissances étrangères.

La décolonisation

En Indonésie, l'Empire néerlandais suscitait un tel ressentiment que l'envahisseur japonais fut accueilli les bras ouverts durant la Seconde Guerre mondiale. Les Néerlandais se refusaient à abandonner le caoutchouc et le pétrole indonésiens. Ils envahirent le territoire en 1945 pour reprendre la main mais concédèrent l'indépendance à l'Indonésie en 1949, tout en occupant la Nouvelle-Guinée occidentale.
La République d'Indonésie ne fut pas créée avant 1960. Durant la Seconde Guerre mondiale, le régime français de Vichy, soutenu par les Allemands, en Indochine collabora aussi avec le Japon. En 1945, le nationaliste vietnamien Hô Chi Minh profita de la reddition japonaise pour proclamer la République démocratique du Viêt Nam. L'armée française envahit la nouvelle république. En 1946, la France se rendit maître du sud du pays tandis que le Front de l'indépendance, le Viêt-minh, tenait le Nord. La guerre d'Indochine dura de 1946 à 1954, date à laquelle les lourdes pertes françaises lors de la bataille de Diên Biên Phu précipitèrent la fin du conflit. Le pays fut divisé entre le Nord et le Sud. Les tensions entre les deux États s'intensifièrent et aboutirent à la guerre du Viêt Nam (voir p. 430-431).

Dans la colonie britannique de Malaisie, la transition vers l'autonomie se déroula d'abord paisiblement avant de virer au conflit. L'hostilité à l'égard de la Grande-Bretagne, qui veillait sur ses intérêts (caoutchouc et étain), alliée aux querelles politiques internes, généra des troubles civils. Une insurrection armée orchestrée par la minorité communiste se solda par la mort de trois planteurs européens, en juin 1948, et déclencha un affrontement armé. Les troupes britanniques écrasèrent les guérillas chinoises en 1952 et se retirèrent de Malaisie en 1957, une fois la fédération de Malaisie établie.

Sabordage de navire dans le canal de Suez
Navires coulés par l'armée égyptienne pour bloquer l'entrée du canal de Suez. À l'extrême droite de l'image, un bâtiment britannique tente un dégagement.

« AVANT

Au début du xxe siècle, la propagation des idées nationalistes favorisa le développement de mouvements d'indépendance dans les colonies.

COLONIES ET EMPIRES
Avant la guerre de 1939-1945, **les puissances européennes dominaient encore une grande partie du monde** – l'Afrique était divisée entre les Britanniques, les Français, les Belges et les Portugais **« 360-361** ; une grande partie de l'Asie et des Antilles demeurait aussi sous domination impériale. Au Moyen-Orient, les mandats accordés par la Société des Nations conféraient le pouvoir administratif sur la région à la Grande-Bretagne et à la France.

LES ÉCONOMIES COLONIALES
Les territoires des colonies, au niveau de vie très bas, étaient sous-industrialisés. Ils fournissaient des matières premières à l'industrie européenne mais le **développement de leur propre économie** n'était pas une priorité.

LA MONTÉE DU NATIONALISME
Peu à peu, les **colonies réclamèrent leur autonomie**. Les puissances impériales firent quelques concessions mais conservèrent le contrôle économique des ressources naturelles.

CHEF D'ÉTAT ÉGYPTIEN (1918-1970)

GAMAL ABDEL NASSER

Dès son plus jeune âge, Nasser s'intéressa à la lutte pour l'indépendance de l'Égypte. Durant la Seconde Guerre mondiale, il fut impliqué dans un projet de coup d'État destiné à chasser les Britanniques d'Égypte. Si ces plans ne se concrétisèrent jamais, Nasser n'en dirigea pas moins la révolution égyptienne qui le mena à la présidence (1956-1970) en 1952. Sa victoire lors de la guerre de Suez en 1956 (voir à droite) fit de lui une figure du nationalisme arabe.

Émeutes à Paris
L'opposition croissante en France à la suppression du mouvement nationaliste en Algérie finit, en 1961, par faire éclater des émeutes dans les rues de Paris où les contestataires affrontèrent l'armée française et les CRS. Un cessez-le-feu fut déclaré en Algerie en 1962. Cette même année, l'Algérie vota son indépendance.

Le départ des Néerlandais en Indonésie
Lors de l'indépendance de l'Indonésie en 1949, quelque 300 portraits d'anciens gouverneurs néerlandais furent retirés de la résidence coloniale, marquant la fin de plus de trois siècles de domination impériale.

La guerre de Suez

La plus importante crise provoquée par les décolonisations britanniques et françaises se produisit en 1956 lors de la nationalisation du canal de Suez par le président Nasser (voir encadré). Le canal, qui relie la mer Méditerranée et la mer Rouge en traversant le territoire égyptien, était régi par les Britanniques et les Français depuis sa construction en 1869. Il représentait une voie clé pour le transport des matières premières vers l'Europe. Les forces anglo-françaises attaquèrent l'Égypte pour lui reprendre le canal, mais les Nations unies, les États-Unis et l'Union soviétique refusèrent de soutenir cette invasion impérialiste. Humiliées, la Grande-Bretagne et la France se retirèrent. La crise, qui se termina par la victoire du nationalisme arabe, fut le signal du déclin des vieilles puissances d'Europe.

Les conflits en Afrique

La détermination de la France à conserver la mainmise sur l'Algérie en Afrique du Nord conduisit à la guérilla entre le Front de libération nationale (FLN) algérien et les forces de sécurité françaises à partir de 1954. En 1960, la violence s'intensifia et la question de l'indépendance divisa les Français. Les généraux de l'armée française en Algérie tentèrent alors un coup d'État. L'indépendance fut accordée en 1962. Le conflit laissa de profondes cicatrices dans les consciences nationales française et algérienne.

La décolonisation en Afrique causa quantité de guerres territoriales entre les nations africaines, et ce parce que les autorités européennes découpèrent le continent de façon arbitraire sans prêter attention aux frontières tribales (voir p. 360-361). Par ailleurs, nombre de nations plongèrent dans la guerre civile après le départ des puissances impériales.

150 000 **Nombre estimé de morts lors du conflit franco-algérien**

Lorsque le gouvernement belge accorda brusquement l'indépendance au Congo, en 1960, la lutte des différentes factions congolaises pour la gestion des fabuleuses richesses naturelles de la nation engendra la violence. Le gouvernement démocratique du Congo, installé au moment de l'indépendance, fut renversé par un coup d'État du lieutenant-général Mobutu en 1965.

Après l'indépendance

Tout au long des années 1960 et 1970, le passage à l'indépendance s'effectua dans l'ensemble de manière pacifique dans la majeure partie du monde. Dans le tiers monde, indépendance ne rima toutefois pas avec répartition égale des richesses et du pouvoir. Si d'anciennes colonies comme Hong Kong et Singapour (voir p. 456-457) connurent la prospérité après l'ère impériale, bien d'autres se retrouvèrent parmi les plus pauvres nations du monde.

APRÈS

Différents mécanismes furent conçus pour favoriser le passage des colonies à l'indépendance, avec divers degrés de réussite.

LES RÉGIMES MILITAIRES
Dans certains pays, le pouvoir changea de mains grâce à des coups d'État, comme celui mené par **Idi Amin Dada** en Ouganda en 1971. Les régimes militaires favorisèrent les **violences ethniques et la répression politique**.

LA DÉMOCRATIE
À quelques exceptions près, comme la République indépendante du Ghana, les démocraties post-coloniales échouèrent en Afrique. Les Parlements élus se révélèrent souvent **incapables de maintenir l'unité** du pays, tel le Soudan, face aux divisions tribales.

ANNIVERSAIRE DE L'INDÉPENDANCE DU GHANA

La Terre promise

Selon la Bible, la terre de Palestine fut promise par Dieu au peuple juif. En 1948, la création dans la région de l'État juif moderne d'Israël provoqua la colère des Arabes palestiniens et du monde arabe en général. Ce fut l'un des actes politiques les plus conflictuels de l'ère moderne.

AVANT

Dans les années 1880, de nombreux Juifs émigrèrent en Palestine pour échapper aux persécutions religieuses en Europe. Dans les années 1890, le mouvement sioniste exigea un État sur les terres de ses ancêtres ; c'est pourquoi les Britanniques acceptèrent la création d'un État juif en Palestine en 1917.

PREMIERS SIONISTES

LE SIONISME
Le sionisme devint un mouvement politique organisé en 1897, lors de la convocation du premier congrès sioniste par son fondateur, Théodore Herzl. Le congrès revendiqua un État juif en Palestine.

LES ACCORDS SYKES-PICOT
En 1916, après l'effondrement de l'Empire ottoman **« 246-247** lors de la Première Guerre mondiale **« 372-375**, ses territoires du Moyen-Orient furent répartis entre la France et la Grande-Bretagne lors de la signature des accords Sykes-Picot. La France obtint ainsi un mandat pour la Syrie et le Liban tandis que la Grande-Bretagne eut l'Iraq et la Palestine.

MANDAT Territoire ottoman ou allemand confié à un autre pays après la Première Guerre mondiale

LA DÉCLARATION BALFOUR
Élaborée en 1917 par les autorités britanniques, la déclaration Balfour reconnut la nécessité d'un pays juif en Palestine.

La domination britannique en Palestine, qui débuta officiellement en 1919 avec l'octroi d'un mandat à la Grande-Bretagne (voir AVANT), fut marquée par la controverse et la violence. La population à majorité arabe contestait la revendication des colons juifs sur leur terre ; certains s'attaquèrent aux Juifs, à leurs maisons et à leurs entreprises.

Devant le manque de protection assuré par les autorités britanniques, les Juifs formèrent des groupes de défense, collectivement connus sous le nom de Hagannah, pour protéger leurs communautés. Dans les années 1930, la Hagannah vira à l'organisation paramilitaire, avec ses propres programmes d'entraînement et des armes provenant d'Europe.

Réfugiée juive
Comme nombre de Juifs émigrés en Israël dans les années 1950, cette jeune Yéménite séjourna au camp de transit de Shaar ha-aliya près de Haïfa à son arrivée dans l'État juif.

Le départ des Britanniques

Bientôt les Britanniques ne parvinrent plus à maintenir l'ordre à cause de la guérilla entre les groupes arabes et la Hagannah, c'est pourquoi, en 1939, ils convièrent des délégations arabe et juive à une table ronde, dite conférence de Saint-James, afin de trouver une solution aux tensions en cours.

La conférence n'ayant abouti à aucun accord, les Britanniques élaborèrent leur propre politique : le « livre blanc de McDonald ». Leurs propositions renfermaient des concessions aux Arabes sur un large éventail de problèmes, dont le plus important était une restriction sur la libre installation en Palestine de réfugiés Juifs. Cela ressemblait à une condamnation à mort pour les Juifs voulant venir en Palestine pour fuir l'Europe nazie (voir p. 400-401). Les partisans de chaque camp organisèrent des conférences internationales en 1946, mais l'année s'acheva sans la moindre solution réalisable en vue. Pris entre Arabes et Juifs, le gouvernement britannique, démuni sur le plan financier, déclara son mandat en Palestine « inexploitable » en février 1947 et transmit l'affaire aux Nations unies. L'ONU proposa un plan de partition allouant 44 % de la région à la création d'un État arabe et 56 % à un État juif, Jérusalem étant placée sous administration internationale. Le 29 novembre 1947, l'assemblée générale de l'ONU se prononça à 33 voix contre 13, et 10 abstentions, en faveur du plan de partition. Les Juifs acceptèrent la décision, mais pas les Arabes, pour lesquels le plan ne tenait aucun compte des droits de la majorité vivant en Palestine. Malgré cela, la Grande-Bretagne se retira, et le 14 mai 1948, l'État juif d'Israël fut créé.

« En Israël, être **réaliste**, c'est croire aux **miracles**. »
DAVID BEN GOURION, 1948

L'épave de l'*Altalena*
En juin 1948, la foule s'attroupa sur la plage de Tel-Aviv pour voir l'épave incendiée de l'*Altalena*. Le navire venu de France transportait des armes pour l'Irgoun (groupe dissident de la Hagannah) et près de 900 immigrants. Ben Gourion refusa de le laisser accoster en vertu d'une trêve avec les Arabes et ordonna des tirs d'avertissement. L'un d'eux toucha le navire et l'incendia.

Le « plan de partage » de l'ONU
Selon ce plan, la plaine côtière du Nord, la Galilée orientale et le Néguev devaient revenir aux Juifs. Les Arabes obtenaient une partie de désert partageant une frontière avec l'Égypte (la bande de Gaza), la Samarie, les monts de Judée et la côte Sud.

LÉGENDE
- État arabe proposé
- État juif proposé
- Zone internationale proposée
- Frontière du mandat britannique, 1923

CHEF D'ÉTAT ISRAÉLIEN (1886-1973)

DAVID BEN GOURION

David Ben Gourion naquit en Pologne. Installé en Palestine en 1906, il devint l'un des principaux membres du mouvement sioniste, menant la lutte pour la création de l'État d'Israël. Ben Gourion devint le premier Premier ministre d'Israël en 1949. Jusqu'à sa retraite en 1970, il joua un rôle majeur dans la vie israélienne, élaborant les politiques et les institutions de l'État et guidant Israël pendant les années de conflit.

Il fut reconnu par les États-Unis, l'Union soviétique et d'autres membres de l'ONU mais pas par les pays arabes voisins, qui refusèrent d'accepter la légitimité de l'État d'Israël.

L'évacuation de Jérusalem
Des milliers de Juifs furent évacués de Jérusalem par l'armée britannique en 1948. La ville était assiégée par des milices arabes qui, par réaction au plan de partition, tentaient de dépouiller les 100 000 Juifs qui y vivaient.

Troubles dans la mère patrie

L'une des premières tâches du nouveau chef de l'État d'Israël, David Ben Gourion, fut de créer les forces de défense israélienne à partir de la Hagannah et d'autres organisations paramilitaires juives. Israël eut un besoin réel et immédiat de se défendre, car, à peine créé, le pays fut envahi par l'Égypte, la Syrie, la Transjordanie (actuelle Jordanie), le Liban et l'Iraq. Ce fut le début de la guerre israélo-arabe de 1947-1949, le premier d'une longue série de conflits entre Israël et le monde arabe (voir APRÈS).

L'Organisation de libération de la Palestine (OLP) formée en 1964 constituait une autre menace pour sa sécurité. Ce regroupement de divers factions armées et politiques arabes se donnait pour but la destruction d'Israël par la lutte armée. L'OLP finança d'innombrables raids contre des cibles israéliennes civiles et militaires, ce qui valut à l'organisation une réputation mondiale de groupe terroriste. Dans les années 1980, Yasser Arafat, président de l'OLP depuis 1969, assuma le rôle de chef de l'État et usa de diplomatie pour atteindre les objectifs du groupe. Certains extrémistes palestiniens trouvèrent cependant qu'Arafat accordait trop de concessions aux Israéliens durant les pourparlers.

Visa d'entrée
Daté de janvier 1939, ce visa permettait à son détenteur juif allemand d'émigrer vers le protectorat britannique de la Palestine. En novembre, cette année-là, des restrictions furent mises en place sur le nombre de Juifs autorisés à s'installer dans la région.

APRÈS

Malgré l'intervention de la communauté internationale, des tensions entre Arabes du Moyen-Orient et Juifs déclenchèrent régulièrement des conflits après la création d'Israël.

LA DEUXIÈME GUERRE ISRAÉLO-ARABE

En 1956, l'Égypte nationalisa la compagnie du canal de Suez « 412-413, reprenant ainsi la main sur le canal géré par les Français et les Britanniques. Les tensions s'intensifiant par ailleurs entre Israël et l'Égypte en raison du contrôle exercé par les Égyptiens sur la bande de Gaza, qu'Israël soupçonnait d'être une base de la guérilla, Israël, la Grande-Bretagne et la France joignirent leurs forces pour envahir l'Égypte.

LA GUERRE DES SIX-JOURS

En réponse au regroupement de forces arabes à ses frontières, **Israël lança une frappe préventive contre l'Égypte, la Jordanie et la Syrie** en juin 1967. Au bout de six jours, un cessez-le-feu fut accepté de part et d'autre, et Israël obtint la bande de Gaza, une large part de la péninsule du Sinaï, la Cisjordanie et le plateau du Golan : les **«territoires occupés»**.

LA GUERRE DU KIPPOUR

En 1973, **l'Égypte et la Syrie lancèrent une attaque surprise sur Israël** le jour de Yom Kippour, sachant que les militaires israéliens participeraient aux cérémonies religieuses du Grand Pardon juif. Les forces arabes firent d'importantes avancées avant qu'Israël ne réagisse pour repousser l'envahisseur derrière les lignes du cessez-le-feu de 1967.

UN PAS VERS LA PAIX

En 1978, le président égyptien **Anouar El-Sadate**, le Premier ministre d'Israël **Menahem Begin** et le président américain **Jimmy Carter** signèrent les accords de Camp David. Ils fixèrent un **«cadre pour la paix»** au Moyen-Orient avant la signature, en 1979, du traité de paix israélo-égyptien.

L'OCCUPATION ISRAÉLIENNE DU LIBAN

Le Liban fut impliqué dans le conflit israélo-palestinien au début des années 1970, quand le pays autorisa l'OLP à y établir sa base. Pour tenter de contenir les attaques transfrontalières de l'OLP, Israël envahit le Liban en 1978, puis en 1982. Il devint alors une force occupante et le resta jusqu'en 2000. À la suite du meurtre de trois soldats israéliens et à l'enlèvement de deux autres par le **Hezbollah**, groupe paramilitaire islamique libanais, Israël envahit de nouveau le Liban en 2006.

LES ACCORDS D'OSLO

Lors des accords d'Oslo en 1993, le Premier ministre d'Israël, **Yitzhak Rabin**, accepta le retrait d'Israël de certaines parties de la **Cisjordanie et de la bande de Gaza**. Les Palestiniens purent installer un gouvernement d'intérim dans ces régions durant cinq ans pendant les pourparlers de paix. Yasser Arafat **renonça à la violence** contre Israël.

RABIN, CLINTON ET ARAFAT

SAVANT Né en 1879 Mort en 1955

Albert Einstein

« La plus **belle** expérience est celle du mystère. C'est la source de tout **art** et de toute **science** véritables. » **ALBERT EINSTEIN**, 1930

Einstein l'icône
Albert Einstein contribua largement à notre compréhension de l'Univers – des atomes aux étoiles et aux galaxies – et devint une véritable icône.

Le physicien Albert Einstein, né en Allemagne, ne brilla guère à l'école même s'il fit preuve de dispositions naturelles pour les mathématiques et, une soif d'apprendre. Après avoir obtenu son certificat d'enseignant dans une école polytechnique, Einstein décrocha un emploi dans un bureau de brevets à Bern, en Suisse, en 1903. Deux ans plus tard, il présentait sa thèse de doctorat et publiait quatre articles scientifiques. Trois allaient marquer l'histoire des sciences. Le premier de ces articles publiés en 1905 portait sur l'étonnant phénomène de l'effet photoélectrique : exposés à la lumière, les électrons sont éjectés des atomes de métal.

Le taux d'éjection n'augmente pas régulièrement en fonction de l'intensité de la lumière projetée sur la surface métallique, l'effet se met subitement en marche lorsque la fréquence lumineuse franchit un certain seuil. Pour expliquer cet effet, Einstein montra que l'énergie de la lumière devait être émise par paquets discrets, appelés « quanta ».

Le physicien allemand Max Planck (1858-1947) avait déjà eu recours à la quantification comme astuce mathématique en 1900, mais sans imaginer que cela puisse être tout à fait vrai. L'article d'Einstein posait les bases de la théorie quantique – domaine de la physique s'intéressant au comportement de la lumière, des atomes et des particules subatomiques. Einstein consacra le reste de ses jours au développement de cette théorie. Dans son deuxième article qui fit date, intitulé *Sur l'électrodynamique des corps en mouvement*, il exposa sa théorie de la relativité restreinte. Partant du fait que la vitesse de la lumière reste toujours la même, quelle que soit la vitesse de déplacement de l'observateur par rapport à la source lumineuse, il prouva que le temps n'avance pas à un seul rythme « universel » – des horloges se déplaçant l'une par rapport à l'autre avancent à des rythmes différents (même si cet effet n'est visible qu'à des vitesses relatives très élevées).

La troisième publication de 1905 était un audacieux prolongement de la relativité restreinte. Sachant que la vitesse de la lumière ne peut être dépassée, Einstein prouva que la masse et l'énergie sont elles aussi des quantités relatives, comme le temps et l'espace. En outre, il montra que la masse et l'énergie sont deux aspects d'une même chose : l'énergie de masse. C'est dans cet article que figure sa plus

Le jeune Einstein
À l'époque de cette photo, Einstein – ici avec sa sœur Maja – reçut de son père une boussole. Plus tard, il déclara avoir trouvé l'inspiration à force de réfléchir à ce qui faisait tourner l'aiguille d'une boussole.

Der Erziehungsrat
des
Kantons Aargau
urkundet hiemit:
Herr Albert Einstein von Ulm,
geboren den 14. März 1879,
...
Aarau den 3. Oktober 1896.

Bulletin de notes
Selon le mythe, Einstein aurait eu des difficultés à l'école. Ce bulletin scolaire montre pourtant d'excellents résultats en physique et en maths.

IDÉES

LES THÉORIES DE LA RELATIVITÉ

Le principe de relativité remonte à la révolution scientifique du XVIIe siècle (voir p. 266-267). Évoqué pour la première fois par le physicien Galilée, il veut que les lois de la physique restent inchangées quel que soit le cadre de référence, sauf lorsqu'elles sont affectées par des forces externes – autrement dit : les lois naturelles sont les mêmes, qu'on se déplace ou non. En effet, comme le mouvement est relatif, il n'existe pas de point de référence fixe universel.

La théorie de la relativité restreinte d'Einstein (1905) réconcilie ce principe avec le fait que la lumière se déplace toujours à la même vitesse relative pour l'observateur quelle que soit sa vitesse relative par rapport à sa source. Pour ce faire, Einstein expliqua que les mesures du temps et de la distance sont déformées à des vitesses relatives élevées. Les curieux résultats de la relativité restreinte sont communément utilisés en physique expérimentale.

En 1915, Einstein étendit la relativité restreinte et aboutit à la théorie de la relativité générale. Cette dernière explique que la gravité est une distorsion de l'espace-temps, le «tissu» en quatre dimensions de l'Univers.

Les deux théories de la relativité ont été éprouvées d'innombrables fois sans jamais faillir. L'un des effets de la relativité générale (illustré par cette image prise par le télescope spatial Hubble) est un phénomène appelé mirage gravitationnel : la lumière d'étoiles et de galaxies lointaines dévie et se déforme en passant à proximité d'étoiles et de galaxies plus proches.

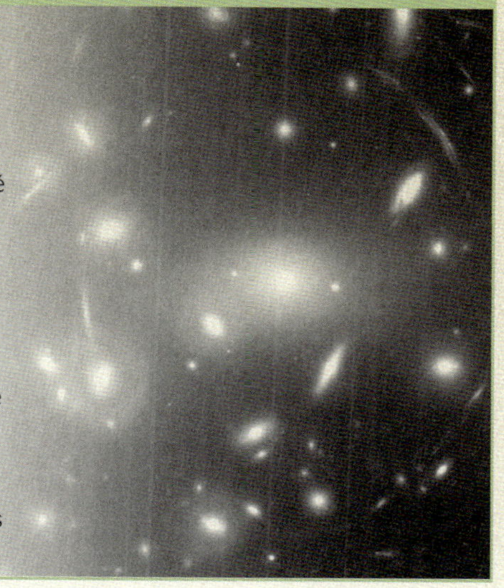

« Ne t'inquiète pas si tu as des difficultés en **maths**, je peux t'assurer que les miennes sont plus importantes. » ALBERT EINSTEIN

célèbre équation : $E = mc^2$ – la masse (m) et l'énergie (E) sont en rapport par le biais de la vitesse de la lumière au carré (c^2). Cette relation constitue la base de l'énergie nucléaire : à l'intérieur d'un réacteur, les noyaux atomiques qui sont séparés perdent de la masse en libérant une importante quantité d'énergie, conformément à la théorie d'Einstein. Cette fameuse équation est aussi à l'origine de l'énergie dévastatrice des armes nucléaires.

Einstein et la politique
Sioniste, Einstein rencontra le tout premier Premier ministre d'Israël, David Ben Gourion (ci-dessus). En 1946, Einstein proclamait déjà la nécessité du désarmement nucléaire (à droite).

La reconnaissance

En 1907, Hermann Minkowski, l'un des enseignants d'Einstein, montra que le temps est équivalent aux trois dimensions de l'espace et s'entrecroise avec elles. Pour lui, « l'espace-temps » était le « tissu » en quatre dimensions de l'Univers.

Cependant, peu d'autres physiciens prêtèrent attention à ces travaux à l'époque. Einstein, lui, voulut généraliser sa théorie de la relativité restreinte afin d'y inclure la gravité. Il se rendit compte que le temps ralentit dans les champs gravitationnels intenses – entraînant la courbure de la lumière à proximité d'objets massifs, tels que le Soleil. Einstein parvint à expliquer que la gravité est une distorsion de l'espace-temps. Il publia ces idées en 1915 dans le cadre de sa théorie de la relativité générale.

L'éclipse solaire totale de 1919 fut l'occasion de tester cette nouvelle théorie. Une équipe de physiciens photographia la région du ciel autour du Soleil pendant l'éclipse. Les étoiles situées autour du Soleil obscurci paraissaient légèrement déplacées – ce qui résultait de la courbure de leur lumière au passage près du Soleil. Inexplicable selon le concept traditionnel de gravité « newtonien » (voir p. 269), le décalage correspondait parfaitement à la théorie d'Einstein. Einstein devint une célébrité mondiale. En 1921, il remporta le prix Nobel de physique – premier d'une longue série d'honneurs – et demeura sur le devant de la scène des découvertes à une époque où les physiciens commençaient à démêler les mystères de la création de l'Univers. Sa notoriété dépassa le cadre des milieux universitaires et il devint une icône culturelle et l'un des rares savants connus de tout un chacun ou presque.

Vie politique

Compte tenu de sa renommée, Einstein fut régulièrement interrogé sur ses opinions dans maints domaines. Il fréquenta de nombreux chefs d'État, contribua largement à des journaux, des livres et des revues et s'impliqua dans maintes causes politiques. À la fin de sa vie, il fit campagne contre le racisme aux États-Unis et contre les armes nucléaires. C'était un pacifiste végétarien. Juif allemand, Einstein avait des aspirations sionistes (voir p. 414) et se déclarait en faveur de la création d'un État juif au Moyen-Orient. Ayant assisté à la montée du nazisme en Allemagne, il ne pouvait que s'impliquer dans la formation de l'État d'Israël (voir p. 414-415). Il fut même sollicité pour en assurer la présidence. Même si seuls les physiciens comprennent véritablement les théories d'Einstein, chacun reconnaît que son travail a radicalement changé notre compréhension du monde et considère cet homme brillant comme l'une des grandes figures du XXe siècle.

CHRONOLOGIE

- **14 mars 1879** Albert Einstein naît dans une petite ville d'Allemagne nommée Ulm. L'année suivante, sa famille déménage à Munich.
- **1892** À 13 ans, Einstein entame ses études au lycée Lutipold de Munich.
- **1896** Afin d'éviter le service militaire, il renonce à la nationalité allemande et entame des études de mathématiques à Zurich, en Suisse.
- **1901** Einstein sort de l'école polytechnique de Zurich avec un certificat d'enseignant en poche. La nationalité suisse lui est accordée.
- **1903** Il épouse sa première femme, Mileva Maric, qu'il a rencontrée à l'université. Il décroche un emploi au bureau des brevets de Bern.
- **1905** Dans son *«annus mirabilis»*, il écrit quatre articles scientifiques révolutionnaires, publiés dans le journal de physique allemand *Annalen der Physik*. Il obtient aussi son doctorat à l'université de Zurich.
- **1911** Accepte d'enseigner à l'université Charles, à Prague. Il publie le premier élément de sa théorie de la relativité générale : le concept de décalage gravitationnel vers le rouge.
- **1912** Retour en Suisse ; Einstein devient professeur à l'école polytechnique de Zurich.
- **1914** Einstein devient directeur de l'institut Kaiser Wilhelm à Berlin et professeur de physique théorique à l'université de Berlin.
- **1915** Publie sa théorie de la relativité générale.
- **1917** Einstein publie un important article dans lequel il propose une «constante cosmologique» pour expliquer l'expansion de l'Univers. Il publie par ailleurs un article dans lequel il suggère la possibilité d'une «émission stimulée» – principe sur lequel repose le laser, qui ne sera pas inventé avant les années 1950.
- **1919** Une éclipse totale du Soleil, le 29 mai, apporte la preuve définitive de la théorie de la relativité générale d'Einstein. Son divorce prononcé, Einstein se marie pour la seconde fois, avec sa cousine Elsa Löwenthal.
- **1922** Il reçoit le prix Nobel de physique 1921 «pour ses services rendus à la physique théorique, en particulier pour sa découverte de la loi de l'effet photoélectrique».
- **1933** Einstein accepte un poste à Princeton. Il emménage avec sa femme aux États-Unis.
- **1939** Écrit au président américain Franklin Roosevelt, pour le mettre en garde contre la possible construction d'une arme nucléaire par l'Allemagne nazie.
- **1940** Einstein devient citoyen américain.
- **18 avril 1955** Meurt d'une crise cardiaque. Il est incinéré, mais seulement après que son cerveau eut été retiré pour être conservé.

COURS AUX ÉTATS-UNIS

Le rêve américain

De la fin de la Seconde Guerre mondiale au début des années 1960, le rêve américain fondé sur « la vie, la liberté et la recherche du bonheur », comme le stipule la Déclaration d'indépendance de 1776, s'accomplit pour la majorité. Ce fut une période de prospérité, de paix et d'unité – non sans revers.

« AVANT

Durant la Seconde Guerre mondiale, certains secteurs marginalisés jouèrent un rôle central, avant de redevenir secondaires en 1945.

ROSIE LA RIVETEUSE

LES FEMMES

Les Américaines jouèrent un rôle crucial dans la victoire de la Seconde Guerre mondiale **« 392-405**. Elles servirent dans l'armée auxiliaire, la marine et l'armée de l'air, pilotant les avions sortis des usines jusqu'aux bases militaires ou les réparant après les combats. Nombre de femmes, mal rémunérées dans l'administration ou la restauration, trouvèrent des emplois mieux payés dans la fabrication de munitions ou la construction mécanique, mais rarement à des salaires équivalents à ceux des hommes. Elles perdirent leur emploi au retour des hommes de la guerre.

LA SÉGRÉGATION

La ségrégation demeura légale aux États-Unis bien après la Seconde Guerre mondiale. Le président Truman l'abolit dans les services armés en 1948, l'interdit dans les transports inter-États et déclara illégale la discrimination pratiquée par les employeurs et les syndicats. Néanmoins, les Afro-Américains menaient toujours une vie de citoyens de seconde classe **432-435 »**.

Au sortir de la Seconde Guerre mondiale, les États-Unis se trouvèrent être la nation la plus riche et la plus puissante de la planète. Seul pays parmi les Alliés à n'avoir été ni occupé ni bombardé pendant la guerre, son industrie – pourvoyant à ses propres besoins militaires mais aussi à ceux de la Grande-Bretagne et de l'URSS – connaissait le plein-emploi depuis la fin de la Grande Dépression (voir p. 384-385) des années 1930. Cette prospérité économique se prolongea en temps de paix. La production nationale fut multipliée par deux entre 1946 et 1956, pour doubler de nouveau en 1970. Le revenu individuel tripla pratiquement entre 1940 et 1955.

La nouvelle classe moyenne

Cette expansion économique créa une nouvelle classe moyenne, réunissant 60 % des familles, qui dépensait son argent en biens de consommation. Quelque 83 % des foyers américains possédaient la télévision dès 1958 et le nombre de familles possédant une deuxième voiture doubla entre 1951 et 1958. Les États-Unis réunissaient 6 % de la population mondiale (150 millions en 1950), consommaient un tiers des biens et services mondiaux et fabriquaient les deux tiers des biens manufacturés. Comparée à l'alimentation à base de féculents et relativement chère des années 1900, la nourriture était devenue abordable et variée. Dans les années 1950, l'Américain moyen avait le choix entre légumes verts, produits surgelés, viande fraîche et restauration rapide. La consommation de hot dogs passa de 750 millions en 1950 à 2 milliards une décennie plus tard. Suite à ce régime amélioré, les enfants grandirent (ils étaient en moyenne 5 cm plus grands en 1950 qu'en 1900), l'espérance de vie des femmes passa de 51 à 71 ans et celle des hommes de 48 à 65 ans.

La ruée vers la banlieue

L'un des besoins urgents de cette nouvelle classe était le logement. Réélu à la présidence en 1937, Roosevelt considérait « un tiers de la nation mal logé, mal habillé et mal nourri ». L'économie de l'après-guerre fournissait aliments et vêtements, mais le logement manquait toujours. Alors que la natalité augmentait, la construction baissait. Des millions d'Américains vivaient dans des logements trop petits ou vétustes.

Une solution fut apportée par Bill Levitt, qui remporta un contrat en 1941 pour bâtir 1 600 maisons ouvrières mitoyennes pour les chantiers navals de Norfolk, en Virginie. Frustré par les règlements syndicaux et devant encadrer de nombreux ouvriers spécialisés pour la construction et l'équipement d'une seule maison, il divisa le processus en 27 étapes et forma 27 équipes d'ouvriers pour

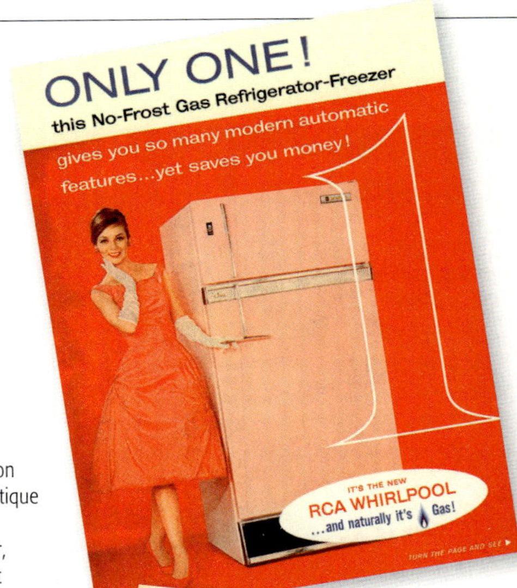

La société de consommation

Après la Seconde Guerre mondiale, la consommation aux États-Unis fut considérée comme un acte patriotique contribuant au redressement économique. Parmi les produits les plus prisés figuraient le réfrigérateur, la voiture, le téléviseur, le lave-linge, le grille-pain et l'aspirateur – tous destinés à moderniser l'existence.

Pontiac Chieftain

Le rêve américain évoque l'appel de la route et les voitures élégantes comme la Pontiac Chieftain décapotable. L'essence était bon marché et les jeunes se retrouvaient dans les cafétérias, les centres commerciaux et les cinémas en plein air. Les Pontiac et les Cadillac devinrent les symboles de la richesse et de la liberté que les Américains connurent dans les années 1950.

exécuter chacune d'elles. Les ouvriers les plus rapides gagnaient plus. C'était le principe de la chaîne de production. Après la guerre, Levitt appliqua les mêmes principes à son premier lotissement de 2 000 maisons de trois pièces pour les vétérans de guerre à Long Island. La maison coûtait 6 900 $, sans acompte à verser, et l'emprunt

Sortie au restaurant
Compte tenu de leurs revenus, les jeunes couples pouvaient dépenser leur argent en loisirs : prendre un verre après le travail ou dîner à la cafétéria locale. Dans bien des États du Sud, la ségrégation raciale demeurait cependant en vigueur dans ces établissements.

était garanti par un projet de loi fédérale. Levittown, comme elle fut surnommée, passa en quatre ans à 17 447 maisons et 82 000 habitants. Il existait certaines règles : pas de clôture, pas de fil à linge, pas d'arbuste de plus de 1,20 m de haut le long du terrain et, de façon controversée, pas d'Afro-Américains – mais cette exclusion disparut en 1949. Les maisons étaient toutes identiques ; pourtant les habitants ne tardèrent pas à les personnaliser en ajoutant porches, patios et extensions. Quelque 13 millions de nouveaux foyers furent construits entre 1948 et 1958, pour l'essentiel dans de nouvelles banlieues. Les villes américaines en furent souvent transformées ; elles subirent « l'effet du beignet » : un riche centre d'affaires et de commerces entouré d'un premier cercle d'habitats sociaux largement peuplés d'Afro-Américains pauvres, entouré d'un second cercle de banlieues en grande partie blanches.

La culture adolescente

Non seulement, les États-Unis s'enrichirent, mais ils rajeunirent : 40 millions de naissances entre 1950 et 1960. En 1964, 40 % de la population avait moins de 20 ans. Le concept de « l'adolescence » fit son apparition, car les jeunes développèrent leur propre culture. La musique populaire n'était pas la même selon la race et, en partie, la classe. Les crooners dominaient dans la culture blanche, au cinéma comme dans la variété. La country avait la préférence de la classe ouvrière blanche, tandis que les Afro-Américains aimaient le blues, le gospel et, à la fin des années 1940, le rhythm and blues. La nouvelle musique hybride – mêlant rhythm and blues afro-américain et country blanche – proposée par les chanteurs blancs, tels Bill Haley, en 1954, et Elvis Presley, en 1956, offrit aux jeunes leur propre musique. Le rock and roll, musique de la rébellion et de l'angoisse existentielle, trouva un écho dans les films de James Dean et Marlon Brando. Il alimenta la contre-culture émergente. Le jazz, les poètes de la Beat Generation, les romanciers comme Jack Kerouac, les expressionnistes abstraits Jackson Pollock et Mark Rothko ainsi que les chansons contestataires folk de Woody Guthrie et, plus tard, de Bob Dylan définissaient autant la culture américaine que le rock and roll ou le cinéma.

MACCARTHISME **Pratique menée par le sénateur Joe McCarthy consistant à accuser les gens d'appartenir au Parti communiste ou à des organisations communistes sans la moindre preuve concrète. Elle fit naître la peur d'une « menace rouge » contre la société américaine durant la guerre froide.**

La banlieue
La production de logements en masse aboutit à des rues toutes similaires. Dans sa chanson *Little Boxes* (1962), Malvina Reynolds critiquait la fadeur des années 1950 en tournant en dérision la monotonie des banlieues et les valeurs bourgeoises qu'elles finirent par incarner.

Le revers de la médaille

Tout le monde ne vivait pas le rêve américain. Les années 1950 furent une décennie conservatrice, fondée sur les valeurs familiales de la classe moyenne blanche : les hommes au travail et les femmes à la maison – 36 % seulement des femmes travaillaient en 1955. Les femmes partageaient le rêve mais comptaient sur les hommes pour le concrétiser. Les Afro-Américains, eux, n'avaient pas accès au rêve. La ségrégation sévissait au travail, dans le logement, l'éducation et les droits civiques, surtout dans le Sud. Le pays était par ailleurs en proie à la guerre froide (voir p. 406-407), responsable de troubles internes, telle la chasse aux sorcières de McCarthy.

Le sénateur McCarthy
En 1950, le sénateur du Wisconsin prétendit que le département d'État comptait 547 communistes inscrits au parti, sans compter 205 sympathisants. Sa chasse aux sorcières anticommuniste toucha la corde sensible en pleine guerre froide, mais le Sénat vota une motion de censure contre lui lorsqu'il s'attaqua à l'armée en 1954.

Jazz
Après les excès artistiques de Charlie Parker et le be-bop des années 1940, le jazz des années 1950 se calma et trouva un nouveau public, avec des musiciens comme le trompettiste Miles Davis (ci-dessus) et le pianiste Dave Brubeck, chouchou du circuit universitaire.

APRÈS »

Dans les années 1960 et 1970, la réalité du « rêve » fut dévoilée.

LE VIÊT NAM
Le rêve américain des années 1950 devint un cauchemar dans les années 1960, car les disputes à propos des droits civiques **434-435 »** et l'opposition croissante à la guerre du Viêt Nam **430-431 »** aboutirent à des émeutes raciales et à des manifestations de masse dans de nombreuses villes. Cette société d'apparence cohésive et nantie se révéla divisée par des questions de race et de classe.

L'IMMIGRATION
Le rêve américain est encore vivace parmi les immigrants hispaniques. Pourtant, la réalité est souvent dure. Bien des immigrants ne trouvent que des emplois saisonniers mal payés.

OUVRIERS LATINO-AMÉRICAINS

MOMENT CLÉ 22 novembre 1963 12 h 30

La **mort** de **Kennedy**

Le vendredi 22 novembre, le président John Fitzgerald Kennedy et son épouse Jacqueline étaient en visite à Dallas, au Texas, en quête de soutien pour l'élection présidentielle américaine de 1964. Alors que le cortège traversait Dealey Plaza, des coups de feu retentirent et le président fut tué. Les Américains se trouvèrent dépossédés d'un président aimé mais aussi de leur avenir.

Trois jours après l'assassinat de John Kennedy, le monde s'arrêtait de nouveau, uni dans la peine. L'enterrement du 35e président des États-Unis fut suivi par 1 million de personnes alignées le long du trajet de la procession, et par des millions d'autres devant leur téléviseur. Durant son court passage à la tête de l'État, le jeune président charismatique en était arrivé à incarner les espoirs de sa nation – la foi en un meilleur avenir et la course au progrès. Cet assassinat ébranla donc l'optimisme du pays.

L'enquête fit l'objet d'une intense controverse. Un tireur solitaire, Lee Harvey Oswald, fut arrêté peu après la fusillade et accusé d'homicide. Son procès n'eut pas lieu, car deux jours plus tard il était abattu par Jack Ruby, un gangster qui donna ensuite des raisons contradictoires pour son geste, alors qu'il était détenu par la police.

Le successeur de Kennedy, le vice-président Lyndon Johnson, ouvrit rapidement une enquête officielle dont il chargea Earl Warren, président de la Cour suprême des États-Unis. Après dix mois d'investigations, la commission conclut qu'Oswald avait agi seul, tout comme Ruby, et qu'il n'existait aucune conspiration pour tuer le président. Beaucoup refusèrent d'accepter ces conclusions, mais aucune preuve probante ne permit jamais d'envisager d'autres explications.

Après l'assassinat, la dépouille du président fut rapatriée par avion à Washington. Elle reposa d'abord à la Maison-Blanche avant d'être transférée, le dimanche après-midi, au Capitole. Une brève cérémonie eut lieu sous la rotonde. Au fil des 18 heures qui suivirent, quelque 250 000 personnes s'y succédèrent pour présenter leurs respects malgré le froid glacial.

Le lundi, le cortège funéraire repartit à la Maison-Blanche avant de se rendre à la cathédrale Saint-Matthieu. Des chefs d'État et des représentants de 92 pays assistèrent à l'office catholique. Malgré la guerre froide (voir p. 406-407), même l'URSS envoya un représentant. L'évêque de Boston célébra la messe, durant laquelle des écrits et des discours de Kennedy furent lus. Le cercueil fut emporté au cimetière national d'Arlington, où Mme Kennedy alluma une flamme éternelle sur la tombe. Sans « JFK », l'Amérique faisait face à un avenir incertain.

Le salut d'un fils
Quelques instants après le passage du cercueil, John F. Kennedy Jr, qui fêtait son troisième anniversaire ce jour-là, saluait son père au pied des marches de la cathédrale Saint-Matthieu. Son oncle Robert Kennedy, debout derrière lui, fut assassiné à son tour à peine cinq ans plus tard.

« Le **plus grand leader de notre temps** a été victime de l'acte le plus odieux de notre temps. »

LYNDON B. JOHNSON, PRÉSIDENT AMÉRICAIN, 27 NOVEMBRE 1963

¡Viva la Revolución !

Après la Première Guerre mondiale, l'Amérique latine entra dans une période de troubles sociaux et de bouleversements politiques en partie dus à la crise économique. Des mouvements populistes mirent des autoritaristes ou des révolutionnaires au pouvoir. Certains pays virent leur régime imposé par les militaires.

Les Perón
Juan Domingo Perón et son épouse Eva, lors d'une réunion de planification économique à Buenos Aires. Bien qu'elle ne fût pas élue, Evita influença fortement le gouvernement de son mari. Le couple fit l'objet d'un culte de la personnalité en Argentine, et la mort d'Evita, en 1952, endeuilla les foules.

AVANT

Les régimes coloniaux espagnol et portugais en place depuis trois cents ans en Amérique latine prirent fin au début du XIXe siècle.

L'INDÉPENDANCE
Sur le plan économique, le passage du régime colonial à l'autonomie en Amérique latine **‹‹318-319** s'effectua dans l'ensemble en douceur. Au début du XXe siècle, nombre de pays latino-américains présentaient une **économie florissante**, reposant sur l'exportation de **céréales** et de **minerais** vers l'Amérique du Nord et l'Europe.

85 **% des terres du Brésil étaient détenues par 1 % de la population en 1910.**

LA RÉVOLUTION MEXICAINE
La révolte populaire de 1910 au Mexique précéda et influença les révolutions en Russie **‹‹376-377** et en Europe de l'Est. Le régime militaire de **Porfirio Díaz** fut renversé en 1911 mais les troubles perdurèrent, car soldats, ouvriers et paysans s'unirent pour **lutter pour leurs droits civiques et la réforme agricole**. Bien que brièvement apaisée par le Congrès constitutionnel du Mexique en 1917, la violence explosa de nouveau dans les années 1920.

LA DÉPRESSION ET L'INDUSTRIALISATION
La crise économique déclenchée par la Grande Dépression **‹‹384-385** ruina le marché des exportations latino-américain et **engendra des pénuries** de produits manufacturés d'importation. Les économies furent donc transformées afin de subvenir aux besoins locaux sans recourir aux marchés étrangers. Les années 1930 furent marquées par une **industrialisation rapide** et la croissance urbaine.

LES TROUBLES SOCIAUX
Comme en Europe au XIXe siècle **‹‹336-337**, l'augmentation de la **main-d'œuvre urbaine** en Amérique latine entraîna un accroissement de l'**activisme politique** et des **appels au bouleversement politique et social**.

L'Arsenal
Cette fresque réalisée en 1928 par l'artiste mexicain Diego Rivera représente son épouse, la peintre Frida Kahlo, remettant des armes aux ouvriers. Rivera et Kahlo étaient membres du parti communiste mexicain. La chute du régime de Díaz au Mexique créa un précédent pour le succès des révoltes populaires.

En 1930, des problèmes économiques conduisirent à l'installation provisoire de Getulio Vargas au pouvoir par les militaires brésiliens. Bien qu'elle relevât de la dictature, sa présidence permit des mesures libérales, dont des réformes sociales. Durant plusieurs années, Vargas appliqua un programme de modernisation, mais, alarmé par le soutien croissant aux communistes dans les années 1930, il proclama un *« Estado Novo »* (« nouvel ordre ») et géra l'État sur le modèle fasciste (voir p. 386-387). L'Allemagne hitlérienne devint un importateur majeur, et Vargas soutint les puissances de l'Axe au début de la Seconde Guerre mondiale. En 1941, Vargas s'allia aux Alliés. Ce revirement amena les militaires à chasser Vargas du pouvoir en 1945. Il fut réélu démocratiquement en 1951 mais se suicida en 1954, lorsque l'armée demanda sa démission.

La « troisième voie » de Perón
En Argentine, un gouvernement populiste arriva au pouvoir en 1946 avec Perón. Le péronisme mêlait, de manière contradictoire, valeurs progressistes sociales et autoritarisme. Perón lança l'industrie du fer et de l'acier, les chantiers navals et la production automobile. Le droit de vote accordé aux femmes et la nationalisation des entreprises apportèrent un changement radical. Au sommet de leur popularité, Perón et sa seconde épouse Eva, *alias* Evita, jouissaient d'un immense soutien populaire. Ce gouvernement fut souvent comparé aux régimes fascistes, et même s'il n'usa jamais de violence de masse, il écrasa toute forme d'opposition. Par ailleurs, l'Argentine accueillit les criminels de guerre nazis après la Seconde Guerre mondiale.

La rupture entre Cuba et l'Amérique
À Cuba, le régime militaire de Fulgencio Batista fut renversé après une longue lutte révolutionnaire. Formé au Mexique, Fidel Castro débarqua à Cuba en 1956 avec une armée d'exilés politiques, dont le Che (voir encadré). Il s'ensuivit une guérilla. De petits groupes de rebelles armés menèrent des attaques répétées pour user l'ennemi avant de prendre le pouvoir en 1959. Castro mit vite un terme à la domination américaine dans l'économie cubaine. Aidé par l'URSS, il instaura des réformes radicales, y compris une politique agricole de type soviétique. La crise des missiles cubains en 1962 (voir p. 406-407) détériora encore les relations américano-cubaines. Les États-Unis continuèrent d'imposer l'embargo économique sur Cuba, mais le régime de Fidel Castro y survit toujours avec son frère Raúl.

La brève démocratie chilienne
En 1970, un désir croissant de bouleversement politique extrême, ou radicalisme, porta le socialiste chilien Salvador Allende à la présidence. Les États-Unis s'inquiétèrent lorsqu'il établit des relations diplomatiques avec les régimes communistes de Cuba, de Chine, de Corée du Nord et du Nord-Viêt Nam. Allende tenta de restructurer l'économie instable du Chili mais fut rapidement menacé par des opposants. Tenant à influencer le régime suivant, les États-Unis soutinrent le coup d'État du général Pinochet contre Allende en 1973. Lorsque les attaquants pénétrèrent dans le palais présidentiel, Allende avait succombé à une blessure par balle.

Le camp de Castro
Sur cette photo prise vers 1957, Fidel Castro, le chef révolutionnaire barbu, pose avec les commandants de son armée rebelle dans un camp secret à Cuba. Les rebelles manquaient d'armes, mais la tactique de guérilla permit à Castro de sortir vainqueur du conflit.

RÉVOLUTIONNAIRE (1928-1967)

ERNESTO « CHE » GUEVARA

Ernesto Guevara de la Serna naquit en Argentine en 1928. Jeune, il voyagea beaucoup en Amérique latine et se convainquit que seule la révolution pourrait résoudre les problèmes de pauvreté et d'inégalités sociales du continent. Une visite au régime populiste du président Guzman au Guatemala, en 1953, conforta son penchant pour les solutions politiques radicales et, en 1956, il s'engagea dans l'armée rebelle de Fidel Castro. En 1965, le Che quitta Cuba dans l'intention de déclencher la révolution dans d'autres pays. Il fut capturé par les services secrets américains (CIA) en Bolivie en 1967, puis exécuté par l'armée bolivienne.

APRÈS

Après les régimes autoritaires, souvent soutenus par les militaires, des années 1960 et 1970, bien des nations d'Amérique latine se démocratisèrent.

LA CONTRE-RÉVOLUTION
Dans les années 1970, une vague de réaction balaya les idéaux révolutionnaires et socialistes des décennies précédentes. Des régimes militaires **438-439 ››** s'établirent dans nombre de pays, dont le Salvador, l'Uruguay et l'Argentine.

L'ANTI-AMÉRICANISME
En 2006, le président vénézuel en **Hugo Chávez** **438 ››** attira l'attention en dénonçant la politique étrangère américaine aux Nations unies.

AVANT

La dynastie mandchoue des Qing déclina tout au long du XIXe siècle tandis que la Chine tombait sous l'influence croissante de l'Europe. Sa chute fut suivie par une période de chaos marquée par le règne des seigneurs de guerre.

LE RENVERSEMENT DE L'EMPIRE MANDCHOU

En 1905, le révolutionnaire **Sun Zhongshan** (Sun Yat-sen) fonda la Ligue jurée pour **chasser les Mandchous** et instaurer la république. Des **soldats nationalistes prirent Wuchang** le 10 octobre 1911 et, en quelques semaines, les provinces du sud de la Chine proclamèrent leur indépendance. Lorsque les Mandchous lui demandèrent son soutien, le commandant de l'armée du Nord **Yuan Shikai encouragea l'empereur à abdiquer** ; en mars 1912, il devint président de la République. En janvier 1916, il accepta de **devenir empereur**, mais il mourut peu après avoir renoncé.

LE GUOMINDANG

En 1912, la Ligue jurée devint le **Guomindang** («**Parti nationaliste**»). Exclu du parlement par Yuan Shikai, Sun Zhongshan partit s'installer à Canton, dans le sud du pays. Avec l'aide de l'Union soviétique, il **réorganisa le parti**. À sa mort, en 1925, la direction du parti fut progressivement transmise à **Tchang Kaï-chek**.

LES SEIGNEURS DE GUERRE

À partir de 1916, dépourvue de véritable gouvernement central, la Chine fut dirigée par des **seigneurs de guerre régionaux** : Zhang Xun, le «général à la queue-de-cheval», qui rétablit Puyi, l'empereur mandchou, **Feng Yuxiang**, le «général chrétien», qui interdit le jeu à ses troupes, et **Yan Xishan**, le «gouverneur modèle» de Shanxi, qui favorisa la réforme de l'éducation.

LE MOUVEMENT DU 4 MAI

L'annonce à la conférence de paix de Paris **« 375**, le 4 mai 1919, du transfert au Japon des colonies que possédait l'Allemagne en Chine déclencha d'importantes **manifestations**. L'incident donna son nom au Mouvement radical du 4 mai, qui **attaquait le confucianisme** **« 131**, appelait à la «révolution littéraire» et à tout un **train d'idées nouvelles**.

LE PARTI COMMUNISTE CHINOIS (PCC)

Fondé par des révolutionnaires impliqués dans le Mouvement du 4 mai, le premier congrès du PCC se tint en juillet 1921 ; le jeune Mao Zedong y assista.

«Le **communisme** est le marteau qui permet d'**écraser l'ennemi.**» MAO ZEDONG, 1950

La Longue Marche

Après la chute de la dynastie mandchoue en 1911, la Chine connut une longue période d'agitation politique. Le pays réunifié par les nationalistes fut envahi par les Japonais en 1937. Arrivés au pouvoir en 1949, les communistes tentèrent, pendant vingt-cinq ans, une transformation révolutionnaire de la société.

En 1923, le Parti communiste chinois s'engagea dans une alliance malaisée avec le Guomindang (voir AVANT) et, en 1926, soutint son expédition du Nord destinée à réunifier le pays. Cependant, l'alliance fut rompue en avril 1927, quand le dirigeant nationaliste Tchang Kaï-chek donna l'ordre de tuer des centaines de communistes à Shanghai. Les dirigeants communistes se réfugièrent à la campagne pour organiser l'insurrection. Mao Zedong (voir encadré) mena le soulèvement de la Moisson d'automne et, suite à la défaite des nationalistes, se retira dans la province du Jiangxi, au sud. Il mit alors au point une nouvelle stratégie révolutionnaire, mêlant l'Armée rouge – organe militaire communiste – et réforme agricole, et promit d'émanciper les Chinoises.

La décennie de Nankin

La défaite de Tchang Kaï-chek face aux communistes renforça la position du Guomindang qui, en 1928, prit la tête du pays, établissant sa capitale à Nankin pour réunifier la Chine. Tout au long de la décennie suivante, il réforma la monnaie et créa des banques modernes. De nouveaux établissements scolaires ouvrirent et les réseaux ferré et routier furent améliorés.

Une rude épreuve
Traversant 18 chaînes de montagne et 24 fleuves, la Longue Marche dura 368 jours et coûta des milliers de vies humaines.

La Longue Marche

En octobre 1934, les communistes quittèrent le Jiangxi, forcèrent le blocus nationaliste et entamèrent leur «Longue Marche» destinée à vaincre leurs ennemis. Ce périple de

« Vive la victoire de la Révolution de Mao » Typique de la propagande, cette image à la gloire de Mao Zedong, produite pour le 50e anniversaire de la création du Parti communiste chinois, montre le président entouré de ses adorateurs.

près de 10 000 km mena 80 000 soldats et ouvriers combattre les nationalistes au travers du relief difficile du nord-ouest de la Chine. Lorsqu'ils établirent leur quartier général à Yan'an, en octobre 1935, il ne restait plus guère que 8 000 marcheurs environ et Mao tenait les rênes du parti communiste.

La guerre contre le Japon

Les Japonais commencèrent à empiéter sur le territoire chinois en 1931, avec la prise de la Mandchourie. En 1937, ils envahirent la Chine et massacrèrent près de 300 000 hommes, femmes et enfants lors du « viol de Nankin ». Le gouvernement nationaliste partit s'installer à 1 600 km en amont du Yangzi, tandis que les communistes opéraient derrière les lignes japonaises.

La guerre civile

Avec l'attaque japonaise de Pearl Harbor en 1941 (voir p. 402-403), les hostilités sino-japonaises furent absorbées dans le conflit plus large de la Seconde Guerre mondiale et le Japon finit par être vaincu par les Alliés. En juillet 1946, une autre guerre civile éclata en Chine. Alors que le gouvernement nationaliste pâtissait de l'inflation galopante, les communistes reçurent un soutien rural grâce à une réforme agricole révolutionnaire en faveur des paysans. La Mandchourie tomba aux mains des communistes et lorsque près de 300 000 nationalistes se rendirent, en janvier 1949, les troupes de Mao entrèrent triomphalement dans Pékin. Le 1er octobre 1949, les communistes instauraient la République populaire de Chine (RPC). Tchang Kaï-chek et 2 millions de ses partisans se réfugièrent à Taïwan où ils établirent la République rivale de Chine.

La consolidation

La République populaire occupa alors l'ensemble du territoire revendiqué par la Chine, y compris le Tibet. Mao négocia le traité sino-soviétique d'alliance et d'assistance mutuelle et, lorsque la guerre de Corée éclata, en 1950 (voir p. 406-407), la Chine intervint au côté de la Corée du Nord. En Chine, le premier plan quinquennal, inauguré en 1953 avec l'aide soviétique, aboutit à une croissance industrielle spectaculaire. Les réformes interdirent les mariages arrangés et l'asservissement des femmes. L'agriculture fut collectivisée, et les paysans durent remettre leurs terres aux coopératives.

Le « Petit Livre rouge » de Mao
« Le père est cher, la mère est chère mais pas autant que le président Mao. » 900 millions des *Citations du président Mao* furent imprimés.

Les années radicales

En 1958, Mao instaura la politique radicale du « Grand Bond en avant ». Coopératives agricoles et industrielles fusionnèrent en communes – dotées de cuisines et de crèches collectives – et les objectifs industriels furent rehaussés. Au début, on eut l'impression d'assister à de formidables augmentations de rendement, mais par la suite, ces politiques furent manifestement à l'origine de famines catastrophiques et de millions de morts. En 1966, la Révolution culturelle fut lancée, dans le but d'épurer le pays de ses influences « bourgeoises ». Les enfants furent recrutés dans la garde rouge et, pour raviver l'esprit de la révolution, encouragés à dénoncer leurs enseignants et parents s'ils manquaient de ferveur communiste. Brandissant leur « Petit Livre rouge », les gardes rouges s'attaquaient aux quatre vieilleries : vieilles idées, vieille culture, vieilles coutumes et vieilles habitudes.

DIRIGEANT COMMUNISTE CHINOIS (1893-1976)

MAO ZEDONG

Fils d'un riche paysan, Mao quitta le Hunan pour Pékin, où il découvrit la doctrine communiste, à l'époque du Mouvement du 4 mai (voir AVANT). Il adhéra au Parti communiste chinois dès son origine, en 1921, et en prit la tête en 1935 après avoir prouvé ses talents de dirigeant durant la Longue Marche. Chef d'État de 1949 à sa mort en 1976, Mao tenta de mettre en œuvre ses idées radicales, ce qui entraîna d'épouvantables famines. Néanmoins, la « pensée de Mao Zedong » eut une portée considérable et, à sa mort, le Parti déclara vouloir demeurer « encore longtemps un guide pour l'action ».

APRÈS

La Révolution culturelle entraîna la « rééducation » de millions de personnes par le travail forcé mais aussi l'exécution de milliers d'autres. La terreur ne cessa qu'avec l'arrestation de la « Bande des Quatre », en 1976.

LA BANDE DES QUATRE
Alors qu'ils pensaient succéder à Mao après sa mort, **Jiang Qing**, l'épouse de Mao, **Zhang Chunqiao**, le chef du Parti, **Yao Wenyuan**, un critique, et **Wang Hongwen**, un ouvrier d'usine, furent **arrêtés** et déclarés **coupables de complot pour le pouvoir**.

LES QUATRE MODERNISATIONS
En 1978, le numéro un **Deng Xiaoping** annonça la modernisation de l'agriculture, de l'industrie, des sciences et de la défense pour que la Chine devienne une **grande puissance** **472-473 ››**.

LA PLACE TIAN'ANMEN
Lors des manifestations étudiantes (ci-dessous) pour la **démocratie** sur la place Tian'anmen, à Pékin, le Premier ministre **Li Peng** donna l'ordre

à l'armée d'agir. Le 4 juin 1989, les soldats ouvrirent le feu, tuant de 400 à 800 manifestants.

LA CHINE SOUS MAO
Fin stratège et propagandiste, Mao mena des politiques impitoyables qui eurent un impact dramatique sur l'économie et la société chinoises.

1935 — 1945 — 1955 — 1965 — 1975

- **1934** Début de la **Longue Marche**
- **1937-1945 Guerre contre le Japon**
- **1945 Taïwan** est rattachée à la République de Chine.
- **1946 Guerre civile chinoise.** Le gouvernement nationaliste lutte sur le plan économique tandis que les forces de Mao recourent à la guérilla.
- **1949** Proclamation de la **République populaire de Chine**, avec Mao Zedong à la tête du parti communiste
- **1953-1957** Transition vers le **socialisme**
- **1958** Lancement du **Grand Bond en avant** : faire de la Chine un leader militaire et industriel mondial
- **1963 Jiang Qing**, quatrième épouse du président Mao, devient politiquement active et monte opéras, ballets et pièces de propagande.
- **1966-1976 Révolution culturelle.** Destruction de livres et assassinat d'écrivains destinés à purger la culture chinoise de ses influences « bourgeoises ». Des unités de **gardes rouges** sont formées pour attaquer les enseignants et les personnes au pouvoir.
- **1968** Le pays est au bord de l'anarchie. Mao reprend la situation en main en démantelant la garde rouge et en créant de nouveaux **comités révolutionnaires**.
- **1971** Mort de **Lin Biao**, commandant de l'Armée rouge chinoise ; effritement du régime de Mao
- **1972** Visite du président américain **Nixon** en Chine
- **1976 Mort de Mao** et fin de la Révolution culturelle

MOMENT CLÉ 13 août 1961 Au petit matin

Le **mur** de **Berlin**

Un dimanche matin de 1961, les Berlinois furent réveillés par le bruit de véhicules militaires déchargeant des rouleaux de fils barbelés et des poteaux en béton dans les rues. Sur la Potsdamer Platz, en plein centre, les pavés furent cassés au marteau-piqueur pour faire place à des poteaux en béton. Ces scènes annonçaient la division physique de Berlin.

En février 1945, les chefs d'État américain, soviétique et britannique, réunis à Yalta (actuelle Ukraine), organisaient l'avenir de l'Europe après la défaite de l'Allemagne nazie. Ils convinrent de diviser l'Allemagne et sa capitale, Berlin, en quatre zones d'occupation réparties entre leurs trois pays et la France. Berlin se trouvait au cœur de la zone soviétique, mais des voies terrestres et aériennes spécifiques garantissaient l'accès entre les zones ouest de la ville et les trois zones ouest de l'Allemagne.

L'accord fut rompu par l'intensification de la guerre froide (voir p. 406-407), en 1946-1947. L'élection d'un maire anticommuniste à Berlin, début 1948, et le projet de création d'un État fédéral doté d'une monnaie commune dans les zones ouest de l'Allemagne irritèrent les Soviétiques. Le 24 juin 1948, ils bloquèrent l'accès de la ville par l'ouest. En réaction, les Britanniques et les Américains instaurèrent un pont aérien afin d'approvisionner Berlin-Ouest jusqu'à la signature d'un accord avec les Soviétiques en mai 1949.

Durant les douze années suivantes, Berlin demeura l'épicentre de la guerre froide. La moitié ouest fut reliée à l'Allemagne de l'Ouest, celle de l'Est devint la capitale de l'Allemagne de l'Est communiste, toutes deux créées en 1949. Les disparités économiques entre les deux côtés incitèrent des milliers d'Allemands de l'Est et de Berlinois en quête d'une vie meilleure – près de 200 000 rien qu'en 1960 – à quitter l'Est pour l'Ouest.

En 1961, les autorités est-allemandes décidèrent d'agir. Les points de passage entre Berlin-Est et Berlin-Ouest furent fermés par des barbelés et des poteaux en béton. Par endroits, cette barrière courait au milieu des rues pour ne pas toucher le sol de Berlin-Ouest ; elle coupait même un cimetière. La frontière entre les deux Allemagnes fut également fermée. Des tanks russes stationnèrent aux abords de la ville et les Américains envoyèrent 1 500 soldats rassurer Berlin-Ouest.

Pendant dix-neuf ans, le mur fut renforcé par des parois de béton armé de 3,60 m de haut, installées en retrait par rapport à la première clôture, afin de créer un *no man's land* lourdement armé entre les deux. Symbole d'un monde divisé, le mur finit par incarner la futilité de pareil antagonisme. Sa chute, le 9 novembre 1989, mit un terme à la guerre froide.

Une ville divisée
Bien des familles furent séparées par la construction du mur. Sur cette photo, prise en 1962, une jeune femme se tient en équilibre instable au sommet du mur, côté Ouest, pour parler à sa mère, à Berlin-Est. Près de 5 000 personnes fuirent l'Est par des brèches dans le mur.

« Vous ne serez pas **maintenus en esclavage** pour toujours. »

WILLY BRANDT, MAIRE DE BERLIN-OUEST, À LA RADIO, AOÛT 1961

Internationale Gartenbauausstellung

AVANT

Les progrès de la science et la production en série transformèrent la vie après la Seconde Guerre mondiale.

L'APRÈS-GUERRE
Jusqu'au début des années 1950, le monde subit le contrecoup de la Seconde Guerre mondiale **« 392-405**, mais, à partir de 1955, l'humeur changea. Les États-Unis, l'Allemagne, la France, et l'Italie connurent une **croissance économique**. La hausse de l'emploi dans toute l'Europe s'accompagna d'une **explosion de la consommation**.

90 **% des Américains possédaient un téléviseur en 1960.**

1 **famille britannique sur 3 possédait une voiture en 1959.**

JAMAIS LA VIE N'AVAIT ÉTÉ AUSSI BELLE
En 1957, le Premier ministre britannique Harold Macmillan déclarait : « Jamais vous n'avez eu la vie aussi belle ». En effet, le monde développé ne se privait ni d'**articles de luxe** ni d'**appareils ménagers**, les moyens de communication commençaient à se développer et la télévision devenait un média de masse.

ELVIS PRESLEY

LE ROCK 'N' ROLL
En 1955, Bill Haley et les Comets sortirent Rock *Around The Clock*, inaugurant un nouveau style de musique : le rock 'n' roll. Cette musique s'adressait à une **nouvelle génération** – les adolescents – et choquait les anciens et les conservateurs. La plus grande vedette du genre, et la plus controversée, fut Elvis Presley.

LA NAISSANCE DE LA « POP »
La musique pop donna naissance, dans les années 1950, au **pop art**, que l'artiste britannique Richard Hamilton qualifiait de « **glamour** et de gros **business** ! »

Le *Black Panther Party*
Le groupe de lutte pour les droits civiques des Noirs, fondé en 1966, manifesta pour « des terres, du pain, des logements, une éducation, des vêtements, la justice et la paix ». Il devint l'icône des révolutions des années 1960.

Les années 1960

De nouveaux divertissements et priorités politiques et sociales virent le jour dans les années 1960. Le changement d'attitude à l'égard de la jeunesse, des classes, des races, etc. remit en question l'ordre établi.

À la fin de la Seconde Guerre mondiale, en 1945, les soldats rentrèrent chez eux pour fonder les familles dont ils rêvaient depuis quatre ans. Il s'ensuivit une formidable augmentation des naissances – le « baby-boom ». Rien qu'aux États-Unis, quelque 70 millions de « baby-boomers » devinrent des adolescents et des jeunes adultes dans les années 1960.

Au début de la décennie, il régnait un optimisme juvénile selon lequel tout semblait possible. C'est alors qu'on vit apparaître la notion de « fossé des générations ». Si avant les jeunes singeaient leurs aînés, ils prirent une certaine autonomie en écoutant la nouvelle musique, comme le rock 'n' roll, et les adultes ne comprirent pas ce comportement qu'ils considéraient comme étrange.

La mode s'inspirait des groupes de musique et des chanteurs, des jeans proprets des mods aux combinaisons d'Elvis ou au style hippie de Joan Baez, en passant par les couettes des yéyés. Cette révolution gagna la rue et fit les beaux jours de créateurs comme Mary Quant ou Courrèges. Les jupes ne cessaient de raccourcir et de rallonger. Les adultes avaient du mal à distinguer les filles des garçons. Tous arboraient tee-shirts et jeans ; les garçons portaient les cheveux longs tandis que les filles copiaient la coupe au carré très courte du mannequin Twiggy. Ce fut l'avènement du look unisexe.
Les boutiques se multiplièrent pour vendre ces nouvelles modes, colorées, pas chères et décontractées. Au cinéma, la Nouvelle Vague française battait son plein et influençait aussi les styles.

Swinging sixties

Ce fut une période de prospérité pour la classe moyenne en raison d'une situation de l'emploi favorable au pouvoir d'achat. La musique et la mode devinrent des industries de masse capables de pourvoir rapidement à la demande du marché des jeunes. La popularité croissante de la télévision contribua à la propagation de la culture populaire dans le monde entier, facilitant la rapidité des engouements. Les émissions comme *Top of the Pops* en Grande-Bretagne ou les magazines comme *Salut les copains* en France firent battre le cœur des années 1960 au rythme de la pop. En 1962, les Beatles firent leur apparition au Cavern Club de Liverpool. En un an, leur premier album, *Please Please Me* devint célèbre dans le monde entier. Leur immense popularité déclencha une telle ferveur chez leurs fans qu'on parla de « Beatlemania ». À une époque, dans les années 1960, leurs disques occupaient les cinq premières places du hit-parade américain.
Les Beatles détiennent le record de ventes en musique pop.

Les Beatles
Le 8e album des Beatles, *Sgt. Pepper's Lonely Hearts Club Band*, paru en 1967, est souvent élu album le plus influent de tous les temps.

Une société permissive ?

La politique se radicalisa dans les années 1960. Beaucoup trouvaient certaines lois dépassées. En 1966, la Grande-Bretagne abolit la peine de mort, condamnation qui connut alors le plus faible soutien de tous les temps aux États-Unis.
En 1967, de nouvelles lois britanniques permirent aux homosexuels adultes de se comporter comme bon leur semblait en privé. L'avortement devint légal en Grande-Bretagne et dans certains États d'Amérique. Tout le monde n'appréciait pas ces changements. Pour certains, cela rendait la société trop permissive et ils refusaient d'accepter ce qui était auparavant considéré comme un comportement « déviant ». D'autres pensaient, au contraire, que la société n'en devenait que plus tolérante et que tout le monde avait le droit à l'égalité.

En 1963, la publication de *La Femme mystifiée*, de Betty Friedan, relança le mouvement pour les droits des femmes. Avec la journaliste Gloria Steinem, l'auteur remettait en question

INVENTION

LA PILULE CONTRACEPTIVE

Avant l'apparition de « la pilule », les femmes du monde entier recouraient à toutes sortes de moyens de contraception, souvent inefficaces et parfois dangereux. L'Américaine Margaret Sanger lutta toute sa vie pour le contrôle des naissances et garantit la recherche nécessaire à la création de la première pilule contraceptive, considérée comme le progrès le plus important de la médecine au XXe siècle. Entre 1962 et 1969, le nombre d'utilisatrices passa d'environ 50 000 à un million à travers le monde.

l'inégalité des sexes; ses idées suscitèrent une vague de féminisme radical connue sous le nom de mouvement de libération des femmes. Davantage de femmes travaillaient, allant à l'encontre de l'image conventionnelle de la femme au foyer entièrement dévouée au bien-être de sa famille. Mais, surtout, l'apparition de la pilule contraceptive (voir encadré) libéra les femmes en leur offrant enfin un moyen fiable d'éviter une grossesse.

La Nouvelle Vague
À Bout de Souffle, réalisé en 1960 par Jean-Luc Godard, est l'un des films les plus connus de la Nouvelle Vague française.

S'ouvrir, s'harmoniser, lâcher prise

Surnommé « l'été de l'amour », l'été 1976 marqua l'apogée du mouvement hippie. Les hippies appréciaient le rock, les religions mystiques, la liberté sexuelle et beaucoup expérimentèrent les drogues telles que la marijuana et le LSD, dont on disait qu'il ouvrait l'esprit à des horizons inconnus. En juin 1967, à Monterey, en Californie, se tint le premier grand festival de pop en plein air, auquel assistèrent plus de 200 000 personnes. Ce puissant mélange de culture jeune et de musique pop est considéré incarner tout ce que représentaient les années 1960. Néanmoins, l'optimisme de la décennie ne tarda pas à être mis à l'épreuve par les assassinats aux États-Unis du sénateur Robert Kennedy et de Martin Luther King (voir p. 432-433) en 1968. Dans le monde entier, des étudiants contestèrent l'engagement accru de l'armée américaine dans la guerre du Viêt Nam (voir p. 430-431). Certaines villes des États-Unis connurent des émeutes raciales, et le mouvement pour les droits civiques abandonna sa posture non violente lorsque des extrémistes radicaux en reprirent certains éléments.

La révolte étudiante de mai 1968 à Paris, associée à une grève générale de 10 millions d'ouvriers, appela au renversement du gouvernement de Charles de Gaulle. La fin de la décennie fut marquée par deux festivals de rock importants en 1969 – Woodstock, à New York, et l'Altamont Free Concert, en Californie. Le festival de Woodstock réunit 450 000 personnes sur trois jours, dans un esprit d'amour et de partage, tandis qu'à Altamont, un fan noir fut tué à coups de couteau par une bande de Hells Angels blancs.

> « Les **années 1960** nous ont montré les possibilités et la responsabilité que nous avions tous. Ce n'était pas la solution. **Juste un aperçu de la possibilité.** »
>
> JOHN LENNON, DERNIÈRE INTERVIEW DONNÉE À LA RADIO, 8 DÉCEMBRE 1980

Les festivals de l'île de Wight
Trois festivals de musique eurent lieu sur l'île de Wight, au large de la côte sud britannique, à la fin des années 1960. L'édition 1969, illustrée ici, attira 150 000 spectateurs. Celle de 1970 battit tous les records avec une fréquentation de 600 000 personnes.

APRÈS

La fin abrupte de l'idéalisme des années 1960 donna le ton des années 1970.

LES ANNÉES 1970
En 1973, la crise pétrolière mondiale **440-441 »** toucha les économies des pays développés. La France connut une **baisse de l'économie** et une augmentation du chômage.

LE PUNK
Le côté commercial de la musique pop fut remis en question dans les années 1970 par le punk. Ce mouvement **rebelle contre l'ordre établi** fut incarné par des groupes comme les Ramones, aux États-Unis, et les Sex Pistols, en Grande-Bretagne.

SEX PISTOLS

LA POP MONDIALE
Dans les années 1980, le lancement de la chaîne américaines MTV favorisa la starisation des artistes pop au niveau mondial. En 1985, **1,5 milliard de spectateurs** de 100 pays regardèrent le concert de Live Aid à la télévision.

AVANT

La politique étrangère anticommuniste des États-Unis se heurta au désir des nationalistes vietnamiens d'unifier leur pays sous un régime communiste.

L'EMPRUNT DE LA LIBERTÉ

Le soutien des Américains à son armée remonte à la Première Guerre mondiale, quand la population investit des milliards de dollars dans **l'emprunt de la Liberté** pour financer l'effort de guerre. Les soldats américains bénéficièrent d'un soutien semblable lors de la Seconde Guerre mondiale et de la guerre froide « **406-407**, dont le Viêt Nam fit partie.

AFFICHE AMÉRICAINE POUR L'EMPRUNT DE LA LIBERTÉ

TRUMAN

Si les États-Unis combattirent au côté de l'URSS communiste pendant la Seconde Guerre mondiale « **392-405**, leurs relations se détériorèrent au fil de la guerre froide. En 1947, face à une possible menace communiste en Grèce et en Turquie, le président Truman s'engagea à apporter le « **soutien des États-Unis aux peuples libres** qui résistent à des tentatives d'asservissement ». Cette **doctrine Truman** orienta la politique étrangère tout au long de la guerre du Viêt Nam.

LE VIÊT NAM COLONIAL

En 1941, **Hô Chi Minh**, nationaliste communiste vietnamien, créa le **Viêt-minh** pour combattre l'occupation japonaise. Après la défaite japonaise en 1945 « **402-403**, il proclama l'indépendance du pays. Lorsque la France restaura son autorité coloniale « **412-413**, une âpre guerre éclata et se solda par une défaite française en 1954. Les accords de Genève de 1954 **séparèrent** le **Viêt Nam** en une région communiste au nord et une zone proaméricaine au sud.

La **guerre** du **Viêt Nam**

Le plus long et le plus sanglant des nombreux conflits de la guerre froide se solda par la défaite des États-Unis, malgré leur supériorité technologique, face aux nationalistes communistes vietnamiens, tactiquement plus efficaces et animés du désir d'unifier leur pays et de le libérer du joug étranger.

La partition du Viêt Nam, en 1954 (voir AVANT), n'apporta pas la paix dans le pays. Croyant que tous les pays allaient succomber les uns après les autres au communisme (selon le fameux « effet domino »), les États-Unis voulurent éviter la propagation du communisme en Asie du Sud-Est, en recourant le cas échéant à l'action militaire. Les accords de Genève stipulaient que des élections conjointes devaient être organisées en 1956 afin de décider de l'avenir du Viêt Nam réunifié – mais ces élections n'eurent jamais lieu. En 1955, le président américain Eisenhower aida l'anticommuniste Ngô Dinh Diêm à prendre le pouvoir au sud par le biais d'une élection truquée et envoya des centaines de conseillers militaires soutenir le nouveau gouvernement.

Refusant la partition du pays, le Nord-Viêt Nam attaqua le Sud-Viêt Nam. Les Sud-Vietnamiens anti-Diêm – appelés Viêt-cong, « vietnamiens rouges », par Diêm, alors que beaucoup étaient nationalistes – prirent les armes contre le gouvernement de Diêm, sous la direction du Front national de libération, une alliance de groupes politiques basés au Nord-Viêt Nam.

Le soutien américain au Sud-Viêt Nam s'accrut sous Kennedy. À la fin 1963, le Sud-Viêt Nam avait bénéficié de 500 millions de dollars d'aide américaine. En août 1964, le *Maddox*,

qui menait une surveillance de la côte nord-vietnamienne dans le golfe du Tonkin, reçut des tirs de deux torpilleurs nord-vietnamiens. Le navire riposta et coula l'un des torpilleurs. Le 7 août, le Congrès américain approuva des représailles contre les bases navales et les raffineries de

Blessé au combat
La vue de jeunes soldats américains blessés au combat présentée aux actualités télévisées américaines jour après jour contribua autant que les débats politiques à retourner l'opinion américaine contre la guerre.

Victimes civiles
Nombre de civils vietnamiens furent pris dans la guerre : les bombardements américains destinés aux Viêt-cong ne firent qu'éloigner ceux qu'ils prétendaient soutenir.

pétrole du Nord-Viêt Nam. Il autorisa le successeur de Kennedy, Johnson, à « prendre toutes les mesures qui s'imposaient, y compris le recours aux forces armées » pour défendre le Sud-Viêt Nam. Sans déclaration de guerre officielle, les États-Unis s'engagèrent dans le conflit militaire au Viêt Nam.

Viêt-cong
Les combattants Viêt-cong ne disposaient pas d'armes sophistiquées comme les Américains, mais ils connaissaient le terrain et bénéficiaient du soutien local.

Protestations au pays
La contestation américaine contre la guerre n'était pas uniquement soutenue par les traditionnels pacifistes mais aussi par un large éventail de militants pour la paix, dont Martin Luther King, le défenseur des droits civiques. La guerre divisa la société américaine plus que tout autre événement du siècle.

Le déploiement des troupes

Les premiers fusiliers marins américains arrivèrent au Sud-Viêt Nam en mars 1965. En juillet, plus de 50 000 soldats avaient rejoint le pays, sans compter l'aviation et la marine. La présence américaine atteignit son paroxysme en avril 1969, avec 543 500 soldats. En outre, 320 000 Sud-Coréens, 47 000 Australiens et des contingents des Philippines, de Thaïlande et de Nouvelle-Zélande combattirent au côté des Américains. Les Viêt-cong et l'armée nord-vietnamienne reçurent l'aide militaire et le soutien financier de la Chine communiste et de l'URSS, mais pas de troupes. Néanmoins, ils avaient l'avantage de connaître le terrain et de bénéficier du soutien actif des autochtones.

Le plan américain consistait à attaquer le Nord-Viêt Nam par les airs afin de l'empêcher d'aider les Viêt-cong. L'opération « Rolling Thunder », qui visait ponts, routes, voies ferrées, aérodromes, usines, dépôts de carburant et installations militaires, échoua dans ses objectifs.

« Nous menons la résistance pour recouvrer **indépendance, démocratie unité** et **paix.** »

HÔ CHI MINH, CHEF D'ÉTAT NORD-VIETNAMIEN, 8 MAI 1954

Le Nord-Viêt Nam disposait d'un formidable système de défense aérienne et ravitaillait le Sud par la piste Hô Chi Minh, un réseau de 20 000 km de sentiers et de routes traversant la jungle du Nord-Viêt Nam, ainsi que le Laos et le Cambodge voisins. Bien défendue par des batteries anti-aériennes, la piste était abritée des regards par la jungle qu'elle traversait. En 1970, 13 000 tonnes de vivres empruntaient la piste chaque mois.

Les États-Unis tentèrent de priver les Viêt-cong de leur couverture en épandant de l'agent orange, un défoliant chimique, sur la jungle. Ils utilisèrent aussi des bombes incendiaires au napalm, un liquide qui brûlait tout ce qu'il touchait. Ces tactiques privaient les paysans locaux de leurs récoltes et donc de leur subsistance et éloignaient de son peuple le gouvernement sud-vietnamien soutenu par les États-Unis.

Mitrailleuse viêt-cong fabriquée de facon artisanale
L'URSS et la Chine fournissaient au Nord-Viêt Nam la majeure partie de son armement, mais ses combattants confectionnaient aussi leurs propres armes – comme cette mitrailleuse – et utilisaient celles qu'ils prenaient aux Américains.

APRÈS

Si les répercussions de la guerre du Viêt Nam se firent sentir durant de nombreuses années, le Viêt Nam est aujourd'hui une nation pacifique et prospère.

LES VICTIMES DE LA GUERRE
Un million de soldats vietnamiens des deux camps **perdirent la vie** pendant la guerre, de même que **4 millions de civils** vietnamiens et **58 000** soldats américains. Plus de 153 000 soldats américains furent gravement blessés ; **on ignore le nombre de victimes vietnamiennes**.

L'UNIFICATION
L'accord de paix de Paris tint jusqu'aux nouveaux affrontements de janvier 1975. Une dernière **offensive communiste assura la prise de Saigon** le 30 avril et le pays réunifié devint la République socialiste du Viêt Nam en 1976. Des milliers de Vietnamiens craignant pour leur vie sous le nouveau régime prirent la fuite en bateau. Beaucoup périrent noyés avant d'atteindre la sécurité des pays voisins. Plus de **1 million de réfugiés** finirent par **s'installer aux États-Unis.**

LES VÉTÉRANS
Plus de 660 soldats américains furent faits prisonniers pendant la guerre ; 591 d'entre eux rentrèrent dans le cadre de l'accord de paix. Toutefois, **2 400 hommes** demeurent portés disparus au combat.

LE VIÊT NAM MODERNE
En 1986, le gouvernement vietnamien relâcha sa politique économique strictement communiste pour adopter une politique plus libérale, dite *doi moi* (« de rénovation »), et **accepta les investissements étrangers**. Compte tenu de l'ampleur des dégâts de la guerre, le pays dépend encore de l'aide étrangère pour sa reconstruction, car l'aviation américaine largua plus de bombes sur le Viêt Nam qu'il n'en fut utilisées en Europe durant la Seconde Guerre mondiale.

Le retrait américain

La guerre du Viêt Nam soulevait l'opposition croissante de l'opinion américaine, qui ne voyait pas de juste cause dans cette guerre. La première grande manifestation contre la guerre se déroula en 1965. Le mouvement protestataire s'intensifia au fil du recrutement plus ou moins forcé ; aux côtés des manifestants anonymes, des personnalités et des artistes s'engagèrent. La télévision amenait au quotidien la réalité de la guerre dans les foyers américains. Les cinq dernières années de guerre furent sanglantes et douloureuses pour les deux camps. Les États-Unis entamèrent les pourparlers de paix à Paris en août 1969 afin de trouver une issue au conflit qui s'enlisait. Les négociations se poursuivirent jusqu'à la signature d'un accord de paix le 27 janvier 1973. Les troupes américaines quittèrent le Sud-Viêt Nam deux mois plus tard.

DÉFENSEUR DES DROITS CIVIQUES Né en 1929 Mort en 1968

Martin Luther King

« On commence à dépérir le jour où on **garde le silence** sur ce qui nous tient à **cœur**. »

MARTIN LUTHER KING

Martin Luther King Jr naquit dans une famille engagée dans la lutte pour les droits civiques (voir p. 434-435). Son père comme son grand-père étaient des pasteurs qui s'exprimaient contre le déni de droits auxquels les Noirs étaient soumis aux États-Unis. Étudiant, il se familiarisa avec le concept de contestation non violente de Gandhi (voir p. 408-409). Ce que M. L. King savait de Gandhi faisait écho à sa foi chrétienne ; « Je suis allé vers Gandhi à travers Jésus », déclarait-il. Il en vint à croire qu'en ne répondant pas à la violence subie, les militants pouvaient développer une force morale invincible pour changer les choses. Le pasteur venait de se marier et de s'installer à Montgomery, en Alabama, quand le boycott des bus de la ville en protestation contre la ségrégation en place dans les transports urbains le propulsa sur la scène nationale. Il n'adhéra au boycott qu'en décembre 1955 et n'accepta qu'à contrecœur de diriger la campagne. Il faillit y renoncer après l'attentat à la bombe qui visa son domicile mais déclara avoir « entendu Jésus lui dire de poursuivre le combat ». Lors de la médiatisation du boycott sur les chaînes de télévision nationales, les discours et la grande dignité de M. L. King eurent un impact immédiat. En 1957, le succès du boycott des bus de Montgomery fut mis à profit pour créer la Conférence de la direction chrétienne du Sud (SCLC). M. L. King prit la tête de cette organisation offrant une alternative plus radicale à l'Association nationale pour l'avancement des gens de couleur (NAACP) établie depuis longtemps. Malgré son engagement inébranlable pour la non-violence, M. L. King était prêt à la désobéissance civile énergique, à contrevenir à des lois qu'il considérait injustes et à provoquer la confrontation avec les autorités racistes et la police. Jamais il ne dirigea le mouvement pour les

Le don de l'éloquence
Le courage de Martin Luther King, son éloquence d'orateur public et son inébranlable respect de la non-violence contribuèrent largement aux progrès obtenus par le mouvement des droits civiques aux États-Unis dans les années 1950 et 1960.

La famille King
Martin Luther et Coretta Scott King eurent deux fils et deux filles entre 1955 et 1963. En grandissant, les quatre enfants emboîtèrent le pas à leurs parents en militant pour les droits civiques.

L'église baptiste de Dexter Avenue
C'est à l'époque où il était pasteur de l'église baptiste de Dexter Avenue à Montgomery, en Alabama, de 1954 à 1960, que Martin Luther King fut reconnu comme le chef de file du mouvement des droits civiques. Son prédécesseur, Vernon Johns, milita lui aussi sans relâche contre les discriminations raciales.

droits civiques, car il s'agissait d'un mouvement populaire de masse auquel chacun contribuait à sa manière, individuellement ou en groupe. Néanmoins, l'exemple charismatique de M. L. King incita les activistes à pratiquer la désobéissance civile et, d'autre part, attira le soutien des libéraux blancs au mouvement.

Un militant acharné

Dans la première moitié des années 1960, l'influence du pasteur atteignit son zénith. Il lia l'action directe locale contre la ségrégation et l'inscription des électeurs noirs sur les listes des États du Sud aux pressions à l'échelle nationale pour une législation des droits civiques. Pour bien des chefs communautaires et religieux traditionnels noirs, M. L. King était trop radical – notamment dans son soutien à la campagne de *sit-in* organisée par le Comité de coordination non violent des étudiants (SNCC) en 1960 dans les cafétérias et autres établissements publics pratiquant la ségrégation. Le président John Fitzgerald Kennedy et son frère Robert, *alias* « Bobby », l'exhortèrent à plusieurs reprises à modérer sa position. En 1963, M. L. King intensifia la campagne en encourageant l'affrontement entre manifestants et policiers à Birmingham, en Alabama – confrontations à l'origine de violences policières qui choquèrent l'opinion publique mondiale –, et en orchestrant une « marche sur Washington » suivie par 250 000 manifestants.

« Je fais un rêve… » M. L. King salue la foule sur les escaliers du Lincoln Memorial lors de la « marche sur Washington » du 28 août 1963. C'est à cette occasion qu'il prononça son discours intitulé *« I have a dream… »* (Je fais un rêve…), sans doute la plus inspirée et la plus inspirante de ses allocutions.

Candidature à la présidence américaine Martin Luther King envisageait de se présenter aux élections de 1968 avec le Dr Benjamin Spock, qui militait contre la guerre du Viêt Nam.

Condamner la discrimination

L'adoption du *Civil Rights Act*, en 1964, loi rendant bien des formes de discrimination illégales, et celle du *Voting Rights Act*, qui accorda le droit de vote aux Noirs l'année suivante, marquèrent le point culminant des efforts de M. L. King. Au sommet de sa gloire, il fut récompensé par le prix Nobel de la paix. Néanmoins il commença à perdre du soutien parmi les Afro-Américains. Sa conception intégrationniste – il souhaitait des droits égaux pour toutes les races dans une société sans ségrégation – avait toujours été rejetée par les séparatistes noirs. Bien des jeunes Afro-Américains se détournaient de la non-violence, revendiquant le droit à l'autodéfense. De jeunes activistes lancèrent le slogan agressif du *black power* face à un M. L. King indécis. À partir de 1965, M. L. King fut tiraillé entre les causes et sa conscience. Ses tentatives pour établir le contact avec les Afro-Américains des ghettos de Chicago en 1966, où il s'installa lui-même, ne remportèrent qu'un succès partiel. Son opposition directe à l'engagement des États-Unis dans la guerre du Viêt Nam heurta nombre d'Afro-Américains, fiers de voir leurs fils servir dans une armée intégrée. Dans le contexte américain, son intérêt « socialiste » pour les pauvres fut controversé.

L'assassinat à Memphis

La haine provoquée par ses opinions avait toujours fait une cible de M. L. King. Il était surveillé par le FBI, dont le directeur, John Edgar Hoover, le soupçonnait de communisme et essayait de le faire chanter avec ses infidélités conjugales. Le 4 avril 1968, M. L. King fut abattu au balcon du Lorraine Motel à Memphis, dans le Tennessee. Un criminel insignifiant du nom de James Earl Ray fut arrêté mais sa culpabilité contestée. La mort de M. L. King déclencha des émeutes et des incendies criminels à travers les États-Unis : commémoration ironique pour un partisan de la non-violence. Il repose désormais au panthéon des héros américains.

Hommage Affiche annonçant une manifestation en l'honneur de M. L. King organisée par un groupe français de lutte contre le racisme, à Paris le 9 avril 1968, trois jours après sa mort

MILITANTE AMÉRICAINE POUR LES DROITS CIVIQUES (1913-2005)

ROSA PARKS

Née Rosa McCauley, Rosa Parks lutta activement contre le sexisme et le racisme à partir des années 1930. Son refus de céder son siège à un Blanc à bord d'un bus soumis à la ségrégation et son arrestation à Montgomery, en Alabama, le 1er décembre 1955, déclenchèrent le mouvement des droits civiques et le boycott des bus de Montgomery. Rosa Parks devint célèbre mais fut contrainte à démissionner de son emploi dans un grand magasin et à quitter l'Alabama pour Detroit, dans le Michigan. Plus tard, elle se consacra surtout à l'aide aux jeunes Noirs. En 1996, Rosa Parks fut déclarée « mère du mouvement des droits civiques » par le Congrès américain.

CHRONOLOGIE

- **15 janvier 1929** Martin Luther King Jr, fils d'un pasteur baptiste, naît à Atlanta, en Géorgie ; le nom figurant sur son acte de naissance est Michael.
- **1948** Obtient un diplôme de sociologie au Morehouse College d'Atlanta.
- **1951** Obtient un diplôme de théologie au séminaire Crozer de Chester, en Pennsylvanie.
- **18 juin 1953** Épouse Coretta Scott.
- **Septembre 1954** Devient pasteur de l'église baptiste de Dexter Avenue, à Montgomery, en Alabama.
- **5 juin 1955** Obtient un doctorat de théologie à l'université de Boston.
- **Décembre 1955** À la tête de la Montgomery Improvement Association, il devient le porte-parole du boycott des bus de Montgomery, mouvement de protestation contre la ségrégation qui durera un an.
- **30 janvier 1956** Une bombe explose chez M. L. King à Montgomery.
- **13 novembre 1956** La Cour suprême proscrit la ségrégation dans les bus.
- **11 janvier 1957** Il est élu à la tête de l'organisation des droits civiques qui deviendra la Conférence de la direction chrétienne du Sud.
- **20 septembre 1958** Il est poignardé par une femme lors d'une signature de livre organisée dans un grand magasin de Harlem, à New York.
- **1959** Démissionne de son poste de pasteur à Dexter pour se concentrer sur la défense des droits civiques ; retourne à Atlanta.
- **Octobre 1960** Il est placé en détention pour sa participation à un sit-in à Atlanta ; John Kennedy, candidat à l'élection présidentielle, obtient sa libération.
- **1961** Robert Kennedy, ministre de la Justice, demande au FBI de surveiller M. L. King.
- **16 avril 1963** Pendant sa détention liée aux manifestations pour les droits civiques à Birmingham, en Alabama, il rédige sa « Lettre de la prison de Birmingham », clamant la nécessité de s'opposer aux lois injustes.
- **28 août 1963** Lors de la marche sur Washington pour le travail et la liberté, il prononce le discours intitulé « Je fais un rêve… » depuis le Lincoln Memorial.
- **2 juillet 1964** Assiste à la signature du *Civil Rights Act*, loi proscrivant la discrimination.
- **10 décembre 1964** À 35 ans, M. L. King devient le plus jeune lauréat masculin du prix Nobel de la paix.

PRIX NOBEL EN 1964

- **7-25 mars 1965** Les jeunes militants rejettent l'autorité de M. L. King.
- **4 août 1965** Adoption du *Voting Rights Act*.
- **4 avril 1967** M. L. King dénonce la guerre du Viêt Nam et qualifie les États-Unis de « plus grand pourvoyeur de violence en ce monde ».
- **4 avril 1968** M. L. King est assassiné.

« AVANT

La hiérarchie sociale désavantage souvent les groupes vulnérables, tels que les pauvres. L'idée d'égalité des droits pour tous est apparue au XVIIIe siècle.

LES DROITS POLITIQUES

La plus ancienne constitution écrite du monde pour un État indépendant est la **Constitution américaine** de 1787 **« 298-299**, qui expose les obligations du gouvernement et ses responsabilités envers ses citoyens. En 1789, l'Assemblée révolutionnaire française publia la **Déclaration des droits de l'Homme « 303** stipulant que « tous les hommes naissent égaux » ; elle définissait divers principes démocratiques, tels que l'égalité devant la loi et l'interdiction de toute arrestation arbitraire. Les femmes en étaient cependant exclues. En 1791, le *Bill of Rights* américain garantit certains droits, dont la **liberté d'expression**, mais il ne s'appliquait ni aux Noirs ni aux Indiens.

LES DROITS PHILOSOPHIQUES

Défenseurs de la réforme sociale et philosophes œuvrèrent également pour les droits de l'Homme. Le penseur politique Tom Paine, qui contribua à la rédaction de la Constitution américaine, écrivit *Les Droits de l'Homme* (1791-1792) en soutien à la Révolution française **« 302-303**.

JOHN STUART MILL, DÉFENSEUR DE LA RÉFORME SOCIALE ET DES DROITS DE L'HOMME

MILITANTE SOCIALE (1884-1962)

ELEANOR ROOSEVELT

Eleanor Roosevelt, l'épouse du président américain, est considérée comme la plus grande Première dame des États-Unis. Elle milita au sein de la Ligue des électrices et de la Ligue des femmes syndicalistes. À la mort du chef d'État, elle fut élue présidente de la Commission des droits de l'Homme de l'ONU. Elle joua un rôle clé dans l'élaboration de la Déclaration universelle des droits de l'Homme (1948), dont elle espérait faire une « grande charte pour l'humanité tout entière », le terme « homme » s'appliquant aux deux sexes.

Les **droits civiques**

À travers le monde, des mouvements politiques et sociaux revendiquent droits civiques et respect des droits de l'Homme depuis le début du XXe siècle. Le droit de vote des femmes et l'égalité des droits pour les minorités ethniques figurent parmi leurs nombreuses luttes.

Les droits de l'Homme reposent sur l'idée que tout le monde devrait bénéficier d'un minimum de protection dans la vie : droit à la liberté, liberté d'expression et de conscience, égalité de traitement devant la loi, interdiction d'être torturé ou humilié. En 1948, ces idéaux furent publiés par l'Assemblée générale des Nations unies dans la « Déclaration universelle des droits de l'Homme ». D'autres Conventions des Nations unies suivirent, dont l'éradication des discriminations raciales (1969), la proscription de la torture (1987) et les droits de l'enfant (1989). Les droits civiques, eux, sont inscrits dans les lois ou la Constitution d'un pays pour protéger ses citoyens. Ils concernent les citoyens dudit pays. La plupart des démocraties ont inscrit les droits civiques dans leur Constitution, ce qui ne veut pas forcément dire qu'en pratique, tout le monde soit traité de manière égale. Ni qu'un pays doive être une démocratie pour accorder des droits civiques. En 1936, l'Union soviétique proclama une nouvelle Constitution définissant des droits civiques, mais ceux-ci n'existèrent que sur le papier, jamais ils ne furent appliqués.

Contre le vote
Les opposants à la lutte des femmes pour le droit de vote recouraient à toutes sortes de méthodes pour attaquer les suffragettes. Les affiches les présentaient comme des harpies qu'il fallait entraver et bâillonner.

« Les **libertés civiques** ne restent **jamais acquises**, il faut sans cesse les reconquérir. »

IRA GLASSER, DIRECTRICE EXÉCUTIVE DE L'UNION AMÉRICAINE POUR LES LIBERTÉS CIVILES, 1978-2001

Le droit de vote

Droit civique fondamental, le droit à la citoyenneté à part entière a souvent été obtenu de haute lutte par les femmes et les minorités ethniques. Au début du XXe siècle, le droit de vote des femmes constitua une revendication majeure.

Une médaille pour une grève
En juillet 1909, Majorie Wallace Dunlop fut la première suffragette à entreprendre une grève de la faim. Bien d'autres lui emboîtèrent le pas. En représailles, le gouvernement britannique mit en place un procédé brutal de gavage. Les femmes qui bravèrent cette expérience reçurent une médaille.

Vente du *Suffragette*
Les femmes durent surmonter bien des obstacles pour obtenir le droit de vote. En 1912, l'Union féminine sociale et politique (WSPU) lança son propre quotidien : *The Suffragette*. Des centaines de femmes en jupe longue vendaient le journal en public, défiant les conventions sociales et risquant l'hostilité publique.

En Grande-Bretagne, la campagne débuta en 1867 lorsque le Parlement proposa d'étendre le suffrage à un plus large éventail d'électeurs sans pour autant inclure les femmes. Durant cinquante ans, une marée croissante de manifestations et de pétitions fit de la question l'une des plus importantes pommes de discorde de la politique moderne britannique.

En 1903, Emmeline Pankhurst fonda l'Union féminine sociale et politique (WSPU). Frustrées de ne parvenir à obtenir le droit de vote par des moyens pacifiques, les suffragettes, comme on surnomma ces militantes, optèrent pour l'action directe, et envahirent notamment les chambres du Parlement à Westminster. Beaucoup furent incarcérées.

La campagne finit par aboutir en 1918 : les femmes de 30 ans purent voter. L'égalité du droit de vote avec les hommes leur fut accordée en 1928. En France, il fallut attendre 1944.

Une campagne similaire mais plus pacifique démarra aux États-Unis dans les années 1840. Le premier État à accorder aux femmes le droit de vote fut le Wyoming, en 1869 ; au niveau

1893 **Année où la Nouvelle-Zélande devint le premier pays à accorder le droit de vote aux femmes.**

national, elles durent attendre 1920. Finalement, dans les deux pays, les femmes obtinrent ce droit en reconnaissance du rôle crucial qu'elles avaient joué dans la victoire de la Première Guerre mondiale. Néanmoins le seul droit de vote ne leur conférait pas l'égalité en termes de citoyenneté. La discrimination perdura dans d'autres domaines, et un second mouvement pour les droits des femmes démarra vers 1970 ; il fit changer la loi afin de leur assurer l'égalité au travail et ailleurs. Même si elles votent, les femmes restent victimes de discrimination à travers le monde.

Les droits des Noirs

L'une des campagnes pour les droits civiques les plus connues de l'époque moderne s'est déroulée aux États-Unis. Des années 1950 au début des années 1960, les Noirs américains, menés par Martin Luther King (p. 432-433), luttèrent contre la ségrégation (éducation, transports...) et pour leurs droits civiques. Après des années de désobéissance civile, ils obtinrent une série d'importants changements légaux qui mirent fin à la ségrégation dans bien des secteurs et supprimèrent les tests d'alphabétisation qui empêchaient les Noirs américains de voter.

En Afrique du Sud, également, une âpre lutte commença contre l'apartheid après 1948. Cette politique de ségrégation mise en place par le gouvernement refusait aux Noirs le droit de vote et bien d'autres droits (voir p. 454-455). Lorsque l'apartheid prit fin après 1991 et que l'Afrique du Sud organisa ses premières élections démocratiques, en 1994, les files d'attente formées par des milliers d'électeurs noirs souhaitant exercer leur nouveau droit de vote réaffirmèrent l'importance d'un droit civique élémentaire que beaucoup tiennent aujourd'hui pour acquis.

Marche pour les droits
Avril 1968, la garde nationale – baïonnette au canon – surveille la marche pacifique d'ouvriers afro-américains à Memphis, dans le Tennessee. Cette image contraste avec la manifestation de la veille, lors de laquelle un adolescent noir fut abattu par la police.

APRÈS »

Les droits de l'Homme demeurent menacés ou tronqués à travers le monde.

LA REMISE EN CAUSE DES LIBERTÉS CIVIQUES
Les libertés civiques, dont le droit à la vie privée, peuvent être suspendues en temps de guerre. Après les attaques du 11 Septembre **466-467 »**, certains pays comme la Grande-Bretagne et les États-Unis adoptèrent des **lois antiterroristes** permettant aux autorités d'intercepter des données électroniques et de prolonger la garde à vue des individus soupçonnés de terrorisme. Pour certains, ces lois **menacent des droits civiques durement acquis** ; d'autres pensent qu'elles sont justifiées pour prévenir le terrorisme.

CAMÉRAS DE SURVEILLANCE

LES DROITS CIVIQUES DANS LE MONDE
Dans les années 1990, la Grande-Bretagne et les États-Unis ont adopté des **lois pour les handicapés**. Les militants pour les droits des homosexuels luttent depuis des années pour accéder à une citoyenneté pleine et entière. Le Danemark reconnaît le **PACS** depuis 1989. D'autres pays d'Europe, dont la France, l'Allemagne, le Portugal et la Grande-Bretagne, font peu à peu de même.

CÉRÉMONIE DE PACS

AVANT

Depuis des siècles, l'Irlande, pays à majorité catholique, entretenait des relations difficiles avec la Grande-Bretagne protestante.

LES BRITANNIQUES EN IRLANDE

Après sa victoire lors de la guerre civile anglaise, **Oliver Cromwell** **« 264-265** envahit et conquit l'Irlande, ouvrant la voie à sa colonisation par les protestants anglais et écossais. En 1782, l'Irlande obtint un Parlement indépendant, mais après les révoltes de 1798, il fut aboli. La Grande-Bretagne et l'Irlande furent unies en 1801.

L'INSURRECTION DE PÂQUES

La colère éclata en avril 1916 et déclencha une rébellion, connue comme l'« insurrection de Pâques ». Les républicains irlandais s'emparèrent de plusieurs lieux stratégiques à Dublin et **proclamèrent la République**, déclarant l'indépendance de l'Irlande. Après six jours de combat, les Britanniques réprimèrent le soulèvement et exécutèrent ses chefs, ce qui éveilla la sympathie à la cause républicaine et le sentiment nationaliste.

MICHAL COLLINS

LA FUTURE RÉPUBLIQUE D'IRLANDE

En 1921, Michael Collins, chef de file républicain, négocia un traité avec les Britanniques. L'Irlande serait autonome mais au sein de l'Empire britannique. Six comtés de la région de l'Ulster (Irlande du Nord) continuèrent de faire partie du Royaume-Uni. En 1922, Collins fonda l'**État libre d'Irlande**. Une guerre civile éclata, car nombre de républicains rejetèrent la partition.

LE NORD

Dans le Nord, largement protestant, les nationalistes, partisans d'une Irlande unie, étaient considérés comme une menace. Les unionistes protestants en vinrent à bénéficier d'un traitement de faveur pour l'emploi et le logement. Malgré de brèves campagnes menées par l'**Armée républicaine irlandaise** (IRA), groupe paramilitaire formé dans les années 1920, la province était stable. Mais, en 1966, les unionistes fondèrent l'Ulster Volunteer Force (UVF) pour contrer la menace républicaine, et la violence s'intensifia.

En septembre 1968, l'Association des droits civiques d'Irlande du Nord (NICRA), organisation à prédominance catholique, annonça une manifestation dans la ville de Derry pour le 5 octobre 1968 afin d'exiger que cesse la discrimination envers les catholiques irlandais. Les Apprentice Boys of Derry, groupe protestant, annoncèrent leur participation. Passant outre l'interdiction signifiée par le gouvernement britannique, la NICRA décida de venir également. Le Royal Ulster Constabulary (RUC), armé de matraques, chargea les manifestants. Les images de ces violences choquèrent le monde entier. Des étudiants nord-irlandais formèrent le People's Democracy (PD), un mouvement de droits civiques plus radical aux principes socialistes (voir p. 336-337). Le 1er janvier 1969, une quarantaine de membres du PD, inspirés par Martin Luther King (voir p. 432-433), marchèrent de la ville de Belfast à Derry pour souligner les injustices sociales en Irlande du Nord. La marche fut attaquée à coup de barres de fer et de pierres par les unionistes postés sur son trajet. Ces événements précipitèrent la scission de l'IRA (voir AVANT) en l'IRA officielle et l'IRA provisoire. L'IRA provisoire, déterminée à recourir à la force pour réunifier l'Irlande, lança une attaque armée contre le régime britannique.

La contestation pacifique

L'IRA provisoire s'impliqua intimement dans les manifestations civiles et les émeutes contre les Britanniques. L'UVF unioniste décida d'user de violence pour « protéger la communauté protestante » de l'IRA provisoire et lança des offensives contre les catholiques et la République d'Irlande (voir AVANT). En réponse, le gouvernement britannique déploya l'opération « Demetrius » en Irlande du Nord, le 9 août 1971. L'armée britannique et le RUC furent autorisés à arrêter et incarcérer sans procès tout membre supposé de groupes paramilitaires illégaux.

La question irlandaise

Pendant près de trois décennies – des années 1960 aux années 1990 – en Irlande du Nord, une violence intense opposa la communauté nationaliste à majorité catholique, qui voulait s'émanciper de la coupe britannique, et la communauté probritannique, principalement unioniste et protestante.

« Ce dimanche qu'on a baptisé **dimanche sanglant** fut vraiment sanglant… l'armée a perdu le contrôle et tiré sans réfléchir… Un pur massacre. Ce fut un **massacre.** »

MAJOR HUBERT O'NEILL, MÉDECIN LÉGISTE, 21 AOÛT 1973

Affrontement
Ces militants pour les droits civiques passent leur frustration sur les soldats britanniques en tenue antiémeute, derrière une barricade, lors du dimanche sanglant de Derry. Les soldats étaient armés de fusils à balles en caoutchouc. Lorsque les soldats reçurent des pierres, la situation devint critique. Les munitions en caoutchouc cédèrent la place à de vraies balles et on déplora 13 morts.

Le dimanche 30 janvier 1972, la NICRA organisa une manifestation à Derry contre cette politique d'internement, à laquelle participèrent de 10 000 à 20 000 personnes. Empêchés d'entrer en ville par l'armée britannique, les marcheurs décidèrent dans leur grande majorité de se retrouver au « Free Derry Corner ». Des jeunes jetèrent des pierres aux soldats et l'armée avança pour les arrêter. Un tireur embusqué de l'IRA ayant été signalé au commandement britannique, l'ordre fut donné d'échanger les balles en caoutchouc contre de vraies munitions. En l'espace d'une demi-heure, les soldats tuèrent 13 hommes non armés et en blessèrent 14 autres, alors que la plupart tentaient de fuir.

Marque de territoire
La fresque républicaine à gauche commémore l'insurrection de Pâques ; la fresque unioniste à droite représente le groupe paramilitaire de l'Ulster Freedom Fighters. Ces deux peintures se trouvaient dans la capitale de l'Irlande du Nord : Belfast.

Attentats de l'IRA
Dégâts provoqués par l'une des bombes de Guildford en 1974. Le pub était rempli de jeunes soldats, rentrés pour beaucoup de leur service en Irlande du Nord. Quatre hommes, surnommés les « Quatre de Guildford » furent arrêtés par la suite et accusés à tort pour cet acte.

La campagne armée

Les événements de ce « *Bloody Sunday* » (dimanche sanglant) choquèrent et révulsèrent le monde entier. En Irlande, la tuerie accrut le soutien à l'IRA, surtout parmi les jeunes rebelles. Elle marqua un tournant majeur dans l'histoire de l'Irlande du Nord.

En mars 1972, le Premier ministre britannique Edward Heath décida de suspendre le Parlement d'Irlande du Nord, qui avait été instauré en 1920 et siégeait à Stormont, à Belfast-Est. Il imposa l'autorité directe de Londres. De nouvelles émeutes éclatèrent, et l'IRA durcit sa campagne armée.

L'IRA provisoire chercha à forcer les Britanniques à quitter l'Irlande du Nord. Le 5 octobre 1974, l'IRA posa des bombes dans deux pubs de la ville de Guildford, très fréquentés par l'armée. Les explosions firent 5 morts et 65 blessés. Le 21 novembre 1974, l'IRA fit exploser deux autres pubs, cette fois dans le centre de Birmingham, causant 21 morts et 182 blessés. En réaction, le gouvernement britannique adopta une loi de prévention contre le terrorisme, permettant de retenir les suspects jusqu'à sept jours en garde à vue. La plupart des suspects furent incarcérés à la prison de Maze, à Long Kesh, dans le comté d'Antrim. À la fin des années 1970, plusieurs prisonniers républicains entamèrent une âpre lutte pour obtenir le statut de prisonniers politiques. Ce mouvement aboutit aux grèves de la faim de 1981, durant lesquelles dix détenus refusèrent de s'alimenter et moururent de faim à l'hôpital de la prison.

Le Sinn Féin, aile politique de l'IRA, vit son soutien grimper en flèche. Alarmés, les gouvernements successifs de Londres multiplièrent les initiatives politiques dans l'espoir d'apporter une solution pacifique à la crise.

APRÈS

Après les attentats en Grande-Bretagne, dirigeants politiques et groupes paramilitaires œuvrèrent pour la paix.

LES ATTENTATS

Dans les années 1980, l'IRA forma de petits groupes en Grande-Bretagne. Ils prirent pour cible les milieux politiques et financiers ainsi que les quartiers commerçants. Ces actes étaient destinés à faire peser des **pressions politiques et économiques** sur le gouvernement britannique.

L'ACCORD DU VENDREDI SAINT

Les changements de dirigeants en Grande-Bretagne, à Dublin et en Ulster permirent d'aboutir, en 1998, à « l'accord du Vendredi saint ». Ce dernier admettait le droit d'exister pour l'Irlande du Nord tout en reconnaissant le désir nationaliste d'une Irlande unifiée. Une nouvelle **Assemblée d'Irlande du Nord** fut élue pour constituer un Parlement à Stormont.

LE PARLEMENT, À STORMONT

LA DISSOLUTION DE L'IRA

L'assemblée fut suspendue lorsque l'IRA provisoire reporta son désarmement. Le 15 août 1998, une bombe de l'IRA tua 29 personnes dans le comté de Tyrone. Les unionistes crurent que l'IRA n'accepterait jamais de rendre les armes ; pourtant, le **28 juillet 2005**, l'IRA renonça à sa campagne armée.

UNE NOUVELLE ÈRE

En mars 2007, un accord fut conclu entre les dirigeants du Sinn Féin (parti républicain) et les unionistes de l'Ulster. Les deux camps, qui refusaient jadis de coopérer, convinrent de partager le pouvoir à Stormont. Le 8 mai 2007, l'Assemblée fut rétablie.

Dictature et démocratie

Durant la fin du xxe siècle, les pays d'Amérique latine oscillèrent entre des régimes nationalistes, autoritaires, révolutionnaires et civils. Certaines nations ont retrouvé la démocratie et la stabilité, et l'économie s'est améliorée dans l'ensemble de la région ; néanmoins les inégalités et la pauvreté posent toujours d'importants problèmes.

Le coup d'État du général Pinochet au Chili, en 1973, fut le premier d'une série que connut l'Amérique latine dans les années 1970 (voir p. 422-423). À partir de 1976, l'Argentine fut dirigée par une succession de militaires, dont le général Galtieri, l'un des nombreux dirigeants latino-américains à avoir été formés par les Américains. Les régimes de Pinochet comme de Galtieri se caractérisèrent par la suppression de l'opposition – des milliers de dissidents furent torturés ou disparurent. La dynastie corrompue des Somoza, qui régna au Nicaragua à partir de 1936, fut confrontée au début des années 1970 à l'opposition croissante du Front sandiniste de libération nationale, le socialiste FSLN. Les rebelles sandinistes étaient soutenus par l'Église catholique et la population nicaraguayenne. En 1979, Anastasio Somoza fut renversé par la révolution populaire, et une *junta* de reconstruction nationale dominée par le FSLN prit les rênes du pays. Dans le Salvador des années 1970, le gouvernement élitiste d'Arturo Molina s'attira le ressentiment de la population qui vivait dans une grande pauvreté. L'escalade des violences entre unités paramilitaires de droite, les fameux « escadrons de la mort », et groupes révolutionnaires de gauche déboucha sur une guerre civile, en 1979. Craignant un coup d'État communiste, les États-Unis financèrent les militaires salvadoriens. Combats et violations des droits de l'Homme perdurèrent jusqu'à ce que les accords de paix en 1992 mettent fin à douze ans de violence.

« AVANT

L'Amérique latine fut façonnée par les intérêts et l'intervention de puissances étrangères.

LA GRANDE DÉPRESSION
La crise économique en Europe et en Amérique du Nord dans les années 1930 eut un **effet catastrophique** sur les économies d'Amérique latine, dont la plupart **dépendaient de l'exportation** de matières premières. La détresse des pauvres dans bien des pays aboutit à des mouvements révolutionnaires **«422-423**.

L'INDUSTRIALISATION
Durant les années 1930, plusieurs gouvernements d'Amérique latine **nationalisèrent les ressources** détenues auparavant par les **étrangers** et lancèrent des programmes d'industrialisation **«422-423**.

GÉNÉRAL PINOCHET

LA GUERRE FROIDE
Les rivalités entre l'Union soviétique et les États-Unis **«406-407** s'étendirent jusqu'en Amérique latine. Les États-Unis appuyèrent **Pinochet** au Chili et le renversement des régimes de gauche, tandis que l'Union soviétique soutenait **Cuba**. La crise des missiles cubains, en 1961, intensifia cette lutte. L'Union soviétique soutint Cuba tout au long de l'embargo économique américain et les États-Unis financèrent le soutien militaire pour le maintien au pouvoir de leurs **régimes de prédilection**.

> « Parfois la **démocratie** doit être **baignée dans le sang**. »
>
> ATTRIBUÉ AU GÉNÉRAL AUGUSTO PINOCHET

Le retour de la démocratie

Dans les années 1980 et 1990, le vent politique tourna de nouveau en Amérique latine ; les dictatures furent renversées et la démocratie restaurée.

L'Argentine retrouva la démocratie en 1983. Après une période d'inflation galopante, le président Carlos Menem introduisit un large panel de réformes dans les années 1990, privatisant les capitaux de l'État et imposant un taux de change fixe. Néanmoins, Menem et son successeur, Fernando De la Rúa, ne parvinrent pas à éponger la dette, et l'Argentine plongea dans la récession.

Dans les années 1980, le régime de Pinochet introduisit quelques mesures de libéralisation en vue de faire évoluer l'État vers une économie de marché. Le rétablissement d'une certaine liberté d'expression entraîna des appels à la démocratie ; celle-ci fut restaurée en 1989. Le Chili compte aujourd'hui parmi les économies post-dictatoriales les plus solides.

DISSIDENT **Individu en désaccord, qui proteste ou agit contre l'opinion, la politique ou le gouvernement établis.**

Le Venezuela, riche en pétrole, renoua avec la démocratie en 1958 ; cependant la fracture sociale suscitait le mécontentement populaire. Lors de son élection, le président Chávez (voir encadré) promit davantage d'égalité. Son « Plan Bolívar 2000 » s'accompagna de réformes sociales et mit un terme à la privatisation des capitaux nationaux. Les profits pétroliers contribuèrent à la réussite de Chávez et à la croissance du pays.

L'intervention américaine

Souvent qualifiée d'« arrière-cour des États-Unis », l'Amérique latine a maintes fois subi l'ingérence américaine. En 1983, les États-Unis envahirent la Grenade, suite au signalement d'un aéroport prétendument destiné à l'usage secret des Soviétiques. Même après la guerre froide (voir p. 406-407), des troupes américaines envahirent le Panamá en 1989 et destituèrent le gouvernement du général Noriega, sous prétexte de trafic de drogue.

Afin d'éviter l'éternelle domination américaine, fut créée à l'initiative de Chávez, en 2007, la « Banque du Sud » pour financer les programmes d'infrastructure et sociaux de la région.

La frontière américano-mexicaine
En 2006, le président américain George W. Bush fit construire une clôture de 1 126 km de long pour séparer les deux pays afin de limiter l'immigration clandestine des *Chicanos* aux États-Unis.

APRÈS »

Au xxie siècle, une Amérique latine plus stable politiquement accroît ses ambitions économiques, et nombre de ses dirigeants exigent une meilleure intégration de la région.

LA MIGRATION VERS LE NORD
La pauvreté en Amérique latine entraîne une forte migration vers le nord. Beaucoup se rendent aux États-Unis en **quête d'une vie meilleure**. Selon le recensement américain, le schéma migratoire a changé depuis 1945. Autrefois, la plupart des immigrants venaient d'Europe alors qu'aujourd'hui, la majorité est originaire d'Amérique latine, et beaucoup pénètrent dans le pays illégalement. Une large proportion des 12 millions d'immigrants clandestins qu'on estime vivre aux États-Unis est arrivée par la **frontière mexicaine**.

UNE PLUS GRANDE STABILITÉ POLITIQUE
Malgré les problèmes de la région, en 2007, douze des plus grands pays d'Amérique latine ont organisé des **élections démocratiques**.

Manifestations contre Pinochet
Ces Chiliens brandissent dans la rue des photos de personnes disparues sous la junte militaire de Pinochet. Durant cette période, les autorités procédèrent à plus de 3 000 arrestations et meurtres. En 2001, les familles découvrirent enfin le sort de leurs proches « disparus » en obtenant l'accès aux archives.

PRÉSIDENT DU VENEZUELA (NÉ EN 1954)

HUGO CHÁVEZ

Élu président en 1998, Hugo Chávez introduisit au Venezuela la « révolution bolivarienne », sorte de socialisme démocratique donnant la priorité à la réforme sociale. Altermondialiste admirateur de Fidel Castro, il fut brièvement démis par l'armée vénézuelienne en 2002, mais la révolte populaire le porta de nouveau au pouvoir. Très controversé, il mène une politique étrangère radicale, critique les États-Unis et appelle à l'amélioration des pratiques commerciales et de l'aide internationale.

que responda
ISION JUVEN
DEL
ILENO ANTI-FA
BAUTISTA VAN SCHOWEN
PRESO-DESAPARECIDO
FERNANDO
ORTIZ
DESAPARECIDO
QUE RESPONDA
Amnistía
Farsa de
Pinochet
EN ESTE
HOGAR
CHILENO
FALTA
EL PADRE
QUE
RESPONDA
PINOCHET
BERNARDO ARAYA
2 AÑOS DESAPARECIDO
P. DONATO A.

AVANT

En 1948, l'État d'Israël fut créé sur le territoire de l'État arabe de Palestine. Refusant de reconnaître la légitimité d'Israël, les nations arabes riches en pétrole déclenchèrent des représailles militaires.

LA FORMATION DE L'OPEP
L'Organisation des pays arabes exportateurs de pétrole fut créée en 1968. Ses États membres, dont l'Iran, l'Iraq et l'Arabie saoudite, étaient tous des nations en développement cherchant à affirmer leurs droits sur un marché dominé par des multinationales pétrolières d'origine étrangère. Plus les **réserves de pétrole** s'amenuisèrent dans d'autres régions du monde, plus l'**OPEP devint puissante**.

LA GUERRE DES SIX-JOURS
En 1967, l'Égypte ferma l'accès du golfe d'Aqaba à Israël. Lors de la guerre des Six-Jours qui s'ensuivit, **Israël** vainquit l'**Égypte**, la **Syrie** et la **Jordanie** et s'empara des **Territoires occupés**.

TANK ISRAÉLIEN EN SYRIE

TROUBLES AU MOYEN-ORIENT
Les pertes territoriales et l'humiliation de la guerre des Six-Jours **intensifièrent l'animosité arabe** envers les Israéliens et les gouvernements qui les soutenaient.

Le choc pétrolier

Dans les années 1970, la hausse de la consommation industrielle et domestique de carburant rendit le monde occidental industrialisé de plus en plus dépendant de l'importation de pétrole. Or le pétrole qui alimentait l'économie mondiale provenait essentiellement du Moyen-Orient.

En octobre 1973, l'Égypte et la Syrie, soutenues par l'Iraq, la Jordanie et l'Arabie saoudite, envahirent Israël le jour sacré du Yom Kippour juif. Les trois semaines de la guerre du Kippour marquent un tournant dans l'histoire du Moyen-Orient. Bénéficiant de l'élément de surprise et d'un armement de qualité supérieure, les troupes arabes s'en sortirent mieux que dans le précédent conflit israélo-arabe, reprenant même certains des territoires perdus pendant la guerre des Six-Jours (voir AVANT).

L'embargo

Lors de la guerre du Kippour, l'OPEP fit pour la première fois étalage de sa force politique. Au bout de dix jours de conflit, les dirigeants de l'OPEP, le roi Faysal d'Arabie saoudite et le président égyptien, Anouar el-Sadate, annoncèrent un embargo sur toutes les livraisons de pétrole brut à destination des nations occidentales fournissant des vivres ou de l'aide à Israël. L'embargo dura six mois – d'octobre 1973 à mars 1974. Son but était de contraindre les alliés d'Israël de faire pression sur cette nation afin qu'elle rende les territoires occupés (voir AVANT). S'il visait son principal partenaire, les États-Unis, il ne s'appliquait pas à toutes les nations européennes. Les Pays-Bas, qui envoyaient des armes à Israël et permettaient aux Américains d'utiliser leurs aéroports pour se ravitailler, furent soumis à un embargo total. La Grande-Bretagne et la France, qui avaient mis un embargo sur les armes et les vivres à destination des Arabes comme des Israéliens, ne subirent aucun blocus. Toutefois, compte tenu des restrictions de pétrole brut sur le marché mondial, les prix du pétrole triplèrent. Même s'ils ne subissaient pas d'embargo, bien des pays ne pouvaient plus se permettre d'acheter les mêmes quantités. Sans carburant pour alimenter la production, l'industrie ralentit considérablement, l'inflation explosa, et le monde plongea dans la récession économique. Chacun comprit que le boom économique des nations occidentales dans l'après-guerre était

La guerre du Kippour
Attaque israélienne contre les positions syriennes sur le plateau du Golan le 12 octobre 1973. Six jours auparavant, les Syriens avaient envahi Israël, mais ils avaient été rapidement repoussés derrière leur frontière.

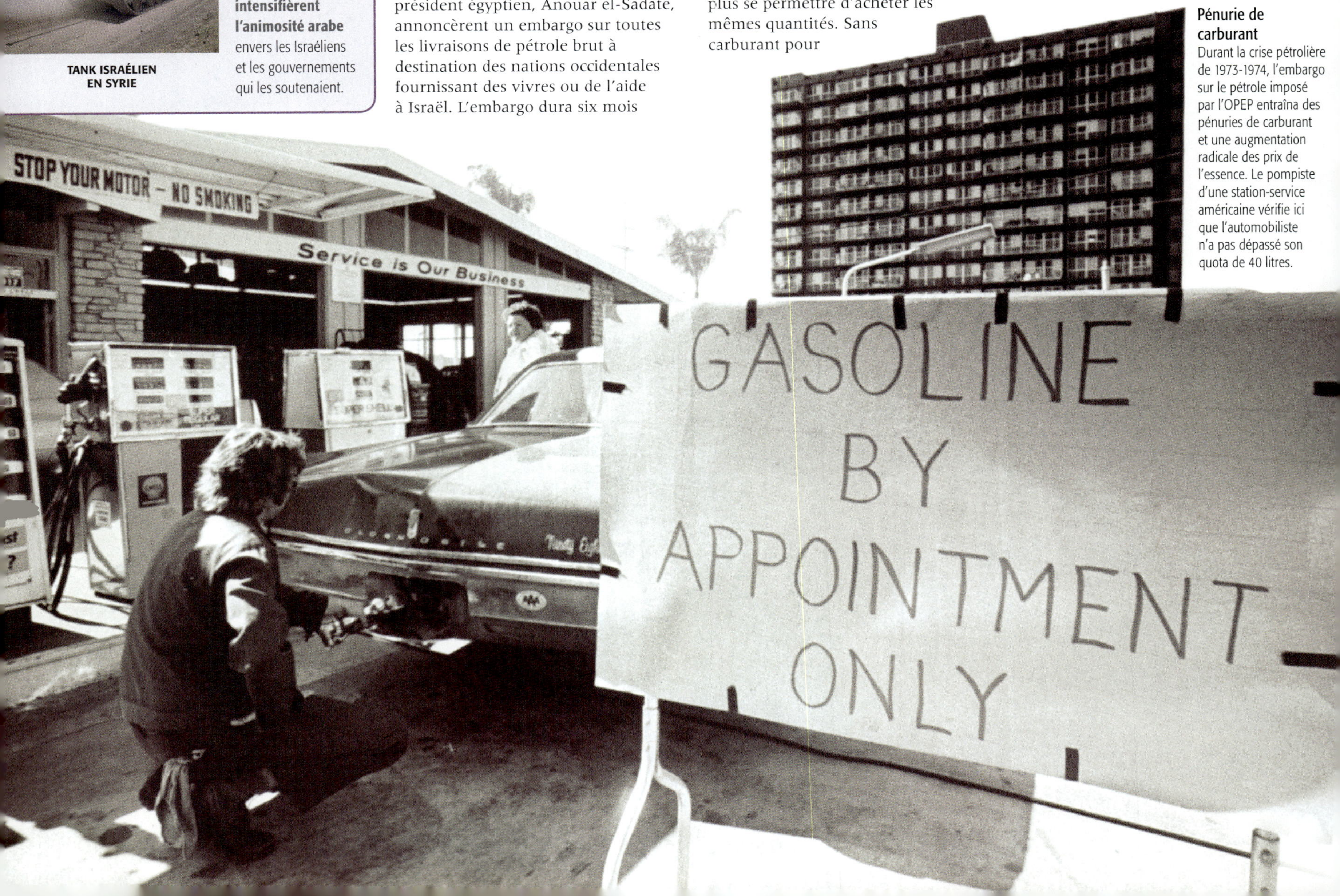

Pénurie de carburant
Durant la crise pétrolière de 1973-1974, l'embargo sur le pétrole imposé par l'OPEP entraîna des pénuries de carburant et une augmentation radicale des prix de l'essence. Le pompiste d'une station-service américaine vérifie ici que l'automobiliste n'a pas dépassé son quota de 40 litres.

5 % **Hausse annuelle de l'utilisation du pétrole au début des années 1970**

98 % **Chute des importations de pétrole de l'OPEP aux États-Unis**

400 % **Flambée du prix du pétrole de 1973 à 1974**

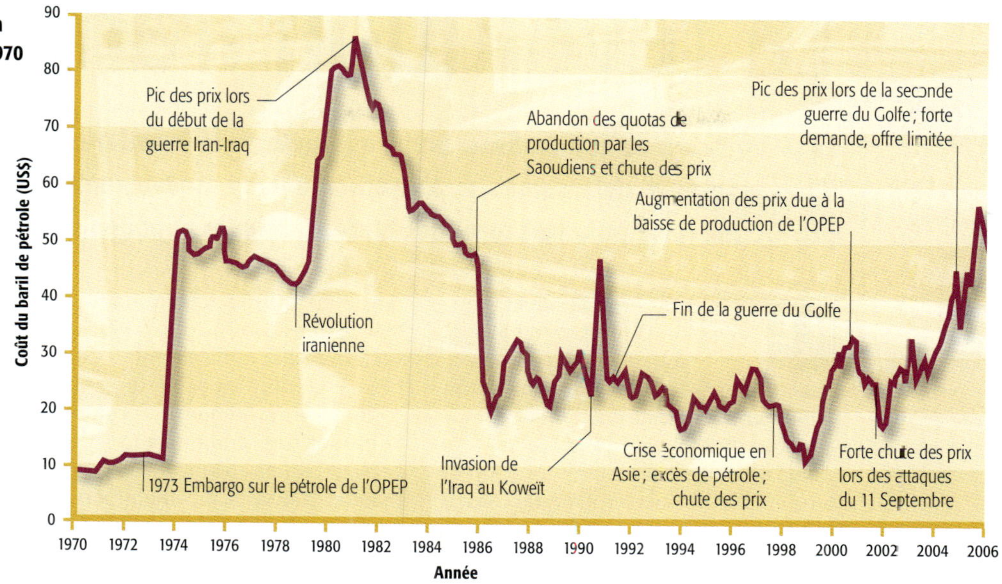

Pétrole et politique
Ce graphique illustre les hausses et les baisses des prix du pétrole à partir de 1970 et leur lien avec des événements spécifiques. Lorsque la fourniture de pétrole a diminué dans d'autres parties du monde, la valeur des gisements du Moyen-Orient a augmenté. Comme le pétrole sous-tend la production d'énergie industrielle et domestique, toute instabilité politique dans la région a des répercussions ailleurs.

entièrement lié à leur capacité à dicter des prix bas aux pays fournisseurs de pétrole.

La crise de l'énergie

Lorsque l'embargo frappa les États-Unis, la hausse de l'inflation dépassa 10 %, les taux d'intérêt montèrent en flèche et le déficit commercial se creusa. Écoles et entreprises adoptèrent une politique de fermetures régulières afin d'économiser le chauffage tandis que les particuliers furent conviés à baisser leur thermostat. Le taux de chômage, problème croissant depuis le début des années 1970, continua d'augmenter, car les industries furent contraintes au licenciement. Le prix du pétrole pour la consommation domestique quadrupla durant l'embargo, et jusqu'à 20 % des stations-service américaines se trouvèrent à court de carburant pendant la crise. Dans une économie où 85 % de la main-d'œuvre se rendait au travail en voiture, cela généra des heures d'attente à la pompe. À la demande du président américain Nixon, le pétrole fut rationné à 40 litres par client.

La hausse des prix du pétrole brut eut un très fort impact en Europe, surtout en Grande-Bretagne, qui importait du Moyen-Orient plus de 80 % de son pétrole. Avant la crise, le gouvernement conservateur d'Edward Heath luttait déjà contre une hausse de l'inflation dans un contexte social houleux. En mai 1973, 1,6 million d'ouvriers se mirent en grève pour protester contre les restrictions de salaire. Les relations entre ouvriers et gouvernement se détériorèrent au fil de l'année.

En novembre 1973, la suppression des heures supplémentaires chez les producteurs d'électricité et de charbon exacerba la pénurie de carburant. Le gouvernement britannique fut contraint d'annoncer l'état d'urgence, limitant l'utilisation industrielle et commerciale d'électricité à cinq jours de fourniture de carburant par quinzaine. Lors de la grève générale des mines de charbon début 1974, le gouvernement imposa une « semaine de trois jours » pour faire des économies à la fois d'énergie et de salaires. La crise se termina par un accord avec le syndicat national des mineurs qui coûta 113 millions de livres au pays et accrut la facture salariale de 30 %. Une fois la production de charbon rétablie, la Grande-Bretagne revint à la semaine de cinq jours ouvrés, en mars 1974, mais les restrictions sur l'utilisation de l'électricité furent maintenues durant plusieurs mois.

Faire face au « dimanche sans voiture »
Durant la crise pétrolière, un audacieux patron d'hôtel allemand (ci-dessus) contourna l'interdiction nationale de circuler en voiture le dimanche en revenant au cheval. *The Big Freeze* fit la une du magazine *Time* (à droite) le 3 décembre 1973. Trois mois après le début de la crise pétrolière, l'article annonçait que les Américains allaient avoir froid pendant leurs vacances de Noël.

Face à la crise

Pour faire face à la crise pétrolière, les autorités prirent des mesures de conservation. Divers pays abaissèrent la limitation de vitesse à 80 km/h pour réduire la consommation de pétrole. Aux États-Unis, cette consommation chuta de 20 % grâce aux efforts du grand public, qui passa à des énergies plus abordables comme le charbon, le solaire ou l'éolien afin de lutter contre le gaspillage du pétrole et de l'argent. Par ailleurs, l'heure d'été fut prolongée et, à l'instar de l'Allemagne, les États-Unis mirent en place une politique de « dimanche sans voiture ». En Grande-Bretagne, les longs hivers furent marqués de coupures d'électricité dues aux mesures d'économie d'énergie. Parmi les autres restrictions figuraient la fin des émissions de télévision à 22 h 30, l'extinction de l'éclairage public à minuit et l'annulation des matchs de football sous projecteurs.

En France, « on n'a pas de pétrole, mais on a des idées » devint le slogan phare à cette époque. Le pays se tourna vers le gaz et le programme nucléaire connut une forte accélération.

L'embargo de l'OPEP entraîna de graves dommages pour l'économie mondiale et conduisit bien des dirigeants des nations industrialisées à revoir leur dépendance vis-à-vis du pétrole du Moyen-Orient. Beaucoup entreprirent de financer des recherches pour étudier les énergies alternatives comme le vent, la marée ou le solaire. Aux États-Unis, le président Nixon approuva la construction d'un oléoduc à travers l'Alaska destiné à alimenter le marché américain à concurrence de 2 millions de barils de pétrole par jour. Les gros constructeurs automobiles envisagèrent la production de petites cylindrées plus économiques que les modèles gros consommateurs d'essence des années 1950 et 1960. Le Japon, en particulier, réforma sa politique énergétique pour parer à toute crise similaire dans le futur, développa ses installations nucléaires et élabora les véhicules économes en énergie les plus réussis du monde. Contrairement à d'autres nations industrialisées, le Japon se remit très vite de la crise. Ce revirement économique est en général attribué à l'investissement par les autorités japonaises dans les secteurs industriels ne dépendant pas du pétrole, comme l'électronique (voir p. 456-457).

APRÈS »

Depuis 1973, les États-Unis se protègent contre une nouvelle crise pétrolière.

LE PROCESSUS DE PAIX AU MOYEN-ORIENT

Avec l'embargo sur le pétrole, les nations de l'OPEP sont parvenues à **radicalement changer leur pouvoir et leur position dans la politique mondiale**. Les Occidentaux ont dû écouter les objections arabes à l'existence d'Israël. Dès son accession à la présidence en 1977, l'Américain Jimmy Carter chercha une **issue pacifique au conflit israélo-arabe**. En mars 1979, la signature d'un traité de paix bilatéral entre Israël et l'Égypte fut la première étape de cette délicate voie diplomatique **« 415**.

LA POLITIQUE ÉNERGÉTIQUE AMÉRICAINE

La consommation industrielle d'énergie demeura régie par la loi sur l'énergie votée en 1978, qui favorisait les énergies renouvelables et introduisait une hausse des taxes sur les véhicules gourmands. D'où le développement de voitures hybrides à moteur électrique.

VOITURE HYBRIDE

LES ÉTATS-UNIS AU MOYEN-ORIENT

Les États-Unis ne se limitèrent pas à instaurer la paix au Moyen-Orient. Dans les années 1980, ils s'efforcèrent d'obtenir des parts dans les gisements pétroliers en soutenant certains régimes, dont celui de Saddam Hussein, contre l'Iran **468-469 »**. En 2003, ils influençaient quatre cinquièmes du pétrole de la région.

AVANT

Un désir de retour à une forme d'islam plus traditionnelle saisit les musulmans fatigués de l'occidentalisation de leur mode de vie.

LE MOUVEMENT ISLAMIQUE DE DEOBAND
L'**imam Mohammad Quasim Nanotwi** créa la **madrasa de Deoband** en 1866 dans l'Inde coloniale. Dans cette école religieuse, où était enseignée la **charia**, l'objectif consistait à **purifier l'islam** des pratiques « non islamiques », en particulier des influences de la culture coloniale britannique. Après la partition de l'Inde **« 410-411** en 1947, la madrasa de Deoband ferma et de nouvelles écoles coraniques s'ouvrirent au Pakistan.

RÉGIME COLONIAL

LES FRÈRES MUSULMANS
Fondée en 1928 par **Hasan el-Banna** en Égypte, l'association des Frères musulmans fit campagne pour l'application de la charia. Le chef de l'organisation déplorait la maladie de l'umma, la communauté musulmane au sens large, et apporta aux frères la *jihadia* (**formation militaire**) pour favoriser la « lutte au nom de Dieu ». Ces activités entraînèrent leur interdiction en **Égypte**. L'Arabie saoudite les recueillit.

La révolution iranienne

La progression du nationalisme arabe à la suite de la Première Guerre mondiale s'accompagna d'une montée d'« islamisme » au Moyen-Orient. Ce mouvement visait à renverser des régimes laïques, pro-Occidentaux pour instaurer des États islamiques appliquant la loi de la charia.

Les accords de la fin de la Première Guerre mondiale, qui mandataient la Grande-Bretagne et la France pour administrer leurs nations, déplurent à bien des citoyens du Moyen-Orient. Leurs dirigeants furent choisis en fonction de leur empressement à collaborer avec les puissances étrangères, or beaucoup étaient corrompus. Les populations ne jouissaient pratiquement d'aucun droit démocratique. La Grande-Bretagne instaura des constitutions et des assemblées élues tout en chargeant ses conseillers de veiller aux intérêts britanniques dans leurs décisions.

Lors de la Première Guerre mondiale, la Perse fut divisée entre la Russie et la Grande-Bretagne, mais les Russes se retirèrent après la révolution bolchevique (voir p. 376-377), laissant la Grande-Bretagne exploiter seule le pétrole persan. Au début des années 1920, les Britanniques reconnurent en Reza Khan, grande figure militaire persane, un dirigeant capable de maintenir le *statu quo* anglo-persan. Avec le soutien britannique, il mena une campagne armée pour écraser l'opposition politique et se proclama chah de Perse en 1925.

Modernisation et sécularisation

Fervent partisan de l'occidentalisation, le chah modernisa l'infrastructure du pays, qui fut renommé Iran en 1935. Il abandonna l'enseignement islamique pour un programme éducatif plus

Un train de vie fastueux
Le chah Mohammad Reza – ici avec sa fille, la princesse Chahnaz, en 1957 – menait grand train tandis que la majeure partie de son peuple vivait dans une immense pauvreté. Les tensions de la guerre froide et le besoin de pétrole conduisirent les puissances occidentales à fermer les yeux sur la mauvaise administration du chah.

WAHHABISME Forme d'islam à laquelle Muhammad Ibn Abd al-Wahhab (1703-1792) a donné son nom pour avoir réintroduit la charia sur la péninsule arabe. La charia impose des règles religieuses dans tous les aspects de la vie, y compris les questions politiques, sexuelles et sociales.

laïque, abandonna une grande partie de la charia et découragea le respect de l'appel à la prière et les pèlerinages. La fracture sociale s'amplifia. Tandis que les classes supérieures se laïcisaient et s'occidentalisaient, les masses – forcées de payer de lourds impôts pour financer les réformes du chah – demeuraient pauvres et très religieuses.

La Seconde Guerre mondiale et après

Pendant la Seconde Guerre mondiale, Reza Chah offrit son soutien aux nazis, dans l'espoir de voir l'Allemagne aider l'Iran à faire table rase de l'influence britannique. Les sympathies nazies du chah menaçant l'accès des Alliés au pétrole iranien, lorsque l'Allemagne envahit la Russie en 1941, des troupes britanniques et russes envahirent l'Iran. Reza Chah fut déposé et remplacé par son fils, Mohammad Reza. La rancœur à l'égard des Occidentaux s'accentua.

Dans l'après-guerre, des étudiants menèrent une action violente contre la laïcité et la corruption. En 1951, l'agitation politique força le chah à assouplir son pouvoir et à nommer Mohammad Mossadegh au poste de Premier ministre. Mossadegh ne tarda pas à nationaliser la compagnie pétrolière anglo-iranienne. Au plus fort de la guerre froide (voir p. 406-407), la crainte de voir les Soviétiques accroître leur influence au Moyen-Orient

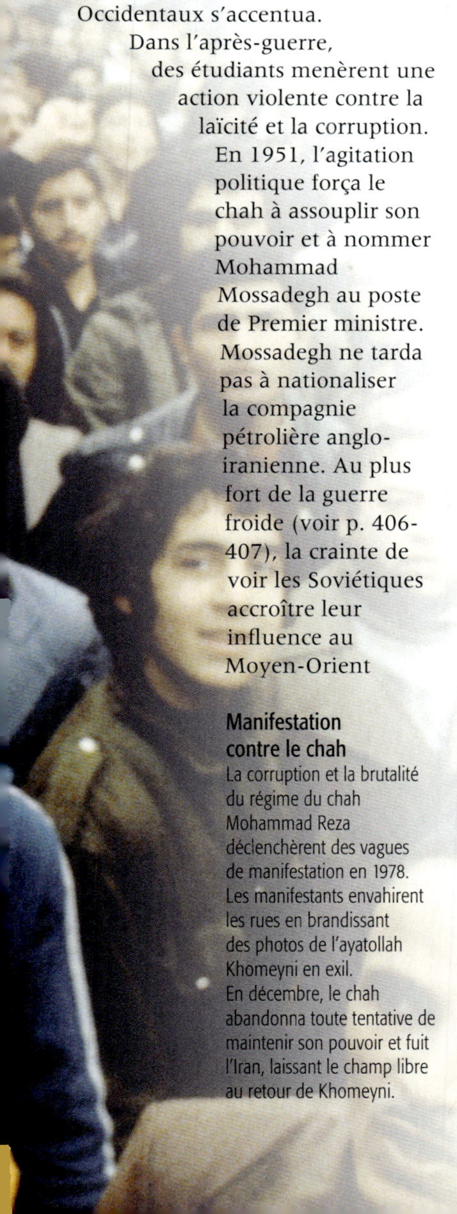

Manifestation contre le chah
La corruption et la brutalité du régime du chah Mohammad Reza déclenchèrent des vagues de manifestation en 1978. Les manifestants envahirent les rues en brandissant des photos de l'ayatollah Khomeyni en exil. En décembre, le chah abandonna toute tentative de maintenir son pouvoir et fuit l'Iran, laissant le champ libre au retour de Khomeyni.

La crise des otages
Ces militants sont en train de brûler le drapeau américain sur le toit de l'ambassade des États-Unis à Téhéran au début de la crise des otages de 1979. Le personnel de l'ambassade fut retenu en otage par des manifestants.

conduisit la Grande-Bretagne et les États-Unis à bloquer les ventes de pétrole iranien. L'Iran plongea dans la crise économique.

En 1953, les services de renseignement occidentaux soutinrent un coup d'État militaire qui restitua le pouvoir absolu à Mohammad Reza Chah. Le régime du chah se fit toujours plus dictatorial. Tandis que ses forces de sécurité faisaient régner la terreur parmi les opposants et que bien des pauvres souffraient de malnutrition dans les campagnes, le chah menait la belle vie grâce aux revenus du pétrole, passés de 285 millions de dollars par an en 1960 à 18 523 millions au milieu des années 1970.

La révolution islamique

Dans les mosquées d'Iran, les enseignements d'un ayatollah (ecclésiastique musulman de haut rang) exilé gagnaient du terrain. L'ayatollah Ruhollah Khomeyni était en exil depuis qu'il avait qualifié le chah de « marionnette » de l'Occident en 1964. Il prônait la fin du règne du chah en insistant sur la nécessité d'un régime exclusivement ecclésiastique, au prétexte que seuls les prêtres étaient les véritables représentants de Dieu.

En 1978, Khomeyni bénéficiait d'un large soutien. Les manifestations en sa faveur avaient beau être réprimées avec brutalité, l'agitation se propagea de ville en ville, car les ecclésiastiques, nationalistes et modérés s'unirent dans la lutte pour le changement. Malgré l'instauration de la loi martiale, les soldats refusèrent de tirer sur les manifestants. En décembre, les États-Unis tentèrent de persuader le chah de libéraliser son régime, mais la révolution était désormais inévitable. Le chah et sa famille fuirent l'Iran le 16 janvier 1979. Khomeyni rentra en Iran le 1er février 1979. Après quelques luttes entre factions politiques, un référendum populaire se prononça en faveur de la création d'une république islamique.

La nouvelle Constitution nomma Khomeyni à la tête du pays, les institutions de l'État furent confiées à ces membres du clergé et la charia fut instaurée.

Retour triomphal
Après quatorze ans d'exil, l'ayatollah Ruhollah Khomeyni reçut un accueil délirant à Téhéran. Il entreprit aussitôt la mise en place d'un État ecclésiastique régi par la loi de la charia.

La crise des otages

Le 22 octobre 1979, le président américain Jimmy Carter permit au chah, gravement malade, de venir se faire soigner aux États-Unis. Des étudiants iraniens furieux, réclamant le retour du chah en Iran pour son procès, envahirent l'ambassade des États-Unis à Téhéran et prirent 63 otages américains. Malgré la mort du chah, moins d'un an plus tard, Khomeyni refusa de relâcher les otages et maintint 52 Américains en captivité pendant 444 jours. La crise se termina finalement par la signature de l'accord d'Alger en janvier 1981.

L'attitude provocatrice de Khomeyni face aux États-Unis joua un rôle déterminant dans le soutien des autorités occidentales à Saddam Hussein lors de l'invasion de l'Iran en 1980 et leur empressement à lui fournir des armes durant les huit années de la guerre Iran-Iraq (voir p. 468). À la mort de Khomeyni, en juin 1989, le régime islamique était bien établi en Iran.

> « Dans l'islam, le **pouvoir** législatif et la **compétence** pour établir les lois appartiennent à **Dieu**. »
>
> AYATOLLAH RUHOLLAH KHOMEYNI

APRÈS »

Depuis la révolution iranienne, des tensions ont vu le jour entre groupes musulmans et l'hostilité de certaines factions islamiques perdure à l'égard des régimes occidentaux.

LES NOMBREUSES BRANCHES DE L'ISLAM

Le traditionalisme de Khomeyni n'est pas la seule voie de l'islam. Comme la Bible dans le christianisme, le **Coran** – grand texte sacré de l'islam – donne lieu à **diverses interprétations** et plusieurs dénominations ou groupes distincts. Regroupant près de 85 % des musulmans du monde, les **sunnites** forment la branche la plus importante alors que les **chiites** représentent environ 15 %. Certains musulmans sont adeptes du **soufisme**, une forme mystique de l'islam.

FONDAMENTALISME ET TERRORISME

Des tensions se sont récemment développées entre musulmans **fondamentalistes** (partisans d'un retour aux principes de base) et la société laïque. Les **talibans** mènent actuellement une **guérilla en Afghanistan 445 »**. Depuis les événements du 11 septembre **466-467 »** et autres attaques terroristes islamistes, des soupçons pèsent sur les madrasas du Pakistan qui formeraient des musulmans aux **attentats suicide**. En Iraq, la **« guerre contre la terreur »**, entamée avec l'invasion menée par les États-Unis en 2003 **442-443 »**, vire au conflit civil entre sunnites, chiites et autres factions musulmanes, y compris le groupe terroriste **al-Qaïda**, qui a revendiqué les attaques du 11 septembre.

MUSULMANS FONDAMENTALSTES

La **guerre** en **Afghanistan**

Lorsqu'elle envahit l'Afghanistan voisin en décembre 1979, l'Union soviétique crut pouvoir aussitôt dominer le pays. Or les troupes russes s'enlisèrent dans une guerre de dix ans qui se révéla désastreuse pour les deux pays. La guerre accéléra la chute de l'Union soviétique et plongea l'Afghanistan dans un état de non-droit.

AVANT

L'Afghanistan est un pays à la géographie accidentée, peuplé d'ethnies diverses. Absorbé par les problèmes de clans et de tribus, il a été envahi à plusieurs reprises.

UN PAYS ENCLAVÉ
Niché au **cœur de l'Asie**, l'Afghanistan se situe entre l'Iran, à l'ouest, et le Pakistan, au sud et à l'est. Au nord, ses frontières touchent d'anciens pays soviétiques tels que l'Ouzbékistan.

STABILITÉ ET BOULEVERSEMENT
De 1933 à 1973, l'Afghanistan fut stable sous le régime du roi Zaher Chah. En 1973, un **coup d'État** sans effusion de sang mit son beau-frère au pouvoir. Mohammad Daoud Khan fut assassiné en 1978 lors de la révolution communiste du **Parti démocratique populaire d'Afghanistan** (PDPA).

PREMIER MINISTRE MOHAMMAD DAOUD KHAN

LE COUP D'ÉTAT COMMUNISTE
Soutenu par l'URSS, le PDPA entreprit des réformes marxistes « 334-335. En 1978, un traité permit à l'Afghanistan de faire appel aux troupes soviétiques en cas de besoin.

La prise de pouvoir du Parti démocratique populaire d'Afghanistan (PDPA) en 1978 (voir AVANT) déclencha aussitôt un conflit. Après plusieurs jours de luttes internes pour le pouvoir, l'un des dirigeants du parti, le marxiste Nour Mohammad Taraki, devint président de l'Afghanistan. À l'origine, le pays comptait deux groupes marxistes : le parti Khalq et le parti Parcham. Taraki dirigeait le premier. Pour instaurer un régime communiste en Afghanistan, ces deux fractions convinrent de se partager le pouvoir, mais, quelques mois plus tard, Taraki fit tuer et incarcérer nombre de Parchamis. Par ailleurs, il fit pression pour une rapide mise en place d'un programme de réforme communiste, comprenant la sécularisation, l'égalité des droits pour les femmes et la redistribution des terres. En quelques mois, l'insurrection secoua le pays entier. En mars 1979, un groupe de résistants déclara le djihad, ou « guerre sainte », au régime impie de Kaboul. Le même mois, plus de 100 citoyens soviétiques furent tués à Hérat, dans l'ouest de l'Afghanistan. En septembre 1979, Taraki tenta d'assassiner son Premier ministre, Hafizullah Amin. Ce dernier fit arrêter le président et prit la tête du gouvernement. Par la suite, il annonça la mort de Taraki.

1 MILLION d'Afghans morts à la guerre

5 MILLIONS d'Afghans réfugiés dans les pays voisins

52 000 soldats soviétiques tués ou blessés

L'engagement américain

Les Américains surveillaient de près le nouveau régime soutenu par les Soviétiques. Dans les années 1950 et 1960, quatre présidents américains avaient dû défendre les intérêts américains au Moyen-Orient et en Asie du Sud, en particulier dans les vastes gisements de pétrole et de gaz naturel du golfe Persique, de la péninsule Arabique et des environs. Lorsque la guerre froide éclata en 1946 (voir p. 406-407), les États-Unis considérèrent l'Union soviétique comme la principale menace à leur égard. Cette situation perdura pendant un demi-siècle. Les Américains cherchèrent conseil auprès des milieux politiques anticommunistes des États musulmans et arabes, comme le Pakistan et l'Arabie saoudite. Ce fut le début d'une curieuse relation entre les États-Unis et l'islam.

Kalachnikov AK47
La CIA, agence de renseignement américaine, aida largement les moudjahidin par le biais du Pakistan, notamment en leur fournissant des AK47. Fabriquées en URSS, ces armes étaient bon marché, fiables et faciles à se procurer.

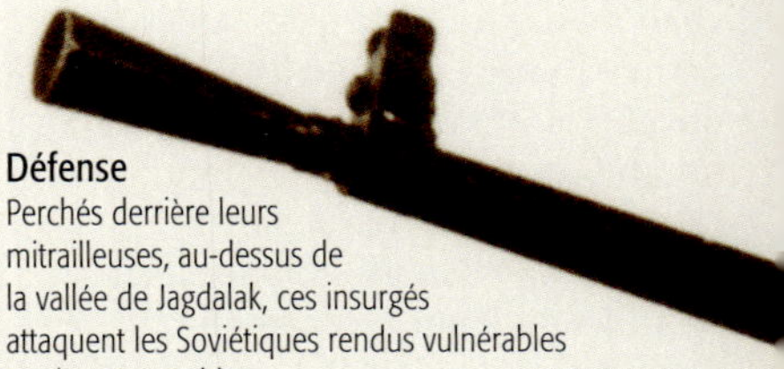

Défense
Perchés derrière leurs mitrailleuses, au-dessus de la vallée de Jagdalak, ces insurgés attaquent les Soviétiques rendus vulnérables par la topographie.

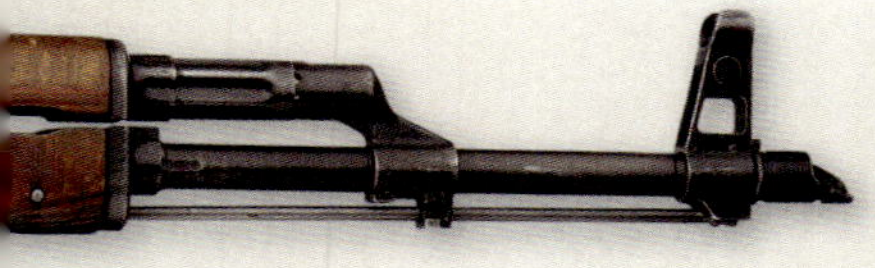

Avec le PDPA au pouvoir, le président américain Jimmy Carter et son conseiller à la sécurité nationale, Zbigniew Brzezinski, autorisèrent la formation et le financement secrets de forces antigouvernementales. Avec le soutien financier des Saoudiens et la logistique du Pakistan, les militaires et les services de renseignement se chargèrent d'entraîner, d'équiper et de payer les volontaires – les moudjahidin (« guerriers ») opposés aux marxistes.

La présence soviétique en Afghanistan s'accrut. Se référant au traité de l'Amitié signé en 1978, permettant l'intervention militaire des Soviétiques en cas de besoin (voir AVANT), les Soviétiques firent irruption dans la capitale de Kaboul le 24 décembre 1979. À leur arrivée en Afghanistan, les 110 000 à 150 000 soldats soviétiques (assistés de 100 000 soldats afghans procommunistes) se heurtèrent à la résistance des moudjahidin. Malgré la supériorité des armes russes, les rebelles surent tirer parti de l'adversité du terrain montagneux.

Le retrait des Soviétiques
En mai 1988, l'Afghanistan, le Pakistan, l'URSS et les États-Unis signèrent des accords pour mettre fin à l'intervention étrangère en Afghanistan et l'URSS entama le retrait de ses troupes.

L'impasse

Les réactions internationales varièrent, allant de l'avertissement sévère au boycott des jeux Olympiques de Moscou en 1980. Le conflit demeura dans l'impasse : les forces soviétiques et gouvernementales maîtrisaient les zones urbaines, alors que les rebelles opéraient librement dans les montagnes. Au fil de la guerre, les rebelles améliorèrent leur tactique et disposèrent bientôt d'armes importées ou capturées. Leurs chefs, qui privilégiaient le sabotage, faisaient sauter les bâtiments gouvernementaux. Le 4 septembre 1985, des insurgés attaquèrent un vol domestique et abattirent l'avion lors de son décollage de l'aéroport de Kandahar, faisant 52 victimes.

En février 1988, sous la pression internationale croissante, le président soviétique Gorbatchev annonça le retrait de ses troupes, ce qui fut accompli un an plus tard.

Au sortir de la guerre, l'Afghanistan dut faire face à de sérieux problèmes politiques, économiques et écologiques. Beaucoup étaient morts ou avaient fui le pays ; la production économique tournait au ralenti. Les forces de la guérilla qui avaient triomphé furent incapables de s'unir, et l'Afghanistan se retrouva divisé entre les seigneurs de guerre régionaux. Ces divisions firent le lit des talibans, mouvement militaro-religieux, qui arrivèrent plus tard dans la décennie.

> « Nous avons maintenant l'occasion de donner à l'**URSS** sa **guerre du Viêt Nam**. »
>
> ZBIGNIEW BRZEZINSKI, CONSEILLER AMÉRICAIN À LA SÉCURITÉ NATIONALE, 18 JANVIER 1978

APRÈS

Après le retrait soviétique d'Afghanistan en 1989, les États-Unis et leurs alliés ne firent rien pour reconstruire le pays, laissant un dangereux vide à la tête de l'État.

LES SEIGNEURS DE GUERRE
Le pouvoir revint aux **factions moudjahidin**, mais des luttes ethniques éclatèrent, favorisant la venue de seigneurs de guerre. De ce chaos émergèrent les **talibans**.

LA MONTÉE DES TALIBANS
Menés par le mollah Omar, les talibans constituaient une **force politique et religieuse** soutenue par le Pakistan, lui-même soutenu par les États-Unis. Ils étendirent leur contrôle sur la majeure partie de l'Afghanistan. Interprétant la charia au pied de la lettre, ils fermèrent les écoles de filles et interdirent le travail aux femmes. Suite aux attaques **du 11 septembre 2001 466-467 »**, les États-Unis lancèrent une campagne militaire pour détruire le **réseau terroriste d'al-Qaida** opérant en Afghanistan, ainsi que le gouvernement taliban.

MISE À PRIX DE LA TÊTE DU MOLLAH OMAR

HAMID KARZAI

LA DÉMOCRATIE
En décembre 2001, les principaux chefs de l'opposition afghane convinrent d'un plan pour instaurer un nouveau **gouvernement démocratique** dans le pays. Hamid Karzai fut élu à la présidence lors d'une élection nationale en 2004.

AVANT

Dans les années 1960 et 1970, l'URSS souffrit d'une économie stagnante et de corruption.

L'ÈRE DE LA STAGNATION

En 1964, **Leonid Brejnev** succéda à **Nikita Khrouchtchev** à la tête de l'URSS et demeura en fonction jusqu'en 1982. Sous sa direction, l'**économie stagna** et la croissance ralentit dans certains secteurs. Les **pénuries perpétuelles** de certains produits, y compris d'aliments, et le manque de choix frustraient les consommateurs soviétiques.

LEONID BREJNEV

UN SYSTÈME À DOUBLE VITESSE

Si tous les citoyens soviétiques étaient officiellement égaux, le **système était en réalité corruptible** ; les **pots-de-vin** permettaient d'obtenir de meilleurs emplois ou logements et les **responsables du parti communiste** jouissaient de **privilèges** inaccessibles au commun des mortels.

La *perestroïka*

Lors de son accession à la tête de l'Union soviétique, en 1985, Mikhaïl Gorbatchev lança une vaste réforme politique pour pallier les failles du régime communiste. Alors qu'elle visait le renouveau du pays, la *perestroïka* entraîna des changements qui rendirent l'Union soviétique méconnaissable.

Gorbatchev était un enfant du communisme (voir p. 376-377). Il ne remettait pas en question l'opinion de Lénine selon laquelle le communisme ne pouvait être atteint que par une organisation centrale disciplinée, néanmoins il souhaita aborder les défaillances du système soviétique. Par la *perestroïka* (restructuration), il tenta de dégraisser le Parti communiste de l'Union soviétique (PCUS). Gorbatchev admit par ailleurs que la répression étatique de ceux qui critiquaient le PCUS avait engendré des problèmes dans la société soviétique. Il promit la transparence – *glasnost* – en matière de politique ; les intellectuels exilés purent rentrer et le débat politique fut encouragé.

Au début, *glasnost* et *perestroïka* reçurent un accueil enthousiaste – malgré la résistance de ceux dont les réformes visaient à réduire le pouvoir et les privilèges. Fin 1986, cependant, compte tenu de la détérioration de la situation économique, les discours de Gorbatchev commencèrent à sonner creux. Ses réformes économiques se révélèrent trop prudentes. Il concéda quelques droits limités à l'entreprise privée, mais la majeure partie de la production demeura sous le contrôle de l'État et la restructuration ne parvint pas à stimuler la croissance. En 1987, la *perestroïka* donnait lieu à des files d'attente et à des pénuries alimentaires encore plus longues.

La *glasnost* permettait à tout Soviétique d'exprimer son mécontentement vis-à-vis du PCUS et du système. En 1988, Gorbatchev commença à être confronté aux revendications nationalistes du Kazakhstan, de l'Arménie, de l'Azerbaïdjan et des États baltes souhaitant s'émanciper du gouvernement soviétique central.

En 1989, espérant que le peuple soviétique accepterait un nouveau

Pour en finir avec Lénine
La décision de Gorbatchev d'autoriser la critique du système communiste engendra des manifestations contre le régime répressif du parti unique. Les manifestants réclamaient des élections multipartites et la démocratie

« De la réussite de la *perestroïka* dépend l'**avenir de la paix**. »

MIKHAÏL GORBATCHEV, 1987

PRÉSIDENT DE RUSSIE (NÉ EN 1931)

MIKHAÏL GORBATCHEV

Mikhaïl Gorbatchev naquit à Stavropol, dans le sud-ouest de la Russie. Engagé très jeune en politique, il devint dirigeant de l'Union soviétique en 1985. Gorbatchev transforma les relations soviétiques avec le monde occidental et on lui attribue largement la fin de la course à l'armement et de la guerre froide (voir p. 406-407). Il tenta de résoudre les problèmes économiques et politiques soviétiques par des réformes intérieures. Après l'effondrement de l'Union soviétique, en 1991, il fit plusieurs vaines tentatives pour revenir sur la scène politique en Russie. Il reçut le prix Nobel de la paix en 1990.

« communisme à visage humain », Gorbatchev autorisa des élections, ouvertement contestées, pour certains membres du Congrès des députés du peuple. Cependant il dut bientôt faire face à la demande de concessions plus importantes de la part d'un député nouvellement élu : Boris Eltsine.

Gorbatchev et Eltsine

Boris Eltsine jouissait d'une grande popularité en Union soviétique, parce qu'il critiquait ouvertement Gorbatchev et la *perestroïka*. En 1991, il fut élu à la présidence de la Fédération russe, la plus vaste des républiques soviétiques. Profitant de cette position, il attaqua Gorbatchev et le PCUS, insistant sur le fait que le parti ne devrait plus dominer le gouvernement. Sa démission du Parti, en juillet 1990, apparut comme un coup d'éclat. À côté d'Eltsine, Gorbatchev paraissait tout à coup faible et dépassé.

Tout au long de 1990, Gorbatchev lutta pour le maintien de l'Union soviétique, envoyant des troupes en Azerbaïdjan pour réprimer des combats interethniques et s'opposant à l'indépendance des États baltes. Le 19 août 1991, un comité de partisans de la ligne dure du PCUS organisa un coup d'État, avec arrestation de Gorbatchev et de ses conseillers. L'état d'urgence déclaré, ils annoncèrent leur intention de restaurer un régime soviétique à l'ancienne. Eltsine se précipita à la Maison blanche, le Parlement russe, et appela le peuple à venir protéger son parlement. Le soutien à Eltsine mit un terme au coup d'État. Gorbatchev fut rétabli dans ses fonctions quatre jours plus tard, mais toute la gloire revint à Eltsine et Gorbatchev perdit son prestige.

En septembre 1991, le Congrès des députés du peuple accorda l'indépendance à toutes les républiques soviétiques, entraînant la dissolution de l'URSS. Sans union à diriger, Gorbatchev se retrouva au chômage. Il démissionna en décembre 1991.

APRÈS

L'effondrement du communisme en Russie engendra l'instabilité économique et des demandes d'indépendance en Tchétchénie.

ELTSINE AU POUVOIR

Suite à l'effondrement du communisme, Boris Eltsine instaura l'**économie de marché** dans la Fédération russe. L'**inflation explosa** et la production nationale chuta. Plongée dans la **récession**, la Russie connut des difficultés matérielles pires que celles du temps du communisme ou de la *perestroïka*. En 1993, le Congrès des députés du peuple tenta de destituer Eltsine, mais il demeura au pouvoir et finit, **très impopulaire**, par démissionner en 1999.

BORIS ELTSINE

LA GUERRE EN TCHÉTCHÉNIE

Après 1991, la Fédération russe fut confrontée à la demande d'**indépendance** de sa province méridionale de Tchétchénie. En 1994, Eltsine envoya des troupes à Grozny, la capitale tchétchène, pour écraser la rébellion. La guerre perdura jusqu'en 1996, faisant d'**importantes pertes** de part et d'autre. Après le retrait des Russes, l'agitation se poursuivit et une seconde guerre éclata en 1999.

COMBATS EN TCHÉTCHÉNIE

L'ancienne URSS en 1991
Après son effondrement, l'URSS fut divisée en 15 États distincts, le plus vaste étant la Fédération russe. On y instaura des gouvernements indépendants et beaucoup convinrent d'une coopération économique au sein de la Communauté des États indépendants (CEI).

LÉGENDE
- Territoire contrôlé par l'URSS à partir de 1945
- Fédération russe à partir de 1991
- Communauté des États indépendants, 1991

La **chute** du **rideau** de **fer**

Suite à la défaite de l'Allemagne nazie, des tensions entre les superpuissances divisèrent l'Europe entre bloc de l'Est communiste et Ouest capitaliste. En abrogeant la « doctrine de Brejnev », Gorbatchev ouvrit la voie à des réformes qui menèrent au démantèlement du rideau de fer en Europe de l'Est.

Ce fut Winston Churchill (voir p. 392-393) qui compara la séparation Est-Ouest en 1946 à « un rideau de fer coupant le continent ». Il fut interdit aux habitants d'Europe de l'Est de passer à l'Ouest. De manière générale, la population ignorait à peu près tout du mode de vie de l'autre côté. Le premier signe indiquant la possibilité de voir le rideau se relever en 1985 apparut avec la nomination de Mikhaïl Gorbatchev au poste de secrétaire général du parti communiste soviétique. Gorbatchev proposa une nouvelle voie pour la Russie (voir p. 446-447), mais sa vision nécessitait une transformation des relations Est-Ouest.

AVANT

La guerre froide s'intensifiant, l'Union soviétique raffermit son contrôle sur les politiques des États satellites du bloc de l'Est.

L'EUROPE DIVISÉE

Après 1945, de **nouvelles frontières furent créées** en Europe et les pays divisés selon des contours dessinés par les Alliés victorieux. Staline veilla à l'intégration de l'est de la Pologne et des États baltes dans l'Union soviétique. L'**Allemagne et sa capitale**, Berlin, furent divisées en secteurs Est et Ouest **« 426-427**.

LE COMMUNISME EN EUROPE DE L'EST

En 1949, l'Albanie, la Roumanie, la Hongrie, la Bulgarie, la Tchécoslovaquie, la Pologne et l'Allemagne de l'Est présentaient toutes un régime communiste. Indépendantes sur le papier, ces nations étaient en réalité sous la **domination de l'Union soviétique**. Formant collectivement le **bloc de l'Est**, ces États satellites soviétiques avaient obligation de **reproduire les structures politiques soviétiques** et d'adhérer à l'alliance militaire soviétique : le **pacte de Varsovie**.

L'IMPÉRIALISME SOVIÉTIQUE

L'Union soviétique ne tolérait ni rébellion ni écart de la ligne du Parti. En 1953, les troupes soviétiques réprimèrent des révoltes et une grève générale en Allemagne de l'Est. En 1956, lorsque le mécontentement suscité par le gouvernement communiste hongrois vira à l'émeute nationale, le soulèvement fut écrasé par un imposant déploiement de force. En 1968, lors du « **printemps de Prague** », la Tchécoslovaquie introduisit des mesures libérales. Des troupes du pacte de Varsovie envahirent alors le pays pour rétablir la discipline du parti communiste.

En 1983, la décision du président américain Ronald Reagan de financer un système de défense reposant sur le stationnement de missiles dans l'espace – la célèbre « guerre des Étoiles » – présagea de la poursuite de l'escalade dans la course à l'armement, mais, en 1986, Gorbatchev surprit la communauté internationale en appelant à la suppression de toutes les armes nucléaires à l'horizon 2000. Cela aboutit au traité sur les forces nucléaires à portée intermédiaire (INF) en 1987 – un pas vers le démantèlement des arsenaux des superpuissances.

Son rôle dans l'arrêt de la course à l'armement valut à Gorbatchev les acclamations du monde entier. En 1988, il poursuivit avec une réforme radicale de la politique étrangère soviétique : l'abandon de la « doctrine Brejnev », qui interdisait au bloc de l'Est (voir AVANT) et autres pays satellites de réformer leur système politique. Cette doctrine avait été à l'origine de l'intervention militaire en Tchécoslovaquie en 1968 et en Afghanistan en 1979 (voir p. 444-445).

La révolution en Roumanie
Des Roumains s'abritent derrière les tanks de l'armée à Bucarest lors de l'avènement de la démocratie le plus violent d'Europe de l'Est. Les affrontements entre manifestants et forces de l'ordre firent plus de 1 000 victimes.

Le rejet du communisme

La menace soviétique disparue, les gouvernements communistes eurent des difficultés à se maintenir en place. Une vague de contestation populaire appelant à la fin du régime communiste secoua les pays du bloc de l'Est.

En 1989, l'Allemagne de l'Est fut confrontée à une réduction rapide de la main-d'œuvre, car des milliers de citoyens fuirent l'Allemagne de l'Ouest *via* la Hongrie et la Tchécoslovaquie.

En novembre, le gouvernement accepta d'ouvrir ses frontières avec l'Allemagne de l'Ouest, permettant à tous les citoyens de retrouver leurs anciens compatriotes. En 1990, les hommes politiques des deux camps convinrent de réunifier l'Allemagne.

Une période agitée
Ce révolutionnaire brandit un drapeau roumain, dont le symbole communiste central a été arraché par provocation, et regarde la place du Palais à Bucarest, quelques jours avant le renversement du régime de Ceaușescu en décembre 1989.

Une nouvelle Hongrie
Citoyens agitant des bannières prodémocratiques lors de la proclamation de la République de Hongrie le 23 octobre 1989 – anniversaire du soulèvement hongrois contre l'Union soviétique en 1956.

La victoire de Solidarność

En Pologne, le désir de changement populaire aboutit à l'émergence du mouvement syndical Solidarność au début des années 1980. Il réclamait des droits pour les ouvriers et la liberté de culte – le catholicisme ayant été interdit par le régime communiste. Les autorités communistes tentèrent de réprimer Solidarność mais furent contraintes, en 1989, d'accepter l'organisation d'élections plus ouvertes. Élu par une

MOMENT CLÉ

LA CHUTE DU MUR DE BERLIN

Le mur de Berlin était la plus célèbre manifestation concrète du rideau de fer. Le gouvernement est-allemand édifia le mur en 1961 pour empêcher les ouvriers qualifiés d'aller travailler à Berlin-Ouest. Il fut qualifié de «rempart de protection contre le fascisme». Durant trente ans, les mouvements des citoyens entre l'Ouest et l'Est furent hautement limités. On estime que 200 personnes moururent sous les balles des gardes est-allemands alors qu'elles tentaient de passer à l'Ouest. Dans les années 1970 et 1980, des graffitis et des slogans protestant contre la séparation de Berlin recouvrirent la paroi ouest du mur. Le 9 novembre 1989, suite à l'annonce de l'abandon des contrôles à la frontière, des dizaines de milliers de Berlinois se pressèrent vers le mur pour célébrer l'événement. Les jours suivants, les habitants de la ville entreprirent de démanteler le mur de leurs propres mains.

«Les gens ont traversé un **tunnel** très sombre au bout duquel **brillait la lumière**...»

VÁCLAV HAVEL, PRÉSIDENT TCHÈQUE, 1990

immense majorité, Solidarność devint le principal parti au pouvoir de Pologne et son fondateur, Lech Wałęsa, occupa la présidence de 1990 à 1995.

L'avancée de la démocratie

En 1989 également eut lieu en Tchécoslovaquie la «révolution de velours» : ces manifestations massives permirent le renversement du gouvernement communiste. Alexandre Dubček, héros du printemps de Prague (voir AVANT), sortit de son isolement politique pour collaborer à un nouveau parlement fédéral. La Hongrie et la Bulgarie connurent aussi un passage à la démocratie pacifique au début des années 1990. Le gouvernement communiste hongrois tenta de proposer des réformes tout en maintenant le système du parti unique ; néanmoins la troisième République hongroise fut proclamée sous la pression populaire et la promesse d'élections multipartites tenue. La Hongrie et la Bulgarie devinrent des démocraties parlementaires en 1990.

Un renversement violent

Le chef d'État communiste roumain Nicolae Ceauşescu imposait un régime particulièrement répressif et cruel. Son renversement en 1989 fut le fruit de l'unique révolution violente de la période. Ceauşescu fut arrêté et exécuté par l'armée. Lui succéda Ion Iliescu, ancien membre du régime communiste. Figure dominante de la politique en Roumanie depuis la révolution, Iliescu contribua à la mise en place d'une forme de socialisme démocratique conservant certaines politiques de l'ère communiste. Le dernier État du bloc de l'Est à adopter la démocratie parlementaire fut l'Albanie, en 1992. Malgré les accusations de corruption et la mauvaise gestion économique qui suivit, le pays semble progresser vers la pleine démocratie.

APRÈS »

La transition du communisme à la démocratie ne fut pas toujours aisée. Elle s'accompagna de conflits nationalistes, de chômage et d'une importante migration de la main-d'œuvre au sein de l'Union européenne.

LA GUERRE EN YOUGOSLAVIE

En 1992, des vagues de nationalisme engendrèrent la violente dislocation de la Fédération communiste de Yougoslavie **450-451 »**.

L'OTAN EN EUROPE DE L'EST

L'OTAN 397 » s'est élargie depuis la chute du communisme afin d'inclure la plupart des anciens membres du pacte de Varsovie. Des consultations sur la sécurité internationale ont lieu entre l'OTAN et des pays non membres, dont la Russie et l'Ukraine.

LA RÉVOLUTION ORANGE

En 2004, les manifestations dans les **rues de Kiev**, en Ukraine, aboutirent à de nouvelles élections qui portèrent au pouvoir Viktor Iouchtchenko.

CAMPEMENT À KIEV

ÉCRIVAIN ET HOMME D'ÉTAT TCHÈQUE (NÉ EN 1936)

VÁCLAV HAVEL

Né dans une riche famille cultivée, Václav Havel n'eut pas le droit à une formation universitaire, en raison de ses origines «bourgeoises». Ses premières pièces de théâtre furent montées dans les années 1960, puis son travail fut considéré comme subversif et il fut incarcéré pour dissidence. Václav Havel fut élu président de la Tchécoslovaquie après la révolution de velours. Profondément convaincu qu'un homme politique doit écouter sa propre conscience, il fut souvent controversé pour ses décisions. Il démissionna de la présidence en 1992 mais fut réélu en 1993 et resta en poste jusqu'en 2003.

La guerre en Yougoslavie

En 1991 éclatait en Yougoslavie une guerre civile qui s'acheva avec le démantèlement du pays. Tandis que les pires atrocités que l'Europe ait connues depuis la Seconde Guerre mondiale étaient perpétrées en Bosnie, l'Otan était mise au défi d'intervenir dans un État souverain.

« AVANT

La Yougoslavie se constitua, après la guerre de 1914-1918, autour de la Serbie qui appelait à l'« union des Slaves du Sud ».

LA NAISSANCE D'UNE NATION

Le royaume des Serbes, des Croates et des Slovènes naquit en 1918 de la réunion de la Serbie et du Monténégro avec les territoires croates et slovènes et la Bosnie-Herzégovine, auparavant intégrés à l'**empire d'Autriche-Hongrie** **« 372-373**. Il fut rebaptisé Yougoslavie en 1929.

LA DICTATURE DE TITO

La Yougoslavie fut envahie par l'Allemagne nazie pendant la Seconde Guerre mondiale **« 392-405**. Mais les **partisans communistes** menés par Josip Broz, dit **Tito**, opposèrent aux nazis une **résistance farouche**. Soutenus par les Russes, les Britanniques et les Américains, ils étaient, à la fin du conflit, maîtres de la Yougoslavie. En 1946, le pays devint une fédération de **six républiques socialistes** : Serbie (comprenant le Kosovo et la Vojvodine autonomes), Croatie, Slovénie, Bosnie-Herzégovine, Macédoine et Monténégro. Le régime évolua vers une **dictature** de parti unique, dirigée par Tito jusqu'à sa mort, en 1980.

JOSIP BROZ, DIT TITO

LA DÉSINTÉGRATION DE LA YOUGOSLAVIE

Une présidence collégiale, représentant les six républiques et les deux régions autonomes, assuma la direction de la Yougoslavie dans les années 1980. Mais tandis que le pays s'enfonçait dans la crise économique, les **rivalités nationales** et **ethniques** s'exacerbaient. À la faveur de la chute du communisme **« 448-449**, des élections multipartites furent organisées en 1990, qui aggravèrent encore les tensions.

La chute du communisme en Europe, dans les années 1980, favorisa l'essor des nationalismes dans les républiques de Yougoslavie (voir AVANT). Les élections multipartites organisées en 1990 virent l'accession au pouvoir des partis nationalistes en Croatie, en Slovénie, en Bosnie-Herzégovine et en Macédoine ; dès le printemps 1990, Croatie et Slovénie affirmaient leur volonté de quitter la Fédération yougoslave. Mais la Serbie, dirigée par le communiste Slobodan Milošević, entendait maintenir l'unité de la Yougoslavie, sous sa domination.

La guerre en Croatie

Dès 1989, Milošević, président de la Serbie, avait lancé une politique de répression contre la majorité albanaise musulmane du Kosovo qui revendiquait pour cette région le statut de république. Quand, le 25 juin 1991, la Slovénie déclara son indépendance, l'armée fédérale yougoslave, dominée par les Serbes, intervint aussitôt. Mais les Slovènes s'étaient bien préparés et les chefs politiques et militaires serbes préféraient concentrer leurs forces contre la Croatie, qui avait fait sécession simultanément. Si la guerre en Slovénie s'acheva après dix jours, l'offensive lancée contre la Croatie, en août, fut totale. Vukovar fut détruite et les hommes croates furent exécutés en masse. La réaction internationale fut limitée. En janvier 1992, l'Organisation des Nations unies (ONU, voir encadré) obtenait toutefois un cessez-le-feu entre Serbes et Croates.

Toujours divisés
Une affiche bosniaque qualifie Karadžić, ancien chef des Serbes de Bosnie, de criminel de guerre. Un Serbe réclame la libération de son ancien président, Milošević.

La guerre en Bosnie

La population de Bosnie-Herzégovine, la plus diverse des républiques yougoslaves, était composée de 43 % de Bosniaques musulmans, de 31 % de Serbes orthodoxes et de 17 % de Croates catholiques. Quand en avril 1992, après un référendum boycotté par la communauté serbe refusant la séparation d'avec la Serbie, la Bosnie-Herzégovine déclara à son tour son indépendance, une république serbe de Bosnie fut instaurée, et l'armée yougoslave attaqua aux côtés de ses milices. Sarajevo fut assiégée. L'expulsion des populations non serbes, l'enfermement des musulmans dans des camps, le viol des musulmanes et les massacres de civils commis par les forces serbes en Bosnie conduisirent les médias à dénoncer un « nettoyage ethnique ». Si la communauté internationale imposa des sanctions économiques à la Serbie, les troupes de

Le siège de Sarajevo
Assiégés par les Serbes, les habitants de Sarajevo, en majorité musulmans, vécurent pendant quatre ans sous la menace constante des tireurs embusqués. Ils durent aussi endurer la pénurie d'eau, de nourriture et de médicaments. Un cessez-le-feu précaire fut instauré début 1994, mais le siège ne fut officiellement levé qu'en février 1996.

« L'époque… a montré que **l'aptitude de l'homme au mal** est sans limites. »
KOFI ANNAN, SECRÉTAIRE GÉNÉRAL DES NATIONS UNIES, 1997

LA FIN DE LA YOUGOSLAVIE

Des premières déclarations d'indépendance, en 1991, aux accords de paix de 1995, l'agonie de la Yougoslavie s'est accompagnée de conflits atroces.

1991

Juin 1991 La **Slovénie** et la **Croatie** déclarent leur indépendance.

Juillet 1991 L'armée yougoslave envahit la Croatie ; la ville de Vukovar, bombardée, est anéantie.

1992

Janvier 1992 La **Macédoine** déclare son indépendance.

Avril 1992 La **Bosnie-Herzégovine** déclare son indépendance.

Avril 1992 Début de la guerre en Bosnie avec le **siège de Sarajevo** par les Serbes de Bosnie, qui durera quatre ans

Août 1992 Publication de **photographies** de musulmans bosniaques émaciés, détenus dans des **camps serbes**

1993

Avril-mai 1993 Le Conseil de sécurité de l'ONU définit six « **zones de sécurité** » pour les Bosniaques musulmans.

1993-1995 Les Serbes de Bosnie se livrent contre les Bosniaques musulmans à des atrocités, reconnues comme **crimes contre l'humanité** et pour certaines comme actes de **génocide**.

1994

Février 1994 Explosion d'un mortier sur le marché de Sarajevo. Les appels à une intervention militaire internationale contre les Serbes se font plus pressants.

Février 1994 Des appareils de l'**OTAN abattent quatre avions serbes** ayant pénétré dans une zone interdite de survol par l'ONU.

1995

Juillet 1995 Les forces serbes dirigés par le général Ratko Mladić massacrent environ 8 000 musulmans à **Srebrenica**.

Juillet 1995 Karadžić et Mladić sont inculpés pour génocide et **crime contre l'humanité**.

Août-septembre 1995 L'**OTAN mène une campagne de bombardements** contre les positions militaires serbes en réaction au massacre de Srebrenica.

Novembre-décembre 1995 La Bosnie, la Serbie et la Croatie signent les **accords de paix de Dayton**.

APRÈS

Les plaies ouvertes par les guerres de Yougoslavie demeurent ouvertes.

LES ACCORDS DE DAYTON
Les accords de Dayton, signés en 1995, ont consacré la **partition de la Bosnie-Herzégovine** en une **Fédération croato-musulmane** et une **République serbe de Bosnie**.

LE KOSOVO
En février 2008, le Kosovo, placé sous administration de l'ONU depuis juin 1999, votait pour son **indépendance**. Le nouveau pouvoir ne contrôle toutefois pas le nord du Kosovo, majoritairement peuplé de Serbes.

LES CRIMES DE GUERRE
Contraint de quitter la présidence de la Serbie en 2000, Slobodan Milošević fut déféré devant le **Tribunal pénal international pour l'ex-Yougoslavie**. Il est mort en prison en 2006, avant que s'achève son procès pour **génocide, crimes contre l'humanité et crimes de guerre**. Les mêmes chefs d'inculpation visent les Serbes de Bosnie Radovan Karadžić et Ratko Mladić. Le premier a été arrêté, en juillet 2008. Le second échappe encore à la justice.

LA SERBIE ET LE MONTÉNÉGRO
Le 3 juin 2006, le **Monténégro** déclarait son **indépendance** et quittait la fédération de Serbie-et-Monténégro instituée en 2003.

l'ONU en Bosnie se virent interdire d'utiliser la force. Pendant toute l'année 1993, les forces serbes de Radovan Karadžić, président de la République serbe de Bosnie, commirent des atrocités. Croates et musulmans bosniaques se combattirent aussi durant cette année. Aucune communauté ne fut épargnée. Plus de 1 million de personnes furent chassées de leurs foyers.

L'intervention de l'ONU

En 1994, un obus de mortier serbe tuait 68 personnes sur le marché de Sarajevo. L'OTAN lança alors un ultimatum aux Serbes de Bosnie, exigeant qu'ils se retirent de la capitale bosniaque. Le cessez-le-feu négocié n'empêcha pas les Serbes d'attaquer d'autres villes à majorité musulmane dans l'est de la Bosnie, dont plusieurs qui avaient été déclarées « zones de sécurité » par l'ONU. À Srebrenica, l'un de ces supposés sanctuaires, les forces de maintien de la paix des Nations unies assistèrent impuissantes, en juillet 1995, au massacre de quelque 8 000 hommes et jeunes garçons par les forces du général Ratko Mladić – ce fut le pire massacre perpétré en Europe depuis 1945. Plusieurs centaines de Casques bleus furent même pris en otages et attachés à des cibles militaires.

En août, l'OTAN bombarda les troupes serbes en Bosnie, ce qui contraignit Milošević à entamer des négociations de paix. Fin novembre, les accords de Dayton consacraient la partition de la Bosnie.

Au Kosovo et en Macédoine, les conflits entre minorités albanaises séparatistes et autorités continuaient. Les massacres et les expulsions d'Albanais par les Serbes conduisirent l'OTAN à mener une nouvelle campagne de frappes aériennes au Kosovo en 1999. Si la paix est revenue dans l'ex-Yougoslavie, les tensions entre communautés demeurent vives.

Kosovo
Les troupes de maintien de la paix de l'OTAN traversent une maison abandonnée au Kosovo. Elles y furent envoyées après qu'une guerre eut éclaté en 1999 entre les Serbes et les Albanais du Kosovo combattant pour leur indépendance.

IDÉES

LES NATIONS UNIES

L'Organisation des Nations unies (ONU), basée à New York, vit officiellement le jour le 24 octobre 1945 quand sa charte fondatrice fut ratifiée par la Chine, la France, les États-Unis, le Royaume-Uni et l'Union soviétique. Cette charte confère au Conseil de sécurité de l'ONU le pouvoir d'entreprendre une action collective pour le maintien de la sécurité et de la paix internationales. Bien que les soldats déployés par l'ONU portent tous le même uniforme, ils demeurent membres de leurs armées nationales respectives. En juillet 1998, à Rome, 120 États membres ont adopté un traité établissant une Cour pénale internationale permanente, pour juger des crimes de guerre et des crimes contre l'humanité.

AVANT

Après les horreurs de la Seconde Guerre mondiale, les Européens endurèrent encore la pénurie. À partir de 1947, l'aide financière des États-Unis favorisa la reconstruction des pays d'Europe de l'Ouest.

LA RECONSTRUCTION
La paix revenue, les gouvernements européens durent se débattre pour satisfaire les **besoins les plus fondamentaux** des populations. Les Alliés exigèrent dans un premier temps de l'Allemagne des réparations payables en charbon et autres matières premières. Les usines allemandes furent démontées et leurs machines réinstallées au Royaume-Uni, en France et en Union soviétique. La France, voulant s'assurer que l'Allemagne ne pourrait plus jamais réarmer, prit le contrôle de ses grandes régions industrielles. Les Allemands connurent deux années de famine.

RECONSTRUCTION DE DRESDE

LE PLAN MARSHALL
En 1947, le secrétaire d'État américain, **George Marshall**, proposa une aide financière massive de long terme pour faire face à la «**dislocation de l'ensemble du tissu économique européen**». Afin d'éviter la «contagion» communiste, de l'Europe de l'Est vers l'Ouest, le veto mis à la reconstruction industrielle allemande fut en partie levé. En cinq ans, les États-Unis consacrèrent des milliards de dollars à la reconstruction de l'Europe de l'Ouest.

GEORGE MARSHALL

Symbole d'unité
Douze étoiles dorées sur fond bleu : le drapeau européen symbolise l'égalité des pays membres au sein d'une Europe unie, représentée comme un tout.

L'Europe unie

Deux conflits mondiaux dévastateurs avaient causé sur le continent européen plus de souffrances que celui-ci n'en pouvait supporter. La construction d'une Europe politique et économique visait, dans l'esprit de ses promoteurs, à rendre impensable une nouvelle guerre entre les pays du continent.

Tandis qu'après 1945, les pays d'Europe de l'Ouest édifiaient l'État-providence, incluant la mise en place d'un système de protection sociale pour tous selon l'exemple suédois, les relations étrangères connaissaient de semblables mutations et convergences. Konrad Adenauer, chancelier de la nouvelle République fédérale d'Allemagne (RFA) de 1949 à 1963, fut le promoteur d'une politique de réconciliation avec les pays voisins, à laquelle, en 1950, le Premier ministre français, Robert Schuman, répondit en proposant d'intégrer les industries minières et métallurgiques des deux pays. Le plan Schuman, dont Jean Monnet – l'un des «pères» de l'Europe – fut l'un des principaux artisans, déboucha sur la création, en 1951, de la Communauté européenne du charbon et de l'acier (CECA), élargie à l'Italie, la Belgique, les Pays-Bas et le Luxembourg, et plaçant ces industries stratégiques sous une autorité supranationale. La coopération entre les six pays pionniers changea de dimension en 1957 avec la formation de la Communauté économique européenne (CEE) servant un double objectif : l'édification progressive d'un marché commun dans lequel circuleraient librement biens, services, capitaux et personnes et le développement de politiques agricole, sociale et étrangère communes.

Dirigeants européens
L'Allemand Helmut Kohl et le Français François Mitterrand, après l'approbation par les Français du traité de Maastricht, en 1992. Les deux dirigeants voyaient leur vision d'une Europe unie sur le point de se réaliser.

L'exception britannique

Le Royaume-Uni refusa d'abord d'entrer dans la CEE. Mais, la croissance économique des six pays membres dépassant rapidement les performances britanniques, le Premier ministre Harold Macmillan négocia, à partir de 1961, l'intégration de son pays. Le Royaume-Uni devint à son tour membre de la CEE en 1973, alors que la crise pétrolière déclenchée par l'OPEP (voir p. 440-441) ouvrait une période de stagflation – combinant forte inflation, stagnation de la croissance économique et montée du chômage – en Europe. Premier ministre du Royaume-Uni à partir de 1979, Margaret Thatcher n'eut de cesse de réclamer un desserrement des contrôles exercés par la CEE et se fit le porte-parole d'une Europe libérale.

L'Union européenne

L'Europe continentale opta plutôt pour le renforcement de la coopération et de l'intégration économique. En 1986, à l'initiative du président français François Mitterrand et du chancelier allemand Helmut Kohl, était signé l'Acte unique européen instituant un marché unique. En 1992, le traité de Maastricht substituait à la CEE l'Union européenne (UE), aux pouvoirs renforcés. En 2006, l'UE comptait 27 pays membres, soit 494 millions d'habitants, réalisant un produit intérieur brut (PIB) total de 10,6 billions d'euros. Au-delà de sa réussite économique, l'UE et les institutions qui l'ont précédée ont favorisé l'avènement d'une unité inédite entre pays d'Europe et de la paix sur ce continent.

LE VOTE AU CONSEIL DE L'UE
Les ministres des pays membres de l'UE votent sur la législation de l'UE, le budget et la politique économique. Le nombre de votes détenu par un pays est fonction de sa population, avec toutefois une pondération.

Allemagne	29	Bulgarie	10
France	29	Suède	10
Italie	29	Danemark	7
Royaume-Uni	29	Finlande	7
Espagne	27	Irlande	7
Pologne	27	Lituanie	7
Roumanie	14	Slovaquie	7
Pays-Bas	13	Chypre	4
Belgique	12	Estonie	4
Grèce	12	Lettonie	4
Hongrie	12	Luxembourg	4
Portugal	12	Slovénie	4
Rép. tchèque	12	Malte	3
Autriche	10	**Total**	**345**

«Nous ne voulons **plus jamais nous faire la guerre**… C'est là la plus importante raison d'être une **Europe unie**.»
HELMUT KOHL, ANCIEN CHANCELIER ALLEMAND, 1er MAI 2004

PREMIER MINISTRE BRITANNIQUE (NÉE EN 1925)
MARGARET THATCHER

Premier ministre du Royaume-Uni de 1979 à 1990, Margaret Thatcher accéda au pouvoir alors que le pays était plongé dans la récession économique. La présidente du Parti conservateur avait promis aux électeurs de prendre des mesures drastiques pour redresser l'économie nationale. Malgré une politique de confrontation avec l'UE, Margaret Thatcher signa l'Acte unique européen établissant le marché unique et renforçant la coopération politique européenne. Figure controversée, elle demeure pour beaucoup celle qui transforma radicalement la société et l'économie britanniques. Admirée par les uns, elle est détestée par les autres pour avoir privatisé les industries nationales et affaibli les syndicats et l'État-providence.

LÉGENDE

- Membres de la CEE en janvier 1981
- Entrée en janvier 1986
- Admission en octobre 1990
- Entrée en janvier 1995
- Entrée en mai 2004
- Entrée en janvier 2007
- Pays demandant leur admission dans l'UE

Allemagne
- **Entrée** 18 avril 1951
- **Secteur clé** Industrie automobile

Suède
- **Entrée** 1er janvier 1995
- **Secteur clé** Bois

APRÈS

Les gouvernements sont parfois écartelés entre les intérêts nationaux et ceux de l'UE.

MIGRATIONS ET TENSIONS

Tirant parti du marché unique, de nombreux citoyens des pays les plus pauvres de l'UE viennent chercher du travail dans les pays les plus riches. Ces migrations ne sont pas sans provoquer des **réactions xénophobes** dans les pays d'accueil où une **partie de la droite** demande que soient mises des restrictions à la libre circulation des travailleurs.

L'UNION MONÉTAIRE

EUROS

En 2009, seize pays avaient adopté l'**euro**, la monnaie unique en vigueur depuis 2002. D'autres ont choisi de conserver leur monnaie nationale, par crainte de **perdre leur souveraineté**.

Grande-Bretagne
- **Entrée** 1er janvier 1973
- **Secteur clé** Finance

Hongrie
- **Entrée** 1er mai 2005 (photo : les festivités)
- **Secteur clé** Équipements de transports

Pays de l'UE

Cette carte met en évidence les pays qui ont rejoint la Communauté puis l'Union européenne depuis 1981. Les nouveaux États membres, dont les économies demeurent à développer, espèrent connaître la croissance économique dont ont bénéficié les membres plus anciens. De l'agriculture au tourisme, de la finance à la mode, l'économie européenne enregistre de nombreux succès.

Portugal
- **Entrée** 1er janvier 1986
- **Secteur clé** Industrie du liège

Espagne
- **Entrée** 1er janvier 1986
- **Secteur clé** Tourisme

France
- **Entrée** 18 avril 1951
- **Secteur clé** Agriculture

Italie
- **Entrée** 18 avril 1951
- **Secteur clé** Industrie de la mode

L'apartheid et après

Le régime d'apartheid imposa le pouvoir de la minorité blanche à la majorité de la population d'Afrique du Sud. Son démantèlement, dans les années 1990, fut suivi par une extraordinaire tentative d'examen du passé et de réconciliation, auquel les Sud-Africains de toutes origines furent appelés à participer.

Hendrik Verwoerd, Premier ministre d'Afrique du Sud de 1958 à 1966, fut le principal architecte de l'apartheid (voir AVANT), fondé sur une supposée inégalité des « races » humaines et une vision suprématiste n'étant pas sans évoquer l'idéologie nazie (voir p. 400-401). Les conditions faites aux Noirs et aux métis ne furent pas seulement dénoncées par les victimes de l'apartheid mais aussi par certains Blancs sud-africains.

Un long combat

En 1960, 69 personnes furent tuées et 180 autres blessées dans le township (ghetto) de Sharpeville quand la police tira sur une manifestation pacifique organisée par le Congrès panafricain (PAC). Tandis qu'à la suite de ce massacre, le gouvernement décrétait l'état d'urgence et interdisait les principales organisations politiques noires, ces dernières optèrent pour la lutte armée. En 1961, Nelson Mandela, un des dirigeants du Congrès national africain (ANC), lançait une campagne de sabotage contre les installations gouvernementales. Mandela fut arrêté en 1962 – ainsi que d'autres membres de l'ANC – et condamné à la prison à vie. Il utilisa son procès pour plaider en faveur de la liberté, de la démocratie et de l'égalité pour tous les Sud-Africains. Son long enfermement allait susciter un mouvement grandissant de condamnation à l'échelle internationale.

Steve Biko
En 1977, *Drum*, magazine de la communauté noire sud-africaine, consacrait sa couverture à l'activiste anti-apartheid Steve Biko, battu à mort par la police lors d'une garde à vue la même année.

Le système des bantoustans vint parachever l'apartheid dans les années 1960 en reléguant la plus grande partie de la population noire dans des régions rurales pauvres, théoriquement autonomes mais dénuées des moyens d'exercer leur autonomie. La création des bantoustans eut surtout pour effet de retirer la citoyenneté

13 **% du pays fut découpé en 10 bantoustans.**
80 **% de la population vivait dans ces bantoustans.**

HOMME POLITIQUE (NÉ EN 1918)

NELSON MANDELA

Nelson Rolihlahla Mandela naquit dans la province sud-africaine du Cap-Est. Son combat contre l'apartheid lui valut de passer vingt-sept années en prison. Libéré en 1990, il devint le premier président noir de son pays en 1994. Cet homme charismatique est unanimement célébré pour son action en faveur de la paix et de la démocratie, pour laquelle il obtint, avec Frederik De Klerk, le prix Nobel de la paix en 1993. Retiré de la vie politique après un mandat, Mandela se consacrera à la lutte contre le sida et la pauvreté en Afrique.

« Que jamais, jamais, **jamais plus**, ce pays magnifique ne voie l'**oppression de l'un par l'autre**... »

NELSON MANDELA, DISCOURS D'INVESTITURE, 9 MAI 1994

AVANT

À partir de 1910, le pouvoir sud-africain imposa la ségrégation des populations.

L'ÈRE PRÉ-APARTHEID
À partir de 1910, le gouvernement sud-africain, blanc, mena une politique visant à priver Noirs et métis du droit de vote et de propriété des terres. Des lois telles que le **Native Urban Areas Act**, introduisant une ségrégation résidentielle en 1923, chassèrent des villes les Noirs en « surplus », créant des zones réservées aux Blancs.

LE PARTI NATIONAL
En 1948, le **Parti national**, **ouvertement raciste**, accéda au pouvoir et promut une politique d'apartheid (ségrégation raciale), consacrant légalement la séparation complète entre Sud-Africains blancs et de couleur, dans tous les domaines de la vie.

LES LOIS D'APARTHEID
Les « lois du sang » furent parmi les premières mesures d'apartheid : la loi sur l'immoralité et l'enregistrement des populations, en 1950, interdisit les mariages et les relations sexuelles entre « races ». Des **zones séparées furent instaurées** dans les transports et les lieux publics ; la ségrégation imposée dans l'éducation et l'économie cantonnèrent les Noirs aux emplois pénibles et mal payés.

SÉGRÉGATION AFFICHÉE

APARTHEID Politique de ségrégation systématique à l'encontre de la population non-blanche d'Afrique du Sud. Le mot signifie « vivre séparés » en afrikaans.

sud-africaine à leurs habitants, qui devinrent des travailleurs migrants sans droits dans leur propre pays.

La violence progressa dans les années 1970 et 1980, y compris entre l'ANC et le Parti de la liberté-Inkhata, son rival. La police et l'armée firent taire toute voix dissidente. Malgré les sanctions économiques internationales imposées en 1986 et alors même que la majorité des Blancs du pays était désormais opposée à l'apartheid, le gouvernement sud-africain n'entreprit aucune réforme significative.

Un nouveau début

En 1989, Frederick Willem De Klerk fut élu président de la République sur un programme de réformes. Le 11 février 1990, Nelson Mandela était libéré et l'ANC légalisé. Mandela et De Klerk travaillèrent ensemble à faire passer l'Afrique du Sud de l'apartheid à la démocratie majoritaire. Ils durent faire face aux divergences de vues au sein de la communauté noire comme à l'opposition farouche de certains Blancs. Ils choisirent de bâtir une Afrique du Sud unie, non « raciale ». En 1994, celle-ci élisait Nelson Mandela à la présidence lors des premières élections ouvertes à tous les Sud-Africains en âge de voter. Il forma un gouvernement d'unité nationale, au sein duquel étaient représentés les partis minoritaires, y compris le Parti national, Frederick De Klerk devenant vice-président.

L'unité exigeait de rapprocher les communautés. Le gouvernement nomma l'archevêque Desmond Tutu, militant anti-apartheid respecté, à la tête d'une commission Vérité et Réconciliation, chargée de faire la lumière sur les violences et les violations des droits de l'Homme sous l'apartheid (pour la période de 1960 à 1964) afin de guérir les blessures du passé. Pendant trois ans, la commission entendit les témoignages des victimes de l'apartheid et des criminels, avec pour principale vocation d'amener les premières à pardonner et les seconds à demander pardon, même si elle disposait du pouvoir d'amnistie ou de poursuites judiciaires.

Ses décisions ont parfois été controversées et le rapport final qu'elle rendit en 1998, qui n'épargnait aucune des forces qui s'étaient combattues, fut accueilli fraîchement. Cette instance n'en demeure pas moins exemplaire d'un processus qui impliqua l'ensemble de la nation sud-africaine et lui gagna le respect du monde entier. « Célébrons et consolidons ce que nous avons réalisé en tant que nation, laissant derrière nous pour toujours notre terrible passé », appela Nelson Mandela quand la commission prit fin.

Logo de l'ANC
Le noir du drapeau symbolise les combattants de la liberté ; le vert, la terre réclamée aux oppresseurs ; l'or, la richesse naturelle de l'Afrique du Sud. Le bouclier et la lance renvoient aux années de lutte ; la roue est un symbole d'unité.

Acte de défi
Desmond Tutu lors d'un rassemblement pour la Campagne de défi, non violente, lancée contre l'apartheid au Cap, en 1988. De nombreux protestaires furent jetés en prison.

APRÈS

Le système d'apartheid a été abattu, mais ses effets se font encore sentir en Afrique du Sud.

UN LOURD HÉRITAGE
Malgré les mesures prises par les gouvernements successifs de Nelson Mandela (1994-1999), **Thabo Mbeki** (1999-2008) et Jacob Zuma, la propriété et le pouvoir économique demeurent concentrés aux mains des Blancs.

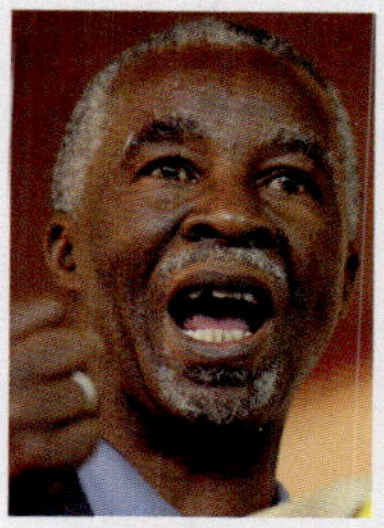

THABO MBEKI

LE RÔLE EN AFRIQUE
L'Afrique du Sud s'efforce de **promouvoir le redressement économique, politique et culturel de l'Afrique**, à travers le Nouveau Partenariat pour le développement africain (NEPAD). Le pays joue aussi un rôle régional actif de médiation dans les crises et conflits.

LE SIDA
L'**épidémie de sida 464-465 »** qui décime la population active est l'un des grands défis que doit relever l'Afrique du Sud.

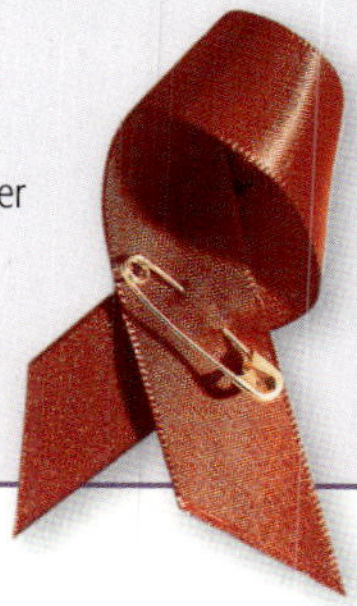

SYMBOLE DE VIGILANCE CONTRE LE SIDA

Jour de liberté
Le 27 avril 1994, des millions de Sud-Africains firent la queue pour exercer leur tout nouveau droit de vote et prendre part aux premières élections libres dans l'Afrique du Sud post-apartheid. Ils portèrent au pouvoir Mandela et l'ANC.

Industrie automobile
Chaîne de production dans une usine Hyundai, en Corée du Sud. Fondé en 1947, pionnier dans la robotisation de la production automobile, le groupe Hyundai est aussi présent dans les travaux publics ou l'électronique. C'est le premier employeur du pays.

Les **dragons asiatiques**

Après la défaite de 1945, les réformes économiques conduites par le Japon lui permirent de s'imposer comme l'un des pays les plus riches du monde. Des mutations semblables firent de la Corée du Sud, de Taïwan, de Hong Kong et Singapour des nouveaux pays industrialisés, les « dragons asiatiques ».

« AVANT

La soif de croissance du Japon l'entraîna vers la Seconde Guerre mondiale.

LA MODERNISATION DU JAPON
À la faveur de la **restauration de Meiji « 356-357**, le Japon, à la fin du XIXe siècle, s'ouvrit au commerce avec l'Occident et connut une industrialisation rapide.

LE CONFLIT AVEC LA CHINE
L'économie japonaise, dépendante des matières premières importées, fut durement touchée par la **Grande Dépression « 384-385**. L'acquisition de territoires sur le continent asiatique en vint à être considérée comme vitale pour le pays. En 1931, le Japon occupa la Mandchourie chinoise. En 1937, un incident entre troupes chinoises et japonaises déboucha sur la deuxième guerre sino-japonaise.

JAPONAIS EN CHINE 1931

LA SECONDE GUERRE MONDIALE
À partir de 1941, le Japon étendit son empire dans l'est de l'Asie et le Pacifique. Après avoir bombardé **Pearl Harbor « 402-403**, les Japonais envahirent l'Indonésie, la Birmanie et d'autres territoires aux mains des Européens.

La dégradation des relations entre les Alliés occidentaux et l'Union soviétique durant la guerre froide (voir p. 406-407), conjuguée avec la progression des mouvements communistes dans des pays comme le Viêt Nam, la Corée et la Malaisie (voir p. 412-413), faisait redouter au sein du bloc occidental que l'Asie et le Pacifique basculent dans le camp communiste. La fondation de la République populaire de Chine, en 1949, vint renforcer ces craintes. Les États-Unis décidèrent de soutenir économiquement les régimes non communistes de la région.

L'essor du Japon

Après la capitulation du Japon, en 1945, le pays fut occupé par les forces alliées placées sous le commandement du général américain MacArthur. Celui-ci posa les fondations d'un nouveau Japon avec le Premier ministre Shigeru Yoshida : une nouvelle Constitution fut rédigée et les structures juridiques et administratives furent réformées. Le Japon s'étant vu interdire de posséder une armée, il pouvait consacrer toutes ses ressources à reconstruire son économie. Celle-ci bénéficia des commandes de matériel passées par les Américains engagés dans la guerre de Corée en 1950 (voir p. 406-407). Si l'occupation américaine fut une période de privations pour de nombreux Japonais, la prospérité ultérieure du pays s'édifia en grande partie sur l'accès garanti au marché américain, lequel perdura lorsque l'occupation s'acheva, en 1952. À partir du milieu des années 1950, le Japon connut une croissance économique rapide. L'industrie lourde – la production de charbon, d'acier et d'énergie – étant bien établie, le gouvernement soutint le développement des industries navale et automobile. Puis, dans les années 1960, le pays se spécialisa dans la production d'appareils photo et de caméras vidéo avant d'investir dans l'informatique et l'électronique de pointe. Des sociétés multinationales telles que Sony, Toyota et Nissan se constituèrent.

Yen japonais
Introduit par le gouvernement Meiji en 1870, le yen moderne, monnaie du Japon, est réputé stable et constitue une monnaie de réserve au même titre que le dollar américain ou l'euro.

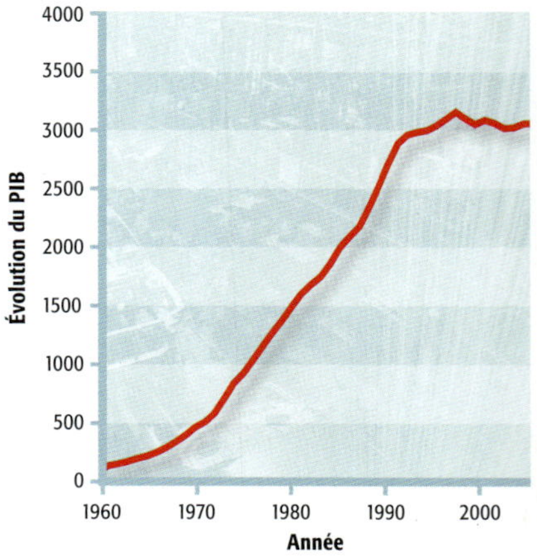

Croissance japonaise
Ce graphique témoigne de la stupéfiante croissance de l'économie japonaise. Le produit intérieur brut (PIB) mesure la valeur finale des biens et services produits annuellement par un pays.

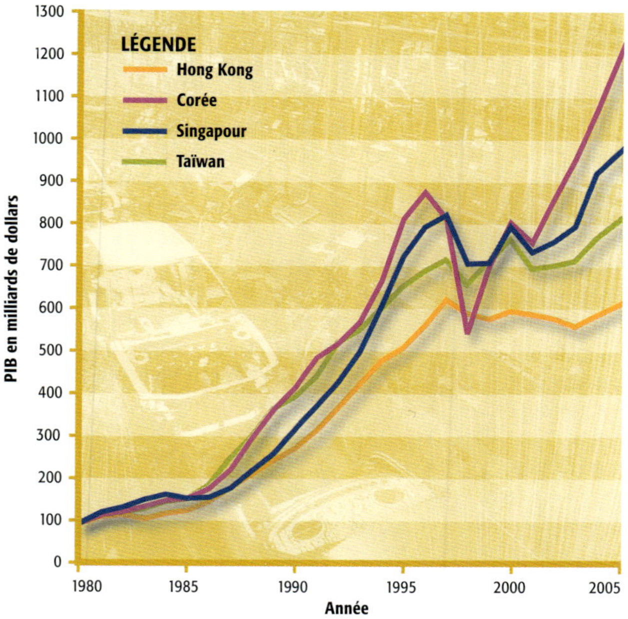

L'essor des dragons
L'évolution du PIB montre la croissance rapide des économies des dragons asiatiques à partir des années 1980. Après la récession provoquée par la crise financière de 1997, la croissance a vite repris, notamment en Corée du Sud.

Bien qu'il ait été durement touché par la crise pétrolière de 1973 (voir p. 440-441), le Japon parvint à se hisser au deuxième rang des puissances économiques mondiales, juste derrière les États-Unis. Il y est resté jusqu'à ce jour malgré un fort ralentissement de sa croissance depuis les années 1990. On a parlé de « miracle japonais », mais celui-ci doit beaucoup à la politique volontariste et protectionniste des gouvernements successifs. La priorité donnée à l'économie est allée de pair avec un investissement constant de l'État dans l'éducation, et le niveau de compétence de la population japonaise a largement contribué à l'excellence technologique des produits japonais.

Les sommets de la réussite
Les tours Petronas de Kuala Lumpur, parmi les plus hautes du monde, ont été conçues par l'architecte argentin Cesar Pelli. Elles sont le symbole du miracle économique malaisien.

Dragons asiatiques

À partir des années 1960, la Corée du Sud, Taïwan, Singapour et Hong Kong connurent à leur tour une croissance accélérée. Les « dragons asiatiques » furent les premières anciennes colonies européennes à combler l'écart de revenu avec les pays industrialisés de longue date. Création de banques nationales, crédit subventionné à l'industrie, incitations à l'investissement étranger y soutinrent l'essor d'une économie exportatrice, fondée sur l'assimilation de la technologie étrangère et sur des coûts réduits de main-d'œuvre, permettant la production de biens bon marché.

La bonne santé de ces économies demeure néanmoins dépendante de celle des économies importatrices et du marché financier mondial.

En 1997, le retrait des investissements étrangers en Thaïlande déclencha ainsi, par un effet de contagion, une grave crise financière dans toute l'Asie. Les marchés se rétablirent toutefois dans les années suivantes et la croissance repartit.

Le décollage économique de la Corée du Sud s'est fondé sur la mise en place d'une industrie légère répondant aux besoins du marché intérieur, avant une réorientation vers l'automobile et l'électronique dans les années 1970. La crise financière asiatique provoqua l'effondrement du grand constructeur automobile coréen KIA Motors. L'intervention du Fonds monétaire international (FMI) et la mise en œuvre de réformes libérales rassurèrent suffisamment les marchés pour que la stabilité revienne. En 2008, la Corée du Sud figurait au quatorzième rang économique mondial et au neuvième rang des pays exportateurs. Des questions se posent toutefois quant aux perspectives à long terme. Tandis que le chômage, en particulier celui des jeunes, augmente, une population active de plus en plus éduquée revendique la libéralisation du droit syndical ainsi que des réformes sociales.

L'industrialisation de Taïwan, encore essentiellement rurale dans les années 1950, fut amorcée par des réformes économiques à partir de 1962. L'île, toujours revendiquée par la Chine, a par ailleurs bénéficié d'une aide substantielle et constante des États-Unis. Dans les années 1980, l'économie, longtemps dominée par la production textile, s'est tournée vers la haute technologie. Taïwan est aujourd'hui le premier producteur mondial d'ordinateurs.

Port de Singapour
Grues et porte-conteneurs s'alignent sur le front de mer très actif de la ville de Singapour. À l'arrière-plan s'élèvent les gratte-ciel du quartier des affaires.

Le même type de politique économique permit à Singapour, devenu indépendant en 1965, d'enregistrer une croissance de 8 % par an entre 1960 et 1967. La combinaison d'une main-d'œuvre très qualifiée et d'infrastructures très modernes a amené plus de 7 000 multinationales à investir dans ce petit État : ces sociétés contribuent pour plus des deux tiers à la production manufacturée et aux exportations directes de Singapour, l'électronique et l'industrie pharmaceutique étant les secteurs les plus porteurs.

Hong Kong, colonie britannique de 1842 à 1997, est pour sa part devenu l'un des producteurs dominants en électronique et en jouets et le carrefour financier de l'Asie du Sud-Est.

Dans les dernières décennies du XXe siècle, les quatre dragons asiatiques avaient pleinement développé leurs économies. Une population active très qualifiée y revendiquait désormais l'amélioration des salaires et des conditions de travail. Les investisseurs, n'entendant pas voir diminuer leurs profits, commencèrent à se tourner vers d'autres pays asiatiques : la Thaïlande, la Malaisie et l'Indonésie en particulier. Le développement d'économies exportatrices, dans les années 1990, y attira davantage de capitaux étrangers. Après la crise de 1997, les gouvernements ont réorienté leur politique économique vers le développement du marché intérieur, sans renoncer toutefois à soutenir l'industrie d'exportation. Ces « tigres » maintiennent une croissance rapide malgré les soubresauts de l'économie mondiale. La Malaisie cherche à imiter les dragons en mettant l'accent sur l'éducation et la production de biens de haute technologie.

INVENTION

TRAIN À GRANDE VITESSE

Le Shinkansen japonais fut l'un des premiers trains à grande vitesse. Mis en circulation à partir de 1964, il atteignait alors 210 km/h. Le succès a conduit a société Japan Railways à étendre e réseau, qui dessert aujourd'hui les principales métropoles japonaises, à une vitesse de pointe de 300 km/h. Les ingénieurs étudient aujourd'hui le moyen de réduire le bruit des trains.

APRÈS

D'autres pays ont rallié le groupe des « tigres ». Mais la croissance économique rapide se fait souvent au détriment des travailleurs.

DE BAS SALAIRES
Pour attirer les investisseurs, les tigres asiatiques tendent à maintenir des salaires très bas. Un rapport de la Banque mondiale soulignait ainsi qu'« ils étaient moins enclins que d'autres gouvernements de pays en développement » à instituer un salaire minimum.

TIGRE CELTIQUE
La République d'Irlande a connu de 1990 à 2002 un boom économique qui a transformé l'un des pays les plus pauvres d'Europe. Cette croissance a été favorisée par les aides de l'**Union européenne** **« 452-453** mais aussi par une politique de faible imposition sur les sociétés et d'investissement public dans l'éducation.

Technologie moderne

Nous comprenons le fonctionnement de l'Univers jusqu'aux plus petites particules, pouvons modifier la nature du vivant. Nous vivons plus longtemps, voyageons plus vite et plus loin que l'inventeur le plus optimiste aurait pu jadis le prédire. Et la science et la technique continuent de transformer notre vie.

La science et la technique n'ont cessé de repousser les frontières du savoir et de résoudre des problèmes. Mais leur progrès soulève toujours, dans le même temps, des questions éthiques, qu'il s'agisse de la moralité des techniques de génie génétique, du contrôle des contenus sur Internet ou des dégâts écologiques engendrés par nos activités. Les inventions ont parfois eu des développements que leurs auteurs n'avaient pas envisagés. Albert Einstein (voir p. 416-417), après avoir vu ses travaux sur la relativité donner le jour à la bombe atomique, constatait : « Il est devenu effroyablement manifeste que notre technologie a dépassé notre humanité. »

> « Presque tout ce qui **distingue le monde moderne** des siècles passés est attribuable à la **science**. »
>
> BERTRAND RUSSELL, PHILOSOPHE BRITANNIQUE, *HISTOIRE DE LA PHILOSOPHIE OCCIDENTALE*, 1945

L'aérospatiale

Les voyages dans l'espace symbolisent sans doute le mieux les avancées technologiques de l'époque contemporaine. La compétition opposant les deux superpuissances de la guerre froide (voir p. 406-407) pour la suprématie spatiale s'accéléra à la fin des années 1950 : en 1961, les Soviétiques mettaient en orbite le cosmonaute Iouri Gagarine. Les États-Unis prirent ensuite la tête de la course à la Lune : en 1969, sous le regard de millions de téléspectateurs du monde entier, les astronautes Neil Armstrong et Buzz Aldrin marchaient sur la surface cratérisée de notre satellite. La rivalité ayant fait place à la coopération, les deux superpuissances lancèrent en 1975 une mission spatiale habitée conjointe, Apollo-Soyouz. La station Mir, la station spatiale européenne et son homologue international ont été par la suite le cadre de collaborations élargies : seize pays ont aujourd'hui mis en commun leurs ressources technologiques et scientifiques.

La Coccinelle de Volkswagen
Produite à partir de 1938, la Coccinelle était la « voiture du peuple » voulue par Adolf Hitler. Elle demeure emblématique du design du XXe siècle. Sa production culmina en 1971, avec 1,3 million de véhicules. À la fin des années 1990, le concessionnaire sortit la New Beetle, petite sœur de la Coccinelle, une voiture destinée à tous les nostalgiques de la « Cox » classique.

DÉCOUVERTE

FISSION NUCLÉAIRE

La division d'un atome lourd en plusieurs nucléides, ou fission nucléaire, produit une énergie considérable, dont l'industrie nucléaire tire parti. Ce phénomène fut découvert par les chimistes Otto Hahn et Fritz Strassman en 1938-1939. En 1942, aux États-Unis, une équipe dirigée par le physicien Enrico Fermi provoquait la première réaction en chaîne contrôlée de fission. Les gouvernements en guerre s'intéressèrent à ces travaux. Le projet Manhattan déboucha sur la mise au point des bombes atomiques américaines lancées sur le Japon (voir p. 405).

Premières images de la Lune
Un enfant américain regarde les premières images de la surface de la Lune retransmises vers la Terre en mars 1965. Cette vision inédite du satellite de la Terre était offerte par la sonde Ranger 9.

De nouveaux matériaux

La plupart des biens manufacturés modernes sont faits de matériaux conçus pour être durables, portatifs et efficaces. La production de matériaux dits « intelligents », répondant au changement des conditions extérieures, s'est récemment développée. Ce groupe comprend les alliages à mémoire de forme, retrouvant leur géométrie initiale après avoir été soumis à une forte distorsion. L'industrie aéronautique, en quête de solutions pour améliorer la manœuvrabilité des avions, s'intéresse de près aux alliages intelligents, de même que la médecine. On pourrait par exemple concevoir d'introduire de la flexibilité dans les plaques et broches de métal consolidant les fractures.

L'amélioration des connaissances sur les polymères naturels (composés formés d'un enchaînement d'unités moléculaires simples reproduisant les mêmes motifs) a conduit au développement des polymères artificiels et synthétiques mis en œuvre dans les matériaux plastiques comme le polyéthylène ou le Perspex, et de nombreux textiles synthétiques. La production de nylon, première fibre entièrement issue de la pétrochimie fut lancée en 1939. Suivirent le polyester, le Lycra ou le Kevlar. En 1986, les microfibres révolutionnèrent de nouveau l'industrie textile :

»

Mission Apollo
Le 16 juillet 1969, à 9 h 32, un panache de flammes signale le décollage du lanceur Saturn V emportant le vaisseau Apollo 11. Neil Armstrong, Michael Collins et Buzz Aldrin quittent le centre spatial Kennedy en direction de la Lune.

«« AVANT

Si les découvertes scientifiques ont parfois suscité la controverse, les avancées du XIXe siècle constituèrent le terrain d'une évolution radicale du mode de vie.

SCIENCE ET RELIGION
La volonté de comprendre des scientifiques mit nombre d'entre eux en opposition avec la doctrine religieuse. En 1633, **Galilée «« 268-269** fut jugé par l'Inquisition pour avoir affirmé que la Terre tourne autour du Soleil. Au XIXe siècle, la **théorie évolutionniste** de **Darwin «« 340-341** heurtait de front la vision chrétienne de la création du monde **«« 342-343**.

LES ORDINATEURS
En 1801, **Joseph Jacquard** mit au point un métier à tisser mécanisé utilisant des cartes perforées pour guider le tissage. **Charles Babbage «« 344** s'inspira du concept pour concevoir dans les années 1840 un **calculateur mécanique**. La même technique fut utilisée, dans les années 1880, par **Herman Hollerith** pour sa **machine à statistiques**, ancêtre de l'ordinateur.

TÉLÉPHONE EN BAKÉLITE

LES MATÉRIAUX SYNTHÉTIQUES
De nombreux matériaux mis en œuvre par la technologie moderne furent inventés au XIXe siècle : la parkesine – le premier plastique – en 1855 et le triacétate de cellulose, la toute première fibre synthétique, annonçant la viscose et le Nylon, en 1869. En 1909, Léo Baekeland créait le premier plastique fait de polymères synthétiques, la bakélite.

GUGLIELMO MARCONI

RADIO TRANSATLANTIQUE
En 1901, **Guglielmo Marconi «« 344-345** réalisait la première liaison radio transatlantique, transmettant des signaux sur une distance de 3 400 km.

» ces fibres d'un diamètre inférieur à 9 micromètres sont aussi résistantes que les fibres synthétiques classiques tout en étant plus légères et dotées de propriétés particulières adaptées à des usages spécifiques. Ces qualités furent d'abord mises à profit pour la fabrication des combinaisons d'astronautes avant d'être exploitées pour les vêtements de sport.
La technologie de pointe tend à pénétrer la vie quotidienne : le Teflon, par exemple, sert de lubrifiant dans l'armement aussi bien que de revêtement antiadhésif pour les poêles.

« La seule façon de découvrir les **limites du possible** est de s'aventurer un peu au-delà de celles-ci, dans **l'impossible.** »

ARTHUR C. CLARKE, ÉCRIVAIN, 1962

TÉLÉVISEUR MÉCANIQUE BAIRD

BAS NYLON

APPAREIL PHOTO 35 MM, 1929

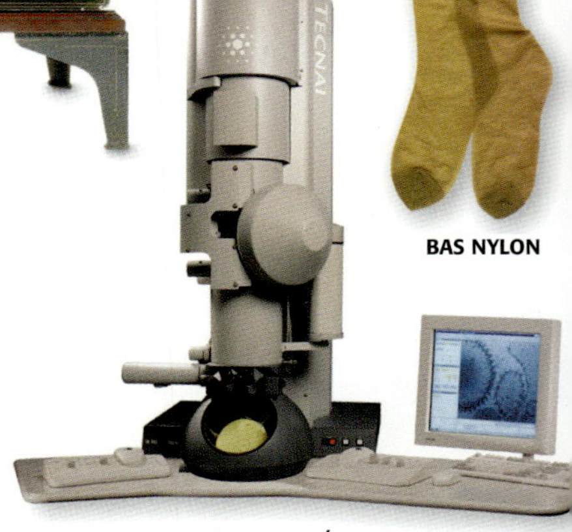

MICROSCOPE ÉLECTRONIQUE

Une vie techno

Les avancées technologiques du xxe siècle et du début du xxie siècle ont trouvé des usages quotidiens grâce à la production de masse. Les machines domestiques ont, dans les pays développés, libéré du temps de loisir, et le concept même de progrès y est devenu synonyme d'accès aux nouvelles technologies. La puce de silicium a radicalement transformé notre manière de communiquer depuis sa conception, dans les années 1950, par Jack Kilby et Robert Noyce (voir p. 479). La miniaturisation des appareils conjuguée à l'avènement d'Internet nous a ouvert la possibilité d'une communication instantanée à l'échelle mondiale.

INVENTIONS

Les technologies mises au point au cours des cent dernières années ont transformé à jamais le monde.

1920

1920 Le **mixeur alimentaire électrique** produit par la Hobart Corporation est la version domestique des mixeurs industriels.

1923 John Logie Baird brevette un système de **télévision mécanique** grâce auquel il réalisera la première transmission d'images télévisées animées.

1925 Paul Vierkotter met au point le **flash à ampoule**, facilitant la prise de photos en lumière artificielle.

1930

1930 Frank Whittle soumet son **premier projet de moteur à réaction** à la RAF.

1931 Max Knott et Ernst Ruska construisent le premier **microscope électronique**, grossissant l'image grâce à un faisceau d'électrons.

1934 Percy Shaw invente le **réflecteur**, dispositif de sécurité intégré aux routes.

1935 La société A.E.G produit le premier **magnétophone à bande** magnétique, stockant et restituant le son.

1938 La société DuPont brevette **Nylon**, synthétisé par l'équipe de Wallace Carothers.

1940

Années 1940 Un laboratoire britannique développe la **fibre de carbone**, légère, durable et se prêtant à de multiples usages dont, aujourd'hui, le matériel d'ingénierie, les voiliers et les vélos.

1945 Les scientifiques du projet américain Manhattan réalisent la **première bombe atomique**.

1948 Les premiers **33 tours en vinyle** sont commercialisés. Ils restituent un meilleur son que les disques en verre ou en zync.

1950

1953 Le premier **poste de radio à transistor** est mis au point par Texas Instruments.

1954 Chaplin, Fuller et Parson conçoivent les premiers **panneaux solaires** convertissant l'énergie solaire en électricité au moyen de cellules photovoltaïques.

1958 Kilby et Noyce inventent la **puce électronique**.

GRILLE-PAIN ÉLECTRIQUE, 1920

DISQUE VINYLE

RÉFLECTEUR

VÉLO EN FIBRE DE CARBONE

MAGNÉTOPHONE, 1950

MOTEUR À RÉACTION

INGÉNIEUR (1907-1996)

FRANK WHITTLE

Frank Whittle entra dans la Royal Air Force britannique comme apprenti mécanicien à l'âge de 17 ans. Invité à suivre une formation d'officier, il proposa dans un mémoire d'étudier le remplacement du moteur à hélices par un moteur à piston afin de permettre des vols à haute altitude et grande vitesse. En 1936, Whittle créait sa propre société, Power Jets Ltd d'où allait sortir le « Gloster Whittle », premier avion à réaction britannique. Whittle avait remplacé le piston par une turbine.

PANNEAUX SOLAIRES

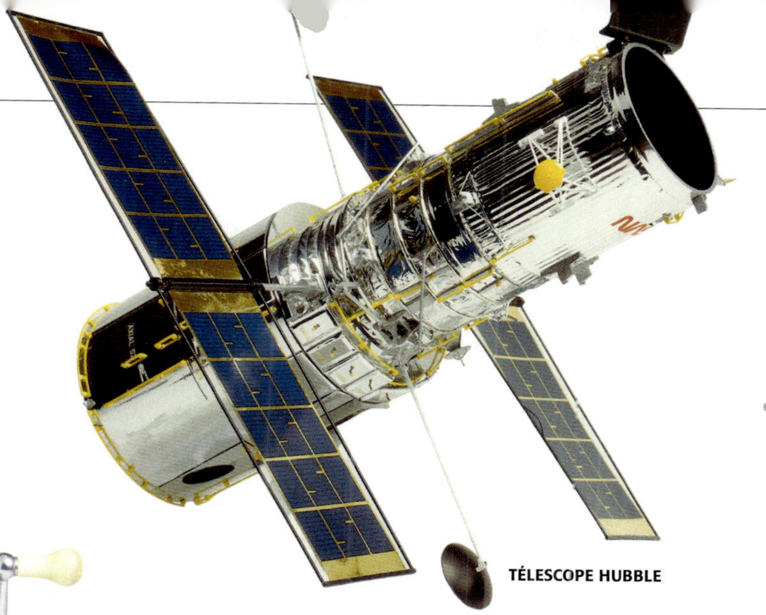

TÉLESCOPE HUBBLE

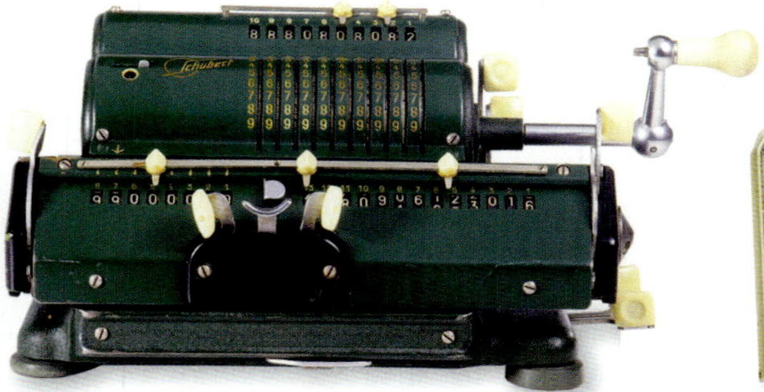

MACHINE À CALCULER, ANNÉES 1950

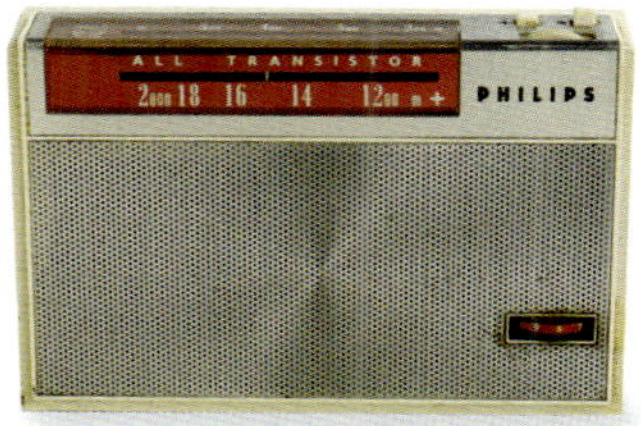

RADIO TRANSISTOR

DVD

APRÈS

Les scientifiques du XXIe siècle travaillent toujours à repousser les limites du possible.

L'EXPLORATION SPATIALE

Les nanotechnologies ont relancé le concept d'**ascenseur spatial** : un câble tendu entre la surface de la Terre et un contrepoids dans l'espace qui permettrait aux véhicules spatiaux d'échapper à la gravité terrestre sans recours à un lanceur. L'utilisation de robots pour l'exploration des planètes voisines est déjà devenue réalité avec les **rovers d'exploration martienne**.

TÉLÉPORTATION

Les scientifiques étudient l'**effet tunnel quantique** dans l'espoir de parvenir à déplacer la matière par téléportation.

ROBOT SUR MARS

1960 — 1970 — 1980 — 1990 — 2000

1967 La première **calculatrice de poche** est la version portative et électronique des lourdes machines à calculer.

1969 Premier vol du **Concorde**. Cet avion de ligne supersonique français sera mis en service en 1976. Il battra de nombreux records de vitesse, dont le tour du monde en 31 h, 27 min et 49 s.

1977 Le Commodore PET est l'un des **premiers ordinateurs individuels populaires**. Il contribue à révolutionner l'informatique personnelle.

1980 Philips développe des **ampoules fluorescentes** dont la consommation électrique est inférieure de 80 % et la longévité dix fois supérieure à celle des ampoules traditionnelles.

1983 La miniaturisation du **téléphone cellulaire** – conçu dès 1947 – permet la mise sur le marché des premiers téléphones vraiment mobiles. Les smartphones actuels, comme le BlackBerry, intègrent des fonctions informatiques, dont l'accès à Internet.

1983 Le Britannique James Dyson construit un prototype d'**aspirateur cyclonique**, sans sac.

1990 Le **télescope spatial Hubble** est mis en orbite terrestre. Ses images de galaxies à différents stades de développement ont confirmé les hypothèses sur la naissance des planètes.

1991 Kodak produit un **appareil photo numérique professionnel** équipé de capteurs convertissant la lumière en images numériques.

1995 Le **DVD** (digital versatile disc) permet le stockage de films et de sons de grande qualité.

2001 Apple lance l'**iPod**, baladeur audio numérique. Les versions ultérieures deviendront multimédias avant que l'appareil n'évolue vers un smartphone.

MIXEUR ÉLECTRIQUE, ANNÉES 1950

ORDINATEUR PERSONNEL, ANNÉES 1970

CARTE MÉMOIRE

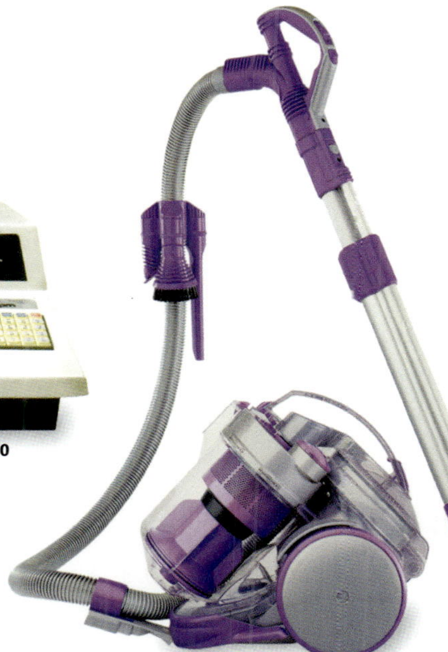

ASPIRATEUR DYSON

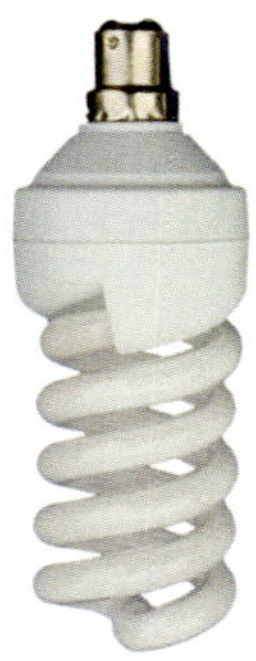

AMPOULE BASSE CONSOMMATION

APPAREIL PHOTO NUMÉRIQUE

BLACKBERRY

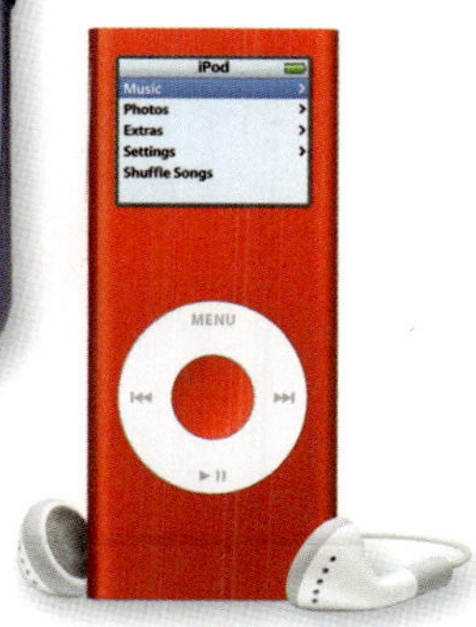

IPOD

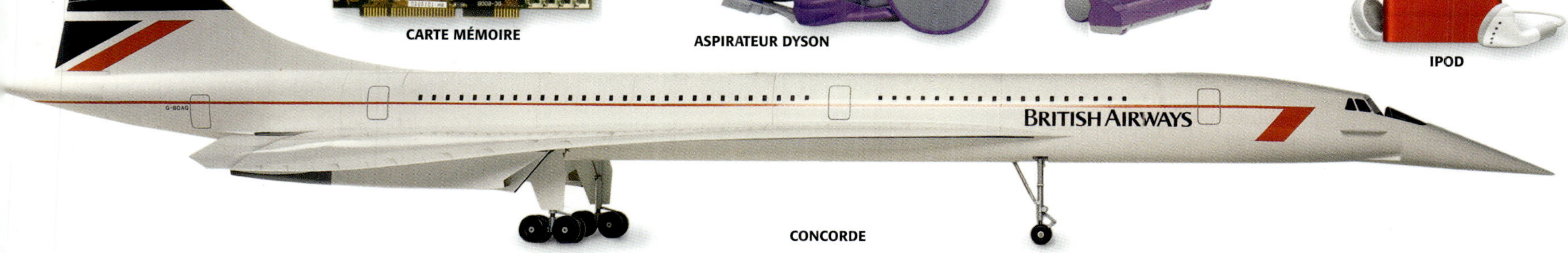

CONCORDE

AVANT

L'introduction des machines agricoles, des pesticides et des engrais révolutionnèrent la production alimentaire au XIXe siècle et au début du XXe siècle.

L'ÈRE DE LA MÉCANISATION

Au milieu du XIXe siècle, la vapeur faisait tourner les **machines agricoles**. À la fin du siècle, les tracteurs équipés de **moteurs à explosion** accrurent encore la productivité de l'agriculture. En Union soviétique, des stations de tracteurs furent établies : elles louaient les machines aux **fermes collectivisées** instituées sous Staline – coopératives regroupant les petits paysans ou fermes d'État. Cette politique transforma radicalement la production agricole soviétique « 280-281.

STATION DE TRACTEURS, 1930

ENGRAIS ET PESTICIDES

Le déclin de la fertilité naturelle des sols était déjà une préoccupation majeure au milieu du XIXe siècle « 290-291. L'Europe comme les États-Unis dépendaient de plus en plus du **guano** (fiente séchée d'oiseaux de mer) importé d'Amérique du Sud qui, en enrichissant le sol en azote et en phosphore, permettait de meilleures récoltes. Au début du XXe siècle, la découverte de la roténone et des pyrèthres, insecticides naturels extraits de végétaux, entraîna un développement des **pesticides**. Des composés de métaux lourds, dont le cuivre et l'arsenic, étaient utilisés pour combattre les maladies végétales.

Nourrir le monde

Dans les années 1960, la productivité agricole mondiale fit un bond grâce à la « révolution verte » qui vit la création de céréales à haut rendement par les agronomes. L'intensification de l'agriculture s'accompagna aussi de l'utilisation massive d'engrais et de produits phytosanitaires.

La création de l'Organisation des Nations unies pour l'alimentation et l'agriculture (FAO), en 1945, exprimait la volonté de partager ressources et savoir pour améliorer les performances agricoles et éliminer la faim dans le monde d'après-guerre. La FAO concentra ses efforts sur les zones rurales des pays en développement, là où vivaient, et vivent encore, la majorité des pauvres et des affamés.

La révolution verte

Appelé en 1944 à collaborer à un projet du gouvernement mexicain en faveur des paysans pauvres, l'agronome Norman Borlaug (voir encadré) investit pendant vingt ans tous ses efforts dans la sélection végétale, développant des variétés naines de blé à haut rendement qui étaient en outre résistantes à divers fléaux et maladies. Le blé mis au point a été cultivé à partir des années 1960 avec des résultats spectaculaires en Inde et au Pakistan. Le travail de l'Institut international de recherche sur le riz, établi en 1960 aux Philippines, a pour sa part permis aux riziculteurs d'augmenter leur production de 2,5 % par an en moyenne depuis 1965. L'introduction de l'irrigation intensive fut un autre pilier de la révolution verte. Mais les efforts portent désormais sur le développement de cultivars de riz adaptés aux régions plus arides : au milieu des années 1990 a ainsi été mis au point le Nouveau riz pour l'Afrique (NERICA), destiné à l'Afrique subsaharienne.

L'INDE ET LE PAKISTAN ont presque doublé leur production de blé entre 1965 et 1970.

La révolution verte s'est accompagnée d'une forte augmentation des intrants agricoles. Dans les années 1960, le DDT fut le premier d'une série d'insecticides chimiques abondamment utilisés, notamment dans les pays du tiers monde. Dès 1962, toutefois, la biologiste américaine Rachel Carson alertait, dans *Le Printemps silencieux*, sur les effets cancérigènes du DDT et son impact environnemental négatif. Interdit aux États-Unis et dans d'autres pays occidentaux, il demeure utilisé dans les pays en développement. Si elles ont permis de mieux répondre aux besoins d'une population mondiale en forte croissance, les nouvelles méthodes agricoles ont engendré

Le grenier à blé américain
Ceci n'est pas une œuvre d'art contemporain mais des champs céréaliers au Kansas. Les cultures sont irriguées grâce à des dispositifs d'arrosage circulaires alimentés par les nappes phréatiques – d'où les champs ronds.

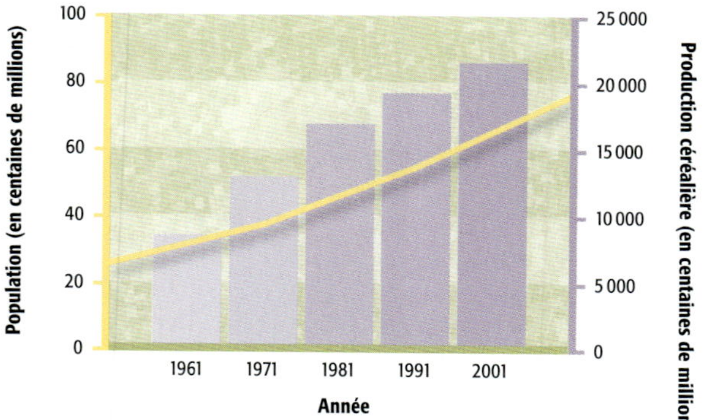

Demande croissante
Les avancées agronomiques ont permis d'augmenter la productivité des terres et de démentir les craintes de voir la croissance démographique excéder les capacités de production alimentaire, comme le montre ce graphique.

Aide alimentaire
Des milliers d'enfants sont morts au Niger, en 2005, avant que l'aide alimentaire ne parvienne dans ce pays en proie à la sécheresse et aux criquets.

d'autres problèmes. Les pesticides ne tuent pas seulement les fléaux ciblés mais détruisent des organismes qui assurent naturellement le contrôle des populations nuisibles aux plantes. Les agents de maladies développent rapidement des résistances aux pesticides. Il n'est pas rare que l'utilité d'une nouvelle variété végétale soit remise en cause après trois ou quatre ans, temps nécessaire aux maladies et aux insectes dits nuisibles pour s'adapter. Les paysans pauvres se retrouvent pris dans un cercle vicieux, consacrant une part de plus en plus élevée de leur revenu à l'achat de nouveaux produits chimiques pour protéger leurs cultures.

Aide alimentaire

La famine indienne de 1944 et la grande famine chinoise des années 1959-1961 – qui causa la mort de plus de 30 millions de personnes – furent les déclencheurs d'un effort international pour assurer l'approvisionnement des populations dans le besoin. Les pays dégageant des surplus alimentaires s'engagèrent à fournir une aide en cas de mauvaises récoltes généralisées. Les États-Unis, l'Union européenne, le Canada, le Japon et l'Australie ont été depuis les principaux fournisseurs d'aide alimentaire. La demande en a souvent excédé les disponibilités, l'acheminement présentant d'autres difficultés dans les régions isolées ou ravagées par la guerre.

Recherche rizicole
Du « riz doré », une variété génétiquement modifiée enrichie en vitamine A, pousse dans un laboratoire de l'Institut international de recherche sur le riz.

Bien que l'augmentation de la production alimentaire ait suivi celle de la population mondiale, la faim et la malnutrition n'ont toujours pas été éradiquées. C'est notamment vrai en Afrique, où le nombre d'habitants souffrant de malnutrition est estimé à 200 millions. En 2003, les conditions climatiques ont encore provoqué mauvaises révoltes et famine en Afrique australe. En 2006, l'Éthiopie, le Kenya et la Somalie ont connu des situations de crise en raison de la sécheresse. Ce qui atteste que les inégalités que la révolution verte a tenté d'éliminer perdurent.

Tandis que les populations des régions pauvres dépendent pour leur survie d'une ou deux cultures, l'abondance et la diversité alimentaire caractérisent le monde développé. L'augmentation des revenus y a permis à une classe moyenne en expansion d'adopter des régimes riches en protéines. Les maladies associées à l'obésité – dont le diabète et les pathologies cardiovasculaires – progressent de manière si alarmante que de nombreux gouvernements occidentaux ont lancé des campagnes pour promouvoir une alimentation plus saine. Les risques sanitaires associés à la présence de résidus ou d'additifs chimiques dans la nourriture sont une autre préoccupation. La volonté de s'en prémunir a entraîné une augmentation de la demande de produits issus de l'agriculture biologique – sans produits chimiques ni additifs artificiels.

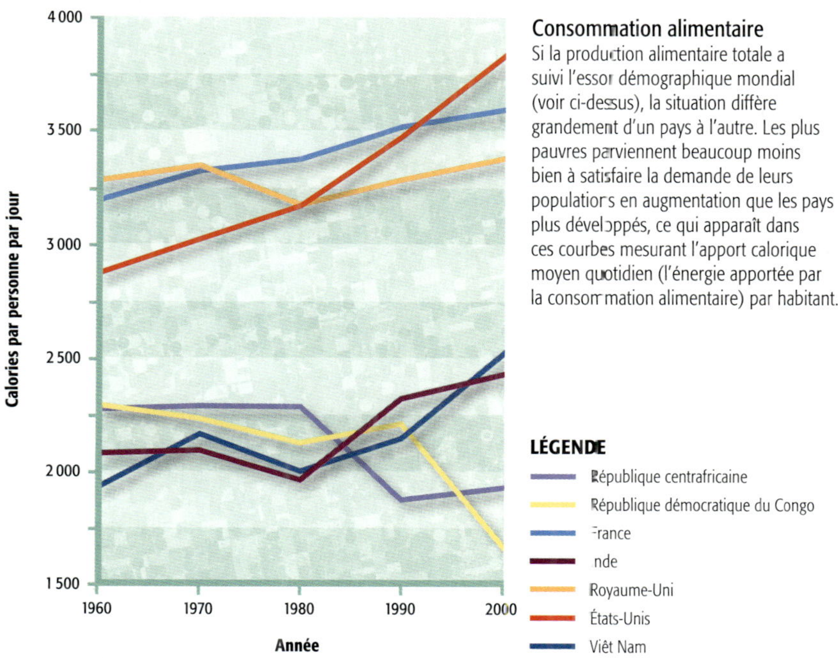

Consommation alimentaire
Si la production alimentaire totale a suivi l'essor démographique mondial (voir ci-dessus), la situation diffère grandement d'un pays à l'autre. Les plus pauvres parviennent beaucoup moins bien à satisfaire la demande de leurs populations en augmentation que les pays plus développés, ce qui apparaît dans ces courbes mesurant l'apport calorique moyen quotidien (l'énergie apportée par la consommation alimentaire) par habitant.

AGRONOME AMÉRICAIN (1914-2009)

NORMAN BORLAUG

Figure clé de la révolution verte, Norman Borlaug naquit dans une famille d'agriculteurs de l'Iowa. Après des études en foresterie et en microbiologie, il se consacra à la sélection variétale et développa deux nouvelles variétés de blé à haut rendement. Borlaug rêvait de pouvoir nourrir les affamés du monde entier. Ses travaux pionniers et son engagement furent récompensés par le prix Nobel de la paix, en 1970.

APRÈS

La création de cultures plus résistantes passe aujourd'hui par le génie génétique.

LES OGM
Les organismes génétiquement modifiés sont des organismes dans le génome desquels on introduit un ou plusieurs gènes issus d'organismes étrangers, porteurs de **caractères héréditaires** jugés utiles. Développée dans les années 1990, la technique a été appliquée surtout au maïs et au soja, mais aussi à la tomate, au blé et à bien d'autres cultures, aux fins d'**améliorer leur résistance**, leur durée de conservation ou leur saveur. L'impact des OGM sur la **biodiversité** (les OGM pouvant se disséminer et contaminer d'autres espèces) et sur la santé reste source de vives controverses.

FRAISE OGM (À DROITE)

AVANT

Les découvertes scientifiques et les progrès de l'hygiène au XIXe siècle initièrent la révolution médicale du XXe siècle.

L'HYGIÈNE URBAINE
Vers 1830, dans les villes, la **moitié des enfants** mouraient avant l'âge de 5 ans, le plus souvent du fait de maladies hydriques. L'édification de réseaux d'évacuation des eaux usées et de distribution de l'eau potable, dans la deuxième moitié du XIXe siècle, contribua à ramener le taux de mortalité infantile à environ 10 % en 1914.

PUBLICITÉ DES ANNÉES 1890

À L'HÔPITAL
Dans les années 1840, l'obstétricien hongrois **Ignace-Philippe Semmelweis** remarqua que les cas de fièvre puerpérale, infection qui tuait des milliers de femmes après l'accouchement, diminuaient lorsque le personnel médical se lavait les mains avant de s'occuper des patientes. Dans les années 1860 se diffusèrent la stérilisation des instruments chirurgicaux et la désinfection des blessures à l'acide phénique.

LES MALADIES BACTÉRIENNES
Dans les années 1870 et 1880, l'Allemand Robert Koch isola les bactéries responsables de la tuberculose et du choléra, ce qui permit la mise au point de vaccins « 327.

LES VITAMINES
Au début du XXe siècle, l'étude des liens entre **alimentation et santé** permit d'identifier des nutriments essentiels. En 1912, le biochimiste polonais **Kazimierz Funk** isolait ce qu'il baptisa une vitamine, *vita* signifiant vie en latin, le suffixe -amine désignant un radical chimique.

SCIENTIFIQUE (1881-1955)

ALEXANDER FLEMING

On doit au biologiste et pharmacologue écossais Alexander Fleming de considérables contributions en bactériologie, immunologie et chimiothérapie. Mais Fleming est d'abord célèbre pour avoir isolé la pénicilline de la moisissure *Penicillium notatum*. En 1945, il partageait avec Ernst Chain et Howard Florey le prix Nobel de médecine.

Protéger les troupes
Des marins de la Royal Navy britannique sont vaccinés contre le choléra avant d'être déployés outre-mer pendant la Première Guerre mondiale.

La santé mondiale

Le XXe siècle a été le témoin de stupéfiantes avancées médicales. Des maladies infectieuses ont été éradiquées, mais beaucoup d'autres continuent de tuer, en particulier dans les pays pauvres.

Au début du XXe siècle, le docteur Sara Josephine Baker organisa un programme pionnier d'éducation aux soins infantiles pour les mères du quartier insalubre de Hell's Kitchen, à New York. Ses efforts permirent une réduction significative du taux de mortalité infantile et inspirèrent, dans les années 1950, la politique sanitaire de la plupart des pays industrialisés.

Tandis que la santé des populations, dans ces pays, s'améliorait régulièrement grâce aux progrès de l'éducation, des conditions sanitaires et du niveau de vie, des avancées plus spectaculaires étaient accomplies à la faveur des découvertes scientifiques. En 1928, Alexander Fleming (voir encadré) isola, dans des cultures de laboratoire, une moisissure rare qui inhibait la prolifération des bactéries. Il en découvrit la substance active, la pénicilline, produite en masse à partir de 1945 grâce aux travaux d'Ernst Chain et Howard Florey. Dans les années 1950, les antibiotiques traitaient efficacement des maladies infectieuses telles que la syphilis, la gangrène et la tuberculose.

Dans la deuxième moitié du XXe siècle, les campagnes massives de vaccination financées par les gouvernements et l'Organisation mondiale de la santé (OMS) firent encore tomber les taux de mortalité dans le monde. En 1980, l'OMS déclarait la variole éradiquée. De fait, la plupart des maladies infectieuses reculent.

Autres temps, autres mœurs
Vers 1950, l'acteur et futur président américain Ronald Reagan vantait les cigarettes. Deux décennies plus tard, une association française de lutte contre le cancer alertait sur les risques du tabagisme pour les bébés à naître.

Des progrès considérables ont été également enregistrés dans la lutte contre le cancer, avec la chimiothérapie, tandis que les transplantations d'organes, notamment cardiaques, sont devenues assez courantes.

Riches et pauvres

Les grandes avancées de la médecine et de la santé ne bénéficient hélas pas à tous. Moins de la moitié des enfants d'Afrique, d'Inde et d'Asie de l'Est ont accès aux programmes de vaccination contre la diphtérie, le tétanos et la poliomyélite, pratiquement éliminés dans le monde développé. Et le taux de mortalité infantile dans les pays les plus pauvres demeure 2,5 fois plus élevé que dans les pays les plus industrialisés.

Près de 40 000 personnes meurent encore chaque jour pour avoir consommé de l'eau contaminée par les eaux usées et contracté une maladie comme la typhoïde, le choléra, la dysenterie ou même la diarrhée. Les affections respiratoires telles que la bronchite, l'emphysème, la pneumonie et le cancer du poumon prélèvent aussi un lourd tribut. Elles sont souvent associées à l'inhalation des fumées des foyers ouverts sur lesquels on cuisine à l'intérieur des maisons. Installer des

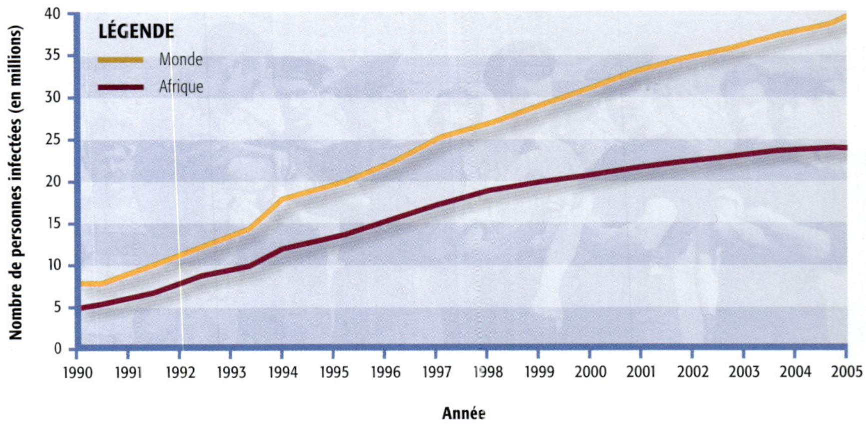

La pandémie de VIH
Près de 40 millions d'êtres humains vivent avec le VIH, virus responsable du sida, dont près des deux tiers en Afrique. Si la prévention a permis de freiner la pandémie, 2,7 millions de nouvelles infections ont été enregistrées en 2008. Les traitements antirétroviraux ont permis d'améliorer la qualité et la durée de vie des personnes infectées, mais toutes n'y ont pas accès.

Pandémie de grippe
Des policiers de Seattle, aux Etats-Unis, portent des masques de protection durant l'épidémie de grippe espagnole en 1918. Ce fut la pandémie la plus dévastatrice de l'histoire contemporaine.

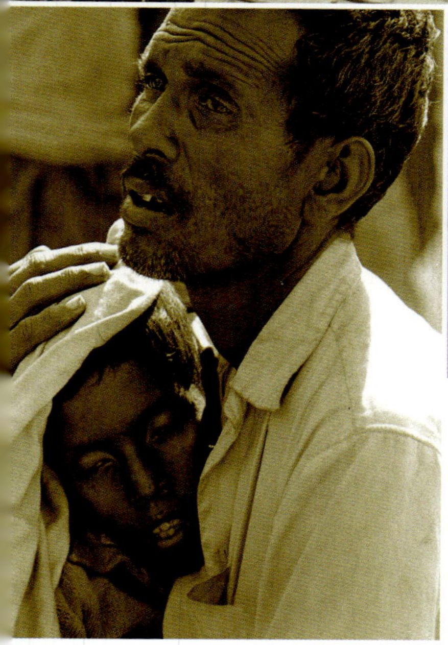

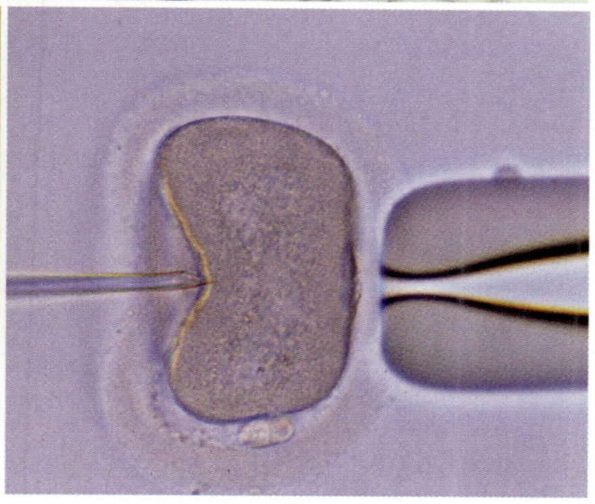

Bébés-éprouvette
La fécondation *in vitro* (FIV) permet désormais à des couples stériles d'avoir des enfants. Le sperme est introduit dans un ovule en laboratoire (ci-dessus). L'œuf fécondé est ensuite implanté dans l'utérus de la femme.

Choléra au Bangladesh
Un père berce son fils mourant lors d'une épidémie de choléra au Bangladesh, en 1971. 6 500 personnes furent emportées faute d'avoir accès à de l'eau propre.

DÉCOUVERTE

LE GÉNOME HUMAIN

Portés par les chromosomes présents dans les cellules vivantes, les gènes contiennent les « instructions » déterminant les traits héréditaires d'un organisme. Les chromosomes sont faits d'une longue chaîne de molécules d'acide désoxyribonucléique (ADN). En 2003, les généticiens annonçaient avoir achevé le séquençage du génome humain, c'est-à-dire le recensement des milliards d'acides nucléiques formant l'ADN humain. Armés de ce savoir, les médecins espèrent traiter les maladies génétiques.

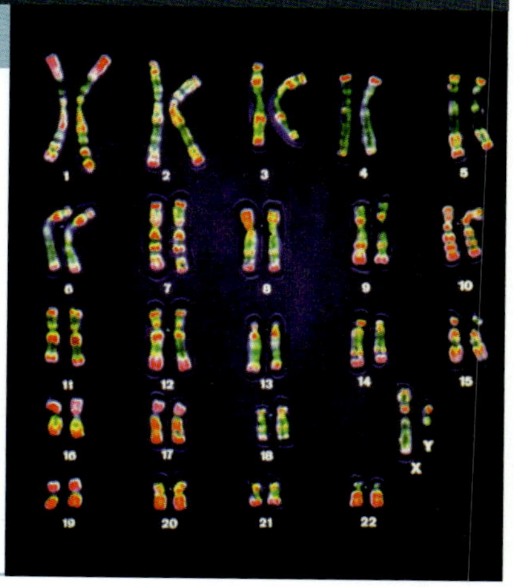

CHROMOSOMES D'UN HOMME ADULTE

conduits d'évacuation peut être une solution simple mais la priorité, en matière sanitaire, reste l'éducation des populations. Dans les pays riches, les efforts en matière d'éducation à la santé se concentrent aujourd'hui sur la consommation excessive, de nourriture, d'alcool ou de tabac. L'incidence de l'obésité, du diabète, des maladies cardiaques et de certains cancers y mettent en effet à l'épreuve les systèmes de santé.

Les pandémies

Même si l'on comblait le fossé sanitaire entre riches et pauvres, la population mondiale ne serait pas à l'abri des pandémies – épidémies à l'échelle d'un ou plusieurs continents. Au lendemain de la Première Guerre mondiale, une pandémie de grippe espagnole (grippe de type H1N1) tua 30 millions de personnes : plus que la guerre elle-même. Plus récemment, le sida (syndrome d'immunodéficience acquise), identifié en 1981, a fauché quelque 25 millions de vies. Depuis 2000, l'OMS a lancé à plusieurs reprises des alertes à la pandémie face aux assauts de la grippe aviaire, du syndrome respiratoire aigu sévère (SRAS) et de la grippe H1N1.

L'affaiblissement de l'efficacité des antibiotiques renforce les craintes de pandémie. Des agents infectieux comme le staphylocoque doré résistant à la méticilline (SARM), responsable de septicémies mortelles, résistent même aux antibiotiques les plus puissants.

APRÈS

Lutter contre les maladies existantes ou anticiper de nouvelles pandémies : la médecine du XXIe siècle a de nombreux défis à relever.

MÉDICAMENTS ET VACCINS NOUVEAUX

La multiplication de « **superbactéries** » **résistantes aux antibiotiques** rend nécessaire la mise au point de nouveaux traitements contre les infections bactériennes. Des virus bactériophages sont à l'étude. La mise au point de **vaccins contre le sida** et le **paludisme** est une autre priorité. Le paludisme tue plus de 1 million de personnes chaque année. Dans certaines régions le parasite qui en est responsable est de plus en plus résistant aux traitements médicamenteux.

BACTÉRIOPHAGE

LES PROGRÈS MÉDICAUX

Depuis les années 1920, de formidables avancées ont été réalisées en médecine et en chirurgie grâce aux efforts des chercheurs et des médecins.

1920 – 1930 – 1940 – 1950 – 1960 – 1970 – 1980 – 1990 – 2000

1922 Premier **traitement antidiabétique à l'insuline**, au Canada

1928 Alexander Fleming isole la pénicilline, **premier agent antibiotique**.

1932 En Allemagne, Josef Klarer produit des **sulfamides** (antibiotiques de synthèse).

1950 Au Royaume-Uni, Richard Doll démontre que **fumer provoque le cancer du poumon**.

1954 Joseph Murray réussit la première **transplantation rénale**, à Boston, aux États-Unis.

1958 Première implantation réussie d'un **stimulateur cardiaque interne**, fonctionnant à pile, par le Suédois Ake Senning

1960 Les femmes américaines ont accès à la **pilule contraceptive**.

1967 Le chirurgien sud-africain Christiaan Barnard réalise la **première greffe du cœur**, dans son pays.

1973 Le Britannique Godfrey Hounsfield met au point le premier **scanner à rayons X**, produisant des images en coupe du corps.

1978 Première **naissance par FIV**, au Royaume-Uni

1987 Joel Cooper réussit la première **transplantation de poumon** à Baltimore, aux États-Unis.

Années 1990 La **thérapie antirétrovirale** hautement active permet de diminuer spectaculairement la charge virale chez les personnes infectées par le HIV.

1990 Aux États-Unis, premier traitement par **thérapie génique** d'une maladie génétique rare

1998 En France, première **transplantation de main** réussie

2003 Après un peu plus de dix ans d'efforts internationaux, les scientifiques achèvent la **cartographie du génome humain** (voir encadré).

2005 Première **greffe partielle du visage** à Amiens, en France

MOMENT CLÉ 11 septembre 2001 08h46

Le 11 Septembre

Le 11 septembre 2001, dix-neuf extrémistes islamistes, appartenant au réseau terroriste al-Qaida, s'attaquaient au World Trade Center, à New York, et au Pentagone, à Washington, symboles du pouvoir occidental. Trois milliers de personnes furent tuées. Le monde entier était sous le choc. Le gouvernement américain répondit en déclarant la «guerre à la Terreur».

À 8h46, heure locale, le vol numéro 11 d'American Airlines s'écrasait sur la tour nord du World Trade Center. Les 92 personnes à son bord furent tuées; 1136 autres, présentes dans les étages percutés ou supérieurs, moururent sous l'impact ou asphyxiées. Les médias, aussitôt sur place, évoquèrent d'abord un dramatique accident, mais quand, 16 minutes plus tard, les caméras filmèrent le crash du vol 175 de la même compagnie en plein centre de la tour sud, il devint évident que l'Amérique était attaquée.

Les terroristes, pour la plupart de nationalité saoudienne, avaient détourné ces vols à destination de la Californie peu après leur décollage de la côte Est. Les avions, dont les réservoirs étaient pleins, devaient servir de bombes volantes.

Dans la tour nord, toutes les issues vers le rez-de-chaussée étaient coupées. Les téléspectateurs du monde entier virent ces terribles scènes de gens piégés se jetant par les fenêtres du bâtiment en feu. Un escalier était resté accessible dans la tour sud. Mais seules 18 des 600 personnes n'ayant pu s'échapper rapidement de l'édifice purent l'emprunter et sortir avant que la tour ne s'effondre. À 10h28, sa jumelle s'abattait également.

Les aiguilleurs du ciel s'étaient aperçus que deux autres avions avaient été détournés, mais ils furent incapables de les localiser avant 9h37, heure à laquelle le vol 77 d'American Airlines s'écrasa à son tour sur le Pentagone, le siège du Département de la Défense, tuant 189 personnes. À 10h03, le vol 93 achevait sa trajectoire dans un champ proche de Shanksville en Pennsylvanie : il n'y eut aucun survivant à bord. Les enregistrements provenant des téléphones mobiles et de la boîte noire de l'appareil révélèrent que ses passagers, ayant appris par des appels téléphoniques le sort des autres avions détournés, avaient planifié la prise d'assaut du cockpit. Ils ne parvinrent pas jusqu'à la cabine de pilotage mais réussirent à détourner les terroristes de leur cible, presque certainement le Capitole ou la Maison-Blanche. Sur les tout derniers enregistrements du vol 93, on entend les terroristes renoncer à leur mission et décider de précipiter l'avion au sol. Puis ils prient avec ferveur.

Attaques terroristes sur New York
Le Word Trade Center, peu après que les terroristes eurent lancé les avions détournés sur les tours jumelles qui dominaient New York.

«Aujourd'hui, chers concitoyens, notre **mode de vie**, notre **liberté** mêmes ont été **attaqués**.»

PRÉSIDENT GEORGE BUSH S'ADRESSANT À LA NATION AMÉRICAINE, 11 SEPTEMBRE 2001

Les guerres du Golfe

En 1990 après que les forces iraquiennes eurent envahi le Koweït, une coalition menée par les États-Unis intervint, avec le soutien des Nations unies, pour mettre fin à l'occupation iraquienne. En 2003, États-Unis et Royaume-Uni lançaient une nouvelle guerre pour renverser le régime iraquien de Saddam Hussein.

Le 2 août 1990, l'armée iraquienne envahissait le Koweït, un État du golfe Persique riche en pétrole. Le Conseil de sécurité de l'ONU exigea le retrait immédiat et inconditionnel des troupes iraquiennes, mais Saddam Hussein (voir encadré), qui s'était peu auparavant autoproclamé « président à vie » de l'Iraq, ignora la résolution, annonçant l'annexion du Koweït. Les États-Unis et de nombreux autres pays, dont plusieurs membres de la Ligue arabe (voir AVANT), déployèrent des troupes dans la région. Pour toute réponse, Saddam prit comme boucliers humains les ressortissants des « pays hostiles », placés sur des sites stratégiques au Koweït afin d'empêcher des frappes aériennes contre ces objectifs.

La première guerre du Golfe

Fin novembre, le Conseil de sécurité de l'ONU autorisait l'emploi de la force contre l'Iraq si celui-ci ne s'était pas retiré du Koweït le 15 janvier 1991. Le 16, les troupes de la coalition dirigée par les Américains lançaient l'opération « Tempête du désert », la plus vaste offensive militaire interalliée, aérienne et terrestre, depuis 1945. Les Iraquiens rétorquèrent en tirant des missiles Scud sur Tel Aviv, la capitale israélienne ; d'autres missiles visèrent l'Arabie saoudite. Mais les forces étaient trop déséquilibrées. Fin février, après cinq semaines de guerre, les troupes américaines prenaient la ville de Koweït, et le président George H. W. Bush (père de George W. Bush) annonçait la cessation des hostilités.

En se retirant, les troupes iraquiennes avaient miné les puits pétroliers koweïtiens avant d'en déclencher la mise à feu : les incendies firent rage plusieurs mois durant, entraînant de graves conséquences écologiques.

La défaite n'avait pas abattu Saddam Hussein. Les soulèvements qui éclatèrent dans le sud chiite du pays comme dans le Kurdistan iraquien, dans le nord, furent impitoyablement écrasés, y compris par l'usage d'armes chimiques. Les fosses communes mises au jour des années plus tard devaient révéler l'ampleur des exactions commises par le régime baasiste contre la population iraquienne. En 1998, le dictateur expulsa d'Iraq les inspecteurs de l'ONU chargés de vérifier le processus d'élimination des stocks et des installations de production d'armes de destruction massive – nucléaires, chimiques et biologiques –, élimination qui conditionnait la levée des sanctions économiques imposées au pays. Les États-Unis et le Royaume-Uni réagirent à cette provocation par une campagne de bombardements aériens ciblés.

Les attaques terroristes dirigées contre New York et Washington en 2001 (voir p. 466-467) entraînèrent une radicalisation de la politique américaine à l'égard du régime iraquien. En 2002, dans son discours annuel sur l'état de l'Union, le président George W. Bush désignait clairement l'Iraq parmi les pays nourrissant le terrorisme international, auquel, au lendemain des attentats du 11 septembre, il avait déclaré la guerre. Le Pentagone, le département américain de la Défense, reçut l'instruction de préparer une offensive préventive en Iraq. Alors que le Royaume-Uni apportait son soutien aux autorités américaines, d'autres gouvernements s'interrogeaient sur la légalité d'une telle intervention dans un pays souverain. L'Iraq, d'ailleurs, possédait-il réellement des armes de destruction massive ? En septembre 2002, le gouvernement britannique de Tony Blair publia un dossier démontrant que le régime iraquien avait la capacité de déployer des armes chimiques et biologiques en 45 minutes. La fiabilité des informations produites fut rapidement mise en question – quand il fut révélé que cette conclusion était en partie fondée sur des recherches vieilles de douze ans. Le président Bush n'en continua pas moins de faire pression sur les Nations unies pour que celles-ci approuvent une guerre contre l'Iraq.

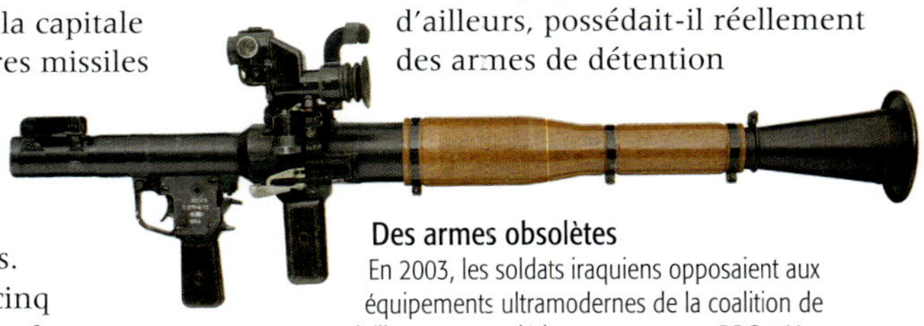

Des armes obsolètes
En 2003, les soldats iraquiens opposaient aux équipements ultramodernes de la coalition de vieilles armes soviétiques, comme ce RPG-7 V, un lanceur de grenade.

≪ AVANT

Le Royaume-Uni qui, avait occupé l'Iraq pendant la Première Guerre mondiale, obtint en 1920 un mandat de la Société des Nations pour administrer l'Iraq.

LE MANDAT BRITANNIQUE
La prise de contrôle par les Britanniques de l'industrie pétrolière iraquienne naissante **≪ 414** alimenta le ressentiment des nationalistes. Le Royaume-Uni s'assura de conserver ses concessions pétrolières après la fin du mandat, en 1932, et déploya des troupes pendant la Seconde Guerre mondiale pour les protéger.

LA LIGUE ARABE fut fondée en 1945 par l'Égypte, la Syrie, l'Iraq, le Liban, la Jordanie, l'Arabie saoudite et le Yémen dans le but de favoriser l'unité arabe. En 1950, était signé un traité de défense commune.

LA CRISE DE SUEZ
En 1956, le président égyptien **Gamal Abdel Nasser** nationalisa le **canal de Suez**, jusqu'alors contrôlé par les Britanniques et les Français **≪ 412-413**. Cette décision galvanisa les nationalistes arabes au Moyen-Orient. En 1961, l'Iraq nationalisait les champs pétroliers exploités par des compagnies étrangères.

LA GUERRE IRAN-IRAQ
En 1980, l'Iraq prit prétexte d'un désaccord frontalier sur le Chatt el-Arab pour lancer une guerre meurtrière de huit ans contre l'Iran voisin. Le nouveau dirigeant de ce pays, l'**ayatollah Khomeyni ≪ 442-443**, appelait à diffuser la révolution islamique dans les pays pétroliers arabes et à combattre « l'Occident impérialiste ». États-Unis, France, Arabie saoudite, entre autres, vendirent des armes à l'Iraq de Saddam Hussein, lequel n'hésita pas à employer des armes chimiques contre les forces iraniennes.

SOLDATS IRANIENS

Porte-avions américain sur le canal de Suez
Permettant aux navires de passer d'Europe en Asie sans contourner l'Afrique, le canal de Suez est une voie stratégique. Ci-dessous, la progression dans le canal d'un porte-avions américain est protégée par un hélicoptère anti-sous-marin.

PRÉSIDENT DE L'IRAQ (1937-2006)

SADDAM HUSSEIN

Né dans une famille rurale pauvre, Saddam Hussein adhéra au parti socialiste Baas en 1957. Un temps exilé après un complot raté contre le président iraquien, le général Kassem, en 1959, il utilisa son influence dans le parti Baas pour prendre en 1971 la vice-présidence et bientôt le contrôle absolu de l'Iraq. Capturé par les troupes américaines après la chute de Bagdad, le dictateur fut jugé pour crimes contre l'humanité et pendu en décembre 2006.

Le deuxième conflit

Dans une ultime tentative d'apaisement, les Nations unies dépêchèrent de nouveau des inspecteurs en Iraq. Alors que le responsable de la mission demandait que lui fût accordé plus de temps pour faire la lumière sur les capacités militaires du pays, le 17 mars, les États-Unis informaient les Nations unies que le temps de la diplomatie était révolu. Le 20, une coalition menée par les Américains – à laquelle la France, cette fois, refusa de participer – attaquait l'Iraq. Le 9 avril, elle s'emparait de Bagdad, la capitale.

Hélicoptères américains au Koweït
En 1991, des hélicoptères armés américains survolent les champs pétrolifères koweïtiens dont le président iraquien avait ordonné la mise à feu à son armée en retraite.

L'« autoroute de la mort »
C'est ainsi que fut surnommée la route menant de la ville de Koweït à l'Iraq. Les forces iraquiennes en retraite, en 1991, y furent intensivement bombardées par la coalition, comme l'attestent ces carcasses de véhicules.

Espérant voir s'achever rapidement cette guerre, les autorités américaines mirent en place un conseil chargé de superviser la création d'un nouveau gouvernement iraquien. La guerre d'Iraq ne faisait pourtant que commencer.

La lutte pour le pouvoir

Le renversement de Saddam Hussein plongea l'Iraq dans le chaos. En juillet 2003, George W. Bush constatait que ses troupes affrontaient désormais une guerre de « basse intensité ». L'Iraq vit en réalité depuis 2003 un conflit meurtrier. Bien que les États-Unis aient rendu leur souveraineté aux Iraquiens et que ceux-ci aient élu leur gouvernement et leur Parlement, en 2004, puis en 2010, des milliers de civils, de policiers, d'insurgés iraquiens et de soldats alliés sont morts et continuent de mourir depuis la chute de Bagdad. Attentats suicides et actions armées ne visent pas seulement les forces étrangères, perçues comme des troupes d'occupation. Les affrontements opposent aussi les forces politiques et religieuses rivales, en lutte pour le pouvoir.

Malgré une répartition des postes entre les trois principales communautés (chiite, sunnite et kurde), le gouvernement et le Parlement iraquiens sont désormais dominés par les musulmans chiites tandis que les principaux groupes d'insurgés sont sunnites. Sunnisme et chiisme – les deux grands courants de l'islam – s'opposent depuis la succession du prophète Mahomet. En Iraq, les chiites, majoritaires démographiquement, ont jusqu'à 2004, toujours été écartés du pouvoir et tenus en suspicion par le régime pour leurs liens avec les chiites iraniens voisins.

Hors du territoire iraquien, cette guerre a été controversée dès ses débuts. Des millions de manifestants ont défilé dans les rues, en Occident comme dans les pays musulmans, pour dénoncer une intervention contraire au droit international. Les partisans de la guerre arguent qu'elle a permis de libérer l'Iraq d'une dictature sanglante. Les opposants, de plus en plus nombreux, pointent l'incapacité de la coalition à instaurer la paix. Figurant parmi ceux qui avaient désapprouvé l'envoi de troupes américaines en Iraq, le président Barack Obama, élu en novembre 2008, a promis leur retrait progressif, avec un désengagement militaire total prévu pour 2013.

La chute d'un dictateur
Quand les *marines* américains atteignirent le centre de Bagdad, en 2003, la statue de Saddam Hussein, devant l'hôtel Palestine, fut mise à bas par la foule, célébrant le renversement du dictateur et ce qu'elle espérait être la fin de ses souffrances.

APRÈS

Le programme nucléaire iranien et l'activité des extrémistes islamistes désignent toujours le Moyen-Orient comme une zone de dangers.

L'AMBITION NUCLÉAIRE IRANIENNE

La détermination de l'Iran à développer sa capacité nucléaire fait redouter que ce pays cherche à développer l'arme atomique. En 2007, l'**Agence internationale à l'énergie atomique** confirmait que l'Iran détenait de petites quantités d'uranium – à des fins civiles, a affirmé le président Mahmud Ahmadinejad, qui entretient toutefois l'ambiguïté et refuse la transparence sur le programme en cours. Le **Conseil de sécurité de l'ONU** a imposé des sanctions au pays, sommé de mettre un terme à son programme nucléaire, et la possibilité de frappes aériennes a été évoquée.

L'EXTRÉMISME ISLAMISTE

Depuis septembre 2001, les attentats perpétrés par les terroristes islamistes ont fait de nombreuses victimes civiles, y compris dans des pays comme l'Inde et le Pakistan. Cette forte activité islamiste est attribuée aux **sentiments anti-occidentaux** alimentés par les interventions en Iraq et en Afghanistan. Si les terroristes invoquent la notion de guerre sainte islamique pour justifier leurs actes, la très grande majorité des musulmans les condamnent au nom du Coran.

Prudential
SAMSUNG
SAMSUNG
SUNTORY
WHISKY
THIRD WATCH
NOVOTEL
Coca-Cola
WANT COOL?
SPRITE RULES!
LG
communica
OUTDOOR SYSTE
Mountain Dew
PLAY
ALL STAR CA
CROSSWORD
AND WIN
HERE.
Sports Illustrated
STAR CAFE
Mountain Dew
ALL STAR
LOEWS
THEATRES
OFFICIAL ALL STAR CAFE

AVANT

Tirant les leçons de la crise de 1929, les pays industrialisés promurent une coopération économique internationale.

LE FMI ET LE GATT
En 1944, les représentants de 44 pays réunis à Bretton Woods, aux États-Unis, créaient le **Fonds monétaire international** (FMI), ayant pour objet de garantir la stabilité monétaire internationale. En 1947, le premier **Accord général sur les tarifs douaniers et le commerce** (GATT, en anglais) amorçait la libéralisation du commerce mondial.

G8
En 1975, la **France**, l'**Italie**, le **Japon**, l'**Allemagne**, le **Royaume-Uni** et les **États-Unis** formaient un forum de discussion sur les questions économiques. Élargi au **Canada** et à la **Russie**, ce groupe pèse 65 % de l'économie mondiale.

Times Square
Certaines compagnies déboursent des millions de dollars par an pour s'assurer un espace publicitaire lumineux à Times Square, centre névralgique de New York, et des dizaines de millions supplémentaires pour créer des publicités retenant l'attention de l'hypothétique consommateur.

La mondialisation

Définissant le monde actuel, le terme de mondialisation fait d'abord référence au pouvoir économique considérable acquis par les sociétés multinationales. Il évoque aussi l'uniformisation de la consommation et des modes de vie à l'échelle planétaire.

Dans *La Galaxie Gutenberg*, publié en 1962, Marshall McLuhan, théoricien de la communication, prédisait que le monde était en passe de se transformer en un « village global ». Aujourd'hui, alors que les manufacturiers américains fabriquent en Asie du Sud-Est des produits destinés au marché européen et que les relations avec les consommateurs français sont gérées par des centres d'appel installés en Inde ou au Maroc, la prophétie de McLuhan s'est avérée.

Le système mondial

Au XXe siècle, les États intervenaient dans le domaine économique à la fois par des politiques de contrôle et de régulation du marché et en fournissant infrastructures et services (systèmes de transport, approvisionnement en énergie par exemple). Dans les années 1980, l'efficacité de l'intervention publique étant mise en cause par les économistes libéraux, les États privatisèrent les entreprises jusqu'alors sous leur contrôle et favorisèrent l'émergence de marchés concurrentiels « ouverts ». Ces politiques de libéralisation, s'exprimant au niveau international par des accords de libre échange, contribuèrent à la transformation de l'économie mondiale. Le volume des échanges mondiaux de biens a été multiplié par 16 depuis 1950.

Le développement rapide de l'économie chinoise est souvent cité comme un exemple des bienfaits de la mondialisation. Depuis que la Chine a tourné le dos, au moins économiquement, au communisme et ouvert ses frontières au commerce international, on estime que le revenu par habitant y a été multiplié par sept. Autorisant des échanges rapides et efficaces d'un bout à l'autre de la planète, Internet et les systèmes de communication numérique ont aussi eu leur part dans la mondialisation. Les sociétés peuvent plus facilement étendre leurs opérations à travers le monde.

Les multinationales

L'essor des sociétés multinationales, implantées dans de nombreux pays par le biais de filiales, est un trait majeur de la mondialisation. Beaucoup ont un chiffre d'affaires annuel largement supérieur au produit intérieur brut (mesurant la valeur ajoutée des économies nationales) de bien des petits pays. Ces entreprises ont entre autres caractéristiques de proposer des biens et des services identiques aux consommateurs, promus par le biais d'une efficace politique de marques. Des enseignes universellement connues comme Coca-Cola, McDonald's ou Starbucks, dans le domaine des boissons et de la restauration, Nike et Reebok, pour les équipements sportifs, offrent l'assurance que l'on achète le même produit à Melbourne, Bombay ou Moscou. Acquérir des biens « de marque » est considéré partout dans le monde comme un symbole de réussite sociale. L'uniformité engendrée suscite toutefois des mouvements d'opposition, alimentés en partie par la crainte de voir disparaître les différences culturelles locales, régionales et même nationales.

Les opposants aux multinationales dénoncent aussi leur exorbitant pouvoir d'influence sur les politiques des gouvernements, en particulier pour ce qui concerne la régulation du commerce extérieur. Des sociétés sont régulièrement accusées d'exploiter une main-d'œuvre bon marché et sans protection sociale afin de produire des biens vendus avec grand profit aux consommateurs occidentaux.

Quelle que soit l'opinion qu'on a sur la mondialisation, il est incontestable qu'elle a transformé le monde dans lequel nous vivons. Nous ne commençons qu'à appréhender les conséquences des mutations rapides et massives qu'elle a provoquées.

Produit mondial
Après l'énorme succès de l'iPod (voir p. 461), vendu à près de 250 millions d'exemplaires entre octobre 2001 et janvier 2010, Apple a lancé l'iPhone (ci-dessus).

> « Sous l'effet de la mondialisation… la **vie quotidienne** se dégage de l'emprise de la **tradition**. »
>
> ANTHONY GIDDENS, SOCIOLOGUE, 1999

Production lointaine
Dans une usine de Guanyo, en Chine, des ouvrières assemblent des jouets Barbie. La poupée Barbie, créée par Mattel aux États-Unis en 1949, est aujourd'hui produite et vendue dans le monde entier.

IDÉES

L'ALTERMONDIALISATION

Le 30 novembre 1999, à Seattle (É.-U.), où se tenait une conférence de l'Organisation mondiale du commerce, la police anti-émeute dispersait au moyen de gaz lacrymogènes les manifestants dénonçant les accords de libéralisation du commerce international.
Le mouvement altermondialiste rejette une mondialisation qu'il juge défavorable aux pays pauvres, maintenus dans un rôle de fournisseurs de matières premières et de travail bon marché, et réclame une mondialisation plus équitable.

APRÈS

La mondialisation a contribué à favoriser un sentiment de responsabilité sociale et écologique à l'échelle mondiale, qu'expriment les actions de nombreuses organisations non gouvernementales (ONG).

CONTRE LA PAUVRETÉ
Les **inégalités entre riches et pauvres** sont de moins en moins bien acceptées. Gouvernements et multinationales sont sommés d'agir contre la pauvreté dans le monde. **ONG** et **syndicats**, soutenus à l'occasion par des célébrités, organisent des campagnes internationales sur des thèmes comme l'annulation de la dette des pays les plus pauvres, les conditions de travail dans les pays en développement ou la mise en place d'un commerce plus équitable.

L'ENVIRONNEMENT PLANÉTAIRE
L'augmentation continue des températures mondiales a fait du **réchauffement planétaire** un sujet majeur de la politique internationale 476-477 ››. Des accords internationaux comme le **protocole de Kyoto**, entré en vigueur en 2005, visent à promouvoir des systèmes de production moins polluants dans le but de réduire les émissions de gaz à effet de serre, directement corrélées au réchauffement climatique.

« AVANT

Jusqu'à la fin des années 1970, les dirigeants communistes de la Chine refusaient que l'économie du pays soit régie par les lois du marché, s'en tenant aux principes d'une économie socialiste contrôlée par l'État.

L'ÉCONOMIE MAOÏSTE

Après 1949, sous la présidence de Mao Zedong **« 424-425**, la libre entreprise et la propriété privée de la terre furent bannies.

1 008 MILLIONS d'habitants en Chine en 1982. La population avoisinait 540 millions en 1949.

UNE FAIBLE PRODUCTION

À la mort de Mao, en 1976, la **production de la Chine** équivalait à celle du **Canada**, qui comptait alors 23 millions d'habitants.

DENG XIAOPING

Membre du Parti communiste chinois (PCC) depuis les années 1920, **Deng Xiaoping** (1904-1997) prit part à la Longue Marche et à la fondation de la **République populaire de Chine « 424-425**. Devenu secrétaire général du PCC en 1956, il fut toutefois victime de la Révolution culturelle et contraint d'aller travailler en usine. Il sut s'imposer dans la lutte pour le pouvoir engagée à la mort de Mao. Dirigeant *de facto* la Chine de 1978 à 1992, il présida au **décollage de son économie**.

DENG XIAOPING

La Chine, superpuissance

Convertie à l'économie de marché dans les années 1980, la Chine a enregistré une extraordinaire croissance économique et connu de profondes transformations sociales. Le pays demeure toutefois sous la férule politique du Parti communiste chinois.

Après la mort de Mao, en 1976, le gouvernement communiste de la Chine commença à prendre ses distances avec la politique économique socialiste orthodoxe, fondée sur la propriété collective et la planification centralisée. Deng Xiaoping, devenu vice-président du pays, fit de la croissance économique la priorité absolue.

Des zones économiques spéciales

En 1979, une série de mesures tracèrent la nouvelle voie chinoise. Quatre zones économiques spéciales furent établies dans les villes portuaires méridionales de Zhujai, Shantou et Xiamen, et les sociétés étrangères invitées à y investir à des conditions favorables. Les capitalistes occidentaux pouvaient tirer profit d'une main-d'œuvre peu coûteuse ; en retour, la Chine s'assurait des devises étrangères pour payer ses importations et l'accès aux technologies occidentales. Dans le même temps, les familles rurales – soit 80 % de la population – étaient encouragées à cultiver la terre et à vendre leurs récoltes pour leur propre bénéfice. À ceux qui s'élevaient contre ce tournant capitaliste, Deng répondait qu'il s'agissait d'un choix pragmatique pour conduire la Chine vers la prospérité : « Peu importe si un chat est noir ou blanc, tant qu'il capture des souris, c'est un bon chat », résumait-il dans un discours.

De nombreux commentateurs étrangers pensaient que l'ouverture économique conduirait à la libéralisation politique. En 1989, les militants chinois pour la démocratie, encouragés par la chute des régimes communistes en Europe (voir p. 448-449), réclamèrent ouvertement des réformes politiques. Le Parti communiste chinois répondit par une déclaration sans équivoque : le massacre par l'armée des manifestants de la place Tian'anmen (voir p. 425).

> « La pauvreté n'est pas le socialisme. Être **riche** est **glorieux**. »
>
> DENG XIAOPING, 1979

Toujours supervisée par l'État, la transition vers l'économie de marché s'accéléra dans les années 1990. La mutation fut si totale que la rétrocession à la Chine de la colonie britannique de Hong Kong, un des grands centres du capitalisme mondial, se réalisa sans que les affaires de ce territoire en aient été notablement affectées. La révolution économique de la Chine a été couronnée de succès, du moins en termes de croissance : entre 1979 et 2002, le produit intérieur brut chinois a augmenté de 9,3 % par an.

Au début du nouveau millénaire, une part importante de la population chinoise avait intégré la société de consommation moderne. À l'époque de Mao, tout foyer chinois aspirait à posséder une bicyclette, une radio, une montre et une machine à coudre ; à la fin des années 1990, sur la liste des biens incontournables

figuraient réfrigérateur, téléviseur couleur, appareil photo, meubles coordonnés, lave-linge et ventilateur électrique. En 2005, les ventes de téléviseurs et de téléphones mobiles en Chine excédaient celles enregistrées aux États-Unis.

Une société inégalitaire

Les mutations économiques ont favorisé la corruption et creusé le fossé entre perdants et gagnants du système. Quand des hommes d'affaires prospères circulent en Mercedes, des dizaines de millions de ruraux tentent de subsister avec moins de 1 dollar par jour ; les ouvriers perçoivent des salaires de misère. Quelque 150 millions de paysans ont été chassés de leurs terres pour permettre l'implantation d'infrastructures ou de complexes industriels. Beaucoup sont venus grossir les rangs des chômeurs dans les villes. Dans la première décennie du XXIe siècle, le secteur d'État a supprimé environ 10 millions d'emplois chaque année. Une partie des Chinois en quête de revenus quitte le pays : la Chine est devenue l'une des principales sources mondiales d'immigrés clandestins.

Les perspectives

Les successeurs de Deng Xiaoping, Jiang Zemin (jusqu'en 2003) puis Hu Jintao, ont réaffirmé le pouvoir du parti communiste. Le régime doit toutefois faire face à la fois aux revendications démocratiques de dissidents éduqués et aisés, disposant de relais en Occident, et au mécontentement croissant de la masse paysanne et ouvrière, victime de la pauvreté, de la précarité des emplois et des dommages environnementaux accompagnant la croissance. Jusqu'à ce jour, le gouvernement a pu jouer la carte de la fierté nationale. Le lancement du premier vaisseau spatial habité chinois, en 2004, ou les jeux Olympiques organisés à Pékin, en 2008, sont venus satisfaire l'aspiration de la plus grande partie des Chinois à voir reconnaître leur pays comme une des grandes puissances du XXIe siècle.

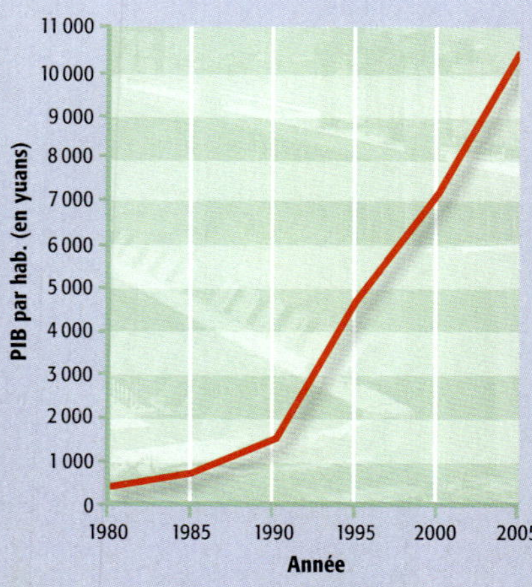

Le bond en avant du PIB chinois
Le rythme de croissance du produit intérieur brut chinois coïncide avec celui des réformes économiques. Son accélération suscite des craintes de surchauffe, laquelle se traduirait par une forte inflation.

Le barrage des Trois-Gorges
Édifié en travers du Yangzi Jiang, le plus grand barrage hydroélectrique du monde a pour but de mieux contrôler les crues et de produire de l'électricité. Sa construction a entraîné le déplacement de 2 millions de personnes.

Le tourisme en Chine
En 2005, 20 millions de touristes étrangers ont visité la Chine. Le pays pourrait être la première destination touristique mondiale en 2020.

Les JO de Pékin
« Un monde, un rêve », tel était le slogan des jeux Olympiques de 2008, perçus par la Chine comme l'opportunité de montrer au monde sa réussite.

APRÈS

La Chine, si elle maintient son taux de croissance, pourrait ravir aux États-Unis le rang de première puissance économique en 2030.

DES DOMMAGES À LA PLANÈTE
L'essor économique chinois s'est accompagné de graves **dommages environnementaux**.

LA CROISSANCE DÉMOGRAPHIQUE
Depuis 1980, le gouvernement chinois a imposé la **politique de l'enfant unique**. La population chinoise devrait néanmoins se stabiliser à 1,5 milliard d'habitants en 2050.

DES CHINOIS SUR LA LUNE
La Chine prévoit de faire alunir un vaisseau habité au plus tard en 2020.

Une ville du futur
Shanghai, neuvième plus grande ville de la planète, s'enorgueillit d'une architecture futuriste. On peut voir ici l'Oriental Pearl TV Tower (éclairée en vert, à gauche) et le chantier du Shanghai World Financial Centre. À sa livraison, en 2008, cet immeuble de 101 étages était le plus haut de la planète. La première ligne commerciale de train à sustentation magnétique du monde dessert l'aéroport de Shanghaï.

Populations dynamiques

Plus de la moitié de la population mondiale vit aujourd'hui en ville. La population urbaine augmentant de 180 000 personnes par jour sur la planète, les projections suggèrent que les deux tiers de l'humanité seront citadins en 2050.

Au xxe siècle, les populations des pays économiquement moins avancés, en Amérique du Sud, en Asie et en Afrique, migrant à leur tour vers les villes, l'urbanisation est devenue un phénomène mondial.

Ce mouvement n'est pas limité par les frontières. Nombreux sont ceux qui vont chercher une vie meilleure dans des villes étrangères, situées en général dans des pays plus riches.

Les villes sous pression

Centres politiques, commerciaux et culturels, les villes apparaissent toujours comme une promesse d'opportunité économique et sociale. Pourtant, le développement des infrastructures suit difficilement l'essor des populations urbaines. La pénurie de logements contraint un nombre croissant de citadins à vivre dans la rue ou dans des bidonvilles. Or les pauvres et les sans-abri sont vulnérables à la contagion par les maladies infectieuses comme la tuberculose et le sida (voir p. 464-465).

La criminalité est un autre problème dans la plupart des grandes métropoles. L'augmentation de la violence chez les jeunes urbains est particulièrement préoccupante. Fruit de la pauvreté et de l'exclusion sociale, elle est favorisée par la circulation des armes à feu. Dans certaines villes se forment des « zones de non-droit » où les forces de l'ordre n'osent plus pénétrer.

Les villes du tiers monde enregistrent désormais les taux d'expansion les plus rapides. De nombreux migrants fuyant la guerre ou la misère des campagnes y affluent, pour voir s'envoler leurs espoirs d'obtenir un travail légal, un logement décent ou de bénéficier d'infrastructures sanitaires adéquates. En Afrique subsaharienne, 40 % des urbains vivent dans des bidonvilles.

La croissance urbaine
Depuis 1990, la progression des populations urbaines a fortement ralenti en Europe et au Japon tandis qu'elle se poursuit aux États-Unis, en Australie et au Mexique. Elle est spectaculaire dans des pays à croissance économique rapide comme l'Inde et la Chine.

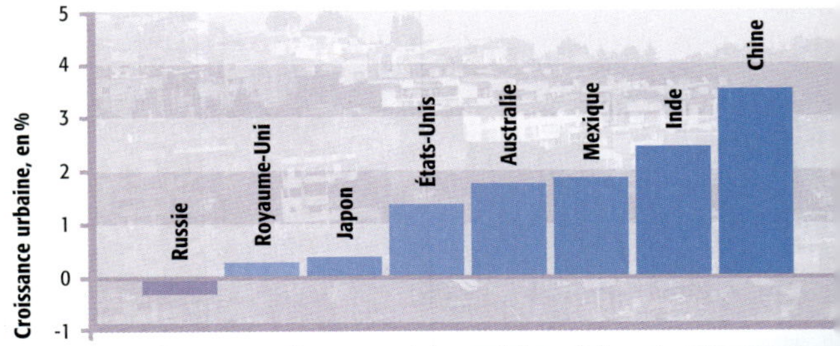

Croissance annuelle moyenne de la population urbaine entre 1990 et 2003

LÉGENDE
- Population urbaine en 1950 (en millions)
- Population urbaine en 1975 (en millions)
- Population urbaine en 2000 (en millions)

Croissances urbaines différenciées
L'évolution de la population urbaine depuis 1950 reflète l'industrialisation rapide de certains pays. Marquant le pas dans les pays anciennement industrialisés, l'urbanisation a explosé en Amérique latine, en Inde, en Asie et en Chine depuis 1975.

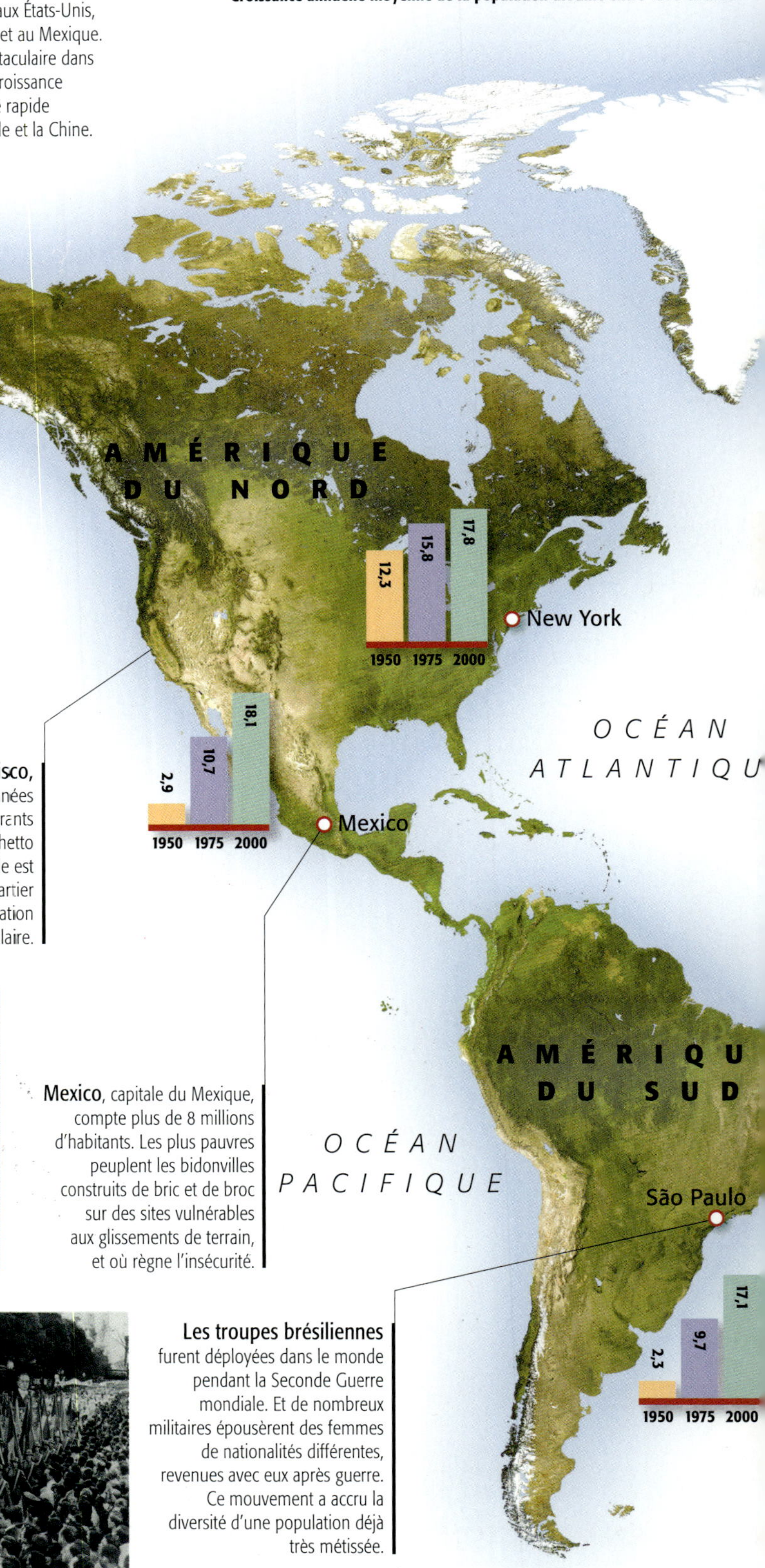

Chinatown, à San Francisco, s'est constitué dans les années 1850 avec l'afflux de migrants chinois. Ce qui était un ghetto pauvre du centre-ville est aujourd'hui un quartier dynamique, et une destination touristique populaire.

Mexico, capitale du Mexique, compte plus de 8 millions d'habitants. Les plus pauvres peuplent les bidonvilles construits de bric et de broc sur des sites vulnérables aux glissements de terrain, et où règne l'insécurité.

Les troupes brésiliennes furent déployées dans le monde pendant la Seconde Guerre mondiale. Et de nombreux militaires épousèrent des femmes de nationalités différentes, revenues avec eux après guerre. Ce mouvement a accru la diversité d'une population déjà très métissée.

« AVANT

À la faveur de la révolution industrielle, l'Europe et les États-Unis connurent un fort et rapide exode rural.

L'URBANISATION
En 1800, 1 Britannique sur 4 habitait en ville ; en 1900, c'était 2 sur 3. Ce **mouvement d'urbanisation**, associé à l'**exode rural**, eut lieu dans toute l'Europe et en Amérique du Nord pendant la révolution industrielle **« 292-295**. Cet afflux soudain dans les villes **« 322-325** entraîna des **problèmes de promiscuité et d'insalubrité**. Les pays en voie d'industrialisation développèrent peu à peu les infrastructures nécessaires à l'amélioration des conditions de vie de la main-d'œuvre industrielle. Parce qu'elles offraient des opportunités de promotion sociale, les villes continuèrent d'attirer les migrants.

L'ARRIVÉE À NEW YORK

Des immigrants de cultures diverses sont venus s'établir à Londres. Les nouveaux arrivants se regroupent en général selon leur origine dans les quartiers *intra-muros*. Puis ils déménagent dans des zones de plus grande mixité, laissant la place à une nouvelle vague d'immigration.

L'urbanisme utopique de l'entre-deux-guerres voulait améliorer la qualité de vie dans les villes. Urbanistes et architectes créèrent à ces fins des « villes nouvelles », suivant des plans souvent expérimentaux, à l'image de ces lotissements circulaires au Danemark.

Irkoutsk, bien que située en Russie sibérienne, est typique de ces villes industrielles européennes poussées rapidement autour d'énormes usines. Ce qui était une petite ville se transforma dans les années 1930 avec la mise en œuvre des plans d'industrialisation massive de Staline (voir p. 380-381).

APRÈS

La poursuite prévisible de la croissance urbaine ne sera pas sans poser des défis.

LE FORUM URBAIN MONDIAL

En 2002, les Nations unies ont créé le Forum urbain mondial, espace de discussion sur les défis de l'urbanisation. Les principales priorités définies sont la **réduction de la pauvreté urbaine** et l'amélioration de l'**accès aux commodités de base** – logement et infrastructures sanitaires.

L'IMPACT ENVIRONNEMENTAL

Un des effets majeurs de l'explosion urbaine est l'augmentation des **émissions de CO_2**. L'essor du trafic routier, de l'industrie et de la consommation dans les villes du monde en développement renforce les craintes concernant le changement climatique **476-477 ››**.

Tokyo abrite plus de 35 millions d'habitants. L'utilisation de l'espace est maximale dans les hôtels capsules, où les « chambres », réduites à des cabines offrant un confort spartiate, sont superposées le long d'étroits couloirs.

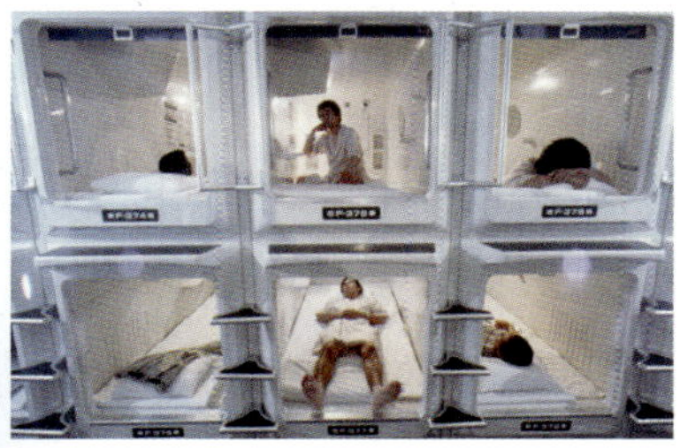

Fuyant souvent une pauvreté terrible les migrants économiques prennent parfois de grands risques pour contourner les barrières légales à l'immigration érigées par la plupart des pays développés pour garder le contrôle de leur démographie.

De très nombreux Européens ont immigré en Australie après la Seconde Guerre mondiale. Le pays a accueilli un nombre croissant d'Asiatiques dans les années 1970. Il continue d'attirer des travailleurs en quête de meilleures conditions de vie.

Le **changement climatique**

L'atmosphère terrestre a naturellement la capacité de réchauffer la planète. Sans ce phénomène, celle-ci ne pourrait abriter la vie. Mais les températures mondiales augmentent rapidement. Pour la plupart des spécialistes, ce réchauffement est imputable aux activités humaines et requiert des mesures urgentes.

AVANT

Depuis la dernière glaciation, le climat terrestre a été affecté par des facteurs naturels et par les activités humaines.

DES FLUCTUATIONS NATURELLES
Depuis la fin de la dernière glaciation, il y a 10 000 à 15 000 ans **« 22-23**, **le climat de la planète se réchauffe**. Les chercheurs avancent plusieurs causes naturelles à ce réchauffement, dont les variations de l'orbite terrestre et les fluctuations de l'activité solaire et volcanique.

EMBOUTEILLAGES AUX ABORDS DES VILLES

L'INDUSTRIE
Depuis la révolution industrielle **« 292-293**, la température planétaire moyenne augmente beaucoup plus vite. L'utilisation croissante de combustibles fossiles se traduit par une **élévation de la teneur atmosphérique en dioxyde de carbone** (CO_2), ce qui renforce l'effet de serre.

L'EFFET DE SERRE
En 1824, le mathématicien et physicien français **Joseph Fourier** montrait que l'absorption de la chaleur du Soleil par les gaz atmosphériques tels que le méthane et le dioxyde de carbone réchauffe la surface de la Terre. C'est le fameux effet de serre.

Depuis la révolution industrielle (voir p. 293-293), la planète a gagné environ 0,8 °C. Ce réchauffement s'est accéléré au cours des quatre dernières décennies, avec onze des années les plus chaudes enregistrées entre 1996 et 2007.

La situation actuelle

Créé en 1988 par l'Organisation météorologique mondiale et le Programme des Nations unies pour l'environnement, le Groupe d'experts intergouvernemental sur l'évolution du climat (GIEC) doit évaluer les risques liés au changement climatique.

84 **% des glaciers de l'Antarctique ont reculé depuis 1950**

20 **% taux de régression des calottes polaires depuis 1978**

10 **% réduction de la couverture neigeuse et glaciaire depuis 1960**

En 2007, le GIEC jugeait probable une hausse des températures moyennes comprise entre 1,8 et 4 °C d'ici à la fin du XXIe siècle. Ses membres affirment que « l'activité humaine depuis 1750 a pour effet net un réchauffement » : la teneur atmosphérique en dioxyde de carbone (CO_2) a en effet augmenté de 31 % par rapport à l'ère préindustrielle, renforçant l'effet de serre naturel (voir AVANT). Cette augmentation résulte directement de l'industrialisation. Les centrales électriques au charbon génèrent du CO_2, de même que le trafic routier, aérien et maritime. Chacune des 232 millions de voitures circulant aux États-Unis en produit plus de 5 tonnes par an. Les troupeaux de ruminants, en expansion, produisent pour leur part des quantités croissantes de méthane.

La végétation contrebalance naturellement ces émissions en absorbant dans ses tissus le CO_2 rejeté

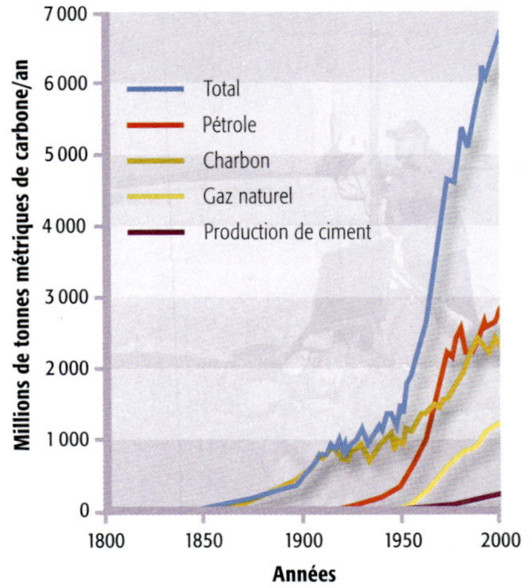

Les émissions de carbone fossile
Ce graphique met en évidence l'augmentation des émissions de carbone dans l'atmosphère depuis 1850. L'augmentation constante de l'activité industrielle, du parc automobile, de la consommation domestique d'électricité se traduit par la combustion d'une quantité croissante de combustibles fossiles (pétrole, charbon, gaz naturel).

5,4 TONNES de carbone émises par personne et par an aux É.-U.

2,6 TONNES de carbone émises par personne et par an au R.-U.

0,3 TONNE de carbone émise par personne et par an en Inde

dans l'air et en libérant de l'oxygène dans l'atmosphère. Mais 13 millions d'hectares de forêts sont abattus chaque année. La capacité d'absorption des océans, principaux puits à carbone de la planète, est elle aussi réduite, par le réchauffement même de leurs eaux.

Le réchauffement climatique a d'ores et déjà provoqué le recul des glaciers, partout dans le monde. Le niveau des mers monte en conséquence et pourrait s'élever encore de 25 à 40 cm d'ici à 2100. Les spécialistes attribuent aussi au changement climatique la modification des schémas pluviométriques, à l'origine de graves sécheresses. La perturbation du système climatique contribue probablement à l'intensification des canicules et des tempêtes tropicales, bien qu'on n'ait pu établir aucun lien de causalité direct entre la hausse des température et un événement extrême comme l'ouragan Katrina, qui a dévasté La Nouvelle-Orléans, en 2006.

Les neiges du Kilimandjaro
La calotte glaciaire coiffant le Kilimandjaro, en Tanzanie, pourrait avoir disparu d'ici à 2020. Cette calotte sommitale a régressé de 82 % au cours des cent dernières années, ce qui est d'autant plus notable qu'elle avait résisté à de précédentes fluctuations climatiques – y compris une sécheresse de trois cents ans il y a 4 000 ans. Ci-dessus, le sommet en février 1993 ; ci-contre, en février 2000.

Les implications

Tous les scientifiques ne sont pas convaincus que l'humanité est – ou a été – la cause majeure du changement climatique en cours. La variabilité naturelle de la machine climatique, complexe, doit certainement être prise en compte ; cependant la plus grande partie de la communauté scientifique s'accorde aujourd'hui à dire que non seulement le réchauffement que connaît la planète est dû aux activités humaines, mais qu'il va se poursuivre. Le GIEC et de nombreuses autres organisations ne cessent d'alerter sur les effets prévisibles d'une augmentation continue des émissions de gaz à effet de serre, en particulier pour les pays les plus pauvres. L'élévation du niveau de la mer pourrait par exemple déplacer des dizaines de millions de personnes dans les régions côtières basses comme les deltas du Nil et du Gange.

Le réchauffement climatique menace directement la survie de certaines espèces animales, dont l'ours polaire, victime de la régression de la glace de mer estivale en Arctique. Selon le GIEC, celle-ci pourrait disparaître dans la seconde moitié du XXIe siècle.

Le message affiché est que les gouvernements doivent agir, et maintenant. Les pays industrialisés tendent à s'en remettre au jeu du marché, avec la mise en place de permis d'émission, ou à l'initiative individuelle, chacun étant encouragé à compenser son « empreinte carbone » en finançant la plantation d'arbres. L'incapacité des pays signataires à tenir les objectifs fixés par le protocole de Kyoto, signé en 1997 mais entré en vigueur en 2005, l'augmentation des émissions dans des pays en pleine industrialisation comme la Chine autant que le rythme auquel disparaissent les forêts font craindre que les humains seront bientôt incapables de seulement freiner le changement climatique.

Jeûne prolongé
Une ourse polaire sort des eaux arctiques. Le démantèlement de plus en plus précoce de la glace de mer raccourcit la saison de chasse printanière, vitale pour les femelles. Elles ne peuvent engraisser suffisamment en prévision de l'hiver, ce qui affecte leur capacité à se reproduire et la survie des petits.

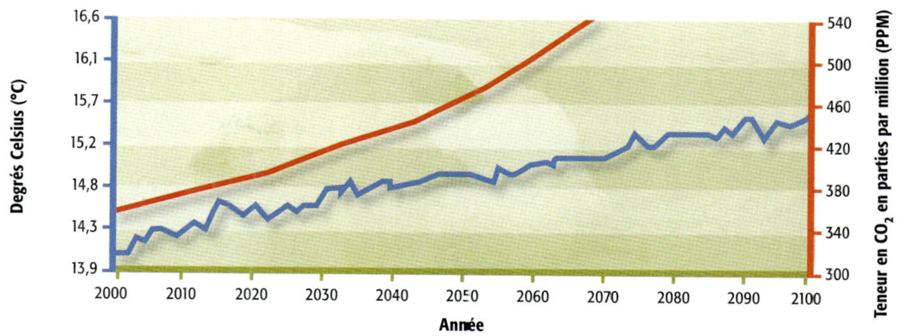

LÉGENDE
Concentration atmosphérique en CO_2
Température

Le réchauffement du XXIe siècle
Les projections actuelles prédisent une probable augmentation de la température mondiale moyenne comprise entre 1,8 °C et 4 °C. La teneur atmosphérique en CO_2 devrait continuer d'augmenter, renforçant l'effet de serre et faisant encore grimper les températures.

13 MILLIONS d'hectares de forêt disparaissent chaque année.

240 ARBRES nécessaires pour absorber le CO_2 émis annuellement par une voiture

10 % des récifs coralliens ont été détruits.

« Les **générations futures** pourraient bien se demander : "à quoi **pensaient nos parents** ?" » AL GORE, *UNE VÉRITÉ QUI DÉRANGE*, 2006

COMMENT SAVONS-NOUS ?

MESURER LE CHANGEMENT

L'évolution des glaciers de l'Arctique et de l'Antarctique informe les scientifiques sur les changements en cours dans ces régions. Pour évaluer le changement climatique, il leur faut aussi avoir une image des fluctuations passées. Roches et arbres livrent des indices, mais les témoignages les plus complets sur l'histoire du climat sont préservés dans les profondeurs de la glace (voir p. 22-23). L'analyse des bulles d'air qui y sont piégées permet de déterminer la teneur atmosphérique en gaz à l'époque où la glace s'est formée, et donc les modifications de la composition de l'atmosphère au fil du temps.

APRÈS

La nécessité de réduire les émissions de gaz à effet de serre, donc la combustion de combustibles fossiles, encourage le développement d'énergies alternatives.

L'ÉNERGIE OCÉANIQUE
Les techniques permettant de capter l'énergie générée par les **courants de marée** ou de convertir **l'énergie des vagues sont prometteuses**. Mais elles en sont encore aux premiers stades de développement. Un barrage marémoteur d'une capacité de 240 MW fonctionne certes en France, sur l'estuaire de la Rance, depuis les années 1960, mais le coût de construction de telles infrastructures est très élevé.

L'ÉNERGIE SOLAIRE
Les cellules photovoltaïques, qui convertissent l'énergie solaire, sont une **source propre et renouvelable d'électricité** mais demeurent coûteuse et ne peuvent satisfaire que des besoins assez limités. La recherche se poursuit toutefois dans ce domaine, la quantité d'énergie solaire reçue par la Terre excédant largement celle que génère la combustion de combustibles fossiles.

ÉOLIENNES

L'ÉNERGIE ÉOLIENNE
À peine 1 % de l'électricité mondiale provient de l'énergie éolienne. Cette forme d'énergie durable est toutefois **très populaire** dans certains pays européens. Elle fournit respectivement 9 % et 20 % de l'électricité consommée en Espagne et au Danemark. La technologie n'est toutefois pas exempte de reproches : la construction des plateformes sur lesquelles sont montées les turbines requiert de grandes quantités de ciment, dont la production contribue significativement aux émissions de CO_2.

AVANT

Avec les progrès de la communication et des transports, au xixe siècle et au début du xxe siècle, de nouveaux liens sociaux, économiques et politiques se tissèrent entre des populations séparées par plusieurs milliers de kilomètres.

LES RÉSEAUX DE COMMUNICATION
Les ingénieurs britanniques **George Stephenson** et **Isambard Kingdom Brunel** contribuèrent au développement de réseaux ferrés efficaces. Les voyages nationaux et continentaux devinrent moins coûteux et plus rapides. Grâce aux progrès des navires à vapeur, auxquels Brunel travailla également, le volume du fret transporté à travers le monde augmenta tandis que le téléphone et le télégraphe permettaient une **communication instantanée** à distance.

LA NAISSANCE DU TOURISME
Jusqu'à la fin du xixe siècle, les voyages d'agrément étaient réservés à une élite. Dès 1855, Thomas Cook & fils, la **première agence de voyages**, organisait des circuits touristiques à travers l'Europe. Dans la première moitié du xxe siècle, les vacances devinrent **accessibles à un plus grand nombre**.

Un monde rétréci

La technologie moderne a radicalement transformé notre expérience du monde. Nous pouvons effectuer en quelques heures un voyage qui prenait jadis des semaines par terre ou par mer et envoyer en un clic de souris des messages dans le monde entier. La planète en paraît plus petite.

Depuis la Première Guerre mondiale, les mutations technologiques en matière de communication et de transport ont favorisé la multiplication des échanges économiques aussi bien que personnels à l'échelle mondiale. Ces avancées ont déterminé de nombreux traits de la vie moderne, y compris la mondialisation (voir p. 470-471) et le tourisme international.

La révolution des transports

L'essor des voyages, au xxe siècle, doit beaucoup aux progrès du moteur à combustion interne, qui propulse aujourd'hui encore la plupart de nos véhicules motorisés, les navires, les avions et les hélicoptères. La Ford Motor Company (voir encadré) lança la production en série des voitures en

Navires transatlantiques
Faire la traversée entre Europe et États-Unis sur un navire de la compagnie Cunard était, dans l'entre-deux-guerres, un symbole de luxe et de prestige.

1908. L'industrie automobile est aujourd'hui multimilliardaire. D'ici à 2030, 1,2 milliard de véhicules à moteur vont circuler dans le monde.

Les réseaux routiers s'améliorèrent parallèlement aux véhicules. La première voie rapide, sans intersection, fut construite à Berlin en 1912. En 1926 était lancée aux États-Unis la construction de la première route transcontinentale goudronnée, la célèbre Route 66, reliant Chicago à Los Angeles. Les autoroutes à plusieurs voies se multiplièrent partout après la Seconde Guerre mondiale avant que le train à grande vitesse (TGV) ne fasse

Des millions de passagers volants
Comme toutes les mégapoles, Londres possède plusieurs aéroports (ici, celui de Gatwick). À l'instar de Roissy-CDG ou d'Orly, les avions de ligne s'y envolent à intervalles de quelques minutes tandis que d'autres atterrissent tout près.

l'objet d'investissements massifs. Mis en service en France en 1981, il pulvérisait en 2007 son précédent record mondial de vitesse en atteignant 574,8 km/h. De tels trains réduisent de moitié le temps de voyage, les 500 km entre Paris et Stuttgart pouvant être parcourus en seulement 3 h et 40 min.

Des avancées semblables ont permis la production de navires plus rapides, plus grands, capables d'acheminer des millions de tonnes de fret à travers les océans. L'amélioration des techniques de réfrigération autorise par ailleurs le transport par mer et par air de denrées périssables : des produits exotiques, qui étaient hier un luxe, sont aujourd'hui largement accessibles.

Il en va de même de régions éloignées du monde. Au cours du siècle qui a suivi les premiers vols de Clément Ader et des frères Wright, l'aéronautique a fait des bonds : aujourd'hui d'énormes avions à réaction transportent chaque année des millions de passagers.

INDUSTRIEL AMÉRICAIN (1863-1947)

HENRY FORD

Ayant créé la Ford Motor Company en 1903, Henry Ford lança la production en série de la Model T en 1909. La révolution du fordisme consistait à conjuguer chaînes d'assemblage et motivation des ouvriers par des salaires plus élevés : bientôt l'entreprise produisait une voiture en 1 h et 33 min et le prix tombait de 1 000 $ à 360 $. Ford s'imposait comme le premier producteur automobile mondial. Industriel novateur, Henry Ford était idéologiquement conservateur : il fut le dernier constructeur automobile à accepter la présence des syndicats dans ses usines.

Les communications par satellite
Un journaliste occidental transmet son reportage par téléphone satellitaire, depuis le nord de l'Afghanistan. Les liaisons par satellite permettent de rendre compte des événements mondiaux en temps réel.

Le tourisme de masse

Bénéficiant à la fois de l'augmentation du revenu disponible dans un nombre croissant de pays et de l'amélioration des infrastructures de transport et d'accueil, le tourisme est l'une des industries mondiales dont l'expansion est la plus rapide.

Prendre des vacances est devenu la norme sociale dans les pays développés, où les congés payés sont apparus dans les premières décennies du XXe siècle. Les destinations étaient d'abord régionales ou nationales, mais, dans les années 1950, les déplacements d'un pays à l'autre, surtout en Europe, sont devenus monnaie courante. Les voyages entre continents demeuraient plus exceptionnels jusque dans les années 1980, au cours desquelles l'augmentation de la capacité et de la vitesse des avions a favorisé l'essor des long-courriers. Le développement des vols charters, à prix réduits, a renforcé cette tendance.

> « [...] la vie des gens change si vite qu'une personne **naît dans un type de monde** [et] **grandit dans un autre** [...] »
>
> MARGARET MEAD, ANTHROPOLOGUE AMÉRICAINE

Désormais, le marché du tourisme tend à se segmenter, avec l'exploitation de centres d'intérêts spécialisés comme les sports extrêmes. Dans le même temps, des endroits tels que les îles Galápagos (voir p. 340-341), où ne se rendaient autrefois que les explorateurs intrépides, sont devenus des destinations touristiques en vogue. Même l'Everest, conquis en 1953 par Edmund Hilary et Tenzing Norgay, voit défiler de nombreux *trekkers*.

Une communication instantanée

La révolution technologique s'est encore accélérée depuis l'invention du circuit intégré électronique, à la fin des années 1950 (voir p. 460-461). La puce électronique a transformé le monde moderne en autorisant la miniaturisation des machines dans de nombreux domaines de production et d'ingénierie, de l'armement à la robotique médicale. Le microprocesseur est le cerveau des ordinateurs, des téléphones cellulaires, de tous ces appareils de communication personnels qui permettent une communication mondiale instantanée et le stockage d'une quantité croissante d'informations. Des données qui remplissaient hier des bibliothèques peuvent être aujourd'hui conservées sur une puce minuscule. Et grâce à Internet (voir encadré ci-contre), ces informations peuvent être partagées entre des ordinateurs disséminés à travers le globe.

APRÈS

L'appétit du public pour les voyages exotiques ne semble pas devoir s'éteindre au XXIe siècle. Ne se satisfaisant plus de pouvoir accéder aux endroits les plus isolés de la planète, certains aspirent à des vacances littéralement hors du monde.

LE TOURISME SPATIAL
L'entrepreneur britannique **Richard Branson** a investi des millions de dollars dans la société Virgin Galactic, ayant pour objectif la **vente de vols suborbitaux**. L'Agence spatiale russe propose déjà des **vols spatiaux individuels**. Les candidats doivent toutefois subir un entraînement physique rigoureux et des tests médicaux avant d'être autorisés à embarquer. Début 2010, cinq personnes avaient fait le voyage, déboursant jusqu'à 25 millions de dollars pour ce privilège. Le premier, le financier californien Dennis Tito, a décrit son vol de huit jours comme « un voyage au paradis ».

Le XXIe siècle, affirme-t-on volontiers, sera l'« ère des communications », une ère centrée sur le partage de l'information entre individus, entreprises et pays. La technologie a fait tomber les barrières de la distance géographique et nous offre l'opportunité d'un partage du savoir à l'échelle planétaire. Après plus d'un siècle de conflits mondiaux dévastateurs, certains promeuvent un nouvel idéal pour ces temps nouveaux : celui du citoyen mondial.

1 MILLIARD de personnes ont un accès régulier à Internet.

INVENTION

LA TOILE MONDIALE

Le physicien britannique Tim Berners Lee inventa le Word Wide Web (« la Toile mondiale ») à la fin des années 1980 et au début des années 1990. Lee développa initialement le principe d'hypertexte pour permettre le partage de données en réseau entre scientifiques. Les outils créés permirent au grand public de s'emparer d'Internet en favorisant la construction de sites accessibles aux ordinateurs du monde entier. Lee dirige actuellement le consortium World Wide Web (W3C), œuvrant à la standardisation des technologies de la Toile.

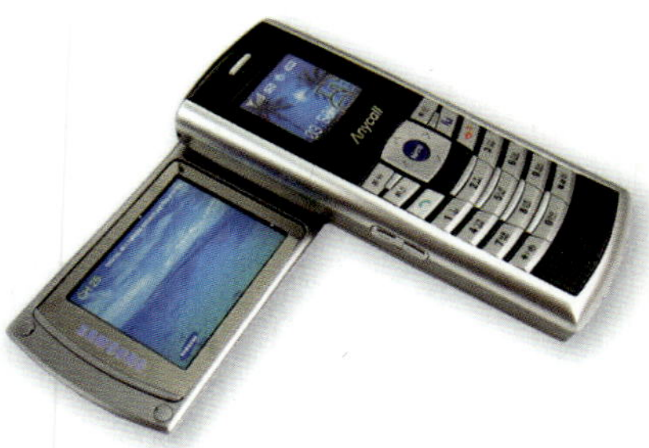

Les communications personnelles
Dernier développement de la technologie téléphonique mobile, les téléphones multimédia, utilisant la diffusion numérique satellitaire, offrent un accès aux chaînes de télévision comme à la musique.

Les ordinateurs individuels
Le ZX Spectrum de Sinclair fut l'un des premiers ordinateurs personnels mis sur le marché. Il se connectait à un écran de télévision, ce qui en diminuait le prix, donc le rendait plus accessible aux consommateurs.

Le système de localisation par satellite
Ce récepteur GPS calcule sa position et la direction à suivre grâce aux signaux transmis par les satellites de navigation. La technologie GPS est aussi un outil essentiel pour la cartographie et la géologie.

CHRONOLOGIE

Ce chapitre retrace l'histoire des pays du monde, des plus anciennes républiques aux membres les plus récents des Nations unies. Non exhaustive, cette liste traite de la plupart des pays et relate les événements les plus évocateurs.

Amérique du Nord et Amérique centrale

Le continent nord-américain s'étend de l'océan Arctique au nord à l'isthme reliant l'Amérique centrale à l'Amérique latine au sud, et englobe les nombreuses îles de la mer des Antilles. Les États-Unis, le Canada et plusieurs îles sont majoritairement anglophones. Le Mexique constitue la plus importante nation hispanophone au monde. Autrefois colonisés par des pays européens, les territoires d'Amérique du Nord et d'Amérique centrale forment pour la plupart aujourd'hui des États indépendants.

États-Unis

Les É-U sont le troisième plus grand pays au monde en termes de superficie ; ils dominent politiquement le continent américain.

Vers 35000 av. J.-C. C'est probablement à cette époque que des hommes venus de Sibérie atteignent l'Amérique en passant par la terre ferme.

Vers 600 apr. J.-C. Des habitants de la vallée du Mississippi commencent à bâtir de petites villes et à édifier des tertres funéraires.

Vers 1000 Des Scandinaves établissent une colonie de peuplement dans l'actuelle île de Terre-Neuve, premier contact entre l'Europe et l'Amérique.

1492 Christophe Colomb effectue le premier de ses quatre voyages vers le continent américain.

1498 Lors de sa seconde expédition, Jean Cabot explore la côte de l'Amérique du Nord, du Labrador au Delaware.

1499 Le navigateur florentin Amerigo Vespucci fait voile vers l'Amérique du Sud et la mer des Antilles. Il est le premier navigateur européen à réaliser que les territoires atteints par Colomb ne se trouvent pas en Asie, mais appartiennent à un nouveau continent. Il nomme cet ensemble *Mundus Novus* (« Nouveau Monde »). Quand le cartographe allemand Martin Waldseemüller rédige, en 1507, un traité de géographie, il appelle ce monde « terre d'Amerigo ou America », d'après Amerigo. Au départ, ce terme s'appliquait seulement à l'Amérique du Sud, mais en 1538, le cartographe flamand Gerard Mercator l'utilisa, le premier, sur une carte pour désigner l'ensemble du continent.

1524-1525 Le navigateur florentin Giovanni da Verrazzano, missionné par le roi de France, explore la côte est de l'Amérique du Nord jusqu'au cap Fear. Son périple le conduit à emprunter un passage menant à l'actuel port de New York. Le pont qui relie Brooklyn et Staten Island porte aujourd'hui son nom.

Les Pères pèlerins
Cette illustration du XIXe siècle représente des pèlerins anglais, heureux d'arriver à Plymouth Rock, dans le Maine, en décembre 1620 – un événement majeur de l'Histoire américaine.

1526 Des Espagnols fondent une colonie à San Miguel de Gualdape sur l'emplacement de l'actuelle Georgetown, en Caroline du Sud. Ils comptent parmi eux des esclaves africains. La colonie ne dure qu'un an, la moitié des Espagnols étant morts à l'issue de cette période. Sa fin est marquée par une révolte des esclaves, qui, après avoir incendié la colonie, se mêlent à des Amérindiens et deviennent les premiers colons noirs d'Amérique du Nord. D'autres esclaves suivent leur exemple, à mesure que se poursuit l'exploration espagnole de la région.

1565 Une expédition espagnole, menée par Pedro Menéndez, fonde la colonie de Saint Augustine, sur la côte occidentale de l'actuelle Floride, la plus ancienne ville permanente des É-U créée par des Européens. Parmi les premiers colons se trouvent des esclaves africains. Cette même année, les Espagnols détruisent la colonie française voisine de Fort Caroline, fondée en 1564, qu'ils considèrent comme une menace potentielle pour leurs navires chargés d'or, en route pour l'Espagne.

1607 La première colonie anglaise permanente d'Amérique, Jamestown, ainsi nommée en l'honneur du roi Jacques Ier (James), est fondée en Virginie. En 1614, les Hollandais remontent l'Hudson pour créer Fort Nassau sur l'emplacement de l'actuelle Albany. Ils s'établissent ensuite sur le site de New York et achètent, en 1626, l'île de Manhattan aux Amérindiens. En 1638, des Suédois établissent une colonie, la Nouvelle Suède, sur les rives du fleuve Delaware, qui tombe aux mains des Hollandais en 1655.

1620 Les Pères pèlerins débarquent au cap Cod, dans l'actuel Massachusetts.

1620 Le commerce transatlantique des esclaves augmente d'intensité, quand la France se lance, à l'instar des Anglais et des Hollandais, dans la traite. Des esclaves africains sont amenés à New York (1626), dans le Maryland et le Massachusetts (1634), le New Hampshire (1645), puis dans d'autres colonies britanniques. La Virginie compte ainsi 300 esclaves africains en 1649 et au moins 2 000 en 1671. En 1675, les colonies d'Amérique du Nord comptent au total plus de 5 000 esclaves.

1665 À l'issue de la seconde guerre anglo-hollandaise, les Anglais prennent le contrôle de la Nouvelle-Hollande. La colonie et la ville de la Nouvelle-Amsterdam sont rebaptisées New York. L'Angleterre est alors la principale puissance coloniale du littoral atlantique nord-américain et contrôle 13 colonies s'étendant du New Hampshire et du Massachusetts, au nord, à la Géorgie, au sud. Les Français sont implantés dans la vallée du Mississippi, la région des Grands Lacs et la vallée du Saint-Laurent au Canada, tandis que les Espagnols exercent leur souveraineté sur la Floride et les côtes ouest et sud-ouest de l'Amérique septentrionale.

1680-1682 Robert Cavelier de La Salle, un négociant français, explore le sud du Canada, sous domination française, et descend le Mississippi jusqu'à la mer. Il prend possession de toutes les régions qu'il a parcourues au nom de la France.

1689-1697 L'extension en Amérique de la guerre de la ligue d'Augsbourg entre la France et notamment l'Angleterre est à l'origine des attaques menées par les Français et leurs alliés hurons contre la Nouvelle-Angleterre. Un autre conflit entre ces deux puissances coloniales éclate à l'occasion de la guerre de la Succession d'Espagne (1702-1713), pendant laquelle les Français font des incursions dans le Connecticut.

1708 Pour la première fois, le nombre des esclaves noirs l'emporte sur celui des habitants blancs dans les colonies de Caroline du Nord et du Sud. Pendant les cinquante années qui suivent, des milliers d'esclaves sont acheminés vers les colonies d'Amérique du Nord.

1744-1748 Après une longue période de paix fragile, la France et l'Angleterre s'affrontent à nouveau en Amérique du Nord à l'occasion de la guerre de la Succession d'Autriche. Après l'échec des attaques menées par les Britanniques et les Iroquois contre la Nouvelle-France (les régions bordant le Saint-Laurent, au Canada), les Français et leurs alliés hurons lancent des attaques dans le Maine et la région de New York. Les hostilités perdurent après le conflit portant sur le contrôle de la vallée de l'Ohio, durant lequel les Français tentent de mettre fin à l'expansion britannique vers l'ouest, en détruisant Fort Pickawillany (1752).

1755-1763 La guerre de Sept Ans marque la phase décisive du long conflit opposant la France et l'Angleterre en Amérique du Nord. Les Français sont désavantagés par le faible nombre de leurs colons, de dix fois inférieur à celui des colons britanniques, et par l'action de la Royal Navy qui parvient à bloquer l'acheminement des renforts et des marchandises envoyés de France. Dans un premier temps, les Français

La Maison-Blanche
La construction de la résidence officielle du président des É-U débuta en 1792 ; elle fut achevée et habitée pour la première fois en 1800. En 1814, le bâtiment fut incendié par les Britanniques, puis peint en blanc à l'occasion de sa remise en état. Son nom, cependant, est antérieur à l'événement.

connaissent quelques succès, mais après leur défaite, en 1759, au Canada, les Britanniques prennent le dessus. Selon les termes du traité de Paris, qui met fin à la guerre, la Grande-Bretagne prend le contrôle du Canada français et de la partie de la Louisiane située à l'est du Mississippi ; l'Espagne lui cède la Floride.

1763 Par proclamation royale, George III fixe une limite à l'expansion vers l'ouest des 13 colonies britanniques d'Amérique. L'Acte de Québec (1774) étend les frontières méridionales du Canada anglais aux vallées de l'Ohio et du Mississippi. Ces deux dispositions sont ressenties localement comme des entraves à la liberté de coloniser.

1765 Le gouvernement britannique décide pour la première fois d'imposer directement ses colonies américaines, de manière à financer la guerre qui vient de s'achever et le maintien sur place d'une importante armée. La loi sur le droit de timbre, qui fixe une taxe notamment sur les journaux, rencontre une vive opposition, avant d'être finalement annulée en 1766.

1773 « Tea Party » de Boston : des habitants du Massachusetts prennent d'assaut trois bateaux mouillés dans le port de Boston et en jettent la cargaison par-dessus bord, pour protester contre l'instauration d'une taxe sur le thé.

1775-1781 La guerre d'Indépendance éclate quand des colons affrontent, le 19 avril 1775, des forces britanniques à Lexington et à Concorde, près de Boston. Les troupes des 13 colonies insurgées, commandées à partir de juin par George Washington, sont tout d'abord mises en difficulté puis finissent, avec l'aide des Français et des Espagnols, par écraser les armées britanniques. La victoire de la flotte française dans la baie de Chesapeake oblige les Anglais à capituler à Yorktown en 1781.

1776 La Déclaration d'indépendance est rédigée par Thomas Jefferson. Elle stipule notamment que les hommes possèdent « certains droits inaliénables, parmi lesquels la vie, la liberté et la recherche du bonheur ».

1783 Par le traité de Paris, la Grande-Bretagne reconnaît l'indépendance des États-Unis. La Floride est restituée à l'Espagne. La frontière occidentale du nouvel État atteint le Mississippi.

1787 Une convention constitutionnelle, qui se tient à Philadelphie, révise les articles de la Confédération approuvés en 1777, en rédigeant une nouvelle Constitution applicable aux 13 États fédérés, issus des anciennes colonies.

1787-1790 La nouvelle Constitution est ratifiée par les 13 États ; elle est officiellement agréée le 21 juin 1788, après avoir été acceptée par 9 États, nombre requis pour arriver à une ratification aux deux tiers.

1789 George Washington est élu premier président des É-U en février ; le premier Congrès se réunit à New York, ville désignée pour être le siège du gouvernement fédéral. La Cour suprême est créée en septembre.

« Nous tenons pour évidentes pour elles-mêmes les **vérités** suivantes, que tous les hommes sont créés **égaux.** »

DÉCLARATION D'INDÉPENDANCE DES É-U, 4 JUILLET 1776

1790-1791 Le district de Columbia est créé par des lois du Congrès sur les terres cédées par les États du Maryland et de la Virginie, pour qu'y soit fondée une nouvelle capitale fédérale. Situé sur le fleuve Potomac, son site est choisi par George Washington. En 1800, le gouvernement fédéral déménage à Philadelphie, de façon à pouvoir travailler à Washington ; la même année, John Adams devient le premier président à habiter la Maison-Blanche.

1791 Dix amendements constitutionnels, garantissant la liberté de parole, de réunion, ainsi que d'autres droits, sont ratifiés, sous le nom de Déclaration des droits.

1797 George Washington renonce à la présidence après son deuxième mandat ; son vice-président, John Adams, lui succède. Washington meurt en 1799, dans sa résidence de Mount Vernon, en Virginie.

1801 Thomas Jefferson est élu 3e président des É-U, après avoir obtenu le même nombre de voix du collège électoral que son adversaire, Aaron Burr. L'affaire est réglée par la Chambre des Représentants, qui tranche en sa faveur après 36 tours de scrutin.

1803 Acquisition de la Louisiane : l'Espagne ayant rétrocédé la Louisiane à la France en 1800, Bonaparte décide de la vendre aux É-U pour environ 15 millions de dollars.

1809 James Madison succède à Jefferson à la présidence puis, en 1817, c'est James Monroe qui devient le 5e président des É-U. Tous deux appartiennent au Parti démocrate-républicain, qui met en avant les droits des États, contrairement au Parti fédéraliste auquel appartenait le 2e président du pays, John Adams.

1810 Les É-U annexent la Floride occidentale.

1812-1814 Les É-U déclarent la guerre à l'Angleterre, cette dernière refusant de reconnaître leur neutralité commerciale pendant la longue guerre qui l'oppose à la France napoléonienne. Les Américains échouent à déloger les Anglais du Canada ; en riposte à leurs attaques, les Britanniques envahissent leur territoire et incendient Washington (1814). Un traité de paix est signé à Gand, dans l'actuelle Belgique, mais cette nouvelle parvient au général Andrew Jackson après qu'il eut infligé une lourde défaite aux Britanniques à La Nouvelle-Orléans (janv. 1815).

MOMENT CLÉ

LA CONSTITUTION AMÉRICAINE DE 1787

La Constitution des É-U fut élaborée en 1787 par la convention constitutionnelle réunie à Philadelphie et approuvée le 17 septembre. Elle entra en vigueur après avoir été ratifiée par 9 États, le 21 juin 1788.

Le texte de la Constitution débute par ce préambule devenu célèbre : « Nous, le peuple des États-Unis, afin de former une union plus parfaite, d'établir la justice, de faire régner la paix intérieure, de pourvoir à la défense commune, de favoriser le bien-être général et d'assurer les bienfaits de la liberté à nous-mêmes et à notre postérité, nous décrétons et établissons cette Constitution pour les États-Unis d'Amérique. »

Le document détaille ensuite en sept articles comment le nouveau pays doit être gouverné. Il institue trois branches de gouvernement : les pouvoirs législatif (le Congrès), exécutif (la présidence) et judiciaire (les tribunaux), et des instruments de contrôle et d'équilibre, permettant à chacune d'entre elles de modérer l'action des deux autres. Le Congrès doit comporter deux chambres : la Chambre basse, celle des Représentants, dont les membres élus représentent chaque État proportionnellement à sa population, et la Chambre haute, le Sénat, composé de deux membres élus par État. Outre cette structure fédérale de gouvernement créée par la Constitution, des gouvernements locaux complètent ce système de gouvernement démocratique.

L'ébauche du document de 1787

L'article V de la Constitution autorise l'adoption d'amendements, procédure qui a eu lieu à 27 reprises. Les dix premiers amendements, collectivement connus sous le nom de Déclaration des droits, furent ainsi ajoutés à la Constitution en 1791.

Parmi les amendements ultérieurs importants figurent le 13e qui interdit l'esclavage (1865) ; le 15e instituant les mêmes droits de vote pour les Blancs et pour les Noirs (1870) ; le 18e, interdisant la vente d'alcool (1919) ; et le 19e accordant le droit de vote aux femmes (1920). Le 21e amendement abrogea le 18e, en redonnant aux Américains le droit de boire de l'alcool en toute légalité (1933).

1817 Le Mississippi devient le 20e État de l'Union. L'Illinois est intégré en 1818 et l'Alabama en 1819.

1817-1818 Première guerre contre les Indiens Séminoles de Floride. À l'issue d'un deuxième conflit (1835-1842), de nombreux Séminoles sont arrachés à leur terre natale et déportés en Oklahoma.

1818 La longue frontière entre le Canada et les É-U, entre les Rocheuses et l'ouest des Grands Lacs, est fixée au 49e parallèle.

1819 L'Espagne vend la Floride aux É-U.

1820 Le compromis du Missouri autorise l'esclavage dans l'État du même nom, mais l'interdit au nord et à l'ouest du fleuve Missouri. La demande d'adhésion du Missouri à l'Union (1819) avait suscité des craintes, dans la mesure où l'équilibre entre les 11 États dits libres et les États esclavagistes aurait été rompu. Les États du Nord étaient fortement hostiles à l'esclavage, mais la convention constitutionnelle de 1787, tout en interdisant l'importation d'esclaves, écartait l'esclavage de la compétence fédérale. Le compromis accepte l'entrée de l'État esclavagiste du Missouri dans l'Union, mais y admet en même temps l'État antiesclavagiste du Maine, préservant ainsi l'équilibre antérieur.

1823 La doctrine Monroe affirme la suprématie des É-U sur le continent américain et met en garde les puissances européennes contre toute tentative de colonisation en Amérique.

1825 John Quincy Adams devient le 6e président des É-U, après une élection très disputée.

1828 Le Parti démocrate-républicain devient le Parti démocrate à la suite de l'élection d'Andrew Jackson à la présidence. Il tient sa première convention nationale à l'occasion de l'élection présidentielle de 1832.

1830 L'acte de déplacement des Indiens autorise le déplacement des Amérindiens de leurs terres. Une loi de 1834 établit les « territoires indiens » dans l'actuel Arkansas. Les Cherokees, les Séminoles et les Creeks, notamment, y sont déportés.

1836 Le Texas se déclare indépendant du Mexique.

1841 Investiture du 9e président des É-U, William Henry Harrison (4 mars). Il décède 4 mois plus tard. Son vice-président, John Tyler, lui succède.

1842 Le traité Webster-Ashburton fixe la frontière entre les É-U. et le Canada britannique.

1845 Le Texas est rattaché aux É-U.

1846 Les É-U et la Grande-Bretagne s'accordent sur le partage de l'Oregon. La frontière est fixée au 49e parallèle.

1846-1848 Le Mexique perd la guerre l'opposant aux É-U. Par le traité de Guadalupe Hidalgo, il renonce à ses revendications sur le Texas et cède aux É-U la Californie et la majeure partie du Nouveau-Mexique.

1848 La découverte d'or dans la basse vallée du Sacramento en Californie provoque une gigantesque ruée vers l'or.

1850 La Californie, antiesclavagiste, devient le 31e État de l'Union.

1854 Création du Parti républicain, avec pour plate-forme l'opposition à l'extension de l'esclavage.

1854 La loi Kansas-Nebraska institue deux nouveaux territoires et accorde aux colons la liberté d'y refuser ou d'y adopter l'esclavage. Dans les faits, elle met un terme au compromis du Missouri, ces deux nouveaux territoires étant antiesclavagistes.

1857 L'arrêt Dred Scott, rendu par la Cour suprême, indique que ni le Congrès ni les citoyens d'un territoire ne peuvent abolir l'esclavage. Il rend ainsi le compromis du Missouri inconstitutionnel et met un terme à l'équilibre entre les États esclavagistes et non esclavagistes.

1860 Abraham Lincoln devient le 1er président républicain des É-U. Il remporte les voix de tous les États antiesclavagistes du Nord, à l'exception d'un seul, mais est battu dans tous les États esclavagistes. La Caroline du Sud est le premier État à faire sécession, en raison de ce désaccord autour de l'esclavage.

1861-1865 Guerre de Sécession. Cette guerre civile éclate, quand 7, puis 11 États sécessionnistes se constituent en États confédérés d'Amérique. Cette confédération finit par capituler le 9 avril 1865 à Appomatox (Virginie), après les prises de Charleston et de Richmond.

1863 La Proclamation d'émancipation qui libère les esclaves de la Confédération est édictée par Abraham Lincoln. À l'issue de la guerre de Sécession, le 13e amendement à la Constitution abolit l'esclavage ; le 14e (1868) étend la citoyenneté américaine aux anciens esclaves, tandis que le 15e (1970) leur donne le droit de vote. Les Amérindiens ne bénéficient de ce même droit qu'en 1924.

1865 Abraham Lincoln est assassiné le 15 avril ; le vice-président Andrew Johnson lui succède.

1866 Fondation du Klu Klux Klan afin de contrecarrer la libération des esclaves.

1867 La Russie vend l'Alaska aux É-U pour 7,2 millions de dollars.

1867 Pour la première fois, un président en exercice, Andrew Johnson, fait face à une procédure d'*impeachment* (mise en accusation devant le Congrès) pour tentative d'opposition à

Le Reliance Building
Œuvre de l'architecte Charles B. Atwood, ce bâtiment de Chicago, édifié de 1894 à 1895, fut le premier gratte-ciel construit au monde. Haut de 15 étages, il repose sur une structure en acier revêtue de terre cuite.

« Une maison dirigée contre elle-même **ne peut perdurer**. Je crois que cette gouvernance ne pourra pas se prolonger éternellement, **à moitié esclavagiste et à moitié pour la liberté**. »

ABRAHAM LINCOLN, DEVANT LA CONVENTION NATIONALE RÉPUBLICAINE DE L'ILLINOIS, 16 JUIN 1858

la « reconstruction » dans le Sud. Elle est votée par la Chambre des Représentants, mais est repoussée par le Sénat.

1869 Les réseaux ferroviaires de l'Union Pacific et de la Central Pacific effectuent leur jonction à Promontory Point (Utah) formant ainsi la première voie ferrée transcontinentale.

1871 La ville de Chicago, presque entièrement construite en bois, est détruite par un gigantesque incendie, qui tue plusieurs centaines de personnes, fait 90 000 sans-abri et détruit pour quelque 200 millions de dollars de biens.

1876-1877 La grande guerre des Sioux éclate dans le nord des Grandes Plaines, après le refus des Sioux de laisser des prospecteurs d'or entrer sur leur territoire. Bien qu'ils aient tué le général George Custer et 200 de ses cavaliers à Little Bighorn, ils sont finalement obligés de se rendre.

1885 Grover Cleveland est le premier démocrate à accéder à la présidence depuis James Buchanan en 1857. Il n'est pas réélu en 1889, mais il le sera quatre ans plus tard, en 1893. Il reste le seul président à avoir accompli deux mandats non consécutifs.

1889 Le Dakota du Nord et le Dakota du Sud deviennent les 39e et 40e États de l'Union, suivis un an plus tard par le Montana, Washington, l'Idaho et le Wyoming.

1892 Ouverture sur l'île d'Ellis Island, dans le port de New York, du centre de transit des immigrés.

1896 L'Utah devient le 45e État de l'Union.

1896 La Cour suprême proclame la doctrine « égaux mais séparés », autorisant la ségrégation.

1898 Fin de la guerre hispano-américaine. Les É-U obtiennent le contrôle de Guam, des Philippines, de Porto Rico et de Cuba.

1901 Le président William McKinley est assassiné. Theodore Roosevelt devient président.

1905 Plus d'1 million d'immigrants entrent aux É-U chaque année. En 1910, la population américaine atteint les 92 millions d'habitants.

1908 Début de la production de la Ford T.

1909 Création à New York de la NAACP, l'Association nationale pour l'avancement des personnes de couleur, dont le but est de faire progresser les droits civiques.

1912 Le Nouveau-Mexique et l'Arizona deviennent les 47e et 48e États de l'Union.

1912 Woodrow Wilson est élu à la présidence. Theodore Roosevelt, qui s'était effacé au profit de William Taft en 1908, se présente contre lui dans une élection triangulaire, fragmentant ainsi le vote républicain et favorisant la victoire des démocrates.

1914 Des troupes américaines interviennent dans la guerre civile au Mexique.

1917 Les É-U entrent en guerre contre l'Allemagne, se rangeant ainsi aux côtés des Alliés dans le 1er conflit mondial. Quand la guerre avait éclaté en 1914, Wilson avait proclamé la neutralité de son pays et son slogan, lors de la campagne présidentielle de 1916, était : « Je vous ai épargné la guerre ». L'état d'esprit de ses concitoyens était toutefois devenu graduellement antiallemand, en particulier après le torpillage du paquebot, le *Lusitania*, au large de l'Irlande. En février, l'Allemagne annonce son intention d'attaquer tous les bateaux étrangers, afin de priver la Grande-Bretagne et la France des approvisionnements dont elles ont besoin. L'Allemagne tente, en outre, d'écarter l'attention des É-U de l'Europe en poussant le Mexique à les envahir. Quand cette manœuvre est divulguée par la publication d'un télégramme secret, envoyé par le ministre des Affaires étrangères allemand, Arthur Zimmerman, à son représentant au Mexique, les É-U déclarent la guerre (6 avril).

Une production en série
Les premières Ford T furent fabriquées une par une dans l'usine de Detroit, mais, en 1913, elles devinrent les premières voitures à être produites en série sur une chaîne de montage. Ce procédé réduisit considérablement leur coût de fabrication.

LES PRÉSIDENTS DES ÉTATS-UNIS

	PRÉSIDENT	PARTI	DATES	VICE-PRÉSIDENT
1	George Washington	sans	1789-1797	John Adams
2	John Adams	F	1797-1801	Thomas Jefferson
3	Thomas Jefferson	DR	1801-1809	Aaron Burr 1801-1805 George Clinton 1805-1809
4	James Madison	DR	1809-1817	George Clinton 1809-1812 Pas de vice-président 1812-1813 Elbridge Gerry 1813-1814 Pas de vice-président 1814-1817
5	James Monroe	DR	1817-1825	Daniel D. Tomkins
6	John Quincy Adams	DR	1825-1829	John C. Calhoun
7	Andrew Jackson	D	1829-1837	John C. Calhoun 1829-1832 Pas de vice-président 1832-1833 Martin Van Buren 1833-1837
8	Martin Van Buren	D	1837-1841	Richard M. Johnson
9	William Henry Harrison	W	1841	John Tyler
10	John Tyler	W	1841-1845	Pas de vice-président
11	James Knox Polk	D	1845-1849	George M. Dallas
12	Zachary Taylor	W	1849-1850	Millard Fillmore
13	Millard Fillmore	W	1850-1853	Pas de vice-président
14	Franklin Pierce	D	1853-1857	William R. King 1853 Pas de vice-président 1853-1857
15	James Buchanan	D	1857-1861	John C. Breckinridge
16	Abraham Lincoln	R	1861-1865	Hannibal Hamlin 1861-1865 Andrew Johnson 1865
17	Andrew Johnson	D/U	1865-1869	Pas de vice-président
18	Ulysses Simpson Grant	R	1869-1877	Schuyler Colfax 1869-1873 Henry Wilson 1873-1875 Pas de vice-président 1875-1877
19	Rutherford Birchard Hayes	R	1877-1881	William A. Wheeler
20	James Abram Garfield	R	1881	Chester Alan Arthur
21	Chester Alan Arthur	R	1881-1885	Pas de vice-président
22	Grover Cleveland	D	1885-1889	Thomas A. Hendricks 1885 Pas de vice-président 1885-1889
23	Benjamin Harrison	R	1889-1893	Levi P. Morton
24	Grover Cleveland	D	1893-1897	Adlai E. Stevenson
25	William McKinley	R	1897-1901	Garret A. Hobart 1897-1899 Pas de vice-président 1899-1901 Theodore Roosevelt 1901
26	Theodore Roosevelt	R	1901-1909	Pas de vice-président 1901-1905 Charles W. Fairbanks 1905-1909
27	William Howard Taft	R	1909-1913	James S. Sherman 1909-1912 Pas de vice-président 1912-1913
28	Woodrow Wilson	D	1913-1921	Thomas R. Marshall
29	Warren Gamaliel Harding	R	1921-1923	Calvin Coolidge
30	Calvin Coolidge	R	1923-1929	Pas de vice-président 1923-1925 Charles G. Dawes 1925-1929
31	Herbert Clark Hoover	R	1929-1933	Charles Curtis
32	Franklin Delano Roosevelt	D	1933-1945	John N. Garner 1933-1941 Henry A. Wallace 1941-1945 Harry S. Truman 1945
33	Harry S. Truman	D	1945-1953	Pas de vice-président 1945-1949 Alben W. Barkley 1949-1953
34	Dwight David Eisenhower	R	1953-1961	Richard Milhous Nixon
35	John Fitzgerald Kennedy	D	1961-1963	Lyndon Baines Johnson
36	Lyndon Baines Johnson	D	1963-1969	Pas de vice-président 1963-1965 Hubert H. Humphrey 1965-1969
37	Richard Milhous Nixon	R	1969-1974	Spiro T. Agnew 1969-1973 Pas de vice-président 1973 Gerald Rudolph Ford 1973-1974
38	Gerald Rudolph Ford	R	1974-1977	Pas de vice-président 1974 Nelson A. Rockefeller 1974-1977
39	Jimmy Carter	D	1977-1981	Walter F. Mondale
40	Ronald Wilson Reagan	R	1981-1989	George Herbert Walker Bush
41	George Herbert Walker Bush	R	1989-1993	J. Danforth Quayle
42	William Clinton	D	1993-2001	Albert Gore Jr.
43	George Walker Bush	R	2001-2009	Dick Cheney
44	Barack Hussein Obama	D	depuis 2009	Joseph Biden

***F** Parti fédéraliste, **DR** Démocrate-républicain, **D** Parti démocrate, **R** Parti républicain, **W** Parti Whig, **U** Unioniste*

La capitale du cinéma

L'attrait exercé par un climat ensoleillé, des décors variés et un faible niveau de rémunération fit d'Hollywood, un faubourg de Los Angeles en Californie, le centre de la production cinématographique américaine, à partir de 1910. L'acteur britannique Charlie Chaplin (ci-dessus) fut l'une de ses premières stars.

«Je vous promets **une nouvelle donne** *(New Deal)*, **pour le peuple américain.**»

FRANKLIN D. ROOSEVELT, LORS DE SON DISCOURS D'ACCEPTATION DE SA CANDIDATURE À L'ÉLECTION PRÉSIDENTIELLE, À LA CONVENTION DÉMOCRATE DE CHICAGO, LE 2 JUILLET 1932

1918 L'arrivée des troupes américaines en France fait pencher la balance en faveur des Alliés. L'armistice est signé en novembre 1918. Lors de ce conflit, 114 000 Américains furent tués et 204 000 blessés.

1918 Les «Quatorze Points» pour la paix du président Wilson, parmi lesquels l'instauration d'une société internationale des nations, chargée de prévenir de futurs conflits, sont exposés au Congrès.

1919 Après le refus du Sénat de ratifier les traités de paix signés à Versailles et d'adhérer à la Société des Nations, Wilson parcourt le pays pour recueillir des soutiens à sa politique. En septembre, il est victime d'un malaise puis d'une attaque, ce qui met fin aux espoirs d'adhésion des É-U à la SDN.

1920 Le 18e amendement à la Constitution, ratifié en 1919, entre en application : la vente d'alcool est interdite sur l'ensemble du territoire et marque le début de la prohibition.

1920 Le 19e amendement à la Constitution accorde aux Américaines le droit de vote.

1920 Warren Harding est élu à la présidence avec pour programme le «retour à la normale», qui fait écho aux tendances isolationnistes majoritaires dans le pays. Il se trouve rapidement impliqué dans une affaire de corruption, le *Teapot Dome*, qui concerne la gestion des réserves de pétrole de la marine. À son décès en 1923, il est remplacé à la tête de l'État par son vice-président, Calvin Coolidge, dont les mandats sont marqués par une période d'essor économique débridé.

1921 William Taft, qui fut président de 1909 à 1913, est nommé à la tête de la Cour suprême. Il demeure le seul individu à avoir été à la tête des pouvoirs exécutif et judiciaire.

1928 Le républicain Herbert Hoover est élu avec une avance considérable sur son adversaire, après avoir promis qu'il y aurait «un poulet dans chaque casserole et une voiture dans chaque garage».

1929 La Bourse de New York s'effondre le 29 octobre. Ce «jeudi noir» entraîne une profonde crise économique nationale, puis internationale.

1931 Inauguration à New York de l'Empire State Building. Il resta pendant plus de 40 ans l'immeuble le plus haut du monde.

1932 Le candidat démocrate Franklin D. Roosevelt bat le président sortant, le républicain Herbert Hoover.

1933 Début de la présidence de Roosevelt. Le jour de son investiture, il déclare : «La seule chose dont nous devons avoir peur, c'est de la peur elle-même.» Confronté à une économie au bord de la faillite et à l'effondrement du système bancaire, il convoque le Congrès en session extraordinaire. Durant les 100 jours de cette législature exceptionnelle, il s'emploie à venir en aide au système bancaire, à l'industrie, ainsi qu'à l'agriculture, afin de rétablir l'économie. Parmi les nouveaux organismes qu'il met en place pour réduire le chômage figurent l'Agence fédérale chargée de l'aide sociale d'urgence (FREA), l'Organisme civil pour la protection de la nature (CCC), l'Autorité pour la mise en valeur de la vallée du Tennessee (TVA) et l'Agence pour les grands travaux civils.

1933 Roosevelt inaugure en mars la première de ses «causeries au coin du feu», destinées à être radiodiffusées dans tout le pays pour expliciter sa politique et rassurer les Américains sur leur avenir.

1933 Le 21e amendement à la Constitution annule le 18e adopté en 1919, mettant ainsi un terme à la prohibition.

1935 La loi sur la sécurité sociale institue un système de retraite, des allocations chômage et le versement d'une aide pour les enfants handicapés.

1936 Roosevelt est triomphalement réélu, arrivant en tête dans tous les États, à l'exception de ceux du Maine

Les cargos Liberty

Ces navires de commerce étaient préfabriqués composante par composante avant d'être assemblés : 600 d'entre eux furent construits durant la seule année 1942. Ils acheminaient vers le Royaume-Uni des matériels d'importance vitale.

et du Vermont, et remportant la plus importante majorité électorale depuis 1820. Les démocrates sont également largement majoritaires dans les deux chambres du Congrès. Il prend ses fonctions en 1937 et déclare : « Je vois qu'un tiers de la nation est mal logé, mal habillé et mal nourri. »

1939 Les É-U demeurent neutres quand la Seconde Guerre mondiale éclate en Europe.

1940 Les É-U obtiennent des concessions sur des bases britanniques d'Amérique, telles celles de Terre-Neuve, des Bermudes et des îles des Antilles, de manière à pouvoir se défendre contre d'éventuelles attaques. Pour la première fois en temps de paix, le principe du service militaire obligatoire est voté, entraînant l'incorporation de tous les hommes âgés de 21 à 35 ans. D'autres mesures sont prises pour préparer le pays à un éventuel conflit avec l'Allemagne et le Japon.

1940 Roosevelt devient le premier président américain réélu pour un troisième mandat.

1941 Le mémorial du mont Rushmore, présentant les effigies géantes des présidents Washington, Jefferson, Theodore Roosevelt et Lincoln, est achevé.

1941 La loi du prêt-bail autorise la vente, le transfert, l'échange ou la location d'armements et de matériels militaires aux Alliés. Parmi les items devant être rapidement livrés figurent les cargos Liberty, produits en chaîne et dont la construction prend au maximum 42 jours.

1941 Des troupes américaines débarquent en Islande pour empêcher l'occupation de l'île par les Allemands et son utilisation comme base aérienne ou navale contre les É-U.

1941 Pearl Harbor : le matin du 7 décembre, l'aviation japonaise lance une attaque surprise contre la base navale américaine de Pearl Harbor, à Hawaii. Elle attaque ensuite les possessions américaines de Guam, de Midway et des Philippines. Le président Roosevelt annonce qu'il s'agit « d'une date qui restera dans l'Histoire comme une journée d'infamie ». Les É-U déclarent la guerre au Japon ; l'Allemagne et l'Italie, ses alliées, déclarent la guerre aux É-U.

1942 Dans le Pacifique, les forces américaines sont acculées à la défensive jusqu'au mois de mai. Elles stoppent l'avancée japonaise à partir de la bataille de la mer de Corail, puis renversent la situation, en juin, à la bataille de Midway. Ces deux batailles sont menées en mer et utilisent des porte-avions à large rayon d'action. En novembre, les troupes américaines et alliées débarquent en Afrique du Nord afin de combattre les Allemands et les Italiens.

La parade de la victoire
Après une victoire triomphale en 1952, Dwight D. Eisenhower adopta une doctrine de conservatisme dynamique.

1943 Alors que les forces américaines poursuivent leur progression dans le Pacifique, les troupes américaines et alliées envahissent l'Italie en juillet. Les conférences réunissant les dirigeants alliés, qui se tiennent à Québec, à Téhéran et au Caire, définissent la conduite de la guerre.

1944 Le Jour J : sur les plages de Normandie, les troupes américaines et alliées participent au plus important débarquement amphibie jamais entrepris, pour libérer l'Europe du joug nazi.

1944 Roosevelt est réélu pour un quatrième mandat, événement sans précédent dans l'Histoire américaine ; Harry S. Truman devient vice-président.

1945 À Yalta en Crimée, Roosevelt, Staline et Churchill se réunissent pour la dernière fois, afin d'organiser le monde de l'après-guerre.

1945 À la suite du décès de Roosevelt en avril, Harry Truman accède à la présidence. En l'espace d'un mois, la défaite de l'Allemagne nazie met un terme à la guerre en Europe. À la fin du mois de juillet, à la conférence de Potsdam, en Allemagne, les dirigeants alliés exigent la reddition inconditionnelle du Japon.

1945 Le président Truman prend la décision de faire larguer deux bombes atomiques sur les villes japonaises d'Hiroshima et de Nagasaki, ce qui met un terme, en septembre, à la guerre en Asie. Les troupes américaines, commandées par le général Douglas MacArthur, occupent le Japon et commencent à démobiliser les forces japonaises et à reconstruire le pays selon des critères démocratiques.

1945 La charte des Nations unies est signée à San Francisco par 51 pays. Les É-U font partie des premiers signataires et apportent leur soutien à l'organisation internationale, contrairement à ce qu'ils avaient fait pour la SDN après la Première Guerre mondiale. La première réunion de l'ONU se tient à Londres, mais fixe le siège permanent de l'organisation à New York. Sa première réunion s'y tient le 23 octobre 1946.

1947 Le plan Marshall fournit une aide matérielle aux pays d'Europe occidentale, dévastés par la guerre.

1948 Harry Truman remporte une victoire inattendue sur son rival, le républicain Thomas Dewey.

1949 Les É-U adhèrent à l'Organisation du traité de l'Atlantique Nord (OTAN), une alliance militaire réunissant les nations démocratiques occidentales. C'est la première fois que les É-U intègrent une telle alliance en temps de paix.

1950 Le sénateur Joseph McCarthy prend la tête d'une chasse aux sorcières anticommuniste. En 1954, il est désavoué pour mensonges et manœuvres par le Sénat, après s'en être pris à l'armée et au président.

1950-1953 Guerre de Corée : les É-U et leurs alliés combattent en Corée, sous mandat de l'ONU, afin d'empêcher une mainmise communiste sur l'ensemble du pays.

1952 Le républicain Dwight D. Eisenhower, ancien commandant en chef des forces alliées occidentales en Europe pendant la Seconde Guerre mondiale, est élu à la présidence. Richard Nixon devient vice-président.

1954 La Cour suprême déclare inconstitutionnelle la ségrégation raciale dans les écoles. Les Afro-Américains, luttant pour les droits civiques, entament une campagne de désobéissance civile.

1955-1956 Les actions de boycott des autobus où était pratiquée la ségrégation raciale, menées par Martin Luther King, se terminent par un succès.

1959 L'Alaska et Hawaii deviennent respectivement les 49e et 50e États de l'Union.

1960 John F. Kennedy bat de justesse Richard Nixon, son adversaire républicain à l'élection présidentielle. En 1961, une invasion de Cuba, soutenue par les É-U, se solde par un échec.

Nixon en Chine
En 1972, le président Nixon voulut normaliser les relations avec la République populaire de Chine en y effectuant une visite historique. Il ne sut qu'à son arrivée à Pékin qu'il allait rencontrer le président Mao. Ce voyage aboutit au rétablissement des relations diplomatiques entre les deux pays, en 1979.

LES 50 ÉTATS DE L'UNION

NOM	DATE D'ADMISSION	ORDRE D'ADMISSION	CAPITALE	SUPERFICIE (km²)	POPULATION (EST. 2005)
Alabama	1819	22	Montgomery	133 915	4 557 808
Alaska	1959	49	Juneau	1 530 694	663 661
Arizona	1912	48	Phoenix	295 259	5 932 292
Arkansas	1836	25	Little Rock	137 754	2 779 154
Californie	1850	31	Sacramento	411 047	36 132 147
Caroline du Nord	1789	12	Raleigh	136 412	8 683 242
Caroline du Sud	1788	8	Columbia	80 582	4 255 083
Colorado	1876	38	Denver	269 595	4 665 177
Connecticut	1788	5	Hartford	12 997	3 510 297
Dakota du Nord	1889	39	Bismarck	183 177	636 677
Dakota du Sud	1889	40	Pierre	199 730	775 933
Delaware	1787	1	Dover	5 297	843 524
District de Columbia	–	–	Washington	179	550 521
Floride	1845	27	Tallahassee	151 938	17 789 864
Géorgie	1788	4	Atlanta	152 576	9 072 576
Hawaii	1959	50	Honolulu	16 670	1 275 194
Idaho	1890	43	Boise	216 430	1 429 096
Illinois	1818	21	Springfield	145 933	12 763 371
Indiana	1816	19	Indianapolis	93 719	6 271 973
Iowa	1846	29	Des Moines	145 752	2 966 334
Kansas	1861	34	Topeka	213 097	2 744 687
Kentucky	1792	15	Frankfort	104 661	4 173 405
Louisiane	1812	18	Baton Rouge	123 577	4 523 628
Maine	1820	23	Augusta	86 156	1 321 505
Maryland	1788	7	Annapolis	27 091	5 600 388
Massachusetts	1788	6	Boston	21 455	6 398 743
Michigan	1837	26	Lansing	151 584	10 210 860
Minnesota	1858	32	St Paul	218 600	5 132 799
Mississippi	1817	20	Jackson	123 514	2 921 088
Missouri	1821	24	Jefferson City	180 514	5 800 310
Montana	1889	41	Helena	380 848	935 670
Nebraska	1867	37	Lincoln	200 349	1 758 787
Nevada	1864	36	Carson City	286 352	2 414 807
New Hampshire	1788	9	Concord	24 033	1 309 940
New Jersey	1787	3	Trenton	20 169	8 717 925
New York	1788	11	Albany	127 189	19 253 630
Nouveau-Mexique	1912	47	Santa Fe	314 925	1 928 384
Ohio	1803	17	Columbus	107 044	11 464 042
Oklahoma	1907	46	Oklahoma City	181 185	3 547 884
Oregon	1859	33	Salem	251 418	3 641 056
Pennsylvanie	1787	2	Harrisburg	117 347	12 429 616
Rhode Island	1790	13	Providence	3 139	1 076 189
Tennessee	1796	16	Nashville	109 153	5 962 959
Texas	1845	28	Austin	691 027	22 859 968
Utah	1896	45	Salt Lake City	219 888	2 469 585
Vermont	1791	14	Montpellier	24 900	623 050
Virginie	1788	10	Richmond	105 586	7 567 465
Virginie-Occidentale	1863	35	Charleston	176 479	6 287 759
Washington	1889	42	Olympia	62 761	1 816 856
Wisconsin	1848	30	Madison	145 436	5 536 210
Wyoming	–	44	Cheyenne	253 324	509 294

1962 Des bases de missiles soviétiques sont installées à Cuba ; la menace d'une guerre nucléaire est écartée quand l'URSS décide de les démanteler.

1963 À Washington, Martin Luther King mène une gigantesque manifestation pour l'intégration des Noirs. À cette occasion, il prononce le discours qui l'a rendu célèbre : « Je fais un rêve… »

1963 Le président Kennedy est assassiné à Dallas. Lyndon Johnson, son vice-président, lui succède.

1964 La loi sur les Droits civiques interdit toute discrimination, notamment dans le domaine de l'emploi et dans les forces armées.

1964 L'engagement américain au Viêt Nam s'intensifie après un incident dans le golfe du Tonkin, les Nord-Vietnamiens ayant été accusés d'avoir attaqué deux destroyers américains.

1964 Lyndon Johnson bat largement son adversaire à la présidence, le républicain Barry Goldwater.

1966 Alors que les É-U engagent de plus en plus d'hommes au Viêt Nam, le nombre de manifestations contre la guerre augmente et des émeutes raciales éclatent dans plusieurs villes américaines.

1968 Martin Luther King est assassiné en avril à Memphis, Tennessee. Robert Kennedy, candidat démocrate à la présidence, est assassiné en juin à Los Angeles.

1968 Alors que la guerre au Viêt Nam redouble de violence pendant l'offensive du Têt, l'opposition au conflit augmente.

1969 Un homme sur la Lune : Neil Amstrong devient le premier homme à marcher sur la Lune. Quand il descend de la navette spatiale Apollo 11, le 20 juillet 1969, il déclare : « C'est un petit pas pour l'homme, un grand pas pour l'humanité. »

1972 Nixon effectue une visite historique en Chine et s'entretient avec les dirigeants chinois, première rencontre entre les leaders des deux pays depuis l'arrivée au pouvoir des communistes en 1949.

1973 Les troupes américaines se retirent du Viêt Nam ; 58 000 Américains ont péri durant le conflit. Deux ans plus tard, le Nord-Viêt Nam l'emporte sur le Sud ; le pays est réunifié.

1974 Richard Nixon démissionne en raison du scandale du Watergate. Ce dernier éclate pendant la campagne électorale de 1972, à la suite d'une effraction commise au siège du Parti démocrate, à l'hôtel Watergate à Washington. Nixon autorisa l'opération puis tenta d'en détruire les preuves. La Chambre des Représentants entama la procédure de mise en accusation devant le Congrès *(impeachment)*, mais Nixon décida de démissionner. Gerald Ford lui succéda, devenant ainsi le premier président à n'avoir brigué ni le poste de président ni celui de vice-président.

1976 Le démocrate James Carter est élu président. Ancien gouverneur de Géorgie, Carter est le premier candidat du Sud profond à accéder à la présidence depuis la guerre de Sécession.

1977 Les É-U acceptent de restituer la zone du canal de Panamá à la République du même nom.

1978 Les accords de Camp David, orchestrés par les États-Unis, établissent la paix entre l'Égypte et Israël.

1979 Des Iraniens occupent l'ambassade des É-U à Téhéran et prennent 52 personnes en otage. Elles sont libérées après 444 jours de détention.

1980 Les républicains reviennent au pouvoir avec l'élection de Ronald Reagan. Ce dernier va mener une politique étrangère résolument anticommuniste.

1981 Columbia, la première navette spatiale réutilisable, effectue son vol inaugural.

1983 Invasion militaire de l'île de la Grenade par des troupes américaines et renversement du gouvernement.

1984 Reagan bat largement son adversaire démocrate à la présidentielle, Walter Mondale, avec pour slogan de campagne : « Le nouveau matin de l'Amérique. »

1985 Réchauffement des relations avec l'URSS, après le premier des trois sommets réunissant le président Reagan et le dirigeant soviétique Mikhaïl Gorbatchev.

1987 Le traité sur les missiles nucléaires de moyenne portée est signé par l'URSS et les É-U. Il prévoit la destruction de l'ensemble de ces missiles.

1988 Le vice-président George Bush remporte l'élection présidentielle.

1989 Au Panamá, une opération militaire américaine provoque le départ du pouvoir du général Noriega et son arrestation pour trafic de drogue.

L'escalade en Iraq
Malgré l'opposition politique que suscite la présence américaine prolongée en Iraq, le président Bush décide en janvier 2007 d'y envoyer 22 000 hommes supplémentaires. La photo ci-dessus montre des troupes nouvellement arrivées, attendant leur déploiement.

HOMME D'ÉTAT AMÉRICAIN (1911-2004)

RONALD REAGAN

Il fut le 40e président des États-Unis. Né dans une modeste famille de l'Illinois, il fut acteur de cinéma, avant de s'engager en politique. En 1962, il quitte le Parti démocrate pour entrer au Parti républicain. Il est élu gouverneur de Californie en 1966, puis président en 1980. Alors âgé de 69 ans, il fut le plus âgé des candidats à ce poste. Alors que le pays connaissait une période de récession, sa politique économique, surnommée « Reaganomics », s'appuya sur une baisse des impôts, des déréglementations, la création d'emplois, mais provoqua une importante augmentation des déficits. Reagan fut largement réélu en 1984, après que le pays eut connu une période de croissance économique exceptionnelle.
Malgré son anticommunisme virulent, ses bonnes relations avec le dirigeant soviétique Mikhaïl Gorbatchev l'aidèrent à mettre fin de manière pacifique à la guerre froide.
Son administration fut touchée par quelques scandales, en particulier celui de l'Irangate, né du financement secret de la guérilla anticommuniste au Nicaragua, par des fonds provenant de la vente illégale d'armes à l'Iran. Décédé en 1984, il eut droit à des obsèques nationales.

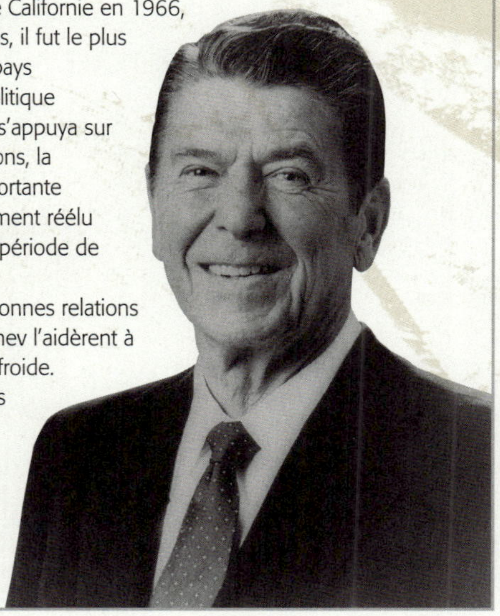

ÉTATS-UNIS

ÉTATS ASSOCIÉS

PORTO RICO
Cet « État libre associé aux États-Unis » est la plus orientale des îles des Grandes Antilles.
XVe siècle Porto Rico est découvert par Colomb et colonisée par l'Espagne.
1868 Révolte contre la domination espagnole.
1898 Durant la guerre hispano-américaine, les forces américaines occupent l'île ; l'Espagne la cède ensuite aux États-Unis.
1917 Les Portoricains reçoivent la nationalité américaine.
1947 L'île jouit d'une autonomie limitée. Ses habitants élisent leur gouverneur.
1952 Porto Rico reçoit le statut d'« État libre associé aux É-U ».
1967 Consultés par référendum sur les liens qu'ils souhaitent avoir avec les É-U, les Portoricains se prononcent à 60 % pour le statu quo.

LES ÎLES MARIANNES DU NORD
L'« État libre associé aux États-Unis » des Mariannes du Nord est situé dans l'océan Pacifique. Ses 16 îles s'étendent sur quelque 700 km.
1899 L'Espagne vend ces îles à l'Allemagne.
1914 L'archipel, occupé par le Japon au début de la Première Guerre mondiale, est à l'issue de celle-ci administré par la SDN.
1944 Les Mariannes sont occupées par les forces américaines.
1947 Les Mariannes sont intégrées au Territoire sous tutelle des îles du Pacifique, administré par les É-U, selon une décision de l'ONU.
1978 L'archipel reçoit le statut d'« État libre associé aux É-U ».

GUAM
Une île volcanique, la plus méridionale de l'archipel des Mariannes.
1521 Magellan découvre l'île de Guam et en prend possession au nom de l'Espagne.
1899 L'Espagne vend Guam aux É-U.
1950 Le département américain de l'Intérieur (DOI) administre l'île ; ses habitants obtiennent la nationalité américaine.

LES ÎLES VIERGES AMÉRICAINES
Ce groupe de 3 îles est situé à l'est de Porto Rico.
1493 Les îles Vierges sont découvertes par C. Colomb, qui en prend possession au nom de l'Espagne.
1672 Des Danois s'y établissent.
1754 Les îles prennent le nom d'Antilles danoises.
1917 En raison de leur situation stratégique sur les routes maritimes menant au canal de Panamá, elles sont achetées pour 25 millions de dollars par les É-U.
1932 La citoyenneté américaine est accordée aux insulaires.
1954 Le DOI est chargé de l'administration des îles.

AUTRES ÎLES
Les îles Howland, Baker et Jarvis, des îles situées en Océanie.
L'atoll Palmyra : 4 petites îles du Pacifique, situées au sud-ouest d'Hawaii et administrées par le DOI.
L'atoll Johnson : 2 petites îles du Pacifique situées à 1 100 km au sud-ouest d'Hawaii, administrées par le DOI.
Le récif Kingman : un petit récif, situé à 1 500 km au sud-ouest d'Hawaii, administré par la Marine américaine.
Les îles Midway : 2 petites îles situées à l'extrémité occidentale de la chaîne volcanique hawaiienne, administrées par le DOI.
L'île de la Navasse : une petite île des Antilles, située à 48 km à l'ouest d'Haïti, administrée par le DOI.
L'île Wake : 3 îlots du Pacifique, situés à 3 700 km à l'ouest d'Hawaii, administrés par le DO.

ÉTATS NON ASSOCIÉS

LES SAMOA AMÉRICAINES
Ce petit archipel de 7 îles, situé dans le Pacifique Sud, est une dépendance des États-Unis.
1899 Les États-Unis et l'Allemagne se partagent les îles Samoa.
1960 Les Samoans bénéficient d'une autonomie législative limitée.

1991 La guerre du Golfe, menée par les É-U, libère le Koweït de l'occupation iraquienne.

1992 Le démocrate William J. Clinton bat George Bush à l'élection présidentielle. Al Gore devient vice-président.

1994 L'accord de libre-échange nord-américain avec le Mexique et le Canada entre en vigueur.

1995 À Oklahoma City, un attentat à la bombe perpétré par un militant d'extrême droite, Timothy McVeigh, fait 168 victimes.

1996 Clinton et Gore sont réélus.

1998 Le scandale qui éclate à propos de la liaison de Bill Clinton avec une stagiaire de la Maison-Blanche déclenche la procédure de mise en accusation *(impeachment)* du président devant le Congrès pour parjure et abus de pouvoir.

1998 Les ambassades américaines au Kenya et en Tanzanie sont bombardées par des islamistes ; en représailles, les É-U effectuent des frappes aériennes au Soudan et en Afghanistan.

1999 Lors de son procès, Bill Clinton est acquitté, le Sénat l'ayant déclaré par 55 voix contre 45 innocent des charges de parjure pesant contre lui.

2000 Élection présidentielle : le candidat démocrate Al Gore est finalement déclaré perdant face à son adversaire, George W. Bush, fils de l'ancien président du même nom. Gore remporte le vote populaire, mais le résultat du scrutin repose sur quelques milliers de suffrages très controversés enregistrés en Floride, État dont le gouverneur n'est autre que Jeb Bush, le frère du candidat républicain. En remportant le vote de la Floride, Bush gagne au bout du compte suffisamment de voix des grands électeurs pour gagner l'élection.

11 septembre 2001

Lors de l'attaque terroriste la plus meurtrière jamais commise sur le sol américain, le groupe al-Qaida provoque la mort de milliers de personnes en lançant deux avions détournés contre les tours jumelles du World Trade Center, à New York. Un 3e avion touche le Pentagone à Washington, un 4e s'écrase dans un champ en Pennsylvanie. Le président Bush lance une « guerre contre le terrorisme ».

2001 En octobre, les É-U et leurs alliés lancent des frappes aériennes sur l'Afghanistan, puis, un mois plus tard, une offensive terrestre qui provoque le renversement du régime des talibans, accusé de donner asile au chef d'al-Qaida, Oussama Ben Laden. Des membres présumés du réseau terroriste sont faits prisonniers et transférés sur la base américaine de Guantanamo à Cuba.

2003 Bush lance une guerre contre l'Iraq, afin de renverser le régime de Saddam Hussein, accusé de posséder des armes de destruction massive et de soutenir le terrorisme international. Les forces américaines et britanniques, aidées par des contingents alliés, occupent le pays et organisent la tenue d'élections démocratiques, mais un vaste mouvement insurrectionnel contre leur présence et des violences intercommunautaires génèrent un état de quasi-guerre civile, provoquant un nombre croissant de pertes au sein de la coalition. En 2006, le nombre d'Iraquiens tués était estimé à plus de 600000. Saddam Hussein est fait prisonnier, puis jugé coupable par un tribunal iraquien de crimes contre l'humanité. Il est exécuté en décembre 2006.

2004 Élection présidentielle : George Bush remporte une courte victoire face au candidat démocrate John Kerry.

2005 Après le passage de l'ouragan Katrina, La Nouvelle-Orléans est dévastée, les digues protégeant la ville contre les eaux ayant cédé. Les critiques se multiplient contre le gouvernement fédéral, accusé de ne pas avoir réagi assez vite à la catastrophe, qui a fait plusieurs centaines de milliers de sans-abri.

2006 Les démocrates regagnent la majorité au Congrès, George Bush étant de plus en plus contesté pour sa conduite de la guerre en Iraq.

2009 Barack Obama devient le 44e président des É-U.

« 235-237 Les Pères pèlerins
« 280-281 La traite des Noirs
« 298-299 La Déclaration d'indépendance américaine
« 314-315 La guerre de Sécession
« 418-419 Le rêve américain
« 430-431 La guerre du Viêt Nam
« 466-467 Le 11 Septembre

Canada

Deuxième plus grand pays au monde en termes de superficie, le Canada est indépendant depuis 1931, même si le dominion du Canada existe depuis 1867.

900-1000 La côte est de l'actuel Canada est explorée et brièvement peuplée par des navigateurs venus du Groenland.

1497-1498 Le navigateur génois Giovanni Caboto explore la côte s'étendant du Labrador à la baie de Chesapeake.

1534 Le Français Jacques Cartier mène une expédition et débarque à Gaspé.

1608 Fondation de la ville de Québec par Samuel de Champlain.

1610 L'explorateur anglais Henry Hudson découvre la baie qui porte aujourd'hui son nom.

1629 Les troupes britanniques s'emparent de la place forte de Québec.

1632 La France reçoit du roi Charles Ier d'Angleterre le contrôle de la Nouvelle-France (de vastes territoires entourant l'actuel Québec) et de l'Acadie (les actuels Nouvelle-Écosse et Nouveau-Brunswick).

1663 La Nouvelle-France devient une colonie royale française.

1713 En vertu du traité d'Utrecht, Terre-Neuve et l'Acadie continentale sont attribuées à l'Angleterre.

1743-1748 Au terme de la guerre de la Succession d'Autriche, l'Angleterre s'empare de la base navale française de Louisbourg, située dans l'île Royale, tandis que les Français mènent des attaques contre New York.

1755-1763 La guerre de la Conquête opposant les Anglais aux Français et à leurs alliés indiens s'achève par le traité de Paris qui accorde à la Grande-Bretagne la totalité des possessions françaises du Canada, à l'exception de Saint-Pierre-et-Miquelon, situé au large de Terre-Neuve.

1758 La première assemblée parlementaire élue de l'Amérique du Nord britannique se réunit à Halifax, en Nouvelle-Écosse.

1774 L'Acte de Québec reconnaît la religion catholique, la langue, la culture et les traditions françaises.

1775-1783 Pendant la guerre d'Indépendance américaine, le Canada devient une terre d'asile pour les loyalistes, restés fidèles à la couronne britannique.

1867 L'Acte de l'Amérique du Nord britannique crée la Fédération canadienne, qui réunit la Nouvelle-Écosse, le Nouveau-Brunswick, le Québec et l'Ontario.

1870 Le Manitoba rejoint la Fédération, suivi, en 1871, par la Colombie-Britannique et, en 1873, par l'Île-du-Prince-Édouard.

1885 Achèvement de la ligne de chemin de fer transcontinentale.

1897 Début de la ruée vers l'or du Klondike.

1914-1918, 1939-1945 Le Canada s'engage aux côtés des Alliés pendant les deux conflits mondiaux.

1931 Le pays accède à l'indépendance dans le cadre du Commonwealth.

1949 Le Canada est membre fondateur de l'OTAN. Terre-Neuve rejoint la Fédération canadienne.

1968 Le Parti libéral, mené par Pierre Trudeau, accède au pouvoir. Création du Parti québécois (PQ) qui réclame l'indépendance politique du Québec.

1970 Le Front de libération du Québec (FLQ) utilise la violence pour promouvoir l'indépendance du Québec.

1976 Le Parti québécois remporte les élections provinciales.

1977 Le français devient la seule langue officielle du Québec.

1980 Consultés par référendum, les Québécois se prononcent contre le retrait de leur province de la Fédération canadienne. Pierre Trudeau est à nouveau nommé Premier ministre.

1982 La constitution est rapatriée de Londres à Ottawa.

1984 Trudeau démissionne. Les élections sont remportées par le Parti progressiste-conservateur (PC) ; Brian Mulroney occupe le poste de Premier ministre.

1987 Accord du lac Meech redéfinissant les relations entre le pouvoir fédéral et le pouvoir provincial.

MOMENT CLÉ

LA CRISE CONSTITUTIONNELLE AUTOUR DU QUÉBEC, 1981

Les rapports souvent tendus entre le Québec francophone et le Canada anglophone connurent une crise grave le 4 novembre 1981, quand le Premier ministre Pierre Trudeau réunit tous les chefs de gouvernement provinciaux, à l'exception de celui du Québec, René Lévesque, pour qu'ils approuvent la nouvelle Constitution du pays. Celle-ci n'a, par la suite, jamais été ratifiée par le Québec. Lors du référendum de 1995, l'indépendance de la province ne fut rejetée que par 51 % des votants. En 2006, Ottawa vota une résolution faisant du Québec « une nation au sein d'un Canada uni ».

Le drapeau du Québec
Officiellement adopté en 1948, le drapeau bleu et blanc du Québec est une version moderne du *Fleurdelisé*, un ancien drapeau du Canada français. La fleur de lys était le symbole traditionnel de la France monarchique.

1989 Accord de libre-échange entre le Canada et les É-U.

1990 Rejet de l'accord du lac Meech, n'ayant pas été ratifié par les assemblées législatives des provinces de Terre-Neuve et du Manitoba.

1992 L'accord de Charlottetown modifiant les prérogatives des gouvernements fédéral et provinciaux est rejeté par référendum. Le Canada, le Mexique et les É-U finalisent l'accord de libre-échange nord-américain (ALENA).

1993 Écrasante défaite du Parti progressiste-conservateur, qui n'occupe plus que deux sièges au Parlement, et progression des partis régionalistes; le chef du Parti libéral (PL), Jean Chrétien, devient Premier ministre.

1994 Au Québec, le Parti québécois revient au pouvoir. Entrée en vigueur de l'ALENA.

1995 Le Non l'emporte de justesse au second référendum portant sur la souveraineté du Québec. Un conflit éclate entre le Canada et l'UE à propos des quotas de pêche.

1997 Les enjeux régionaux dominent à nouveau les élections fédérales; les libéraux conservent le pouvoir grâce au vote de l'Ontario.

1997 La Cour suprême, statuant sur les droits attachés à un territoire, établit le principe « d'un titre aborigène », ouvrant ainsi la voie à la restitution des terres ancestrales revendiquées par les peuples autochtones et les nations inuits.

1998 Le gouvernement fédéral présente des excuses formelles aux Amérindiens pour les mauvais traitements qu'ils ont subis dans le passé.

1998 Élections au Québec : le Parti québécois se maintient de justesse au pouvoir.

1999 Le Nunavut obtient le statut de territoire fédéral; il devient ainsi la première région gouvernée par des Inuits.

2000 Élections fédérales anticipées : les libéraux conservent le pouvoir et accroissent leur majorité.

2000 La loi sur la clarté référendaire fixe des critères stricts pour la validation d'un référendum.

2003 Au Québec, après neuf années au pouvoir, le Parti québécois est battu par le Parti libéral. Le Premier ministre fédéral, Jean Chrétien, démissionne. Paul Martin lui succède.

2004 Élections fédérales : les libéraux se maintiennent au pouvoir. Ils forment un gouvernement minoritaire.

2006 Élections fédérales : les libéraux sont battus de justesse à la suite de scandales financiers mettant en cause des membres du gouvernement; le Parti conservateur rénové, avec à sa tête Stephen Harper, revient au pouvoir après 12 années dans l'opposition.

« 232-233 Le grand échange
« 434-435 Les droits civiques

Mexique

Un vaste pays, presque entièrement hispanophone, devenu indépendant de l'Espagne en 1821.

Vers 1325 Les *Mexica* (les Aztèques) entament l'édification de la cité de Tenochtitlán (l'actuelle Mexico) sur une île du lac Texcoco. Au XVe siècle, la Triple Alliance aztèque formée par les cités-États de Tenochtitlán, Texcoco et Tlacopan domine l'actuel Mexique central; sa puissance s'étend jusqu'aux côtes de l'Atlantique et du Pacifique.

1519-1521 Hernán Cortés débarque au Mexique et se rend maître de l'Empire aztèque, dirigé par Moctezuma.

1522 Cortés est nommé capitaine général des territoires conquis par l'Espagne (la Nouvelle-Espagne).

1535 Création de la vice-royauté de Nouvelle-Espagne qui englobe notamment la capitainerie générale.

1821 Le chef de la rébellion mexicaine, Augustín de Iturbide, chasse le vice-roi espagnol et se fait proclamer empereur du Mexique.

1822 Proclamation de la République fédérale du Mexique.

1846 Guerre américano-mexicaine, déclenchée par l'annexion du Texas par les É-U.

1848 Le Mexique perd au profit des É-U les territoires des actuels Nouveau-Mexique, Arizona, Nevada, Utah et Californie.

1857-1861 Les libéraux anticléricaux sortent vainqueurs de la guerre civile, dite guerre de la Réforme.

1862 La France, la Grande-Bretagne et l'Espagne interviennent militairement au Mexique.

1863 Les Français s'emparent de la ville de Mexico. Maximilien d'Autriche est proclamé empereur.

1867 Mexico est reprise par le général Benito Juárez. L'empereur Maximilien est fusillé.

1876 Porfirio Díaz devient président du Mexique.

1911 Díaz est renversé par Francisco Madero. Une guerre insurrectionnelle éclate dans le nord du pays. Dans le Sud, Emiliano Zapata prend la tête de la révolte paysanne.

1913 Madero est assassiné. Il est remplacé par son chef d'état-major, le général Victoriano de la Huerta. Ce dernier doit faire face à l'opposition armée de Zapata au sud, de Pancho Villa au nord et à celle de l'ancien gouverneur, Venustiano Carranza.

1914 Le président américain Wilson intervient dans la guerre civile mexicaine en favorisant la destitution du général de la Huerta. Il donne également l'ordre d'envoyer des navires de guerre à Tampico et des troupes à Veracruz, pour protéger les intérêts américains au Mexique.

1917 Adoption d'une nouvelle Constitution. Carranza devient président de la République.

1919 Assassinat de Zapata, suivi d'un an plus tard par l'assassinat de Carranza, sur ordre de son ministre de la Guerre, Álvaro Obregón, qui devient président de la République en 1920. Villa est tué en 1923.

1929 Création du Parti national révolutionnaire qui devient, en 1946, le Parti révolutionnaire institutionnel (PRI).

1934 Le général Cárdenas accède à la présidence. Il fait distribuer des milliers d'ha aux paysans, favorise la création de fermes collectives, nationalise les chemins de fer et exproprie les compagnies pétrolières britanniques et américaines.

1946 Élection de Miguel Alemán Valdés. L'arrivée au pouvoir de ce civil, membre du PRI, provoque la dernière rébellion militaire de l'Histoire du Mexique. Sa gestion de l'économie suscite une période de prospérité, connue sous le nom de « miracle mexicain ».

1968 Dans la capitale, une révolte étudiante est réprimée dans le sang.

1985 Un tremblement de terre secoue Mexico, faisant 30 000 morts.

1988 Carlos Salinas de Gortari, qui était ministre du Plan à l'époque du tremblement de terre, est élu président de la République.

1994-1995 Les mouvements insurrectionnels déclenchés dans le Chiapas, par l'Armée zapatiste de libération nationale, qui lutte pour la reconnaissance des droits des Amérindiens, sont brutalement réprimés par l'armée. Le Mexique signe l'Accord de libre-échange nord-américain (ALENA). Le candidat du PRI à la présidence, Luis Colosio, est assassiné. Un membre de son parti, Ernesto Zedillo Ponce de Léon, est finalement élu. Le Mexique traverse une grave crise économique.

Le visage du porfiriat
Le général Porfirio Díaz (1830-1915) prit le pouvoir en 1876. La période où il dirigea le pays, connue sous le nom de porfiriat *(porfiriato)*, fut marquée par des succès économiques. Mais les fraudes commises à son profit, lors de l'élection présidentielle de 1910, causèrent sa chute.

1997 La vie politique du Mexique connaît un grand bouleversement : le PRI perd la majorité absolue au Congrès.

2000 Le candidat du PAN (Parti d'action nationale), Vicente Fox Quesada, est élu président de la République, mettant ainsi fin à 70 ans de règne du PRI. Il s'engage à lutter fermement contre la corruption.

2006 Felipe Calderón, candidat du PAN, est élu de justesse à la présidence de la République.

« 210-213 L'Amérique précolombienne
« 214-215 Art aztèque et inca
« 318-319 L'Amérique latine libérée

Guatemala

Un pays vaste et très peuplé, dominé par des massifs montagneux.

1524 Les Espagnols pénètrent au Guatemala et incorporent, en 1526, ce territoire à la vice-royauté de la Nouvelle-Espagne.

1821 La capitainerie générale du Guatemala proclame son indépendance.

1838 Le Guatemala (avec le Honduras, le Nicaragua et le Costa Rica) quitte la Fédération des Provinces-Unies d'Amérique centrale.

1944 Le général Jorge Ubico, qui avait pris le pouvoir en 1926, est renversé par une révolte populaire. Le réformateur libéral Juan José Arévalo lui succède, après avoir été élu à la présidence de la République.

1951 Jacobo Arbenz Guzmán accède à la présidence. En 1952, il initie une importante réforme agraire et met en œuvre des mesures à caractère social.

1991 Jorge Serrano est élu président, mais il doit quitter le pays après l'échec du coup de force constitutionnel qu'il a lui-même initié.

1996 Élection du président Àlvaro Arzú ; un accord de paix est conclu avec les mouvements de guérilla de l'Union révolutionnaire nationale guatémaltèque.

2003 Le candidat de la Grande Alliance nationale (Gana), Óscar Berger Perdomo, est élu à la présidence.

2008 Le social-démocrate Àlvaro Colom Caballeros accède à la présidence de la République.

« 74-75 Les peuples du jaguar
« 210-213 L'Amérique précolombienne
« 214-215 Art aztèque et inca

Un coup d'État fomenté par la CIA
La CIA soutint le coup d'État qui renversa le président Guzmán, après l'expropriation des plantations appartenant à la multinationale United Fruit. Cette action eut pour conséquence l'instauration d'une junte militaire, qui resta 30 ans au pouvoir.

Belize

L'ancien Honduras britannique est le dernier État de la région à accéder à l'indépendance.

1802 La souveraineté britannique sur le territoire entourant le fleuve Belize est reconnue par la Paix d'Amiens.

1862 L'actuel Belize devient une colonie de la couronne britannique sous le nom de Honduras britannique.

1981 Le Belize accède à l'indépendance.

2000 Le pays est dévasté par l'ouragan Keith.

« 230-231 La conquête des Amériques
« 232-233 Le grand échange

Honduras

Ce pays très étendu abrite une population largement rurale.

1821 Après avoir fait partie de la capitainerie générale du Guatemala, le Honduras devient indépendant de l'Espagne. Il reste intégré au Mexique jusqu'en 1823, puis fait partie des Provinces-Unies d'Amérique centrale jusqu'en 1838.

1838 Le Honduras devient pleinement indépendant.

1963 Coup d'État militaire.

1980-1983 Le Parti libéral du Honduras remporte les élections, mais c'est le général Gustavo Alvarez Martinez qui détient de fait le pouvoir. Des manœuvres militaires sont organisées avec les É-U.

1984 Le pays renoue avec la démocratie.

1998 L'ouragan Mitch ravage le pays, causant la mort de milliers de personnes et des dégâts considérables.

2006 Le candidat du Parti libéral, Manuel Zelaya Rosales, accède à la présidence après une élection très disputée.

2009 Manuel Zelaya Rosales est déposé par un coup d'État en juin. En novembre, Porfirio Lobo Sosa remporte les élections.

« 210-213 L'Amérique précolombienne
« 214-215 Art aztèque et inca
« 232-233 Le grand échange

Salvador

La plus petite et la plus densément peuplée des républiques d'Amérique centrale.

1525 La ville de San Salvador est fondée par Diego de Alvarado. Après sa destruction par les Amérindiens, elle est reconstruite, en 1528, à quelques kilomètres de son emplacement initial.

1821 Le territoire du Salvador actuel, qui fait alors partie de la capitainerie générale du Guatemala, se déclare indépendant de l'Espagne et intègre la Fédération des Provinces-Unies d'Amérique centrale. S'ensuit une longue période de conflits internes.

1841 Le Salvador quitte la Fédération des Provinces-Unies.

1849 Après la dissolution de la Fédération, le Salvador est reconnu comme une république indépendante souveraine par les É-U.

1906, 1907 Conflits avec le Guatemala et le Nicaragua.

1932 L'armée écrase le soulèvement populaire, dirigé par Augustín Farabundo Martí. La répression, la *Matanza,* fait près de 30 000 victimes.

1948 Coup d'État militaire.

1979 Des officiers réformistes renversent le gouvernement du parti de la Conciliation nationale (PCN).

1981 Le mouvement d'extrême gauche, le Front Farabundo Martí pour la libération nationale (FMLN), se lance dans la lutte armée contre la junte au pouvoir.

1992 La médiation de l'ONU met fin à la guerre civile.

1999 Le candidat du parti de droite Arena, Francisco Flores, remporte l'élection présidentielle.

2000, 2003 Le FMLN remporte les élections législatives.

2001 Un tremblement de terre fait des centaines de victimes.

2009 Le candidat du FMLN, Mauricio Funes, est élu président de la République.

« 230-231 La conquête des Amériques
« 232-233 Le grand échange
« 438-439 Dictature et démocratie

L'ouragan Mitch
Une catastrophe s'abattit sur le Nicaragua en octobre 1988, quand l'ouragan Mitch dévasta le pays, détruisant l'industrie touristique et faisant au moins 3 800 morts et encore plus de blessés.

Nicaragua

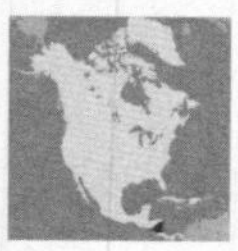

Un pays de volcans, qui s'étend sur l'un des territoires les plus vastes d'Amérique centrale et l'un des moins peuplés.

1544 Le Nicaragua est intégré à la capitainerie générale du Guatemala.

1821 Le pays devient indépendant de l'Espagne et est intégré à la Fédération des Provinces-Unies d'Amérique centrale.

1838 Le Nicaragua devient une république.

1909 Des *marines* américains débarquent à Bluefields plaçant le Nicaragua sous le contrôle effectif des É-U. Les *marines* interviennent à nouveau en 1912-26 et en 1928-33.

1936 Anastasio « Tachito » Somoza prend le pouvoir, après que la garde nationale eut obligé le président Sacasa à démissionner, inaugurant ainsi une dictature familiale qui allait durer 53 ans.

1962 Création du Front sandiniste de libération nationale (FSLN).

1974 Les offensives menées par le FSLN contre le gouvernement gagnent en puissance, jusqu'à déclencher une guerre civile en 1978.

1979 Le président Somoza est contraint à l'exil. Les sandinistes prennent le pouvoir et redistribuent la terre aux paysans qui en sont privés.

1984 Le leader sandiniste Daniel Ortega Saavedra est élu président.

1988 L'ouragan Mitch ravage le pays.

1990 Fin de la guerre civile. Les élections multipartites se soldent par la défaite surprise d'Ortega et la victoire de Violeta Chamorro.

2006 Daniel Ortega revient au pouvoir à la faveur de l'élection présidentielle.

« 230-231 La conquête des Amériques
« 232-233 Le grand échange
« 438-439 Dictatures et démocraties

Costa Rica

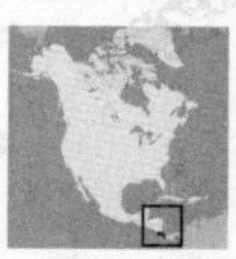

Le Costa Rica est le pays d'Amérique centrale le plus industrialisé. Son économie repose sur les secteurs de l'agroalimentaire et du tourisme.

1502 Colomb débarque au Costa Rica. Durant la seconde moitié du XVIe siècle, le territoire est annexé à la capitainerie générale du Guatemala.

1821-1838 À son indépendance, le Costa Rica devient l'une des constituantes de la Fédération des Provinces-Unies d'Amérique centrale.

1948 Des élections contestées déclenchent une guerre civile.

1987 Le président Óscar Arias Sanchez, membre du parti de Libération nationale (PLN), élabore un plan pour la paix en Amérique centrale ; ses efforts lui valent le prix Nobel de la paix.

2006 Retour au pouvoir d'Arias.

2010 Laura Chinchilla devient la première présidente du pays.

« 230-231 La conquête des Amériques
« 232-233 Le grand échange
« 438-439 Dictatures et démocraties

MOMENT CLÉ

L'OUVERTURE DU CANAL DE PANAMÁ, 1914

Le canal de Panamá fut inauguré le 14 août 1914. Utilisant un astucieux système d'écluses pour élever les bateaux et leur faire traverser l'isthme, il modifia de façon spectaculaire la navigation internationale, raccourcissant considérablement les trajets maritimes entre les côtes orientales et occidentales de l'Amérique et rendant inutile le dangereux contournement du cap Horn. L'ouverture du canal entraîna une importante augmentation du commerce international entre les pays riverains du Pacifique et ceux bordés par la mer des Antilles.

Panamá

Ce pays fut longtemps dominé par les É-U, qui lui ont transféré, en 1999, le contrôle du canal qui le traverse.

1513 Alors qu'il explore le Panamá, Vasco Núñez de Balboa est le premier Européen à apercevoir le Pacifique. En raison de sa situation exceptionnelle entre deux océans, ce territoire demeure jusqu'à la fin du XVIIIe siècle un centre de commerce d'importance géopolitique.

1821 Le Panamá devient indépendant de l'Espagne. Il est intégré jusqu'en 1903 à la Grande-Colombie.

1914 Le canal de Panamá entre en fonction le 15 août.

1968 Un coup d'État porte au pouvoir le général Omar Torrijos Herrera.

1977 Le général Torrijos et le président américain Carter signent des accords prévoyant de restituer au Panamá la zone du canal, le 31 décembre 1999.

1987 L'état d'urgence est proclamé à la suite de manifestations antigouvernementales, accusant le général Manuel Antonio Noriega, alors chef de l'armée et véritable détenteur du pouvoir, d'avoir truqué les élections de 1984.

1989 Noriega assume les fonctions de chef de l'État.

1989 Opération Juste Cause : les É-U installent au pouvoir le vainqueur présumé de l'élection, Guillermo Endara, et envoient des troupes au Panamá pour déposer Noriega, qu'ils accusent de trafic de drogue.

1990 Noriega se rend aux autorités américaines ; il est fait prisonnier et emmené aux É-U pour y être jugé.

1994 Le Parti révolutionnaire démocratique (PRD) remporte les élections législatives et présidentielles.

1999 Mireya Moscoso Rodríguez (la veuve de l'ancien président Arnulfo Arias) de l'Alliance démocratique devient la 1re présidente du Panamá. Les troupes américaines quittent le pays, après la rétrocession du canal de Panamá.

2004 Martín Torrijos du PRD remporte l'élection présidentielle, après une campagne axée sur la lutte contre la corruption et le chômage.

2009 Ricardo Martinelli est élu président de la République.

« 280-281 La traite des Noirs
« 318-319 L'Amérique latine libérée

Cuba

La plus vaste île des Antilles est également le seul État communiste d'Amérique.

1492 Première arrivée des Européens avec l'expédition de Christophe Colomb.

1511 Des Espagnols s'établissent à Cuba et colonisent l'île.

1868-1878 La guerre pour l'indépendance, menée contre l'Espagne, s'achève par une défaite.

1895 José Martí, accompagné d'un petit groupe d'exilés réfugiés aux É-U, débarque sur l'île et lance la 2e guerre d'indépendance.

1899 Les É-U occupent Cuba et y installent un gouvernement militaire.

1902 Tomás Estrada Palma devient le 1er président cubain. Les É-U quittent l'île, mais ils l'occupent à nouveau pour soutenir le pouvoir en place de 1906 à 1909 et de 1919 à 1924.

1925-1933 Dictature du général Gerardo Machado.

1933 Une révolution éclate, après des années d'agitation insurrectionnelle. Une junte militaire, présidée par Fulgencio Batista, prend le pouvoir.

1956-1958 De retour d'exil, Fidel Castro mène une lutte de guérilla dans la sierra Maestra.

1959 Vaincu, Batista s'enfuit. Castro prend le pouvoir, secondé par son frère Raúl, Che Guevara et Camilio Cienfuegos. L'économie est nationalisée ; Cuba est réorganisée sur le modèle soviétique.

1961 Les É-U rompent leurs relations avec Cuba. Échec de l'invasion de Cubains anticastristes, soutenus par la CIA, dans la baie des Cochons. Castro proclame le caractère socialiste de la révolution cubaine.

1962 Les É-U mettent en place un blocus économique et politique de l'île. Crise des missiles : le déploiement d'armements nucléaires à Cuba crée une tension extrême entre les É-U et l'URSS. L'affrontement est évité quand Khrouchtchev décide de retirer ces armements.

1972 Cuba intègre le COMECON.

1976 Une nouvelle Constitution à caractère socialiste est promulguée.

1982 Les É-U renforcent les sanctions contre Cuba et interdisent les vols à destination de l'île.

1991 Avec l'effondrement de l'URSS, Cuba perd son principal partenaire commercial ; le rationnement s'accroît à mesure que l'économie fléchit. En compensation, une politique de développement du tourisme est mise en place.

2002 La base américaine de Guantanamo est utilisée comme camp de détention par les militaires américains dans le cadre de la « guerre contre le terrorisme ».

2006 Pour des raisons de santé, Fidel Castro cède le pouvoir à son frère Raúl.

« 280-281 La traite des Noirs
« 422-423 ¡Viva la Revolución !

Jamaïque

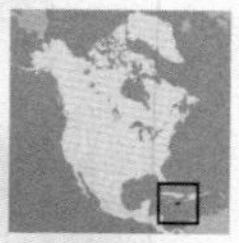

Colonisée par les Espagnols, puis par les Britanniques, la Jamaïque est indépendante depuis 1962.

1494 Christophe Colomb débarque à Dry Harbour, ville aujourd'hui appelée Discovery Bay.

1509 Le fils de C. Colomb, Diego, nomme Juan de Esquivel premier gouverneur de l'île.

1670 La Jamaïque est cédée par traité à l'Angleterre.

1866 La Jamaïque devient une colonie britannique.

1938 Norman Manley fonde le parti national du Peuple (PNP), d'inspiration socialiste.

1958-1961 La Jamaïque fait partie de la Fédération des Indes occidentales.

1959 L'île obtient son autonomie pour les affaires internes.

1962 La Jamaïque accède à l'indépendance et porte au pouvoir le Parti travailliste jamaïcain (JLP), une formation modérée, dirigée par Alexandre Bustamente.

1972 Le PNP, avec à sa tête Michael Manley, le fils de son fondateur, gagne les élections. Un climat de violence s'installe après l'échec des réformes qu'il met en place.

1992 Percival Patterson, chef du PNP, devient Premier ministre.

1999 Une hausse des taxes sur l'essence provoque de violentes manifestations.

2007 Bruce Golding est élu Premier ministre.

2009 Patrick L. Allen devient gouverneur général de l'île.

« 280-281 La traite des Noirs

Portia Simpson-Miller
Premier ministre de l'île de 2006 à 2009, Portia Simpson-Miller fut la troisième femme à accéder à la tête d'un gouvernement dans les Antilles anglophones.

Haïti

Pays d'une extrême pauvreté, Haïti occupe le tiers de la partie occidentale de l'île anciennement appelée Hispaniola.

1697 La colonie de boucaniers français établie dans l'ouest de l'île, alors appelée Saint-Domingue, est reconnue par l'Espagne, selon les termes du traité de Ryswick.

1791 Le massacre de planteurs français par des esclaves marque le début d'une guerre civile de 13 ans, commandée par Toussaint Louverture. Les Haïtiens révoltés opposent une résistance farouche aux troupes françaises, anglaises et hollandaises venues les combattre.

1804 Jean-Jacques Dessalines, un compagnon de Toussaint Louverture, proclame l'indépendance.

1806 Henri Christophe renverse Dessalines et devient président d'Haïti. En 1811, il se fait proclamer roi sous le nom d'Henri Ier.

1915-1934 Occupation américaine de l'île.

1957-1971 Gouvernement dictatorial de François Duvalier, surnommé « Papa Doc ».

1971-1986 Jean-Claude Duvalier, « Baby Doc », gouverne le pays après la mort de son père.

1986-1988 Après l'éviction de Jean-Claude Duvalier, l'armée prend le pouvoir.

1990 Le père Jean-Bertrand Aristide est élu à la présidence. En 1991, un coup d'État militaire le chasse du pouvoir.

1994-1995 Des troupes américaines débarquent à Haïti pour rétablir le père Aristide dans ses fonctions. Des élections sont organisées.

1996 René Préval, de l'Organisation politique Lavalas, est élu président.

2000-2004 Aristide est président pour la deuxième fois, mais il est évincé du pouvoir par des militaires.

2006 René Préval est une nouvelle fois élu à la tête de l'État.

2010 Un terrible séisme ravage la région de Port-au-Prince, provoquant plus de 200 000 victimes, des dizaines de milliers de blessés et des dégâts considérables.

« 228-229 Colomb aborde aux Antilles
« 280-281 La traite des Noirs

HOMME D'ÉTAT CUBAIN (NÉ EN 1926)

FIDEL CASTRO

Leader de la révolution cubaine, au pouvoir depuis 1959, Fidel Castro est né en 1926. Avocat, issu d'une famille cossue, il combattit le régime de Batista. Couramment attaquée pour son manque de démocratie et de respect des droits de l'homme, sa politique a cependant donné aux Cubains le plus haut niveau d'espérance de vie d'Amérique latine et centrale et un fort taux d'alphabétisation. En dépit de ce bilan, des milliers d'entre eux ont tenté, au risque de leur vie, de quitter l'île depuis son avènement, en quête de meilleures conditions d'existence.

Amérique du Sud

Les 12 pays qui composent l'Amérique du Sud – le quatrième plus vaste continent du monde – furent des avant-postes des puissances européennes jusqu'au début du XIXe siècle. Une série de guerres déclenchées par des mouvements nationalistes locaux aboutirent à l'indépendance de la quasi-totalité du continent dans les années 1820.

Colombie

Au contact de l'isthme centraméricain, la Colombie est baignée au nord par l'océan Atlantique et au sud, par l'océan Pacifique.

1525 L'Espagne entame la colonisation de la Colombie.

1717 Santa Fe de Bogotá devient la capitale de la vice-royauté de la Nouvelle-Grenade.

1811 L'indépendance est proclamée.

1819 Simón Bolívar, le « libérateur », défait les Espagnols à Boyacá. La république de la Grande-Colombie est créée, avec les États actuels du Venezuela, de l'Équateur, du Panamá et de la Colombie.

1830 Le Venezuela et l'Équateur se séparent de la Grande-Colombie, à l'issue de révoltes et de guerres civiles. L'ensemble Colombie et Guatemala prend le nom de Nouvelle-Grenade.

1899-1902 Échec de la guerre des Mille Jours, menée par les libéraux contre les conservateurs.

1930 Premier changement pacifique à la tête de l'État : le président libéral Olaya Herrera est élu par une coalition.

1948 L'assassinat du chef du Parti libéral déclenche les violentes émeutes du *bogotazo,* puis une guerre civile, la *Violencia,* qui dure jusqu'en 1957, faisant quelque 300 000 victimes.

1953-1957 Dictature militaire du général Rojas Pinilla.

1958 Les libéraux et les conservateurs s'unissent pour former le Front national et acceptent de pratiquer l'alternance jusqu'en 1974. Tous les autres partis sont interdits.

1965 Apparition de mouvements de guérilla marxistes.

1968 Une réforme constitutionnelle autorise la formation de nouveaux partis, mais l'alternance continue de prévaloir. Prolifération des groupes de guérilla.

1986 Le libéral Virgilio Barco Vargas remporte l'élection présidentielle et met un terme au partage du pouvoir. Des groupes paramilitaires d'extrême droite assassinent des membres d'un petit parti de gauche, l'Union patriotique (UP). La violence pratiquée par des groupes d'extrême gauche et les escadrons de la mort, dirigés par des trafiquants de drogue, continuent à ravager le pays.

1992-1993 Le chef du cartel de la drogue de Medellín, Pablo Escobar, est capturé. Il s'évade et est abattu par la police.

1995-1996 Le président Ernesto Samper est innocenté des accusations de financement de sa campagne par de l'argent fourni par le cartel de la drogue de Cali.

1998 Le conservateur Andrés Pastrana Arango succède à Samper.

2002 Les négociations de paix avec les FARC (Forces armées révolutionnaires de Colombie) et l'ELN (Armée de libération nationale) sont arrêtées et l'armée envahit le territoire vide de présence militaire accordé aux FARC. Le candidat de droite, un dissident du Parti libéral, Álvaro Uribe Vélez, remporte l'élection présidentielle.

2006 Le président Uribe est élu pour un second mandat.

« 230-231 La conquête des Amériques
« 280-281 La traite des Noirs
« 318-319 L'Amérique latine libérée

Contre l'État
L'association de groupes de guérilla d'extrême gauche, comme le M19, et les cartels de la drogue ont fait de la Colombie l'un des plus dangereux pays du monde durant les décennies 1980 et 1990.

Venezuela

Il fut la première colonie à se libérer de la tutelle espagnole. Le pays possède de vastes réserves de pétrole.

1498-1500 Lors de son 3e voyage, C. Colomb longe les côtes du Venezuela.

1777 Le Venezuela devient une capitainerie générale intégrée à la vice-royauté de la Nouvelle-Grenade.

1811 L'indépendance est proclamée et le pays se dote d'une Constitution républicaine, mais il retombe sous la dépendance de l'Espagne en 1812.

1813 Simón Bolívar forme un gouvernement à Caracas, mais il est contraint à l'exil par les Espagnols l'année suivante.

1816 Bolívar retourne au Venezuela à la tête d'un corps expéditionnaire et établit sa capitale à Angostura (aujourd'hui Ciudad Bolívar).

1819 Un congrès, réuni à Angostura, crée la Grande-Colombie comprenant le Venezuela, la Nouvelle-Grenade (la réunion du Panamá et de la Colombie) et l'Équateur.

1830 La Grande-Colombie se désintègre. José Antonio Páez devient président de la République.

1870 Accession au pouvoir d'Antonio Guzmán Blanco.

1908 Régime dictatorial de Juan Vicente Gómez.

1945 Coup d'État militaire : Rómulo Betancourt met fin à la dictature de Gómez et prend la tête d'un gouvernement composé de militaires et de civils.

1948 Le parti de l'Action démocratique (AD) remporte les élections. Le gouvernement qui en est issu est renversé quelques mois plus tard.

MOMENT CLÉ

LA BATAILLE DE CARABOBO, 1821

Le 24 juin 1821, les forces indépendantistes, commandées par Simón Bolívar, vainquirent les troupes royalistes espagnoles, dans les plaines situées à l'ouest de Caracas. Bolívar est représenté ici, recevant un étendard, après une victoire qui ne libéra cependant pas le Venezuela de la domination espagnole ; l'indépendance du pays fut au bout du compte acquise deux ans plus tard. Rompant l'armistice qu'il avait conclu avec le gouvernement espagnol en novembre 1820, Bolívar attaqua la garnison royaliste du lac Maracaibo. Les deux armées s'affrontèrent encore dans la plaine du Carabobo, où les troupes bolivariennes mirent en déroute les Espagnols, placés sous les ordres du général Miguel de la Torre ; seuls 400 d'entre eux sur 5 000 en réchappèrent.

1958 Grève générale. L'amiral Larrazabal dirige un coup d'État militaire. À l'occasion d'élections libres, Betancourt, rentré d'exil, remporte la présidentielle sous les couleurs de l'AD. Une campagne est menée contre les mouvements d'extrême gauche.

1960 Le Mouvement de la gauche révolutionnaire (MIR) se sépare de l'AD et se lance dans des actions antigouvernementales.

1960 Le Venezuela devient un membre fondateur de l'Organisation des pays exportateurs de pétrole (OPEP).

1963 Raúl Leoni (AD) est élu président, à la faveur de la première passation démocratique de pouvoir. Poursuite des campagnes antiguérilla.

1969 Rafael Caldera Rodríguez, du Comité d'organisation politique électoral indépendant (COPEI), devient président de la République. Il poursuit la politique de Leoni.

1973 Les industries du pétrole et de l'acier sont nationalisées, quand survient la crise pétrolière mondiale.

1978 L'élection présidentielle est remportée par le candidat du COPEI, Luis Herrera Campíns. La situation économique se dégrade fortement.

1983 Le candidat de l'AD, Jaime Lusinchi, remporte la présidentielle.

1988-1989 Carlos Andrés Pérez Rodríguez (AD) est élu à la présidence. Le gouvernement contracte un emprunt auprès du FMI et met en place un programme d'austérité.

1992 Échec d'une tentative de coup d'État, menée par Hugo Chávez. Ce dernier crée ensuite le Mouvement de la cinquième république (MVR) pour accéder au pouvoir.

1993-1995 Réélection de Caldera Rodríguez dans un contexte de forte agitation sociale.

1998-1999 Aux élections, la coalition emmenée par le MVR d'Hugo Chávez bat celle conduite par le COPEI. Chávez entreprend une « révolution bolivarienne », fondée sur des réformes politiques et sociales.

2006 Chávez gagne l'élection présidentielle, remportant presque deux tiers des suffrages.

« 230-231 La conquête des Amériques
« 280-281 La traite des Noirs
« 318-319 L'Amérique latine libérée

La manne pétrolière
En dehors des pays du Proche-Orient, le Venezuela est le pays qui possède les plus vastes réserves pétrolières au monde, la plupart d'entre elles se trouvant dans le secteur du lac Maracaibo. Le président Chávez a fondé son ambitieux programme de réformes sociales sur les importants revenus fournis par le pétrole.

Guyana

Ancienne colonie britannique, la Guyana est la seule nation anglophone du continent.

1616 Une expédition hollandaise, dirigée par Adrian Groenewegen, construit un fort à Kykoveral, autour duquel des colons s'établissent à partir de 1624. La France et l'Angleterre fondent des colonies à proximité.

1648 Par le traité de Munster, l'Espagne reconnaît l'appartenance des colonies de Berbice, d'Essequibo et de Demerara à la Hollande.

1667 Le traité de Breda attribue toutes les colonies anglaises de Guyane à la Hollande.

1814 Les trois colonies néerlandaises passent sous souveraineté britannique. Elles sont réunies en 1831 et prennent le nom de Guyana britannique.

1953 Les premières élections au suffrage universel sont remportées par le parti progressiste du Peuple (PPP), dirigé par Cheddi Jagan.

1966 La Guyana s'émancipe du Royaume-Uni et devient une république indépendante, membre du Commonwealth.

1992 Des élections, placées sous la surveillance d'observateurs internationaux, sont remportées par le PPP. Jagan est réélu à la présidence.

1997-1998 Jagan meurt pendant son mandat. Le parti du Congrès national du peuple (PNC) conteste la victoire électorale de sa femme Janet, ce qui engendre une grave crise politique.

2001 La violence politique se déchaîne à nouveau quand Bharrat Jagdeo du PPP remporte l'élection présidentielle.

« 280-281 La traite des Noirs

Suriname

Cette ancienne colonie néerlandaise, le plus petit pays d'Amérique du Sud, se caractérise par une grande diversité ethnique.

1975 Le Suriname devient indépendant des Pays-Bas.

1980 Coup d'État militaire : le lieutenant-colonel Désiré Bouterse prend le pouvoir. Des tentatives de coups d'État se déroulent en 1981 et en 1982.

1986-1992 Les rebelles de l'Armée de libération du Suriname mènent une lutte de guérilla contre le gouvernement.

1988 Après les élections, le Suriname renoue avec la démocratie.

1990 Un nouveau coup d'État dépose le gouvernement. Un accord de paix est signé avec les rebelles en 1992.

1991-1996 Un gouvernement de coalition, dirigé par Ronald Venetiaan du Parti national pour le Suriname, le Nouveau Front pour la démocratie et le développement (NF), représentant les Créoles, les Indiens et les Javanais, arrive au pouvoir.

1996 Jules Wijdenbosch, membre de la formation d'opposition, le Parti national démocratique (NDP), et allié de Bouterse accède au pouvoir.

2000 Le NF, dirigé par Ronald Venetiaan, remporte l'élection présidentielle.

2005 Ronald Venetiaan est élu une nouvelle fois à la présidence.

« 230-231 La conquête des Amériques
« 280-281 La traite des Noirs

Équateur

Traversé par la cordillère des Andes, l'Équateur comprend les îles Galápagos et leur faune extraordinaire.

Vers 1527 À la mort de l'Inca Huayna Capac, l'Empire inca est divisé entre Huascár, dont la capitale est Cuzco dans l'actuel Pérou, et son jeune frère Atahualpa, basé à Quito. En 1532, Atahualpa, qui veut être le seul empereur, défait son frère lors d'une bataille qui se déroule aux environs de Cuzco. Quelques mois plus tard, il est fait prisonnier par Pizarro. Cette guerre de succession affaiblit irrémédiablement l'Empire inca, facilitant sa conquête par les Espagnols.

1533 Sebastián Moyano de Benalcázar conduit une expédition dans la région de Quito, dont il prend possession au nom de l'Espagne.

1563 Création de la juridiction de l'audience de Quito, intégrée à la vice-royauté du Pérou. En 1739, elle est rattachée à la juridiction de la vice-royauté de la Nouvelle-Grenade.

1822 Antonio José de Sucre prend Quito aux Espagnols, à la faveur de la bataille de Pichincha. Simón Bolívar intègre l'Équateur à la Grande-Colombie, qui comprend également la Colombie, le Panamá et le Venezuela.

1830 La Grande-Colombie est dissoute et l'Équateur devient un État indépendant, dirigé par le général Juan José Flores.

1944-1947 José María Velasco Ibarra organise un coup d'État et accède à la présidence pour la 2e fois.

1948 Le libéral Galo Plaza Lasso arrive au pouvoir à l'issue d'élections libres.

1952 Velasco Ibarra revient au pouvoir.

1955-1960 Le démocrate-chrétien Emilio Ponce Enriquez devient le premier président conservateur élu depuis 60 ans.

1963-1966 Le pays est gouverné par une junte militaire. Cette transition s'achève par la réunion d'une Assemblée constituante, chargée d'élaborer une nouvelle Constitution.

1968 Velasco Ibarra est élu à la présidence pour la 5e fois. Confronté à un fort mouvement de contestation, il s'adjuge les pleins pouvoirs en 1970.

1972 Début de la production de pétrole. Velasco Ibarra est évincé par un coup d'État militaire.

1979 Le pays renoue avec la démocratie.

1998-1999 Jamil Mahuad du parti Démocratie populaire remporte les élections et accède à la présidence.

2000 L'armée se range aux côtés des contestataires amérindiens. Le vice-président Gustavo Noboa remplace Mahuad.

2002 Lucio Gutiérrez, le chef du coup d'État de 2000, est élu à la présidence.

2005 Gutiérrez est destitué par le Congrès. L'élection de 2006 est remportée par Rafael Correa.

« 210-213 L'Amérique précolombienne
« 318-319 L'Amérique latine libérée

Producteur de bananes
L'Équateur est le plus grand pays producteur de bananes au monde et subventionne une importante activité de pêche industrielle. Le pays exporte également du pétrole, extrait dans la partie de l'Amazonie située à l'est des Andes.

Pérou

Le Pérou, qui fut autrefois le cœur de l'Empire inca, a conservé une importante population de langue quechua.

Vers 1300 Sous le règne de leur 4e empereur, Mayta Cápac, les Incas étendent leur autorité au-delà du berceau de la vallée de Cuzco. Au XVe siècle, les limites de leur empire atteignent l'actuel Chili central.

1532 Francisco Pizarro s'empare de l'empereur inca Atahualpa, qu'il fait exécuter en 1533. Les envahisseurs espagnols marchent ensuite sur Cuzco, la capitale inca, qu'ils dépouillent de tout son or.

1542 Création de la vice-royauté du Pérou.

1780-1781 Échec d'une révolte, conduite par Túpac Amaru II, contre la domination espagnole.

1821 L'indépendance du Pérou est proclamée à Lima.

1844-1851 Présidence du général Ramón Castilla. Il est à nouveau président de 1855 à 1862.

1866 Un conflit éclate entre le Pérou et l'Espagne, quand cette dernière essaie de reprendre le contrôle de son ancienne colonie.

1872-1876 Manuel Pardo devient le 1er président démocratiquement élu du Pérou.

1879-1884 Guerre du Pacifique : le Chili défait le Pérou et la Bolivie ; le Pérou perd le sud de son territoire.

1908-1912 Dictature d'Augusto Bernardo Leguía. Il gouverne à nouveau le pays de 1919 à 1930.

1911 Découverte de la cité perdue de Machu Picchu.

1924 Victor Haya de la Torre crée, depuis son exil mexicain, l'Alliance populaire révolutionnaire américaine (APRA).

1930 Destitution d'Augusto Bernardo Leguía. L'APRA devient le 1er parti politique du pays, mais est interdite de 1931 à 1945.

1948 Le général Arturo Odría s'empare du pouvoir et l'APRA est à nouveau interdite.

1956 Retour au pouvoir des civils.

1962-1963 Deux militaires se succèdent à la tête de l'État.

1963 Un modéré, Fernando Belaúnde, est élu président.

1968 Les militaires accèdent au pouvoir.

1975-1978 Le pays est gouverné par une junte conservatrice.

1980 Belaúnde accède une nouvelle fois à la présidence. Le mouvement de guérilla maoïste, le Sentier lumineux, se lance dans la lutte armée.

1981-1998 Conflits frontaliers avec l'Équateur, les deux pays se disputant la région d'El Doro.

1985 L'APRA, dirigée par Alan García, remporte pour la 1re fois l'élection présidentielle et les élections législatives.

1987 La politique mise en œuvre par le gouvernement ayant échoué, le Pérou est en état de faillite.

1990 Alberto Fujimori, un indépendant, est élu à la présidence avec pour programme la lutte contre la corruption. Il prend des mesures d'austérité.

1992 « Coup d'État civil » de Fujimori : il dissout le Parlement et fait approuver par référendum une nouvelle Constitution, l'autorisant à briguer un nouveau mandat. Il est réélu en 1995.

Or inca
Cette statuette est typique de l'art traditionnel inca. De nombreuses œuvres d'art furent récupérées par les Espagnols, qui les firent fondre, avant de les envoyer dans leur pays.

MOMENT CLÉ

L'ARRESTATION DU CAMARADE GONZALO, 1992

Celui qui se faisait appeler le camarade Gonzalo, Abimael Guzmán, fut arrêté à Lima le 12 septembre 1992. Professeur de philosophie, il créa le mouvement de guérilla maoïste le Sentier lumineux en 1970, trouvant ses soutiens parmi la population pauvre et marginalisée des campagnes. Durant les années 1980, le Sentier lumineux mena à travers tout le Pérou une campagne d'assassinats et d'attentats. La capture de son chef lui porta un coup sévère, faisant rapidement décliner son influence.

Derrière les barreaux
Le gouvernement Fujimori exhiba à l'intention de la presse internationale un Guzmán plein de morgue. Une fois privé de son chef charismatique, le Sentier lumineux vit son influence rapidement décroître.

1996-1997 Le mouvement de guérilla révolutionnaire Tupac Amaru garde pendant 4 mois en otage plusieurs centaines de personnes à l'ambassade du Japon.

2000 Mêlé à des scandales de corruption, Fujimori doit démissionner, après une victoire controversée à l'élection présidentielle. Il se réfugie au Japon.

2001 Une nouvelle élection présidentielle est remportée par Alejandro Toledo, fondateur du parti Pérou possible. Il devient ainsi le premier président amérindien du pays.

2006 Nouvelle élection d'Alan García à la présidence.

« 74-75 Les peuples du jaguar
« 140-141 Les premières civilisations américaines
« 210-213 L'Amérique précolombienne
« 214-215 Art aztèque et inca
« 234-235 L'argent espagnol
« 318-319 L'Amérique latine libérée

Bolivie

Ce pays de hauts plateaux a développé une économie essentiellement rurale.

1532 Les Espagnols conquièrent la région correspondant à la Bolivie actuelle, qui faisait partie de l'Empire inca. La population autochtone est définitivement vaincue par les Espagnols en 1538. Le territoire est intégré au Haut-Pérou.

1559 La Bolivie est rattachée à la juridiction de l'audience de Charcas, qui dépend de la vice-royauté du Pérou. Cet événement a pour conséquences des conflits et des guerres après l'indépendance, les frontières de la Bolivie étant contestées par ses voisins.

1776 Le Haut-Pérou devient une région de la vice-royauté de Río de la Plata, dont le centre administratif est Buenos Aires.

1809 Les premières révoltes suscitées par Simón Bolívar éclatent à Chuquisaca, La Paz et Cochabamba, mais elles se soldent par des échecs.

1824 Le général Antonio José de Sucre, compagnon de Bolívar, inflige une défaite décisive aux Espagnols.

1825 Indépendance de la Bolivie.

1826 Le pays se dote d'une Constitution républicaine et prend le nom de son libérateur, Bolívar. La ville de Chuquisaca est rebaptisée Sucre, en l'honneur du général du même nom.

1836-1839 L'échec de l'union avec le Pérou ouvre une longue période de désordres internes.

1879-1884 La Bolivie sort perdante de la guerre du Pacifique qui l'oppose au Chili.

1904 Début du premier des deux mandats présidentiels d'Ismail Montes (1904-1909, 1913-1917).

1914 Naissance du Parti républicain.

1932-1935 Guerre du Chaco avec le Paraguay. À l'issue de celle-ci, la Bolivie perd les trois quarts de la région du Chaco.

1951 Victor Paz Estenssoro, du Mouvement nationaliste révolutionnaire (MNR), est élu à la présidence, mais un coup d'État militaire l'empêche de prendre ses fonctions.

1952 Insurrection populaire : Paz Estenssoro et le MNR accèdent au pouvoir, avec l'aide de la police nationale et d'une milice constituée de mineurs.

1956 Le candidat du MNR, Hernán Siles Zuazo, remporte l'élection présidentielle ; le président Estenssoro lui succède en 1960.

1964 Les militaires s'emparent du pouvoir dans un contexte de crise économique.

1969-1979 Des juntes militaires successives instaurent un pouvoir de plus en plus répressif. En 1979, un coup d'État visant à mettre en place un gouvernement civil intérimaire échoue.

1980 Nouveau coup d'État militaire.

1982 Le président élu, Siles Zuazo, du Mouvement de la gauche révolutionnaire (MIR), prend la tête d'un gouvernement composé de civils.

1985 Le MNR de Paz Estenssoro remporte les élections.

1989 Le MIR accède au pouvoir, après des élections très disputées ; son candidat Jaime Paz Zamora s'étant allié avec le chef de l'Action démocratique nationaliste, le général Hugo Banzer Suárez, qui avait gouverné le pays de 1971 à 1978.

1993 Des élections renvoient le MNR au pouvoir.

1997 Suárez remporte l'élection présidentielle.

1999 L'opposition réclame l'ouverture d'une enquête sur le rôle joué par Suárez dans la répression menée par les militaires dans les années 1970.

2002 Le MNR remporte les élections, mais son chef, Sánchez de Lozada, élu pour la 2e fois à la présidence, doit démissionner en 2005, en raison du mécontentement populaire.

2006 Evo Morales Ayma du Mouvement vers le socialisme (MAS) devient le 1er président amérindien de Bolivie. Il est réélu en 2009.

« 230-231 La conquête des Amériques
« 234-235 L'argent espagnol
« 280-281 La traite des Noirs
« 318-319 L'Amérique latine libérée

Les *marchistas* boliviens
Les mineurs et tous ceux que l'on appelle les *marchistas* (les «marcheurs») ont gagné La Paz, le 30 novembre 2006, pour manifester leur soutien à la réforme agraire, décidée par le président Morales. En application des nouvelles lois, des millions d'hectares de terres doivent être redistribués.

Brésil

La seule nation lusophone d'Amérique latine forma à elle seule un empire au XIXe siècle.

1500 Pedro Àlvares Cabral aborde la côte brésilienne.

1549 Création de la première capitale du pays, Salvador, et de 12 capitaineries administratives.

1549 Nomination d'un vice-roi résidant à Bahia, chargé de mettre en place un gouvernement centralisé. Son arrivée s'accompagne de celles des jésuites, qui vont jouer un rôle clé dans l'unification de la colonie et l'exploration de l'intérieur du pays.

1555 Des huguenots s'installent sur une île située dans le port de l'actuelle Rio de Janeiro. La ville elle-même est créée, en 1567, par Mem de Sâ, après qu'il eut expulsé les Français.

1580-1640 Le Brésil est intégré à l'Empire espagnol, Philippe II étant devenu roi du Portugal.

1763 Rio de Janeiro devient la capitale du Brésil.

1789 Échec de la conjuration ou *inconfidência Mineira,* conduite par Tiradentes, contre la domination portugaise.

1807 Sous le règne de Napoléon Ier, les Français envahissent le Portugal. Le roi Jean VI s'enfuit au Brésil à bord d'un navire anglais. En échange de cette aide exogène, les ports du Brésil s'ouvrent au commerce étranger.

1821 Le roi Jean VI retourne au Portugal; son fils dom Pedro est nommé régent du Brésil.

1822 Le régent proclame l'indépendance du Brésil et devient empereur sous le nom de Pierre Ier en 1823. Un ancien amiral britannique et un ancien général français l'aident à vaincre la résistance portugaise. Le Portugal reconnaît l'indépendance du nouvel État en 1825.

1831 Un soulèvement militaire se produit à l'issue de la guerre de la Cisplatine avec l'Argentine. L'empereur Pierre Ier abdique en faveur de son fils, âgé de cinq ans, Pierre II.

1865-1870 Le Brésil, l'Argentine et l'Uruguay gagnent la guerre de la Triple Alliance contre le Paraguay. Cette victoire permet au Brésil d'agrandir son territoire méridional.

1888 Pendant le séjour de Pierre II en Europe, sa fille Isabelle assure la régence. Elle met un terme à l'esclavage.

1889 Proclamation de la république brésilienne; la famille impériale est bannie du Brésil.

1891 Adoption d'une Constitution fédérale.

1914-1918 La Première Guerre mondiale provoque une forte baisse des exportations de café, mais stimule en revanche d'autres secteurs de production, ce qui suscite une période d'expansion économique.

1930 Les cours du café s'effondrent. Une révolution éclate, menée par Getúlio Vargas, le «père des pauvres», qui est désigné comme président.

1937 Le gouvernement dictatorial de Vargas trouve sa traduction constitutionnelle dans l'*Estado Novo,* l'«État nouveau», un État centralisé, qui s'appuie sur le peuple et la bourgeoisie des villes.

1945 Vargas est évincé du pouvoir par un coup d'État militaire. Le général Eurico Gaspar Dutra est élu président. La croissance économique ralentit à mesure que l'inflation grimpe.

«Par mon sang, mon honneur et par Dieu, je rendrai le Brésil libre. Le temps est venu. **L'indépendance ou la mort!** Nous sommes séparés du Portugal.»

PIERRE IER DU BRÉSIL, S'EXPRIMANT AU BORD DU FLEUVE IPIRANGA, LE 7 SEPTEMBRE 1822

1951 Vargas est réélu à la présidence.

1956-1960 Le président Juscelino Kubitschek, soutenu par le Parti travailliste brésilien (PTB), favorise l'investissement étranger, notamment américain, en cherchant à développer de nouvelles industries.

1960 Brasília, construite en trois ans, devient la nouvelle capitale du pays. Le chef du PTB, João Goulart, accède à la présidence.

1964 Un coup d'État militaire, dirigé par le chef des forces armées, le général Castelo Branco, et soutenu par les États-Unis, dépose le président Goulart. La Constitution démocratique de 1946 est suspendue.

1965 Branco instaure une dictature. Il interdit tous les partis politiques, mais crée deux partis officiels. Les dirigeants militaires se succèdent. Le pays connaît un essor économique rapide, connu sous le nom de «miracle brésilien», contrebalancé par une répression impitoyable des militants de gauche.

1979 Certains partis politiques sont autorisés, le gouvernement militaire se montrant plus souple et amorçant une timide évolution vers la démocratie.

1979-1985 Le pays connaît une période de forte croissance industrielle et économique.

1985 Le sénateur Tancredo Neves, un civil, est élu à la présidence après le vote du collège électoral, mais il décède avant d'avoir pu prendre ses fonctions. José Sarney, son vice-président, assume le pouvoir.

1988 Une nouvelle Constitution accorde la liberté de réunion, le droit de grève, une réduction de la durée hebdomadaire du travail et d'importants droits sociaux, mais ne mentionne aucun projet de réforme agraire.

1990 Fernando Collor de Mello remporte la première élection présidentielle libre depuis 29 ans.

MOMENT CLÉ

LES ÉMEUTES ÉTUDIANTES, 1968

Suivant l'exemple de la France ou du Mexique, les étudiants descendirent dans les rues de São Paulo, le 3 septembre 1968, pour manifester contre la dictature militaire, au pouvoir depuis 1964. Leur action fut brutalement réprimée par les autorités. Dans les années qui suivirent, des centaines de personnes périrent au cours d'actes de violence. La censure des médias fut renforcée et de nombreux intellectuels durent quitter le pays. L'état d'urgence fut maintenu jusqu'en 1978 et les militaires restèrent au pouvoir jusqu'en 1985.

Des étudiants déchaînés
Un fourgon de police est frappé par un manifestant lors des émeutes de São Paulo. Les militaires au pouvoir réprimèrent les manifestations avec une extrême brutalité.

Le président Lula
Premier président du Brésil issu de la classe ouvrière, Luiz Inácio Lula da Silva accéda au pouvoir en 2003, après avoir promis de lutter contre la faim, «en permettant à chacun de mettre 3 repas par jour dans son assiette». En 2006, il fut réélu avec plus de 60% des voix, en dépit d'un scandale lié à des affaires de corruption, qui a terni sa réputation de réformateur.

1992 Le sommet de la Terre, le premier du genre, se tient à Rio de Janeiro. Le président Collor est acculé à la démission et jugé par le Sénat pour trafic d'influence et corruption.

1993 Les Brésiliens se prononcent par référendum pour l'élection d'un président au suffrage universel direct.

1994-1995 Le «plan real» met fin à l'hyperinflation.

1999 Fernando Henrique Cardoso, au pouvoir depuis 1995, est réélu à la présidence.

2003 Alors qu'il se présente pour la 4e fois, Luiz Inácio Lula da Silva, le chef du parti des Travailleurs, gagne l'élection présidentielle et devient le premier président brésilien d'origine ouvrière.

2006 Le Brésil annonce qu'il devrait être énergétiquement indépendant à la fin de l'année, grâce au développement de la production d'éthanol (du sucre de canne transformé en carburant), lancée en 1970. Lula est réélu, en dépit d'accusations de corruption.

« 280-281 La traite des Noirs
« 318-319 L'Amérique latine libérée
« 422-423 ¡Viva la Revolución!

Paraguay

Pays dépourvu de façade maritime, le Paraguay possède une économie qui s'appuie sur les produits agricoles et forestiers.

1526 Les Espagnols explorent le fleuve Paraguay en amont, ainsi que les régions environnantes.

1721-1731 Une révolte menée par José de Antequera aboutit à une indépendance provisoire.

1776 Le Paraguay est rattaché à la vice-royauté du Río de la Plata.

1811 Le Paraguay se sépare de l'Espagne, sans effusion de sang. L'indépendance est proclamée. Pendant les 50 années qui suivent, il est gouverné par des régimes dictatoriaux, coupé du monde extérieur. Ne subissant pas les luttes internes qui affectent les États voisins, il connaît une grande prospérité.

1814-1840 José Gaspar Rodríguez de Francia, gestionnaire rigoureux, gouverne le pays d'une main de fer.

1844-1862 Dictature de Carlos Antonio López. Son fils Francisco Solano López lui succède et plonge son pays dans une situation désastreuse, en le lançant dans la guerre de la Triple Alliance.

1864-1870 Le Paraguay perd la guerre de la Triple Alliance contre l'Argentine, le Brésil et l'Uruguay, et doit céder un quart de son territoire. Il perd encore des terres en 1880, au bénéfice de la Bolivie.

1932-1935 Guerre du Chaco, menée contre la Bolivie, qui cherche à s'approprier la totalité de cette région riche en pétrole.

1938 Un traité fixe la frontière entre la Bolivie et le Paraguay. Ce dernier gagne de vastes étendues de territoires.

1940-1948 La période de changements rapides à la tête de l'État se termine avec l'accession au pouvoir d'Higinio Morínigo. Son gouvernement dictatorial et répressif suscite de nombreuses insurrections.

1954-1989 Le pays est gouverné par le général Alfredo Stroessner, qui mène une politique autoritaire et répressive, anéantissant l'opposition et truquant les élections, de manière à remporter des succès électoraux répétés.

1973 Le Paraguay et le Brésil concluent un accord portant sur la construction d'un gigantesque barrage hydroélectrique sur le fleuve Paraná à Itaipú.

1989 En dépit de sa réélection pour un 8e mandat, en 1988, le général Stroessner est renversé par un coup d'État, dirigé par le général Rodríguez Pedotti. Ce dernier devient président de la République.

1993 Le général Lino Oviedo, ancien commandant en chef de l'armée, tente un coup d'État manqué. De nouvelles tentatives échouent en 1996 et en 2000.

2008 L'ancien évêque catholique, Fernando Lugo, est élu président.

« 438-439 Dictature et démocratie

Le général Stroessner
À la tête du pays de 1954 jusqu'à sa déposition en 1989, le général Alfredo Stroessner était le fils d'un immigré allemand et d'une Paraguayenne. Anticommuniste convaincu, il eut recours à la torture et aux enlèvements pour abattre ses adversaires et se maintenir au pouvoir.

Chili

Un pays formant une bande longue et étroite, situé sur le flanc occidental des Andes.

1540 Une expédition espagnole, menée par Pedro de Valdivia, franchit les Andes depuis le Pérou et découvre plusieurs villes, dont Santiago (1541).

1817 José de San Martín, le chef de la rébellion argentine contre l'Espagne, franchit les Andes à la tête d'une armée et écrase les Espagnols à la bataille de Chacabuco.

1817-1818 Bernardo O'Higgins mène l'armée républicaine des Andes à une série de victoires contre les forces royalistes espagnoles.

1818-1823 Devenu le « directeur suprême » de la nouvelle république, O'Higgins, surnommé le « libérateur » pour le rôle qu'il a joué dans la lutte pour l'indépendance, pose les bases d'un État oligarchique.

1836-1839 Durant la guerre contre le Pérou, dont le Chili sort vainqueur, le ministre conservateur, véritable chef de l'État, Diego Portales, est assassiné.

1879-1884 Le Chili remporte la guerre du Pacifique, menée contre la Bolivie et le Pérou, dont l'enjeu est le contrôle de territoires riches en nitrates et celui de la région côtière d'Antofagasta. Le pays étend ainsi son territoire vers le nord et prive la Bolivie d'un accès à la mer.

1886-1891 Présidence de José Manuel Balmaceda, chef du Parti libéral.

1920 Élection à la présidence d'Arturo Alessandri Palma, le « lion ». Sa politique se heurte à l'obstruction des parlementaires et il démissionne en 1924. Il est rappelé en 1925, grâce au soutien de l'armée, et promulgue une nouvelle Constitution renforçant ses pouvoirs.

1929 À l'issue d'un bref conflit avec le Pérou, le Chili perd une partie du territoire qu'il a gagné pendant la guerre du Pacifique.

1932 Un coup d'État porte au pouvoir la « République socialiste » de Carlos Dávila Espinoza, qui dure 100 jours.

1970 Salvador Allende, candidat de la coalition de gauche, est élu président.

1973 Le président Allende meurt au cours d'un coup d'État militaire, soutenu par les États-Unis. Le général Augusto Pinochet impose une dictature implacable, marquée par l'emprisonnement, la torture et l'élimination de ses opposants.

1988 Consultés par référendum, les Chiliens se prononcent contre le maintien au pouvoir de Pinochet.

1989 Le retour à la démocratie s'effectue dans le calme. Pinochet démissionne après la victoire du démocrate-chrétien Patricio Aylwin Azócar à l'élection présidentielle.

1998 Pinochet est arrêté et détenu à Londres, où il se trouve pour raison de santé, dans l'attente d'une extradition vers l'Espagne, où il est inculpé pour violations des droits de l'homme.

2000 Le socialiste Ricardo Lagos est investi à la présidence du Chili. Pinochet, jugé incapable de comparaître devant un tribunal, est remis en liberté.

2006 La socialiste Michelle Bachelet devient la première femme élue à la présidence du Chili.

2010 Le candidat de l'Alliance pour le changement, Sebastián Piñera Echeñique, accède à la présidence.

« 214-215 Art aztèque et inca
« 318-319 L'Amérique latine libérée
« 422-423 ¡ Viva la Revolución !

Bernardo O'Higgins
Fils illégitime d'un Irlandais entré au service du gouvernement espagnol, O'Higgins passa son enfance en Europe, mais il revint au Chili en 1802, pour s'engager en faveur de l'indépendance du pays.

Vivre de la terre
L'Uruguay est un grand exportateur de viande et de laine. Les produits du bétail représentent plus d'un tiers des recettes d'exportations. Sur les vastes *estancias*, les fermes d'élevage, le mode de vie *gaucho* prédomine.

Uruguay

Montevideo abrite le centre économique de l'Uruguay, tandis que le reste du pays a développé des activités d'élevage et d'agriculture.

1726 Fondation de Montevideo par les Espagnols.

1811 L'éleveur et *caudillo* local, José Gervasio Artigas, proclame la région de Montevideo indépendante du Brésil.

1812-1820 Les «Orientaux», les Uruguayens vivant à l'est du Río de la Plata, combattent les agresseurs argentins et brésiliens.

1825 Proclamation de l'indépendance.

1827 Le général Lavalleja défait les forces brésiliennes, avec l'aide des Argentins.

1838-1865 La grande guerre civile oppose les *blancos*, les blancs, futurs conservateurs, aux *colorados*, les rouges, futurs libéraux.

1865-1870 Le président *colorado*, le général Venancio Flores, engage son pays dans la guerre de la Triple Alliance contre le Paraguay.

1872 Début d'une période de dictatures militaires.

1903-1907 Pendant sa présidence, le *colorado* José Batlle y Ordóñez introduit des réformes à caractère démocratique.

1933 À la suite d'un coup d'État militaire, les formations d'opposition sont interdites.

1942 Le président Alfredo Baldomir dépose le gouvernement et tente de rétablir les droits supprimés sous la dictature.

1958 Les *blancos* retrouvent le pouvoir pour la première fois depuis 93 ans.

1962 Fondation du mouvement des *Tupamaros*, dont la campagne de guérilla dure jusqu'en 1963.

1966 La présidence est rétablie au profit du *colorado* Óscar Gestido.

1967 Présidence de Jorge Pacheco Areco.

1973 Coup d'État militaire : l'armée s'engage à favoriser l'investissement étranger. Les libertés politiques sont supprimées et les mouvements de gauche sont durement réprimés.

1984-1985 Les militaires quittent le pouvoir. Julio Sanguinetti du Parti *colorado* remporte l'élection présidentielle.

1994 Réélection de Sanguinetti, qui forme un gouvernement de coalition.

1991 L'Uruguay rejoint le Mercosur, le Marché commun d'Amérique du Sud regroupant le Brésil, le Paraguay et l'Argentine.

1999 Jorge Batlle Ibáñez du Parti *colorado* est élu à la présidence.

2004 L'élection présidentielle est remportée par Tabaré Vázquez, qui a pris la tête d'une coalition comprenant 4 partis, parmi lesquels le Parti socialiste d'Uruguay.

« 280-281 La traite des Noirs

Argentine

L'Argentine est le deuxième plus grand pays d'Amérique du Sud.

1526 Sébastien Cabot édifie une forteresse sur l'estuaire du Río de la Plata.

1536 Pedro de Mendoza fonde le port de Santa María del Buen Ayre sur le site de l'actuelle Buenos Aires.

1776 Buenos Aires devient la capitale de la vice-royauté du Río de la Plata, qui englobe l'Argentine, le Paraguay, l'Uruguay et une partie de la Bolivie actuels.

1816 Le pays devient indépendant sous le nom de Provinces-Unies du Río de la Plata. Un conflit éclate entre les unitaires, partisans d'un État centralisé, gouverné depuis Buenos Aires, et les fédéralistes des provinces de l'intérieur, hostiles à une domination de la capitale.

1827 Démission de Bernardino Rivadavia, le 1er président de la République argentine.

1829 Juan Manuel de Rosas, un *caudillo* fédéraliste, est nommé gouverneur de la province de Buenos Aires. Sa dictature accroît l'autorité de Buenos Aires et jette les bases de l'unité nationale.

1853 Un système fédéral est mis en place.

1869 À l'issue de la guerre de la Triple Alliance contre le Paraguay, l'Argentine s'agrandit de territoires gagnés sur son adversaire.

1902 Le différend avec le Chili à propos des frontières de la Terre de Feu est globalement résolu.

1916 Hipólito Yrigoyen, membre du Parti radical, remporte la première élection présidentielle démocratique et introduit de nombreuses lois sociales. Il est battu aux élections de 1922.

1928 Yrigoyen revient au pouvoir, mais il est renversé par un coup d'État militaire.

1938 Les radicaux sont à nouveau à la tête de l'État, avec l'élection de Roberto Ortiz ; le conservateur Ramon Castillo lui succède en 1940.

HOMME D'ÉTAT ARGENTIN (1895-1974)

JUAN PERÓN

Juan Perón commença à occuper le devant de la scène, quand il participa à un coup d'État militaire qui renversa le gouvernement en 1943. Devenu secrétaire d'État au Travail puis vice-président, il prit des mesures à caractère social, gagnant ainsi la faveur des syndicats, qui allaient se révéler ses meilleurs soutiens. En 1946, Perón fut élu à la présidence. Il suivit la voie du justicialisme, se démarquant du capitalisme comme du communisme, se montrant farouchement nationaliste, antiaméricain et anticommuniste. Une fois arrivé au pouvoir, Perón devint de plus en plus autoritaire, faisant emprisonner ses opposants et censurant la presse. Sa deuxième épouse Eva, surnommée Evita, très populaire, charmait les foules. Le gouvernement de Perón suscita de fortes oppositions : l'Église catholique l'excommunia et il fut renversé par un coup d'État en 1955. Son deuxième mandat (1973-1974) ne fut pas un succès, mais le péronisme demeure encore une force politique majeure.

1943 Castillo est renversé par un coup d'État militaire ; le nouveau secrétaire d'État au Travail, Juan Domingo Perón, réorganise les syndicats.

1946 Perón, candidat de l'Union démocratique, qui a le soutien des *descamisados*, les « sans chemise », est élu président.

1955 Un coup d'État militaire évince Perón. L'inflation, les grèves et le chômage déstabilisent le pays. En 1958, les militaires cèdent le pouvoir à un président élu.

1963 Après plusieurs interventions de l'armée et l'interdiction faite aux partis péroniste et communiste de se présenter aux élections, le radical Arturo Illía est élu à la présidence. Il est renversé par un coup d'État militaire en 1966.

1972 Perón rentre de son exil madrilène. Il est réélu président en 1973.

1974 Mort de Juan Perón. Sa 3e femme, Isabel, lui succède.

1976 Une junte militaire s'empare du pouvoir ; les partis politiques sont interdits et une répression brutale est mise en place.

1981 Le général Leopoldo Galtieri, chef d'un triumvirat d'officiers, devient président.

1982 Galtieri ordonne l'invasion de l'archipel britannique des Malouines et de l'île de la Géorgie du Sud. L'expédition échoue.

1983 Raúl Ricardo Alfonsín remporte la présidence, à l'issue d'élections libres multipartites.

1989-1992 Le péroniste Carlos Saúl Menem est élu président.

1995 L'économie entre en récession.

2001 Des grèves répondent à de nouvelles mesures d'austérité. Le gouvernement ne peut plus honorer sa dette. La limitation des retraits bancaires entraîne une grève générale. Le président Fernando De la Rúa démissionne.

2002 Le péroniste Eduardo Duhalde devient président. Des chômeurs, connus sous le nom de *piqueteros*, « ceux qui dressent des piquets », descendent dans la rue.

2003 Néstor Kirchner devient président et stabilise l'économie.

2007 Cristina Fernández de Kirchner succède à son mari à la tête de l'État.

« 422-423 ¡Viva la Revolución !
« 438-439 Dictature et démocratie

Europe

Le continent européen est petit en taille, mais il compte une grande variété de paysages et de climats. Il se compose de nombreux États, à l'identité culturelle et historique très marquée. Après les conflits intereuropéens du siècle dernier, qui ont par deux fois précipité le monde dans la guerre, le continent connaît globalement la paix, notamment grâce au rôle joué par l'Union européenne.

Royaume-Uni

Un petit royaume insulaire, qui dirigeait autrefois un empire colonial très vaste.

43 La Grande-Bretagne *(Britania)* est envahie et conquise par les Romains.

410 Les dernières légions romaines quittent la Grande-Bretagne. Au siècle suivant, des envahisseurs anglo-saxons repoussent la population celte autochtone vers le sud et l'est de l'île.

802-839 Le roi du Wessex, Egbert, après avoir battu les Merciens (825) et reçu la soumission des Northumbriens (829), est reconnu roi de toute l'Angleterre.

871-899 Le roi Alfred règne sur le Wessex. En 891, il ordonne la compilation de la *Chronique anglo-saxonne*, qui relate les événements se déroulant en Angleterre et qui est constamment réactualisée jusqu'au XIIe siècle. En raison de ses victoires sur les Danois, de sa gestion avisée de l'État et de la protection qu'il accorde aux artistes, ce monarque est connu sous le nom d'Alfred le Grand.

878 Par le traité de Wedmore, Alfred et les Danois se partagent l'Angleterre. Après la prise de Londres en 886, Alfred est reconnu comme roi de toute l'Angleterre.

899 Édouard l'Aîné (ou l'Ancien), roi du Wessex, et ses successeurs chassent les Danois et reconquièrent l'Angleterre.

1002 Après une longue période de paix, les Vikings reprennent leurs raids, conduits par le roi du Danemark Sweyn Forkbeard, qui devient roi d'Angleterre en 1013.

1016-1042 L'Angleterre fait partie d'un vaste royaume scandinave comprenant le Danemark, la Norvège et une grande partie de la Suède, sur lequel règnent Cnut et ses deux fils.

1066 À la suite de la défaite infligée au roi Harold II à Hastings par les troupes du duc Guillaume de Normandie, la conquête de l'Angleterre par les Normands commence. Devenu Guillaume Ier le Conquérant (1066-1087), le nouveau souverain écrase des révoltes successives et entame un ambitieux programme d'édification de châteaux, parmi lesquels la Tour de Londres.

1135-1154 Une longue guerre civile éclate, le roi Étienne et sa cousine Mathilde prétendant tous deux à la couronne. Un accord stipule que le fils de Mathilde, Henri, doit devenir le successeur d'Étienne.

1154-1189 Henri II est le premier roi de la dynastie des Plantagenêts. Il règne sur l'empire angevin, qui, grâce à son mariage et à ses faits d'armes, s'étend des limites de l'Écosse aux Pyrénées.

1171 Soutenu par le pape, Henri II envahit l'Irlande pour soumettre à son autorité les nobles anglais et irlandais qui lui sont hostiles.

1189 Richard Ier Cœur de Lion devient roi et passe la quasi-totalité de son règne hors du royaume, à combattre avec les croisés pour reprendre Jérusalem. Il est tué alors qu'il se bat en France. Son frère Jean lui succède (1199-1216).

1215 La *Magna Carta* ou Grande Charte est signée à Runnymede par le roi Jean et les barons anglais. Elle protège les droits de la noblesse contre les excès de la puissance royale en matière de fiscalité, de justice, de religion et de politique étrangère. La charte expose les droits et les responsabilités respectifs des laïcs et de l'Église vis-à-vis de la Couronne.

1265 Simon de Monfort convoque les représentants des bourgs, avec les nobles, les chevaliers et le clergé, pour former ce qui est considéré comme le premier Parlement d'Angleterre. L'Assemblée convoquée par Édouard Ier (1272-1307) en 1295 offre un caractère encore plus représentatif.

1277 Édouard Ier envahit le pays de Galles et vient à bout de la résistance galloise, emmenée par le prince Llewelyn II, en 1282.

1284 Le roi met un terme à l'indépendance galloise par le statut de Rhuddlan. Le pays de Galles est désormais gouverné depuis l'Angleterre.

«Je me suis déjà unie par le mariage à mon époux, c'est-à-dire **au royaume d'Angleterre.**»

ÉLISABETH Ire S'ADRESSANT AU PARLEMENT

Alfred le Grand
Le roi Alfred fut un grand protecteur des arts, un mécène amateur de manuscrits enluminés et de pièces de joaillerie. Ce bijou, serti d'or et de cristal, est un portrait miniature du roi, sur lequel il est écrit «Alfred a ordonné ma confection».

1301 Le fils d'Édouard Ier, futur roi Édouard II (1307-1327), est nommé premier prince de Galles, titre donné depuis à tous les héritiers mâles au trône d'Angleterre.

1314 Robert Ier Bruce (roi d'Écosse 1306-1329) confirme l'indépendance de son royaume en l'emportant sur Édouard II à la bataille de Bonnockburn.

1327-1377 Règne d'Édouard III. Il réforme de nombreuses lois et le Parlement et crée, en 1348, l'ordre de la jarretière.

1337-1347 La guerre de Cent Ans entre la France et l'Angleterre commence quand Édouard III veut faire valoir ses droits au trône de France. Avec son fils, le Prince Noir, Édouard III remporte les importantes victoires de Crécy (1346) et de Poitiers (1356). En 1360, un traité lui accorde de nombreux territoires sur le sol français, en échange de sa renonciation au trône. Mais les Français reprennent les hostilités en 1369 et chassent les Anglais de la plupart de leurs possessions en 1374.

1347 Calais se rend aux Anglais après un long siège ; la ville demeure une possession anglaise jusqu'en 1558.

1348-1350 La peste noire se répand à travers l'Europe, tuant entre 30 et 50 % de la population anglaise.

1399 Richard II est déposé par son cousin Henri de Lancastre (Henri IV, 1399-1413) et assassiné au début du conflit qui va opposer les maisons royales de Lancastre et d'York – la guerre des Deux-Roses – et qui dure jusqu'en 1485.

1400-1415 Le prince gallois Owen Glendower prend la tête d'une révolte contre la domination anglaise.

1415 Henri V (1413-1422) relance la guerre de Cent Ans et remporte une importante victoire à Azincourt. Selon les termes du traité de Troyes, signé en 1420, il devient régent de France et, en épousant la fille du roi Charles VI, l'héritier du trône de France. Après 1429, les Français, conduits par Jeanne d'Arc, chassent les Anglais, se rendent maîtres de la Normandie (1450) et finissent par mettre fin au conflit (1453).

1483 Après la mort de son père, Édouard IV (1461-1470), le jeune roi Édouard V (1471-1483) disparaît, alors qu'il réside dans la Tour de Londres, probablement assassiné par son oncle Richard III.

1485 Richard III (1483-1485) est vaincu et tué à la bataille de Bosworth par Henri Tudor de la maison de Lancastre. Ce dernier devient roi sous le nom d'Henri VII (1485-1509).

1509-1547 Henri VIII accède au trône et règne tout d'abord avec l'aide du cardinal Wolsey.

Henri II
Le mariage d'Henri II avec Aliénor d'Aquitaine lui apporta un vaste empire sur le sol français, qui vint s'ajouter à ses possessions anglaises et normandes.

MOMENT CLÉ

LA DÉFAITE DE LLEWELYN II, 1282

Chassés d'Angleterre par les Anglo-Saxons au ve et au vie siècle, les Celtes constituèrent plusieurs principautés au pays de Galles, qui furent unifiées au début du xiiie siècle.

Quand Édouard Ier accéda au trône d'Angleterre en 1272, il convoqua le prince gallois Llewelyn II pour que celui-ci lui rende hommage. Devant son refus, le roi envahit le pays de Galles en 1277, et exigea que l'hommage lui fût rendu. Llewelyn prit la tête d'une révolte en 1282 et le pays de Galles fut à nouveau envahi. Après la mort du prince, tué cette même année dans une embuscade, Édouard Ier soumit rapidement les territoires conquis, y introduisant les lois et la langue de son royaume, en application du statut de Rhuddlan, décrété en 1284. Cette défaite consacra la domination anglaise sur le pays de Galles.

Un bâtisseur de châteaux
Au pays de Galles, Édouard Ier fit édifier de nombreux châteaux forts, servant de caserne et de centres administratifs, afin que les Anglais puissent contrôler ce territoire. L'édification du château de Harlech commença en 1283, pendant la deuxième campagne d'Édouard Ier. Cette forteresse fait partie de l'« anneau de fer », une chaîne de forteresses qui se déploie le long de la côte, dominée par le mont Snowdon.

1534 À la suite du refus du pape d'annuler son mariage avec Catherine d'Aragon, ce qui lui permettrait d'épouser Anne Boleyn, Henri VIII rompt avec Rome et l'Église catholique et devient chef suprême de l'Église d'Angleterre. Après la fin de son mariage avec Anne Boleyn (1536), il se marie encore 4 fois.

1541 Après avoir brisé le pouvoir de la noblesse irlandaise, Henri VIII prend le titre de roi d'Irlande.

1547-1553 Pendant le règne d'Édouard VI, l'Angleterre devient un pays protestant.

1553 À la mort d'Édouard VI, Marie, la fille d'Henri VIII et de Catherine d'Aragon, devient Marie Ire Tudor. Elle essaie vainement de ramener l'Angleterre dans le giron de l'Église catholique, n'hésitant pas à condamner au bûcher de nombreux dignitaires protestants.

1558 Élisabeth Ire (1558-1603) succède à sa sœur Marie et rétablit une Église protestante modérée.

1587 Les espoirs de remettre un souverain catholique sur le trône d'Angleterre s'évanouissent, quand Marie Stuart, reine d'Écosse, qui était détenue par Élisabeth, est exécutée, après la découverte de trois complots visant à lui donner la couronne.

1603 À la mort d'Élisabeth, Jacques VI, roi d'Écosse depuis 1567, devient roi d'Angleterre sous le nom de Jacques Ier, unissant ainsi les deux couronnes, mais ni les gouvernements, ni les parlements, ni les Églises, ni les lois des deux pays.

1605 La Conspiration des poudres, qui visait à faire sauter le Parlement, alors que le roi s'y trouvait, est mise en échec. Cet événement est encore célébré aujourd'hui.

1625 Charles Ier devient roi. Convaincu d'être un monarque de droit divin, il gouverne sans convoquer le Parlement de 1629 à 1640.

1639 Une guerre civile éclate en Écosse, en raison des désaccords opposant le roi à l'Église locale. La révolte catholique qui se produit ensuite en Irlande (1641), puis la guerre civile que se livrent, à partir de 1642, les forces royales et celles du Parlement, aboutissent à un triple conflit à l'intérieur du royaume. Défait à Naseby, en 1645, par les troupes parlementaires, Charles Ier reprend la guerre en 1648, mais il est à nouveau vaincu à Preston par l'armée d'Oliver Cromwell. En 1649, il est traduit devant un tribunal et jugé pour trahison.

1649 Charles Ier est exécuté et une république (Commonwealth) est instaurée. Une insurrection en Irlande est brutalement réprimée par Oliver Cromwell, qui gouverne en tant que lord-protecteur de 1653 à sa mort, en 1658. Une tentative du fils de Charles Ier, Charles II, de rétablir la monarchie, échoue.

1660 Deux ans après la mort de Cromwell, la monarchie est restaurée au profit de Charles II.

1666 Le grand incendie de Londres détruit la majeure partie de la ville médiévale.

1685-1688 Jacques II abolit les lois discriminant les catholiques et tente de rétablir le catholicisme en Angleterre.

1688 Pendant la « glorieuse révolution », réussie sans effusion de sang, Jacques II est renversé. Sa fille, Marie II, qui est mariée au protestant hollandais Guillaume d'Orange, lui succède. Le vote de la Déclaration des droits exclut les catholiques du trône et instaure une forme de gouvernement constitutionnel – le souverain ne peut lever les impôts, abolir des lois ou lever une armée en temps de paix, sans le consentement du Parlement.

1694 À la mort de Marie II, Guillaume III règne seul.

1701 L'Acte d'établissement confirme la sœur de Marie II, Anne, comme héritière du trône, et établit une succession protestante au trône. Faute de descendance directe, la couronne doit être cédée à l'électrice protestante Sophie de Hanovre, petite-fille de Jacques Ier.

1702-1703 L'Angleterre prend part à la guerre de la Succession d'Espagne, dirigée contre Louis XIV. Son armée, commandée par John Churchill, duc de Malborough, remporte les batailles de Blenheim (1704) et d'Oudenarde (1708).

1707 Les Actes d'union, approuvés par l'Angleterre et l'Écosse, créent la Grande-Bretagne. L'Écosse conserve ses lois propres et son Église presbytérienne, mais son Parlement est supprimé.

1714 Le principe de la succession au trône, telle qu'elle a été prévue par l'Acte d'établissement, est assuré par l'avènement de George Ier. Une révolte jacobite, conduite par le fils de l'ancien roi Jacques II, est facilement jugulée.

1727-1760 Règne de George II.

1745 Une révolte jacobite part d'Écosse. Le petit-fils de Jacques Ier, le prétendant Stuart Charles-Édouard envahit l'Angleterre, mais est mis en déroute à la bataille de Culloden en 1746.

1760-1820 Règne de George III. En 1811, son fils est nommé prince régent.

1763 La victoire de la Grande-Bretagne sur la France, à l'issue de la guerre de Sept Ans, lui confère la souveraineté sur l'Amérique du Nord et une grande partie de l'Inde.

Charles II
Après la fin de la république, en 1659, la monarchie fut restaurée et Charles II fut proclamé roi. Après des années de gouvernement puritain austère, il autorisa la réouverture des théâtres.

1775-1783 La G-B perd la plupart de ses colonies nord-américaines au cours de la guerre d'Indépendance américaine.

1793-1815 La Grande-Bretagne combat la France républicaine, puis la France napoléonienne. Horace Nelson est victorieux des Français à la bataille d'Aboukir (1798), puis à celle de Trafalgar (1805). Le duc de Wellington, qui commande les troupes britanniques lors de la guerre d'Espagne, chasse les Français d'Espagne et du Portugal et défait Napoléon à Waterloo (1815).

1801 La Grande-Bretagne (l'Angleterre, l'Écosse et le pays de Galles) est officiellement unie à l'Irlande, de manière à former le Royaume-Uni.

1820-1830 Le prince régent devient roi sous le nom de George IV. Son frère Guillaume IV lui succède.

1832 La loi sur la réforme électorale est votée, accordant le droit de vote aux hommes des classes moyennes et redistribuant les sièges parlementaires selon des bases plus équitables. Les réformes de 1867 et de 1884 accordent le droit de vote aux ouvriers, tandis que le régime censitaire est aboli en 1858 et que le vote à bulletin secret est institué en 1872.

1833 L'esclavage est aboli dans la totalité de l'Empire britannique.

1837-1901 Règne de la reine Victoria, qui succède à son oncle Guillaume IV.

1845-1851 La maladie de la pomme de terre provoque une famine en Irlande.

1861 Le prince consort Albert, le mari de la reine Victoria, décède. La reine prend le deuil pendant 13 ans, refuse d'apparaître en public et vaque aux affaires de l'État en privé.

1867 Le Canada devient le premier dominion ou État indépendant de l'Empire britannique, suivi par l'Australie en 1901, la Nouvelle-Zélande en 1907 et l'Afrique du Sud en 1910.

1868 William Gladstone devient Premier ministre. Ce réformateur occupe ce poste à 4 reprises.

1877 La reine Victoria est proclamée impératrice des Indes, à une période où la Grande-Bretagne est au zénith de sa puissance impériale.

1886 Le projet de loi sur l'autonomie de l'Irlande, qui lui aurait accordé son propre Parlement, est rejeté. Il l'est à nouveau en 1893.

1914-1918 Première Guerre mondiale : plus d'un million de Britanniques sont tués et plusieurs millions sont blessés.

1920-1921 Partition de l'Irlande : elle est divisée entre l'Irlande du Nord, composée de 6 comtés, et un État indépendant.

1924 Élection du premier gouvernement travailliste que dirige Ramsay MacDonald. Minoritaire, il doit démissionner un an plus tard.

1929 L'effondrement des marchés boursiers mondiaux engendre une importante période de chômage.

1931 Le statut de Westminster accorde l'indépendance à 6 dominions autonomes.

1936 Édouard VIII abdique à la suite de son mariage avec Mrs Simpson, une femme divorcée. Son frère devient roi sous le nom de George VI.

1938 Le Premier ministre Chamberlain rencontre Hitler à Munich, en raison de la crise tchèque, et déclare que tout risque de guerre avec l'Allemagne est écarté.

1939 L'Allemagne envahit la Pologne. Le Royaume-Uni déclare la guerre à l'Allemagne et la Seconde Guerre mondiale commence.

1940 Winston Churchill devient Premier ministre.

1942 Le rapport Beveridge propose qu'un État-Providence soit créé à la fin de la guerre pour aider les Britanniques.

1945 La Seconde Guerre mondiale se termine par une victoire qui a coûté la vie à 450 000 Britanniques et infligé d'énormes dommages à l'économie et aux villes du pays.

1945 Le Parti travailliste, dirigé par Clement Attlee, remporte une victoire décisive sur les conservateurs, emmenés par Churchill.

1947 L'indépendance du sous-continent indien amorce le démembrement de l'Empire britannique.

1949 Le Royaume-Uni est membre fondateur de l'OTAN.

1951 Retour au pouvoir des conservateurs.

1952 Début du règne d'Élisabeth II.

1956 Crise du canal de Suez : le Royaume-Uni et la France envahissent l'Égypte avec Israël avant de se retirer.

1957 Le Royaume-Uni accorde son indépendance au Ghana, la première de ses possessions d'Afrique à être décolonisée. Vers 1980, presque toutes les anciennes colonies britanniques ont acquis leur indépendance.

1969 L'envoi de troupes britanniques en Irlande du Nord pour maintenir la paix entre catholiques et protestants marque le début d'une période de troubles qui va durer plus de 30 ans. La peine capitale est abolie.

1973 Entrée du Royaume-Uni dans la Communauté économique européenne (CEE, aujourd'hui UE).

1979 Margaret Thatcher devient la première femme à accéder au poste de Premier ministre, qu'elle occupe jusqu'en 1990. Elle inaugure 18 ans de gouvernement conservateur, marqué par une nette rupture en matière de politiques sociales et économiques.

1982 L'Argentine envahit les îles Malouines, rapidement reprises par un corps expéditionnaire britannique.

1985 La grève des mineurs, entamée un an auparavant, se termine par un échec, après un âpre affrontement avec Margaret Thatcher.

1990 À Londres, des manifestants protestent contre la mise en place d'une nouvelle taxe, jugée trop inégalitaire, destinée à financer les collectivités locales et dont l'assiette diffère de celle du précédent impôt. Thatcher est renversée par sa propre majorité et remplacée par John Major.

Après l'Union
À partir de l'accession de Jacques VI au trône d'Angleterre en 1603, les rois d'Écosse devinrent également rois d'Angleterre et d'Irlande. L'Écosse perdit son propre Parlement en 1707, mais le retrouva en 1999. Un nouveau bâtiment, construit à Édimbourg, abrite cette institution.

1992 Le Royaume-Uni doit quitter le mécanisme de change européen (MCE), quand sa monnaie est attaquée le « mercredi noir ».

1997 Victoire écrasante du Parti travailliste, conduit par Tony Blair. Le Royaume-Uni rétrocède Hong Kong, sa dernière colonie importante, à la Chine, à l'expiration du bail emphytéotique sur ce territoire.

2001 Le Parti travailliste remporte largement les élections législatives et assume à nouveau le pouvoir. Blair gagne encore les élections en 2005, mais dispose d'une majorité moins importante au Parlement. Le Royaume-Uni se joint à la coalition menée par les États-Unis, pour attaquer l'Afghanistan, après les attaques terroristes du 11 septembre sur le territoire américain.

2003 Le R-U et les É-U envahissent l'Iraq et renversent Saddam Hussein.

2007 Un accord entre le Sinn Féin et le Parti unioniste démocrate signe la promesse d'une fin des combats en Irlande du Nord. Le chef du Parti travailliste, Gordon Brown, est élu Premier ministre.

« La pauvreté n'est jamais que l'un des cinq malins génies barrant la route à la **reconstruction** [économique et sociale]… les autres sont la maladie, l'ignorance, l'insalubrité et le chômage. »

WILLIAM BEVERIDGE, INSTIGATEUR DE L'ÉTAT-PROVIDENCE, 1942

« 186-187 La Grande Peste
« 192-193 La bataille d'Hastings
« 256-259 La Réforme
« 264-265 La guerre civile anglaise
« 280-281 La traite des Noirs
« 292-295 La révolution industrielle
« 412-413 La fin de l'ère coloniale

Clement Attlee

Premier ministre pendant six ans (1945-1951), Clement Attlee transforma la Grande-Bretagne en introduisant le service national de santé, en nationalisant certaines industries et en décolonisant de nombreuses possessions de l'empire.

Irlande

Une île divisée entre l'Irlande du Nord, faisant partie du Royaume-Uni, et la majeure partie du territoire constituant un État indépendant, l'Éire.

1171 Durant le règne du roi d'Angleterre Henri II (1154-1189), des chevaliers normands conquièrent une partie du territoire irlandais. En 1175, le haut-roi d'Irlande, Rory O'Connor, reconnaît par le traité de Windsor le roi d'Angleterre comme suzerain.

1541 Ayant mis fin au pouvoir des seigneurs irlandais, le roi Henri VIII (1509-1547) prend le titre de roi d'Irlande.

1559-1607 Dans le contexte des tentatives effectuées par Élisabeth Ire (1558-1603) pour imposer le protestantisme, une succession de révoltes lancées contre les Anglais échouent dans les provinces d'Ulster (1559-1566, 1593-1603) et de Munster (1569-1572).

1641 Profitant de la guerre civile qui se déroule en Angleterre, une rébellion catholique éclate contre la domination anglaise. Elle est écrasée à Drogheda (1649) par Oliver Cromwell.

1652 La loi sur la confiscation des terres entraîne l'exode de milliers de catholiques irlandais vers la province de Connacht.

1690 Les Irlandais, qui s'étaient rangés sous la bannière du roi catholique destitué, Jacques II (1685-1688), sont défaits par les troupes de Guillaume d'Orange à la bataille de la Boyne.

1704 Selon les termes de nouvelles lois pénales, les catholiques sont privés du droit d'acquérir des terres et, en 1728, du droit d'envoyer des représentants au Parlement de Dublin. La domination de la classe protestante perdure la plus grande partie du XVIIIe siècle.

1792-1793 Les dernières restrictions anticatholiques concernant l'éducation et le droit de vote sont levées.

1795 Les protestants d'Ulster créent l'ordre d'Orange, l'institution loyaliste orangiste, afin de défendre leurs droits sur les terres irlandaises face aux catholiques.

1801 L'Acte d'union entre la Grande-Bretagne et l'Irlande entre en vigueur. Le Parlement irlandais est aboli et l'Irlande obtient, mais en 1829 seulement, une représentation au Parlement de Westminster, à la suite d'une campagne menée par le catholique Daniel O'Connell pour que ses coreligionnaires aient le droit de siéger à la Chambre des Communes.

1858 Fondation de la Fraternité républicaine irlandaise, qui réunit les Fenians, formés pour se battre pour l'instauration d'une République irlandaise indépendante.

1882 Les parlementaires irlandais siégeant à Londres forment le Parti parlementaire irlandais, afin d'obtenir l'autonomie de leur île.

1905 Création du Sinn Féin, mouvement nationaliste républicain.

1912 Une tentative pour faire voter une nouvelle loi sur l'autonomie amène l'Irlande au bord de la guerre civile, les camps unioniste et nationaliste mettant chacun sur pied des milices armées.

1918 Le Sinn Féin triomphe aux élections ; ses députés ne vont pas siéger à Londres, mais constituent à Dublin le Dáil Eireann, l'Assemblée d'Irlande, qui proclame l'indépendance de l'île.

1919-1921 La guerre anglo-irlandaise oppose l'armée républicaine irlandaise (IRA) aux forces britanniques.

1921 Le traité signé entre Anglais et Irlandais crée un État irlandais libre, qui voit le jour en 1922, et 6 comtés, situés au nord de l'île, qui restent dans le Royaume-Uni.

1922-1923 Une guerre civile éclate entre les partisans du traité et ses opposants, alors que l'État irlandais libre se met en place.

1937 L'Irlande du Sud devient un État souverain indépendant, sous le nom d'Éire et quitte le Commonwealth.

1973 L'Éire entre dans la CEE (aujourd'hui UE).

1990 Mary Robinson est la première femme élue à la présidence de la République irlandaise. Mary McAleese lui succède en 1997.

« 134-135 Les guerriers celtes
« 202-203 Pillards et commerçants
« 436-437 La question irlandaise

LE ROYAUME-UNI

L'IRLANDE DU NORD

La province d'Irlande du Nord est constituée de 6 comtés, situés dans le nord de l'île, qui font partie du Royaume-Uni, alors que les 26 autres sont indépendants. La province est souvent appelée Ulster, du nom de l'un des 4 anciens royaumes irlandais.

1920 La loi sur le gouvernement de l'Irlande divise l'Irlande entre un Sud catholique et un Nord protestant.
1921 Le Parlement d'Irlande du Nord se réunit pour la première fois. Il est dominé par les unionistes protestants qui procèdent à un redécoupage électoral, de manière à être assurés de la majorité et de bénéficier de meilleures conditions de logement, d'emploi et de services, que les catholiques.
1969 Des émeutes se répandent à travers toute la province, après l'attaque de quartiers catholiques par des protestants. L'armée britannique est déployée, alors que la violence explose, mesure qui marque le début de la période des «troubles».
1970 L'IRA provisoire (armée républicaine irlandaise) pratique des actes terroristes. Elle est née de la scission avec l'IRA officielle, qui a renoncé à la lutte armée.
1972 À Derry (Londonderry), les forces britanniques tirent sur des manifestants catholiques, faisant 13 victimes. Cette journée est connue sous le nom de «dimanche sanglant» *(Bloody Sunday)*.
1972 Le Parlement nord-irlandais est dissout et le gouvernement suspendu. Londres impose son administration directe.
1981 Le Sinn Féin décide de participer aux élections.
1985 Signature d'un accord entre Londres et Dublin afin d'œuvrer en commun pour la paix.
1994 L'IRA annonce un cessez-le-feu.
1998 Les accords de Stormont ou du Vendredi saint créent une assemblée locale autonome d'Irlande du Nord et prévoient la mise en place d'un Parlement et d'un gouvernement partageant le pouvoir entre catholiques et protestants.
2005 L'IRA annonce que la lutte armée est terminée.
2007 Le Parti unioniste démocrate et le Sinn Féin acceptent de partager le pouvoir. Première réunion de l'Assemblée autonome d'Irlande du Nord.

Les marches orangistes
Chaque année, le 12 juillet, les membres de l'ordre protestant d'Orange défilent dans les rues pour commémorer la victoire remportée par Guillaume d'Orange sur le roi catholique Jacques II à la bataille de la Boyne (1690).

La grande famine
En 1846-48, les cultures de pommes de terre – l'aliment de base de la majorité des Irlandais – furent infectées par le mildiou et, donc non comestibles. Cette pénurie alimentaire entraîna la mort d'un million d'Irlandais et l'émigration de 500 000 autres.

France

La première république moderne d'Europe et un État moteur en matière de construction européenne.

600 av. J.-C Les Grecs fondent une colonie à Massalia (Marseille) sur la côte méditerranéenne, ainsi que d'autres comptoirs commerciaux.

121 av. J.-C. L'actuelle France méridionale est occupée par les Romains et devient la province Narbonaise.

58-51 av. J.-C. Les Romains, commandés par Jules César, conquièrent la Gaule, un territoire correspondant globalement à la France actuelle, et battent Vercingétorix à Alésia en 52 av. J.-C. Leur nouvelle conquête est divisée en plusieurs provinces : Lyonnaise au nord, Belgique au nord-est et Aquitaine à l'ouest. Une révolte contre l'autorité de Rome est écrasée en 26.

253 apr. J.-C. Des tribus franques, venues de Germanie, franchissent pour la première fois le Rhin et envahissent le nord de la Gaule.

486 La domination romaine sur la Gaule achève de s'effondrer quand le dernier dignitaire romain, Syagrius, est défait par Clovis Ier à Soissons. Le règne de ce premier roi mérovingien marque la fondation du royaume franc, qui allait s'étendre du nord et de l'ouest (exception faite de la Bretagne) de la France actuelle jusqu'au Rhin, à l'est. Les Burgondes, quant à eux, contrôlent la Bourgogne et le Dauphiné actuels, et les Wisigoths, une partie du Languedoc.

496 Clovis et les Francs se convertissent au christianisme. Cette démarche leur vaut le soutien de leurs sujets gallo-romains et des empereurs romains d'Orient. Après l'élimination progressive de ses rivaux, le royaume franc devient la première puissance européenne en 600.

507 Clovis défait les Wisigoths à Vouillé, les refoulant ainsi vers l'actuelle Espagne.

511 À la mort de Clovis, ses fils se partagent son royaume, selon la coutume germanique. Ce démembrement a pour conséquence l'affaiblissement de la puissance franque et engendre une instabilité.

561 Le royaume franc, qui avait été réunifié sous le règne de Clotaire Ier, est à nouveau divisé entre ses fils.

639 Après la mort du roi Dagobert Ier, les rois mérovingiens voient leur pouvoir passer aux mains des maires du palais, des dignitaires de la cour.

680-714 Pépin le Jeune, dit Pépin de Herstal, est le plus puissant des maires du palais. Il règne de fait sur l'ensemble des possessions mérovingiennes.

732 Le maire du palais Charles Martel arrête la progression d'une armée de sarrasins à Poitiers et restaure l'unité du royaume.

741 Pépin le Bref succède à Charles Martel. En 751, il conclut une alliance avec la papauté. En échange de son aide militaire, le pape Zacharie le laisse déposer le dernier roi mérovingien. Pépin le Bref se fait proclamer roi des Francs et devient ainsi le premier monarque de la dynastie carolingienne.

768 À la mort de Pépin le Bref, son royaume est divisé entre ses fils, Charlemagne et Carloman. Quand Carloman décède en 771, Charlemagne devient l'unique souverain des Francs. Il conquiert le royaume lombard d'Italie en 774 et, en 800, il a multiplié par deux la taille de son royaume, dont les limites vont de l'Espagne méridionale à l'Elbe. Sa capitale d'Aix-la-Chapelle est le centre intellectuel de l'Europe.

800 Charlemagne est couronné empereur d'Occident par le pape Léon III et fonde l'Empire carolingien.

806 Charlemagne met en place une série de postes-frontières dans la partie orientale de son empire, afin de contrôler le commerce avec les Slaves.

814 À la mort de Charlemagne, son fils Louis Ier le Pieux lui succède. Il s'éteint en 840 et une guerre civile éclate alors, ses fils se disputant sa succession.

843 Le traité de Verdun divise l'empire de Charlemagne en trois : la Francie occidentale (la France), la Francie orientale (la Germanie) et l'Italie. L'empire est brièvement réuni sous le règne de Charles III le Gros (884-87), mais il est finalement divisé en cinq royaumes, quand la Bourgogne et la Provence s'en détachent.

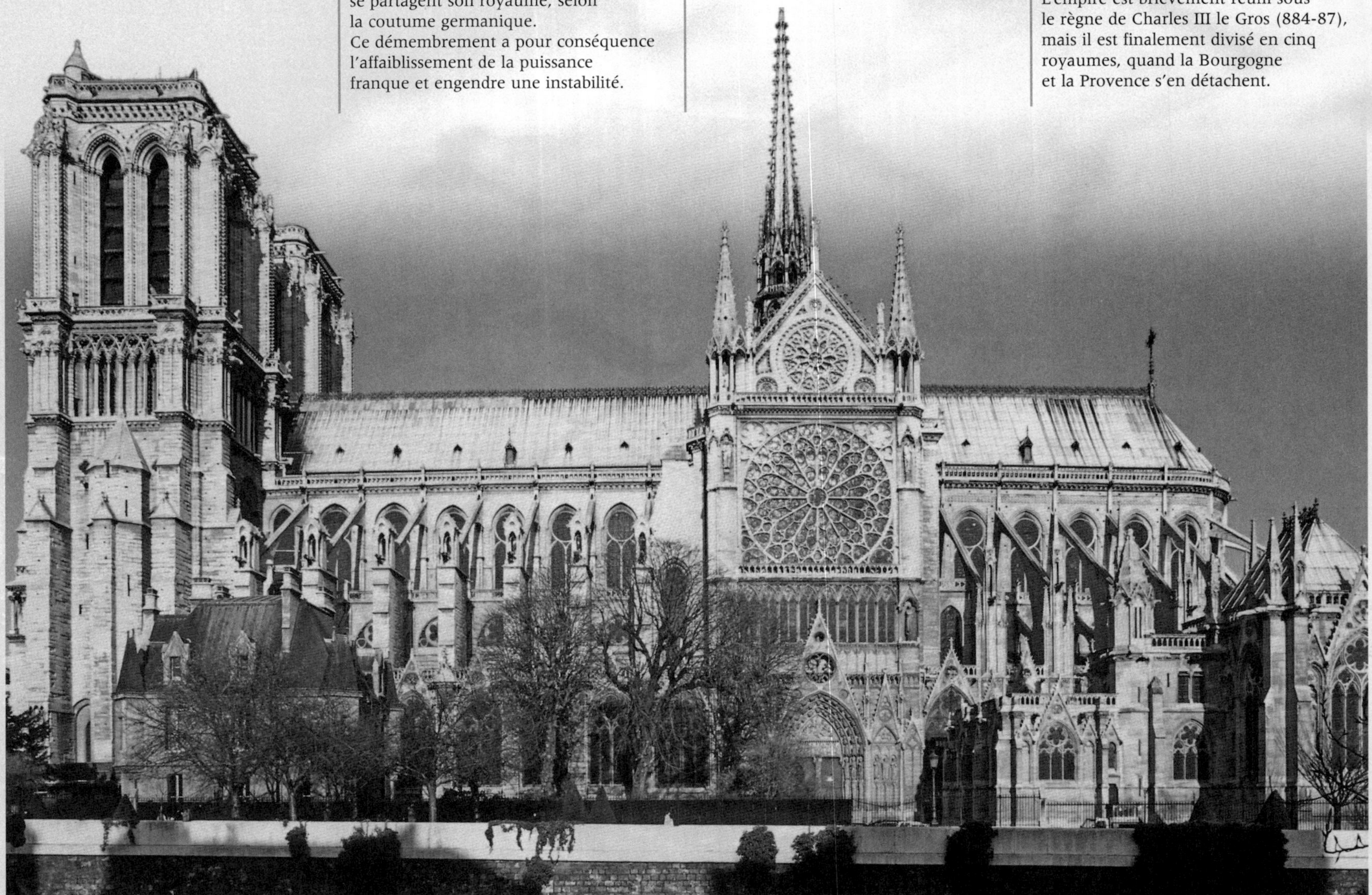

L'église des rois de France
Édifiée sur la partie est de l'île de la Cité, à Paris, de 1163 à 1257, Notre-Dame de Paris constitue l'un des plus beaux exemples européens d'architecture gothique primitive.

ROI DE FRANCE (1494-1547)

FRANÇOIS Ier

François Ier accéda au trône de France à la mort de son cousin, Louis XII, dont il épousa la fille. Il fut le premier roi français de la Renaissance, accueillant à sa cour musiciens et poètes, ainsi que d'illustres visiteurs, tel Léonard de Vinci.
Alors que son règne vit s'épanouir les arts, son bilan politique fut plus nuancé. Il fut vaincu par l'empereur Charles Quint à la bataille de Pavie (1525) et contraint d'abandonner toute prétention sur l'Italie, après avoir été son prisonnier.
En revanche, l'un de ses succès durables fut l'accord qu'il conclut avec les Ottomans, qui devinrent les alliés de la France pendant la neuvième guerre d'Italie (1542-1546).

911 Charles III le Simple laisse les Vikings s'établir en Normandie.

987 La dynastie des Capétiens, qui règne jusqu'en 1328 et qui succède à celle des Carolingiens, est fondée par Hugues Ier Capet (987-996), mais les limites de son royaume ne connaissent leur plus grande extension qu'à la fin du XIIe siècle.

1180-1223 Règne de Philippe-Auguste, qui restaure la puissance de la monarchie. Il bat une coalition anglo-germanique à Bouvines en 1214, regagnant ainsi toutes les possessions anglaises en territoire français, à l'exception de la Gascogne, et faisant de la France le plus puissant royaume d'Europe.

1309 Le pape Clément V déplace le siège de la papauté de Rome à Avignon. À partir de 1378, début du grand schisme, conflit qui oppose deux papes rivaux, jusqu'à ce que le parti romain soit le seul reconnu (1417) et rétablisse la papauté à Rome.

1328 Philippe VI est le premier roi de la dynastie des Valois.

1337 La guerre de Cent Ans, entre la France et l'Angleterre, commence quand Édouard III d'Angleterre revendique le trône de France. Avec son fils, le Prince Noir, il remporte les importantes victoires de Crécy (1346) et de Poitiers (1356).

1348-1350 La peste noire se répand à travers l'Europe et tue entre un tiers et un quart de la population française.

1363 Création du duché de Bourgogne à partir de territoires appartenant à la couronne de France. Le duché accroît sa puissance en s'agrandissant des possessions de la maison de Flandres et de terres situées dans la vallée du Rhin.

1415 Le roi d'Angleterre, Henri V, relance la guerre de Cent Ans et remporte une importante victoire à Azincourt. Selon les termes du traité de Troyes (1420), il devient régent de France et, par son mariage avec la fille du roi Charles VI, l'héritier du trône de France. Il meurt avant de pouvoir y accéder.

1415 Menés tout d'abord par Jeanne d'Arc, les Français chassent les Anglais de leur territoire, reprenant la Normandie (1449), la Gascogne (1450) et mettant un point final à la guerre de Cent Ans, avec la reconquête de l'Aquitaine (1453).

1419-1467 Le duc de Bourgogne, Philippe le Bon, accroît ses possessions aux Pays-Bas. Son successeur, Charles le Téméraire (1467-1477), parvient à réunir presque tous ses territoires, mais le roi de France Louis XI (1461-1483) s'empare de la partie anciennement française de la Bourgogne, tandis que le reste du duché est intégré au domaine héréditaire des Habsbourg.

1494 Charles VIII envahit l'Italie, débutant ainsi une longue série de guerres contre les Habsbourg. En 1525, la capture de François Ier par les forces espagnoles à Pavie, puis sa détention, marquent le point d'orgue de ces conflits. François Ier renonce à ses revendications sur l'Italie, notamment sur Milan, mais les hostilités reprennent et ne cessent qu'avec la signature du traité du Cateau-Cambrésis, en 1559.

1517 Début de la Réforme en Europe. De nombreux Français se convertissent au protestantisme et sont désignés sous le nom de huguenots.

1562-1598 Pendant les guerres de Religion, qui se déclenchent après le décès du roi Henri II, les huguenots protestants et les nobles catholiques luttent pour obtenir la suprématie dans le pays.

1572 Massacre de la Saint-Barthélemy : des milliers de protestants sont tués dans la capitale et en province.

1594 Henri IV, qui s'est converti au catholicisme en 1593, est couronné roi, devenant ainsi le premier souverain de la dynastie des Bourbons. Par l'édit de Nantes (1598), il accorde la liberté de culte aux protestants.

1608 La fondation de Québec au Canada conduit à la création d'un vaste empire français en Amérique du Nord.

1610 Henri IV est assassiné. Louis XIII lui succède. Son ministre, Richelieu, conforte le prestige de la monarchie à l'intérieur du pays, comme à l'étranger.

1628 Durant la guerre de Trente Ans, la France se bat en Allemagne contre l'Espagne et le Saint-Empire, avec pour objectif de démembrer le puissant empire des Habsbourg. La France triomphe des attaques espagnoles et prend le Roussillon (1642). Les Français soutiennent les Portugais et les Catalans (1640), puis les Napolitains (1647) insurgés contre la domination espagnole.

1643 Louis XIV devient roi à l'âge de cinq ans. Le cardinal Mazarin gouverne en son nom.

1661 Le jeune roi exerce pleinement le pouvoir. Durant son règne, l'absolutisme de l'Ancien Régime atteint son apogée. Dans le royaume, il favorise l'épanouissement des arts. À l'extérieur, le Roi-Soleil établit l'hégémonie de la France sur la plus grande partie de l'Europe occidentale, grâce à une série de campagnes militaires victorieuses, qui repoussent les frontières du royaume jusqu'aux Flandres, au nord, et jusqu'au Rhin, à l'est. À partir de 1700, le reste de l'Europe s'étant allié contre lui, sa suprématie commence s'affaiblir.

1685 La révocation de l'édit de Nantes force de nombreux huguenots à s'exiler en Angleterre et en Allemagne.

1701-1713 La guerre de la Succession d'Espagne éclate quand Louis XIV tente de placer son petit-fils, Philippe, sur le trône d'Espagne. Celui-ci est finalement reconnu comme roi d'Espagne de la dynastie des Bourbons, mais renonce à toute future revendication sur le trône de France.

1715 Mort de Louis XIV. Son successeur, Louis XV (1715-1774), montre peu d'intérêt pour le gouvernement de l'État et la politique. Il rencontre moins de succès dans ses campagnes militaires et dans sa capacité à juguler l'opposition croissante dans son royaume que son prédécesseur.

1740 La guerre de la Succession d'Autriche se déclare à la suite du décès du dernier empereur de la dynastie des Habsbourg, Charles VI. La France et la Prusse soutiennent en vain la revendication au trône de l'Électeur de Bavière contre celle de la fille de Charles VI, Marie-Thérèse, dont les droits sont confirmés par le traité d'Aix-la-Chapelle (1748).

1756-1763 La guerre de Sept Ans marque la poursuite des litiges non résolus par le traité d'Aix-la-Chapelle, la France et la Grande-Bretagne cherchant toutes deux à obtenir la suprématie maritime et coloniale. La Grande-Bretagne ayant remporté le conflit, la France est contrainte de lui céder presque toutes ses possessions d'Amérique du Nord, des Antilles et d'Inde, et d'abandonner à l'Espagne les territoire situés à l'ouest du Mississippi, ne conservant au bout du compte qu'une petite partie de son vaste empire américain.

1789 Révolution française. Pour la première fois depuis 1614, Louis XVI (1774-1792) convoque l'assemblée consultative des états généraux, afin d'obtenir de nouvelles recettes pour combler la faillite de l'État. Alors que les nobles et le clergé (le premier et le deuxième état) perdent le contrôle des débats au profit du tiers état (les roturiers), ce dernier constitue une Assemblée nationale, qui réclame une réforme de la monarchie. L'attitude irrésolue de Louis XVI conduit à la prise de la Bastille, le 14 juillet. L'Assemblée nationale proclame la Déclaration des droits de l'homme. Face aux hésitations du roi, en octobre, les Parisiens marchent sur Versailles pour réclamer du pain ; la famille royale est prise en otage et emmenée à Paris.

1790 Une nouvelle Constitution est proclamée, mais en 1791, le roi et sa famille tentent de fuir le pays. Ils sont ramenés et arrêtés. Louis XVI se voit forcé de reconnaître la nouvelle Constitution.

1792 Le roi et l'Assemblée déclarent la guerre au Saint-Empire et à la Prusse. L'Angleterre, l'Espagne et la Hollande entrent dans le conflit en 1793. À Paris, la foule prend d'assaut le palais des Tuileries. La Commune de Paris, dont l'un des membres les plus influents est Danton, prend le pouvoir et une Convention nationale remplace l'Assemblée nationale et abolit la monarchie.

1793 Louis XVI est jugé, condamné et exécuté. Le gouvernement du pays passe des Girondins (des modérés) aux Jacobins (des radicaux) et aux Montagnards, dont le principal dirigeant est Maximilien Robespierre, qui instituent le régime de la Terreur, caractérisé par des exécutions massives.

1794 Le Comité de salut public est supprimé et Robespierre exécuté. En 1795, une nouvelle Constitution met en place le Directoire, jusqu'en 1799.

1799 Napoléon Bonaparte, un général originaire de Corse, qui a remporté de nombreux succès militaires, renverse le Directoire et, à l'issue de ce coup d'État, s'arroge les pouvoirs dictatoriaux de Premier consul.

1804 Lors de la cérémonie de son sacre, à Paris, Napoléon prend la couronne des mains du pape et se proclame empereur des Français. Il effectue de nombreuses réformes, notamment en faisant rédiger le code Napoléon, qui fixe le droit civil. À l'extérieur, il défait les Autrichiens et les Russes à Austerlitz (1805) et les Prussiens à Iéna (1806).

1812 L'invasion de la Russie par Napoléon Ier se solde par une défaite due aux rigueurs de l'hiver russe et par la prise de Paris par les Autrichiens et les Prussiens. L'Empereur est déposé et exilé à l'île d'Elbe. La monarchie des Bourbons est rétablie ; Louis XVIII monte sur le trône.

1815 Napoléon débarque en France pour un dernier règne de Cent-Jours, qui se termine par la défaite de Waterloo, face aux troupes britanniques et prussiennes. Louis XVIII rentre d'exil.

1830 Le frère de Louis XVIII, Charles X, qui est monté sur le trône en 1824, est contraint d'abdiquer à l'issue de la révolution de Juillet. Louis-Philippe d'Orléans lui succède.

1848 Alors que le pays connaît une période de disette, Louis-Philippe est renversé par une insurrection populaire et la IIe République est proclamée. Charles-Louis Napoléon, dit Louis-Napoléon Bonaparte, le neveu de Napoléon Ier, est élu à la présidence avec plus de 70 % des voix.

1851 Charles-Louis Napoléon commet un coup d'État, avec le soutien de l'armée et des royalistes.

1852 Charles-Louis Napoléon prend le titre d'empereur, sous le nom

Napoléon III
Neveu de Napoléon Bonaparte, Louis-Napoléon Bonaparte tenta par deux fois de renverser Louis-Philippe. Il fut élu président de la République en 1848, s'empara du pouvoir en 1851, et devint empereur l'année suivante.

de Napoléon III et proclame le second Empire, régime autoritaire approuvé par un plébiscite. Impliquée dans des conflits avec la Russie en Crimée (1854-1856), puis avec l'Autriche (1859), la France s'agrandit de la Savoie et de Nice, reçues du Piémont.

1870 Napoléon III déclare la guerre à la Prusse pour préserver sa suprématie diplomatique en Europe. Les forces françaises sont rapidement vaincues à Metz et à Sedan, où l'empereur est fait prisonnier. La IIIe République est proclamée et continue le combat jusqu'à l'entrée des forces prussiennes dans Paris (janvier 1871). La France est obligée de céder l'Alsace et la Lorraine à l'Allemagne.

1870 À Paris, une Commune révolutionnaire prend le pouvoir, mais sa répression par Adolphe Thiers, président de la République de 1871 à 1873, est brutale. L'instabilité politique est endémique : 109 gouvernements se succèdent en l'espace de 70 ans.

1905 La loi de séparation de l'Église et de l'État est votée dans le sillage de l'affaire Dreyfus, du nom du capitaine juif Alfred Dreyfus qui fut injustement condamné pour trahison, en 1894, et ne fut acquitté qu'en 1906.

1914 Quand la Première Guerre mondiale éclate, l'Allemagne déclare la guerre à la France et envahit son territoire. Le Royaume-Uni, allié de la France, entre dans le conflit et envoie une importante armée sur le continent. L'avancée allemande vers Paris est stoppée sur la Marne et, à la fin de l'année, les combats sont dans une impasse. Quelque 300 000 soldats français sont tués à la bataille de Verdun (février-décembre 1916) et environ 200 000 à la bataille du Chemin des Dames (avril-mai 1917).

1918 Pendant l'été, les Alliés parviennent à percer les lignes allemandes, puis imposent un armistice en novembre.

1919 Les traités de paix signés à Versailles restituent l'Alsace et la Lorraine à la France, lui accordent un mandat sur la Sarre et lui donnent satisfaction quant à ses exigences en matière de réparations. D'autres accords lui confèrent des mandats sur la Syrie et le Liban, ainsi que sur des territoires d'Afrique occidentale.

1919-1939 La France connaît une période de récession économique et de forte instabilité politique, la IIIe République comptabilisant 44 gouvernements pendant cette période.

1923 Des troupes françaises occupent la Ruhr pour contraindre les Allemands au paiement des réparations de guerre. Elles s'en retirent en 1925, après que le pacte de Locarno eut garanti la frontière franco-allemande et porté la promesse de meilleures relations entre les deux pays.

1933 Hitler arrive au pouvoir et commence à battre en brèche les accords signés à Versailles. La France et le Royaume-Uni cherchent à apaiser l'Allemagne à la conférence de Munich, mais offrent leur soutien à la Pologne, quand Hitler envahit la Tchécoslovaquie en 1939.

1939 L'invasion de la Pologne par l'Allemagne marque le début du deuxième conflit mondial. La France et le Royaume-Uni entrent en guerre.

1940 L'Allemagne envahit la France et la contraint à capituler; un régime de collaboration, dirigé par le maréchal Pétain, se met en place à Vichy, dans le sud du pays, les Allemands en contrôlant le nord et l'ouest. À Londres, le général

HOMME D'ÉTAT FRANÇAIS (1890-1970)

CHARLES DE GAULLE

Spécialiste des blindés de combat, Charles de Gaulle fut nommé général de brigade au début de la Seconde Guerre mondiale. Convaincu qu'il fallait poursuivre le combat, il lança son célèbre appel le 18 juin 1940, depuis Londres, et prit la tête de la France libre et de la Résistance française extérieure. À la Libération, en 1944, il dirigea le Gouvernement provisoire jusqu'en 1947. Après une traversée du désert, Charles de Gaulle fut appelé à former un gouvernement, en 1958. Il devint le premier président de la Ve République, de 1958 à 1969, cherchant à promouvoir l'indépendance du pays. Son idéologie politique, le gaullisme, continue d'influencer la politique française.

La Commune de Paris
Cette médaille fut décernée à un partisan de la brève Commune de Paris de 1871, qui se constitua pendant la période chaotique, consécutive à la guerre franco- prussienne.

« Rien n'est perdu pour la France. [...] Quoi qu'il arrive, **la flamme** de la Résistance française ne doit pas s'éteindre et **ne s'éteindra pas.** »

LE GÉNÉRAL DE GAULLE, S'EXPRIMANT DEPUIS LONDRES SUR LA BBC, LE 18 JUIN 1940

de Gaulle appelle à la résistance de la France libre.

1944 La France est libérée après l'invasion alliée en Normandie, le jour J. De Gaulle accède au pouvoir en tant que chef du Gouvernement provisoire.

1945 Fin de la Seconde Guerre mondiale : la France fait partie des quatre puissances qui occupent l'Allemagne.

1946-1958 La IVe République est instaurée, mais se caractérise par une forte instabilité politique.

1949 La France adhère à l'OTAN.

1950 Le projet de Robert Schumann de fédérer les productions françaises et ouest-allemandes de charbon, de fer et d'acier, aboutit, en 1952, à la création de la CECA, regroupant la France, l'Allemagne de l'Ouest, l'Italie, la Belgique, les Pays-Bas et le Luxembourg, première étape vers l'unité européenne.

1954 Après l'importante défaite de Diên Biên Phu, infligée par les nationalistes vietnamiens, la France se retire du Sud-Est asiatique et reconnaît l'indépendance d'un Viêt Nam divisé en deux États, celles du Laos et du Cambodge. Elle transfère à l'Inde les établissements qu'elle avait conservés dans le sous-continent. La guerre pour l'indépendance commence en Algérie.

1956 Le Maroc et la Tunisie accèdent à l'indépendance.

1956 La France, le Royaume-Uni et Israël participent à une guerre avortée et envoient des troupes en Égypte, pour faire obstacle à la nationalisation du canal de Suez.

1957 Avec ses cinq partenaires de la CECA, la France signe le traité de Rome qui fonde la Communauté économique européenne.

1958 La Ve République est instaurée, après l'effondrement de la IVe. De Gaulle accède à la présidence.

1960 Toutes les colonies d'Afrique, à l'exception de deux d'entre elles, deviennent indépendantes. Les Comores accèdent à l'indépendance en 1975 et Djibouti en 1977.

1962 L'Algérie devient indépendante à l'issue d'un conflit très âpre avec la France.

1966 La France, qui suit une politique étrangère de plus en plus indépendante, se retire du commandement militaire de l'OTAN.

La Libération
Le 26 août 1944, la foule acclame les troupes alliées, qui défilent devant l'Opéra Garnier. La garnison allemande s'était rendue la veille.

1968 Des manifestations étudiantes et une grève générale à propos de la politique de l'éducation et de la question des salaires plongent le pays dans le chaos. L'Assemblée nationale est dissoute, mais le parti gaulliste remporte les élections législatives.

1969 De Gaulle démissionne après un vote négatif au référendum concernant un projet de réforme régionale. Georges Pompidou devient président, il décède au cours de son mandat (1974).

1970 Mort du général de Gaulle.

1974 Valéry Giscard d'Estaing, soutenu par une coalition de centre-droit, est élu président de la République.

FRANCE

LES DÉPARTEMENTS ET TERRITOIRES FRANÇAIS D'OUTRE-MER

L'ÎLE DE CLIPPERTON
Situé au large des côtes mexicaines, cet atoll tire son nom du pirate John Clipperton. Il appartient à la France depuis 1858.

EUROPA ET LES ÎLES ENVIRONNANTES
L'île Europa se trouve au large des côtes de Madagascar et est revendiquée par ce pays. Elle est administrée par le ministère français de l'Outre-Mer depuis 1960.

LA GUYANE FRANÇAISE
Un département-région d'outre-mer situé en Amérique du Sud.
1568 Gaspar de Sostelle et 126 familles tentent de s'y établir, mais ils en sont chassés par la population indigène.
1676 Les Français reprennent la Guyane aux Hollandais.
1817 La Guyane devient une colonie française. Un bagne y est établi en 1852.
1846 La Guyane devient un département et une région d'outre-mer (DROM).

LA POLYNÉSIE FRANÇAISE
Un ensemble d'archipels situé dans le Pacifique sud.
1521 Fernand de Magellan parvient à Pukapuka, une petite île de l'archipel des Tuamotu, habitée par des Polynésiens.
1768 Louis-Antoine de Bougainville explore une partie de l'île de Tahiti.
1842 Tahiti devient un protectorat français.
1880 Tahiti et ses dépendances deviennent une colonie française. Les autres archipels polynésiens sont annexés en 1900.
1946 La Polynésie française devient une collectivité d'outre-mer.
1995 Un essai nucléaire souterrain à Mururoa provoque une série de manifestations et d'émeutes à Tahiti.
1995 Des commandos de la marine française s'emparent du dernier des cinq bateaux de Greenpeace, accusé d'avoir pénétré dans la zone d'exclusion des 20 km entourant les atolls de Mururoa et de Fangataufa.
1996 Fin des essais nucléaires.

LA GUADELOUPE
Une grande île, située à l'est des Antilles.
1493 C. Colomb prend possession de l'île au nom de l'Espagne.
1635 La Guadeloupe devient une colonie française.
1946 L'île devient un département et une région française d'outre-mer.

LA MARTINIQUE
Une grande île des Antilles.
1502 C. Colomb prend possession de l'île au nom de l'Espagne.
1635 La Martinique devient une colonie française.
1646 L'île devient un département et une région française d'outre-mer (DROM).

MAYOTTE
Une île située dans la partie occidentale de l'océan Indien.
1843 Mayotte, qui fait partie des Comores, devient, ainsi que les quatre autres îles de cet archipel, une colonie française.
1974 Quand les Comores accèdent à l'indépendance, Mayotte devient une collectivité territoriale.

LA NOUVELLE-CALÉDONIE
Une grande île située dans le sud-ouest de l'océan Pacifique.
1840 Arrivée des premiers colons européens.
1853 L'île devient une colonie française.
1946 La Nouvelle-Calédonie devient un territoire d'outre-mer.
1998 Elle devient une collectivité territoriale ; un référendum sur l'indépendance est prévu entre 2013 et 2018.

LA RÉUNION
Une île de l'océan Indien.
1638 Elle devient une possession française sous le nom d'île Saint-Paul, puis dix ans plus tard, d'île Bourbon.
1946 Elle devient un département et une région française d'outre-mer (DROM).

SAINT-PIERRE ET MIQUELON
Des îles situées au large de la côte orientale du Canada.
1816 L'archipel devient une colonie française.
1985 Saint-Pierre-et-Miquelon devient une collectivité territoriale d'outre-mer.

TERRES AUSTRALES ET ANTARCTIQUES
Des îles situées au sud de l'océan Indien et des territoires de l'Antarctique revendiqués par la France.
1955 Ces possessions reçoivent le statut de collectivité française d'outre-mer.

WALLIS-ET-FUTUNA
Des îles de l'océan Pacifique au nord-est des îles Fidji.
1961 Elles deviennent une collectivité française d'outre-mer.

1981 Élection du candidat du Parti socialiste, François Mitterrand, à la présidence.

1986 Début d'une période de cohabitation entre un président socialiste et un gouvernement de droite, dirigé par Jacques Chirac.

1988 Mitterrand est élu pour un second mandat. Une coalition de gauche, menée par le PS, revient au gouvernement.

1992 La France signe le traité de Maastricht sur l'Union européenne.

1995 Le candidat de droite, Jacques Chirac, est élu président, mettant ainsi un terme à 14 ans de présidence socialiste.

1997 Le centre-droit perd les élections législatives : un gouvernement à dominante socialiste est nommé, avec Lionel Jospin comme Premier ministre.

2002 L'euro remplace le franc.

2002 Jacques Chirac est réélu président. Le résultat obtenu par le candidat du Front national, au premier tour du scrutin, propage une onde de choc à travers le pays.

2002 Une importante grève des employés du secteur public, qui protestent ainsi contre un programme de privatisation, paralyse le pays.

2003 La France critique violemment l'intervention américano-britannique en Iraq. Le nombre de personnes âgées, décédées à la suite de la canicule du mois d'août, est estimé à 15 000.

2005 Le projet de Constitution européenne est rejeté par référendum. Le Premier ministre Jean-Pierre Raffarin démissionne.

2007 Le candidat de droite, Nicolas Sarkozy, remporte l'élection présidentielle, battant au second tour son adversaire socialiste, Ségolène Royal.

2008 Lors des élections municipales et cantonales, les Verts et le Parti socialiste l'emportent.

« 110-113 De la République à l'Empire
« 136-137 Métal celtique
« 186-187 La Grande Peste
« 238-239 Commerce et empires
« 262-263 La guerre de Trente Ans
« 278-279 Louis XIV
« 300-301 La prise de la Bastille
« 302-303 La Révolution française
« 304-305 Napoléon Bonaparte
« 412-413 La fin de l'ère coloniale

MOMENT CLÉ

LES MANIFESTATIONS ÉTUDIANTES DE 2006

Le 18 mars 2006, quelque 500 000 personnes manifestèrent à Paris et dans toute la France. Les protestations des étudiants et lycéens, soutenus par les syndicats et des partis politiques, s'élevaient contre un projet de loi controversé, le CPE, contrat premier emploi. En facilitant le licenciement des moins de 26 ans, ce projet de loi était perçu comme précarisant le travail des jeunes. Un mois après cette manifestation, le président Chirac renonça à faire voter la loi.

L'esprit révolutionnaire
De jeunes manifestants prennent d'assaut la place de la Nation, à Paris, et plongent le gouvernement dans la tourmente.

Espagne

Un pays du sud-ouest de l'Europe, qui s'étend sur la péninsule Ibérique et a réussi sa transition vers la démocratie.

206 av. J.-C. L'Espagne est conquise par les Romains, après la victoire de leurs légions, commandées par Scipion l'Africain, sur les forces carthaginoises.

419 apr. J.-C. Alors que l'Empire romain est en plein déclin, un royaume wisigoth, couvrant la quasi-totalité de l'Espagne actuelle, est créé, ainsi qu'un royaume suève dans la Galice actuelle et des colonies vandales en Andalousie.

554 La guerre civile qui déchire le royaume des Wisigoths donne à l'empereur byzantin, Justinien, l'occasion de reconquérir le sud de l'Espagne.

585 Les Wisigoths conquièrent le royaume des Suèves et deviennent maîtres de toute l'Espagne.

587 Le roi des Wisigoths, Récarède Ier, se convertit au catholicisme.

711 Le royaume des Wisigoths disparaît, après sa défaite devant les Maures, venus d'Afrique du Nord, qui introduisent l'islam en Espagne.

718 Le roi chrétien des Asturies, un royaume situé dans le nord de l'Espagne, remporte une victoire décisive contre les Maures, à Covadonga, arrêtant ainsi leur expansion dans la péninsule. Au cours du siècle suivant, ce royaume continue à s'étendre aux dépens des territoires musulmans d'Espagne.

756 L'Espagne devient indépendante du reste du monde musulman, quand Abd al-Rahman Ier fonde l'émirat omeyyade de Cordoue. Ce territoire devient un califat en 929.

962 Début de la Reconquête chrétienne *(Reconquista)* de l'Espagne.

1143 Alphonse VII de León reconnaît l'indépendance du Portugal.

«J'ai placé sous la **domination du roi et de la reine** [...] un deuxième monde, grâce auquel **l'Espagne,** qui fut considérée comme un pays pauvre, est devenue la nation la plus riche de la Terre.»

CHRISTOPHE COLOMB, DANS UNE LETTRE ÉCRITE EN 1500

La céramique mauresque
Ce plat en céramique, délicatement décoré, fut exécuté à l'époque de l'émirat de Grenade. L'architecture et les arts mauresques atteignirent un haut degré de sophistication aux XIIIe et XIVe siècles.

L'Escurial
Philippe II ordonna la construction de l'Escurial près de Madrid, pour qu'il serve de monastère et de lieu d'inhumation aux rois d'Espagne. Juan Bautista de Toledo, un architecte espagnol de la Renaissance qui avait travaillé en Italie, commença l'édification du bâtiment, qui fut achevé en 1584.

Un roi baroque
Le roi Philippe IV, représenté ici par Diego de Velázquez, le remarquable peintre de l'époque baroque, fut un actif protecteur des arts.

1212 La suprématie des Maures est affaiblie, après leur importante défaite à la bataille de Las Navas de Tolosa. L'Espagne se trouve alors constituée des royaumes de León et de Navarre au nord, de Castille au centre, d'Aragon à l'est, et du califat des Almohades au sud.

1254 Une université musulmane est fondée à Séville. Pendant la domination musulmane, des villes comme Séville et Tolède constituent d'importants centres de culture islamique, permettant la diffusion dans les écoles épiscopales d'Europe occidentale du savoir classique, préservé grâce à des textes et des traductions en arabe.

1442 Le roi d'Aragon conquiert le royaume de Naples, en Italie du Sud, et l'adjoint à son empire méditerranéen, déjà formé par les Baléares, la Sardaigne et la Sicile.

1469 Le futur royaume unifié d'Espagne est créé par le mariage de Ferdinand d'Aragon et d'Isabelle, héritière du royaume de Castille.

1474 Isabelle devient reine de Castille à la mort de son demi-frère Henri IV.

1478 L'Inquisition est réorganisée jusqu'en 1834.

1479 Ferdinand devient roi d'Aragon. Les Rois Catholiques commencent à gouverner conjointement leurs royaumes (1481).

1492 Les forces espagnoles expulsent les Maures de Grenade, achevant ainsi la reconquête chrétienne de l'Espagne.

1492 La reine Isabelle finance l'expédition de Christophe Colomb vers le « Nouveau Monde ».

1494 Le roi de France, Charles VIII, envahit l'Italie, initiant ainsi une série de guerres avec l'Espagne pour la possession de ce territoire.

1504 À la mort d'Isabelle, Ferdinand assure la régence de la couronne de Castille au nom de leur fille, Jeanne la Folle.

1515 Ferdinand intègre la Navarre à la Castille, devenant ainsi le premier souverain d'une Espagne unifiée.

1516 À la mort de son père Ferdinand, Charles de Habsbourg devient Charles Ier d'Espagne. En 1519, il devient empereur du Saint Empire romain germanique, sous le nom de Charles Quint. Absorbé par de longs conflits avec les princes protestants de l'Empire et par des guerres avec la France, il se détourne des affaires espagnoles.

1519-1524 Hernán Cortés conquiert l'Empire aztèque, au Mexique, pour le compte de l'Espagne.

1531-1535 Francisco Pizzarro conquiert l'Empire inca pour le compte de l'Espagne.

1554 L'héritier du trône d'Espagne, Philippe, épouse la reine d'Angleterre, Marie, et devient roi d'Angleterre jusqu'à son décès, en 1558. Il accède au trône d'Espagne en 1556, sous le nom de Philippe II.

1556 Charles Quint abdique et le domaine du Saint Empire est divisé entre les États des Habsbourg d'Autriche et les territoires sous souveraineté espagnole. Le frère de Charles Quint, Ferdinand, gouverne les possessions autrichiennes des Habsbourg et prend le titre d'empereur romain germanique, tandis que Philippe II règne sur l'Espagne, la Sardaigne, Naples et la Sicile, le duché de Milan, la Franche-Comté, les Pays-Bas et le Luxembourg. Charles Quint se retire dans un monastère espagnol.

1559 Les traités du Cateau-Cambrésis mettent un terme aux guerres d'Italie avec la France.

1561 Madrid devient la capitale de l'Espagne.

1578 Des troupes espagnoles reconquièrent la plus grande partie du sud des Pays-Bas, qui s'était insurgé contre la domination de l'Espagne.

1579 Les provinces calvinistes du nord des Pays-Bas s'unissent au sein de l'Union d'Utrecht, afin de combattre la tutelle de l'Espagne.

1580 Le Portugal passe sous le contrôle de la couronne espagnole, après la mort du roi Henri le Cardinal, qui n'avait pas eu d'enfants. Philippe II envahit son territoire, pour faire respecter ses droits, et remporte la bataille d'Alcántara. L'Espagne est au faîte de sa gloire impériale.

1588 Philippe II envoie une armada envahir l'Angleterre, après que sa reine protestante, Élisabeth Ire, a fait exécuter sa cousine et prétendante au trône, la catholique Marie, reine d'Écosse.

1598 Mort de Philippe II ; son fils, Philippe III lui succède.

1609 Une trêve de 12 ans est signée entre les Provinces-Unies néerlandaises et l'Espagne.

1618-1648 Guerre de Trente Ans : l'Espagne prend part à des combats quasiment ininterrompus en Europe. Elle se bat principalement contre la France et les États protestants d'Allemagne et de Scandinavie.

1621 Philippe IV devient roi.

1628 La France de Louis XIII commence ses attaques contre le territoire espagnol.

MOMENT CLÉ

LA PAIX D'UTRECHT, 1713

La paix d'Utrecht comprend une série de traités, qui furent signés dans la ville d'Utrecht, en Hollande. En mettant fin à la guerre de la Succession d'Espagne, elle constitua l'une des grandes réussites diplomatiques du XVIIIe siècle. Les différents traités furent signés par les représentants du roi de France, Louis XIV, et ceux du roi d'Espagne, d'une part, et par ceux de la reine Anne d'Angleterre, du duc de Savoie et des Provinces-Unies, d'autre part. Ils consacraient l'affaiblissement de l'Espagne, dont l'empire européen fut morcelé : la Savoie reçut la Sicile et une partie du duché de Milan, l'empereur germanique les Pays-Bas espagnols, le royaume de Naples, la Sardaigne et la plus grande partie du duché de Milan. Le traité conclu entre l'Espagne et la Grande-Bretagne, le 13 juillet 1713, attribuait Gibraltar et Minorque à la Grande-Bretagne.

Le traité entre la Grande-Bretagne et l'Espagne

MOMENT CLÉ

LA TENTATIVE DE COUP D'ÉTAT, 1981

Le 23 février 1981, 200 soldats de la Guardia Civil s'emparent du Parlement espagnol. Selon les termes de la Constitution de 1978, le roi Juan Carlos a transmis le pouvoir à un corps législatif élu, devenant ainsi un monarque qui ne gouverne pas. Ces nouvelles dispositions ont rencontré l'hostilité d'une certaine partie des forces armées et provoqué cette tentative de coup d'État. Mais celui-ci échoue au bout de quelques heures, après que le roi fut apparu en personne à la télévision, pour demander à la nation de soutenir le gouvernement démocratique.

Le dernier sursaut fasciste
Le colonel Antonio Tejero (à droite) tire des coups de feu en l'air, au moment où il annonce le coup d'État, puis déclare aux députés d'attendre l'arrivée «de l'autorité militaire compétente», qui ne vint jamais.

1640 La France soutient les rébellions au Portugal et en Catalogne, dirigées contre l'Espagne. L'invasion de la Catalogne qui s'ensuit y engendre un conflit long et indécis.

1643 À la bataille de Rocroi, la France inflige une importante défaite aux Espagnols.

1648 À l'issue de la guerre de Trente Ans, l'Espagne perd le Portugal et les Provinces-Unies néerlandaises, événement qui marque le début de son déclin impérial.

1659 Le traité des Pyrénées met un terme au long conflit avec la France et lui octroie le Roussillon.

1665 Mort de Philippe IV. Son seul enfant survivant, le souffreteux Charles II, lui succède.

1667 La France commence une longue campagne militaire dans le but de conquérir les Pays-Bas espagnols. Elle en occupe la plus grande partie en 1678.

1688-1697 Guerre de la Ligue d'Augsbourg : l'Espagne, la Suède, le Palatinat, la Bavière et la Saxe se battent contre la France.

1701-1714 La guerre de la Succession d'Espagne éclate après le décès en 1700 de Charles II, dernier roi espagnol de la dynastie des Habsbourg, sans descendance. Le roi de France, Louis XIV, revendique le trône pour son petit-fils Philippe de Bourbon, tandis que la Grande-Bretagne, notamment, soutient l'archiduc autrichien Charles de Habsbourg. L'Espagne et ses possessions d'Europe deviennent le champ de bataille sur lequel s'affrontent les armées portugaises, britanniques, françaises et autrichiennes. Les combats les plus durs se déroulent sur le territoire espagnol proprement dit : la Castille, favorable aux Bourbons, luttant contre la Catalogne, favorable aux Habsbourg.

1713 Le traité d'Utrecht met un terme à la guerre de la Succession d'Espagne. Le prétendant français devient Philippe V d'Espagne, mais renonce à tout droit sur le trône de France. L'Espagne perd le sud des Pays-Bas, Milan, Naples et la Sardaigne au bénéfice de l'Autriche ; la Grande-Bretagne reçoit Gibraltar et Minorque, ainsi que le monopole sur la vente des esclaves dans les colonies espagnoles d'Amérique.

1731-1748 À la suite d'un jeu diplomatique complexe avec l'Autriche, l'Espagne reprend possession de Naples, de la Sicile et de Parme.

1807 Napoléon Ier envahit le Portugal afin de le forcer à appliquer le Blocus continental, destiné à exclure la Grande-Bretagne du commerce européen. Le conflit s'étend l'année suivante à l'Espagne, dont Napoléon attribue la couronne à son frère Joseph, provoquant ainsi une insurrection contre les Français et une intervention britannique dans la guerre de la péninsule. Les Britanniques chassent les Français d'Espagne en 1814.

1811-1828 L'Espagne perd la plupart de ses colonies américaines, à l'exception de Cuba et de Porto Rico.

1815 Au congrès de Vienne, l'Espagne perd toutes ses possessions italiennes.

1833-1836 Une succession contestée provoque les *pronunciamientos*, une guerre civile entre les carlistes, les partisans de Charles de Bourbon, exclu du trône par son frère Ferdinand en 1830, et ceux de sa nièce Isabelle, la fille de Ferdinand.

1873-1874 Une république est brièvement instaurée.

1874 Une monarchie constitutionnelle est mise en place par Alphonse XII.

1886 Mort d'Alphonse XII. Son fils Alphonse XIII lui succède.

1923 Le coup d'État du général Primo de Rivera met un terme à la monarchie. L'Espagne est gouvernée par une dictature militaire de plus en plus autoritaire.

1931 Une seconde république est proclamée, avec Manuel Azaña pour chef de gouvernement. Alphonse XIII quitte l'Espagne. Le pays est alors divisé entre des nationalistes de droite – les monarchistes, les carlistes, un mouvement fasciste en progression, soutenu par le parti de la Phalange et l'Église – et une gauche républicaine, composée de socialistes, de communistes, d'anarchistes, de radicaux, de syndicalistes et de séparatistes basques et catalans.

1933 Une coalition de centre-droit remporte les élections législatives.

1936 La guerre civile commence après la victoire du Front populaire, une coalition républicaine, aux élections. Un soulèvement militaire, dirigé contre la République, se produit, coordonné par le général Francisco Franco, qui prend la tête des forces nationalistes. L'Allemagne et l'Italie se rangent aux côtés des franquistes ; l'URSS soutient les républicains, de même que des socialistes et des communistes originaires de toute l'Europe, qui se battent sur le terrain, au sein des Brigades internationales. Le Royaume-Uni et la France tentent d'imposer un embargo sur les armes à destination des deux camps.

1937 La légion allemande Condor bombarde l'ancienne capitale basque, Guernica, alors que les forces nationalistes envahissent le Pays basque.

1939 Les nationalistes s'emparent de Barcelone, puis de Madrid, mettant fin à la guerre civile, qui a fait plus d'un million de victimes. Franco impose un gouvernement autoritaire, conservateur et catholique. Il réprime toute contestation, faisant du parti de la Phalange la seule formation politique légale du pays.

1940 Franco rejoint Hitler, mais ne fait pas entrer l'Espagne dans la Seconde Guerre mondiale.

1955 L'Espagne adhère à l'ONU.

1961 Le parti séparatiste basque, ETA, entame une campagne basée sur la violence, en vue de l'indépendance.

1969 Franco désigne comme successeur Juan Carlos, descendant des Bourbons.

1970 L'Espagne signe un accord commercial préférentiel avec la CEE.

1975 Mort de Franco. Juan Carlos Ier est proclamé roi.

1976 Le roi nomme Adolfo Suárez Premier ministre.

1977 Les premières élections démocratiques, depuis 1936, sont remportées par l'Union du centre démocratique de Suárez.

1978 Une nouvelle Constitution, faisant de l'Espagne une monarchie parlementaire, est approuvée par référendum.

1982 Le PSOE, Parti socialiste ouvrier espagnol, de Felipe González remporte les élections.

1986 L'Espagne adhère à la CEE. González gagne le référendum sur le maintien de l'Espagne dans l'OTAN.

1996 Le PSOE perd les élections ; José María Aznar, un conservateur membre du Parti populaire, devient Premier ministre.

2000 Aznar et le Parti populaire remportent les élections.

2002 L'Espagne adopte l'euro.

2004 Des terroristes islamistes bombardent un train de banlieue à Madrid, en représailles à l'engagement espagnol en Iraq.

2004 Le PSOE revient au pouvoir avec José Luis Rodríguez Zapatero.

2005 Le gouvernement propose des pourparlers de paix à l'ETA sur l'avenir du Pays basque, si l'organisation accepte de désarmer. L'ETA proclame un cessez-le-feu permanent en 2006, mais il est rompu la même année par un attentat à la voiture piégée, à l'aéroport de Madrid.

2008 Le gouvernement de Zapatero est reconduit.

« 174-177 L'essor de l'islam
« 224-225 Grandes explorations
« 226-227 Isabelle Ire de Castille
« 234-235 L'argent espagnol
« 318-319 L'Amérique latine libérée
« 388-389 La guerre d'Espagne

Le musée Guggenheim
Ouvert au public en 1997 et dédié à l'art moderne et contemporain, le musée Guggenheim, créé par l'architecte Frank Gehry, fit partie d'un vaste plan destiné à redynamiser la ville de Bilbao, située dans le nord de l'Espagne.

Portugal

Un pays tourné vers l'Atlantique, qui a connu une longue histoire maritime et possédait un vaste empire colonial.

100 av. J.-C. Le territoire de l'actuel Portugal est conquis par les Romains, qui y créent les provinces de Lusitania et de Gallaecia. Quand l'Empire romain s'effondre, il est conquis par les Wisigoths et les Suèves (409).

1139 Alphonse Henriques se proclame roi du Portugal, un territoire qui était jusque-là un comté du royaume espagnol de León et Castille.

1369-1385 La domination de la Castille est rétablie, mais prend fin à la bataille d'Aljubarrota (1385), durant laquelle les archers anglais, luttant aux côtés des Portugais, jouent un rôle déterminant.

1387 L'alliance anglo-portugaise est consolidée par le mariage du roi Jean Ier, fondateur de la dynastie d'Aviz, avec une princesse anglaise.

1415 Le Portugal fonde la première colonie européenne africaine de l'époque moderne à Ceuta, au Maroc.

1418 Le prince Henri le Navigateur, fils de Jean Ier, finance une série de voyages d'exploration dans l'Atlantique et le long des côtes africaines.

1494 Par le traité de Tordesillas, le pape Alexandre VI partage le « Nouveau Monde », récemment découvert par Christophe Colomb, entre les royaumes du Portugal et de l'Espagne.

1510 Les Portugais fondent une colonie à Goa en Inde et à Macao en Chine (1557). Ils prennent également possession de territoires situés en Angola, au Mozambique et en Inde.

1578 Le roi Sébastien est tué à la bataille d'Alcaçar-Quivir, au Maroc. Son frère Henri le Cardinal lui succède.

1580 Le roi d'Espagne, Philippe II, revendique la couronne du Portugal à la mort d'Henri le Cardinal et envahit le pays.

1580-1640 Le Portugal est uni à l'Espagne.

1640 Le Portugal recouvre son indépendance après une insurrection, conduite par le duc Jean de Bragance. Ce dernier devient roi sous le nom de Jean IV.

1755 Un tremblement de terre détruit Lisbonne.

1807 Les armées napoléoniennes envahissent le Portugal.

1808 Le débarquement de troupes britanniques, commandées par Wellington, marque le début de la guerre de la Péninsule, un conflit qui dure jusqu'en 1812.

1820 Révolution libérale.

1834 Pierre IV quitte le Brésil et retourne au Portugal pour mettre un terme à la guerre civile et faire valoir les droits à la couronne de sa fille Marie II.

1891 Une insurrection républicaine éclate à Porto.

1908 Le roi Charles Ier et son fils, le prince héritier, sont assassinés.

ROI DU PORTUGAL (1554-1578)

SÉBASTIEN Ier

La mort tragique du roi Sébastien Ier fut l'un des événements marquants de l'Histoire du Portugal. Alors qu'il n'avait que 24 ans, le pape lui donna l'autorisation de mener une croisade contre les infidèles au Maroc. Après avoir débarqué en Afrique du Nord, il commit l'imprudence de pénétrer avec son armée à l'intérieur des terres, et, le 4 août 1578, il se heurta à une armée musulmane bien préparée et dut livrer bataille à Alcaçar-Quivir. Les forces portugaises furent écrasées et Sébastien ne fut jamais revu. L'incertitude pesant sur sa mort donna naissance à une légende, prétendant que le roi reviendrait un jour dans sa patrie.

António Salazar
Homme profondément conservateur et croyant, Salazar fut le chef d'un régime corporatif et autoritaire, qui ne tolérait aucune opposition politique.

1910 Abdication de Manuel II (2e fils de Charles Ier) et proclamation de la République.

1917-1918 La Nouvelle République est dirigée par Sidónio Pais.

1926 L'armée renverse le régime républicain.

1932 António de Oliveira Salazar devient président du Conseil.

1933 Constitution de l'État Nouveau, l'*Estado Novo*, qui instaure un véritable régime autoritaire.

1947 Une tentative d'insurrection est écrasée.

1949 Le Portugal devient membre fondateur de l'OTAN.

1970 Décès de Salazar. Marcelo Caetano lui succède.

1974 Révolution des œillets : une « junte de salut national » renverse Caetano, à l'issue d'une révolution sans effusion de sang. Le général António de Spínola devient président de la République.

1975 La tentative de prise du pouvoir par les communistes est déjouée par le Parti socialiste de Mario Soares.

1976 Le général António Ramalho Eanes est élu président ; une nouvelle Constitution est adoptée. Soares devient Premier ministre.

1980 Le centre-droit gagne les élections. Le général Eanes est réélu.

1982 Restauration d'un gouvernement civil, après la dissolution du Conseil de la révolution.

1983 Soares devient Premier ministre par intérim. Son parti, le PS, remporte la majorité aux élections.

1985 Le Portugal adhère à la CEE.

1986 Soares est élu à la présidence.

1996 Le candidat socialiste Jorge Sampaio est élu président.

1999 Le Portugal restitue Macao à la Chine.

2002 Le Portugal adopte l'euro. José Manuel Durão Barroso, du Parti social-démocrate, forme un gouvernement de coalition de centre-droit.

2005 José Sócrates devient Premier ministre.

« 224-225 Grandes explorations
« 238-239 Commerce et empires
« 268-269 Le séisme de Lisbonne
« 280-281 La traite des Noirs
« 412-413 La fin de l'ère coloniale

Italie

Un pays méditerranéen qui contrôlait jadis un empire s'étendant de l'Écosse à l'Égypte.

753 av. J.-C. Fondation de Rome.

510 av. J.-C. Rome devient une république, après l'expulsion du roi Tarquin le Superbe ; au cours des deux siècles qui vont suivre, la puissance militaire de Rome lui permet de conquérir les cités voisines d'Italie centrale.

264-146 av. J.-C. Rome lutte contre Carthage – une cité phénicienne d'Afrique du Nord, qui est finalement vaincue après les trois longues guerres puniques (264-241, 218-202, 149-146 av. J.-C.) – dont l'enjeu est le contrôle de la Méditerranée occidentale.

78 av. J.-C. Ascension de Jules César, qui devient consul et dictateur à vie en 44 av. J.-C.

27 av. J.-C. Octave, le fils adoptif de Jules César, est proclamé empereur ou commandant suprême. En 23 av. J.-C., le sénat lui décerne le titre d'Auguste.

117-118 apr. J.-C. Pendant le règne de l'empereur Hadrien, l'Empire romain englobe la péninsule Ibérique, la Gaule, l'Angleterre actuelle, la Grèce, les territoires d'Europe centrale situés au sud du Danube, l'Asie Mineure, l'Arménie, la Syrie et le Maghreb.

284-305 L'empereur Dioclétien met en place le système de la tétrarchie : deux augustes, assistés de deux césars, pour diriger les Empires d'Orient et d'Occident.

306-337 L'empereur Constantin réunit les deux parties de l'Empire.

313 L'édit de Milan garantit la liberté de religion à tous les habitants de l'empire ; le christianisme en devient la religion principale et Rome, le siège de la papauté. Constantin fonde une nouvelle capitale impériale à Constantinople.

395 Les Wisigoths, des fédérés de l'empire, se révoltent et ravagent les Balkans et le nord de l'Italie, sous la conduite de leur chef Alaric. Après la mort de Théodose Ier, l'empire reste divisé en une partie occidentale et une partie orientale.

410 Saccage de Rome par les Wisigoths.

418 Les Wisigoths fondent un royaume indépendant en Aquitaine ; les Vandales, les Alains et les Suèves contrôlent une grande partie de l'Espagne. En 439, les Vandales s'emparent de Carthage, capitale de la province romaine d'Afrique.

476 L'Empire romain d'Occident s'effondre ; son dernier empereur, Romulus Augustule, est déposé par le roi des Hérules, Odoacre.

492 L'Italie tombe aux mains des Ostrogoths. Leur roi, Théodoric, fonde un royaume en Italie, dont la capitale est Ravenne.

533-553 L'empereur byzantin Justinien Ier reconquiert l'Italie.

568 L'Italie est envahie par le peuple germanique des Lombards, qui ne parviennent pas à conquérir toute la péninsule, les Byzantins conservant le contrôle de certaines régions d'Italie, gouvernées depuis Ravenne.

774 Sous le règne de Charlemagne, les Francs conquièrent le royaume des Lombards, situé dans le nord de l'Italie.

962 Le couronnement d'Otton Ier de Germanie, à Rome, comme roi des Romains, par le pape Jean XII, marque le début du Saint Empire romain germanique. Les événements des trois siècles suivants sont façonnés par les luttes hégémoniques que se livrent la papauté et l'Empire, illustrées localement par le conflit entre les guelfes (les partisans du pape) et les gibelins (les partisans de l'empereur).

1060-1139 Les Normands conquièrent la Sicile et le sud de l'Italie. Le royaume de Sicile, connu plus tard sous le nom de royaume de Naples ou des Deux-Siciles, est fondé en 1130 et reste sous l'autorité des Normands, avant de passer sous celle de la dynastie des Hohenstaufen, en 1194.

1300 En l'absence d'une forte autorité centrale, consécutive au retrait des empereurs germaniques, l'Italie du Nord se fragmente en de nombreuses cités-États, dont la puissance va en s'accroissant, comme notamment les républiques de Venise, de Florence et de Gênes et les duchés de Milan, de Mantoue et de Savoie-Piémont. Ces cités sont parmi les plus importants centres financiers et commerciaux d'Europe et deviennent le berceau de la Renaissance.

L'héritage des Barbares
Ce mausolée fut édifié à Ravenne par les Ostrogoths, pour leur chef Théodoric.

Un homme de la Renaissance
Michel-Ange, représenté sur cette statue, fut à la fois peintre, sculpteur, architecte, poète et ingénieur. Tout comme Léonard de Vinci, il incarne la Renaissance italienne.

1494-1525 À travers une série de guerres, les Valois de France et les Habsbourg d'Espagne, soutenus chacun par leurs alliés locaux, s'affrontent pour la domination de l'Italie. Ces conflits s'achèvent par la défaite de la France et marquent également le déclin des cités-États.

1559 Le traité du Cateau-Cambrésis met un terme aux guerres franco-espagnoles d'Italie. La France gagne quelques territoires, mais l'Espagne en sort largement vainqueur, en contrôlant Milan, Naples, la Sicile et la Sardaigne et domine la péninsule Italienne et le bassin occidental de la Méditerranée.

1701-1714 L'hégémonie des Habsbourg d'Espagne sur l'Italie prend fin. Après la guerre de la Succession d'Autriche, elle est exercée par les Habsbourg d'Autriche, qui entrent en possession de Milan, de la Toscane, de la Sicile et de la Sardaigne.

1731-1748 De nouvelles redistributions territoriales entre l'Espagne et l'Autriche donnent à la première le contrôle de Milan et de la Toscane. La Sardaigne et le Piémont sont réunis au sein d'un même royaume, sur lequel règne la maison de Savoie.

1796-1797 Les armées de la France révolutionnaire, commandées par Napoléon Bonaparte, conquièrent la majeure partie de l'Italie. Le général français redessine la carte de la péninsule : la France annexe le Piémont, Gênes, la Toscane et les États pontificaux, un royaume d'Italie est créé dans le nord de la péninsule (1805) et un autre à Naples (1806), la Sicile restant aux mains des Bourbons d'Espagne.

1814 Après la défaite de la France, le congrès de Vienne attribue à l'Autriche Venise, Milan, Parme, Modène et la Toscane. Le royaume de Piémont-Sardaigne et les États pontificaux recouvrent leur indépendance, Naples et la Sicile retournent dans le giron espagnol.

1831 Giuseppe Mazzini fonde le mouvement la Jeune-Italie et devient l'un des pères spirituels du *Risorgimento* (« Renaissance »), le mouvement national luttant pour l'unification de l'Italie.

1848-1849 Les nationalistes italiens se soulèvent contre la domination autrichienne au nord et contre la papauté au sud. Une république romaine est proclamée par des radicaux, parmi lesquels Giuseppe Garibaldi, mais elle est anéantie par des troupes françaises venues rétablir le pouvoir temporel du pape Pie IX. Dans le Nord, les forces nationalistes sont battues par les Autrichiens à la bataille de Novare ; l'Autriche reprend le contrôle de ses possessions.

1849 Victor-Emmanuel II devient roi de Piémont-Sardaigne.

1854-1856 Lors de la guerre de Crimée, le comte de Cavour envoie des soldats piémontais combattre aux côtés des Britanniques et des Français, afin qu'ils interviennent par la suite en faveur de l'unité italienne.

1859-1870 L'unification de l'Italie se réalise sous la direction de Victor-Emmanuel II de Piémont-Sardaigne, couronné roi en mars 1861, du comte de Cavour et de l'armée de Garibaldi. Après la guerre d'Italie contre l'Autriche (1859), la majeure partie de l'Italie du Nord est réunie sous l'autorité de Victor-Emmanuel II. En échange de son aide, la France reçoit du Piémont Nice et la Savoie. Garibaldi et ses chemises rouges s'emparent de la Sicile et de Naples (1860) et marchent ensuite sur Rome, avant de remettre leur conquête au roi. L'Autriche cède Venise, après une courte guerre (1866), et Rome est occupée par les troupes italiennes en 1870. La réunification italienne étant réalisée, la capitale est déplacée de Florence à Rome (1870).

1882 L'Italie devient membre, avec l'Allemagne et l'Autriche-Hongrie, de la Triplice ou Triple-Alliance.

1889-1896 L'Italie conquiert l'Érythrée et la Somalie, en Afrique orientale, mais subit une défaite en Éthiopie (alors connue sous le nom d'Abyssinie) à la bataille d'Adoua (1896).

1915 Après avoir quitté la Triple-Alliance, l'Italie participe à la Première Guerre mondiale, aux côtés des puissances de l'Entente et attaque l'Autriche-Hongrie.

1919 Le traité de Saint-Germain-en-Laye accorde le Trentin, le Haut-Adige, l'Istrie, le Sud-Tyrol et Trieste à l'Italie, mais cette dernière doit renoncer à ses revendications sur la Dalmatie, qui est attribuée au nouveau Royaume des Serbes, Croates et Slovènes.

1919 L'Italie et le Royaume des Serbes, Croates et Slovènes se disputent la souveraineté du port de Fiume sur l'Adriatique, qui est occupé par le nationaliste D'Annunzio, jusqu'à ce qu'il en soit délogé par les troupes italiennes, en 1921. La ville revient finalement à l'Italie en 1924. Celle-ci reçoit également le port de Zara sur l'Adriatique, en 1920.

1921 Benito Mussolini fusionne plusieurs mouvements de droite anticommunistes pour former le Parti fasciste.

La rencontre de Teano
Après l'expédition des Mille, Giuseppe Garibaldi (au centre) rencontre Victor-Emmanuel II à Teano, le 26 octobre 1860, et le salue comme roi d'Italie.

MOMENT CLÉ

LA MARCHE SUR ROME, 1922

Le 28 octobre 1922, des groupes de Chemises noires (des milices armées fascistes) commencent à se rassembler aux environs de Rome. Leur chef, Mussolini, profitant du mécontentement social et de la crainte d'une révolution socialiste, avait l'intention de prendre le pouvoir en marchant sur la capitale. Le président du Conseil italien, Luigi Facta, voulut placer la ville en état de siège, mais le roi, souhaitant éviter une guerre civile, refusa de signer le décret. En conséquence, l'armée ne s'opposa pas aux fascistes et Mussolini accéda au pouvoir le lendemain.

« Je ne peux vous offrir ni les honneurs, ni les récompenses ; je vous offre **la faim, la soif,** les marches forcées, des batailles et la mort. Qui aime ce pays **me suive.** »

GIUSEPPE GARIBALDI, ROME, 1849

1922 À la suite de la « marche sur Rome », le roi Victor-Emmanuel III demande à Mussolini de former un gouvernement. Mussolini prend le titre de *Duce* (le « guide ») et dirige une coalition de fascistes et de nationalistes. Il commence à réprimer l'opposition parlementaire.

1925 L'Italie continue à agrandir son empire colonial d'Afrique.

1928-1929 Un régime de parti unique est instauré.

1929 Les accords du Latran, signés avec le Vatican, reconnaissent la souveraineté du Saint-Siège sur un quartier de Rome.

1935-1936 L'Italie envahit et occupe l'Éthiopie.

1936 L'Axe Rome-Berlin est formé avec l'Allemagne nazie. En 1937, l'Italie adhère également au pacte Antikominterm avec l'Allemagne et le Japon.

1936-1939 Pendant la guerre d'Espagne, l'Italie apporte une aide militaire et financière massive aux nationalistes du général Franco.

1939 L'Italie envahit et annexe l'Albanie.

1940 L'Italie entre dans la Seconde Guerre mondiale aux côtés de l'Allemagne et envahit la Grèce et l'Égypte, mais elle en est rapidement chassée. En 1941, elle participe à l'invasion de l'URSS et occupe une partie du sud de la France, de la Yougoslavie et de la Grèce. Elle perd rapidement ses possessions d'Afrique orientale au profit des Alliés et parvient seulement à se maintenir en Libye, grâce à l'aide de l'Allemagne, jusqu'à ce que cette dernière soit rejetée d'Afrique du Nord en 1943.

1943 L'Italie est envahie par les armées alliées. Le roi dépose Mussolini et signe un armistice. Le *Duce* est emprisonné, mais il est libéré par un commando allemand et gagne le nord du pays, où il instaure une République sociale italienne. L'Italie déclare la guerre à l'Allemagne, qui occupe rapidement la majeure partie du pays.

1944 Les Allemands opposent une vive résistance, en particulier lors des combats du mont Cassino. Les débarquements alliés à Anzio leur permettent de s'emparer de Rome.

1945 Mussolini et sa maîtresse sont capturés et exécutés par des partisans italiens.

1946 Les Italiens se prononcent par référendum en faveur d'une république.

Le traité de Rome
Par la signature du traité de Rome, l'Italie devenait l'un des membres fondateurs de la Communauté économique européenne, l'organisation dont est issue l'actuelle Union européenne.

1947 L'Italie signe un traité de paix, par lequel elle cède le Dodécanèse à la Grèce et des régions frontalières à la France et à la Yougoslavie ; elle renonce également à l'ensemble de ses colonies d'Afrique.

1948 Les démocrates-chrétiens, dirigés par Alcide De Gasperi, prennent la tête d'une coalition.

1949 L'Italie est membre fondateur de l'OTAN.

1953-2001 Instabilité ministérielle, une conséquence des changements d'alliance politique et du système rotatif de gouvernement italien.

1957 L'Italie signe le traité de Rome et devient l'un des membres fondateurs de la CEE.

1963 Le gouvernement démocrate-chrétien, dirigé par Aldo Moro, forme une coalition avec le Parti socialiste (PSI).

1970 Constitution des Brigades rouges, un groupe terroriste d'extrême-gauche.

1978 Aldo Moro est enlevé et assassiné par les Brigades rouges.

1983-1987 Une coalition de centre-gauche, dirigée par Bettino Craxi, gouverne le pays.

1990 Le mouvement réactionnaire de la Ligue du Nord d'Umberto Bossi attaque la politique d'immigration, ainsi que l'aide apportée aux régions pauvres du Sud, et réclame la sécession des riches provinces du nord du pays.

1994 La popularité de la démocratie chrétienne est en chute libre : un gouvernement de coalition est formé, qui comprend Forza Italia, le parti du magnat de la presse, Silvio Berlusconi, la Ligue du Nord et l'Alliance nationale, un parti néofasciste.

1996 L'alliance électorale de centre-gauche de L'Olivier remporte les élections législatives ; Romano Prodi devient président du Conseil.

2001 À l'issue des élections législatives, Berlusconi revient au pouvoir, à la tête d'une coalition de droite.

2002 L'Italie adopte l'euro.

2006 Berlusconi perd de justesse les élections au profit d'une coalition de centre-gauche, menée par Romano Prodi.

2008 Berlusconi est élu pour la troisième fois président du Conseil.

« 106-107 L'apogée de Rome
« 108-109 Jules César
« 150-151 Le déclin et la chute ?
« 188-191 L'Europe médiévale
« 250-251 La Renaissance
« 254-255 Léonard de Vinci
« 386-387 Le fascisme

La basilique Saint-Pierre
La plupart des grands architectes, artistes et sculpteurs de la Renaissance participèrent à l'élaboration et à la construction de la basilique Saint-Pierre, qui mit plus d'un siècle à être achevée. La basilique et la place qui l'entoure sont situées au cœur de la Cité du Vatican.

Suisse

Un pays montagneux, situé au centre de l'Europe occidentale, marqué par une longue tradition de neutralité politique.

1291 Après les restrictions imposées par les Habsbourg à l'autonomie des cantons suisses, ces derniers, Uri, Schwyz et Unterwald, constituent le Pacte fédéral afin de donner leur liberté aux Suisses.

1499 La Confédération suisse, qui compte alors 13 cantons, parvient à obtenir son indépendance virtuelle, les Habsbourg n'exerçant plus qu'un rôle nominal.

1648 Le traité de Westphalie, qui met un terme à la guerre de Trente Ans, reconnaît la pleine indépendance de la Confédération suisse.

1798 La Suisse est envahie par Napoléon Bonaparte, qui crée la République helvétique. Celle-ci dure jusqu'en 1803.

1815 Le congrès de Vienne, qui se réunit après la défaite de Napoléon Ier, confirme l'indépendance de la Suisse et fonde sa neutralité. Le Valais, Genève et Neuchâtel rejoignent la Confédération.

1848 Une nouvelle Constitution octroie plus de pouvoirs au gouvernement central, tout en garantissant les prérogatives cantonales.

1857 Le roi de Prusse renonce à ses revendications territoriales sur Neufchâtel.

1874 Le référendum devient un instrument décisionnaire important en matière de gouvernement.

1914-1918 La Suisse joue un rôle humanitaire lors du premier conflit mondial.

1919 Le scrutin proportionnel garantit la future stabilité politique du pays.

1920 La Suisse adhère à la SDN, dont le siège est à Genève.

1939-1945 La Suisse reste neutre pendant la Seconde Guerre mondiale. Elle refuse d'adhérer à l'ONU en 1945.

1959 Le pays est membre fondateur de l'Association européenne de libre-échange.

1967 Des formations populistes de droite, faisant campagne pour une limitation de l'entrée des travailleurs étrangers en Suisse, font une percée aux élections.

1971 Les femmes obtiennent le droit de vote aux élections fédérales.

1984 Élue première conseillère fédérale de l'Histoire du pays, Élisabeth Kopp devient ministre de la Justice.

1986 Consultés par référendum, les Suisses s'opposent à l'adhésion de leur pays à l'ONU. Des restrictions sont apportées à l'immigration.

1988 Élisabeth Kopp, accusée d'avoir violé le secret de fonction, est contrainte à la démission. Les lois sur la sécurité publique sont modifiées.

1992 La Suisse adhère au FMI et à la Banque mondiale.

1998 Près de 1,25 milliard de dollars de compensation sont versés aux familles des victimes de l'Holocauste, dont les fonds avaient été déposés dans des banques suisses.

1999 Ruth Dreifuss devient la première présidente de la Confédération.

2000 Un référendum approuve l'établissement de relations commerciales étroites avec l'UE, mais, l'année suivante, un nouveau référendum rejette la pleine adhésion à l'organisation.

2002 Dépénalisation de l'avortement. La Suisse adhère à l'ONU.

2009 Doris Leuthard est élue présidente de la Confédération.

« 306-307 Les guerres napoléoniennes

La Croix-Rouge

Cette ambulance de campagne portant la Croix-Rouge servit pendant la Première Guerre mondiale. La création de la Croix-Rouge à Genève, en 1863, par un citoyen suisse socialement engagé, Henri Dunant, et la signature, en 1864, de la convention de Genève sur la conduite de la guerre firent de la ville suisse un centre de la diplomatie internationale.

Liechtenstein

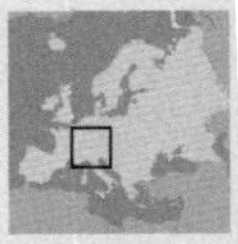

Une minuscule principauté coincée entre l'Autriche et la Suisse, avec laquelle elle entretient d'étroites relations.

1342 Le comte Hartmann de Montfort devient propriétaire du château de Vaduz.

1719 L'empereur germanique Charles VI élève les seigneuries de Vaduz et de Schellenberg au rang de principauté indépendante.

1806 À la dissolution du Saint Empire, le Liechtenstein proclame sa pleine souveraineté. En 1815, il devient membre de la Confédération germanique.

1866 La principauté accède formellement à l'indépendance, après la disparition de la Confédération germanique.

1921 Une nouvelle Constitution partage le pouvoir entre un prince héréditaire et le Parlement. Le Liechtenstein adopte le franc suisse.

1923 Instauration d'une union douanière avec la Suisse.

1990 Le Liechtenstein adhère à l'ONU.

1995 La principauté entre dans l'Espace économique européen et adhère à l'Organisation mondiale du commerce.

2003 Un référendum accorde au prince Hans-Adam II, qui règne depuis 1989, des pouvoirs politiques accrus.

Les Slovènes fêtent l'indépendance

Après avoir proclamé son indépendance, le 25 juin 1991, la Slovénie est envahie par l'armée fédérale yougoslave et une guerre de dix jours s'ensuit. La résistance armée, la mise en place de barrages routiers et les désertions firent échouer cette attaque.

Slovénie

Ce pays d'Europe centrale, bordé par la mer Adriatique, proclama son indépendance en 1991.

1277 Alors que ce territoire peuplé de Slaves du Sud est intégré à l'Autriche des Habsbourg, Ljubljana devient le foyer du nationalisme slovène.

1809 Napoléon Ier conquiert certaines possessions autrichiennes, bordées par l'Adriatique, qu'il regroupe au sein des Provinces illyriennes.

1918 Après la défaite des puissances centrales, le prince serbe Alexandre unit la Serbie, le Monténégro, la Croatie, la Bosnie et la Slovénie, au sein d'un Royaume des Serbes, Croates et Slovènes. Il en devient le roi en août 1921, sous le nom d'Alexandre Ier Karadjordjević.

1929 Alexandre Ier établit une dictature et rebaptise le pays royaume de Yougoslavie. Il est assassiné en 1934.

1941-1945 L'Allemagne occupe la Slovénie pendant la Seconde Guerre mondiale et partage son territoire avec l'Italie.

1945 Les communistes, dont le chef est Josip Broz, dit Tito, s'emparent du pouvoir et créent la République fédérale de Yougoslavie. Quand Tito disparaît en 1980, la Fédération yougoslave commence à se déliter.

1989 Le Parlement slovène entérine le droit à la sécession et appelle à la tenue d'élections multipartites.

1991 La Slovénie fait sécession et déclare son indépendance. Le gouvernement fédéral yougoslave envoie son armée, qui est rapidement repoussée.

2004 La Slovénie adhère à l'UE et à l'OTAN.

2007 La Slovénie adopte l'euro.

« 262-263 La guerre de Trente Ans

Autriche

Jadis la principale puissance d'Europe centrale, l'Autriche est depuis 1995 membre de l'Union européenne.

976 L'empereur Otton II fait don de la marche de l'Est à Léopold de Babenberg.

1278 Le comte Rodolphe de Habsbourg, qui avait été élu à la tête du Saint Empire romain germanique cinq ans auparavant, envahit les territoires des actuelles Basse-Autriche et Styrie. En 1282, il proclame l'Autriche duché héréditaire, établissant ainsi sur ce territoire la domination de sa famille, qui allait se perpétuer jusqu'en 1918.

1516-1556 L'Empire des Habsbourg atteint son apogée sous Charles Quint. L'Autriche prend le contrôle d'une grande partie de la Bohême en 1526.

1556 À l'abdication de Charles Quint, le vaste empire des Habsbourg est scindé en deux, l'Autriche prenant le contrôle de ses territoires germaniques, et l'Espagne celui de ses autres possessions.

1648 Le traité de Westphalie, qui clôt la guerre de Trente Ans, marque le déclin de l'unité politique du Saint Empire, les États allemands obtenant des garanties quant à leur souveraineté.

1683 Les Ottomans assiègent Vienne ; la ville est sauvée par une armée, composée d'Allemands, d'Autrichiens et de Polonais, que commande Jean Sobieski. À la suite de cette victoire, l'Autriche passe à l'offensive contre les Ottomans et progresse à leur détriment dans les Balkans. Elle les chasse de Hongrie en 1699.

1713 Le traité d'Utrecht, signé à la fin de la guerre de la Succession d'Espagne, entérine la revendication des Habsbourg sur les Pays-Bas espagnols, et lui attribue Milan, Naples, la Sardaigne et la Sicile. L'Autriche reçoit la Toscane en 1737, consolidant ainsi son emprise sur l'Italie.

1748 Le traité d'Aix-la-Chapelle met un terme à la guerre de la Succession d'Autriche. Il reconnaît Marie-Thérèse comme souveraine des possessions des Habsbourg, mais attribue la Silésie à la Prusse.

1772-1797 À l'issue de partages successifs, la Pologne est divisée entre la Prusse, la Russie et l'Autriche. Lors du partage de 1772, cette dernière reçoit la Galicie, puis la Petite Pologne, avec Cracovie, en 1795. La fin de la Pologne, en tant que nation indépendante, est confirmée par traité en 1797.

1793 L'Autriche déclare la guerre à la France révolutionnaire, pour venir en aide à Louis XVI.

1805 Les Autrichiens et les Russes sont vaincus à la bataille d'Austerlitz par Napoléon Ier, qui incorpore à la France de nombreux territoires jusque-là autrichiens, regroupés dans la Confédération du Rhin. En 1806, Napoléon ayant dissous le Saint Empire, François II renonce au titre d'empereur germanique et devient alors empereur d'Autriche, sous le nom de François Ier. Le congrès de Vienne (1814-1815) apporte des gains territoriaux à l'Autriche, principalement en Italie du Nord, et la place à la tête de la nouvelle Confédération germanique, en grande partie grâce à l'astucieuse politique diplomatique mise en œuvre par le chancelier Metternich.

1848 Des révolutions populaires dans les États des Habsbourg provoquent la démission de Metternich, l'abdication de l'empereur Ferdinand Ier et, après l'intervention russe en Hongrie, l'accession au trône de son neveu, François-Joseph (1848-1916).

Marie-Thérèse d'Autriche

Âgée de seulement 23 ans quand elle accéda au trône en 1740, Marie-Thérèse devint l'un des plus remarquables monarques éclairés du XVIIIe siècle.

MOMENT CLÉ

L'ASSASSINAT DE DOLLFUSS, 1934

Engelbert Dollfuss (1892-1934) devint chancelier en mai 1932. Ses craintes d'une révolution socialiste le conduisirent à suspendre le Parlement en mars 1933 et, en février 1934, à faire appel à l'armée pour réprimer les émeutes ouvrières qui avaient éclaté à Vienne. En mai, il promulgua une Constitution, qui instaurait un État corporatif dictatorial. Le 25 juillet 1934, il fut assassiné par des agents nazis, qui étaient parvenus à s'introduire dans la chancellerie. On voit ici son cadavre, en train d'en être évacué. La mort de Dollfuss affaiblit l'Autriche et ouvrit la voie à sa prise de contrôle par Hitler, en 1938.

1859-1860 L'Italie réalisant son unité, l'Autriche y perd la plupart de ses possessions.

1866 La Prusse met unilatéralement fin à la Confédération germanique, déclare la guerre à l'Autriche et remporte la guerre de Sept Semaines, l'excluant ainsi des affaires allemandes. L'Autriche perd le duché du Holstein au profit de la Prusse, et la Vénétie au profit de l'Italie.

1867 Le compromis austro-hongrois, institué par François-Joseph, établit la double monarchie de l'Autriche-Hongrie, avec un Parlement indépendant pour chacune de ses composantes.

1908 L'Autriche annexe la Bosnie-Herzégovine.

1914 Le déclenchement de la Première Guerre mondiale est hâté par l'assassinat de l'archiduc François-Ferdinand, l'héritier des Habsbourg au trône d'Autriche, par un extrémiste serbe. L'Autriche-Hongrie envahit la Serbie, mais ne remporte des victoires que l'année suivante, quand ses troupes reçoivent le soutien de forces allemandes.

1918 À l'issue de la Première Guerre mondiale, l'empereur Charles Ier abdique, l'Empire austro-hongrois s'effondre et la République d'Autriche est proclamée.

1919 Le traité de Saint-Germain réduit le territoire de l'Autriche, conséquence de l'octroi de la majeure partie de ses anciennes possessions aux nouveaux États de Tchécoslovaquie, de Hongrie, de Pologne et de Yougoslavie. Il interdit le rattachement *(Anschluss)* de la nouvelle république à l'Allemagne.

1933 Le chancelier social-chrétien Engelbert Dollfuss suspend le Parlement.

1934 Dollfuss fait emprisonner les dirigeants des Partis social-démocrate, communiste et national-socialiste, mais il est assassiné par des groupes nazis.

1938 L'*Anschluss* est proclamé, quand Hitler intègre l'Autriche, rebaptisée *Ostmark* (marche de l'Est), au Reich comme une province allemande.

1945 À la fin de la Seconde Guerre mondiale, l'Autriche est occupée par les forces soviétiques, britanniques, américaines et françaises. Les élections sont remportées par le Parti populiste autrichien (ÖVP) et par le Parti socialiste autrichien (SPÖ), qui forment une coalition.

1955 Signature du traité d'État, qui met fin à l'occupation étrangère et qui reconnaît l'Autriche comme un État neutre et souverain. Le pays est admis à l'ONU.

1971 Formation d'un gouvernement social-démocrate, dirigé par Bruno Kreisky, qui domine la vie politique autrichienne pendant 12 ans.

1986 Kurt Waldheim, ancien secrétaire général de l'ONU, est élu président de la République, en dépit d'accusations de crimes de guerre. Jörg Haider devient le chef de la formation d'extrême-droite, le Parti libéral autrichien (FPÖ). Les élections débouchent sur une impasse et aboutissent au retour, en 1987, de la grande coalition, formée par l'ÖVP et le SPÖ, qui se maintient au pouvoir jusqu'en 1999.

1992 Thomas Klestil, de l'ÖVP, est élu président, puis réélu en 1998.

1995 L'Autriche adhère à l'UE.

2002 L'Autriche adopte l'euro.

2004 Heinz Fischer est élu à la présidence.

« 134-135 Les guerriers celtes
« 186-187 La Grande Peste
« 262-263 La guerre de Trente Ans
« 296-297 Premier conflit mondial
« 306-307 Les guerres napoléoniennes

Allemagne

Un géant économique, situé au cœur de l'Europe et l'un des plus ardents partisans de la construction européenne.

Vers 400 av. J.-C. Des peuples germaniques, originaires du sud de la Scandinavie, se répandent à travers le pays, repoussant les populations celtes autochtones et occupant, vers 360, tout le territoire compris entre le Rhin et le Danube.

Vers 250 apr. J.-C. Les Francs, les Burgondes, les Alamans et d'autres tribus germaniques commencent à lancer des incursions sur le territoire de l'Empire romain. Quand l'Empire romain d'Occident s'effondre en 476, les puissants royaumes des Francs et des Burgondes, respectivement situés dans l'ouest et le sud de l'actuelle Allemagne, sont constitués.

561 Les Francs dominent la plus grande partie du centre, de l'ouest et du sud de l'Allemagne actuelle et agrandissent régulièrement leur royaume, qui devient un vaste empire.

800 L'Empire carolingien atteint son apogée quand Charlemagne est couronné empereur d'Occident. Une guerre civile éclate entre ses fils en 827 et se poursuit jusqu'à ce que l'empire soit divisé en trois parties : les territoires de langue allemande situés à l'est du Rhin sont attribués à Louis le Germanique par le traité de Verdun, en 843.

911 Le duc Conrad Ier de Franconie succède à Louis IV l'Enfant, le dernier des Carolingiens germains, et devient le premier roi élu de Germanie.

936 Otton Ier devient roi des Saxons et crée un puissant royaume, battant les ducs indépendants de l'Allemagne du Sud, et luttant contre les incursions des Hongrois et des Vikings. Son royaume comprend presque toute l'Allemagne occidentale et les Pays-Bas actuels. En revanche, son extension vers l'est n'est que temporaire, les territoires bordés par la Baltique étant perdus en 982.

962 Otton Ier est couronné empereur du Saint Empire romain germanique par le pape.

973 Après la mort d'Otton Ier, ses successeurs continuent à étendre les limites du Saint Empire vers le sud et vers l'est. Il englobe alors les territoires actuels de l'Allemagne, des Pays-Bas, de l'Autriche, de la Suisse, de l'Italie du Nord et du sud-est de la France.

1152 Frédéric Ier Barberousse, de la dynastie des Hohenstaufen, rétablit brièvement la puissance allemande et impériale aux dépens de la papauté, tandis que les chevaliers Teutoniques poursuivent l'expansion de l'empire vers l'est, le long de la Baltique. L'autorité de Frédéric est cependant défiée par de puissants princes, notamment par Henri le Lion, du parti des guelfes. Les tentatives impériales pour renforcer le contrôle sur l'Italie sont mises en échec par les troupes de la Ligue lombarde des villes du Nord, à la bataille de Legnano (1176). Une guerre ouverte entre les guelfes, menés par Henri le Lion et alliés au pape, et les gibelins, partisans de l'empereur, éclate.

1212 Frédéric II essaie de renforcer la puissance impériale, mais il se heurte à l'hostilité de la papauté et des villes italiennes. À sa mort, en 1250, le Grand Interrègne dure de 1254 à 1273 et se caractérise par une grande instabilité politique, des princes rivaux s'affrontant pour obtenir la couronne impériale. En 1266, la dynastie saxonne est renversée. Mais, sous son règne, de nombreuses villes ont été fondées sur le territoire de l'actuelle Pologne, alors que l'empire continue son expansion vers l'est.

1241 Lübeck et Hambourg créent une alliance commerciale qui fonde la Ligue hanséatique. À la fin du Moyen Âge, cette dernière fonctionne comme une puissance indépendante, avec sa propre armée.

1273 Le comte Rodolphe de Habsbourg est élu à la tête du Saint Empire romain germanique. Cet événement marque le début de la domination de la dynastie des Habsbourg sur l'Autriche et l'Allemagne.

1328 Les Wittelsbach l'emportent sur les Habsbourg, quand Louis IV de Bavière est élu empereur. La couronne impériale retourne ensuite aux Luxembourg; la puissance des Habsbourg n'est rétablie qu'en 1438, avec l'élection d'Albert II.

1348-1350 La peste noire décime la population allemande.

1477 L'archiduc d'Autriche, Maximilien Ier, épouse Marie de Bourgogne et se trouve ainsi en possession des Pays-Bas et de la Bourgogne. Quand il devient empereur en 1508, la puissance des Habsbourg s'accroît encore considérablement, de nouveaux territoires étant acquis par des mariages ou grâce à des succès diplomatiques.

1516 Charles Quint, l'arrière-petit-fils de Maximilien Ier, hérite de l'Espagne et de son vaste empire européen. À la mort de Maximilien en 1519, il reçoit les terres des Habsbourg et devient empereur germanique. Les Habsbourg dominent l'Europe.

1517 Le théologien allemand Martin Luther affiche ses 95 thèses sur la porte d'une église de Wittelsberg, dénonçant la hiérarchie catholique et, en particulier, la pratique de la vente des indulgences pour lever des fonds.

1521 Luther est excommunié par le pape et mis au ban de l'Empire, à la diète de Worms; cet événement marque le début de la Réforme protestante en Europe.

1530 Les protestants allemands publient 28 articles de foi pour éviter une rupture avec l'Église catholique. À cette date, les princes de Saxe, de Hesse, de Brandebourg et de Brunswick sont luthériens; la Réforme se répand dans toute l'Allemagne du Nord, la plus grande partie de l'Allemagne méridionale restant catholique. Des affrontements armés entre l'empereur et des États protestants se multiplient.

1547 L'empereur Charles Quint bat la ligue des princes protestants de Smalkade, à Mühlberg, mais échoue à enrayer la progression du protestantisme en Allemagne.

Une puissance commerciale
Ce sceau de la Ligue hanséatique date de 1329. L'association des guildes de marchands instaura un puissant monopole commercial sur l'Europe du Nord entre les XIIIe et XVIIe siècles.

1556 Charles Quint abdique; son vaste empire est divisé : les territoires germaniques et le Saint Empire reviennent à son frère, Ferdinand Ier, tandis que son fils, Philippe II, hérite de l'Espagne.

Vers 1560 Le calvinisme progresse depuis la Suisse vers le nord et est adopté dans le duché de Nassau, dans le Palatinat, à Ansbach, et fait des incursions dans les landgraviats de Hesse-Cassel et de Brandebourg. Depuis la paix d'Augsbourg (1555), chaque prince peut choisir sa foi.

1618 Début de la guerre de Trente Ans. Impliquant essentiellement des États catholiques et protestants allemands, elle commence en Bohême et connaît une trêve en 1623, avec la défaite des protestants et l'occupation du Bas-Palatinat par les troupes impériales et espagnoles. L'intervention du Danemark en 1625, puis celle de la Suède en 1630, font de nouveau pencher la balance en faveur des États protestants, mais l'intervention de la France, une nation catholique, contre les Habsbourg d'Autriche et contre ceux d'Espagne, transforme le conflit en une guerre pour remporter la suprématie en Europe.

1648 Par les traités de Westphalie, qui mettent un terme à la guerre, l'empereur reconnaît la pleine souveraineté religieuse et politique des États allemands; des territoires sont cédés à la Suède et à la France. L'Allemagne sort économiquement dévastée du conflit et se trouve divisée en de multiples petits royaumes, principautés et évêchés.

1740 Frédéric II le Grand, de la dynastie des Hohenzollern, devient roi de Prusse. Durant son règne, la Prusse devient la principale puissance de l'Allemagne du Nord, s'agrandissant de la Silésie, à l'issue de la guerre de la Succession d'Autriche (1740-48), et de la Poméranie et de la Prusse orientale lors du premier partage de la Pologne (1772).

1792 La Prusse et l'Autriche, qui font partie de la Première Coalition, déclarent la guerre à la France révolutionnaire. En 1800, les armées françaises repoussent la frontière orientale de leur pays jusqu'au Rhin.

1793-1795 À l'occasion du deuxième partage de la Pologne en 1793, la Prusse, sur laquelle règne Frédéric-Guillaume II, gagne la Grande-Pologne avec Poznan, Lodz et Dantzig. Par le troisième partage,

EMPEREUR GERMANIQUE (1122-1190)

FRÉDÉRIC Ier BARBEROUSSE

Frédéric Ier Barberousse fut l'empereur qui défia l'autorité pontificale et qui établit la domination de l'Allemagne sur une importante partie de l'Europe. Il fut élu roi en 1152. Couronné empereur en 1155, il entreprit 6 campagnes militaires contre les ligues lombardes, en Italie du Nord. En 1177, il finit par reconnaître Alexandre III pour pape légitime. À l'intérieur de l'empire, Frédéric Ier dut combattre Henri le Lion, duc de Bavière, et finit par le dépouiller de ses possessions. Barberousse se noya dans le fleuve Saleph, au cours de la troisième croisade.

L'Assemblée nationale de Francfort
Des représentants de tous les États allemands se réunirent à Francfort, en 1848, l'année du printemps des peuples, afin d'unifier le pays, selon un mode démocratique. Ils proposèrent la royauté à Frédéric-Guillaume IV de Prusse, qui la refusa.

elle acquiert Varsovie. La fin de la Pologne comme État indépendant est entérinée par traité en 1797.

1806 Après la défaite de François Ier de Habsbourg à Austerlitz, le Saint Empire romain germanique s'effondre. Napoléon Ier crée une nouvelle ligue rhénane, la Confédération du Rhin, qu'il place sous sa protection. Cet ensemble comprend 16 villes et principautés, parmi lesquelles la Bavière, la Hesse, la Saxe, la Westphalie et le Wurtemberg. La plus grande partie des autres territoires d'Allemagne occidentale est directement rattachée à la France.

1806 L'armée prussienne est battue à Iéna en octobre ; l'année suivante la Prusse s'allie à la France.

1813 La Confédération du Rhin est dissoute après la défaite de Napoléon à la bataille des Nations, à Leipzig, en octobre, qui se déroule après la retraite de Russie. Au congrès de Vienne (1814-1815), une nouvelle Confédération germanique est créée, comprenant 38 États souverains, disposant d'une Diète (un Parlement) et placée sous la présidence nominale de l'Autriche. En réalité, elle est dominée à la fois par l'Autriche et par la Prusse, devenue la principale puissance d'Allemagne du Nord.

1834 Pour accroître son rôle au sein de la Confédération germanique, la Prusse fonde une union douanière allemande, le *Zollverein*, en regroupant sous son autorité les différentes unions douanières préexistantes. En 1852, le *Zollverein* réunit tous les États allemands, à l'exception de l'Autriche, des deux duchés de Mecklembourg et de quelques villes hanséatiques.

1848 Des révolutions éclatent dans plusieurs États allemands, renversant provisoirement leurs monarchies. Un an plus tard, les armées autrichiennes et prussiennes ont réprimé ces mouvements et l'ordre ancien est restauré.

1862 Otto von Bismarck est nommé chancelier de Prusse, un poste qu'il conserve jusqu'en 1890. À l'issue de la guerre des duchés, il prend le Schleswig au Danemark (1864), puis, lors de la guerre de Sept Semaines, défait l'Autriche à la bataille de Sadowa (1866), l'excluant par la force des affaires allemandes. Cette dernière victoire est entérinée par le traité de Prague, qui donne à la Prusse le contrôle de presque tous les territoires situés au nord du Main. En 1867, une Confédération de l'Allemagne du Nord est fondée, qui réunit tous les États de l'Allemagne septentrionale et qui en exclut ceux du Sud : Bade, Bavière, Hesse-Darmstadt, Lichtenberg, Wurtemberg et Autriche.

1870 La Prusse connaît une période d'expansion rapide.

1870-1871 Après une courte guerre avec la France, l'empereur Napoléon III est fait prisonnier à Sedan et Paris est assiégé. Par le traité de Francfort, la France abandonne ses provinces d'Alsace et de Lorraine.

1871 Le roi Guillaume Ier de Prusse est proclamé empereur d'Allemagne. Le nouvel empire allemand est doté d'une constitution fédérale, chacun de ses États disposant de pouvoirs propres.

1873 Bismarck souhaite une alliance avec la Russie et l'Autriche-Hongrie et créé la ligue des trois empereurs, qui dure jusqu'en 1890, date à laquelle les tensions entre l'Autriche et la Russie à propos de la Bulgarie provoquent sa dissolution.

1878 Les principales puissances européennes se rencontrent à Berlin, à l'instigation de Bismarck, pour imposer la paix dans les Balkans, après la guerre russo-turque de 1877-1878. Un autre congrès d'importance s'y déroule en 1884-1885, pour dessiner la carte coloniale de l'Afrique.

1879 Bismarck conclut la Duplice, double alliance avec l'Autriche-Hongrie.

1882 La Triplice ou Triple-Alliance réunit l'Allemagne, l'Autriche-Hongrie et l'Italie.

1888 L'empereur Guillaume II accède au trône. Bismarck est limogé.

1914 L'Allemagne, l'une des puissances centrales, entre dans la Première Guerre mondiale aux côtés de l'Autriche-Hongrie et de l'Empire ottoman, face aux pays de l'Entente (la France, l'Italie, la Russie, la Serbie et le Japon). L'espoir d'une victoire allemande rapide sur le front occidental ne se concrétise pas, l'armée étant obligée de se replier après la première bataille de la Marne (septembre) et s'enlise dans une guerre de tranchées meurtrière. En 1917, les Américains entrent en guerre contre l'Allemagne. Sur le front oriental, sa situation est meilleure, les défaites russes ayant précipité le déclenchement de deux révolutions, qui entraînent le retrait du conflit du nouveau gouvernement bolchevique et la signature du traité de Brest-Litovsk (mars 1918), par lequel il cède de vastes territoires.

1918 L'armée allemande est finalement repoussée et l'Allemagne est obligée de concéder la défaite, en signant un armistice le 11 novembre 1918. Confronté à des mutineries et à une déception populaire, le kaiser Guillaume II doit abdiquer le 9 novembre et s'enfuit aux Pays-Bas. Le même jour, la République est proclamée à Berlin et un gouvernement est formé, avec à sa tête le chef du Parti social-démocrate, Friedrich Ebert.

> « Placez entre les mains du roi de Prusse la **plus forte puissance** militaire possible, il pourra alors mener sa politique [...] par **le fer et par le sang.** »
>
> OTTO VON BISMARCK À LA CHAMBRE DES DÉPUTÉS DE PRUSSE, 28 JANVIER 1886

La guerre franco-prussienne (1870-1871)
Une unité de l'armée française, forte de 400 000 hommes, est vue ici, armant un canon vétuste. Durant le conflit, ce type d'arme se révéla inadapté face à la puissance et à la portée du nouveau canon allemand, qui se chargeait par la culasse.

1919 Ebert écrase la révolte des spartakistes, mouvement révolutionnaire fondé par Karl Liebknecht et Rosa Luxemburg, et soutenu par le Parti communiste allemand (KPD). Ebert est élu président et la Constitution de la République de Weimar est approuvée en juillet.

1919 Selon les clauses du traité de Versailles, l'Allemagne cède des territoires à la France, à la Belgique, au Danemark et aux nouveaux États de Pologne, de Tchécoslovaquie et de Lituanie. L'*Anschluss,* l'union avec l'Autriche, est interdite, les colonies allemandes deviennent des territoires sous mandat de la SDN. L'administration de la Sarre est confiée à la SDN, son territoire est démilitarisé et occupé pendant 15 ans par des troupes alliées. L'Allemagne est obligée de reconnaître sa responsabilité dans le déclenchement de la guerre, de verser des réparations financières et de limiter les effectifs de ses forces armées.

1923 En représailles au non-paiement des réparations par l'Allemagne, des troupes françaises et belges occupent la Ruhr, qu'elles évacuent en 1924, après l'acceptation par l'Allemagne du plan Dawes sur les réparations.

1923 Adolf Hitler, le chef du Parti ouvrier national-socialiste (NSDAP) fomente, à Munich, un coup d'État manqué. Il passe 8 mois en prison, pendant lesquels il rédige *Mein Kampf (Mon Combat).*

1925 Le maréchal Paul von Hindenburg devient président. L'Allemagne est admise à la SDN en 1926. La République de Weimar se révèle trop faible pour surmonter la récession économique qui frappe l'Allemagne après 1929 et qui provoque un chômage massif.

Reddition de *U-Boot*
Cette photo montre des sous-marins, des *U-Boot* saisis par les Alliés à la fin de la Première Guerre mondiale. L'Allemagne avait mené une guerre sous-marine très efficace, coulant 50 croiseurs britanniques pendant les premières semaines du conflit.

1932 Aux élections législatives, qui se déroulent en juillet, le NSDAP remporte 37,4 % des suffrages, remplaçant le SPD comme premier parti du pays, bien que dans une autre élection en novembre son score tombe à 33,2 %.

1933 En janvier, le président Hindenburg nomme Hitler chancelier du gouvernement. En mars, après avoir accusé les communistes d'avoir incendié le Reichstag, Hitler obtient le vote d'une loi lui octroyant les pleins pouvoirs. En juillet, l'Allemagne devient un État à parti unique.

1934 Pendant la « Nuit des longs couteaux », les nazis liquident des milliers d'opposants à l'intérieur et à l'extérieur du parti. Quand Hindenburg meurt en août 1943, Hitler assume la présidence, tout en adoptant le titre de Führer, le « guide ».

1935 Les lois de Nuremberg dépouillent les juifs de leur nationalité allemande et leur interdisent d'épouser un citoyen allemand. Les juifs sont également écartés des forces armées, de la fonction publique et, en 1938, toutes leurs entreprises sont « aryanisées », c'est-à-dire obligatoirement cédées à des Allemands, moyennant une compensation infime.

1935 La Sarre redevient allemande, après un plébiscite montrant un soutien massif à cette réintégration. En mars 1936, les troupes allemandes, en violation du traité de Versailles, réoccupent la Rhénanie démilitarisée.

1938 Par l'*Anschluss,* les troupes allemandes pénètrent en Autriche ; le pays est intégré au IIIe Reich. À la conférence de Munich, en septembre, la France et le Royaume-Uni acceptent l'occupation allemande des Sudètes, une région frontalière avec la Tchécoslovaquie. En mars 1939, l'ensemble de la Tchécoslovaquie se trouve sous le joug nazi, la Slovaquie devenant un État fantoche.

L'insigne de rang
L'insigne de rang du parti nazi, décoré de feuilles de chêne dorées, était exclusivement porté par des membres de haut rang, dont la plupart étaient placés directement sous la seule responsabilité de Hitler.

1938 Les maisons, les commerces juifs et les synagogues sont mis à sac à travers toute l'Allemagne, pendant le pogrom de la Nuit de cristal.

1939 L'Allemagne s'empare du territoire lituanien de Klaipeda (Memel).

1939 Après la signature, par Molotov et Ribbentrop, du pacte secret de non-agression germano-soviétique, l'Allemagne envahit la Pologne, le 1er septembre. La France et la Grande-Bretagne, qui se sont engagées à la défendre, déclarent la guerre à l'Allemagne le 3 septembre, déclenchant ainsi la Seconde Guerre mondiale.

1940 La réussite de la guerre-éclair *(Blitzkrieg),* lors des invasions de la Norvège, du Danemark, des Pays-Bas, de la Belgique et de la France, permet à l'Allemagne d'occuper en juin la majeure partie de l'Europe occidentale.

1941 Hitler ouvre un nouveau front à l'est, en envahissant la Grèce et la Yougoslavie en avril, puis en lançant une offensive contre l'URSS, en juin.

1942-1943 En Afrique du Nord, l'armée du maréchal Rommel est progressivement repoussée tout au long de l'année 1942, puis défaite à El-Alamein en octobre. Sur le front Est, le maréchal Paulus est acculé à la reddition, en février 1943. Après l'attaque japonaise de Pearl Harbor, en décembre 1941, qui provoque l'entrée en guerre des États-Unis, l'intervention des forces américaines aux côtés des Alliés finit par renverser le cours des événements en faveur de ces derniers.

1943 Les forces aériennes britanniques et américaines bombardent des villes et des sites industriels allemands.

1944 Le 6 juin, Jour J, les troupes alliées débarquent en Normandie ; elles libèrent Paris en août, Bruxelles en septembre, et traversent le Rhin, en mars 1945. Sur le front Est, les armées soviétiques progressent à travers l'Europe centrale, en direction de Berlin.

Konrad Adenauer (1876-1967)
Ayant été démis de ses fonctions, puis emprisonné par les nazis, Konrad Adenauer devint, en 1949, chancelier de la RFA. Il intégra son pays dans le concert des nations d'Europe occidentale et entretint une politique d'amitié avec la France.

Un acte de contrition
En décembre 1970, le chancelier ouest-allemand, Willy Brandt, se rendit en Pologne. Au mémorial du ghetto de Varsovie, il s'agenouilla en hommage aux victimes du nazisme et exprima de profonds regrets.

ALLEMAGNE

L'ALLEMAGNE DE L'EST

Les cinq anciennes provinces orientales d'Allemagne furent occupées par les Soviétiques, après la Seconde Guerre mondiale. Une Chambre du peuple, réunie à Berlin-Est en 1948-1949, élabora une Constitution pour le nouvel État, qui vit le jour le 7 octobre 1949, sous le nom de République démocratique allemande.
La RDA entreprit un programme de «construction du socialisme», conduit par le Parti socialiste unifié (SED) de Walter Ulbricht. L'industrie fut nationalisée, l'agriculture collectivisée et des réparations furent versées à l'URSS, en compensation du coût de la guerre. Les privations qui en résultèrent provoquèrent des émeutes et des grèves en 1953, qui furent réprimées par les troupes et les chars soviétiques. Pendant les années 1950, les différences de niveau économique entre les deux Allemagnes s'accrurent, amenant de nombreux Allemands de l'Est à fuir, via Berlin-Ouest, pour trouver de meilleures conditions de vie. Cette hémorragie fut stoppée, en 1961, par la construction du mur de Berlin. Les relations entre l'Allemagne de l'Ouest et l'Allemagne de l'Est s'améliorèrent durant les années 1970, le Parlement est-allemand éliminant de sa Constitution, en 1974, toute référence à une réunification des deux États. Cependant, un nouvel exode de ses citoyens vers l'Ouest, via la Hongrie, à la chute du rideau de fer, en 1989, mit en danger le régime communiste est-allemand. Des ministres non communistes entrèrent au gouvernement, mais la chute du mur de Berlin et l'effondrement du communisme en Europe orientale sonnèrent la fin de cette République populaire, qui fut unie à l'Allemagne de l'Ouest, en 1990.

1945 Confronté à la défaite militaire sur le front occidental, comme sur le front oriental, Hitler se suicide dans son bunker berlinois, le 30 avril. Deux jours plus tard, la capitale allemande tombe aux mains des forces soviétiques. Le 7 mai, l'armée allemande se rend aux Alliés.

1945 La commission de contrôle alliée prend le contrôle de l'Allemagne, qui est divisée en 4 zones d'occupation (française, américaine, britannique et soviétique), avec un contrôle quadripartite sur Berlin. L'Allemagne perd une partie de la Prusse-Orientale au bénéfice de l'URSS, le reste de ce territoire et de vastes pans de l'Allemagne orientale allant à la Pologne. Environ six millions de juifs ont été massacrés pendant l'Holocauste. En novembre, les procès des criminels de guerre nazis commencent à Nuremberg.

1948-1949 Avec l'accroissement des tensions liées à la guerre froide, une tentative soviétique de bloquer Berlin-Ouest donne naissance à un gigantesque pont aérien allié, qui permet aux Berlinois de survivre, jusqu'à la levée du blocus.

1948 Une Assemblée constituante, réunie à Berlin, rédige la Loi fondamentale, la future Constitution, à l'intention des trois zones occidentales.

1949 L'Allemagne est divisée. Les trois zones occidentales fusionnant pour former la République fédérale d'Allemagne (RFA), avec Bonn pour capitale, tandis que la zone soviétique devient la République démocratique allemande (RDA), État communiste, avec Berlin-Est pour capitale. Konrad Adenauer devient le premier chancelier de la RFA (il occupe ce poste jusqu'en 1963), Walter Ulbricht est nommé premier secrétaire du Comité central de RDA, et le reste jusqu'en 1971, date à laquelle il est remplacé par Erich Honecker.

1955 L'Allemagne de l'Ouest adhère à l'OTAN ; l'Allemagne de l'Est rejoint le pacte de Varsovie, alors que les divisions engendrées par la guerre froide s'accentuent.

1957 La RFA signe le traité de Rome instituant la CEE.

1961 Le mur de Berlin est construit pour isoler Berlin-Ouest.

1969-1982 Des gouvernements de coalition dirigés par le SPD (Parti social-démocrate), allié au FDP (Parti libéral), avec pour chefs de gouvernement Willy Brandt (1969-1974) et Helmut Schmidt (1974-1982) se succèdent.

1970 La RFA signe des traités de paix avec l'URSS et la Pologne, reconnaissant ainsi leurs frontières d'après-guerre.

1973 Les deux Allemagnes adhèrent à l'ONU.

1982 Helmut Kohl devient chancelier d'Allemagne de l'Ouest, à la tête d'une coalition réunissant la CDU (Parti chrétien-démocrate), la CSU et le FDP.

1988 Le dirigeant soviétique Mikhaïl Gorbatchev annonce la fin de la domination de son pays sur l'Europe orientale, y compris sur l'Allemagne de l'Est, en indiquant qu'il en retire ses forces armées et qu'il donne aux différents États «la liberté de choix» quant à leur avenir politique.

1989 L'ouverture du mur de Berlin, dans la nuit du 9 au 10 novembre, marque la fin du rideau de fer. D'importantes manifestations pacifiques se déroulent à travers toute la RDA et des milliers d'Allemands de l'Est passent la frontière, afin de démarrer une nouvelle vie à l'ouest. Dans un premier temps, le gouvernement est-allemand campe sur ses positions, avant de capituler.

1990 L'Allemagne est réunifiée. Les deux États signent un traité étendant la monnaie de la RFA, sa législation économique, monétaire et sociale à l'ancienne RDA. Le Parlement est-allemand vote en faveur de l'union, quand les 5 Länder reconstitués de l'ex-RDA se fondent dans la RFA. Les premières élections pan-allemandes, organisées depuis 1933, aboutissent à la formation d'un gouvernement, dirigé par Helmut Kohl.

1998 Gerhard Schröder est élu chancelier, à la tête d'une coalition composée du SPD et des Verts.

1999 L'Assemblée fédérale et les autres organes de gouvernement allemand quittent Bonn pour Berlin.

2002 L'Allemagne abandonne le mark pour l'euro.

2005 Angela Merkel, à la tête d'une large coalition, remporte les élections fédérales.

« 188-191 L'Europe médiévale
« 256-259 La Réforme
« 262-263 La guerre de Trente Ans
« 386-387 Le fascisme
« 390-391 Adolf Hitler
« 400-401 L'Holocauste
« 426-427 Le mur de Berlin
« 448-449 La chute du rideau de fer

Pays-Bas

Un pays situé en dessous du niveau de la mer, qui dominait jadis un riche empire, plaque tournante du commerce international.

768-814 Pendant le règne de Charlemagne, les Francs conquièrent l'ensemble des Pays-Bas. Sous ses successeurs, ce territoire est intégré au royaume de Lotharingie, puis à celui de la Francie de l'Est, le futur Saint Empire romain germanique.

Vers 1000 Le déclin du gouvernement central aboutit à un morcellement féodal et à la formation d'États autonomes

1433 La Hollande devient une possession bourguignonne héréditaire, puis un territoire de l'empire des Habsbourg (1482).

1515-1555 Durant le règne de Charles Quint, tous les territoires qui étaient encore autonomes deviennent des possessions habsbourgeoises; les Pays-Bas se retrouvent ainsi réunis pour la première fois. Quand l'empereur abdique, ils passent sous la domination des Habsbourg d'Espagne.

1567 L'opposition à Philippe II d'Espagne, alimentée en partie par l'essor du protestantisme, conduit à une insurrection populaire, dirigée par Guillaume le Taciturne, prince d'Orange-Nassau.

1581 Après l'Union d'Utrecht (1579), les 7 provinces septentrionales néerlandaises protestantes se déclarent indépendantes de l'Espagne et se constituent en République des Provinces-Unies des Pays-Bas.

1609 Début de la trêve de Douze Ans avec l'Espagne, mais elle est rompue en raison de revendications sur la liberté religieuse.

1648 Le traité de Munster entérine l'indépendance des Pays-Bas et met ainsi un terme à la guerre de Trente Ans.

L'Âge d'or

Ces élégantes maisons de commerçants furent édifiées pendant l'Âge d'or d'Amsterdam, au XVIIe siècle, quand la ville était opulente et le centre du commerce international.

1689-1702 Guillaume d'Orange, le stathouder (chef de l'Union) héréditaire des Provinces-Unies devient roi d'Angleterre, sous le nom de Guillaume III, et fait campagne contre Louis XIV.

1713 Le traité d'Utrecht met fin à la guerre de la Succession d'Espagne et à l'engagement des Pays-Bas dans les luttes de pouvoir européennes.

1795 Des forces françaises envahissent les Pays-Bas; des comités révolutionnaires locaux proclament la République batave.

1806 La Hollande redevient un royaume, sur lequel règne Louis Bonaparte, mais elle est annexée par la France, 4 ans plus tard.

1813 Les Néerlandais chassent les Français et optent pour un régime de monarchie constitutionnelle.

1815 Congrès de Vienne : le royaume uni des Pays-Bas est constitué; il inclut la Belgique et le Luxembourg.

1830 La Belgique se révolte et fait sécession; son indépendance est reconnue par les Pays-Bas en 1839.

1848 Promulgation d'une nouvelle Constitution.

1898 La reine Wilhelmine accède au trône.

1940 Les Pays-Bas se déclarent neutres pendant la Seconde Guerre mondiale, mais ils sont néanmoins envahis par l'Allemagne nazie.

1945 Le pays est libéré. La Cour internationale de justice s'installe à La Haye.

1946-1958 Le Parti travailliste (PVDA), dont le leader est Willem Drees, dirige des gouvernements de coalition de centre-gauche.

1948 Avènement de la reine Juliana.

1948 L'union douanière avec la Belgique et le Luxembourg (Benelux) entre en vigueur.

1957 Les Pays-Bas font partie des pays fondateurs de la CEE.

1973 Après 15 années passées dans l'opposition, le PVDA remporte les élections et dirige une coalition de centre-gauche.

1980 Accession au trône de la reine Béatrix.

2002 Les Pays-Bas adoptent l'euro.

2005 Les Néerlandais rejettent le projet de Constitution européenne.

« 208-209 Cités marchandes
« 238-239 Commerce et empires
« 276-277 L'essor du capitalisme
« 350-351 La résistance coloniale

STATHOUDER DE HOLLANDE (1533-1584)

GUILLAUME Ier DE NASSAU

Guillaume Ier d'Orange-Nassau, dit le Taciturne, devint Prince d'Orange en 1544. Il fut le principal dirigeant de la révolte contre les Espagnols, la guerre de Quatre-Vingts Ans, qui se solda par la proclamation d'indépendance des Provinces-Unies en 1648. Mécontent du sort réservé aux protestants néerlandais, il prit part au soulèvement contre les Espagnols. Son sens politique mena plusieurs fois les rebelles à la victoire militaire. Ayant été déclaré hors la loi par Philippe II, en 1580, il fut assassiné à Delft par un partisan du roi.

Belgique

Un pays de plaines et de plateaux, dont la capitale est également l'un des sièges de l'Union européenne.

51 av. J.-C. Les Romains achèvent de conquérir les territoires des tribus celtiques et germaniques correspondant à l'actuelle Belgique; ils deviennent une province de la Gaule.

481-511 Sous le règne de Clovis, les Francs fondent un royaume dont le cœur se situe dans ce qui est aujourd'hui le sud de la Belgique et le nord de la France.

889 À la suite de plusieurs partages, l'ouest de la Belgique, le comté de Flandre, est intégré au royaume des Francs, tandis que le reste de son territoire devient une partie du royaume de Lotharingie, puis de Germanie.

1100 Le morcellement féodal aboutit à l'émergence de 6 États régionaux principaux : le comté de Flandres à l'ouest, le duché de Brabant au centre, l'évêché de Liège à l'est, le comté de Hainaut au sud-ouest et le duché de Luxembourg au sud-est.

1384 Philippe II le Hardi, duc de Bourgogne, hérite de la Flandre.

1477 Les possessions de la maison de Bourgogne deviennent la propriété des Habsbourg.

Anvers
La ville flamande d'Anvers acquit une importance de tout premier plan au xve siècle, alors que celle de Bruges déclinait. La première Bourse de commerce y fut créée en 1460 et la cité devint le principal centre commercial et financier d'Europe dans les années 1500.

1555-1556 À l'abdication de l'empereur Charles Quint, les lignées habsbourgeoises d'Espagne et d'Autriche se séparent et les Pays-Bas sont placés sous souveraineté espagnole.

1567 La résistance à la domination espagnole, alimentée en partie par l'essor du protestantisme, aboutit à une révolte populaire.

1579 Les provinces méridionales des Pays-Bas, correspondant globalement à la Belgique actuelle, forment l'Union d'Arras et réaffirment leur fidélité aux Habsbourg et au catholicisme; les provinces septentrionales calvinistes, ou Provinces-Unies (les Pays-Bas d'aujourd'hui), concluent l'Union d'Utrecht et se déclarent indépendantes de l'Espagne en 1581.

1585 Les Néerlandais bloquent le port d'Anvers, événement qui marque le début du déclin des provinces méridionales des Pays-Bas.

1648 Le traité de Münster réaffirme la domination espagnole sur les Pays-Bas méridionaux et reconnaît l'indépendance des Provinces-Unies.

1713 Par le traité d'Utrecht, les provinces méridionales des Pays-Bas passent sous l'autorité des Habsbourg d'Autriche.

1792-1795 Les armées françaises et autrichiennes se disputent la possession des Pays-Bas autrichiens; en dépit des revendications indépendantistes, ils sont annexés par la France.

1814-1815 Congrès de Vienne : les puissances européennes décident d'unir la Belgique et les Pays-Bas, avec pour roi Guillaume Ier d'Orange.

1830 Une révolte contre les Pays-Bas aboutit à la déclaration d'indépendance de la Belgique.

1831 Léopold Ier de Saxe-Cobourg est élu comme roi des Belges par le Congrès national belge.

1839 Les Pays-Bas reconnaissent l'indépendance de la Belgique.

1865 Couronnement de Léopold II.

1909 À la mort de Léopold II, son neveu Albert Ier lui succède.

1914 Les armées allemandes envahissent la Belgique et l'occupent jusqu'en 1918.

1934 Avènement de Léopold III.

1940-1944 L'Allemagne occupe la Belgique.

1948 L'union douanière avec les Pays-Bas et le Luxembourg (Benelux) est constituée.

1950 Le roi remporte le référendum concernant son retour sur le trône de Belgique. Il abdique, en 1951, en faveur de son fils Baudouin.

1957 La Belgique signe le traité de Rome instituant la CEE.

1980 Une révision constitutionnelle délègue certaines compétences à des communautés, définies par les langues que parle la majorité de leurs habitants : français, flamand (néerlandais) et allemand.

1992 Formation d'un gouvernement composé de chrétiens-démocrates et de sociaux-démocrates, dirigé par Jean-Luc Dehaene.

1993 De nombreuses réformes aboutissent à la création d'un État fédéral.

1993 Mort du roi Baudouin. Son frère, Albert II, lui succède.

2002 La Belgique adopte l'euro.

2007 Le pays connaît une grave crise politique.

« 150-151 Le déclin et la chute?
« 208-209 Cités marchandes

Le terminus
Ce panneau de la gare d'Ypres accueillait les milliers d'hommes qui arrivaient sur le front belge, pendant la Première Guerre mondiale. Quatre grandes batailles furent livrées près de cette localité, notamment la bataille de Passchendaele, en 1917, qui provoqua des pertes effroyables.

Luxembourg

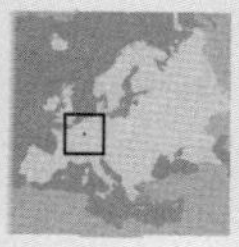

Un grand-duché, situé en Europe occidentale, qui a principalement développé des activités de services.

963 Le Luxembourg devient un comté autonome au sein du Saint Empire romain germanique, puis un duché dépendant de ce même empire à partir de 1354.

1443 Le Luxembourg devient une possession bourguignonne, incluse dans les Pays-Bas.

1477 Le territoire passe sous la domination des Habsbourg. Faisant partie des Pays-Bas méridionaux, il est gouverné par les Habsbourg d'Espagne de 1555 à 1713.

1713 Le traité d'Utrecht attribue les Pays-Bas méridionaux aux Habsbourg d'Autriche.

1815 Le Luxembourg devient un grand-duché indépendant, membre de la Confédération germanique, avec pour grand-duc le roi des Pays-Bas, Guillaume Ier; en 1842, il entre dans l'union douanière allemande, le *Zollverein.*

1839 Le traité de Londres reconnaît la souveraineté de la Belgique sur la partie occidentale du grand-duché; l'indépendance de ses autres territoires est confirmée.

1867 Le congrès qui se tient à Londres confère au grand-duché le statut d'État perpétuellement neutre.

1890 Fin des liens entre le grand-duché et la couronne des Pays-Bas.

1922 Union économique avec la Belgique (UELB).

1940-1944 Le Luxembourg est occupé par l'Allemagne.

1948 Le traité du Benelux instituant une union douanière entre la Belgique, les Pays-Bas et le Luxembourg, entre en vigueur.

1957 Le Luxembourg signe le traité de Rome.

2000 Le grand-duc Jean abdique en faveur de son fils, Henri.

2002 Le Luxembourg adopte l'euro.

« 262-263 La guerre de Trente Ans

Islande

Le plus occidental des pays d'Europe, qui fut colonisé par les Vikings et continue d'entretenir des liens privilégiés avec la Scandinavie.

874 L'Islande est colonisée par des Vikings venus de Norvège.

1262 L'Assemblée islandaise, l'Althing, fait allégeance au royaume de Norvège.

1380 L'Islande passe sous souveraineté danoise, quand la Norvège est réunie au Danemark.

1843 L'Althing est rétabli. Le Danemark devient une monarchie constitutionnelle en 1849.

1874 Le roi de Danemark, Christian IX, promulgue une Constitution, qui accorde à l'Islande une autonomie limitée.

1918 L'Acte d'Union accorde à l'Islande son autonomie interne, le Danemark conservant sa souveraineté en matière de défense et de politique étrangère.

1944 L'Islande devient une république indépendante.

Première présidente d'Islande
En 1980, Vigdís Finnbogadóttir, ancienne directrice de la compagnie théâtrale de Reykjavík, devint la première femme en Europe élue démocratiquement comme chef d'État. Elle conserva ce poste jusqu'en 1996.

Norvège

Un pays scandinave montagneux, qui fut pendant des siècles sous la tutelle du Danemark.

872 Harald Ier Hårfager, à la belle chevelure, unifie les petits royaumes norvégiens et se proclame roi de Norvège.

1397-1523 En vertu de l'Union de Kalmar, la Norvège est gouvernée par des souverains danois.

1536 La Norvège devient une province danoise, mais est autorisée à conserver certaines de ses traditions politiques et juridiques. La religion évangélique luthérienne est proclamée religion d'État.

1814 L'union personnelle entre les couronnes danoise et norvégienne est dissoute ; la Norvège adopte une nouvelle Constitution. Le Storting (Parlement) élit le prince danois Christian-Frédéric, roi de Norvège. La Norvège est cependant cédée à la Suède par le traité de Kiel. Une révolte de courte durée, menée par Christian-Frédéric, est réprimée quand les Suédois envahissent le pays ; Charles XIII de Suède est élu roi de Norvège. Cette élection entérine simplement l'union de deux couronnes, la Norvège conservant sa Constitution, son Parlement et son gouvernement.

1905 Les tensions avec la Suède étant de plus en plus fortes, le Storting lance un plébiscite, par lequel les Norvégiens se prononcent massivement en faveur de l'indépendance ; la Suède accepte de dissoudre l'Union et le prince Charles de Danemark devient le roi Haakon VII de Norvège.

1935 Le Parti travailliste de Norvège (DNA) forme un gouvernement réformiste.

Gustave II Adolphe
Roi de Suède de 1611 à 1632, il mena, en 1630, à travers l'Allemagne une armée rompue aux combats et bien équipée, qui inversa le cours de la guerre de Trente Ans.

1942-1945 La Norvège est occupée par les nazis. Vidkun Quisling prend la tête d'un gouvernement de collaboration.

1949 La Norvège est membre fondateur de l'OTAN.

1957 Mort du roi Haakon VII. Son fils Olaf V lui succède.

1960 La Norvège adhère à l'Association européenne de libre-échange (AELE).

1991 Mort d'Olaf V ; son fils Harald V devient roi.

1994 L'accord sur l'Espace économique européen entre en vigueur. Les Norvégiens se prononcent par référendum contre l'entrée de leur pays dans l'Union européenne.

« 202-203 Pillards et commerçants

Suède

Un pays scandinave prospère, qui fut une importante puissance européenne au XVIIe siècle.

Dans les années 600
Les Svears (d'où le mot Suède est dérivé) étendent leur domination sur la plus grande partie de la Suède centrale.

1319-1364 Sous le règne de Magnus IV, la Suède établit son contrôle sur la Finlande et la Norvège, mais perd l'île de Gotland en 1361.

1396 À la suite de l'Union de Kalmar, la Suède et le Danemark sont réunis par une union personnelle, avec la reine Marguerite Ire pour monarque.

1523 Les relations entre la Suède et le Danemark étant de plus en plus tendues, les États assemblés de Suède élisent roi un noble, Gustave Vasa, et mettent ainsi fin à l'Union de Kalmar.

1560-1595 La Suède acquiert la Laponie et le nord de la Finlande.

1561 La Suède conquiert l'Estonie, puis la Carélie et l'Ingrie (1617), ainsi que la Livonie (1629), aujourd'hui partagée entre la Lettonie et l'Estonie.

1611 Pendant le règne de Gustave II Adolphe (1611-1632), la Suède prend une part active à la guerre de Trente Ans (1618-1648) et devient la principale puissance de l'Europe septentrionale et une puissance européenne de premier plan.

1632 Après le décès de Gustave II Adolphe, sa fille Christine lui succède et son chancelier, Axel Oxenstierna, continue à administrer les affaires de l'État, jusqu'à la majorité de la jeune reine. Cette dernière, mécène passionnée, règne jusqu'en 1654.

1658 La Suède s'agrandit aux dépens du Danemark des régions de la Scanie et du Blekinge et, pendant deux ans, du district de Trondheim, ce qui lui

L'occupation allemande
Les troupes allemandes envahirent le Danemark le 9 avril 1940. Contrairement à la situation prévalente dans d'autres pays occupés par les nazis, les institutions nationales continuèrent d'y fonctionner normalement, dans un premier temps. Mais face à la multiplication des grèves et des protestations, l'Allemagne nazie dut prendre en main directement l'administration du pays.

permet de s'étendre jusqu'aux rives de l'Atlantique.

1660 La paix de Copenhague confirme la souveraineté de la Suède sur la Finlande, l'Estonie, l'Ingrie, la Livonie et la Poméranie, ainsi que sur d'autres possessions allemandes.

1679 Par sa politique de « réduction » des biens de la noblesse, le roi Charles XI brise le pouvoir des nobles et instaure, avec le soutien du Riksdag (Parlement), une monarchie absolue.

1721 Le traité de Nystad, qui marque la fin de la grande guerre du Nord, (1700-1721) met un terme au statut de grande puissance de la Suède ; elle perd ses possessions de la Baltique au profit de la Russie.

1723 Une nouvelle Constitution réduit l'autorité royale au profit de celle du Parlement, bien que la monarchie absolue soit en partie restaurée sous le règne de Gustave III (1771 à 1792).

1809 La Suède est obligée de céder la Finlande à la Russie ; une nouvelle Constitution parlementaire est adoptée la même année.

1814-1815 La Suède doit céder des territoires à la Russie et au Danemark. Une longue période de paix commence.

1905 La Norvège devient indépendante de la Suède.

1950 Gustave VI Adolphe accède au trône.

1953 La Suède devient membre du Conseil nordique.

1960 La Suède adhère à l'Association européenne de libre-échange (AELE).

1973 Avènement de Charles XVI Gustave.

1975 Adoption d'une réforme constitutionnelle majeure : le Riksdag devient un Parlement à une seule chambre, élue tous les 3 ans. Le rôle de la monarchie est réduit à des fonctions de représentation.

1995 La Suède devient membre de l'Union européenne.

2003 L'adoption de l'euro est rejetée par référendum.

2006 Le parti du Rassemblement modéré, de Frederik Reinfeldt, revient au pouvoir.

« 186-187 La Grande Peste
« 202-203 Pillards et commerçants
« 262-263 La guerre de Trente Ans

Danemark

Le plus méridional des pays scandinaves, qui fut autrefois uni à la Norvège, à l'Islande et à la Suède.

Années 800 Les Danois, originaires du sud de la Suède, se mêlent à d'autres groupes vikings pour envahir des territoires situés en Europe et au-delà.

Vers 980 Harald Blåtand, aux dents bleues, fonde et unifie le royaume du Danemark.

1016-1035 Knud le Grand règne sur l'Angleterre et sur la Scandinavie.

1396 L'Union de Kalmar réunit par une union personnelle la Norvège, l'Islande et la Suède (y compris la Finlande) sous la couronne danoise ; la Suède et la Finlande font sécession en 1523.

1448 Christian Ier accède au trône et devient le premier souverain de la dynastie des Oldenburg.

1533-1536 Une guerre civile précède l'établissement de la Réforme luthérienne.

1814 Le Danemark, un allié de la France, perd le reliquat de ses possessions d'Allemagne et cède la Norvège à la Suède. Il conserve néanmoins l'Islande, les îles Féroé et le Groenland.

1864 Le Danemark est contraint de céder les duchés de Schleswig et de Holstein, après avoir perdu la guerre contre la Prusse.

1939-1945 Malgré sa neutralité, le Danemark est envahi par l'Allemagne en 1940. Face à une résistance massive et à la démission du gouvernement, les forces nazies prennent le contrôle du pays. La marine danoise saborde la totalité de sa flotte.

1944 L'Islande se déclare indépendante du Danemark.

1953 La Constitution est réformée : un Parlement à une seule chambre et élu au scrutin proportionnel est institué.

1960 Le Danemark adhère à l'Association européenne de libre-échange (AELE).

1972 Couronnement de la reine Marguerite II.

2000 Les Danois, consultés par référendum, refusent l'adoption de l'euro.

« 202-203 Pillards et commerçants
« 256-259 La Réforme
« 262-263 La guerre de Trente Ans

Finlande

Un pays très boisé au climat rigoureux, baigné par la mer Baltique, dont la population est principalement localisée dans les zones littorales.

1323 Le traité de Pähkinäsaari attribue une grande partie de la Finlande au royaume de Suède.

1581 La Finlande devient un grand-duché rattaché à la couronne suédoise.

1700-1721 La Finlande est défaite par la Russie lors de la grande guerre du Nord et doit abandonner la Carélie finnoise au vainqueur.

1809 À la suite du traité de Fredrikshamm, la Finlande est cédée par la Suède à la Russie. Elle devient un grand-duché, conservant son autonomie.

1899 Le tsar Nicolas II entame un processus de russification du pays.

1901 L'armée finlandaise est démantelée et intégrée dans des unités russes. Une campagne de désobéissance limite l'incorporation des hommes.

1917 La révolution russe permet à la Finlande de proclamer son indépendance.

1918 Une guerre civile oppose la garde rouge bolchevique aux forces gouvernementales de la garde civique ou blanche. Le général Carl Gustav Emil Mannerheim, à la tête de l'armée blanche, remporte une victoire décisive à la bataille de Tampere.

1919 La Finlande devient une république. Kaarlo Ståhlberg est élu à la présidence.

1920 La Russie reconnaît par le traité de Tartu les frontières de la Finlande.

1921 Les îles d'Aaland sont attribuées à la Finlande.

1939 Le pacte germano-soviétique laisse à l'URSS les coudées franches en Finlande. Mais l'invasion soviétique se heurte à une vive résistance.

1940 Le traité de Moscou enlève à la Finlande un dixième de son territoire.

1944 L'Armée rouge envahit la Finlande. Son chef d'État, le maréchal Mannerheim, signe l'armistice.

1989 L'URSS reconnaît pour la première fois la neutralité finlandaise.

1992 La Finlande signe un accord de 10 ans avec la Russie, qui, pour la première fois depuis la Seconde Guerre mondiale, ne comporte aucune clause militaire.

1995 La Finlande devient membre de l'UE.

2002 La Finlande adopte l'euro.

« 186-187 La Grande Peste

MARÉCHAL ET HOMME D'ÉTAT FINLANDAIS (1867-1951)

CARL GUSTAV EMIL MANNERHEIM

Né dans une famille noble, le baron Carl Gustav Emil Mannerheim, d'ascendance finno-suédoise, parvint au grade de général dans l'armée tsariste qui occupait la Finlande. En 1918, il fut le commandant en chef des armées qui combattirent pendant la guerre civile contre les bolcheviques et, l'année suivante, il fut nommé régent de Finlande. Battu lors de l'élection présidentielle de 1919, il se retira de la vie politique et se consacra à des activités philanthropiques. En 1931, il revint néanmoins sur le devant de la scène, quand il fut nommé président du Conseil national de défense, puis quand il prit le commandement des forces armées finlandaises pendant la guerre d'hiver de 1939-1940, et pendant la guerre de continuation de 1941-1944. En août 1944, il devint président de la République et négocia la paix avec l'URSS. Son mauvais état de santé l'obligea à démissionner en 1946.

Estonie

Le plus septentrional des trois pays Baltes a entretenu des relations étroites avec la Finlande et la Russie.

1721 L'Estonie, qui appartenait auparavant à la Suède, laquelle y avait importé le protestantisme luthérien, est attribuée à la Russie par le traité de Nystadt.

1917 Le gouvernement provisoire russe accepte la création d'un territoire unifié estonien, ainsi que la tenue d'élections pour désigner un Conseil national local. Ce dernier décide de faire sécession après la révolution d'Octobre, quand Moscou impose l'instauration d'un gouvernement bolchevique. Il proclame l'indépendance en février 1918.

1919 Aidées par la flotte britannique et des volontaires finlandais, les forces estoniennes repoussent l'invasion de l'Armée rouge ; l'indépendance est entérinée par le traité de Tartu (1920).

Tallinn, le centre historique

La capitale estonienne a toujours été un important centre de commerce sur la Baltique. Au XIIIe siècle, comme membre de la Hanse, un groupement commercial de cités marchandes, elle développa le commerce du sel.

1940 L'Estonie est annexée par l'URSS.

1941-1944 Le pays est occupé par l'Allemagne.

1944 Des milliers de combattants estoniens luttent avec des Finlandais contre les troupes soviétiques.

1988 Le Soviet suprême d'Estonie proclame la souveraineté du pays, alors que les mouvements nationalistes montent en puissance.

1991 L'Estonie proclame son indépendance.

1992 Tenue des premières élections législatives multipartites de l'histoire du pays.

2004 L'Estonie adhère à l'Union européenne et à l'OTAN.

Lettonie

Un pays Balte, encadré par l'Estonie et la Lituanie, où vit une importante population russe.

1609 La Suède ayant aidé militairement la Russie, pendant le Temps des troubles, le tsar Vassili Chouïski lui cède la Livonie.

1700 La Suède attaque la Livonie pendant la grande guerre du Nord qu'elle livre contre la Russie. Cette dernière reçoit la Livonie et l'Estonie au traité de Nystadt (1721).

1773 À l'occasion du deuxième partage de la Pologne, la partie polonaise de l'actuelle Lettonie passe sous le contrôle de l'Empire russe.

1917 La majorité des Lettons s'oppose à la révolution bolchevique.

1918-1920 La Lettonie proclame son indépendance. Elle est attaquée par les armées bolcheviques, puis occupée par des troupes allemandes.

1920 L'indépendance lettone est reconnue par l'URSS.

1940 À la suite du pacte germano-soviétique, la Lettonie est intégrée à l'URSS.

1991 L'URSS reconnaît l'indépendance de la Lettonie.

2004 La Lettonie adhère à l'Union européenne et à l'OTAN.

« 186-187 La Grande Peste

Lituanie

Un pays Balte dont l'Histoire fut marquée par les interventions de la Russie et de la Pologne.

1322 Le grand-duc Gédymin, après avoir achevé l'unification des tribus lituaniennes, entamée par son frère Vytenis en 1295, établit sa capitale à Vilnius et conquiert une partie de l'actuelle Biélorussie.

1386 La Pologne et la Lituanie sont réunies à la suite d'une union personnelle. Le royaume de Pologne-Lituanie atteint son apogée au XVe siècle.

1569 L'Union de Lublin lie la Lituanie et la Pologne. Les deux pays ont désormais une Diète commune et une seule et même capitale : Varsovie.

1795 Les trois partages successifs de la Pologne placent celle-ci sous la souveraineté de la Russie. En 1831 et en 1863, les Lituaniens participent aux soulèvements polonais contre la tutelle russe.

1918 La Lituanie proclame son indépendance.

1940 La Lituanie est annexée par l'URSS.

1941-1944 Le pays est occupé par les nazis.

1945 La Lituanie devient une République soviétique.

1991 La Lituanie recouvre son indépendance.

2004 Le pays adhère à l'Union européenne et à l'OTAN.

« 186-187 La Grande Peste

Pologne

Une nation catholique, dont l'Histoire a été dominée par les interventions des puissances étrangères.

1386 La Pologne et la Lituanie sont unies à la suite du mariage de la reine Hedwige de Pologne avec le grand-duc Jagellon de Lituanie.

1572 Mort de Sigismond II Auguste, qui avait renforcé les structures liant la Pologne à la Lituanie par l'Union de Lublin (1569). En 1596, les capitales de Cracovie et de Vilnius sont remplacées par une capitale commune : Varsovie.

1764 Après deux siècles de conflits intermittents avec les États voisins de Russie et de Suède et avec l'Empire ottoman, Stanislas Auguste Poniatowski est élu roi de Pologne, avec l'appui de la tsarine Catherine II.

1772 Le traité de Saint-Pétersbourg fixe les modalités du premier partage de la Pologne entre la Prusse, l'Autriche et la Russie.

1793 Deuxième partage de la Pologne : le traité de Grodno attribue à nouveau des territoires polonais à la Russie et à la Prusse.

1795 L'Autriche, la Prusse et la Russie négocient un troisième partage de la Pologne, en dépit du soulèvement qui avait eu lieu l'année précédente. Stanislas Auguste abdique et, en 1797, la disparition de l'État polonais est entérinée *(Finis Poloniae)*.

1807-1813 À la suite du traité de Tilsit, signé par Napoléon Ier et le tsar Alexandre Ier, une partie de la Pologne est ressuscitée sous la forme d'un protectorat français : le duché de Varsovie.

1815 Le traité de Vienne octroie à la Russie une vaste partie du duché, comprenant Varsovie.

1830-1831 Une insurrection éclate à Varsovie. Le tsar Nicolas Ier est déposé par la Diète polonaise, qui forme un gouvernement national. Les troupes russes envahissent le pays et parviennent, en septembre, à s'emparer de Varsovie. La Pologne passe ensuite sous la tutelle directe de la Russie.

1846 L'Autriche annexe la République de Cracovie, créée par le traité de Vienne, et qui jouissait d'une certaine autonomie.

1918 Un État polonais, constitué de territoires précédemment allemands, russes et austro-hongrois, voit à nouveau le jour, après la défaite allemande.

1921 La Pologne se dote d'une Constitution démocratique et parlementaire.

1926-1935 À la suite d'un coup d'État, le maréchal Pilsudski exerce le pouvoir.

1939 L'Allemagne envahit la Pologne et partage son territoire avec l'URSS.

1947 Les communistes manipulent le déroulement des élections afin d'accéder au pouvoir ; les autres formations politiques sont interdites.

1980 Une série de grèves oblige le gouvernement à négocier avec le syndicat Solidarność (Solidarité) ; les accords de Gdańsk légalisent notamment la création de syndicats libres.

1981 Le général Wojciech Jaruzelski devient Premier ministre.

1981-1983 Instauration de la loi martiale : le syndicat Solidarność est réduit à la clandestinité et un grand nombre de ses leaders, dont Lech Wałęsa, sont emprisonnés.

1989 Le gouvernement communiste engage des pourparlers avec Solidarność, qui est à nouveau légalisé. Des élections semi-démocratiques ont lieu, aboutissant à la formation du premier gouvernement non communiste de l'après-guerre.

1990 Lech Wałęsa est élu président.

1999 La Pologne adhère à l'OTAN.

2004 Le pays devient membre de l'Union européenne.

« 188-191 L'Europe médiévale
« 306-307 Les guerres napoléoniennes
« 448-449 La chute du rideau de fer

MOMENT CLÉ

LA CRÉATION DE SOLIDARNOŚĆ, 1980

Le syndicat indépendant Solidarność apparut à l'occasion de la vague de grèves qui se produisit dans les chantiers navals de Gdańsk en août 1980. Dirigé par Lech Wałęsa, un électricien, il devint bientôt le porte-parole des Polonais pour réclamer de vastes réformes économiques, politiques et sociales et, au bout du compte, pour menacer l'existence même du pouvoir communiste. Déclaré illégal en 1982, après l'instauration de la loi martiale, Solidarność réapparut sur le devant de la scène, alors que le communisme s'effondrait. En 1989, il devint un parti politique, à la tête duquel Lech Wałęsa allait être élu à la présidence de la République, un an plus tard. La réussite de Solidarność fut à l'origine des différentes révolutions anticommunistes qui éclatèrent, en 1989, dans toute l'Europe de l'Est.

Le grand-duc Jagellon
Le mariage du grand-duc de Lituanie, Ladislas II Jagellon, avec la reine Hedwige de Pologne, en 1386, réunit leurs deux pays. Jagellon, qui était païen, se convertit avec tout son peuple au catholicisme.

République tchèque

Cet État, sans débouché sur la mer, est constitué des territoires historiques de Bohême et de Moravie.

973 Création de l'évêché de Prague.

1310 Jean de Luxembourg épouse Élisabeth, la sœur de Wenceslas III de Bohême, et devient roi de ce pays.

1344 Prague devient un archevêché, quatre ans avant la fondation de l'université Charles de Prague.

1346 Le fils de Jean de Luxembourg, le roi Charles de Bohême, devient roi des Romains, Charles IV, et empereur germanique en 1355. Son règne marque l'apogée du royaume.

1415 Jan Hus, écrivain et prêtre, est déclaré hérétique et brûlé vif pour avoir mené un mouvement de réforme religieuse. Son exécution déclenche une guerre civile qui dure près de 20 ans.

1419 Des hussites jettent des échevins catholiques par les fenêtres de l'hôtel de ville de Prague, c'est la première défenestration de Prague.

1526 La Bohême passe sous le contrôle des Habsbourg d'Autriche.

1618 Des tensions croissantes entre catholiques et protestants provoquent la deuxième défenestration de Prague, à l'origine de la guerre de Trente Ans.

1620 Les nobles protestants, qui souhaitent mettre un terme à la domination des Habsbourg, sont battus à la bataille de la Montagne Blanche.

1848 Frantisek Palacky, historien et homme politique, et les autorités tchèques refusent de participer aux élections qui se déroulent dans le cadre de la Confédération germanique, dont la Bohême fait partie, contrairement aux Allemands de Bohême et de Moravie, qui souhaitent être intégrés. Des élections au Parlement de Vienne se déroulent simultanément dans les différents territoires des Habsbourg, à l'exception de la Hongrie.

1918 Après la défaite de l'Autriche-Hongrie, à l'issue de la Première Guerre mondiale, un État tchécoslovaque démocratique est créé, qui comprend les territoires tchèques de Bohême et de Moravie et la Slovaquie. Tomas Garrigue Masaryk est élu président.

1938 La région des Sudètes, peuplée de germanophones, est rattachée à l'Allemagne nazie après la conférence de Munich.

1939 Hitler annexe le reste de la Tchécoslovaquie et crée le protectorat allemand de Bohême-Moravie. La Diète de Bratislava proclame l'indépendance de la Slovaquie, placée sous la protection du Reich allemand, et dont le chef d'État est Jozef Tiso.

1945 Le président du gouvernement tchèque en exil, Edvard Beneš, parvient à un accord avec le leader communiste en exil, Klement Gottwald, sur la formation d'un gouvernement de coalition.

1948 Le président Beneš intronise un nouveau gouvernement, dominé par les communistes et dirigé par Klement Gottwald. Celui-ci mène alors le « coup de Prague », la prise de contrôle du gouvernement par les communistes.

1948 Une nouvelle Constitution fait de la Tchécoslovaquie une démocratie populaire.

1968 Le « printemps de Prague », une tentative de libéralisation du régime, menée par Alexander Dubček, s'achève avec l'invasion de la Tchécoslovaquie par les forces du pacte de Varsovie.

1989 L'affaiblissement des régimes communistes en Europe de l'Est amène le Forum civique, dirigé par le dramaturge Václav Havel, à organiser des manifestations pacifiques, réclamant un changement de régime et la tenue d'élections libres. La « révolution de velours » va atteindre ses objectifs, les élections sont remportées par le Forum civique et Václav Havel devient président.

1993 Une séparation à l'amiable aboutit à la division de la Tchécoslovaquie en deux États : la République tchèque et la Slovaquie.

1999 La République tchèque adhère à l'OTAN.

2003 L'ancien Premier ministre Václav Klaus succède à Václav Havel.

2004 La République tchèque adhère à l'Union européenne.

2009 Jan Fischer devient chef du gouvernement.

« 306-307 Les guerres napoléoniennes
« 448-449 La chute du rideau de fer

HOMME POLITIQUE TCHÉCOSLOVAQUE (1921-1992)

ALEXANDER DUBČEK

Après avoir participé aux combats livrés par la Résistance slovaque en 1944, Alexander Dubček entra au comité central du Parti communiste slovaque en 1958, puis en janvier 1968, il devint premier secrétaire du Parti communiste de Tchécoslovaquie. Chef de file du «printemps de Prague» (1968), il essaya de mettre en œuvre un «communisme à visage humain». Cette politique connut un terme quand les troupes du pacte de Varsovie envahirent la Tchécoslovaquie, en août 1968. Il fut alors arrêté, puis expulsé du Parti communiste. Après la «révolution de velours» de 1989, il fut nommé président du Parlement fédéral.

Sous la domination du Reich
Un officier nazi regarde avec approbation le père Jozef Tiso (1887-1947), chef de l'État slovaque, pendant que celui-ci est en train de prononcer un discours. Tiso fut exécuté pour trahison en 1947.

Slovaquie

Ce pays, qui fit autrefois partie de la Tchécoslovaquie, est aujourd'hui un État indépendant.

1918 La Slovaquie forme, avec la Bohême et la Moravie, le nouvel État tchécoslovaque.

1939-1945 Après le démembrement de la Tchécoslovaquie par l'Allemagne, la Slovaquie devient un État dirigé par Jozef Tiso, sous la coupe du Reich nazi.

1944 L'insurrection nationale slovaque, dirigée contre la tutelle allemande et conduite par les partisans, est sauvagement réprimée.

1945 L'État tchécoslovaque est rétabli.

1948 Les communistes s'emparent du pouvoir.

1989 La « révolution de velours » introduit la démocratie.

1993 Deux États distincts, l'un tchèque, l'autre slovaque, sont créés par un processus de partition de la Fédération.

2004 La Slovaquie adhère à l'Union européenne et à l'OTAN.

« 186-187 La Grande Peste
« 448-449 La chute du rideau de fer

Hongrie

Cet ancien pays magyar fut le premier État d'Europe orientale où le démantèlement du rideau de fer a commencé.

Vers 800 Les Magyars, un peuple finno-ougrien venu de l'est de l'Oural, migrent vers l'ouest et conquièrent une partie du bassin du Danube.

Vers 896 Le chef des Magyars, Árpád, fonde une dynastie, qui règne jusqu'en 1301.

955 Les Magyars sont sévèrement battus par l'empereur des Romains, Otton Ier, à la bataille du Lechfeld.

1000 Saint Étienne, qui unifie les tribus magyares et achève de convertir la Hongrie au christianisme, devient le premier roi de Hongrie, sous le nom d'Étienne Ier. Il règne jusqu'en 1038.

1100 La domination hongroise s'étend aux actuelles Slovaquie, Ruthénie (Ukraine subcarpatique) et Transylvanie.

1453 Les attaques ottomanes contre la Hongrie redoublent d'intensité après la chute de Constantinople, mais en 1456, le régent du royaume, Jean Hunyadi, rompt le siège de Belgrade, victoire qui a pour effet de tenir les Turcs à distance jusqu'en 1521.

1458-1490 Le règne de Mathias Ier Corvin constitue l'âge d'or de la Hongrie. Les victoires qu'il remporte sur les Ottomans entraînent la conquête de la Bosnie (1461), de la Moldavie et de la Valachie (1467), de la Moravie et de la Silésie (1478), ainsi que d'une partie de l'Autriche (1485).

1526 Une révolte paysanne permet aux Ottomans de pénétrer en Hongrie et de remporter une victoire décisive à Mohács. Le roi Louis II Jagellon

est tué au cours de la bataille et la Hongrie perd son indépendance. Les Turcs contrôlent le centre du pays, puis Buda à partir de 1541, alors que l'ouest de la Hongrie se place sous la protection des Habsbourg, et que la Transylvanie devient vassale de l'Empire ottoman.

1558 Des tensions éclatent entre la Hongrie royale, catholique, et la Transylvanie, majoritairement protestante. Elles sont particulièrement fortes pendant la guerre de Trente Ans (1618-1648).

1699 Par le traité de Karlowitz, l'Empire ottoman abandonne la quasi-totalité du territoire de la Hongrie à l'Autriche.

1703 En Transylvanie, François II Rákóczi prend la tête d'une révolte qui est écrasée par les Autrichiens. Leur domination est confirmée par la paix de Szatmár, en 1711.

1780 L'empereur du Saint Empire romain germanique, Joseph II, qui règne jusqu'en 1790, tente de mettre en œuvre des réformes, mais elles se heurtent à l'hostilité de l'aristocratie hongroise.

1848 Une révolution oblige l'empereur Ferdinand Ier à rendre le gouvernement responsable devant le Parlement. Les revendications nationalistes aboutissent à une guerre civile. Cette situation chaotique provoque l'abdication de l'empereur, auquel succède son neveu, François-Joseph Ier.

1849 La Diète hongroise proclame la déchéance des Habsbourg et élit Lajos Kossuth, l'un des chefs de la révolution, gouverneur provisoire du pays. L'Autriche appelle la Russie à la rescousse. Une armée russe de quelque 200 000 hommes écrase la révolution; Kossuth doit fuir la Hongrie.

1861 La Diète de Hongrie demande l'égalité entre l'Autriche et la Hongrie.

1867 La double monarchie d'Autriche-Hongrie est établie après le compromis austro-hongrois et la victoire prussienne de Sadowa sur l'Autriche. Les deux États autonomes restent liés par la personne de l'empereur d'Autriche, qui est également roi de Hongrie, la cour, une armée et des douanes communes. Les deux pays n'ont plus le même gouvernement, ni la même Constitution, ni les mêmes allégeances politiques. Le comte Gyula Andrássy devient le premier président du Conseil de Hongrie.

L'insurrection de Budapest, 1956
Les troupes soviétiques firent leur entrée dans Budapest en novembre 1956, pour mettre fin à une insurrection antisoviétique. Ce soulèvement contre le gouvernement autoritaire réclamait une libéralisation du régime. Il fut durement réprimé.

1914 L'Autriche-Hongrie déclenche la Première Guerre mondiale, après l'assassinat de l'archiduc d'Autriche François-Ferdinand à Sarajevo. Elle déclare la guerre à la Serbie; l'Allemagne se range aux côtés de son alliée serbe.

1918 La République de Hongrie est créée après la défaite et le démantèlement de l'Autriche-Hongrie.

1919 Béla Kun prend la tête d'un gouvernement communiste, qui ne dure que quelques mois. La Roumanie intervient militairement et contribue à remettre le pouvoir à l'amiral Horthy. Ce dernier gouverne en tant que régent du royaume, mais refuse de remettre le pouvoir au roi Charles Ier, quand celui-ci regagne la Hongrie, en 1921.

1938-1941 Par les arbitrages de Vienne, la Hongrie s'agrandit de territoires précédemment tchécoslovaques, yougoslaves et roumains, tribut de son soutien à l'Allemagne nazie.

1940 La Hongrie signe le pacte tripartite avec l'Allemagne et ses alliés, mais reste en dehors de la guerre.

1944 L'Allemagne devance une entrée des armées soviétiques en Hongrie, en l'envahissant.

1945 L'Armée rouge pénètre en Hongrie. Un gouvernement provisoire est formé, Ferenc Nagy devient Premier ministre.

1947 Les communistes remportent les secondes élections de l'après-guerre.

1949 Une nouvelle Constitution est promulguée. La Hongrie devient officiellement une démocratie populaire.

1950-1951 Le premier secrétaire du Parti communiste, Mátyás Rákosi, prend des mesures autoritaires pour collectiviser l'agriculture et industrialiser l'économie.

1953 Imre Nagy, le rival de Rákosi, devient Premier ministre et amorce la déstalinisation.

1955 Nagy est renversé par Rákosi.

1956 Les Soviétiques, qui veulent mettre fin à l'agitation qui se répand en Hongrie, contraignent Rákosi à quitter ses fonctions; des manifestations étudiantes, réclamant le retrait des troupes soviétiques et le retour de Nagy au pouvoir, évoluent en une insurrection populaire. Nagy est nommé Premier ministre et János Kádár devient premier secrétaire du Parti. Quand Nagy annonce que la Hongrie va quitter le pacte de Varsovie, l'armée soviétique envahit le pays.

1958 Nagy est exécuté à Budapest.

1968 Kádár introduit de nouveaux mécanismes économiques, dont le but est de libéraliser progressivement la gestion du pays.

1989 Le Parlement autorise l'existence de partis indépendants, mettant ainsi fin au système du parti unique.

1991 Les dernières troupes soviétiques quittent la Hongrie.

1999 La Hongrie adhère à l'OTAN.

2004 La Hongrie devient membre de l'Union européenne.

« 206-207 L'avènement de l'Empire ottoman
« 246-247 L'Empire ottoman
« 448-449 La chute du rideau de fer

ROI DE HONGRIE (1440-1490)

MATHIAS Ier CORVIN

Fils du chef militaire et régent du royaume Jean Hunyadi, Mathias Ier fut élu roi de Hongrie en 1458, en dépit des revendications à la couronne de son oncle, l'empereur Frédéric III de Habsbourg. Mathias, surnommé «Corvinius», le Corbeau, en raison de l'oiseau figurant sur l'emblème des Hunyadi, s'attacha à centraliser l'État hongrois et augmenta les impôts afin d'entretenir une armée permanente. Il fut un grand mécène, encourageant le développement des sciences et des arts, qui s'épanouirent sous son règne. Il agrandit également le royaume de Hongrie, conquérant des territoires aux dépens de l'Autriche.

Roumanie

Un vaste pays de la péninsule balkanique, traversé par les Carpates, qui se singularise par une langue et une culture latines.

Vers 600 Migration des Slaves, puis des Magyars qui s'installent en Transylvanie.

Vers 1000 Les Hongrois conquièrent la Transylvanie. Les principautés roumaines de Valachie et de Moldavie se constituent au XIIIe et au XIVe siècle, mais tombent bientôt sous la domination turque. La Valachie commence à payer un tribut à l'Empire ottoman en 1417, la Moldavie, en 1456 et la Transylvanie, en 1526.

1699 Par le traité de Karlowitz, les Habsbourg prennent possession de la Transylvanie. La Valachie et la Moldavie restent, pour leur part, vassales de l'Empire ottoman.

1828-1834 La Moldavie et la Valachie sont occupées par la Russie.

1858 La conférence de Paris, qui se tient après la guerre de Crimée, reconnaît l'autonomie de la Valachie et de la Moldavie, au sein de l'Empire ottoman.

1859 L'union de la Moldavie et de la Valachie jette les bases d'un futur État roumain.

1878 À l'issue de la guerre russo-turque, la Roumanie accède à l'indépendance. Le prince régnant, Charles de Hohenzollern-Sigmaringen, devient roi de Roumanie, sous le nom de Charles Ier ou Carol Ier (1881-1914).

1883 La Roumanie se rapproche de la Triple-Alliance, formée par l'Allemagne, l'Autriche-Hongrie et l'Italie.

1913 À l'issue de la deuxième guerre balkanique, la Roumanie acquiert la Dobroudja méridionale, aux dépens de la Bulgarie.

1914-1927 Règne de Ferdinand Ier.

1916-1918 La Roumanie participe à la Première Guerre mondiale aux côtés des Alliés, mais elle est rapidement envahie, puis occupée par des troupes autrichiennes et bulgares.

1918 La Roumanie s'agrandit de la Bessarabie, au détriment de la Russie.

1920 Par le traité de Trianon, la Roumanie acquiert la Transylvanie, qui compte une très importante minorité hongroise.

1927 Mort de Ferdinand Ier, son petit-fils Michel, âgé de 6 ans lui succède ; le gouvernement est assuré par une régence.

1930 Charles II, fils de Ferdinand Ier, revendique le pouvoir et accède au trône.

1938 Le régime de Charles II devient autocratique.

1940 Sous la pression de l'URSS et de l'Allemagne, la Roumanie est obligée d'abandonner des territoires à la Bulgarie et à la Hongrie. Les membres de la Garde de fer, un mouvement nationaliste, accèdent au pouvoir à la suite d'un coup d'État. Le général Ion Antonescu devient chef du gouvernement et contraint le roi Charles II à abdiquer en faveur de son fils Michel.

1940 La Roumanie adhère au Pacte tripartite et participe à la Seconde Guerre mondiale aux côtés de l'Axe.

1945 Un gouvernement soutenu par l'URSS est formé ; le Parti communiste roumain joue un rôle croissant dans la vie politique.

1946 La Roumanie récupère la Transylvanie aux dépens de la Hongrie et la Dobroudja, cédée par la Bulgarie, mais la Bessarabie reste soviétique. L'URSS exige d'importantes réparations.

1947 Le roi Michel est contraint à l'abdication, par les communistes qui abolissent la monarchie.

1948-1953 Un système d'économie planifiée, centralisée, est mis en place.

1955 La Roumanie adhère au pacte de Varsovie.

1958 Les troupes soviétiques quittent la Roumanie.

1964 Le Premier ministre Gheorghe Gheorghiu-Dej, secrétaire général du Parti communiste depuis 1945 et fervent stalinien, annonce une politique de souveraineté nationale.

1965 Nicolae Ceaușescu devient secrétaire général du Parti communiste et établit un régime dictatorial.

1968-1980 Ceaușescu condamne l'invasion soviétique de la Tchécoslovaquie et mène une politique étrangère de plus en plus indépendante de Moscou.

1989 Révolution roumaine : des manifestations contre le pouvoir provoquent une répression féroce, qui fait de nombreuses victimes. Les forces armées se joignent au Front de salut national (NSF) pour former un gouvernement : Ion Iliescu devient président. Après un procès expéditif, Ceaușescu et sa femme sont exécutés.

1991 Transition démocratique : une nouvelle Constitution établissant l'économie de marché est adoptée.

1996 Un traité de réconciliation est signé avec la Hongrie.

1997 Un traité reconnaît la souveraineté de l'Ukraine sur des territoires, qui avaient fait partie de la Grande Roumanie entre 1919 et 1940.

2004 La Roumanie adhère à l'OTAN.

2007 La Roumanie devient membre de l'Union européenne.

« 448-449 La chute du rideau de fer

Moldavie

Ce pays, qui faisait autrefois partie de la Roumanie, puis de l'URSS, forme aujourd'hui un État indépendant.

Vers 1350 Dragos, venu avec ses fidèles d'une région située au nord des Carpates, devient le premier prince de Moldavie. Formation de la principauté de Moldavie, bientôt assujettie à la Pologne.

1457-1504 Le prince Étienne III le Grand défait une armée turque à Rahova, mais, en 1484, son armée est battue et, en 1514, son fils Bogdan III doit payer un tribut à l'Empire ottoman. À la fin du XVIe siècle, la Bessarabie (la partie orientale de la Moldavie, qui fait aujourd'hui partie de l'État moldave) est intégrée à l'Empire ottoman, tandis que la Moldavie occidentale est rattachée à la Roumanie.

1812 L'Empire ottoman cède la Bessarabie à la Russie.

1917 Un Conseil national proclame la création d'une République autonome de Bessarabie, au sein de la Fédération de Russie, mais des combats opposent bientôt les Moldaves aux forces bolcheviques.

1918 Les Roumains défont les Soviétiques ; la Bessarabie et la Moldavie sont rattachées à la Roumanie.

1940 En vertu du pacte germano-soviétique, la Roumanie cède la Bessarabie à l'URSS. Fondation de la République socialiste soviétique moldave (RSSM).

1941-1944 La Bessarabie est à nouveau rattachée à la Roumanie.

1944 La Bessarabie est intégrée à la RSSM.

1990 Quand l'URSS s'effondre, la République de Moldavie proclame sa souveraineté.

1991 La Moldavie devient indépendante sous le nom de *Republica Moldova*.

2006 Par référendum, les habitants de la Transnistrie (la partie orientale de la Moldavie, majoritairement peuplée de russophones) se prononcent en faveur du rattachement de leur région à la Russie.

HOMME D'ÉTAT ROUMAIN (1918-1989)

NICOLAE CEAUȘESCU

Secrétaire général du Parti communiste, Nicolae Ceaușescu dirigea la Roumanie à partir de 1965. Sa politique intérieure imposa un régime dictatorial et répressif, fondé sur le culte de la personnalité, la répression des minorités et des programmes de travaux publics pharaoniques. Sa politique étrangère fut marquée par l'affirmation de l'indépendance de son pays vis-à-vis de Moscou, bien que celui-ci ait continué à faire partie du pacte de Varsovie et du Comecon. Son obsession à rembourser la dette nationale entraîna un appauvrissement considérable du pays. Ceaușescu fut arrêté avec sa femme, Elena, lors de la révolution de 1989. Le couple fut sommairement jugé, avant d'être exécuté le jour de Noël 1989.

Bulgarie

Ce pays slave, qui possède de hautes montagnes et un littoral donnant sur la mer Noire, faisait autrefois partie de l'Empire byzantin.

681 Byzance cède un territoire situé au nord des Balkans au khan des Bulgares Asparoukh. Le premier État bulgare est constitué, avec Pliska comme capitale. Il est peuplé de tribus slaves préétablies et de Bulgares d'origine turque.

865 Avènement de Boris Ier.

1242 Un âge d'or, durant lequel l'État bulgare retrouve la taille qu'il avait sous le règne de Siméon Ier le Grand (893-927), avec Tarnovo pour capitale, qui prend fin avec l'invasion mongole et l'éclatement de la Bulgarie.

1393-1396 La Bulgarie est conquise par les Turcs.

1878 Après la victoire de la Russie sur l'Empire ottoman, au terme de la guerre russo-turque de 1877-1878, le traité de San Stefano est signé, créant un nouvel État bulgare, s'étendant du Danube à la mer Égée. Mais la Grande-Bretagne et l'Autriche-Hongrie obligent la Russie à revoir sa position. Le congrès de Berlin, qui se réunit quelques mois plus tard, donne naissance à une Bulgarie scindée en deux : au nord des Balkans, une principauté bulgare autonome ; la Roumélie-Orientale, la Macédoine et la Thrace orientale étant sous administration ottomane.

1885 La Roumélie-Orientale est annexée à la principauté de Bulgarie. Ce coup de force provoque le mécontentement de la Russie et l'abdication du prince Alexandre de Battenberg (au pouvoir depuis 1879) et l'élection au trône par l'Assemblée nationale de Bulgarie d'un protégé de l'Autriche-Hongrie, Ferdinand Ier de Saxe-Cobourg, en 1887.

1908 Après l'annexion de la Bosnie-Herzégovine par l'Autriche, la Bulgarie proclame son indépendance et Ferdinand Ier prend le titre de tsar.

1912 La Bulgarie, la Serbie, le Monténégro et la Grèce battent la Turquie lors de la première guerre balkanique et se partagent la Macédoine. Mais la Bulgarie s'estime lésée et attaque, en 1913, ses anciens alliés, qui sont renforcés par l'intervention de la Roumanie et de la Turquie et qui sortent vainqueurs du conflit. La Bulgarie doit céder au nord la Dobroudja à la Roumanie, au sud-est, la Thrace à la Turquie et la majeure partie des territoires conquis en Macédoine à la Grèce et à la Serbie.

1915-1918 La Bulgarie entre en guerre aux côtés des puissances centrales et déclare la guerre à la Serbie.

1919 Par le traité de Neuilly, la Bulgarie, qui est dans le camp des vaincus, perd au profit de la Grèce toute la Thrace et, par voie de conséquence, son littoral sur la mer Égée, ainsi que les territoires qu'elle possédait en Macédoine, cédés au Royaume des Serbes, des Croates et des Slovènes.

1935 Le tsar Boris III instaure une dictature personnelle.

1941 Le tsar adhère au pacte tripartite avec l'Allemagne nazie et ses alliés et accepte la présence de l'armée allemande sur le territoire bulgare. La Bulgarie rejoint les forces de l'Axe et prend part à l'occupation de la Yougoslavie.

1943 Après le décès soudain de Boris III, son fils âgé de 6 ans, Siméon II, lui succède.

1944 Les forces alliées bombardent Sofia, pendant que l'Armée rouge pénètre en Bulgarie. Une insurrection est menée par le Front de la patrie, qui prend le pouvoir par un coup d'État. Kimon Georgiev devient Premier ministre.

1946 La monarchie est abolie et la république est proclamée. Le pays est rebaptisé République populaire de Bulgarie.

1947 Une Constitution de type socialiste est adoptée et le régime du parti unique est instauré. La nationalisation de l'économie commence.

1950 Valko Cervenkov, premier secrétaire du Parti communiste, entame une purge de grande ampleur du parti, ainsi que la collectivisation de l'économie.

1954 Todor Jivkov succède à Cervenkov et entreprend d'intégrer totalement la Bulgarie à la sphère soviétique.

1968 Des troupes bulgares participent aux côtés des forces soviétiques à l'invasion de la Tchécoslovaquie.

1971 Adoption d'une nouvelle Constitution : Jivkov devient président du Conseil d'État et démissionne de son poste de premier secrétaire du Parti.

1978 Importante purge au sein du Parti communiste.

1989 Plus de 300 000 Bulgares d'origine turque, victimes de la politique de « bulgarisation » du pouvoir, sont autorisés à quitter le pays. Jivkov est acculé à la démission et remplacé par Petre Maldenov. Des manifestations de masse se déroulent à Sofia pour réclamer des réformes démocratiques. L'Union des Forces démocratiques (SDS) est constituée.

1990 Le pays est rebaptisé République de Bulgarie et les symboles du communisme disparaissent de son drapeau.

1991 Adoption d'une nouvelle Constitution.

2004 La Bulgarie adhère à l'OTAN.

2007 Le pays devient membre de l'Union européenne.

« 110-113 De la République à l'Empire
« 150-151 Le déclin et la chute ?
« 198-199 L'Empire byzantin

MOMENT CLÉ

LE CONGRÈS DE BERLIN, 1878

La fête nationale bulgare a lieu le 3 mars. Ce jour-là fut signé, en 1878, le traité de San Stefano, qui mettait fin à la guerre russo-turque et qui accordait l'indépendance à un territoire bulgare, jusque-là soumis aux Ottomans. Le projet initial concernant ce nouvel État n'eut qu'une durée de vie très courte ; le 13 juin de la même année, les principales puissances européennes se réunirent à Berlin pour redéfinir son statut et ses frontières. L'Angleterre souhaitait limiter l'influence russe en Méditerranée, en accordant son soutien à un Empire ottoman à bout de souffle, tandis que l'Autriche-Hongrie cherchait à accroître son influence dans les Balkans. En conséquence, les dimensions de l'État bulgare furent largement réduites, en comparaison avec le projet d'origine. Ainsi le traité signé à l'issue du congrès de Berlin le priva de la Macédoine et de la Roumélie-Orientale. Les aspirations des différents peuples des Balkans furent à cette occasion totalement ignorées, ouvrant ainsi la voie aux conflits qui allaient déchirer la région.

La conversion des païens

Les saints Cyrille et Méthode, représentés ici sur une icône dans une église orthodoxe, quittèrent Byzance, en 863, pour évangéliser les Slaves. Le christianisme oriental donna naissance à la religion orthodoxe, qui allait devenir la principale religion de Bulgarie.

Croatie

Le pays fit jadis partie de la Hongrie, puis de la Yougoslavie, et forme aujourd'hui un État indépendant.

640 Les Croates conquièrent le territoire des Avars. Un duché de Croatie est fondé.

925 Le duc Tomislav prend le titre de roi de Croatie, qui est reconnu par la papauté.

1089 L'assassinat du roi Dmitar Zvonimir entraîne une situation anarchique, qui favorise la conquête de la Croatie par la Hongrie. En 1102, les deux pays sont liés par une union personnelle, la Croatie conservant toutefois quelques institutions spécifiques.

1526 Les Ottomans battent les Hongrois à Mohács et occupent la plus grande partie de la Croatie. En 1527, la noblesse croate élit Ferdinand Ier roi de Croatie. Le pays se trouve ainsi divisé entre les empires habsbourgeois et ottoman.

1699 Par le traité de Karlowitz, les Ottomans doivent céder leurs possessions de Croatie aux Habsbourg. Le repeuplement de son territoire par des chrétiens est mis en œuvre, y compris par l'installation de Serbes dans certaines zones.

1809 Napoléon Ier conquiert la partie de la Croatie détenue par les Habsbourg et l'intègre dans les provinces illyriennes. Elle repasse sous le contrôle de l'empereur d'Autriche en 1813.

1867 La Croatie devient un territoire autonome, sous domination hongroise, quand l'Autriche et la Hongrie procèdent au partage de leurs possessions slaves, après la défaite des Habsbourg par la Prusse et l'instauration de la double monarchie d'Autriche-Hongrie. En 1868, la Hongrie reconnaît l'existence d'une nation croate, qui lui est néanmoins subordonnée, avec sa langue officielle, son Parlement et un dirigeant, le ban, en vertu de l'union personnelle conclue au XIIe siècle.

1912 Après près d'une décennie d'agitation nationaliste et l'émergence d'une coalition parlementaire serbo-croate, favorable à une union des Slaves du Sud, qui s'est constituée en 1906, le gouvernement hongrois suspend la Constitution croate et impose une dictature.

1914 La Première Guerre mondiale éclate, déclenchée par l'assassinant de l'archiduc d'Autriche François-Ferdinand à Sarajevo. L'Autriche-Hongrie réprime le nationalisme croate. Un groupe de dirigeants croates, en exil à Londres, forme en 1915 un comité yougoslave et continue à réclamer une union avec la Serbie.

1918 L'effondrement imminent de l'Autriche-Hongrie, à la fin du premier conflit mondial, pousse la diète croate à proclamer son indépendance vis-à-vis de la Hongrie et appelle à son aide l'armée serbe. En décembre, le prince serbe, Alexandre, proclame le Royaume des Serbes, des Croates et des Slovènes.

1920 Les élections à l'Assemblée nationale constituante donnent naissance à un gouvernement modéré, dirigé par le Serbe Nikola Pasić. Une Constitution centralisatrice, promulguée en 1921, se heurte à l'opposition des parlementaires croates.

1929 Le roi Alexandre Ier Karadjordević instaure une dictature monarchique pour mettre fin aux nationalismes serbe, croate et slovène et rebaptise le pays Yougoslavie. La domination de la Serbie, le pouvoir de sa bureaucratie et de sa police s'accroissent. Le roi est assassiné, en 1934, par des nationalistes serbes.

1941-1945 À la suite de l'occupation nazie, la Croatie est placée sous la domination conjointe de l'Allemagne et de l'Italie. Le nouvel État indépendant de Croatie est un État satellite du Reich, avec un gouvernement dirigé par le parti fasciste des Oustachi d'Ante Pavelić. Ces derniers persécutent les Serbes et d'autres minorités ; en représailles, les résistants tchetniks serbes tuent de nombreux Croates, y compris en Bosnie et dans d'autres parties de la Yougoslavie.

1945 À la fin de la guerre, Josef Broz, dit Tito, un Croate, le chef des partisans communistes – qui sont en grande partie les artisans de la libération du pays – prend le pouvoir en Yougoslavie. La Croatie devient l'une des 6 républiques constitutives de la Fédération yougoslave.

1980 Après la mort de Tito, la Yougoslavie commence à se déliter, les tensions nationalistes et les rivalités entre Serbes et Croates occupant le devant de la scène politique.

Les atrocités oustachi
Pendant la Seconde Guerre mondiale, le mouvement croate nationaliste et fasciste des Oustachi pratiqua de nombreuses exactions. Les Oustachi exécutèrent sommairement de nombreux Serbes établis en Croatie.

Le chaos de Mohács
Le sultan ottoman Soliman le Magnifique chevauche vers la victoire contre les Hongrois à la bataille de Mohács (1526). L'une des conséquences de cette défaite fut l'occupation par les Turcs de la quasi-totalité du territoire croate pendant plus de 170 ans.

1990 En Croatie, l'Union démocratique croate (HDZ), un parti nationaliste dirigé par Franjo Tudjman, remporte les élections multipartites.

1991 Le 25 juin, la Croatie proclame son indépendance. Le gouvernement fédéral yougoslave envoie l'armée pour occuper la Slavonie occidentale, tandis qu'à l'ouest de la Croatie, les Serbes proclament la République de Krajina. Les Serbes de Bosnie occupent, pour leur part, la Slavonie orientale.

1992 L'indépendance de la Croatie est acquise quand les forces yougoslaves se retirent, mais laissent cependant des troupes en Slavonie occidentale, un territoire de la Croatie centrale. Franjo Tudjman, réélu à la présidence croate, engage son pays dans la guerre de Bosnie.

1995 La Krajina et la Slavonie occidentale sont reprises à la Serbie.

1998 La Slavonie orientale est finalement réintégrée dans l'État croate, après la conclusion d'un accord avec les Serbes de Bosnie.

2000 Après la mort de Tudjman, le parti des Démocrates indépendants de Stjepan Mesić remporte les élections et engage une politique de rapprochement avec l'Europe occidentale.

2003 La Croatie est admise comme candidate à l'entrée dans l'Union européenne.

« 110-113 De la République à l'Empire
« 246-247 L'Empire ottoman
« 450-451 La guerre en Yougoslavie

Bosnie-Herzégovine

Un pays montagneux d'Europe balkanique, traversé par les Alpes Dinariques, divisé en deux entités.

1254 Le roi Béla IV fait valoir la souveraineté des monarques croato-hongrois sur une partie de la Bosnie.

1322 Le ban Étienne II Kotromanić gouverne la Bosnie, vassale de la Hongrie. Il acquiert des territoires correspondant à l'actuelle Herzégovine.

1353 Le neveu d'Étienne II Kotromanić, Tvrtko Ier, succède à son oncle. Il met à profit le déclin de la Serbie pour agrandir le territoire de la Bosnie. En 1377, il est couronné roi de Serbie, de Bosnie et de la côte, mais il ne peut empêcher, en 1389, la défaite serbe par les Turcs à la bataille du champ des Merles (Kosovo Polje).

1463 Les Ottomans conquièrent la Bosnie puis, en 1492, l'Herzégovine.

1697 Le prince Eugène de Savoie-Carignan prend Sarajevo aux Turcs. Le traité de Karlowitz (1699) divise la Bosnie entre les Empires habsbourgeois et ottoman.

1875 Un soulèvement contre la domination turque éclate en Herzégovine et s'étend en Bosnie ; il est soutenu par les Serbes et les Monténégrins. La Serbie, qui aspire depuis longtemps à former une union avec la Bosnie, déclare la guerre aux Turcs, mais est rapidement vaincue. L'Autriche-Hongrie occupe la Bosnie-Herzégovine et le Sandjak de Novi Pazar, une étroite bande de terre séparant la Serbie du Monténégro.

1908 L'Autriche-Hongrie annexe la Bosnie-Herzégovine avec le consentement tacite de la Russie. Le Sandjak est restitué à l'Empire ottoman.

1914 Gavrilo Princip, un révolutionnaire serbe de Bosnie, assassine à Sarajevo l'archiduc François-Ferdinand d'Autriche et son épouse. La guerre embrase l'ensemble de l'Europe.

1918 Après la défaite de l'Autriche-Hongrie, un comité national est créé à Sarajevo. La Bosnie se trouve unie à la Serbie au sein du Royaume des Serbes, des Croates et des Slovènes.

1929 Une dictature monarchique est instaurée par le roi Alexandre Ier, dans une tentative de mettre un terme aux tensions nationalistes. Le royaume est rebaptisé Yougoslavie.

1941 L'Allemagne envahit la Yougoslavie. La Bosnie et l'Herzégovine sont incluses dans l'État croate, sous l'autorité du Reich, et dirigé par Ante Pavelić, chef du parti des Oustachi. Des groupes de résistants rivaux sont constitués – les Tchetniks monarchistes serbes et les partisans communistes, dirigés par Tito, qui forme un gouvernement provisoire en 1943.

1945 Tito abolit la monarchie et proclame, en 1946, la Fédération yougoslave, dont la Bosnie-Herzégovine est l'une des républiques constitutives. Les peuples serbes, croates et musulmans sont considérés comme bosniaques.

1990 Les nationalistes bosniaques battent les communistes lors d'élections multipartites, remportées par le parti de l'Action démocratique, que dirige Alija Izetbegović. Celui-ci devient président après la proclamation d'indépendance de la Bosnie.

1991 Le Parlement bosniaque affirme la souveraineté de la Bosnie, qui reste dans la Fédération yougoslave.

1992 Par référendum, les Bosniaques se prononcent en faveur de l'indépendance. Les Serbes proclament la *Républika Srpska*, une république serbe indépendante au sein de la Bosnie. Une guerre civile débute, mettant aux prises les Musulmans bosniaques, les forces croates et les forces serbes.

1992 L'ONU intervient dans le conflit en prenant le contrôle de l'aéroport de Sarajevo, pour acheminer de l'aide humanitaire, et impose des sanctions économiques et militaires à la Serbie. Elle condamne également le « nettoyage ethnique » pratiqué dans certaines parties de la Bosnie par les Serbes, à l'encontre des populations musulmanes et croates, et impose l'usage de la force pour restaurer la paix.

1993 L'ONU instaure des « zones de sécurité » pour les Musulmans.

MOMENT CLÉ

LA CRÉATION DU TRIBUNAL POUR LES CRIMES DE GUERRE, 1993

Le 25 mai 1993, le Conseil de sécurité de l'ONU a approuvé la création du Tribunal pénal international pour l'ex-Yougoslavie, afin de poursuivre les auteurs des crimes de guerre, commis pendant la guerre de Bosnie. Le commandant de police serbe Dusko Tadić (à gauche) fut condamné à 20 ans de prison pour les crimes commis contre les Musulmans à Omarska et dans d'autres camps de détention. Le tribunal a donné la parole à des milliers de victimes qui ont témoigné contre les inculpés.

1994 Les Musulmans et les Croates forment une fédération en Herzégovine, alors que l'OTAN lance ses premières frappes aériennes contre des positions tenues par les Serbes de Bosnie.

1995 Des forces des Serbes de Bosnie tuent 7 000 civils à Srebrenica. Une offensive des Croates et des Musulmans leur permet de regagner une partie importante de l'ouest du pays.

1995 Un plan de paix, signé à Dayton par les présidents de Serbie, de Bosnie et de Croatie, met enfin un terme à la guerre. L'accord établit la partition de la Bosnie en deux États séparés, la Fédération de Bosnie-Herzégovine (territoires croates et musulmans) et la République serbe, fonctionnant avec une présidence collégiale tournante, composée des représentants des trois communautés, et un Parlement fédéral bicaméral. Un haut-représentant de l'ONU conserve toutefois le contrôle du pays.

1996 Le premier procès pour crimes de guerre s'ouvre devant le Tribunal pénal international pour l'ex-Yougoslavie.

2005 Les chefs des principaux groupes ethniques approuvent une série de réformes constitutionnelles, renforçant l'autorité du gouvernement bosniaque, modifiant la structure de la présidence fédérale et du Parlement, et réduisant les pouvoirs des États fédérés.

« 198-199 L'Empire byzantin
« 450-451 La guerre en Yougoslavie

La reconstruction des ponts
En 1993, les combats entre Croates et Musulmans détruisirent le pont de Mostar, édifié au XVIe siècle, qui réunissait les communautés croates et musulmanes, vivant de part et d'autre du fleuve Neretva, à Mostar. Depuis, le pont a été minutieusement reconstruit.

Serbie

Ce pays, qui constitua la plus puissante des républiques de Yougoslavie, forme aujourd'hui un État indépendant.

879 Les Croates, établis au nord et à l'ouest de la Serbie, rompent avec Byzance et se tournent vers Rome. En 1089, ils sont envahis par les Hongrois. Les Serbes, convertis au christianisme par Byzance, passent sous la domination des Bulgares au début du xe siècle, puis acquièrent une certaine autonomie vers 1030.

1101 Une guerre civile éclate en Serbie après la mort du roi Constantin Bodin, empereur de Bulgarie et roi de la Zeta (ou Dioclée).

1165 La dynastie des Nemanjić fonde un empire serbe, qui perdure jusqu'à la mort du roi Stefan Uros V (1371).

1389 La bataille du champ des Merles (Kosovo Polje) marque la fin de l'indépendance serbe.

1459 Les Ottomans achèvent la conquête de l'ancien Empire serbe ; seule la petite principauté du Monténégro demeure indépendante.

1699 Par le traité de Karlowitz, l'Empire ottoman doit céder, après l'échec du siège de Vienne, la Croatie et la Serbie septentrionale aux Habsbourg ; il redevient maître de la Serbie en 1739.

1804 Des soulèvements contre les Turcs, dirigés par Georges Petrović, dit Karageorges, se déroulent en Serbie. Ils sont écrasés en 1813.

1829 L'autonomie de la principauté de Serbie est établie par le traité d'Andrinople, qui marque la fin de la guerre russo-turque.

1876 La Serbie et le Monténégro déclarent la guerre à la Turquie, pour aider les insurgés bosniaques. La Russie lutte également à leurs côtés, à partir de 1877. Avec le traité de San Stefano, signé après la défaite turque, en 1878, la Serbie devient une principauté indépendante. La même année, le traité de Berlin la prive de certains territoires au bénéfice de la Turquie, mais elle en acquiert d'autres aux dépens de la Bulgarie. Il s'ensuit une période de conflits nationaux et internationaux dans la région.

1912 La première guerre balkanique commence après la formation par la Serbie, le Monténégro, la Bulgarie et la Grèce de la Ligue des Balkans, qui déclare la guerre à la Turquie. Après la défaite de cette dernière, la Serbie s'étend vers le sud, puis gagne de nouveaux territoires aux dépens de la Bulgarie, quand celle-ci est défaite lors de la deuxième guerre balkanique (1913).

MOMENT CLÉ

LA BATAILLE DU CHAMP DES MERLES, KOSOVO, 1389

Lors de la bataille du champ des Merles, la cavalerie serbe lança contre les lignes turques une charge qui se solda par un échec et entraîna une débâcle de l'armée serbe, le 28 juin 1389. Cette défaite mit fin à l'indépendance serbe pour près de 500 ans, mais le Kosovo continua à constituer le point de cristallisation du nationalisme serbe, même s'il ne compte plus aujourd'hui qu'environ 100 000 Serbes, vivant au milieu de 2 millions d'Albanais. Ces sentiments nationalistes expliquent la brutale réaction serbe, dans les années 1990, aux revendications croissantes pour l'indépendance du Kosovo.

1914 La Première Guerre mondiale est déclenchée par l'assassinat, à Sarajevo, de l'archiduc François-Ferdinand de Habsbourg, par le révolutionnaire serbe Gavrilo Princip. La Serbie rejette un ultimatum de l'Autriche ; la guerre embrase toute l'Europe.

1918 Après la défaite de l'Autriche-Hongrie, le roi de Serbie Alexandre Ier Karadjordjević intègre les États affaiblis de Croatie, du Monténégro et de Slovénie, dans le royaume des Serbes, des Croates et des Slovènes.

1929 Alexandre Ier instaure un régime dictatorial et rebaptise le royaume Yougoslavie.

1941 L'Allemagne envahit la Yougoslavie, qui avait signé le pacte tripartite avec les puissances de l'Axe. Le pays est démembré. Des mouvements de résistance rivaux – les Tchetniks monarchistes et les partisans communistes, commandés par Tito – combattent les nazis.

1942 Les communistes forment un gouvernement provisoire de la Yougoslavie, en 1943, et prennent le pouvoir en 1945.

1945 Tito abolit la monarchie et proclame, en 1946, la Fédération yougoslave, qui comprend 6 républiques constitutives, dont la Serbie. Le Kosovo, essentiellement peuplé d'Albanais, et la Voïvodine, majoritairement magyarophone, reçoivent le statut de régions autonomes de la Serbie.

1948 Tito émancipe la Yougoslavie du bloc soviétique.

1953 L'Assemblée nationale adopte une nouvelle Constitution, qui garantit la souveraineté des 6 Républiques de Yougoslavie.

1980 Après la mort de Tito, la fédération commence à se déliter, des tensions nationalistes et des rivalités entre Serbes et Croates, occupant le devant de la scène politique.

1987 Slobodan Milošević devient le chef du Parti communiste serbe et, en 1989, le président de la Serbie.

1990 Le gouvernement serbe promulgue des modifications constitutionnelles, qui abolissent l'autonomie du Kosovo et de la Voïvodine.

1990 Des élections se déroulent en Macédoine, puis en Bosnie-Herzégovine, qui sont remportées par les formations nationalistes. Les communistes conservent le pouvoir en Serbie et au Monténégro.

1991 La Croatie et la Slovénie proclament leur indépendance, suivies par la Macédoine. Des combats éclatent en Slovénie, quand l'Armée populaire yougoslave (JNA), dominée par les Serbes, tente de prendre le contrôle de cette République.

1991 Les hostilités commencent en Croatie entre les nationalistes serbes, soutenus par la JNA, et les forces croates. Les combats sont interrompus par de brefs cessez-le feu, négociés par l'Union européenne.

1992 La Bosnie-Herzégovine proclame à son tour son indépendance ; la guerre civile éclate. L'ONU impose des sanctions à la Serbie pour avoir déclenché la guerre.

1992 Une nouvelle République fédérale de Yougoslavie, composée de la Serbie (avec le Kosovo et la Voïvodine) et du Monténégro est créée. Les élections au Kosovo, déclarées illégales par les autorités serbes, donnent la victoire à la Ligue démocratique du Kosovo, dont le chef, Ibrahim Rugova, est élu président. Il proclame l'indépendance du Kosovo.

1992 Slobodan Milošević est réélu président de la Serbie.

1995 Milošević signe un accord de paix avec la Bosnie.

1997 Milošević est élu président de la République fédérale de Yougoslavie.

1998 Le conflit au Kosovo s'intensifie quand l'Armée de libération du Kosovo affronte l'armée yougoslave.

1999 Les pourparlers, qui se déroulent à Paris entre Kosovars et Yougoslaves, échouent ; le « nettoyage ethnique » opéré par les Serbes provoque un exode massif vers l'Albanie. L'OTAN bombarde les positions yougoslaves, pour que l'armée fédérale se retire du Kosovo. La KFOR, la force internationale du maintien de la paix de l'OTAN, est localement chargée du maintien de l'ordre. Le Kosovo est placé sous l'administration intérimaire de l'ONU.

2000 Défaite de Milošević au premier tour de l'élection présidentielle. Le candidat de l'opposition, Vojislav

HOMME D'ÉTAT SERBE (1941-2006)

SLOBODAN MILOŠEVIĆ

En tant que chef de la Ligue des communistes de Serbie, Slobodan Milošević s'opposa, en 1988, aux tentatives faites par les autres républiques d'assouplir les liens les unissant au sein de la République fédérale de Yougoslavie. Devenu président de la Serbie en 1989, puis de la République fédérale de Yougoslavie, en 1997, il encouragea l'importante diaspora serbe, disséminée dans l'ensemble du pays, à combattre en faveur d'un État centralisé, dominé par la Serbie, notamment quand la Slovénie, la Croatie, la Macédoine, puis la Bosnie voulurent faire sécession. En 1998, il autorisa la pratique du « nettoyage ethnique » au Kosovo, la province de Serbie majoritairement peuplée d'Albanais, ce qui lui valut de comparaître pour crimes contre l'humanité devant le Tribunal international, constitué à La Haye, en 2001. Il mourut en 2006, avant la fin de son procès.

Kostunica, est porté au pouvoir après des manifestations hostiles à Milošević.

2001 Des élections législatives ont lieu au Kosovo.

2001 Milošević est arrêté ; il est extradé pour répondre aux accusations de crimes contre l'humanité devant le Tribunal international pour l'ex-Yougoslavie de La Haye. Il meurt en 2006, avant la fin du procès.

2003 La République fédérale de Yougoslavie prend le nom de Communauté d'États Serbie-et-Monténégro.

2006 À la suite d'un référendum, le Monténégro quitte l'union qu'il formait avec la Serbie et devient un État indépendant.

2008 Le Kosovo se proclame indépendant de la Serbie, le 17 février.

« 198-199 L'Empire byzantin
« 246-247 L'Empire ottoman
« 450-451 La guerre en Yougoslavie

Monténégro

Ce pays, dont le nom signifie « montagne noire », faisait partie de l'ancienne Yougoslavie.

Vers 1300 La petite principauté enclavée de la Zeta (ou Dioclée), vassale de la Serbie, recouvre une partie du territoire de l'actuel Monténégro.

1499 Le Monténégro est placé sous la suzeraineté de l'Empire ottoman.

1699 Les Ottomans reconnaissent l'indépendance du Monténégro par le traité de Karlowitz. Son indépendance est confirmée en 1799.

1878 Le congrès de Berlin reconnaît formellement l'indépendance du Monténégro ; ce dernier acquiert de nouveaux territoires et un étroit débouché sur l'Adriatique.

1913 À la fin de la première guerre balkanique, le Monténégro s'agrandit de territoires, conquis sur l'Empire ottoman.

1914 Le Monténégro se range aux côtés de la Serbie, contre l'Autriche-Hongrie, pendant la Première Guerre mondiale, mais il est envahi, puis occupé en 1915.

1918 L'Assemblée de Podgorica proclame l'union avec la Serbie, dans le cadre du royaume des Serbes, des Croates et des Slovènes, connu à partir de 1929 sous le nom de Yougoslavie.

1946 Le Monténégro devient l'une des 6 républiques constituantes de la Fédération de Yougoslavie, gouvernée par Tito. Il gagne de nouveaux territoires sur la côte dalmate.

1992 Constitution de la nouvelle République fédérale de Yougoslavie, composée du Monténégro et de la Serbie (avec le Kosovo et la Voïvodine).

2006 À la suite d'un référendum, le Parlement proclame l'indépendance du Monténégro.

« 450-451 La guerre en Yougoslavie

Macédoine

Ce pays de la péninsule balkanique, qui faisait partie de la Yougoslavie, est indépendant depuis 1991.

Vers 800 La Macédoine est intégrée dans l'Empire bulgare, après deux siècles de conflits avec l'Empire byzantin.

963 La Macédoine constitue le centre de l'Empire bulgare, dirigé par Samuel Ier. Ce tsar reprend de nombreux territoires à l'Empire byzantin, qui finit par le vaincre en 1014.

1380 Les Turcs occupent la Macédoine.

1878 La victoire russe sur l'Empire ottoman suscite des revendications bulgares, serbes et grecques sur la partie de la Macédoine, encore détenue par les Turcs.

1895 Constitution en Bulgarie du Comité suprême macédonien, dont le but est de préparer l'intégration de la Macédoine à la Bulgarie. La Grèce envoie en Macédoine des groupes armés, ce qui déclenche, en 1897, une guerre avec la Turquie ; elle se termine par une défaite grecque.

1903 Une organisation bulgare lance une insurrection en Macédoine, qui est violemment réprimée.

1912-1913 Les deux guerres balkaniques provoquent un nouveau partage de la Macédoine entre la Grèce, la Bulgarie et la Serbie. En 1918, à la fin de la Première Guerre mondiale, la partie de la Macédoine détenue par la Serbie est intégrée au Royaume des Serbes, Croates et Slovènes.

1941 L'Allemagne occupe la Yougoslavie. La Bulgarie, son alliée, annexe la plus grande partie de la Macédoine.

1946 La Macédoine devient l'une des 6 républiques constitutives de la République fédérale socialiste de Yougoslavie.

1989-1990 Alors que la Yougoslavie s'effondre, des élections multipartites se déroulent en Macédoine.

1991 Proclamation de l'indépendance de la Macédoine. L'Union européenne tarde à reconnaître le nouvel État, en raison de l'opposition de la Grèce, qui revendique le caractère exclusivement hellène du nom de Macédoine.

1993 La Macédoine est reconnue par l'UE sous l'appellation d'« Ancienne République yougoslave de Macédoine ». Elle est admise sous ce nom à l'ONU.

2001 L'insurrection armée de séparatistes albanais, qui revendiquent une plus grande autonomie à l'intérieur de la Macédoine, ainsi que des droits accrus, entraîne l'arrivée d'une force de maintien de la paix de l'OTAN.

2004 Les élections accordent plus d'autonomie aux régions majoritairement peuplées d'albanophones ; la Macédoine est candidate à l'adhésion à l'Union européenne.

« 96-97 Alexandre le Grand
« 198-199 L'Empire byzantin
« 246-247 L'Empire ottoman

Attaque macédonienne

Le 22 juin 2001, la Macédoine rompit le cessez-le-feu, qui durait depuis 11 jours avec les rebelles albanais, lesquels exigeaient une plus grande autonomie. Ses forces bombardèrent des positions tenues par les insurgés, telle la mosquée d'Aratchinovo. Le conflit prit fin en septembre, quand les troupes de l'OTAN désarmèrent les rebelles.

Albanie

Ce pays, baigné par la mer Adriatique, dont le nom signifie « pays des aigles », a longtemps été isolé politiquement.

Vers 1380 Les Turcs soumettent les princes locaux.

1443-1468 Les Albanais, avec à leur tête Georges Castriota, dit Skanderbeg, se soulèvent contre la domination turque. Les armées ottomanes achèvent de reconquérir la région en 1501.

1760 Mehmet Bushati, le pacha de Shkodër (dans le nord de l'Albanie), rejette la suzeraineté turque. La défaite de son petit-fils Mustapha, en 1831, brise la puissance de cette famille princière. Dans le sud du pays, le pacha de Ioánnina, Ali Pacha de Tebelen, crée un État indépendant. Les Turcs le destituent en 1822.

1912 Après 14 années d'agitation nationaliste, l'Albanie proclame son indépendance, à la faveur de la première guerre balkanique (1912-1913). Elle est reconnue en tant que principauté musulmane par le traité de Londres (1913).

1921 Après une série de conflits avec les États voisins – l'Italie, la Grèce et le Royaume des Serbes, Croates et Slovènes – ces derniers reconnaissent les frontières albanaises.

1924 Ahmed Zog s'empare du pouvoir et institue une république (1925). En 1928, il se fait couronner roi des Albanais, sous le nom de Zog Ier.

1939-1944 L'Albanie est envahie par les forces italiennes.

1944 L'Albanie devient une république populaire, dirigée par Enver Hoxha.

1949 Le pays adhère au Comecon.

1955 L'Albanie est membre fondateur du pacte de Varsovie.

1956 Hoxha rompt avec l'URSS et se rapproche de la Chine.

1961 L'Albanie est exclue du Comecon et se retire, en 1968, du pacte de Varsovie. Le régime s'isole et les Albanais ne peuvent plus voyager à l'étranger ; des milliers d'entre eux périssent lors de purges politiques.

1976 Après la mort de Mao Zedong, Hoxha coupe les liens avec la Chine. L'Albanie se retrouve totalement coupée des autres pays communistes et de l'Europe occidentale.

1985 Décès d'Hoxha ; Ramiz Alia lui succède.

1992 Le Parti démocratique remporte les élections et Sali Berisha devient le premier président non communiste du pays.

« 246-247 L'Empire ottoman

Un dirigeant stalinien
Enver Hoxha (1908-1985) dirigea la résistance communiste contre l'occupation italienne. Après la libération de l'Albanie, en 1944, il gouverna selon de stricts principes staliniens, avant de se rapprocher de la Chine populaire. Sa politique provoqua l'isolement de l'Albanie du reste du monde.

Une île divisée
Des icônes, telles que celles-ci, décorent en abondance les églises orthodoxes de la moitié sud de Chypre. Depuis 1974, l'île est divisée entre une partie méridionale, grecque, et une partie septentrionale, turque.

Chypre

Une île de la Méditerranée orientale, divisée en deux entités, depuis l'occupation par les Turcs de sa partie septentrionale.

688 Un accord entre Byzance et le califat des Omeyyades aboutit à une direction collégiale de l'île, jusqu'à sa reconquête par Byzance en 965.

1191-1192 À la fin de la troisième croisade, Chypre passe brièvement sous la domination de l'Angleterre, après sa conquête par Richard Cœur de Lion.

1571 La conquête de Chypre par les Ottomans marque le début de trois siècles de domination turque.

1878 Le traité de Berlin place Chypre sous administration britannique ; l'île reste néanmoins sous souveraineté ottomane.

1914 Lors de la Première Guerre mondiale, le Royaume-Uni annexe Chypre, quand la Turquie se range aux côtés des Puissances centrales. L'île devient un protectorat britannique.

1923 Par le traité de Lausanne, la Grèce et la Turquie reconnaissent la souveraineté britannique sur l'île.

1925 Chypre devient une colonie de la couronne britannique.

1955 L'Organisation nationale des combattants chypriotes (EOKA), qui rassemble les Chypriotes grecs partisans de l'union politique avec la Grèce (Enôsis), se lance dans une guérilla, qui dure jusqu'en 1959. Le chef des nationalistes grecs est l'archevêque Makários III.

1959 Les accords de Zurich et de Londres accordent à Chypre une indépendance garantie par la Grèce, la Turquie et le Royaume-Uni, lequel conserve 2 bases militaires sur l'île. Le pouvoir est partagé entre les communautés grecque et turque ; Makários est élu président.

1960 Chypre s'affranchit de la tutelle britannique, mais demeure à l'intérieur du Commonwealth.

1963 Les Chypriotes turcs se retirent du Parlement pour protester contre la gestion du pouvoir par les Grecs. Quand les combats entre les deux communautés s'intensifient, l'ONU envoie des troupes pour maintenir la paix (1964).

1974 Le président Makários est déposé par la junte au pouvoir en Grèce, dans une tentative de mettre en œuvre l'Enôsis. Les forces turques envahissent l'île, afin de protéger la communauté turque, et la divisent en deux, de part et d'autre d'une ligne de démarcation, bientôt appelée la ligne verte.

1983 Proclamation unilatérale de la République turque de Chypre du Nord, avec Rauf Raif Denktas pour président, qui est reconnue par la seule Turquie.

1998 Début des négociations en vue de l'adhésion de Chypre à l'Union européenne.

2002 L'ONU propose un plan prévoyant l'établissement d'un État chypriote commun, avec deux États constituants; les négociations échouent en 2003.

2004 Le plan de l'ONU est approuvé par référendum par les Chypriotes turcs, mais il est rejeté par les Chypriotes grecs.

2004 La partie grecque de Chypre devient membre de l'Union européenne.

Grèce

Ce pays, berceau de la démocratie, comprend le sud de la péninsule balkanique et quelque 1 400 îles.

490 av. J.-C. Les Athéniens battent les troupes du roi de Perse, Darius, à Marathon, victoire qui marque l'ascension de la cité-État d'Athènes et l'âge d'or de la Grèce classique.

356-323 av. J.-C. Philippe II de Macédoine et son fils, Alexandre le Grand, achèvent la conquête de la Grèce. Alexandre se rend maître de la Perse et étend la domination grecque jusqu'en Inde.

395 apr. J.-C. L'Empire romain est définitivement divisé en deux entités; la Grèce est intégrée dans sa partie orientale, qui donne naissance à l'Empire byzantin.

1387-1460 Les Ottomans conquièrent la Grèce.

1821 Après la guerre d'Indépendance grecque, un mouvement nationaliste grec proclame l'indépendance et une première Assemblée nationale se réunit à Épidaure.

1828 La Russie, qui soutient les Grecs, déclare la guerre à l'Empire ottoman. Le traité d'Andrinople (1829) met fin au conflit et reconnaît l'autonomie de la Grèce.

1832 À la conférence de Londres, la Russie, la France et la Grande-Bretagne reconnaissent l'indépendance de la Grèce.

1908 La Crète, qui jouit d'un statut d'autonomie au sein de l'Empire ottoman, demande son rattachement à la Grèce.

1912-1913 À la faveur des deux guerres balkaniques, la Grèce acquiert la Macédoine, le sud de l'Épire et les îles situées dans la partie orientale de la mer Égée.

1919 Le traité de Neuilly attribue la Thrace occidentale à la Grèce.

1920-1922 Après la chute de l'Empire ottoman, les tentatives de la Grèce de s'emparer des régions d'Asie Mineure se terminent par un désastre; par le traité de Lausanne (1923), la Grèce doit reconnaître la souveraineté de la Turquie sur la grande majorité des territoires qu'elle revendique.

1924 La république est proclamée; la Grèce connaît une période d'instabilité politique et de coups d'État militaires.

1936 Le général Ioánnis Metaxás accède au pouvoir et établit une dictature.

1941 Les troupes allemandes occupent la Grèce; des mouvements de résistance rivaux, l'un monarchiste, l'autre, dominé par les communistes, le Front de Libération nationale (EAM), les combattent. Quand les Allemands se retirent du pays, en octobre 1944, et que le gouvernement dirigé par Gheórghios Papandhréou revient d'exil, les deux groupes s'affrontent militairement.

MOMENT CLÉ

LE DÉBUT DE LA GUERRE CIVILE, 1944

Le 3 décembre 1944, une guerre civile éclata à Athènes, qui opposait les groupes de guérilla communistes (l'ELAS, l'Armée populaire de libération nationale) et monarchistes (l'EDES), qui, tous deux, avaient résisté aux Allemands pendant la guerre. Après le retrait des troupes d'occupation, une coalition difficile s'établit entre ces deux forces, qui se rompit quand l'ELAS fut parvenue à dominer toute la Grèce, à l'exception d'Athènes et de Salonique.

Bien que l'ELAS eût admis sa défaite en 1945, elle se réfugia dans la clandestinité et reprit une lutte de guérilla à grande échelle en 1946. Quand les monarchistes l'emportèrent finalement en 1949 – principalement grâce à l'aide massive des États-Unis – plusieurs milliers de personnes avaient été tuées, dans le cadre d'affrontements ou d'actions de sabotage.

1946 La monarchie est restaurée.

1946-1949 La guerre civile se termine par la victoire des forces monarchistes.

1963-1964 L'Union du centre, le mouvement d'opposition dirigé par Gheórghios Papandhréou, remporte les élections.

1967 Le colonel Gheórghios Papadhópoulos s'empare du pouvoir à la suite d'un coup d'État, instaurant la « dictature des colonels ». Le roi Constantin II est contraint à l'exil.

1973 Papadhópoulos abolit la monarchie et proclame une République, dont il devient le président.

1974 La Grèce quitte l'OTAN pour protester contre l'occupation de la partie nord de Chypre par les troupes turques. Le « régime des colonels » s'effondre. Le mouvement Nouvelle Démocratie (ND) remporte les élections; son principal dirigeant, Konstandínos Karamanlís, devient Premier ministre.

La guerre d'Indépendance grecque

Inspirés par les révolutions qui s'étaient déroulées en Amérique et en France, les Grecs se soulevèrent contre leurs suzerains turcs en 1821, mais ils subirent une terrible défaite, quand les forces ottomanes assiégèrent le port de Missolonghi, en 1852. Le tournant de la guerre se produisit en 1827 quand une flotte turco-égyptienne fut détruite dans la baie de Navarin, par une escadre anglo-franco-russe.

1980 Karamanlís est élu président de la République; la Grèce rejoint l'OTAN.

1981 Le Mouvement socialiste panhellénique (PASOK) remporte les élections et Andhréas Papandhréou devient le premier dirigeant socialiste du pays.

1981 La Grèce devient membre de la Communauté économique européenne (l'actuelle UE).

1989 Deux élections indécises entraînent la formation d'un gouvernement d'union nationale.

1990 La Nouvelle Démocratie remporte les élections législatives.

1993 Victoire du PASOK aux élections. Andhréas Papandhréou revient au pouvoir.

2002 La Grèce adopte l'euro.

« 76-77 Les Minoens
« 94-95 Les cités-États grecques
« 98-99 Les Grecs en Asie
« 100-101 Naissance de la démocratie
« 104-105 Les triomphes de la science grecque
« 246-247 L'Empire ottoman

Russie

Ce pays immense, s'étendant sur les deux tiers de l'Asie et sur un tiers de l'Europe, est le plus vaste du monde.

862 Des Normands, les Varègues, s'établissent à Novgorod et fédèrent sous leur autorité les tribus slaves rivales de la région.

882 Oleg, prince rourikide, s'établit à Kiev. Ses descendants unissent les États de Novgorod et de Kiev.

1237-1240 Les Tatars, peuples mongols, conquièrent presque tout le pays, qui reste sous leur domination pendant près de 250 ans.

1328 Le Khan des Tatars octroie à Ivan Ier Kalita la prééminence sur tous les autres princes russes, permettant ainsi à la Moscovie de devenir la plus puissante principauté de Russie. En 1326, le siège du métropolite de Russie est transféré à Moscou, alors qu'il était établi à Vladimir depuis la chute de Kiev.

1453 Les Ottomans s'emparent de Constantinople, le centre du christianisme d'Orient. Le grand-prince de Moscou, Ivan III, épouse la nièce du dernier empereur byzantin et prend le titre d'autocrate. Avec la prise de Novgorod (1471), il achève l'unification des principautés russes.

1480 Ivan III cesse de payer tribut aux Tatars. La Moscovie devient ainsi un État indépendant, mais isolé.

1501 Ivan III envahit la Pologne-Lituanie. Son successeur, Vassili (ou Basile) III s'empare de Smolensk en 1514.

1533 Ivan IV, dit le Terrible, petit-fils d'Ivan III, accède au trône à l'âge de 3 ans. Son règne commence

Ivan III
Devenu grand-prince de Moscou en 1462, Ivan prit le titre de grand-prince de toutes les Russies en 1493, et après son mariage avec une princesse byzantine, il ajouta à ses armes l'aigle à deux têtes, emblème de Byzance.

réellement en 1547, quand il devient le premier monarque russe à être couronné sous le titre de tsar. Il conquiert le khanat tatar de Kazan, en 1552, puis celui d'Astrakhan, en 1556, agrandissant constamment le territoire russe vers le sud, en direction de la mer Noire et de la Caspienne, et ouvrant des routes commerciales le long de la Volga et à travers l'Oural, vers l'Asie centrale. En 1565, il fait de la région de Novgorod son domaine personnel, l'*opritchina*, exacerbant le mécontentement des boyards, les membres de la haute aristocratie.

1571 Les Tatars de Crimée mettent Moscou à sac pendant la guerre civile, provoquée par la politique de russification et de christianisation forcées du tsar.

1581 Début de la conquête de la Sibérie par les Russes.

1598 Boris Godounov, le beau-frère de Fédor Ier, le fils d'Ivan le Terrible, est élu tsar. Sa mort, en 1605, ouvre la période du temps des troubles, née de l'absence d'héritiers naturels au trône, de la montée du mécontentement social, et des attaques suédoises et polonaises qui ravagent l'ouest de la Russie.

1611 L'Ingrie et la Carélie sont cédées à la Suède. Cette dernière occupe la région de Novgorod jusqu'en 1617, date à laquelle la Russie abandonne toute prétention sur l'Estonie et la Livonie (une partie de l'actuelle Lettonie).

1613 Michel Fiodorovitch Romanov, premier souverain de la dynastie qui règne sur la Russie jusqu'en 1917, est élu tsar, après la victoire qui chasse les Polonais de Moscou. Son fils, Alexis Mikhaïlovitch, lui succède en 1645.

1667 Par le traité d'Androussovo, la Pologne cède Kiev et Smolensk à la Russie.

1669 Des révoltes paysannes éclatent dans le sud du pays, parmi lesquelles la révolte des cosaques, menée par Stenka Razine, réprimée en 1671. D'autres soulèvements cosaques, dirigés contre la Pologne, qui s'étaient produits dans les régions du Don et du Dniepr avaient permis à la Russie d'étendre son territoire vers le sud, jusqu'aux confins de la Crimée, un khanat tributaire de l'Empire ottoman, et vers l'ouest, jusqu'à Kiev.

1682 Pierre Ier le Grand devient tsar. Il introduit, souvent par la force, les méthodes de gouvernement, d'éducation et de gestion de l'économie, la culture et les coutumes d'Europe occidentale, en Russie. En 1703, il fonde Saint-Pétersbourg qui devient le siège du gouvernement en 1713. La guerre avec la Suède incite le tsar à créer la première flotte et la première armée modernes russes.

1696 Pierre le Grand prend aux Ottomans la place forte d'Azov, victoire qui donne à la Russie un accès à la mer Noire. Une défaite concédée sur la rivière Prout en 1711 met cependant fin aux projets d'expansion russe dans les Balkans et oblige le tsar à restituer Azov aux Ottomans.

1700-1721 La Russie entre dans la guerre du Nord. Ses forces sont battues par les Suédois à la bataille de Narva (1700), mais elles prennent leur revanche à Poltava (1709), en écrasant l'armée commandée par le roi Charles XII. Le traité de Nystadt, qui met fin au conflit, attribue à la Russie l'Estonie, l'Ingrie et une partie de la Carélie, lui donnant ainsi un débouché sur la Baltique.

1762 Catherine II, née allemande, devient impératrice, après avoir dirigé une révolution de palais contre son époux, le tsar Pierre III. Sous son règne, la Russie s'agrandit au détriment de la Pologne et de l'Empire ottoman. Favorable aux idées des Lumières, l'impératrice développa les arts et la littérature.

1772 Le premier partage de la Pologne donne à la Russie des territoires situés au nord de la Dvina et à l'est du Dniepr. Le second, en 1793, lui attribue l'Ukraine occidentale, et le troisième, en 1795, la Lituanie et la plus grande partie de l'actuelle Biélorussie.

1796 À la mort de Catherine la Grande, son fils Paul Ier devient tsar. Il est assassiné en 1801 à la suite d'un complot, organisé par un groupe de nobles, tenus à l'écart du pouvoir. Son fils Alexandre Ier lui succède.

« Je serai une autocrate : c'est mon métier. Et le **Bon Dieu** me le pardonnera : **c'est le sien.** »

ATTRIBUÉ À CATHERINE II LA GRANDE

La puissance impériale
Le palais d'Hiver à Saint-Pétersbourg fut achevé en 1762, pendant le règne de Catherine II.

1801 Le royaume orthodoxe de Géorgie s'unit volontairement à la Russie.

1809 La Suède doit céder la Finlande à la Russie.

1812 Napoléon Ier envahit la Russie et, après une campagne de trois mois, entre dans Moscou le 12 septembre. Cette même nuit, un terrible incendie détruit la ville. Le tsar Alexandre Ier refuse la reddition ; l'armée française, coupée de ses lignes de ravitaillement, est obligée de battre en retraite pendant le glacial hiver russe, poursuivie par l'armée ennemie.

1814 Alexandre Ier entre à la tête des troupes russes, autrichiennes et prussiennes, dans Paris. Le congrès de Vienne, en 1815, redessine la carte de l'Europe, attribuant à la Russie l'ensemble du territoire polonais et reconnaissant son rôle essentiel dans les affaires européennes.

1825 À la mort soudaine d'Alexandre, de jeunes officiers appartenant à la noblesse, les décabristes, organisent un soulèvement pour demander l'abolition du servage et des réformes politiques, parmi lesquelles l'établissement d'une monarchie constitutionnelle. Le mouvement est rapidement réprimé et le nouveau tsar, Nicolas Ier, le frère du tsar Alexandre, entame 30 années d'un règne autocratique, marqué par le triomphe du militarisme et de la bureaucratie.

1853-1856 La guerre de Crimée, menée contre la Turquie, la France et la Grande-Bretagne, se termine par une défaite humiliante pour la Russie. Le conflit avait été provoqué par la décision du tsar d'occuper les provinces roumaines de Moldavie et de Valachie, vassales du sultan, et par la menace que faisait peser cette politique expansionniste sur les intérêts britanniques en Méditerranée et sur la souveraineté ottomane. Nicolas Ier meurt en 1855 ; son fils Alexandre II lui succède.

1858-1860 La Russie s'agrandit de territoires situés au nord du fleuve Amour et de la région comprise entre l'Oussouri et le Pacifique, ce qui lui permet de créer un port en eau libre à Vladivostok. En 1875, elle prend possession de la totalité de l'île de Sakhaline.

1859-1878 La Russie étend son territoire vers le Caucase, établissant sa souveraineté sur l'ensemble de l'Arménie et sur l'ouest de la Géorgie.

1860 Naissance de plusieurs mouvements révolutionnaires, dont le plus influent est celui des populistes, qui échoue à gagner l'adhésion de la paysannerie. Dans les années 1874-1877, certaines organisations décident de recourir au terrorisme.

1861 Le tsar abolit le servage, réforme l'administration provinciale locale, les organismes judiciaires et financiers, mais la portée de ces initiatives est limitée par le cadre institutionnel autocratique. Un immense mécontentement subsiste néanmoins, endigué par la police secrète et l'armée.

1881 Alexandre II est assassiné à Saint-Pétersbourg par des membres d'un groupe terroriste, issu du mouvement populiste. Son fils, Alexandre III, met en œuvre une politique de réaction, de russification et de militantisme orthodoxe, qui se traduit notamment par les nombreux pogroms perpétrés contre les juifs.

1894 Le dernier tsar de Russie, Nicolas II, accède au trône. Pendant les années 1890, l'industrie se développe, phénomène qui suscite la formation d'une importante classe ouvrière, regroupée dans les villes. Le marxisme commence à monter en puissance dans les milieux radicaux et les cercles intellectuels.

1904-1905 La guerre contre le Japon, provoquée par la rivalité russo-japonaise en Mandchourie et en Corée, se termine par une défaite de la Russie et la perte de la partie méridionale de l'île de Sakhaline.

1905 Le mécontentement créé par la guerre, l'augmentation des impôts et l'état de misère dans lequel vivent les ouvriers, se traduit par une explosion révolutionnaire. La mutinerie qui se déclare sur le cuirassé *Potemkine,* un bâtiment de la flotte de la mer Noire, gagne d'autres unités de l'armée et de la marine. Une grève générale contraint Nicolas II à promulguer une Constitution, à convoquer une Assemblée consultative, la Douma, et à nommer un Premier ministre.

1909-1914 La Russie connaît une forte expansion économique.

1914 Le pays entre en guerre contre l'Allemagne, mais doit subir de lourdes

Des roubles
Ces billets de banque de la Russie tsariste datent de l'époque de la révolution de 1917.

MOMENT CLÉ

LE PREMIER CONGRÈS DES SOVIETS DE L'URSS, 1922

L'Union des Républiques socialistes soviétiques (URSS) fut créée après l'adoption de son traité fondateur, par le premier congrès des soviets, des conseils élus par les travailleurs, à Moscou, le 30 décembre 1922. Des délégués étaient venus des 4 républiques signataires, la Russie, l'Ukraine, la Biélorussie et la Transcaucasie. La Constitution de 1936 institua différents conseils et deux assemblées ; en réalité, toute la politique menée à partir de 1922 fut définie par le secrétaire général du Parti, Joseph Staline. En 1941, l'URSS était constituée de 15 républiques, disposant chacune de droits propres, mais soumises aux orientations données par l'organe du pouvoir exécutif, le Praesidium du Soviet suprême de l'URSS.

Discours de Lénine
Vladimir Lénine est photographié ici en train de galvaniser ses troupes, pendant la révolution de 1917.

Le gaz : richesse naturelle
Des gazoducs, comme celui-ci, s'étendent à travers tout le territoire russe, de la Sibérie à l'Europe.

pertes et échoue à défaire les troupes allemandes, même si elle remporte quelques victoires face aux armées austro-hongroises.

1917 La révolution de Février entraîne l'abdication de Nicolas II. Un gouvernement provisoire est formé. Les bolcheviques, dirigés par Lénine, prennent le pouvoir à l'issue de la révolution d'Octobre.

1918 Le traité de Brest-Litovsk est signé avec l'Allemagne pour mettre un terme à la guerre. La Russie perd la Finlande, les États baltes, la Pologne, la Biélorussie, l'Ukraine et ses possessions du Caucase.

1918-1921 Une guerre civile éclate, mettant aux prises l'Armée rouge révolutionnaire et les armées blanches, qui se disputent le contrôle du pays. La République socialiste fédérative soviétique de Russie (RSFSR) est créée. Les bolcheviques prennent finalement le dessus en 1921.

1920-1921 L'est de l'Ukraine, la Biélorussie, les États du Caucase et d'Asie centrale sont repris par les armées soviétiques.

1921 Conséquence d'émeutes paysannes et de pénuries alimentaires, la Nouvelle politique économique (NEP) est mise en œuvre par Lénine. Elle assouplit le contrôle de l'État et autorise certaines formes de propriété privée et de liberté du commerce.

1922 Fondation de l'URSS.

1924 Lénine meurt. Dans la lutte pour le pouvoir qui s'ensuit, Staline finit par l'emporter.

1928 Mise en place du premier plan quinquennal. Il impose une industrialisation massive et une collectivisation des terres, quand la NEP est abandonnée au profit d'un contrôle absolu de l'État sur l'ensemble de l'économie.

1929 Trotski, adversaire politique de Staline, est contraint à l'exil.

1936-1938 Les Grandes Purges – des campagnes orchestrées par Staline contre des membres réels et supposés de l'opposition – et de nombreux procès envoient des millions d'individus dans des camps de travail, les goulags, situés principalement en Sibérie. Quelque 10 millions de personnes périrent, victimes de ce régime de terreur.

1939 Le pacte germano-soviétique donne à la Russie les États baltes, la Pologne orientale et la Bessarabie.

MOMENT CLÉ

LA TCHÉTCHÉNIE DÉCLARE SON INDÉPENDANCE, 1991

Le 1er novembre 1991, la Tchétchénie, une république de la Fédération de Russie, déclara son indépendance, alors que l'URSS s'effondrait. Les Tchétchènes, un peuple du Caucase, avaient eu une histoire glorieuse, lorsqu'ils étaient indépendants, mais ils furent écrasés par l'armée russe, quand celle-ci envahit leur territoire, en 1994, et occupa leur capitale, Grozny. Un traité de paix fut signé en août 1996, mais les affrontements reprirent en 1999. Les combats firent des milliers de victimes et des centaines de milliers de réfugiés. Malgré la normalisation de la situation annoncée par le Kremlin en 2003, de nombreuses exactions et des actes de terrorisme se perpétuent.

1941 L'Allemagne attaque l'URSS.

1943 L'importante victoire des forces soviétiques à Stalingrad, qui oblige l'armée ennemie assiégée dans la ville à se rendre, stoppe l'avancée allemande.

1944-1945 Les troupes soviétiques progressent rapidement dans les Balkans et traversent l'Allemagne jusqu'à Berlin.

1945 L'Allemagne est vaincue. En vertu des accords de Yalta et de Potsdam, l'Europe orientale et la plus grande partie de l'Europe du Sud-Est se retrouvent dans la zone d'influence soviétique.

1947 Début de la guerre froide qui oppose l'URSS aux États-Unis.

1953 Décès de Staline. Nikita Khrouchtchev accède au pouvoir.

1956 Lors du XXe Congrès du Parti, Khrouchtchev prononce un discours, dénonçant le culte de la personnalité de Staline. Il entreprend un processus de déstalinisation, en lançant des réformes, qui mettent fin aux pires excès du pouvoir stalinien.

1962 La crise des missiles de Cuba manque de précipiter le monde dans un conflit nucléaire. Khrouchtchev recule et renonce à faire installer des missiles sur l'île.

1964 Khrouchtchev est démis de ses fonctions à la suite d'un coup de force; il est remplacé par Leonid Brejnev.

1979 Des troupes soviétiques pénètrent en Afghanistan, pour soutenir le gouvernement communiste en place.

1982 Décès de Brejnev, Andropov puis Tchernenko lui succèdent. Ils meurent tous les deux après quelques mois passés au pouvoir.

1985 Mikhaïl Gorbatchev devient Secrétaire général du Parti communiste et lance la politique de la perestroïka, un programme de réformes économiques et politiques. Des négociations américano-soviétiques aboutissent à des traités, portant sur la réduction des armements. Des revendications nationalistes éclatent au grand jour dans différentes républiques soviétiques.

1988 La loi sur les coopératives autorise la création de petites entreprises privées.

1990 Gorbatchev devient président de l'URSS. Des élections locales multipartites sont organisées. Boris Ieltsine, le chef de file des réformateurs, devient président du Soviet suprême de la République de Russie et proclame sa souveraineté.

1991 Boris Ieltsine est élu président de la République de Russie. Aidé par les Moscovites, il prend la tête de la résistance à la tentative de putsch, organisée contre Gorbatchev par une faction conservatrice du Parti communiste, et il interdit le Parti communiste russe. L'Union soviétique implose, quand la Russie et les autres républiques décident de s'en retirer et de créer la Communauté des États indépendants (CEI).

1992 Le pays passe du communisme à l'économie de marché. La Russie reprend le siège de l'ancienne URSS au Conseil de sécurité de l'ONU.

1993 Ieltsine annonce la dissolution du Soviet suprême de Russie et a recours à la force pour dissoudre le Parlement. De nouvelles élections envoient une majorité de députés conservateurs à la Douma, l'une des deux chambres du Parlement.

1994-1996 L'armée russe lance une offensive en Tchétchénie.

1999 Quelques jours après les élections au Parlement, Boris Ieltsine démissionne. Vladimir Poutine le remplace à la tête de l'État.

1999-2000 Les actes de violence terroriste qui se produisent au Daghestan et en Tchétchénie sont attribués aux séparatistes islamistes. Lors d'une nouvelle offensive militaire contre la Tchétchénie, Grozny, la capitale de la république séparatiste, est prise par les troupes russes.

2000 Poutine remporte l'élection présidentielle et renforce son pouvoir.

2002 La Russie et les États-Unis parviennent à un accord sur la réduction des armements nucléaires. La Russie et l'OTAN mettent en place un conseil conjoint, afin de coopérer dans la lutte contre le terrorisme.

2002 Des séparatistes tchétchènes pénètrent en force dans un théâtre de Moscou et prennent l'assistance en otage; 128 personnes meurent pendant l'opération de sauvetage. Deux ans plus tard, près de 400 personnes, principalement des enfants, sont tuées lors d'une prise d'otages dans une école de Beslan, en Ossétie du Nord.

2004 Poutine est réélu à la présidence de la Fédération de Russie.

2006 La Russie suspend ses livraisons de gaz à l'Ukraine, en raison d'un litige tarifaire. Les relations avec la Géorgie se détériorent à la suite de l'arrestation d'officiers russes, accusés d'espionnage.

2008 Dmitri Medevedev est élu à la présidence. Vladimir Poutine est nommé Premier ministre.

« 296-297 Premier conflit mondial
« 376-377 La révolution russe
« 406-407 La guerre froide
« 450-451 La guerre en Yougoslavie
« 446-447 La *perestroïka*

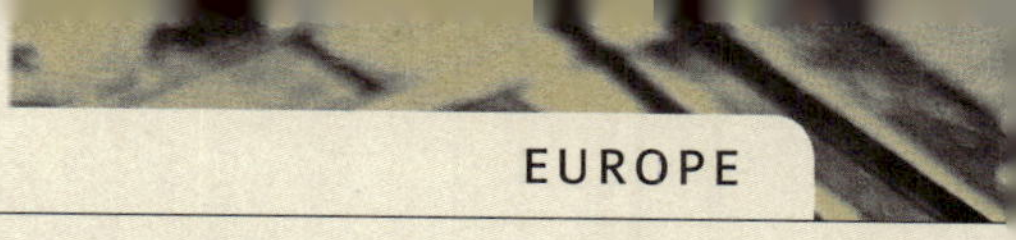

Ukraine

Ce pays fut le foyer du premier État slave oriental. Son territoire abrite de nombreuses terres fertiles.

1793, 1795 Lors des partages de la Pologne, l'Ukraine est partagée entre l'Empire russe et l'Empire autrichien.

1917 Proclamation d'une République indépendante d'Ukraine. L'année suivante, la Galicie orientale devient également une république, puis forme une fédération avec l'Ukraine anciennement russe.

1918 L'Ukraine est envahie par l'Armée rouge. La République socialiste soviétique (RSS) d'Ukraine est proclamée.

1920 Les armées polonaises envahissent l'Ukraine; sa partie occidentale passe sous la domination de la Pologne.

1922 La RSS d'Ukraine devient l'un des membres fondateurs de l'URSS.

1939 La Pologne est envahie par les forces soviétiques, après la signature du pacte germano-soviétique. Ses territoires, majoritairement peuplés d'Ukrainiens, sont intégrés à la RSS d'Ukraine.

1941 L'Allemagne attaque l'URSS.

1986 Une catastrophe nucléaire se produit en Ukraine : le réacteur de la centrale de Tchernobyl explose, ce qui provoque la diffusion d'un nuage radioactif sur toute l'Europe.

1990 Le Parlement d'Ukraine proclame la souveraineté de la RSS d'Ukraine.

1991 L'Ukraine proclame son indépendance. Leonid Kravtchouk devient président.

1994 Le candidat prorusse, Leonid Koutchma, devient le premier président démocratiquement élu d'Ukraine.

1996 Une nouvelle Constitution entre en vigueur.

1997 Un traité d'amitié est signé avec la Russie. Il autorise l'utilisation par cette dernière des ports ukrainiens et règle la question du partage de la flotte de la mer Noire. L'année suivante, un accord de coopération est signé entre les deux pays.

2004 Victor Ianoukovitch, le candidat soutenu par Moscou, remporte l'élection présidentielle, à l'issue d'un scrutin très contesté. Son adversaire, Viktor Iouchtchenko, a été victime d'un empoisonnement à la dioxine, pendant la campagne. Les manifestations de masse, qui se déroulent à Kiev pendant la « révolution orange », aboutissent à la tenue, en décembre, d'un nouveau scrutin et à la victoire de Iouchtchenko.

2006 Ianoukovitch gagne les élections législatives et devient Premier ministre.

2007 Les initiatives du président Iouchtchenko, pour dissoudre le Parlement et provoquer de nouvelles élections, entraînent une crise constitutionnelle.

2010 Ianoukovitch est élu à la présidence, lors d'une élection très serrée.

« 138-139 Les nomades des steppes
« 186-187 La Grande Peste

La famine en Ukraine
Ce paysan ukrainien affamé fut photographié vers 1933. La collectivisation des terres, décidée par Staline, et la réquisition de la production de céréales ukrainiennes provoquèrent une terrible famine. Entre 3 et 5 millions d'Ukrainiens moururent de faim au début des années 1930.

Biélorussie

Ce pays, dont le nom officiel, Belarus, signifie « Russie Blanche », accéda à l'indépendance en 1991.

1324 Le territoire de l'actuelle Biélorussie est incorporé dans le grand-duché de Lituanie. Minsk devient un important centre culturel et commercial.

1385 Le grand-duché de Lituanie s'unit au royaume de Pologne ; la Biélorussie, dans ses limites de l'époque, devient une partie de la République polono-lituanienne, se retrouvant ainsi impliquée dans les guerres que cette dernière livre contre l'ordre Teutonique, les Russes, les Tatars et les Ottomans.

1772-1795 À la suite des partages de la Pologne, les territoires biélorusses passent sous le contrôle de l'Empire russe.

1863 Un soulèvement contre le pouvoir russe est réprimé. Son chef, Kastus Kalinouski, est exécuté.

1918 Après la révolution d'Octobre de 1917, les bolcheviques locaux organisent un coup de force et proclament l'indépendance de leur pays, sous le nom de République socialiste soviétique de Biélorussie (RSSB). Les Allemands occupent Minsk.

1919 La Pologne envahit le territoire biélorusse.

1920 Minsk est reprise par l'Armée rouge. La Biélorussie orientale retrouve le statut de République socialiste soviétique.

1921 À la suite du traité de Riga, la Biélorussie occidentale est intégrée à la Pologne.

1922 La RSSB est intégrée à l'URSS.

1939 La Biélorussie occidentale est à son tour incorporée dans l'URSS, quand l'Armée rouge envahit la Pologne.

1941-1944 La Biélorussie est occupée par l'Allemagne.

1988 La découverte de charniers apporte la preuve des exécutions de masse (plus de 200 000 victimes) opérées par la police politique soviétique, entre 1937 et 1941, près de Minsk.

1991 Quand l'URSS s'effondre, la Biélorussie déclare son indépendance sous le nom de République du Belarus. Cette dernière fonde avec l'Ukraine et la Russie la Communauté des États indépendants (CEI), qui lie entre elles les anciennes républiques soviétiques.

1994 Une nouvelle Constitution, instaurant une présidence de la République, est approuvée. L'élection présidentielle est remportée par Aleksandr Loukachenko. Une union monétaire avec la Russie est mise en place.

2006 Loukachenko est réélu pour un troisième mandat, à l'issue d'une élection très contestée.

« 186-187 La Grande Peste

Manifestation contre la réélection de Loukachenko
En mars 2006, des manifestants se rassemblent à Minsk pour réclamer un nouveau scrutin, après l'écrasante victoire remportée par le président, Aleksandr Loukachenko, au pouvoir autoritaire. Cette élection présidentielle fut largement condamnée, car considérée comme entachée de fraudes.

Afrique

Le deuxième plus vaste continent de la planète abrite une population qui augmente rapidement et une grande variété de ressources naturelles. À partir du XVIe siècle, il fut successivement ravagé par les impérialismes européens, la traite des esclaves, les guerres civiles, la famine, le sida et la pauvreté.

Maroc

Un royaume, qui se trouve au nord-ouest du continent africain, gouverné à travers les siècles par une succession de dynasties musulmanes.

Vers 500 av. J.-C. Habitée à l'origine par les Berbères, la région côtière du nord du Maroc est tout d'abord colonisée jusqu'à Lixus par les Phéniciens. Vers 500 av. J.-C., leurs descendants, les Carthaginois, contrôlent la plupart des ports de commerce, répartis entre l'actuelle Libye et Essaouira (l'ancienne Mogador), située sur l'Atlantique.

711 apr. J.-C. Les armées arabes introduisent l'islam et fondent le royaume des Idrisides, dynastie qui règne de 789 à 985.

1053 Les Almoravides, avec à leur tête Abd Allah ibn Yasin, conquièrent une partie de l'Afrique occidentale et le Maroc.

1147 Les Almoravides sont supplantés par les Almohades.

La bataille d'Alcaçar-Quivir
À Alcaçar-Quivir, en 1578, les Portugais firent une tentative malheureuse pour venir à bout de la résistance qu'ils rencontraient au Maroc. Cette bataille se solda par une déroute et par la mort du jeune roi, Sébastien Ier.

1666 La dynastie alawite est fondée après la prise de Fès aux Saadiens par Mulay al-Rachid. À sa mort, en 1672, des troubles éclatent; son fils, Mulay Ismail, ne reprend le contrôle de la région qu'en 1677.

1904 La France et l'Espagne concluent un accord secret sur le partage du Maroc.

1906 À la conférence d'Algésiras, la France et l'Espagne s'engagent à respecter l'indépendance du Maroc, tandis que le contrôle économique du pays demeure international.

1911 Lors de l'incident d'Agadir, l'Allemagne envoie une canonnière vers ce port de l'Atlantique, officiellement pour protéger ses intérêts dans la région, qu'elle juge menacés par l'expansion française. Des négociations aboutissent à la reconnaissance par l'Allemagne des droits de la France au Maroc, en échange d'un territoire au Congo.

1912 Le traité de Fès instaure un protectorat français sur le Maroc, après que le sultan Mulay Hafiz eut fait appel à l'armée française pour réprimer la révolte de certaines tribus, hostiles à la présence européenne. L'Espagne établit pour sa part des protectorats au nord et à l'extrême sud du pays.

1921 Abd el-Krim bat les Espagnols à la bataille d'Anoual. Il crée une république berbère dans les montagnes du Rif, mais il est finalement vaincu par une importante armée franco-espagnole en 1926; des actions de guérilla se poursuivent jusqu'en 1933.

1927 Sidi Muhammad ben Youssef devient sultan sous le nom de Muhammad V (Mohamed V) du Maroc.

1956 La France reconnaît l'indépendance du Maroc. L'Espagne renonce à la plupart de ses possessions marocaines.

1961 Hasan II succède à son père.

1975 La Cour internationale de justice accorde le droit à l'autodétermination aux habitants du Sahara occidental, après la décision de l'Espagne de se retirer de cette région.

1976 Le Maroc et la Mauritanie occupent, puis se partagent le Sahara occidental; les combattants du Front Polisario entament une campagne de harcèlement, destinée à obtenir l'indépendance de la région.

Un soulèvement armé
Le 19 août 1955, à Khénifra, des manifestants brandirent des armes pour protester contre la tutelle française. Ce jour-là, des nationalistes algériens et marocains se heurtèrent aux forces françaises dans cette ville de l'Atlas, ainsi que dans 13 autres localités d'importance stratégique. Les affrontements, qui se déroulèrent pendant deux jours, firent près de 1 000 morts.

1979 La Mauritanie renonce à la partie du territoire qu'elle détenait dans le Sahara occidental; celle-ci est annexée par le Maroc.

1987 Le Maroc achève l'édification d'un mur de défense entourant le Sahara occidental, destiné à le protéger des attaques des combattants du Front Polisario, basé en Algérie.

1989 L'Union du Maghreb arabe (UMA) crée une zone de libre-échange entre le Maroc, l'Algérie, la Tunisie, la Libye et la Mauritanie.

1992 Une nouvelle Constitution accorde au parti majoritaire au Parlement un droit de regard sur le choix du gouvernement.

1993 Des élections législatives, les premières depuis 1984, sont organisées. Après le refus de certains partis de participer au gouvernement, le roi nomme des ministres techniciens.

1999 À la mort d'Hasan II, son fils Muhammad VI devient roi. Une libéralisation du régime est annoncée.

2000-2001 Le plan de l'ONU pour régler la question du Sahara occidental est rejeté; un nouveau plan prévoit un transfert de l'autorité marocaine sur 10 ans.

« 158-159 La diffusion du savoir
« 174-177 L'essor de l'islam

Algérie

Le deuxième plus grand pays du continent vit une histoire mouvementée depuis son indépendance.

683 Les invasions arabes introduisent l'islam en Algérie.

1830 Les Français conquièrent l'Algérie, mettant ainsi fin à la domination ottomane, en dépit de la résistance farouche des Berbères, commandés par Abd el-Kader.

1881 Les trois départements d'Alger, d'Oran et de Constantine sont assimilés à ceux de la France métropolitaine, bien qu'à partir de 1900 le gouverneur général dispose d'une plus grande autonomie pour administrer les affaires locales.

1942 Les forces alliées prennent le contrôle de l'Algérie, jusque-là aux mains du gouvernement de Vichy. Le pays devient une base pour les Forces françaises libres.

1954 Une attaque de la guérilla, la première d'une longue série, marque le début de la lutte pour l'indépendance, menée par le Front de libération nationale (FLN). L'armée française est déployée dans le pays afin d'en conserver la souveraineté.

1958 Des généraux de l'armée française d'Algérie, craignant que le gouvernement français ne négocie avec le FLN, organisent un coup de force. En France, le général de Gaulle revient au pouvoir et institue la Vᵉ République. Au Caire, le FLN constitue un Gouvernement provisoire de la République algérienne (GPRA), présidé par Ferhat Abbas.

1959 Confronté à la violence d'un conflit qui s'éternise, de Gaulle propose la tenue d'un référendum sur l'indépendance algérienne. Les partisans de l'Algérie française fondent l'Organisation armée secrète (OAS).

1961 Le gouvernement français et le GPRA acceptent d'entamer des négociations sur l'indépendance. Un putsch, dirigé par des membres de l'OAS à Alger, échoue au bout de 4 jours.

1962 Un accord de cessez-le-feu est signé à Évian; il prévoit également la tenue de référendums en France et en Algérie.

1962 Le peuple algérien se prononce en faveur de l'indépendance, qui est déclarée le 3 juillet. Ahmed ben Bella est désigné comme Premier ministre et, après l'approbation de la Constitution, il est élu président de la République algérienne.

1965 Une junte militaire renverse le pouvoir en place; un Conseil de la révolution est créé.

1971 Le président Boumediene poursuit la politique entamée par son prédécesseur. Il met en place une réforme agraire, un service de santé publique gratuit et une gestion socialiste de l'économie.

1980 Ben Bella est libéré, après 15 ans de captivité. La France met en œuvre un programme « d'incitation au retour », qui concerne 800 000 travailleurs algériens.

1988 Dans un contexte d'émeutes dirigées contre le FLN, l'état d'urgence est proclamé.

1989 Une réforme constitutionnelle met fin au rôle dirigeant du FLN; de nouveaux partis politiques sont créés, parmi lesquels le Front islamique du salut (FIS).

1990 Des exilés politiques sont autorisés à regagner l'Algérie. Le FIS remporte les élections municipales.

1991 Le FIS gagne la majorité des sièges au premier tour des élections à l'Assemblée nationale populaire.

1992 Le deuxième tour des élections est annulé. Le président Chadli est renversé par l'armée. Son successeur, le président Boudiaf, est assassiné.

1993 Un climat d'extrême violence politique, créé par le Groupe islamiste armé (GIA), s'installe.

1995 À l'issue d'un scrutin démocratique, le général Liamine Zéroual est élu à la présidence.

1999 Abdelaziz Bouteflika devient président, à la suite d'une élection boycottée par l'opposition.

2004 Bouteflika est réélu.

« 158-159 La diffusion du savoir
« 174-177 L'essor de l'islam
« 412-413 La fin de l'ère coloniale

Tunisie

Le plus petit des pays d'Afrique du Nord fit partie, en tant que province, de plusieurs empires de l'Antiquité.

814 av. J.-C. Fondation de Carthage par la reine phénicienne de Tyr, Élissa (ou Didon).

264 av. J.-C. La première guerre punique marque le début d'une longue campagne romaine contre Carthage. Elle s'achève en 146 av. J.-C. par la destruction de la cité-État et l'occupation de son territoire par Rome.

439 apr. J.-C. Des tribus vandales s'emparent de Carthage.

534 Les Byzantins rétablissent leur domination sur l'Afrique du Nord.

698 Des envahisseurs arabes conquièrent Carthage et fondent la ville de Tunis.

1230 Fondation de la dynastie des Hafsides.

1574 La Tunisie devient une province de l'Empire ottoman.

1883 La convention de La Marsa institue un protectorat français sur la Tunisie.

1935 Habib Bourguiba crée une nouvelle formation politique, le Néo-Destour (Nouvelle Constitution).

1956 Proclamation de l'indépendance. Bourguiba est élu Premier ministre.

1957 Le bey est déposé. La Tunisie devient une république, avec Bourguiba comme président.

1975 L'Assemblée nationale élit Bourguiba président à vie.

1987 Bourguiba est destitué, après que des médecins l'eurent déclaré sénile. Il est remplacé par son Premier ministre Ben Ali.

1999 Ben Ali et le RCD, Rassemblement constitutionnel démocratique, dominent à nouveau les élections.

2009 Ben Ali est réélu pour un 5ᵉ mandat.

« 158-159 La diffusion du savoir
« 174-177 L'essor de l'islam
« 200-201 Les croisades
« 246-247 L'Empire ottoman

Les pirates barbaresques
Les pirates, qui opéraient depuis les ports de la côte de Barbarie, en Afrique du Nord, semèrent la terreur en Méditerranée pendant des siècles. Les Français tentèrent d'en venir à bout lors de batailles navales, notamment en 1688, mais la menace qu'ils constituaient ne fut vraiment levée qu'en 1815.

La Libye romaine
Ce magnifique amphithéâtre romain se dresse au milieu des ruines de Leptis Magna, l'une des trois villes romaines qui donnèrent son nom à la province de Tripolitaine (les trois villes), ainsi qu'à la Tripoli moderne, capitale de la Libye.

Libye

Un pays arabe, qui fut un État paria pendant des décennies, jusqu'à la levée, en 2004, des sanctions qui le frappaient.

Vers 700 av. J.-C. Des marchands phéniciens créent des colonies en Tripolitaine, dans le nord-ouest de l'actuelle Libye, tandis que des Grecs s'établissent au nord-est, en Cyrénaïque.

647 apr. J.-C. Des invasions arabes mettent fin à la tutelle byzantine.

1158 Les Almohades du Maroc prennent le contrôle de la Tripolitaine. La Cyrénaïque, pour sa part, passe sous domination égyptienne.

1510 Le roi d'Espagne, Ferdinand d'Aragon, s'empare de Tripoli.

1551 L'amiral Sinan Pacha reprend la Tripolitaine et soumet la région à l'autorité ottomane. Les pachas turcs gouvernent depuis Tripoli.

1711 Le janissaire Ahmad al-Karamanli assassine le pacha ottoman. Le gouvernement de la Tripolitaine devient une fonction héréditaire, exercée par la dynastie Karamanli.

1835 Des forces ottomanes sont envoyées en Tripolitaine, en raison d'une succession disputée au sein des Karamanli. La Turquie nomme un gouverneur dépendant directement du sultan.

1911 L'Italie attaque Tripoli et les ports libyens. En 1912, par le traité d'Ouchy, l'Empire ottoman cède ses droits sur la Libye à l'Italie.

1914 L'Italie contrôle militairement la quasi-totalité du pays.

1932 L'Italie achève la conquête de la Libye, après avoir mis fin à la résistance des senousis, qui voulaient préserver l'autonomie de la Cyrénaïque.

1943 Après trois années de campagnes, les forces britanniques prennent Tripoli et mettent en place, avec les forces françaises, une administration militaire.

1951 La Libye – la réunion de la Cyrénaïque, de la Tripolitaine et du Fezzan – devient indépendante. L'émir de Cyrénaïque, Muhammad Idris al-Sanusi, est proclamé roi.

1969 Le roi Idris Ier est déposé lors d'un coup d'État, dirigé par le colonel Muammar al-Kadhafi.

1973 Le colonel Kadhafi lance la « révolution culturelle ».

1977 Le pays est rebaptisé Djamahiriyya arabe libyenne populaire et socialiste.

1984 La Libye et le Maroc signent le traité d'Oudja, dénoncé en 1986, qui établit une confédération arabo-africaine.

1989 Création de l'Union du Maghreb arabe, réunissant la Libye, l'Algérie, le Maroc, la Mauritanie et la Tunisie. Le Tchad et la Libye concluent un accord de cessez-le-feu à propos de la bande d'Aozou.

2003 La Libye annonce son intention de mettre fin à son programme de développement d'armes de destruction massive et de verser des indemnités aux victimes de ses actions terroristes des années 1980 ; les sanctions internationales prises contre elle sont finalement levées en 2004.

« 158-159 La diffusion du savoir
« 174-177 L'essor de l'islam
« 178-179 Trésors de l'islam

Niger

Ce pays, qui constituait autrefois le cœur d'un puissant empire médiéval, est aujourd'hui l'un des plus pauvres d'Afrique.

XIIIe-XVIe siècle L'Empire du Mali et l'Empire Songhaï connaissent tour à tour leur apogée.

1883-1904 La France défait le puissant Empire islamique de Sokoto et établit sa domination sur le pays.

1960 Le Niger devient indépendant de la France. Hamani Diori est son premier président.

1974 Succès du coup d'État dirigé par le général Seyni Kountché.

1987 Décès du général Kountché. Le général Ali Seibou favorise la transition démocratique.

1990-1995 Une rébellion touarègue se déroule dans le nord du pays.

1992 Une nouvelle Constitution permet la tenue d'élections démocratiques en 1993.

1996 Les militaires reprennent le pouvoir. L'adoption de la Constitution de 1999 est suivie par des élections multipartites, qui portent au pouvoir Mamadou Tandja.

2004 Mamadou Tandja est élu pour un second mandat.

2010 Un coup d'État instaure un Conseil suprême pour la restauration de la démocratie.

« 360-361 La course à l'Afrique

Tchad

Un pays pauvre, en grande partie désertique, qui fit partie de plusieurs anciens royaumes africains, avant d'être colonisé par la France.

1959 Les élections législatives précédant l'indépendance sont remportées par François Ngarta Tombalbaye, qui devient Premier ministre.

1960 Le Tchad accède à l'indépendance.

1975 Coup d'État du général Malloum.

1979-1982 Une guerre civile oppose le nord et le sud du pays.

1982 Hissène Habré, originaire du nord du Tchad, vainc Goukouni Oueddeï, qui jouit du soutien de la Libye. Il reste à la tête de l'État jusqu'en 1990.

1990 Prise du pouvoir par Idriss Déby. Il y est reconduit à l'issue de plusieurs élections.

1994 La Libye abandonne la bande d'Aozou au Tchad.

1996 Un cessez-le-feu est proclamé ; une nouvelle Constitution est adoptée par référendum.

2005 Le Tchad déclare la guerre au Soudan, accusé de déstabiliser la région frontalière du pays, dans le contexte de la crise du Darfour.

« 280-281 La traite des Noirs

Soudan

Le plus vaste pays d'Afrique est divisé entre le Nord musulman et le Sud chrétien et animiste.

1821 Le vice-roi d'Égypte, Méhémet-Ali, conquiert le nord du Soudan ; des routes commerciales traversant les marais du sud du pays sont ouvertes.

1874-1880 Le Soudan est administré par le général britannique Gordon Pacha, pour le compte du vice-roi d'Égypte.

1881 Muhammad Ahmad ibn Abd Allah, dit le Mahdi, déclare la guerre sainte contre les Égyptiens.

1885 Les forces du Mahdi s'emparent de Khartoum ; Gordon Pacha est tué.

1898 Les mahdistes sont défaits par les forces britanniques à Omdurman. Une mission française affronte les Britanniques à Fachoda. L'année suivante, un condominium anglo-égyptien est instauré sur le territoire.

1954 Le Soudan accède à l'autonomie.

1955 La révolte qui éclate dans le sud du Soudan entraîne une guerre civile, qui dure pendant 17 ans.

1956 Naissance de la République du Soudan, qui accède à l'indépendance.

1958-1964 Les militaires gouvernent le pays.

1965 Les civils retrouvent le pouvoir, à la suite d'une révolution. Des élections sont organisées.

1969 Coup d'État militaire, dirigé par le colonel Djafar al-Nimairy.

Le Mahdi
En 1885, l'armée de Muhammad Ahmad battit le gouverneur général du Soudan, Gordon Pacha, et s'empara de Khartoum, mais les Britanniques reconquirent le Soudan, après la mort de celui qui se disait envoyé par Dieu.

1972 Le sud du pays obtient une autonomie limitée.

1993 Le général Umar Hasan al-Bachir devient président de la République.

2003 Les affrontements entre milices arabes progouvernementales, le régime islamiste de Khartoum et les rebelles soudanais, dans la région du Darfour, à l'ouest du pays, provoquent une véritable guerre civile. Des centaines de milliers de victimes, des populations déplacées entraînent une véritable catastrophe humanitaire. En 2006, le conflit s'étend au Tchad et en République centrafricaine.

« 174-177 L'essor de l'islam
« 360-361 La course à l'Afrique

Égypte

Le berceau de l'une des plus anciennes civilisations qui s'est développée le long du Nil.

Vers 3000 av. J.-C. Les terres fertiles de la Haute- et de la Basse-Égypte bordant le Nil forment pour la première fois un royaume unique, gouverné par la dynastie des pharaons thinites.

332 av. J.-C. Alexandre le Grand conquiert l'Égypte et en déplace la capitale à Alexandrie, ville fondée en 331, sur les bords de la Méditerranée.

304 av. J.-C. Après la mort d'Alexandre, en 323 av. J.-C., l'Égypte passe sous l'autorité de l'un de ses généraux, qui règne sous le nom de Ptolémée Ier.

51 av. J.-C. Le dernier souverain de la dynastie ptolémaïque, la reine Cléopâtre, accède au trône.

31 av. J.-C. Cléopâtre est battue par les forces romaines à la bataille d'Actium. L'Égypte devient une possession romaine, puis byzantine.

641-642 apr. J.-C. L'Empire byzantin perd l'Égypte au profit des conquérants musulmans venus d'Arabie, qui y introduisent l'arabe et l'islam.

868-905 La dynastie des Tulunides s'émancipe du califat des Abbassides et prend le contrôle de l'Égypte.

1169-1171 Saladin devient vizir d'Égypte et fonde la dynastie des Ayyubides, qui règne jusqu'en 1250.

1250 Les Mamelouks, des soldats esclaves majoritairement originaires de Circassie, prennent le pouvoir.

1517 Le Caire est prise par les Turcs ; l'Égypte devient une partie de l'Empire ottoman.

1805 Méhémet-Ali, un officier albanais de l'armée ottomane, s'empare du pouvoir ; les Ottomans le reconnaissent comme vice-roi d'Égypte.

1882 Les Britanniques gouvernent de fait l'Égypte, même si le pays fait encore officiellement partie de l'Empire ottoman.

1914 L'Égypte devient un protectorat britannique.

1922 La Grande-Bretagne accorde à l'Égypte une indépendance limitée. Une monarchie constitutionnelle est établie. Le sultan Ahmed Fuad devient le roi Fuad Ier et règne jusqu'à sa mort en 1936 ; son fils Farouk lui succède à cette date.

1924 Les premières élections démocratiques donnent la victoire au nationaliste Saad Zaghlul.

MOMENT CLÉ

LA CRISE DE SUEZ, 1956

Le 26 juillet 1956, le président égyptien Gamal Abdel Nasser nationalisa la compagnie du canal de Suez, dont les principaux actionnaires étaient français et britanniques. Craignant que cette affirmation de la souveraineté égyptienne ne soit suivie d'une attaque arabe, les Israéliens envahirent le Sinaï. Quand les deux protagonistes refusèrent de cesser les combats, les forces françaises et britanniques attaquèrent Port-Saïd, le 6 octobre, de manière à s'emparer de la zone du canal. La pression, exercée par l'ONU et les États-Unis, obligea la France et le Royaume-Uni à conclure un cessez-le-feu. L'ONU envoya une force d'interposition sur place pour séparer les belligérants.

1936 Le traité anglo-égyptien met fin à la présence militaire britannique en Égypte, à l'exception de la zone du canal de Suez.

1948 La première guerre israélo-arabe s'achève par une défaite égyptienne.

1953 Les partis politiques sont dissous. La république est proclamée. Le général Néguib est placé à la tête de l'État.

1954 Gamal Abdel Nasser dépose Néguib et devient président.

1956 La crise de Suez éclate, provoquée par la nationalisation du canal du même nom. Les forces israéliennes, anglaises et françaises doivent se retirer d'Égypte, sous la pression de l'ONU.

1967 L'Égypte perd le Sinaï, à la suite de la victoire israélienne dans la guerre des Six-Jours.

1970 À la mort de Nasser, Anouar el-Sadate lui succède.

1978 Signature par l'Égypte et Israël des accords de Camp David, négociés sous l'égide des États-Unis.

1981 Sadate est assassiné par un extrémiste islamiste ; Hosni Moubarak lui succède.

2005 Moubarak est réélu à la présidence pour la 5e fois consécutive.

« 56-57 Les pharaons divins
« 64-65 L'Égypte entre ordre et chaos
« 66-67 Ramsès II
« 68-69 Le royaume d'Osiris
« 70-71 Objets égyptiens
« 72-73 Des monuments éternels
« 118-119 L'Égypte grecque et romaine
« 158-159 La diffusion du savoir
« 412-413 La fin de l'ère coloniale

Mauritanie

Un pays musulman, entre l'Afrique du Nord et l'Afrique noire, qui possède un littoral sur l'Atlantique, à l'extrémité occidentale du Sahara.

XVIe-XIXe siècle La Mauritanie est colonisée par la France.

1960 Le pays accède à l'indépendance. Moktar Ould Daddah devient président.

1978 Les militaires renversent le pouvoir.

1984 Le colonel Ould Taya prend le pouvoir à la suite d'un coup d'État.

2009 Mohamed Ould Abdel Aziz devient président de la République.

Mali

Le pays, qui fut un temps appelé le Soudan français, porte aujourd'hui le nom du puissant royaume qui domina l'Afrique occidentale au Moyen Âge.

Vers 700-1050 Le territoire du Mali forme une partie du royaume du Ghana.

1881-1893 Les Français colonisent la région, qui est intégrée à l'Afrique-Équatoriale française en 1895.

1960 Le pays devient indépendant. Modibo Keita devient président.

1968-1991 Régime dictatorial de Moussa Traoré.

2002 Amadou Toumani Touré est élu président de la République.

Tombouctou
Cette ville du nord du Mali constitue un important centre d'échanges commerciaux transsahariens.

Burkina

Une ancienne colonie française, dont le Nord, situé dans le Sahel, est menacé de désertification.

Vers 1890 Les Français conquièrent les royaumes mossis. Un protectorat est établi en 1895.

1919 La colonie de la Haute-Volta est créée, après sa séparation du territoire du Haut-Sénégal-Niger.

1958 La Haute-Volta devient une république autonome, au sein de la Communauté française.

1960 La Haute-Volta accède à l'indépendance.

1970 Une nouvelle Constitution aboutit à l'autorisation des partis politiques et à une libéralisation du régime.

1984 Le pays est rebaptisé Burkina, ou Burkina Faso, le « pays des hommes intègres ».

1987 Blaise Compaoré est porté au pouvoir par un putsch.

2005 Compaoré est réélu pour un 3e mandat consécutif.

Sénégal

Un pays d'une grande diversité ethnique, qui jouit d'une économie développée, dont les activités sont essentiellement basées autour de Dakar.

1100-1300 Le territoire de l'actuel Sénégal fait partie de l'empire du Mali.

1444 Les Portugais, puis les Hollandais et les Français établissent des comptoirs commerciaux sur la côte atlantique.

1895 Le Sénégal est intégré dans l'Afrique-Occidentale française (AOF).

1959 Le Soudan français, actuel Mali, se joint au Sénégal pour former la Fédération du Mali.

1960 Le Sénégal devient indépendant. Léopold Sédar Senghor, à l'origine du mouvement de la négritude, devient le premier président du pays.

1966-1974 Le Sénégal connaît un régime de parti unique.

1981 La démocratie multipartite est rétablie. Abdou Diouf succède à Senghor.

2000 Pour la première fois depuis la proclamation de l'indépendance, le Parti socialiste sénégalais perd le pouvoir au profit de l'opposition. Abdoulaye Wade devient président. Une nouvelle Constitution démocratique est approuvée par référendum.

Gambie

Un pays qui forme un territoire étroit, enclavé dans le Sénégal, et qui s'étend de part et d'autre du fleuve Gambie.

Vers 1840 La Gambie devient une colonie de la Couronne britannique.

1959 Dawda Kairaba Jawara fonde le Parti progressiste du peuple (PPP) ; il accède au pouvoir en 1962 et gouverne de façon démocratique jusqu'en 1994.

1965 Proclamation de l'indépendance de la Gambie, au sein du Commonwealth.

1970 Création de la République de Gambie, avec Jawara comme président.

1982-1989 Le pays est associé au Sénégal au sein de la Confédération de Sénégambie.

1994 Jawara est évincé, à la suite d'un coup d'État militaire.

1996 Yahya Jammeh est élu président, alors que plusieurs formations politiques ont été exclues du scrutin.

2006 Le président Jammeh est élu pour un 3e mandat.

Guinée-Bissau

Un pays lusophone d'Afrique de l'Ouest, dont l'économie dépend de l'aide extérieure.

1879 Les régions entourant les villes de Bissau et de Cacheu sont réunies pour former la Guinée portugaise, qui est séparée administrativement du Cap-Vert.

1956 Amilcar Cabral fonde le Parti africain pour l'indépendance de la Guinée-Bissau et du Cap-Vert (PAIGC).

1960 Le PAIGC mène des actions de guérilla et occupe une grande partie du pays.

1973 Cabral est assassiné à Conakry.

1973 Le PAIGC proclame l'indépendance du pays. Luis de Almeida Cabral devient président du conseil d'État.

1974 Le Portugal reconnaît officiellement l'indépendance de la Guinée-Bissau.

1980 Coup d'État militaire.

1994 Les premières élections multipartites sont remportées par le PAIGC.

1998 Un soulèvement de l'armée, dirigé par Ansumane Mané, provoque l'intervention du Sénégal et de la Guinée.

2009 Malam Bacai Sanhá est élu président de la République.

Guinée

Un pays d'Afrique occidentale, sur le golfe de Guinée, qui abrite d'importantes réserves de bauxite, d'or et de diamants.

1460 Des marins portugais explorent la côte de la Guinée ; au XVIIe siècle, les Français, les Britanniques et les Portugais y fondent des comptoirs commerciaux.

Vers 1870 L'Almamy Samory Touré fonde l'empire mandingue du Wassoulou, en Haute-Guinée, qui devient le symbole de la résistance à la colonisation française.

1891 La guerre éclate entre l'armée de Samory Touré et les forces françaises.

1898 Les troupes françaises finissent par vaincre Samory Touré et commencent à coloniser la Guinée.

MOMENT CLÉ

LA FONDATION DE MONROVIA, 1821

Le 6 février 1820, l'*Elizabeth* quitta New York en direction de l'Afrique occidentale. Ses passagers étaient les premiers esclaves affranchis d'Amérique du Nord, en route pour la future ville de Monrovia, qui allait être fondée deux ans plus tard, par la Société américaine de colonisation. Pour ce faire, cette dernière avait acheté une partie de la Sierra Leone aux Britanniques. Les premiers efforts pour renvoyer en Afrique des esclaves affranchis avaient déjà été entrepris dans les colonies d'Amérique, dans les années 1770. La capitale du Liberia prit le nom de Monrovia, en l'honneur du président des États-Unis, James Monroe.

1904 La Guinée fait partie de la fédération de l'Afrique-Occidentale française.

1958 La Guinée est la seule colonie française à voter « non » à la proposition du général de Gaulle d'intégrer la Communauté franco-africaine. Les Français se retirent immédiatement du pays ; la Guinée devient un État indépendant, avec Sékou Touré comme président.

1984 À la mort de Sékou Touré, l'armée organise un coup d'État et dissout l'Assemblée nationale.

1993 Le colonel Lansana Conté remporte une élection présidentielle contestée.

2000 Des attaques venues des pays frontaliers du Liberia et de la Sierra Leone mettent le pays au bord de la guerre civile.

2008 Après la mort de Conté, une junte militaire, menée par le capitaine Mossa Dadis Camara, prend le pouvoir.

« 182-183 Au sud du Sahara
« 280-281 La traite des Noirs

Liberia

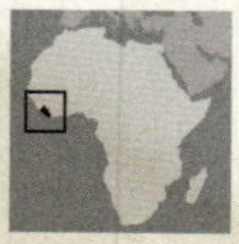

Un pays d'Afrique occidentale, bordé au sud par l'océan Atlantique, dont l'économie a été ruinée par la guerre civile.

1847 Fondation de l'État indépendant du Liberia.

1980 Samuel Kaneyou Doe prend le pouvoir par un coup d'État.

1990 Début de la guerre civile : la force de maintien de la paix, mise en place par la Communauté économique des États d'Afrique de l'Ouest et composée majoritairement de troupes nigérianes et ghanéennes, est envoyée au Liberia pour y rétablir l'ordre.

1997 Charles Taylor devient président.

2001 Les frontières avec la Guinée et la Sierra Leone sont fermées, en raison de l'intensification de la guerre civile.

2005 Ellen Johnson-Sirleaf est la première femme élue à la tête d'un État africain.

Sierra Leone

Un pays d'Afrique occidentale, d'une grande pauvreté, malgré ses ressources de diamants et d'or.

1896 Proclamation du protectorat britannique.

1961 La Sierra Leone devient indépendante du Royaume-Uni.

1991 Le soulèvement du Front révolutionnaire uni (RUF) engendre une guerre civile qui dure plus de dix ans.

2002 La paix est rétablie.

2007 Ernest Bai Korama est élu président de la République.

« 280-281 La traite des Noirs

Côte d'Ivoire

L'un des plus vastes États de la région, dont l'économie repose sur la diversification de ses productions agricoles.

1893 La Côte d'Ivoire devient une colonie française.

1960 Le pays accède à l'indépendance : Félix Houphouët-Boigny devient président. C'est un régime de parti unique.

1993 Mort d'Houphouët-Boigny. L'ancien président de l'Assemblée, Henri Konan Bédié, lui succède.

1999 À la suite d'une mutinerie, le général Robert Gueï accède au pouvoir.

2000 Laurent Gbagbo est élu président dans un climat instable de violences et de troubles militaires.

2002-2003 Une mutinerie militaire se transforme en une vaste rébellion armée, jusqu'à la conclusion d'un accord de paix, soutenu par la France, à Linas-Marcoussis. Pourtant, cet accord n'est pas suivi d'effet.

2007 Un nouvel accord est conclu à Ouagadougou, mais la stabilisation politique demeure incertaine.

« 182-183 Au sud du Sahara
« 280-281 La traite des Noirs

Ghana

Ce pays d'Afrique occidentale est situé au bord du golfe de Guinée et est membre du Commonwealth.

1482 Des navigateurs portugais construisent un fort sur le site de la future Elmina.

1874 Durant la première guerre anglo-achanti, les forces britanniques saccagent Kumasi, la capitale achanti, et créent la colonie de la Côte-de-l'Or. De nouvelles guerres opposent les Britanniques et les Achantis, en 1896 et en 1900.

1949 Kwame Nkrumah fonde le parti de la Convention du peuple (CPP). Il est Premier ministre de 1957 à 1960, puis président de la République jusqu'en 1966.

1960 Le pays accède à l'indépendance, sous le nom de Ghana.

1979 Le lieutenant d'aviation Jerry Rawlings réussit un coup d'État. Il remporte les élections multipartites de 1992 et 1996.

2000 Une formation d'opposition, le Nouveau Parti patriotique, dirigée par John Kufuor, gagne les élections législatives.

2009 John Evans Atta Mills devient président de la République.

Togo

Un des plus petits pays africains, à la forme allongée et étroite, entouré par le Ghana et le Bénin, ouvert sur le golfe de Guinée.

1884 Le Togo devient un protectorat allemand. Après la défaite allemande de 1918, son territoire est divisé entre la France et le Royaume-Uni.

1936 Le Togo français est intégré à l'Afrique-Équatoriale française.

1960 La partie française du Togo devient indépendante sous ce même nom, tandis que la partie britannique est rattachée au Ghana.

1967 Le colonel Gnassingbé Eyacéma prend le pouvoir à la suite d'un coup d'État et devient président de la République jusqu'en 2005.

2005 Faure Gnassingbé succède à son père.

Bénin

Un État frontalier du Togo et du Nigeria, de forme étirée, dont la majorité de la population vit dans les régions côtières.

1892 Le royaume du Dahomey devient un protectorat français.

1904 Le Dahomey est incorporé à l'Afrique-Occidentale française.

Kwame Nkrumah
Le Premier ministre du Ghana indépendant, Nkrumah, milita en faveur d'une décolonisation en douceur et de l'unité panafricaine, notamment lors de la conférence d'Addis-Abeba, qui élabora la charte de l'Organisation de l'unité africaine (OUA).

1960 Le pays devient pleinement indépendant.

1972 Le colonel Mathieu Kérékou s'empare du pouvoir et instaure un régime marxiste.

1975 Le Dahomey est rebaptisé République populaire du Bénin.

2006 Thomas Boni Yayi est élu président de la République.

« 280-281 La traite des Noirs

Nigeria

L'État le plus peuplé d'Afrique constituait autrefois le cœur de l'ancien royaume du Bénin, à l'ouest du delta du Niger.

1861 Les Britanniques annexent Lagos et entament la colonisation de sa région.

1900 Le nord du Nigeria devient un protectorat britannique.

1906 Lagos est incorporée dans le protectorat du Nigeria du Sud.

1914 Les protectorats du Sud et du Nord sont réunis pour former la colonie du Nigeria.

1960 Le Nigeria devient indépendant et forme un État fédéral. Le pays devient une république 3 ans plus tard.

Une beauté de bronze
Le royaume du Bénin, qui était situé dans la partie sud de l'actuel Nigeria, forma un État prospère du XIIIe au XVIIe siècle. Ses artisans utilisaient le procédé de la cire perdue pour couler des têtes en bronze, comme celle-ci.

1966 Premier coup d'État militaire.

1967-1970 Guerre civile : le lieutenant-colonel Ojukwu proclame la sécession de la région orientale du pays, riche en pétrole, sous son nouveau nom, la République du Biafra.
Ce conflit causa la mort de 2 millions de personnes, avant que les séparatistes ne soient finalement vaincus par l'armée fédérale.

1979 Les élections sont remportées par Alhaji Shehu Shagari et le Parti national du Nigeria (NPN) ; elles marquent le retour à un gouvernement civil.

1983 Coup d'État militaire. Le général Mohammed Buhari prend la tête d'une commission militaire suprême.

1993 Les élections sont annulées ; le général Babangida doit démissionner ; les militaires établissent un gouvernement intérimaire de transition. Après sa dissolution, le chef de l'armée nigériane, le général Sani Abacha, prend le pouvoir.

1998 À la mort du général Abacha, son successeur, Abdulsalam Abubakar, annonce un calendrier pour la restitution du pouvoir aux civils.

1999 Des élections ont lieu pour désigner les gouverneurs, les parlementaires et le président. Olusegun Obasanjo est élu à la tête de l'État.
Le Nigeria réintègre le Commonwealth ; les sanctions internationales sont levées.

2007 Umaru Musa Yar'Adua devient président du Nigeria.

« 280-281 La traite des Noirs
« 320-321 Le monde entier connu

Cameroun

Un pays d'Afrique centrale occidentale, membre du Commonwealth, qui abrite une grande variété d'ethnies.

1460 Des explorateurs portugais atteignent la côte du Cameroun.

1884 Le Cameroun devient un protectorat allemand.

1916 Au cours de la Première Guerre mondiale, la plus grande partie du Cameroun est placée sous mandat français, sa partie sud étant placée sous mandat britannique.

1960 Le Cameroun obtient son indépendance ; la partie nord du Cameroun britannique est rattachée au Nigeria en 1961.

1975 Paul Biya devient Premier ministre, puis président de la République à partir de 1982.

« 280-281 La traite des Noirs

Guinée équatoriale

Un État hispanophone d'Afrique centrale, qui abrite d'importantes ressources d'hydrocarbures.

1900 Le traité de Paris entérine la souveraineté des Espagnols sur le río Muni. Des concessions forestières et des plantations de palmiers à huile y sont créées.

1968 La Guinée équatoriale devient indépendante. Son 1er président est Francisco Macías Nguema, qui appartient au clan Esangui, l'un des 50 clans Fangs. Il tourne rapidement le dos à la démocratie et met en place un régime dictatorial et répressif.

1979 Teodoro Obiang Nguema Mbasogo prend le pouvoir au terme d'un putsch et devient président de la République.

« 182-183 Au sud du Sahara

Gabon

Un pays équatorial, qui abrite des réserves de bois, de manganèse, d'uranium et de pétrole.

1849 Libreville est fondée par des esclaves de l'ethnie vilie, libérés par les Français, établis dans la région depuis 1839.

1880 Le comte Savorgnan de Brazza signe un traité avec le Makoko, souverain, des Tékés.

1886 Brazza est nommé commissaire général du gouvernement dans le Congo français, auquel le Gabon est rattaché.

1910 Le Gabon devient une colonie au sein de l'Afrique-Équatoriale française.

1960 Le Gabon obtient son indépendance de la France. Léon M'ba devient président.

1967 Albert-Bernard Bongo accède à la présidence ; il prendra plus tard le nom d'Omar Bongo. Il demeure au pouvoir jusqu'à sa mort, en 2009.

1968 Instauration d'un régime à parti unique.

1990 Des élections multipartites sont organisées.

2009 Après la mort d'Omar Bongo, son fils Ali lui succède à la tête de l'État.

« 280-281 La traite des Noirs

République centrafricaine

Ce pays enclavé, dont l'agriculture est la principale ressource, a connu une Histoire mouvementée.

1889 Les Français fondent un poste militaire à Bangui.

1905 Le territoire de l'Oubangui-Chari est uni à celui du Tchad.

1950 Le premier représentant de la colonie de l'Oubangui-Chari à l'Assemblée nationale, Barthélemy Boganda, crée le Mouvement pour l'évolution sociale de l'Afrique noire (MESAN).

1958 L'Oubangui-Chari acquiert son autonomie. Boganda est élu président du gouvernement de la République centrafricaine.

1960 La République centrafricaine accède à l'indépendance. Boganda ayant trouvé la mort dans un accident d'avion, en 1959, David Dacko devient le premier président du pays.

1966 Jean Bédel Bokassa accède au pouvoir par un coup d'État militaire. En 1976, il se proclame empereur sous le nom de Bokassa Ier.

1979 Une opération militaire, organisée par la France, renverse Bokassa et réinstalle Dacko à la tête de l'État.

1981 Le général André Kolingba évince David Dacko.

1996 Un gouvernement d'unité nationale est formé à la suite de mutineries de l'armée ; de nouveaux coups d'État déstabilisent un peu plus le pays.

2003 Dans un climat de troubles et de tensions, François Bozizé s'autoproclame président de la République.

Congo

Un pays d'Afrique centrale, ouvert sur l'océan Atlantique, qui dispose d'importantes ressources pétrolières et forestières.

1400 Deux royaumes occupent l'actuel Congo : celui du Loango, au sud, et celui du Makoko, situé plus à l'intérieur des terres ; les forêts du nord du territoire abritent des pygmées Bingas.

1875 Exploration du territoire par Savorgnan de Brazza.

L'empereur Bokassa Ier
Jean Bédel Bokassa (1921-1996), qui gouverna le pays d'une main de fer à partir de 1966, s'autoproclama successivement président à vie, maréchal, puis empereur en 1976. Il fut renversé en 1979 et jugé pour les exactions qui avaient marqué son exercice du pouvoir.

1886 Les Français créent la colonie du Congo, sur la rive nord du lac Pool Malembo.

1910 Le Congo est intégré à l'Afrique-Équatoriale française (AEF).

1940 Le gouverneur français du Tchad, Félix Éboué, rallie l'ensemble de l'AEF aux Alliés et au général de Gaulle. Il est nommé gouverneur de l'AEF quelques mois plus tard.

1944 De Gaulle tient une conférence à Brazzaville pour réorganiser les colonies françaises d'Afrique, jetant les bases de l'Union française.

1959 L'abbé Fulbert Youlou devient président de la République du Congo.

1960 La République du Congo accède à l'indépendance.

1969 Le Congo devient une République populaire, avec un régime de parti unique.

1979-1992 L'ancien ministre de la Défense, Denis Sassou-Nguesso, est président de la République.

1997 À la suite d'affrontements et de violences armés, Sassou-Nguesso revient au pouvoir.

« 412-413 La fin de l'ère coloniale

République démocratique du Congo

Le troisième plus vaste pays du continent, dont l'économie a souffert de la situation politique.

1885 Les droits du roi Léopold II de Belgique sur son fief personnel du Congo sont reconnus à la conférence de Berlin.

1908 Léopold II cède à la Belgique l'État indépendant du Congo.

1960 La République du Congo accède à l'indépendance, avec Patrice Lumumba comme Premier ministre. Quand le Katanga fait sécession, la Belgique intervient militairement. Lumumba est arrêté en 1960, puis assassiné.

1965 Joseph Désiré Mobutu prend le pouvoir à la suite d'un coup d'État et instaure un pouvoir absolu. Sous le nom de Sese Seko Mobutu, il demeure à la tête du pays pendant plus de 30 ans

1971 Le pays est rebaptisé Zaïre.

1977-1978 Deux tentatives d'invasion, menées par d'anciens séparatistes katangais, sont repoussées.

1990 Mobutu annonce une transition vers un régime multipartite.

1996 Des forces armées, commandées par Laurent-Désiré Kabila, prennent possession du sud et de l'ouest du pays. Mobutu s'enfuit et meurt en exil. Le Zaïre prend le nom de République démocratique du Congo ; Kabila devient président et s'octroie la totalité du pouvoir.

2000 Une mission de maintien de la paix est décidée par l'ONU, qui veut instaurer un dialogue national. Son arrivée est freinée par Kabila, qui est assassiné en 2001.

2006 De sérieux troubles éclatent, quand l'opposition refuse de reconnaître la victoire du fils de Laurent Kabila, Joseph, à l'élection présidentielle. Les violences persistent dans l'est du pays.

« 412-413 La fin de l'ère coloniale

Un coup de force
En 1997, les forces de Laurent Kabila entrent dans Kinshasa, la capitale, et mettent fin au régime de Mobutu. Kabila ne tint toutefois pas ses promesses de réformes démocratiques et fut assassiné en 2001.

Érythrée

La plus jeune nation d'Afrique, qui n'accéda au statut de République indépendante qu'en 1993.

1936 L'Érythrée est intégrée au vaste empire colonial italien d'Afrique de l'Est, après que l'Italie eut réussi à conquérir l'Éthiopie et à la rattacher à ses possessions de Somalie.

1941 L'administration de l'Érythrée échoit au Royaume-Uni, après la défaite italienne en Afrique de l'Est.

1950 L'Assemblée générale des Nations unies confère à l'Érythrée le statut d'entité autonome, fédérée à l'Éthiopie.

1962 L'Érythrée est intégrée à l'Éthiopie.

1993 L'indépendance officielle de l'Érythrée est proclamée.

1998 Une guerre de frontières oppose l'Éthiopie et l'Érythrée, à propos d'un petit territoire entourant les villes de Badmé et de Sheraro.

2000 Le plan de paix, proposé par l'OUA, est signé par les deux belligérants.

2001 L'Éthiopie achève de retirer ses troupes d'Érythrée ; une zone tampon est créée pour séparer les deux armées.

2003 La commission frontalière accorde Badmé à l'Érythrée. L'Éthiopie refuse cette décision.

Djibouti

Un pays d'Afrique orientale, baigné par l'océan Indien, dont la capitale regroupe les quatre cinquièmes de la population.

1897 Après un traité d'amitié signé entre l'empereur Ménélik d'Éthiopie et la France, la colonie de Djibouti devient la Côte française des Somalis.

1977 Le territoire acquiert son indépendance, sous le nom de République de Djibouti.

1981-1992 Instauration d'un régime de parti unique.

1991-2001 Le Front révolutionnaire pour l'unité et la démocratie (FRUD), un groupe de guérilla afar, lance un mouvement de rébellion armée.

Éthiopie

Seul État d'Afrique à avoir évité la colonisation, l'Éthiopie fut le berceau d'une antique civilisation.

500 av. J.-C. Fondation du royaume d'Aksoum, à l'origine de l'Éthiopie.

1270 La dynastie des Zagoué est renversée par des princes originaires de la région de l'Amhara. Ils fondent la dynastie des Salomonides.

1855 Le chef amhara Kassa renverse l'empereur fantoche dans sa capitale de Gondar et se fait couronner sous le nom de Théodoros II. En 1868, il préfère se suicider plutôt que de se rendre à un corps expéditionnaire anglais.

1889 Ménélik II devient empereur et étend son empire vers l'est et le sud.

1913 Après la mort de Ménélik II, son petit-fils Lidj Yassou est déposé. Sa tante Zaouditou devient impératrice et le ras (ou prince) Tafari, le fils du ras Makonnen, devient régent.

1930 À la mort de Zaouditou, le ras Tafari Makonnen est couronné empereur sous le nom d'Hailé Sélassié Ier.

1936 L'Italie occupe l'Éthiopie, sans que cette invasion ne suscite de réaction de la SDN.

1941 Les troupes franco-britanniques chassent les Italiens et rétablissent Hailé Sélassié à la tête du pays. L'empereur promulgue une Constitution, crée un Parlement et un gouvernement, mais conserve ses prérogatives exécutives et maintient le système féodal.

1952 L'Érythrée est liée à l'Éthiopie dans le cadre d'une fédération. Elle est annexée en 1962.

1963 Création de l'Organisation de l'unité africaine (OUA), dont le siège est fixé à Addis-Abeba.

1971-1974 Une grande famine tue près de 200 000 personnes.

1977 Le colonel Mengistu Hailé Mariam prend le pouvoir et instaure une dictature, d'inspiration marxiste. L'invasion par la Somalie de l'Ogaden est repoussée avec l'aide de l'URSS et de Cuba.

EMPEREUR D'ÉTHIOPIE (1892-1975)

HAILÉ SÉLASSIÉ Ier

Hailé Sélassié fut proclamé négus (roi) en 1928, puis empereur d'Éthiopie de 1930 à 1974, fonction transmise, selon la tradition, aux descendants du roi Salomon et de la reine de Saba. Quand l'Italie envahit l'Éthiopie en 1935, il combattit à la tête de ses troupes, mais fut obligé de quitter le pays en 1936, après avoir vainement demandé à deux reprises à la Société des Nations d'intervenir contre l'Italie. Grâce à l'aide franco-britannique, il put regagner l'Éthiopie, en 1941, et retrouver son trône. Pendant les années 1960 et 1970, il mit son énergie au service du panafricanisme, par le biais notamment de l'OUA. En 1974, l'armée s'empara du pouvoir et le fit arrêter ; il fut tué en prison.

1984-1985 Près d'un million de personnes meurent en raison des famines provoquées par une terrible sécheresse et des années de conflits armés.

1988 Le Front populaire de libération de l'Érythrée (FPLE) et le Mouvement populaire de libération du Tigré (MPLT) – une province du nord-est du pays – reprennent leurs offensives armées.

1989 Échec d'un putsch militaire. Le MPLT contrôle presque tout le Tigré et forme une alliance avec le Front démocratique révolutionnaire du peuple éthiopien (FDRPE).

1991 Mengistu accepte sa défaite et prend la fuite. Le FDRPE s'empare d'Addis-Abeba, met en place un gouvernement provisoire, qui promet une représentation au plan national de toutes les ethnies du pays. Les combats se poursuivent.

1993 L'Érythrée obtient son indépendance.

1995 Une nouvelle Fédération, comprenant 9 régions, est créée.

1998-2000 Les tensions avec l'Érythrée s'intensifient jusqu'à provoquer une guerre pour le contrôle d'un territoire frontalier.

« 182-183 Au sud du Sahara

Somalie

Un pays situé dans la corne de l'Afrique, ouvert sur le golfe d'Aden et l'océan Indien.

1884-1889 Les territoires des Somalis deviennent des colonies italienne et britannique.

1960 Les deux territoires somaliens fusionnent à la proclamation de leur indépendance.

1964-1987 Un conflit oppose la République de Somalie à l'Éthiopie, à propos de la région de l'Ogaden.

1991 La guerre civile et les affrontements entre clans, ainsi qu'une grave sécheresse provoquent une importante famine. Au nord, le Somaliland (l'ancienne Somalie britannique) fait sécession.

1993 Sous l'égide de l'ONU, les États-Unis conduisent l'opération Restore Hope, qui se solde par un échec.

1995 Les troupes de l'ONU se retirent du pays.

2000 Malgré la tenue d'une conférence pour la paix, le pays demeure divisé.

Kenya

Ce pays tire son nom de son plus haut sommet. Le tourisme est une activité économique très développée.

1502-1509 Les Portugais s'emparent des ports, créés par les peuples swahilis.

1920 Le Kenya devient une colonie britannique.

1944 Création de l'Union africaine du Kenya ; Jomo Kenyatta en devient le président à partir de 1947.

1952-1956 Le mouvement Mau-Mau mène, au nom du peuple kikuyu, une lutte farouche pour la restitution des terres aux Africains.

1963 Proclamation de l'indépendance. L'année suivante, la République du Kenya est créée, avec Kenyatta comme président et Odinga comme vice-président.

1978 Kenyatta meurt ; Daniel Arap Moi, alors vice-président, lui succède.

1991 Les chefs du Forum pour la restauration de la démocratie (FORD) sont arrêtés ; le gouvernement tente de mettre fin aux manifestations réclamant plus de démocratie.

1997 Moi est élu pour un nouveau mandat, à l'issue d'un scrutin très contesté.

2002 Mwai Kibaki devient président.

Ouganda

Un pays situé sur les hauts plateaux d'Afrique de l'Est, au cœur de la région des Grands Lacs.

1994 Un protectorat britannique est instauré sur le royaume du Buganda.

1962 L'Ouganda accède à l'indépendance. Le Kabaka (roi) du Buganda, Mutesa II, en devient le président et Milton Obote, le Premier ministre. Le Buganda se voit accorder une large autonomie au sein du nouvel État.

1966 Une nouvelle Constitution met fin à l'autonomie du Buganda. En 1967, le territoire est divisé en 4 provinces et les différents royaumes ougandais sont abolis ; le Kabaka doit s'exiler.

1971 Un coup d'État militaire porte le général Idi Amin Dada au pouvoir. En 1978, il lance son armée à la conquête d'un territoire frontalier tanzanien ; en 1979, les troupes tanzaniennes contre-attaquent et mettent fin au règne sanglant du dictateur.

1980-1985 Milton Obote revient au pouvoir.

1986 Un nouveau coup d'État établit Yoweri Museveni à la tête d'un régime « sans partis ». Il tente de mener une politique de réconciliation nationale.

2005 Retour au multipartisme.

« 412-413 La fin de l'ère coloniale

Tanzanie

Un pays, membre du Commonwealth, constitué d'une partie continentale et d'une partie insulaire.

1500-1509 Les Portugais s'emparent des ports, créés par les populations swahilies.

Vers 1650 Des Arabes, venus d'Oman, s'emparent de Zanzibar ; la ville du même nom devient la capitale de leur empire maritime en 1840.

1885 Le Tanganyika devient une colonie allemande et Zanzibar un protectorat britannique, en 1890.

1919 Après la défaite allemande, le Tanganyika reçoit le statut de territoire britannique, sous mandat de la SDN.

1961 Le Tanganyika accède à l'indépendance, suivi par Zanzibar 2 ans plus tard.

1962 Julius Nyerere devient président et met en œuvre une politique d'orientation socialiste.

1964 Une sanglante révolte met fin au sultanat de Zanzibar ; la République de Zanzibar et le Tanganyika fusionnent, quelques mois plus tard, pour donner naissance à la Tanzanie.

Rwanda

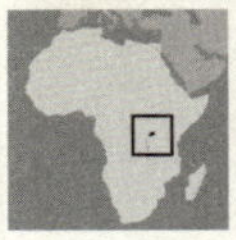

Un pays de la région des Grands Lacs, meurtri par le génocide de 1994.

XIXe siècle Colonisation allemande du territoire, où vit une population d'agriculteurs, les Hutus, et des Tutsis, éleveurs de bétail.

1897 Le royaume du Rwanda est incorporé dans l'Afrique orientale allemande.

1922 Après la défaite allemande de 1918, la Belgique est chargée d'exercer le mandat de la SDN sur le Rwanda.

1962 Le pays accède à l'indépendance.

1994 Le président hutu Juvénal Habyarimana meurt dans un attentat visant son avion. Les extrémistes hutus déclenchent contre les Tutsis et les Hutus modérés une violence génocidaire, qui provoque entre 800 000 et 1 million de victimes.

2000 Paul Kagamé est élu président et tente de reconstruire l'unité nationale.

La révolte des Mau-Mau
Parades de nouvelles recrues mau-mau. Même si l'insurrection ne fut pas une réussite au plan militaire, elle convainquit les Britanniques que l'indépendance du Kenya était inévitable.

La crise rwandaise
En l'espace de 100 jours, en 1994, entre 800 000 et 1 million de Tutsis et de Hutus modérés furent massacrés par des milices hutues. Ces dernières s'enfuirent ensuite au Zaïre voisin, emmenant avec elles quelque 2 millions de réfugiés hutus.

Burundi

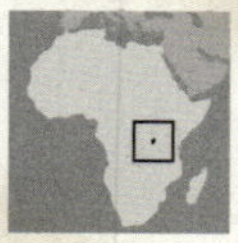

Un petit État d'Afrique centrale, près du lac Tanganyika.

1897 Le royaume du Burundi est rattaché à l'Afrique orientale allemande.

1922 Après la défaite allemande, la Belgique exerce le mandat de la SDN sur le Burundi. Il est rattaché au Rwanda pour former le Ruanda-Urundi.

1959 Après la séparation avec le Rwanda, le Burundi accède à l'indépendance, en 1962.

2000 L'accord de paix d'Arusha, prévoyant le partage du pouvoir entre Hutus et Tutsis, est accepté par les deux parties.

Angola

Une ancienne colonie portugaise d'Afrique australe, dont l'économie a été ruinée par une longue guerre civile.

1482 Des navigateurs portugais, conduits par Diego Cao, atteignent l'actuel Angola et érigent des forts le long de la côte.

1891 Les frontières de l'Angola sont fixées au congrès de Berlin (1884-1885), qui partage l'Afrique entre les puissances européennes.

1956 Le Mouvement populaire de libération de l'Angola (MPLA) est créé afin de mettre fin à la domination coloniale. Dirigé par Agostinho Neto, il est par la suite soutenu par les pays du bloc soviétique.

1961 Des insurrections anticoloniales éclatent à Luanda et dans le nord de l'Angola. Elles suscitent une répression brutale et le déclenchement, par le MPLA, d'une lutte armée dans les campagnes.

1962 Le Front national pour la libération de l'Angola (FNLA), dirigé par Holden Roberto et basé dans le nord du pays, se lance dans la rébellion armée. Il va s'appuyer sur l'aide des États-Unis et du Zaïre.

1966 Création de l'Union nationale pour l'indépendance totale de l'Angola (UNITA), dirigée par Jonas Savimbi. Elle reçoit une aide importante des États-Unis et de l'Afrique du Sud.

1975 L'Angola accède à l'indépendance et un gouvernement de transition est formé, réunissant les trois mouvements nationalistes. Cette alliance se brise, entraînant un conflit entre le MPLA, le FNLA et l'UNITA.

1975 Le MPLA proclame la République populaire de l'Angola, avec Neto comme président. Ses forces l'emportent sur celles du FNLA dans le nord du pays et arrêtent, avec l'aide de troupes cubaines, les Sud-Africains venus aider l'UNITA, à quelque 300 km de Luanda.

1991 Un accord de paix est signé, à Lisbonne, sous l'égide de l'ONU, mais la victoire du MPLA aux élections provoque la reprise des combats par l'UNITA, l'année suivante.

1994 Un accord de paix est signé à Lusaka.

1998 Reprise de la guerre civile.

2000 Les combats s'étendent, à mesure que l'UNITA intensifie son activité de guérilla.

2002 Le cessez-le-feu, qui intervient entre le gouvernement et les rebelles de l'UNITA, apporte la paix.

La guerre civile angolaise
Un soldat de l'armée gouvernementale pose avec son lance-grenade, à Menogue, en 1993.

REINE NDONGO (V. 1583-1663)

NJINGA MBANDÉ

Les tentatives effectuées par les Portugais pour coloniser l'intérieur de l'Angola les amenèrent à entrer en conflit avec le royaume Ndongo, farouchement attaché à son indépendance. Après une période de paix précaire, la guerre éclata en 1617. Un accord de paix fut conclu en 1621, quand le roi Ngola Mbandé envoya sa sœur Njinga négocier avec les Portugais. À la mort du roi (1624), Njinga devint reine. Elle poursuivit la lutte contre les Portugais, mais ces derniers finirent par envahir son royaume, en 1629. Elle s'enfuit alors dans le royaume voisin du Mtamba, captura la reine Mwongo et s'empara du pouvoir. Son règne dura jusqu'à sa mort, en 1663, et elle réussit à préserver l'indépendance de son nouveau pays.

Zambie

Un pays enclavé d'Afrique australe, dont l'économie reste basée sur l'exploitation du cuivre.

1911 Le territoire de l'actuelle Zambie devient la colonie de Rhodésie du Nord.

1953-1956 La Rhodésie du Nord est intégrée à la Fédération de Rhodésie et du Nyassaland.

1964 Le pays accède à l'indépendance sous le nom de Zambie; Kenneth Kaunda du Parti unifié pour l'indépendance nationale (UNIP) est élu à la présidence.

1991 Le multipartisme est rétabli.

2008 Rupiah Banda remporte l'élection présidentielle.

Malawi

Un pays enclavé, de forme étroite, qui s'étire le long du lac Malawi, le troisième plus grand lac d'Afrique.

1891 Le territoire devient la colonie britannique de la British Central Africa, qui devient Nyassaland en 1907.

1953-1956 Le Nyassaland est incorporé à la Fédération de Rhodésie et du Nyassaland.

1964 Le Malawi devient indépendant; Dr. Hastings Banda est élu président. Deux ans plus tard, un régime de parti unique est mis en place.

1993 La population se prononce par référendum en faveur d'un système multipartite.

2004 Bingu wa Mutharika remporte l'élection présidentielle.

2009 Mutharika est réélu.

« 182-183 Au sud du Sahara

Mozambique

Cette ancienne colonie portugaise d'Afrique australe a conservé le portugais comme langue officielle.

1498 Le passage de Vasco de Gama, dans l'île de Mozambique, est suivi presque un demi-siècle plus tard par la création du premier comptoir portugais à Quelimane.

1951 Le Mozambique devient une province portugaise d'outre-mer.

1962 Naissance du Front de libération du Mozambique (FRELIMO), qui entame une lutte armée contre le pouvoir colonial.

1975 À la suite de la révolution portugaise de 1974, le Mozambique obtient son indépendance; le chef du FRELIMO, Samora Moises Machel, devient président.

1976 En Rhodésie du Sud, création du Mouvement de résistance nationale du Mozambique (RENAMO), destiné à déstabiliser le gouvernement de Machel. Ce dernier apporte pour sa part son aide au ZANU et au ZAPU, deux mouvements qui luttent contre le pouvoir blanc en Rhodésie.

1977 Le FRELIMO adopte une ligne dure, de type marxiste.

1984 Signature de l'accord de Nkomati : l'Afrique du Sud s'engage à cesser son aide financière au RENAMO, à condition que le Mozambique arrête de soutenir l'ANC ; les combats continuent malgré tout.

1986 Le RENAMO déclare la guerre au Zimbabwe, le nom donné à la Rhodésie indépendante, allié du Mozambique ; des troupes tanzaniennes viennent renforcer celles du FRELIMO.

1989 Le bilan de la guerre et de la malnutrition se monte à un million de morts. Le FRELIMO renonce au marxisme-léninisme et fait adopter une nouvelle Constitution, instituant le multipartisme et l'économie de marché.

1994 Des élections démocratiques renvoient le FRELIMO au pouvoir. D'importantes réformes sont engagées pour moderniser l'économie.

1995 Le Mozambique devient le seul pays n'ayant pas appartenu à l'empire colonial britannique à rejoindre le Commonwealth.

2000-2001 Des inondations dévastatrices provoquent le déplacement de dizaines de milliers de personnes et nuisent gravement à l'économie. Le pays subit une importante sécheresse en 2002.

2004 Armando Guebeza remporte l'élection présidentielle pour le FRELIMO.

Legs portugais
L'élégante cathédrale de Quelimane est un vestige de la colonisation portugaise. Le portugais est la langue officielle du Mozambique, le dialecte local le plus répandu étant le *chuabo.*

Madagascar

Cet État insulaire d'Afrique australe, dans l'océan Indien, obtint son indépendance de la France en 1960.

1883-1885 La première guerre franco-malgache aboutit à l'établissement d'un protectorat français sur le royaume de Madagascar.

1896 Madagascar devient une colonie française.

1898-1906 Une révolte contre la domination française est brutalement réprimée.

1960 L'île de Madagascar devient indépendante.

2002 Le pays est divisé après que le chef de l'opposition, Marc Ravalomanana, eut revendiqué la victoire à l'élection présidentielle de 2001. Après l'échec d'une médiation de l'Organisation de l'unité africaine, il se proclame président. Le président sortant, Didier Ratsiraka, contre-attaque en formant un gouvernement concurrent dans la ville portuaire de Tamatave. Alors que les deux camps s'affrontent militairement, la Haute Cour constitutionnelle statue en faveur de Ravalomanana ; son adversaire est alors contraint à l'exil.

2006 Le président Ravalomanana est réélu.

2009 Une nouvelle crise éclate lorsque le jeune maire d'Antananarivo, Andry Rajoelina, s'empare du pouvoir et prend la tête d'une Haute Autorité de transition.

Namibie

Une ancienne colonie allemande, administrée par l'Afrique du Sud jusqu'à ce qu'elle obtienne son indépendance en 1990.

1890 Un accord anglo-germanique reconnaît la souveraineté allemande sur le Sud-Ouest africain et l'annexion de Walvis Bay (1886) par la colonie du Cap.

1920 La SDN confie par mandat à l'Union sud-africaine l'administration de l'ancienne colonie allemande comme « une partie intégrante de l'Afrique du Sud ».

1946 L'ONU rejette la demande sud-africaine d'incorporer le Sud-Ouest africain à son propre territoire ; l'Union sud-africaine refuse le régime de tutelle, recommandé par l'organisation internationale.

1960 Sam Nujoma fonde la SWAPO, South West African People's Organisation, un mouvement de libération nationale. Ce mouvement cherche à mobiliser tous les habitants de la Namibie contre la domination de l'Union sud-africaine. À partir de 1963, ses réunions sont interdites, bien qu'il demeure légal.

1966 Les lois d'apartheid sont imposées à la population ; la SWAPO se lance dans la lutte armée.

1968 Le pays est rebaptisé Namibie par l'Assemblée générale de l'ONU.

1990 Après des années de pression internationale et de combats, la Namibie obtient son indépendance de l'Afrique du Sud. Sam Nujoma est élu président.

« 182-183 Au sud du Sahara

Botswana

Un pays aride et enclavé, qui possède des mines de diamants et de minerais, mais dont l'économie est affaiblie par le fort taux de sida affectant sa population.

1885 Le Royaume-Uni crée le protectorat du Bechuanaland, à la demande des populations locales qui souhaitent devancer son annexion par l'Union sud-africaine.

1948 Une incorporation à l'Union sud-africaine est exclue quand le Parti national afrikaner arrive au pouvoir. L'économie reste dominée par l'Union sud-africaine, qui puise dans ce territoire la main-d'œuvre dont elle a besoin pour son agriculture et son secteur minier.

1966 Le territoire acquiert son indépendance sous le nom de Botswana.

Zimbabwe

Ce pays enclavé d'Afrique australe, dirigé par le même chef d'État depuis 1987, traverse une grave crise économique.

1890 La Compagnie britannique d'Afrique du Sud de Cecil Rhodes, le Premier ministre de la colonie du Cap, fonde Fort Salisbury, à une époque où les pionniers commencent à coloniser le pays.

1911 Le territoire de la Rhodésie est divisé en une partie nord et en une partie sud.

1923 Après que ses colons se furent prononcés, par référendum, contre le rattachement de la Rhodésie du Sud à l'Union sud-africaine, ce territoire devient une colonie autonome de la couronne britannique.

1953 La Rhodésie du Sud rejoint la Rhodésie du Nord (l'actuelle Zambie) et le Nyassaland (l'actuel Malawi) au sein de la Fédération de Rhodésie et du Nyassaland.

1961 Joshua Nkomo crée l'Union du peuple africain du Zimbabwe (ZAPU).

1962 La ZAPU est interdite. Le Front rhodésien, un parti ségrégationniste, remporte les élections.

1963 Les nationalistes africains de Rhodésie du Nord et du Nyassaland demandent la dissolution de la Fédération, qui est effective en décembre. Le pasteur Ndabaningi Sithole et Robert Mugabe créent l'Union nationale africaine du Zimbabwe (ZANU).

1964 Le nouveau Premier ministre Ian Smith, du Front rhodésien, rejette les demandes de Londres d'instaurer un scrutin majoritaire égalitaire.

1965 Le Front rhodésien triomphe aux élections ; Ian Smith déclare unilatéralement l'indépendance de la Rhodésie. Le Royaume-Uni riposte en instaurant des sanctions économiques. La ZANU et la ZAPU entament une lutte armée.

1976 La ZANU et la ZAPU s'unissent pour former le Front patriotique (FP).

1980 La Rhodésie accède à l'indépendance sous le nom de Zimbabwe. À l'issue d'une campagne électorale violente, Robert Mugabe devient Premier ministre.

1985 Les élections redonnent l'avantage à la ZANU-FP, qui souhaite créer un régime de parti unique ; de nombreux membres de la ZAPU-FP sont arrêtés.

1987 La ZAPU est interdite. Le quota de sièges réservés aux Blancs au Parlement est supprimé. La ZANU-FP et la ZAPU-FP fusionnent. Mugabe est réélu président et demeure à la tête du pays.

1998 Une vague de grèves et de manifestations, dirigées contre le régime autoritaire de Robert Mugabe, gagne l'ensemble du pays. Une formation d'opposition, le Mouvement pour le changement démocratique (MDC), est créée l'année suivante.

« 182-183 Au sud du Sahara
« 320-321 Le monde entier connu

Le Grand Zimbabwe
Des ruines de la cité antique du Grand Zimbabwe s'élèvent sur le site du berceau du futur Zimbabwe. La ville se trouvait autrefois au centre du vaste empire du Monomopata (vers 1450-1629), qui comprenait les actuels Zimbabwe et Mozambique.

Un badge de la ZANU-PF
Robert Mugabe a entrepris un programme de réforme agraire, prônant la redistribution des terres. Mais cette mesure a été appliquée dans un climat de violences et les critiques soulignent que ce sont les partisans de Mugabe qui en ont été les principaux bénéficiaires.

Afrique du Sud

Depuis 1991, une nation d'une grande diversité a succédé au pays de l'apartheid.

1652 La Compagnie hollandaise des Indes orientales crée une station de ravitaillement sur les rivages de la baie de la Table, créant ainsi la première colonie européenne du pays, à l'origine de la ville du Cap.

1795 Les Britanniques s'emparent une première fois du Cap ; après une autre période de souveraineté néerlandaise (1803-1806), le Royaume-Uni entre officiellement en possession de la colonie en 1814.

1835 Les colons néerlandais, les Boers, en quête de nouvelles terres, mis en échec par la résistance des Xhosas et n'acceptant pas la domination britannique, entament leur Grand Trek vers le nord. En dépit de sanglantes batailles livrées contre les Zoulous et d'autres peuples, ils étendent l'occupation blanche aux territoires des actuelles provinces du Transvaal, du Natal et de l'État libre d'Orange.

1852 Le Transvaal et, en 1854, l'État libre d'Orange deviennent indépendants. Le Natal, qui a le statut de colonie depuis 1843, reste sous administration britannique, et voit le nombre de ses colons augmenter rapidement.

1880-1881 Pendant la première guerre des Boers, les colons d'origine néerlandaise se révoltent et battent les troupes britanniques à Majuba Hill, en 1881, regagnant ainsi leur indépendance. Les Britanniques combattent également les Zoulous, qu'ils finissent par vaincre, après avoir subi une lourde défaite à Isandlwana, en 1879.

1896 Le raid de Jameson se solde par un fiasco, après la capture par les Boers d'une colonne de cavalerie de la Compagnie britannique d'Afrique du Sud. La révolte du Transvaal, que Cecil Rhodes avait voulue ainsi soutenir, ne se concrétise pas quand les mineurs européens – la plupart d'origine britannique – refusent de se soulever, en dépit des efforts de Rhodes pour stimuler le sentiment antiboer.

1899-1902 La deuxième guerre des Boers est déclenchée par le président du Transvaal, Paul Kruger, quand ses forces attaquent le Natal et la colonie du Cap. La capitale des Boers, Pretoria, est prise en 1900 et la résistance des Boers est finalement brisée. Les États boers sont supprimés.

1902 Le traité de Vereeniging réintègre le Transvaal et l'État libre d'Orange dans l'Empire britannique.

1910 L'Union sud-africaine est créée ; le monopole du pouvoir blanc est officialisé.

1912 Création du Congrès national africain (ANC).

1948 Le Parti nationaliste unifié de Daniel François Malan accède au pouvoir ; la politique ségrégationniste de l'apartheid est mise en œuvre.

1958-1966 Henrik Frensch Verwoerd gouverne en tant que Premier ministre. La politique « du grand apartheid », le développement séparé, s'intensifie.

1960 Lors du massacre de Sharpeville, la police tire sur des manifestants qui protestent contre les lois rendant obligatoire le port d'un passeport intérieur pour les Noirs.

1961 L'Union sud-africaine devient la République d'Afrique du Sud et quitte le Commonwealth.

1964 Le président de l'ANC, Nelson Mandela, et plusieurs de ses dirigeants sont condamnés à la prison à vie.

1976 Les émeutes de Soweto, qui rassemblent des étudiants et des lycéens noirs, font des centaines de victimes.

Les Boers
Descendants de colons néerlandais, les Boers étaient des paysans, des pionniers blancs qui restèrent indépendants jusqu'à leur défaite par les Britanniques, en 1902.

1978 Pieter Wilhelm Botha devient Premier ministre, puis président de la République en 1984.

1984 Une nouvelle Constitution octroie une certaine représentation parlementaire aux Africains et aux personnes d'origine indienne. Mais la contestation se radicalise et la violence se répand dans les townships.

1985 L'état d'urgence est instauré.

1989 Frederik De Klerk succède à Botha à la présidence.

1990 Après 27 ans de captivité, Nelson Mandela est libéré.

1991 Début des travaux de la Convention pour une Afrique du Sud démocratique (CODESA).

1993 Mandela et De Klerk reçoivent le prix Nobel de la paix, alors que les lois d'apartheid sont progressivement démantelées.

1994 Les élections multiraciales sont remportées par l'ANC ; Mandela est élu président.

1995 Mise en place de la commission Vérité et Réconciliation, qui recense les violations des droits de l'Homme à l'époque de l'apartheid.

1996 Entrée en vigueur d'une nouvelle Constitution.

1999 L'ANC remporte les élections ; Thabo Mbeki succède à Nelson Mandela.

2009 Nouvelle victoire de l'ANC aux élections générales. Jacob Zuma est élu président de la République.

« 434-435 Les droits civiques
« 454-455 L'apartheid et après

MOMENT CLÉ

L'ARRIVÉE DES NÉERLANDAIS, 1652

L'arrivée de Jan Van Riebeeck et de ses bateaux sur les rivages de la baie de la Table, le 6 avril 1652, eut une énorme incidence sur le destin de l'Afrique du Sud. Ces colons créèrent tout d'abord une station de ravitaillement, destinée aux navires de la Compagnie néerlandaise des Indes orientales, puis ils s'aventurèrent à l'intérieur des terres pour exploiter de riches pâturages. À la fin du XVIIIe siècle, la colonie du Cap abritait la plus importante concentration d'Européens de toute l'Afrique. Mais l'arrivée des Britanniques, en 1795, changea le destin des colons néerlandais

Swaziland

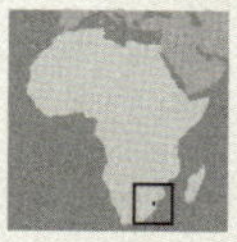

Un royaume enclavé d'Afrique australe, bordé au sud, au nord et à l'ouest par l'Afrique du Sud, et à l'est par le Mozambique.

1902 Après la guerre des Boers, le royaume devient un protectorat britannique.

1968 Le Swaziland accède à l'indépendance.

1978 Une nouvelle Constitution confirme le contrôle royal sur les pouvoirs exécutif et législatif.

1986 Le prince héritier Makhosetive devient roi sous le nom de Mswati III.

Lesotho

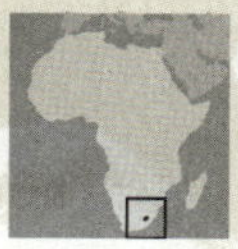

Un royaume montagneux, totalement enclavé dans l'Afrique du Sud.

1868 Le pays devient un protectorat britannique, sous le nom de Basutoland. Placé sous l'administration de la colonie du Cap de 1871 à 1883, il passe ensuite sous le contrôle direct du Royaume-Uni, ses dirigeants traditionnels refusant son intégration à l'Union sud-africaine.

1884 Le Basutoland devient une colonie de la Couronne britannique.

1966 Le pays accède à l'indépendance, sous le nom de royaume du Lesotho.

1996 Avènement du roi Letsie III.

Asie

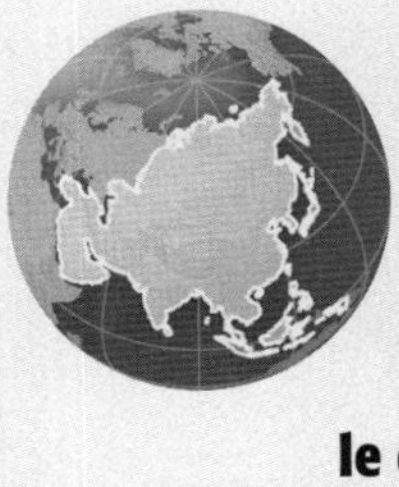

L'Asie, le plus vaste des continents et le plus peuplé, s'étend de l'Arctique à l'équateur et de la Méditerranée au Pacifique. Il abrite le sommet le plus élevé de la planète, l'Everest. Constitué d'une mosaïque de peuples, le continent a été le berceau de grandes religions telles que l'islam et le bouddhisme.

Turquie

Cette république séculaire, pont entre l'Europe et l'Asie, émergea des cendres de l'Empire ottoman.

667 av. J.-C. Fondation de la ville de Byzance par des colons grecs de Mégare.

330 apr. J.-C. Sous l'empereur Constantin Ier, Byzance devient la nouvelle Rome, capitale de l'Empire romain d'Orient, et prend le nom de Constantinople.

1453 Prise de Constantinople par les Turcs ottomans, qui en font la capitale de leur empire sous le nom d'Istanbul.

Années 1500 L'Empire ottoman atteint son apogée sous le sultanat de Soliman Ier; sa souveraineté s'étend sur la majeure partie de l'Europe du Sud-Est, le Moyen-Orient et l'Afrique du Nord.

1832 La Grèce acquiert son indépendance par le traité de Constantinople.

1853-1856 Victoire des Ottomans, avec l'aide des puissances étrangères, dans la guerre de Crimée contre la Russie.

1911 Les Ottomans, vaincus par l'Italie, doivent évacuer la Libye. L'Albanie déclare son indépendance.

1914 L'Empire ottoman entre dans la Première Guerre mondiale aux côtés des puissances d'Europe centrale, la Triple-Alliance (ou Triplice).

1915 Génocide arménien : environ 800 000 Arméniens sont massacrés par les Turcs.

1920 Après sa défaite dans la Première Guerre mondiale, l'Empire ottoman est démantelé. La Turquie doit signer le traité de Sèvres, qui prévoit la création d'un État arménien et d'un État kurde et le paiement de dommages de guerre. Début d'une guerre d'indépendance.

1923 Le sultan Mehmed VI est destitué ; la Turquie est proclamée république avec pour président Mustafa Kemal Atatürk et pour nouvelle capitale Ankara. Le traité de Lausanne met fin à la guerre d'indépendance avec les Alliés de la Triple-Entente.

1938 Mort du président Mustafa Kemal ; Ismet Inönü lui succède.

1945 La Turquie entre à l'ONU.

1952 Le pays rejoint l'OTAN.

1960 Coup d'État militaire contre le parti démocratique au pouvoir; l'Assemblée nationale est dissoute.

1961 Retour à un gouvernement civil avec une nouvelle Constitution.

1963 Conclusion d'un partenariat avec la Communauté économique européenne (CEE).

1974 L'armée turque occupe le nord de Chypre, suite aux conflits qui opposent les communautés grecques et turques sur l'île.

1980 Nouveau coup d'État ; la loi martiale est décrétée.

1982 Approbation par référendum d'une nouvelle Constitution.

1983 Les élections générales sont remportées par le parti de Turgut Özal, l'ANAP, ou parti de la Mère Patrie.

1984 La Turquie reconnaît la République turque de Chypre au nord de l'île. Le PKK, le parti des Travailleurs du Kurdistan, parti séparatiste kurde, entame une guérilla dans le Sud-Est.

1987 La Turquie demande à entrer dans la CEE.

> «Cette nation n'a jamais vécu sans son indépendance. Elle **ne veut** ni **ne peut** vivre sans elle.»
>
> MUSTAFA KEMAL ATATÜRK

1992 La Turquie rejoint l'Alliance des pays de la mer Noire.

1995 Offensive majeure contre la guérilla kurde dans le Sud-Est.

1999 Le tremblement de terre d'Izmit fait 17 000 victimes.

2002 Victoire du parti de la Justice et du Développement (AKP) aux élections. Abdullah Gül devient Premier ministre, puis président de la République, en 2007.

« 78-79 La fin de l'âge du bronze
« 98-99 Les Grecs en Asie
« 198-199 L'Empire byzantin
« 246-247 L'Empire ottoman

HOMME D'ÉTAT TURC (1881-1938)

MUSTAFA KEMAL ATATÜRK

Père de la Turquie moderne, Mustafa Kemal fit naître un État séculaire des cendres de l'Empire ottoman, en s'opposant aux dures conditions imposées à son pays par les Alliés, au sortir de la Première Guerre mondiale et en renversant le sultan.

En tant que président, Kemal établit un système juridique moderne et instaura une politique de laïcité, en mettant fin au statut de l'islam comme religion d'État. Dans un souci d'occidentalisation, Mustafa Kemal mit en vigueur l'usage des patronymes et en 1934, il prit le nom d'Atatürk, qui signifie «père des Turcs». Il est devenu le symbole de la fierté nationale.

Géorgie

Ce petit État du Caucase sur les bords de la mer Noire, ex-membre de l'Union soviétique, est indépendant depuis 1991.

1014 Le roi Bagrat III meurt après avoir réunifié les régions orientales et occidentales de la Géorgie. Le pays connaît son âge d'or sous le règne de la reine Thamar (1184-1213).

1453 La chute de l'Empire byzantin a pour effet d'isoler la Géorgie du christianisme occidental. Suite aux invasions musulmanes, le pays se retrouve scindé.

1783 La Russie garantit à la Géorgie son indépendance, mais en 1795, les Perses envahissent le pays.

1801 Annexion par la Russie des provinces de Karthli et de Kakhétie, alors sous domination perse.

1826-1828 La Géorgie est une nouvelle fois l'enjeu d'une guerre entre la Russie et la Perse, dont les Russes sortent vainqueurs.

1918 La Géorgie proclame son indépendance, sous l'autorité des mencheviques; elle est partiellement occupée quelque temps par les forces britanniques.

1921 L'Armée rouge, sur l'ordre de Joseph Staline, envahit la Géorgie.

1922-1936 La Géorgie est intégrée à la République socialiste fédérative soviétique de Transcaucasie.

1989 Les troupes soviétiques interviennent pour réprimer les manifestations indépendantistes de Tbilissi.

1990 La Géorgie déclare sa souveraineté et se sépare de l'Union soviétique.

1991 Déclaration de l'indépendance géorgienne et élection de Zviad Gamsakhourdia à la présidence.

1992-1993 Des émeutes opposent les troupes gouvernementales aux séparatistes en Abkhasie.

1994 Accord de cessez-le-feu entre le gouvernement et les séparatistes d'Abkhasie.

1995 Edouard Chevardnadze est élu président; il est réélu en 2000.

2003 Au cours de la révolution pacifique dite «des roses», Chevardnadze, accusé de corruption, est démis de ses fonctions.

2004 De nouvelles élections portent Mikhaïl Saakachvili à la présidence.

2008 Des affrontements opposent le pays à la région d'Ossétie du Sud.

Edouard Chevardnadze
Dernier ministre des Affaires étrangères de l'Union soviétique, Chevardnadze devint président de la Géorgie indépendante entre 1995 et 2003. Après avoir mené un rapprochement vers l'Occident, il fut contraint de se retirer face à l'opposition du peuple, lors de la « révolution des roses ».

et à la république d'Abkhasie, qui réclament leur indépendance.

« 90-91 Des bornes à la puissance

Arménie

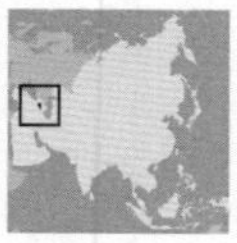

Ancienne république de l'Union soviétique, l'Arménie est une des plus anciennes civilisations au monde.

1639 Partition de l'Arménie : la partie occidentale est rattachée à la Turquie, tandis que la partie orientale est intégrée à l'Empire perse.

1828 À l'issue de la guerre entre la Russie et la Perse, l'Arménie orientale rejoint l'empire de Russie.

1877-1878 Massacres d'Arméniens au cours de la guerre entre les Russes et les Turcs.

1894-1896 Quelque 200 000 personnes, en Arménie turque, sont victimes d'un nouveau massacre perpétré par les Turcs.

1915 Près de 1 750 000 Arméniens turcs sont contraints à l'exil par les Ottomans et 1 500 000 sont tués.

1916 L'Arménie est conquise par la Russie tsariste.

1918 L'Arménie devient une république indépendante.

1920 Le pays est occupé par les Turcs et les Russes.

1922 L'Arménie devient une république soviétique.

Années 1980 Encouragées par la politique soviétique de la *glasnost* (« transparence »), des manifestations se succèdent à Erevan.

1988 Un tremblement de terre au nord de l'Arménie fait entre 25 000 et 30 000 victimes et des centaines de milliers de sans-abri. La population arménienne du Haut-Karabakh vote la sécession avec l'Azerbaïdjan, ce qui conduit à un conflit civil.

1990 Les élections sont remportées par les nationalistes arméniens. L'Arménie déclare son indépendance.

1991 L'Arménie rejoint la Communauté des États indépendants (CEI).

1992 Entrée de l'Arménie à l'ONU.

1994 La région du Haut-Karabakh, en Azerbaïdjan, se proclame république et se dote d'institutions propres.

2008 Serge Sarkissian est élu président.

« 98-99 Les Grecs en Asie

Azerbaïdjan

Un pays du Caucase, le long de la mer Caspienne, dont l'économie repose sur l'exploitation du pétrole.

Années 300 La région qui porte aujourd'hui le nom d'Azerbaïdjan tombe sous la domination de la dynastie perse des Sassanides.

Années 1000 Les Turcs Seldjoukides dominent la région jusqu'à l'arrivée des Mongols, au XIIIe siècle, sous le règne de Gengis Kahn, puis, au XIVe siècle, sous celui de Tamerlan (Timur Lang).

1728 Le traité de Constantinople proclame la région sous contrôle des Turcs Ottomans.

1828 Le traité de Tourkmantchaï divise la région le long de la rivière Araxe entre la Perse (au sud) et la Russie.

1920 Invasion par l'Armée rouge et création d'une république soviétique.

1922 L'Azerbaïdjan est intégré à la République socialiste fédérative soviétique de Transcaucasie. Le Nakhitchevan et le Haut-Karabakh lui sont rattachées, respectivement comme république autonome et comme région autonome.

1936 Démantèlement de la Fédération transcaucasienne ; l'Azerbaïdjan devient une république fédérée d'Union soviétique.

1990 Tentative de sécession du Haut-Karabakh, réprimée par les troupes soviétiques.

1991 L'Azerbaïdjan proclame son indépendance.

1993 Gueïdar Aliev, membre du comité central du parti communiste, est élu président de la République et instaure un pouvoir dynastique.

1994 Cessez-le-feu dans le conflit avec l'Arménie sur le Haut-Karabakh.

2001 L'Azerbaïdjan devient membre à part entière du Conseil de l'Europe.

2003 Ilham Aliev succède à son père et remporte l'élection présidentielle.

« 98-99 Les Grecs en Asie
« 246-247 L'Empire ottoman

Le premier État chrétien
Deux ans après que l'Arménie devint la première nation à faire du christianisme une religion d'État, en 301 de notre ère, saint Grégoire l'Illuminateur fit bâtir cette cathédrale à Etchmiadzine, la ville la plus sainte d'Arménie. Grégoire fonda aussi l'Église apostolique arménienne.

Syrie

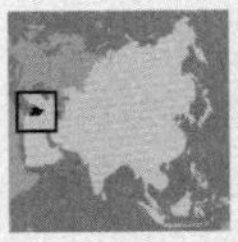

Ce pays du Moyen-Orient possède un littoral méditerranéen et a développé une économie qui repose sur des ressources diversifiées.

634 Défaite des Byzantins ; la Syrie est dirigée par la dynastie omeyyade.

997 Les Byzantins reprennent le contrôle du nord de la Syrie, tandis que le Sud est sous l'égide des Fatimides d'Égypte.

1098 Prise d'Antioche par les croisés.

1260-1516 Les Mamelouks contrôlent la Syrie.

1516 Les Ottomans s'emparent de la région.

1918 Les troupes arabes, conduites par l'émir Faysal, prennent Damas, mettant fin à 400 ans de pouvoir ottoman.

1920 Faysal est proclamé roi. Après la conférence de San Remo, qui place la Syrie sous mandat français, il est déposé par les forces françaises qui proclament la création du Grand Liban.

1925-1926 Soulèvement contre l'autorité française.

1941 La France et la Grande-Bretagne occupent la Syrie, tout en promettant la fin du mandat français.

1958-1961 Union de la Syrie et de l'Égypte dans une République arabe unie.

1963 La junte militaire du parti Baas prend le pouvoir. Le général en chef Amin al-Hafez devient président.

1966 Coup d'État militaire, soutenu par les membres radicaux du parti Baas.

1967 Israël s'empare des positions syriennes au-dessus du lac de Tibériade et sur le plateau du Golan et occupe Qunaytra.

1970 Le général Hafiz al-Asad prend le pouvoir.

1973 Une nouvelle Constitution affermit la domination du parti Baas. Une quatrième guerre israélo-arabe vise à la reconquête des territoires perdus en 1967, mais de nouveaux territoires sont encore perdus au profit d'Israël.

1978 Hafiz al-Asad obtient un second mandat.

1981 Israël annexe définitivement le plateau du Golan. La charte d'union signée avec l'Iraq est abandonnée.

1982 Le soulèvement d'extrémistes islamiques à Hama est durement réprimé et se solde par des milliers de morts. Israël envahit le Liban ; des missiles syriens sont détruits dans la plaine de la Beqaa.

1985 Hafiz al-Asad est réélu président.

1991 Des troupes syriennes participent à la guerre du Golfe et interviennent au Koweït, aux côtés de la coalition menée par les États-Unis. Un pacte d'aide et de défense, la déclaration de Damas, est signé avec l'Égypte, l'Arabie saoudite, le Koweït, les Émirats arabes unis, le Qatar, Bahreïn et le sultanat d'Oman.

1999 Hafiz al-Asad est reconduit dans ses fonctions.

2000 Mort d'Hafiz al-Asad ; son fils Bachar lui succède.

2001 Les troupes syriennes quittent Beyrouth.

« 54-55 Le berceau de la civilisation
« 80-81 L'Empire assyrien

Liban

Le pays du cèdre s'étire sur une étroite bande de terre, bordée par la mer Méditerranée.

1920 La France reçoit le mandat du Grand Liban, qui comprend Tripoli, Tyr et Beyrouth.

1941 Le gouvernement de Vichy proclame l'indépendance du Liban, qui ne devient vraiment autonome qu'en 1945, lorsque les dernières troupes françaises se retirent.

1975 Une guerre civile éclate entre les milices chrétiennes et musulmanes.

1978 Israël envahit et occupe le territoire libanais une première fois, puis de nouveau en 1982, lors de l'opération Paix en Galilée.

1989 Les accords de Taif mettent fin à la guerre civile. Le pays passe sous tutelle syrienne.

1992 Les élections désignent Rafic Hariri comme Premier ministre.

1998 Émile Lahoud devient président de la République.

2000 Les forces israéliennes se retirent du Sud-Liban.

2005 Rafic Hariri est tué dans un attentat à la voiture piégée, impliquant la Syrie et déclenchant des manifestations anti-syriennes.

2006 Israël lance des frappes contre le Liban, après la capture par le Hezbollah de deux soldats israéliens. Une trêve est déclarée après 34 jours de guerre.

2008 Michel Sleiman accède à la présidence de la République.

« 80-81 L'Empire assyrien

Jordanie

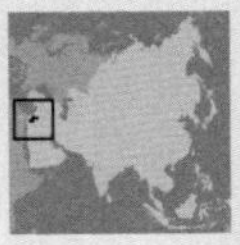

Royaume indépendant, dont la plus grande partie de la population vit le long de la rive orientale du Jourdain.

1920 Un mandat sur la Palestine est donné aux Britanniques ; il comprend les territoires occupés aujourd'hui par Israël, la Jordanie et la Cisjordanie.

1921 Le gouvernement de la Transjordanie est confié à l'émir hachémite Abdullah.

1948 Création d'Israël. Des milliers de Palestiniens fuient la première guerre israélo-arabe pour se réfugier en Jordanie et en Cisjordanie.

1949 Fin du mandat britannique sur la Jordanie, qui devient officiellement le royaume hachémite de Jordanie.

1950 La Jordanie annexe la Cisjordanie et Jérusalem-Est.

1953 Husayn est proclamé roi.

1967 Israël s'empare des territoires de Cisjordanie, au cours de la guerre des Six-Jours.

1970 L'intervention massive des forces jordaniennes contre l'Organisation de libération de la Palestine (OLP) se solde par des milliers de victimes, au cours des affrontement du mois de septembre, dit « septembre noir ».

1986 Le roi Husayn rompt tous liens politiques avec l'OLP.

1988 La Jordanie renonce à ses droits sur la Cisjordanie, au profit de l'OLP. Le roi Husayn soutient officiellement le soulèvement palestinien de l'Intifada, contre le gouvernement israélien.

1994 Un traité de paix avec Israël met fin à un état de guerre de 46 ans.

1999 Après le décès d'Husayn, son fils aîné devient roi sous le nom d'Abd Allah II.

« 150-151 Le déclin et la chute ?

Une forteresse française

Le krak des Chevaliers, un château-fort construit au XIIe siècle pour les croisés, était le quartier général des chevaliers Hospitaliers français en Terre sainte et l'un des plus importantes de la chrétienté médiévale. La forteresse tomba finalement aux mains du sultan Baybars, après un court siège en 1271.

Israël

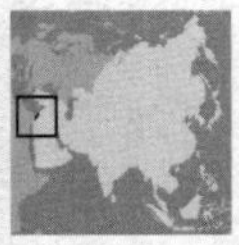

Depuis la création de l'État d'Israël, en 1948, de nombreux conflits l'opposent aux pays arabes et à la Palestine.

1897 Le journaliste Theodor Herzl définit comme objectif du sionisme la création d'un État juif.

1916 Signature des accords Sykes-Picot entre la France et la Grande-Bretagne, par lesquels le mandat de la Palestine est promis à la Grande-Bretagne.

1917 Dans la déclaration Balfour, le gouvernement britannique est favorable à l'établissement d'une nation du peuple juif, à condition que les droits des non-Juifs soient préservés.

1920 La conférence de San Remo accorde à la Grande-Bretagne le mandat de la Palestine.

1929 Violents affrontements entre Palestiniens arabes et immigrants juifs au cours de manifestations en Palestine.

1939 Le gouvernement britannique élabore un projet de loi prévoyant la future indépendance de la Palestine, en tant qu'État cogéré par les Juifs et les Arabes.

1942 David Ben Gourion, président de l'éxécutif de l'Agence juive, appelle à l'émigration des Juifs du monde entier vers la Palestine et à l'établissement d'un État juif.

1947 L'assemblée générale de l'ONU adopte un plan de partage de la Palestine, qui divise le pays en deux États, l'un juif et l'autre arabe. Les Arabes rejettent ce plan.

1948 L'État d'Israël est officiellement déclaré et un gouvernement est constitué, avec Ben Gourion comme Premier ministre. Les affrontements entre Arabes et Juifs se transforment en véritable guerre.

1956 Après la nationalisation du canal de Suez par le président égyptien Nasser, une crise politique aboutit à l'invasion du Sinaï par Israël et l'occupation de Port-Saïd par les troupes franco-britanniques.

1957 Sous la pression internationale, les forces israéliennes et franco-britanniques se retirent des territoires occupés dans la zone du canal.

1964 Dans le cadre de la Ligue arabe, l'Organisation de libération de la Palestine (OLP) est fondée; son objectif est la lutte pour la libération de la Palestine.

1965 Le Fatah, principale composante de l'OLP, mène une première action de guérilla contre Israël.

1967 La guerre des Six-Jours débute par une attaque d'Israël sur l'Égypte. La Cisjordanie, Gaza, le Sinaï et le plateau du Golan sont occupés par Israël.

1968-1970 Israël établit des colonies juives dans les territoires occupés. Yasser Arafat est nommé président de l'OLP.

1973 La guerre du Kippour, déclenchée par l'Égypte et la Syrie, se termine par la victoire d'Israël.

1978 Accords de Camp David : le Premier ministre israélien Menahem Begin et le président égyptien Anouar el-Sadate signent un traité de paix. Le Sinaï est rendu à l'Égypte.

1981 Les États-Unis parviennent à imposer un cessez-le-feu entre Israël et l'OLP, qui va durer jusqu'en juin 1982. Israël annexe la région syrienne du Golan.

1982 Israël envahit le Liban.

1987 Les Palestiniens entament la première Intifada (« soulèvement ») contre Israël. Émergence du Hamas, un mouvement armé islamique.

1992 En Israël, le travailliste Yitzhak Rabin devient Premier ministre. Il tend à limiter le déplacement des populations palestiniennes d'un territoire à l'autre.

«Israël a créé une **nouvelle image** des Juifs dans le monde – l'image… d'un peuple qui peut **se battre** avec **héroïsme.**»

DAVID BEN GOURION

MOMENT CLÉ

LA PALESTINE ET LES ACCORDS D'OSLO, 1993

Les accords d'Oslo établirent une Autorité nationale palestinienne et accordèrent aux Palestiniens le contrôle d'une petite partie de Gaza et de la Cisjordanie. Ils furent signés en Norvège, en septembre 1993, et firent renaître l'espoir d'une paix durable dans la région. Ces négociations, menées par le ministre des Affaires étrangères israélien, Shimon Peres, et Mahmud Abbas, dirigeant de l'OLP, devaient accorder plus d'autonomie aux territoires palestiniens. Mais en 2000, le déclenchement de la seconde Intifada mit fin aux négociations entre Israël et les pays arabes. Malgré l'établissement d'une feuille de route, d'initiatives menées à Genève, en 2003, et d'une nouvelle conférence internationale à Annapolis, en 2007, le processus de paix semble bloqué. Le problème du statut de Jérusalem, des réfugiés palestiniens et les violences terroristes entravent les négociations de paix.

1993 Signature des accords d'Oslo, puis de Washington, entre Israël et l'OLP, instituant une déclaration de principes en vue d'une plus grande autonomie des territoires occupés palestiniens.

1994 L'autonomie est accordée tout d'abord aux territoires palestiniens de Gaza et de Jéricho. En réponse au massacre de Palestiniens par un colon juif à Hébron, a lieu le premier attentat suicide contre des civils israéliens. Signature d'un traité de paix entre Israël et la Jordanie.

1995 Le Premier ministre Yitzhak Rabin est assassiné à Tel-Aviv par un extrémiste israélien. Shimon Peres lui succède.

1996 Victoire de Yasser Arafat (Yasir Arafat) aux premières élections organisées dans les territoires palestiniens. En Israël, lors de la première élection d'un Premier ministre au suffrage direct, Benyamin Netanyahou, du parti du Likoud, l'emporte sur Shimon Peres.

1999 Le travailliste Ehud Barak est élu Premier ministre. Reprise du processus de paix avec les Palestiniens et la Syrie.

2000 Les troupes israéliennes se retirent du Sud-Liban. Début de la seconde Intifada, qui donne lieu à de violents affrontements israélo-palestiniens.

2001 Les attaques-suicide palestiniennes continuent, tandis que les assassinats de Palestiniens par Israël s'intensifient. Ariel Sharon, du Likoud, est élu Premier ministre et forme un gouvernement d'union.

2002 Israël réoccupe la plupart des territoires palestiniens évacués dans le cadre des accords d'Oslo. Yasser Arafat est assigné à résidence. La Ligue des pays arabes appuie un projet visant à la reconnaissance d'Israël, en échange de la fin de l'occupation des territoires palestiniens. Israël entame la construction d'un mur de sécurité en Cisjordanie. Les États-Unis et l'Union européenne proposent l'établissement d'une feuille de route pour la paix.

2005 Après la mort d'Arafat, Mahmud Abbas est élu président de l'Autorité nationale palestinienne. Israël évacue unilatéralement toutes les colonies de Gaza et quatre d'entre elles dans le nord de la Cisjordanie. Ariel Sharon quitte le Likoud et forme un nouveau parti, Kadima, en réponse à l'opposition suscitée par son plan de retrait des colons israéliens.

2006 Le Hamas remporte la majorité dans les élections palestiniennes. Ehud Olmert, du parti Kadima, devient Premier ministre et succède à Sharon, victime d'un accident cérébral. Israël lance une attaque contre le Hezbollah au Liban, qui se poursuit pendant 34 jours.

2009 Après une campagne militaire menée contre le Hamas à Gaza, Benyamin Netanyahou est nommé Premier ministre.

FEMME POLITIQUE ISRAÉLIENNE (1898-1978)

GOLDA MEIR

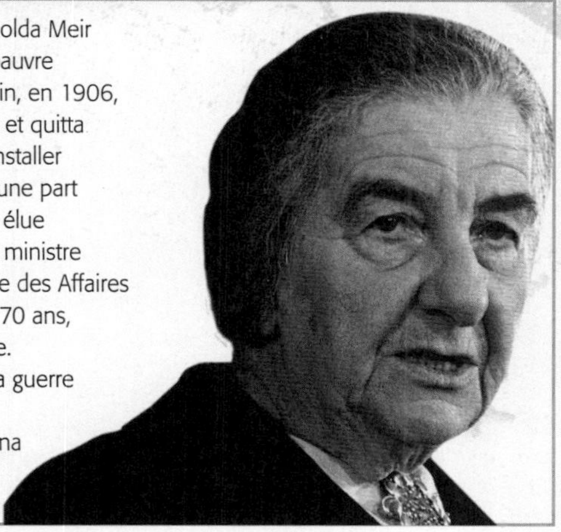

L'une des fondatrices de l'État d'Israël, Golda Meir naquit à Kiev, en Russie. D'une famille pauvre émigrée aux États-Unis, dans le Wisconsin, en 1906, Golda Meir rejoignit les milieux sionistes et quitta le territoire américain, en 1922, pour s'installer dans un kibboutz, en Palestine. Elle prit une part active dans le syndicalisme, avant d'être élue à la Knesset. Elle devint successivement ministre du Travail, de 1949 à 1956, puis ministre des Affaires étrangères, de 1956 à 1966. À l'âge de 70 ans, elle accéda au poste de Premier ministre. En dépit de la victoire israélienne dans la guerre du Kippour, en 1973, elle dut faire face à des polémiques internes et démissionna de ses fonctions en 1974.

« 78-79 La fin de l'âge du bronze
« 200-201 Les croisades
« 400-401 L'Holocauste

Arabie saoudite

Ce royaume, dirigé par la dynastie wahhabite, abrite d'importantes réserves pétrolières.

Vers 610 Le prophète Mahomet commence à prêcher à La Mecque et conquiert la ville, qui devient le centre de l'islam.

1902 Retour d'exil de la tribu saoudienne ; Abd al-Aziz Ill ibn Saud, dit Ibn Séoud, reprend Riyad.

1913-1926 Ibn Séoud et les Ikhwan se lancent à la reconquête de l'Arabie, prenant la région du Hasa en 1913, La Mecque en 1924 et Médine en 1925. En 1921, Ibn Séoud prend le titre d'émir du Nadjd et en 1926, il est proclamé roi du Hedjaz.

1932 Ibn Séoud réunit ces territoires et constitue le royaume d'Arabie saoudite.

1953 Son fils Saud ibn Abd al-Aziz lui succède à sa mort.

1958 Le roi Saud abdique en faveur de son frère Faysal.

1967 L'Arabie saoudite fait alliance avec la Jordanie et l'Iraq, contre Israël, au cours de la guerre des Six-Jours.

1975 Le roi Faysal est assassiné par son neveu ; son cousin Khalid lui succède.

1981 Création du Conseil de coopération du Golfe, dont le secrétariat est à Ryiad.

1982 Le roi Fahd succède à son frère Khalid à la mort de celui-ci.

2005 Mort du roi Fahd ; le prince régent Abd Allah monte sur le trône.

« 174-177 L'essor de l'islam
« 246-247 L'Empire ottoman

Yémen

Ce pays d'Asie occidentale, ouvert sur le golfe d'Aden et la mer Rouge, a été réunifié en 1990.

Début du xxe siècle Le territoire est divisé entre le Nord, sous autorité ottomane, et le Sud, autour d'Aden, sous le pouvoir britannique.

1918 Le Yémen du Nord accède à l'indépendance, lorsque l'Empire ottoman est démantelé. L'imam Yahya est proclamé roi.

1937 Aden devient une colonie de la couronne britannique.

1962-1970 La guerre civile éclate au Yémen du Nord, entre royalistes et républicains.

1963 Aden devient membre de la Fédération de l'Arabie du Sud, sous protectorat britannique.

1967 Les troupes britanniques se retirent d'Aden.

1970 Au Yémen du Sud, des marxistes radicaux s'emparent du pouvoir et proclament la République démocratique et populaire du Yémen (RDPY).

1972 La guerre entre le Yémen du Nord, la République arabe du Yémen et le Yémen du Sud, la RDPY, s'achève par des accords de paix.

1990 La réunification du Yémen est officiellement proclamée en mai, donnant lieu à des manifestations contre le caractère laïque de la Constitution. Ali Abdallah al-Salih devient président de la République du Yémen.

1994 La guerre civile se termine par la défaite des sécessionnistes du Sud.

1997 Le parti du président al-Salih remporte la majorité absolue aux élections générales.

2004-2005 Les partisans du cheik Hussein al-Houthi organisent une rébellion dans le Nord.

2006 Réélection du président Ali Abdallah al-Salih.

« 158-159 La diffusion du savoir
« 174-177 L'essor de l'islam

Oman

Ce sultanat d'Asie occidentale est situé à l'extrémité orientale de la péninsule Arabique, sur le golfe d'Oman.

1749 Ahmed ibn Said est élu imam, lorsque les Perses sont chassés ; il fonde une dynastie, encore au pouvoir de nos jours.

1913 Une partition se produit entre l'intérieur du territoire gouverné par les imams ibadites et la côte, contrôlée par le sultan de Mascate.

1920 Le sultan signe un accord de paix, reconnaissant l'autonomie des régions intérieures. Said ibn Taymur accède au pouvoir.

1959 Face à la pression populaire pour l'indépendance totale de l'intérieur, Said ibn Taymur réagit en reprenant le contrôle de la région.

1964 Un soulèvement se déroule dans le sud, dans la région de Dhofar.

1970 Le sultan Qabus ibn Said renverse son père, au cours d'une révolution de palais. Il entame une politique de libéralisation du pays.

1975 La révolte de Dhofar est finalement réprimée, avec l'aide des troupes jordaniennes et iraniennes.

1999 Oman et les Émirats arabes unis voisins signent un accord, qui met fin à une longue querelle de frontières.

2003 Premières élections d'un Conseil consultatif, renouvelé en 2007.

« 158-159 La diffusion du savoir
« 174-177 L'essor de l'islam

Qatar

Autrefois fréquenté par les pêcheurs de perles, ce pays a été transformé par la découverte de pétrole.

1867 La ville de Doha est pratiquement détruite, lors d'un conflit avec l'État voisin de Barheïn. Le Royaume-Uni reconnaît le Qatar comme entité distincte de Barheïn.

1971 Le Qatar accède à son indépendance.

1972 L'émir Khalifa dépose son père et monte sur le trône.

1995 Le cheikh Hamad renverse son père et accède au pouvoir.

1999 Début d'un processus de démocratisation, avec les premières élections au suffrage universel pour désigner un nouveau Conseil municipal consultatif.

2001 Règlement des anciennes querelles frontalières avec l'Arabie saoudite et Barheïn.

« 158-159 La diffusion du savoir
« 174-177 L'essor de l'islam

Bahreïn

Cet État insulaire du golfe Persique a diversifié son économie, jadis uniquement fondée sur le pétrole, en devenant une place financière internationale.

1880 L'administration et les affaires étrangères de l'État sont confiées au Royaume-Uni.

1913 Le Royaume-Uni signe avec l'Empire ottoman un traité reconnaissant l'indépendance de Bahreïn, qui reste cependant sous contrôle britannique.

1971 Bahreïn devient un État totalement indépendant de la Grande-Bretagne, avec à sa tête l'émir Isa ibn Salman al-Khalifah.

MOMENT CLÉ

IBN SÉOUD ET LES IKHWAN, 1930

En janvier 1930, une guerre civile s'acheva ; les chefs militaires des Ikhwan furent capturés par les Britanniques et remis à Ibn Séoud, futur roi d'Arabie saoudite.

En 1912, Ibn Séoud avait institué la confrérie des Ikhwan, une unité d'élite éduquée dans la tradition wahhabite islamique. Mais après avoir vaincu les Ottomans, ibn Séoud commença à coopérer avec les puissances étrangères, en particulier avec les Britanniques.

Les Ikhwan, considérant cela comme une trahison, se rebellèrent à partir de 1928. Leur défaite anéantit toute tentative d'opposition et établit la règle de la dynastie Saud.

Bataillon ikhwan
Les Ikhwan étaient de puissants guerriers, qui se déplaçaient à dos de chameaux.

1975 L'émir dissout l'Assemblée nationale et gouverne par décret.

1981 Bahreïn participe à la fondation du Conseil de coopération du Golfe (CCG).

1992 Création d'un Conseil consultatif du gouvernement.

1999 Le cheikh Hamad ibn Isa al-Khalifa accède au trône.

2001 Une transition vers la démocratie est approuvée par référendum. Bahreïn devient une monarchie constitutionnelle, avec une chambre des députés élue et un système judiciaire indépendant.

« 158-159 La diffusion du savoir
« 174-177 L'essor de l'islam

Émirats arabes unis

Cet État fédéral de la péninsule d'Arabie, constitué de 7 émirats, abrite d'importantes réserves de pétrole et de gaz naturel.

1892 Par un accord entre le Royaume-Uni et les « États de la Trêve », chaque émirat gère ses affaires intérieures, tandis que les affaires étrangères passent sous protectorat britannique.

1952 Réunion des 7 émirats dans le Conseil de la Trêve.

1971 Le Royaume-Uni retire son protectorat et les émirats créent la fédération des Émirats arabes unis, qui comprend Abu Dhabi, Adjman, Dubai, Fudjayra, Chardja et Umm al-Qaywayn, présidée par le cheikh Zayid ibn Sultan al-Nahyan.

1972 Ras al-Khayma rejoint la fédération.

2004 Mort du cheikh Zayid, remplacé par son fils le cheikh Khalifa.

« 158-159 La diffusion du savoir
« 174-177 L'essor de l'islam

Gratte-ciel à Dubai
Le développement récent de Dubai reposait sur des projets touristiques luxueux. Mais depuis 2009, l'émirat est particulièrement touché par la crise économique et financière.

Des puits en feu
Le ciel est noir de fumée au-dessus des puits de pétrole détruits lors du retrait iraquien du Koweït. Après l'invasion du Koweït par l'Iraq, en 1990, une cinquantaine de puits de pétrole furent incendiés.

Koweït

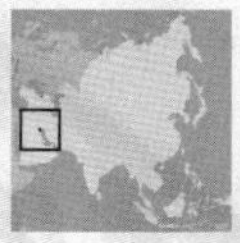

Ce petit émirat de la péninsule Arabique dispose de riches gisements pétrolifères.

1756 Fondation de la dynastie régnante des al-Sabah.

1918 Après le démantèlement de l'Empire ottoman, le Koweït devient un protectorat britannique. Le nouvel État iraquien commence à revendiquer le territoire du Koweït.

1961 Le Koweït accède à l'indépendance.

1990 Début de la guerre du Golfe : l'Iraq envahit et annexe le Koweït. Une coalition internationale, conduite par les États-Unis, contraint les troupes iraquiennes à se retirer. Celles-ci quittent le pays après avoir incendié des puits de pétrole, stoppant la production, qui ne reprend qu'en 1992.

1992 Élections législatives.

1994 L'Iraq reconnaît la souveraineté du Koweït.

Iraq

Ce pays du golfe Persique, dont la Mésopotamie est le cœur historique et démographique, tente de se reconstruire.

762 Fondation de Bagdad sur les rives du Tigre, par le calife al-Mansur, qui en fait sa nouvelle capitale. L'Iraq devient le centre politique et culturel du califat abbasside.

Xe-XIe siècle Bagdad tombe aux mains des chiites Buwayhides.

XIe siècle Les Turcs Seldjoukides dominent l'Iraq.

1534 Le sultan ottoman Soliman Ier le Magnifique s'empare de Bagdad. L'Iraq passe sous contrôle ottoman pendant quatre siècles, à part une brève occupation des Séfévides perses, autour des années 1600.

Un bijou sumérien
Cet objet d'ornement en or et lapis-lazuli fut découvert par l'archéologue britannique Leonard Woolley, dans les années 1920. Il reposait dans les tombeaux royaux d'Our, en Mésopotamie. Il est daté d'environ 2 500 ans av. J.-C., date de l'apogée de la civilisation sumérienne.

1914 L'Empire ottoman s'allie à l'Allemagne pendant la Première Guerre mondiale. Les troupes britanniques envahissent l'Iraq, pour priver les puissances de la Triple-Alliance de postes stratégiques cruciaux.

1920 La SDN accorde à la Grande-Bretagne un mandat sur l'Iraq, ce qui déclenche une insurrection dans le pays.

1921 L'émir Faysal ibn Husayn, plébiscité, devient le premier roi d'Iraq.

1922 Signature d'un traité anglo-iraquien, garantissant au Royaume-Uni certains intérêts en échange de la création d'une Assemblée constituante en Iraq.

1932 Le roi Faysal proclame officiellement l'indépendance et la souveraineté de l'État iraquien.

1956 L'Iraq adhère au pacte de Bagdad, alliance proaméricaine des puissances de l'Asie occidentale.

1961 Début d'une insurrection kurde au nord de l'Iraq. Bagdad revendique la souveraineté sur le Koweït, à la veille de l'indépendance de celui-ci.

1970 Le Conseil de commandement de la révolution accepte un manifeste pour l'autonomie kurde.

1978 L'Iraq et la Syrie forment une union économique et politique.

1979 Saddam Hussein, secrétaire général du Baas, succède au général al-Bakr à la présidence de la République.

1980 Début de la guerre entre l'Iraq et l'Iran, suite à une querelle de frontières avec le nouveau gouvernement islamique révolutionnaire de Téhéran. Les Iraniens cherchent à renverser le sunnite Saddam Hussein, qu'ils soupçonnent d'opprimer la majorité chiite iraquienne.

1982 Le chef chiite Mohammed Baqir al-Hakim, exilé à Téhéran, crée le Conseil suprême de la Révolution islamique en Iraq.

1988 Fin de la guerre entre l'Iraq et l'Iran. Les forces gouvernementales iraquiennes utilisent des armes chimiques dans l'attaque du village kurde d'Halabdja.

1990 L'Iraq et l'Iran renouent des relations diplomatiques. L'Iraq envahit le Koweït; l'ONU autorise le déploiement de forces armées pour contraindre l'Iraq à se retirer.

1991 Guerre du Golfe : les offensives massives terrestres et aériennes lancées par la coalition militaire, sous commandement américain, contraignent les Iraquiens à quitter le Koweït. La rébellion chiite est écrasée par le gouvernement iraquien. Création d'une zone de sûreté pour les Kurdes dans le nord de l'Iraq.

1994 Début d'une guerre civile entre les Kurdes d'Iraq du Nord. L'Iraq reconnaît la souveraineté du Koweït.

1996 Le parti Baas au pouvoir remporte les élections législatives. L'ONU impose un embargo partiel sur le pétrole, garantissant l'approvisionnement en vivres de la population.

Splendeur abbasside
À partir du milieu du VIIIe siècle, Bagdad devint la capitale du monde islamique, sous le règne des Abbassides, et s'orna de splendides mosquées.

Les forces iraquiennes lancent une offensive dans la zone de sûreté kurde et prennent Erbil. Les États-Unis étendent la zone d'exclusion aérienne au sud du 32e parallèle (zone chiite).

1998-1999 Suite au refus iraquien d'autoriser l'accès aux commissions d'enquête chargées par l'ONU d'inspecter les usines d'armement, les États-Unis et la Grande-Bretagne lancent des frappes aériennes ayant pour objectif de détruire les installations d'armes nucléaires, biologiques et chimiques de l'Iraq.

2003 Une force de coalition menée par les Américains envahit l'Iraq, le 20 mars, et prend Bagdad. Saddam Hussein est capturé en décembre. La capitale est placée sous contrôle américain, le parti Baas est déclaré illégal et l'armée iraquienne est dissoute.

2004 Des mouvements d'insurrection se multiplient contre les Américains, ainsi que des attaques armées contre les forces de la coalition. Les milices chiites rejoignent les partisans, initialement en majorité sunnites, réclamant le départ des troupes d'occupation. Les États-Unis rétablissent un gouvernement souverain, sous la présidence d'Iyad al-Alawi. Une offensive majeure des troupes américaines est lancée contre les insurgés de Faludjar.

2005 Des élections ont lieu pour constituer une Assemblée générale de transition. Les attentats sur le sol iraquien se multiplient. Le chef kurde, Djalal Talabani devient président de la République iraquienne et une nouvelle Constitution est approuvée par les électeurs.

2006 Nuri al-Maliki est nommé Premier ministre. Depuis 2003, les violences se multiplient en Iraq, faisant de nombreuses victimes : entre 100 000 et 600 000 Iraquiens auraient trouvé la mort et des centaines de milliers d'autres auraient été blessés. Saddam Hussein est jugé et condamné à mort par pendaison, ainsi que plusieurs de ses anciens proches collaborateurs. Le climat d'insécurité et de violence perdure.

> « Le grand **duel,** la mère de toutes les **batailles,** a commencé. L'aube de la victoire **approche**… »
>
> SADDAM HUSSEIN, À LA VEILLE DE L'OFFENSIVE AMÉRICAINE POUR LIBÉRER LE KOWEÏT, 1991

« 54-55 Le berceau de la civilisation
« 80-81 L'Empire assyrien
« 200-201 Les croisades
« 468-469 Les guerres du Golfe

Iran

La République islamique iranienne, l'ancienne Perse, est un pays montagneux d'Asie occidentale.

533 av. J.-C. Cyrus le Grand réalise l'union entre les Mèdes et les Perses et crée le premier grand Empire perse, gouverné par la dynastie des Achéménides et conquis par Alexandre le Grand en 331 av. J.-C.

637-641 apr. J.-C. L'Empire sassanien tombe aux mains des musulmans arabes. La Perse s'islamise, mais se divise politiquement.

1502 Le chah Ismaïl Ier fonde l'Empire séfévide. La Perse redevient une entité politique et une puissance militaire rivale de la Turquie ottomane. L'islam chiite devient religion d'État, après avoir été pendant des siècles un courant religieux clandestin persécuté.

1587-1629 La Perse séfévide atteint l'apogée de sa puissance sous le règne du chah Abbas Ier (1587-1629), qui fait d'Ispahan la capitale du royaume.

1814 Le traité de Téhéran est conclu entre la Perse et la Grande-Bretagne, pour assurer la protection des territoires perses contre des attaques ennemies.

1921 Reza Khan, le chef d'un régiment de cosaques perses, prend le pouvoir et signe un traité avec la Russie soviétique, ouvrant ainsi la voie au retrait des troupes bolcheviques.

1922 Quatre grandes régions, le Gilan, le Khorasan, l'Azerbaïdjan et le Kurdistan, sont rendues au pouvoir central.

1926 Reza Khan est couronné sous le nom de Rezah Chah Pahlavi, fondant ainsi la dynastie des Pahlavi. Il instaure un vaste programme de réformes en vue de moderniser et d'occidentaliser le pays. En 1935, il donne un nouveau nom à la Perse, l'Iran.

1941 Le Royaume-Uni et l'Union soviétique envahissent l'Iran et, en septembre, Rezah Chah Pahlavi est contraint à abdiquer en faveur de son fils Mohammad Reza Pahlavi.

1951 Le nationaliste Mohammad Mossadegh arrive au pouvoir.

1953 Un coup d'État, soutenu par les États-Unis, renverse Mossadegh et rend le pouvoir au chah, désormais assuré de l'appui des Anglo-Américains.

1963 Le chah proclame la « révolution blanche », destinée à promouvoir des réformes économiques et sociales.

1964 L'ayatollah Ruhollah Khomeyni, chef religieux chiite, est exilé en Iraq pour avoir critiqué le gouvernement laïc.

1979 Sous la pression des manifestations politiques, le chah s'exile. L'ayatollah Khomeyni rentre en Iran et proclame la république islamique.

1980 Le chah meurt en exil. Après des incidents frontaliers, l'Iraq envahit l'Iran ; c'est le début de la grande guerre patriotique, qui durera 8 ans, avec de lourdes pertes pour l'Iran, notamment au début du conflit.

1981 Ali Khamenei est élu président.

1982 Les forces iraniennes reconquièrent la plupart des terres perdues pendant la guerre et pénètrent même en territoire iraquien.

1985 Khamenei est réélu.

1989 Élection d'Ali Akbar Hachemi Rafsandjani à la présidence.

1990 Un tremblement de terre dans le nord du pays fait 45 000 victimes.

1993 Rasfandjani est réélu, en dépit d'une campagne menée par l'ayatollah Khamenei, le nouveau « guide de la révolution », pour éradiquer toute influence occidentale.

1995 L'ONU impose des sanctions à l'Iran, soupçonné d'avoir financé des groupes terroristes internationaux.

1996 Élections de l'Assemblée législative (Madjlis) : les conservateurs perdent du terrain au profit de factions plus libérales.

1997 Élection à la présidence de Mohammad Khatami, qui met à l'ordre du jour un programme de réformes.

CHAH D'IRAN (1878-1944)

REZA CHAH PHALAVI

Reza Khan rejoignit le régiment des cosaques à l'âge de 15 ans. Devenu colonel du régiment, en 1921, il organisa un coup d'État qui réduisit le rôle politique du dernier chah de la dynastie Qadjar. En 1923, il devint Premier ministre du nouveau régime.

Reza Khan consolida son pouvoir, supprimant toute opposition, et en 1925 se proclama le premier chah de la nouvelle dynastie des Pahlavi. Il initia une série de réformes économiques requérant des financements extérieurs, ce qui accrut l'influence étrangère dans le pays. Il promut activement d'importantes réformes sociales, interdisant le costume traditionnel et le port du voile pour les femmes. Dans les années 1930, son gouvernement devint de plus en plus autoritaire et impopulaire. Sa prise de position en faveur des puissances de l'Axe, au cours de la Seconde Guerre mondiale, eut pour conséquence l'occupation de l'Iran par les troupes britanniques et soviétiques, qui le déposèrent, en 1941, en faveur de son fils Mohammad Reza Pahlavi. Reza Chah Pahlavi mourut en exil en Afrique du Sud.

2003 Un nouveau tremblement de terre détruit la ville médiévale de Bam, abritant la plus grande construction en pisé au monde, faisant plus de 40 000 victimes. À Téhéran, des manifestations étudiantes de grande ampleur contre les conservateurs sont brutalement réprimées par les forces de sécurité.

2005 Le maire conservateur de Téhéran, Mahmud Ahmadinejad, remporte l'élection présidentielle et promet une réforme économique.

2006 L'Iran annonce qu'il produit de l'uranium enrichi ; l'ONU répond par des sanctions restreintes. Mais la crise sur l'armement nucléaire perdure.

2009 Lors de l'élection présidentielle, la proclamation de la victoire d'Ahmadinejad – contestée – provoque de grandes manifestations populaires.

« 54-55 Le berceau de la civilisation
« 98-99 Les Grecs en Asie
« 122-123 La Renaissance de la Perse
« 442-443 La révolution iranienne

L'ayatollah Khomeyni
En 1990, la mort de Ruhollah Khomeyni priva la révolution iranienne du guide spirituel qui l'avait conduite pendant plus d'une décennie. Son décès ouvrit la voie à des mouvements plus libéraux pour construire l'avenir de l'Iran.

Kazakhstan

Dernière république soviétique à accéder à l'indépendance, le Kazakhstan possède des richesses minières et agricoles.

1865 La région du Kazakhstan actuel est aux mains des Russes.

1916 Une rébellion contre l'autorité russe est brutalement réprimée.

1917 La révolution russe déclenche une guerre civile au Kazakhstan entre les bolcheviques, les antibolcheviques et les nationalistes kazakhs. La colonisation russe s'intensifie encore après la révolution de 1917 et le Kazakhstan est soumis à un développement industriel et agricole intense. Les nationalistes kazakhs créent une république autonome.

1920 Les bolcheviques reprennent le contrôle du pays. La République socialiste soviétique autonome de Kirghizie est incorporée dans la République socialiste fédérative soviétique de Russie, qui va devenir l'URSS.

1925 La RSSA de Kirghizie est rebaptisée République socialiste soviétique autonome du Kazakhstan et les territoires soviétiques d'Asie centrale sont réorganisés en trois régions autonomes et deux républiques.

1930 Le programme de collectivisation provoque une intensification de la colonisation russe et la mort de millions de Kazakhs.

1936 Le Kazakhstan devient une république à part entière de l'Union soviétique, sous le nom de République socialiste soviétique kazakhe.

1990 Le pays proclame sa souveraineté à l'intérieur de l'URSS. Noursoultan Nazarbaev est élu président de la République l'année suivante.

1991 Le Kazakhstan se déclare en faveur du maintien au sein de l'URSS en tant qu'union d'États souverains. Les autorités soviétiques rendent le contrôle des entreprises du Kazakhstan au gouvernement kazakh ; le Parti communiste du Kazakhstan (PCK) se restructure en Parti socialiste du Kazakhstan (PSK). Tandis que l'URSS se désagrège, le Kazakhstan est la dernière des 15 républiques de l'Union à déclarer son indépendance et à rejoindre la Communauté des États indépendants (CEI).

1992 Manifestations d'opposition contre la prédominance des communistes réformateurs au Soviet suprême, devenu le Kenges suprême, l'Assemblée législative. Des groupes nationalistes créent le Parti républicain Azat (« liberté »). Le Kazakhstan entre à l'ONU.

1995 Adoption d'une nouvelle Constitution, élargissant les pouvoirs présidentiels et autorisant le président à dissoudre le Parlement et à gouverner par décret.

1997 La capitale est déplacée de la ville du sud d'Almaty à la ville du nord d'Akmola, rebaptisée Astana.

2005 Nazarbaev est réélu pour un nouveau mandat, avec plus de 90 % des suffrages.

« 138-139 Les nomades des steppes
« 184-185 La route de la soie

MOMENT CLÉ

LE PREMIER HOMME DANS L'ESPACE, 1961

Le 12 avril 1961, Iouri Gagarine devint le premier homme dans l'espace. Son vol d'1 h 48 en orbite autour de la Terre, à bord de la capsule Vostock, de 4 t 1/2, fut dirigé par le centre spatial soviétique de Baïkonour, au Kazakhstan.

Le cosmodrome de Baïkonour est le plus ancien du monde ; sa construction fut commencée en 1955 et plusieurs vols historiques furent lancés depuis cette base, ainsi que le tout premier satellite artificiel, Spoutnik, en 1957. Après l'indépendance du Kazakhstan en 1991, la Russie négocia un accord pour continuer à utiliser la base jusqu'en 2050.

Architecture de Samarkand
À Samarkand s'élève la spectaculaire madrasa Chir-Dar, une grande école coranique construite au XVIIe siècle. L'Ouzbékistan se trouve sur l'ancienne route de la soie qui reliait l'Asie centrale à la Chine et à la Méditerranée. Des villes, telle Samarkand, furent fondées par les marchands, le long de cette route.

Ouzbékistan

Ce territoire, autrefois disputé par de nombreux empires, est aujourd'hui la plus peuplée des républiques d'Asie centrale.

1700-1800 L'Ouzbékistan, sous autorité musulmane, comprend les khanats de Boukhara, de Kokand et de Khiva.

1865 L'Empire russe en expansion conquiert la ville de Tachkent.

1876 Les trois khanats de Boukhara, de Khiva et de Kokand sont annexés par la Russie.

1916 À Samarkand, un soulèvement armé contre la domination russe est écrasé.

1917 Boukhara demande son indépendance, au sortir de la révolution russe. Un pouvoir soviétique s'établit à Tachkent.

1921 La République socialiste soviétique autonome du Turkestan (RSSAT), intégrant l'actuel Ouzbékistan, est proclamée.

1924 Création de la République socialiste soviétique de l'Ouzbékistan (RSS). Jusqu'en 1929, elle inclut la République socialiste soviétique autonome du Tadjikistan.

1936 La République socialiste soviétique autonome du Karakalpakstan, autrefois dans la république socialiste fédérative soviétique de Russie, est intégrée à la RSS de l'Ouzbékistan.

1990 Islam Karimov devient président exécutif du nouveau Soviet suprême de l'Ouzbékistan.

1991 Au moment de l'effondrement de l'URSS, l'Ouzbékistan proclame son indépendance et prend officiellement le nom de République d'Ouzbékistan. Le pays signe un traité établissant une communauté économique avec 7 autres anciennes républiques soviétiques et rejoint la Communauté des États indépendants (CEI). Confirmation de Karimov à la présidence de la République.

1992 Une nouvelle Constitution post-soviétique est adoptée, excluant tous les partis religieux et nationalistes. L'Ouzbékistan envoie des troupes au Tadjikistan pour mettre fin aux violences frontalières.

2000 Islam Karimov est réélu à la tête de l'État, et grâce à une révision de la Constitution, il est à nouveau élu en 2007.

« 138-139 Les nomades des steppes
« 184-185 La route de la soie

Turkménistan

Cette nation d'Asie centrale était une des républiques les plus pauvres de l'URSS. Elle abrite néanmoins d'importantes réserves énergétiques.

1881 Les forces russes, conduites par le général Skobelev, attaquent et conquièrent la forteresse de Geok-Tépé. Achgabat est fondée par les Russes dans l'oasis d'Akhal, en 1881, et devient d'abord une forteresse militaire, puis un centre de commerce.

1918-1919 Après la révolution russe, l'administration indépendante turkmène est appuyée par une garnison britannique.

1920 Les Bolcheviques s'emparent du territoire turkmène.

1921 Le poste de gouverneur général du Turkestan, dont fait partie le territoire turkmène, est aboli et le pays devient une république socialiste soviétique autonome au sein de la République socialiste fédérative soviétique de Russie (RSFSR).

1924 Création de la République socialiste soviétique de Turkménistan.

1948 Un tremblement de terre dévaste Achgabat, faisant 100 000 victimes.

1985 Saparmourad Ataïevitch Niazov devient le chef du parti communiste.

1990 Niazov est élu président de la République socialiste soviétique du Turkménistan.

1991 Le Turkménistan devient indépendant de l'Union soviétique, avec Niazov comme président du nouvel État. Le parti communiste est interdit au profit du Parti démocratique du Turkménistan, seul parti légal du pays.

2002 Les partis d'opposition en exil créent, à Vienne, l'Opposition démocratique turkmène.

2006 Le Turkménistan signe un accord avec la Chine prévoyant la construction d'un immense gazoduc.

2007 Après le décès de Niazov, Gourbangouly Berdymoukhamedov, ancien ministre de la Santé et vice-Premier ministre, est élu président avec 89 % des suffrages, dans une élection où la participation atteint 99 %, bien qu'il n'y ait qu'un seul parti en lice.

« 138-139 Les nomades des steppes
« 184-185 La route de la soie

HOMME POLITIQUE TURKMÈNE (1940-2006)

SAPARMOURAD NIAZOV

Saparmourad Niazov se proclama lui-même *Turkmenbashi*, le « père de tous les Turkmènes ». Au pouvoir de 1990 jusqu'à sa mort en 2006, il entretint à l'extrême le culte de la personnalité dans son pays et édicta quelques lois hautement fantaisistes. Son portrait s'afficha sur de nombreux bâtiments et il donna son nom à des villes, des rues et même des mois de l'année. Il écrivit un livre de préceptes spirituels le *Ruhnama*, qui devint un ouvrage de référence nationale dans les écoles. Une statue géante en or le représentant fut érigée au centre de la capitale, Achgabat, et tourne sur elle-même afin que le soleil illumine toujours son visage.

Kirghizistan

Petit État montagneux d'Asie centrale, à forte minorité russe et à dominance agricole

1917 Création de la République socialiste soviétique autonome (RSSA) du Turkestan.

1920 Le nord de la RSSA est organisée en RSSA de Kirghizie.

1926 La RSSA de Kirghizie est divisée en deux : au nord, la RSSA du Kazakhstan ; au sud, la RSSA du Kirghizistan.

1924 Le Kirghizistan est intégré à l'URSS.

1991 Askar Akaïev, déjà au pouvoir sous le régime soviétique, devient président à l'indépendance du Kirghizistan.

2005 Akaïev est renversé au cours de la « révolution des tulipes ». Kourmanbek Bakiev est élu à la présidence.

« 138-139 Les nomades des steppes

Tadjikistan

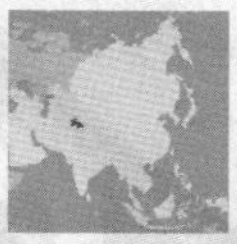

Un État de hautes montagnes, bordé par la mer Caspienne, dont la majeure partie de la population habite le sud du pays.

1929 Le Tadjikistan devient une république socialiste soviétique au sein de l'URSS.

1991 Lors de l'indépendance, l'ancien dirigeant communiste Rakhmon Nabiev remporte les élections.

1992 Des manifestations d'opposition contraignent Nabiev à quitter le pouvoir. Une guerre civile éclate alors que le parti de la Renaissance islamique lutte en faveur de l'établissement d'une république islamique. Un autre ancien dirigeant communiste, Emomali Rahmonov, accède au pouvoir.

2006 Rahmonov remporte à nouveau les élections, dans un climat de suspicion.

« 184-185 La route de la soie

Afghanistan

Ce pays d'Asie centrale, qui abrite de hautes terres arides, est en proie à de violents affrontements.

1219 Gengis Khan envahit et dévaste les régions du nord et de l'ouest de l'Afghanistan.

1369 Tamerlan (Timur Lang) occupe le pays et l'intègre à l'Empire timuride.

1504 Dans l'est du territoire, le Turc Baber crée une principauté indépendante, avec pour capital Kaboul.

1530 À la mort de Baber, l'Afghanistan est divisé entre le Nord ouzbek, l'Est moghol et l'Ouest perse.

1747 Ahmad Shah Durrani, chef pachtoun, est élu émir par le conseil tribal et fonde le dernier grand empire afghan.

1826 Dust Mohammad devient émir ; son règne fait le jeu des rivalités entre le Royaume-Uni et la Russie pour contrôler la région.

1839-1842 Suite à l'échec, à Kaboul, d'une mission conduite par le capitaine Alexander Burnes, en 1837, les forces britanniques envahissent l'Afghanistan pour tenter de renverser Dust Mohammad ; c'est la première guerre anglo-afghane. D'abord déposé, Dust Mohammad est finalement rappelé, après une importante insurrection dans la capitale.

1878-1881 Les Britanniques, ne parvenant pas à contrôler totalement les relations afghanes avec l'étranger, déclenchent la deuxième guerre anglo-afghane, après l'attribution d'un territoire afghan à la Russie.

1879 Le traité de Gangmak entérine l'annexion de diverses régions afghanes au Royaume-Uni. En 1893, est signé un autre traité établissant la « ligne Durand », frontière litigieuse entre l'Afghanistan et l'Inde britannique, qui coupe le territoire pachtoun en deux.

1885 L'Afghanistan, la Russie et le Royaume-Uni parviennent à établir un accord sur les frontières.

1895 Le Royaume-Uni et la Russie établissent le couloir de Wakhan, dit « doigt afghan », une étroite bande de terre qui traverse les montagnes du Pamir jusqu'à la Chine, la reliant à l'Afghanistan, et séparant ainsi les deux empires rivaux de Grande-Bretagne et de Russie.

1901 Habib Allah devient émir.

1907 L'entente anglo-russe garantit l'indépendance de l'Afghanistan, qui reste sous influence britannique pour les affaires étrangères.

1919 Habib Allah est assassiné ; son successeur, Aman Allah, tente de libérer son pays du contrôle britannique et envahit l'Inde. Une troisième guerre afghane, de courte durée, éclate et s'achève par des bombardements britanniques sur Kaboul et Djalalabad. Par le traité de Rawalpindi, les Britanniques reconnaissent l'indépendance totale de l'Afghanistan.

1928 Aman Allah entreprend de réformer le pays et notamment de réduire le pouvoir des chefs religieux.

1929 Aman Allah est contraint d'abdiquer, en raison de l'impopularité de ses réformes.

1946 L'Afghanistan est admis à l'ONU.

« Nous n'accepterons pas un gouvernement de **malfaiteurs.** Nous préférons mourir plutôt que de prendre part à un **gouvernement** des **forces du mal.** »

MOLLAH OMAR, CHEF DES TALIBANS, 2001

1953 Mohammad Daud Khan est nommé Premier ministre.

1956 Adoption d'un plan quinquennal pour moderniser le pays, appuyé par l'URSS.

1964 Le roi Zahir Chah tente d'établir une monarchie constitutionnelle, en proposant de timides réformes démocratiques.

1973 Sardar Mohammad Daud Khan fomente un coup d'État, avec le soutien du parti Parcham et instaure une république. C'est le début de la rébellion des moudjahidin.

1978 L'opposition au régime se transforme en véritable révolution. Nur Mohammad Taraki prend le pouvoir et instaure un gouvernement communiste.

1979 Taraki est évincé par Hafezollah Amin, qui est tué dans un nouveau coup d'État, appuyé par l'URSS. Celle-ci envoie des troupes en Afghanistan pour soutenir le gouvernement modéré de Babrak Karmal. La rébellion moudjahid se transforme en véritable guérilla, avec le soutien des États-Unis.

1986 Mohammad Nadjibollah remplace Karmal à la tête du gouvernement.

1988 Accord de paix avec l'URSS. Les troupes soviétiques se retirent du pays.

1992 Nadjibollah est renversé par les moudjahidin, mais la guerre civile éclate bientôt entre les différentes factions.

1994 Le mouvement islamique radical des talibans prend Kandahar et en fait son quartier général. Oussama Ben Laden revient dans le pays pour y installer des bases d'al-Qaida.

1996 Les talibans s'emparent de Kaboul et imposent un régime islamique stricte. L'Alliance du Nord prend la tête de l'opposition aux talibans.

2000 Le pays est victime d'une grave sécheresse. L'ONU impose des sanctions à l'Afghanistan, en représailles pour son soutien aux talibans.

2001 Après les attentats du 11 Septembre à New-York, des troupes de coalition, conduites par les États-Unis, attaquent l'Afghanistan afin de déloger les terroristes d'al-Qaida et renverser le gouvernement des talibans. Hamid Karzai prend la tête d'un nouveau gouvernement de coalition. Les forces occidentales occupent le territoire afghan.

2005 Les talibans se regroupent et reprennent l'offensive, exploitant le ressentiment populaire contre l'occupation étrangère du pays et la lenteur du processus de reconstruction.

2009 Hamid Karzai est finalement déclaré président, après une élection controversée.

« 78-79 La fin de l'âge du bronze
« 174-175 L'essor de l'islam
« 444-445 La guerre en Afghanistan

Des aventures afghanes vouées à l'échec
Des troupes britanniques lors de leur mobilisation à Kaboul, pendant la deuxième guerre afghane de 1878-1881. La Grande-Bretagne mena trois guerres en Afghanistan pour protéger l'Inde britannique et écarter les Russes, mais ne parvint pas à soumettre le peuple afghan rebelle.

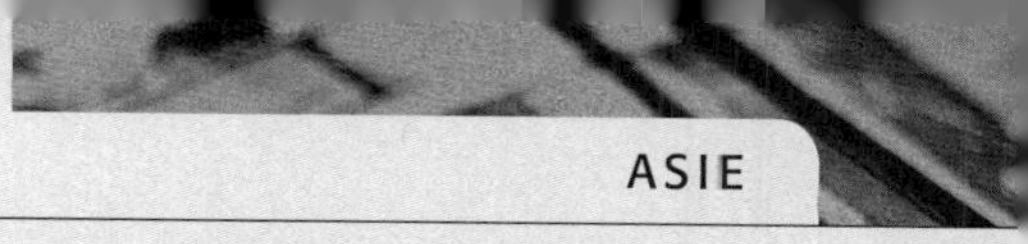

HOMME D'ÉTAT PAKISTANAIS (1876-1948)

MUHAMMAD ALI JINNAH

Père fondateur du Pakistan, Muhammad Ali Jinnah quitta le parti du Congrès indien, en 1934, pour entrer à la Ligue musulmane. Son objectif était la création d'un État musulman en Inde. En 1940, il appela à la partition de l'Inde et à la création de l'État islamique du Pakistan. Il aligna habilement la position de la Ligue sur celle de la Grande-Bretagne, pendant la Seconde Guerre mondiale, mais perdit le soutien britannique quand il eut recours à la lutte armée en 1946. Il joua un rôle de premier plan dans la création de l'État indépendant du Pakistan, lors de la partition de l'Inde, en 1947. Devenu le premier gouverneur général du pays, il mourut 13 mois plus tard.

Pakistan

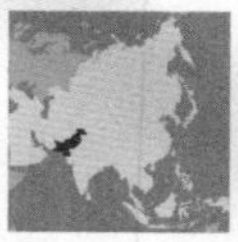

Un État musulman très peuplé et politiquement instable, qui fit partie de l'Inde britannique jusqu'en 1947.

711 Les Arabes musulmans conquièrent le Sind et contrôlent la majeure partie de l'Inde du Nord-Ouest, en l'an 900. L'Empire ghaznévide, qui gouverne la région jusqu'en 1186, est renversé par Muhammad de Ghur, qui occupe l'Inde du Nord. Au XIIIe siècle, la région passe sous le contrôle du sultanat musulman de Delhi et, au XVIIe siècle, de l'Empire moghol.

1843 Les Britanniques annexent la province du Sind et, en 1846-1849, le Pendjab. Le Cachemire devient protectorat britannique en 1846, puis le Baloutchistan, en 1876. Une grande partie de la région frontalière du Nord-Ouest est occupée en 1878.

1857 Lahore, Peshawar ainsi que d'autres villes se soulèvent contre les autorités britanniques, au moment de la révolte des cipayes, des soldats indiens de l'armée britannique.

1877 La majeure partie du Pakistan actuel devient une partie de l'Inde britannique.

1893 La question des frontières avec l'Afghanistan est réglée par la « ligne Durand », qui coupe en deux le territoire pachtoun.

1901 Les Britanniques créent la province du Nord-Ouest.

1940 La Ligue musulmane, avec à sa tête Muhammad Ali Jinnah, demande la création, en Inde, d'un État islamique, dans les régions à prédominance musulmane. Trois États du nord-ouest de l'Inde, le Baloutchistan, la province du Nord-Ouest et le Sind, sont à très grande majorité musulmane et trois autres États, le Pendjab à l'ouest, l'Assam et le Bengale à l'est, ont une population mixte, musulmane et hindoue.

1946 La Ligue musulmane gagne la plupart des circonscriptions aux élections. Le 16 août, Ali Jinnah appelle à une action directe pour appuyer ses revendications, donnant lieu à des émeutes.

1947 Partition de l'Inde : le vice-roi britannique des Indes, lord Mountbatten, annonce la partition de l'Inde entre un État musulman et un État hindou. Le 15 août, jour de l'indépendance, le Pakistan est créé et Ali Jinnah devient gouverneur général. Le Pendjab et le Bengale votent pour la partition ; Sylhet choisit de rejoindre le Pakistan. Trois États princiers indépendants choisissent également de faire partie du nouvel État. Le Pakistan est ainsi établi en deux parties, l'Est et l'Ouest, séparés par 1 600 km de territoire indien. Des millions de musulmans et d'hindous sont exilés au cours d'un gigantesque transfert de populations.

1948 Premier conflit indo-pakistanais, avec pour enjeu le Cachemire, un État à majorité musulmane. Des tribus musulmanes, soutenues par le Pakistan, envahissent le Cachemire pour le contraindre à rejoindre le Pakistan, provoquant l'intervention de l'Inde. Les deux pays se partagent finalement le Cachemire.

1949 La Ligue Awami demande l'autonomie du Bengale oriental. Le Pakistan tente d'établir un nouveau gouvernement dans les deux moitiés du pays.

1956 Une Constitution instaure au Pakistan une république islamique Le Bengale oriental devient le Pakistan oriental.

1958 La loi martiale est décrétée ; le général Muhammad Ayyub Khan prend le pouvoir, avant d'être élu président deux ans plus tard. En 1962, il proclame une nouvelle Constitution, instituant une République islamique formée de deux provinces, le Pakistan occidental et le Pakistan oriental. La nouvelle ville d'Islamabad devient la capitale.

1965 Deuxième conflit indo-pakistanais pour le contrôle du Cachemire et du Rann de Kutch.

1970 Ayyub Kahn cède le pouvoir au général Agha Yahya Khan. Une répression armée se déroule au Pakistan oriental.

1971 Sécession du Pakistan oriental qui devient le Bangladesh. Le chef du parti du Peuple pakistanais (PPP), Zulfikar Ali Bhutto, devient président du Pakistan.

1972 Les accords de paix de Simla enjoignent à l'Inde et au Pakistan de « régler leurs différends par des moyens pacifiques ».

1973 Zulfikar Ali Bhutto, devenu Premier ministre, instaure un socialisme islamique.

1977 Suite à des allégations de fraude électorale aux élections générales,

Guerre avec l'Inde
Le Cachemire et le Bangladesh ont été l'objet de plusieurs conflits entre l'Inde et le Pakistan. Ici, des troupes pakistanaises lors de la seconde guerre indo-pakistanaise, à propos du Cachemire, en 1965.

des émeutes éclatent et un coup d'État militaire est mené par le général Zia ul-Haq. Zulfikar Ali Bhutto est exécuté en 1979.

1986 La fille de Bhutto, Benazir, rentre d'exil et prend la tête du PPP.

1988 Le général Zia est tué dans un accident d'avion. Benazir Bhutto remporte les élections générales.

1990 Nawaz Sharif devient Premier ministre.

1993 Démission du président Khan et du Premier ministre Sharif. Après les élections, Benazir Bhutto est rappelée au gouvernement.

1996 Benazir Bhutto est à nouveau démise par le président.

1997 Victoire de la Ligue musulmane pakistanaise aux élections ; Nawaz Sharif est élu Premier ministre.

1999 Coup d'État militaire du général Pervez Musharraf ; Sharif est accusé de haute trahison et exilé en Arabie saoudite. Des incidents sérieux avec les troupes indiennes ont lieu dans la région de Kargil, au Cachemire.

2001 L'Assemblée nationale est dissoute et Musharraf se proclame président.

2001 L'invasion de l'Afghanistan par les troupes de la coalition place le Pakistan en première ligne de la guerre internationale contre le terrorisme.

2005 Un tremblement de terre au Cachemire fait plus de 70 000 victimes.

2008 Asif Ali Zardari, du PPP, devient chef de l'État.

« 78-79 La fin de l'âge du bronze
« 410-411 La partition de l'Inde

Inde

Vaste sous-continent et berceau de quelques-unes des plus anciennes civilisations du monde.

2600 av. J.-C. Apogée de la civilisation de la vallée de l'Indus.

320-185 av. J.-C. Unification d'une grande partie de l'Inde et introduction du bouddhisme comme religion d'État sous l'Empire maurya, notamment sous le règne du roi Ashoka.

320 apr. J.-C. Fondation de la dynastie gupta et début de la période classique.

607-647 Harsha Vardhana, de la dynastie des Pushyabhuti, réunit l'Inde à l'Empire harsha.

Années 800 Expansion de l'Empire chola en Inde du Sud.

800-1200 Époque des royaumes rajput dans l'actuel Rajasthan, au nord-ouest de l'Inde.

1192 Le roi rajput Prithvi Raj III est vaincu par les musulmans. C'est la fin de la période rajput.

1192-1398 Le sultanat musulman de Delhi est établi dans la plaine indo-gangétique, dans le nord de l'Inde.

Statuette de dieu chola
Ce bronze chola du XIe siècle représente le dieu hindou Rama. L'hindouisme était la religion de l'Empire chola ; ses rois étaient supposés être les descendants du dieu Shiva.

MOMENT CLÉ

LA RÉVOLTE DES CIPAYES, 1857-1858

La révolte des cipayes fut une rébellion de grande ampleur contre l'autorité britannique, qui débuta parmi les soldats indiens enrôlés dans la Compagnie des Indes orientales. Elle fut déclenchée par l'utilisation des fusils Enfield, dont les cartouches étaient prétendument enduites de graisse de porc ou de bœuf et que les soldats devaient déchirer avec leurs dents – un contact inconcevable pour des musulmans aussi bien que pour des hindous. Cependant, la source plus profonde de la rébellion était le mécontentement engendré par la campagne intensive des Britanniques pour occidentaliser l'Inde. Les soldats de Meerut qui refusèrent d'utiliser les fusils, en avril 1857, furent sévèrement châtiés. En représailles, leurs camarades fusillèrent leurs officiers britanniques et marchèrent sur Delhi. Dans la capitale, la garnison locale indienne rejoignit la mutinerie, qui ne cessa de gagner du terrain, avant d'être finalement réprimée presque un an plus tard.

Après cette révolte, les Britanniques firent marche arrière et entamèrent un processus de consultation avec les Indiens pour les affaires internes. On voit ici le châtiment des rebelles, attachés aux canons.

1279 Mort de Rajendra III, le dernier roi chola. L'Empire chola est supplanté par des royaumes rivaux.

1336 Fondation du royaume hindou de Vijayanagar dans le sud de l'Inde ; l'expansion musulmane est arrêtée au sud.

1526 Début de l'Empire moghol, qui atteint son apogée sous le règne de l'empereur Akbar (1556-1605).

1674 L'Empire marathe est fondé par Shivaji Bhonsle, dans le centre et le nord de l'Inde. Il domine la région jusqu'en 1818.

1707 La mort de l'empereur Aurangzeb marque le début du déclin moghol.

1757 Au Bengale, la victoire de l'armée privée de la Compagnie des Indes orientales, commandée par Robert Clive, annonce la consolidation du pouvoir britannique en Inde.

1777 Premier conflit entre l'Empire marathe et la Compagnie des Indes orientales britannique. D'autres conflits suivent en 1803 et en 1817.

1857 La révolte des cipayes s'étend à toute l'Inde.

1858 Démantèlement officiel de l'Empire moghol et prise de contrôle effective du gouvernement britannique sur l'Inde.

1877 La reine Victoria est proclamée impératrice des Indes.

1885 Création du parti du Congrès, plate-forme du mouvement nationaliste.

1920-1922 Première campagne de désobéissance civile du Mahatma Gandhi.

1935 La loi sur le gouvernement de l'Inde accorde l'autonomie aux provinces.

1947 Fin de la colonisation britannique et partition entre l'Inde, à majorité hindoue, et le Pakistan, à dominance musulmane. Jawaharlal Nehru devient Premier ministre de l'Inde indépendante.

1948 Assassinat du Mahatma Gandhi par un extrémiste hindou. Guerre contre le Pakistan au sujet du Cachemire.

1950 L'Inde devient une république.

1951-1952 La première élection générale est remportée par le parti du Congrès, conduit par Nehru.

1962 Réélection du parti du Congrès. L'Inde perd la guerre contre la Chine et la région de l'Askai Chin.

1964 Mort de Nehru. Lal Bahadur Shastri devient Premier ministre.

1965 Deuxième guerre avec le Pakistan à propos du Cachemire.

1966 Mort du Premier ministre Lal Bahadur Shastri ; Indira Gandhi est choisie comme candidate de compromis pour lui succéder.

1971 Le parti du Congrès d'Indira Gandhi remporte les élections. Troisième conflit avec le Pakistan, à propos de la création du Bangladesh.

1972 L'accord de Simla, établissant un règlement pacifique des différends, est signé avec le Pakistan.

1977 Le parti du Congrès perd les élections générales. Le parti du Peuple (Janata Party) entre au gouvernement.

1978 Division au sein du grand parti du Congrès et formation du Congrès I, rassemblant les dissidents favorables à Indira Gandhi.

1980 Victoire du Congrès I aux élections générales.

1984 Les troupes indiennes donnent l'assaut sur le temple d'Or, à Amritsar, pour capturer des militants autonomistes sikhs. Indira Gandhi est assassinée ; son fils Rajiv devient Premier ministre et chef du Congrès I. Une explosion de gaz à l'usine américaine Union Carbide, à Bhopal, fait 8 000 morts.

1987 Déploiement des forces indiennes du maintien de la paix au Sri Lanka, pour combattre les Tigres tamouls.

1989 Élections générales : le Front national forme un gouvernement de minorité, avec le soutien du parti nationaliste, le parti du Peuple indien (BJP).

1990 Retrait des forces du maintien de la paix au Sri Lanka. Au Cachemire, début d'une campagne de violences, perpétrées par des groupes séparatistes islamiques. Le Congrès I, allié au BJP, revient au gouvernement.

1991 Rajiv Gandhi est assassiné, pendant la campagne électorale, par un kamikaze lié aux Tigres tamouls du Sri Lanka. Narasimha Rao devient Premier ministre d'un gouvernement de minorité, dirigé par le Congrès I.

1992 La mosquée Babri Masjid, à Ayodhya, est détruite par des extrémistes hindous, acte qui déclenche des violences générales entre les hindous et les musulmans.

1996 Crise politique engendrée par des affaires de corruption. Le BJP est le plus grand parti politique, mais il ne parvient pas à remporter un vote de confiance ; un gouvernement de coalition du Front uni de gauche entre en fonction.

1998 Élections générales : le BJP, conduit par Atal Bihari Vajpayee, forme un gouvernement de coalition. Sonia Gandhi, veuve de Rajiv Gandhi, devient présidente du Congrès I.

1999 Vajpayee fait un voyage historique en autobus jusqu'à Lahore, au Pakistan. Pourtant, l'Inde et le Pakistan s'engagent dans un nouveau conflit au Cachemire. Le BJP revient au gouvernement. Un cyclone fait entre 10 000 et 15 000 victimes dans l'État oriental d'Orissa.

2001 Plus de 25 000 personnes sont tuées dans un tremblement de terre au Gujerat. Les discussions, à Agra, entre Vajpayee et le président pakistanais Pervez Musharraf ne débouchent sur aucun accord à propos du Cachemire. Les deux pays massent des troupes le long de la frontière. Des militants du Cachemire organisent une attaque armée contre le Parlement à Delhi.

2002 Nouvelle crise du Cachemire, le gouvernement indien mettant en cause la responsabilité directe du Pakistan dans les attaques terroristes des séparatistes cachemiris. De sanglants affrontements entre communautés religieuses éclatent dans le Gujerat.

2003 Déclaration de cessez-le-feu au Cachemire.

2004 Victoire surprise du parti du Congrès aux élections générales. Manmohan Singh prête serment comme Premier ministre.

2005 Les pluies de mousson font plus de 5 000 victimes à Bombay, alors qu'au Cachemire, plus de 1 000 personnes sont tuées dans un tremblement de terre.

2006 Les attaques des militants islamiques s'intensifient, faisant notamment 180 victimes, tuées par des bombes posées dans des trains à Bombay.

2007 L'Inde et le Pakistan signent un accord pour limiter le risque de guerre nucléaire.

« 124-125 Le premier empire de l'Inde
« 244-245 Les Grands Moghols
« 352-353 Le Raj britannique
« 408-409 Le Mahatma Gandhi

FEMME POLITIQUE INDIENNE (1917-1984)

INDIRA GANDHI

Fille de Jawaharlal Nehru, artisan de l'indépendance de l'Inde et Premier ministre de 1947 à 1964, Indira Gandhi fut deux fois Premier ministre, de 1966 à 1977, et de 1980 jusqu'à son assassinat, en 1984. Elle entra au Parlement en 1964. Son fils, Rajiv Gandhi, deviendra également Premier ministre.

Au gouvernement, elle entama un programme ambitieux de modernisation de l'Inde, mais, en 1975, elle fut accusée de fraude électorale lors des élections de 1971. Elle s'employa à museler son opposition, et les charges contre elle furent abandonnées. Elle perdit toutefois les élections de 1977 et ne revint au pouvoir qu'en 1980. En 1984, elle utilisa la force armée pour mater la rébellion des sikhs. Quelques mois plus tard, Indira Gandhi fut assassinée par ses gardes du corps sikhs.

Népal

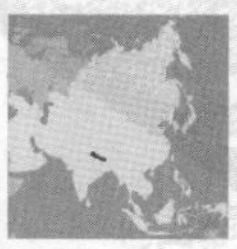

Ce petit pays de l'Himalaya, enclavé entre la Chine et l'Inde, est une jeune république.

1769 Création de l'État du Népal.

1814-1816 La guerre entre les Britanniques et le Népal s'achève par un traité, établissant les frontières de l'État et reconnaissant son autonomie.

1923 Un traité avec la Grande-Bretagne instaure l'indépendance du Népal.

1951 La dynastie Rana, probritannique, est chassée du pouvoir. La monarchie est restaurée ; des membres du parti du Congrès népalais (PCN), opposés à la famille Rana, forment un gouvernement.

1960 Le roi Mahendra procède à un coup d'État et suspend la Constitution.

1972 Son fils Birendra lui succède sur le trône.

1985 Le PCN entame une campagne de désobéissance civile, pour obtenir le retour d'un régime multipartite.

1990 Des manifestations pour la démocratie sont violemment réprimées. Le roi Birendra accorde une nouvelle Constitution démocratique.

1995-1998 De fragiles gouvernements de coalition se succèdent. Des insurrections éclatent dans les régions rurales, visant à renverser la monarchie.

2003 Les rebelles consentent à un cessez-le-feu, mais quittent les pourparlers de paix avec le gouvernement.

2005 Le roi Gyanendra congédie le Premier ministre et gouverne seul.

2006 Un Parlement est à nouveau installé par le roi, après des semaines de grèves et de manifestations. Il restreint les pouvoirs du souverain et reprend les négociations de paix avec les rebelles.

2008 Après l'abolition de la monarchie, Ram Baran Yadav est élu président de la République.

Bhoutan

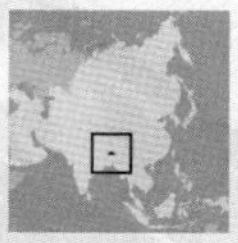

Le Pays du Dragon est un royaume enclavé en Asie méridionale, dans la chaîne himalayenne.

1864 Une mission britannique entraîne le Bhoutan dans une guerre frontalière avec le Royaume-Uni, qui s'achève par la perte de territoires au Bengale et dans l'Assam.

1907 Établissement d'une monarchie.

1971 Adhésion du Bhoutan à l'ONU.

1990 La minorité népalaise lance une campagne pour l'obtention de droits civiques ; des milliers de personnes fuient au Népal.

2007 Le Bhoutan signe avec l'Inde un accord qui lui octroie davantage de pouvoir sur sa gestion de la défense et des affaires étrangères.

« 184-185 La route de la soie

Sri Lanka

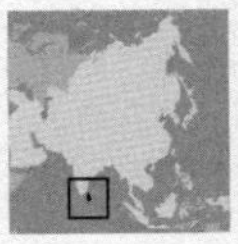

Berceau d'une civilisation antique, ce pays a subi les ravages de la guerre civile, engendrée par les tentatives de sécession des rebelles tamouls.

1802 Ceylan devient une colonie de la couronne britannique par le traité d'Amiens, qui officialise le contrôle britannique sur les régions occupées depuis 1796.

1815 Les Britanniques occupent Kandy, étendant ainsi leur contrôle sur toute l'île. Ils font venir d'Inde du Sud des populations tamoules pour travailler dans les plantations de thé, de café et de noix de coco.

1948 L'île accède à l'indépendance totale.

1956 Solomon Bandaranaike est élu Premier ministre. Il établit le cinghalais comme seule langue officielle.

1959 Bandaranaike est assassiné ; sa veuve, Sirimavo, lui succède.

1972 L'île est rebaptisée Sri Lanka et le bouddhisme devient la principale religion.

1975 Création du mouvement rebelle des Tigres tamouls, alors que des tensions s'accroissent dans les régions tamoules du nord et de l'est de l'île.

1983 Début de la guerre civile avec les Tigres tamouls.

1987 L'accord de paix signé entre l'Inde et le Sri Lanka entraîne l'envoi de troupes indiennes de maintien de la paix dans les régions tamoules.

1990 Les troupes indiennes se retirent. Escalade de la violence entre l'armée et les Tigres tamouls.

1993 Le président Premadasa est tué dans un attentat suicide perpétré par un Tamoul.

1994 Chandrika Kumaratunga accède à la présidence.

1995-2001 Guerre dans le nord et l'est du pays.

2002 Signature d'un cessez-le-feu. Les Tigres tamouls renoncent à revendiquer un État séparé.

2004 Des Tigres sécessionnistes reprennent le contrôle de l'Est. Un tsunami fait 35 000 victimes.

2006 En violation du cessez-le-feu, les Tigres tamouls entament une campagne de bombardement et s'opposent violemment aux forces gouvernementales.

2007 Les troupes gouvernementales chassent les rebelles des régions côtières de l'Est. Le gouvernement du président Mahinda Rajapakse remporte la majorité au Parlement.

Statue bouddhique
Cette élégante statuette en bronze doré du VIIIe siècle, représentant la déesse bouddhique Tara, est un superbe exemple de l'art du bronze sri lankais.

MOMENT CLÉ

MANIFESTATION D'ENFANTS, 2003

Le 6 octobre 2003, une manifestation sans précédent rassembla des écoliers de Valachechenai, dans l'est du Sri Lanka. En dépit du risque de sévères représailles, ils s'assirent dans la rue et bloquèrent la circulation pour protester contre l'enlèvement de 23 de leurs camarades par les Tigres tamouls. Cet enlèvement avait eu lieu quelques heures seulement après que les Tigres eurent donné leur accord à un plan établi par l'Unicef pour rendre les enfants soldats à leurs familles. Cette manifestation attira l'attention du monde entier sur le sort tragique de ces enfants, enrôlés de force pour combattre aux côtés des Tigres rebelles.

Bangladesh

Jeune nation établie autour du delta du Gange et de ses affluents, qui doit lutter contre de fréquentes inondations.

1947 Les Britanniques quittent l'Inde après la partition du pays en deux États. L'État du Pakistan, à majorité musulmane, comprend la partie orientale (aujourd'hui le Bangladesh) et la partie occidentale, séparées par 1 600 km de territoire indien, à dominance hindouiste.

1949 Création de la ligue Awami, revendiquant l'autonomie du Pakistan oriental.

1970 Aux élections, la ligue Awami, dirigée par le cheikh Mujibur Rahman, obtient une large majorité au Pakistan oriental. À la fin de l'année, un violent ouragan fait entre 200 000 et 500 000 morts.

1971 Le cheikh Mujibur Rahman déclare unilatéralement l'indépendance du Pakistan oriental, déclenchant ainsi une guerre civile. Mujibur Rahman est arrêté et déporté au Pakistan occidental. L'armée se mutine au Pakistan oriental. Les troupes nationales sont vaincues en 12 jours.

1972 Mujibur Rahman revient au Pakistan oriental et est élu Premier ministre. Le pays est rebaptisé Bangladesh et les grandes industries sont nationalisées. Le Bangladesh est reconnu par la communauté internationale et adhère au Commonwealth, dont le Pakistan se retire en signe de protestation.

1975 Assassinat du cheikh Mujibur Rahman, lors d'un coup d'État militaire. Le général Zia ur-Rahman prend le pouvoir et instaure un régime de parti unique, décrétant la loi martiale.

1977 Le général Zia occupe la présidence. L'islam figure en première place dans les principes de la nouvelle Constitution.

1981 Le général Zia est tué par un groupe d'officiers.

1982 Le général Ershad accède au pouvoir lors d'un nouveau coup d'État et devient président l'année suivante.

1987 L'état d'urgence est proclamé, après des manifestations d'opposition et des grèves.

1991 Les élections sont remportées par le Parti national du Bangladesh (BNP). Khaleda Zia devient Premier ministre. Accusé de corruption, Ershad est emprisonné. Le rôle du président est réduit à des fonctions honorifiques. Un cyclone, suivi d'inondations, fait 150 000 victimes et des millions de sans-abri.

1996 Les élections générales, boycottées

par les partis d'opposition, redonnent la victoire au BNP. Les partis d'opposition rejettent les résultats et réclament de nouvelles élections. Le cheikh Hasina Wajed, de la ligue Awami (AL), arrive au pouvoir.

1997 Ershad est libéré de prison. L'opposition entame une campagne de grèves contre le gouvernement.

1998 Les deux tiers du pays sont dévastés par de graves inondations.

2001 Victoire du BNP, de Khaleda Zia, aux élections. Le chef de la ligue Awami, Hasina Wajed, se retire.

2004 L'opposition lance une campagne pour renverser le gouvernement et appelle à la grève générale. Les attaques à la bombe des extrémistes islamiques se poursuivent. Dhaka connaît les pires inondations depuis des décennies.

2006 L'AL met fin à un an de boycott parlementaire. Dans un climat de violentes manifestations antigouvernementales, le président Ahmed assure l'intérim jusqu'à la fin du mandat du Premier ministre, Khaleda Zia.

2007 Déclaration de l'état d'urgence, suite au climat de violence précédant les élections.

2009 Zillur Rahman devient président de la République.

« 410-411 La partition de l'Inde

Opulence royale
Le palais de Kanbawzathadi, dans l'ancienne capitale birmane d'Hanthawadcy, témoigne de la richesse du roi Bayinnaung, de la dynastie Toungoo, qui régna de 1551 à 1531. Il unifia le pays et conquit les États des Chan et le Siam (devenu la Thaïlande). Ce fut un bâtisseur prolifique et un protecteur des arts.

Birmanie

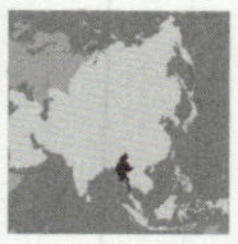

Ancienne colonie britannique, la Birmanie est gouvernée, depuis 1962, par l'armée, qui l'a rebaptisée Myanmar en 1989.

XIe siècle La Birmanie est unifiée pour la première fois, sous le règne d'Anarotha (1044-1077), le fondateur de la dynastie Pagan.

1535-1545 Le roi Tabinshweti, fondateur de la dynastie Toungoo, constitue une nouvelle fois l'unité du pays.

1714-1760 Sous le règne d'Alaungpaya, fondateur de la dynastie Konbaung, la Birmanie est à l'apogée de sa puissance.

1824-1886 La Birmanie entre en guerre par trois fois avec la Grande-Bretagne, pour des questions relatives aux frontières de l'Empire britannique indien.

1886 La Birmanie devient une province de l'Inde.

1937 Séparation de l'Inde pour devenir une colonie britannique.

1947 Aung San remporte les élections, mais il est assassiné.

1948 Indépendance de la Birmanie. U Nu devient Premier ministre de l'Union birmane et mène une politique socialiste. Rébellion de minorités ethniques séparatistes, notamment les Karen.

1961 Les Kachin, autre minorité ethnique, prennent à leur tour les armes.

1962 Coup d'État militaire du général Ne Win, qui, au nom de la « voie birmane vers le socialisme bouddhiste », isole son pays de la scène internationale.

1988 Des émeutes étudiantes font des milliers de morts. Ne Win démissionne et la loi martiale est décrétée. Aung San Suu Kyi, fille du héros de l'indépendance Aung San, crée avec d'autres la NLD, la Ligue nationale pour la démocratie. Le général Saw Maung organise un coup d'État et le SLORC, le Conseil d'État pour la restauration de l'ordre et de la loi, prend le pouvoir. Des groupes de résistance forment l'Alliance démocratique de Birmanie.

1989 Les chefs de la NLD sont arrêtés par l'armée, qui intensifie la lutte contre les rebelles. La Birmanie est officiellement rebaptisée l'Union du Myanmar.

1991 Aung San Suu Kyi reçoit le prix Nobel de la paix.

1992 Le général Than Shwe prend la tête du SLORC.

1997 Le SLORC devient le Conseil d'État pour la paix et le développement (SPDC).

2003 Aung San Suu Kyi est placée en résidence surveillée, suite à des heurts entre ses partisans et le gouvernement.

2007 La « révolution safran », une révolte populaire contre la hausse des prix du carburant, est réprimée par la junte. Le cyclone Nargis fait plus de 130 000 victimes.

« 172-173 Les empires oubliés
« 184-185 La route de la soie

FEMME POLITIQUE BIRMANE (NÉE EN 1945)

AUNG SAN SUU KYI

Aung San Suu Kyi, à la tête de l'opposition birmane, entama sa lutte non violente pour la démocratie en 1988, après le massacre des manifestants étudiants par l'armée. Malgré plusieurs longs séjours en résidence surveillée, elle refusa l'offre des autorités birmanes de quitter le pays en échange de sa liberté. En 1990, le gouvernement annula les élections qui lui octroyaient 80 % des sièges parlementaires. Elle reste à l'heure actuelle assignée à résidence, sous le contrôle des militaires.

Chine

Pays le plus peuplé du monde et troisième par sa superficie, la Chine abrite une civilisation très ancienne.

221 av. J.-C. La Chine est unifiée, pour la première fois, par la dynastie impériale des Qin, avec pour capitale Xianyang. Le premier empereur, Qin Shi Huangdi, mène une politique autoritaire et ordonne des exécutions massives d'intellectuels, et est à l'origine de la construction de la Grande Muraille.

206 av. J.-C. Après une insurrection paysanne, Liu Bang renverse la dynastie des Qin et fonde celle des Han, sous laquelle la Chine demeure unifiée.

6 apr. J.-C. Wang Mang fonde la brève dynastie des Xin, après avoir usurpé le pouvoir détenu par la dynastie déclinante des Han.

25 Restauration de la dynastie des Han, qui transfère sa capitale plus à l'est, à Luoyang, raison pour laquelle la seconde période Han est connue sous le nom des Han de l'Est (ou postérieurs).

220 Une succession de jeunes et faibles empereurs ne permet pas aux Han de l'Est de maintenir la stabilité et les réalisations des premiers Han. Le pays est divisé en Trois Royaumes rivaux : Shu Han, Wei et Wu.

265 Début de la période des dynasties du Nord et du Sud. La Chine du Nord est gouvernée par six dynasties différentes et la Chine du Sud par trois.

589 Yang Jian, régent de la dynastie du nord des Zhou, renverse la dynastie des Chen du Sud et fonde la dynastie des Sui. Il bâtit une nouvelle capitale à Luoyang. Les Sui initient nombre d'institutions, qui sont développées avec succès sous les Tang.

618 Li Yuan conduit une révolte armée et prend Changan, future capitale des Tang. En 626, il cède le trône à son second fils, Li Shimin, qui devient empereur sous le nom de Taizong. Les institutions politiques des Sui sont réformées selon une ligne moins dure et l'empire est consolidé. Une politique de « démocratisation de la terre » est pratiquée. La période Tang est considérée comme un âge d'or grâce à une expansion territoriale sans précédent, une tolérance politique et religieuse et le développement des arts.

906 L'effondrement des Tang se traduit par 54 ans de désunion, tandis que le gouvernement passe aux mains de cinq dynasties différentes.

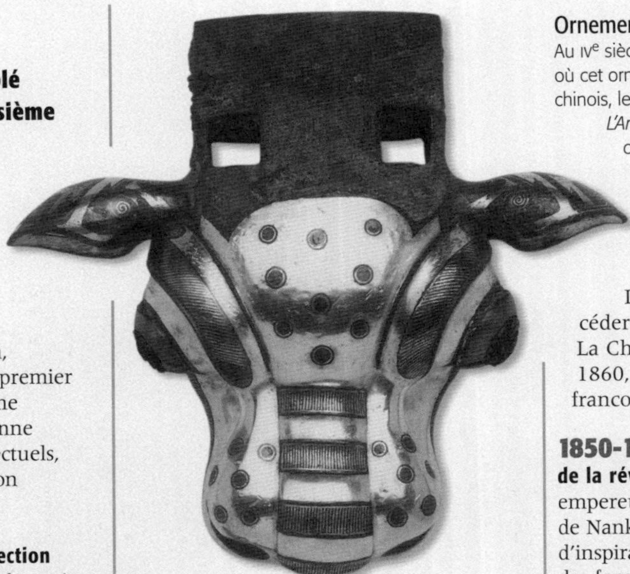

Ornement de chariot
Au IVe siècle av. J.-C., à peu près à l'époque où cet ornement décorait un chariot de guerre chinois, le général Sun Tzu publia son traité *L'Art de la Guerre*, dans lequel figurait cette maxime : « Toute guerre est fondée sur la tromperie. »

960 Zhao Guangyin, général de l'armée impériale des Zhou, prend la tête d'une révolte et s'empare du pouvoir. Il fonde la dynastie des Song, établit la capitale à Kaifeng et conquiert les autres États chinois.

1127 L'invasion de la Chine du Nord par les Jürchen, ajoutée aux luttes de faction et aux révoltes paysannes, provoque l'effondrement de la dynastie des Song du Nord, établis à Hangzhou, désormais capitale des Song du Sud. La Chine du Nord tombe sous le contrôle de la dynastie Jin des Jürchen. Des conflits militaires perdurent entre les deux régimes. La poésie Shi connaît son apogée dans le sud. Les armées mongoles conduites par Gengis Khan entament leur conquête progressive de la Chine.

1279 La conquête de la Chine par les Mongols est achevée sous Kubilay Khan, qui fonde la dynastie des Yuan, et établit pour la première fois la capitale sur le site de l'actuelle Pékin. Sous les Mongols, l'agriculture, les communications et l'administration locale sont renforcées, le théâtre est florissant et des avancées sont réalisées dans les domaines scientifiques et technologiques.

1368 Zhu Yuanzhang fonde la dynastie Ming, transfère la capitale à Nankin, puis la ramène à Pékin en 1421.

1644 Les Mandchous envahissent la Chine, étendent considérablement le territoire et réforment les institutions des Qing. Ils permettent aux Han de participer au gouvernement, tout en gardant le pouvoir.

1736 L'empereur Qianlong accède au pouvoir. Adepte du bouddhisme, il consacre de vastes ressources aux loisirs de la cour.

1839-1860 Guerres de l'opium avec la France et l'Angleterre. Alarmé par la montée de la consommation d'opium, le gouvernement chinois tente d'en limiter l'importation. La Chine est vaincue par les Britanniques, en 1842, et contrainte à ouvrir les ports aux étrangers. Les Mandchous doivent également céder Hong Kong à la Grande-Bretagne. La Chine subit une nouvelle défaite en 1860, cette fois par les forces alliées franco-britanniques.

1850-1864 Hong Xiuquan, à la tête de la révolte Taiping, se proclame empereur, prend le contrôle de la ville de Nankin et établit un régime d'inspiration chrétienne. Avec l'aide des forces britanniques et américaines, Nankin est reconquise par le gouvernement mandchou en 1864. Malgré leur victoire, l'autorité des Mandchous est minée dans beaucoup de régions chinoises.

1883-1885 Les Français prennent le Nord-Viêt Nam à la Chine, au cours de la guerre du Tonkin.

1895 Défaite de la Chine par le Japon dans une guerre pour le contrôle de la péninsule coréenne.

1900 La révolte des Boxers, tentative pour expulser les Occidentaux, est réprimée. Des troupes étrangères sont désormais stationnées dans tous les points stratégiques, entre Pékin et Shanghai, alors que le gouvernement mandchou est irrémédiablement affaibli.

1911 L'Empire mandchou est renversé par des nationalistes conduits par Sun Yat-sen. La République de Chine est proclamée.

1912 Sun Yat-sen crée le Guomindang (« parti nationaliste »).

1916 Les nationalistes se divisent. Sun Yat-sen établit un gouvernement républicain à Canton, tandis que le reste de la Chine passe sous le contrôle des « seigneurs de la guerre ».

1921 Création du Parti communiste chinois (PCC) lors de son premier congrès national, à Shanghai.

1923 Le PCC s'allie au Guomindang, soutenu par les Soviétiques, pour lutter contre les pouvoirs seigneuriaux.

1925 Tchang Kaï-chek (Jiang Jieshi), devient chef du Guomindang à la mort de Sun Yat-sen.

Magnificence des Mandchous
Kangxi fut le deuxième empereur mandchou. Durant son règne (1662-1722), il ouvrit la Chine au commerce étranger et encouragea la propagation des idées occidentales. Il agrandit l'empire de régions annexées au Tibet et à la Russie.

HOMME POLITIQUE CHINOIS (1866-1925)

SUN YAT-SEN

Souvent considéré comme le «père de la Chine moderne», Sun Yat-sen fut le chef du Guomindang, parti nationaliste. Après seize années d'exil, il renversa la dynastie mandchoue défaillante et devint le premier président de la république de Chine, en 1912. Il perdit rapidement le pouvoir et passa les années suivantes à combattre les «seigneurs de la guerre», qui contrôlaient une grande partie du pays, s'alliant pour ce faire avec le Parti communiste chinois, récemment créé. Il mourut d'un cancer avant d'avoir pu consolider son pouvoir et réunifier la Chine.

Après sa mort, Sun Yat-sen devint le symbole de la modernisation chinoise, en raison de sa connaissance de l'Occident et de sa détermination à développer le pays. Il est aujourd'hui vénéré aussi bien en Chine continentale qu'à Taïwan.

Petites pensées rouges
De jeunes gardes rouges lisent les pensées du président Mao dans le «Petit Livre rouge», recueil de citations de Mao Zedong.

1927 Rupture entre Tchang Kaï-chek et le parti communiste. Les chefs communistes se réfugient dans le Sud rural.

1930-1934 Mao Zedong proclame sa stratégie d'une révolution paysanne.

1931 Le Japon envahit la Mandchourie.

1934 Tchang Kaï-chek déloge le PCC de ses bases du Sud. C'est le début de la Longue Marche, tandis que l'armée communiste bat en retraite.

1935 La Longue Marche s'achève à Yan'an, dans la province de Shaanxi; près de 80 000 personnes y ont perdu la vie. Le PCC déplace son quartier général du sud-est au nord-ouest. Mao Zedong devient chef du PCC.

1937-1945 L'armée du PCC, qui combat au nord et le Guomindang au sud, sortent vainqueurs de la guerre contre le Japon.

1945-1949 Conflit entre les troupes communistes et le Guomindang; ce dernier, soutenu par les États-Unis, bat en retraite dans l'île de Taïwan.

1949 Mao Zedong proclame la République populaire de Chine, le 1er octobre.

1950 La Chine envahit le Tibet.

1950-1958 La réforme agricole est parachevée par la création des communes populaires.

1958 Échec du «Grand Bond en avant», lancé par Mao Zedong, pour accélérer la production. La collectivisation des terres débouche sur deux années de famine (1959-1961), qui font des millions de morts. Mao Zedong quitte la présidence de la République, où il est remplacé par Liu Shaoqi, mais demeure à la tête du PCC.

1959 Au Tibet, la rébellion est écrasée et le dalaï-lama se réfugie en Inde, où il forme un gouvernement d'exil.

1961-1965 Sous l'influence de Liu Shaoqi et Deng Xiaoping, une approche économique plus pragmatique est adoptée.

1962 Après un conflit frontalier meurtrier avec l'Inde, la Chine occupe la région himalayenne litigieuse de l'Askai Chin.

1966 Mao Zedong lance la Révolution culturelle pour restaurer son pouvoir suprême, en s'appuyant sur la jeunesse du pays.

1972 Le président américain Richard Nixon se rend en Chine pour rencontrer Mao Zedong, dans le cadre d'une plus grande politique d'ouverture sur l'étranger, sous l'action de Zhou Enlai.

1976 Après le décès de Zhou Enlai, Mao Zedong retire à Deng Xiaoping ses fonctions; mais il s'éteint à l'âge de 82 ans. À sa mort, la «Bande des Quatre» (Jiang Qin, Yao Wenyuan, Zhang Chunqiao, Wang Hongwen) tente de s'emparer du pouvoir, mais en est empêchée par les partisans de Deng Xioaping. La Bande des Quatre est arrêtée, puis jugée en 1981. Un violent tremblement de terre à Tangshan, dans la province du Hebei, fait 250 000 morts.

1977 Deng Xiaoping retrouve ses fonctions au parti et commence à affermir son pouvoir.

MOMENT CLÉ

LE SOULÈVEMENT DE LHASSA, 1959

Le 10 mars 1959, la tension latente existant entre les Tibétains et les autorités chinoises se transforma en insurrection dans la capitale tibétaine de Lhassa.

Des milliers de Tibétains se ruèrent dans les rues entourant le palais du Potala pour protester contre l'afflux de colons chinois, qui avait débuté dès l'entrée des troupes à l'est du Tibet, en octobre 1950.

Le Tibet avait déclaré son indépendance en 1911, lors de la chute de l'Empire mandchou, et avait préservé son gouvernement pendant 40 ans, mais son armée sous-équipée n'avait pu résister à l'invasion chinoise, en 1950. Ce fut également le cas lors de ce soulèvement, qui fut écrasé au prix de milliers de morts. Le dalaï-lama, chef spirituel du Tibet, fut contraint de s'enfuir à pied à travers les montagnes de l'Himalaya. Il se réfugia en Inde, où il forma un gouvernement en exil; il réclame l'indépendance du Tibet depuis lors.

Après le soulèvement, le gouvernement chinois, qui reconnaît officiellement le Tibet comme une région autonome, entama des mesures de répression contre la religion et la culture tibétaines. Dans les années 1970, la répression s'allégea, mais des émeutes éclatèrent à nouveau dans les années 1980 et la loi martiale fut décrétée en 1988. En 2008, des manifestations de moines contre le pouvoir chinois furent violemment réprimées.

1978 Début d'une décennie de modernisation économique.

1978-1979 À Pékin, le mouvement contestataire du Mur de la démocratie, réclamant plus de liberté démocratique, se développe pendant la période dite du « printemps de Pékin ».

1979 Établissement de relations diplomatiques avec les États-Unis. Guerre avec le Viêt Nam.

1980 Sous l'autorité de Deng Xiaoping, les réformes économiques s'accélèrent, mais les espoirs de changement politique sont déçus. La première « zone économique spéciale » est établie à Shenzhen. Une politique de planning familial de l'enfant unique est adoptée au niveau national.

1987 Le secrétaire général du PCC, Hu Yaobang, est contraint à démissionner, en raison de ses positions libérales et de ses tentatives pour réhabiliter les victimes de la Révolution culturelle.

1989 Manifestations en faveur de la démocratie sur la place Tian'anmen, initialement organisées pour rendre un hommage posthume à la mémoire de Hu Yaobang. Après quelques hésitations, le gouvernement décide le recours à la force pour réprimer la contestation, qui se solde par des milliers de morts (entre 2000 et 3000). La loi martiale est décrétée à Pékin et la Chine se trouve isolée sur le plan international.

1993 Jiang Zemin remplace Yang Shangkun à la présidence de la République et prône une « économie socialiste de marché ».

1997 Mort de Deng Xiaoping. Le Royaume-Uni restitue Hong Kong à la Chine. Le congrès du Parti entérine la direction de Jiang Zemin et soutient sa politique de réforme.

1998 Zhu Rongji devient Premier ministre et annonce des réformes économiques.

1999 Le territoire de Macao, administré par le Portugal, est rendu à la Chine, conformément aux termes de l'accord de 1979.

2002 Le vice-président Hu Jintao devient secrétaire général du comité central du PCC.

2003 Début de l'épidémie de SRAS (syndrome respiratoire aigu sévère). Cette maladie, extrêmement contagieuse, s'étend bientôt à toute l'Asie, puis gagne l'Europe et les États-Unis. Hu Jintao est élu président de la République.

2004 La Chine signe un accord économique avec l'Association des nations d'Asie du Sud-Est (ASEAN).

2006 Le chantier du barrage des Trois-Gorges, la plus grande station hydraulique du monde, est terminé; une ligne de chemin de fer reliant la Chine au Tibet, la plus haute du monde, est achevée.

CHINE

RÉGIONS ADMINISTRATIVES SPÉCIALES ET TERRITOIRES CONTESTÉS

HONG KONG

Située sur la côte méridionale de la Chine, au sud-est de Canton, Hong Kong comprend l'île de Hong Kong, la péninsule de Kowloon et de petites îles.

1842 La défaite de la Chine dans la guerre de l'Opium entraîne la cession de Hong Kong aux Britanniques par le traité de Nankin.
1860 Une autre défaite dans la seconde guerre de l'opium conduit à la cession de Kowloon.
1898 La poursuite des pressions britanniques contraint le gouvernement mandchou à signer la seconde convention de Pékin, qui accorde au Royaume-Uni un bail de 99 ans pour les nouveaux territoires.
1941-1945 Les Japonais envahissent et occupent Hong Kong.
1949 L'arrivée des communistes au pouvoir en Chine ralentit le processus d'autonomie à Hong Kong.
1984 Une déclaration commune, signée entre les Chinois et les Britanniques, accorde à la Chine la souveraineté sur Hong Kong à partir de 1997, tout en lui garantissant un important degré d'autonomie dans les affaires économiques et la permanence de l'actuel système d'économie capitaliste, ainsi que celle du système judiciaire.
1997 Hong Kong est rattachée à la Chine et adopte le statut de région administrative spéciale de la Chine.

MACAO

La région de Macao se situe sur une étroite péninsule, sur la rive opposée à Hong Kong de l'embouchure du Zhu Jiang, la rivière des Perles.

1513 Le premier bateau portugais arrive dans l'estuaire du Zhu Jiang.
1557 Le Portugal paie un impôt à la Chine en échange de l'utilisation de Macao comme port de transit pour les bateaux à destination du Japon. Une communauté marchande internationale s'y établit.
1955 Macao devient une province d'outre-mer du Portugal.
1987 Le Portugal accepte de rendre Macao à la Chine en 1999, dans des conditions semblables à celles de l'accord sino-britannique sur Hong Kong.
1999 Macao devient une région administrative spéciale de la Chine.

TAÏWAN

L'île de Taïwan, au sud-est de la Chine, est séparée du continent chinois par le détroit de Taïwan.

1590 Des navigateurs portugais découvrent l'île et la nomment Formose.
1642 Les Hollandais prennent le contrôle de l'île.
1661 Des loyalistes Ming, dirigés par le corsaire Koxinga, occupent la région.
1683 Les Mandchous réclament l'île comme faisant partie de l'empire Qing.
1895 Après la défaite de la Chine dans la guerre sino-japonaise, l'île passe sous contrôle japonais.
1945 Taïwan est rendue à la Chine.
1949 Jiang Jeshi instaure la république de Chine sur l'île de Taïwan.
1971 La République populaire de Chine remplace Taïwan à l'ONU.
1975 Mort de Jiang Jeshi. Son fils, le général Chiang Ching-kuo, devient chef du Guomindang.
1986 Le Guomindang met fin à la loi martiale en vigueur depuis 1949 et autorise les habitants de l'île à se rendre en Chine continentale, dans un but « humanitaire ». En 1988, les Chinois sont à leur tour autorisés à se rendre à Taïwan, au nom des mêmes principes. La création de partis politiques est autorisée.
1990 Le Guomindang met officiellement fin à l'état de guerre avec la République populaire de Chine.
1996 Lee Teng-hui remporte la première élection présidentielle au suffrage universel.
1999 Un tremblement de terre fait des milliers de victimes.
2000 Chen Shui-bian, du Parti démocratique progressiste, accède à la présidence, mettant fin à la domination du Guomindang.
2005 Lien Chan devient le premier chef du Guomindang à se rendre en Chine continentale depuis 1949.

« 60-61 La Chine de l'âge du bronze
« 126-127 L'unification de la Chine
« 160-161 L'âge d'or de la Chine
« 166-167 La dynastie Ming
« 184-185 La route de la soie
« 424-425 La Longue Marche
« 472-473 La Chine, superpuissance

Le rattachement de Hong Kong
Le 1er juillet 1997, Hong Kong passe de l'autorité des Britanniques à celle des Chinois. En vertu du principe « un pays, deux systèmes », la région demeure un centre financier et commercial international.

Mongolie

Pays d'Asie centrale, faiblement peuplé, qui fut jadis le plus vaste des empires d'Asie.

1206 Gengis Khan unifie les tribus mongoles et lance une campagne de conquêtes pour constituer un vaste empire.

1636 Les Mandchous s'emparent de la Mongolie du Sud et créent la Mongolie-Intérieure. La Mongolie-Extérieure bénéficie de la protection mandchoue, en 1691.

1911 La Mongolie-Extérieure déclare son indépendance, à la chute de la dynastie mandchoue.

1919 La Chine réoccupe la Mongolie-Extérieure.

1921 Avec le soutien de l'Armée rouge soviétique, les révolutionnaires mongols expulsent les Chinois.

1924 Proclamation de la République populaire de Mongolie, État communiste indépendant.

« 164-165 Genghis Khan

Corée du Nord

La République populaire de Corée, située dans le nord de la péninsule coréenne, est gouvernée par un régime communiste isolationniste.

676 La péninsule coréenne est unifiée sous le royaume de Silla.

935 Fondation du royaume de Koryo.

1392 Le général Li Sung Kei dépose le roi et fonde la dynastie Li (ou Yi). Deux ans plus tard, la capitale est transférée à Séoul.

1644 Les Mandchous envahissent la Corée, qui devient un État vassal de la Chine, sous la dynastie Qing.

1904-1905 Le Japon conquiert la Corée, à l'issue de la guerre avec la Russie.

1910 Annexion officielle de la Corée par le Japon.

1919 Des manifestations pour l'indépendance sont violemment réprimées par les Japonais.

1945 Après la Seconde Guerre mondiale, la Corée est divisée en deux entités, de part et d'autre du 38ᵉ parallèle. Le Nord est occupé par l'URSS.

Kim Il-sung lors d'un discours
Le premier dirigeant de la Corée du Nord, Kim Il-sung (1912-1994), fut secrétaire général du parti du Travail coréen, Premier ministre de 1948 à 1972, puis président de la République jusqu'à sa mort. Il adopta le titre de «grand leader» et entretint un culte de la personnalité extravagant. Kim Il-sung reçut le titre de «président éternel»; son fils Kim Jong-il lui succéda.

1948 Création de la République populaire démocratique de Corée, avec à sa tête Kim Il-sung.

1950-1953 Début de la guerre de Corée : Kim Il-sung envahit la Corée du Sud, dans l'intention de réunifier le pays. Les Coréens du Nord occupent une grande partie du Sud, mais l'intervention des États-Unis les contraint à reculer.

Années 1950 Le régime de Kim Il-sung devient un régime autoritaire, fondé sur un culte extrême de la personnalité.

1988 Tandis que l'URSS et l'Europe de l'Est se libéralisent, le régime nord-coréen se durcit et entame un processus répressif de « rectification idéologique ».

1991 La Corée du Nord et la Corée du Sud adhèrent à l'ONU et signent des accords pour renouer des échanges économiques et culturels.

1994 Mort de Kim Il-sung. Son fils Kim Jong-il lui succède, mais ne prend pas le titre de président.

1997 Une grande famine sévit dans le pays, faisant entre 220 000 et 3 millions de victimes, selon les estimations. Kim Jong-il devient secrétaire général du parti du Travail coréen (PTC).

2000 Rencontre au sommet entre Kim Jong-il et le président sud-coréen Kim Dae-jung, à Pyongyang.

2006 La Corée du Nord effectue des tirs de missiles à longue portée et annonce avoir procédé à un essai nucléaire, ce qui provoque la condamnation presque unanime de la communauté internationale.

« 90-91 Des bornes à la puissance

Corée du Sud

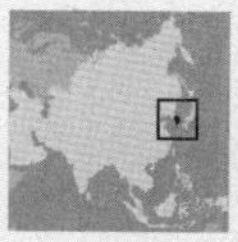

La République de Corée occupe la moitié méridionale de la péninsule coréenne, baignée par la mer du Japon et par la mer Jaune.

1945 Partage de la Corée de part et d'autre du 38ᵉ parallèle. La Corée du Sud tombe sous influence américaine.

1948 Création de la République de Corée. Syngman Rhee devient président d'un régime autoritaire.

1950 Guerre de Corée : le pays est envahi par la Corée du Nord. Dans le contexte de la guerre froide, les États-Unis, avec le soutien des Nations unies, entrent en guerre aux côtés du Sud, tandis que l'URSS appuie le Nord.

1953 Après l'armistice, une frontière est établie sur la ligne de cessez-le-feu, le long du 38ᵉ parallèle.

1960 Démission de Syngman Rhee, suite à une révolte populaire appelée « révolution d'avril ».

1961 Un coup d'État porte au pouvoir une junte militaire, dirigée par Park Chung-hee.

1963 Park Chung-hee démissionne de l'armée et établit un gouvernement civil; il est élu président et l'est de nouveau en 1967 et en 1971.

1979 Assassinat de Park Chung-hee et coup d'État du général Chun Doo-hwan.

1980 Chun Doo-hwan est élu président.

1987 Inauguration de la VIᵉ République, qui instaure une démocratie multipartite, avec l'élection du général Roh Tae-woo.

1991 La Corée du Sud adhère à l'ONU.

1992 Établissement de relations diplomatiques avec la Chine. Kim Young-sam devient le premier président civil de la Corée du Sud.

1998 Kim Dae-jung accède à la présidence et mène une politique de réconciliation avec la Corée du Nord, dite « politique du rayon de soleil ».

2000 Rencontre au sommet entre Kim Dae-jung et le président nord-coréen Kim Jong-il à Pyongyang. Kim Dae-jung reçoit le prix Nobel de la paix.

2008 Lee Myung-bak devient président de la République.

« 90-91 Des bornes à la puissance
« 170-171 La Corée médiévale
« 184-185 La route de la soie

Ligne frontière
Au début de la guerre de Corée, en 1950, les forces des Nations unies durent se retirer derrière le 38ᵉ parallèle, la frontière entre la Corée du Nord et la Corée du Sud.

Japon

Le Pays du Soleil levant est un archipel constitué de plus de 6 000 îles, dirigé par une monarchie constitutionnelle.

350 Unification du Japon sous l'autorité du puissant clan Yamato.

645 Kamatari Fujiwara instaure un système de gouvernement fondé sur le modèle chinois d'administration complexe centralisée.

794 Début de la période de Heian. Le pouvoir impérial tombe entre les mains du clan Fujiwara. La capitale est transférée à Heiankyo, l'actuelle Kyoto.

Années 1150-1180 Une guerre civile entre clans rivaux provoque la perte de pouvoir du clan Fujiwara.

1159 Après les « troubles du Heiji », le clan des Taira apparaît comme la famille la plus puissante.

1185 Un gouvernement militaire est créé sous l'autorité de Yoritomo, du clan Minamoto, vainqueur du clan Taira.

1192 Minamoto no Yoritomo adopte le titre de shogun (dictateur militaire).

1274 La première invasion mongole est repoussée. Les samouraïs résistent à l'armée Yuan, composée de soldats mongols, chinois et coréens.

1281 La seconde invasion mongole subit une autre déroute, la flotte mongole ayant été frappée par un typhon.

1336 Début de la période Muromachi, qui dure jusqu'en 1573. Cette période se caractérise par des guerres civiles dévastatrices, le déclin du gouvernement central, mais aussi par l'expansion des arts et du commerce.

MOMENT CLÉ

L'ÉDIT DE FERMETURE DU PAYS, 1635

Au début du XVIIe siècle, il y avait environ un demi-million de chrétiens au Japon, plus que dans n'importe quel autre pays d'Asie. La méfiance envers les Européens et la peur du pouvoir subversif du christianisme amena le shogunat Tokugawa à prendre une série de mesures dirigées à la fois contre les chrétiens et les étrangers, parachevées, en 1635, par l'édit de fermeture du pays.

Adressé à deux commissaires du port de Nagasaki, un bastion du christianisme, au sud de l'île, l'édit interdisait aux bateaux japonais de partir pour d'autres pays et ordonnait l'exécution à l'épée de quiconque revenait de l'étranger. Cette décision scella le sort du Japon pour les 220 années à venir, le pays entrant dans une période d'isolement, à l'écart des influences étrangères.

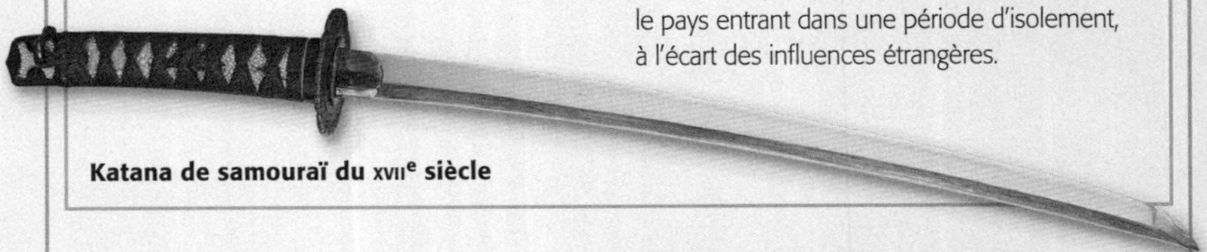

Katana de samouraï du XVIIe siècle

1467 Début de la guerre d'Onin, déclenchée par un conflit au sujet de l'accession au shogunat d'Ashikaga Yoshimasa, qui évolue vers une guerre civile.

1592 Les Japonais envahissent la Corée.

1597 Une seconde invasion japonaise de la Corée se solde par un nouvel échec

1600 Tokugawa Ieyasu l'emporte sur Ishida Mitsunari, dans la bataille de Sekigahara, et devient maître du Japon.

1603 Tokugawa Ieyasu est nommé shogun par la cour impériale. Il est désormais officiellement habilité à maintenir la paix au nom de l'empereur. Le shogunat Tokugawa va gouverner le Japon pendant les 265 années suivantes.

1635 Tokugawa Iemitsu, petit-fils de Ieyasu, promulgue un édit interdisant aux citoyens japonais de quitter le pays. Le Japon se replie sur lui-même et s'isole du reste du monde.

1639 Début de la période de sakoku (« pays fermé »), le commerce étant réduit à des échanges restreints avec les Néerlandais et les Chinois, par le port de Nagasaki.

1836 Après une période de famine, un soulèvement se déroule à Gunnai, dans la province de Kai (actuelle préfecture de Yamanashi), qui rassemble plus de 50 000 personnes et sème l'anarchie au centre de la province, constituant un défi patent à l'autorité de l'administration Tokugawa, le bafuku (« gouvernement militaire »).

1841 Mizuno Tadakuni, premier conseiller en chef du shogunat Tokugawa, lance des réformes pour aider les populations qui souffrent de la famine et pour réduire le pouvoir des samouraïs.

1859 Le shogun est assassiné par des nationalistes, en réaction à des traités signés avec des étrangers.

1868 Effondrement du régime du shogunat Tokugawa ; l'empereur Meiji restaure le pouvoir impérial.

1871 L'ancien ordre féodal est démantelé et tous les privilèges de classe sont abolis, y compris le monopole des armes que possédaient les samouraïs. Une armée nationale est créée.

1872 Début d'une modernisation du pays. La grande tradition guerrière du Japon est désormais sous contrôle de l'État.

1877 Révolte du clan Satsuma. Furieux d'être soumis à la conscription militaire, ils marchent sur le château de Kumamoto et se heurtent à l'armée impériale. Leur défaite marque la fin de l'ordre des samouraïs.

1889 Adoption d'une Constitution établissant une monarchie constitutionnelle et une Assemblée à deux chambres.

1894-1895 La guerre avec la Chine se termine par la victoire du Japon. La Chine est contrainte de se retirer de la Corée et de céder la péninsule de Liaodong au Japon. Développement intensif de l'industrie lourde et accroissement marqué du commerce avec l'étranger.

1904-1905 Le Japon sort vainqueur d'une guerre avec la Russie. Formose (ou Taïwan) et la Corée passent sous contrôle japonais.

Forteresse médiévale

Le château d'Himeji, commencé en 1333, possède toutes les caractéristiques architecturales militaires de la forteresse médiévale japonaise, notamment des emplacements pour les fusils et des ouvertures pour jeter des pierres.

Le choc de la nouveauté
Lorsqu'un bateau d'artillerie à charbon américain, transportant des armements modernes, entra dans le port d'Edo, le 8 juillet 1853, les Japonais comprirent à quel point leur politique d'isolement avait entraîné des retards. Un processus rapide de modernisation fut aussitôt entamé.

1914 Le Japon entre dans la Première Guerre mondiale aux côtés des Alliés, ne prévoyant que des actions navales limitées.

1919 Le traité de Versailles accorde au Japon des territoires dans le Pacifique.

1923 Le tremblement de terre de Yokohama fait 140 000 morts.

1927 Le Japon entre dans une période de nationalisme radical et instaure le concept d'une « sphère de co-prospérité » en Asie du Sud-Est, dans le but de créer une Grande Asie orientale, sous contrôle japonais.

1931 Invasion de la Mandchourie chinoise et création de l'État fantoche du Manchoukouo.

1936 Signature du pacte anti-Komintern entre le Japon et l'Allemagne nazie.

1937 Le Japon lance une invasion à grande échelle de la Chine.

1938 Tous les partis politiques sont placés sous bannière commune; le Japon est désormais dirigé par le pouvoir militaire.

1939 Le Japon est vaincu par l'URSS dans un conflit frontalier.

1940 L'Indochine française est occupée par le Japon.

1941 Les États-Unis imposent au Japon un embargo commercial, menaçant ainsi la machine de guerre nipponne. Le Japon rétorque, en décembre, en lançant une attaque sur la flotte américaine basée à Pearl Harbor (Hawaii) et en occupant les possessions américaines, britanniques et hollandaises dans le Pacifique.

1942 Le Japon perd la bataille navale décisive de Midway.

1945 Après une vaste campagne de bombardements américains sur le territoire japonais, les États-Unis larguent deux bombes atomiques sur Hiroshima et sur Nagasaki. L'URSS déclare la guerre au Japon. L'empereur Hirohito capitule. Le Japon est placé sous le contrôle d'un gouvernement militaire américain, commandé par le général Douglas MacArthur.

1946 Le 1er janvier, dans un discours à la nation, retransmis à la radio, l'empereur Hirohito renonce à ses prérogatives divines ancestrales.

1947 Ratification d'une nouvelle Constitution japonaise. L'empereur est maintenu comme chef de l'État, dans un rôle honorifique. Le pacifisme est inscrit dans la Constitution; le Japon doit renoncer à utiliser la force pour régler des conflits internationaux.

1948 Tojo Hideki, Premier ministre pendant la Seconde Guerre mondiale, est exécuté avec six autres dirigeants pour crimes de guerre. Les chefs des grandes entreprises sont démis de leurs fonctions.

1952 Avec le traité de San Francisco, le Japon retrouve son indépendance. C'est le début d'une période de croissance économique rapide qui va durer 20 ans.

1955 Un nouveau parti politique, le Parti libéral-démocrate (PLD), est constitué de l'union de plusieurs partis conservateurs. Il reste au gouvernement pendant 38 ans.

1956 Le Japon adhère à l'ONU et renoue des relations avec l'URSS.

1972 Le Premier ministre Kakuei Tanaka se rend en visite à Pékin et le Japon reconnaît officiellement la République populaire de Chine.

1976 Le PLD est secoué par des scandales de corruption; le Premier ministre Kakuei Tanaka démissionne. Lors des élections suivantes, le PLD perd la majorité absolue.

1980 Le PLD regagne la majorité aux élections nationales.

1989 Mort de l'empereur Hirohito. Son fils Akihito lui succède.

1991-1992 Le PLD est déchiré par des luttes de faction, d'autres scandales financiers et la question de la réforme électorale.

1993 Des réformistes se séparent du PLD pour créer de nouveaux partis.
Aux élections, le PLD perd le pouvoir. Hosokawa Morihiro devient Premier ministre et prend la tête d'une coalition de 7 partis différents.

1994 Démission d'Hosokawa Morihiro. La coalition gouvernementale s'effondre avec le retrait du Parti social-démocrate japonais (PSD). Une nouvelle coalition tripartite inclut le PLD et le PSD.
Les partis d'opposition se regroupent dans la formation du Shinshinto. Murayama Kiichi devient Premier ministre.
Des réformes politiques et électorales de grande ampleur sont mises en œuvre avec l'intention d'éradiquer la « politique de l'argent ».

1995 Le tremblement de terre de Kobe fait plus de 5 000 morts et plus de 300 000 sans-abri.

1996 Le PLD forme un gouvernement de minorité.

1997 Une récession économique sévère ébranle toute l'Asie du Sud-Est. En tant que principal pays créditeur de la région, le Japon souffre particulièrement, et la Bourse de Tokyo perd 6 % en 3 jours.

1998 Crise sur la réforme du système bancaire et financier.

2000 Mori Yoshiro succède à Obuchi Keizo au poste de Premier ministre. Le PLD et ses partenaires conservent la majorité aux élections de juin. Le taux de chômage atteint plus de 5 %, pour la première fois depuis la fin de la Seconde Guerre mondiale.

2001 Koizumi Junichiro devient Premier ministre.

2005 Élections générales marquées par une large victoire du PLD.

2009 Yukio Hatoyama, du PSD, est nommé Premier ministre.

« 168-169 L'avènement des samouraïs
« 242-243 La Grande Paix du Japon
« 404-405 Hiroshima

Hirohito
Empereur du Japon de 1926 jusqu'à sa mort, en 1989, Hirohito, véritable monarque absolu, fut vénéré comme un dieu vivant jusqu'en 1946. C'est par un discours retransmis à la radio, le 14 août 1945, qu'il s'adressa à ses sujets pour la première fois et annonça la reddition du Japon dans la Seconde Guerre mondiale.

Thaïlande

Le royaume de Thaïlande est un pays d'Asie du Sud-Est, au centre de la péninsule indochinoise, qui n'a jamais été colonisé par les Européens.

1350 Fondation du royaume thaï d'Ayuthia.

1569 Le royaume est conquis par les Birmans, qui gouvernent le pays pendant 15 ans.

1767 Nouvelle occupation birmane de la capitale thaïe, qui met définitivement fin à la période ayuthia.

1782 Rama Ier fonde la dynastie Chakri, qui gouverne encore le pays à l'heure actuelle, et fait de Bangkok la capitale du Siam.

1855 Le roi Rama IV, ou Mongkut, signe avec le Royaume-Uni un traité commercial qui garantit au Siam son indépendance par rapport aux puissances européennes.

1907 Le Siam cède à la France le Khmer occidental (actuel Cambodge) et le sud du Laos.

1925 Début d'une période de pouvoir absolu, avec le roi Rama VII, ou Prajadhipok.

1932 Un coup d'État institue une monarchie constitutionnelle et conduit à la création d'un Parlement élu au suffrage universel.

1939 Le Siam est rebaptisé Thaïlande.

1941 Invasion du Japon, qui prend le contrôle du gouvernement thaï.

1945 Retour d'exil du roi Rama VIII, Ananda Mahidol.

1946 Ananda Mahidol est assassiné. Le roi Bhumibol Adhulyadej accède au trône sous le nom de Rama IX.

1947 Un coup d'État militaire ramène l'ancien dictateur Pibul Songgram au pouvoir. La Thaïlande est l'alliée des États-Unis pendant la guerre froide.

1957 Un nouveau coup d'État entraîne l'abolition de la Constitution.

1973-1976 La démocratie est restaurée, sous la pression d'émeutes organisées par les étudiants.

1976 L'armée reprend le pouvoir par un coup d'État.

1991 Nouveau coup d'État militaire, mais un civil, Anand Panyarachun, est désigné comme Premier ministre.

1992 Le général Suchinda Kraprayoon est nommé Premier ministre. Suite à des manifestations, le roi le contraint à quitter le pouvoir et rappelle Anand Panyarachun. Des élections sont organisées et remportées par des modérés.

1997 Chute du gouvernement Chavalit Yongchaiyudh en pleine crise économique et sociale. Le chef du Parti démocratique, Chuan Leekpai, devient Premier ministre.

2004 Un tsunami provoque la mort de 5 000 personnes.

2006 Thaksin Shinawatra est renversé par un coup de force et contraint à l'exil.

2008 Le Parlement élit Abhisit Vejjaviva comme Premier ministre.

« 172-173 Les empires oubliés

Un coup de force

Les chars militaires entrent à Bangkok, le 19 septembre 2006. Avec l'appui du roi, l'armée suspend la Constitution et décrète la loi martiale, mais s'engage à restaurer la démocratie.

Laos

Ce pays d'Asie du Sud-Est, sans accès à la mer, s'est ouvert à l'économie de marché depuis 1986.

1893 Par un traité entre la France et le Siam, les Français prennent le contrôle de tous les territoires à l'est du Mékong.

1899 Création d'un État unifié du Laos, sous administration française, incorporé à l'Union indochinoise française.

1954 Indépendance du Laos, qui devient une monarchie constitutionnelle.

1975 Le Parti populaire révolutionnaire lao (PPRL) prend le pouvoir, abolit la monarchie et proclame la République démocratique et populaire du Laos. Le Premier ministre Kaysone Phomvihane adopte une politique de « transformation socialiste » de l'économie.

1977 Un traité établissant la sécurité mutuelle des deux pays est signé avec le Viêt Nam.

1978 Agitation populaire et résistance à la collectivisation. L'ancien roi et le prince héritier sont arrêtés et meurent en captivité.

1986 Le IVe congrès du PPRL introduit des réformes orientées vers l'économie de marché.

1997 Le Laos adhère à l'ASEAN.

2006 Le général Choummaly Sayasone est élu président de la République.

« 350-351 La résistance coloniale
« 412-413 La fin de l'ère coloniale

Cambodge

Ce royaume situé en Asie du Sud-Est, dans la péninsule Indochinoise, est baigné par le golfe de Thaïlande.

802 Jayavarman II fonde l'Empire khmer.

1431 Le royaume siamois d'Ayuthia prend Ankor Vat et la cour s'installe à Phnom Penh.

1863 Le Cambodge devient un protectorat français.

1953 Le pays accède à l'indépendance.

1954 À la conférence de paix de Genève, les Français et les nationalistes vietnamiens acceptent de retirer leurs forces du Cambodge.

1955 Le roi Norodom Sihanouk abdique pour poursuivre une carrière politique et prend le titre de prince.

1970 Un coup d'État évince le prince Sihanouk, qui, en exil, forme le gouvernement royal d'union nationale du Kampuchea (GRUNK), soutenu par les Khmers rouges communistes.

1975 Les troupes du GRUNK prennent Phnom Penh. Les Khmers rouges s'installent au pouvoir, avec Norodom Sihanouk à la tête de l'État.

1976 Le pays est rebaptisé Kampuchéa démocratique. Le prince Sihanouk démissionne et Pol Pot devient Premier ministre. Son régime de terreur repose sur une idéologie nationaliste et pratique de nombreuses atrocités, provoquant la mort de près de 1,5 million de personnes. Le pays se coupe de l'extérieur

1978 Invasion des troupes vietnamiennes, soutenues par des communistes opposés à Pol Pot.

1979 Prise de Phnom Penh par les Vietnamiens. Les Khmers rouges, chassés par le Parti populaire révolutionnaire du Kampuchéa (PPRK), entament une guérilla.

1990 Cessez-le-feu sous l'égide de l'ONU.

1991 Signature des accords de paix de Paris. Norodom Sihanouk revient à la tête de l'État, comme président du Conseil national suprême.

1998 Mort de Pol Pot ; les Khmers rouges rendent les armes.

1999 Le Cambodge adhère à l'ASEAN.

2001 Une loi approuve la constitution d'un tribunal pour juger les chefs khmers rouges, accusés d'actes de cruauté.

2003 Le Cambodge devient membre de l'Organisation mondiale du commerce (OMC).

2004 Le prince Sihanouk prend sa retraite ; son fils Norodom Sihamoni lui succède.

« 172-173 Les empires oubliés
« 412-413 La fin de l'ère coloniale

HOMME POLITIQUE VIETNAMIEN (1890-1969)

HÔ CHI MINH

Hô Chi Minh fonda le Parti communiste indochinois en 1930. Pendant la Seconde Guerre mondiale, il prit la tête de la guérilla menée par le Viêt-minh et établit un gouvernement à Hanoi, en 1945. Lorsque les Français tentèrent de reprendre le contrôle, il proclama l'indépendance du pays et entama une lutte armée, pour contraindre les troupes françaises à se retirer. Président du Nord-Viêt Nam à partir de 1955, il combattit également les troupes américaines engagées au Viêt Nam, dans les années 1960.

Viêt Nam

Divisé en deux en 1954, le pays fut réunifié en 1976, après la victoire du Nord communiste.

939 Après 1 000 ans de domination chinoise, un État du Viêt Nam semi-indépendant est créé autour du delta du fleuve Rouge, par Ngô Quyên.

1862 La partie sud du Viêt Nam, la Cochinchine, devient un protectorat français, suivie de l'Annam et du Tonkin, des régions du centre et du nord du pays, en 1883.

1930 Hô Chi Minh fonde le Parti communiste indochinois.

1940 Invasion des forces japonaises.

1941 Un mouvement de résistance vietnamienne, le Front pour l'indépendance du Viêt Nam, ou Viêt-minh, s'organise depuis la Chine.

1945 Le Viêt-minh prend Saigon et Hanoi. L'empereur abdique. La République démocratique indépendante du Viêt Nam est proclamée.

1946 Début de la guerre d'Indochine avec la France.

1954 Défaite des Français à Diên Biên Phu. Selon les termes de la conférence de Genève, le Viêt Nam est divisé en deux, de part et d'autre du 17e parallèle nord : la République démocratique du Viêt Nam, ou Nord-Viêt Nam, et la République du Viêt Nam, ou Sud-Viêt Nam.

1960 Au Sud-Viêt Nam, des opposants au régime de Ngô Dinh Diêm s'unissent pour former le Viêt-cong.

1965 Le général Nguyên Van Thiêu prend la tête d'une junte militaire au Sud-Viêt Nam. Arrivée des premières troupes américaines sur le terrain.

1965-1968 Opération Tonnerre roulant : bombardement massif du Nord-Viêt Nam par les États-Unis.

1968 Offensive du Têt : soulèvement organisé par l'armée populaire vietnamienne et le Viêt-cong, dans les villes du Sud-Viêt Nam. Le Viêt-cong enregistre de lourdes pertes.

1969 Mort d'Hô Chi Minh ; Lê Duân lui succède.

1973 Signature des accords de paix de Paris, mais les combats se poursuivent.

1975 Saigon tombe aux mains des forces alliées du Nord et du gouvernement révolutionnaire provisoire de la République du Viêt Nam du Sud.

1976 Le Viêt Nam est réunifié et prend le nom de République socialiste du Viêt Nam. Saigon est rebaptisée Hô Chi Minh-Ville.

1978 Le Viêt Nam lance une offensive contre le Cambodge de Pol Pot.

1979 Courte guerre de 9 jours avec la Chine. Crise des *boat people,* la minorité chinoise tente de quitter le pays.

1986 Mort de Lê Duân. Nguyên Van Linh entame une politique de libéralisation ou rénovation économique baptisée *doi moi.*

1995 Le Viêt Nam adhère à l'ASEAN.

2007 Le pays rejoint l'Organisation mondiale du commerce (OMC).

« 172-173 Les empires oubliés
« 350-351 La résistance coloniale
« 412-413 La fin de l'ère coloniale
« 430-431 La guerre du Viêt Nam

Malaisie

La Fédération de Malaisie comprend le sud de la presqu'île de Malacca, la Malaisie occidentale, et le nord de l'île de Bornéo, la Malaisie orientale.

1957 La Malaisie accède à l'indépendance.

1963 Création de la fédération de la Grande Malaisie.

1965 Singapour se retire de la fédération, réduisant le nombre des États malais à 13.

1970 Le nouveau Premier ministre, Abdul Razak, fonde la coalition du front national, Barisan Nasional (BN).

1978 Le pouvoir du BN est consolidé aux élections.

1981 Mahathir bin Muhamad devient Premier ministre.

1989 Le Parti communiste de Malaisie signe un accord de paix avec les gouvernements malais et thaï.

1997 Crise financière de grande ampleur.

2001 Conflit ethnique entre Malais et Indiens.

« 172-173 Les empires oubliés
« 282-283 L'exploration du Pacifique
« 412-413 La fin de l'ère coloniale

Singapour

Ancienne colonie britannique, l'État insulaire de Singapour se compose d'une île principale et d'une soixantaine de petites îles.

1824 Les Malais cèdent toute l'île à la Compagnie des Indes orientales, à perpétuité.

1946 Singapour devient une colonie sous autorité britannique.

1959 Le pays accède à l'autonomie et Lee Kuan Yew devient Premier ministre.

1963 Singapour rejoint la fédération de Malaisie.

1965 L'île se proclame république indépendante.

1990 Lee Kuan Yew cède le pouvoir, après 31 ans en fonction. Goh Chok Tong devient Premier ministre.

1993 Ong Teng Cheong est le premier président de la République élu au suffrage universel.

2004 Lee Hsien Loong, fils de Lee Kuan Yew, devient Premier ministre.

« 172-173 Les empires oubliés
« 350-351 La résistance coloniale

Une occupation brutale
Des soldats japonais regroupent des prisonniers britanniques et australiens à Singapour. L'île fut occupée par les troupes japonaises depuis 1941 jusqu'à la fin de la Seconde Guerre mondiale.

Ferdinand Marcos en famille
Élu président de la République en 1965, Ferdinand Marcos demeura au pouvoir entre 1972 et 1981, en imposant la loi martiale et en instaurant un régime autoritaire, de plus en plus corrompu. Il fut finalement chassé en 1986 et s'exila aux États-Unis, où il mourut en 1989. Marcos fut soupçonné d'avoir amassé une fortune personnelle, en détournant des fonds pendant qu'il était en fonction.

Philippines

Autrefois colonie espagnole, l'archipel des Philippines est constitué de plus de 7 000 îles, dont les plus grandes sont Mindanao et Luçon.

1521 Une expédition espagnole conduite par le navigateur portugais Ferdinand Magellan accoste aux Philippines.

1892 Naissance du mouvement nationaliste Katipunan (« Fils du peuple »), avec à sa tête Andrés Bonifacio.

1896 Le Katipunan déclenche une révolution aux Philippines.

1897 Bonifacio est jugé par une cour martiale et exécuté.

1898 À l'issue d'une guerre entre l'Espagne et les États-Unis, les Espagnols cèdent l'archipel aux Américains.

1935 Le mouvement rural sakdaliste, fondé pour lutter contre la répartition inéquitable des terres et la lourdeur des impôts, déclenche une insurrection, qui est rapidement enrayée.

1935 Le Commonwealth des Philippines est créé pour préparer le pays à l'indépendance. Manuel Quezón en est le président.

1941 Les Philippines sont envahies par les troupes japonaises.

1944 Débarquement des forces américaines dans l'archipel.

1946 Inauguration de la République des Philippines, indépendante des États-Unis. Son premier président est Manuel Roxas.

1965 Ferdinand Marcos est élu président.

1969-1972 Marcos est réélu, sur fond de rumeurs de malversations.

1972 Proclamation de la loi martiale.

1977 L'ex-dirigeant du Parti libéral, Benigno Aquino, est condamné à mort. Sous la pression populaire, Marcos retarde l'exécution.

1978 Les élections sont remportées par le parti officiel, le KBL, mouvement pour une nouvelle société.

1986 À l'issue d'élections serrées, l'armée se soulève et la veuve de Begnigno Aquino, Cory, est portée au pouvoir. Marcos s'exile aux États-Unis.

1992 Le général Fidel Ramos remporte l'élection présidentielle.

1998 Joseph Estrada accède à la présidence.

2000 Gloria Macapagal Arroyo, vice-présidente d'Estrada, lui succède à la présidence de la République.

« 172-173 Les empires oubliés
« 282-283 L'exploration du Pacifique

Brunei

Ancienne colonie britannique, ce sultanat musulman, riche en pétrole, est gouverné par la même famille royale depuis 1967.

XIIIe-XIVe siècle Brunei devient vassal de l'Empire javanais Majapahit.

XVe siècle Brunei contrôle la Malaisie orientale (Sarawak et Sabah), l'île de Célèbes, une partie de Bornéo et des Philippines.

1906 Brunei devient un protectorat britannique.

1959 La première Constitution du pays fait de l'islam la religion d'État.

1984 Le sultanat accède à l'indépendance et adhère à l'ASEAN.

1990 Le sultan Hassanal Bolkiah impose le principe de la monarchie islamique et malaise.

Indonésie

Nation musulmane formée de 17 500 îles, l'Indonésie est le quatrième pays le plus peuplé du monde.

VIIIe siècle Le royaume bouddhiste de Srivijaya, formé autour de Sumatra, est le plus ancien royaume indonésien connu ; il s'étend ensuite en Malaisie occidentale et en Thaïlande du Sud.

1293 Au royaume de Srivijaya succède l'Empire majapahit, hindouiste et bouddhiste, qui rayonne à partir de l'île de Java.

XIVe siècle De petites principautés islamiques commencent à s'installer le long des couloirs maritimes et dans les régions côtières.

1799 Le gouvernement néerlandais prend le contrôle de l'archipel.

1825-1830 La guerre de Java marque la première rébellion infructueuse contre l'autorité hollandaise.

1910 La domination néerlandaise s'étend jusqu'aux îles extérieures ; toute l'actuelle Indonésie est désormais sous contrôle néerlandais.

vers 1930 Les mouvements nationalistes sont réprimés par les Hollandais.

1942-1945 Occupation japonaise. Sukarno collabore avec les Japonais, tout en travaillant à l'indépendance du pays.

1945 L'Indonésie proclame son indépendance.

1945-1949 Les nationalistes entament une guérilla contre les Hollandais.

1949 Les Pays-Bas reconnaissent la souveraineté de l'Indonésie, sous la présidence de Sukarno.

1957 Sukarno instaure un régime dictatorial, sous le nom de « démocratie dirigée ».

1958 Des rebelles de la région occidentale de Sumatra, défiant le pouvoir central de Jakarta, proclament un gouvernement révolutionnaire de la République d'Indonésie. La rébellion est rapidement maîtrisée.

1962 Les Pays-Bas acceptent de céder la Papouasie occidentale (Irian Jaya) à l'Indonésie, après une période de transition sous l'égide de l'ONU.

1963 L'Indonésie prend le contrôle de l'Irian et entre en conflit avec la Malaisie.

1965 L'alliance du parti communiste (PKI) et de l'armée prend fin. Après une tentative de coup d'État, l'armée déclenche une répression sanglante contre les communistes ; environ 500 000 Indonésiens sont massacrés et plus de 2 millions de personnes sont arrêtées.

1966 Sukarno doit céder en urgence les pleins pouvoirs au général Suharto. L'Indonésie entre à l'ONU.

1967 Le pays initie la création de l'Association des nations d'Asie du Sud-Est (ASEAN).

1968 Suharto accède à la présidence.

1975 Invasion du Timor-Oriental, qui devient, en 1976, la 27e province de l'Indonésie.

1979 Début d'une politique de déplacement des populations, qui conduit plus de 2 millions de personnes à quitter l'île surpeuplée de Java pour s'installer sur d'autres îles.

1991 Massacre de manifestants indépendantistes, au Timor-Oriental, par les troupes indonésiennes.

1997 Récession économique.

1998 Des manifestations entraînent la démission de Suharto, qui est remplacé par Jusuf Habibie.

1999 Des élections libres sont remportées par le chef de l'opposition, Megawati Sukarnoputri. Au Timor-Oriental, un référendum en faveur de l'indépendance provoque une violente réaction du gouvernement. L'ONU envoie une force internationale de maintien de la paix. Abdurrahman Wahid est élu président, Megawati est nommé vice-présidente. Wahid accorde à la province d'Aceh une plus grande autonomie.

2001 Accusé de corruption, Wahid est démis de ses fonctions et Megawati Sukarnoputri devient présidente de la République.

2002 Le Timor-Oriental accède à l'indépendance. Un attentat à la bombe fait 202 victimes à Bali. Un traité de paix est signé à Genève entre le gouvernement indonésien et le Mouvement de libération de l'Aceh (GAM).

2003 Les pourparlers de paix sont interrompus et une offensive militaire est menée contre le GAM.

2004 L'ex-général Susilo Bambang Yudhoyono remporte la première élection

MOMENT CLÉ

L'ATTENTAT DE BALI, 2002

Le 12 octobre 2002, un triple attentat à la bombe dans la ville touristique de Kuta, sur l'île de Bali, fit 202 victimes. Des membres du groupe islamique Jemaah Islamiyah, lié à l'organisation al-Qaida, furent inculpés à la suite de cet attentat. Cet événement porta un coup sévère à l'économie de Bali, fondée sur le tourisme. Plus important encore, il marqua l'extension du champ d'action d'al-Qaida en Asie du Sud-Est.

MOMENT CLÉ

LE VOTE POUR L'INDÉPENDANCE, 19

Le 30 août 1999, avec une participation de plus de 99 % de la population, les Est-Timorais votèrent en faveur de l'indépendance du pays.

Ce vote marqua la fin de 23 ans d'occupation indonésienne, après un long conflit meurtrier. À l'annonce des résultats, la foula se pressa dans les rues de Dili pour célébrer l'événement. Mais de violents affrontements opposèrent manifestants et militaires indonésiens. Une force de maintien de la paix internationale, menée par l'Australie, restaura l'ordre et poussa les forces indonésiennes à se retirer.

présidentielle au suffrage universel. Plus de 200 000 personnes sont tuées ou portées disparues dans un tsunami.

2005 La paix est conclue entre le gouvernement et le GAM, qui dépose les armes tandis que les forces gouvernementales se retirent de l'Aceh.

« 238-239 Commerce et empires
« 350-351 La résistance coloniale
« 412-413 La fin de l'ère coloniale

Timor-Oriental

Cette ancienne colonie portugaise devint indépendante de l'Indonésie en 2002.

1500 Les colons portugais furent les premiers à arriver sur l'île de Timor et à s'y installer.

1589 Un traité entre les Néerlandais et les Portugais définit les relations entre les deux pouvoirs coloniaux du Timor.

1942-1945 Les Japonais occupent l'île de Timor. À la fin de la Seconde Guerre mondiale, les Portugais reprennent la souveraineté sur l'Est.

1975 L'Union démocratique de Timor (UDT) organise un coup d'État au Timor-Oriental, pour réclamer son indépendance. La guerre civile éclate entre l'UDT et le mouvement révolutionnaire indépendantiste FRETILIN.

1975 Le FRETILIN proclame l'indépendance de la République démocratique du Timor-Oriental. Les troupes indonésiennes envahissent l'île.

1976 Le président Suharto déclare le Timor-Oriental province de l'Indonésie.

1994 Négociations entre les militaires indonésiens et le chef emprisonné du FRETILIN, Xanana Gusmão, en vue d'organiser un référendum sur le Timor-Oriental, sous l'égide de l'ONU.

1996 Le dirigeant du FRETILIN José Ramos-Horta et l'archevêque de Dili, Mgr Carlos Belo, reçoivent conjointement le prix Nobel de la paix.

1999 Des milices pro-indonésiennes alimentent la violence contre les activistes indépendantistes. La population du Timor-Oriental vote massivement pour l'indépendance. L'ONU envoie des forces de maintien de la paix. Ramos-Horta rentre d'exil et Xanana Gusmão est libéré.

2002 Gusmão est élu à la présidence du Timor-Oriental, dont l'indépendance est reconnue par la communauté internationale.

2007 José Ramos-Horta devient président de la République et Gusmão, Premier ministre.

Océanie

Les territoires de l'Océanie sont dispersés sur toute l'immensité de l'océan Pacifique, mais n'abritent que 0,5 % de la population mondiale. L'Australie et la Nouvelle-Zélande, les deux plus grands pays d'Océanie, restent fortement marqués par l'héritage colonial britannique.

Australie

La plus grande île de l'Océanie a été colonisée par les Britanniques au XVIIIe siècle.

1606 Le navigateur néerlandais William Janszoon débarque sur la côte ouest du cap York.

1642 Un autre navigateur néerlandais, Abel Janszoon Tasman, découvre la « terre de Van Diemen », aujourd'hui la Tasmanie.

1688 Un explorateur britannique, William Dampier, aborde la côte nord-ouest de l'Australie.

1770 Le capitaine James Cook établit un relevé de la côte est et débarque à Botany Bay.

1788 Onze navires, partis de Grande-Bretagne, débarquent à Port Jackson, l'actuelle Sydney. Les passagers sont des forçats qui vont rejoindre une colonie pénitentiaire, établie en Nouvelle-Galles du Sud.

1803 Une nouvelle colonie pénitentiaire est créée sur la terre de Van Diemen.

1813 Des explorateurs franchissent pour la première fois les Blue Montains, une partie de la cordillère australienne qui longe la côte est.

1825 Fondation de la première colonie en Tasmanie ; suivie, en 1829, de l'Australie-Occidentale ; en 1836, de l'Australie-Méridionale ; en 1851, de Victoria et, en 1859, du Queensland.

1828-1830 Charles Sturt cartographie le bassin fluvial Murray-Darling ; en 1844-1845, il explore à pied l'Australie centrale.

1850 Le Parlement britannique adopte une loi sur les colonies australiennes, qui leur accorde un pouvoir législatif et fiscal.

1855 La Nouvelle-Galles du Sud, Victoria, l'Australie-Méridionale et la Tasmanie accèdent à l'autonomie, suivies du Queensland, en 1859 et de l'Australie-Occidentale, en 1890.

1891 Réunion du premier Conseil fédéral australien ; les délégués rédigent un projet de Constitution, instaurant une fédération d'États.

1901 Naissance du Commonwealth d'Australie, avec un Parlement comprenant une Chambre des députés et un Sénat. C'est le souverain britannique qui est chef d'État et nomme le gouverneur général.

1911 La ville de Canberra est construite pour devenir capitale fédérale.

1939 Le Premier ministre Robert Menzies déclare que l'Australie va suivre le Royaume-Uni dans la guerre contre l'Allemagne.

1942 Singapour est occupée par les forces japonaises. Devant l'imminence d'une invasion japonaise en Australie, le gouvernement demande de l'aide aux États-Unis.

1950-1953 Des troupes australiennes sont intégrées aux forces de l'ONU pour combattre en Corée, contre les communistes nord-coréens.

1951 Signature du traité d'assistance militaire ANZUS, ou Conseil du Pacifique, avec les États-Unis.

1967 Les Aborigènes acquièrent le droit de citoyenneté, mais les droits sur leurs terres ne sont pas reconnus.

1972 Élection du travailliste Gough Whitlam au poste de Premier ministre.

1975 Le gouvernement Whitlam est démis par le gouverneur général John Kerr. Malcolm Fraser forme un gouvernement de coalition.

1992 Le Premier ministre travailliste Bob Hawke est remplacé par Paul Keating, du même parti ; celui-ci annonce une politique « tournée vers l'Asie ».

1993 Adoption de la loi *Native Title Act* sur l'indemnisation des Aborigènes ; la Cour suprême ayant reconnu, en 1992, leurs droits de propriété sur les terres qui leur avaient été confisquées.

1996 Le libéral John Howard devient Premier ministre.

2007 Le travailliste Kevin Rudd remporte les élections fédérales et devient Premier ministre.

« 290-291 La révolution agricole
« 320-321 Le monde entier connu
« 350-351 La résistance coloniale

Nouvelle-Zélande

Les Maoris s'installèrent sur cet archipel du Pacifique Sud, il y a mille ans, et le nommèrent Aotearoa.

1000-1200 Les Maoris qui s'installent en Nouvelle-Zélande viennent de la Polynésie orientale.

1840 Le traité de Waitangi proclame la souveraineté britannique sur l'archipel. Les colons britanniques débarquent à Port Nicholson, aujourd'hui Wellington.

Canberra
En raison de la rivalité entre Melbourne et Sydney, la décision fut prise, en 1911, de construire une nouvelle capitale fédérale entre les deux villes. La construction commença en 1923 et le Parlement fédéral fut inauguré en 1927.

Les Maoris
Les premiers habitants de la Nouvelle-Zélande furent les Maoris, venus de Polynésie. Ils représentent à peu près un huitième de la population néo-zélandaise, qui compte environ 4 millions d'habitants. Ces dernières années, ils ont réussi à faire reconnaître leurs droits sur leurs terres ancestrales.

1852 Le Parlement britannique promulgue une loi constitutionnelle, établissant une Chambre des députés et un conseil législatif.

1860 Les guerres maories débutent dans la région de Taranaki, lorsque les troupes britanniques tentent d'expulser les Maoris des terres prétendument achetées par la couronne.

1863 Un conflit éclate entre les Maoris et les troupes britanniques au sujet des territoires de la région de Waikato. Il se termine par la confiscation des terres par le gouvernement colonial.

1890 Élection d'un gouvernement libéral, avec John Ballance comme Premier ministre.

1907 La Nouvelle-Zélande devient un dominion, autonome à partir de 1926, bien que demeurant soumis au Parlement britannique.

1947 Le pays accède à sa pleine indépendance en ratifiant le statut de Westminster, une loi sur les dominions de 1931.

1962 L'archipel des Samoa-Occidentales, aujourd'hui Samoa, devient indépendant de la Nouvelle-Zélande.

1965 Les îles Cook deviennent autonomes.

1975 Le Parti national conservateur remporte les élections.

1984 Le Parti travailliste remporte les élections et David Lange devient Premier ministre. L'isthme d'Auckland est rendu aux Maoris.

1987 Victoire travailliste aux élections.

1995 La fête nationale, Waitangi Day, commémorant le traité du même nom, est contestée par des activistes maoris. La couronne britannique présente des excuses officielles aux Maoris et promulgue une loi d'indemnisation pour les terres confisquées.

1997 Le Parti national forme une coalition avec New Zealand First (NZF), le parti nationaliste maori. Jenny Shipley, chef du NZF, devient Premier ministre.

1998 La justice accorde aux Maoris plus de 6 millions de dollars néo-zélandais, au titre de l'indemnisation des terres confisquées.

1999 Le Parti travailliste, conduit par Helen Clark, remporte les élections générales. Elle est réélue en 2002, puis à nouveau en 2005.

2008 John Key, du Parti national, devient Premier ministre.

« 216-217 L'expansion polynésienne
« 282-283 L'exploration du Pacifique
« 350-351 La résistance coloniale

Papouasie-Nouvelle-Guinée

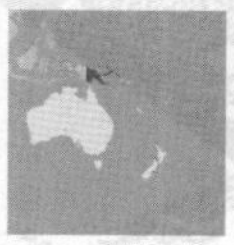

Dans cet État insulaire d'Océanie, on dénombre entre 700 et 800 langues et dialectes différents.

1828 La Compagnie hollandaise des Indes orientales revendique la région occidentale de l'île, qui fait aujourd'hui partie de l'Indonésie.

1884 Le Royaume-Uni revendique la côte sud-est de l'île de Nouvelle-Guinée ainsi que les îles situées à l'est, annexées en 1888. L'Allemagne réclame la côte nord-est et les îles voisines.

1902 Le territoire britannique, rebaptisé Papouasie en 1906, est attribué à l'Australie.

1920 Un mandat sur la Nouvelle-Guinée allemande est confié par la Société des Nations à l'Australie. Il est renouvelé après la Seconde Guerre mondiale par l'ONU.

1971 Le pays est rebaptisé Papouasie-Nouvelle-Guinée.

1975 L'indépendance est proclamée, dans le cadre du Commonwealth, sous le gouvernement de sir Michael Somare, en place depuis 1972.

1988 L'Armée révolutionnaire de Bougainville (BRA) entame une guérilla pour obtenir l'indépendance de l'île de Bougainville.

1994 Un traité de paix, signé entre les rebelles et les autorités, instaure un gouvernement provisoire autonome de l'île; mais le conflit reprend en 1995.

2001 Un accord de paix est finalement ratifié par le gouvernement et les séparatistes de Bougainville, après trois ans de cessez-le-feu.

« 282-283 L'exploration du Pacifique

INDEX ET REMERCIEMENTS

Index

Les références en *italique* renvoient aux illustrations.

1...

A

B

D

E

F

G

H

I

J

N

O

P

Q

R

S

T

Remerciements

Dorling Kindersley souhaite remercier les personnes suivantes pour leur aide précieuse dans la préparation de ce livre : Richard Beatty et Sarah Levete pour la relecture ; John Breen, Michael Brett, Amy-Sue Bix, Howard Hotson, Rosamond McKitterick et Chris Scarre pour les définitions du sommaire ; Joanna Chisholm, Tarda Davison-Aitkins, Julie Ferris, Ben Hoare, Margaret Hynes, Neil Lockley et Debra Wolter pour leur aide éditoriale ; Smiljka Surla pour son aide graphique ; Laragh Kedwell pour son aide technique ; Claire Morrey, Christine Pascall et Joanne Grey de English Heritage pour leur accès au château de Douvres ; Adam Howard de Invisiblecities Ltd pour les infographies (modèle de Andy Kay) ; Ailsa Heritage pour ses conseils sur les cartes.

CRÉDITS PHOTOGRAPHIQUES

L'éditeur souhaite également remercier les personnes suivantes pour avoir aimablement autorisé la reproduction de leurs photographies :
Romaine Werblow de DK Images, Sonia Harder d'AKG Images, le personnel de The Art Archive, Jenny Page de The Bridgeman Art Library et Nejla Burnazoglu.

(Légende : h = haut ; b = bas ; c = centre/ milieu ; e = extrême ; g = gauche ; d = droite ; t = tout en haut)

Abréviations :
AKG – **akg-images** ; **Alamy** – **Alamy Images** ; **AA&A** – **Ancient Art & Architecture Collection** ; **AA** – **The Art Archive** ; **BAL** – **The Bridgeman Art Library** ; **BM** – **The Trustees of the British Museum** ; **DK** – **DK Images** ; **Getty** – **Getty Images** ; **LoC** – **Library Of Congress, Washington, D.C.** ; **NHM** – **The Natural History Museum, Londres** ; **S&S** – **Science & Society Picture Library** ; **WFA** – **Werner Forman Archive**.

1 DK : Oxford University Museum of Natural History. **2-3 Alamy :** Visual Arts Library (Londres). **4-5 Getty :** National Geographic / Richard T. Nowitz. **6 Alamy :** Chris Knapton (bg) ; Tribaleye Images / J. Marshall (bd). **AKG :** Erich Lessing (td). **DK :** Oxford University Museum of Natural History (tg). **WFA :** Musée égyptien, Le Caire (c). **7 Alamy :** Classic Image (td) ; IML Image Group Ltd (bg). **BAL :** Edinburgh University Library, Écosse, avec l'aimable autorisation de l'University of Edinburgh (bd). **WFA :** Collection privée (ch). **8 Alamy :** ArkReligion.com (bg). **BAL :** Musée du Louvre, Paris (bd). **Corbis :** Bettmann (cd). **S&S :** National Railway Museum (tc). **9 Corbis :** (bg). **Getty :** National Geographic / Justin Guariglia (bd). **10-11 Corbis :** Derek Croucher. **12 DK :** Oxford University Museum of Natural History. **14 Alamy :** Black Star (chèvres). **AA&A :** (hutte en os de mammouth). **BAL :** Museum of Fine Arts, Houston, Texas, (poterie jomon). **Corbis :** Wolfgang Kaehler (Olduvai). **DK :** Avec l'autorisation de Natural History Museum, Londres (biface, Lucy) ; Oxford University Museum of Natural History (crâne de néandertalien, crâne d'*Homo sapiens*). **Getty :** National Geographic / Joy Tessman (chasseur) ; Carsten Peter (âge de glace). **Panos Pictures :** Georg Gerster (village). **14-15 Corbis :** Sygma / Charles Jean Marc (arrière-plan). **15 AKG :** (céramique linéaire). **Alamy :** Chris Knapton (Stonehenge) ; Tom Schmelzer (bovins) ; Stock Connection Blue (maïs). **Corbis :** The Art Archive (or de Varna) ; Gianni Dagli Orti (vase de Warka). **DK :** Judith Miller / art ancien (Tel Halaf) ; Avec l'autorisation de The Science Museum, Londres (obsidienne). **WFA :** Ashmolean Museum, Oxford (ivoire de Nekhen). **16 Corbis :** Wolfgang Kaehler. **17 Alamy :** Steve Bloom Images (tg). **DK :** Avec l'autorisation de Natural History Museum, Londres (cd). **18 NHM :** (*Homo Habilis*, face et côté). **Science Photo Library :** John Reader (td). **18-19 DK :** Oxford University Museum of Natural History (toutes les autres). **19 NHM :** (*Paranthropus boisei*, côté). **20 Getty :** National Geographic / Sisse Brimberg (t). **Science Photo Library :** MSF / Javier Trueba (bc). **21 DK :** Avec l'autorisation du Manchester Museum (cdh). **Science Photo Library :** Sovereign, ISM (bd). **Université de Bergen, Norvège :** Christopher Henshilwood (bg). **22 Corbis :** Roger Ressmeyer (cdh). **Getty :** Carsten Peter (b). **23 Alamy :** Tom Till (td). **Getty :** National Geographic / James P. Blair (bd). **NASA :** JPL (cd). **24 Getty :** Science Faction / Roger Ressmeyer / Fred Hirschmann (cgh). **25 Alamy :** Ilya Genkin (bc) ; Robert Harding Picture Library Ltd (cdb). **Corbis :** The Art Archive (tc) ; Gianni Dagli Orti (cgb). **Getty :** AFP / STR (td) ; National Geographic / Ira Block (bg). **26 AA&A :** (tg). **NHM :** (cd). **26-27 Getty :** National Geographic / Chris Johns (b). **27 Corbis :** Lowell Georgia (ecgh) ; Gianni Dagli Orti (cd). **28 Corbis :** Michael Amendolia. **29 Corbis :** Bettmann (cdh) ; Free Agents Limited (cd) ; Warren Morgan (bc) ; Reuters (tg) ; Reuters / Stephen Hird (cgh). **DK :** Avec l'autorisation du American Museum of Natural History (bd). **30 DK :** Avec l'autorisation du Museum of Londres (ch, b/tête de harpon, b/sagaie de pêche, b/flèche à pointe de silex, b/flèche du mésolithique). **31 Getty :** National Geographic / Joy Tessman (tg) ; National Geographic / David A. Harvey (bd). **WFA :** Field Museum of Natural History, Chicago (td) ; University of British Columbia, Vancouver, Canada (cg). **32 National Geographic Image Collection :** Kenneth Garrett (b). **33 Alamy :** LOOK Die Bildagentur der Fotografen GmbH (tc). **AA :** Musée égyptien Turin / Dagli Orti (cd) ; Dagli Orti (bd). **Corbis :** Rob Howard (bc). **34 Alamy :** Visual Arts Library (Londres) (10). **AA :** Moravian Museum Brno / Dagli Orti (8) ; Museo Tridentino Scienze Naturali Trente / Dagli Orti (2). **Deutsches Archäologisches Institut :** (9). **DK :** Avec l'autorisation du Museum of London (3, 11) ; Avec l'autorisation de Natural History Museum, Londres (1, 4, 7, 12 Barbed) ; Avec l'autorisation du Science Museum, Londres (12 silex denté). **Getty :** AFP / Anna Zieminski (5). **National Geographic Image Collection :** (6). **35 AA :** Musée du Louvre, Paris / Dagli Orti (14). **BAL :** Brooklyn Museum of Art, New York, Charles Edwin Wilbour Fund (16) ; Musée iraquien, Bagdad, Photo © Held Collection (21). **BM :** (15). **DK :** The British Museum, Londres (13) ; Avec l'autorisation du University Museum of Archaeology and Anthropology, Cambridge (18, 19). Photo **Scala, Florence :** The Metropolitan Museum of Art, New York / Art Resource (20). **36 Alamy :** Martin Shields (bc) ; Stock Connection Blue (td) ; Worldwide Picture Library (cb). **37 Alamy :** Black Star (cg) ; Israel Images (td) ; Charles Mistral (tg) ; Tom Schmelzer (c). **38 BAL :** Museum of Fine Arts, Houston, Texas, (bc). **DK :** © CONACULTA-INAH-MEX. Avec l'autorisation de l'Instituto Nacional de Antropologia e Historia (tg). **39 AA :** Dagli Orti (bd). **DK :** The British Museum (td). **Panos Pictures :** Georg Gerster (g). **40 Alamy :** Robert Estall Photo Agency (cgb). **Corbis :** Adam Woolfitt (bg). **DK :** Avec l'autorisation de University Museum of Archaeology and Anthropology, Cambridge (cgh). **41 Alamy :** Chris Knapton (t). **Corbis :** Richard A. Cooke (bg). **Panos Pictures :** Georg Gerster (bd). **42 AA :** Musée du Louvre, Paris / Dagli Orti (c). **DK :** Avec l'autorisation de Science Museum, Londres (cgh). **43 AA :** Devizes Museum / Eileen Tweedy (td). **BAL :** Musée d'archéologie du Sud-Tyrol, Bolzano, Wolfgang Neeb (bc). **Corbis :** The Art Archive (tg) ; Jonathan Blair (cd). **44 Corbis :** Gianni Dagli Orti (cg). **DK :** Judith Miller / Art ancien (ch). **WFA :** Ashmolean Museum, Oxford (bd) ; British Museum, Londres (bg). **45 Corbis :** Yann Arthus-Bertrand (tg) ; Sandro Vannini (bd). **DK :** Judith Miller / Art ancien (td). **46 WFA :** Musée égyptien, Le Caire. **48 AKG :** (Sargon). **AA :** Musée du Louvre, Paris / Dagli Orti (Gudéa) ; National Museum, Karachi / Dagli Orti (sceau) ; Dagli Orti (chantier naval). **Corbis :** Brooklyn Museum (Pepi) ; Christie's Images (figurine cycladique) ; Reuters / Sengo Perez (Caral) ; Michael S. Yamashita (Our). **DK :** The British Museum, Londres (étendard d'Our). **Getty :** The Image Bank / Michael John O'Neill (pyramide). **Photo Scala, Florence :** The Metropolitan Museum of Art, New York / Art Resource (tablette). **48-49 AKG :** Andrea Jemolo (arrière-plan). **49 Alamy :** Helene Rogers (Cnossos) ; Visual Arts Library (Londres) (disque de Phaistos). **AA :** Musée égyptien Turin / Dagli Orti (vizir) ; Dagli Orti (Akrotiri). **Corbis :** Yann Arthus-Bertrand (Hattusas). **DK :** The British Museum, Londres (Bronze Shang). **Jürgen Liepe :** Musée égyptien, Le Caire (armée nubienne). **Photo Scala, Florence :** The Metropolitan Museum of Art, New York / Art Resource (statue hittite). **50 AKG :** Erich Lessing (*Koudourrou*). **Alamy :** Visual Arts Library (Londres) (lettre). **AA&A :** (masque philistin). **AA :** Musée égyptien, Le Caire / Dagli Orti (Akhenaton). **BAL :** Ashmolean Museum, University of Oxford (vase). **Corbis :** Archivo Iconografico, S.A. (Agamemnon). **DK :** Avec l'autorisation de British Library, Londres (os divinatoire) ; The British Museum, Londres (Livre des morts). **Getty :** Robert Harding World Imagery / Gavin Hellier (temple d'Hatshepsout). **WFA :** (Ramsès III). **50-51 AKG :** Andrea Jemolo (arrière-plan). **51 AKG :** Erich Lessing (Sargon II). **Alamy :** Visual Arts Library (Londres) (écriture phénicienne) ; Ken Welsh (Carthage). **Corbis :** Danny Lehman (tête olmèque). **DK :** The British Museum, Londres (bronze Zhou). **National Geographic Image Collection :** O. Louis Mazzatenta (char funéraire). **New Carlsberg Glyptotek, Copenhague :** Ole Haupt (stèle de Kawa). **Panos Pictures :** Georg Gerster (Kurgans scythes). **52 DK :** The Science Museum, Londres (td, bc). **Rex Features :** Sipa Press (cgh). **WFA :** Musée égyptien, Le Caire (cgb). **53 AKG :** Erich Lessing (tg). **AA :** Musée Condé, Chantilly / Dagli Orti (bd). **S&S :** (cd). **The Wellcome Institute Library, Londres :** (bg). **54 AKG :** (bg). **AA&A :** (cg). **BAL :** Collection privée, Photo © Heini Schneebeli (tg). **DK :** The British Museum, Londres (tc). **55 AKG :** Erich Lessing (bg). **Alamy :** Visual Arts Library (Londres) (cdb). **AA :** Musée du Louvre, Paris / Dagli Orti (cdh). **DK :** The British Museum, Londres (tg). **56 AKG :** Erich Lessing (c). **AA :** Dagli Orti (cdh). **Corbis :** Sandro Vannini (cgh). **DK :** The British Museum, Londres (bg). **57 Alamy :** Tor Eigeland (cdh). **AA :** Musée du Louvre, Paris / Dagli Orti (cg). **Corbis :** Brooklyn Museum (cdb). **DK :** The British Museum, Londres (bg). **Getty :** The Image Bank / Michael John O'Neill (tg). **58 AKG :** Gérard Degeorge (td). **AA :** Musée national, Karachi / Dagli Orti (cg). **BAL :** Ashmoleon Museum, University of Oxford (cdb). **DK :** Avec l'autorisation du Musée national, New Delhi (c). **59 Getty :** Robert Harding World Imagery / Ursula Gahwiler. **60 Corbis :** Asian Art & Archaeology, Inc. (cg). **60-61 DK :** The British Museum, Londres (c). **61 DK :** Avec l'autorisation de British Library, Londres (cd, bc) ; Avec l'autorisation du University Museum of Archaeology and Anthropology, Cambridge (c). **National Geographic Image Collection :** O. Louis Mazzatenta (td). **62 DK :** The British Museum, Londres (bg). **Photo Scala, Florence :** The Metropolitan Museum of Art, New York / Art Resource (bd). **The Schøyen Collection, Oslo et Londres :** MS 4631 (tg). 63 **Alamy :** Visual Arts Library (Londres) (td). **AA :** Musée égyptien Turin / Dagli Orti (tg). **Corbis :** Gianni Dagli Orti (cdb, cb). **DK :** The British Museum, Londres (c) ; Avec l'autorisation du London College of Printing (bd). **64 AA :** Musée égyptien Turin / Dagli Orti (ch). **Corbis :** Gianni Dagli Orti (cg). **Jürgen Liepe :** Musée égyptien, Le Caire (cdb). **65 Alamy :** Lebrecht Music and Arts Photo Library (cdh) ; Tribaleye Images / J. Marshall (g). **BAL :** Musée du Louvre, Paris, Peter Willi (bd). **66 Alamy :** The Print Collector (c). **AA :** Musée du Louvre, Paris / Dagli Orti (bc). **Corbis :** Zefa / Paul C. Pet (g). **67 AA :** Dagli Orti (tc). **Corbis :** Roger Wood (cdb). **Getty :** The Bridgeman Art Library (bc). **68 AA :** Musée du Louvre, Paris / Dagli Orti (cg). **DK :** The British Museum, Londres (tg, cd). **69 AA :** Musée égyptien, Le Caire / Dagli Orti (bd). **DK :** The British Museum, Londres (tg, td, bg). **70 AKG :** (9). **AA :** Musée égyptien, Le Caire / Dagli Orti (2). **DK :** Avec l'autorisation de Ashmolean Museum, Oxford (5) ; The British Museum, Londres (1, 3, 4, 6, 7, 10, 12, 13, 14). **Photo Scala, Florence :** The Metropolitan Museum of Art, New York / Art Resource (8, 11). **71 DK :** The British Museum, Londres (17, 18, 19, 20, 21, 22). **Photo Scala, Florence :** The Metropolitan Museum of Art, New York / Art Resource (15, 16). **72 Deutsches Archäologisches Institut :** (cgh). **72-73 Getty :** Robert Harding World Imagery / Gavin Hellier (b). **73 Alamy :** ImageState (cdh). **AA :** Collection privée / Dagli Orti (bd). **Corbis :** Michael S. Yamashita (cgh). **Panos Pictures :** Georg Gerster (cg). **74 AA :** Musée Xalapa Veracruz, Mexique / Dagli Orti (bg). **Corbis :** Danny Lehman (c) ; Reuters / Sengo Perez (cgh). **75 AA :** Musée national d'Anthropologie, Mexique / Dagli Orti (bg). **John W. Rick :** (tc). **76 Alamy :** Wolfgang Kaehler (td) ; Visual Arts Library (Londres) (bg). **BAL :** Ashmolean Museum, University of Oxford (bd). **Corbis :** The Art Archive (cg) ; Christie's Images (cgh). **77 Alamy :** Ian Dagnall (cb) ; Helene Rogers (bg). **AA :** Dagli Orti (cd). **78 AKG :** Erich Lessing (tg). **Photo Scala, Florence :** The Metropolitan Museum of Art, New York / Art Resource (cg). **WFA :** (d) ; E. Strouhal (bg). **79 Alamy :** Visual Arts Library (Londres) (bd). **AA&A :** (cdh). **Corbis :** Yann Arthus-Bertrand (cb). **80 AKG :** Erich Lessing (tg, bc, bg). **Corbis :** Gianni Dagli Orti (bd). **81 AKG :** Erich Lessing (c). **AA :** The British Museum, Londres / Dagli Orti (tg). **82 Alamy :** Ken Welsh (tc). **Corbis :** Werner Forman Archive (cg). **New Carlsberg Glyptotek, Copenhague :** Ole Haupt (cd). **Photo Scala, Florence :** The Metropolitan Museum of Art, New York / Art Resource (bg). **83 Alamy :** Visual Arts Library (Londres) (cd). **BM :** (tg). **Corbis :** Gianni Dagli Orti (c). **DK :** The British Museum, Londres (td). **Réunion des Musées Nationaux Agence**

Photographique : Hervé Lewandowski (tc). **84 AKG :** Erich Lessing. **86 AKG :** Erich Lessing (Hallstatt). **Alamy :** Visual Arts Library (Londres) (Hésiode). **AA :** Musée Bardo, Tunis / Dagli Orti (Odyssèe d'Homère) ; Musée du Louvre, Paris / Dagli Orti (frise de Suse) ; Musée national archéologique, Athènes / Dagli Orti *(kouros)*. **BAL :** Musée iraquien, Bagdad (porte d'Ishtar). **BM :** (cylindre de Cyrus). **Corbis :** Archivo Iconografico, S.A. (Confucius) ; Werner Forman Archive (relief de Persépolis). **DK :** The British Museum, Londres (vase grec). **WFA :** David Bernstein Fine Art, New York (textile de Paracas). **86-87 Alamy :** Visual Arts Library (Londres) (arrière-plan). **87 Alamy :** Andrew Holt (cheval du Parthenon) ; Peter Horree (Alexandre le Grand) ; Visual Arts Library (Londres) (tapis Pazyryk) ; World Religions Photo Library (stupa). **AA :** Musée archéologique, Téhéran / Dagli Orti (bronze séleucide) ; Musée du Louvre, Paris / Dagli Orti (Sacrifice à Mars) **BAL :** Bildarchiv Steffens (Monte Albán) ; Musée du Vatican, Vatican (École d'Athènes). **BM :** (pièce de monnaie de Carthage). **Corbis :** Keren Su (armée de terre cuite). **WFA :** Musée de l'Hermitage, Saint-Petersburg (cavalier scythe). **88 AKG :** Erich Lessing (chaudron de Gundestrup). **AA&A :** PRISMA (Jules César). **AA :** (Cléopâtre). **Getty :** Robert Harding World Imagery / Lee Frost (Nemrut Dag) ; Robert Harding World Imagery / Neale Clark (Petra). **Panos Pictures :** Georg Gerster (Teotihuacán, allée des Morts). **WFA :** Musée archéologique national, Naples (fresque de Pompéi) ; Museum für Völkerkunde, Berlin (vase mochica). **88-89 Alamy :** Visual Arts Library (Londres) (arrière-plan). **89 AKG :** (écriture chinoise, bataille du pont Milvius). **AA&A :** (Sassanian Plate). **AA :** Gioviana Archives, Florence / Dagli Orti (Attila le Hun). **BAL :** Boltin Picture Library (broche irlandaise) ; Musée national indien, New Delhi (tête de Bouddha). **BM :** (monnaies hunniques). **Corbis :** Bettmann (relief maya) ; Collection Burstein (Sculpture kouchane) ; Pierre Colombel (route de la soie). **90 AA :** Musée archéologique, Florence / Dagli Orti (td) ; Musée Rolin Autun / Dagli Orti (tg). **BAL :** Musée iraquien, Bagdad (bg). **Corbis :** Francis G. Mayer (bc/gauche) ; Roger Wood (bc/droite). **Getty :** De Agostini Picture Library (tc). **WFA :** Theresa McCullough Collection, Londres (bd). **91 AA :** Real biblioteca del Escorial / Dagli Orti (cd). **BAL :** The British Museum, Londres (cdh). **Still Pictures :** Transit (bg). **92 AA :** Musée archéologique, Istanbul / Dagli Orti (tg). **Panos Pictures :** Insight / Marcus Rose (b). **93 AA :** Musée du Louvre, Paris / Dagli Orti (bg). **BM :** (c). **Corbis :** Bettmann (bd). **WFA :** Musée archéologique, Téhéran (cg). **94 AKG :** Orsi Battaglini (bg) ; Electa (tg). **Alamy :** Andrew Holt (td). **DK :** Archaeological Receipts Fund (TAP) (bd) ; D'Ephorate of Prehistoric and Classical Antiquities. Archaeological Receipts Fund (bc). **95 AA :** Museo Nazionale Palazzo Altemps, Rome / Dagli Orti (tc). **96 Alamy :** Peter Horree. **97 AKG :** (bc). **Corbis :** John Heseltine (tg) ; Mary Evans Picture Library (c) ; Bettmann (cdh). **98 Corbis :** Werner Forman Archive (cgb). **Getty :** Robert Harding World Imagery / Lee Frost (t). **99 AA :** Musée Guimet, Paris / Dagli Orti (td). **Corbis :** Archivo Iconografico, S.A. (bd). **Wikipedia, The Free Encyclopedia :** (cg). **100 AKG :** (cdb). **AA :** Musée de l'Agora, Athènes / Dagli Orti (cg, cgb). **Corbis :** Gianni Dagli Orti (bg). **DK :** The British Museum, Londres (cgh). **101 Panos Pictures :** Georg Gerster. **102 Alamy :** The Print Collector (bd). **AA :** Musée archéologique, Alep / Dagli Orti (bg) ; Musée Bardo, Tunis / Dagli Orti (ch). **103 AKG :** (bd). **AA :** The British Library, Londres (td) ; Musée national archéologique, Athènes (bg). **Corbis :** Archivo Iconografico, S.A. (tg). **104 The British Library, Londres :** (bc). **Corbis :** Araldo de Luca (td). **DK :** The British Museum, Londres (cgh). **WFA :** Dr E. Strouhal (bg). **105 AKG :** The British Library, Londres (td). **The Wellcome Institute Library, Londres :** (bd). **106 AA :** Museo Capitolino, Rome / Dagli Orti (bd). **DK :** The British Museum, Londres (cg, cgh). **WFA :** (bg). **106-107 AA :** Musée du Louvre, Paris / Dagli Orti (t). **107 Alamy :** Mary Evans Picture Library (cdb). **DK :** The British Museum, Londres (cgb). **108 AA&A :** PRISMA (c). **BAL :** Bibliothèque Nationale, Paris, Archives Charmet (bg). **109 AKG :** (cd). **Alamy :** CuboImages srl (c) ; Hideo Kurihara (tc). **AA :** Galleria d'Arte Moderna, Rome / Dagli Orti (bc). **The British Library, Londres :** (cgh). **110 Alamy :** Art Kowalsky (bg) ; David Robertson (cg) ; Visual Arts Library (Londres) (tg) ; Ken Welsh (cgb). **BM :** (td). **Corbis :** Zefa / José Fusta Raga (bd). **WFA :** Museo Archeologico Nazionale, Naples (bc). **111 Alamy :** Robert Harding Picture Library (bd). **Getty :** Photographer's Choice / Michael Dunning (cb). **Panos Pictures :** Georg Gerster (tg). **112 AKG :** (bg). **Alamy :** Ace Stock Limited (bd). **DK :** The British Museum, Londres (tc). **113 Alamy :** Brian Hoffman (ch) ; Martin Jenkinson (tg). **AA :** Archaeological Museum, Naples / Dagli Orti (b/bracelet) ; Musée du Louvre, Paris / Dagli Orti (bd) ; Museo della Civilta Romana, Rome / Dagli Orti (cd). **DK :** The British Museum, Londres (cuillère, b/louche, b/nécessaire de toilette, b/pièce). **114 AA :** Musée archéologique, Châtillon-sur-Seine / Dagli Orti (cgb). **DK :** The British Museum, Londres (cdb, bd). **Panos Pictures :** Georg Gerster (td). **115 DK :** Avec l'autorisation d'Ermine Street Guard. **116 AA :** Musée archéologique national, Athènes / Dagli Orti (bg). **Corbis :** Araldo de Luca (d). **DK :** The British Museum, Londres (cg). **117 Alamy :** Ken Welsh (bd). **BAL :** Villa Farnèse, Rome (cd). **DK :** The British Museum, Londres (tc). **118 AKG :** Erich Lessing (bg). **BAL :** Musée de la Vieille Charité, Marseille / Giraudon (tg). **Stéphane Compoint :** (cdh). **Corbis :** Alinari Archives (cdb). **119 AA :** Museo Prenestino, Palestrina / Dagli Orti. **120 Alamy :** North Wind Picture Archives (bc). **AA :** (d). **BM :** (cgb). **121 AKG :** (bd) ; Hilbich (tc). **AA :** Musée du Louvre, Paris / Dagli Orti (cd, bc). **BAL :** Musée du Louvre, Paris / Giraudon / Lauros (cg). **122 Alamy :** Visual Arts Library (Londres) (cdb). **AA&A :** (cb). **AA :** Musée archéologique, Téhéran / Dagli Orti (cgb). **BM :** (cgh). **Corbis :** Pierre Colombel (tg). 123 BAL. **124 AKG :** Jean-Louis Nou (bc). **Alamy :** IML Image Group Ltd (td) ; Sherab (bd). **125 Alamy :** Bildarchiv Monheim GmbH (bd) ; World Religions Photo Library (ch). **BAL :** Musée national indien, New Delhi (cdb). **Corbis :** Charles & Josette Lenars (td). **126 Corbis :** Keren Su. **127 AA&A :** (td). **AA :** The British Library, Londres (bc). **Corbis :** Bettmann (bd). **DK :** The British Museum, Londres (cgh). **128 BAL :** Bibliothèque Nationale, Paris (td). **DK :** The British Museum, Londres (bg) ; The British Library, Londres (bd). **129 AKG :** (bc). **AA :** Jean Vinchon Numismatique, Paris / Dagli Orti (cdh). **130 Alamy :** Visual Arts Library (Londres) (cgh, cgb). **BAL :** Musée du Vatican, Vatican (d). **131 AA :** Musée archéologique, Naples / Dagli Orti (bg) ; Museo Civico, San Gimignano / Dagli Orti (bd). **BAL :** Musée d'Archéologie et d'Histoire, Lausanne (cdb) ; Museo Archeologico Nazionale, Naples (cgh). **Corbis :** Archivo Iconografico, S.A. (cd) **132 AKG :** (bg). **AA&A :** (bd). **AA :** Musée archéologique, Bagdad / Dagli Orti (td). **BM :** (cgh). **133 AA :** Bodleian Library, Oxford (cdh). **Getty :** Robert Harding World Imagery / Neale Clark (tg). **134 AKG :** Erich Lessing (cg). **Alamy :** Mary Evans Picture Library (bg). **Corbis :** Araldo de Luca (tc). **134-135 AKG :** (bc). **135 AKG :** Erich Lessing (cgh). **BAL :** Boltin Picture Library (td). **BM :** (tc). **136 AKG :** Erich Lessing (3, 5). **BM :** (1). **Corbis :** Werner Forman Archive / National Museum of Ireland (7). **DK :** The British Museum, Londres (2) ; Avec l'autorisation du Museum of London (6) ; Avec l'autorisation de University Museum of Archaeology and Anthropology, Cambridge (8, 10, 12). **WFA :** The British Museum, Londres (4, 11) ; Musée national, Copenhague (9). **137 AKG :** Erich Lessing (15, 19 droite). **Alamy :** Visual Arts Library (Londres) (16). **AA :** Jean Vinchon Numismatique, Paris / Dagli Orti (19 gauche). **DK :** The British Museum, Londres (13, 21) ; Avec l'autorisation de University Museum of Archaeology and Anthropology, Cambridge (17). **WFA :** National Museum of Ireland (18, 20, 22) ; National Museum of Wales (14). **138 Alamy :** Visual Arts Library (Londres) (bg). **Panos Pictures :** Georg Gerster (tg). **WFA :** Musée de l'Hermitage, Saint-Pétersbourg (td). **138-139 Corbis :** Michael Setboun (b). **139 AKG :** Mark De Fraeye (cgh). **BM :** (td). **Corbis :** Burstein Collection (tc). **140 BAL :** Bildarchiv Steffens (bg). **Panos Pictures :** Georg Gerster (cdh). **WFA :** David Bernstein Fine Art, New York (tg) ; Museum für Völkerkunde, Berlin (c, cdb). **141 Corbis :** Bettmann. **142 AKG :** Andrea Baguzzi (d) ; Erich Lessing (bg). **143 AKG :** (bg) ; Erich Lessing (cg). **BM :** (bd). **WFA :** The British Museum, Londres (ch). **144 AA :** Museo Civico, Orvieto (tg). **Getty :** AFP / Menahem Kahana (b). **145 Alamy :** Visual Arts Library (Londres) (cd). **146 Alamy :** The Print Collector (bd). **AA :** Musée Guimet, Paris / Dagli Orti (bg). **Corbis :** Nathan Benn (tc). **DK :** The British Museum, Londres (tg, td). **147 Alamy :** Steve Allen Travel Photography (tg). **Corbis :** JAI / Michele Falzone (ebd) ; Patrick Ward (ch). **Getty :** National Geographic / Martin Gray (cdh) ; Riser / China Tourism Press (bg) ; Taxi / Gavin Hellier (bd). **Panos Pictures :** Dominic Harcourt-Webster (cbg). **148-149 AKG. 150 Alamy :** Visual Arts Library (Londres) (td). **AA :** Archives Gioviana, Florence / Dagli Orti (bg). **BM :** (cgh). **150-151 AKG :** Erich Lessing (bc). **151 DK :** The British Museum, Londres (bd). **152 WFA :** Collection privée. **154 AKG :** The British Library, Londres (bible de Lindisfarne) ; Erich Lessing (Jayavarman VII). **Alamy :** Visual Arts Library (Londres) (Charlemagne). **AA :** The British Library, Londres (Haroun al-Rachid). **Corbis :** Christie's Images (cheval en céramique) ; Richard T. Nowitz (dôme du Rocher). **DK :** Avec l'autorisation du Royal Museum of Scotland, Édinbourg (vase chimú). **Still Pictures :** Frans Lemmens (caravane de chameaux). **WFA :** The British Museum, Londres (relief maya). **Wikipedia, The Free Encyclopedia :** Université Bilkent / département d'Histoire (bataille de Badr). **154-155 WFA :** Yamato Bunkaken, Nara (arrière-plan). **155 Alamy :** John Goulter (roi Alfred). **AA :** Musée Guimet, Paris / Dagli Orti (bronze chola) ; Collection privée, Paris / Dagli Orti (éventail fujiwara). **BAL :** Collection privée / Archives Charmet (feux d'artifice chinois). **Corbis :** Ted Spiegel (drakkar vicking). **Dennis Cox / ChinaStock :** Sun Kerang (caractères mobiles). **DK :** Avec l'autorisation du National Maritime Museum, Londres (astrolabe). **National Archives and Records Administration, USA :** (bataille du Lechfeld). **156 AKG :** Robert Aberman (Grand Zimbabwe). **Alamy :** Jim Lane (saint François d'Assise) ; Mary Evans Picture Library (Saladin). **AA :** Musée des Arts turcs et islamiques, Istanbul / Dagli Orti (Turcs Seldjoukides). **BAL :** Centre Historique des Archives Nationales, Paris / Lauros / Giraudon (sceau de l'Ordre du Temple) ; Collection privée (Genghis Khan). **Getty :** Lonely Planet Images / Richard l'Anson (Qutab Minar). **Kenny Grant :** (Angkor Vat). **WFA :** Trésor de la cathédrale de Limbourg (reliquaire byzantin). **Wikipedia, The Free Encyclopedia :** (bataille d'Hastings). **156-157 WFA :** Yamato Bunkaken, Nara (arrière-plan). **157 AKG :** (peste, Kubilay Khan) ; The British Library, Londres (Bruges). **Alamy :** Vehbi Koca (casque ottoman) ; Lebrecht Music and Arts Photo Library (Alhambra). **AA&A :** (invasion mongole). **AA :** Bibliothèque Nationale, Paris (Marco Polo). **Corbis :** Christie's Images (bronze du Bénin) ; Gordon R. Gainer (Henri le Navigateur). **DK :** Judith Miller / Sloan's (vase Ming). **WFA :** The British Museum, Londres (masque de jade). **158 Alamy :** Gus (bc) ; Visual Arts Library (Londres) (tg, ch). **AA :** Rheinische Landesmuseum, Trèves / Dagli Orti (cgb). 159 **AKG :** The British Library, Londres (tg). **Alamy :** Visual Arts Library (Londres) (bg). **AA :** The Bodleian Library, Oxford (bd). **BAL :** S. Ambrogio, Florence (td). **160 BAL :** Musée Guimet, Paris / Archives Charmet (bg). **DK :** Judith Miller / Art ancien (tg). **WFA :** (bd). **161 Corbis :** Christie's Images (cgb). **DK :** The British Library, Londres (bd) ; Judith Miller / Sloans & Kenyon (cdh). **Terra Galleria Photography :** Quang-Tuan Luong (tg). **162 AA :** Musée Guimet, Paris / Dagli Orti (cgb). **Dennis Cox / ChinaStock :** Sun Kerang (cdb). **162-163 AA :** Musée national du palais, Taïwan (t). **163 AKG :** (cdb). **BAL :** Collection privée / Archives Charmet (bg). **164 BAL :** Bibliothèque Nationale, Paris (cgb) ; The British Museum, Londres (bg) ; Collection privée (d). **165 AKG :** (bc). **Alamy :** Visual Arts Library (Londres) (bd). **AA :** Biblioteca Nazionale Marciana, Venise / Harper Collins Publishers (tg). **DK :** Avec l'autorisation du University Museum of Archaeology and Anthropology, Cambridge (c). **166 DK :** Judith Miller / Sloan's (bc). **WFA :** Collection privée, Londres (cgb). **166-167 Still Pictures :** UNEP (t). **167 Alamy :** View Stock (bg). **Getty :** AFP / Goh Chai Hin (c). **168 AA&A :** (bg). **AA :** Collection privée, Paris / Dagli Orti (cdh). **Corbis :** Sakamoto Photo Research Laboratory (cgh). **WFA :** Collection Burke, New York (bd). **169 AA :** (td). **DK :** Board of Trustees of the Royal Armouries (g). **170 King Sejong the Great Memorial Society :** (td, bd). **171 Corbis :** Christie's Images (c). **Getty :** AFP / Kim Jae-Hwan (bg). **King Sejong the Great Memorial Society :** (cd, bd). **172 Alamy :** Visual Arts Library (Londres) (tg). **Panos Pictures :** Georg Gerster (cgb). **WFA :** (cdh). **172-173 Kenny Grant :** (b). **173 AKG :** Erich Lessing (cb). **Alamy :** Ken Welsh (cdh). **174 AA :** Musée des arts islamiques, Le Caire (bc). **DK :** Avec l'autorisation de Pitt Rivers Museum, University of Oxford (cgh). **175 Corbis :** Richard T. Nowitz (td). **DK :** Avec l'autorisation du National Maritime Museum, Londres (cdb). **Wikipedia, The Free Encyclopedia :** Université Bilkent / département d'Histoire (bc). **176 AKG :** (cg). **AA :** The British Library, Londres (bd). **177 Alamy :** Lebrecht Music and Arts Photo Library (tg) ; Nicholas Pitt (cdh) ; Andrew Watson (cg). **AA :** Musée des Arts turcs et islamiques, Istanbul / Dagli Orti (bc). **Getty :** Lonely Planet Images / Richard l'Anson (c). **Magnum Photos :** Abbas (cdb). **Wikipedia, The Free Encyclopedia :** (tc). **178 Photo Scala, Florence :** The Metropolitan Museum of Art, New York / Art Resource (1, 2, 3, 4, 5, 7, 8). **179 DK :** The British Museum, Londres (11, 14). **Photo Scala, Florence :** The Metropolitan Museum of Art, New York / Art Resource (6, 9, 10, 12, 13, 15, 16, 17). **180 AA :** Musée Guimet, Paris / Dagli Orti (cgh). **Corbis :** Charles & Josette Lenars (cdh). **181 Alamy :** Trip (c). **BAL :** Bonhams, Londres (tg). **Corbis :** Macduff Everton (b). **182 AKG :** Robert Aberman (bd). **BAL :** Heini Schneebeli (cdh). **Corbis :** Cordaiy Photo Library Ltd / Colin Hoskins (cgb). **Still Pictures :** Frans Lemmens (cgh). **WFA :** Robert Aberman (bg, cdb). **183 AKG :** Erich Lessing (bg). **Corbis :** Christie's Images (cdb) ; Sandro Vannini (cdh). **WFA :** The British Museum, Londres (tg). **184 Alamy :** Images&Stories (td). **AA :** Bibliothèque Nationale, Paris (bg). **WFA :** (cgh). **185 Alamy :** Iain Masterton (bd) ; World Religions Photo Library (tg). **Corbis :** Michael S. Yamashita (td). **186 Corbis :** Reuters / Kin Cheung (cdb). **Science Photo Library :** Dr Gary Gaugler (bc). **Wikipedia, The Free Encyclopedia :** Royal Ontario Museum, Toronto (cg). **187 AKG. 188 BAL :** Archives du Ministère des Affaires étrangères, Paris / Archives Charmet (bd). **Getty :** Imagno (c). **189 Alamy :** John Goulter (bd) ; Visual Arts Library (Londres) (tg). **National Archives and Records Administration, USA :** (td). **190 DK :** Avec l'aimable autorisation du Trustees of The Wallace Collection, Londres (tc). **191 Alamy :** Mary Evans Picture Library (tg). **BAL :** Chetham's Library, Manchester (cd). **DK :** Avec l'aimable autorisation du Trustees of The Wallace Collection, Londres (bc). **192-193 Wikipedia, The Free Encyclopedia. 194 Alamy :** Visual Arts Library (Londres) (cg). **BAL :** Santa Maria Novella, Florence (bd). **Corbis :** Michel Setbourn (c). **195 Alamy :** Visual Arts Library (Londres) (td). **Corbis :** Jan Butchofsky-Houser (bd). **196 Alamy :** Jim Lane (bd) ; Visual Arts Library (Londres) (tg). **AA :** The British Library, Londres (c). **197 Alamy :** Classic Image (cdh). **198 AA :** Dagli Orti (bg). **Corbis :** Paul H. Kuiper (td). **WFA :** Trésor de la cathédrale de Limbourg (c). **199 AKG :** Erich Lessing (cd, bg). **200 DK :** (c) ; The British Museum, Londres (cg). **201 Alamy :** Mary Evans Picture Library (td). **AA :** Biblioteca Capitolare, Padoue / Dagli Orti (tg). **BAL :** Centre Historique des Archives Nationales, Paris / Lauros / Giraudon (bg). **202 Alamy :** Visual Arts Library (Londres) (tg). **DK :** Danish National Museum (bd/lance) ; Avec l'autorisation du Museum of London (bd/épée) ; Avec l'autorisation de Universitets Oldsaksamling, Oslo (cg). **The Fitzwilliam Museum, Cambridge :** Department of Coins and Medals (bc). **203 Corbis :** Ted Spiegel (c). **DK :** The British Museum, Londres (cd) ; Avec l'autorisation du Statens Historiska Museum, Stockholm (tg, cg, tc) ; Avec l'autorisation de Universitetets kulturhistoriske Museer / Vikingskipshuset / Frits Solvang (b). **204-205 BAL :** Edinburgh University Library, Écosse, avec l'aimable autorisation de l'université d'Édimbourg. **206 Alamy :** Vehbi Koca (c). **AA :** Musée des Arts turcs et islamiques, Istanbul / Dagli Orti (cg). **207 Alamy :** Visual Arts Library (Londres) (bg). **AA&A :** (bd). **BM :** (bc). **Corbis :** The Art Archive (t). **208 Alamy :** Peter Horree (ch). **AA :** Dagli Orti (cg, cb). **Corbis :** Archivo Iconografico, S.A. (bg). **209 AKG :** The British Library, Londres (g) ; Electa (td). **BAL :** musée de l'Hermitage, saint-Pétersbourg (bd). **Corbis :** Zefa / José Fusta Raga (c). **210 Alamy :** AA World Travel Library (bc). **AA :** National Anthropological Museum, Mexique / Dagli Orti (bd). **WFA :** The British Museum, Londres (cdh, cg). **211 AA. 212 Corbis :** Nathan Benn (bc) ; Werner Forman Archive (tc). **213 Alamy :** Robert Fried (t). **Still Pictures :** Jim Wark (bg). **214 DK :** The British Museum, Londres (14) ; © CONACULTA-INAH-MEX. Avec l'autorisation de Instituto Nacional de Antropología e Historia (1, 2, 6, 7, 8, 11, 12). **215 DK :** The British Museum, Londres (10) ; Avec l'autorisation du Royal Museum of Scotland, Édimbourg (9, 13) ; © CONACULTA-INAH-MEX. Avec l'autorisation de Instituto Nacional de Antropología e Historia (3, 4, 5, 15, 16, 17). **216 BM :** (ch). **DK :** International Sailing Craft Association, Lowestoft (cd). **NHM :** (cg). **216-217 Getty :** Altrendo Images (b). **217 BM :** (td). **National Maritime Museum, Londres :** (tc). **218 Alamy :** Classic Image. **220 AKG :** (Colomb, Isabelle). **Alamy :** Visual Arts Library (Londres) (Martin Luther). **AA :** Musée de la Marine, Lisbonne / Dagli Orti (Magellan). **BAL :** Museo de América, Madrid / Giraudon (Séville). **Corbis :** Bettmann (Léonard de Vinci). **DK :** Avec l'autorisation du British Library, Londres (bible de Gutenberg) ; Avec l'autorisation du Saint Bride Printing Library, Londres (presse). **WFA :** N.J. Saunders (dépôt de l'armée inca). **220-221 Corbis :** Sandro Vannini (arrière-plan). **221 AKG :** (variole) ; Cameraphoto (Lépante) ; VISIOARS (cérémonie du thé). **Alamy :** The Print Collector (Élisabeth Ire) ; V&A Images (encensoir). **AA :** Bibliothèque des Arts décoratifs, Paris / Dagli Orti (planisphère de Mercator). **Corbis :** Francis G. Mayer (Henri VIII) ; Ali Meyer (Soliman). **DK :** Avec l'autorisation de University Museum of Archaeology and Anthropology, Cambridge (ornements incas en or). **National Maritime Museum, Londres :** *(Mariner's Mirrour)*. **WFA :** Auckland Institute and Museum, Auckland (piège à anguilles). **222 Alamy :** The Print Collector (télescope) ; Swerve (maison des Pères pèlerins) ; Visual Arts Library (Londres) (Versailles). **AA :** Galleria degli Uffizi, Florence / Dagli Orti (Louis XIV) ; Terry Engell Gallery / Eileen Tweedy *(Mayflower)*. **BAL :** Archives du Ministère des Affaires étrangères, Paris / Archives Charmet (traité de Westphalie) ; Collection privée (livre de cuisine). **Corbis :** Stefano Bianchetti (univers héliocentrique). **DK :** Scottish United Services Museum, Edinburgh Castle / National Museums of Scotland (mortier). **LoC :** The Foundation Press, Inc., Cleveland, Ohio *(Thanksgiving)*. **222-223 Corbis :** Sandro Vannini (arrière-plan). **223 Alamy :** Mary Evans Picture Library (Lloyd's List). **BAL :** Bibliothèque Nationale, Paris (*Encyclopédie* de Diderot) ; Collection privée / Michael Graham-Stewart (navire négrier). **The British Library, Londres :** (carte des colonies). **Corbis :** Bettmann (Newton, séisme de Lisbonne). **Getty :** Hulton Archive (Barbe Noire, billet de banque). **National Maritime Museum, Londres :** (chronomètre de Harrison). **224 AA :** Musée de la Marine, Lisbonne / Dagli Orti (bc). **Corbis :** Gordon R. Gainer (cg). **225 DK :** Avec l'autorisation du National Maritime Museum, Londres (cd). **226 AKG :** (d). **AA :** Museo Colonial Antigua, Guatemala / Dagli Orti (bg). **BAL :** Fitzwilliam Museum, University of Cambridge (cg). **227 BAL :** Museo del Prado, Madrid (bc). **AA :** Academia BB AA S Fernando, Madrid / Dagli Orti (tg) ; Museo del Prado, Madrid (ch) ; Museo Navale, Pegli / Dagli Orti (cd). **228-229 AKG. 230 AA :** Museo Ciudad, Mexico / Dagli Orti (cg) ; Collection privée / Ellen Tweedy (cd). **Corbis :** Sygma / Lorpress / J.C. Kanny (cgb). **231 Alamy :** Humberto Olarte Cupas (bg) ; The Print Collector (cdh). **DK :** Avec l'autorisation du Charlestown Shipwreck and Heritage Centre, Cornwall (bd) ; Avec l'autorisation de University Museum of Archaeology and Anthropology, Cambridge (tc). **WFA :** N.J. Saunders (cgb). **232 AKG :** (cd). **LoC :** The Foundation Press, Inc., Cleveland, Ohio (tc). **232-233 Alamy :** Mike Hill (b). **233 Alamy :** Edward Parker (tg). **BAL :** Collection privée (c). **DK :** Avec l'autorisation du National Maritime Museum, Londres (cdh). **234 Alamy :** Visual Arts Library (Londres) (bd). **Getty :** Time & Life Pictures / Mansell (t). **235 Alamy :** Eye Ubiquitous (bc) ; V&A Images (cg). **BAL :** Museo de America, Madrid / Giraudon (td). **Corbis :** Arte & Immagini srl (cdh). **236 Alamy :** North Wind Picture Archives (bg). **AA :** Terry Engell Gallery / Eileen Tweedy (t). **Corbis :** The Mariners' Museum (bc). **237 Alamy :** Swerve (bg, bc). **The British Library, Londres :** (td). **BM :** (c). **Corbis :** Photo Images / Lee Snider (cd). **238 BM :** (cd). **DK :** Avec l'autorisation du Musée de Saint-Malo (td). **Getty :** Hulton Archive (tc). **National Maritime Museum, Londres :** (bg). **238-239 Corbis :** Collection Stapleton (b). **239 Alamy :** Mary Evans Picture Library (tg). **240 The British Library, Londres :** (tc). **241 DK :** The British Museum, Londres (cdb) ; Judith Miller / Wallis and Wallis (c/jade, c/porcelaine) ; Avec l'autorisation du National Maritime Museum, Londres (g). **Réunion des Musées Nationaux Agence Photographique :** Thierry Ollivier (cdh). **242 Corbis :** Christie's Images (b). **243 AKG :** VISIOARS (td). **BAL :** Leeds Museums and Art Galleries (City Museum, bd). **Corbis :** Werner Forman (bg). **DK :** The British Museum, Londres (ebd) ; Avec l'autorisation du Pitt Rivers Museum, University of Oxford (tg). **WFA :** Collection du théâtre noh, École Kongo, Kyoto (bc). **244 Corbis :** Angelo Hornak (cg). **245 Alamy :** Tibor Bognar (td). **BAL :** Collection privée, Dinodia (cd). **246 Alamy :** Images&Stories (cgh). **Corbis :** Ali Meyer (bc). **DK :** Avec l'aimable autorisation du Trustees of the Wallace Collection (c, cgb). **247 Alamy :** ArkReligion.com (g). **AA :** Musée des Arts turcs et islamiques, Istanbul / Dagli Orti (cd). **Wikipedia, The Free Encyclopedia :** (bd). **248-249 AKG :** Cameraphoto. **250 AKG :** Rabatti – Dominqie (bc). **Alamy :** Lebrecht Music and Arts Photo Library (c). **AA :** Duomo, Florence / Dagli Orti (td). **BAL :** Bibliothèque Nationale, Paris (bg). **Corbis :** Sandro Vannini (cd). **251 Alamy :** Visual Arts Library (Londres) (bd). **AA :** Galleria degli Uffizi, Florence / Dagli Orti (cg). **Corbis :** Jim Zuckerman (bg). **252 Corbis :** Archivo Iconografico, S.A. (bg) ; Avec l'aimable autorisation du Trustees of the National Gallery, Londres (td). **253 Alamy :** INTERFOTO Pressebildagentur (cd). **AA :** Bibliothèque des Arts décoratifs, Paris / Dagli Orti (td). **BAL :** The British Museum, Londres (c). **Corbis :** Archivo Iconografico, S.A. (tg). **DK :** Avec l'autorisation du Saint Bride Printing Library, Londres (bc). **254 Corbis :** Alinari Archives (b/signature) ; Bettmann (d) ; Dennis Marsico (bg) ; Ted Spiegel (cgb). **255 Alamy :** imagebroker (c) ; INTERFOTO Pressebildagentur (cd) ; Visual Arts Library (Londres) (b). **256 AKG :** (tg). **Alamy :** Anatoly Pronin (cg) ; Visual Arts Library (Londres) (bg). **256-257 DK :** Avec l'autorisation du British Library, Londres (c). **257 Corbis :** Summerfield Press (cd). **258 AKG :** (d). **Corbis :** Archivo Iconografico, S.A. (bg). **259 BAL :** Bibliothèque Nationale, Paris / Lauros / Giraudon (cg) ; Église Saint-Ignace de Loyola, Rome / Alinari (td). **260 Alamy :** The Print Collector (d). **BAL :** Walker Art Gallery, National Museums, Liverpool (cgb). **Corbis :** Francis G. Mayer (bg). **261 AA :** National Maritime Museum, Londres / Harper Collins Publishers (tg) ; Eileen Tweedy (cdb). **BAL :** Ashmolean Museum, University of Oxford (bc). **Corbis :** Bettmann (ch) ; Baldwin H. Ward & Kathryn C. Ward (bg). **262 AKG :** Erich Lessing (cg). **Corbis :** (tg). **DK :** Avec l'aimable autorisation du Trustees of The Wallace Collection, Londres (cd). **263 Alamy :** Visual Arts Library (Londres) (t). **BAL :** Archives du Ministère des Affaires étrangères, Paris / Archives Charmet (bd). **264 Alamy :** David Stares (cg). **BAL :** The British Library, Londres (d). **265 Alamy :** Glenn Harper (cd). **BAL :** Collection privée / Bonhams, Londres (bc) ; Houses of Parliament, Westminster, Londres (td). **DK :** English Civil War Society (english-civil-war-society.org) (tc). **266 Corbis :** Stefano Bianchetti (bc) ; Massimo Listri (cg). **DK :** Avec l'autorisation du National Maritime Museum, Londres (d) ; The Science Museum, Londres (tg). **267 Alamy :** The Print Collector (td). **Corbis :** Bettmann (tc). **DK :** Avec l'autorisation du Science Museum, Londres (tg). **Photo Scala, Florence :** Biblioteca Nazionale, Florence (cd). **268-269 Corbis :** Bettmann. **270 AA :** National Gallery of Scotland (cgh). **Corbis :** Archivo Iconografico, S.A. (bc) ; Michel Setboun (cgb). **270-271 BAL :** Bibliothèque Nationale, Paris (c/1) ; Musée de la Ville de Paris, Musée Carnavalet, Paris / Lauros / Giraudon (c/2) ; Collection Stapleton (c/3). **271 Alamy :** INTERFOTO Pressebildagentur (bc). **Corbis :** Bob Krist (cd). **272 AKG :** Nimatallah (tc). **Alamy :** The Print Collector (bc). **272-273 National Maritime Museum, Londres :** (b). **273 DK :** Scottish United Services Museum, Edinburgh Castle / National Museums of Scotland (t, c). **274 DK :** Avec l'aimable autorisation du Trustees of The Wallace Collection, Londres (7, 8, 9, 10). **275 DK :** Avec l'aimable autorisation du Trustees of The Wallace Collection, Londres (14) ; Avec l'autorisation du Warwick Castle, Warwick (15-21). **276 BAL :** The British Museum, Londres (bd). **Corbis :** Bettmann (ch). **DK :** The British Museum, Londres (cgb). **277 Alamy :** Andrew Holt (bd). **BM :** (c). **DK :** The British Museum, Londres (td). **Getty :** Hulton Archive (tg). **278 AA :** Galleria degli Uffizi, Florence / Dagli Orti (d). **BAL :** Bibliothèque Nationale, Paris / Archives Charmet (bc). **279 AKG :** (bc). **Alamy :** Visual Arts Library (Londres) (tg, tc). **AA :** Musée de Tessé, Le Mans / Dagli Orti (cdh) ; Dagli Orti (c). **280 DK :** Wilberforce House, Hull Museums (bg). **280-281 BAL :** Collection privée / Michael Graham-Stewart (c). **281 BAL :** Peter Newark American Pictures (cd). **Corbis :** Bojan Brecelj (bd). **DK :** Wilberforce House, Hull Museums (tc). **282 National Maritime Museum, Londres :** (tc). **282-283 Corbis :** Historical Picture Archive (b). **283 Getty :** Iconica / John W. Banagan (cdb). **WFA :** Auckland Institute and Museum, Auckland (cgb). **284 S&S :** National Railway Museum. **286 AKG :** (bataille de Zorndorf). **Alamy :** Visual Arts Library London (Serment du Jeu de paume). **AA :** The British Museum, Londres (Adam Smith) ; Musée des Beaux-Arts, Nantes / Dagli Orti (Frédéric le Grand). **BAL :** The British Library, Londres (Compagnie anglaise des Indes orientales) ; Capitol Collection, Washington, D.C. (Déclaration d'indépendance) ; National Gallery of Victoria, Melbourne / Gilbee Bequest (capitaine Cook). **Corbis :** (traité de Paris). **National Maritime Museum, Londres :** (chronomètre). **S&S :** Science Museum Pictorial (canal de Bridgewater). **Wikipedia, The Free Encyclopedia :** (articles de la Confédération). **286-287 iStockphoto.com :** Vladimir Pomortsev (arrière-plan). **287 AKG :** Laurent Lecat (épée de Napoléon). **Alamy :** Visual Arts Library (Londres) (éxécution de Marie-Antoinette, Robespierre). **AA :** Museo Histórico Nacional, Buenos Aires / Dagli Orti (Bolívar) ; Eileen Tweedy (guerre anglo-birmane). **BAL :** Archives du Ministère des Affaires étrangères, Paris / Archives Charmet (traité de Vienne) ; Collection privée / Index (bataille de Maipu) ; Musée de la Marine, Paris / J.P. Zenobel (Battle of Trafalgar) ; Collection privée / Agnew's, Londres (Napoléon) ; Collection privée / Michael Graham-Stewart (abolition de l'esclavage). **S&S :** The Science Museum, Londres (semoir de Morton). **288 AKG :** (manifeste du parti communiste). **Alamy :** Visual Arts Libary, Londres (Goethe). **AA :** Collection privée (révolte des cipayes). **BAL :** Musée du Louvre, Paris *(La Liberté guidant le peuple)* ; Collection privée (Grande Exposition). **DK :** Rough Guides / Angus Osborn (pistolet). **Getty :** Imagno (Bismarck). **LoC :** (Garibaldi). **The National Archives :** (traité de Nankin). **NHM :** (spécimen des Galápagos). **288-289**

iStockphoto.com : Vladimir Pomortsev (arrière-plan). **289 Alamy :** Mary Evans Picture Library (Jeunes-Turcs); Popperfoto (guerre des Boers). **Corbis :** (révolution mexicaine); Collection Hulton-Deutsch (tour Eiffel). **DK :** Avec l'autorisation du National Motor Museum, Beaulieu (Benz Velo); Avec l'autorisation du Science Museum, Londres (téléphone de Bell, phonographe). **Getty :** Lambert (Einstein); Pascal Sebah (Sphinx). **The Wellcome Institute Library, Londres :** (rayons X). **290 BAL :** Peter Newark American Pictures (td). **Corbis :** Yann Arthus-Bertrand (cgh). **S&S :** Royal Photographic Society (b). **291 Alamy :** Mary Evans Picture Library (tc); The Print Collector (bd). **Getty :** Riser / Fernando Bueno (cdh). **S&S :** The Science Museum, Londres (cgh, bg). **292 Corbis :** Minnesota Historical Society (td). **S&S :** Science Museum Pictorial (cgb). **293 AA :** Collection privée / Marc Charmet (cdh). **Corbis :** (tg). **DK :** Avec l'autorisation du Science Museum, Londres (bc). **Getty :** Topical Press Agency (c). **294 Corbis :** Collection Hulton-Deutsch (tg). **Getty :** General Photographic Agency (cgb); Topical Press Agency (cd); Roger Viollet / Boyer (cgh). **295 Corbis :** Charles E. Rotkin (bd). **Getty :** Hulton Archive / Alex Inglis (tg); London Stereoscopic Company (tc). **296 AA :** Museum der Stadt, Vienne / Dagli Orti (tg). **296-297 AKG :** (b). **297 AA :** Musée des Beaux-Arts, Nantes / Dagli Orti (ch). **Getty :** Hulton Archive (cdh). **298 Alamy :** Danita Delimont (bc); North Wind Picture Archives (cgh). **Wikipedia, The Free Encyclopedia :** (td). **299 BAL :** Collection du Capitole, Washington, D.C. (b); Collection of the New-York Historical Society (tc). **DK :** Confederate Memorial Hall, La Nouvelle-Orléans (td). **300-301 Alamy :** Visual Arts Library (Londres). **302 Alamy :** Visual Arts Library (Londres) (cg, b). **303 Alamy :** Visual Arts Library (Londres) (cgh). **AA :** (bc). **Magnum Photos :** Bruno Barbey (cdb). **304 BAL :** Archives du Ministère des Affaires étrangères, Paris / Archives Charmet (cgb); Collection privée / Agnew's, Londres (d). **Corbis :** Collection Hulton-Deutsch (bc). **305 AKG :** VISIOARS (cgh). **Alamy :** North Wind Picture Archives (ch); The Print Collector (bc). **BAL :** Bibliothèque des Arts décoratifs, Paris / Archives Charmet (tc). **Corbis :** Elio Ciol (cdh). **DK :** The British Museum, Londres (cdb). **306 AKG :** Laurent Lecat (tg). **BAL :** Musée de la Marine, Paris / J.-P. Zenobel (b). **307 AKG :** (cdb). **Alamy :** The Print Collector (bc). **308 BAL :** Wilberforce House, Hull City Museums and Art Galleries (td). **Corbis :** Historical Picture Archive (bg). **309 Alamy :** Mary Evans Picture Library (cd); The Print Collector (tg). **BAL :** The British Library, Londres (bc); Collection privée / Michael Graham-Stewart (tc, cg). **310 Corbis :** (cgh, bg); Bettmann (bd). **DK :** Avec l'autorisation de American Museum of Natural History (tc). **311 BAL :** Peter Newark American Pictures (tg). **Corbis :** Bettmann (td). **LoC :** Underwood & Underwood (cd). **National Archives and Records Administration, É.-U. :** (bc). **312-313 DK :** Avec l'autorisation de American Museum of Natural History (1-17). **314 AA :** Culver Pictures (ch). **LoC :** (bg). **314-315 LoC :** Timothy H. O'Sullivan (b). **315 Corbis :** Smithsonian Institution (cg). **DK :** Confederate Memorial Hall, La Nouvelle-Orléans (c). **LoC :** (cdh). **316 AA :** Culver Pictures (bg). **BAL :** Peter Newark American Pictures (cg). **Corbis :** Bettmann (cb). **LoC :** Alexander Gardner (cd). **317 BAL :** Collection of the New-York Historical Society (bc). **Corbis :** (cd); Profiles in History (tc). **DK :** Rough Guides / Angus Osborn (cb). **LoC :** Alexander Gardner (tg). **318 BAL :** Collection privée / Index (bd). **Corbis :** (t). **319 Alamy :** Marco Regalia (tg). **AA :** Museo Histórico Nacional, Buenos Aires / Dagli Orti (td). **Corbis :** Bettmann (cd). **320 Alamy :** The Print Collector (td); Visual Arts Library (Londres) (tc). **National Maritime Museum, Londres :** (c). **320-321 Getty :** Hulton Archive (b). **321 Alamy :** Mary Evans Picture Library (cdb). **BAL :** Royal Geographical Society, Londres (tg/carte). **DK :** Royal Geographical Society, Londres (tg/casque). **NASA :** (cdh). **322-323 Corbis :** (b). **324 The Art Institute Of Chicago :** Ryerson & Burnham Libraries (tg). **Corbis :** Austrian Archives (td). **Getty :** Central Press (bc); Hulton Archive (cd, bg); Hulton Archive / Thomas Annan (tc). **325 Alamy :** Peter Treanor (cd). **Magnum Photos :** Stuart Franklin (td). **National Archives and Records Administration, É.-U. :** (tc). **326 AKG :** (cgh). **Corbis :** Bettmann (b). **S&S :** The Science Museum, Londres (td). **327 Corbis :** Collection Hulton-Deutsch (cdh). **DK :** The Science Museum, Londres (bc). **The Wellcome Institute Library, Londres :** (tc). **328 Alamy :** Mary Evans Picture Library (bc). **BAL :** Musée du Louvre, Paris / Peter Willi (cg). **328-329 BAL :** Musée du Louvre, Paris (c). **329 AKG :** (cd). **330 Alamy :** Mary Evans Picture Library (bd). **BAL :** Archives du Ministère des Affaires étrangères, Paris / Archives Charmet (cg). **LoC :** (ch). **332 Corbis :** Collection Hulton-Deutsch. **333 Getty :** Imagno (cgb). **iStockphoto.com :** Lance Bellers (cdb). **Kansallisarkisto, Archives nationales de Finlande :** Reko Etelävuori (cdh). **LoC :** Frances Benjamin Johnston (tc). **334 AKG :** (bc). **Getty :** AFP (cgb). **AA :** Musée Karl-Marx, Trèves (d). **335 AKG :** (cg, bc, cdh). **Alamy :** The Print Collector (tg). **Corbis :** Bettmann (tc). **336 Alamy :** Bill Bachman (cg). **BAL :** Bibliothèque des Arts décoratifs, Paris / Archives Charmet (cd); The Science Museum, Londres (bc). **Getty :** MPI (bg). **337 BAL :** Collection privée / Archives Charmet (g, bd). **Getty :** Hulton Archive (cd). **338 Alamy :** Visual Arts Libary, Londres (bd). **AA :** The British Museum, Londres (cgb). **Corbis :** Christie's Images (c). **339 AKG :** (tg). **Alamy :** Patrick Ashby (td); Lebrecht Music and Arts Photo Library (bg). **Corbis :** Christie's Images (bc). **340 Alamy :** Visual Arts Library (Londres) (tg). **NHM :** (bg, c, d). **341 Alamy :** Mary Evans Picture Libray (bg); Popperfoto (cd). **BAL :** The British Library, Londres (cg). **DK :** Judith Miller / Gardiner Houlgate (bd). **342 Alamy :** Mary Evans Picture Library (td); North Wind Picture Archives (tg). **Corbis :** Jim Zuckerman (bd). **DK :** Avec l'autorisation du National Maritime Museum, Londres (cgb). **343 Alamy :** Mary Evans Picture Library (tg); Phototake Inc. (td). **Getty :** Lambert (bc). **S&S :** The Science Museum, Londres (cdh). **344 BAL :** The British Museum, Londres (cg). **DK :** Museum of Artillery, The Rotunda, Woolwich, Londres (b/mitrailleuse); Avec l'autorisation de Science Museum, Londres (b/téléphone de Bell, b/ouvre-boîtes, b/ gramophone). **S&S :** The Science Museum, Londres (b/conserve en fer-blanc). **345 DK :** Avec l'autorisation du National Motor Museum, Beaulieu (Benz Velo); Avec l'autorisation de Robert Opie Collection, The Museum of Advertising and Packaging, Gloucester (appareil Brownie); Avec l'autorisation du Phoenix Mueum of History, Arizona / Alan Keohane (caisse enregistreuse); Avec l'autorisation du Science Museum, Londres (pile Leclanché, scaphandre); Avec l'autorisation de Shuttleworth Collection, Bedfordshire (*Flyer* de Wright). **LoC :** (Edison). **S&S :** The Science Museum, Londres (ampoule à filament, machine à écrire). **346 DK :** Judith Miller / Wallis and Wallis (bc). **347 AKG :** (bg). **348 Alamy :** Mary Evans Picture Library (bg). **AA :** (d). **BAL :** Ashmolean Museum, University of Oxford (cgb). **349 Alamy :** Alan King (cdb). **BAL :** Cotehele House, Cornwall (ch); Collection privée (tg). **DK :** Avec l'autorisation du Royal Green Jackets Museum, Winchester (cg). **Getty :** Hulton Archive (bg). **350 AA :** Travelsite / Global (bc). **BAL :** National Gallery of Victoria, Melbourne / Gilbee Bequest (tg); National Library of Australia, Canberra (bg). **351 AA :** Eileen Tweedy (td). **Corbis :** Bettmann (bd); North Carolina Museum of Art (c). **352 AA :** Collection privée (bg). **BAL :** The British Library, Londres (cgh). **DK :** Avec l'autorisation de National Railway Museum, New Delhi (cb). **353 AKG :** François Guénet (bg). **Corbis :** Collection Hulton-Deutsch (tg); Sygma / Jean-Pierre Amet (bc). **354 Corbis :** Collection Hulton-Deutsch (ch). **Getty :** Hulton Archive (b). **National Maritime Museum, Londres :** (td). **355 Corbis :** Leonard de Selva (bc); Collection Hulton-Deutsch (cdb). **The National Archives :** (t). **356 Corbis :** Sakamoto Photo Research Laboratory (tg); Bettmann (b). **357 Corbis :** Asian Art & Archaeology, Inc. (tg, bd). **Getty :** AFP (cd). **358 Corbis :** Bettmann (bg). **DK :** Avec l'autorisation de Ashmolean Museum, Oxford (cgh). **Getty :** Imagno (tc). **359 Alamy :** Mary Evans Picture Library (tg). **Corbis :** (cc). **Getty :** General Photographic Agency (bc). **360 AA :** John Meek (bg). **DK :** Avec l'autorisation de Royal Geographic Society, Londres (tg). **Wikipedia, The Free Encyclopedia :** (td). **361 Alamy :** Popperfoto (cdh). **BAL :** Collection privée / Archives Charmet (tg). **Getty :** Pascal Sebah (ch). **Inkatha Freedom Party (www.ifp.org.za) :** (bd). **362 Corbis :** Bettmann. **364 AKG :** (hyperinflation). **Alamy :** David J. Green (pin's); The Print Collector (Lénine). **AA :** Culver Pictures (grippe); Imperial War Museum, Londres (à l'assaut). **Corbis :** Rykoff Collection (assassinat de Sarajevo). **DK :** Avec l'autorisation de Imperial War Museum, Londres (badge de l'Armée rouge); Avec l'autorisation du musée de la Révolution, Moscou (bannière, Staline). **Getty :** Archive Hulton (Michael Collins); Time Life Pictures / Margaret Bourke-White (ferme collective). **364-365 Corbis :** Digital Art (arrière-plan). **365 AKG :** (Hitler). **Alamy :** Popperfoto (Gandhi). **Corbis :** Bettmann (Nuremberg, Pearl Harbour). **DK :** Avec l'autorisation de Imperial War Museum, Londres (étoile jaune). **Getty :** FPG (Hiroshima); MPI / Dorothea Lange (Grande Dépression). **Imagine China :** (Mao). **David King Collection :** (Affique de propagande soviétique). **Magnum Photos :** Robert Capa © 2001 By Cornell Capa (guerre civile d'Espagne). **366 Alamy :** Popperfoto (Perón). **AA :** Eileen Tweedy (affiche guerre de Corée). **Corbis :** Bettmann (mur de Berlin, enterrement de Kennedy, conquête de l'espace); Collection Hulton-Deutsch (crise de Suez). **Getty :** Time Life Pictures / Larry Burrows (Viêt Nam). **Magnum Photos :** Rene Burri (Che Guevara); Nicolas Tikhomiroff (indépendance de l'Algérie). **S&S :** The Science Museum, Londres (pillule contraceptive). **366-367 Corbis :** Digital Art (arrière-plan). **367 African Pictures :** Baileys African History Archive (Biko). **Alamy :** Peter Jordan (Thatcher). **Corbis :** Bettmann (révolution iranienne); Michael Freeman (manifestation anti-Pinochet); Reuters (guerre en Afghanistan); Reuters / Charles Platiau (révolution en Roumanie); Peter Turnley (Gorbatchev). **Getty :** Reportage / Tom Stoddart (chute du mur de Berlin). **Magnum Photos :** Jean Gaumy (Iran); Gilles Peress *(« Bloody Sunday »)*. **S&S :** The Science Museum, Londres (ordinateur). **368 Alamy :** ImageState (ruban contre le sida); Jesper Jensen (éoliennes). **Corbis :** In Visu / Christophe Calais (statue de Saddam Hussein); Lester Lefkowitz (Times Square); Peter Turnley (Mandela, Eltsine). **Getty :** Liaison / Stephen Ferry (Arafat et Rabin); Spencer Platt (9 Septembre); Science Faction / Louie Psihoyos (tours Petronas). **Rex Features :** Andrew Testa (Kosovo). **368-369 Corbis :** Digital Art (arrière-plan). **369 Getty :** National Geographic / Justin Guariglia. **370-371 Corbis :** Rykoff Collection. **372 AA :** The British Library, Londres (cgh). **372-373 AA :** Imperial War Museum, Londres (b). **373 Getty :** Hulton Archive (td). **374 AA :** Imperial War Museum, Londres. **375 Alamy :** David J. Green (cdb). **AA :** Museum of the City of New York (c). **376 AA :** (td). **Corbis :** Swim Ink 2, LLC (bg). **377 Alamy :** The Print Collector (bg). **Corbis :** Bettmann (c). **DK :** Avec l'autorisation du Imperial War Museum, Londres (cd); Avec l'autorisation de H. Keith Melton Collection (bd); Avec l'autorisation du musée de la Révolution, Moscou (tc). **Getty :** Archive Hulton (td). **378 Alamy :** Popperfoto (cg, td). **379 Alamy :** The Print Collector (bc). **BAL :** Collection privée / Archives Charmet (cdb). **Corbis :** (cg). **DK :** Avec l'autorisation du musée de la Révolution, Moscou / Andy Crawford (cd). **David King Collection :** (tc, cgh). **380 Alamy :** Visual Arts Library (Londres) (cgh). **Getty :** Time Life Pictures / Margaret Bourke-White (b). **381 Alamy :** Mary Evans Picture Library (bg). **AA :** Culver Pictures (td). **BAL :** Collection privée (cdb). **Corbis :** Bettmann (cg). **DK :** Avec l autorisation du musée de la Révolution, Moscou (tg). **382-383 David King Collection :** (1-18). **384 AKG :** (cg). **Corbis :** Bettmann (c). **385 DK :** Rough Guides / Greg Ward (bd). **Getty :** MPI / Dorothea Lange (tg). **386 AA :** John Meek (bg); Dagli Orti (cdb). **Getty :** Pierre Petit (cgh). **386-387 Corbis :** Bettmann (tc). **387 Alamy :** Mary Evans Picture Library (cgb). **AA :** Collection privée / Marc Charmet (td). **Corbis :** Hulton-Deutsch Collection (bd). **388 Corbis :** Archivo Iconografico, S.A. (tg). **Magnum Photos :** Robert Capa © 2001 By Cornell Capa (bg, cdb). **389 AKG :** (c). **AA :** Collection privée / Marc Charmet (etg); Musée de la Reina Sofia, Madrid, *Guernica*, 1937 de Pablo Picasso (1881-1973). Huile sur toile. 351 x 782 cm © Succession Picasso / DACS (td). **BAL :** Collection privée (cdb). **Corbis :** (tg); Collection Hulton-Deutsch (bg). **390 AKG :** (d). **Alamy :** Mary Evans Picture Library (bg). **BAL :** Collection privée (cg); Collection privée / Archives Charmet (c). **391 AKG :** Ullstein Bild (cg). **Alamy :** Popperfoto (bc). **AA :** John Meek (tc). **Corbis :** Leonard de Selva (cdb). **392 AA :** Imperial War Museum, Londres (td). **BAL :** Peter Newark Historical Pictures (bg). **Getty :** Hulton Archive (cgh). **393 Alamy :** Lebrecht Music and Arts Photo Library (c). **BAL :** Peter Newark Military Pictures (bd). **Corbis :** Collection Hulton-Deutsch (tg). **394-395 Magnum Photos :** Soviet Group / Georgi Zelma. **396 AKG :** (tg). **Corbis :** (cg); Bettmann (b). **397 AKG :** (cdh). **398-399 Magnum Photos :** Robert Capa © 2001 Cornell Capa. **400 AKG :** Ullstein Bild (cg). **Alamy :** Mary Evans Picture Library (c). **Corbis :** Bettmann (td). **DK :** Avec l'autorisation du Imperial War Museum, Londres (cd). **400-401 Corbis :** Reuters / Musée d'Auschwitz (b). **401 AKG :** (c, cgb). **Corbis :** Bettmann (cg). **Getty :** AFP / Simon Christophe (cd). **402 Corbis :** David J. & Janice L. Frent Collection (cdb). **Getty :** Keystone (cdh). **403 Alamy :** David South (cd). **Corbis :** Bettmann (tg, bd); Collection Hulton-Deutsch (bc). **404-405 Getty :** FPG. **406 AA :** Eileen Tweedy (cd). **Corbis :** (cg); Bettmann (b). **David King Collection :** (tg). **407 Magnum Photos :** Rene Burri (tc). **NATO Media Library :** (cdh). **408 Alamy :** Popperfoto (cgb, d). **DK :** Avec l'autorisation de British Library, Londres (bg). **409 Alamy :** The Print Collector (c). **Corbis :** Bettmann (tg, cdh); Ted Streshinsky (bc). **DK :** Avec l'autorisation de John Frost Historical Archive (bd). **410-411 Corbis :** Bettmann (b). **411 Getty :** AFP (cg);

Keystone (ch). **412 Alamy :** Popperfoto (cd). **Corbis :** Collection Hulton-Deutsch (bc). **413 Magnum Photos :** Henri Cartier-Bresson (cgb) ; Nicolas Tikhomiroff (t). **PA Photos :** AP Photo / Olivier Asselin (bd). **414 Getty :** GPO (cgh). **Magnum Photos :** Robert Capa © 2001 Cornell Capa (ch). **415 AKG :** Bildarchiv Pisarek (c). **Getty :** Hulton Archive (cgh) ; Liaison / Stephen Ferry (bd) ; Time Life Pictures / John Phillips (tc). **Magnum Photos :** Robert Capa © 2001 Cornell Capa (bg). **416 Alamy :** The Print Collector (bg). **Corbis :** Bettmann (td). **Wikipedia, The Free Encyclopedia :** (bc). **417 Corbis :** Bettmann (cra, cl). **Getty :** Time Life Pictures (cb). **NASA :** W. Couch (University of New South Wales) , R. Ellis (Cambridge University) (tc). **418 The Advertising Archives :** (td, cdh, cdb). **Corbis :** (cg). **419 Corbis :** James Leynse (bd) ; Genevieve Naylor (cg). **Getty :** Lambert (t) ; Time Life Pictures / Hank Walker (bc). **Magnum Photos :** Dennis Stock (cd). **420-421 Corbis :** Bettmann. **422 Alamy :** Danita Delimont. **423 Alamy :** Popperfoto (td). **Corbis :** Bettmann (bc). **Magnum Photos :** Rene Burri (cd). **424 BAL :** Collection privée (bd). **Corbis :** (cgh). **Imagine China :** (td). **425 Alamy :** AA World Travel Library (c). **Corbis :** Bettmann (td, cdb). **426-427 Corbis :** Bettmann. **428 Alamy :** Pictorial Press Ltd (c). **Corbis :** Bettmann (bg). **Getty :** Frank Driggs Collection (cg). **S&S :** The Science Museum, Londres (cdh). **429 Alamy :** Pictorial Press Ltd (cdh). **The Kobal Collection :** SNC (tg). **Magnum Photos :** David Hurn (b). **430 Getty :** Time Life Pictures / Larry Burrows (td). **LoC :** L.A. Shafer (cgh). **Magnum Photos :** Bruno Barbey (bd). **431 AA :** US Naval Museum, Washington D.C. (bc). **Getty :** Hulton Archive (ch) ; Hulton Archive / Three Lions (tc). **432 Corbis :** Raymond Gehman (bc) ; Flip Schulke (cgb). **Magnum Photos :** Bob Adelman (td). **433 Alamy :** Popperfoto (bd) ; The Print Collector (cdb). **Corbis :** Bettmann (tc) ; David J. & Janice L. Frent Collection (cg) ; Reuters / William Philpott (bc). **434 Alamy :** Popperfoto (d) ; The Print Collector (cg). **Corbis :** Hulton-Deutsch Collection (bg). **435 Alamy :** Roger Bamber (cd) ; Mary Evans Picture Library (ch). **AA :** London Museum / Eileen Tweedy (bg). **Corbis :** Bettmann (bd). **iStockphoto.com :** Philipp Baer (td). **436 Getty :** Hulton Archive (tc). **Magnum Photos :** Gilles Peress (b). **437 Alamy :** Joe Fox (tc) ; Tim Graham (bd) ; TNT Magazine (td). **Getty :** Evening Standard / Maurice Hibberd (cg). **438 Corbis :** Karen Kasmauski (bc). **Getty :** AFP / Cris Bouroncle (bg) ; AFP / Pedro Rey (bd). **439 Corbis :** Michael Freeman. **440 Corbis :** Bettmann (cdh) ; Vittoriano Rastelli (cgh). **Getty :** Time Life Pictures / Ted Thai (b). **441 AKG :** (cg). **Getty :** Time Life Pictures / Time Inc. (cb). **Toyota (GB) PLC :** (bd). **442 Alamy :** Popperfoto (cdh). **BAL :** Collection privée / Archives Charmet (cg). **Corbis :** Bettmann (b). **443 Corbis :** Bettmann (tc) ; Michel Setboun (cb). **Getty :** Robert Nickelsberg (cd). **444 PA Photos :** AP Photo (cg). **444-445 Corbis :** Reuters (b). **445 Corbis :** Reuters (cdb) ; Reuters / Jean-Marc Loos (bd). **Getty :** Liaison / Robert Nickelsberg (tc). **446 Getty :** Keystone (bg) ; Time Life Pictures / Igor Gavilov (t). **447 Corbis :** Sygma / Patrick Chauvel (cd) ; Peter Turnley (cg, td). **448 Corbis :** Reuters / Charles Platiau (cb) ; Sygma / Bernard Bisson (td) ; Peter Turnley (bd). **449 Getty :** AFP / Pascal George (bd) ; Reportage / Tom Stoddart (tc). **Magnum Photos :** Thomas Dworzak (cd). **450 Corbis :** Reuters / Ivan Milutinovic (ch) ; Reuters / Zika Milutinovic (cg). **Magnum Photos :** Abbas (c). **451 Corbis :** Chris Rainier (tg). **Getty :** AFP / Dimitar Dilkoff (cd). **Rex Features :** Action Press (bd) ; Andrew Testa (cb). **452 Alamy :** Peter Jordan (bd) ; Alex Segre (bg). **Getty :** AFP / Joel Robine (c) ; Hulton Archive / Keystone Features / Fred Ramage (cgh) ; Time Life Pictures / Francis Miller (cgb). **453 Alamy :** Imagebroker (ebd) ; Nature Picture Library (bg). **Corbis :** Charles O'Rear (ebg). **Getty :** AFP / Ben Stansall (cgh) ; AFP / Attila Kisbenedek (cd) ; Aurora / Jose Azel (td) ; Photographer's Choice / Werner Dieterich (bd). **454 African Pictures :** Baileys African History Archive (tc). **Corbis :** Peter Turnley (cg). **Magnum Photos :** Ian Berry (bc). **455 African National Congress :** (tc). **African Pictures :** iAfrica Photos / Eric Miller (c). **Alamy :** ImageState (cd). **Getty :** AFP / Alexander Joe (cdh). **Magnum Photos :** Ian Berry (b). **456 Corbis :** Collection Hulton-Deutsch (bg). **Getty :** AFP (cdb). **Rex Features :** Sipa Press (t). **457 Alamy :** Maximilian Weinzierl (c). **Corbis :** Craig Lovell (cdh). **Getty :** Science Faction / Louie Psihoyos (bg). **458 Alamy :** Popperfoto (bg). **Corbis :** Bettmann (cdb). **DK :** Judith Miller / Luna (cgb). **Getty :** Aurora / Peter Essick (cd). **459 NASA. 460 Alamy :** Popperfoto (Whittle). **DK :** Avec l'autorisation du Glasgow Museum (TV) ; Avec l'autorisation du Science Museum, Londres (magnétophone, réflecteur). **461 Alamy :** Mark Boulton (ampoule basse consommation) ; Hugh Threlfall (DVD). **Avec l'autorisation d'Apple. Apple et le logo Apple sont des marques déposées de Apple Computer Inc., enregistrées aux États-Unis et dans les autres pays :** (iPod). **Avec l'autorisation de Canon (R.-U.) Ltd :** (appareil photo numérique). **Corbis :** Roger Ressmeyer (panneaux solaires). **DK :** Avec l'autorisation du Design Museum, Londres (mixeur) ; Avec l'autorisation de Dyson (Dyson) ; Avec l'autorisation du Imperial War Museum, Duxford (Concorde) ; Avec l'autorisation du Science Museum, Londres (radio transistor, carte mémoire). **NASA :** (robot sur Mars). **Research In Motion Limited :** (Blackberry). **S&S :** The Science Museum, Londres (ordinateur). **462 AA :** Culver Pictures (cg). **NASA :** GSFC / METI / ERSDAC / JAROS, and U.S. / Japan ASTER Science Team (b). **463 Corbis :** Sygma / Micheline Pelletier (cdh). **Getty :** AFP / Issouf Sanogo (tc). **Panos Pictures :** Chris Stowers (c). **Still Pictures :** Leonard Lessin (bd). **464 Alamy :** Popperfoto (bg). **BAL :** Peter Newark American Pictures (cg) ; Collection privée / Archives Charmet (cd). **Corbis :** Bettmann (tc). **The Wellcome Institute Library, Londres :** (cgh). **465 Alamy :** Popperfoto (cgb). **AA :** Culver Pictures (tg). **Science Photo Library :** CNRI (td) ; Eye of Science (cdb). **Still Pictures :** Jochen Tack (cb). **466-467 Getty :** Spencer Platt. **468 Corbis :** Sygma (cd). **Getty :** USAF (bg). **Magnum Photos :** Jean Gaumy (cgb). **469 Corbis :** In Visu / Christophe Calais (c) ; Peter Turnley (tg). **Magnum Photos :** Abbas (b). **470 Corbis :** Lester Lefkowitz. **471 Avec l'autorisation d'Apple. Apple et le logo Apple sont des marques déposées de Apple Computer Inc., enregistrées aux États-Unis et dans les autres pays :** (c). **Corbis :** Reuters / Andy Clark (cd). **Rex Features :** Emma Sklar (bg). **472 Corbis :** Wally McNamee (cg). **472-473 Getty :** National Geographic / Justin Guariglia (b). **473 Corbis :** Xiaoyang Liu (tc). **Getty :** National Geographic / Todd Gipstein (tg) ; Guang Niu (ch). **474 Corbis :** Bettmann (bg) ; Collection Hulton-Deutsch (bc). **Getty :** FPG / Keystone (c). **Still Pictures :** UNEP / Monica Terrazas Glavan (cb). **475 Alamy :** Andrew Fox (tg). **AA :** Eileen Tweedy (bc). **Corbis :** Gideon Mendel (td) ; Tom Nebbia (tc) ; Roger Ressmeyer (bd). **Getty :** AFP / Desiree Martin (bg). **476 Corbis :** Derek Trask (cgh). **FLPA :** Minden Pictures / Flip Nicklin (b). **477 Alamy :** Nick Cobbing (bc) ; Jesper Jensen (cdb). **NASA :** Jim Williams, GSFC Scientific Visualization Studio, and the Landsat 7 Science Team (cg). **478 Alamy :** Roger Bamber (t). **Corbis :** Stapleton Collection (bc). **479 © CERN Geneva :** (ebd). **Corbis :** Reuters / Samsung Electronics (ebg). **DK :** Judith Miller / Hugo Lee-Jones (bg). **Avec l'autorisation de Garmin (Europe) Ltd :** (bd). **Getty :** (tc) ; Scott Peterson (c). **480 Alamy :** ImageState. **482 Alamy :** Mary Evans Picture Library. **483 LoC :** Benjamin Henry Latrobe (tg). **National Archives and Records Administration, É.-U. :** Records of the Continental and Confederation Congresses and the Constitutional Convention, 1774-1789, Record Group 360 (cdb). **484 Corbis :** Bettmann. **485 DK :** Avec l'autorisation du National Motor Museum, Beaulieu. **486 Corbis :** Bettmann (bd). **Getty :** AFP (tg). **487 Wikipedia, The Free Encyclopedia :** Dwight E. Eisenhower Library. **488 Corbis. 489 LoC :** (bg). **Corbis :** Owen Franken (td). **490 iStockphoto.com :** Paul Vasarhelyi. **491 LoC :** George Grantham Bain Collection. **492 Corbis :** Bettmann. **493 Corbis :** Sygma / Bernard Bisson. **494 Corbis. 495 Alamy :** Popperfoto (b) ; **Getty :** AFP / Fabrice Coffrini (h). **496 Corbis :** Sygma / Les Stone. **497 AA :** Museo Bolívar, Caracas / Dagli Orti (tc). **Corbis :** Yann Arthus-Bertrand (bg). **498 Corbis :** Owen Franken (bg) ; Lorpresse / J.C. Kanny (bd). **499 Getty :** AFP / Ali Burafi (bd) ; AFP / Hector Mata (tc). **500 Corbis :** Bettmann. **501 Corbis :** Horacio Villalobos (bd). **Getty :** AFP / SA Evaristo (tg). **502 Corbis :** (td). **Getty :** Time Life Pictures / Hart Preston (bd). **503 Corbis :** Horacio Villalobos. **504 BAL :** Ashmolean Museum, Museum of Oxford. **505 Alamy :** Guy Edwardes Photography (b). **AA :** (t). **506 BAL :** Goodwood House, West Sussex. **507 Alamy :** Worldwide Picture Library. **508 Getty :** Picture Post / Kurt Hutton. **509 Alamy :** Popperfoto (bd). **Corbis :** Michael St. Maur Sheil (td). **511 Alamy :** Visual Arts Library (Londres). **512 Alamy :** Lebrecht Music and Arts Photo Library. **513 DK :** Avec l'autorisation de Patrice Reboul (bg) ; **Getty :** Roger Viollet (d). **514 Alamy :** The Print Collector. **515 Corbis :** Jerome Sessini. **516 AA :** Instituto de Valencia de Don Juan, Madrid / Dagli Orti (c). **Getty :** Robert Harding World Imagery (b). **517 BAL :** Archives du Ministère des Affaires étrangères, Paris / Archives Charmet (bd). **Corbis :** Geoffrey Clements (h). **518 Getty** Central Press. **519 Alamy :** The Steve Bicknell Style Library. **520 Alamy :** Visual Arts Library (Londres) (bg). **Corbis :** Bettmann (td). **521 Corbis :** Ruggero Vanni (bg). **522 Alamy :** Popperfoto (td). **Corbis :** Massimo Listri (bg). **523 Getty :** AFP (hg). **524 Corbis :** Peter Turnley (bd). **525 Getty :** Henry Guttmann (td) ; Time Life Pictures / Mansell (bg). **526 AKG :** (h). **Alamy :** Visual Arts Library (Londres) (b). **527 BAL :** Historisches Museum, Francfort / Archives Charmet (t). **Corbis :** Collection Hulton-Deutsch (bd). **528 AKG :** (tc). **Getty :** Time Life Pictures / Thomas D, Mcavoy (bd) ; Topical Press Agency / JJ Lambe (bg). **529 Getty :** AFP (tg). **Magnum Photos :** Thomas Hoepker (cd). **530 Alamy :** Carole Hewer (tc) ; Mary Evans Picture Library (b). **531 AKG :** Sotheby's (t). **DK :** Avec l'autorisation du Imperial War Museum, Londres (b). **532 Corbis :** Bob Krist (bg). **AA :** Gripsholm Castle, Sweden / Dagli Orti (hd). **533 AKG. 534 Alamy :** Jon Arnold Images (h). **Corbis :** Bettmann (b). **535 BAL :** Bibliothèque Polonaise, Paris / Bonora (bg). **Corbis :** Peter Turnley (d). **536 Getty :** Hulton Archive (bc) ; Hulton Archive / Keystone (hd). **537 AKG :** Ullstein Bild (td). **Alamy :** Visual Arts Library (Londres) (b). **538 Corbis :** Bettmann. **539 AKG :** (cdh). **Corbis :** José F. Poblete (bg). **540 Alamy :** Visual Arts Library (Londres) (td). **Corbis :** Reuters (b). **541 Alamy :** Martin Mayer (bd). **Corbis :** Reuters / Hans Steinmeier (td). **542 AKG :** (c). **Corbis :** Reuters / Fred Ernst (bd). **543 Getty :** Darko Bandic. **544 BAL :** Musée du monastère de Kykkos, Chypre / Lauros / Giraudon (tc). **Corbis :** Bettmann (bg). **545 Corbis :** Bettmann (cd) ; Collection Stapleton (bg). **546 Corbis :** Richard T. Nowitz (b). **Getty :** Hulton Archive (tc). **547 Corbis :** Bettmann (td). **548 Corbis :** Sygma / Fabian Cevallos (tg). **Getty :** AFP / Pascal Guyot (bg). **549 Getty :** London Express (c) ; AFP / Viktor Drachev (b). **550 Corbis :** Bettmann (td, bg). **551 AA :** Musée du château de Versailles / Dagli Orti. **552 Getty :** Iconica / Sergio Pitamitz. **553 Corbis :** Collection Hulton-Deutsch (hd). **Getty :** Hulton Archive / Rischgitz (cg). **554 AA :** Musée des Arts africains et océaniens / Dagli Orti (cg) ; **Alamy :** INTERFOTO Pressebildagentur (bd). **555 Getty :** Time Life Pictures / Ted Russell. **557 Corbis :** Sygma / Richard Melloul (hg). **Magnum Photos :** Gilles Peress (cb). **558 Getty :** Time & Life Pictures / Alfred Eisenstardt (tg) ; Central Press (cb). **559 Getty :** AFP / Alexander Joe (tg) ; **Corbis :** Stapleton Collection (hd). **Getty :** Liaison / Scott Peterson (cb). **560 Alamy :** Zute Lightfoot (g). **Getty :** Robert Harding World Imagery / I. Vanderharst (bd). **561 Wikipedia, The Free Encyclopedia :** (tg). **AKG :** (td). **AA :** John Meek (bc). **562 Alamy :** Popperfoto. **563 AA :** Dagli Orti. **Getty :** Time Life Pictures / Shelly Katz (tg). **564 AA :** Manuel Cohen. **565 Alamy :** Popperfoto (bg). **Getty :** Paula Bronstein (tc). **566 Alamy :** Royal Geographic Society. **567 Magnum Photos :** Steve McCurry (td). **Still Pictures :** (bc). **568 AA :** Dagli Orti (td). **DK :** The British Museum, Londres (cg). **569 Corbis :** Bettmann (td). **Magnum Photos :** Jean Gaumy (b). **570 Getty :** AFP (td) ; Lonely Planet Images / Martin Moos (b). **571 Corbis :** Bruno Fert. **572 Corbis :** Collection Hulton-Deutsch. **573 Corbis :** Bettmann (bd). **Getty :** Time Life Pictures / Margaret Bourke-White (tc). **574 AKG :** (cd). **Corbis :** Philadelphia Museum of Art (bg). **575 Alamy :** Sunil Malhotra. **576 BM :** (hc). **Magnum Photos :** Steve McCurry (bc). **577 Alamy :** Paul Strawson (td). **Corbis :** Howard Davies (bd). **578 DK :** The British Museum, Londres (tc). **Wikipedia, The Free Encyclopedia :** (bd). **579 Alamy :** Yu Guiyou (tg). **Panos Pictures :** Jeremy Horner (bd). **580 DK :** Rough Guides / Karen Trist. **581 Corbis :** (bd) ; Reuters (tc). **583 AA :** The British Museum, Londres (tg). **Corbis :** Bettmann (bd). **584 Getty :** AFP. **585 Alamy :** Popperfoto. **586 Alamy :** Popperfoto. **587 Corbis :** Bettmann. **588** Edy Purnomo (bg). **589 Getty :** Paula Bronstein. **590 Corbis :** José Fuste Raga. **591 Getty :** Liaison / Paula Bronstein.

Couverture : 1re (de gauche à droite) : **Getty :** National Geographic / Sisse Brimberg; **Still pictures :** UNEP; **BAL :** Musée de la Marine, Paris / JP Zenobel; **David King Collection**, Londres; **Getty :** Spencer Platt. **4e** (en partant d'en haut à gauche, dans le sens des aiguilles d'une montre) : **DK**, Londres; **BAL :** Musée du Louvre, Paris; **Alamy :** Mary Evans Picture Library; **DK**, Londres; **DK**, Londres; **DK**, Londres; Imagine China; **DK**, Londres; **Getty :** Tom Stoddart; **DK**, Londres; **AA :** Musée de la Marine, Lisbonne; **Wikipedia, the Free Encyclopedia**; **Alamy :** IML Image Group Ltd; **Alamy :** Peter Horree; **Corbis :** Danny Lehman; **Alamy :** Tribaleye Images / J. Marshall; **Corbis :** Derek Croucher; **Corbis :** Anna Zieminski.